U0896228

中指控股(Nasdaq:CIH)

CHINA INDEX HOLDINGS

中指控股(China Index Holdings Ltd)历经20年发展,于2019年6月11日在美国纳斯达克证券交易所成功上市,致力于以大数据和创新技术赋能中国房地产行业,拥有近千位优秀的数据研发和专业分析师,分支机构遍布中国主要城市。基于二十多年来积累的海量房、地、人、企等详实数据,整合空间、宏观、移动、规划、POI等多维信息,构建扎实的数据底层,打造中指云、土地云、商办云、物业云四大云服务平台,为行业提供数据分析、SaaS工具、市场推广等多项专业服务。

中指研究院

CHINA INDEX ACADEMY

中国指数研究院有限公司(简称"中指研究院")是中指控股(China Index Holdings Ltd)历史最长的下属机构。中指研究院及其在中国大陆设立的子公司和分公司建立了庞大的房地产CREIS数据库,涵盖了土地、住宅和商业地产项目的房地产信息。基于长期深厚的数据积累,多年来开发的研究产品,已经成为房地产行业的重要决策参考。中指研究院先后出版了多部房地产相关的专著,填补了多项行业研究空白。

中指控股(CIH)
中指研究院总部
地址:北京市丰台区郭公庄中
街20号院A座
邮编:100070
电话:010-56319200
传真:010-56319191

中指控股CIH

中国房地产指数系统（CREIS）

中国房地产指数系统（China Real Estate Index System，简称CREIS）是一套以价格指数形式来反映全国各主要城市房地产市场运行状况和发展趋势的指标体系和分析方法。它最早由国务院发展研究中心、中国房地产开发集团等于1994年发起，分别于1995年和2005年两次通过由国务院发展研究中心、建设部、国土资源部、中国银监会、清华大学和北京大学等单位的著名专家学者组成的鉴定委员会的学术鉴定。

中国房地产指数系统（CREIS）目前覆盖全国主要城市，定期发布中国主要城市房地产价格指数，包括新房价格指数（综合指数、住宅指数、写字楼指数、商铺指数）、百城新建住宅价格指数、百城二手住宅价格指数及租赁价格指数等，并在此基础上延伸出中国物业服务价格指数、中国房地产顾客满意度指数、中证房天下大数据指数等。2010年起，中国房地产指数系统启动“百城价格指数”研究，每月发布100个城市新建住宅价格指数，成为中国覆盖范围最广、城市最多的房屋价格指数系统。

中指控股CIH

中国房地产TOP10研究组

中国房地产TOP10研究组，于2003年1月10日正式成立，致力于对中国规模大、效益佳、品牌优的房地产企业群体进行研究；本着客观、公正、准确、全面的基本原则，排除主观因素的影响，以客观数据为唯一依据，充分借鉴国外TOP10研究的理论框架和操作实务，结合中国房地产发展特点，开展TOP10系列研究工作。

中国房地产TOP10研究组自成立以来，已经连续十八年开展房地产上市公司10强研究，连续十七年开展了房地产百强企业研究，连续十六年开展了中国房地产品牌价值研究，房地产策划代理百强企业研究，累计形成并发布超100册系列研究报告，相关研究成果已经成为评判房地产企业经营实力及行业地位的重要标准。

系列成果报告

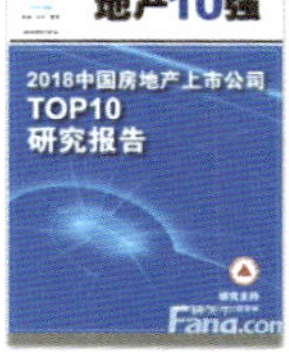

中指控股CIH

四大云服务平台

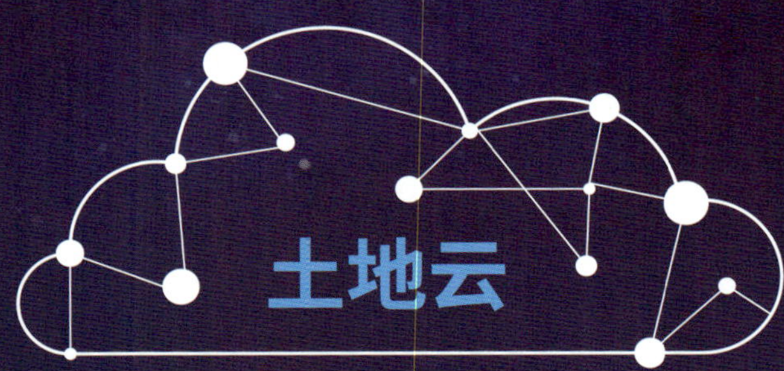

土地云是聚合土地买卖双方，有效实现信息联通和土地资源高效匹配的SaaS工具平台。旗舰产品中指·地主为买地方提供在线找地、看地、研判、测算、一键生成报告等功能，是买地方投资决策的必备工具。土地商城采用视频、航拍等方式，展示拟出让地块和区域概况，是卖地方城市宣传、地块推介的多维展示平台。

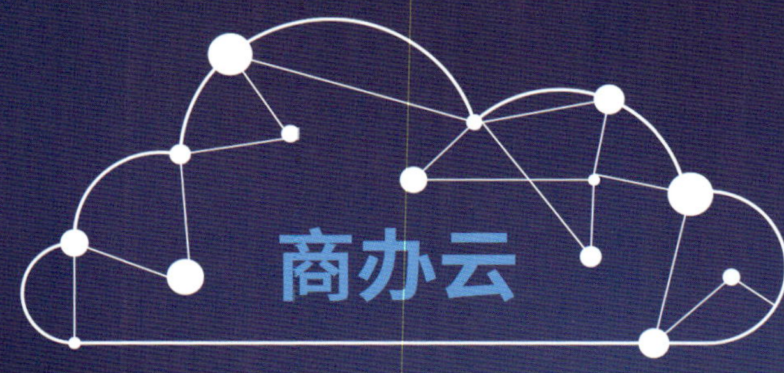

商办云是商业地产经纪人、商业地产招商顾问的移动工作台，汇聚商铺帮、办公帮、商办潜客等产品；具有商办房源挂牌、商办线索分发、商业地产广告推广、写字楼楼盘报告一键生成、商办客户管理及企业内部管理等多重功能。商办云构建了中国主要城市的写字楼、商铺等商用物业数据及其入驻商家、企业等数据，致力于通过大数据赋能助力商业地产招商和企业、商家选址决策。

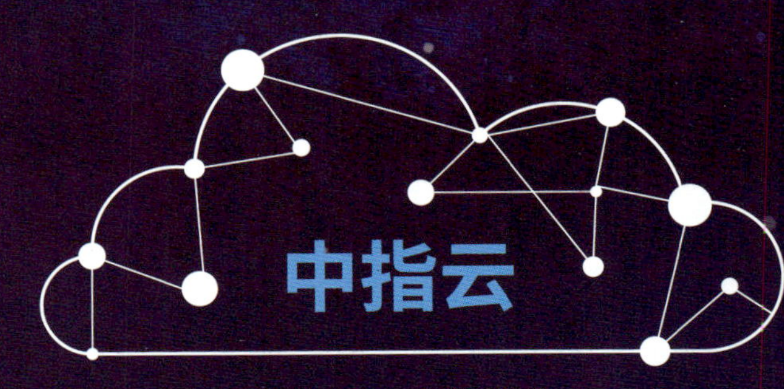

中国领先的房地产数据信息平台

中指云是以房地产数据为核心的大数据信息服务平台，实时提供中国2300个城市土地的推出成交信息、40万个住宅项目和5万栋商用物业的项目信息、186个城市的新房交易数据和100个城市的二手房交易数据，以及丰富的房地产企业和宏观经济数据，为企业决策和行业研究提供全方位的数据支持。

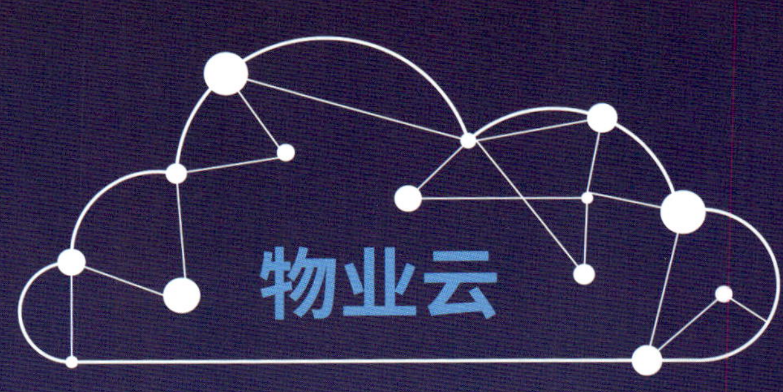

物业云是为物业服务企业扩规模，提品质而打造的综合线上服务平台。“项目拓展”集合全国2000个城市新增物业服务项目源信息，为企业外拓提供数据支持；“资本市场”捕捉上市企业数据，即时掌握资本动态，助力企业实现资本价值；“行业资讯”汇集热点信息与研究成果，促进企业紧扣行业脉搏，实现跨越发展。

中指控股CIH

数据服务

中指控股基于二十多年来积累的海量房、地、人、企等详实数据，根据客户不同的应用场景，提供以城市版、土地版、写字楼版、二手房版、企业版、宏观版、家居精装版和招商版八个版本为核心的多样化数据服务。用户可以实时查询中国2300个城市土地的推出成交信息、40万个住宅项目和5万栋商用物业的交易数据，以及丰富的房地产企业和宏观经济数据，为企业决策和行业研究提供全方位的数据支持。

数据服务

土地版

包含全国2300城市的211万条土地市场信息，并为每宗土地建立完整的"地块档案"，帮助用户精准掌握拿地机会。

城市版

包含40万+住宅项目交易数据，实现项目、地块和企业三者互通互查，为开发企业进行城市投资、项目营销等提供决策依据。

二手房版

整合中指评级系统、二手房交易数据等多维数据信息，为机构进行市场投资和评级定价提供决策依据。

写字楼版

实时跟踪7000+写字楼楼盘，季度更新350000+企业数据，为开发投资者提供数据工具平台，帮助其分析写字楼市场空置率、租户和平均租金水平。

宏观版

收录了中国主要城市的开发经营、指数研究、宏观经济、政策法规、城市规划等六大类宏观数据，是跟踪宏观形势及房地产市场变化的专业工具。

企业版

包含249家标杆房地产企业的最新经营数据、财务数据和资讯信息，帮助用户了解品牌地产企业布局战略与市场重心，综合判断企业实力。

招商版

收录全国300余个城市商业地产项目，国内外超过30万个连锁品牌数据，帮助用户客群分析和商业选址，监测商业项目和商业品牌发展趋势。

家居版

整合全国300+城市、10000+以上地产开发商的楼盘，户型、家居部品配套等多维数据信息，为开发商和部品企业市场洞察及机构决策者进行市场投资等提供决策支持。

中指控股CIH

地产企业服务

中指地产企业服务，专注于中国房地产企业综合实力评价及发展策略研究，以数据为基础、以研究为路径，全方位深入跟踪研究房地产企业的经营规律。多年为企业提供多项专项研究服务，包括标杆企业区域市场地位研究、企业核心竞争力评价、企业发展战略规划研究、企业竞争力白皮书、标杆企业经营动态监测等服务，同时深入房地产细分领域，为企业提供产业新城运营商评价研究、文旅产业发展战略以及特色小镇可行性研究服务等，为房地产行业的良性运行及企业的稳健发展提供理论引导和策略指引，同时为企业发展提供有效决策依据。

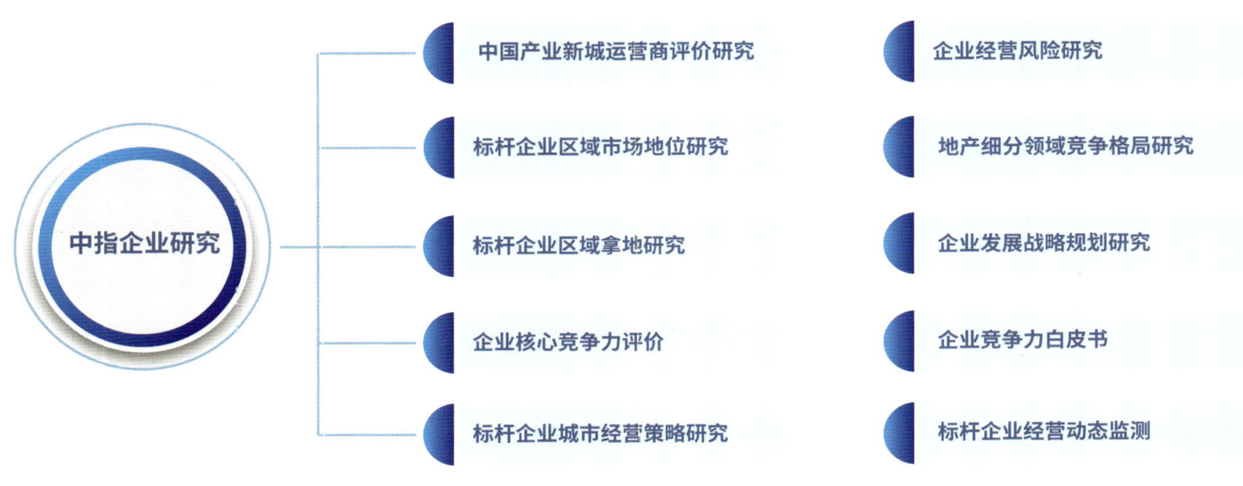

1800余例专项研究服务

中指物业服务，专注于为物业服务企业提供数据分析、研究认证和推广服务，以客观数据为基础开展研究，致力于打造行业权威平台，赋能物业服务企业，推动行业良性运行、企业快速成长。相关研究成果已广泛应用于资本市场、政府政策制定、企业品牌建设等方面。

数据为基　研究为核

1000+企业数据　10万+项目数据　2000个城市每日新增项目源数据

区域市场地位研究
上市物业企业研究
生态链供应商研究
标杆项目、星级项目研究

上市认证研究
对标企业研究
企业满意度研究
企业发展战略规划研究
标杆企业动态监测
……

100余册系列成果报告+1000余例专项研究报告

连续十三年开展中国物业服务百强企业研究、物业服务品牌价值研究等，累计形成并发布超100册研究报告。同时，为碧桂园服务、绿城服务、保利物业等300多家优秀企业提供专项研究服务，形成1000余例专项报告，为企业精准把脉，助力企业发展。

上市行业顾问及成功案例

为80%以上的在港上市物业企业提供行业顾问服务，携手企业共同挖掘资本故事，发现企业投资亮点，帮助其实现更高的资本价值。

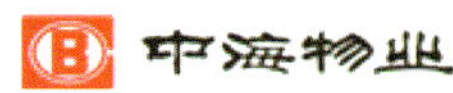

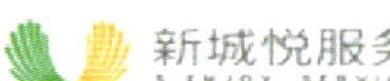

zhenro正荣服务

中指金融事业部

专注于为金融机构提供地产大数据、数字化工具等产品与服务，以地产大数据为核心，运用大数据技术及专业风险分析模型，全方位覆盖房地产相关投资及风控场景，助力识别风险、预警风险。

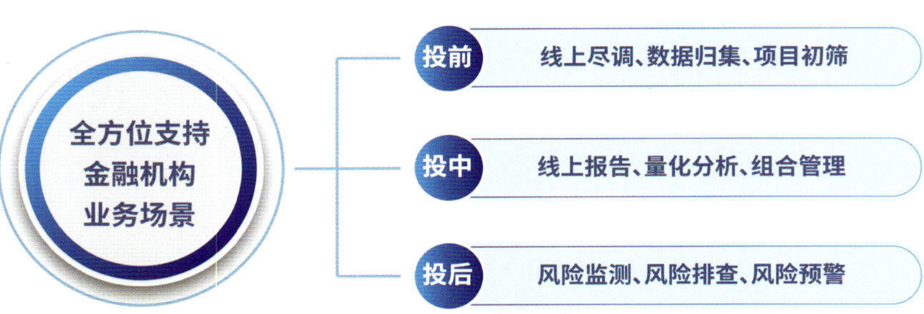

地产大数据服务——贴近应用场景的数据组合

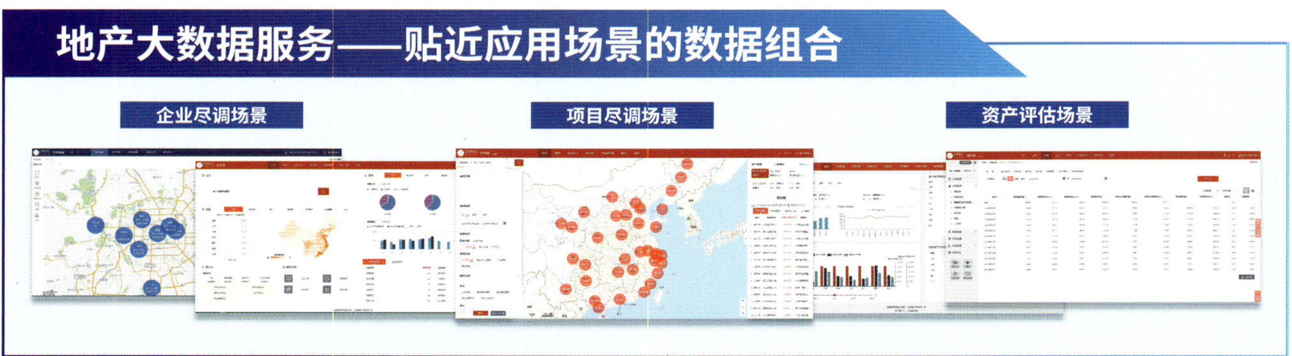

风险测评SaaS工具——助力金融风控的数字化工具

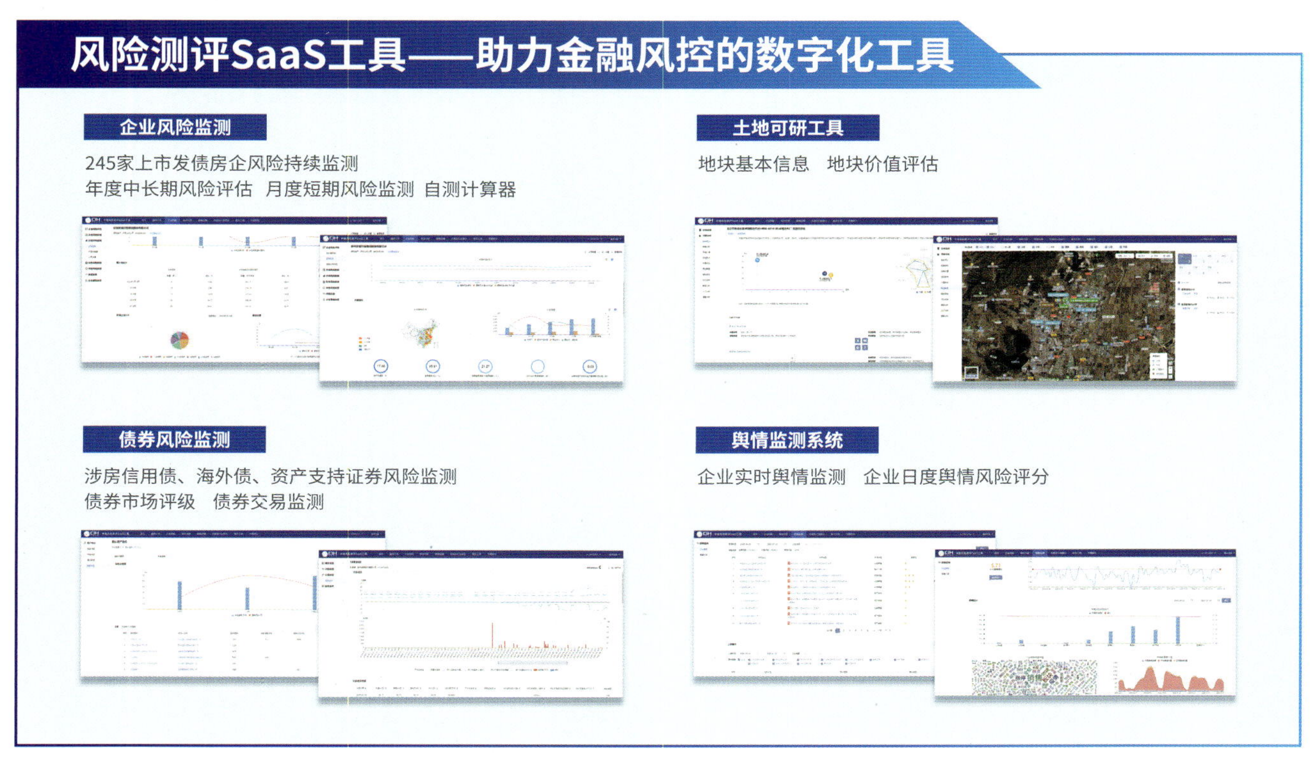

中指控股CIH

商办服务

商办云依托于中指商业地产大数据和房天下(fang.com)、3房网(3fang.com)平台流量，以创新技术赋能中国商业地产市场，是中指控股搭建的中国商业地产一站式开放服务平台。

商办云APP

商办云APP是商业地产经纪人、商业地产招商顾问的移动工作台，汇聚商铺帮、办公帮、商办潜客等产品，具有商办房源挂牌、商办线索分发、商业地产广告推广、写字楼楼盘报告一键生成、商办客户管理及企业内部管理等多重功能。商办云构建了中国主要城市的写字楼、商铺等商用物业数据及其入驻商家、企业等数据，致力于通过大数据赋能助力商业地产招商和企业、商家选址决策。

商办云房屋挂牌

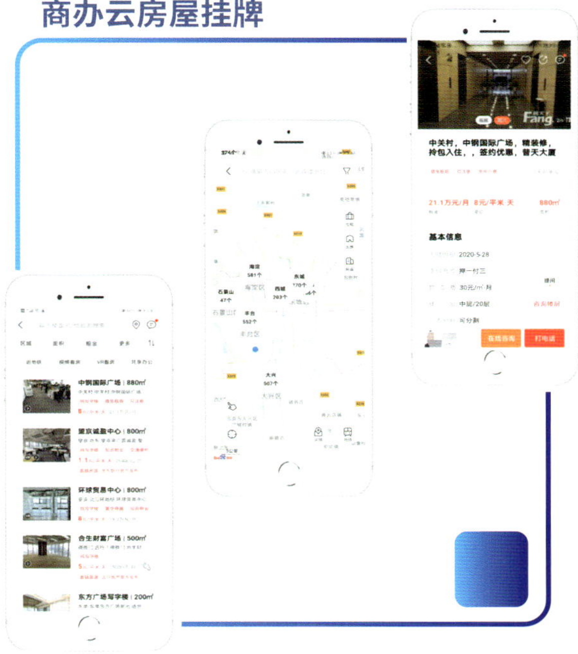

商办云线索分发

中指控股CIH

土地服务

中指·土地云

为买地方精准找地，为卖地方高效推地，协助买卖双方达成交易

土地云是聚合土地买卖双方，有效实现信息联通和土地资源高效匹配的SaaS工具平台。旗舰产品中指·地主为买地方提供在线找地、看地、研判、测算、一键生成报告等功能，是买地方投资决策的必备工具。土地商城采用视频、航拍等方式，展示拟出让地块和区域概况，是卖地方城市宣传、地块推介的多维展示平台。

中指·地主

在线踏勘 云上投拓 助力房企投资拿地数字化与信息化

三大投资场景 三种投资工具 有效提高投拓效率

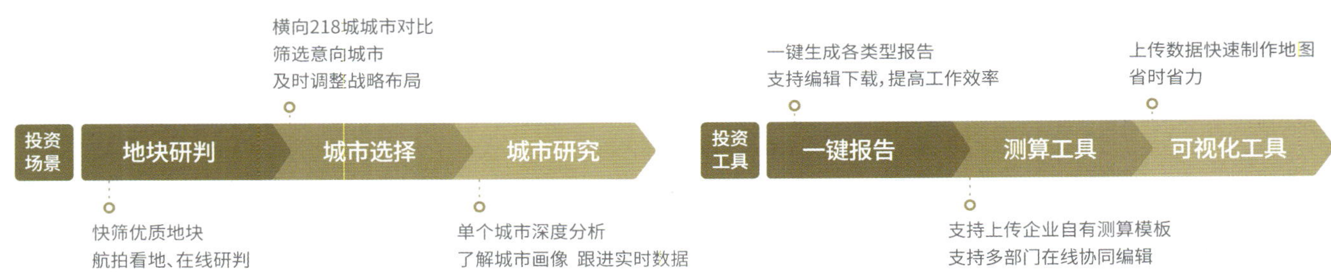

多维数据 一键生成各类型报告

扫码查看
地块可研报告

扫码申请试用
土地云APP请在各大应用商店下载

土地商城

多维度城市形象展示
提前获取潜客线索
为卖地方高效推介土地

图片、视频清晰展示城市风采

城市推介直播

拟出让地块详情展示

扫码体验土地商城
并申请入驻

中指控股CIH

调查服务

扫描二维码获取服务

客户调研

顾客满意调查　神秘客暗访

品牌认知　置业需求

员工满意　客群调研

客户研究体系

服务内容

城市调研

城市群研究　城市进入 / 城市复盘

板块透视　城市市场 / 研究监测

城市更新　项目定位 / 地块可研

城市研究体系

中指·云调研

精准　经济　高效　智能

问卷创建系统

海量模板问卷
丰富的题型设置
支持复杂逻辑
支持分值设定

实时更新维护

信息资源库

问题库

方法库

样本库

案例库

数据补充完善

数据采集系统

支持二维码调查
支持短信邀约
支持CATI电话调查
支持APP入户调查
支持神秘顾客暗访

AI报告系统

研究模型配置
行业数据对比
标杆数据对比
企业专题报告

BI统计系统

支持Excel、SPSS统计
支持多格式图表交叉
支持多期结果对比
支持数据自由组合
支持数据结果共享

实时质控系统

实时查看调查进度
数据结果上传审核
GPS定位追踪
多角色&多权限

2020 中国房地产优秀企业

企业名称		
恒大地产集团有限公司	金辉控股（集团）有限公司	金融街控股股份有限公司
碧桂园控股有限公司	北京首都开发股份有限公司	北京中铁诺德房地产开发有限公司
万科企业股份有限公司	佳源集团	领地集团有限公司
保利发展控股集团	海伦堡中国控股有限公司	上海爱家集团
融创中国控股有限公司	中冶置业集团有限公司	中交地产股份有限公司
中海地产（中国海外发展）	珠海华发实业股份有限公司	时代大地控股集团有限公司
绿地控股集团股份有限公司	隆基泰和	厦门大唐房地产集团有限公司
华润置地有限公司	四川新希望房地产开发有限公司	上海城建置业发展有限公司
绿城中国控股有限公司	宝龙地产控股有限公司	中惠熙元房地产集团有限公司
龙湖集团控股有限公司	东原集团	郑州绿都地产集团股份有限公司
新城控股集团股份有限公司	联发集团有限公司	杭州宋都房地产集团有限公司
招商局蛇口工业区控股股份有限公司	重庆华宇集团有限公司	恒泰集团
华夏幸福基业股份有限公司	苏宁置业集团有限公司	海尔产城创
阳光城集团股份有限公司	俊发集团有限公司	天山房地产开发集团有限公司
旭辉集团股份有限公司	弘阳地产集团	财信地产发展集团股份有限公司
金地（集团）股份有限公司	泰禾集团股份有限公司	广东方直集团有限公司
世茂集团控股有限公司	武汉城市建设集团有限公司	上坤地产集团有限公司
荣盛房地产发展股份有限公司	首创置业股份有限公司	中建信和地产有限公司
金科地产集团股份有限公司	景瑞地产（集团）有限公司	百步亭集团有限公司
正荣地产集团有限公司	花样年集团（中国）有限公司	龙记泰信实业集团有限公司
雅居乐集团控股有限公司	仁恒置地集团有限公司	阳光大地置业集团有限公司
中国金茂控股集团有限公司	星河控股集团有限公司	睿古地产集团
中南置地	卓越置业集团有限公司	正黄集团有限公司
雅居乐房地产建设管理集团有限公司	中国葛洲坝集团房地产开发有限公司	云南实力控股集团有限公司
四川蓝光发展股份有限公司	建业地产	重庆泽京房地产开发有限公司
龙光集团有限公司	当代置业（中国）有限公司	银城国际控股有限公司
广州富力地产股份有限公司	德信中国控股有限公司	四川圣桦集团有限公司
杭州滨江房产集团股份有限公司	中国中铁置业集团有限公司	合能投资有限公司
融信（福建）投资集团有限公司	福星惠誉控股有限公司	华夏阳光地产有限公司
奥园集团有限公司	光明房地产集团股份有限公司	金侨投资控股有限公司
佳兆业集团控股有限公司	三盛集团	奥克斯地产
祥生地产集团	北京金隅集团股份有限公司	潍坊恒信建设集团有限公司
中国铁建房地产集团有限公司	华鸿嘉信控股集团有限公司	众安集团有限公司
新力控股（集团）有限公司	北京北辰实业股份有限公司	润达丰控股集团有限公司
美的置业集团有限公司	深圳华侨城股份有限公司	东投地产集团有限公司
合景泰富集团	鸿坤集团	文一投资控股集团有限公司
万达地产集团	重庆德杰地产集团有限公司	三巽集团
时代中国	石榴置业集团股份有限公司	信达地产股份有限公司
大悦城控股集团股份有限公司	杭州市城建开发集团有限公司（大家房产）	浙江国鸿控股集团有限公司
上海中建东孚投资发展有限公司	美好置业集团股份有限公司	力高地产集团有限公司
禹洲集团	上海建工房产有限公司	五矿地产有限公司
广州市敏捷投资有限公司	正商集团	阳光 100 中国控股有限公司
中骏集团	康桥集团	山东儒辰集团
红星地产	实地地产集团	上海大发房地产集团有限公司
远洋集团控股有限公司	桂林彰泰实业集团有限公司	北京城建投资发展股份有限公司

续表

企业名称		
广西云星集团有限公司	北京首钢房地产开发有限公司	德商集团有限公司
汇景控股有限公司	河南博群置业有限公司	成都置信实业（集团）有限公司
成都兴城人居地产投资集团股份有限公司	融创文旅集团	四川省佳乐企业集团有限公司
中天城投	山东星空地产集团有限公司	成都和信房地产有限公司
锦艺置业集团有限公司	天成晟和地产集团有限公司	成都明信房地产集团有限公司
新湖中宝股份有限公司	祥源控股集团有限责任公司	四川和喜安筑置业集团有限公司
中奥地产	上海翼天文化旅游发展集团有限公司	四川省景茂置业集团有限公司
天地源股份有限公司	长沙绿地新里程置业有限公司	鑫江集团
广西中鼎文华实业集团有限公司	河南东方今典房地产集团有限公司	鼎龙集团
中建三局地产	河北润江投资集团有限公司	恒大旅游集团
四川恒邦双林实业集团有限公司	美盛地产集团	北京国锐房地产开发有限公司
重庆飞洋控股（集团）有限公司	瀚海大观地产	中信城市开发运营有限责任公司
浩创集团	青风置业	北京思源置地房地产顾问有限公司
福州天福集团有限公司	奥山控股有限公司	北京望京搜候房地产有限公司
朗基地产集团有限公司	武汉联投置业有限公司	绿海房地产开发有限公司
广东珠光集团有限公司	绿城理想小镇建设集团有限公司	新兴发展集团有限公司
泽科集团有限公司	蓝城房产建设管理集团有限公司	中瑞鼎峰集团
重庆协信远创实业有限公司	绿城管理控股有限公司	北京三元置业有限公司（首农）
重庆尚赏居地产集团有限公司	中节能实业发展有限公司	北京中筑置业有限公司
天阳地产有限公司	蓝绿双城科技集团有限公司	东方邦信置业有限公司
华远地产股份有限公司	新鸿隆祥地产集团有限公司	京能置业股份有限公司
深圳市勤诚达集团有限公司	领航控股集团有限公司	山东联瑞置业发展有限公司
陕西金泰恒业房地产有限公司	卓越城市更新集团	中建智地置业有限公司
永威置业集团有限公司	金地集团开发管理公司	伟光汇通旅游产业发展有限公司
重庆康田置业（集团）有限公司	深圳鸿基地产有限公司	天津城投置地投资发展有限公司
江苏港龙地产集团有限公司	深圳山湖海投资控股有限公司	三井不动产咨询（北京）有限公司
重庆两江新区置业发展有限公司	保集控股	北京信和坊德投资管理有限公司
重庆融汇地产（集团）有限公司	上海华晟基业实业有限公司	华耐家居（天津）有限公司
四川万景融汇集团	瑞安房地产	天津生态城建设投资有限公司
贵州富康实业投资（集团）有限公司	上海实业城市开发集团有限公司	河南中原建业城市发展有限公司
河南正弘置业有限公司	京投发展股份有限公司	宁夏中房实业集团股份有限公司
昌建控股集团有限公司	永同昌集团有限公司	北京当代绿建科技集团有限公司
同信地产集团有限公司	鑫苑（中国）置业有限公司	浙江绿城理想生活商业运营服务有限公司
湖北三峡华翔集团有限公司	北京天恒置业集团有限公司	鼎瓯文化旅游发展集团有限公司
河北安联房地产开发有限公司	江苏边城发展集团	卓尔智城集团有限公司
天泰集团股份有限公司	重庆海成实业（集团）有限公司	天津泰达建设集团有限公司
重庆贝蒙置地有限责任公司	金科产业投资发展集团有限公司	和记黄埔天津有限公司

2020中国物业服务优秀企业

企业名称		
碧桂园服务控股有限公司	云南俊发物业服务有限公司	北京鸿坤瑞邦物业管理有限公司
绿城物业服务集团有限公司	路劲物业服务集团有限公司	深圳历思联行物业管理有限公司
保利物业服务股份有限公司	中天城投集团物业管理有限公司	深圳星河智善生活股份有限公司
雅生活智慧城市服务股份有限公司	银城生活服务有限公司	上海新湖绿城物业服务有限公司
恒大物业集团有限公司	江苏中南物业服务有限公司	海纳物业服务集团有限公司
彩生活服务集团有限公司	广州海伦堡物业管理有限公司	永旺永乐（江苏）物业服务有限公司
龙湖物业服务集团有限公司	弘阳服务集团有限公司	重庆两江新区物业管理有限公司
深圳市金地物业管理有限公司	华宇优家智慧生活服务集团有限公司	优居美家物业服务有限责任公司
金科智慧服务集团股份有限公司	杭州滨江物业管理有限公司	河北帝华物业服务有限公司
融创服务控股有限公司	珠海华发物业管理服务有限公司	上海房德科创企业发展集团有限公司
华润物业科技服务有限公司	厦门合嘉源生活服务集团有限责任公司	中电建物业管理有限公司
四川蓝光嘉宝服务集团股份有限公司	德信盛全物业服务有限公司	重庆海源物业管理有限公司
幸福基业物业服务有限公司	汇得行（中国）集团有限公司	上海景瑞物业管理有限公司
新城悦服务集团有限公司	深圳市国贸物业管理有限公司	河南绿都物业服务有限公司
佳兆业美好集团有限公司	北京亿展资产管理有限公司	阳光壹佰物业发展有限公司
北京首开鸿城实业有限公司	南京朗诗物业管理有限公司	上海丰诚物业管理有限公司
河南建业新生活服务有限公司	福建伯恩物业集团有限公司	上海光明房地产服务集团有限公司
世茂服务控股有限公司	楷林物业管理有限公司	重庆市长安物业管理有限公司
上海永升物业管理有限公司	中铁建物业管理有限公司	苏州新港物业服务有限公司
时代邻里控股有限公司	重庆新鸥鹏物业管理（集团）有限公司	北京城承物业管理有限责任公司
远洋亿家物业服务股份有限公司	广州和融物业管理有限公司	无锡顺茂物业管理有限公司
富力物业服务集团	贵州宏立城物业服务有限公司	重庆融汇物业管理有限公司
卓越商企服务集团有限公司	海尚海服务	广东实地物业管理有限公司
山东省诚信行物业管理有限公司	第一服务控股有限公司	杭州宋都物业经营管理有限公司
合生活科技集团有限公司	重庆海泰管理服务有限公司	成都嘉善商务服务管理有限公司
鲁能物业服务有限公司	河北隆泰物业服务有限责任公司	武汉惠之美物业服务有限公司
南都物业服务集团股份有限公司	福建世邦泰和物业管理有限公司	上海复瑞物业管理有限公司
广东中奥物业管理有限公司	北京首欣物业管理有限责任公司	福建省中庚物业管理有限公司
山东明德物业管理集团有限公司	重庆新隆信物业管理有限公司	北京万通鼎安国际物业服务有限公司
广东龙光集团物业管理有限公司	北京中铁第一太平物业服务有限公司	北京北大资源物业经营管理集团有限公司
奥园健康生活集团	浙江佳源物业服务集团有限公司	泛海物业管理有限公司
金融街物业股份有限公司	新力物业集团有限公司	云南巨和物业服务有限公司
上海高地物业管理有限公司	乐生活智慧社区服务集团股份有限公司	浙江众安物业服务有限公司
财信智慧生活服务集团有限公司	禹洲物业服务有限公司	领悦物业服务集团有限公司
广州越秀物业发展有限公司	建发物业服务集团有限公司	北京金泰物业管理有限公司
合景悠活集团	重庆加州物业服务有限公司	安景物业服务集团有限责任公司
亿达服务集团有限公司	宁波新日月酒店物业股份有限公司	广西华保盛物业服务集团有限公司
江苏银河物业管理有限公司	宁波奥克斯物业服务有限公司	深圳市莱蒙物业服务有限公司
重庆天骄爱生活服务股份有限公司	北京科住物业管理有限公司	河南兴业物联网管理科技有限公司
荣万家生活服务股份有限公司	浙江祥生物业服务有限公司	中冶置业集团物业服务有限公司
正荣服务集团有限公司	山东绿地泉物业服务有限公司	金服物业服务集团有限公司
阳光城物业服务有限公司	和泓服务集团有限公司	中信泰富（上海）物业管理有限公司
融信物业服务集团	北京金辉锦江物业服务有限公司	武汉小竹物业管理有限公司
中化金茂物业管理（北京）有限公司	大悦城控股·中粮地产集团（深圳）物业管理有限公司	云南鸿园电力物业服务有限公司
广州敏捷新生活物业管理有限公司	厦门联发（集团）物业服务有限公司	深圳德诚物业服务有限公司
广州方圆现代生活服务股份有限公司	阳光恒昌物业服务股份有限公司	武汉当代恒居生活服务有限公司
成都蜀信物业服务有限公司	康桥悦生活服务集团有限公司	大华集团上海物业管理有限公司
东原物业集团	福田物业发展有限公司	四川邦泰物业服务有限公司

续表

企业名称		
广西彰泰物业服务集团有限公司	四川阳光大地物业服务集团有限公司	上海中梁物业发展有限公司
北京晟邦物业管理有限公司	贵阳兴隆物业管理有限公司	智达基业物业管理（北京）有限公司
西安天朗物业管理有限公司	重庆康田智慧生活服务有限公司	浙江新成物业管理有限公司
苏州市会议中心物业管理股份有限公司	四川圣诚物业服务有限公司	浙江绿升物业服务有限公司
贵州绿地物业管理有限责任公司	豪之英不动产管理集团有限公司	浙江开元物业管理股份有限公司
湖南建工物业发展集团有限公司	常州中房物业有限公司	浙江金都物业管理有限公司
海南珠江格瑞物业管理有限公司	北京天诺物业管理有限责任公司	浙江捷达物业服务有限公司
武汉百步亭花园物业管理有限公司	重庆泽京物业管理集团有限公司	浙江港湾物业服务有限公司
苏州优尼科物业管理有限公司	上海保集物业管理有限公司	浙江大管家物业管理服务有限公司
周原集团股份有限公司	四川和盟物业管理有限公司	长沙市长房物业管理有限公司
北京鹏盛物业管理有限公司	万联生活服务集团股份有限公司	泽科集团重庆物业服务有限公司
成都合能物业管理有限公司	深圳市恒基物业管理有限公司	云南城建物业集团有限公司
浙江大家物业服务集团有限公司	北京首钢物业管理有限公司	山东源泰物业管理有限公司
苏州市天翔物业管理有限公司	国瑞阳光物业管理集团有限公司	浙江颐景园物业服务有限公司
湖南中建物业服务有限公司	绿城绿发生活服务集团有限公司	星河湾物业
北京国瑞物业服务有限公司	江苏保华物业管理有限公司	新希望物业服务集团有限公司
成都成飞航空产业发展有限责任公司	厦门唐人物业管理有限公司	武汉中建三局物业管理有限责任公司
银丰物业管理有限公司	北京北辰信诚物业管理有限责任公司	武汉鼎欣物业管理有限公司
北京首万物业服务有限公司	湘潭金世纪物业发展有限公司	武汉天源物业管理有限责任公司
武汉嘉信物业管理有限公司	四川鸿通春天物业服务有限公司	武汉天立物业管理有限公司
上海证大物业管理有限公司	贵州一桓物业管理有限责任公司	武汉顺诚物业管理有限公司
武汉地产集团东方物业管理有限公司	成都优品道物业管理有限公司	武汉市万吉物业管理有限公司
苏州金狮大厦发展管理有限公司	绿益物业服务集团有限公司	武汉贵阁物业管理有限责任公司
中节能物业管理有限公司	重庆顺泰物业管理有限公司	武汉观澜物业服务有限公司
河南浩创物业服务有限公司	成都世高物业管理有限公司	天润物业服务有限公司
深圳市鸿荣源物业服务有限公司	深圳市万厦世纪物业管理有限公司	福州泰禾物业管理有限公司
云南实力物业服务股份有限公司	大连华安物业管理有限公司	新中物业管理（中国）有限公司
武汉联投物业有限公司	河南盛世物业管理有限责任公司	上海盛高物业管理有限公司
葛洲坝物业管理有限公司	浙江晖永物业管理服务有限公司	河北润江物业服务有限公司
河南亚新物业服务有限公司	重庆鑫永物业服务有限公司	仁恒物业服务管理（中国）有限公司
武汉福赛德物业管理有限公司	重庆国强物业服务有限公司	河南美盛物业管理有限公司
方直心生活服务集团有限公司	东莞市汇景物业服务有限公司	美好幸福物业服务有限公司
东莞市光大物业管理有限公司	贵州深盛佳物业管理有限公司	成都朗基房地产项目投资管理有限公司
杭州新天地园区运营服务有限公司	杭州和达物业管理有限公司	建泰物业
石榴物业服务集团	深圳荣晟智慧物业集团有限公司	华茂物业
上海家趣物业服务发展有限公司	南京亿文物业管理有限责任公司	湖北中楚物业股份有限公司
宁夏民生物业服务有限公司	广州市龙能城市运营管理股份有限公司	恒辉物业服务集团有限公司
金鹏祥和物业管理有限公司	广东鼎龙物业服务有限公司	海宁市鸿翔物业管理有限公司
浙江中大普惠物业有限公司	贵阳欣和逸居物业管理有限公司	辽宁国宾物业管理顾问有限公司
沈阳万维物业服务集团有限公司	山东长江物业服务有限公司	四川港联华茂物业服务有限责任公司
重庆新速达物业服务集团股份有限公司	浙江宜居物业管理有限公司	港联不动产服务（武汉）有限公司
深圳市嘉诚物业管理有限公司	福建晶洁物业服务有限公司	上海东久磐易物业管理有限公司
四川汇德物业服务有限公司	重庆助友创美物业管理有限公司	珠海市丹田物业管理股份有限公司
厦门住总物业管理有限公司	重庆稹理物业管理有限责任公司	四川滨江鼎信物业服务有限公司
安徽省恒泰物业管理有限公司	重庆新大正集团股份有限公司	辽宁格林豪森服务集团有限公司
广西印象物业服务有限责任公司	重庆秦渝物业管理有限公司	北京时代匠心大数据科技有限公司
万怡物业服务有限公司	重庆锦宏物业管理有限公司	重庆渝开发物业管理有限公司
广西诚愉和物业服务有限公司	重庆宏帆物业管理有限公司	重庆世纪金马智慧物业服务有限公司
天山物业服务有限公司	重庆翰悦物业管理有限公司	怡置北兴物业服务（重庆）有限公司
重庆凯美物业管理有限公司	重庆海宇物业管理有限公司	重庆诺富特物业管理有限公司
陕西德杰物业管理有限公司	重庆贝蒙物业服务有限公司	重庆天景物业服务有限公司
浙江金昌物业服务有限公司	上海中企物业管理有限公司	

2020 中国房地产关联优秀企业

名称		
印力商用置业有限公司	合富辉煌集团控股有限公司	鼎晖投资
奥园商业地产集团	保利地产投资顾问有限公司	华融资产
碧桂园文商旅集团	同策房产咨询股份有限公司	国寿资本投资有限公司
中南商业	新联康（中国）有限公司	平安证券
中海商业发展（深圳）有限公司	方圆房地产服务集团有限公司	日本瑞穗银行
OFFICEZIP	成都正合地产顾问股份有限公司	光大发展
弘阳商业集团	北京麒麟天成资产管理有限公司	平安科技
深圳市星河商置集团有限公司	恒信营销	平安资产管理
深圳市益田旅游商业集团股份有限公司	北京居理科技有限公司	黑盛控股有限公司
中山市大信控股有限公司	北京我爱我家房地产经纪有限公司	朗诗青杉资本
上亿企业集团有限公司	北京麦田房产经纪有限公司	上海晨曦股权投资基金管理有限公司
苏州恒泰控股集团有限公司	工商银行	优钺资管
成都圣瑞商业管理有限公司	中国银行	朗姿韩亚资管 +ALAN AMC
凯华地产（中国）集团有限公司	招商银行	弘睿（北京）投资基金管理有限公司
新建元圆融发展	平安银行	江苏毅达汇景资产管理有限公司
宝瑞商业管理有限公司	中信银行股份有限公司	合凡资产
湖南华创商业发展集团有限公司	中国邮政储蓄银行	高富诺集团
中新苏州工业园区发展集团股份有限公司	中国平安	绿地金融
启迪协信科技城投资集团有限公司	中国人寿养老保险	中信资本控股有限公司
深圳市星河产业投资发展集团有限公司	中金公司	北京康正宏基房地产评估有限公司
珠海华发城市运营投资控股有限公司	中信证券	波士顿咨询公司
荣盛兴城投资有限责任公司	中国对外经济贸易信托有限公司	北京大学林肯研究院
新鸥鹏渝洲教育产业集团	中国民生信托	老板电器
宝能城市发展建设集团有限公司	平安信托	摩恩（上海）厨卫有限公司
鑫创科技有限公司	兴业信托	科勒（中国）投资有限公司
苏州新建元控股集团有限公司	中航信托	善道（杭州）资产管理有限公司
平谦国际科学产业园控股有限公司	紫金信托	海尔海纳云
北京联东投资（集团）有限公司	国投泰康信托有限公司	泰来保安
苏州苏高新集团有限公司	陕西国投信托	振华宝安
上海房德科创集团	光控安石（北京）投资管理有限公司	博西家用电器（中国）有限公司
中交城投顺德高新区・智域城	信保（天津）股权投资基金管理有限公司	威卢克斯（中国）有限公司
中关村壹号	深圳市前海中保产业投资基金管理有限公司	

CHINA REAL ESTATE INDUSTRY
STATISTICS YEARBOOK 2020

中国房地产行业

统计年鉴
2020

中指研究院　编著

图书在版编目（CIP）数据

中国房地产行业统计年鉴 . 2020 / 中指研究院编著 . —北京：企业管理出版社，2021.1

ISBN 978-7-5164-2311-0

Ⅰ . ①中… Ⅱ . ①中… Ⅲ . ①房地产业—中国— 2020 —年鉴
Ⅳ . ① F299.233-54

中国版本图书馆 CIP 数据核字（2020）第 249654 号

书　　名：中国房地产行业统计年鉴. 2020
作　　者：中指研究院
责任编辑：尚元经　郑小希
书　　号：ISBN 978-7-5164-2311-0
出版发行：企业管理出版社
地　　址：北京市海淀区紫竹院南路17号　　　**邮编：**100048
网　　址：http：//www.emph.cn
电　　话：编辑部（010）68414643　发行部（010）68701816
电子信箱：qiguan1961@163.com
印　　刷：三河市东方印刷有限公司
经　　销：新华书店
规　　格：210毫米×297毫米　16开本　40.75（彩插1）印张　998千字
版　　次：2021年1月第1版　2021年1月第1次印刷
定　　价：500.00元

编委会名单

前　言

2020年是不同寻常的一年，新冠肺炎疫情爆发，国内外经济政治形势错综复杂，世界正经历着百年未有之大变局。这一年，中国的经济韧性凸显，房地产作为经济发展的稳定器和压舱石，表现亦超预期，目前全国房地产市场已完全走出疫情影响，进入正常运行通道。为了及时准确地反映中国房地产市场的发展状况，中指研究院编辑出版了《中国房地产行业统计年鉴2020》。

中指研究院从1999年便开始与国家统计局合作编辑出版《中国房地产统计年鉴》。2020年，中指研究院深挖中指数据库，结合官方数据，以更为丰富全面的数据指标体系，编辑出版《中国房地产行业统计年鉴2020》，帮助读者有效透析房地产投资、开发、交易等运作过程，给行业内提供一个全面客观研究房地产市场的辅助工具。

《中国房地产行业统计年鉴2020》是中指研究院在长期对房地产市场跟踪调查的基础上，反复核对、认真编排后推出的著作，分为土地篇、住宅市场篇、企业篇、政策篇和报告篇五个部分。

（一）土地篇

土地是民生之本，也是房地产企业的生命线，土地市场被称为房地产市场的“晴雨表”。土地篇收录了全国300城土地的推出和成交情况统计，包括推出成交的宗数、建设用地面积、规划建筑面积、楼面均价等重要指标，以及2019年全国300城土地成交总价排行榜，全面反映重点城市的土地市场概况。

（二）住宅市场篇

房地产开发在立项、规划、建设、销售的过程中积累了大量数据，这些数据背后蕴含着巨大价值。住宅市场篇收录了2019年全国、省市和重点城市的开发经营数据，以及新房和二手房住宅市场的年度和月度供求统计数据，帮助读者了解房地产住宅市场的交易情况。在二手房住宅市场篇中引入了中指大数据模型计算的参考成交价指标，为了解二手房的市场价值提供参考。

（三）企业篇

企业篇整理收录了中国标杆房地产上市企业的2019年财务和运营数据，以及2019年度企业销售和拿地排行，帮助用户了解品牌地产企业布局战略与市场重心，综合判断上市房地产企业盈利及抗风险能力。物业服务企业是房地产行业最后一个重要环节，本篇还收录了中国目前在香港和A股上市的物业服务企业的最新管理面积及财务数据等重要基础信息。

（四）政策篇

房地产政策关乎国民经济增长的大局，又与广大民众安居乐业息息相关，因此，从政策的制定到实施均受社会各方面的关注。中指研究院系统梳理了2019年全国100个主要城市十大类重要政策，包含重要的宏观经济政策、金融财政政策、住房与土地政策、区域发展政策、市场调控监管政策、住房保障政策、公积金政策、土地政策、城市规划政策、人口与人才政策等。

（五）报告篇

报告篇收录了中国房地产TOP10研究组2020年对于房地产企业的研究成果，包括中国房地产百强企业、中国房地产品牌价值、中国房地产上市公司TOP10和中国物业服务百强企业等研究，帮助读者对中国房地产企业的综合实力和市场表现有清楚的认知。本篇还收录了“中国房地产指数系统”2019年度的百城价格指数报告，对房地产市场价格走势做了展示和分析；收录了《2020中国地级以上城市房地产开发投资吸引力研究报告》对全国298个地级以上城市房地产开发投资吸引力做出评价。

中指研究院是目前中国最大的房地产专业研究机构，基于二十多年来积累的海量房、地、人、企等翔实数据，整合空间、宏观、移动、规划、POI等多维信息，构建扎实的数据底层，致力于以大数据和创新技术赋能中国房地产市场。中指研究院拥有近千位优秀数据研发和专业分析师，分支机构遍布中国主要城市，并于2019年6月在美国纳斯达克股票交易所成功上市。

《中国房地产行业统计年鉴2020》的成功出版，要感谢中指研究院年鉴编辑部的全体成员，他们持续对庞大的房地产统计数据进行收集、整理、计算、分类，形成了中指数据库比较完备的数据体系和中国房地产指数系统资料库。还要感谢兄弟单位房天下，在我们进行数据采集、整理和分析当中给予大力的支持。正是因为有了房天下全国机构作为后盾，本年鉴的数据完整性才得到保障。

这是中指研究院第一次对中指数据库监测的土地数据、市场数据、企业数据和房产政策做系统编排，在篇章设计、统计维度和展现方式等方面做了多种尝试与探索，过程中有的篇章几易其稿，力求做到年鉴的结构合理、数据翔实。但鉴于所载内容涉及面广，数据量浩大，如有遗漏和不足，敬请读者及业内人士谅解，并提出宝贵意见，我们会在编写下一年度《中国房地产行业统计年鉴》时予以修正。

中指研究院院长　莫天全

2020年10月

目 录

土 地 篇

住宅市场篇

企 业 篇

政 策 篇

报 告 篇

附　录：指标说明

土地篇

第一章　2019年全国300城土地推出情况

1-1　2019 年全国 300 城土地推出统计

城市	推出土地宗数（宗）	推出建设用地面积（万平方米）	推出规划建筑面积（万平方米）	推出土地均价（元 / 平方米）	推出楼面均价（元 / 平方米）
一线城市					
北京市	95	552.81	1039.22	30641	16362
上海市	329	1463.26	2741.50	14240	7603
广州市	253	1428.63	4155.88	13702	4703
深圳市	74	246.85	941.38	28101	7961
二线城市					
成都市	349	1890.12	4757.10	5962	2368
重庆市	253	1690.82	2552.72	5512	3651
长沙市	168	1033.10	2586.60	5871	2345
长春市	243	1540.51	2506.54	3162	1942
大连市	125	664.68	1016.14	4513	2900
福州市	160	656.89	1398.34	12578	5882
贵阳市	174	1167.79	2737.05	4855	2085
杭州市	567	1700.83	4257.05	15261	6098
合肥市	123	755.60	1345.22	5993	3597
海口市	86	313.70	744.20	5634	2354
哈尔滨市	113	576.50	1001.57	3911	2251
呼和浩特市	102	372.84	797.61	6169	2867
济南市	479	2169.07	3834.61	3787	2142
昆明市	468	1822.93	4735.32	5807	2235
兰州市	107	390.03	911.08	6060	2473
南京市	366	1621.40	3349.34	9625	4659
宁波市	330	1157.07	2203.30	7311	3840
南宁市	153	784.40	2077.77	5163	1942
南昌市	95	469.14	891.61	5487	2887
青岛市	588	2130.20	3660.49	4632	2696
苏州市	277	1000.18	1826.73	10137	5550
沈阳市	233	1551.50	2153.79	3433	2422
三亚市	51	166.04	320.41	7435	3695
石家庄市	239	731.50	1779.62	6798	2771
天津市	437	2711.46	3889.04	6125	4271
太原市	229	992.13	2832.53	4651	1629
武汉市	380	2321.60	5180.34	8611	3859
无锡市	160	685.48	1287.12	7709	4106
温州市	132	393.78	1005.56	13528	5297

1-1 续表 1

城市	推出土地宗数（宗）	推出建设用地面积（万平方米）	推出规划建筑面积（万平方米）	推出土地均价（元 / 平方米）	推出楼面均价（元 / 平方米）
乌鲁木齐市	271	1140.42	2231.83	3801	1926
厦门市	70	270.95	806.93	15202	5093
西安市	436	1954.51	4084.63	5930	2258
西宁市	40	151.34	331.90	5754	2613
银川市	79	436.87	707.68	1741	1063
郑州市	266	1354.74	3714.98	7401	2709
三四线城市					
安庆市	100	385.55	653.02	3402	2014
安康市	107	311.86	607.49	1850	937
安顺市	188	613.60	994.74	1264	779
安阳市	34	144.28	280.73	2389	1228
鞍山市	140	308.74	303.67	545	554
保定市	163	507.58	1133.72	2322	1181
蚌埠市	72	512.59	766.26	2510	1692
滨州市	185	921.42	1073.66	917	787
包头市	82	626.54	679.16	1090	1006
宝鸡市	91	419.01	980.91	1350	620
百色市	142	310.34	894.63	1288	446
本溪市	19	81.62	88.88	1102	1012
北海市	47	419.76	770.46	2512	1369
常州市	218	931.64	2184.07	4510	1924
滁州市	141	745.54	1195.42	1941	1210
常德市	152	668.18	1224.00	2200	1203
沧州市	52	267.11	584.37	3030	5951
承德市	48	182.36	285.83	4256	2561
郴州市	59	254.95	585.39	2284	995
池州市	94	394.22	483.62	584	480
潮州市	9	55.04	183.82	3487	1044
崇左市	32	158.26	216.58	509	342
朝阳市	22	93.19	102.53	620	563
东莞市	130	749.99	2013.99	5880	2137
德阳市	75	280.11	473.13	1407	872
德州市	79	274.11	372.72	1281	938
东营市	108	440.88	491.36	605	539
大庆市	65	278.49	265.23	378	397
丹东市	13	73.88	127.91	948	548

1-1　续表 2

城市	推出土地宗数（宗）	推出建设用地面积（万平方米）	推出规划建筑面积（万平方米）	推出土地均价（元/平方米）	推出楼面均价（元/平方米）
鄂州市	108	561.78	952.13	3005	1773
佛山市	185	929.21	2583.76	9815	3530
阜阳市	83	650.90	1168.77	3122	1623
抚顺市	25	103.32	130.33	601	487
阜新市	31	156.27	168.59	583	537
赣州市	264	1143.37	2233.59	1540	795
贵港市	156	702.97	1121.28	1091	684
桂林市	77	349.28	555.84	2640	1659
广元市	99	338.64	473.36	1172	839
湖州市	219	921.42	1582.38	2528	1495
菏泽市	280	1070.93	2392.80	2494	1113
惠州市	163	533.97	1498.27	5268	1870
邯郸市	277	909.56	1611.65	2072	1169
淮安市	184	894.60	1448.67	1917	1184
淮北市	67	529.55	843.48	1271	790
黄石市	55	214.89	400.34	2761	1482
河源市	67	255.15	599.52	2197	935
衡水市	78	210.54	366.70	1617	943
怀化市	54	251.74	577.03	1030	445
淮南市	77	488.36	827.64	8033	4661
鹤壁市	19	106.71	103.19	1203	1244
葫芦岛市	61	166.55	269.29	1026	673
鹤岗市	16	51.16	29.27	204	357
嘉兴市	112	369.56	740.37	5164	2575
金华市	89	354.77	674.88	4663	2432
济宁市	163	748.62	1243.88	3150	1896
江门市	72	333.29	848.53	4945	1942
景德镇市	74	342.84	710.68	3924	1885
荆州市	118	677.40	1021.36	1611	1067
九江市	126	440.49	567.65	1886	1375
荆门市	133	582.76	919.20	803	509
焦作市	35	172.07	380.70	3149	1462
揭阳市	42	202.94	493.56	2805	1154
锦州市	50	305.87	484.52	1460	922
吉林市	29	155.54	174.20	1309	1169
鸡西市	17	33.06	35.98	1217	1118
开封市	84	290.17	489.37	3642	2426

1-1 续表 3

城市	推出土地宗数（宗）	推出建设用地面积（万平方米）	推出规划建筑面积（万平方米）	推出土地均价（元 / 平方米）	推出楼面均价（元 / 平方米）
廊坊市	81	399.13	769.16	5116	2657
柳州市	97	580.11	1195.77	3043	1476
临沂市	200	912.94	1507.14	2728	1652
洛阳市	69	477.08	1021.80	3030	1423
丽水市	55	311.89	625.70	4348	2167
六安市	180	847.11	1151.76	1786	1301
聊城市	208	899.96	1753.68	2042	1048
连云港市	108	1327.97	1443.64	828	755
龙岩市	54	253.97	418.99	2734	1657
乐山市	109	432.92	943.42	2211	1015
泸州市	83	491.48	1028.74	1805	860
漯河市	99	288.02	573.33	2032	1021
六盘水市	85	324.76	607.38	1816	971
拉萨市	45	157.63	291.29	1788	1114
丽江市	22	110.73	184.50	1518	1059
绵阳市	74	369.09	896.28	2995	1233
眉山市	220	939.77	1385.08	1599	1111
马鞍山市	60	223.58	318.83	2830	1978
茂名市	28	92.63	269.37	3516	1201
梅州市	52	171.45	311.24	2037	1122
牡丹江市	14	73.82	135.97	1117	606
南通市	198	935.12	1481.65	3658	2291
南充市	116	534.42	1169.10	3400	1581
南阳市	122	254.85	725.42	3694	1295
宁德市	38	210.47	475.05	2010	888
内江市	33	207.21	351.65	2317	1356
南平市	31	155.83	314.97	2541	1257
鄂尔多斯市	31	78.95	87.22	653	591
莆田市	59	412.67	1008.19	394	154
萍乡市	81	263.17	584.24	1837	827
平顶山市	69	306.96	620.16	1898	940
普洱市	165	363.53	590.12	1306	805
濮阳市	34	126.81	234.47	2897	1358
攀枝花市	43	171.11	298.48	1693	966
泉州市	41	141.53	307.36	4316	1987
衢州市	94	390.88	427.97	2696	2462
秦皇岛市	99	418.24	540.76	2007	1593

1-1　续表 4

城市	推出土地宗数（宗）	推出建设用地面积（万平方米）	推出规划建筑面积（万平方米）	推出土地均价（元 / 平方米）	推出楼面均价（元 / 平方米）
清远市	100	351.71	904.65	2564	990
钦州市	85	685.27	1492.18	821	377
齐齐哈尔市	17	94.58	191.29	2425	1192
曲靖市	82	163.01	335.94	966	470
日照市	176	801.23	1347.88	2612	1553
绍兴市	215	976.98	1862.28	5821	3054
汕头市	93	244.17	837.35	5432	1584
宿迁市	145	743.28	1120.69	1757	1166
宿州市	126	585.65	1010.42	1172	666
商丘市	74	302.34	754.16	3031	1215
十堰市	187	774.27	1528.22	1206	609
汕尾市	15	88.09	281.69	5470	1711
随州市	72	275.23	431.44	1201	766
韶关市	66	233.37	530.12	1192	525
上饶市	38	110.13	213.29	3388	1749
三明市	20	47.33	102.35	2311	1069
松原市	39	144.11	217.90	314	419
朔州市	26	78.84	71.38	236	261
商洛市	15	34.19	39.28	368	320
泰州市	125	425.30	739.34	2873	1652
台州市	132	516.74	1147.95	4694	2113
唐山市	410	2683.95	3682.28	1437	807
泰安市	117	667.07	1062.62	2734	1724
通化市	23	88.46	103.36	1094	936
铁岭市	5	17.30	26.45	705	461
乌兰察布市	30	133.72	193.79	1015	701
潍坊市	284	1831.48	3392.82	1852	1004
威海市	261	1101.06	1745.16	2259	1424
芜湖市	61	316.70	459.02	2241	1551
徐州市	205	1071.91	1823.42	2836	1667
襄阳市	179	729.32	1288.47	2354	1345
咸阳市	58	298.15	734.69	4471	1608
湘潭市	60	287.11	671.41	4114	1732
宣城市	125	316.31	394.30	1547	1182
信阳市	59	274.06	501.43	1686	872
新乡市	40	175.63	363.09	1479	718
扬州市	129	702.43	1197.82	3214	1885

1-1 续表 5

城市	推出土地宗数（宗）	推出建设用地面积（万平方米）	推出规划建筑面积（万平方米）	推出土地均价（元 / 平方米）	推出楼面均价（元 / 平方米）
盐城市	142	689.99	1364.18	2811	1422
烟台市	143	680.58	909.05	2560	1917
宜宾市	52	303.99	681.30	4216	1846
宜昌市	123	423.58	678.27	2509	1567
宜春市	169	601.51	1095.61	1784	974
岳阳市	93	480.56	684.38	2055	1430
玉溪市	47	170.95	299.61	2073	1183
鹰潭市	73	269.80	493.04	827	451
营口市	95	323.09	351.94	770	707
阳江市	74	239.07	292.54	444	364
云浮市	44	345.85	472.07	793	581
伊春市	27	70.98	99.02	259	183
珠海市	103	615.53	1229.11	8430	4231
淄博市	281	1046.77	1929.10	2348	1274
株洲市	160	750.92	1459.08	3004	1555
遵义市	228	1141.72	2463.37	3291	1525
镇江市	70	325.74	571.42	2380	1357
漳州市	25	103.34	240.23	7138	3071
中山市	65	230.76	779.86	7511	2222
肇庆市	80	327.51	808.17	3554	1440
舟山市	56	303.40	532.32	2884	1662
自贡市	81	399.85	683.96	1616	961
张家界市	58	206.06	443.94	2793	1296
湛江市	27	141.45	266.04	1369	728
县及县级市					
保亭黎族苗族自治县	36	31.11	28.09	1258	1394
滨海县	83	198.56	212.30	577	539
常熟市	141	509.52	648.80	4276	3358
崇州市	36	116.72	241.62	1598	772
淳安县	38	70.52	67.17	1784	1873
慈溪市	165	523.02	1032.39	2033	1030
丹阳市	141	209.57	296.82	2222	1569
当涂县	86	229.39	300.61	1053	803
德清县	123	306.17	488.21	2401	1506
东港市	37	42.85	59.71	565	406

1-1　续表 6

城市	推出土地宗数（宗）	推出建设用地面积（万平方米）	推出规划建筑面积（万平方米）	推出土地均价（元/平方米）	推出楼面均价（元/平方米）
东台市	113	281.27	350.70	1104	885
都江堰市	44	186.45	288.06	3989	2582
恩施土家族苗族自治州	239	367.11	792.29	1081	501
肥东县	82	191.58	276.98	7499	4124
肥西县	50	307.55	433.13	3198	2413
盖州市	47	160.45	174.88	553	508
高碑店市	70	144.53	238.83	1515	907
固安县	36	121.92	255.53	2851	1360
海安市	407	703.24	972.46	1196	865
海门市	91	379.91	482.71	2119	1667
海宁市	126	397.95	727.37	3412	1867
海盐县	107	297.30	600.20	2474	1226
惠安县	83	390.24	559.16	805	562
惠东县	36	87.85	137.83	3060	1832
嘉善县	76	279.72	639.20	5428	2376
建德市	83	150.24	168.65	1556	1387
建湖县	72	208.90	331.10	1463	923
江阴市	106	494.33	668.85	3840	2838
胶州市	136	611.09	1183.78	1662	858
晋江市	150	357.74	966.26	1927	714
靖江市	72	367.07	688.82	1406	749
昆山市	69	295.45	463.36	4606	2937
莱西市	84	259.93	329.44	937	740
莱州市	45	77.19	138.60	1534	854
临海市	37	257.35	488.56	2027	1068
陵水黎族自治县	2	5.49	6.59	—	—
浏阳市	161	536.56	1088.90	1289	637
龙海市	41	112.29	254.59	4480	1971
龙口市	79	266.78	412.71	931	602
龙门县	51	118.89	250.53	1918	910
闽侯县	51	173.51	383.32	5523	2500
南安市	124	382.41	1069.14	1212	433
宁海县	70	203.71	428.70	2277	1082
沛县	149	426.90	858.89	1433	712
彭州市	19	94.47	186.73	2980	1507
邳州市	110	460.98	744.77	1481	917
平度市	90	268.11	356.20	996	750

1-1 续表 7

城市	推出土地宗数（宗）	推出建设用地面积（万平方米）	推出规划建筑面积（万平方米）	推出土地均价（元 / 平方米）	推出楼面均价（元 / 平方米）
平湖市	102	302.29	442.05	1626	1110
蒲江县	31	74.67	114.86	2449	1592
普宁市	43	53.00	153.40	2378	822
启东市	127	441.62	774.17	2231	1272
潜江市	55	183.95	367.41	790	400
荣成市	108	241.88	423.01	2878	1645
如东县	134	528.73	941.35	1560	877
瑞安市	115	281.46	710.45	6021	2385
嵊州市	113	300.63	721.41	3348	1395
太仓市	77	247.06	463.73	4617	2460
泰兴市	231	534.44	1166.47	2123	973
天门市	178	442.85	630.19	551	387
桐庐县	74	96.58	141.58	3050	2081
桐乡市	130	326.49	866.53	3362	1267
瓦房店市	35	209.96	142.09	465	710
文安县	25	67.19	99.49	1886	1284
文昌市	30	82.71	83.80	1752	1598
仙桃市	142	351.68	523.37	966	649
香河县	86	135.71	281.02	4060	1967
象山县	86	214.59	389.48	1563	861
新沂市	92	451.63	701.90	1111	715
兴化市	152	238.91	392.17	954	581
宜兴市	79	266.15	371.48	3119	2235
义乌市	386	364.43	821.01	7749	3440
永登县	127	744.93	1010.19	794	625
余姚市	141	380.33	785.75	2392	1158
张家港市	112	351.70	698.46	4170	2100
长沙县	84	437.38	983.23	3391	1509
长兴县	395	609.08	898.26	1243	845
诸暨市	157	258.54	371.32	2784	1923
庄河市	20	129.15	154.48	756	610

数据来源：中指数据库监测。

1–2　2019 年全国 300 城土地推出宗数统计

单位：宗

城市	1 月	2 月	3 月	4 月	5 月	6 月	7 月	8 月	9 月	10 月	11 月	12 月	汇总
一线城市													
北京市	28	4	6	6	4	10	1	4	10	2	10	10	95
上海市	32	13	18	17	19	21	28	21	35	33	41	51	329
广州市	23	11	9	11	15	19	35	22	19	27	32	30	253
深圳市	1	5	0	3	6	9	1	0	1	5	21	22	74
二线城市													
成都市	34	14	23	15	36	30	41	29	21	7	32	67	349
重庆市	21	12	28	12	33	40	9	15	17	14	21	31	253
长沙市	12	4	9	8	19	28	14	15	17	16	5	21	168
长春市	17	12	8	15	27	21	26	13	29	9	27	39	243
大连市	11	3	17	6	8	15	14	6	22	3	11	9	125
福州市	8	15	15	11	11	3	24	19	14	8	10	22	160
贵阳市	27	3	9	7	14	27	4	12	11	24	26	10	174
杭州市	54	32	32	49	29	34	35	51	72	39	51	89	567
合肥市	1	5	10	17	7	7	17	3	19	11	13	13	123
海口市	0	6	2	3	7	4	12	7	10	14	17	4	86
哈尔滨市	7	9	1	16	6	12	4	6	15	8	12	17	113
呼和浩特市	0	0	12	0	16	0	0	0	21	23	11	19	102
济南市	33	39	6	55	32	50	44	32	26	58	28	76	479
昆明市	60	8	9	23	49	54	102	46	18	57	36	6	468
兰州市	19	3	2	0	3	26	12	3	23	0	2	14	107
南京市	40	22	14	32	22	34	34	22	25	26	22	73	366
宁波市	29	11	19	17	23	27	47	18	29	37	20	53	330
南宁市	15	5	8	9	15	11	14	3	16	13	18	26	153
南昌市	4	5	5	14	13	17	4	7	13	9	3	1	95
青岛市	45	34	8	35	46	62	69	40	63	64	54	68	588
苏州市	31	24	15	42	13	21	8	9	39	30	23	22	277
沈阳市	28	5	12	24	14	23	20	28	30	20	22	7	233
三亚市	5	0	3	1	1	1	0	7	4	8	13	8	51
石家庄市	27	15	3	15	9	17	8	16	21	30	43	35	239
天津市	43	46	39	30	45	40	23	58	26	29	16	42	437
太原市	32	8	14	25	14	22	21	24	31	16	7	15	229
武汉市	34	26	14	41	33	45	15	24	16	40	33	59	380
无锡市	25	20	5	3	11	2	10	13	24	20	9	18	160

1-2 续表 1

单位：宗

城市	1月	2月	3月	4月	5月	6月	7月	8月	9月	10月	11月	12月	汇总
温州市	6	7	8	14	12	13	11	9	3	13	13	23	132
乌鲁木齐市	0	7	10	8	7	14	14	22	13	24	30	122	271
厦门市	2	5	3	3	1	4	6	8	6	8	14	10	70
西安市	45	35	66	49	8	20	51	13	26	21	53	49	436
西宁市	8	2	0	0	5	5	2	4	5	1	6	2	40
银川市	9	6	4	7	11	3	9	10	7	5	4	4	79
郑州市	10	21	20	23	22	44	14	17	22	20	11	42	266
三四线城市													
安庆市	3	3	2	18	4	5	27	9	0	5	9	15	100
安康市	4	4	13	6	6	3	9	10	3	24	17	8	107
安顺市	9	36	8	15	19	5	8	27	19	19	9	14	188
安阳市	0	1	6	4	4	4	1	5	0	0	2	7	34
鞍山市	3	12	5	25	18	8	15	30	0	1	18	5	140
保定市	18	4	1	4	12	13	12	5	13	15	23	43	163
蚌埠市	0	9	5	15	3	4	5	7	3	8	8	5	72
滨州市	16	10	1	7	27	11	32	10	15	8	22	26	185
包头市	5	8	7	3	3	8	7	11	6	4	3	17	82
宝鸡市	24	2	0	22	5	5	5	3	6	1	2	16	91
百色市	4	5	1	12	25	4	2	13	15	26	12	23	142
本溪市	1	2	0	4	0	2	2	0	1	2	2	3	19
北海市	4	1	4	2	6	2	2	5	9	5	3	4	47
常州市	8	10	7	23	41	16	26	16	25	16	17	13	218
滁州市	14	8	9	13	6	9	14	9	24	5	21	9	141
常德市	8	4	8	7	19	10	11	20	9	9	18	29	152
沧州市	1	3	4	3	1	5	0	12	3	5	4	11	52
承德市	2	4	1	3	4	1	2	8	8	1	1	13	48
郴州市	2	11	2	2	2	1	7	6	1	4	12	9	59
池州市	6	3	3	14	10	0	8	10	24	1	9	6	94
潮州市	0	4	0	1	2	0	1	1	0	0	0	0	9
崇左市	5	1	5	0	1	2	0	0	0	1	1	16	32
朝阳市	0	2	0	3	4	2	5	0	5	0	0	1	22
东莞市	8	11	7	11	12	9	6	17	11	13	13	12	130
德阳市	4	0	5	5	1	2	11	25	14	5	1	2	75
德州市	2	3	0	3	2	11	1	6	4	18	15	14	79
东营市	2	17	3	10	5	2	22	3	5	15	13	11	108

1–2　续表 2

单位：宗

城市	1月	2月	3月	4月	5月	6月	7月	8月	9月	10月	11月	12月	汇总
大庆市	1	8	2	2	6	25	3	7	4	4	3	0	65
丹东市	0	1	1	0	5	1	2	0	0	1	0	2	13
鄂州市	15	18	6	0	3	10	7	13	4	1	12	19	108
佛山市	12	16	12	11	10	17	17	16	19	16	19	20	185
阜阳市	4	9	8	14	6	6	3	11	2	0	11	9	83
抚顺市	0	2	1	0	0	3	6	4	3	2	1	3	25
阜新市	0	6	0	0	3	1	9	3	0	0	6	3	31
赣州市	67	3	2	16	16	21	17	12	7	44	7	52	264
贵港市	9	12	7	11	6	5	12	13	17	27	23	14	156
桂林市	6	0	2	13	0	4	10	8	1	0	14	19	77
广元市	2	2	6	7	11	0	10	4	20	5	23	9	99
湖州市	12	21	12	13	23	10	20	23	14	22	23	26	219
菏泽市	24	11	20	15	11	8	21	6	32	25	17	90	280
惠州市	13	6	5	10	8	12	12	16	14	18	33	16	163
邯郸市	33	9	14	18	13	27	10	19	52	9	19	54	277
淮安市	29	6	1	3	16	11	4	22	0	22	40	30	184
淮北市	4	0	14	7	4	0	4	5	7	15	0	7	67
黄石市	1	7	1	2	2	2	5	12	1	2	10	10	55
河源市	1	10	0	4	8	3	9	0	6	8	14	4	67
衡水市	7	2	1	5	5	8	8	2	5	8	18	9	78
怀化市	4	15	2	1	1	3	4	2	1	4	5	12	54
淮南市	4	0	0	11	8	0	12	2	5	15	1	19	77
鹤壁市	4	0	7	0	0	8	0	0	0	0	0	0	19
葫芦岛市	12	0	3	3	6	0	5	6	10	2	0	14	61
鹤岗市	6	0	0	0	2	0	0	0	2	3	0	3	16
嘉兴市	12	3	3	2	10	12	4	14	4	20	10	18	112
金华市	5	4	5	10	7	3	15	8	13	1	8	10	89
济宁市	4	4	0	13	21	10	13	7	8	15	19	49	163
江门市	6	11	1	7	5	8	6	1	7	5	10	5	72
景德镇市	7	0	0	14	0	2	0	11	16	0	0	24	74
荆州市	21	2	3	2	2	3	9	4	24	12	17	19	118
九江市	27	3	1	14	4	17	17	5	9	9	6	14	126
荆门市	0	7	5	10	26	7	0	14	13	11	13	27	133
焦作市	2	1	2	1	2	0	4	2	3	2	11	5	35
揭阳市	0	2	4	0	0	13	0	0	0	4	10	9	42
锦州市	3	3	7	4	17	1	0	2	0	10	0	3	50

1-2 续表 3　　单位：宗

城市	1月	2月	3月	4月	5月	6月	7月	8月	9月	10月	11月	12月	汇总
吉林市	1	0	0	3	1	0	6	0	5	12	0	1	29
鸡西市	1	0	0	1	0	1	3	9	0	0	0	2	17
开封市	0	14	3	0	6	8	1	20	5	7	11	9	84
廊坊市	0	6	6	8	11	11	5	6	0	9	3	16	81
柳州市	1	0	16	0	14	16	0	10	0	5	3	32	97
临沂市	10	13	7	8	27	20	15	29	15	8	16	32	200
洛阳市	5	4	8	2	5	5	2	8	5	4	5	16	69
丽水市	1	1	8	1	4	11	5	2	1	10	0	11	55
六安市	9	24	19	10	17	35	25	0	0	7	31	3	180
聊城市	0	3	18	18	23	12	10	22	17	19	21	45	208
连云港市	6	6	6	1	10	9	0	8	3	22	7	30	108
龙岩市	1	1	1	12	8	2	7	6	6	2	1	7	54
乐山市	5	5	0	1	11	14	5	8	3	1	22	34	109
泸州市	8	11	0	12	8	8	4	5	5	4	1	17	83
漯河市	11	4	3	12	5	1	15	5	11	21	5	6	99
六盘水市	0	0	5	2	6	15	7	8	2	6	17	17	85
拉萨市	7	0	2	0	19	1	3	6	2	4	1	0	45
丽江市	0	0	0	0	3	0	0	2	9	6	1	1	22
绵阳市	1	1	0	8	9	4	5	13	8	0	7	18	74
眉山市	51	18	1	8	10	7	14	19	36	6	42	8	220
马鞍山市	2	2	1	1	5	5	3	5	8	2	13	13	60
茂名市	1	1	4	5	1	0	0	6	1	1	4	4	28
梅州市	3	1	0	17	1	0	3	4	5	5	10	3	52
牡丹江市	0	0	3	0	7	0	0	0	1	2	1	0	14
南通市	25	20	9	10	16	32	11	9	17	15	9	25	198
南充市	28	0	7	10	0	13	6	14	6	2	15	15	116
南阳市	1	0	3	3	10	8	18	6	25	23	16	9	122
宁德市	3	0	0	0	4	7	4	0	4	9	5	2	38
内江市	3	1	2	2	4	2	3	4	3	2	5	2	33
南平市	3	1	2	7	0	0	0	4	10	0	1	3	31
鄂尔多斯市	0	0	0	0	0	4	4	12	4	2	1	4	31
莆田市	5	3	3	8	5	6	3	10	8	4	0	4	59
萍乡市	5	1	8	3	7	4	4	4	5	8	18	14	81
平顶山市	0	1	2	2	7	4	13	1	0	10	17	12	69
普洱市	1	0	8	0	13	5	7	13	34	14	4	66	165
濮阳市	5	1	1	1	11	0	0	5	4	3	3	0	34
攀枝花市	2	0	0	0	8	1	0	0	2	5	0	25	43

1-2　续表 4　　单位：宗

城市	1月	2月	3月	4月	5月	6月	7月	8月	9月	10月	11月	12月	汇总
泉州市	4	2	0	3	2	4	4	2	0	3	3	14	41
衢州市	8	2	3	8	3	11	3	7	5	18	5	21	94
秦皇岛市	11	3	5	16	3	6	6	2	6	8	4	29	99
清远市	6	10	17	11	10	5	10	6	7	3	3	12	100
钦州市	1	1	0	6	5	7	0	21	4	14	10	16	85
齐齐哈尔市	0	0	2	2	0	1	1	2	3	1	1	4	17
曲靖市	15	1	13	26	0	6	0	7	1	3	0	10	82
日照市	6	9	11	28	4	20	8	27	13	14	19	17	176
绍兴市	27	17	12	14	30	16	21	17	20	7	15	19	215
汕头市	20	4	2	10	3	19	4	4	5	10	4	8	93
宿迁市	39	5	9	7	4	4	11	1	18	1	31	15	145
宿州市	11	7	3	22	5	16	8	12	21	0	10	11	126
商丘市	1	2	6	5	9	12	5	16	1	12	1	4	74
十堰市	10	14	9	10	11	8	36	17	10	10	34	18	187
汕尾市	1	0	0	0	1	0	0	0	0	3	1	9	15
随州市	7	0	5	12	5	2	6	4	5	12	2	12	72
韶关市	2	5	6	0	5	0	1	16	4	3	21	3	66
上饶市	5	1	1	1	1	1	6	8	2	5	5	2	38
三明市	2	1	0	3	1	2	0	0	0	6	3	2	20
松原市	1	0	3	2	1	4	3	7	2	3	4	9	39
朔州市	4	0	0	0	2	4	7	1	7	1	0	0	26
商洛市	1	1	4	1	3	3	0	0	1	0	1	0	15
泰州市	4	32	5	12	25	6	8	1	8	6	2	16	125
台州市	15	7	8	8	5	13	15	7	2	5	13	34	132
唐山市	26	19	13	25	31	21	17	40	79	30	46	63	410
泰安市	4	6	9	18	15	9	10	6	12	11	9	8	117
通化市	1	0	1	1	1	1	2	0	7	2	5	2	23
铁岭市	0	0	0	0	3	0	1	1	0	0	0	0	5
乌兰察布市	13	0	0	0	5	5	1	0	2	1	0	3	30
潍坊市	12	14	6	26	6	16	25	14	7	36	29	93	284
威海市	0	9	18	35	17	3	33	25	25	25	38	33	261
芜湖市	5	5	4	1	4	6	3	12	9	6	3	3	61
徐州市	8	16	9	11	5	2	18	21	16	70	20	9	205
襄阳市	15	18	11	15	13	2	4	7	9	21	18	46	179
咸阳市	6	3	5	0	2	1	5	0	15	17	2	2	58
湘潭市	5	0	0	1	5	4	11	13	2	3	2	14	60
宣城市	14	10	4	11	9	7	23	1	11	9	12	14	125

1-2 续表 5

单位：宗

城市	1月	2月	3月	4月	5月	6月	7月	8月	9月	10月	11月	12月	汇总
信阳市	15	9	4	0	5	4	5	3	3	2	5	4	59
新乡市	3	4	1	0	1	2	13	3	3	0	2	8	40
扬州市	4	11	8	14	13	0	2	10	11	8	3	45	129
盐城市	22	7	10	10	15	4	11	9	11	25	9	9	142
烟台市	14	8	7	23	3	15	12	15	9	2	11	24	143
宜宾市	2	0	0	8	13	10	4	3	3	0	1	8	52
宜昌市	13	8	10	23	3	4	3	17	5	16	12	9	123
宜春市	14	5	2	9	16	17	16	10	22	6	14	38	169
岳阳市	4	5	2	8	2	3	0	6	12	22	15	14	93
玉溪市	4	3	7	6	6	2	5	5	5	1	0	3	47
鹰潭市	3	6	11	4	1	0	9	12	11	7	7	2	73
营口市	7	11	5	21	6	3	2	4	10	10	14	2	95
阳江市	6	8	21	6	2	5	4	6	0	9	3	4	74
云浮市	0	0	5	1	5	1	5	6	0	10	4	7	44
伊春市	0	4	3	0	3	5	5	0	6	0	1	0	27
珠海市	6	2	8	4	4	8	12	5	17	11	9	17	103
淄博市	10	11	5	2	11	21	13	27	28	37	32	84	281
株洲市	9	11	1	6	12	22	18	10	15	17	9	30	160
遵义市	16	8	15	34	4	23	19	8	1	64	21	15	228
镇江市	9	15	12	0	11	0	1	11	6	0	0	5	70
漳州市	5	0	0	0	5	0	4	4	3	1	3	0	25
中山市	1	3	0	2	1	1	2	4	6	3	31	11	65
肇庆市	9	10	5	1	3	6	2	4	17	4	8	11	80
舟山市	4	4	0	3	12	7	11	2	0	2	1	10	56
自贡市	2	8	2	4	17	6	3	4	5	9	13	8	81
张家界市	4	1	1	2	2	16	0	1	9	1	10	11	58
湛江市	0	4	0	0	0	4	0	8	4	1	3	3	27
县及县级市													
保亭黎族苗族自治县	0	0	0	0	1	0	1	0	0	0	28	6	36
滨海县	15	30	13	8	6	1	0	0	0	0	8	2	83
常熟市	9	3	6	13	6	1	18	13	15	1	39	17	141
崇州市	8	0	7	1	0	0	0	6	9	0	4	1	36
淳安县	2	14	0	2	0	0	0	0	2	2	8	8	38
慈溪市	25	7	6	9	8	14	16	13	6	11	16	34	165
丹阳市	0	6	2	3	16	68	0	10	4	18	0	14	141

1-2　续表 6　　单位：宗

城市	1 月	2 月	3 月	4 月	5 月	6 月	7 月	8 月	9 月	10 月	11 月	12 月	汇总
当涂县	5	0	0	4	12	1	19	6	11	3	17	8	86
德清县	13	11	10	13	12	8	10	13	8	2	11	12	123
东港市	0	0	5	4	7	12	2	3	0	1	0	3	37
东台市	5	6	6	42	12	0	1	9	5	13	13	1	113
都江堰市	12	19	0	2	1	0	0	1	1	0	1	7	44
恩施土家族苗族自治州	45	2	3	27	5	18	9	19	12	15	10	74	239
肥东县	0	1	0	33	2	4	7	8	1	4	20	2	82
肥西县	5	0	4	8	3	0	8	2	2	9	6	3	50
盖州市	18	1	0	9	1	1	3	0	0	0	0	14	47
高碑店市	0	6	0	13	10	0	13	3	0	0	0	25	70
固安县	0	0	0	4	1	5	0	9	0	4	0	13	36
海安市	68	34	57	26	23	25	5	50	55	16	28	20	407
海门市	5	5	3	9	15	4	1	20	10	3	7	9	91
海宁市	11	7	0	6	12	16	19	20	5	13	6	11	126
海盐县	6	9	3	15	16	6	15	7	7	4	8	11	107
惠安县	6	18	11	3	4	9	5	5	0	7	7	8	83
惠东县	11	1	1	0	0	2	0	0	7	7	3	4	36
嘉善县	3	4	1	3	6	14	2	2	10	5	18	8	76
建德市	0	6	6	9	5	2	14	7	3	14	6	11	83
建湖县	7	3	0	5	9	0	10	0	6	8	12	12	72
江阴市	10	10	0	10	8	7	15	10	8	3	10	15	106
胶州市	0	6	35	5	1	4	13	4	6	28	17	17	136
晋江市	2	15	2	10	3	13	17	13	17	30	16	12	150
靖江市	2	17	0	11	2	2	1	9	9	11	0	8	72
昆山市	5	8	4	4	4	10	0	2	13	4	9	6	69
莱西市	1	1	1	2	29	8	9	5	10	3	5	10	84
莱州市	4	0	4	0	8	5	7	1	1	4	5	6	45
临海市	2	1	1	2	6	1	2	7	3	3	0	9	37
陵水黎族自治县	0	0	0	0	0	0	0	0	0	1	0	1	2
浏阳市	16	12	2	2	7	66	15	14	4	2	8	13	161
龙海市	1	3	2	1	8	0	4	4	1	8	3	6	41
龙口市	1	14	3	2	3	1	3	1	6	24	18	3	79
龙门县	3	0	1	5	3	13	2	16	1	0	3	4	51
闽侯县	0	3	1	5	4	6	4	4	3	2	13	6	51
南安市	3	17	7	8	7	8	3	16	4	26	18	7	124

1-2 续表 7

单位：宗

城市	1月	2月	3月	4月	5月	6月	7月	8月	9月	10月	11月	12月	汇总
宁海县	9	2	3	13	8	3	9	8	2	1	4	8	70
沛县	2	0	5	23	2	20	8	1	3	0	35	50	149
彭州市	2	1	4	0	0	0	1	5	0	0	5	1	19
邳州市	4	0	6	6	14	8	0	6	23	6	36	1	110
平度市	3	3	1	5	14	10	14	10	1	5	2	22	90
平湖市	12	8	3	11	4	4	4	12	6	9	8	21	102
蒲江县	0	0	2	1	1	1	6	11	1	3	5	0	31
普宁市	1	2	1	21	8	3	4	0	3	0	0	0	43
启东市	9	1	1	22	9	2	21	13	17	7	12	13	127
潜江市	2	6	0	1	6	4	10	0	8	5	12	1	55
荣成市	1	6	0	19	2	17	9	23	3	0	21	7	108
如东县	6	4	15	0	4	15	3	16	20	16	16	19	134
瑞安市	18	14	2	14	8	4	6	8	7	8	17	9	115
嵊州市	5	0	0	3	3	4	3	5	3	33	14	40	113
太仓市	2	8	5	6	9	6	7	4	11	4	7	8	77
泰兴市	19	12	8	20	32	22	10	21	19	29	16	23	231
天门市	12	32	10	9	10	7	4	25	3	26	8	32	178
桐庐县	1	32	2	0	6	5	6	9	5	0	6	2	74
桐乡市	7	7	2	17	10	5	10	10	2	11	15	34	130
瓦房店市	3	0	4	3	5	5	1	3	5	5	0	1	35
文安县	0	5	0	0	10	0	0	10	0	0	0	0	25
文昌市	1	0	4	0	0	1	2	0	4	5	2	11	30
仙桃市	5	10	1	12	22	0	5	3	4	47	20	13	142
香河县	0	0	36	0	0	24	0	0	0	25	0	1	86
象山县	3	12	2	5	9	19	7	10	3	8	8	0	86
新沂市	2	1	10	8	8	2	6	3	4	7	20	21	92
兴化市	7	19	0	0	15	1	8	18	34	7	19	24	152
宜兴市	11	8	2	4	12	2	13	7	3	3	4	10	79
义乌市	11	19	44	3	48	35	22	22	21	72	57	32	386
永登县	19	0	1	7	27	7	7	7	17	11	14	10	127
余姚市	2	14	4	10	10	3	23	13	15	7	12	28	141
张家港市	17	15	8	12	6	2	21	2	3	10	4	12	112
长沙县	3	4	0	5	7	7	8	13	11	9	5	12	84
长兴县	21	37	24	11	53	92	37	28	2	14	16	60	395
诸暨市	12	17	4	15	14	19	13	13	7	5	13	25	157
庄河市	10	0	1	0	6	1	1	1	0	0	0	0	20

数据来源：中指数据库监测。

1-3　2019年全国300城土地推出建设用地面积统计

单位：万平方米

城市	1月	2月	3月	4月	5月	6月	7月	8月	9月	10月	11月	12月	汇总
一线城市													
北京市	216.02	28.79	24.65	23.41	15.79	51.12	5.91	25.21	51.28	9.73	56.02	44.89	552.81
上海市	198.40	64.82	64.36	76.52	78.82	122.59	115.39	74.61	142.28	144.68	131.49	249.30	1463.26
广州市	202.92	62.82	106.18	41.76	122.74	76.35	176.66	105.49	72.40	105.60	129.01	226.71	1428.63
深圳市	2.46	7.09	0	3.22	7.91	25.43	5.00	0	9.17	14.71	126.94	44.92	246.85
二线城市													
成都市	238.27	83.95	125.77	93.55	170.80	143.89	226.73	143.67	159.31	29.54	142.29	332.35	1890.12
重庆市	203.73	47.03	171.27	49.35	236.41	258.52	58.83	81.87	121.17	56.49	144.72	261.42	1690.82
长沙市	92.03	37.52	68.87	31.76	90.68	149.54	103.34	104.22	161.26	76.64	15.61	101.61	1033.10
长春市	132.94	85.52	15.54	95.14	94.41	101.88	160.58	59.98	322.52	43.08	229.31	199.60	1540.51
大连市	91.76	17.31	127.86	81.26	22.64	66.66	93.59	19.53	60.08	8.55	33.44	41.99	664.68
福州市	34.26	86.02	42.51	62.32	27.61	14.51	121.58	62.68	43.51	41.82	36.51	83.55	656.89
贵阳市	236.98	23.37	34.12	27.14	134.79	159.28	30.06	73.74	37.08	143.21	146.33	121.70	1167.79
杭州市	126.62	100.59	69.68	137.84	161.44	159.07	126.25	122.64	207.30	119.30	117.19	252.91	1700.83
合肥市	49.68	18.05	83.54	84.45	70.66	43.13	97.16	2.02	110.95	40.48	104.81	50.66	755.60
海口市	0	23.48	3.45	7.00	30.65	5.43	12.88	22.89	37.86	58.22	92.65	19.18	313.70
哈尔滨市	21.81	32.42	3.90	97.72	40.20	97.74	7.45	11.47	86.33	35.59	45.71	96.17	576.50
呼和浩特市	0	0	41.38	0	61.87	0	0	0	75.45	59.88	63.92	70.35	372.84
济南市	181.07	196.27	31.96	217.79	175.92	291.43	175.78	99.10	117.76	172.51	141.16	368.34	2169.07
昆明市	267.69	45.05	36.93	190.61	214.15	187.78	401.15	114.52	82.00	140.73	115.37	26.95	1822.93
兰州市	105.63	4.07	2.49	0	5.70	97.20	69.18	4.06	36.22	0	10.22	55.27	390.03
南京市	183.94	129.70	64.04	127.59	140.65	167.77	221.53	91.49	93.13	114.54	64.74	222.30	1621.40
宁波市	72.34	43.09	130.44	57.83	72.60	138.19	174.63	45.27	127.78	108.07	83.32	103.52	1157.07
南宁市	108.03	48.86	53.08	45.61	50.98	62.94	50.25	38.25	59.98	58.02	50.48	157.93	784.40
南昌市	24.41	22.54	62.60	66.51	21.94	49.82	32.68	21.69	84.74	61.24	18.31	2.66	469.14
青岛市	156.86	152.67	42.17	142.70	150.80	171.32	218.95	124.28	204.68	288.24	195.34	282.19	2130.20
苏州市	97.57	87.02	49.07	131.38	37.39	101.13	20.57	46.40	126.98	108.24	83.49	110.93	1000.18
沈阳市	134.21	27.33	53.66	184.67	67.64	167.17	349.74	140.14	230.00	38.07	105.26	53.59	1551.50
三亚市	4.33	0	5.77	0.35	4.81	0.05	0	9.98	24.25	19.86	39.80	56.85	166.04
石家庄市	88.43	60.28	9.94	66.69	36.57	45.47	18.19	30.00	57.02	76.93	119.81	122.16	731.50
天津市	158.04	301.62	307.22	209.82	310.71	222.98	143.26	292.93	206.82	200.45	58.00	299.59	2711.46
太原市	104.47	17.74	46.89	134.12	54.68	166.11	57.92	61.47	131.99	62.05	45.04	109.64	992.13
武汉市	250.67	217.28	116.77	279.37	180.09	176.27	76.58	128.51	122.39	260.56	117.47	395.63	2321.60
无锡市	110.16	25.52	22.41	15.19	78.14	8.54	78.57	42.07	109.05	85.85	30.31	79.67	685.48
温州市	13.65	22.52	13.23	44.66	75.66	26.85	25.38	42.46	13.83	36.17	42.64	36.72	393.78

1-3 续表 1

单位：万平方米

城市	1月	2月	3月	4月	5月	6月	7月	8月	9月	10月	11月	12月	汇总
乌鲁木齐市	0	26.00	62.53	13.35	27.65	46.82	51.84	97.32	30.15	105.06	148.05	531.65	1140.42
厦门市	15.87	16.80	4.93	10.00	5.35	14.53	15.11	51.19	53.26	20.80	42.39	20.71	270.95
西安市	247.83	120.20	367.21	259.98	21.77	58.59	230.27	44.95	123.35	92.91	193.15	194.32	1954.51
西宁市	24.28	2.59	0	0	33.52	32.85	1.92	5.65	3.84	0.71	36.72	9.25	151.34
银川市	33.38	22.42	3.23	5.59	49.88	27.83	72.63	75.05	43.21	31.48	51.46	20.71	436.87
郑州市	32.30	177.54	85.87	85.91	90.57	252.87	99.71	63.47	98.70	96.88	56.38	214.53	1354.74
三四线城市													
安庆市	26.71	17.66	16.72	78.72	7.40	13.51	102.67	42.67	0	17.85	49.28	12.36	385.55
安康市	14.69	17.08	34.97	14.33	6.08	5.76	40.45	14.41	1.33	130.19	17.53	15.05	311.86
安顺市	29.06	77.03	21.92	77.46	81.75	12.13	23.82	53.54	101.98	43.78	48.56	42.57	613.60
安阳市	0	5.34	9.09	23.41	22.93	11.48	2.36	21.32	0	0	19.23	29.11	144.28
鞍山市	8.62	30.42	12.61	38.10	21.86	12.31	31.60	113.89	0	0.33	28.76	10.25	308.74
保定市	79.40	1.61	2.63	18.88	59.21	34.69	40.19	10.72	36.80	31.43	53.69	138.32	507.58
蚌埠市	0	56.57	27.90	73.72	18.43	8.62	33.80	59.45	45.94	66.45	78.31	43.40	512.59
滨州市	65.61	20.89	4.68	31.75	121.59	197.02	151.42	32.00	46.35	35.43	82.34	132.33	921.42
包头市	72.80	65.80	26.89	10.30	10.58	27.59	39.21	67.62	18.70	19.81	42.92	224.32	626.54
宝鸡市	115.85	12.57	0	112.29	14.04	22.07	25.25	15.69	21.27	4.40	8.42	67.17	419.01
百色市	13.63	15.14	5.85	35.91	27.84	6.28	2.34	41.56	18.66	84.42	39.08	19.65	310.34
本溪市	1.30	3.75	0	7.34	0	7.44	20.29	0	0.60	1.65	32.66	6.59	81.62
北海市	26.46	14.23	40.59	37.85	74.23	17.75	17.64	7.62	75.70	56.57	24.38	26.73	419.76
常州市	45.38	39.88	44.45	94.26	205.25	69.69	135.39	53.05	77.15	50.61	75.66	40.88	931.64
滁州市	101.54	30.53	28.62	89.84	71.15	38.14	81.03	67.17	69.74	51.38	80.46	35.94	745.54
常德市	28.20	24.06	76.51	17.67	37.46	39.13	43.32	89.15	27.31	31.69	138.08	115.60	668.18
沧州市	4.16	10.42	30.76	13.04	0.98	27.89	0	76.75	14.92	15.60	13.29	59.29	267.11
承德市	8.85	15.89	2.04	13.92	17.07	1.63	5.55	25.38	30.16	1.32	9.78	50.76	182.36
郴州市	2.42	15.90	7.43	1.79	23.13	5.57	41.22	26.03	1.38	35.58	24.55	69.93	254.95
池州市	25.98	8.16	14.80	48.35	42.77	0	55.79	58.05	90.58	10.78	17.77	21.19	394.22
潮州市	0	23.49	0	9.54	1.78	0	19.76	0.47	0	0	0	0	55.04
崇左市	30.60	2.23	16.44	0	7.60	15.20	0	0	0	0.29	4.43	81.45	158.26
朝阳市	0	1.14	0	2.58	35.32	9.08	14.16	0	20.30	0	0	10.63	93.19
东莞市	59.58	153.87	28.33	40.81	76.56	41.02	12.79	107.96	31.67	56.23	81.42	59.75	749.99
德阳市	26.32	0	42.10	13.76	3.15	7.67	39.86	56.01	42.80	12.48	0.66	35.29	280.11
德州市	6.27	34.90	0	22.23	1.31	26.11	0.96	16.69	13.79	36.50	79.46	35.90	274.11
东营市	20.19	39.78	16.70	52.64	16.84	12.31	51.08	14.44	31.11	45.11	45.86	94.81	440.88
大庆市	0.15	21.72	27.74	3.59	92.71	33.35	2.97	43.65	25.08	19.75	7.78	0	278.49
丹东市	0	7.89	4.61	0	22.14	19.77	2.11	0	0	2.06	0	15.30	73.88

1-3 续表 2

单位：万平方米

城市	1月	2月	3月	4月	5月	6月	7月	8月	9月	10月	11月	12月	汇总
鄂州市	64.78	146.97	5.19	0	6.67	7.62	48.00	53.35	19.86	13.58	72.69	123.06	561.78
佛山市	64.23	74.74	91.27	52.77	55.16	71.92	106.39	44.20	145.12	86.07	59.52	77.82	929.21
阜阳市	10.74	37.87	60.48	114.75	49.88	77.56	24.82	81.79	13.72	0	82.37	96.91	650.90
抚顺市	0	7.20	11.11	0	0	5.62	19.49	9.07	16.30	13.64	8.65	12.24	103.32
阜新市	0	12.28	0	0	13.47	4.13	22.79	8.24	0	0	83.83	11.53	156.27
赣州市	284.33	13.52	7.44	134.83	56.54	136.64	68.30	53.33	21.29	153.31	27.17	186.65	1143.37
贵港市	23.57	55.14	31.92	67.78	24.26	22.75	27.12	31.73	58.79	120.66	102.50	136.76	702.97
桂林市	38.29	0	5.89	44.17	0	31.20	29.35	52.07	0.38	0	53.30	94.62	349.28
广元市	14.28	6.59	4.88	21.75	50.37	0	26.03	14.72	99.45	3.59	71.99	24.99	338.64
湖州市	28.37	147.38	52.04	47.40	73.82	39.10	56.17	85.67	67.38	79.32	112.38	132.40	921.42
菏泽市	68.76	79.83	28.87	68.07	65.54	9.89	64.94	15.98	260.22	99.29	115.70	193.84	1070.93
惠州市	28.68	19.95	6.04	35.76	25.28	27.68	43.34	62.38	34.94	25.36	127.19	97.36	533.97
邯郸市	76.09	33.90	58.28	53.46	56.71	45.88	47.23	88.39	109.52	6.24	126.51	207.33	909.56
淮安市	106.07	73.46	3.32	11.23	127.77	65.41	14.62	121.97	0	107.63	122.34	140.77	894.60
淮北市	25.03	0	109.92	43.61	38.13	0	27.01	56.39	35.84	121.33	0	72.30	529.55
黄石市	2.06	16.57	1.57	20.97	5.12	7.01	24.30	54.69	4.71	0.97	51.25	25.67	214.89
河源市	1.49	21.92	0	19.64	19.83	7.32	44.22	0	35.67	17.74	74.48	12.83	255.15
衡水市	13.45	16.99	5.15	7.58	6.30	24.45	8.56	18.52	10.53	11.46	69.68	17.88	210.54
怀化市	13.10	73.54	2.36	3.25	4.90	10.49	15.60	11.30	3.22	8.94	39.94	65.11	251.74
淮南市	23.97	0	0	62.66	19.92	0	124.11	6.79	39.49	60.66	6.24	144.52	488.36
鹤壁市	9.79	0	46.07	0	0	50.85	0	0	0	0	0	0	106.71
葫芦岛市	22.46	0	27.53	1.54	17.32	0	8.84	6.41	27.38	9.62	0	45.45	166.55
鹤岗市	0.86	0	0	0	19.64	0	0	0	15.91	12.16	0	2.58	51.16
嘉兴市	26.90	11.81	10.96	1.78	35.01	41.27	15.04	40.13	13.12	70.08	32.63	70.82	369.56
金华市	14.70	19.81	18.74	45.07	36.16	11.35	59.25	33.77	40.09	1.87	36.23	37.75	354.77
济宁市	15.66	14.14	0	68.19	134.01	76.21	45.81	32.74	48.23	54.05	44.47	215.11	748.62
江门市	12.40	96.34	3.02	20.34	21.45	41.55	22.74	4.86	35.44	23.78	32.86	18.50	333.29
景德镇市	22.77	0	0	36.80	0	8.44	0	88.04	83.96	0	0	102.82	342.84
荆州市	116.24	24.37	5.61	13.51	2.03	15.00	50.80	23.48	127.09	78.79	98.09	122.40	677.40
九江市	54.85	6.36	0.63	61.38	17.72	43.09	50.73	5.45	50.70	66.57	29.08	53.92	440.49
荆门市	0	15.52	27.65	40.05	77.82	16.13	0	70.76	74.96	40.96	47.80	171.10	582.76
焦作市	2.82	4.04	5.38	3.35	10.73	0	30.40	13.19	12.24	10.06	55.57	24.29	172.07
揭阳市	0	9.82	16.65	0	0	73.16	0	0	0	11.03	31.45	60.83	202.94
锦州市	5.55	15.37	19.29	16.12	194.51	0.29	0	15.25	0	28.47	0	11.03	305.87
吉林市	3.37	0	0	23.74	9.99	0	10.96	0	60.31	46.55	0	0.60	155.54
鸡西市	0.16	0	0	1.21	0	3.93	4.12	22.68	0	0	0	0.96	33.06
开封市	0	43.85	16.52	0	23.00	21.03	1.34	92.42	22.90	4.48	36.81	27.84	290.17

1-3 续表 3

单位：万平方米

城市	1月	2月	3月	4月	5月	6月	7月	8月	9月	10月	11月	12月	汇总
廊坊市	0	37.05	31.09	37.44	52.33	45.67	36.36	52.96	0	35.78	3.43	67.02	399.13
柳州市	24.98	0	64.63	0	47.68	48.22	0	37.89	0	35.79	25.69	295.23	580.11
临沂市	26.79	62.69	15.89	33.71	159.29	90.98	73.05	119.64	54.28	47.51	95.36	133.75	912.94
洛阳市	30.73	47.98	72.04	8.99	49.01	10.12	30.81	52.92	21.57	22.69	19.14	111.07	477.08
丽水市	5.32	2.92	55.61	4.73	16.46	90.12	25.53	5.79	13.39	22.01	0	70.02	311.89
六安市	51.35	122.81	55.30	46.72	74.76	291.25	47.41	0	0	19.84	95.63	42.05	847.11
聊城市	0	16.82	81.11	138.01	76.19	87.64	31.40	91.02	75.20	73.52	86.52	142.52	899.96
连云港市	45.61	23.39	27.51	40.20	199.40	22.11	0	137.60	11.56	300.29	85.20	435.09	1327.97
龙岩市	1.98	4.23	6.16	32.67	52.14	19.34	29.26	59.20	20.22	3.70	7.77	17.30	253.97
乐山市	28.95	1.62	0	7.63	65.63	38.58	19.24	62.70	24.71	0.12	91.30	92.44	432.92
泸州市	34.44	78.77	0	49.41	32.74	46.57	32.62	22.66	31.00	17.36	6.71	139.21	491.48
漯河市	29.70	29.86	8.90	32.45	12.31	2.44	40.86	13.72	22.93	42.81	19.36	32.68	288.02
六盘水市	0	0	8.13	3.51	40.22	55.27	45.57	21.24	32.21	15.57	54.88	48.15	324.76
拉萨市	19.37	0	4.10	0	70.58	0.79	18.25	21.74	0.53	18.24	4.03	0	157.63
丽江市	0	0	0	0	6.17	0	0	8.11	43.28	24.65	22.51	6.00	110.73
绵阳市	0.40	0.58	0	25.17	28.36	30.65	11.74	64.85	64.51	0	73.44	69.37	369.09
眉山市	224.76	29.23	3.15	47.49	25.48	22.37	104.67	76.02	200.99	39.94	76.59	89.08	939.77
马鞍山市	1.10	3.96	9.29	0.22	8.49	27.66	11.48	37.36	21.93	7.16	36.74	58.18	223.58
茂名市	0.23	2.70	39.26	8.15	3.35	0	0	10.47	2.93	1.63	12.89	11.03	92.63
梅州市	1.53	2.77	0	85.80	0.08	0	2.36	5.03	9.26	28.70	20.50	15.42	171.45
牡丹江市	0	0	8.00	0	52.94	0	0	0	4.46	6.37	2.04	0	73.82
南通市	108.75	159.42	40.91	30.95	62.73	139.88	41.57	53.34	43.18	78.83	76.87	98.69	935.12
南充市	92.84	0	48.94	48.51	0	106.76	33.52	62.79	19.09	7.28	63.85	50.84	534.42
南阳市	5.85	0	8.19	6.16	12.75	22.80	37.45	17.19	52.75	42.79	25.76	23.16	254.85
宁德市	32.29	0	0	0	23.91	45.35	7.77	0	47.70	18.25	22.24	12.96	210.47
内江市	14.24	11.24	6.56	7.60	17.49	21.29	25.18	14.10	22.27	3.80	38.31	25.14	207.21
南平市	1.62	13.19	23.32	41.14	0	0	0	7.98	53.06	0	5.78	9.74	155.83
鄂尔多斯市	0	0	0	0	0	9.12	5.98	5.24	17.75	14.16	1.02	25.68	78.95
莆田市	46.99	12.76	7.26	34.84	24.25	147.74	10.69	34.73	50.45	32.65	0	10.30	412.67
萍乡市	4.76	7.63	24.40	13.11	38.80	8.43	18.93	23.26	19.64	26.12	42.70	35.37	263.17
平顶山市	0	0.40	2.59	7.83	13.82	9.17	119.40	0.91	0	53.04	74.38	25.43	306.96
普洱市	3.49	0	38.36	0	29.80	7.74	21.41	14.42	7.53	41.28	15.38	184.11	363.53
濮阳市	22.70	16.24	5.62	5.65	30.11	0	0	11.47	9.74	10.55	14.73	0	126.81
攀枝花市	3.46	0	0	0	29.91	9.00	0	0	2.67	9.97	0	116.11	171.11
泉州市	17.34	18.58	0	0.55	5.03	14.08	3.02	6.19	0	21.60	6.33	48.81	141.53
衢州市	35.47	1.19	22.09	121.11	16.13	24.32	5.08	21.84	12.82	44.05	18.41	68.38	390.88
秦皇岛市	26.27	28.01	41.15	34.70	11.56	41.43	22.18	9.58	12.78	43.67	11.47	135.44	418.24

1-3　续表 4　　　　单位：万平方米

城市	1月	2月	3月	4月	5月	6月	7月	8月	9月	10月	11月	12月	汇总
清远市	23.18	18.58	29.90	53.56	39.02	27.77	7.92	27.83	28.57	18.14	28.98	48.26	351.71
钦州市	2.77	3.32	0	33.31	20.35	49.88	0	131.88	9.48	60.39	96.85	277.03	683.64
齐齐哈尔市	0	0	1.11	19.92	0	1.12	1.19	4.61	16.66	6.39	4.50	39.07	94.58
曲靖市	24.52	0.40	44.25	18.66	0	9.90	0	15.65	3.39	13.61	0	32.63	163.01
日照市	35.68	43.41	40.56	78.89	82.31	98.69	50.74	87.98	65.22	72.32	56.49	88.94	801.23
绍兴市	112.65	53.59	61.00	55.50	128.40	96.37	81.04	67.19	52.13	35.61	102.69	130.81	976.98
汕头市	52.33	8.88	7.79	27.38	14.42	21.79	13.01	18.41	9.84	42.00	14.99	13.31	244.17
宿迁市	160.08	13.45	46.67	17.07	31.74	4.29	72.10	0.22	124.62	0.92	136.31	135.81	743.28
宿州市	60.49	39.86	8.73	115.52	23.65	58.02	16.76	78.55	96.61	0	48.68	38.79	585.65
商丘市	6.52	8.49	19.30	26.94	30.22	45.39	24.00	56.09	2.79	64.39	5.19	13.02	302.34
十堰市	70.71	69.69	21.47	37.99	37.34	24.66	204.32	65.74	63.32	16.26	111.75	51.02	774.27
汕尾市	1.55	0	0	0	5.92	0	0	0	0	27.32	0.47	52.83	88.09
随州市	38.72	0	14.84	27.42	32.25	1.24	45.46	17.69	16.98	37.62	2.62	40.39	275.23
韶关市	20.96	29.75	24.25	0	7.91	0	2.72	31.89	35.88	4.85	64.13	11.03	233.37
上饶市	17.64	6.65	3.25	0.35	2.94	3.39	12.46	18.02	2.38	10.45	25.48	7.12	110.13
三明市	9.15	1.27	0	8.25	4.51	3.32	0	0	0	12.76	6.63	1.45	47.33
松原市	0.20	0	13.18	6.93	7.89	15.18	12.85	29.23	0.83	4.91	1.47	51.45	144.11
朔州市	9.27	0	0	0	6.49	1.13	20.25	8.48	31.31	1.91	0	0	78.84
商洛市	0.80	6.49	8.09	6.49	8.97	0.41	0	0	0.73	0	2.20	0	34.19
泰州市	9.15	51.31	43.36	26.15	102.11	3.80	12.02	0.06	58.37	52.45	12.73	53.78	425.30
台州市	29.36	43.70	22.42	47.44	25.28	53.93	76.37	13.91	3.06	14.97	40.33	145.97	516.74
唐山市	191.13	69.74	58.24	139.67	107.87	160.55	52.26	512.78	578.49	330.26	174.81	308.14	2683.95
泰安市	15.69	31.31	75.88	79.11	62.93	30.88	66.61	27.40	68.89	93.68	78.81	35.89	667.07
通化市	1.24	0	6.53	2.83	4.04	12.83	14.54	0	27.97	7.60	10.08	0.80	88.46
铁岭市	0	0	0	0	11.41	0	1.98	3.91	0	0	0	0	17.30
乌兰察布市	69.13	0	0	0	23.39	22.43	3.72	0	4.30	2.33	0	8.44	133.72
潍坊市	82.44	46.69	47.94	242.40	37.29	62.77	159.36	85.75	63.13	134.66	169.20	699.84	1831.48
威海市	0	34.11	53.76	156.16	64.61	8.94	134.44	116.93	130.38	102.55	155.07	144.12	1101.06
芜湖市	46.49	13.28	18.39	1.08	13.93	30.08	17.48	96.94	4.33	42.18	11.95	20.57	316.70
徐州市	65.45	77.17	69.26	70.53	22.38	0.84	95.18	160.62	102.42	251.55	71.23	85.28	1071.91
襄阳市	73.51	62.91	38.02	34.28	51.48	7.37	18.77	36.47	47.11	90.21	58.13	211.07	729.32
咸阳市	38.72	12.00	26.30	0	9.05	4.00	15.10	0	42.38	99.76	8.19	42.67	298.15
湘潭市	30.47	0	0	8.34	29.40	25.88	41.04	47.96	8.81	27.19	3.71	64.32	287.11
宣城市	47.97	40.53	23.69	18.60	16.10	19.73	38.25	6.82	29.58	19.95	23.16	31.95	316.31
信阳市	88.39	53.08	8.19	0	8.57	22.88	13.61	21.34	25.24	9.13	10.64	13.00	274.06
新乡市	7.89	51.05	1.90	0	7.33	7.85	35.69	32.16	6.45	0	6.05	19.26	175.63
扬州市	33.22	42.63	14.08	113.28	61.89	0	16.63	43.76	25.40	50.35	7.59	293.61	702.43

1-3 续表 5

单位：万平方米

城市	1月	2月	3月	4月	5月	6月	7月	8月	9月	10月	11月	12月	汇总
盐城市	115.41	33.54	32.38	14.44	141.48	46.89	72.45	58.10	31.73	45.71	41.00	56.85	689.99
烟台市	51.69	45.84	100.28	68.37	12.72	64.71	21.56	54.94	30.97	21.13	39.57	168.81	680.58
宜宾市	41.47	0	0	45.14	76.39	46.82	19.01	8.98	27.09	0	0.54	38.55	303.99
宜昌市	24.68	26.08	33.27	48.77	41.15	21.62	16.65	107.61	3.95	63.07	17.37	19.35	423.58
宜春市	49.10	20.52	1.34	18.17	29.59	59.11	62.30	62.46	91.70	18.70	45.46	143.06	601.51
岳阳市	61.48	22.53	5.59	46.57	7.43	12.80	0	32.82	61.76	59.00	112.88	57.69	480.56
玉溪市	21.70	3.91	17.81	30.89	17.39	1.61	16.40	9.11	24.42	2.00	0	25.71	170.95
鹰潭市	11.18	22.25	42.34	18.84	3.95	0	28.05	27.09	10.76	63.29	26.44	15.60	269.80
营口市	13.30	23.31	7.88	93.21	27.36	7.45	4.96	7.37	60.60	17.62	53.69	6.34	323.09
阳江市	16.47	17.71	25.08	33.26	13.53	15.42	26.22	33.80	0	5.05	1.37	51.16	239.07
云浮市	0	0	119.06	0.28	13.82	37.38	4.64	42.94	0	35.20	8.77	83.76	345.85
伊春市	0	12.26	3.69	0	21.61	6.15	18.72	0	7.81	0	0.74	0	70.98
珠海市	39.58	13.87	37.43	10.06	8.10	128.16	57.15	21.32	77.02	60.43	47.44	115.00	615.53
淄博市	37.90	14.58	26.41	1.25	22.86	84.67	59.26	133.77	100.50	109.84	133.19	322.54	1046.77
株洲市	79.18	38.08	0.65	14.71	97.28	77.27	80.56	30.92	68.27	60.09	33.23	170.68	750.92
遵义市	85.50	70.98	52.76	183.55	17.46	90.31	121.42	71.13	11.95	247.45	125.45	63.75	1141.72
镇江市	7.63	117.24	44.81	0	65.07	0	12.07	49.66	11.28	0	0	17.98	325.74
漳州市	19.43	0	0	0	27.73	0	19.95	8.07	12.69	1.47	14.01	0	103.34
中山市	0.36	14.49	0	4.62	1.46	5.94	4.17	9.62	32.13	3.73	97.12	57.12	230.76
肇庆市	45.31	31.09	22.53	5.66	19.16	36.03	5.17	11.70	55.85	10.63	25.93	58.43	327.51
舟山市	20.09	5.61	0	1.52	35.07	28.33	150.48	9.24	0	8.00	13.84	31.22	303.40
自贡市	11.12	36.31	16.10	16.64	95.74	47.29	13.42	14.11	29.35	45.51	53.10	21.16	399.85
张家界市	3.57	7.05	0.33	6.70	5.81	57.36	0	3.20	38.27	6.62	23.22	53.93	206.06
湛江市	0	5.53	0	0	0	7.45	0	24.29	29.71	1.06	54.74	18.67	141.45
县及县级市													
保亭黎族苗族自治县	0	0	0	0	0.52	0	1.09	0	0	0	14.25	15.26	31.11
滨海县	27.15	82.09	22.11	28.00	10.45	0.67	0	0	0	0	19.01	9.09	198.56
常熟市	23.86	6.97	32.17	65.43	15.77	6.50	49.14	61.66	44.10	2.75	137.13	64.04	509.52
崇州市	29.08	0	19.45	5.85	0	0	0	30.85	16.51	0	12.54	2.44	116.72
淳安县	2.76	39.58	0	2.41	0	0	0	0	4.44	0.41	5.70	15.23	70.52
慈溪市	33.80	53.71	4.29	44.59	21.35	70.52	33.94	14.97	40.27	46.27	29.45	129.84	523.02
丹阳市	0	5.33	7.48	0.48	59.55	72.00	0	15.88	16.36	8.00	0	24.48	209.57
当涂县	8.00	0	0	52.42	28.32	5.16	16.90	24.41	11.08	8.09	63.42	11.58	229.39
德清县	30.29	41.31	22.18	30.10	13.43	27.39	18.77	33.69	14.84	3.18	51.23	19.77	306.17
东港市	0	0	3.68	1.24	12.34	20.59	1.14	1.11	0	0.61	0	2.14	42.85
东台市	8.18	26.40	3.53	111.81	29.98	0	0.69	21.03	12.19	39.76	24.90	2.83	281.27

1-3　续表 6　　单位：万平方米

城市	1月	2月	3月	4月	5月	6月	7月	8月	9月	10月	11月	12月	汇总
都江堰市	59.46	67.20	0	4.82	7.84	0	0	0.91	13.22	0	4.81	28.18	186.45
恩施土家族苗族自治州	25.93	1.02	6.31	47.66	6.88	49.65	15.95	49.98	22.77	36.96	18.56	85.45	367.11
肥东县	0	10.26	0	62.33	5.54	22.62	19.98	8.41	2.05	19.38	35.96	5.05	191.58
肥西县	49.15	0	33.46	27.35	60.31	0	23.59	3.79	24.76	50.27	22.43	12.44	307.55
盖州市	66.98	32.97	0	22.42	3.48	0.31	6.30	0	0	0	0	28.00	160.45
高碑店市	0	6.10	0	25.84	36.53	0	39.89	3.65	0	0	0	32.52	144.53
固安县	0	0	0	2.21	4.00	14.26	0	31.85	0	56.94	0	12.66	121.92
海安市	164.54	63.64	76.23	72.80	56.05	54.60	18.15	54.02	71.52	19.85	30.04	21.79	703.24
海门市	23.11	19.84	9.36	60.19	80.55	13.69	2.77	90.25	32.29	1.37	15.69	30.79	379.91
海宁市	36.75	34.22	0	25.31	36.81	47.11	73.09	33.70	30.49	32.29	14.99	33.20	397.95
海盐县	11.07	34.17	3.12	52.11	61.55	21.35	21.35	16.24	16.02	3.99	21.29	35.05	297.30
惠安县	1.16	168.31	12.71	4.27	60.51	14.64	25.61	26.57	0	19.85	26.02	30.60	390.24
惠东县	21.43	3.49	7.03	0	0	5.27	0	0	16.81	14.35	2.14	17.34	87.85
嘉善县	7.72	20.02	11.62	11.69	22.12	47.63	6.50	11.37	19.26	10.67	54.85	56.29	279.72
建德市	0	3.93	9.11	20.26	17.00	3.18	22.79	21.11	3.69	34.71	2.80	11.66	150.24
建湖县	14.88	3.09	0	8.56	32.92	0	33.42	0	7.48	18.76	31.43	58.36	208.90
江阴市	110.74	70.11	0	17.40	32.05	36.47	61.28	30.15	23.48	12.93	30.91	68.82	494.33
胶州市	0	23.53	198.75	26.05	4.19	5.18	46.11	7.42	18.24	104.27	63.10	114.27	611.09
晋江市	3.05	37.64	9.71	25.68	16.55	16.70	35.14	16.62	51.78	51.43	36.89	56.54	357.74
靖江市	7.11	104.20	0	54.02	5.50	9.28	3.52	37.63	25.40	90.31	0	30.10	367.07
昆山市	23.44	15.56	13.60	8.63	51.69	43.58	0	14.13	39.31	14.73	36.67	34.11	295.45
莱西市	20.28	1.59	3.51	7.32	27.24	31.84	44.92	19.42	33.10	13.60	19.98	37.13	259.93
莱州市	9.40	0	6.81	0	13.36	6.31	12.02	0.69	1.35	7.42	14.24	5.58	77.19
临海市	7.34	7.47	1.90	5.45	46.61	0.40	55.52	26.68	26.20	22.26	0	57.52	257.35
陵水黎族自治县	0	0	0	0	0	0	0	0	0	3.49	0	2.00	5.49
浏阳市	33.62	85.40	12.91	19.83	13.07	243.33	37.87	26.53	6.91	8.86	17.22	31.00	536.56
龙海市	3.21	3.23	12.41	2.96	24.51	0	17.39	8.69	1.11	14.86	7.57	16.35	112.29
龙口市	2.94	26.41	5.25	12.13	14.77	0.26	15.46	0.06	55.62	75.22	55.87	2.78	266.78
龙门县	11.41	0	5.56	8.51	1.17	34.63	1.75	40.78	5.05	0	2.54	7.50	118.89
闽侯县	0	4.87	2.27	15.85	16.22	12.31	5.93	8.48	9.33	9.44	66.32	22.50	173.51
南安市	7.94	30.26	54.70	34.92	26.82	39.90	5.35	37.30	12.41	54.42	39.54	38.85	382.41
宁海县	14.61	3.54	42.49	33.29	7.82	7.17	22.31	31.56	12.39	1.51	14.62	12.40	203.71
沛县	10.75	0	15.03	64.53	29.81	63.63	18.71	6.91	8.70	0	75.29	133.55	426.90
彭州市	2.50	1.32	24.55	0	0	0	0.68	35.90	0	0	26.16	3.36	94.47
邳州市	10.10	0	10.66	26.26	90.67	28.27	0	26.49	76.51	32.77	153.75	5.49	460.98
平度市	1.83	8.95	0.85	32.62	68.16	21.90	30.76	14.47	5.46	12.28	3.05	67.79	268.11
平湖市	15.30	24.79	8.21	38.51	16.76	13.20	14.99	25.98	8.55	65.44	31.48	39.07	302.29

1-3 续表 7

单位：万平方米

城市	1月	2月	3月	4月	5月	6月	7月	8月	9月	10月	11月	12月	汇总
蒲江县	0	0	4.24	1.56	1.76	0.58	15.32	26.59	1.46	6.82	16.33	0	74.67
普宁市	2.00	1.54	3.83	9.45	4.74	17.38	6.62	0	7.45	0	0	0	53.00
启东市	7.53	36.82	2.20	55.63	28.73	7.16	112.54	48.13	58.59	13.49	29.83	40.96	441.62
潜江市	0.87	13.45	0	3.71	19.92	13.21	31.85	0	31.21	20.81	44.98	3.94	183.95
荣成市	3.47	10.57	0	47.13	4.84	52.31	18.79	42.66	9.32	0	48.60	4.20	241.88
如东县	18.55	12.26	34.78	0	6.70	43.01	13.33	38.74	58.73	64.86	51.08	186.68	528.73
瑞安市	40.49	16.26	7.56	52.34	6.43	12.25	13.30	16.62	13.61	13.85	73.18	15.57	281.46
嵊州市	12.31	0	0	2.10	4.86	3.37	8.28	16.89	14.31	116.20	34.02	88.28	300.63
太仓市	3.77	21.41	20.85	6.56	23.50	22.74	24.95	13.11	45.30	20.78	13.79	30.28	247.06
泰兴市	54.04	26.15	13.90	56.75	56.20	85.48	28.98	44.64	35.15	38.50	40.75	53.90	534.44
天门市	58.61	76.28	24.15	23.36	39.75	14.02	3.65	69.21	1.77	71.40	11.76	48.88	442.85
桐庐县	0.47	14.69	1.94	0	10.88	12.47	8.82	30.38	12.34	0	2.40	2.18	96.58
桐乡市	18.28	5.79	2.19	63.25	27.28	15.46	27.37	19.91	8.36	22.79	26.68	89.14	326.49
瓦房店市	6.27	0	7.29	3.75	62.35	11.60	1.98	7.10	68.65	37.78	0	3.20	209.96
文安县	0	12.32	0	0	30.13	0	0	24.74	0	0	0	0	67.19
文昌市	0.32	0	5.30	0	0	1.23	13.52	0	2.66	4.32	15.01	40.36	82.71
仙桃市	13.00	36.94	1.99	20.66	41.61	0	9.75	5.67	20.29	63.22	106.43	32.12	351.68
香河县	0	0	44.85	0	0	49.14	0	0	0	35.91	0	5.81	135.71
象山县	3.12	38.57	5.58	11.91	20.28	34.27	22.95	17.71	5.24	36.60	18.35	0	214.59
新沂市	1.85	1.24	46.37	21.35	26.62	10.42	24.90	4.57	15.45	29.31	90.27	179.29	451.63
兴化市	9.57	14.04	0	0	14.11	1.42	47.94	45.61	11.86	19.98	50.30	24.06	238.91
宜兴市	32.10	8.97	3.27	42.50	25.11	9.01	54.51	15.71	6.28	9.70	10.34	48.65	266.15
义乌市	6.48	15.40	0.47	36.82	38.38	101.00	23.62	37.61	18.98	27.74	1.00	56.93	364.43
永登县	152.99	0	0.23	70.41	121.09	81.64	51.31	17.32	103.26	57.74	56.41	32.53	744.93
余姚市	8.64	29.80	13.40	21.96	20.58	8.78	50.31	43.47	58.80	29.74	9.36	85.49	380.33
张家港市	58.65	78.33	11.41	40.13	14.58	10.79	62.94	0.81	3.98	27.45	4.97	37.65	351.70
长沙县	12.59	32.90	0	22.63	49.73	30.70	76.68	44.87	56.92	54.51	14.13	41.73	437.38
长兴县	28.68	47.17	24.98	21.60	74.61	61.78	91.01	31.10	7.17	24.58	22.60	173.79	609.08
诸暨市	4.27	13.98	15.50	50.62	36.76	39.44	6.79	15.29	8.17	4.66	13.66	49.40	258.54
庄河市	61.59	0	2.76	0	54.43	8.78	1.33	0.26	0	0	0	0	129.15

数据来源：中指数据库监测。

1-4　2019 年全国 300 城土地推出规划建筑面积统计

单位：万平方米

城市	1 月	2 月	3 月	4 月	5 月	6 月	7 月	8 月	9 月	10 月	11 月	12 月	汇总
一线城市													
北京市	355.71	48.56	45.09	29.90	31.58	97.72	21.65	50.64	113.58	26.22	133.25	85.33	1039.22
上海市	328.00	126.93	117.58	125.81	136.30	199.94	223.70	166.53	255.28	302.46	255.84	502.13	2741.50
广州市	578.80	212.50	319.32	129.16	363.06	221.17	409.86	330.74	234.97	302.15	433.97	620.17	4155.88
深圳市	19.69	41.74	0	11.85	23.72	123.31	10.00	0	16.63	112.26	408.08	174.10	941.38
二线城市													
成都市	644.94	222.79	349.41	207.19	396.90	362.69	525.06	337.58	410.69	89.40	370.96	839.50	4757.10
重庆市	243.02	69.88	258.35	72.15	381.03	373.56	86.60	121.99	213.72	90.48	242.05	399.90	2552.72
长沙市	217.30	73.19	185.43	66.00	196.92	402.12	244.18	308.94	391.21	201.27	47.10	252.93	2586.60
长春市	222.28	134.66	29.81	151.62	148.50	97.46	291.62	73.68	515.76	77.97	400.98	362.20	2506.54
大连市	126.92	26.25	204.56	151.13	27.07	91.41	142.76	29.59	109.43	11.83	38.15	57.05	1016.14
福州市	49.89	223.40	97.24	125.13	66.12	25.62	264.35	111.94	97.54	73.95	71.50	191.64	1398.34
贵阳市	484.93	64.22	78.75	59.28	315.56	370.63	73.38	184.35	91.21	440.73	319.92	254.10	2737.05
杭州市	293.37	239.67	155.38	355.52	391.59	316.39	337.94	355.91	531.44	277.48	259.26	743.10	4257.05
合肥市	59.61	28.80	136.72	212.32	87.24	85.73	163.89	2.42	300.38	46.01	145.54	76.55	1345.22
海口市	0	58.07	16.53	10.74	74.69	19.81	48.97	92.59	66.65	121.86	179.66	54.63	744.20
哈尔滨市	26.43	27.43	3.27	195.36	77.69	148.81	17.03	29.69	151.64	71.91	99.11	153.19	1001.57
呼和浩特市	0	0	94.11	0	134.48	0	0	0	149.36	136.28	131.04	152.34	797.61
济南市	356.73	338.16	45.47	353.47	361.88	564.59	340.27	161.86	197.20	280.88	267.39	566.72	3834.61
昆明市	591.54	151.04	101.14	384.27	325.90	601.74	1311.86	329.97	158.63	359.57	202.49	217.17	4735.32
兰州市	246.64	15.96	1.99	0	17.47	232.45	172.91	9.58	66.01	0	8.17	139.90	911.08
南京市	359.15	247.27	120.07	265.73	256.14	403.28	440.56	221.31	205.05	237.96	119.71	473.11	3349.34
宁波市	140.66	71.64	216.96	104.83	148.18	283.50	302.20	86.47	222.10	245.33	157.65	223.77	2203.30
南宁市	276.23	129.88	152.05	115.44	142.34	157.56	122.39	65.44	179.44	145.29	139.23	452.48	2077.77
南昌市	45.96	46.54	115.23	117.84	28.18	83.89	72.57	43.07	194.38	101.15	37.47	5.32	891.61
青岛市	238.30	263.78	80.59	286.19	266.63	346.06	319.58	228.29	302.84	440.35	382.52	505.37	3660.49
苏州市	189.28	152.32	82.93	263.81	70.95	187.97	44.70	70.99	236.34	172.04	140.31	215.09	1826.73
沈阳市	200.15	24.66	103.14	231.57	125.47	252.45	356.86	204.70	350.36	70.53	159.74	74.17	2153.79
三亚市	10.55	0	31.25	0.10	4.81	0.10	0	26.41	46.46	41.89	122.41	36.43	320.41
石家庄市	190.28	142.76	18.68	157.66	79.58	99.55	34.28	84.46	172.57	191.70	296.52	311.58	1779.62
天津市	230.41	401.04	425.73	289.02	430.54	394.55	181.15	462.11	307.68	291.11	104.50	371.21	3889.04
太原市	309.82	49.36	131.19	448.31	159.35	433.87	193.31	147.61	403.66	176.19	118.90	260.96	2832.53
武汉市	592.34	336.20	300.27	644.00	379.23	437.68	133.85	358.42	200.12	505.36	305.62	987.23	5180.34
无锡市	191.29	35.53	41.42	21.27	145.82	17.84	128.77	90.94	224.09	175.03	63.20	151.93	1287.12
温州市	35.08	71.06	16.89	122.38	208.04	74.49	61.65	89.19	33.91	90.07	97.23	105.56	1005.56

1-4 续表 1

单位：万平方米

城市	1月	2月	3月	4月	5月	6月	7月	8月	9月	10月	11月	12月	汇总
乌鲁木齐市	0	62.69	73.72	24.18	67.48	100.47	123.12	166.87	69.76	245.52	288.47	1009.54	2231.83
厦门市	63.50	47.94	11.37	26.67	16.04	33.64	44.00	156.52	154.63	65.23	122.67	64.73	806.93
西安市	537.22	259.17	638.64	542.31	89.95	159.44	477.48	144.73	257.02	140.62	402.30	435.73	4084.63
西宁市	38.33	2.19	0	0	97.71	92.43	3.42	5.39	3.92	1.43	64.87	22.21	331.90
银川市	49.36	44.11	6.32	9.69	63.32	53.43	103.59	116.23	81.47	47.37	99.43	33.35	707.68
郑州市	110.81	376.01	284.14	193.33	276.57	717.01	269.72	236.71	320.67	251.98	141.82	536.20	3714.98
三四线城市													
安庆市	52.94	19.54	36.79	131.91	13.98	18.98	192.69	92.84	0	27.48	54.75	11.11	653.02
安康市	21.85	33.15	69.39	14.16	8.32	15.23	59.62	34.86	1.44	278.73	31.15	39.58	607.49
安顺市	56.47	148.92	45.58	112.12	164.51	14.12	32.97	103.30	112.50	81.82	50.96	71.47	994.74
安阳市	0	3.73	12.24	43.07	35.64	34.60	5.90	32.69	0	0	48.09	64.75	280.73
鞍山市	5.92	51.75	29.01	30.21	14.88	10.26	27.42	92.68	0	0.03	25.31	16.19	303.67
保定市	198.93	3.75	9.22	44.40	148.52	69.49	106.87	22.53	77.77	72.94	95.13	284.18	1133.72
蚌埠市	0	63.54	48.71	127.59	36.27	10.34	42.62	95.40	84.54	67.80	124.74	64.71	766.26
滨州市	107.93	25.68	10.30	76.32	97.30	138.37	241.68	44.08	94.30	46.36	82.48	108.86	1073.66
包头市	44.97	68.83	57.64	13.42	21.94	48.20	42.66	92.83	23.35	42.50	54.53	168.26	679.16
宝鸡市	248.91	10.15	0	297.02	11.23	44.75	86.49	21.83	88.86	3.52	29.46	138.69	980.91
百色市	22.52	235.27	18.72	93.97	70.13	8.98	8.24	83.62	47.84	134.35	109.46	61.52	894.63
本溪市	1.95	2.65	0	3.35	0	5.21	34.65	0	0.48	1.16	32.00	7.42	88.88
北海市	43.78	28.45	87.85	81.31	152.57	13.29	38.81	10.92	118.11	93.13	34.05	68.19	770.46
常州市	111.55	92.93	103.25	218.43	474.68	153.21	318.66	124.30	190.64	125.36	189.16	81.91	2184.07
滁州市	182.99	36.09	51.09	142.06	85.38	61.46	116.88	116.82	100.37	100.64	126.87	74.78	1195.42
常德市	39.56	41.21	139.92	65.84	49.46	100.53	86.19	143.17	62.55	46.01	216.10	233.48	1224.00
沧州市	10.40	26.03	68.60	34.28	1.08	41.00	0	139.18	30.02	83.80	18.36	131.62	584.37
承德市	14.94	31.20	2.04	21.53	22.74	3.27	11.34	40.51	50.97	1.32	14.67	71.30	285.83
郴州市	3.95	35.07	19.42	6.55	102.10	13.94	86.54	41.39	3.87	85.58	51.81	135.17	585.39
池州市	16.42	9.80	14.80	69.79	53.66	0	68.17	76.88	112.73	17.25	20.89	23.23	483.62
潮州市	0	73.36	0	33.39	5.35	0	69.15	2.57	0	0	0	0	183.82
崇左市	37.49	2.23	24.35	0	6.84	13.68	0	0	0	0.29	3.99	127.70	216.58
朝阳市	0	2.31	0	1.34	38.68	9.48	21.45	0	18.64	0	0	10.63	102.53
东莞市	182.43	378.52	76.81	119.23	99.99	102.15	37.26	409.51	90.12	182.67	207.62	127.68	2013.99
德阳市	72.97	0	43.73	26.04	2.20	20.93	43.33	80.72	100.79	34.57	0.46	47.38	473.13
德州市	13.93	53.85	0	21.95	1.31	26.05	2.58	24.26	32.10	42.13	112.63	41.93	372.72
东营市	28.67	47.40	22.62	46.05	19.60	16.00	56.13	17.31	42.47	60.13	52.54	82.42	491.36
大庆市	0.15	30.15	16.74	3.93	85.92	38.02	5.85	35.37	20.03	22.37	6.71	0	265.23
丹东市	0	5.53	9.22	0	28.76	49.43	3.19	0	0	3.09	0	28.71	127.91
鄂州市	122.84	253.27	14.29	0	13.06	10.99	76.13	75.20	19.86	33.95	167.38	165.16	952.13

1-4　续表 2　　　　单位：万平方米

城市	1 月	2 月	3 月	4 月	5 月	6 月	7 月	8 月	9 月	10 月	11 月	12 月	汇总
佛山市	178.32	230.84	258.15	147.79	145.62	184.92	307.90	123.96	371.05	243.61	164.44	227.16	2583.76
阜阳市	15.81	45.95	115.50	253.13	111.90	261.29	55.82	50.58	24.27	0	116.95	117.57	1168.77
抚顺市	0	8.49	6.66	0	0	11.73	34.79	12.66	30.95	8.19	9.51	7.34	130.33
阜新市	0	20.99	0	0	12.85	8.27	27.26	6.59	0	0	70.70	21.93	168.59
赣州市	557.99	23.77	9.01	158.85	89.01	297.40	112.83	108.99	55.54	338.13	62.88	419.18	2233.59
贵港市	24.55	63.66	67.13	122.73	37.49	17.13	23.24	45.74	93.98	249.66	162.42	213.57	1121.28
桂林市	74.42	0	11.51	72.65	0	54.74	60.86	97.95	1.32	0	56.68	125.71	555.84
广元市	24.76	11.41	7.08	36.41	52.26	0	44.25	33.59	117.07	4.29	94.81	47.42	473.36
湖州市	45.38	209.03	84.48	93.91	121.09	87.17	102.25	137.72	107.78	140.62	205.60	247.37	1582.38
菏泽市	147.79	175.58	51.63	159.97	88.50	9.15	134.19	49.19	734.29	213.71	183.04	445.77	2392.80
惠州市	76.49	58.76	20.16	109.90	82.30	72.51	137.70	177.33	102.24	93.89	408.10	158.88	1498.27
邯郸市	132.26	40.78	68.58	107.16	132.33	48.43	117.83	179.74	139.28	6.31	204.99	433.95	1611.65
淮安市	229.85	80.88	3.66	16.47	204.98	85.82	13.13	169.44	0	156.27	183.64	304.53	1448.67
淮北市	60.74	0	128.48	72.56	45.32	0	38.78	64.38	49.53	250.71	0	132.97	843.48
黄石市	6.78	16.40	4.56	20.97	9.09	23.51	64.30	76.90	5.19	3.96	132.48	36.20	400.34
河源市	1.49	35.95	0	39.86	32.90	29.29	122.51	0	67.97	57.97	172.08	39.50	599.52
衡水市	23.43	16.99	5.15	16.00	8.96	45.21	13.33	20.30	29.96	32.15	110.81	44.43	366.70
怀化市	30.22	160.88	3.82	3.90	8.97	36.83	40.94	14.25	9.66	23.32	95.88	148.35	577.03
淮南市	26.47	0	0	149.57	26.15	0	247.09	6.79	65.18	93.63	12.49	200.27	827.64
鹤壁市	10.17	0	59.85	0	0	33.16	0	0	0	0	0	0	103.19
葫芦岛市	22.92	0	40.07	5.12	46.68	0	17.15	6.41	43.53	13.01	0	74.41	269.29
鹤岗市	0.86	0	0	0	16.60	0	0	0	0.35	10.44	0	1.02	29.27
嘉兴市	56.40	23.61	27.76	3.21	67.92	76.21	26.03	73.31	23.45	137.94	55.16	169.36	740.37
金华市	29.68	36.69	31.00	96.03	59.54	20.67	110.33	67.30	73.11	4.11	79.14	67.28	674.88
济宁市	26.95	23.10	0	84.22	231.96	83.51	65.71	42.38	88.75	107.91	99.57	389.82	1243.88
江门市	22.92	182.79	7.56	49.55	62.44	135.15	65.57	14.08	101.90	67.58	99.73	39.27	848.53
景德镇市	46.71	0	0	68.43	0	17.70	0	186.40	183.44	0	0	208.00	710.68
荆州市	133.38	54.86	5.61	39.16	2.03	32.11	74.35	41.43	191.96	78.79	163.80	203.87	1021.36
九江市	82.49	10.82	3.46	75.84	30.04	61.85	62.97	5.45	63.40	66.13	36.36	68.83	567.65
荆门市	0	34.59	53.84	54.38	152.21	16.25	0	115.33	94.28	40.96	56.01	301.35	919.20
焦作市	10.54	9.29	12.64	4.02	21.74	0	43.26	34.62	20.20	24.45	141.41	58.51	380.70
揭阳市	0	21.99	53.97	0	0	225.78	0	0	0	22.07	45.65	124.10	493.56
锦州市	14.71	47.90	57.57	16.96	230.95	1.56	0	48.89	0	51.80	0	14.17	484.52
吉林市	3.71	0	0	57.32	7.00	0	20.10	0	43.23	42.24	0	0.60	174.20
鸡西市	0.13	0	0	0.85	0	2.75	2.27	29.64	0	0	0	0.34	35.98
开封市	0	99.86	11.57	0	44.83	41.38	1.34	127.83	20.94	8.06	74.73	58.85	489.37
廊坊市	0	65.80	65.84	74.09	94.79	90.93	84.30	74.91	0	81.11	7.45	129.95	769.16
柳州市	49.96	0	153.03	0	101.15	95.22	0	101.81	0	64.57	53.35	576.68	1195.77

1-4 续表 3

单位：万平方米

城市	1月	2月	3月	4月	5月	6月	7月	8月	9月	10月	11月	12月	汇总
临沂市	45.90	166.11	17.70	41.99	218.82	158.17	86.90	214.62	80.54	119.13	158.13	199.13	1507.14
洛阳市	43.74	76.88	103.14	17.97	145.48	32.00	46.21	152.74	58.13	53.72	57.36	234.42	1021.80
丽水市	17.54	7.29	83.73	8.52	37.58	233.85	51.58	7.60	24.24	40.84	0	112.95	625.70
六安市	88.77	158.13	46.69	72.13	20.60	473.89	52.95	0	0	29.81	124.00	84.79	1151.76
聊城市	0	29.40	145.07	244.64	136.60	143.38	57.69	216.33	157.93	126.69	181.92	314.03	1753.68
连云港市	90.48	38.29	52.50	60.30	156.34	42.78	0	156.84	13.37	288.20	134.00	410.54	1443.64
龙岩市	5.94	7.61	6.77	46.02	126.45	27.13	68.80	20.74	44.23	12.31	15.55	37.43	418.99
乐山市	65.97	6.34	0	19.08	159.91	106.23	47.46	115.39	55.69	0.10	210.45	156.80	943.42
泸州市	70.42	168.54	0	111.41	61.12	94.52	67.31	47.25	65.27	38.97	16.78	287.16	1028.74
漯河市	60.66	33.62	15.56	67.68	30.42	4.89	102.86	34.28	33.97	91.04	34.19	64.16	573.33
六盘水市	0	0	7.77	4.56	121.38	57.27	66.80	60.06	38.65	44.12	120.62	86.15	607.38
拉萨市	35.10	0	5.55	0	149.07	1.59	18.52	39.83	1.24	33.34	7.05	0	291.29
丽江市	0	0	0	0	8.05	0	0	8.52	65.18	61.78	33.76	7.20	184.50
绵阳市	1.21	3.01	0	56.48	88.23	91.96	35.38	127.92	119.14	0	196.60	176.36	896.28
眉山市	356.65	21.11	2.83	65.08	54.34	19.75	165.68	138.96	285.45	39.94	130.03	105.27	1385.08
马鞍山市	1.35	5.61	16.72	0.80	13.67	37.81	16.28	27.95	35.70	11.65	56.66	94.62	318.83
茂名市	0	8.11	120.23	14.66	8.37	0	0	31.40	9.07	3.27	35.32	38.94	269.37
梅州市	1.73	3.32	0	170.25	0.20	0	6.50	8.06	18.73	57.32	26.77	18.36	311.24
牡丹江市	0	0	13.32	0	96.49	0	0	0	12.49	12.01	1.66	0	135.97
南通市	194.14	164.54	42.29	36.84	152.35	239.42	77.90	95.44	66.51	134.90	137.93	139.39	1481.65
南充市	165.14	0	126.91	93.11	0	205.27	49.55	159.44	43.33	7.28	115.03	204.03	1169.10
南阳市	11.69	0	18.51	26.09	61.16	50.64	91.96	48.99	152.14	106.00	88.33	69.92	725.42
宁德市	88.35	0	0	0	64.36	107.84	11.43	0	99.62	34.90	51.11	17.45	475.05
内江市	25.93	22.48	8.76	20.83	40.76	44.95	41.39	25.07	18.21	3.20	57.94	42.14	351.65
南平市	4.82	32.96	69.97	93.36	0	0	0	19.73	69.58	0	11.56	12.98	314.97
鄂尔多斯市	0	0	0	0	0	10.94	7.13	5.13	18.28	16.50	2.04	27.20	87.22
莆田市	83.13	26.10	16.55	77.81	43.52	385.28	27.81	85.80	150.35	81.98	0	29.86	1008.19
萍乡市	5.08	12.21	55.97	15.71	45.23	10.82	31.21	26.92	60.64	64.88	184.91	70.65	584.24
平顶山市	0	2.79	8.29	11.75	48.88	30.70	161.29	4.10	0	86.12	165.79	100.45	620.16
普洱市	6.27	0	68.15	0	48.71	12.97	30.99	21.63	7.54	60.19	15.77	317.89	590.12
濮阳市	31.17	16.24	5.62	14.12	79.17	0	0	25.55	13.74	10.55	38.33	0	234.47
攀枝花市	4.14	0	0	0	42.25	21.75	0	0	1.60	20.17	0	208.57	298.48
泉州市	37.19	18.48	0	1.19	13.91	29.20	7.32	8.44	0	59.86	12.67	119.11	307.36
衢州市	33.84	1.78	15.83	99.84	21.18	32.92	5.79	33.20	10.91	63.70	24.89	84.10	427.97
秦皇岛市	51.39	40.86	40.62	42.58	20.27	28.81	26.14	9.58	22.94	64.61	13.15	179.81	540.76
清远市	56.19	60.47	87.06	130.95	98.04	73.92	15.63	41.70	78.40	37.47	79.41	145.39	904.65
钦州市	8.58	1.66	0	29.55	51.93	158.02	0	184.86	28.17	182.98	343.13	503.30	1486.65

1-4　续表 4

单位：万平方米

城市	1月	2月	3月	4月	5月	6月	7月	8月	9月	10月	11月	12月	汇总
齐齐哈尔市	0	0	0	19.92	0	1.51	1.19	21.38	46.76	9.27	3.15	88.11	191.29
曲靖市	60.69	0.44	117.24	43.91	0	22.90	0	23.23	10.16	20.05	0	37.34	335.94
日照市	74.55	64.49	94.06	108.54	101.17	191.96	92.27	158.24	126.81	172.93	63.82	99.03	1347.88
绍兴市	248.05	77.47	126.93	108.55	222.90	156.69	135.43	115.00	101.97	65.71	204.53	299.04	1862.28
汕头市	145.09	32.25	32.46	73.66	49.84	79.62	51.62	66.10	40.21	162.67	58.80	45.04	837.35
宿迁市	266.31	13.45	46.67	17.07	70.46	4.29	112.74	0.22	181.16	0.92	212.90	194.51	1120.69
宿州市	110.88	71.06	18.98	218.62	32.07	94.03	35.40	104.06	176.90	0	73.28	75.15	1010.42
商丘市	26.08	19.55	40.40	72.08	67.83	124.29	64.45	142.45	5.01	165.71	5.19	21.12	754.16
十堰市	108.93	121.55	57.05	60.68	61.03	57.11	401.39	137.67	105.71	34.23	251.65	131.23	1528.22
汕尾市	6.81	0	0	0	22.51	0	0	0	0	92.93	1.18	158.27	281.69
随州市	85.95	0	23.53	35.65	50.51	1.30	59.08	17.69	28.96	52.84	2.77	73.14	431.44
韶关市	41.93	59.49	48.51	0	20.78	0	5.44	102.16	78.07	10.59	133.51	29.65	530.12
上饶市	31.20	15.95	3.89	0.53	8.23	8.14	29.24	24.22	4.54	22.13	52.39	12.80	213.29
三明市	7.50	3.81	0	15.34	10.38	7.68	0	0	0	38.27	15.68	3.70	102.35
松原市	0.04	0	10.05	6.93	6.31	11.44	9.37	76.39	0.58	9.37	0.98	86.45	217.90
朔州市	8.93	0	0	0	6.49	0.49	15.71	8.48	30.75	0.53	0	0	71.38
商洛市	0.80	7.78	10.35	7.78	10.13	0.08	0	0	0.15	0	2.20	0	39.28
泰州市	15.44	104.24	89.93	44.50	169.47	7.10	12.35	0.06	104.34	79.94	31.42	80.54	739.34
台州市	72.96	62.55	40.75	82.15	61.88	119.20	145.48	29.11	6.81	28.54	96.95	401.57	1147.95
唐山市	214.88	127.08	92.62	202.71	201.34	183.91	70.11	690.07	651.75	516.02	328.85	402.92	3682.28
泰安市	39.51	65.17	127.89	141.50	121.78	59.08	67.53	32.92	83.07	137.57	131.48	55.13	1062.62
通化市	1.24	0	13.06	1.41	4.04	8.98	10.18	0	40.54	6.26	17.06	0.59	103.36
铁岭市	0	0	0	0	14.45	0	4.17	7.83	0	0	0	0	26.45
乌兰察布市	55.26	0	0	0	52.98	52.58	2.97	0	8.98	4.65	0	16.36	193.79
潍坊市	165.88	74.33	39.67	343.12	67.90	121.45	255.03	149.96	93.78	270.89	340.78	1470.03	3392.82
威海市	0	41.38	97.99	264.98	67.00	15.64	196.83	142.15	269.47	166.94	261.56	221.24	1745.16
芜湖市	77.51	17.22	22.22	0.43	18.23	44.07	30.46	120.61	4.77	75.29	18.79	29.42	459.02
徐州市	101.11	148.15	127.07	116.22	41.92	1.35	174.22	281.53	158.82	397.66	126.01	149.35	1823.42
襄阳市	105.87	129.65	50.43	52.25	122.67	13.37	46.65	41.75	53.11	164.81	106.24	401.65	1288.47
咸阳市	108.18	24.00	61.53	0	31.67	8.00	6.60	0	95.34	295.68	18.36	85.33	734.69
湘潭市	34.39	0	0	25.01	57.97	34.80	107.13	138.39	10.86	70.70	6.29	185.87	671.41
宣城市	66.17	41.07	28.08	29.54	27.70	23.79	43.13	13.64	31.38	27.56	21.88	40.36	394.30
信阳市	150.88	82.98	16.61	0	18.77	48.96	29.93	32.02	55.70	16.88	24.75	23.96	501.43
新乡市	10.30	51.05	3.81	0	18.33	27.48	75.52	79.06	17.76	0	15.12	64.66	363.09
扬州市	63.99	85.27	23.79	191.57	108.43	0	30.25	70.45	48.13	83.41	15.17	477.37	1197.82
盐城市	187.83	64.23	56.95	22.19	316.30	97.42	139.80	127.37	52.43	77.44	92.67	129.54	1364.18
烟台市	60.00	55.31	66.96	95.42	30.42	111.31	25.25	68.77	58.98	31.07	77.43	228.12	909.05

1-4 续表 5

单位：万平方米

城市	1月	2月	3月	4月	5月	6月	7月	8月	9月	10月	11月	12月	汇总
宜宾市	140.42	0	0	97.97	151.04	109.90	22.68	28.01	47.69	0	0.80	82.79	681.30
宜昌市	36.14	33.35	68.49	71.87	92.24	32.20	30.76	137.36	3.35	119.10	20.69	32.74	678.27
宜春市	47.50	26.57	1.34	15.98	28.11	109.85	134.74	139.59	162.95	30.84	85.87	312.27	1095.61
岳阳市	87.66	54.86	9.75	68.04	7.43	29.42	0	53.50	125.79	63.25	124.40	60.27	684.38
玉溪市	27.40	7.33	59.02	29.81	41.44	4.03	17.56	9.11	44.18	3.00	0	56.74	299.61
鹰潭市	21.04	44.24	76.83	35.04	6.33	0	46.70	45.95	20.48	121.41	42.99	32.02	493.04
营口市	11.08	25.14	5.75	135.70	33.76	11.20	4.18	3.81	60.77	19.70	35.52	5.33	351.94
阳江市	12.50	13.29	45.14	22.94	9.69	35.87	16.57	26.71	0	5.61	1.91	102.31	292.54
云浮市	0	0	128.78	0.42	27.42	37.38	10.99	61.06	0	112.73	23.39	69.90	472.07
伊春市	0	10.43	5.49	0	26.61	11.38	40.48	0	3.73	0	0.89	0	99.02
珠海市	92.12	23.61	61.85	22.17	27.25	151.48	117.91	42.23	133.88	178.26	123.78	254.56	1229.11
淄博市	72.63	33.71	59.44	2.55	36.48	169.68	91.87	230.26	143.36	205.71	255.83	627.58	1929.10
株洲市	108.98	72.77	1.29	36.33	196.43	150.37	133.42	60.87	156.37	131.91	92.50	317.84	1459.08
遵义市	145.06	153.73	107.73	377.86	40.97	173.16	292.48	172.48	31.30	573.21	257.96	137.44	2463.37
镇江市	14.98	231.94	79.62	0	109.61	0	24.14	52.83	21.79	0	0	36.49	571.42
漳州市	44.75	0	0	0	58.71	0	50.08	17.30	31.21	3.67	34.49	0	240.23
中山市	0.91	50.70	0	16.16	3.66	17.82	11.92	30.73	112.44	15.63	363.49	156.41	779.86
肇庆市	121.58	74.39	59.73	14.16	48.63	76.54	15.87	29.99	127.55	31.61	72.98	135.13	808.17
舟山市	29.67	9.56	0	2.42	72.19	63.44	248.90	20.66	0	13.67	27.69	44.12	532.32
自贡市	29.17	64.37	41.06	31.93	153.58	79.33	13.42	24.95	45.81	51.67	100.63	48.05	683.96
张家界市	4.03	20.46	0.33	14.76	13.70	136.65	0	3.20	83.63	6.62	46.65	113.90	443.94
湛江市	0	8.79	0	0	0	14.91	0	38.12	41.68	3.29	136.85	22.40	266.04
县及县级市													
保亭黎族苗族自治县	0	0	0	0	0.48	0	1.30	0	0	0	6.87	19.43	28.09
滨海县	39.46	73.82	18.94	22.75	11.26	0.20	0	0	0	0	29.38	16.47	212.30
常熟市	18.13	5.58	58.82	58.84	12.61	13.00	54.62	76.62	44.70	3.30	209.71	92.87	648.80
崇州市	24.31	0	51.61	17.56	0	0	0	87.27	27.14	0	29.82	3.91	241.62
淳安县	3.17	20.93	0	3.14	0	0	0	0	4.19	0.49	7.16	28.08	67.17
慈溪市	75.52	80.58	9.73	96.92	45.15	126.28	65.75	27.39	97.28	99.05	56.82	251.91	1032.39
丹阳市	0	5.73	17.18	0.48	75.86	93.91	0	15.88	35.67	9.76	0	42.35	296.82
当涂县	8.26	0	0	53.63	40.25	11.35	16.57	31.87	15.29	12.77	95.57	15.04	300.61
德清县	35.90	74.30	33.73	32.33	17.13	42.43	25.45	58.09	28.68	5.72	100.67	33.77	488.21
东港市	0	0	3.47	2.13	10.44	37.23	1.14	2.91	0	0.43	0	1.95	59.71
东台市	6.15	31.83	2.60	135.76	41.54	0	1.04	25.74	13.57	67.09	21.71	3.67	350.70
都江堰市	120.57	69.44	0	15.56	8.63	0	0	0.73	10.57	0	9.63	52.92	288.06

1-4　续表 6　　单位：万平方米

城市	1月	2月	3月	4月	5月	6月	7月	8月	9月	10月	11月	12月	汇总
恩施土家族苗族自治州	65.06	2.84	15.77	110.80	15.44	98.64	27.19	101.34	44.15	81.06	48.39	181.61	792.29
肥东县	0	20.53	0	84.25	11.04	41.64	19.98	8.52	3.08	34.87	41.98	11.10	276.98
肥西县	45.93	0	55.84	47.76	101.32	0	33.54	2.63	27.12	58.95	38.91	21.14	433.13
盖州市	77.13	16.48	0	34.51	2.44	0.61	4.90	0	0	0	0	38.81	174.88
高碑店市	0	9.65	0	61.33	61.30	0	55.55	6.89	0	0	0	44.11	238.83
固安县	0	0	0	4.60	7.20	28.24	0	60.67	0	131.83	0	22.99	255.53
海安市	250.44	105.36	110.40	74.59	56.04	66.90	42.52	61.96	99.60	22.34	39.88	42.42	972.46
海门市	24.71	16.81	10.56	63.08	100.45	21.74	7.47	137.86	35.57	1.40	16.61	46.45	482.71
海宁市	67.80	55.75	0	63.46	74.31	82.14	149.81	45.48	49.04	56.76	26.72	56.09	727.37
海盐县	22.11	70.62	6.17	105.45	112.02	43.21	47.13	33.75	28.43	8.63	47.54	75.13	600.20
惠安县	3.47	157.90	25.59	6.83	75.28	33.78	59.63	43.75	0	36.58	34.08	82.27	559.16
惠东县	32.52	3.49	8.44	0	0	9.15	0	0	21.40	21.97	2.69	38.18	137.83
嘉善县	11.12	41.82	34.85	16.22	57.66	113.91	11.19	24.08	43.52	22.57	130.51	131.75	639.20
建德市	0	4.20	9.02	20.99	22.19	7.29	33.20	25.09	2.73	30.86	3.44	9.65	168.65
建湖县	28.02	3.70	0	14.05	36.39	0	63.81	0	8.41	25.30	45.75	105.67	331.10
江阴市	135.08	53.70	0	13.92	33.44	70.41	79.10	40.61	43.97	29.04	31.66	137.93	668.85
胶州市	0	48.10	355.23	40.95	7.53	8.74	91.80	16.62	44.54	152.79	131.23	286.27	1183.78
晋江市	7.78	110.02	24.60	67.16	45.00	46.25	102.28	50.29	95.79	153.32	92.13	171.64	966.26
靖江市	13.85	194.96	0	100.44	7.01	18.56	5.28	73.40	41.59	175.43	0	58.30	688.82
昆山市	33.06	19.79	13.60	11.38	55.41	77.49	0	27.15	49.33	25.56	70.52	80.06	463.36
莱西市	24.34	2.54	10.88	7.32	24.85	49.14	52.96	21.20	43.22	9.32	27.72	55.95	329.44
莱州市	13.88	0	16.18	0	21.10	9.82	24.43	0.69	2.65	10.97	27.30	11.58	138.60
临海市	12.25	12.70	3.80	11.21	98.28	0.48	113.59	52.43	37.10	34.04	0	112.68	488.56
陵水黎族自治县	0	0	0	0	0	0	0	0	0	4.19	0	2.40	6.59
浏阳市	79.94	142.90	41.32	39.67	24.95	518.80	71.57	42.78	8.29	15.56	32.30	70.84	1088.90
龙海市	9.64	4.12	37.23	7.40	63.77	0	48.19	9.03	2.77	34.79	16.57	21.09	254.59
龙口市	2.94	56.45	6.18	25.45	32.84	0.26	35.92	0.01	24.18	126.38	96.22	5.88	412.71
龙门县	34.00	0	13.89	12.55	1.92	62.08	4.53	78.58	17.66	0	5.80	19.52	250.53
闽侯县	0	6.11	6.12	42.05	43.95	30.30	19.73	20.17	24.20	23.59	107.53	59.57	383.32
南安市	20.43	90.78	129.74	108.87	80.05	101.29	10.26	117.84	31.82	163.26	109.62	105.20	1069.14
宁海县	39.01	9.62	94.34	76.85	20.32	9.62	44.16	71.45	20.62	2.27	24.39	16.04	428.70
沛县	26.86	0	36.77	82.33	43.42	152.42	43.00	15.21	19.13	0	151.76	287.99	858.89
彭州市	2.50	3.96	47.83	0	0	0	0.27	70.63	0	0	60.21	1.34	186.73
邳州市	23.31	0	10.66	32.75	62.78	64.95	0	33.02	115.68	71.69	317.84	12.09	744.77
平度市	1.86	9.67	2.38	32.62	83.78	21.24	38.53	17.75	8.74	30.08	4.93	104.63	356.20
平湖市	20.35	27.36	12.94	57.66	22.62	15.82	17.55	33.90	19.85	81.42	72.72	59.87	442.05

1-4 续表 7 单位：万平方米

城市	1月	2月	3月	4月	5月	6月	7月	8月	9月	10月	11月	12月	汇总
蒲江县	0	0	9.33	3.13	3.53	0.58	22.28	34.60	2.93	6.82	31.66	0	114.86
普宁市	5.00	3.85	15.31	24.56	14.75	40.67	20.29	0	28.98	0	0	0	153.40
启东市	15.12	29.46	4.41	105.64	39.25	14.53	216.73	117.50	79.38	15.54	70.05	66.56	774.17
潜江市	2.43	26.67	0	6.68	35.45	18.79	56.88	0	69.78	44.16	99.48	7.10	367.41
荣成市	6.83	19.75	0	74.47	10.64	107.33	22.81	77.72	19.70	0	77.66	6.11	423.01
如东县	29.52	10.88	39.62	0	5.03	56.26	30.00	58.03	96.36	136.78	86.70	392.16	941.35
瑞安市	86.15	44.45	21.61	127.87	17.89	33.40	35.06	23.81	41.97	39.17	193.25	45.84	710.45
嵊州市	18.70	0	0	2.96	11.67	8.52	15.34	38.39	40.19	278.81	78.29	228.54	721.41
太仓市	7.54	36.41	46.25	12.21	35.68	43.42	49.90	25.49	87.98	35.93	29.13	53.81	463.73
泰兴市	92.88	38.90	35.69	126.39	165.22	204.62	64.74	95.51	62.02	85.54	76.17	118.78	1166.47
天门市	101.55	84.38	54.23	24.15	56.98	17.46	3.65	95.02	1.77	113.44	11.76	65.78	630.19
桐庐县	0.75	13.10	3.34	0	12.78	24.00	14.46	49.74	17.79	0	2.79	2.83	141.58
桐乡市	53.46	18.10	7.65	176.72	91.51	41.93	69.81	54.73	13.28	57.98	79.71	201.65	866.53
瓦房店市	4.60	0	9.25	4.41	42.75	8.87	4.06	7.10	37.77	21.04	0	2.24	142.09
文安县	0	16.82	0	0	44.96	0	0	37.71	0	0	0	0	99.49
文昌市	0.16	0	7.58	0	0	1.23	6.56	0	1.33	8.42	12.00	46.51	83.80
仙桃市	13.00	38.99	1.99	43.11	41.61	0	9.75	6.02	43.90	63.22	201.07	60.70	523.37
香河县	0	0	82.18	0	0	117.66	0	0	0	68.39	0	12.79	281.02
象山县	5.25	71.42	12.87	21.41	40.38	60.59	43.16	27.71	9.09	60.30	37.30	0	389.48
新沂市	2.21	1.85	39.91	38.18	49.48	28.01	48.47	8.35	39.40	67.43	131.85	246.76	701.90
兴化市	19.01	10.94	0	0	14.15	0.68	60.25	80.20	19.35	41.14	98.44	48.02	392.17
宜兴市	35.21	11.24	3.34	46.77	31.63	14.41	85.56	18.68	10.88	18.33	13.04	82.38	371.48
义乌市	16.48	25.47	2.96	86.55	73.51	259.84	54.47	97.38	38.49	56.62	3.62	105.62	821.01
永登县	257.09	0	3.22	55.14	150.07	74.58	58.32	36.33	81.30	115.34	108.96	69.84	1010.19
余姚市	17.18	75.25	23.77	41.57	34.22	12.44	98.03	82.45	170.37	54.23	16.94	159.29	785.75
张家港市	121.29	148.34	23.84	75.32	24.94	17.72	135.70	1.27	4.25	52.44	9.41	83.93	698.46
长沙县	36.63	60.09	0	52.28	95.87	63.34	209.61	100.74	107.19	110.23	26.59	120.67	983.23
长兴县	46.50	57.32	30.18	21.73	155.83	79.80	117.08	41.45	6.33	38.80	35.17	268.08	898.26
诸暨市	4.85	24.20	29.73	74.12	53.22	56.96	10.17	17.87	11.35	5.48	14.85	68.53	371.32
庄河市	57.73	0	4.97	0	77.69	12.29	1.33	0.46	0	0	0	0	154.48

数据来源：中指数据库监测。

1–5 2019 年全国 300 城土地推出楼面均价统计

单位：元 / 平方米

城市	1 月	2 月	3 月	4 月	5 月	6 月	7 月	8 月	9 月	10 月	11 月	12 月	汇总
一线城市													
北京市	12535	16913	2417	1578	28980	20362	30880	18832	20789	27386	15991	19083	16362
上海市	5694	7331	7572	10342	8342	3721	7866	13914	8468	7637	8771	6346	7603
广州市	871	5689	2672	4646	2222	6572	5577	3909	4807	9365	5623	6293	4703
深圳市	11854	3703	—	626	171	16643	1390	—	28030	6102	6175	8052	7961
二线城市													
成都市	1270	279	1960	1552	2454	2882	3807	2454	1392	371	3018	3340	2368
重庆市	1919	3684	4564	3444	4661	4825	2345	3546	4502	2509	4504	1690	3651
长沙市	1971	492	3424	1723	1283	3012	3818	1683	1435	2772	3912	2501	2345
长春市	1059	627	1406	1403	1503	607	1227	1517	2680	1537	1517	2596	1942
大连市	2519	251	3092	2786	3501	2200	5423	1347	2010	3250	1468	849	2900
福州市	506	8536	6612	1619	8610	5015	8181	2441	9992	486	1718	5863	5882
贵阳市	1736	1134	2922	2107	2459	1582	266	2493	2453	2355	2728	2291	2085
杭州市	5824	3252	8502	10248	5101	8120	7995	6664	5320	5703	3059	4932	6098
合肥市	320	2740	4048	5057	5171	—	5060	320	1649	4795	3796	431	3597
海口市	—	812	767	726	755	3116	2454	3545	1394	2186	3745	1561	2354
哈尔滨市	1186	755	267	2293	2087	1900	1449	3611	1799	2441	3673	2381	2251
呼和浩特市	—	—	2204	—	2901	—	—	—	2792	2767	3284	3094	2867
济南市	1483	1548	1349	2040	4123	1340	2515	1769	1919	1781	3059	2282	2142
昆明市	800	1791	3609	1325	2376	3153	3188	1902	386	1567	3997	243	2235
兰州市	2683	2848	38	—	1277	3097	1522	1302	317	—	315	2640	2473
南京市	475	245	8929	2539	4746	8641	2136	9106	7354	4901	13270	3610	4659
宁波市	523	734	2070	7340	5964	6376	3656	5344	4063	3186	1694	4029	3840
南宁市	1652	2912	2511	681	1602	3612	2568	298	2069	948	1758	1872	1942
南昌市	3875	3042	1442	1826	3745	2183	3648	2635	2950	5097	3103	192	2887
青岛市	3002	2950	2280	2184	3347	3214	2388	3757	1044	1968	3453	2841	2696
苏州市	3552	5471	1713	6047	2896	8852	2062	7130	9554	4925	4939	2929	5550
沈阳市	3547	579	3920	2063	3985	1772	1642	3307	2343	115	3527	538	2422
三亚市	4998	—	—	—	—	—	—	8310	—	1257	7194	1832	3695
石家庄市	2239	2692	1886	4752	1598	3676	542	2999	1960	3372	4369	934	2771
天津市	4515	2118	3744	4749	4099	5182	2949	4493	6654	4064	7379	3587	4271
太原市	2079	1686	2289	1576	2106	1246	2223	2898	1333	1965	823	631	1629
武汉市	3918	1820	3576	4648	2867	4050	2835	5519	1484	4125	4293	4131	3859
无锡市	2454	443	9829	661	6538	1705	6604	2982	2434	3109	3425	6364	4106
温州市	626	5834	620	8045	6698	4955	7165	4959	13459	991	1325	5440	5297

1-5 续表 1 单位：元 / 平方米

城市	1月	2月	3月	4月	5月	6月	7月	8月	9月	10月	11月	12月	汇总
乌鲁木齐市	—	2767	210	3208	2336	1981	2532	1820	3516	2433	1538	1710	1926
厦门市	465	220	10910	21407	139	19358	241	2367	225	9928	2887	20053	5093
西安市	3860	1656	1632	1164	2299	1495	2205	3761	2824	2763	1586	2673	2258
西宁市	896	308	—	—	2613	3428	262	452	340	433	3317	1787	2613
银川市	1646	1539	1608	1488	543	1493	699	497	1273	1198	1051	2116	1063
郑州市	3998	1880	3153	2077	3298	1851	3323	2920	2294	2141	6981	3022	2709
三四线城市													
安庆市	2972	959	3194	2330	3906	667	2039	2122	—	1300	473	895	2014
安康市	498	799	988	653	767	715	509	1565	871	1003	730	863	937
安顺市	880	532	1174	623	917	1180	450	867	796	656	1068	735	779
安阳市	—	542	348	1002	1229	1134	3300	1462	—	—	1372	1219	1228
鞍山市	393	533	483	447	417	975	643	525	—	42019	774	449	554
保定市	705	—	—	417	465	1384	—	—	1096	994	1871	1274	1181
蚌埠市	—	231	2565	2151	2136	—	—	1769	—	1155	1638	—	1692
滨州市	1202	872	2045	1761	383	191	944	953	1299	404	440	237	787
包头市	396	451	1204	642	2331	1195	1619	1008	1165	2101	1317	574	1006
宝鸡市	593	276	—	534	313	248	—	—	1344	426	902	1177	620
百色市	647	44	938	630	495	319	1072	530	342	332	762	1008	446
本溪市	978	501	—	958	—	413	1457	—	444	391	385	2407	1012
北海市	2505	2708	287	1006	1042	2623	3733	2309	1139	736	1165	2260	1369
常州市	202	1318	1356	3453	3070	3928	2071	1124	333	1230	180	627	1924
滁州市	786	142	2776	1365	140	1801	1621	961	1339	709	1778	1422	1210
常德市	1697	230	613	2586	383	2055	1404	1108	958	1314	892	1387	1203
沧州市	3008	2874	3491	2728	523	527	—	3282	3893	4032	373	6867	5951
承德市	—	1515	—	—	3500	—	2480	2199	3024	—	—	2631	2561
郴州市	1140	974	1115	1105	513	1560	973	711	804	1197	1144	1198	995
池州市	160	108	131	814	422	—	109	1056	204	2319	140	130	480
潮州市	—	1158	—	1283	353	—	821	2141	—	—	—	—	1044
崇左市	163	238	102	—	155	155	—	—	—	398	155	478	342
朝阳市	—	1763	—	666	567	373	768	—	382	—	—	352	563
东莞市	659	365	749	5345	1785	3885	347	1621	6372	4626	2797	770	2137
德阳市	1121	—	1807	2085	291	2357	922	388	301	279	292	835	872
德州市	726	1070	—	306	137	253	4169	412	1392	966	1086	952	938
东营市	665	370	150	150	1931	2325	954	193	514	354	531	181	539
大庆市	302	483	246	462	473	220	914	305	204	578	391	—	397
丹东市	—	45	868	—	526	48	1025	—	—	227	—	1404	548
鄂州市	1974	1493	1173	—	3261	941	1318	2447	289	4260	2149	1233	1773

1-5　续表 2

单位：元 / 平方米

城市	1 月	2 月	3 月	4 月	5 月	6 月	7 月	8 月	9 月	10 月	11 月	12 月	汇总
佛山市	3491	1510	3365	3109	5995	2472	2885	5976	4509	3122	4586	2966	3530
阜阳市	507	667	2684	1707	1903	—	2312	150	162	—	492	1433	1623
抚顺市	—	775	500	—	—	537	579	734	303	480	262	480	487
阜新市	—	696	—	—	319	815	595	366	—	—	424	729	537
赣州市	349	690	1253	76	1471	755	1244	1519	1703	917	642	916	795
贵港市	571	386	416	999	784	355	269	513	829	960	510	526	684
桂林市	2016	—	2887	1352	—	1914	444	1602	526	—	1730	2014	1659
广元市	911	768	731	1502	669	—	589	1620	724	196	489	1233	839
湖州市	1368	379	1138	458	2682	1260	1673	1902	969	2219	1550	2205	1495
菏泽市	990	1244	476	863	1118	334	740	56	1224	475	697	1695	1113
惠州市	1021	662	966	1700	1985	1297	1008	1810	2150	2318	2791	1168	1870
邯郸市	879	456	628	1282	1447	497	1266	1308	908	331	1872	1051	1169
淮安市	1210	2144	118	142	2274	763	140	269	—	960	316	1557	1184
淮北市	1700	—	798	900	255	—	378	276	890	781	—	858	790
黄石市	526	195	2555	201	1207	2872	1818	965	3914	1330	1886	708	1482
河源市	212	593	—	1507	312	51	284	—	1800	978	1358	496	935
衡水市	865	419	252	1440	938	987	1053	230	1363	1280	663	1762	943
怀化市	623	419	133	175	—	—	—	—	—	—	—	—	445
淮南市	334	—	—	391	472	—	442	207	1046	1601	2400	16673	4661
鹤壁市	1364	—	1639	—	—	493	—	—	—	—	—	—	1244
葫芦岛市	181	—	—	—	—	—	375	—	424	—	—	1057	673
鹤岗市	552	—	—	—	243	—	—	—	7633	239	—	735	357
嘉兴市	3006	275	905	383	4346	261	2526	3341	6831	3472	4165	1238	2575
金华市	2992	3664	248	5689	2684	3952	1640	2903	214	—	237	1638	2432
济宁市	1034	1781	—	1746	2033	1451	1256	1913	2956	2990	981	1804	1896
江门市	997	924	3201	1933	2430	1588	3891	4120	3140	2872	1326	277	1942
景德镇市	2376	—	—	1529	—	2950	—	914	2448	—	—	2185	1885
荆州市	671	580	227	2528	228	1020	1344	865	946	199	1087	1586	1067
九江市	1295	1634	1178	1029	3311	1459	606	210	1099	1538	913	1959	1375
荆门市	—	611	485	775	621	168	—	580	454	204	321	481	509
焦作市	1364	1304	1574	134	315	—	506	2059	1594	1892	1753	1761	1462
揭阳市	—	246	367	—	—	1509	—	—	—	379	467	1400	1154
锦州市	789	1381	1394	308	557	2265	—	1408	—	1345	—	904	922
吉林市	730	—	—	1595	573	—	1520	—	658	1094	—	424	1169
鸡西市	1965	—	—	469	—	223	266	1286	—	—	—	762	1118
开封市	—	—	—	—	281	—	783	1306	3615	2899	—	2456	2426
廊坊市	—	1989	3621	3127	3910	3522	1490	1208	—	2252	292	2704	2657
柳州市	118	—	1829	—	1898	2116	—	2052	—	688	3241	1149	1476

1-5 续表 3

单位：元 / 平方米

城市	1月	2月	3月	4月	5月	6月	7月	8月	9月	10月	11月	12月	汇总
临沂市	2521	633	613	840	1687	1967	783	2318	2310	3289	1268	1000	1652
洛阳市	2294	720	989	2933	1161	2061	320	2051	915	1344	1343	1569	1423
丽水市	2132	8919	907	7750	5349	608	5504	206	7550	1005	—	2295	2167
六安市	1420	2073	309	1035	398	1422	—	—	—	657	2110	1703	1301
聊城市	—	390	653	635	347	378	1677	1503	1078	1242	1689	1417	1048
连云港市	139	1782	117	207	691	1282	—	2879	1352	1168	270	602	755
龙岩市	2090	242	127	220	1220	233	3256	827	2400	1450	2625	2733	1657
乐山市	737	1261	—	801	943	499	2833	500	956	2820	1493	775	1015
泸州市	1004	405	—	469	1043	2067	509	2617	281	904	1836	920	860
漯河市	1039	488	826	1009	837	1966	1425	914	769	930	1177	945	1021
六盘水市	—	—	1666	461	543	1655	1365	747	1136	600	690	1444	971
拉萨市	413	—	1034	—	1216	1989	2423	598	1486	1503	1865	—	1114
丽江市	—	—	—	—	—	—	—	—	990	—	—	1363	1059
绵阳市	335	7800	—	943	2396	210	3147	1638	842	—	802	1240	1233
眉山市	1070	375	250	1347	933	221	1480	1106	1127	825	1514	500	1111
马鞍山市	394	386	2918	708	454	1246	323	835	2601	1112	4085	1720	1978
茂名市	—	2000	995	223	161	—	—	97	2952	4890	2184	1540	1201
梅州市	235	190	—	1092	1504	—	1593	298	1513	1844	348	318	1122
牡丹江市	—	—	866	—	534	—	—	—	670	855	407	—	606
南通市	338	209	307	1232	1649	2797	5775	6267	217	2667	2833	3538	2291
南充市	1455	—	1749	1612	—	2108	96	2067	1879	706	1442	1138	1581
南阳市	1958	—	1818	1178	814	1342	1146	1188	1542	1712	789	1189	1295
宁德市	141	—	—	—	98	2082	2634	—	253	146	1433	2561	888
内江市	1819	2220	1818	1318	1460	1019	749	2340	209	1430	1325	1331	1356
南平市	923	2427	57	1384	—	—	—	2453	1127	—	2854	1426	1257
鄂尔多斯市	—	—	—	—	—	278	153	564	967	137	555	862	591
莆田市	735	—	127	64	234	73	—	—	60	257	—	134	154
萍乡市	299	309	1039	133	146	346	596	429	1003	891	977	1106	827
平顶山市	—	954	1134	721	1120	1233	576	1000	—	1072	1035	1083	940
普洱市	1000	—	1678	—	1224	1551	1966	191	132	529	1633	475	805
濮阳市	876	—	459	1428	1350	—	—	1577	2323	321	1595	—	1358
攀枝花市	221	—	—	—	2013	1471	—	—	255	760	—	741	966
泉州市	1080	446	—	169	593	536	815	4857	—	3874	165	2161	1987
衢州市	1228	187	476	1112	8425	1945	711	2690	391	2765	1613	4007	2462
秦皇岛市	979	1963	2272	1719	734	1266	1938	405	746	1960	3991	1571	1593
清远市	747	169	115	840	1442	2053	157	1051	999	2867	1374	726	990
钦州市	874	1229	—	244	274	471	—	150	420	767	489	218	374

1-5　续表 4

单位：元 / 平方米

城市	1月	2月	3月	4月	5月	6月	7月	8月	9月	10月	11月	12月	汇总
齐齐哈尔市	—	—	—	100	—	1254	102	1456	1490	1069	204	1280	1192
曲靖市	626	409	448	458	—	921	—	240	398	325	—	260	470
日照市	1914	1503	1894	1161	1168	1652	1771	1753	1465	2090	791	759	1553
绍兴市	1443	3963	1035	3723	3978	5466	4331	2530	949	4388	3210	2756	3054
汕头市	378	2211	413	350	2958	630	3209	5342	286	1275	2701	1485	1584
宿迁市	1107	134	144	131	2592	92	1040	144	1264	195	1177	1134	1166
宿州市	363	1030	918	753	357	657	776	199	963	—	417	778	666
商丘市	1202	1719	842	883	994	1684	669	699	4167	1667	272	1696	1215
十堰市	359	582	823	228	516	636	503	901	781	784	674	652	609
汕尾市	1165	—	—	—	1580	—	—	—	—	2055	1753	1550	1711
随州市	862	—	689	377	964	149	786	151	469	729	121	1046	766
韶关市	94	97	113	—	2129	—	94	456	285	1114	815	975	525
上饶市	989	1806	143	117	1640	1351	2497	764	1399	2490	2075	2078	1749
三明市	249	69	—	2115	2775	132	—	—	—	69	2495	878	1069
松原市	3691	—	268	447	255	554	529	305	291	—	354	437	419
朔州市	256	—	—	—	195	1099	353	193	220	1043	—	—	261
商洛市	303	339	267	339	311	2097	—	—	1897	—	313	—	320
泰州市	2002	1973	444	1338	1132	1413	1203	1080	3052	288	4197	2427	1652
台州市	310	463	2819	1929	479	2755	4960	2974	1445	4676	2715	1315	2113
唐山市	1136	1110	844	458	491	1727	1124	332	1303	1049	1004	659	807
泰安市	1222	1216	1589	1822	1621	2154	757	2865	1518	2564	1197	2713	1724
通化市	394	—	1428	1081	769	677	669	—	1009	931	723	1742	936
铁岭市	—	—	—	—	683	—	230	175	—	—	—	—	461
乌兰察布市	185	—	—	—	1000	752	260	—	1184	1207	—	977	701
潍坊市	1334	1794	848	602	1045	1269	1216	1068	667	1043	1033	984	1004
威海市	—	1193	775	1892	388	686	2068	878	635	1569	1763	1789	1424
芜湖市	745	253	282	950	2644	1988	2847	1465	327	2455	1205	1512	1551
徐州市	1070	1040	1710	1750	380	1890	1754	1968	1406	1722	3017	1271	1667
襄阳市	882	900	285	1578	1371	136	2100	433	2272	2992	1239	1009	1345
咸阳市	3083	90	1052	—	0	90	0	—	290	1940	2486	0	1608
湘潭市	1990	—	—	2000	1662	1160	1486	2114	3327	1269	1253	1694	1732
宣城市	—	175	1225	474	2413	—	1913	—	—	—	170	168	1182
信阳市	484	461	1197	—	276	1236	1265	631	1692	215	1796	—	872
新乡市	295	195	—	—	120	1465	1347	365	783	—	900	794	718
扬州市	1407	113	166	496	1889	—	2107	4332	1099	4333	140	2238	1885
盐城市	1170	227	629	1168	1493	451	892	775	1053	179	4418	3281	1422
烟台市	1075	940	476	1114	2497	2636	1423	1803	2287	2797	2210	2479	1917

1-5 续表 5

单位：元 / 平方米

城市	1月	2月	3月	4月	5月	6月	7月	8月	9月	10月	11月	12月	汇总
宜宾市	1857	—	—	1768	1625	2083	184	1820	3153	—	447	1724	1846
宜昌市	1618	434	1354	1088	2639	1908	3403	1000	287	1381	1008	2620	1567
宜春市	720	1536	205	314	543	1127	1217	1061	783	1151	711	996	974
岳阳市	656	3673	594	2375	526	747	—	1454	1885	1138	575	1129	1430
玉溪市	624	517	2109	663	1724	354	917	442	711	833	—	1100	1183
鹰潭市	85	104	116	261	458	—	615	473	243	787	420	803	451
营口市	346	267	395	796	717	858	291	734	971	701	435	345	707
阳江市	452	475	171	482	453	1056	520	400	—	460	409	101	364
云浮市	—	—	431	389	921	291	1029	206	—	947	1407	270	581
伊春市	—	298	153	—	161	111	172	—	406	—	124	—	183
珠海市	2859	2012	6608	180	6475	2679	5042	2285	3444	6480	3687	4308	4231
淄博市	1512	562	1549	1396	1579	1740	1885	1608	998	1180	1168	1040	1274
株洲市	575	825	223	2619	2539	1882	906	1100	1851	1585	2070	1223	1555
遵义市	1135	1598	1371	1297	1738	1541	1851	2065	1655	1458	1806	873	1525
镇江市	187	362	3383	—	3214	—	195	891	209	—	—	285	1357
漳州市	3636	—	—	—	2695	—	3917	134	3332	139	3297	—	3071
中山市	308	301	—	197	308	10500	8000	4654	212	4469	2696	1371	2222
肇庆市	971	144	423	4308	4481	1300	2124	510	1178	1692	1582	1949	1440
舟山市	970	1296	—	543	3216	2535	935	5003	—	315	675	1986	1662
自贡市	1044	745	854	938	1262	851	404	453	1213	318	834	1575	961
张家界市	1469	466	4495	463	2224	1154	—	3895	1004	906	1552	1657	1296
湛江市	—	340	—	—	—	168	—	962	286	2495	914	280	728
县及县级市													
保亭黎族苗族自治县	—	—	—	—	2570	—	322	—	—	—	1915	1252	1394
滨海县	613	310	317	412	431	760	—	—	—	—	1230	661	539
常熟市	431	479	5923	4172	429	9359	2322	4913	613	12077	3127	2378	3358
崇州市	1185	—	694	36	—	—	—	530	278	—	2134	984	772
淳安县	344	944	—	1152	—	—	—	—	876	1171	626	3298	1873
慈溪市	473	1063	307	2317	3840	761	536	826	614	1005	938	688	1030
丹阳市	—	356	2570	324	524	1345	—	417	4462	1112	—	1807	1569
当涂县	201	—	—	192	781	1146	196	623	352	1639	1075	2068	803
德清县	1183	1947	1032	674	608	742	498	1598	2304	383	2031	2027	1506
东港市	—	—	211	586	228	475	303	385	—	177	—	320	406
东台市	227	714	232	921	1233	—	3020	1289	283	946	200	404	885
都江堰市	2822	844	—	545	1636	—	—	2269	1088	—	3263	5248	2582

1-5　续表 6　　　　单位：元 / 平方米

城市	1月	2月	3月	4月	5月	6月	7月	8月	9月	10月	11月	12月	汇总
恩施土家族苗族自治州	540	280	344	650	555	289	367	769	435	343	482	483	501
肥东县	—	3750	—	2845	3750	4583	0	132	32	5112	5084	567	4124
肥西县	364	—	3517	2295	3932	—	3489	48	183	545	4228	6232	2413
盖州市	492	478	—	511	1230	650	375	—	—	—	—	516	508
高碑店市	—	775	—	1044	1048	—	765	1709	—	—	—	616	907
固安县	—	—	—	507	1021	2869	—	2748	—	598	—	494	1360
海安市	1015	568	1125	378	302	477	1748	473	1030	423	892	1752	865
海门市	320	303	4337	1634	817	4751	3544	1491	3149	294	317	2325	1667
海宁市	479	1423	—	498	2576	1521	2870	1240	1711	1555	6024	1398	1867
海盐县	372	621	391	1073	2229	1568	835	2167	2482	763	437	533	1226
惠安县	141	422	167	341	138	762	1356	570	—	1956	133	269	562
惠东县	1855	2920	465	—	—	297	—	—	3269	1949	1221	1553	1832
嘉善县	1049	4164	150	6420	2394	3556	5254	206	222	5516	1290	2383	2376
建德市	—	262	669	4058	222	2400	462	1708	522	1674	270	716	1387
建湖县	657	138	—	96	113	—	1191	—	156	943	110	1656	923
江阴市	1303	575	—	704	5493	4286	3107	1580	5128	7974	1296	2812	2838
胶州市	—	1716	285	2239	1926	1890	312	1782	2769	726	1862	602	858
晋江市	360	323	2849	1362	490	222	237	299	1133	979	1104	324	714
靖江市	265	778	—	466	214	174	4497	199	1179	441	—	2478	749
昆山市	234	342	327	223	307	5935	—	1733	208	4675	2591	6280	2937
莱西市	381	1030	861	222	257	891	532	328	892	2231	889	920	740
莱州市	691	—	753	—	767	567	905	598	862	1029	1005	981	854
临海市	393	2622	258	2569	1143	439	694	526	2230	2427	—	617	1068
陵水黎族自治县	—	—	—	—	—	—	—	—	—	—	—	—	—
浏阳市	397	237	554	191	637	871	416	315	299	209	198	1169	637
龙海市	125	223	125	1865	1391	—	2781	4583	4152	4403	2879	222	1971
龙口市	397	643	590	613	675	296	1158	4480	1367	393	429	638	602
龙门县	153	—	1747	713	1117	961	1868	1364	73	—	1015	260	910
闽侯县	—	324	4738	6278	2374	1541	2123	1210	3994	210	2079	2030	2500
南安市	342	132	380	1197	119	703	565	380	765	148	222	576	433
宁海县	154	356	258	1874	549	405	2383	741	973	1425	3244	640	1082
沛县	900	—	238	165	151	674	838	1200	959	—	863	876	712
彭州市	68	80	1041	—	—	—	506	1166	—	—	2464	263	1507
邳州市	975	—	172	195	412	1018	—	215	1077	1085	1045	1500	917
平度市	340	335	1729	244	672	264	606	399	423	1728	751	950	750
平湖市	825	563	2481	538	2355	1691	554	680	3088	1755	256	1001	1110

1-5 续表 7 单位：元 / 平方米

城市	1 月	2 月	3 月	4 月	5 月	6 月	7 月	8 月	9 月	10 月	11 月	12 月	汇总
蒲江县	—	—	1167	1950	2775	3675	882	1208	2400	96	2678	—	1592
普宁市	318	127	964	897	1059	552	576	—	1291	—	—	—	822
启东市	468	255	2722	956	2440	6763	852	2145	1051	233	341	1738	1272
潜江市	698	436	—	79	87	141	96	—	538	644	583	79	400
荣成市	1104	1538	—	1486	1673	1857	1264	1744	1514	—	1608	1849	1645
如东县	2686	314	431	—	389	1652	3565	1196	1207	1039	600	370	877
瑞安市	2114	4273	9529	3501	838	491	1977	4891	455	3517	797	3075	2385
嵊州市	330	—	—	306	1736	1712	200	1293	1632	1237	1530	1669	1395
太仓市	150	204	2814	161	293	6369	184	7219	2560	1522	274	4310	2460
泰兴市	251	297	1225	938	2099	863	1857	1046	335	876	328	614	973
天门市	204	157	266	156	257	403	122	909	118	393	118	566	387
桐庐县	2157	552	2034	—	2299	741	2145	3164	2231	—	777	548	2081
桐乡市	1661	204	107	1212	407	1511	1422	1780	1614	1139	780	1703	1267
瓦房店市	575	—	496	466	762	633	—	380	849	659	—	—	710
文安县	—	809	—	—	1426	—	—	1301	—	—	—	—	1284
文昌市	3590	—	653	—	—	3195	1219	—	2899	1682	1163	1816	1598
仙桃市	207	279	207	1181	207	—	207	202	1748	207	476	1273	649
香河县	—	—	1764	—	—	1965	—	—	—	1909	—	3594	1967
象山县	193	375	1118	165	2598	278	953	314	202	458	2376	—	861
新沂市	120	96	411	1100	791	424	1030	531	845	1098	383	729	715
兴化市	929	377	—	—	277	2721	935	668	256	552	567	147	581
宜兴市	766	876	615	3144	2112	6586	2860	2315	2012	816	251	1874	2235
义乌市	2706	1738	11354	3705	7015	1592	5722	5345	8843	2214	7733	1079	3440
永登县	390	—	—	405	642	440	504	736	407	789	778	813	625
余姚市	197	1141	2022	954	2292	3336	2259	403	1249	578	842	627	1158
张家港市	3389	266	288	2163	3539	5301	1132	10580	412	3882	408	3432	2100
长沙县	3067	726	—	810	2834	2307	1334	2073	349	665	753	2055	1509
长兴县	437	714	594	451	551	1281	475	536	663	2260	1822	927	845
诸暨市	670	691	340	1946	2953	4466	803	681	2283	691	456	1042	1923
庄河市	441	—	402	—	651	—	215	946	—	—	—	—	610

数据来源：中指数据库监测。

1-6 2019年全国300城土地推出土地均价统计

单位：元/平方米

城市	1月	2月	3月	4月	5月	6月	7月	8月	9月	10月	11月	12月	汇总
一线城市													
北京市	21273	28526	4421	2015	57964	38924	113074	37819	46073	73810	34197	32921	30641
上海市	9413	14353	13833	17005	14425	6068	15249	31055	15089	15966	17131	12782	14240
广州市	2601	19244	8036	14369	6573	19037	12938	12257	15601	26797	18916	17215	13702
深圳市	94824	21814	—	2305	514	74733	2780	—	50823	39171	19132	31208	28101
二线城市													
成都市	3437	741	5446	3436	5702	7266	8816	5766	3589	1123	7867	8458	5962
重庆市	2289	5474	6884	5036	7512	6972	3452	5283	7940	4018	7532	2585	5512
长沙市	4653	959	9220	3581	2787	8098	9022	4990	3480	7280	11802	6224	5871
长春市	1748	452	2696	1914	1685	433	2315	2286	4237	2508	2699	4775	3162
大连市	3894	301	4947	5182	4185	2800	7960	2025	3782	4599	1671	1289	4513
福州市	739	22167	15421	3250	20617	8854	17789	4360	22230	869	3364	13447	12578
贵阳市	3491	3117	6743	4602	4165	3795	650	6233	6033	7477	5963	4449	4855
杭州市	13494	7747	18959	26434	12372	16151	21402	19303	13638	13263	6768	14492	15261
合肥市	384	4372	6758	10407	6385	—	8335	384	3775	14628	5271	651	5993
海口市	—	2007	3677	1114	1841	11361	9332	15033	2455	4576	7262	4446	5634
哈尔滨市	1436	639	224	4584	4034	2893	3311	9350	3160	4933	7965	3793	3911
呼和浩特市	—	—	5133	—	6305	—	—	—	5528	6296	6732	6869	6169
济南市	2923	2668	1919	3310	8482	2595	4868	2890	3213	2900	5794	3511	3787
昆明市	1767	6004	9886	2671	3615	10105	10424	5481	746	4003	7019	1961	5807
兰州市	6885	11173	30	—	3916	7406	3804	3083	539	—	252	6683	6060
南京市	928	468	16741	5288	8643	20772	4248	22027	16192	10183	24536	7682	9625
宁波市	1017	1221	3444	13306	12173	13080	6326	10208	7063	7247	3187	8708	7311
南宁市	4343	7742	7192	1724	4472	9043	6256	510	6191	2375	4848	5365	5163
南昌市	7296	6280	2655	3236	4811	3675	8101	5233	6766	8418	6352	384	5487
青岛市	4560	5097	4356	4380	5917	6492	3486	6902	1545	3007	6763	5088	4632
苏州市	6891	9577	2896	12142	5495	16453	4480	10908	17782	7828	8301	5679	10137
沈阳市	6880	523	7936	2924	7515	2641	1637	5532	3582	142	5428	744	3433
三亚市	12188	—	—	—	—	—	—	16620	—	2966	25180	1832	7435
石家庄市	4818	6377	3544	11233	3476	8049	1022	8169	5931	9040	10821	2383	6798
天津市	6583	2816	5189	6542	5680	9169	3729	7088	9898	5901	13293	4444	6125
太原市	6166	4693	6403	5269	6136	3256	7419	6958	4075	5580	2171	1502	4651
武汉市	9259	2817	9195	10714	6037	10055	4956	15394	2426	8005	11168	10309	8611
无锡市	4260	616	18163	925	12201	3561	10824	6446	5001	6339	7141	12136	7709
温州市	1609	18406	791	22047	18417	13748	17408	10417	32994	2467	3020	15640	13528

1-6 续表 1

单位：元 / 平方米

城市	1 月	2 月	3 月	4 月	5 月	6 月	7 月	8 月	9 月	10 月	11 月	12 月	汇总
乌鲁木齐市	—	6671	245	5834	5702	4250	6014	3121	8135	5685	2997	3246	3801
厦门市	1858	651	25160	57078	416	44811	703	7236	652	31127	8353	62685	15202
西安市	9737	4595	4188	2529	10329	5408	5782	14276	7697	6908	3568	8217	5930
西宁市	1415	259	—	—	7616	9646	467	431	347	866	5952	4289	5754
银川市	2434	3028	3144	2580	689	2867	997	770	2803	1803	2030	3408	1741
郑州市	13716	3981	10433	4675	10072	5247	7928	10888	7451	5569	17557	7554	7401
三四线城市													
安庆市	5891	1061	7027	4336	6827	937	3826	4618	—	2000	526	805	3516
安康市	342	2499	2337	645	1050	2001	750	3723	943	2193	1241	2271	1850
安顺市	1709	1028	2442	902	1846	1374	623	1672	878	1247	1121	1234	1264
安阳市	—	379	469	1844	1911	3416	8250	2243	—	—	3431	2710	2389
鞍山市	270	906	1112	355	285	812	558	427	—	4202	681	710	545
保定市	1321	—	—	785	465	3761	—	—	2728	1350	3923	2610	2322
蚌埠市	—	259	4479	3782	4203	—	—	2800	—	825	3932	—	2510
滨州市	1973	1072	4500	4232	307	134	1507	1312	2643	529	441	195	917
包头市	244	472	2581	837	4834	2087	1761	1385	1455	4508	1673	431	1090
宝鸡市	1273	223	—	1413	250	502	—	—	5038	341	3155	1975	1350
百色市	1069	688	3000	1648	1248	456	3773	1078	880	528	2135	3156	1288
本溪市	1467	354	—	438	—	289	2489	—	355	274	377	2711	1102
北海市	4143	5415	621	2162	2142	1964	8212	3307	1778	1212	1627	5766	2512
常州市	496	3071	3151	8002	7100	8637	4875	2633	824	3047	450	1256	4510
滁州市	1417	168	4955	2158	168	2902	2338	1671	1928	1389	2804	2958	1941
常德市	2381	394	1121	9635	506	5279	2793	1779	2195	1907	1396	2774	2200
沧州市	7521	7176	7785	9549	575	629	—	5952	7831	6966	515	3094	3030
承德市	—	1937	—	—	5250	—	5072	3508	5453	—	—	4332	4256
郴州市	1860	2149	2914	4035	2265	3899	2044	1130	2250	2879	2414	2317	2284
池州市	159	129	131	1177	529	—	130	1302	249	3710	166	147	584
潮州市	—	3616	—	4490	1059	—	2872	11777	—	—	—	—	3487
崇左市	199	238	152	—	139	139	—	—	—	398	139	830	509
朝阳市	—	3588	—	345	621	389	1164	—	351	—	—	352	620
东莞市	2017	897	2030	15615	3721	9676	1010	6147	18133	15028	7132	1646	5880
德阳市	3108	—	1877	3945	204	1650	1019	524	710	740	204	1121	1407
德州市	1613	1650	—	302	137	253	11255	599	3242	1125	1550	1112	1281
东营市	944	441	203	143	2317	3022	1048	231	702	472	609	157	605
大庆市	302	671	148	505	438	251	1802	247	163	654	337	—	378
丹东市	—	32	1736	—	684	121	1549	—	—	340	—	2634	948
鄂州市	3743	2572	3232	—	6387	1357	2091	3450	289	10650	4947	1655	3005

1-6　续表 2　　　　单位：元 / 平方米

城市	1 月	2 月	3 月	4 月	5 月	6 月	7 月	8 月	9 月	10 月	11 月	12 月	汇总
佛山市	9693	4664	9517	8708	15828	6356	8349	16760	11528	8837	12669	8658	9815
阜阳市	747	813	5125	3630	4269	—	5384	180	195	—	637	3746	3122
抚顺市	—	915	300	—	—	739	1071	1298	575	288	288	288	601
阜新市	—	1190	—	—	319	1630	712	293	—	—	358	1386	583
赣州市	659	1213	1518	90	2316	1643	2055	3104	4442	2023	1486	2056	1540
贵港市	595	446	874	1808	1212	267	231	740	1324	1986	808	822	1091
桂林市	3918	—	5640	2223	—	3358	921	3014	1842	—	1840	2676	2640
广元市	1579	1329	1061	2514	694	—	1001	3696	852	234	643	2339	1172
湖州市	2188	537	1847	908	4399	2808	3046	3057	1550	3934	2845	3689	2528
菏泽市	2127	2737	851	2029	1509	309	1528	201	3453	1042	1103	3898	2494
惠州市	2724	1949	3224	5411	6463	3398	3202	5145	6292	8881	8958	1907	5268
邯郸市	1528	548	739	2571	3376	525	3158	2670	1154	335	3034	2199	2072
淮安市	2622	2361	129	208	3648	1001	125	374	—	1394	474	3368	1917
淮北市	4125	—	933	1497	303	—	543	315	1421	1615	—	1578	1271
黄石市	1737	193	7410	201	2144	9631	4811	1357	4305	5414	4875	999	2761
河源市	212	972	—	3059	518	206	786	—	3430	3194	3139	1526	2197
衡水市	1510	419	252	2869	1333	1825	1639	252	3936	3598	1097	4619	1617
怀化市	1438	1011	212	210	—	—	—	—	—	—	—	—	1030
淮南市	369	—	—	948	619	—	879	207	1727	2843	4800	23106	8033
鹤壁市	1418	—	2130	—	—	321	—	—	—	—	—	—	1203
葫芦岛市	339	—	—	—	—	—	300	—	424	—	—	2325	1026
鹤岗市	553	—	—	—	205	—	—	—	169	205	—	290	204
嘉兴市	6304	550	2291	690	8430	482	4370	6103	12210	6833	7090	2962	5164
金华市	6042	6786	411	12121	4420	7199	3054	5785	391	—	552	3307	4663
济宁市	1780	2909	—	2156	3518	1590	1802	2477	5439	5970	2197	3270	3150
江门市	1842	1753	8002	4710	7072	5164	11217	11949	9028	8161	4024	588	4945
景德镇市	4874	—	—	2843	—	6185	—	1936	5460	—	—	4420	3924
荆州市	770	1305	227	7330	228	2184	1968	1526	1441	199	1815	2642	1611
九江市	2163	2778	6480	1271	5614	2031	758	210	1581	2276	1142	2501	1886
荆门市	—	1362	944	1053	1216	169	—	946	571	204	377	848	803
焦作市	5106	2999	3699	161	637	—	721	5403	2632	4598	4499	4193	3149
揭阳市	—	550	1191	—	—	4656	—	—	—	759	678	2857	2805
锦州市	2091	4305	4161	324	661	12208	—	4516	—	2447	—	1162	1460
吉林市	803	—	—	3851	401	—	2786	—	472	993	—	424	1309
鸡西市	1572	—	—	329	—	156	147	1680	—	—	—	265	1217
开封市	—	—	—	—	260	—	783	2022	3305	5218	—	5192	3642
廊坊市	—	3533	7668	6187	7084	7013	3455	1708	—	5104	633	5223	5116
柳州市	236	—	4377	—	4027	4178	—	5515	—	1242	6731	2244	3043

1-6 续表 3

单位：元 / 平方米

城市	1月	2月	3月	4月	5月	6月	7月	8月	9月	10月	11月	12月	汇总
临沂市	4319	1678	684	1046	2318	3420	932	4159	3428	8246	2102	1488	2728
洛阳市	3265	1022	1416	5866	3445	6514	480	5919	2465	3181	4023	3311	3030
丽水市	7036	22298	1365	13950	12212	1577	11121	270	13665	1865	—	3702	4348
六安市	2454	4353	261	1598	446	2245	—	—	—	1004	3127	4428	1786
聊城市	—	682	1167	1125	622	619	3011	3827	2264	2107	3544	3108	2042
连云港市	277	2917	223	311	542	2482	—	6707	1563	1121	425	568	828
龙岩市	6271	436	140	311	2960	327	7656	290	5249	4819	5250	5912	2734
乐山市	1680	4926	—	2003	2299	1375	6987	920	2155	2256	3442	1315	2211
泸州市	2054	866	—	1085	1947	4010	1050	5459	592	2030	4590	1897	1805
漯河市	2122	550	1444	2105	2068	3931	3589	2284	1139	1978	2080	1855	2032
六盘水市	—	—	1591	600	1639	1715	2001	2111	1363	1699	1516	2584	1816
拉萨市	749	—	1402	—	1925	3978	2459	1095	3489	2661	3264	—	1788
丽江市	—	—	—	—	—	—	—	—	1485	—	—	1635	1518
绵阳市	1005	40646	—	2116	7453	630	9481	3231	1555	—	2148	3153	2995
眉山市	1531	270	225	1846	1990	196	2342	2021	1601	825	2592	590	1599
马鞍山市	482	546	5253	2550	732	1703	458	625	4535	1809	6299	2798	2830
茂名市	9907	6000	3049	402	402	—	—	292	9150	9781	5981	5435	3516
梅州市	266	228	—	2166	3911	—	4397	478	3060	3683	455	379	2037
牡丹江市	—	—	1443	—	974	—	—	—	1875	1613	330	—	1117
南通市	604	355	318	1466	4004	4787	10821	11214	341	4563	5084	4997	3658
南充市	2588	—	3793	3136	—	4026	142	5248	4265	706	2597	4567	3400
南阳市	3917	—	4105	4987	3905	2982	2806	3387	4448	4240	2707	3589	3694
宁德市	386	—	—	—	264	4952	3871	—	529	350	3293	3448	2010
内江市	3312	4440	2429	3611	3404	2152	1231	4366	169	1203	2021	2231	2317
南平市	2752	6067	172	3140	—	—	—	6068	1478	—	5708	1900	2541
鄂尔多斯市	—	—	—	—	—	334	182	552	996	160	1111	912	653
莆田市	1285	—	290	199	374	199	—	—	181	339	—	402	394
萍乡市	319	495	2382	160	170	445	983	496	3097	2212	4231	2208	1837
平顶山市	—	6675	3627	1081	3963	4129	778	4500	—	1741	2307	4278	1898
普洱市	1800	—	2980	—	2000	2598	2845	287	133	772	1674	819	1306
濮阳市	1204	—	459	3570	3548	—	—	3513	5316	321	4149	—	2897
攀枝花市	265	—	—	—	2843	3556	—	—	153	1537	—	1343	1693
泉州市	2317	444	—	363	1640	1111	1977	6626	—	10738	330	5272	4316
衢州市	1172	280	341	916	11059	2633	811	4089	333	3998	2181	4928	2696
秦皇岛市	2072	2674	2020	1898	1287	882	2296	405	1373	2882	4574	2036	2007
清远市	1811	550	333	2052	3624	5466	311	1575	2740	5921	5030	2188	2564
钦州市	2710	614	—	216	700	1491	—	210	1248	2323	1732	395	813

1-6　续表 4

单位：元 / 平方米

城市	1月	2月	3月	4月	5月	6月	7月	8月	9月	10月	11月	12月	汇总
齐齐哈尔市	—	—	1167	100	—	1680	102	6751	4180	1551	143	2886	2425
曲靖市	1550	450	1187	1065	—	2129	—	356	1194	479	—	298	966
日照市	4000	2233	4393	1597	1435	3213	3220	3153	2849	4998	894	845	2612
绍兴市	3176	5728	2154	7281	6907	8888	7238	4330	1857	8096	6393	6301	5821
汕头市	1048	8028	1722	942	10223	2300	12734	19179	1169	4936	10594	5025	5432
宿迁市	1842	134	144	131	5753	92	1626	144	1838	195	1838	1625	1757
宿州市	666	1835	1995	1426	484	1201	1639	263	1873	—	628	1507	1172
商丘市	4806	3958	1763	2363	2231	4611	1796	1776	7500	4290	272	2752	3031
十堰市	554	1026	2186	344	844	1473	988	1915	1319	1651	1519	1676	1206
汕尾市	5125	—	—	—	6004	—	—	—	—	6990	4382	4644	5470
随州市	1914	—	1092	490	1509	155	1022	151	800	1024	128	1895	1201
韶关市	188	193	226	—	5591	—	188	1461	621	2432	1696	2620	1192
上饶市	1750	4333	171	175	4592	3241	5861	1027	2669	5275	4266	3735	3388
三明市	204	208	—	3934	6383	305	—	—	—	207	5903	2248	2311
松原市	738	—	204	447	204	418	363	204	204	—	236	296	314
朔州市	247	—	—	—	195	480	274	193	216	292	—	—	236
商洛市	303	407	342	407	351	419	—	—	380	—	313	—	368
泰州市	3378	4009	922	2276	1879	2642	1236	1080	5456	439	10363	3634	2873
台州市	770	662	5123	3342	1173	6088	9448	6221	3220	8915	6528	3618	4694
唐山市	1841	2022	1342	613	942	3845	1097	613	2186	2038	1975	1083	1437
泰安市	3078	2531	2678	3259	3137	4121	767	3184	1830	3766	1998	3881	2734
通化市	394	—	2856	541	769	474	468	—	1463	767	1223	1277	1094
铁岭市	—	—	—	—	866	—	484	349	—	—	—	—	705
乌兰察布市	148	—	—	—	2266	1762	208	—	2477	2415	—	1893	1015
潍坊市	2420	2795	702	852	1930	2467	1917	1868	991	2097	2080	2066	1852
威海市	—	1447	1413	3211	402	1199	3027	1067	1313	2554	2973	2765	2259
芜湖市	1243	328	341	380	3460	2913	4911	1823	361	4383	1895	2163	2241
徐州市	1653	1996	3137	2883	712	3037	3211	3450	2180	2724	5338	2227	2836
襄阳市	1270	1878	341	2287	3267	341	6300	496	2562	5467	2254	1919	2354
咸阳市	9030	180	3018	—	0	180	0	—	654	6160	8701	0	4471
湘潭市	2247	—	—	6000	3276	1607	3879	6101	4102	3300	2121	4897	4114
宣城市	—	175	1452	753	4094	—	2443	—	—	—	170	168	1547
信阳市	896	728	2427	—	606	2645	2782	946	3733	398	4178	—	1686
新乡市	295	195	—	—	300	5126	2748	897	2779	—	2250	3190	1479
扬州市	2710	226	280	839	3309	—	3834	6974	2083	7179	280	3639	3214
盐城市	1905	434	1106	1795	3339	937	1721	1700	1741	304	9985	7475	2811
烟台市	1247	1135	318	1555	5973	4534	1667	2257	4355	4113	4324	3350	2560

1-6 续表 5

单位：元 / 平方米

城市	1月	2月	3月	4月	5月	6月	7月	8月	9月	10月	11月	12月	汇总
宜宾市	6289	—	—	4436	3212	4889	220	5675	5551	—	670	3703	4216
宜昌市	2368	554	2787	1603	5916	2842	6285	1276	244	2608	1201	4432	2509
宜春市	707	1989	205	313	515	2094	2631	2372	1391	1898	1343	2174	1784
岳阳市	936	8945	1036	3470	526	1717	—	2371	3840	1220	634	1327	2055
玉溪市	788	969	6988	640	4107	885	981	442	1286	1250	—	2427	2073
鹰潭市	160	207	211	486	733	—	1024	803	462	1510	697	1649	827
营口市	288	288	288	1159	885	1290	246	380	974	784	288	291	770
阳江市	343	357	308	332	324	2456	329	316	—	510	572	202	444
云浮市	—	—	466	583	1827	291	2438	292	—	3032	3750	226	793
伊春市	—	253	228	—	199	205	371	—	230	—	149	—	259
珠海市	6656	3426	10920	345	21795	3167	10404	4527	5986	19113	9620	9536	8430
淄博市	2898	1299	3486	2853	2519	3487	2922	2767	1424	2209	2243	2024	2348
株洲市	791	1577	446	6467	5027	3662	1500	2165	4240	3382	5763	2260	3004
遵义市	1926	3461	2799	2669	4078	2954	4460	5009	4335	3377	3714	1881	3291
镇江市	367	716	6011	—	5414	—	390	948	403	—	—	579	2380
漳州市	8375	—	—	—	5707	—	9834	287	8197	348	8117	—	7138
中山市	770	1053	—	689	770	31500	22888	14867	741	18725	10088	3753	7511
肇庆市	2606	345	1122	10770	11375	2761	6519	1307	2691	5030	4453	4506	3554
舟山市	1432	2210	—	867	6619	5580	1523	11184	—	538	1350	2807	2884
自贡市	2740	1320	2179	1799	1956	1428	404	461	1893	362	1581	3575	1616
张家界市	1658	1350	4495	1020	5246	2749	—	3895	2194	906	3119	3499	2793
湛江市	—	540	—	—	—	336	—	1510	401	7736	2285	336	1369
县及县级市													
保亭黎族苗族自治县	—	—	—	—	2390	—	386	—	—	—	924	1595	1258
滨海县	891	279	271	335	465	228	—	—	—	—	1901	1199	577
常熟市	327	383	10830	3752	344	18718	2581	6104	621	14492	4782	3449	4276
崇州市	990	—	1842	108	—	—	—	1500	456	—	5076	1575	1598
淳安县	395	499	—	1502	—	—	—	—	828	1419	787	6082	1784
慈溪市	1057	1594	695	5037	8122	1362	1037	1511	1482	2152	1810	1338	2033
丹阳市	—	383	5897	324	667	1754	—	417	9728	1356	—	3126	2222
当涂县	208	—	—	196	1110	2520	192	813	509	2587	1620	2686	1053
德清县	1402	3503	1570	724	778	1149	675	2756	4453	690	3992	3467	2401
东港市	—	—	199	1007	193	859	303	1012	—	124	—	292	565
东台市	171	861	172	1118	1709	—	4530	1578	315	1596	174	525	1104
都江堰市	5722	872	—	1760	1800	—	—	1815	870	—	6525	9855	3989

1-6　续表 6

单位：元 / 平方米

城市	1月	2月	3月	4月	5月	6月	7月	8月	9月	10月	11月	12月	汇总
恩施土家族苗族自治州	1355	777	861	1512	1246	575	627	1560	844	752	1258	1029	1081
肥东县	—	7500	—	6086	7500	8250	0	159	49	9199	7075	2550	7499
肥西县	340	—	5008	4008	5190	—	5409	48	183	646	7334	10604	3198
盖州市	567	239	—	787	861	1300	291	—	—	—	—	716	553
高碑店市	—	1226	—	2478	1839	—	1065	3231	—	—	—	836	1515
固安县	—	—	—	1054	1838	5684	—	5234	—	1385	—	896	2851
海安市	1545	941	1629	387	302	584	4095	542	1435	476	1184	3411	1196
海门市	343	257	4889	1712	1019	7548	9570	2277	3468	301	336	3508	2119
海宁市	883	2319	—	1250	5201	2653	5883	1673	2752	2733	10735	2363	3412
海盐县	744	1284	773	2172	4057	3174	1843	4504	4404	1650	975	1143	2474
惠安县	423	396	337	545	172	1759	3158	939	—	3605	174	723	805
惠东县	3578	2920	558	—	—	516	—	—	4161	2984	1537	3421	3060
嘉善县	1511	8697	450	8911	6241	8504	9053	437	501	11672	3069	5577	5428
建德市	—	279	662	4205	289	5496	673	2030	387	1488	331	593	1556
建湖县	1237	165	—	157	125	—	2274	—	175	1272	161	2999	1463
江阴市	1590	441	—	563	5732	8275	4010	2128	9604	17910	1328	5635	3840
胶州市	—	3508	509	3521	3467	3188	621	3992	6763	1064	3872	1507	1662
晋江市	918	943	7221	3562	1332	616	690	905	2096	2919	2756	984	1927
靖江市	517	1455	—	866	273	347	6746	389	1931	857	—	4800	1406
昆山市	330	435	327	294	329	10553	—	3330	261	8113	4983	14740	4606
莱西市	457	1648	2669	222	235	1376	627	358	1165	1529	1234	1386	937
莱州市	1020	—	1788	—	1211	882	1838	598	1690	1522	1928	2035	1534
临海市	655	4458	515	5281	2411	526	1420	1034	3158	3711	—	1208	2027
陵水黎族自治县	—	—	—	—	—	—	—	—	—	—	—	—	—
浏阳市	943	396	1772	382	1216	1856	786	508	359	367	371	2607	1289
龙海市	375	285	375	4663	3618	—	7708	4920	10379	10311	6302	286	4480
龙口市	397	1374	695	1287	1500	296	2690	448	594	661	739	1351	931
龙门县	456	—	4367	1051	1839	1723	4836	2628	255	—	2319	675	1918
闽侯县	—	407	12792	16654	6432	3793	7069	2877	10359	525	3370	5374	5523
南安市	879	397	902	3733	355	1784	1083	1201	1961	443	616	1560	1212
宁海县	412	968	574	4327	1426	543	4717	1678	1620	2138	5411	829	2277
沛县	2250	—	581	211	220	1615	1925	2640	2110	—	1740	1888	1433
彭州市	68	240	2029	—	—	—	203	2294	—	—	5671	105	2980
邳州市	2250	—	172	243	285	2338	—	268	1629	2373	2160	3300	1481
平度市	345	362	4841	244	826	256	760	490	677	4232	1213	1466	996
平湖市	1096	622	3908	805	3178	2028	649	887	7171	2183	592	1553	1626

1-6 续表 7

单位：元 / 平方米

城市	1月	2月	3月	4月	5月	6月	7月	8月	9月	10月	11月	12月	汇总
蒲江县	—	—	2566	3900	5550	3675	1283	1573	4800	96	5194	—	2449
普宁市	795	317	3854	2333	3293	1293	1764	—	5024	—	—	—	2378
启东市	941	204	5445	1815	3333	13720	1641	5238	1424	268	801	2824	2231
潜江市	1960	875	—	143	156	200	171	—	1203	1367	1244	143	790
荣成市	2174	2874	—	2348	3681	3811	1534	3176	3201	—	2570	2691	2878
如东县	4275	279	491	—	292	2162	8022	1791	1980	2197	1018	777	1560
瑞安市	4497	11682	27240	8553	2330	1339	5214	7006	1402	9947	2106	9049	6021
嵊州市	501	—	—	431	4166	4325	371	2940	4584	2968	3520	4322	3348
太仓市	300	346	6241	300	445	12159	368	14033	4971	2631	579	7658	4617
泰兴市	431	442	3146	2089	6170	2068	4149	2238	590	1947	614	1354	2123
天门市	353	174	597	161	368	502	122	1249	118	625	118	762	551
桐庐县	3450	492	3515	—	2699	1427	3517	5180	3215	—	902	709	3050
桐乡市	4857	639	375	3385	1365	4097	3627	4893	2563	2896	2331	3852	3362
瓦房店市	422	—	630	548	522	380	—	380	467	367	—	—	465
文安县	—	1041	—	—	2128	—	—	1983	—	—	—	—	1886
文昌市	1795	—	933	—	—	3195	1409	—	1450	3281	930	2093	1752
仙桃市	207	295	207	2465	207	—	207	215	3782	207	899	2407	966
香河县	—	—	3233	—	—	4696	—	—	—	3635	—	7906	4060
象山县	326	695	2578	297	5173	492	1791	491	350	755	4829	—	1563
新沂市	144	144	354	1967	1470	1139	2005	970	2156	2525	559	1003	1111
兴化市	1844	294	—	—	278	1292	1175	1174	417	1137	1110	293	954
宜兴市	840	1098	627	3460	2660	10537	4490	2753	3485	1541	317	3174	3119
义乌市	6884	2874	72048	8708	13434	4095	13194	13840	17936	4519	28873	1980	7749
永登县	273	—	—	317	841	402	573	1543	320	1575	1642	1633	794
余姚市	391	2881	3587	1807	3811	4729	4401	765	3620	1053	1524	1168	2392
张家港市	7008	504	602	4060	6054	8704	2441	16600	441	7415	772	7650	4170
长沙县	8923	1326	—	1871	5464	4760	3645	4655	658	1344	1416	5943	3391
长兴县	709	867	717	453	1151	1655	611	715	585	3567	2835	1421	1243
诸暨市	761	1195	652	2850	4274	6449	1204	796	3169	814	595	1535	2784
庄河市	262	—	724	—	929	—	215	1703	—	—	—	—	756

数据来源：中指数据库监测。

第二章

2019年全国300城土地成交情况

2-1　2019年全国300城土地成交统计

城市	成交土地宗数（宗）	成交建设用地面积（万平方米）	成交规划建筑面积（万平方米）	成交土地均价（元/平方米）	成交楼面均价（元/平方米）	土地出让金（亿元）	平均溢价率（%）
一线城市							
北京市	87	478.07	914.29	35581	18605	1701.03	9.29
上海市	313	1360.46	2542.76	14667	7847	1995.40	1.72
广州市	218	1295.94	3763.43	13129	4516	1701.50	5.55
深圳市	65	221.80	784.27	30999	8767	687.55	18.02
二线城市							
成都市	301	1658.72	4118.47	6942	2791	1151.41	15.35
重庆市	229	1548.06	2291.64	6053	4089	936.98	16.15
长沙市	154	947.85	2376.19	6017	2400	570.29	3.98
长春市	199	1270.98	2067.48	3728	2292	473.84	2.69
大连市	99	527.52	823.09	5663	3627	298.75	19.76
福州市	139	595.95	1289.87	15751	7277	938.66	17.63
贵阳市	146	935.11	2163.71	4903	2119	458.47	10.41
杭州市	550	1650.09	4141.95	16777	6684	2768.51	16.47
合肥市	103	638.76	1169.74	8216	4487	524.83	51.57
海口市	75	304.27	678.67	4978	2208	151.47	4.02
哈尔滨市	91	474.39	821.85	4544	2623	215.57	17.00
呼和浩特市	61	233.00	495.47	6057	2849	141.14	12.77
济南市	434	1978.94	3524.13	3901	2191	772.06	6.63
昆明市	415	1534.86	3979.47	6056	2336	929.44	7.67
兰州市	56	230.64	571.60	6092	2458	140.50	1.60
南京市	361	1555.79	3176.77	10907	5341	1696.84	15.77
宁波市	318	1082.23	2064.61	9450	4954	1022.72	22.99
南宁市	133	699.46	1858.84	6803	2560	475.85	33.88
南昌市	85	409.33	794.73	6610	3405	270.58	28.97
青岛市	538	1969.69	3377.29	4537	2646	893.74	0.82
苏州市	265	984.59	1809.05	12504	6805	1231.11	14.40
沈阳市	189	1242.08	1732.58	4006	2867	497.53	16.74
三亚市	48	136.03	288.67	9033	4257	122.87	16.14
石家庄市	176	570.87	1379.53	7739	3202	441.82	17.70
天津市	387	2348.28	3343.03	5782	4061	1357.69	6.39
太原市	200	876.56	2489.82	5743	2022	503.39	14.47
武汉市	328	1993.68	4387.41	8857	4025	1765.89	11.44
无锡市	154	637.27	1207.94	7819	4125	498.28	10.28

2-1 续表 1

城市	成交土地宗数（宗）	成交建设用地面积（万平方米）	成交规划建筑面积（万平方米）	成交土地均价（元/平方米）	成交楼面均价（元/平方米）	土地出让金（亿元）	平均溢价率（%）
温州市	118	351.99	889.81	16669	6594	586.73	23.35
乌鲁木齐市	230	928.80	1696.89	3629	1986	337.08	1.07
厦门市	68	286.46	852.74	16785	5639	480.84	17.39
西安市	388	1747.96	3681.25	4163	1977	727.63	13.29
西宁市	28	128.86	297.70	6680	2880	86.08	4.04
银川市	56	344.68	556.14	2053	1273	70.77	18.24
郑州市	246	1261.03	3456.66	7308	2666	921.55	6.56
三四线城市							
安庆市	72	285.50	446.37	3118	1994	89.02	11.48
安康市	94	271.02	553.30	1841	902	49.89	4.62
安顺市	119	355.25	557.46	1333	849	47.35	0
安阳市	27	122.34	224.69	2163	1178	26.46	1.95
鞍山市	130	288.86	290.52	580	577	16.75	3.81
保定市	131	385.65	847.63	3045	1385	117.44	0.19
蚌埠市	62	425.78	593.71	2535	1818	107.92	23.98
滨州市	128	638.37	762.68	1056	884	67.44	2.01
包头市	66	520.05	601.74	1233	1066	64.12	10.48
宝鸡市	73	332.17	864.63	1686	648	56.01	1.99
百色市	107	220.59	471.02	1321	618	29.15	10.06
本溪市	16	49.56	53.81	1220	1124	6.05	0.02
北海市	42	370.19	688.48	2675	1439	99.04	5.50
常州市	214	906.66	2119.83	5743	2456	520.67	29.62
滁州市	117	647.03	1037.02	2067	1290	133.77	16.47
常德市	135	620.21	1107.99	2134	1194	132.34	2.33
沧州市	31	148.12	309.31	6663	3191	98.69	1.00
承德市	37	147.08	231.44	3164	2011	46.54	4.90
郴州市	50	181.02	437.83	2404	994	43.51	4.26
池州市	76	320.83	381.83	1225	1025	39.31	25.90
潮州市	9	70.45	244.79	2791	803	19.66	0.10
崇左市	25	126.44	163.81	662	471	8.37	47.63
朝阳市	14	39.01	33.80	426	492	1.66	0
东莞市	124	720.78	1942.65	6695	2429	482.53	20.76
德阳市	60	226.68	391.67	2188	1266	49.60	19.79
德州市	72	249.66	348.27	1475	1055	36.83	7.76
东营市	87	353.61	384.91	656	601	23.19	2.80

2-1 续表 2

城市	成交土地宗数（宗）	成交建设用地面积（万平方米）	成交规划建筑面积（万平方米）	成交土地均价（元 / 平方米）	成交楼面均价（元 / 平方米）	土地出让金（亿元）	平均溢价率（%）
大庆市	53	209.71	208.01	376	379	7.89	1.02
丹东市	10	38.81	49.78	1135	885	4.41	61.14
鄂州市	84	460.84	687.30	2050	1375	94.49	0.95
佛山市	159	774.86	2148.11	10023	3615	776.64	16.21
阜阳市	58	437.54	741.76	4000	2358	175.03	28.49
抚顺市	23	100.87	126.40	602	481	6.07	0.09
阜新市	18	112.40	110.88	504	511	5.67	1.60
赣州市	217	992.25	1905.21	1655	862	164.20	11.88
贵港市	124	461.59	760.97	1474	894	68.06	8.53
桂林市	53	200.34	311.38	2142	1378	42.92	1.73
广元市	55	162.08	234.91	1697	1171	27.50	24.16
湖州市	196	838.49	1436.81	2600	1517	217.99	2.86
菏泽市	249	851.95	1892.90	2979	1341	253.79	0.40
惠州市	146	502.42	1361.97	4365	1610	219.32	5.83
邯郸市	218	676.92	1191.68	2724	1547	184.40	29.22
淮安市	170	776.89	1293.31	2158	1296	167.62	8.41
淮北市	55	461.12	719.91	1535	983	70.79	20.33
黄石市	40	182.68	337.99	2733	1477	49.92	3.47
河源市	56	223.29	515.79	1932	836	43.14	27.21
衡水市	58	176.53	297.33	1708	1014	30.15	15.23
怀化市	40	165.22	370.30	1752	782	28.94	4.80
淮南市	53	245.51	378.90	940	609	23.08	15.20
鹤壁市	20	105.82	100.00	1210	1281	12.81	3.56
葫芦岛市	37	104.79	174.99	1068	639	11.19	0
鹤岗市	12	15.21	11.77	231	299	0.35	0
嘉兴市	110	360.51	720.52	6016	3008	216.87	16.70
金华市	79	320.08	610.77	5287	2771	169.22	30.20
济宁市	122	606.91	994.77	3221	1965	195.49	7.33
江门市	66	282.14	696.76	5190	2102	146.43	10.03
景德镇市	72	328.00	678.26	3813	1844	125.07	0.39
荆州市	103	559.34	778.33	1501	1079	83.96	10.95
九江市	99	344.12	443.87	1923	1491	68.79	16.63
荆门市	107	499.88	781.92	856	547	42.78	14.50
焦作市	27	148.70	325.89	2694	1229	40.06	2.27
揭阳市	38	170.66	470.79	2869	1040	48.95	1.40
锦州市	38	261.62	383.30	1290	881	33.76	6.82

2–1 续表 3

城市	成交土地宗数（宗）	成交建设用地面积（万平方米）	成交规划建筑面积（万平方米）	成交土地均价（元/平方米）	成交楼面均价（元/平方米）	土地出让金（亿元）	平均溢价率（%）
吉林市	25	136.44	160.04	1664	1419	22.70	17.01
鸡西市	12	25.61	20.29	930	1174	2.38	0.29
开封市	63	238.60	431.41	4242	2346	101.21	5.82
廊坊市	71	340.49	672.70	5298	2682	180.40	2.69
柳州市	81	434.25	935.95	4170	1935	181.07	15.27
临沂市	161	707.11	1117.51	2449	1550	173.17	15.88
洛阳市	51	389.97	846.43	4214	1942	164.34	38.57
丽水市	51	279.77	571.91	5226	2556	146.20	17.49
六安市	161	746.69	988.71	1513	1117	115.25	9.45
聊城市	136	545.18	988.98	1969	1085	107.33	14.75
连云港市	90	1154.83	1213.77	775	738	89.54	5.03
龙岩市	48	241.34	391.11	3424	2113	82.64	22.35
乐山市	73	307.21	687.31	2556	1142	78.51	39.93
泸州市	62	364.36	771.29	1751	827	63.80	14.68
漯河市	85	251.60	517.44	2210	1075	55.60	1.10
六盘水市	46	137.83	255.78	2302	1240	31.73	0.33
拉萨市	31	91.29	144.20	1931	1222	17.63	9.93
丽江市	22	110.73	184.50	1001	601	11.09	7.34
绵阳市	56	271.98	669.40	3923	1594	106.71	18.75
眉山市	151	758.29	1137.47	1911	1272	144.90	11.39
马鞍山市	47	157.02	229.09	2830	1940	44.44	31.52
茂名市	27	89.70	260.30	3973	1360	35.64	19.25
梅州市	30	110.36	196.57	1981	1112	21.86	28.18
牡丹江市	7	40.66	74.55	678	370	2.76	0
南通市	191	908.06	1426.84	4209	2663	382.18	21.69
南充市	86	427.39	931.54	4634	2126	198.05	31.85
南阳市	68	125.18	347.31	5731	2066	71.74	74.83
宁德市	36	208.56	469.71	2713	1202	56.58	37.71
内江市	31	189.39	325.74	2608	1517	49.40	10.35
南平市	27	138.43	269.01	1760	906	24.37	14.36
鄂尔多斯市	23	22.69	25.78	401	353	0.91	4.04
莆田市	46	274.59	617.22	3561	1584	97.77	42.98
萍乡市	78	246.37	549.23	1948	874	48.00	4.87
平顶山市	42	171.28	404.37	2143	908	36.71	3.04
普洱市	122	205.91	295.30	1406	980	28.94	2.31
濮阳市	28	105.52	187.11	2412	1360	25.45	17.18
攀枝花市	36	136.08	246.90	1737	952	23.64	4.22

2-1　续表 4

城市	成交土地宗数（宗）	成交建设用地面积（万平方米）	成交规划建筑面积（万平方米）	成交土地均价（元 / 平方米）	成交楼面均价（元 / 平方米）	土地出让金（亿元）	平均溢价率（%）
泉州市	30	104.71	232.77	6408	2883	67.10	30.52
衢州市	80	361.28	395.78	3375	3081	121.94	22.08
秦皇岛市	82	315.40	421.08	2399	1797	75.67	13.48
清远市	91	266.85	691.15	2011	777	53.67	3.70
钦州市	60	390.20	838.42	468	1006	1.79	39.24
齐齐哈尔市	13	82.69	162.70	2399	1211	19.84	3.23
曲靖市	55	124.73	258.37	999	482	12.46	6.54
日照市	135	656.45	1126.42	2942	1714	193.10	11.43
绍兴市	201	898.66	1703.40	7415	3912	666.34	20.41
汕头市	84	193.42	695.93	7721	2146	149.33	15.33
宿迁市	136	692.61	1029.11	1888	1271	130.79	14.22
宿州市	106	507.06	886.53	1376	787	69.78	18.20
商丘市	57	236.77	564.84	2658	1114	62.93	2.13
十堰市	88	455.28	834.49	1172	640	53.37	35.04
汕尾市	9	86.35	289.34	5869	1752	50.68	0
随州市	58	201.43	318.30	1259	797	25.36	12.75
韶关市	58	207.40	469.21	1149	508	23.83	1.51
上饶市	27	63.00	114.04	3276	1810	20.64	10.20
三明市	19	44.78	99.81	3257	1461	14.59	34.05
松原市	26	69.43	59.34	491	574	3.41	0.01
朔州市	21	71.81	67.10	244	261	1.75	1.26
商洛市	12	23.50	27.29	368	317	0.86	0.29
泰州市	114	371.16	638.95	3844	2233	142.66	20.46
台州市	107	393.38	824.55	6344	3027	249.58	18.28
唐山市	365	2237.22	3072.98	983	715	219.82	7.76
泰安市	93	486.49	816.29	3097	1846	150.68	11.95
通化市	16	57.24	71.60	1266	1013	7.25	0.01
铁岭市	6	22.30	33.95	601	395	1.34	0
乌兰察布市	27	126.37	175.50	907	653	11.47	0
潍坊市	253	1504.03	2760.90	2326	1267	349.80	25.41
威海市	236	1025.28	1598.85	2251	1443	230.75	1.10
芜湖市	57	277.00	391.80	2704	1912	74.91	28.87
徐州市	189	998.39	1724.46	3460	2003	345.43	18.57
襄阳市	122	516.69	888.17	2815	1638	145.45	6.67
咸阳市	48	237.69	611.70	3668	1425	87.19	0.07
湘潭市	40	206.45	446.50	3858	1784	79.65	0.01
宣城市	96	226.94	299.87	2049	1550	46.49	17.68

2-1 续表 5

城市	成交土地宗数（宗）	成交建设用地面积（万平方米）	成交规划建筑面积（万平方米）	成交土地均价（元/平方米）	成交楼面均价（元/平方米）	土地出让金（亿元）	平均溢价率（%）
信阳市	42	213.12	402.76	1691	895	36.03	2.63
新乡市	33	128.24	262.41	2475	1209	31.73	39.14
扬州市	131	655.31	1102.74	4117	2446	269.78	24.14
盐城市	126	644.06	1264.33	2552	1300	164.34	4.49
烟台市	128	628.35	801.37	2473	1939	155.37	8.66
宜宾市	48	298.62	676.83	6172	2723	184.31	49.02
宜昌市	109	387.98	616.27	2687	1692	104.25	8.09
宜春市	129	480.04	875.45	1958	1074	94.00	17.49
岳阳市	83	392.30	601.41	2275	1470	89.25	0.51
玉溪市	39	146.92	256.69	3187	1824	46.82	44.45
鹰潭市	67	253.29	461.87	1183	649	29.97	38.69
营口市	76	225.06	276.25	909	741	20.46	6.46
阳江市	66	186.28	207.32	444	399	8.27	4.25
云浮市	14	148.98	137.44	271	294	4.04	1.32
伊春市	21	36.46	42.60	227	188	0.83	0
珠海市	80	518.33	981.19	8813	4656	456.83	12.15
淄博市	253	908.98	1688.72	2461	1325	223.70	1.46
株洲市	133	625.32	1174.74	3018	1607	188.75	0.80
遵义市	127	600.69	1310.82	2933	1344	176.16	1.52
镇江市	69	317.73	555.39	2767	1583	87.90	13.77
漳州市	23	89.38	206.30	9355	4053	83.61	40.73
中山市	43	142.13	498.73	8092	2306	115.02	0.42
肇庆市	61	246.66	601.46	3652	1498	90.08	6.93
舟山市	46	220.72	396.73	3686	2051	81.35	2.39
自贡市	54	266.04	394.57	1567	1057	41.69	4.62
张家界市	37	120.19	257.61	2354	1098	28.30	2.58
湛江市	17	86.36	154.54	1838	1027	15.87	2.96
县及县级市							
保亭黎族苗族自治县	2	5.06	1.70	2928	8712	1.48	455.15
滨海县	69	166.78	179.98	756	700	12.60	19.33
常熟市	133	462.43	599.19	4609	3557	213.15	11.63
崇州市	30	101.39	220.41	2272	1045	23.04	34.40
淳安县	36	67.41	63.97	2227	2346	15.01	23.48
慈溪市	151	483.12	956.53	2491	1258	120.33	18.04
丹阳市	130	199.46	281.89	2726	1929	54.38	19.05

2-1　续表 6

城市	成交土地宗数（宗）	成交建设用地面积（万平方米）	成交规划建筑面积（万平方米）	成交土地均价（元/平方米）	成交楼面均价（元/平方米）	土地出让金（亿元）	平均溢价率（%）
当涂县	66	187.53	234.69	803	641	15.05	12.54
德清县	114	285.99	452.42	2396	1514	68.51	4.41
东港市	31	40.65	56.95	698	498	2.84	21.40
东台市	111	263.67	323.64	1034	842	27.26	2.15
都江堰市	44	186.45	288.06	3997	2587	74.53	0.20
恩施土家族苗族自治州	146	198.96	421.95	1109	523	22.07	12.68
肥东县	74	163.73	229.65	5191	3701	84.99	46.82
肥西县	41	276.37	393.33	4084	2869	112.88	41.09
盖州市	31	125.63	130.62	548	527	6.88	1.44
高碑店市	51	142.23	234.39	1497	908	21.29	0.75
固安县	36	121.92	255.53	4898	2337	59.71	71.76
海安市	388	689.75	954.04	1340	969	92.45	11.85
海门市	87	355.97	452.79	2560	2013	91.13	34.75
海宁市	121	372.80	673.77	4638	2566	172.90	35.98
海盐县	107	316.20	621.52	2842	1446	89.86	16.13
惠安县	72	348.09	442.93	706	555	24.57	15.50
惠东县	29	70.34	91.90	2243	1539	15.77	1.08
嘉善县	62	226.67	528.17	5022	2155	113.83	12.78
建德市	75	141.23	159.81	1925	1701	27.18	27.31
建湖县	66	186.76	289.17	1638	1058	30.58	24.97
江阴市	92	446.02	582.84	4074	3117	181.69	8.58
胶州市	132	579.01	1129.16	1589	815	91.98	0.17
晋江市	133	302.84	797.53	2900	1101	87.81	40.17
靖江市	71	366.75	688.18	1785	951	65.45	26.83
昆山市	71	298.18	467.08	4863	3104	145.00	6.50
莱西市	61	199.91	267.26	1048	784	20.94	9.97
莱州市	42	75.04	126.37	1573	934	11.80	9.81
临海市	33	219.28	430.20	2667	1359	58.49	32.34
陵水黎族自治县	2	5.49	6.59	1293	1078	0.71	—
浏阳市	144	490.09	984.08	1257	626	61.58	0.68
龙海市	32	84.47	177.80	6731	3190	56.86	28.35
龙口市	69	233.81	354.72	961	634	22.47	—
龙门县	42	81.68	169.14	1557	752	12.71	19.41
闽侯县	45	147.41	317.48	6594	3062	97.2[illegible]	21.19

2-1 续表 7

城市	成交土地宗数（宗）	成交建设用地面积（万平方米）	成交规划建筑面积（万平方米）	成交土地均价（元 / 平方米）	成交楼面均价（元 / 平方米）	土地出让金（亿元）	平均溢价率（%）
南安市	105	326.05	918.21	1229	437	40.08	9.06
宁海县	65	199.21	427.27	2751	1283	54.81	18.53
沛县	129	375.90	763.88	1507	741	56.63	1.89
彭州市	18	79.13	148.37	3179	1696	25.16	7.90
邳州市	103	435.90	691.37	1443	910	62.89	0.36
平度市	88	265.22	353.30	1007	756	26.69	0.27
平湖市	94	274.46	397.65	1462	1009	40.12	10.33
蒲江县	22	47.41	64.30	1893	1395	8.97	12.85
普宁市	42	49.72	138.65	2382	854	11.84	18.27
启东市	122	379.70	650.35	2669	1559	101.36	12.15
潜江市	44	147.06	296.82	1066	528	15.67	11.28
荣成市	102	218.96	390.19	2886	1619	63.18	3.02
如东县	124	492.00	872.17	1534	865	75.48	14.07
瑞安市	99	255.45	632.43	6289	2540	160.66	8.83
嵊州市	107	285.38	676.91	3424	1443	97.71	7.41
太仓市	74	238.03	449.09	5083	2694	120.98	11.54
泰兴市	216	498.70	1090.61	2078	950	103.64	1.67
天门市	155	386.16	540.02	593	424	22.91	4.45
桐庐县	70	92.00	134.05	3228	2216	29.70	4.51
桐乡市	120	308.48	806.94	4542	1736	140.10	38.21
瓦房店市	31	200.02	129.44	455	703	9.10	0
文安县	21	52.89	70.88	1267	946	6.70	1.06
文昌市	15	15.97	13.14	1892	1458	3.02	3.71
仙桃市	119	304.46	452.67	1051	707	31.99	20.67
香河县	74	98.19	197.46	3676	1828	36.09	1.00
象山县	82	189.42	346.64	1908	1043	36.15	11.01
新沂市	90	429.95	651.22	961	634	41.30	1.43
兴化市	132	206.10	329.86	1168	730	24.07	28.28
宜兴市	75	240.19	334.18	3634	2612	87.29	20.08
义乌市	346	346.82	802.23	8875	3837	307.81	13.46
永登县	45	243.74	219.98	471	521	11.47	0.54
余姚市	123	296.71	595.57	2938	1464	87.16	21.44
张家港市	106	348.15	685.21	4022	2044	140.03	3.07
长沙县	83	422.00	954.67	3682	1628	155.39	13.74
长兴县	317	443.96	710.07	1458	912	64.74	5.46
诸暨市	151	256.45	367.63	3194	2209	81.92	14.55
庄河市	17	114.86	136.67	681	572	7.82	0

数据来源：中指数据库监测。

2-2　2019 年全国 300 城土地成交宗数统计

单位：宗

城市	1 月	2 月	3 月	4 月	5 月	6 月	7 月	8 月	9 月	10 月	11 月	12 月	汇总
一线城市													
北京市	20	9	1	9	4	7	5	3	6	4	7	12	87
上海市	29	15	19	13	22	19	30	17	39	31	36	43	313
广州市	20	8	7	16	14	18	32	14	16	16	25	32	218
深圳市	1	5	0	0	8	8	1	1	1	1	10	29	65
二线城市													
成都市	23	25	12	21	32	22	31	35	11	18	24	47	301
重庆市	19	11	27	11	32	33	9	14	11	13	21	28	229
长沙市	15	5	4	10	14	13	25	15	16	18	4	15	154
长春市	12	7	9	17	16	19	22	15	24	6	19	33	199
大连市	4	5	4	10	9	8	15	4	23	3	5	9	99
福州市	8	10	18	7	13	3	22	16	10	2	10	20	139
贵阳市	5	21	3	12	6	16	10	12	8	18	21	14	146
杭州市	66	30	40	46	28	30	39	23	87	42	36	83	550
合肥市	5	5	6	13	12	7	5	9	11	5	10	15	103
海口市	1	3	1	5	9	2	8	0	13	14	9	10	75
哈尔滨市	7	3	5	16	1	8	5	6	13	6	13	8	91
呼和浩特市	0	0	10	0	0	14	0	0	13	7	10	7	61
济南市	43	12	22	22	54	39	36	47	16	66	0	77	434
昆明市	51	13	4	17	36	61	66	39	37	33	43	15	415
兰州市	10	0	5	0	3	22	6	6	4	0	0	0	56
南京市	43	19	24	26	16	44	19	39	11	37	14	69	361
宁波市	28	5	12	25	25	16	47	20	23	48	7	62	318
南宁市	12	6	10	4	16	10	13	6	11	12	14	19	133
南昌市	3	3	5	13	13	16	4	7	8	4	8	1	85
青岛市	44	34	7	31	43	61	63	37	57	54	50	57	538
苏州市	39	8	18	41	24	4	17	16	37	4	43	14	265
沈阳市	22	2	13	14	10	3	38	17	26	17	11	16	189
三亚市	6	0	3	1	0	1	1	6	5	5	8	12	48
石家庄市	17	13	9	5	13	12	8	11	8	14	20	46	176
天津市	45	34	46	28	38	33	29	37	28	32	13	24	387
太原市	22	18	8	23	13	7	23	21	28	13	12	12	200
武汉市	27	22	12	40	32	41	17	14	18	38	20	47	328
无锡市	27	14	7	7	11	2	9	4	23	18	17	15	154
温州市	7	2	10	9	13	14	9	8	4	12	10	20	118

2-2 续表 1

单位：宗

城市	1月	2月	3月	4月	5月	6月	7月	8月	9月	10月	11月	12月	汇总
乌鲁木齐市	0	7	6	8	4	15	13	21	11	19	15	111	230
厦门市	2	3	5	3	1	4	6	3	7	4	12	18	68
西安市	35	18	64	58	9	19	20	39	29	10	54	33	388
西宁市	5	0	0	0	0	10	0	4	0	3	6	0	28
银川市	3	4	3	4	4	8	4	5	7	8	3	3	56
郑州市	19	9	22	32	14	16	41	14	19	17	3	40	246
三四线城市													
安庆市	2	1	2	7	9	0	12	9	2	5	6	17	72
安康市	3	5	1	14	5	5	7	10	2	18	17	7	94
安顺市	10	27	4	8	14	4	4	17	11	11	5	4	119
安阳市	0	1	6	2	4	1	0	4	0	0	2	7	27
鞍山市	0	13	5	22	6	19	14	10	19	0	18	4	130
保定市	21	4	1	1	13	8	6	6	13	8	19	31	131
蚌埠市	4	6	3	11	8	4	4	2	6	6	6	2	62
滨州市	9	6	3	8	7	18	7	18	12	6	19	15	128
包头市	4	8	5	4	3	7	4	9	2	4	1	15	66
宝鸡市	18	0	1	18	7	5	5	3	6	0	2	8	73
百色市	1	5	1	11	17	0	0	5	16	23	9	19	107
本溪市	1	2	0	4	0	0	4	0	1	2	0	2	16
北海市	2	2	3	1	5	4	3	2	5	9	3	3	42
常州市	7	10	7	24	36	17	28	12	28	18	2	25	214
滁州市	14	3	9	4	12	9	8	9	7	23	5	14	117
常德市	8	1	10	3	11	14	11	17	11	6	12	31	135
沧州市	1	2	4	3	0	4	0	4	0	3	2	8	31
承德市	2	4	1	3	4	0	2	2	4	1	1	13	37
郴州市	3	1	10	2	2	1	6	1	4	3	9	8	50
池州市	10	3	2	10	7	5	7	5	9	12	2	4	76
潮州市	1	4	0	1	2	0	1	0	0	0	0	0	9
崇左市	4	0	6	0	0	0	2	0	0	0	0	13	25
朝阳市	0	2	0	3	1	1	4	0	3	0	0	0	14
东莞市	12	4	10	8	14	6	9	14	11	10	11	15	124
德阳市	7	0	3	4	4	1	2	21	11	4	0	3	60
德州市	2	3	0	3	2	8	3	6	4	16	4	21	72
东营市	1	15	2	0	9	5	22	0	8	9	5	11	87
大庆市	1	0	7	2	2	25	2	5	6	2	0	1	53
丹东市	0	0	2	0	5	0	2	0	0	0	1	0	10
鄂州市	8	12	9	3	3	7	8	6	4	1	4	19	84

2-2 续表 2

单位：宗

城市	1月	2月	3月	4月	5月	6月	7月	8月	9月	10月	11月	12月	汇总
佛山市	13	10	16	9	9	11	15	17	15	14	11	19	159
阜阳市	3	3	10	12	5	5	2	2	10	0	2	4	58
抚顺市	0	0	2	1	0	1	4	6	3	2	1	3	23
阜新市	0	0	5	0	0	3	6	0	2	0	0	2	18
赣州市	60	2	1	15	15	20	17	10	4	37	7	29	217
贵港市	8	4	12	8	10	4	5	9	13	11	21	19	124
桂林市	6	0	1	8	3	1	7	6	1	0	10	10	53
广元市	1	0	3	7	10	3	8	2	2	3	10	6	55
湖州市	11	17	13	13	22	9	18	21	12	12	23	25	196
菏泽市	19	27	13	8	20	6	17	6	25	22	6	80	249
惠州市	11	11	5	2	8	10	9	16	11	18	16	29	146
邯郸市	26	8	11	17	4	23	7	13	51	7	15	36	218
淮安市	27	2	4	0	12	17	0	3	21	20	30	34	170
淮北市	4	0	14	6	4	0	2	5	4	11	0	5	55
黄石市	1	7	0	3	0	3	1	8	1	2	0	14	40
河源市	2	8	2	1	9	5	2	6	6	3	7	5	56
衡水市	5	0	2	5	2	4	6	2	4	7	13	8	58
怀化市	3	9	5	1	1	3	2	1	1	3	2	9	40
淮南市	3	0	0	8	7	1	9	0	3	12	0	10	53
鹤壁市	3	0	7	0	0	10	0	0	0	0	0	0	20
葫芦岛市	3	7	1	3	6	0	2	2	7	2	0	4	37
鹤岗市	6	0	0	0	1	0	0	0	1	2	0	2	12
嘉兴市	14	2	3	2	12	8	5	15	4	18	6	21	110
金华市	4	0	9	9	8	0	11	4	16	1	8	9	79
济宁市	7	3	0	5	19	4	12	7	7	11	11	36	122
江门市	4	4	7	3	7	6	7	4	4	4	4	12	66
景德镇市	7	0	0	13	0	2	0	11	14	1	0	24	72
荆州市	14	7	2	3	2	1	8	4	17	3	26	16	103
九江市	23	0	1	9	7	11	10	11	6	12	3	6	99
荆门市	5	6	1	11	18	6	4	6	7	17	7	19	107
焦作市	2	0	0	2	2	0	3	0	1	2	6	9	27
揭阳市	4	1	4	0	0	12	0	0	0	4	0	13	38
锦州市	3	0	4	5	4	12	1	1	0	7	0	1	38
吉林市	2	0	0	1	3	0	0	5	1	2	11	0	25
鸡西市	3	0	0	1	0	1	0	4	3	0	0	0	12
开封市	7	13	3	0	2	7	0	12	2	9	0	8	63
廊坊市	0	6	6	7	9	10	5	0	3	8	3	14	71
柳州市	3	0	14	1	10	11	0	0	8	3	2	29	81

2-2 续表 3　　　　单位：宗

城市	1月	2月	3月	4月	5月	6月	7月	8月	9月	10月	11月	12月	汇总
临沂市	3	13	6	8	20	24	11	18	12	10	3	33	161
洛阳市	3	3	4	5	5	2	4	5	5	4	0	11	51
丽水市	1	0	6	4	3	10	5	3	2	9	0	8	51
六安市	4	25	19	3	20	36	20	0	0	6	27	1	161
聊城市	0	2	11	9	23	9	10	12	4	9	15	32	136
连云港市	6	0	10	0	0	12	5	0	9	15	11	22	90
龙岩市	0	0	1	10	6	3	7	6	7	1	1	6	48
乐山市	3	6	0	1	11	10	3	1	5	2	18	13	73
泸州市	12	6	0	3	11	2	2	2	5	4	1	14	62
漯河市	11	4	1	6	8	1	12	6	7	19	1	9	85
六盘水市	0	0	2	0	3	11	5	5	1	4	8	7	46
拉萨市	5	1	0	2	10	1	2	4	2	1	3	0	31
丽江市	0	0	0	0	3	0	0	2	9	6	1	1	22
绵阳市	0	1	0	1	11	5	4	8	6	2	3	15	56
眉山市	23	8	3	9	10	7	11	15	24	8	28	5	151
马鞍山市	2	1	3	1	4	2	4	2	8	1	6	13	47
茂名市	0	1	4	6	1	0	0	0	6	1	2	6	27
梅州市	0	1	0	15	0	0	2	4	0	1	3	4	30
牡丹江市	0	0	0	2	2	0	0	0	1	1	1	0	7
南通市	23	12	21	2	18	26	16	11	12	13	8	29	191
南充市	11	12	6	8	0	9	6	9	5	0	9	11	86
南阳市	1	0	0	2	8	9	11	3	14	8	6	6	68
宁德市	1	2	0	0	1	9	1	2	3	10	4	3	36
内江市	3	1	2	2	3	3	3	4	0	5	3	2	31
南平市	5	0	2	7	0	0	0	1	4	6	0	2	27
鄂尔多斯市	0	0	0	0	0	0	7	11	2	1	1	1	23
莆田市	3	5	0	11	4	2	4	6	7	3	0	1	46
萍乡市	7	1	8	3	5	3	3	6	3	7	17	15	78
平顶山市	0	1	1	1	5	1	3	4	0	5	11	10	42
普洱市	1	0	4	0	12	3	5	0	43	15	3	36	122
濮阳市	2	2	0	2	11	0	0	4	4	2	1	0	28
攀枝花市	2	0	0	0	7	1	0	0	2	4	0	20	36
泉州市	3	0	2	3	1	3	1	2	0	2	0	13	30
衢州市	8	2	2	7	4	4	4	5	6	17	2	19	80
秦皇岛市	7	5	3	10	13	3	7	1	7	1	8	17	82
清远市	5	11	8	18	13	4	2	15	4	1	0	10	91
钦州市	3	0	1	0	6	7	0	20	4	7	6	6	60
齐齐哈尔市	0	0	0	4	0	0	1	1	3	1	0	3	13

2-2　续表 4　　　　单位：宗

城市	1 月	2 月	3 月	4 月	5 月	6 月	7 月	8 月	9 月	10 月	11 月	12 月	汇总
曲靖市	11	2	9	8	6	4	0	7	0	4	0	4	55
日照市	7	9	7	29	5	18	8	16	9	1	21	5	135
绍兴市	28	3	16	17	29	15	19	15	21	10	14	14	201
汕头市	21	0	4	9	3	7	11	4	6	0	11	8	84
宿迁市	34	3	3	15	4	4	3	6	13	5	30	16	136
宿州市	11	0	9	22	5	14	8	12	14	6	0	5	106
商丘市	2	3	3	7	8	0	12	3	9	4	3	3	57
十堰市	8	4	5	8	13	3	21	7	5	0	1	13	88
汕尾市	3	0	0	0	1	0	0	0	0	1	0	4	9
随州市	6	1	1	11	7	5	1	2	4	11	2	7	58
韶关市	2	2	3	6	4	1	1	8	12	2	14	3	58
上饶市	3	0	2	1	1	1	2	7	3	2	4	1	27
三明市	2	1	0	2	1	2	0	0	0	6	2	3	19
松原市	1	0	0	4	0	5	2	4	2	1	3	4	26
朔州市	4	0	0	0	2	0	7	0	4	4	0	0	21
商洛市	1	0	2	1	1	2	3	0	1	0	0	1	12
泰州市	3	30	2	6	22	15	2	7	6	7	2	12	114
台州市	27	2	2	6	12	8	11	5	4	5	4	21	107
唐山市	25	13	11	22	36	13	18	24	88	23	30	62	365
泰安市	3	5	5	11	20	6	10	3	7	8	9	6	93
通化市	1	0	1	1	1	0	0	1	5	2	4	0	16
铁岭市	1	0	0	0	3	0	1	1	0	0	0	0	6
乌兰察布市	14	0	0	0	5	5	1	0	1	0	0	1	27
潍坊市	18	10	8	10	19	6	27	7	10	24	25	89	253
威海市	2	0	33	47	17	5	18	31	13	2	48	20	236
芜湖市	6	3	3	3	3	5	4	6	15	5	1	3	57
徐州市	12	9	11	3	14	0	16	18	14	51	36	5	189
襄阳市	11	10	12	15	14	1	0	7	3	26	6	17	122
咸阳市	6	3	5	0	2	1	5	0	4	18	4	0	48
湘潭市	5	0	0	1	3	1	7	9	3	3	2	6	40
宣城市	15	8	3	10	8	0	23	1	6	8	6	8	96
信阳市	7	10	1	3	4	3	4	4	2	0	0	4	42
新乡市	2	3	1	1	0	3	11	4	3	0	2	3	33
扬州市	14	9	9	14	3	9	1	1	18	11	2	40	131
盐城市	14	9	10	9	16	5	3	14	10	20	5	11	126
烟台市	10	7	10	20	2	9	13	10	14	2	5	26	128
宜宾市	2	0	0	8	12	9	0	5	4	0	1	7	48

2–2 续表 5

单位：宗

城市	1月	2月	3月	4月	5月	6月	7月	8月	9月	10月	11月	12月	汇总
宜昌市	11	4	11	21	4	1	6	10	9	11	5	16	109
宜春市	16	3	0	8	4	18	10	10	18	6	12	24	129
岳阳市	7	0	5	3	7	2	0	2	13	10	12	22	83
玉溪市	2	2	8	1	9	3	5	0	6	1	0	2	39
鹰潭市	3	1	7	9	1	0	1	13	18	6	1	7	67
营口市	5	2	8	11	15	4	0	5	1	15	1	9	76
阳江市	5	0	9	23	4	3	3	3	4	8	1	3	66
云浮市	0	0	1	3	0	5	3	1	0	0	1	0	14
伊春市	0	0	4	3	1	1	6	0	3	2	1	0	21
珠海市	5	3	7	5	3	3	11	4	12	7	4	16	80
淄博市	13	9	4	5	8	20	11	13	34	32	26	78	253
株洲市	3	6	10	2	15	9	27	9	8	13	9	22	133
遵义市	8	7	0	26	5	7	7	1	0	37	12	17	127
镇江市	4	5	17	10	1	10	1	11	0	6	0	4	69
漳州市	7	0	0	0	5	0	1	2	3	2	3	0	23
中山市	3	1	3	0	2	1	1	1	2	4	3	22	43
肇庆市	5	10	3	1	2	6	1	2	14	1	8	8	61
舟山市	2	2	1	0	12	7	11	2	0	2	0	7	46
自贡市	1	6	0	2	15	3	5	1	4	5	4	8	54
张家界市	0	2	2	2	1	8	3	0	3	6	1	9	37
湛江市	0	0	4	0	0	0	4	4	4	0	0	1	17
县及县级市													
保亭黎族苗族自治县	0	0	0	0	0	0	0	1	0	0	0	1	2
滨海县	8	21	17	9	6	2	0	0	0	0	4	2	69
常熟市	14	2	1	14	8	3	7	16	17	5	29	17	133
崇州市	1	3	1	5	1	0	0	2	9	3	3	2	30
淳安县	2	14	0	2	0	0	0	0	1	2	7	8	36
慈溪市	25	6	4	9	7	9	14	13	6	10	14	34	151
丹阳市	0	4	0	4	14	3	64	10	0	6	11	14	130
当涂县	5	0	0	2	12	1	15	5	10	1	5	10	66
德清县	13	9	6	17	11	9	4	15	7	5	7	11	114
东港市	0	0	0	5	10	10	0	1	1	1	0	3	31
东台市	7	2	11	30	21	0	0	6	8	12	7	7	111
都江堰市	12	3	16	2	1	0	0	0	1	1	1	7	44
恩施土家族苗族自治州	39	1	3	13	26	17	4	6	7	6	2	22	146

2-2　续表 6　　　　单位：宗

城市	1 月	2 月	3 月	4 月	5 月	6 月	7 月	8 月	9 月	10 月	11 月	12 月	汇总
肥东县	0	0	1	16	17	4	7	7	1	1	20	0	74
肥西县	3	0	2	8	2	1	5	4	3	9	0	4	41
盖州市	13	0	1	8	1	0	0	2	0	0	0	6	31
高碑店市	0	0	6	0	18	4	10	6	0	0	0	7	51
固安县	0	0	0	4	0	6	0	8	1	4	0	13	36
海安市	56	34	68	8	36	28	5	47	58	18	17	13	388
海门市	4	2	7	7	13	8	1	11	18	3	3	10	87
海宁市	5	11	2	5	6	16	13	12	25	12	2	12	121
海盐县	10	3	10	13	15	8	10	9	6	5	7	11	107
惠安县	6	13	10	4	3	12	2	3	2	3	4	10	72
惠东县	8	0	1	1	0	0	2	0	0	8	7	2	29
嘉善县	1	3	3	2	3	9	4	2	7	5	6	17	62
建德市	3	3	5	10	6	1	12	3	7	12	4	9	75
建湖县	9	0	3	2	3	9	0	10	6	5	3	16	66
江阴市	8	9	1	10	8	5	14	8	7	7	2	13	92
胶州市	0	6	33	4	1	4	13	4	6	28	16	17	132
晋江市	1	8	9	3	9	1	27	6	22	28	16	3	133
靖江市	2	6	11	8	4	3	1	0	12	16	0	8	71
昆山市	7	7	2	7	2	11	1	2	13	4	5	10	71
莱西市	1	1	1	2	23	4	9	3	4	0	4	9	61
莱州市	8	0	2	1	5	5	7	1	1	4	1	7	42
临海市	2	0	1	2	5	2	2	7	2	2	0	8	33
陵水黎族自治县	0	0	0	0	0	0	0	0	0	1	0	1	2
浏阳市	15	9	2	4	4	68	5	11	9	2	0	15	144
龙海市	1	0	3	3	2	3	3	4	1	4	3	5	32
龙口市	0	5	10	2	3	0	4	0	7	17	11	10	69
龙门县	3	0	0	5	3	12	1	9	2	1	2	4	42
闽侯县	1	1	3	5	4	5	4	4	2	0	14	2	45
南安市	2	14	1	11	3	9	1	17	3	20	20	4	105
宁海县	11	2	1	8	14	4	6	7	3	3	2	4	65
沛县	2	0	0	28	1	7	18	3	4	0	16	50	129
彭州市	0	2	1	3	0	0	1	4	1	0	5	1	18
邳州市	5	0	6	5	7	8	8	5	16	9	5	29	103
平度市	3	3	1	5	14	10	12	10	1	5	2	22	88
平湖市	12	2	9	10	3	5	4	4	10	11	6	18	94
蒲江县	0	0	2	1	1	0	0	13	1	0	4	0	22
普宁市	1	0	3	14	15	3	4	0	2	0	0	0	42

2-2 续表 7

单位：宗

城市	1月	2月	3月	4月	5月	6月	7月	8月	9月	10月	11月	12月	汇总
启东市	19	3	1	14	8	1	22	4	25	4	6	15	122
潜江市	2	2	2	1	6	2	7	0	7	4	9	2	44
荣成市	8	0	6	10	5	11	12	21	4	0	12	13	102
如东县	2	5	15	0	4	14	2	6	22	19	16	19	124
瑞安市	16	4	11	11	8	3	6	3	10	8	9	10	99
嵊州市	5	0	0	3	3	4	3	4	4	33	12	36	107
太仓市	3	6	1	10	9	6	0	9	4	9	7	10	74
泰兴市	25	9	4	6	39	17	16	18	19	27	15	21	216
天门市	8	26	11	15	8	4	5	17	8	16	12	25	155
桐庐县	1	28	5	1	5	6	5	7	5	2	4	1	70
桐乡市	6	4	3	10	11	8	6	9	6	8	14	35	120
瓦房店市	3	0	3	3	5	5	0	2	5	5	0	0	31
文安县	0	5	0	0	8	0	0	5	3	0	0	0	21
文昌市	1	0	3	0	0	0	1	1	4	4	0	1	15
仙桃市	5	3	6	4	20	9	5	3	3	40	15	6	119
香河县	0	0	32	0	0	16	0	0	0	25	0	1	74
象山县	3	11	2	4	8	19	6	10	3	8	8	0	82
新沂市	6	1	2	13	10	2	6	2	1	6	24	17	90
兴化市	6	18	0	0	15	0	5	18	10	31	10	19	132
宜兴市	10	4	6	5	9	5	0	15	5	1	4	11	75
义乌市	29	16	1	32	31	29	18	19	36	47	60	28	346
永登县	1	0	1	5	5	2	2	3	2	10	5	9	45
余姚市	9	6	7	5	11	5	15	7	17	8	7	26	123
张家港市	14	13	5	11	9	4	16	6	5	10	0	13	106
长沙县	7	4	0	3	6	7	3	15	7	13	5	13	83
长兴县	5	32	20	20	36	47	88	4	27	10	15	13	317
诸暨市	16	9	11	12	17	9	22	7	11	1	10	26	151
庄河市	8	0	1	0	6	0	1	1	0	0	0	0	17

数据来源：中指数据库监测。

2-3　2019年全国300城土地成交建设用地面积统计

单位：万平方米

城市	1月	2月	3月	4月	5月	6月	7月	8月	9月	10月	11月	12月	汇总
一线城市													
北京市	130.50	74.87	4.03	32.79	15.79	40.73	17.97	22.02	24.28	21.68	28.06	65.33	478.07
上海市	175.97	78.85	72.77	55.45	97.11	109.33	128.87	56.61	157.95	137.48	116.02	174.08	1360.46
广州市	179.66	57.08	19.45	120.64	118.44	83.00	164.80	84.32	66.05	52.79	96.06	253.65	1295.94
深圳市	2.46	7.09	0	0	9.78	22.36	3.08	5.00	9.17	0.62	102.14	60.10	221.80
二线城市													
成都市	172.47	155.78	82.41	113.68	146.64	115.01	159.98	191.52	91.04	77.46	99.50	253.21	1658.72
重庆市	180.18	46.68	169.81	49.09	235.54	211.99	58.83	80.32	72.68	49.19	144.72	249.04	1548.06
长沙市	113.62	46.24	35.46	58.33	76.22	46.01	167.61	101.23	145.64	93.52	10.76	53.21	947.85
长春市	82.30	42.97	49.72	78.51	93.27	73.09	89.53	86.02	300.52	27.60	126.42	221.05	1270.98
大连市	39.27	35.49	57.54	93.56	32.72	40.12	82.22	22.86	66.38	7.89	22.38	27.10	527.52
福州市	34.26	66.39	59.34	32.88	40.33	14.51	113.41	56.52	28.45	13.25	56.83	79.78	595.95
贵阳市	91.76	128.17	23.37	47.95	72.34	106.28	51.00	86.19	39.01	67.08	107.81	114.15	935.11
杭州市	186.52	92.17	92.75	109.46	87.58	230.60	111.85	74.94	213.51	138.91	94.36	217.43	1650.09
合肥市	57.24	18.05	58.15	63.72	58.66	75.64	28.78	36.32	41.24	51.43	40.66	108.84	638.76
海口市	3.00	6.60	13.43	10.45	46.59	2.52	7.66	0	32.05	70.75	64.48	46.75	304.27
哈尔滨市	44.00	2.22	8.29	98.99	13.14	60.71	25.80	10.20	79.81	29.71	47.46	54.07	474.39
呼和浩特市	0	0	38.74	0	0	52.66	0	0	46.70	17.45	49.30	28.16	233.00
济南市	259.55	60.83	136.39	58.24	299.45	197.05	208.54	135.59	59.77	173.36	0	390.18	1978.94
昆明市	235.19	52.51	25.36	48.13	136.50	264.57	290.45	111.87	115.46	129.64	74.54	50.63	1534.86
兰州市	50.06	0	6.56	0	5.70	93.79	40.02	29.16	5.35	0	0	0	230.64
南京市	171.99	105.90	118.59	94.61	68.31	208.21	181.93	169.88	39.57	144.94	36.75	215.11	1555.79
宁波市	60.43	23.55	132.02	60.32	82.14	93.93	178.50	77.77	74.64	149.02	15.33	134.59	1082.23
南宁市	72.14	56.78	65.92	28.92	66.57	40.22	53.99	41.47	49.39	51.01	44.04	129.03	699.46
南昌市	23.16	12.61	62.60	64.50	21.94	49.36	32.68	21.69	51.57	25.61	42.78	0.84	409.33
青岛市	164.76	152.67	41.45	122.42	144.50	169.75	204.40	118.84	181.34	264.82	176.68	228.06	1969.69
苏州市	141.35	38.05	58.27	130.04	67.78	18.16	78.08	66.15	120.72	21.30	148.74	95.93	984.59
沈阳市	98.71	1.54	63.11	81.95	53.38	18.13	503.74	102.32	140.49	60.46	50.91	67.32	1242.08
三亚市	5.20	0	5.77	0.35	0	4.81	0.05	6.54	27.69	9.97	23.58	52.08	136.03
石家庄市	55.06	56.47	36.53	24.75	62.63	41.98	13.95	24.41	12.78	26.04	64.88	151.38	570.87
天津市	187.31	216.64	352.50	168.79	322.63	138.74	190.35	174.04	158.89	163.06	57.84	217.49	2348.28
太原市	109.36	38.09	13.05	123.72	61.09	64.82	95.13	69.04	99.40	48.28	54.63	99.96	876.56
武汉市	209.00	60.32	196.92	305.58	172.16	200.35	77.42	56.65	109.77	272.66	65.78	267.07	1993.68
无锡市	114.03	21.67	8.41	32.57	81.92	2.76	57.45	20.17	88.18	90.38	50.19	69.54	637.27
温州市	16.34	7.87	25.43	25.48	78.64	31.42	23.60	18.71	23.57	38.82	41.30	20.81	351.99

2-3 续表 1 单位：万平方米

城市	1月	2月	3月	4月	5月	6月	7月	8月	9月	10月	11月	12月	汇总
乌鲁木齐市	0	26.00	39.49	13.35	3.16	48.48	50.46	90.35	28.00	82.42	53.37	493.72	928.80
厦门市	35.57	12.81	8.92	10.00	5.35	14.53	15.11	10.80	45.09	48.56	27.83	51.89	286.46
西安市	183.41	55.27	221.92	440.73	22.29	53.63	95.91	179.84	103.73	64.12	212.92	114.20	1747.96
西宁市	18.05	0	0	0	0	66.37	0	5.65	0	2.08	36.72	0	128.86
银川市	4.50	8.16	15.81	6.08	46.42	28.02	48.30	24.33	47.53	62.85	32.41	20.27	344.68
郑州市	92.96	47.92	164.12	133.20	57.24	77.71	203.54	96.76	75.81	92.82	12.83	206.13	1261.03
三四线城市													
安庆市	18.15	2.36	15.30	37.81	43.16	0	39.81	46.24	6.84	17.85	40.01	17.97	285.50
安康市	7.09	17.23	0.21	33.01	16.41	6.47	22.71	14.41	1.26	45.01	100.38	6.83	271.02
安顺市	27.00	26.55	23.10	59.99	55.15	16.99	9.48	16.45	42.99	34.43	30.98	12.12	355.25
安阳市	0	5.34	9.09	14.38	22.93	4.09	0	18.16	0	0	19.23	29.11	122.34
鞍山市	0	31.92	12.61	30.68	16.04	16.94	26.02	37.99	79.53	0	28.76	8.38	288.86
保定市	72.19	1.61	2.63	3.52	63.27	22.04	11.75	21.56	38.54	3.29	56.72	88.54	385.65
蚌埠市	12.26	50.24	25.01	49.00	45.17	8.62	21.48	11.95	90.34	46.14	43.74	21.84	425.78
滨州市	29.82	25.60	7.69	36.43	23.43	204.57	17.15	110.22	52.39	9.92	62.16	58.98	638.37
包头市	38.86	65.80	23.69	11.81	10.58	26.81	6.91	45.32	18.15	19.81	32.41	219.90	520.05
宝鸡市	88.22	0	0.45	98.15	23.06	23.36	25.25	15.69	21.27	0	8.42	28.31	332.17
百色市	2.94	14.77	5.85	35.57	3.57	0	0	11.93	23.75	81.03	12.90	28.27	220.59
本溪市	4.83	3.75	0	7.34	0	0	27.73	0	0.60	1.65	0	3.66	49.56
北海市	17.78	8.68	17.07	30.50	80.30	47.97	19.20	5.86	33.18	63.13	24.38	22.14	370.19
常州市	22.05	37.78	46.88	96.07	204.36	58.72	140.06	31.78	99.77	57.62	23.12	88.45	906.66
滁州市	101.54	18.53	17.69	19.10	133.21	38.14	34.60	68.40	51.90	95.22	28.71	40.01	647.03
常德市	48.47	0.96	90.59	11.07	33.09	14.48	44.96	78.32	30.65	25.30	92.52	149.79	620.21
沧州市	4.16	5.21	30.76	13.04	0	8.62	0	35.70	0	11.58	5.42	33.62	148.12
承德市	8.85	15.89	2.04	13.92	17.07	0	5.55	8.29	13.61	1.32	9.78	50.76	147.08
郴州市	5.98	0.19	21.22	1.79	23.13	5.57	31.21	2.03	17.08	16.22	16.59	40.00	181.02
池州市	50.94	8.16	12.01	25.23	35.80	21.65	48.91	25.66	28.38	51.18	0.97	11.94	320.83
潮州市	15.88	23.49	0	9.54	1.78	0	19.76	0	0	0	0	0	70.45
崇左市	33.08	0	18.67	0	0	0	15.20	0	0	0	0	59.49	126.44
朝阳市	0	1.14	0	2.58	19.41	2.83	7.32	0	5.75	0	0	0	39.01
东莞市	91.91	89.11	75.35	30.47	57.14	69.07	23.42	43.85	84.37	22.91	66.75	66.43	720.78
德阳市	29.53	0	44.35	12.47	6.93	0.91	18.28	55.05	34.86	12.46	0	11.83	226.68
德州市	6.27	34.90	0	22.23	1.31	11.76	11.46	16.69	13.79	30.94	26.16	74.15	249.66
东营市	14.79	26.38	13.36	0	44.64	24.81	51.08	0	45.55	22.81	12.29	97.89	353.61
大庆市	0.15	0	17.98	1.91	51.69	49.70	2.62	38.53	27.79	18.04	0	1.31	209.71
丹东市	0	0	12.50	0	22.14	0	2.11	0	0	0	2.06	0	38.81
鄂州市	39.01	46.24	107.06	0.86	6.67	3.66	50.19	34.93	16.54	4.41	23.33	127.94	460.84

2-3　续表 2　　　　单位：万平方米

城市	1月	2月	3月	4月	5月	6月	7月	8月	9月	10月	11月	12月	汇总
佛山市	44.44	61.08	90.96	55.71	56.54	37.48	80.65	77.89	114.10	65.31	20.26	70.44	774.86
阜阳市	9.45	22.10	30.19	121.69	35.21	42.09	34.88	11.55	77.87	0	10.30	42.20	437.54
抚顺市	0	0	7.20	11.11	0	2.05	16.00	13.68	16.30	13.64	8.65	12.24	100.87
阜新市	0	0	8.95	0	0	13.47	18.50	0	4.90	0	0	66.58	112.40
赣州市	260.98	3.51	6.52	126.90	52.96	129.66	68.30	40.78	10.46	139.36	27.17	125.65	992.25
贵港市	35.69	12.86	21.86	53.46	65.61	21.31	22.75	20.58	33.63	37.00	71.06	65.78	461.59
桂林市	38.29	0	3.07	24.09	5.82	11.14	10.98	30.10	0.38	0	31.64	44.85	200.34
广元市	10.00	0	2.50	16.46	23.96	4.77	21.30	6.85	3.34	6.31	25.87	40.71	162.08
湖州市	24.65	96.41	93.42	47.40	70.95	30.00	62.85	76.43	65.79	47.53	100.20	122.87	838.49
菏泽市	78.31	102.62	15.76	13.68	107.58	12.45	46.16	17.06	199.18	77.90	67.11	114.14	851.95
惠州市	47.38	21.50	8.67	4.97	27.97	28.80	19.54	59.46	44.61	34.40	52.72	152.40	502.42
邯郸市	50.59	24.29	48.67	52.07	23.18	48.63	41.05	23.15	138.60	5.95	92.58	128.16	676.92
淮安市	86.71	10.43	28.80	0	95.01	105.81	0	11.39	107.83	101.14	85.21	144.55	776.89
淮北市	25.03	0	109.92	42.14	38.13	0	23.37	56.39	19.33	94.92	0	51.88	461.12
黄石市	2.06	16.57	0	22.55	0	11.59	9.37	45.38	6.65	0.97	0	67.54	182.68
河源市	40.89	17.51	4.41	8.80	27.40	10.59	15.23	28.23	35.67	5.69	15.79	13.08	223.29
衡水市	11.39	0	16.99	10.96	3.56	12.91	8.89	27.74	6.32	10.47	52.96	14.33	176.53
怀化市	11.00	38.98	27.34	3.25	4.90	10.49	8.13	5.20	2.27	5.33	3.76	44.59	165.22
淮南市	15.21	0	0	33.01	13.40	6.52	57.80	0	7.80	44.60	0	67.16	245.51
鹤壁市	9.44	0	46.07	0	0	50.30	0	0	0	0	0	0	105.82
葫芦岛市	7.06	14.29	13.35	14.61	17.32	0	3.14	3.06	14.46	9.62	0	7.88	104.79
鹤岗市	0.86	0	0	0	0.07	0	0	0	0.27	12.02	0	2.00	15.21
嘉兴市	30.50	10.31	3.35	10.14	36.79	37.73	5.35	45.02	11.88	66.29	9.97	93.18	360.51
金华市	8.78	0	38.55	40.98	40.25	0	39.72	25.22	59.09	0.56	36.10	30.85	320.08
济宁市	33.91	7.87	0	28.76	138.49	25.97	46.80	32.74	46.80	36.69	18.70	190.18	606.91
江门市	3.96	64.47	35.52	6.89	27.37	18.31	24.29	15.02	21.84	13.46	7.24	43.76	282.14
景德镇市	22.77	0	0	35.08	0	8.44	0	88.04	67.15	3.69	0	102.82	328.00
荆州市	65.50	48.54	2.81	16.30	2.03	8.56	36.13	23.48	69.00	14.49	164.81	107.68	559.34
九江市	49.18	0	1.90	40.32	21.48	38.16	22.17	47.20	6.81	70.26	14.79	31.84	344.12
荆门市	15.56	10.14	5.39	57.48	70.40	13.46	10.64	34.49	31.98	90.42	22.10	137.83	499.88
焦作市	6.57	0	0	7.39	10.73	0	29.06	0	8.00	10.06	29.81	47.08	148.70
揭阳市	14.86	4.70	16.65	0	0	70.16	0	0	0	11.03	0	53.26	170.66
锦州市	5.55	0	3.92	23.72	18.66	173.04	0.29	11.92	0	17.85	0	6.67	261.62
吉林市	3.71	0	0	3.64	30.09	0	0	8.83	0.78	44.46	44.92	0	136.44
鸡西市	5.63	0	0	1.21	0	3.93	0	3.51	11.34	0	0	0	25.61
开封市	20.70	42.94	16.52	0	14.95	20.11	0	58.51	5.42	32.20	0	27.25	238.60
廊坊市	0	37.05	31.09	35.34	37.92	39.06	36.36	0	32.02	29.17	3.43	59.05	340.49
柳州市	25.71	0	57.83	4.53	37.64	41.75	0	0	35.43	8.34	27.46	195.57	434.25

2-3 续表 3 单位：万平方米

城市	1月	2月	3月	4月	5月	6月	7月	8月	9月	10月	11月	12月	汇总
临沂市	6.38	59.55	12.87	34.68	112.78	115.42	60.44	62.79	31.14	28.52	8.25	174.28	707.11
洛阳市	8.75	11.86	63.98	48.97	49.01	2.97	37.52	38.31	24.05	22.69	0	81.87	389.97
丽水市	5.32	0	21.05	42.21	1.99	93.85	13.33	27.37	14.75	11.91	0	48.00	279.77
六安市	19.27	120.53	70.83	21.02	76.69	292.37	40.83	0	0	18.88	77.25	9.02	746.69
聊城市	0	14.56	50.59	38.42	101.37	78.53	34.36	31.94	20.62	30.88	44.52	99.38	545.18
连云港市	45.61	0	39.05	0	0	174.61	18.07	0	144.20	265.50	96.75	371.03	1154.83
龙岩市	0	0	6.16	29.28	35.06	33.33	31.24	53.89	26.64	1.71	7.77	16.26	241.34
乐山市	7.00	26.55	0	7.63	65.63	21.61	17.82	1.47	41.20	4.80	70.54	42.96	307.21
泸州市	44.88	37.84	0	14.09	46.95	5.77	28.11	5.07	28.47	17.36	6.71	129.12	364.36
漯河市	29.70	29.86	2.77	15.51	19.61	2.44	30.51	16.49	14.43	39.53	0.67	50.07	251.60
六盘水市	0	0	2.17	0	5.55	40.14	13.37	9.63	4.83	13.04	16.77	32.33	137.83
拉萨市	11.72	6.27	0	4.10	19.52	0.79	16.87	13.25	0.53	5.15	13.09	0	91.29
丽江市	0	0	0	0	6.17	0	0	8.11	43.28	24.65	22.51	6.00	110.73
绵阳市	0	0.40	0	13.01	33.78	29.71	11.21	39.69	51.39	4.50	20.45	67.84	271.98
眉山市	139.20	21.21	5.79	50.64	25.48	22.37	85.06	62.70	133.28	57.92	78.62	76.02	758.29
马鞍山市	1.34	0.25	13.25	0.22	6.25	10.47	19.21	3.74	34.76	2.09	11.67	53.75	157.02
茂名市	0	0.23	40.19	9.92	3.35	0	0	0	10.47	1.63	11.57	12.36	89.70
梅州市	0	2.77	0	77.07	0	0	0.98	5.03	0	1.13	6.71	16.67	110.36
牡丹江市	0	0	0	2.23	26.16	0	0	0	4.46	5.77	2.04	0	40.66
南通市	101.93	60.69	151.82	5.97	42.75	93.30	112.78	38.78	51.67	36.88	59.65	151.82	908.06
南充市	48.80	11.75	46.10	47.42	0	82.54	33.52	51.62	11.67	0	58.69	35.28	427.39
南阳市	5.85	0	0	4.03	10.27	24.93	19.80	3.03	25.20	18.71	8.54	4.83	125.18
宁德市	23.51	8.78	0	0	17.77	50.61	2.19	4.55	16.09	49.85	17.25	17.95	208.56
内江市	14.24	11.24	6.56	7.60	15.07	23.70	25.18	14.10	0	26.07	20.48	25.14	189.39
南平市	18.10	0	23.32	41.14	0	0	0	4.60	3.45	38.59	0	9.22	138.43
鄂尔多斯市	0	0	0	0	0	0	13.76	4.58	1.99	0.70	1.02	0.63	22.69
莆田市	11.02	48.72	0	42.09	15.93	23.04	44.37	22.85	48.74	15.62	0	2.20	274.59
萍乡市	5.10	7.63	24.40	13.11	30.09	3.31	16.97	30.34	16.15	21.20	41.10	36.97	246.37
平顶山市	0	0.40	0.82	1.15	10.57	2.06	53.15	9.81	0	11.66	50.29	31.36	171.28
普洱市	3.49	0	23.75	0	27.80	2.22	15.47	0	20.19	33.35	13.38	66.27	205.91
濮阳市	3.97	29.03	0	11.26	30.11	0	0	10.84	9.74	4.69	5.86	0	105.52
攀枝花市	3.46	0	0	0	29.62	9.00	0	0	2.67	8.89	0	82.44	136.08
泉州市	11.34	0	18.58	0.55	1.33	7.63	0.80	6.19	0	15.73	0	42.56	104.71
衢州市	35.47	1.19	20.30	108.03	29.22	6.97	7.08	19.21	13.88	41.37	14.89	63.68	361.28
秦皇岛市	23.46	14.20	19.62	17.49	35.30	22.14	40.18	1.11	21.74	0.85	44.76	74.55	315.40
清远市	28.60	13.00	20.32	46.47	47.59	17.80	6.39	34.81	7.60	0.49	0	43.79	266.85
钦州市	3.73	0	3.32	0	33.31	49.88	0	130.81	10.35	43.08	25.54	90.18	388.57

2-3　续表 4　　　　单位：万平方米

城市	1月	2月	3月	4月	5月	6月	7月	8月	9月	10月	11月	12月	汇总
齐齐哈尔市	0	0	0	21.03	0	0	1.19	0.35	16.66	6.39	0	37.06	82.69
曲靖市	17.43	1.21	35.56	10.23	7.88	6.83	0	15.65	0	17.00	0	12.94	124.73
日照市	40.82	43.41	34.20	81.29	88.79	94.21	50.74	61.79	58.25	24.75	60.94	17.24	656.45
绍兴市	118.07	23.95	58.58	75.77	123.21	80.21	82.13	64.34	54.81	41.46	81.69	94.46	898.66
汕头市	29.51	0	8.88	21.45	7.43	18.09	16.18	10.66	21.80	0	49.72	9.69	193.42
宿迁市	109.41	33.49	10.18	58.11	31.74	4.29	25.81	31.54	119.95	4.67	130.31	133.11	692.61
宿州市	60.49	0	45.18	115.52	23.65	57.92	16.76	78.55	51.22	40.44	0	17.33	507.06
商丘市	10.93	15.01	14.05	26.40	32.76	0	46.24	15.23	35.72	19.41	12.76	8.25	236.77
十堰市	59.96	9.47	42.26	10.41	57.28	9.55	146.86	34.01	42.71	0	0.54	42.22	455.28
汕尾市	39.01	0	0	0	5.92	0	0	0	0	1.43	0	39.99	86.35
随州市	37.98	0.74	4.46	31.19	24.46	16.31	9.80	2.18	11.50	21.63	23.05	18.12	201.43
韶关市	20.96	7.56	22.19	24.25	6.58	1.33	2.72	9.48	58.29	1.39	41.90	10.75	207.40
上饶市	7.33	0	9.89	0.35	2.94	3.39	1.22	13.93	5.03	2.64	12.75	3.52	63.00
三明市	9.15	1.27	0	5.70	4.51	3.32	0	0	0	12.76	5.85	2.22	44.78
松原市	0.20	0	0	11.91	0	23.07	11.78	8.26	0.83	0.90	1.29	11.20	69.43
朔州市	9.27	0	0	0	6.49	0	22.83	0	1.13	32.09	0	0	71.81
商洛市	0.80	0	3.89	6.49	0.33	8.65	0.41	0	0.73	0	0	2.20	23.50
泰州市	8.25	44.42	7.76	23.00	90.80	22.28	2.05	10.03	49.01	53.70	12.73	47.13	371.16
台州市	62.78	11.01	18.24	17.86	64.56	34.27	74.51	5.98	6.68	14.97	12.09	70.45	393.38
唐山市	84.74	59.48	61.80	102.30	132.56	40.55	129.41	186.27	754.29	301.40	84.48	299.92	2237.22
泰安市	12.33	14.64	58.26	57.71	86.00	13.35	49.57	15.28	37.49	54.45	61.30	26.11	486.49
通化市	1.24	0	6.53	2.83	4.04	0	0	1.71	23.57	7.60	9.71	0	57.24
铁岭市	5.00	0	0	0	11.41	0	1.98	3.91	0	0	0	0	22.30
乌兰察布市	72.54	0	0	0	23.39	22.43	3.72	0	1.97	0	0	2.33	126.37
潍坊市	62.76	37.79	28.04	82.27	184.86	42.08	119.90	55.75	76.16	72.34	139.89	602.19	1504.03
威海市	5.25	0	126.52	242.63	68.88	11.54	60.70	135.13	62.46	6.30	223.92	81.94	1025.28
芜湖市	45.94	10.21	6.69	14.77	8.09	25.41	21.13	88.79	16.53	17.25	3.74	18.43	277.00
徐州市	82.38	46.04	86.16	19.36	68.02	0	67.79	157.42	77.97	203.12	130.62	59.49	998.39
襄阳市	63.99	58.88	37.78	32.05	55.69	3.37	0	26.99	25.70	111.03	22.81	78.41	516.69
咸阳市	38.72	12.00	26.30	0	9.05	4.00	15.10	0	10.65	101.25	20.62	0	237.69
湘潭市	30.47	0	0	8.34	15.69	9.22	35.93	46.62	9.20	27.19	3.71	20.07	206.45
宣城市	37.27	35.42	11.39	8.79	22.05	0	44.82	6.82	7.41	19.94	5.86	27.19	226.94
信阳市	47.88	64.13	0.24	7.95	5.41	21.60	9.51	25.44	20.54	0	0	10.42	213.12
新乡市	5.25	21.69	10.01	1.90	0	15.18	30.13	24.32	6.45	0	6.05	7.25	128.24
扬州市	62.34	32.51	20.20	116.39	20.74	26.16	1.60	15.03	64.04	55.47	6.59	234.24	655.31
盐城市	65.30	66.83	26.04	19.27	134.30	16.28	44.42	104.22	36.25	47.34	13.04	65.77	644.06
烟台市	53.20	26.88	124.69	53.92	10.04	36.31	36.85	20.11	55.99	20.45	23.46	166.46	628.35

2-3 续表 5

单位：万平方米

城市	1月	2月	3月	4月	5月	6月	7月	8月	9月	10月	11月	12月	汇总
宜宾市	41.47	0	0	45.14	73.56	45.48	0	27.12	27.62	0	0.54	37.70	298.62
宜昌市	20.40	5.90	39.91	42.29	46.97	16.58	21.69	70.17	40.04	28.73	34.34	20.96	387.98
宜春市	52.36	13.89	0	14.09	11.77	48.42	37.21	62.46	83.25	20.58	34.93	101.09	480.04
岳阳市	75.03	0	22.53	8.38	24.42	11.06	0	12.39	66.69	37.63	45.68	88.48	392.30
玉溪市	2.59	19.11	19.89	3.59	34.56	3.34	16.40	0	19.51	9.19	0	18.72	146.92
鹰潭市	11.18	0.61	20.95	47.75	3.95	0	2.03	42.50	21.37	61.96	12.63	28.35	253.29
营口市	29.81	2.55	6.58	81.50	23.53	17.25	0	9.12	3.20	32.41	6.66	12.45	225.06
阳江市	9.65	0	26.76	31.29	35.94	8.21	1.55	10.78	30.90	5.04	0.01	26.17	186.28
云浮市	0	0	100.55	2.24	0	43.00	0.17	0.05	0	0	2.97	0	148.98
伊春市	0	0	12.26	3.69	4.12	1.63	6.95	0	3.19	3.87	0.74	0	36.46
珠海市	37.48	15.97	36.05	11.44	5.51	13.99	138.99	20.00	61.96	42.51	14.82	119.63	518.33
淄博市	37.78	8.88	11.82	21.54	19.44	81.82	46.39	39.03	148.83	103.99	102.82	286.63	908.98
株洲市	10.35	63.53	33.00	2.67	108.48	46.89	98.09	30.44	36.99	34.49	38.46	121.92	625.32
遵义市	41.17	59.98	0	133.04	19.71	19.21	41.87	5.15	0	134.04	96.95	49.57	600.69
镇江市	3.28	4.35	122.64	39.41	13.53	51.55	12.07	49.66	0	11.28	0	9.96	317.73
漳州市	23.06	0	0	0	27.73	0	8.55	4.24	7.94	3.86	14.01	0	89.38
中山市	3.93	0.36	14.49	0	4.62	1.46	5.94	1.16	6.42	16.56	16.67	70.52	142.13
肇庆市	21.19	31.09	20.49	5.66	13.28	36.03	1.79	5.11	43.38	0.44	25.93	42.28	246.66
舟山市	19.40	0.69	4.66	0	33.45	23.78	91.32	9.24	0	8.00	0	30.17	220.72
自贡市	0.74	20.21	0	4.64	89.85	26.69	33.02	5.33	27.52	15.91	16.14	25.99	266.04
张家界市	0	2.71	7.39	6.70	2.83	24.75	3.32	0	25.41	17.79	1.39	27.90	120.19
湛江市	0	0	5.53	0	0	0	7.45	6.96	41.85	0	0	24.58	86.36
县及县级市													
保亭黎族苗族自治县	0	0	0	0	0	0	0	1.09	0	0	0	3.97	5.06
滨海县	21.87	55.99	28.90	26.74	16.50	1.67	0	0	0	0	3.37	11.74	166.78
常熟市	33.37	3.81	3.16	61.67	44.09	12.71	14.53	69.88	45.40	19.24	87.26	67.31	462.43
崇州市	1.25	18.02	4.92	10.03	5.85	0	0	6.23	31.15	8.96	12.21	2.77	101.39
淳安县	2.76	39.58	0	2.41	0	0	0	0	2.00	0.41	5.03	15.23	67.41
慈溪市	33.80	51.69	3.16	44.59	21.18	43.40	28.37	14.97	40.27	45.79	26.05	129.84	483.12
丹阳市	0	2.87	0	7.76	53.90	12.61	59.11	15.88	0	17.04	5.80	24.48	199.46
当涂县	8.00	0	0	5.93	66.00	5.16	13.31	19.48	15.22	0.71	19.75	33.97	187.53
德清县	30.29	31.19	19.99	38.74	12.39	27.88	3.46	41.33	8.35	7.67	47.04	17.66	285.99
东港市	0	0	0	3.68	12.91	19.87	0	1.00	0.43	0.61	0	2.14	40.65
东台市	12.72	0.47	29.75	72.30	53.07	0	0	17.73	12.98	32.90	22.95	8.80	263.67
都江堰市	59.46	22.40	44.80	4.82	7.84	0	0	0	0.91	13.22	4.81	28.18	186.45

2-3　续表 6

单位：万平方米

城市	1月	2月	3月	4月	5月	6月	7月	8月	9月	10月	11月	12月	汇总
恩施土家族苗族自治州	19.16	0.53	6.31	31.90	24.00	47.29	13.08	1.72	8.67	9.91	7.59	28.80	198.96
肥东县	0	0	10.26	37.68	24.80	22.62	19.98	7.91	0.50	3.41	36.56	0	163.73
肥西县	43.53	0	18.38	27.35	15.08	45.23	18.87	6.18	27.09	50.27	0	24.39	276.37
盖州市	55.76	0	32.97	18.94	3.48	0	0	2.42	0	0	0	12.06	125.63
高碑店市	0	0	6.10	0	51.40	9.93	17.62	25.92	0	0	0	31.25	142.23
固安县	0	0	0	2.21	0	18.26	0	29.44	2.41	56.94	0	12.66	121.92
海安市	149.22	62.78	93.18	36.04	54.76	89.61	12.69	52.44	75.00	23.96	20.11	19.97	689.75
海门市	8.29	14.77	17.06	43.11	71.43	39.89	2.77	66.70	51.24	1.37	3.74	35.61	355.97
海宁市	6.70	44.74	13.02	22.63	13.75	46.61	54.31	42.33	64.19	28.93	9.17	26.40	372.80
海盐县	36.24	11.67	30.82	50.94	50.46	28.53	13.22	19.35	14.55	4.23	21.14	35.05	316.20
惠安县	1.16	163.26	6.48	10.64	4.27	74.59	9.85	18.59	7.98	3.93	7.72	39.63	348.09
惠东县	17.45	0	3.49	7.03	0	0	5.27	0	0	13.00	15.46	8.64	70.34
嘉善县	5.40	7.64	14.70	15.62	7.05	33.75	10.41	11.37	8.54	12.79	31.00	68.38	226.67
建德市	5.05	2.21	2.82	14.92	19.40	8.48	20.11	19.46	5.34	34.30	0.86	8.28	141.23
建湖县	19.33	0	3.09	2.98	5.58	32.92	0	33.42	7.48	9.25	9.51	63.20	186.76
江阴市	101.44	68.51	1.60	17.40	32.05	29.13	55.49	29.28	32.01	14.47	9.74	54.89	446.02
胶州市	0	23.53	176.76	22.73	4.19	5.18	46.11	7.42	18.24	104.27	56.32	114.27	579.01
晋江市	2.74	14.32	32.69	18.01	20.98	0.65	45.64	5.31	61.52	46.46	38.84	15.68	302.84
靖江市	7.11	27.05	77.16	45.57	10.67	12.56	3.52	0	52.73	100.29	0	30.10	366.75
昆山市	26.17	13.80	6.97	17.02	47.29	47.75	0.23	14.13	39.31	14.73	16.12	54.67	298.18
莱西市	20.28	1.59	3.51	7.32	21.74	12.97	44.92	17.03	19.27	0	14.87	36.41	199.91
莱州市	21.73	0	2.39	1.76	11.31	3.70	11.77	0.69	1.35	7.42	3.33	9.58	75.04
临海市	6.04	0	7.47	3.42	42.68	4.33	55.52	26.68	9.61	19.42	0	44.10	219.28
陵水黎族自治县	0	0	0	0	0	0	0	0	0	3.49	0	2.00	5.49
浏阳市	27.26	37.64	45.77	32.74	4.24	250.77	13.21	27.56	17.20	8.86	0	24.83	490.09
龙海市	3.21	0	3.23	15.37	3.96	8.19	10.56	8.69	1.11	10.86	5.97	13.32	84.47
龙口市	0	15.92	12.93	12.13	14.77	0	15.72	0	55.68	48.00	35.09	23.56	233.81
龙门县	11.41	0	0	8.51	1.17	29.12	0.95	10.06	6.55	5.05	1.36	7.50	81.68
闽侯县	1.90	3.00	4.13	15.85	16.22	11.24	5.93	8.48	2.59	0	69.08	8.97	147.41
南安市	4.17	30.49	11.22	69.35	13.85	45.66	1.49	40.27	7.08	49.76	36.81	15.91	326.05
宁海县	18.73	3.54	13.67	48.63	20.97	7.50	14.11	21.74	17.85	13.90	6.50	12.06	199.21
沛县	10.75	0	0	79.56	12.74	36.18	58.12	4.34	15.61	0	27.69	130.91	375.90
彭州市	0	2.50	1.32	9.21	0	0	0.68	29.22	6.68	0	26.16	3.36	79.13
邳州市	12.96	0	10.66	22.44	84.19	10.30	28.27	20.99	54.36	38.43	12.87	140.43	435.90
平度市	1.83	8.95	0.85	32.62	68.16	21.90	27.87	14.47	5.46	12.28	3.05	67.79	265.22
平湖市	15.30	13.57	19.44	26.45	11.74	18.22	14.99	3.18	23.89	63.61	27.44	36.64	274.46

2-3 续表 7

单位：万平方米

城市	1月	2月	3月	4月	5月	6月	7月	8月	9月	10月	11月	12月	汇总
蒲江县	0	0	4.24	1.56	1.76	0	0	24.89	1.46	0	13.49	0	47.41
普宁市	2.00	0	5.37	4.14	10.05	17.38	6.62	0	4.17	0	0	0	49.72
启东市	7.49	43.03	2.20	23.77	27.71	1.02	118.69	4.77	84.28	9.80	9.20	47.73	379.70
潜江市	0.87	5.44	1.00	3.71	19.92	8.19	24.07	0	29.29	18.55	30.34	5.68	147.06
荣成市	17.36	0	10.57	28.73	5.70	32.82	30.65	36.94	10.03	0	16.48	29.69	218.96
如东县	0.89	20.95	34.78	0	6.70	42.58	2.88	18.29	55.24	71.91	51.08	186.68	492.00
瑞安市	39.30	4.87	17.28	46.30	7.62	2.43	18.15	9.63	16.42	12.16	52.54	28.75	255.45
嵊州市	12.83	0	0	2.10	4.86	3.37	8.28	9.97	21.23	116.20	32.40	74.13	285.38
太仓市	4.98	16.03	2.71	24.70	23.50	22.74	0	33.20	14.83	42.55	14.95	37.82	238.03
泰兴市	56.97	22.15	3.72	17.90	71.80	83.29	39.00	37.18	39.88	36.37	39.91	50.53	498.70
天门市	20.20	59.68	27.39	44.59	31.47	6.35	9.52	34.09	35.11	35.04	34.44	48.26	386.16
桐庐县	0.47	5.27	10.93	0.43	10.81	12.55	8.24	25.94	11.91	3.33	1.00	1.13	92.00
桐乡市	16.28	5.52	3.94	44.51	29.62	22.70	19.04	22.70	13.64	21.33	25.03	84.16	308.48
瓦房店市	6.27	0	5.72	3.75	62.35	11.60	0	3.90	68.65	37.78	0	0	200.02
文安县	0	12.32	0	0	23.90	0	0	12.31	4.36	0	0	0	52.89
文昌市	0.32	0	3.44	0	0	0	1.23	5.32	2.66	2.34	0	0.66	15.97
仙桃市	13.00	14.01	23.66	12.41	23.21	25.97	9.75	5.67	13.31	49.00	91.57	22.90	304.46
香河县	0	0	33.23	0	0	23.24	0	0	0	35.91	0	5.81	98.19
象山县	3.12	35.04	5.58	1.59	19.28	34.27	12.64	17.71	5.24	36.60	18.35	0	189.42
新沂市	6.49	1.24	24.02	36.54	32.17	4.38	25.58	2.59	1.55	34.78	98.69	161.91	429.95
兴化市	8.47	13.49	0	0	14.11	0	34.06	50.23	10.30	21.55	31.52	22.38	206.10
宜兴市	26.47	9.06	7.23	19.51	39.19	18.33	0	52.69	9.29	1.14	11.87	45.41	240.19
义乌市	6.64	14.33	1.03	27.88	46.63	94.33	26.46	41.06	18.93	6.32	22.29	40.93	346.82
永登县	3.34	0	0.23	47.49	22.06	13.26	6.27	18.25	5.64	74.32	23.02	29.86	243.74
余姚市	17.17	4.74	14.82	8.35	21.74	3.65	29.79	16.69	85.34	32.98	5.27	56.17	296.71
张家港市	72.38	66.55	13.22	35.97	15.49	14.06	60.67	10.30	4.79	27.45	0	27.27	348.15
长沙县	48.09	32.90	0	11.10	46.59	27.76	10.85	73.32	59.49	43.58	27.40	40.93	422.00
长兴县	11.77	38.89	33.15	21.10	49.75	72.70	66.49	4.36	37.69	14.05	22.67	71.33	443.96
诸暨市	18.75	12.89	16.29	45.56	41.82	32.17	12.80	8.14	13.39	0.70	9.00	44.94	256.45
庄河市	56.07	0	2.76	0	54.43	0	1.33	0.26	0	0	0	0	114.86

数据来源：中指数据库监测。

2-4　2019 年全国 300 城土地成交规划建筑面积统计

单位：万平方米

城市	1月	2月	3月	4月	5月	6月	7月	8月	9月	10月	11月	12月	汇总
一线城市													
北京市	224.93	117.32	8.06	59.90	31.58	79.45	42.92	45.85	49.50	44.63	60.71	149.45	914.29
上海市	300.78	137.34	134.38	85.42	169.73	176.38	243.95	106.87	316.37	281.97	224.02	365.53	2542.76
广州市	507.52	192.92	50.18	356.37	388.52	215.27	384.42	281.37	200.10	138.25	339.84	708.68	3763.43
深圳市	19.69	41.74	0	0	31.53	111.00	12.31	10.00	16.63	4.05	325.54	211.78	784.27
二线城市													
成都市	443.56	422.02	225.70	270.95	322.68	301.15	340.01	498.17	225.33	204.05	247.57	617.28	4118.47
重庆市	194.30	69.36	255.42	71.81	379.28	302.23	86.60	118.11	116.69	79.52	242.05	376.29	2291.64
长沙市	250.25	94.11	78.12	153.15	166.95	122.72	425.35	303.81	351.77	239.35	38.22	152.39	2376.19
长春市	118.86	87.88	65.12	127.42	160.84	82.05	161.89	133.25	490.29	49.68	192.82	397.39	2067.48
大连市	64.57	46.46	93.58	178.67	37.50	56.09	109.46	38.13	123.82	11.83	21.40	41.58	823.09
福州市	49.89	190.03	127.12	77.16	89.00	25.62	245.70	100.82	68.03	24.60	107.40	184.48	1289.87
贵阳市	201.09	241.21	64.22	106.59	179.01	252.96	110.32	215.49	99.21	214.07	219.45	260.08	2163.71
杭州市	438.99	218.29	203.73	292.25	211.21	492.81	307.38	235.07	525.42	354.44	207.47	654.88	4141.95
合肥市	68.69	28.80	106.55	201.71	97.14	100.67	50.51	45.50	141.66	119.64	71.81	137.06	1169.74
海口市	3.00	28.11	13.43	27.27	115.57	9.38	30.12	0	123.94	102.15	103.15	122.55	678.67
哈尔滨市	42.03	1.61	9.72	183.11	17.47	83.28	55.03	17.95	143.81	59.78	101.87	106.19	821.85
呼和浩特市	0	0	82.14	0	0	112.85	0	0	97.10	32.13	108.79	62.46	495.47
济南市	458.09	128.73	224.48	93.26	548.41	375.49	386.95	256.55	137.96	282.98	0	631.24	3524.13
昆明市	529.88	152.59	50.42	184.27	323.21	617.11	926.46	375.87	265.68	327.31	124.36	102.31	3979.47
兰州市	126.35	0	17.95	0	17.47	225.15	99.61	73.30	11.77	0	0	0	571.60
南京市	334.84	219.16	213.03	191.50	157.94	388.38	418.60	363.43	74.67	305.16	57.63	452.43	3176.77
宁波市	122.80	30.15	232.76	118.82	151.76	203.78	339.88	110.49	130.83	314.15	30.83	278.36	2064.61
南宁市	202.21	130.24	193.03	66.70	183.32	98.75	146.22	73.92	150.10	125.22	127.02	362.08	1858.84
南昌市	38.55	31.64	115.23	114.83	28.18	83.20	72.57	43.07	109.33	63.43	92.17	2.54	794.73
青岛市	252.45	263.78	78.47	246.15	257.19	342.15	301.86	218.43	266.41	395.03	348.33	407.04	3377.29
苏州市	277.57	68.83	100.98	238.16	147.99	37.24	140.95	114.04	222.75	36.21	246.86	177.47	1809.05
沈阳市	162.33	2.13	108.75	101.39	112.63	26.60	584.51	166.83	181.92	109.87	84.91	90.71	1732.58
三亚市	11.68	0	31.25	0.10	0	4.81	0.10	19.52	53.35	19.06	65.60	83.20	288.67
石家庄市	106.95	121.22	89.91	57.43	137.18	84.35	34.35	60.35	28.99	66.61	211.80	380.39	1379.53
天津市	286.29	286.53	516.41	213.09	452.34	223.30	285.12	240.45	277.69	239.39	32.25	240.16	3343.03
太原市	226.57	128.93	51.72	442.88	153.17	212.77	271.45	167.31	304.25	149.99	145.09	235.69	2489.82
武汉市	422.23	153.28	287.22	781.07	374.26	456.68	135.53	106.09	305.70	517.22	153.32	684.83	4387.41
无锡市	196.77	32.86	11.81	56.66	149.36	6.27	106.57	47.50	171.23	196.82	102.56	129.55	1207.94
温州市	39.93	31.05	52.91	69.03	210.43	95.33	62.78	46.95	37.62	97.78	91.92	54.09	889.81

2-4 续表 1

单位：万平方米

城市	1月	2月	3月	4月	5月	6月	7月	8月	9月	10月	11月	12月	汇总
乌鲁木齐市	0	62.69	46.07	24.18	6.13	104.60	122.16	142.48	61.80	183.79	95.79	847.20	1696.89
厦门市	121.86	35.99	23.32	26.67	16.04	33.64	44.00	31.94	133.53	145.68	83.46	156.61	852.74
西安市	419.08	160.73	448.20	738.66	90.89	154.48	166.79	452.29	248.70	107.02	405.11	289.31	3681.25
西宁市	34.50	0	0	0	0	190.14	0	5.39	0	2.80	64.87	0	297.70
银川市	7.93	17.90	30.62	10.30	56.90	53.51	57.59	46.00	64.77	110.98	66.83	32.83	556.14
郑州市	264.18	149.79	349.11	341.33	162.12	207.06	607.81	334.95	248.08	248.91	34.77	508.56	3456.66
三四线城市													
安庆市	34.12	4.24	15.30	81.74	55.96	0	80.73	83.21	6.84	27.48	40.01	16.73	446.37
安康市	17.19	33.92	0.25	67.54	16.42	18.03	41.48	34.86	1.22	66.71	239.12	16.56	553.30
安顺市	48.11	51.96	51.89	49.81	129.06	25.17	14.86	29.45	68.00	42.49	37.27	9.39	557.46
安阳市	0	3.73	12.24	23.63	35.64	10.23	0	26.37	0	0	48.09	64.75	224.69
鞍山市	0	52.80	29.01	25.25	11.79	12.39	17.95	45.67	55.27	0	25.31	15.08	290.52
保定市	155.21	3.75	9.22	15.49	146.33	30.58	31.51	54.74	80.77	9.73	119.93	190.37	847.63
蚌埠市	15.32	55.94	45.24	84.75	81.53	10.34	24.13	8.04	165.72	32.96	47.82	21.92	593.71
滨州市	48.45	30.50	7.69	86.62	31.16	133.41	34.30	171.40	97.31	12.37	44.73	64.73	762.68
包头市	44.46	68.83	54.06	14.48	21.94	47.41	14.30	61.92	34.26	42.50	32.41	165.16	601.74
宝鸡市	213.13	0	0.45	248.31	55.84	45.78	86.49	21.83	88.86	0	29.46	74.47	864.63
百色市	8.81	24.31	18.72	93.14	9.37	0	0	10.07	63.92	127.59	36.60	78.52	471.02
本溪市	3.38	2.65	0	3.35	0	0	39.86	0	0.48	1.16	0	2.93	53.81
北海市	28.15	15.63	33.54	76.24	167.11	76.48	42.39	9.51	46.49	109.07	34.05	49.83	688.48
常州市	53.27	92.56	104.76	229.62	461.87	130.99	329.43	74.18	241.63	142.89	57.80	200.84	2119.83
滁州市	182.99	22.23	25.76	22.92	192.92	61.46	47.26	120.68	83.09	160.01	55.74	61.97	1037.02
常德市	65.18	3.83	158.75	30.40	79.24	15.25	116.93	123.34	70.58	42.55	141.44	260.50	1107.99
沧州市	10.40	10.38	68.60	34.28	0	17.87	0	62.25	0	20.01	7.84	77.68	309.31
承德市	14.94	31.20	2.04	21.53	22.74	0	11.34	16.83	23.53	1.32	14.67	71.30	231.44
郴州市	16.42	0.25	48.89	6.55	102.10	13.94	75.53	2.03	18.60	37.19	32.99	83.35	437.83
池州市	43.89	9.80	12.01	30.99	56.34	25.98	59.92	32.63	31.45	65.73	0.97	12.13	381.83
潮州市	63.53	73.36	0	33.39	5.35	0	69.15	0	0	0	0	0	244.79
崇左市	36.02	0	26.58	0	0	0	13.68	0	0	0	0	87.52	163.81
朝阳市	0	2.31	0	1.34	15.52	1.98	7.77	0	4.88	0	0	0	33.80
东莞市	240.63	229.10	177.74	74.81	173.68	76.32	63.61	140.76	322.58	71.66	209.13	162.64	1942.65
德阳市	75.21	0	57.78	27.77	5.55	0.64	12.80	77.72	68.69	34.56	0	30.95	391.67
德州市	13.93	53.85	0	21.95	1.31	11.70	13.09	24.26	32.10	36.57	61.51	78.00	348.27
东营市	22.19	31.32	17.61	0	34.05	31.88	56.13	0	59.79	30.17	15.72	86.05	384.91
大庆市	0.15	0	27.57	2.24	37.88	59.58	5.50	28.17	24.87	20.94	0	1.10	208.01
丹东市	0	0	14.74	0	28.76	0	3.19	0	0	0	3.09	0	49.78
鄂州市	53.89	83.30	176.69	2.20	13.06	5.60	78.31	34.93	16.75	4.41	65.34	152.83	687.30

2-4　续表 2

单位：万平方米

城市	1月	2月	3月	4月	5月	6月	7月	8月	9月	10月	11月	12月	汇总
佛山市	124.32	167.34	265.53	161.14	159.34	100.99	209.89	227.29	285.44	186.11	57.28	203.44	2148.11
阜阳市	14.25	27.97	55.69	259.36	73.80	97.47	78.57	22.63	34.84	0	22.66	54.53	741.76
抚顺市	0	0	8.49	6.66	0	1.23	38.60	15.42	30.95	8.19	9.51	7.34	126.40
阜新市	0	0	18.33	0	0	12.85	22.51	0	3.92	0	0	53.27	110.88
赣州市	511.54	3.76	7.17	149.33	85.43	281.35	112.83	78.61	29.49	305.91	62.88	276.91	1905.21
贵港市	101.67	10.67	41.20	86.52	116.22	34.80	17.13	18.06	51.16	55.02	144.87	83.65	760.97
桂林市	74.42	0	5.52	40.69	7.18	20.60	19.61	54.18	1.32	0	32.51	55.36	311.38
广元市	10.00	0	4.57	31.26	26.47	4.15	37.93	16.25	4.35	7.74	26.70	65.49	234.91
湖州市	38.94	151.74	129.15	93.91	116.77	59.88	124.25	127.63	105.52	79.06	176.87	233.08	1436.81
菏泽市	229.13	215.59	25.11	19.63	210.67	12.87	87.38	26.64	551.42	168.14	104.79	241.52	1892.90
惠州市	123.56	69.86	28.07	15.82	91.00	88.82	48.52	191.77	116.49	88.47	189.28	310.30	1361.97
邯郸市	94.24	25.84	60.89	91.56	63.13	74.02	111.94	49.15	222.14	5.85	137.45	255.49	1191.68
淮安市	178.69	20.84	42.67	0	133.03	167.07	0	10.86	155.30	143.78	130.20	310.86	1293.31
淮北市	60.74	0	128.48	71.23	45.32	0	23.37	64.38	23.18	196.06	0	107.15	719.91
黄石市	6.78	16.40	0	25.53	0	30.45	26.24	54.62	19.94	3.96	0	154.08	337.99
河源市	80.29	27.27	8.67	7.04	59.84	35.18	20.57	100.56	67.97	22.75	40.11	45.52	515.79
衡水市	17.10	0	16.99	16.72	6.21	26.85	12.65	34.52	16.19	27.83	91.25	31.03	297.33
怀化市	26.86	92.03	56.31	3.90	8.97	36.83	21.94	15.61	3.40	10.70	3.57	90.19	370.30
淮南市	15.97	0	0	66.45	18.32	7.83	109.82	0	3.94	63.89	0	92.68	378.90
鹤壁市	9.97	0	59.85	0	0	30.18	0	0	0	0	0	0	100.00
葫芦岛市	5.43	12.72	10.68	29.74	46.68	0	5.44	2.45	33.09	13.01	0	15.77	174.99
鹤岗市	0.86	0	0	0	0.16	0	0	0	0.04	10.37	0	0.34	11.77
嘉兴市	61.37	20.61	6.71	26.12	71.13	68.66	10.44	81.27	21.37	129.96	13.24	209.62	720.52
金华市	19.04	0	67.69	90.71	64.86	0	69.21	53.79	114.15	1.00	79.65	50.67	610.77
济宁市	54.40	9.56	0	48.61	196.01	28.85	58.85	42.38	85.90	70.99	26.45	372.76	994.77
江门市	9.35	102.33	84.20	17.51	72.39	54.11	68.34	44.68	67.90	33.66	22.95	119.35	696.76
景德镇市	46.71	0	0	66.20	0	17.70	0	186.40	148.83	4.42	0	208.00	678.26
荆州市	82.64	48.54	2.81	41.96	2.03	25.67	45.81	41.43	100.27	14.49	211.51	161.16	778.33
九江市	73.80	0	1.90	45.04	37.41	55.70	30.07	57.92	8.16	62.60	27.19	44.07	443.87
荆门市	15.98	29.20	5.39	84.12	143.97	13.57	10.64	56.76	33.16	109.26	20.74	259.12	781.92
焦作市	24.71	0	0	13.31	21.74	0	39.91	0	9.60	24.45	74.73	117.43	325.89
揭阳市	29.71	11.76	53.97	0	0	219.78	0	0	0	22.07	0	133.50	470.79
锦州市	14.71	0	9.66	48.51	46.71	181.35	1.56	44.70	0	32.09	0	4.00	383.30
吉林市	3.88	0	0	2.55	61.76	0	0	16.89	2.72	31.35	40.87	0	160.04
鸡西市	3.85	0	0	0.85	0	2.75	0	4.58	8.27	0	0	0	20.29
开封市	42.41	95.84	11.57	0	37.38	37.36	0	67.81	9.30	72.07	0	57.68	431.41
廊坊市	0	65.80	65.84	68.82	77.52	77.71	84.30	0	41.48	67.89	7.45	115.87	672.70
柳州市	50.33	0	134.68	15.39	88.02	78.66	0	0	95.07	9.66	54.91	409.22	935.95

2-4 续表 3

单位：万平方米

城市	1 月	2 月	3 月	4 月	5 月	6 月	7 月	8 月	9 月	10 月	11 月	12 月	汇总
临沂市	13.01	139.09	31.02	41.45	148.73	209.36	66.96	89.60	37.44	39.96	8.72	292.15	1117.51
洛阳市	30.54	40.76	90.12	57.95	145.48	11.76	63.72	112.58	59.44	53.72	0	180.34	846.43
丽水市	17.54	0	29.49	70.04	2.85	245.70	34.22	46.88	25.19	22.66	0	77.33	571.91
六安市	31.83	154.12	80.19	35.56	23.09	468.12	46.10	0	0	28.84	97.39	23.46	988.71
聊城市	0	21.84	72.06	89.28	172.01	128.53	61.38	69.15	35.03	49.58	91.24	198.89	988.98
连云港市	90.48	0	71.02	0	0	144.17	36.33	0	166.73	227.48	151.02	326.54	1213.77
龙岩市	0	0	6.77	40.31	75.22	69.11	76.62	11.92	54.49	6.32	15.55	34.81	391.11
乐山市	19.69	66.98	0	19.08	159.91	64.54	44.55	1.77	63.55	5.71	157.79	83.73	687.31
泸州市	91.66	80.36	0	37.75	101.43	9.78	60.10	10.27	60.37	38.97	16.78	263.81	771.29
漯河市	60.66	33.62	9.43	39.38	37.72	4.89	76.94	51.94	21.64	87.44	2.00	91.80	517.44
六盘水市	0	0	1.63	0	11.71	38.98	28.16	24.22	14.48	37.58	28.69	70.33	255.78
拉萨市	20.90	12.55	0	5.55	30.85	1.59	16.87	21.30	1.24	5.15	28.19	0	144.20
丽江市	0	0	0	0	8.05	0	0	8.52	65.18	61.78	33.76	7.20	184.50
绵阳市	0	1.21	0	23.41	104.49	89.14	34.95	96.30	86.41	13.49	48.48	171.50	669.40
眉山市	234.73	10.86	5.79	67.91	54.34	19.75	146.07	111.51	260.46	35.80	99.61	90.64	1137.47
马鞍山市	1.61	0.32	22.33	0.80	10.99	12.57	23.06	6.75	44.41	2.51	15.36	88.38	229.09
茂名市	0	0	122.85	20.16	8.37	0	0	0	31.40	3.27	30.68	43.58	260.30
梅州市	0	3.32	0	149.22	0	0	2.36	8.06	0	3.38	9.36	20.86	196.57
牡丹江市	0	0	0	1.79	47.08	0	0	0	12.49	11.53	1.66	0	74.55
南通市	180.41	116.15	110.31	10.71	50.84	200.77	204.48	73.43	77.02	66.53	100.43	235.75	1426.84
南充市	89.78	10.18	124.36	91.80	0	157.47	49.55	133.70	24.78	0	105.37	144.54	931.54
南阳市	11.69	0	0	10.52	45.25	66.20	51.28	11.86	48.27	42.46	36.26	23.51	347.31
宁德市	70.52	17.82	0	0	53.32	117.32	4.82	2.83	20.60	113.92	42.13	26.43	469.71
内江市	25.93	22.48	8.76	20.83	38.83	46.88	41.39	25.07	0	21.41	32.02	42.14	325.74
南平市	30.40	0	69.97	93.36	0	0	0	14.02	5.79	42.73	0	12.72	269.01
鄂尔多斯市	0	0	0	0	0	0	16.47	4.20	2.53	0.35	2.04	0.19	25.78
莆田市	27.46	81.77	0	94.36	30.21	44.69	95.33	52.89	145.39	39.39	0	5.72	617.22
萍乡市	5.33	12.21	55.97	15.71	35.00	5.71	18.49	44.75	46.03	54.48	183.31	72.25	549.23
平顶山市	0	2.79	4.74	1.73	45.82	2.47	68.30	33.88	0	26.80	105.70	112.14	404.37
普洱市	6.27	0	48.27	0	47.71	1.99	21.19	0	26.90	47.15	14.77	81.06	295.30
濮阳市	3.97	29.03	0	19.73	79.17	0	0	25.05	13.74	4.69	11.73	0	187.11
攀枝花市	4.14	0	0	0	42.05	21.75	0	0	1.60	16.94	0	160.42	246.90
泉州市	25.19	0	18.48	1.19	4.67	16.12	2.00	8.44	0	45.19	0	111.50	232.77
衢州市	33.84	1.78	14.04	84.14	36.88	12.33	8.79	29.72	12.51	58.35	22.45	80.94	395.78
秦皇岛市	49.38	20.25	28.04	23.37	49.63	3.02	51.41	0.44	31.65	0.94	64.08	98.87	421.08
清远市	69.34	27.90	64.41	127.72	127.05	44.90	15.51	55.46	17.42	0.97	0	140.45	691.15
钦州市	10.31	0	1.66	0	29.55	158.02	0	183.96	28.62	161.86	106.32	158.13	832.89

2-4　续表 4　　单位：万平方米

城市	1月	2月	3月	4月	5月	6月	7月	8月	9月	10月	11月	12月	汇总
齐齐哈尔市	0	0	0	19.92	0	0	1.19	0.07	46.76	9.27	0	85.50	162.70
曲靖市	44.86	1.87	107.84	22.11	7.88	7.52	0	23.23	0	30.20	0	12.85	258.37
日照市	99.10	64.49	87.25	104.68	107.65	187.49	92.27	113.26	118.72	61.88	64.89	24.75	1126.42
绍兴市	256.01	36.02	103.60	155.66	208.91	135.43	138.33	114.47	106.57	78.00	152.04	218.37	1703.40
汕头市	104.97	0	32.25	77.28	9.35	64.92	55.53	45.13	82.05	0	188.12	36.33	695.93
宿迁市	202.14	33.49	10.18	58.11	70.46	4.29	25.81	59.21	176.48	4.67	207.00	177.27	1029.11
宿州市	110.88	0	82.52	218.62	32.07	93.93	35.40	104.06	74.06	97.89	0	37.08	886.53
商丘市	12.31	45.63	35.34	62.68	70.64	0	127.18	32.69	96.90	34.24	38.96	8.25	564.84
十堰市	94.52	16.35	88.23	15.82	90.94	14.65	260.40	61.94	72.82	0	0.31	118.04	834.49
汕尾市	132.09	0	0	0	22.51	0	0	0	0	8.58	0	126.17	289.34
随州市	85.21	0.74	9.81	42.67	40.28	18.90	9.80	2.18	19.31	36.65	23.25	29.50	318.30
韶关市	41.93	15.11	44.38	48.51	18.11	2.67	5.44	35.19	145.04	2.28	86.38	24.17	469.21
上饶市	15.74	0	19.84	0.53	8.23	8.14	1.89	14.57	11.96	4.80	21.30	7.04	114.04
三明市	7.50	3.81	0	12.80	10.38	7.68	0	0	0	38.27	13.57	5.71	99.81
松原市	0.04	0	0	10.41	0	17.75	8.09	12.21	0.58	1.80	0.93	7.52	59.34
朔州市	8.93	0	0	0	6.49	0	20.40	0	0.49	30.79	0	0	67.10
商洛市	0.80	0	6.15	7.78	1.48	8.65	0.08	0	0.15	0	0	2.20	27.29
泰州市	14.26	96.07	10.85	39.84	148.58	36.53	3.56	8.85	97.79	80.82	31.42	70.38	638.95
台州市	136.09	16.12	18.24	35.05	126.07	80.85	149.34	12.81	13.92	28.54	28.20	179.33	824.55
唐山市	108.29	88.48	91.05	166.32	225.11	64.79	143.54	328.36	858.55	450.83	148.33	399.32	3072.98
泰安市	26.62	22.38	102.40	143.29	160.36	28.79	68.30	16.15	42.21	63.57	95.35	46.88	816.29
通化市	1.24	0	13.06	1.41	4.04	0	0	1.20	27.70	6.26	16.69	0	71.60
铁岭市	7.50	0	0	0	14.45	0	4.17	7.83	0	0	0	0	33.95
乌兰察布市	57.99	0	0	0	52.98	52.58	2.97	0	4.33	0	0	4.65	175.50
潍坊市	112.51	54.79	48.23	92.15	264.48	75.51	239.01	78.16	115.04	147.65	271.12	1262.27	2760.90
威海市	5.25	0	177.29	425.11	83.14	18.40	75.92	196.35	73.86	6.15	407.06	130.34	1598.85
芜湖市	76.91	13.40	8.31	17.73	13.85	37.26	36.05	111.34	19.01	28.16	4.48	25.28	391.80
徐州市	139.46	111.03	161.80	42.94	103.06	0	129.88	254.84	137.07	303.84	238.41	102.12	1724.46
襄阳市	93.34	90.27	42.72	56.90	127.29	3.37	0	55.13	29.77	185.96	47.22	156.19	888.17
咸阳市	108.18	24.00	61.53	0	31.67	8.00	6.60	0	29.82	305.75	36.15	0	611.70
湘潭市	34.39	0	0	25.01	22.33	11.99	75.26	123.42	11.25	70.70	6.29	65.88	446.50
宣城市	55.47	35.96	15.78	7.96	42.42	0	54.03	13.64	7.41	27.51	3.65	36.03	299.87
信阳市	89.96	108.37	0.50	16.11	12.45	47.04	23.79	38.16	46.29	0	0	20.09	402.76
新乡市	7.67	21.69	10.01	3.81	0	45.81	58.94	62.16	17.76	0	15.12	19.45	262.41
扬州市	105.08	65.02	36.04	198.24	36.99	41.45	3.20	27.05	108.34	93.65	13.17	374.51	1102.74
盐城市	114.50	105.90	45.09	31.54	304.89	32.30	84.51	217.18	61.39	79.84	40.69	146.49	1264.33
烟台市	63.89	20.77	95.99	75.72	21.91	59.28	60.18	32.86	66.41	31.31	52.69	220.37	801.37

2-4 续表 5

单位：万平方米

城市	1月	2月	3月	4月	5月	6月	7月	8月	9月	10月	11月	12月	汇总
宜宾市	140.42	0	0	97.97	149.62	108.83	0	47.75	50.35	0	0.80	81.08	676.83
宜昌市	27.17	8.91	71.72	61.90	101.55	26.19	36.77	99.75	39.44	48.08	71.02	23.77	616.27
宜春市	72.23	20.07	0	14.16	10.78	73.18	65.31	139.59	146.18	23.60	65.28	245.07	875.45
岳阳市	101.21	0	54.86	13.09	64.69	25.02	0	12.57	146.68	38.48	59.51	85.31	601.41
玉溪市	5.84	21.56	61.74	2.51	58.61	5.76	17.56	0	18.83	28.49	0	35.78	256.69
鹰潭市	21.04	1.10	36.52	91.88	6.33	0	0.41	71.57	41.17	118.74	20.20	52.91	461.87
营口市	36.93	1.91	5.36	111.15	43.14	14.92	0	7.67	0.32	33.68	10.66	10.49	276.25
阳江市	7.72	0	23.19	45.41	24.01	16.28	2.05	9.95	21.48	5.55	0.06	51.63	207.32
云浮市	0	0	80.44	3.21	0	44.29	0.32	0.27	0	0	8.91	0	137.44
伊春市	0	0	10.43	5.49	6.17	4.58	12.19	0	1.60	1.25	0.89	0	42.60
珠海市	87.92	27.81	59.09	24.93	16.38	36.91	159.66	39.61	105.28	131.51	47.27	244.82	981.19
淄博市	74.85	25.15	16.41	54.14	31.45	166.53	61.77	66.40	262.27	181.17	189.77	558.82	1688.72
株洲市	22.06	86.72	57.44	7.17	223.14	84.29	163.59	58.47	69.42	78.01	103.71	220.70	1174.74
遵义市	77.88	131.71	0	275.87	47.70	36.85	98.77	11.34	0	342.41	206.39	81.89	1310.82
镇江市	6.56	8.42	239.46	72.10	27.05	82.56	24.14	52.83	0	21.79	0	20.47	555.39
漳州市	55.63	0	0	0	58.71	0	21.36	8.49	18.68	8.93	34.49	0	206.30
中山市	12.92	0.91	50.70	0	16.16	3.66	17.82	2.90	21.13	57.97	62.00	252.57	498.73
肇庆市	56.17	74.39	53.80	14.16	38.06	76.54	5.72	13.50	100.49	0.35	72.98	95.30	601.46
舟山市	25.56	4.11	4.66	0	67.63	58.38	155.25	20.66	0	13.67	0	46.80	396.73
自贡市	0.30	23.31	0	3.12	141.83	49.27	42.48	16.00	46.62	13.27	27.49	30.90	394.57
张家界市	0	2.73	20.79	14.76	5.67	65.84	9.41	0	56.50	26.16	3.48	52.27	257.61
湛江市	0	0	8.79	0	0	0	14.91	16.52	52.88	0	0	61.44	154.54
县及县级市													
保亭黎族苗族自治县	0	0	0	0	0	0	0	1.30	0	0	0	0.40	1.70
滨海县	33.57	59.22	25.39	20.41	14.35	0.90	0	0	0	0	3.67	22.47	179.98
常熟市	38.19	3.05	2.53	90.01	33.63	17.97	12.02	78.32	56.49	16.49	126.98	123.52	599.19
崇州市	5.02	13.12	8.85	29.25	17.56	0	0	14.95	93.45	4.48	29.16	4.57	220.41
淳安县	3.17	20.93	0	3.14	0	0	0	0	2.00	0.49	6.16	28.08	63.97
慈溪市	75.52	76.93	6.90	96.92	44.92	77.48	53.43	27.39	97.28	97.85	50.00	251.91	956.53
丹阳市	0	3.28	0	17.45	66.42	23.88	69.76	15.88	0	37.06	5.80	42.35	281.89
当涂县	8.26	0	0	7.14	71.06	11.35	13.48	22.01	24.69	0.21	38.45	38.03	234.69
德清县	35.90	61.89	28.04	45.22	15.73	43.16	4.31	66.57	11.39	16.64	93.93	29.64	452.42
东港市	0	0	0	3.47	11.57	36.14	0	1.00	2.38	0.43	0	1.95	56.95
东台市	16.20	0.36	34.31	69.79	76.07	0	0	23.93	14.18	49.94	30.98	7.88	323.64
都江堰市	120.57	24.64	44.80	15.56	8.63	0	0	0	0.73	10.57	9.63	52.92	288.06

2-4　续表 6

单位：万平方米

城市	1月	2月	3月	4月	5月	6月	7月	8月	9月	10月	11月	12月	汇总
恩施土家族苗族自治州	50.03	1.85	15.77	78.41	49.06	93.92	23.33	4.62	22.97	11.44	14.56	55.99	421.95
肥东县	0	0	20.53	46.32	36.04	41.64	19.98	7.91	0.60	6.13	50.50	0	229.65
肥西县	41.04	0	35.93	47.76	19.90	81.42	27.88	7.12	28.29	58.95	0	45.04	393.33
盖州市	58.58	0	16.48	32.07	2.44	0	0	1.80	0	0	0	19.26	130.62
高碑店市	0	0	9.65	0	100.82	19.21	31.43	31.02	0	0	0	42.26	234.39
固安县	0	0	0	4.60	0	35.44	0	54.77	5.90	131.83	0	22.99	255.53
海安市	223.58	104.08	139.44	31.76	61.68	99.81	24.46	74.57	95.86	33.27	29.15	36.37	954.04
海门市	6.50	12.18	18.87	46.00	71.40	67.87	7.47	104.82	62.62	1.40	4.66	49.00	452.79
海宁市	11.09	81.50	16.93	58.65	26.39	89.24	101.43	89.20	94.52	50.06	18.48	36.27	673.77
海盐县	58.45	24.22	62.98	103.36	88.81	57.61	28.57	40.60	25.18	9.15	47.47	75.13	621.52
惠安县	3.47	142.76	18.20	21.69	6.83	107.67	26.91	28.71	15.05	6.99	4.75	59.90	442.93
惠东县	21.99	0	3.49	8.44	0	0	9.15	0	0	13.34	23.41	12.10	91.90
嘉善县	6.48	17.95	28.51	41.25	13.08	85.74	20.98	24.08	20.48	27.30	78.35	163.96	528.17
建德市	8.42	2.41	3.04	18.04	16.40	15.27	29.43	23.72	4.10	30.47	0.98	7.53	159.81
建湖县	33.36	0	3.70	2.89	11.16	36.39	0	63.81	8.41	9.63	15.67	104.16	289.17
江阴市	116.49	52.41	1.28	13.92	33.44	51.35	67.97	42.30	66.54	27.27	7.79	102.06	582.84
胶州市	0	48.10	322.57	35.64	7.53	8.74	91.80	16.62	44.54	152.79	114.57	286.27	1129.16
晋江市	6.86	40.39	93.23	44.91	58.13	1.63	131.12	15.32	126.04	138.41	98.18	43.31	797.53
靖江市	13.85	50.29	144.68	91.14	9.74	25.12	5.28	0	103.61	186.17	0	58.30	688.18
昆山市	36.78	18.00	7.01	19.76	47.29	85.43	0.18	27.15	49.33	25.56	27.97	122.61	467.08
莱西市	24.34	2.54	10.88	7.32	19.91	25.38	52.96	16.94	27.04	0	24.65	55.30	267.26
莱州市	32.22	0	3.81	3.57	18.46	5.83	24.72	0.69	2.65	10.97	4.99	18.47	126.37
临海市	9.68	0	12.70	7.15	90.42	8.34	113.59	52.43	15.54	27.80	0	92.55	430.20
陵水黎族自治县	0	0	0	0	0	0	0	0	0	4.19	0	2.40	6.59
浏阳市	58.29	67.76	72.76	80.98	6.63	532.95	23.88	56.68	24.47	15.56	0	44.13	984.08
龙海市	9.64	0	4.12	44.63	10.31	16.39	31.12	9.03	2.77	29.74	8.07	11.99	177.80
龙口市	0	33.37	17.76	25.45	32.84	0	36.18	0	24.19	82.83	54.40	47.70	354.72
龙门县	34.00	0	0	12.55	1.92	51.05	3.34	19.11	6.55	17.66	3.44	19.52	169.14
闽侯县	3.79	3.00	9.23	42.05	43.95	28.27	19.73	20.17	7.36	0	116.46	23.47	317.48
南安市	12.52	88.07	14.59	190.18	41.56	121.90	4.47	122.30	19.55	145.53	103.97	53.59	918.21
宁海县	48.29	9.62	41.01	103.87	45.98	10.27	22.65	47.63	44.83	22.88	11.98	18.24	427.27
沛县	26.86	0	0	119.10	22.94	67.88	138.33	9.01	34.34	0	70.78	274.64	763.88
彭州市	0	2.50	3.96	9.46	0	0	0.27	62.61	8.01	0	60.21	1.34	148.37
邳州市	26.17	0	10.66	22.44	67.94	5.15	64.95	23.10	70.76	81.07	24.13	294.99	691.37
平度市	1.86	9.67	2.38	32.62	83.78	21.24	35.63	17.75	8.74	30.08	4.93	104.63	353.30
平湖市	20.35	13.44	26.87	50.42	19.61	18.83	17.55	5.18	31.96	76.28	60.04	57.11	397.65

2–4 续表 7

单位：万平方米

城市	1月	2月	3月	4月	5月	6月	7月	8月	9月	10月	11月	12月	汇总
蒲江县	0	0	9.33	3.13	3.53	0	0	24.91	2.93	0	20.48	0	64.30
普宁市	5.00	0	19.15	10.68	28.63	40.67	20.29	0	14.23	0	0	0	138.65
启东市	9.10	42.33	4.41	29.60	38.23	1.02	230.24	5.84	173.39	9.80	11.48	94.91	650.35
潜江市	2.43	7.61	1.54	6.68	35.45	10.76	42.87	0	66.31	42.35	70.60	10.23	296.82
荣成市	43.72	0	19.75	39.06	12.98	64.92	50.15	65.51	21.94	0	22.12	50.05	390.19
如东县	0.45	26.53	39.62	0	5.03	55.83	5.95	34.64	78.00	147.27	86.70	392.16	872.17
瑞安市	83.09	14.01	47.88	111.15	20.79	6.14	47.19	6.01	49.34	33.32	132.08	81.42	632.43
嵊州市	19.50	0	0	2.96	11.67	8.52	15.34	20.75	57.83	278.81	76.24	185.29	676.91
太仓市	9.95	28.34	8.13	50.33	35.68	43.42	0	66.41	29.66	78.59	29.70	68.89	449.09
泰兴市	97.41	30.90	7.65	56.25	183.46	198.22	100.54	79.04	74.13	80.83	75.19	106.99	1090.61
天门市	36.61	61.89	35.95	75.38	46.24	8.21	9.52	40.09	54.94	66.29	34.44	70.46	540.02
桐庐县	0.75	1.80	14.31	0.33	12.70	24.08	13.42	42.35	20.17	1.81	1.19	1.13	134.05
桐乡市	51.48	14.33	11.78	127.53	84.17	78.61	51.54	48.30	31.32	54.12	77.02	176.74	806.94
瓦房店市	4.60	0	6.11	4.41	42.75	8.87	0	3.90	37.77	21.04	0	0	129.44
文安县	0	16.82	0	0	32.49	0	0	18.08	3.50	0	0	0	70.88
文昌市	0.16	0	5.15	0	0	0	1.23	0	1.33	4.87	0	0.40	13.14
仙桃市	13.00	14.01	23.66	34.87	23.21	25.97	9.75	6.02	24.36	49.00	186.20	42.61	452.67
香河县	0	0	55.82	0	0	60.47	0	0	0	68.39	0	12.79	197.46
象山县	5.25	67.72	12.87	2.85	38.38	60.59	24.59	27.71	9.09	60.30	37.30	0	346.64
新沂市	7.84	1.85	17.88	52.15	56.73	3.58	56.27	5.18	4.34	83.87	150.47	211.06	651.22
兴化市	17.13	10.38	0	0	14.15	0	31.11	91.01	18.46	42.03	61.35	44.23	329.86
宜兴市	25.92	13.03	9.20	23.85	39.52	30.49	0	78.03	13.32	1.71	20.07	79.04	334.18
义乌市	17.32	23.66	1.55	66.25	94.37	241.51	62.83	106.62	38.21	20.27	39.58	90.07	802.23
永登县	2.33	0	3.22	41.38	16.15	7.96	14.10	9.71	3.91	37.31	15.42	68.50	219.98
余姚市	32.02	8.41	27.77	13.89	38.22	5.47	52.58	37.83	213.97	60.98	8.40	96.02	595.57
张家港市	150.80	123.95	25.21	72.76	26.37	24.54	128.53	19.92	5.52	52.44	0	55.15	685.21
长沙县	109.89	60.09	0	31.53	88.51	55.25	26.93	202.70	120.95	85.22	56.47	117.15	954.67
长兴县	33.05	61.34	35.43	26.80	122.66	86.62	89.60	8.73	46.94	17.85	37.53	143.52	710.07
诸暨市	22.97	22.82	30.74	68.05	59.28	48.23	17.39	9.29	16.26	0.73	12.43	59.42	367.63
庄河市	52.22	0	4.97	0	77.69	0	1.33	0.46	0	0	0	0	136.67

数据来源：中指数据库监测。

2-5　2019 年全国 300 城土地成交楼面均价统计

单位：元 / 平方米

城市	1 月	2 月	3 月	4 月	5 月	6 月	7 月	8 月	9 月	10 月	11 月	12 月	汇总
一线城市													
北京市	15978	19603	15800	2489	30788	27656	21366	15620	25635	24104	22081	15738	18605
上海市	4645	11097	6744	7880	9195	4597	8210	8219	11087	7432	5894	8966	7847
广州市	776	6451	2769	3607	2075	9089	4959	2708	5753	6960	3367	7398	4516
深圳市	11854	3703	—	—	507	22717	869	1390	28030	11624	7274	4930	8767
二线城市													
成都市	1589	387	3452	1322	3479	3409	5695	1849	1473	998	4047	4773	2791
重庆市	1333	4346	5920	5093	5873	5001	2629	3912	4323	3059	4879	1527	4089
长沙市	1648	658	2105	3602	1607	2115	3947	2211	1522	1908	4945	2972	2400
长春市	2477	1943	2492	1691	2476	2710	3465	1101	2639	1760	2194	1920	2292
大连市	2848	1824	5556	3912	3670	2971	4876	8596	1791	3250	1755	833	3627
福州市	4739	11067	6734	2686	8590	7110	9588	2801	10735	9689	1199	7055	7277
贵阳市	943	2490	1159	3610	1877	2153	2358	1428	2200	2301	2790	2167	2119
杭州市	5065	3218	8773	12948	12580	6233	8106	7413	7481	3693	5597	4308	6684
合肥市	320	3287	10061	5014	6170	8228	7632	4833	1040	1044	4975	2815	4487
海口市	575	1995	678	1145	865	2524	2238	—	3220	1263	4970	1377	2208
哈尔滨市	882	1821	391	2944	2553	3466	737	3604	1964	2618	4191	2528	2623
呼和浩特市	—	—	3039	—	—	3794	—	—	2348	1571	2651	2671	2849
济南市	1298	1459	2513	764	4115	1877	1748	2041	2647	1798	—	2008	2191
昆明市	654	2060	6569	2872	2104	2274	3371	2830	736	1118	5453	2578	2336
兰州市	2544	—	2551	—	2037	3198	1079	2201	1119	—	—	—	2458
南京市	490	331	6225	4315	2651	7728	6681	6566	7240	6228	12076	6275	5341
宁波市	577	436	2603	6996	7709	10657	4751	5083	7689	3016	1703	4247	4954
南宁市	2653	1330	4265	2012	1150	7698	3925	640	1511	1463	2267	2213	2560
南昌市	6245	2148	2284	2935	3745	2687	5381	2635	1933	4516	5001	2021	3405
青岛市	3119	2954	2182	2028	3412	3297	2350	3980	1121	1763	3434	2272	2646
苏州市	7583	14518	273	8105	3145	260	12836	5717	9685	412	6320	3269	6805
沈阳市	2669	822	5395	2901	6369	1204	1762	3575	2081	2350	4475	2855	2867
三亚市	4916	—	5317	13701	—	1559	3211	6974	4856	1442	1739	5518	4257
石家庄市	1663	2561	3751	6317	5884	2576	1954	3560	2396	2522	3516	2473	3202
天津市	3719	2589	5056	3957	5165	3333	4645	2898	5084	3935	3523	2376	4061
太原市	3613	2887	1831	2070	2059	1409	1828	2854	1467	1880	2558	608	2022
武汉市	3145	2848	1737	5591	2476	4221	2798	1249	6512	4424	4033	3978	4025
无锡市	2612	391	449	9484	7670	4299	4909	320	1854	3503	2295	7411	4125
温州市	783	2398	7391	10013	7446	7853	9945	9276	8127	5477	1448	6097	6594

2–5 续表 1

单位：元 / 平方米

城市	1 月	2 月	3 月	4 月	5 月	6 月	7 月	8 月	9 月	10 月	11 月	12 月	汇总
乌鲁木齐市	—	2767	210	3962	2356	2077	2550	1822	3547	2224	1830	1754	1986
厦门市	190	247	7665	28242	139	21959	241	10167	493	182	13522	9879	5639
西安市	3633	1409	1557	876	2196	1316	3218	2002	2790	1574	1564	2907	1977
西宁市	962	—	—	—	—	3185	—	452	—	375	3317	—	2880
银川市	1215	1137	1730	1712	530	1492	296	1203	439	1885	1447	2750	1273
郑州市	4093	3151	2111	2553	3482	2317	2009	2042	1794	2390	8425	3484	2666
三四线城市													
安庆市	3202	5726	326	3352	2199	—	2258	1287	370	1300	370	719	1994
安康市	193	1498	252	910	679	828	539	1493	3484	1029	853	362	902
安顺市	826	683	744	627	820	814	871	808	1003	1059	1264	529	849
安阳市	—	542	348	998	1229	1680	—	1094	—	—	1372	1219	1178
鞍山市	—	530	483	434	384	970	487	619	558	—	908	476	577
保定市	639	1268	343	1575	2309	962	1236	1363	2249	1188	1480	1005	1385
蚌埠市	383	234	4960	2738	1801	219	3070	380	1945	1164	236	253	1818
滨州市	1006	871	163	1908	686	179	918	1140	1104	1616	367	255	884
包头市	325	451	1195	624	3249	1213	3212	607	3118	2101	561	578	1066
宝鸡市	611	—	667	472	918	249	610	3283	590	—	902	621	648
百色市	418	507	975	644	462	—	—	356	487	411	1109	824	618
本溪市	403	501	—	958	—	—	1321	—	444	391	—	420	1124
北海市	3816	144	2323	139	939	1524	4687	2464	1431	655	1165	2388	1439
常州市	350	218	2888	3437	4732	3646	2170	3153	704	1476	182	363	2456
滁州市	790	140	1143	143	1315	2503	2041	898	1795	995	1404	2555	1290
常德市	1605	1018	541	1595	1828	524	1930	914	1294	1377	485	1423	1194
沧州市	3010	4228	3601	4015	—	3603	—	2582	—	4035	480	2799	3191
承德市	1820	2364	540	1139	1432	—	2480	2186	2057	568	1850	2314	2011
郴州市	1122	564	1016	1108	513	1610	1124	158	449	1092	1417	1246	994
池州市	331	108	123	1660	937	110	284	5779	129	851	157	132	1025
潮州市	161	1158	—	1283	353	—	821	—	—	—	—	—	803
崇左市	155	—	114	—	—	—	155	—	—	—	—	759	471
朝阳市	—	1763	—	666	326	556	404	—	484	—	—	—	492
东莞市	618	344	411	2741	5387	769	7355	1899	2095	3045	4721	3706	2429
德阳市	1121	—	1952	3566	589	4543	142	1093	464	1164	—	1127	1266
德州市	727	1070	—	306	137	178	1074	412	1392	1043	2065	729	1055
东营市	782	279	149	—	149	2292	973	—	421	226	390	368	601
大庆市	302	—	542	692	210	363	958	278	272	605	—	174	379
丹东市	—	—	1061	—	679	—	2572	—	—	—	227	—	885
鄂州市	1935	955	1695	2339	3728	1092	1291	298	297	223	2143	944	1375

2-5 续表 2

单位：元 / 平方米

城市	1月	2月	3月	4月	5月	6月	7月	8月	9月	10月	11月	12月	汇总
佛山市	4995	2718	3660	3242	5718	5659	2020	5130	3832	862	3625	3253	3615
阜阳市	649	1189	3225	2558	2370	1772	3293	2082	1672	—	3213	1452	2358
抚顺市	—	—	781	500	—	480	547	633	303	480	262	480	481
阜新市	—	—	763	—	—	334	763	—	368	—	—	371	511
赣州市	506	4063	623	77	1580	898	1796	1523	2097	901	642	953	862
贵港市	1552	174	742	358	1328	828	355	180	646	1006	1060	298	894
桂林市	2018	—	4457	275	401	1077	495	581	526	—	1846	2100	1378
广元市	145	—	1058	2860	1679	142	575	1527	385	498	179	1181	1171
湖州市	1210	348	959	522	2836	670	2063	1483	969	2216	1610	2265	1517
菏泽市	1646	1286	423	428	977	1556	675	872	1618	1040	313	1889	1341
惠州市	654	540	1328	1912	2257	2192	1777	955	1084	1511	4683	614	1610
邯郸市	864	474	610	1594	2355	2037	1536	1852	1952	330	1899	1207	1547
淮安市	1303	5116	479	—	1802	2206	—	130	267	1205	277	1466	1296
淮北市	1750	—	798	1405	255	—	348	276	917	890	—	1546	983
黄石市	1006	195	—	701	—	2646	1500	1080	1065	1332	—	1726	1477
河源市	92	786	123	1270	1902	60	1258	87	2139	64	2271	89	836
衡水市	1054	—	419	1161	1273	2162	945	204	1038	1422	719	1613	1014
怀化市	714	426	313	175	1069	1185	525	1627	1100	1008	633	1173	782
淮南市	242	—	—	769	571	240	824	—	586	590	—	355	609
鹤壁市	1386	—	1713	—	—	389	—	—	—	—	—	—	1281
葫芦岛市	385	358	340	686	781	—	1259	244	362	698	—	1031	639
鹤岗市	552	—	—	—	647	—	—	—	5533	231	—	964	299
嘉兴市	3365	288	232	1144	5634	264	235	3594	7968	4176	505	2338	3008
金华市	162	—	2586	7729	3809	—	3151	1745	910	180	194	2652	2771
济宁市	1798	1349	—	2731	1959	919	818	1913	3054	2935	1187	1797	1965
江门市	448	1477	483	6390	907	3944	4218	5080	2133	2176	236	1161	2102
景德镇市	2380	—	—	1490	—	2950	—	914	2439	100	—	2187	1844
荆州市	981	228	247	3422	228	1562	1251	865	755	219	707	1496	1079
九江市	905	—	210	671	3159	2429	1229	467	944	880	2294	2763	1491
荆门市	513	742	143	829	821	177	169	521	430	427	287	419	547
焦作市	874	—	—	962	315	—	356	—	205	1892	1073	1846	1229
揭阳市	336	217	367	—	—	1571	—	—	—	379	—	775	1040
锦州市	789	—	1461	1038	1493	435	2265	1517	—	1225	—	550	881
吉林市	875	—	—	740	1703	—	—	2126	1688	523	1460	—	1419
鸡西市	491	—	—	469	—	223	—	4189	209	—	—	—	1174
开封市	295	2930	595	—	3361	2249	—	1399	1291	3477	—	2509	2346
廊坊市	—	2107	3699	3257	4386	3161	1561	—	659	1566	312	2973	2682
柳州市	200	—	2052	1310	1908	3584	—	—	1884	5223	118	1999	1935

2-5 续表 3

单位：元 / 平方米

城市	1 月	2 月	3 月	4 月	5 月	6 月	7 月	8 月	9 月	10 月	11 月	12 月	汇总
临沂市	422	657	754	605	2189	2311	743	1674	1079	3948	1240	1260	1550
洛阳市	4471	1325	1715	1175	1991	2878	712	3381	1355	1476	—	1779	1942
丽水市	2132	—	3547	2653	350	1274	3193	5706	7512	623	—	3105	2556
六安市	1582	748	1053	1279	311	1350	231	—	—	871	958	1711	1117
聊城市	—	200	366	1170	849	229	974	1191	1820	1941	1768	1505	1085
连云港市	139	—	522	—	—	780	1923	—	867	1064	685	531	738
龙岩市	—	—	127	196	2137	113	4417	1269	2200	2789	2625	3368	2113
乐山市	255	827	—	844	1207	1216	351	204	345	1781	2095	699	1142
泸州市	953	260	—	983	559	3960	917	2104	158	904	1926	922	827
漯河市	1039	490	1154	1138	745	1966	1491	1277	842	983	961	1047	1075
六盘水市	—	—	795	—	500	1948	1680	834	701	622	548	1669	1240
拉萨市	136	911	—	1034	764	4409	2670	946	2454	395	1965	—	1222
丽江市	—	—	—	—	713	—	—	1228	706	498	160	1738	601
绵阳市	—	335	—	4677	2365	221	3615	1970	892	185	2147	1111	1594
眉山市	1302	542	225	1324	1174	222	2005	1448	1340	203	1258	447	1272
马鞍山市	285	745	3666	708	523	294	300	525	2574	294	1718	2263	1940
茂名市	—	—	1535	286	161	—	—	—	97	4890	2067	1743	1360
梅州市	—	190	—	1274	—	—	1513	333	—	3932	201	311	1112
牡丹江市	—	—	—	646	167	—	—	—	670	826	407	—	370
南通市	342	223	255	5590	1561	1371	5694	5377	6144	980	3675	3405	2663
南充市	2011	422	2734	2743	—	2262	96	3318	1515	—	1621	1320	2126
南阳市	1975	—	—	1490	762	2656	2974	512	2755	3602	391	408	2066
宁德市	123	212	—	—	70	3123	5731	529	672	145	1707	1914	1202
内江市	1833	2625	2488	1980	1767	986	749	2207	—	455	1793	1331	1517
南平市	188	—	57	1596	—	—	—	3658	1360	179	—	1423	906
鄂尔多斯市	—	—	—	—	—	—	239	601	224	700	555	3703	353
莆田市	4255	521	—	607	2562	4744	1136	3592	276	1998	—	9505	1584
萍乡市	329	309	1052	133	146	435	189	647	1066	829	984	1370	874
平顶山市	—	954	1141	2020	1054	301	252	1297	—	1555	824	1040	908
普洱市	1002	—	1762	—	1227	502	2116	—	171	538	1659	485	980
濮阳市	406	363	—	1650	1635	—	—	1544	1407	346	1770	—	1360
攀枝花市	221	—	—	—	2022	1471	—	—	255	775	—	646	952
泉州市	2240	—	446	169	1789	370	212	5472	—	4794	—	2947	2883
衢州市	1223	187	517	1275	6878	1938	539	5167	379	3556	1711	4652	3081
秦皇岛市	1458	2432	1863	1904	705	3419	1448	4725	770	374	2445	2381	1797
清远市	630	258	121	125	1095	1530	3994	833	2436	155	—	737	777
钦州市	806	—	1229	—	244	493	—	149	395	840	819	222	463

2-5　续表 4　　　　单位：元 / 平方米

城市	1月	2月	3月	4月	5月	6月	7月	8月	9月	10月	11月	12月	汇总
齐齐哈尔市	—	—	—	100	—	—	102	4014	1490	1069	—	1346	1211
曲靖市	667	856	506	583	189	435	—	249	—	352	—	349	482
日照市	1787	1503	2232	1626	1258	1776	1954	1717	2027	2025	649	1652	1714
绍兴市	1545	8835	1621	3833	5776	6874	5120	2952	931	4272	4810	3836	3912
汕头市	1210	—	2275	339	1004	4216	2454	3494	3005	—	1664	3582	2146
宿迁市	1229	144	137	140	3368	92	151	1523	1503	418	1454	819	1271
宿州市	474	—	1244	884	554	1016	776	199	950	921	—	740	787
商丘市	250	1423	870	1019	886	—	1716	1105	430	1541	1356	288	1114
十堰市	300	499	867	568	493	210	621	911	468	—	195	945	640
汕尾市	1665	—	—	—	1580	—	—	—	—	1250	—	1907	1752
随州市	868	181	1757	586	1122	1037	200	277	222	504	910	880	797
韶关市	94	94	98	113	2532	94	94	329	407	244	679	1936	508
上饶市	1673	—	1630	117	1640	2284	241	692	1602	2346	2618	2679	1810
三明市	249	69	—	3983	4221	132	—	—	—	69	2922	939	1461
松原市	3691	—	—	395	—	448	529	1086	291	405	302	418	574
朔州市	260	—	—	—	197	—	318	—	1140	224	—	—	261
商洛市	310	—	236	340	565	269	2097	—	1897	—	—	316	317
泰州市	3456	2845	2625	1680	1438	458	3401	376	3469	355	5273	3255	2233
台州市	1092	615	330	3420	1379	4467	5227	4403	3133	5937	4714	2752	3027
唐山市	1663	679	771	999	335	1142	964	234	592	447	2740	604	715
泰安市	886	1482	1415	2868	1676	3025	1403	3779	1707	1789	971	2202	1846
通化市	394	—	1429	1081	769	—	—	607	1101	931	699	—	1013
铁岭市	160	—	—	—	683	—	230	175	—	—	—	—	395
乌兰察布市	185	—	—	—	1000	752	260	—	1159	—	—	1207	653
潍坊市	1146	1978	1634	624	486	1194	1319	1001	822	1261	1094	1533	1267
威海市	466	—	1109	1906	503	635	1101	2155	481	541	946	2412	1443
芜湖市	1168	252	228	302	4368	2727	2850	1897	293	4094	302	1992	1912
徐州市	1907	1661	2135	3013	1186	—	1485	2332	2278	954	3363	2114	2003
襄阳市	1567	854	724	1269	1770	338	—	858	682	2897	1037	1576	1638
咸阳市	2318	91	567	—	428	90	1633	—	536	1603	1464	—	1425
湘潭市	1990	—	—	2000	659	1124	2636	1555	3229	1269	1269	1905	1784
宣城市	1894	183	3375	190	1615	—	1393	2513	169	1386	432	2208	1550
信阳市	431	491	1509	1187	317	1267	1614	417	1995	—	—	1905	895
新乡市	222	329	390	1358	—	1850	1636	1082	746	—	900	1242	1209
扬州市	1529	93	180	484	3969	3026	171	2337	4663	4446	135	3122	2446
盐城市	971	1116	810	742	1568	1124	156	791	1020	163	2509	3256	1300
烟台市	1100	376	452	1579	3495	1899	4020	1893	1794	2858	1770	2348	1939

2-5 续表 5

单位：元 / 平方米

城市	1月	2月	3月	4月	5月	6月	7月	8月	9月	10月	11月	12月	汇总
宜宾市	1859	—	—	4173	2747	3385	—	1697	3387	—	447	1750	2723
宜昌市	1975	641	1654	1510	2414	2517	3598	1286	294	935	1691	962	1692
宜春市	755	1425	—	338	912	965	1620	1251	814	1035	815	1202	1074
岳阳市	640	—	3677	516	2330	744	—	451	1948	748	730	913	1470
玉溪市	593	807	3282	772	2440	430	917	—	577	776	—	1347	1824
鹰潭市	85	1248	114	262	1547	—	1847	886	928	971	685	510	649
营口市	232	384	353	721	1099	657	—	315	6200	1111	995	343	741
阳江市	448	—	400	262	486	1405	577	347	456	547	2369	115	399
云浮市	—	—	269	316	—	281	455	3597	—	—	475	—	294
伊春市	—	—	298	153	76	137	119	—	561	408	124	—	188
珠海市	3699	2383	9395	215	12188	3754	4517	2454	2874	5326	4731	5037	4656
淄博市	1437	662	607	1957	1612	1783	1678	1668	1606	1125	1248	1025	1325
株洲市	502	654	632	3486	2454	1825	889	1114	1552	2147	2168	1570	1607
遵义市	637	1551	—	1344	1679	598	1654	2230	—	1157	1928	638	1344
镇江市	183	190	364	4623	157	4690	195	891	—	209	—	383	1583
漳州市	3821	—	—	—	5328	—	5458	140	1346	4590	3676	—	4053
中山市	235	387	301	—	197	308	10600	8000	3133	219	408	3211	2306
肇庆市	830	144	328	4322	6088	1300	2432	849	1079	1274	1582	1928	1498
舟山市	783	2132	750	—	3157	3718	1300	5003	—	315	—	878	2051
自贡市	15375	671	—	571	1211	1097	547	2150	1234	304	698	995	1057
张家界市	—	1874	530	463	3427	994	1194	—	1056	598	2405	1534	1098
湛江市	—	—	341	—	—	—	169	2141	300	—	—	1660	1027
县及县级市													
保亭黎族苗族自治县	—	—	—	—	—	—	—	330	—	—	—	36194	8712
滨海县	636	609	301	461	283	345	—	—	—	—	383	2037	700
常熟市	3246	542	403	7757	457	8738	2698	3418	3035	2994	3086	1792	3557
崇州市	525	1366	3583	86	36	—	—	4271	77	1500	3181	972	1045
淳安县	344	944	—	1152	—	—	—	—	833	1171	365	4314	2346
慈溪市	510	1300	330	2795	5503	1201	277	936	666	1056	1244	717	1258
丹阳市	—	329	—	3686	563	5829	317	417	—	5227	412	1817	1929
当涂县	201	—	—	163	217	1146	176	220	801	2035	1641	755	641
德清县	1183	2231	1191	611	619	737	670	1485	871	318	2278	2398	1514
东港市	—	—	—	211	290	618	—	304	401	177	—	320	498
东台市	535	277	678	419	1295	—	—	1603	458	860	756	189	842
都江堰市	2822	2183	108	620	1636	—	—	—	2269	1088	3300	5248	2587

2-5　续表 6　　　　单位：元 / 平方米

城市	1 月	2 月	3 月	4 月	5 月	6 月	7 月	8 月	9 月	10 月	11 月	12 月	汇总
恩施土家族苗族自治州	596	523	444	959	283	342	287	843	701	420	293	463	523
肥东县	—	—	4897	3186	2861	6963	254	325	1000	6000	3243	—	3701
肥西县	367	—	5560	5462	4053	754	4297	133	196	557	—	7809	2869
盖州市	539	—	478	457	1230	—	—	1049	—	—	—	513	527
高碑店市	—	—	777	—	1066	926	964	786	—	—	—	603	908
固安县	—	—	—	516	—	5509	—	5345	2622	603	—	512	2337
海安市	1076	632	1118	288	437	364	3451	915	879	1573	1286	1733	969
海门市	311	423	3772	2949	961	3658	6700	1317	1883	294	294	1480	2013
海宁市	1718	1225	201	507	368	3572	4647	4012	1485	1907	6043	1979	2566
海盐县	1340	302	909	1392	3132	1273	1224	1925	2704	779	350	738	1446
惠安县	177	534	97	157	341	396	2400	772	186	133	742	412	555
惠东县	1552	—	2920	465	—	—	304	—	—	3100	1893	392	1539
嘉善县	1592	5341	3766	1376	4484	3720	4194	206	235	207	1035	1841	2155
建德市	273	238	3395	5661	369	174	643	1812	467	1966	318	3158	1701
建湖县	875	—	138	124	89	113	—	1626	156	168	1960	1280	1058
江阴市	1185	572	704	704	5750	3835	4239	4278	4106	7509	544	2917	3117
胶州市	—	1716	189	2114	1926	1890	312	1782	2769	731	1785	602	815
晋江市	277	685	1636	2794	539	953	175	241	1233	1178	1851	249	1101
靖江市	265	3184	134	124	3731	155	7961	—	200	721	—	3821	951
昆山市	233	343	334	265	336	6149	4550	1965	208	4831	863	5500	3104
莱西市	381	1030	861	222	261	1316	566	217	1065	—	979	1110	784
莱州市	853	—	645	940	784	730	913	598	862	1029	1811	1107	934
临海市	482	—	2622	4344	1558	1140	1252	668	4051	2151	—	707	1359
陵水黎族自治县	—	—	—	—	—	—	—	—	—	502	—	2083	1078
浏阳市	432	204	269	376	525	865	509	409	273	209	—	382	626
龙海市	125	—	226	646	10118	136	5915	5248	4928	5114	3586	298	3190
龙口市	—	619	694	613	675	—	1152	—	1368	413	349	547	634
龙门县	153	—	—	715	1117	1187	1473	1602	635	73	1225	260	752
闽侯县	169	406	4363	8211	2943	1471	2124	1572	226	—	2168	3660	3062
南安市	90	186	2879	777	118	523	153	463	682	213	156	131	437
宁海县	193	356	133	1927	721	414	4657	293	983	1204	1396	4629	1283
沛县	900	—	—	220	118	475	747	746	1066	—	1410	854	741
彭州市	—	68	80	155	—	—	506	1555	425	—	2464	263	1696
邳州市	886	—	172	182	391	538	1018	244	839	1279	1593	1008	910
平度市	340	335	1939	244	674	264	633	399	423	1728	751	950	756
平湖市	825	620	1458	509	3357	1604	554	2068	476	1226	250	1244	1009

2–5 续表 7

单位：元 / 平方米

城市	1月	2月	3月	4月	5月	6月	7月	8月	9月	10月	11月	12月	汇总
蒲江县	—	—	1667	1950	2775	—	—	100	2400	—	2381	—	1395
普宁市	328	—	1024	1049	1250	631	593	—	877	—	—	—	854
启东市	785	300	2722	1441	4119	288	1271	197	2053	395	256	1312	1559
潜江市	799	734	677	79	87	160	132	—	735	654	848	80	528
荣成市	938	—	1538	1183	1622	2203	1622	1763	1519	—	1700	1647	1619
如东县	842	1898	467	—	389	2064	5584	2318	854	1118	600	437	865
瑞安市	2116	3107	7496	4609	386	1700	1644	9645	1729	1301	260	2445	2540
嵊州市	272	—	—	306	1779	1712	200	323	2154	1245	1636	1778	1443
太仓市	150	205	100	2982	293	8126	—	2270	150	3622	258	3496	2694
泰兴市	346	312	778	2214	1053	816	2358	874	652	972	284	496	950
天门市	235	181	186	238	216	754	124	420	1359	423	120	619	424
桐庐县	2157	1429	752	2110	2929	742	2269	3578	1932	1458	1443	849	2216
桐乡市	2037	1404	145	1150	2870	120	1931	3140	793	1800	672	2554	1736
瓦房店市	575	—	407	466	762	439	—	380	849	659	—	—	703
文安县	—	880	—	—	1175	—	—	680	499	—	—	—	946
文昌市	3610	—	335	—	—	—	3195	—	2899	1720	—	1753	1458
仙桃市	207	207	208	1939	207	207	207	202	1806	207	628	1341	707
香河县	—	—	1420	—	—	1704	—	—	—	1928	—	3656	1828
象山县	193	351	1118	155	3190	281	1544	314	202	458	2847	—	1043
新沂市	120	96	194	1041	702	213	570	1669	1073	1077	418	545	634
兴化市	1669	361	—	—	277	—	354	1015	265	618	1016	178	730
宜兴市	441	1326	962	6888	905	6466	—	2726	2296	4386	791	2170	2612
义乌市	3218	1701	6708	528	9562	2034	4676	6204	9074	2726	3538	509	3837
永登县	395	—	80	494	232	238	609	372	207	184	474	880	521
余姚市	323	1114	1722	931	3589	483	5126	518	1104	750	2511	615	1464
张家港市	2754	239	567	300	6876	3531	1536	520	2750	3883	—	4072	2044
长沙县	1694	913	—	1186	3688	1064	2467	2008	572	639	914	2063	1628
长兴县	2080	536	547	576	376	1019	744	1408	556	499	2299	1230	912
诸暨市	386	1079	343	2365	3484	5478	673	978	1829	1701	536	1314	2209
庄河市	477	—	402	—	651	—	215	946	—	—	—	—	572

数据来源：中指数据库监测。

2-6　2019年全国300城土地成交土地均价统计

单位：元/平方米

城市	1月	2月	3月	4月	5月	6月	7月	8月	9月	10月	11月	12月	汇总
一线城市													
北京市	27539	30716	31600	4547	61581	53941	51041	32520	52253	49624	47770	36000	35581
上海市	7940	19327	12455	12141	16073	7417	15542	15517	22207	15244	11379	18827	14667
广州市	2308	21804	7142	10654	6807	23575	11567	9037	17435	18229	11910	20668	13129
深圳市	94824	21814	—	—	1635	112795	3477	2780	50823	75548	23184	17373	30999
二线城市													
成都市	4087	1049	9455	3150	7656	8926	12103	4808	3646	2630	10070	11708	6942
重庆市	1437	6457	8905	7449	9457	7130	3870	5753	6941	4945	8159	2307	6053
长沙市	3630	1338	4637	9457	3519	5641	10017	6637	3677	4884	17563	8511	6017
长春市	3578	3974	3263	2745	4270	3042	6266	1706	4305	3168	3347	3451	3728
大连市	4683	2388	9036	7470	4206	4154	6491	14335	3340	4990	1718	1279	5663
福州市	6902	31677	14425	6302	18959	12555	20772	4998	25667	17995	2265	16313	15751
贵阳市	2067	4686	3185	8026	4644	5125	5101	3569	5596	7344	5680	4937	4903
杭州市	11921	7622	19270	34570	30341	13320	22276	23253	18411	9423	12306	12975	16777
合肥市	384	5245	18434	15870	10217	10951	13395	6055	3572	2428	8785	3545	8216
海口市	575	8492	678	2988	2146	9406	8805	—	12948	1824	7952	3610	4978
哈尔滨市	842	1323	458	5445	3395	4754	1572	6345	3539	5267	8995	4966	4544
呼和浩特市	—	—	6444	—	—	8130	—	—	4882	2893	5850	5924	6057
济南市	2291	3088	4136	1224	7537	3576	3243	3862	6110	2935	—	3248	3901
昆明市	1472	5986	13061	10996	4982	5304	10752	9507	1694	2823	9101	5209	6056
兰州市	6422	—	6985	—	6246	7678	2686	5533	2470	—	—	—	6092
南京市	953	685	11183	8734	6129	14415	15373	14048	13660	13113	18937	13198	10907
宁波市	1173	558	4589	13782	14244	23120	9047	7221	13476	6357	3425	8784	9450
南宁市	7436	3050	12488	4642	3166	18901	10630	1140	4592	3593	6538	6211	6803
南昌市	10397	5390	4204	5225	4811	4529	11949	5233	4099	11187	10775	6104	6610
青岛市	4778	5103	4130	4078	6074	6645	3470	7315	1648	2630	6771	4055	4537
苏州市	14891	26261	474	14843	6867	533	23171	9856	17872	700	10489	6048	12504
沈阳市	4389	1134	9296	3589	13437	1767	2045	5828	2694	4271	7463	3966	4006
三亚市	11053	—	28792	4110	—	1559	6422	20823	9355	2757	4839	8816	9033
石家庄市	3230	5497	9233	14656	12888	5176	4812	8803	5434	6452	11478	6217	7739
天津市	5684	3425	7407	4996	7242	5365	6957	4004	8885	5777	5010	2624	5782
太原市	7486	9772	7259	7411	5163	4624	5215	6916	4490	5841	6795	1433	5743
武汉市	6354	7238	2533	14290	5383	9621	4897	2338	18137	8392	10035	10199	8857
无锡市	4507	593	630	16496	13985	9776	9106	753	3601	7628	4691	13806	7819
温州市	1913	9460	15377	27124	19924	23821	26453	23281	12970	13798	3223	15843	16669

2–6　续表 1

单位：元 / 平方米

城市	1 月	2 月	3 月	4 月	5 月	6 月	7 月	8 月	9 月	10 月	11 月	12 月	汇总
乌鲁木齐市	—	6671	245	7201	4569	4481	6172	2873	7828	4959	3284	3009	3629
厦门市	651	693	20050	75301	416	50833	703	30055	1460	545	40555	29814	16785
西安市	8302	4096	3144	1469	8954	3791	5596	5035	6690	2626	2976	7366	4163
西宁市	1839	—	—	—	—	9124	—	431	—	504	5952	—	6680
银川市	2141	2495	3352	2900	650	2849	353	2275	599	3329	2984	4453	2053
郑州市	11632	9851	4491	6543	9863	6173	5999	7068	5870	6411	22838	8594	7308
三四线城市													
安庆市	6018	10307	326	7248	2851	—	4580	2317	370	2000	370	669	3118
安康市	467	2948	303	1861	679	2307	984	3610	3379	1526	2031	879	1841
安顺市	1471	1336	1671	521	1919	1207	1366	1447	1587	1307	1521	410	1333
安阳市	—	379	469	1640	1911	4200	—	1589	—	—	3431	2710	2163
鞍山市	—	877	1112	357	283	710	336	744	388	—	799	857	580
保定市	1373	2942	1202	6929	5341	1336	3314	3461	4713	3517	3130	2161	3045
蚌埠市	479	261	8972	4736	3250	263	3450	255	3568	832	258	254	2535
滨州市	1634	1038	163	4537	913	116	1837	1773	2050	2015	264	280	1056
包头市	372	472	2728	765	6736	2145	6646	829	5886	4508	561	434	1233
宝鸡市	1477	—	667	1194	2222	489	2090	4568	2464	—	3155	1632	1686
百色市	1255	834	3120	1686	1211	—	—	343	1311	647	3144	2288	1321
本溪市	282	354	—	438	—	—	1899	—	355	274	—	336	1220
北海市	6040	260	4566	349	1954	2429	10349	3998	2005	1132	1627	5373	2675
常州市	846	535	6454	8214	10694	8132	5104	7359	1704	3661	455	824	5743
滁州市	1423	168	1663	171	1904	4034	2788	1585	2875	1672	2726	3957	2067
常德市	2158	4070	948	4379	4377	552	5019	1439	2980	2316	742	2475	2134
沧州市	7526	8430	8029	10550	—	7475	—	4502	—	6971	695	6467	6663
承德市	3074	4641	540	1761	1908	—	5072	4438	3557	568	2775	3250	3164
郴州市	3081	750	2341	4047	2265	4025	2720	158	489	2504	2817	2596	2404
池州市	315	129	123	2042	1475	132	348	7350	143	1093	157	134	1225
潮州市	642	3616	—	4490	1059	—	2872	—	—	—	—	—	2791
崇左市	169	—	162	—	—	—	139	—	—	—	—	1227	662
朝阳市	—	3588	—	345	261	389	429	—	410	—	—	—	426
东莞市	1618	883	970	6730	16375	2390	19976	6095	8008	9525	14790	9073	6695
德阳市	2855	—	2543	7939	471	3180	100	1543	913	3228	—	2949	2188
德州市	1614	1650	—	302	137	178	1227	599	3242	1232	4856	778	1475
东营市	1173	331	196	—	128	2945	1069	—	553	299	499	324	656
大庆市	302	—	831	813	154	435	2014	203	243	703	—	146	376
丹东市	—	—	1252	—	882	—	3888	—	—	—	340	—	1135
鄂州市	2672	1719	2798	5948	7301	1671	2014	298	301	223	6000	1127	2050

2-6　续表 2

单位：元 / 平方米

城市	1月	2月	3月	4月	5月	6月	7月	8月	9月	10月	11月	12月	汇总
佛山市	13972	7445	10685	9377	16117	15246	5258	14968	9587	2456	10249	9395	10023
阜阳市	979	1504	5954	5452	4968	4103	7416	4081	760	—	7068	1876	4000
抚顺市	—	—	921	300	—	288	1319	713	575	288	288	288	602
阜新市	—	—	1563	—	—	319	929	—	295	—	—	297	504
赣州市	992	4350	685	90	2548	1948	2967	2937	5911	1978	1486	2101	1655
贵港市	4420	144	1399	580	2352	1353	267	158	983	1495	2161	380	1474
桂林市	3923	—	8022	465	494	1993	885	1045	1842	—	1897	2592	2142
广元市	145	—	1929	5433	1854	123	1024	3624	501	610	185	1900	1697
湖州市	1912	548	1325	1035	4668	1337	4078	2476	1554	3686	2842	4297	2600
菏泽市	4817	2701	673	615	1914	1608	1277	1361	4480	2245	488	3998	2979
惠州市	1707	1753	4300	6084	7343	6762	4413	3080	2830	3885	16828	1251	4365
邯郸市	1609	504	764	2803	6413	3100	4188	3931	3129	324	2819	2406	2724
淮安市	2685	10222	710	—	2524	3483	—	124	385	1714	423	3152	2158
淮北市	4247	—	933	2376	303	—	348	315	1100	1839	—	3192	1535
黄石市	3318	193	—	794	—	6952	4200	1299	3195	5424	—	3937	2733
河源市	181	1225	242	1016	4155	198	1700	309	4075	255	5770	309	1932
衡水市	1583	—	419	1772	2223	4496	1344	254	2659	3779	1238	3492	1708
怀化市	1744	1006	645	210	1956	4161	1416	4880	1650	2024	601	2373	1752
淮南市	254	—	—	1549	780	288	1566	—	296	846	—	491	940
鹤壁市	1463	—	2225	—	—	233	—	—	—	—	—	—	1210
葫芦岛市	296	319	272	1396	2104	—	2179	195	828	945	—	2063	1068
鹤岗市	553	—	—	—	1519	—	—	—	830	199	—	164	231
嘉兴市	6771	575	465	2946	10892	481	459	6489	14329	8187	834	5259	6016
金华市	352	—	4541	17110	6138	—	5491	3723	1759	324	428	4355	5287
济宁市	2884	1639	—	4616	2772	1021	1029	2477	5606	5679	1679	3521	3221
江门市	1058	2344	1146	16230	2400	11654	11867	15109	6631	5440	749	3167	5190
景德镇市	4883	—	—	2812	—	6185	—	1936	5405	120	—	4424	3813
荆州市	1237	228	247	8806	228	4686	1586	1526	1097	219	907	2239	1501
九江市	1358	—	210	750	5500	3546	1667	573	1132	784	4218	3825	1923
荆门市	527	2139	143	1214	1678	178	169	857	446	516	269	788	856
焦作市	3288	—	—	1733	637	—	489	—	246	4598	2689	4605	2694
揭阳市	671	542	1191	—	—	4923	—	—	—	759	—	1943	2869
锦州市	2091	—	3597	2122	3739	456	12208	5688	—	2201	—	330	1290
吉林市	915	—	—	518	3495	—	—	4069	5907	369	1328	—	1664
鸡西市	336	—	—	329	—	156	—	5469	152	—	—	—	930
开封市	605	6540	417	—	8402	4176	—	1622	2217	7782	—	5310	4242
廊坊市	—	3743	7832	6343	8966	6289	3620	—	853	3644	677	5833	5298
柳州市	391	—	4780	4455	4460	6754	—	—	5055	6054	236	4184	4170

2-6 续表 3

单位：元 / 平方米

城市	1月	2月	3月	4月	5月	6月	7月	8月	9月	10月	11月	12月	汇总
临沂市	860	1535	1817	723	2886	4192	823	2389	1297	5533	1310	2113	2449
洛阳市	15613	4554	2415	1390	5910	11417	1209	9938	3348	3493	—	3920	4214
丽水市	7036	—	4970	4403	502	3335	8199	9773	12832	1185	—	5002	5226
六安市	2613	956	1192	2164	425	2162	261	—	—	1332	1208	4450	1513
聊城市	—	300	521	2718	1440	375	1740	2578	3092	3117	3623	3012	1969
连云港市	277	—	948	—	—	644	3865	—	1003	912	1069	467	775
龙岩市	—	—	140	270	4584	234	10831	281	4501	10320	5250	7211	3424
乐山市	717	2085	—	2110	2941	3631	876	245	532	2119	4686	1363	2556
泸州市	1947	553	—	2634	1208	6711	1960	4263	336	2030	4815	1884	1751
漯河市	2122	551	3925	2889	1433	3931	3758	4022	1263	2174	2882	1919	2210
六盘水市	—	—	595	—	1054	1892	3539	2100	2104	1793	938	3631	2302
拉萨市	242	1822	—	1402	1208	8818	2670	1521	5763	395	4232	—	1931
丽江市	—	—	—	—	930	—	—	1290	1063	1248	240	2085	1001
绵阳市	—	1005	—	8418	7313	663	11276	4781	1500	556	5091	2810	3923
眉山市	2196	278	225	1775	2504	196	3443	2576	2618	125	1615	533	1911
马鞍山市	342	968	6177	2550	919	352	360	947	3289	353	2260	3720	2830
茂名市	—	10527	4691	581	402	—	—	—	292	9781	5483	6146	3973
梅州市	—	228	—	2466	—	—	3662	534	—	11795	280	389	1981
牡丹江市	—	—	—	517	300	—	—	—	1875	1651	330	—	678
南通市	606	427	331	10033	1857	2950	10325	10181	9159	1767	6186	5288	4209
南充市	3699	366	7376	5309	—	4315	142	8594	3218	—	2911	5410	4634
南阳市	3951	—	—	3891	3356	7053	7703	2000	5279	8178	1660	1986	5731
宁德市	370	430	—	—	210	7238	12608	329	860	357	4169	2818	2713
内江市	3338	5250	3324	5426	4552	1950	1231	3925	—	374	2803	2231	2608
南平市	316	—	172	3621	—	—	—	11157	2283	198	—	1963	1760
鄂尔多斯市	—	—	—	—	—	—	286	552	284	350	1111	1111	401
莆田市	10602	874	—	1361	4859	9202	2442	8314	825	5039	—	24713	3561
萍乡市	344	495	2412	160	170	750	206	955	3038	2129	4387	2677	1948
平顶山市	—	6675	6615	3030	4566	362	323	4479	—	3575	1732	3717	2143
普洱市	1803	—	3580	—	2105	449	2898	—	228	760	1831	593	1406
濮阳市	406	363	—	2892	4299	—	—	3567	1984	346	3540	—	2412
攀枝花市	265	—	—	—	2870	3556	—	—	153	1477	—	1273	1737
泉州市	4974	—	444	363	6261	783	529	7467	—	13771	—	7720	6408
衢州市	1172	280	358	993	8681	3428	669	7994	341	5015	2579	5913	3375
秦皇岛市	3069	3467	2662	2545	991	467	1853	1890	1121	412	3500	3158	2399
清远市	1527	554	385	344	2922	3858	9691	1327	5586	310	—	2365	2011
钦州市	2229	—	614	—	216	1561	—	210	1093	3154	3410	390	993

2-6　续表 4

单位：元 / 平方米

城市	1 月	2 月	3 月	4 月	5 月	6 月	7 月	8 月	9 月	10 月	11 月	12 月	汇总
齐齐哈尔市	—	—	—	156	—	—	102	803	4180	1551	—	3106	2399
曲靖市	1717	1329	1534	1259	189	479	—	370	—	626	—	347	999
日照市	4338	2233	5693	2093	1526	3533	3553	3148	4131	5062	691	2371	2942
绍兴市	3349	13291	2867	7875	9794	11607	8623	5253	1809	8036	8952	8868	7415
汕头市	4306	—	8261	1220	1263	15132	8424	14794	11310	—	6295	13426	7721
宿迁市	2270	144	137	140	7474	92	151	2860	2212	418	2309	1090	1888
宿州市	869	—	2273	1672	751	1647	1639	263	1374	2230	—	1582	1376
商丘市	281	4326	2188	2420	1911	—	4720	2371	1167	2719	4141	288	2658
十堰市	473	862	1809	864	783	321	1100	1659	798	—	292	2642	1172
汕尾市	5639	—	—	—	6004	—	—	—	—	7501	—	6016	5869
随州市	1948	181	3865	801	1848	1202	200	277	373	854	918	1433	1259
韶关市	188	188	195	226	6968	188	188	1222	1012	401	1399	4353	1149
上饶市	3593	—	3271	175	4592	5481	372	724	3809	4256	4371	5359	3276
三明市	204	208	—	8938	9708	305	—	—	—	207	6824	2418	3257
松原市	738	—	—	345	—	345	363	1606	204	811	217	281	491
朔州市	250	—	—	—	197	—	285	—	497	214	—	—	244
商洛市	310	—	373	408	2544	269	419	—	380	—	—	316	368
泰州市	5976	6152	3671	2909	2354	750	5905	332	6923	535	13018	4861	3844
台州市	2367	900	330	6711	2694	10538	10475	9430	6530	11319	10994	7006	6344
唐山市	2125	1010	1136	1623	569	1825	1069	413	674	668	4810	804	983
泰安市	1912	2265	2487	7120	3125	6522	1933	3994	1921	2089	1510	3955	3097
通化市	394	—	2857	541	769	—	—	425	1293	767	1202	—	1266
铁岭市	240	—	—	—	866	—	484	349	—	—	—	—	601
乌兰察布市	148	—	—	—	2266	1762	208	—	2550	—	—	2415	907
潍坊市	2055	2867	2811	699	696	2143	2629	1403	1242	2574	2120	3213	2326
威海市	466	—	1554	3339	607	1012	1377	3131	568	528	1720	3836	2251
芜湖市	1956	330	284	363	7480	3999	4863	2378	337	6682	362	2732	2704
徐州市	3228	4005	4009	6683	1796	—	2846	3775	4005	1427	6139	3629	3460
襄阳市	2286	1309	819	2252	4047	338	—	1753	791	4852	2148	3140	2815
咸阳市	6477	182	1326	—	1497	180	714	—	1500	4841	2566	—	3668
湘潭市	2247	—	—	6000	938	1462	5521	4117	3949	3300	2148	6253	3858
宣城市	2819	185	4677	172	3107	—	1679	5025	169	1912	270	2927	2049
信阳市	811	829	3093	2406	730	2760	4034	625	4497	—	—	3672	1691
新乡市	324	329	390	2715	—	5580	3200	2765	2057	—	2250	3332	2475
扬州市	2577	185	321	824	7079	4795	342	4206	7888	7507	270	4992	4117
盐城市	1703	1769	1402	1214	3560	2230	298	1648	1727	275	5658	7252	2552
烟台市	1321	291	348	2217	7632	3100	6566	3093	2128	4376	3976	3109	2473

2-6 续表 5 单位：元 / 平方米

城市	1月	2月	3月	4月	5月	6月	7月	8月	9月	10月	11月	12月	汇总
宜宾市	6294	—	—	9057	5588	8099	—	2989	6174	—	670	3765	6172
宜昌市	2631	968	2972	2210	5219	3977	6097	1828	290	1565	3497	1091	2687
宜春市	1042	2059	—	340	836	1459	2843	2795	1430	1187	1523	2913	1958
岳阳市	863	—	8953	806	6171	1684	—	457	4284	765	951	976	2275
玉溪市	1337	910	10189	540	4137	741	981	—	557	2404	—	2574	3187
鹰潭市	160	2246	199	504	2476	—	369	1492	1787	1861	1096	952	1183
营口市	288	288	288	983	2016	568	—	265	620	1155	1592	289	909
阳江市	358	—	346	381	324	2787	765	320	317	602	15111	227	444
云浮市	—	—	215	452	—	289	863	21043	—	—	1425	—	271
伊春市	—	—	253	228	114	382	208	—	281	204	149	—	227
珠海市	8677	4151	15401	469	36252	9904	5189	4859	4883	16476	15089	10308	8813
淄博市	2847	1874	843	4919	2607	3629	2234	2838	2830	1960	2304	1999	2461
株洲市	1070	893	1100	9364	5047	3281	1483	2140	2912	4856	5845	2841	3018
遵义市	1204	3405	—	2786	4063	1148	3902	4905	—	2956	4104	1054	2933
镇江市	367	368	711	8457	315	7512	390	948	—	403	—	786	2767
漳州市	9219	—	—	—	11283	—	13644	279	3167	10623	9052	—	9355
中山市	773	967	1053	—	689	770	31800	20000	10311	766	1517	11500	8092
肇庆市	2199	345	861	10805	17446	2761	7782	2245	2500	1019	4453	4345	3652
舟山市	1032	12776	750	—	6382	9128	2211	11184	—	538	—	1362	3686
自贡市	6150	774	—	383	1911	2026	703	6450	2090	254	1188	1183	1567
张家界市	—	1893	1492	1020	6853	2645	3378	—	2349	879	6013	2874	2354
湛江市	—	—	542	—	—	—	338	5082	379	—	—	4151	1838
县及县级市													
保亭黎族苗族自治县	—	—	—	—	—	—	—	396	—	—	—	3619	2928
滨海县	977	645	264	352	246	186	—	—	—	—	417	3898	756
常熟市	3715	433	322	11321	349	12355	2231	3831	3776	2566	4492	3289	4609
崇州市	2100	995	6450	250	108	—	—	10251	231	750	7599	1602	2272
淳安县	395	499	—	1502	—	—	—	—	833	1419	447	7956	2227
慈溪市	1140	1934	721	6075	11670	2143	522	1712	1609	2256	2388	1392	2491
丹阳市	—	376	—	8288	694	11033	374	417	—	11370	412	3143	2726
当涂县	208	—	—	196	234	2520	178	248	1300	610	3195	846	803
德清县	1402	4427	1671	713	787	1141	834	2392	1187	690	4548	4025	2396
东港市	—	—	—	199	260	1123	—	304	2207	124	—	292	698
东台市	682	211	782	405	1857	—	—	2164	500	1305	1020	170	1034
都江堰市	5722	2402	108	2000	1800	—	—	—	1815	870	6600	9855	3997

2-6　续表 6　　单位：元 / 平方米

城市	1 月	2 月	3 月	4 月	5 月	6 月	7 月	8 月	9 月	10 月	11 月	12 月	汇总
恩施土家族苗族自治州	1557	1832	1110	2357	579	679	511	2265	1856	485	563	900	1109
肥东县	—	—	9795	3916	4156	12819	254	325	1200	10800	4479	—	5191
肥西县	346	—	10867	9538	5349	1358	6348	153	205	653	—	14428	4084
盖州市	566	—	239	773	861	—	—	779	—	—	—	820	548
高碑店市	—	—	1229	—	2090	1792	1720	941	—	—	—	815	1497
固安县	—	—	—	1072	—	10694	—	9944	6425	1396	—	931	4898
海安市	1613	1048	1673	254	492	405	6651	1301	1124	2185	1864	3157	1340
海门市	244	349	4171	3147	961	6223	18090	2070	2301	301	367	2036	2560
海宁市	2845	2231	262	1315	706	6838	8679	8454	2186	3300	12186	2718	4638
海盐县	2161	628	1856	2824	5512	2571	2644	4038	4680	1686	785	1583	2842
惠安县	530	467	273	320	545	571	6558	1192	351	237	457	623	706
惠东县	2891	—	2920	558	—	—	528	—	—	3182	2866	548	2243
嘉善县	1910	12542	7304	3634	8319	9449	8453	437	565	442	2741	4415	5022
建德市	455	261	3658	6843	312	314	940	2209	359	1747	360	2874	1925
建湖县	1511	—	165	120	177	125	—	3103	175	175	3230	2109	1638
江阴市	1361	438	563	563	6000	6759	5193	6181	8534	14157	435	5423	4074
胶州市	—	3508	345	3315	3467	3188	621	3992	6763	1071	3631	1507	1589
晋江市	693	1932	4665	6969	1493	2383	504	696	2526	3509	4681	689	2900
靖江市	517	5920	251	248	3406	310	11941	—	393	1339	—	7402	1785
昆山市	327	448	336	308	336	11001	3640	3775	261	8385	1498	12337	4863
莱西市	457	1648	2669	222	239	2576	667	216	1494	—	1624	1686	1048
莱州市	1264	—	1026	1908	1279	1149	1919	598	1690	1522	2716	2133	1573
临海市	773	—	4458	9075	3301	2196	2560	1313	6547	3079	—	1485	2667
陵水黎族自治县	—	—	—	—	—	—	—	—	—	602	—	2500	1293
浏阳市	923	367	428	930	820	1839	921	841	388	367	—	680	1257
龙海市	375	—	288	1876	26332	272	17434	5612	12319	14006	4850	269	6731
龙口市	—	1296	952	1287	1500	—	2650	—	594	712	541	1108	961
龙门县	456	—	—	1054	1839	2080	5155	3041	635	255	3101	675	1557
闽侯县	339	406	9746	21782	7974	3698	7070	3738	642	—	3655	9573	6594
南安市	270	536	3743	2131	353	1398	460	1406	1884	622	441	442	1229
宁海县	497	968	400	4117	1582	567	7476	641	2470	1983	2571	7001	2751
沛县	2250	—	—	329	212	891	1779	1549	2345	—	3603	1792	1507
彭州市	—	68	240	160	—	—	203	3332	510	—	5671	105	3179
邳州市	1789	—	172	182	315	269	2338	268	1092	2698	2986	2117	1443
平度市	345	362	5429	244	829	256	810	490	677	4232	1213	1466	1007
平湖市	1096	614	2015	971	5607	1658	649	3371	637	1470	548	1939	1462

2-6 续表 7

单位：元 / 平方米

城市	1月	2月	3月	4月	5月	6月	7月	8月	9月	10月	11月	12月	汇总
蒲江县	—	—	3667	3900	5550	—	—	101	4800	—	3615	—	1893
普宁市	820	—	3657	2704	3560	1478	1817	—	2994	—	—	—	2382
启东市	954	296	5445	1795	5683	288	2466	241	4224	395	320	2610	2669
潜江市	2243	1026	1041	143	156	210	236	—	1664	1493	1973	143	1066
荣成市	2361	—	2874	1608	3694	4358	2654	3125	3323	—	2283	2776	2886
如东县	421	2403	532	—	292	2707	11529	4390	1206	2290	1018	919	1534
瑞安市	4473	8932	20774	11065	1053	4292	4274	6017	5193	3565	655	6924	6289
嵊州市	414	—	—	431	4269	4325	371	672	5867	2987	3851	4443	3424
太仓市	300	361	300	6077	445	15512	—	4539	300	6688	513	6368	5083
泰兴市	592	434	1601	6957	2691	1942	6079	1859	1212	2161	536	1050	2078
天门市	426	188	245	403	317	976	124	494	2127	800	120	904	593
桐庐县	3450	489	984	1636	3443	1423	3695	5841	3271	794	1722	849	3228
桐乡市	6440	3642	433	3295	8155	416	5227	6682	1822	4567	2067	5364	4542
瓦房店市	422	—	435	548	522	335	—	380	467	367	—	—	455
文安县	—	1202	—	—	1597	—	—	999	400	—	—	—	1267
文昌市	1805	—	503	—	—	—	3195	2079	1450	3573	—	1052	1892
仙桃市	207	207	208	5449	207	207	207	215	3304	207	1278	2496	1051
香河县	—	—	2385	—	—	4434	—	—	—	3672	—	8044	3676
象山县	326	679	2578	276	6351	498	3003	491	350	755	5785	—	1908
新沂市	145	144	144	1486	1238	174	1255	3338	3005	2596	637	710	961
兴化市	3376	278	—	—	278	—	323	1840	475	1205	1977	351	1168
宜兴市	432	1908	1223	8420	913	10753	—	4038	3292	6579	1338	3777	3634
义乌市	8394	2810	10063	1255	19353	5208	11104	16111	18316	8745	6283	1121	8875
永登县	276	—	1135	430	170	143	1367	198	143	92	317	2019	471
余姚市	603	1974	3226	1548	6310	725	9049	1175	2769	1387	4000	1052	2938
张家港市	5739	445	1082	608	11706	6164	3255	1005	3172	7417	—	8232	4022
长沙县	3871	1668	—	3369	7006	2117	6125	5550	1164	1250	1884	5905	3682
长兴县	5840	845	585	732	926	1214	1002	2821	692	634	3805	2474	1458
诸暨市	473	1911	647	3532	4938	8212	915	1116	2221	1786	740	1892	3194
庄河市	444	—	724	—	929	—	215	1703	—	—	—	—	681

数据来源：中指数据库监测。

2-7 2019年全国300城土地成交溢价率统计

单位：%

城市	1月	2月	3月	4月	5月	6月	7月	8月	9月	10月	11月	12月	汇总
一线城市													
北京市	10.21	12.13	0	12.95	6.24	17.39	15.87	0.21	7.81	14.47	1.91	0	9.29
上海市	9.78	0.79	0.29	0.90	8.13	2.01	0.98	1.70	0.50	0.34	0.01	0.02	1.72
广州市	0	10.28	0	22.11	4.81	22.06	1.63	0.08	5.19	2.45	0	0.85	5.55
深圳市	0	0	—	—	48.20	43.52	0	0	0	0	9.07	12.73	18.02
二线城市													
成都市	4.28	0	29.21	7.77	19.78	35.26	21.04	6.10	10.99	1.28	13.40	11.46	15.35
重庆市	16.04	17.28	29.02	48.94	26.05	6.17	12.12	8.63	6.41	10.45	8.33	1.49	16.15
长沙市	4.49	0	9.58	9.13	0.74	2.98	6.11	2.71	0	0.96	6.82	0	3.98
长春市	0	0	0	0	0	2.71	24.87	0	0.04	0	4.83	4.07	2.69
大连市	36.32	0.71	9.75	41.39	44.93	22.75	26.20	2.44	0	0	0	0	19.76
福州市	0	11.02	33.03	7.36	33.28	41.79	19.45	10.40	12.04	0.68	0.08	18.55	17.63
贵阳市	1.68	3.34	2.16	39.23	2.18	44.80	1.04	2.49	1.78	2.58	7.29	7.07	10.41
杭州市	13.72	24.14	31.01	22.16	27.66	15.74	13.71	0.70	11.44	15.01	4.22	20.11	16.47
合肥市	0	19.96	117.13	97.21	44.12	0	28.18	0.41	—	0	23.10	8.14	51.57
海口市	0.58	121.34	0	52.46	10.88	0	0.05	—	0.57	3.85	0	0.03	4.02
哈尔滨市	0.08	0	0	34.87	45.27	24.61	0	0.33	4.75	0.19	17.89	10.18	17.00
呼和浩特市	—	—	39.41	—	—	26.32	—	—	0	0.80	0	0	12.77
济南市	4.19	0	4.76	0.88	14.65	15.20	0	4.79	0	1.53	—	1.37	6.63
昆明市	0	32.63	62.19	0	9.19	11.79	4.00	0	0	0	5.98	55.88	7.67
兰州市	0.34	—	0.59	—	59.52	0.26	0.43	3.35	0.03	—	—	—	1.60
南京市	0.23	0	20.74	38.57	40.78	24.88	16.29	10.01	22.14	6.86	11.18	9.04	15.77
宁波市	4.79	0	36.41	22.22	33.03	39.62	18.52	26.34	10.82	6.88	13.69	14.97	22.99
南宁市	32.41	0	30.58	134.07	35.56	70.88	29.51	30.88	8.44	8.14	15.58	37.93	33.88
南昌市	51.54	30.07	58.35	56.94	0	22.72	47.51	0	26.01	1.87	19.43	0	28.97
青岛市	0	0.11	0	4.63	0.67	1.47	0.01	3.30	0	0	0	0.01	0.82
苏州市	17.14	23.41	0	33.05	44.28	0	15.86	9.24	1.44	0.13	3.61	7.81	14.40
沈阳市	2.14	1.71	51.26	44.52	36.83	2.85	7.15	12.97	3.28	0	17.22	0.02	16.74
三亚市	1.64	—	—	—	—	—	—	0	—	86.00	84.00	—	16.14
石家庄市	5.83	7.44	16.72	44.96	38.69	11.35	21.59	11.41	9.03	5.39	7.49	15.27	17.70
天津市	3.35	4.07	6.58	19.46	11.82	7.95	9.69	0.19	1.51	0.47	0	1.44	6.39
太原市	21.89	13.06	16.41	11.11	11.39	13.09	11.40	11.92	11.48	11.73	26.97	14.79	14.47
武汉市	3.07	5.95	10.20	17.74	5.13	15.30	0	0.84	5.89	22.31	10.36	5.91	11.44
无锡市	8.83	0.16	0	30.41	19.12	0	19.02	0	7.30	0.26	2.88	0	10.28
温州市	10.61	0	12.34	28.70	20.65	24.32	16.07	20.67	19.05	17.36	6.74	150.93	23.35

2-7 续表 1

单位：%

城市	1月	2月	3月	4月	5月	6月	7月	8月	9月	10月	11月	12月	汇总
乌鲁木齐市	—	0	0	23.43	0	0.18	0	0.21	1.36	0.01	0	0.91	1.07
厦门市	0	0	42.03	31.93	0	13.44	0	0.62	17.49	0	15.09	17.43	17.39
西安市	8.69	2.14	21.35	14.12	1.64	0	15.61	11.25	4.66	15.44	23.72	28.71	13.29
西宁市	0	—	—	—	—	5.84	—	0	—	0	0	—	4.04
银川市	25.88	19.52	0	20.49	24.07	0	0	0	11.11	52.94	0	28.46	18.24
郑州市	10.04	15.68	12.86	0.43	0.35	10.50	0.90	4.04	0	0.07	20.09	11.48	6.56
三四线城市													
安庆市	5.50	76.73	0	29.24	1.29	—	6.50	0	0	0	0	0	11.48
安康市	1.19	7.05	—	7.44	0.50	2.70	8.89	16.69	347.32	0.89	0.05	28.31	4.62
安顺市	0	0	0	0	0	0	0	0	0	0	0	0	0
安阳市	—	0	0	27.32	0	0	—	0	—	—	0	0	1.95
鞍山市	—	0.11	0	0	0	1.26	0	2.73	4.72	—	17.31	6.05	3.81
保定市	0.35	—	—	—	0	0	—	—	0.07	0	0	0.22	0.19
蚌埠市	4.65	0.80	80.64	21.10	10.77	—	—	0.43	0.19	0.83	—	—	23.98
滨州市	1.84	0	0	6.34	0	0	0.62	0	1.99	0	0.69	1.00	2.01
包头市	0	0	1.11	0.18	39.36	0	27.50	5.56	34.85	0	2.74	0	10.48
宝鸡市	0.42	—	0	6.01	0	0	—	—	0	—	0	0	1.99
百色市	4.60	5.24	3.99	3.19	30.25	—	—	10.14	6.72	17.07	15.71	11.85	10.06
本溪市	0	0	—	0	—	—	0.02	—	0	0	—	0	0.02
北海市	0.02	0	0	0	0	0	35.09	0	0	0	0	0	5.50
常州市	37.10	—	29.19	54.87	34.77	27.50	6.57	9.36	43.83	34.06	—	0.55	29.62
滁州市	0.46	0	5.59	0	28.18	38.99	27.61	0.72	30.46	14.93	0.38	7.13	16.47
常德市	0.10	0	0	0	1.29	0	4.54	0.01	25.00	0	0.15	0	2.33
沧州市	0.06	1.17	3.13	0	—	1.77	—	0.05	—	0.07	0.35	0	1.00
承德市	—	0.13	—	—	43.95	—	0	0	18.58	—	—	0	4.90
郴州市	0.16	0	3.65	0.28	0	3.22	4.88	0	0	0	31.92	0	4.26
池州市	0	0	0	39.18	36.10	0	0	0	0.08	24.48	—	0	25.90
潮州市	2.00	0	—	0	0	—	0	—	—	—	—	—	0.10
崇左市	1.82	—	0	—	—	—	0	—	—	—	—	58.41	47.63
朝阳市	—	0	—	0	0	0	0	—	0	—	—	—	0
东莞市	4.64	—	—	53.53	44.46	7.49	31.81	21.78	9.74	35.92	12.40	11.98	20.76
德阳市	2.22	—	6.97	56.75	6.23	92.73	0	42.82	54.17	0	—	1.89	19.79
德州市	0.10	0	—	0	0	0	0.07	0	0	0.29	26.18	0.02	7.76
东营市	0	0	0	—	0	6.72	2.06	—	0	8.08	1.66	0	2.80
大庆市	0	—	4.72	0	0	0.05	1.11	0	0.79	0	—	0	1.02
丹东市	—	—	89.69	—	29.01	—	151.04	—	—	—	0	—	61.14

2-7 续表 2

单位：%

城市	1月	2月	3月	4月	5月	6月	7月	8月	9月	10月	11月	12月	汇总
鄂州市	2.42	0	0	0	14.32	0	0	0	0	0	0	0.20	0.95
佛山市	21.34	9.32	9.62	36.62	18.06	36.21	9.84	28.51	2.26	3.97	14.69	10.92	16.21
阜阳市	18.93	21.57	29.50	28.94	42.71	1.81	60.00	11.79	—	—	37.58	9.03	28.49
抚顺市	—	—	0.75	0	—	0	0	0	0	0	0	0	0.09
阜新市	—	—	2.64	—	—	0.90	1.54	—	1.40	—	—	1.07	1.60
赣州市	7.69	0.66	—	—	3.29	28.57	44.38	8.52	9.00	5.60	—	0.12	11.88
贵港市	0.05	0	0.07	0	35.66	0.42	0	0.62	15.00	18.51	0	0.41	8.53
桂林市	0.13	—	33.71	0	0	0	0	0	0	—	1.52	0	1.73
广元市	0	—	2.33	64.82	43.22	0	0.51	6.48	0	0	0.65	4.29	24.16
湖州市	1.45	—	4.30	13.94	2.43	15.23	5.43	0.05	5.79	—	3.08	0.97	2.86
菏泽市	1.24	—	50.27	—	—	—	—	—	—	2.14	—	—	0.40
惠州市	8.30	—	21.91	—	4.74	15.31	54.44	16.40	0.96	11.02	0.04	0.92	5.83
邯郸市	5.45	—	0.43	29.74	37.15	120.56	16.96	85.00	57.52	—	2.34	9.57	29.22
淮安市	0.07	11.43	0	—	10.43	16.65	—	0	0	19.85	0.28	3.37	8.41
淮北市	2.96	—	0.04	54.49	0	—	0	0	—	11.09	—	57.08	20.33
黄石市	91.04	0	—	12.73	—	6.25	0	7.85	0	0.19	—	0.92	3.47
河源市	0	5.93	0	0	87.20	0	0	0	18.80	0	19.71	1.25	27.21
衡水市	6.74	—	0.01	27.53	2.55	51.67	2.02	0.64	3.69	3.44	7.26	10.93	15.23
怀化市	4.25	6.53	0	0	—	—	—	—	—	—	—	—	4.80
淮南市	0	—	—	24.76	0	0	21.67	—	0	3.48	—	5.75	15.20
鹤壁市	0	—	4.48	—	—	0	—	—	—	—	—	—	3.56
葫芦岛市	—	0	—	—	—	—	0	—	0	—	—	—	0
鹤岗市	0	—	—	—	0	—	—	—	0	0	—	0	0
嘉兴市	20.85	—	0.26	20.94	35.22	—	—	12.21	6.97	13.88	—	12.94	16.70
金华市	0.63	—	23.16	38.02	24.72	—	32.28	4.19	37.64	1.12	0.34	29.52	30.20
济宁市	0	0	—	9.35	18.49	0	2.50	0	3.38	2.60	0	7.60	7.33
江门市	9.11	5.22	0.02	56.37	23.36	14.93	3.11	12.58	6.59	2.09	0	0.47	10.03
景德镇市	0.18	—	—	0.87	—	0	—	0	0.95	—	—	0.09	0.39
荆州市	3.87	0.11	0	44.19	0	27.50	29.38	0.03	5.61	0.01	0.80	3.84	10.95
九江市	0.26	—	0	0.45	41.85	13.36	11.80	5.16	22.97	35.00	6.67	18.20	16.63
荆门市	0	6.43	0	30.20	27.64	0	0	0.12	0	24.78	0	1.68	14.50
焦作市	0	—	—	1.19	0	—	0.71	—	0	0	0	3.51	2.27
揭阳市	0.20	0	0	—	—	2.00	—	—	—	0	—	0	1.40
锦州市	0	—	0	0	44.74	0	0	0	—	0	—	0	6.82
吉林市	0	—	—	0	12.40	—	—	25.95	2.23	0	30.38	—	17.01
鸡西市	0	—	—	0	—	0	—	0.37	0	—	—	—	0.29
开封市	0.01	—	—	—	—	—	—	11.78	86.42	0	—	2.29	5.82

2-7 续表 3 单位：%

城市	1月	2月	3月	4月	5月	6月	7月	8月	9月	10月	11月	12月	汇总
廊坊市	—	5.95	2.14	3.38	1.36	1.94	4.78	—	6.72	2.87	6.90	1.88	2.69
柳州市	32.94	—	13.59	—	8.67	64.84	—	—	0.39	32.91	—	8.89	15.27
临沂市	—	13.53	—	43.70	32.88	7.95	43.51	21.61	21.54	39.89	—	2.42	15.88
洛阳市	47.02	—	93.85	0.04	71.54	5.61	4.44	61.97	27.75	9.81	—	13.35	38.57
丽水市	0	—	39.61	40.81	0	24.31	1.30	0	3.19	8.28	—	36.81	17.49
六安市	0.84	1.79	0.88	0.57	2.94	14.12	—	—	—	32.68	13.86	0.50	9.45
聊城市	—	0	0	34.46	0.89	0	0.04	60.24	0	91.82	7.75	5.40	14.75
连云港市	0	—	0.11	—	—	5.63	39.83	—	3.25	5.12	0	0.09	5.03
龙岩市	—	—	0	1.46	5.47	0	50.92	0	10.51	0	0	16.88	22.35
乐山市	83.64	13.20	—	5.33	27.94	82.82	22.36	0	56.86	0.04	57.44	10.12	39.93
泸州市	12.70	0	—	4.58	23.41	51.37	422.08	0	0	0	4.90	0.20	14.68
漯河市	0	0.30	0	0.22	0.04	0	5.42	0	0	0.01	0	0	1.10
六盘水市	—	—	1.57	—	0.17	0.53	0	0	0	0.04	0	0.51	0.33
拉萨市	0	0	—	0	3.07	121.68	0.94	41.90	65.19	0.03	6.11	—	9.93
丽江市	—	—	—	—	—	—	—	—	1.01	—	—	27.52	7.34
绵阳市	—	0	—	128.01	28.46	0	13.78	11.56	19.63	0	4.62	0.02	18.75
眉山市	3.36	0	0	1.70	25.83	0	30.42	23.75	5.24	0	1.36	6.29	11.39
马鞍山市	0	0	60.63	0	5.51	0	0	0	28.97	0	48.37	25.79	31.52
茂名市	—	6.26	41.29	0	0	—	—	—	0	0	0	3.12	19.25
梅州市	—	0	—	33.08	—	—	4.08	11.64	—	3.10	0	0	28.18
牡丹江市	—	—	—	0	0	—	—	—	0	0	0	—	0
南通市	1.03	—	—	59.93	33.27	4.58	32.28	30.17	35.97	9.18	15.15	9.58	21.69
南充市	47.68	0.10	29.73	69.95	—	5.90	—	64.66	5.29	—	10.31	14.70	31.85
南阳市	0.87	—	—	28.21	11.55	103.33	116.02	8.39	63.33	94.82	11.05	7.39	74.83
宁德市	0	0	—	—	0	61.55	64.29	0	0	0	0.90	8.40	37.71
内江市	0.78	18.24	36.86	50.26	16.05	0	0	0	—	15.90	12.79	0	10.35
南平市	0	—	0	15.32	—	—	—	25.12	5.35	0	—	0.56	14.36
鄂尔多斯市	—	—	—	—	—	—	0	0	0	0	0	101.14	4.04
莆田市	73.10	0	—	8.49	0.02	—	0	—	0.11	2.66	—	—	42.98
萍乡市	0	0	1.26	0	0	0	0	3.69	0.02	0	0	26.13	4.87
平顶山市	—	0	0	1.00	0.23	0	0	0.29	—	4.84	11.02	0	3.04
普洱市	0.16	—	7.69	—	0.43	3.10	0.16	—	0	0	0.41	0	2.31
濮阳市	0	0	—	43.22	21.16	—	—	8.68	2.51	0	0.43	—	17.18
攀枝花市	0	—	—	—	0	0	—	—	0	23.65	—	7.21	4.22
泉州市	58.39	—	—	—	32.54	1.24	—	12.68	—	28.47	—	32.59	30.52
衢州市	0	0	0	0.19	39.10	44.24	0.42	73.39	0	20.96	0	12.13	22.08
秦皇岛市	45.17	0	0.42	0.33	0	0	0.01	0.80	13.26	0	3.32	26.79	13.48

2-7　续表 4　　　　单位：%

城市	1 月	2 月	3 月	4 月	5 月	6 月	7 月	8 月	9 月	10 月	11 月	12 月	汇总
清远市	0	2.85	1.03	7.80	4.51	2.69	16.12	0.30	2.88	0	—	0	3.70
钦州市	0	—	0	—	0	—	0	0	0	2.39	0	0	1.76
齐齐哈尔市	—	—	—	0	—	—	0	0	0	0	—	5.69	3.23
曲靖市	1.61	0.30	7.18	33.59	0.13	0.44	—	3.93	—	0.73	—	0.09	6.54
日照市	—	—	17.00	36.19	10.08	5.43	10.36	—	48.06	—	—	—	11.43
绍兴市	8.99	9.65	35.52	41.06	41.70	22.29	20.38	16.35	9.45	11.85	12.86	3.95	20.41
汕头市	1.17	—	2.90	1.43	1.01	78.17	9.51	3.09	1.83	—	8.80	27.48	15.33
宿迁市	1.13	0	0	0	29.92	0	0	15.21	16.28	137.42	20.52	2.86	14.22
宿州市	30.50	—	24.25	17.32	55.14	74.54	0	0	0	0	—	0	18.20
商丘市	0	0	0	8.68	0	—	2.63	0	0	0	4.76	0	2.13
十堰市	12.60	0.25	51.27	20.15	27.45	26.09	51.93	14.15	27.84	—	10.56	33.35	35.04
汕尾市	0	—	—	—	0	—	—	—	—	0	—	0	0
随州市	0	0	114.43	21.73	48.68	0	0	0	0	1.18	0	0	12.75
韶关市	0	0	0	0	4.23	0	0	16.96	0.02	0	0	0	1.51
上饶市	0	—	10.22	0	0	69.09	0	0	3.23	4.07	14.83	1.40	10.20
三明市	0	0	—	59.93	52.08	0	—	—	—	0	7.83	0.94	34.05
松原市	0	—	—	0	—	0	0	0	0	—	0.72	0	0.01
朔州市	1.31	—	—	—	0.79	—	0.93	—	3.70	1.40	—	—	1.26
商洛市	2.07	—	0.35	0.19	0.60	0	0	—	0	—	—	0.72	0.29
泰州市	61.11	34.31	3.26	30.39	9.70	3.25	4.31	—	7.64	22.15	25.63	31.05	20.46
台州市	7.48	0.01	—	34.76	9.53	46.58	7.88	16.46	30.39	26.97	37.42	15.78	18.28
唐山市	9.21	40.51	0.14	0.11	1.97	4.58	36.43	—	10.20	11.90	0.63	0.30	7.76
泰安市	0	0	5.25	27.42	10.73	11.21	0.29	0	58.69	4.42	0	0	11.95
通化市	0	—	0.05	0	0	—	—	0	0	0	0	—	0.01
铁岭市	0	—	—	—	0	—	0	0	—	—	—	—	0
乌兰察布市	0	—	—	—	0	0	0	—	0	—	—	0	0
潍坊市	13.66	—	—	—	—	—	8.62	10.11	10.89	1.04	5.93	47.81	25.41
威海市	—	—	3.29	—	0.21	0.86	2.26	1.48	—	—	1.83	—	1.10
芜湖市	57.49	0	0	0	29.55	18.55	29.79	21.17	1.81	48.25	0	16.95	28.87
徐州市	5.26	65.12	48.88	1.25	61.86	—	9.79	24.03	16.19	10.04	12.79	—	18.57
襄阳市	0.20	—	—	56.36	18.07	—	—	—	—	0.06	18.66	9.20	6.67
咸阳市	0	1.03	0.84	—	—	0	—	—	—	0	0	—	0.07
湘潭市	0	—	—	0	0	0	0	0	0	0	1.27	0	0.01
宣城市	—	—	64.73	0	1.20	—	5.67	—	—	—	0	—	17.68
信阳市	0	0	0	0	0	0	4.55	292.93	0	—	—	0	2.63
新乡市	0	0.68	0.05	—	—	99.62	47.68	12.60	1.51	—	0	—	39.14
扬州市	17.49	—	—	—	100.71	—	—	—	41.76	14.66	—	23.84	24.14

2-7 续表5

单位：%

城市	1月	2月	3月	4月	5月	6月	7月	8月	9月	10月	11月	12月	汇总
盐城市	—	9.64	6.94	—	1.06	0.28	—	2.38	9.06	0.15	3.03	9.28	4.49
烟台市	—	—	—	27.77	24.68	22.99	32.08	—	2.42	0.04	—	—	8.66
宜宾市	0.08	—	—	162.08	68.41	61.09	—	54.33	12.23	—	—	—	49.02
宜昌市	0.19	0.97	27.13	22.85	0	11.50	23.65	1.53	0.59	1.21	0	2.47	8.09
宜春市	28.63	6.72	—	26.43	0.82	12.07	41.95	17.84	0.30	0.41	12.14	22.16	17.49
岳阳市	1.17	—	0.09	1.35	0.08	0.65	—	0.71	0.61	0.98	1.52	0.61	0.51
玉溪市	0.37	27.31	65.35	0	72.72	0.32	0	—	0	0	—	0	44.45
鹰潭市	0	171.26	0	58.59	237.59	—	0	85.13	86.80	20.86	0	0	38.69
营口市	0	0	0	0	8.32	13.72	—	0	24.00	23.83	0	0	6.46
阳江市	0	—	0	23.13	0	1.44	0	0.29	0	21.63	67.90	3.94	4.25
云浮市	—	—	0	0	—	0.05	0	116.72	—	—	0	—	1.32
伊春市	—	—	0	0	0	0	0	—	0	0	0	—	0
珠海市	23.79	37.42	36.08	—	13.75	0.87	25.84	1.01	21.49	4.04	—	0.96	12.15
淄博市	—	—	—	20.46	1.71	—	10.38	0.34	—	—	—	0.56	1.46
株洲市	—	—	—	—	—	—	0.14	—	—	10.46	—	—	0.80
遵义市	—	—	—	2.26	—	28.29	8.79	—	—	0.04	—	—	1.52
镇江市	0	0	0	25.25	0	11.27	0	0	—	0	—	0	13.77
漳州市	29.80	—	—	—	97.71	—	27.99	0	0	0	11.52	—	40.73
中山市	0	25.54	0	—	0	0	0.95	0	0	0	0	0.37	0.42
肇庆市	0	0	0	0.33	33.54	0	0	0	0	0	0	0	6.93
舟山市	0	0.23	0	—	7.47	0.68	0	0	—	0	—	0	2.39
自贡市	105.00	21.66	—	3.39	1.90	8.78	0.76	—	4.23	24.48	0.52	1.88	4.62
张家界市	—	0	0	0	49.18	0.66	0	—	0	1.96	0	0	2.58
湛江市	—	—	0.34	—	—	—	0.40	14.77	0	—	—	0	2.96
县及县级市													
保亭黎族苗族自治县	—	—	—	—	—	—	—	2.59	—	—	—	539.48	455.15
滨海县	15.04	17.79	4.62	—	—	—	—	—	—	—	—	34.88	19.33
常熟市	2.39	0	0	24.66	0	26.65	20.37	12.72	0.03	3.13	2.85	0	11.63
崇州市	0	0	19.44	0	0	—	—	60.57	0	0	47.14	0	34.40
淳安县	0	0	—	0	—	—	—	—	0	0	0.67	30.80	23.48
慈溪市	7.84	32.28	0	20.62	42.67	5.32	4.60	13.26	8.54	4.03	21.29	4.67	18.04
丹阳市	—	0	—	45.43	0	33.73	0.01	0.01	—	19.34	0.55	0.52	19.05
当涂县	0	—	—	0	0	0	0	0	0.86	0	7.13	74.88	12.54
德清县	—	—	—	—	1.14	—	0.73	0.62	48.42	—	6.47	20.12	4.41
东港市	—	—	—	0	0	28.87	—	0	0	0	—	0	21.40

2-7　续表6　　　　单位：%

城市	1月	2月	3月	4月	5月	6月	7月	8月	9月	10月	11月	12月	汇总
东台市	—	—	—	—	0.43	—	—	8.23	56.62	0.12	—	—	2.15
都江堰市	0	0	0	13.63	0	—	—	—	0	0	1.15	0	0.20
恩施土家族苗族自治州	21.76	38.57	28.92	10.07	11.68	13.98	0.57	1.88	30.90	1.05	0	5.84	12.68
肥东县	—	—	30.60	90.97	103.96	60.30	—	—	655.10	11	9.20	—	46.82
肥西县	0	—	27.59	137.97	3.08	—	51.89	1.18	0	4.03	—	19.50	41.09
盖州市	0	—	0	0	0	—	—	107.75	—	—	—	0	1.44
高碑店市	—	—	0.24	—	0.73	0.61	0.92	0.56	—	—	—	1.09	0.75
固安县	—	—	—	1.71	—	120.91	—	92.43	6.17	0.77	—	3.84	71.76
海安市	5.15	22.39	—	—	—	—	99.83	7.79	9.90	40.04	13.42	—	11.85
海门市	—	—	47.06	42.36	22.62	80.98	89.03	—	—	—	—	51.13	34.75
海宁市	32.26	8.83	—	1.92	—	62.43	60.40	45.14	0.03	12.09	10.81	19.39	35.98
海盐县	4.02	2.45	33.16	29.57	19.32	3.28	18.95	4.46	3.63	6.25	0.19	38.49	16.13
惠安县	25.36	16.33	1.38	—	—	21.92	22.81	—	—	—	0.14	11.07	15.50
惠东县	3.33	—	—	—	—	—	2.35	—	—	—	—	—	1.08
嘉善县	2.14	8.82	22.53	20.36	14.40	20.55	5.92	—	0.01	—	0.07	8.98	12.78
建德市	0.97	0.52	146.41	22.28	9.10	0.04	49.18	1.42	0.31	16.32	1.30	297.04	27.31
建湖县	53.26	—	—	—	—	—	—	36.49	—	—	38.04	12.47	24.97
江阴市	1.77	0	0	0	4.68	16.94	21.30	20.37	6.12	1.99	0	1.05	8.58
胶州市	—	0	1.43	0	0	0	0	0	0	0.60	0	0	0.17
晋江市	—	19.04	86.18	42.61	29.60	19.23	1.34	—	30.38	42.47	34.37	—	40.17
靖江市	—	21.01	—	—	—	—	77.02	—	—	11.67	—	54.20	26.83
昆山市	0	0	0	0.08	0	14.15	0	13.39	0	3.35	0	1.97	6.50
莱西市	0	0	0	0	0	24.30	6.37	0	0	—	2.64	19.58	9.97
莱州市	32.26	—	—	—	—	—	—	—	—	—	—	23.20	9.81
临海市	48.82	—	—	51.76	36.68	—	80.27	27.07	35.53	2.93	—	6.51	32.34
陵水黎族自治县	—	—	—	—	—	—	—	—	—	—	—	—	—
浏阳市	18.33	1.84	0	0	0	0	0	0	0	0	—	0	0.68
龙海市	0	—	1.19	56.20	26.42	0.68	78.74	14.05	18.70	0	16.53	1.02	28.35
龙口市	—	—	—	—	—	—	—	—	—	—	—	—	—
龙门县	—	—	—	0.28	—	46.47	2.72	4.08	—	—	2.31	—	19.41
闽侯县	0.31	0.16	35.29	30.80	23.96	14.94	0.01	29.94	0.24	—	11.63	19.64	21.19
南安市	—	0.02	24.63	13.09	—	—	—	16.21	—	—	—	—	9.06
宁海县	0.04	0	0	38.52	13.52	0	4.85	3.56	0	18.28	3.21	23.24	18.53
沛县	—	—	—	17.24	—	—	—	—	—	—	7.14	—	1.89
彭州市	—	0	0	0	—	—	0	23.32	0	—	0	0	7.90
邳州市	—	—	—	—	4.58	—	—	—	1.36	0.26	—	—	0.36

2-7 续表 7

单位：%

城市	1月	2月	3月	4月	5月	6月	7月	8月	9月	10月	11月	12月	汇总
平度市	0	0	12.15	0	0.41	0	0	0	0	0	0	0	0.27
平湖市	—	—	—	0.39	32.12	—	—	5.93	—	1.96	—	36.63	10.33
蒲江县	—	—	42.88	0	0	—	—	4.72	0	—	12.56	—	12.85
普宁市	3.14	—	28.76	13.41	28.77	14.34	3.00	—	8.48	—	—	—	18.27
启东市	—	—	—	20.82	64.94	—	3.54	0.44	8.80	76.07	—	—	12.15
潜江市	14.41	2.20	1.75	0	0	0.29	31.57	—	30.73	0.58	0.06	0	11.28
荣成市	—	—	—	—	0.10	14.32	—	0.52	—	—	—	—	3.02
如东县	—	—	8.41	—	—	24.28	53.71	—	36.69	8.70	—	18.25	14.07
瑞安市	0.64	5.63	1.79	16.19	0	0	10.31	10.27	15.85	21.26	24.64	5.61	8.83
嵊州市	—	—	—	—	2.47	—	0.16	—	14.74	0.65	4.82	14.98	7.41
太仓市	0	0	0	14.32	0	27.58	—	8.89	0	4.99	0	1.83	11.54
泰兴市	34.24	0.72	49.24	0.31	0.45	0.40	0.57	0.63	3.49	0.69	1.27	0.58	1.67
天门市	3.92	11.56	0.60	0.96	0.81	6.28	0	43.36	0	8.94	0	0.52	4.45
桐庐县	0	0	0.01	0	26.95	0.01	0.20	2.26	1.99	0	72.15	1.27	4.51
桐乡市	40.35	27.63	—	25.43	87.77	16.48	40.34	32.73	2.33	62.47	2.18	29.82	38.21
瓦房店市	0	—	0	0	0	0	—	0	0	0	—	—	0
文安县	—	0.47	—	—	1.11	—	—	1.20	3.07	—	—	—	1.06
文昌市	0.56	—	0	—	—	—	0	0	0	14.73	—	0.14	3.71
仙桃市	0	0	0.08	37.41	0	0	0	0	19.24	0.20	26.30	9.38	20.67
香河县	—	—	1.04	—	—	0.60	—	—	—	1.02	—	1.74	1.00
象山县	0	0	0	0	17.23	1.08	0.26	0	0	0	19.81	—	11.01
新沂市	—	—	—	0.74	—	—	—	166.36	—	—	0.02	—	1.43
兴化市	87.25	—	—	—	0.04	—	1.10	33.81	8.59	12.09	25.85	3.75	28.28
宜兴市	0	0	0	29.28	0	37.20	—	10.03	58.56	56.25	0	14.64	20.08
义乌市	10.31	23.96	—	6.16	10.66	22.76	22.94	10.00	2.39	24.57	29.07	17.20	13.46
永登县	1.16	—	—	0.55	2.56	1.38	0.36	1.15	1.40	2.27	0.67	0.16	0.54
余姚市	3.98	40.10	4.14	36.11	33.14	5.00	16.66	59.47	27.89	0	104.20	5.56	21.44
张家港市	0	0.10	0	15.08	19.15	0	0	0	0	0.03	—	4.44	3.07
长沙县	14.57	25.80	—	0	38.83	0	47.85	7.05	0	31.96	0	0	13.74
长兴县	40.03	0.01	—	—	0.01	13.57	4.03	—	1.14	—	—	—	5.46
诸暨市	0.11	52.69	0.19	13.23	29.67	5.61	—	7.84	5.23	3.33	—	18.46	14.55
庄河市	0	—	0	—	0	—	0	0	—	—	—	—	0

数据来源：中指数据库监测。

2-8　2019年全国300城土地成交出让金统计

单位：亿元

城市	1月	2月	3月	4月	5月	6月	7月	8月	9月	10月	11月	12月	汇总
一线城市													
北京市	359.40	229.98	12.73	14.91	97.23	219.72	91.70	71.62	126.89	107.58	134.06	235.20	1701.03
上海市	139.71	152.40	90.63	67.32	156.08	81.08	200.29	87.84	350.75	209.57	132.03	327.72	1995.40
广州市	41.46	124.46	13.89	128.53	80.62	195.66	190.63	76.20	115.15	96.22	114.41	524.25	1701.50
深圳市	23.34	15.46	0	0	1.60	252.16	1.07	1.39	46.60	4.71	236.81	104.42	687.55
二线城市													
成都市	70.49	16.34	77.91	35.81	112.27	102.66	193.63	92.09	33.19	20.37	100.19	296.46	1151.41
重庆市	25.89	30.14	151.21	36.57	222.76	151.14	22.77	46.20	50.44	24.32	118.09	57.45	936.98
长沙市	41.24	6.19	16.45	55.16	26.82	25.96	167.88	67.18	53.55	45.68	18.90	45.29	570.29
长春市	29.44	17.07	16.22	21.55	39.82	22.23	56.10	14.68	129.39	8.74	42.31	76.29	473.84
大连市	18.39	8.47	52.00	69.90	13.76	16.66	53.37	32.78	22.17	3.93	3.84	3.47	298.75
福州市	23.64	210.30	85.60	20.72	76.46	18.22	235.58	28.25	73.03	23.84	12.87	130.16	938.66
贵阳市	18.97	60.06	7.44	38.48	33.60	54.47	26.02	30.76	21.83	49.26	61.23	56.36	458.47
杭州市	222.36	70.26	178.74	378.40	265.71	307.16	249.39	174.27	393.09	130.91	116.12	282.10	2768.51
合肥市	2.20	9.47	107.20	101.13	59.94	82.83	38.55	21.99	14.73	12.49	35.72	38.58	524.83
海口市	0.17	5.61	0.91	3.12	10.00	2.37	6.74	0	41.49	12.90	51.27	16.88	151.47
哈尔滨市	3.71	0.29	0.38	53.91	4.46	28.86	4.06	6.47	28.25	15.65	42.69	26.85	215.57
呼和浩特市	0	0	24.96	0	0	42.81	0	0	22.80	5.05	28.34	16.68	141.14
济南市	59.47	18.78	56.41	7.13	225.69	70.47	67.63	52.36	36.52	50.88	0	126.72	772.06
昆明市	34.63	31.43	33.12	52.93	68.00	140.31	312.29	106.36	19.56	36.59	67.84	26.38	929.44
兰州市	32.15	0	4.58	0	3.56	72.01	10.75	16.14	1.32	0	0	0	140.50
南京市	16.39	7.26	132.61	82.63	41.87	300.14	279.67	238.64	54.06	190.06	69.59	283.92	1696.84
宁波市	7.09	1.32	60.58	83.13	117.00	217.16	161.49	56.16	100.59	94.74	5.25	118.22	1022.72
南宁市	53.64	17.32	82.32	13.42	21.07	76.02	57.39	4.73	22.68	18.33	28 79	80.13	475.85
南昌市	24.08	6.80	26.32	33.70	10.55	22.36	39.05	11.35	21.14	28.65	46.09	0.51	270.58
青岛市	78.73	77.91	17.12	49.92	87.76	112.80	70.94	86.93	29.88	69.65	119.63	92.49	893.74
苏州市	210.48	99.93	2.76	193.03	46.54	0.97	180.92	65.20	215.74	1.49	156.02	58.02	1231.11
沈阳市	43.33	0.17	58.67	29.41	71.73	3.20	103.01	59.63	37.85	25.82	37.99	26.70	497.53
三亚市	5.74	0	16.62	0.14	0	0.75	0.03	13.61	25.91	2.75	11.41	45.91	122.87
石家庄市	17.78	31.04	33.73	36.27	80.72	21.73	6.71	21.49	6.95	16.80	74.47	94.12	441.82
天津市	106.46	74.19	261.09	84.33	233.65	74.43	132.43	69.68	141.18	94.21	28.98	57.07	1357.69
太原市	81.87	37.22	9.47	91.69	31.54	29.97	49.61	47.75	44.63	28.20	37.12	14.32	503.39
武汉市	132.80	43.66	49.88	436.67	92.67	192.76	37.92	13.25	199.09	228.81	66.00	272.40	1765.89
无锡市	51.39	1.28	0.53	53.73	114.56	2.69	52.31	1.52	31.75	68.95	23.54	96.01	498.28
温州市	3.13	7.45	39.10	69.12	156.67	74.86	62.44	43.55	30.57	53.56	13.31	32.98	586.73

2-8 续表 1

单位：亿元

城市	1月	2月	3月	4月	5月	6月	7月	8月	9月	10月	11月	12月	汇总
乌鲁木齐市	0	17.35	0.97	9.61	1.45	21.72	31.15	25.95	21.92	40.87	17.53	148.57	337.08
厦门市	2.32	0.89	17.88	75.33	0.22	73.87	1.06	32.47	6.58	2.65	112.86	154.72	480.84
西安市	152.26	22.64	69.77	64.72	19.96	20.33	53.67	90.56	69.40	16.84	63.36	84.11	727.63
西宁市	3.32	0	0	0	0	60.56	0	0.24	0	0.10	21.85	0	86.08
银川市	0.96	2.04	5.30	1.76	3.02	7.98	1.71	5.53	2.85	20.92	9.67	9.03	70.77
郑州市	108.12	47.20	73.70	87.15	56.46	47.98	122.10	68.39	44.50	59.50	29.30	177.16	921.55
三四线城市													
安庆市	10.93	2.43	0.50	27.40	12.30	0	18.23	10.71	0.25	3.57	1.48	1.20	89.02
安康市	0.33	5.08	0.01	6.14	1.11	1.49	2.23	5.20	0.43	6.87	20.39	0.60	49.89
安顺市	3.97	3.55	3.86	3.13	10.58	2.05	1.29	2.38	6.82	4.50	4.71	0.50	47.35
安阳市	0	0.20	0.43	2.36	4.38	1.72	0	2.88	0	0	6.60	7.89	26.46
鞍山市	0	2.80	1.40	1.10	0.45	1.20	0.87	2.83	3.09	0	2.30	0.72	16.75
保定市	9.91	0.47	0.32	2.44	33.79	2.94	3.89	7.46	18.16	1.16	17.76	19.13	117.44
蚌埠市	0.59	1.31	22.44	23.21	14.68	0.23	7.41	0.31	32.24	3.84	1.13	0.55	107.92
滨州市	4.87	2.66	0.13	16.53	2.14	2.38	3.15	19.54	10.74	2.00	1.64	1.65	67.44
包头市	1.44	3.10	6.46	0.90	7.13	5.75	4.59	3.76	10.68	8.93	1.82	9.55	64.12
宝鸡市	13.03	0	0.03	11.72	5.12	1.14	5.28	7.17	5.24	0	2.66	4.62	56.01
百色市	0.37	1.23	1.82	6.00	0.43	0	0	0.41	3.11	5.25	4.06	6.47	29.15
本溪市	0.14	0.13	0	0.32	0	0	5.27	0	0.02	0.05	0	0.12	6.05
北海市	10.74	0.23	7.79	1.06	15.70	11.65	19.87	2.34	6.65	7.14	3.97	11.90	99.04
常州市	1.87	2.02	30.25	78.91	218.54	47.76	71.49	23.39	17.00	21.09	1.05	7.29	520.67
滁州市	14.45	0.31	2.94	0.33	25.37	15.38	9.65	10.84	14.92	15.92	7.83	15.83	133.77
常德市	10.46	0.39	8.59	4.85	14.48	0.80	22.57	11.27	9.13	5.86	6.86	37.07	132.34
沧州市	3.13	4.39	24.70	13.76	0	6.44	0	16.07	0	8.07	0.38	21.74	98.69
承德市	2.72	7.38	0.11	2.45	3.26	0	2.81	3.68	4.84	0.08	2.72	16.50	46.54
郴州市	1.84	0.01	4.97	0.73	5.24	2.24	8.49	0.03	0.83	4.06	4.67	10.38	43.51
池州市	1.60	0.11	0.15	5.15	5.28	0.28	1.70	18.86	0.41	5.59	0.02	0.16	39.31
潮州市	1.02	8.49	0	4.28	0.19	0	5.68	0	0	0	0	0	19.66
崇左市	0.56	0	0.30	0	0	0	0.21	0	0	0	0	7.30	8.37
朝阳市	0	0.41	0	0.09	0.51	0.11	0.31	0	0.24	0	0	0	1.66
东莞市	14.87	7.87	7.31	20.51	93.57	16.51	46.78	26.73	67.57	21.82	98.73	60.27	482.53
德阳市	8.43	0	11.28	9.90	0.33	0.29	0.18	8.50	3.18	4.02	0	3.49	49.60
德州市	1.01	5.76	0	0.67	0.02	0.21	1.41	1.00	4.47	3.81	12.70	5.77	36.83
东营市	1.74	0.87	0.26	0	0.57	7.31	5.46	0	2.52	0.68	0.61	3.17	23.19
大庆市	44.00	0	1.49	0.16	0.80	2.16	0.53	0.78	0.68	1.27	0	0.02	7.89
丹东市	0	0	1.57	0	1.95	0	0.82	0	0	0	0.07	0	4.41

2-8　续表 2　　　　单位：亿元

城市	1月	2月	3月	4月	5月	6月	7月	8月	9月	10月	11月	12月	汇总
鄂州市	10.43	7.95	29.95	0.51	4.87	0.61	10.11	1.04	0.50	0.10	14.00	14.42	94.49
佛山市	62.10	45.48	97.20	52.24	91.12	57.15	42.40	116.60	109.39	16.04	20.76	66.18	776.64
阜阳市	0.93	3.32	17.98	66.34	17.49	17.27	25.87	4.71	5.92	0	7.28	7.92	175.03
抚顺市	0	0	0.66	0.33	0	0.06	2.11	0.98	0.94	0.39	0.25	0.35	6.07
阜新市	0	0	1.40	0	0	0.43	1.72	0	0.14	0	0	1.98	5.67
赣州市	25.90	1.53	0.45	1.14	13.50	25.26	20.26	11.98	6.18	27.56	4.04	26.40	164.20
贵港市	15.78	0.19	3.06	3.10	15.43	2.88	0.61	0.32	3.31	5.53	15.36	2.50	68.06
桂林市	15.02	0	2.46	1.12	0.29	2.22	0.97	3.15	0.07	0	6.00	11.62	42.92
广元市	0.15	0	0.48	8.94	4.44	0.06	2.18	2.48	0.17	0.39	0.48	7.74	27.50
湖州市	4.71	5.29	12.38	4.90	33.12	4.01	25.63	18.93	10.23	17.52	28.48	52.80	217.99
菏泽市	37.72	27.71	1.06	0.84	20.59	2.00	5.90	2.32	89.24	17.49	3.27	45.63	253.79
惠州市	8.09	3.77	3.73	3.02	20.54	19.47	8.62	18.31	12.63	13.36	88.71	19.06	219.32
邯郸市	8.14	1.22	3.72	14.59	14.87	15.08	17.19	9.10	43.37	0.19	26.10	30.83	184.40
淮安市	23.28	10.66	2.04	0	23.98	36.86	0	0.14	4.15	17.33	3.61	45.57	167.62
淮北市	10.63	0	10.26	10.01	1.16	0	0.81	1.77	2.13	17.46	0	16.56	70.79
黄石市	0.68	0.32	0	1.79	0	8.06	3.94	5.90	2.12	0.53	0	26.59	49.92
河源市	0.74	2.14	0.11	0.89	11.38	0.21	2.59	0.87	14.54	0.15	9.11	0.40	43.14
衡水市	1.80	0	0.71	1.94	0.79	5.80	1.19	0.70	1.68	3.96	6.56	5.01	30.15
怀化市	1.92	3.92	1.76	0.07	0.96	4.36	1.15	2.54	0.37	1.08	0.23	10.58	28.94
淮南市	0.39	0	0	5.11	1.05	0.19	9.05	0	0.23	3.77	0	3.29	23.08
鹤壁市	1.38	0	10.25	0	0	1.17	0	0	0	0	0	0	12.81
葫芦岛市	0.21	0.46	0.36	2.04	3.64	0	0.68	0.06	1.20	0.91	0	1.63	11.19
鹤岗市	0.05	0	0	0	0.01	0	0	0	0.02	0.24	0	0.03	0.35
嘉兴市	20.65	0.59	0.16	2.99	40.08	1.81	0.25	29.21	17.03	54.27	0.83	49.00	216.87
金华市	0.31	0	17.50	70.11	24.70	0	21.81	9.39	10.39	0.02	1.54	13.44	169.22
济宁市	9.78	1.29	0	13.28	38.39	2.65	4.81	8.11	26.24	20.84	3.14	66.97	195.49
江门市	0.42	15.11	4.07	11.19	6.57	21.34	28.83	22.70	14.48	7.32	0.54	13.86	146.43
景德镇市	11.12	0	0	9.87	0	5.22	0	17.04	36.29	0.04	0	45.49	125.07
荆州市	8.10	1.11	0.07	14.36	0.05	4.01	5.73	3.58	7.57	0.32	14.95	24.11	83.96
九江市	6.68	0	0.04	3.02	11.82	16.14	3.70	2.71	0.77	5.51	6.24	12.18	68.79
荆门市	0.82	2.17	0.08	6.98	11.82	0.24	0.18	2.95	1.43	4.66	0.59	10.87	42.78
焦作市	2.16	0	0	1.28	0.68	0	1.42	0	0.20	4.63	8.02	21.68	40.06
揭阳市	1.00	0.26	1.98	0	0	34.54	0	0	0	0.84	0	10.35	48.95
锦州市	1.16	0	1.41	5.03	6.98	7.90	0.35	6.78	0	3.93	0	0.22	33.76
吉林市	0.34	0	0	0.19	10.52	0	0	3.59	0.46	1.64	5.97	0	22.70
鸡西市	0.19	0	0	0.04	0	0.06	0	1.92	0.17	0	0	0	2.38
开封市	1.25	28.08	0.69	0	12.56	8.40	0	9.49	1.20	25.06	0	14.47	101.21

2-8 续表 3

单位：亿元

城市	1月	2月	3月	4月	5月	6月	7月	8月	9月	10月	11月	12月	汇总
廊坊市	0	13.87	24.35	22.41	34.00	24.56	13.16	0	2.73	10.63	0.23	34.44	180.40
柳州市	1.01	0	27.64	2.02	16.79	28.19	0	0	17.91	5.05	0.65	81.82	181.07
临沂市	0.55	9.14	2.34	2.51	32.55	48.39	4.97	15.00	4.04	15.78	1.08	36.83	173.17
洛阳市	13.65	5.40	15.45	6.81	28.96	3.39	4.54	38.07	8.05	7.93	0	32.09	164.34
丽水市	3.74	0	10.46	18.59	0.10	31.30	10.93	26.75	18.92	1.41	0	24.01	146.20
六安市	5.03	11.52	8.44	4.55	3.26	65.51	1.06	0	0	2.51	9.33	4.02	115.25
聊城市	0	0.44	2.64	10.44	14.60	2.94	5.98	8.23	6.37	9.62	16.13	29.93	107.33
连云港市	1.26	0	3.70	0	0	11.25	6.99	0	14.46	24.21	10.34	17.32	89.54
龙岩市	0	0	0.09	0.79	16.07	0.78	33.84	1.51	11.99	1.76	4.08	11.72	82.64
乐山市	0.50	5.54	0	1.61	19.30	7.85	1.56	0.04	2.19	1.02	33.05	5.86	78.51
泸州市	8.74	2.09	0	3.71	5.67	3.87	5.51	2.16	0.96	3.52	3.23	24.33	63.80
漯河市	6.30	1.65	1.09	4.48	2.81	0.96	11.47	6.63	1.82	8.59	0.19	9.61	55.60
六盘水市	0	0	0.13	0	0.59	7.60	4.73	2.02	1.02	2.34	1.57	11.74	31.73
拉萨市	0.28	1.14	0	0.57	2.36	0.70	4.51	2.02	0.30	0.20	5.54	0	17.63
丽江市	0	0	0	0	0.57	0	0	1.05	4.60	3.08	0.54	1.25	11.09
绵阳市	0	0.04	0	10.95	24.71	1.97	12.64	18.97	7.71	0.25	10.41	19.06	106.71
眉山市	30.57	0.59	0.13	8.99	6.38	0.44	29.28	16.15	34.89	0.73	12.69	4.05	144.90
马鞍山市	0.05	0.02	8.19	0.06	0.57	0.37	0.69	0.35	11.43	0.07	2.64	20.00	44.44
茂名市	0	0.24	18.85	0.58	0.13	0	0	0	0.31	1.60	6.34	7.59	35.64
梅州市	0	0.06	0	19.01	0	0	0.36	0.27	0	1.33	0.19	0.65	21.86
牡丹江市	0	0	0	0.12	0.78	0	0	0	0.84	0.95	0.07	0	2.76
南通市	6.18	2.59	5.02	5.99	7.94	27.52	116.44	39.48	47.32	6.52	36.90	80.28	382.18
南充市	18.05	0.43	34.00	25.18	0	35.62	0.48	44.37	3.76	0	17.08	19.09	198.05
南阳市	2.31	0	0	1.57	3.45	17.58	15.25	0.61	13.30	15.30	1.42	0.96	71.74
宁德市	0.87	0.38	0	0	0.37	36.64	2.76	0.15	1.38	1.78	7.19	5.06	56.58
内江市	4.75	5.90	2.18	4.12	6.86	4.62	3.10	5.53	0	0.97	5.74	5.61	49.40
南平市	0.57	0	0.40	14.90	0	0	0	5.13	0.79	0.76	0	1.81	24.37
鄂尔多斯市	0	0	0	0	0	0	0.39	0.25	0.06	0.02	0.11	0.07	0.91
莆田市	11.69	4.26	0	5.73	7.74	21.20	10.83	19.00	4.02	7.87	0	5.44	97.77
萍乡市	0.18	0.38	5.89	0.21	0.51	0.25	0.35	2.90	4.91	4.51	18.03	9.90	48.00
平顶山市	0	0.27	0.54	0.35	4.83	0.07	1.72	4.39	0	4.17	8.71	11.66	36.71
普洱市	0.63	0	8.50	0	5.85	0.10	4.48	0	0.46	2.54	2.45	3.93	28.94
濮阳市	0.16	1.05	0	3.26	12.95	0	0	3.87	1.93	0.16	2.08	0	25.45
攀枝花市	0.09	0	0	0	8.50	3.20	0	0	0.04	1.31	0	10.49	23.64
泉州市	5.64	0	0.82	0.02	0.84	0.60	0.04	4.62	0	21.66	0	32.86	67.10
衢州市	4.16	0.03	0.73	10.72	25.36	2.39	0.47	15.36	0.47	20.75	3.84	37.66	121.94
秦皇岛市	7.20	4.92	5.22	4.45	3.50	1.03	7.45	0.21	2.44	0.04	15.67	23.54	75.67

2-8　续表 4　　　　单位：亿元

城市	1月	2月	3月	4月	5月	6月	7月	8月	9月	10月	11月	12月	汇总
清远市	4.37	0.72	0.78	1.60	13.91	6.87	6.19	4.62	4.24	0.02	0	10.36	53.67
钦州市	0.83	0	0.20	0	0.72	7.79	0	2.75	1.13	13.59	8.71	3.52	38.58
齐齐哈尔市	0	0	0	0.33	0	0	0.01	0.03	6.96	0.99	0	11.51	19.84
曲靖市	2.99	0.16	5.45	1.29	0.15	0.33	0	0.58	0	1.06	0	0.45	12.46
日照市	17.71	9.69	19.47	17.02	13.55	33.29	18.03	19.45	24.07	12.53	4.21	4.09	193.10
绍兴市	39.54	31.83	16.80	59.67	120.67	93.10	70.82	33.80	9.92	33.32	73.12	83.76	666.34
汕头市	12.71	0	7.34	2.62	0.94	27.37	13.63	15.77	24.65	0	31.30	13.01	149.33
宿迁市	24.84	0.48	0.14	0.82	23.73	0.04	0.39	9.02	26.53	0.20	30.09	14.51	130.79
宿州市	5.25	0	10.27	19.32	1.78	9.54	2.75	2.07	7.04	9.02	0	2.74	69.78
商丘市	0.31	6.50	3.08	6.39	6.26	0	21.82	3.61	4.17	5.28	5.28	0.24	62.93
十堰市	2.84	0.82	7.65	0.90	4.48	0.31	16.16	5.64	3.41	0	0.02	11.16	53.37
汕尾市	21.99	0	0	0	3.56	0	0	0	0	1.07	0	24.06	50.68
随州市	7.40	0.01	1.72	2.50	4.52	1.96	0.20	0.06	0.43	1.85	2.11	2.60	25.36
韶关市	0.39	0.14	0.43	0.55	4.59	0.03	0.05	1.16	5.90	0.06	5.86	4.68	23.83
上饶市	2.63	0	3.24	62.00	1.35	1.86	0.05	1.01	1.92	1.13	5.58	1.89	20.64
三明市	0.19	0.03	0	5.10	4.38	0.10	0	0	0	0.26	4.00	0.54	14.59
松原市	0.01	0	0	0.41	0	0.79	0.43	1.33	0.02	0.07	0.03	0.31	3.41
朔州市	0.23	0	0	0	0.13	0	0.65	0	0.06	0.69	0	0	1.75
商洛市	0.02	0	0.15	0.26	0.08	0.23	0.02	0	0.03	0	0	0.07	0.86
泰州市	4.93	27.33	2.85	6.69	21.37	1.67	1.21	0.33	33.93	2.87	16.57	22.91	142.66
台州市	14.86	0.99	0.60	11.99	17.39	36.11	78.06	5.64	4.36	16.94	13.29	49.35	249.58
唐山市	18.01	6.01	7.02	16.61	7.55	7.40	13.84	7.69	50.80	20.14	40.64	24.11	219.82
泰安市	2.36	3.32	14.49	41.09	26.87	8.71	9.58	6.10	7.20	11.37	9.26	10.32	150.68
通化市	0.05	0	1.87	0.15	0.31	0	0	0.07	3.05	0.58	1.17	0	7.25
铁岭市	0.12	0	0	0	0.99	0	0.10	0.14	0	0	0	0	1.34
乌兰察布市	1.07	0	0	0	5.30	3.95	0.08	0	0.50	0	0	0.56	11.47
潍坊市	12.90	10.83	7.88	5.75	12.86	9.02	31.52	7.82	9.46	18.62	29.66	193.48	349.80
威海市	0.24	0	19.66	81.01	4.18	1.17	8.36	42.31	3.55	0.33	38.51	31.43	230.75
芜湖市	8.99	0.34	0.19	0.54	6.05	10.16	10.27	21.12	0.56	11.53	0.14	5.04	74.91
徐州市	26.60	18.44	34.54	12.94	12.22	0	19.29	59.43	31.22	28.98	80.18	21.59	345.43
襄阳市	14.63	7.71	3.09	7.22	22.54	0.11	0	4.73	2.03	53.87	4.90	24.62	145.45
咸阳市	25.08	0.22	3.49	0	1.35	0.07	1.08	0	1.60	49.02	5.29	0	87.19
湘潭市	6.85	0	0	5.00	1.47	1.35	19.84	19.19	3.63	8.97	0.80	12.55	79.65
宣城市	10.51	0.66	5.32	0.15	6.85	0	7.53	3.43	0.13	3.81	0.16	7.96	46.49
信阳市	3.88	5.32	0.08	1.91	0.39	5.96	3.84	1.59	9.24	0	0	3.83	36.03
新乡市	0.17	0.71	0.39	0.52	0	8.47	9.64	6.73	1.33	0	1.36	2.42	31.73
扬州市	16.07	0.60	0.65	9.59	14.68	12.54	0.05	6.32	50.51	41.64	0.18	116.93	269.78

2-8 续表 5

单位：亿元

城市	1月	2月	3月	4月	5月	6月	7月	8月	9月	10月	11月	12月	汇总
盐城市	11.12	11.82	3.65	2.34	47.81	3.63	1.32	17.18	6.26	1.30	10.21	47.70	164.34
烟台市	7.03	0.78	4.34	11.95	7.66	11.26	24.19	6.22	11.91	8.95	9.33	51.75	155.37
宜宾市	26.10	0	0	40.88	41.10	36.84	0	8.10	17.05	0	0.04	14.19	184.31
宜昌市	5.37	0.57	11.86	9.34	24.51	6.59	13.23	12.82	1.16	4.50	12.01	2.29	104.25
宜春市	5.45	2.86	0	0.48	0.98	7.07	10.58	17.46	11.91	2.44	5.32	29.45	94.00
岳阳市	6.47	0	20.17	0.68	15.07	1.86	0	0.57	28.57	2.88	4.34	8.64	89.25
玉溪市	0.35	1.74	20.27	0.19	14.30	0.25	1.61	0	1.09	2.21	0	4.82	46.82
鹰潭市	0.18	0.14	0.42	2.41	0.98	0	0.08	6.34	3.82	11.53	1.38	2.70	29.97
营口市	0.86	0.07	0.19	8.01	4.74	0.98	0	0.24	0.20	3.74	1.06	0.36	20.46
阳江市	0.35	0	0.93	1.19	1.17	2.29	0.12	0.35	0.98	0.30	0.01	0.59	8.27
云浮市	0	0	2.16	0.10	0	1.24	0.01	0.10	0	0	0.42	0	4.04
伊春市	0	0	0.31	0.08	0.05	0.06	0.14	0	0.09	0.08	0.01	0	0.83
珠海市	32.52	6.63	55.52	0.54	19.97	13.86	72.12	9.72	30.25	70.04	22.36	123.31	456.83
淄博市	10.76	1.66	1.00	10.60	5.07	29.69	10.36	11.08	42.11	20.38	23.69	57.30	223.70
株洲市	1.11	5.68	3.63	2.50	54.75	15.38	14.55	6.51	10.77	16.75	22.48	34.64	188.75
遵义市	4.96	20.42	0	37.06	8.01	2.21	16.34	2.53	0	39.62	39.79	5.23	176.16
镇江市	0.12	0.16	8.72	33.33	0.43	38.72	0.47	4.71	0	0.45	0	0.78	87.90
漳州市	21.26	0	0	0	31.28	0	11.66	0.12	2.51	4.10	12.68	0	83.61
中山市	0.30	0.04	1.52	0	0.32	0.11	18.89	2.32	6.62	1.27	2.53	81.10	115.02
肇庆市	4.66	1.07	1.76	6.12	23.17	9.95	1.39	1.15	10.85	0.05	11.54	18.37	90.08
舟山市	2.00	0.88	0.35	0	21.35	21.71	20.19	10.34	0	0.43	0	4.11	81.35
自贡市	0.45	1.56	0	0.18	17.17	5.41	2.32	3.44	5.75	0.40	1.92	3.08	41.69
张家界市	0	0.51	1.10	0.68	1.94	6.55	1.12	0	5.97	1.56	0.84	8.02	28.30
湛江市	0	0	0.30	0	0	0	0.25	3.54	1.58	0	0	10.20	15.87
县及县级市													
保亭黎族苗族自治县	0	0	0	0	0	0	0	0.04	0	0	0	1.44	1.48
滨海县	2.14	3.61	0.76	0.94	0.41	0.03	0	0	0	0	0.14	4.58	12.60
常熟市	12.40	0.17	0.10	69.82	1.54	15.70	3.24	26.77	17.14	4.94	39.19	22.14	213.15
崇州市	0.26	1.79	3.17	0.25	0.06	0	0	6.39	0.72	0.67	9.27	0.44	23.04
淳安县	0.11	1.98	0	0.36	0	0	0	0	0.17	0.06	0.22	12.11	15.01
慈溪市	3.85	10.00	0.23	27.09	24.72	9.30	1.48	2.56	6.48	10.33	6.22	18.07	120.33
丹阳市	0	0.11	0	6.43	3.74	13.92	2.21	0.66	0	19.37	0.24	7.69	54.38
当涂县	0.17	0	0	0.12	1.54	1.30	0.24	0.48	1.98	0.04	6.31	2.87	15.05
德清县	4.25	13.81	3.34	2.76	0.97	3.18	0.29	9.88	0.99	0.53	21.39	7.11	68.51
东港市	0	0	0	0.07	0.34	2.23	0	0.03	0.10	76.00	0	0.06	2.84

2-8 续表6

单位：亿元

城市	1月	2月	3月	4月	5月	6月	7月	8月	9月	10月	11月	12月	汇总
东台市	0.87	0.01	2.33	2.93	9.85	0	0	3.84	0.65	4.30	2.34	0.15	27.26
都江堰市	34.02	5.38	0.48	0.96	1.41	0	0	0	0.17	1.15	3.18	27.77	74.53
恩施土家族苗族自治州	2.98	0.10	0.70	7.52	1.39	3.21	0.67	0.39	1.61	0.48	0.43	2.59	22.07
肥东县	0	0	10.05	14.76	10.31	28.99	0.51	0.26	0.06	3.68	16.38	0	84.99
肥西县	1.50	0	19.98	26.09	8.07	6.14	11.98	0.09	0.55	3.28	0	35.19	112.88
盖州市	3.15	0	0.79	1.46	0.30	0	0	0.19	0	0	0	0.99	6.88
高碑店市	0	0	0.75	0	10.75	1.78	3.03	2.44	0	0	0	2.55	21.29
固安县	0	0	0	0.24	0	19.52	0	29.28	1.55	7.95	0	1.18	59.71
海安市	24.06	6.58	15.59	0.91	2.70	3.63	8.44	6.82	8.43	5.23	3.75	6.30	92.45
海门市	0.20	0.52	7.12	13.57	6.86	24.83	5.01	13.81	11.79	0.04	0.14	7.25	91.13
海宁市	1.91	9.98	0.34	2.98	0.97	31.87	47.14	35.78	14.03	9.55	11.17	7.18	172.90
海盐县	7.83	0.73	5.72	14.39	27.82	7.34	3.50	7.81	6.81	0.71	1.65	5.55	89.86
惠安县	0.06	7.62	0.18	0.34	0.23	4.26	6.46	2.22	0.28	0.09	0.35	2.47	24.57
惠东县	5.05	0	1.02	0.39	0	0	0.28	0	0	4.14	4.43	0.47	15.77
嘉善县	1.03	9.59	10.74	5.68	5.87	31.89	8.80	0.50	0.48	0.57	8.50	30.19	113.83
建德市	0.23	0.06	1.03	10.21	0.61	0.27	1.89	4.30	0.19	5.99	0.03	2.38	27.18
建湖县	2.92	0	0.05	0.04	0.10	0.41	0	10.37	0.13	0.16	3.07	13.33	30.58
江阴市	13.80	3.00	0.09	0.98	19.23	19.69	28.82	18.10	27.32	20.48	0.42	29.77	181.69
胶州市	0	8.25	6.10	7.53	1.45	1.65	2.86	2.96	12.33	11.16	20.45	17.22	91.98
晋江市	0.19	2.77	15.25	12.55	3.13	0.16	2.30	0.37	15.54	16.30	18.18	1.08	87.81
靖江市	0.37	16.01	1.93	1.13	3.63	0.39	4.21	0	2.07	13.43	0	22.28	65.45
昆山市	0.86	0.62	0.23	0.52	1.59	52.53	0.08	5.34	1.02	12.35	2.41	67.44	145.00
莱西市	0.93	0.26	0.94	0.16	0.52	3.34	3.00	0.37	2.88	0	2.41	6.14	20.94
莱州市	2.75	0	0.25	0.34	1.45	0.43	2.26	0.04	0.23	1.13	0.90	2.04	11.80
临海市	0.47	0	3.33	3.11	14.09	0.95	14.22	3.50	6.29	5.98	0	6.55	58.49
陵水黎族自治县	0	0	0	0	0	0	0	0	0	0.21	0	0.50	0.71
浏阳市	2.52	1.38	1.96	3.05	0.35	46.12	1.22	2.32	0.67	0.33	0	1.69	61.58
龙海市	0.12	0	0.09	2.88	10.43	0.22	18.41	4.88	1.37	15.21	2.89	0.36	56.86
龙口市	0	2.06	1.23	1.56	2.22	0	4.17	0	3.31	3.42	1.90	2.61	22.47
龙门县	0.52	0	0	0.90	0.21	6.06	0.49	3.06	0.42	0.13	0.42	0.51	12.71
闽侯县	0.06	0.12	4.03	34.53	12.94	4.16	4.19	3.17	0.17	0	25 25	8.59	97.21
南安市	0.11	1.63	4.20	14.78	0.49	6.38	0.07	5.66	1.33	3.10	1.62	0.70	40.08
宁海县	0.93	0.34	0.55	20.02	3.32	0.43	10.55	1.39	4.41	2.76	1.67	8.45	54.81
沛县	2.42	0	0	2.62	0.27	3.22	10.34	0.67	3.66	0	9.98	23.46	56.63
彭州市	0	0.02	0.03	0.15	0	0	0.01	9.74	0.34	0	14.84	0.04	25.16
邳州市	2.32	0	0.18	0.41	2.65	0.28	6.61	0.56	5.94	10.37	3.84	29.72	62.89

2–8 续表 7

单位：亿元

城市	1月	2月	3月	4月	5月	6月	7月	8月	9月	10月	11月	12月	汇总
平度市	0.06	0.32	0.46	0.80	5.65	0.56	2.26	0.71	0.37	5.20	0.37	9.94	26.69
平湖市	1.68	0.83	3.92	2.57	6.58	3.02	0.97	1.07	1.52	9.35	1.50	7.11	40.12
蒲江县	0	0	1.55	0.61	0.98	0	0	0.25	0.70	0	4.88	0	8.97
普宁市	0.16	0	1.96	1.12	3.58	2.57	1.20	0	1.25	0	0	0	11.84
启东市	0.72	1.27	1.20	4.27	15.75	0.03	29.27	0.11	35.60	0.39	0.29	12.46	101.36
潜江市	0.19	0.56	0.10	0.05	0.31	0.17	0.57	0	4.87	2.77	5.99	0.08	15.67
荣成市	4.10	0	3.04	4.62	2.11	14.30	8.13	11.55	3.33	0	3.76	8.24	63.18
如东县	0.04	5.04	1.85	0	0.20	11.53	3.32	8.03	6.66	16.46	5.20	17.15	75.48
瑞安市	17.58	4.35	35.89	51.23	0.80	1.04	7.76	5.80	8.53	4.33	3.44	19.90	160.66
嵊州市	0.53	0	0	0.09	2.08	1.46	0.31	0.67	12.45	34.71	12.47	32.94	97.71
太仓市	0.15	0.58	0.08	15.01	1.05	35.28	0	15.07	0.45	28.46	0.77	24.09	120.98
泰兴市	3.37	0.96	0.60	12.45	19.32	16.17	23.71	6.91	4.83	7.86	2.14	5.31	103.64
天门市	0.86	1.12	0.67	1.80	1.00	0.62	0.12	1.68	7.47	2.80	0.41	4.36	22.91
桐庐县	0.16	0.26	1.08	0.07	3.72	1.79	3.05	15.15	3.90	0.26	0.17	0.10	29.70
桐乡市	10.49	2.01	0.17	14.67	24.16	0.94	9.95	15.17	2.48	9.74	5.17	45.14	140.10
瓦房店市	0.26	0	0.25	0.21	3.26	0.39	0	0.15	3.20	1.39	0	0	9.10
文安县	0	1.48	0	0	3.82	0	0	1.23	0.17	0	0	0	6.70
文昌市	0.06	0	0.17	0	0	0	0.39	1.11	0.39	0.84	0	0.07	3.02
仙桃市	0.27	0.29	0.49	6.76	0.48	0.54	0.20	0.12	4.40	1.02	11.70	5.72	31.99
香河县	0	0	7.93	0	0	10.30	0	0	0	13.19	0	4.68	36.09
象山县	0.10	2.38	1.44	0.04	12.24	1.71	3.80	0.87	0.18	2.76	10.62	0	36.15
新沂市	0.09	0.02	0.35	5.43	3.98	0.08	3.21	0.86	0.47	9.03	6.29	11.50	41.30
兴化市	2.86	0.37	0	0	0.39	0	1.10	9.24	0.49	2.60	6.23	0.79	24.07
宜兴市	1.14	1.73	0.88	16.43	3.58	19.72	0	21.27	3.06	0.75	1.59	17.15	87.29
义乌市	5.57	4.02	1.04	3.50	90.24	49.13	29.38	66.15	34.67	5.53	14.00	4.59	307.81
永登县	0.09	0	0.03	2.04	0.37	0.19	0.86	0.36	0.08	0.69	0.73	6.03	11.47
余姚市	1.04	0.94	4.78	1.29	13.72	0.26	26.96	1.96	23.63	4.58	2.11	5.91	87.16
张家港市	41.54	2.96	1.43	2.19	18.13	8.66	19.75	1.04	1.52	20.36	0	22.45	140.03
长沙县	18.61	5.49	0	3.74	32.64	5.88	6.65	40.69	6.92	5.45	5.16	24.17	155.39
长兴县	6.87	3.29	1.94	1.54	4.61	8.83	6.66	1.23	2.61	0.89	8.63	17.65	64.74
诸暨市	0.89	2.46	1.05	16.09	20.65	26.42	1.17	0.91	2.98	0.12	0.67	8.50	81.92
庄河市	2.49	0	0.20	0	5.06	0	0.03	0.04	0	0	0	0	7.82

数据来源：中指数据库监测。

2-9　2019年全国土地成交总价排行榜

排名	宗地名称	城市	规划用途	成交总价（万元）	规划建筑面积（平方米）	建设用地面积（平方米）	楼面价（元/平方米）	溢价率（%）
1	望江单元SC0402-R21/B-02、03、04地块	杭州市	住宅用地、商业商务用地、社会停车场库用地	979187	393886	93364	24860	3.93
2	武昌区秦园路以南、武车二路以北	武汉市	住宅、商服、公园与绿地、交通服务场站	959600	903000	145026	10627	0
3	浦东新区张江中区56-01、57-01、73-02、74-01、75-02地块	上海市	商办、其他商服用地、租赁住房	910870	510897	89927	17829	0
4	宝安区西乡街道大铲湾	深圳市	工业用地、公共管理与服务设施用地、交通设施用地	852000	2000000	762908	4260	0
5	北京市丰台区花乡造甲村1512-653等地块	北京市	R2二类居住用地、B4综合性商业金融服务业用地	794000	216452	59112	36682	18.79
6	台江区排尾路北侧，排尾红星及周边地块改造项目地块一	福州市	住宅用地、商服用地、公共管理与公共服务（幼儿园）用地	764000	625821	205862	12208	13.30
7	湖里区枋湖北二路与纵四路交叉口东南侧A1	厦门市	住宅、商服用地	752500	174550	50394	43111	23.20
8	北京市石景山区古城南街东侧1612-761、764等地块	北京市	R2二类居住用地、B4综合性商业金融服务业用地、A33基础教育用地	734000	214138	64377	34277	11.63
9	浦东新区张江中区58-01、76-02、77-02地块	上海市	商办、文体用地、租赁住房	713705	425356	58226	16779	0
10	硚口区解放大道以南，沿河大道以北，京广铁路以西，水厂三路以东	武汉市	住宅、商服、公园与绿地、交通运输、科教、公共管理与公共服务	700000	483500	138600	14478	0
11	文晖单元XC0402-28、XC0403-07、09、33、XC0404-07地块	杭州市	居住、商务、商业、商业服务业、城市轨道交通、社会停车场库用地	681414	229613	98053	29677	29.94
12	富春73号地块	杭州市	二类居住兼容商业商务用地	670000	763261	217071	8778	0
13	南沙2019NJY-2地块	广州市	二类居住用地（R2）、中小学用地（A33）、商业服务业设施用地（B）	667870	665000	193081	10043	0
14	北京市通州区台湖镇YZ00-0405-0094等地块	北京市	R2二类居住用地、A33基础教育用地	666000	280243	115506	23765	2.46

排名	宗地名称	城市	规划用途	成交总价（万元）	规划建筑面积（平方米）	建设用地面积（平方米）	楼面价（元/平方米）	溢价率（%）
15	青山区建设六路以东，临江大道以南	武汉市	住宅、商服、娱乐、公园与绿地	664000	494000	265922	13441	21.88
16	北京市海淀区学院路北端 A、B、C、J 地块	北京市	B4 综合性商业金融服务业用地、B23 研发设计用地	660900	285523	70601	23147	—
17	龙华区民治街道	深圳市	居住用地	658500	148300	32667	44403	45.01
18	北京市海淀区地铁 16 号线北安河车辆段综合利用项目	北京市	A334 托幼用地、F3 其他类多功能用地、R2 二类居住用地	630000	302600	239378	20820	—
19	雨花台区赛虹桥街道尤家凹 1 号地块	南京市	R2 二类居住用地、Aa 居住社区中心	618000	318743	125985	19389	0
20	青羊区苏坡街道百仁社区 3、4 组，龙嘴社区 6 组	成都市	住宅用地	605964	362852	91597	16700	50.45
21	景芳三堡单元 JG1205-06、09 综合体地块	杭州市	商业、娱乐康体、商务、住宅用地	597691	371264	59792	16099	0.4
22	湖里区 06-07 枋湖片区枋湖路与纵六路交叉口西南侧 A7	厦门市	0701 城镇住宅用地（普通住宅）；0501 零售商业用地（商业）	594000	130200	33651	45622	30.12
23	宝安区西乡铁岗地区	深圳市	居住用地	590800	121310	38880	48702	45.02
24	静安区南西社区 C050401 单元 115-12 地块	上海市	商办	580200	88966	9375	65216	23.05
25	港珠澳大桥珠海口岸、联检大楼北侧	珠海市	商务金融用地	564000	967666	225563	5828	0
26	景芳三堡单元 JG1205-10、11、12 综合体地块	杭州市	商业兼容商务、住宅用地、地下公共停车场用地	562309	324294	54049	17339	0.40
27	番禺区东环街易兴 DHJ15-01 地块	广州市	二类居住用地（R2）	554474	244477	105748	22680	0
28	佛山市南海区桂城街三山科丰路以东	佛山市	城镇住宅用地，兼容零售商业、批发市场、餐饮、旅馆、商务金融、娱乐及其他商服用地	545420	356484	111401	15300	27.50
29	光明区观光路北侧、明政路南侧	深圳市	居住用地	540800	184070	46020	29380	45.03
30	栖霞区迈皋桥街道合班村 288 号地块	南京市	R2 二类居住用地	532000	235104	90424	22628	28.81

2–9　续表 1

排名	宗地名称	城市	规划用途	成交总价（万元）	规划建筑面积（平方米）	建设用地面积（平方米）	楼面价（元 / 平方米）	溢价率（%）
31	天河区广氮 AT0607084 地块	广州市	二类居住用地（R2）	526616	154887	51629	34000	0
32	望江单元 SC0402–R21–08 地块	杭州市	住宅（设配套公建）用地	520317	114796	42517	45325	29.98
33	南沙区 2019NJY–16 地块	广州市	二类居住用地（R2）、商业商务用地（B1/B2）	520190	498690	99595	10431	0
34	黄埔区镇龙镇和增城区中新镇交界处	广州市	交通场站用地兼容居住用地、中小学用地（S4/R2/A3）	518897	508568	242175	10203	0
35	秦淮区红花街道南部新城应天东街北侧地块	南京市	R2 二类居住用地	515000	173371	61918	29705	33.07
36	北京市石景山区古城南街东侧	北京市	R2 二类居住用地、F3 其他类多功能用地、A33 基础教育用地	510000	148649	61068	34309	0
37	海珠区大干围西侧地块	广州市	二类居住用地（R2）、商业用地兼容服务设施用地（B1/R22）	509602	147165	25791	34628	0
38	龙华民治街道	深圳市	二类居住用地	502000	134210	27391	37404	23.07
39	高新区狮山街道滨河路东、横山路北	苏州市	城镇住宅用地	501661	190830	86741	26288	31.44
40	北京市石景山区西黄村 1606–641 地块	北京市	R2 二类居住用地、A33 基础教育用地	495300	116359	48464	42567	0
41	南开区泽川路与山汇道交口西南侧	天津市	城镇住宅、商服、公共设施	475000	258400	95815	18382	0
42	滨湖区上海路以东、紫云路以北	合肥市	居住用地，教育用地	467277	468295	203607	9978	—
43	南山区后海中心区	深圳市	商业用地、文体设施用地、交通设施用地、绿地与广场用地、水域	466000	166250	91691	28030	0
44	祥符东单元 GS0804–R21–02 地块	杭州市	住宅（设配套公建）用地	465694	187670	75068	24815	29.83
45	杨浦区平凉社区 C090102 单元 02I8–01 地块	上海市	商办	454947	147390	36847	30867	0

2-9 续表 2

排名	宗地名称	城市	规划用途	成交总价（万元）	规划建筑面积（平方米）	建设用地面积（平方米）	楼面价（元/平方米）	溢价率（%）
46	东莞市南城街道宏图路东侧	东莞市	城镇住宅用地、商服用地（R2 二类居住用地）、商服用地（R2 二类居住用地 +C2 商业金融业用地）、商服用地（C2 商业金融业用地）、地下空间（交通服务场站用地）	451152	395151	108533	11417	25.25
47	南沙区 2019NJY-15 号地块	广州市	二类居住用地（R2）	447590	553242	139229	8090	0
48	北京市大兴区瀛海镇地块	北京市	F1 住宅混合公建用地、A33 基础教育用地、S32 公交场站设施用地	444000	177023	79277	25081	21.64
49	北京市大兴区地铁亦庄线旧宫东站 2 号地项目	北京市	R2 居住用地、A334 基础教育用地、S1 城市道路用地	443000	124449	56722	35597	34.24
50	钱塘新区下沙街道	杭州市	住宅（设配套公建）	442880	171595	61284	25810	27.68

数据来源：中指数据库监测。

住宅市场篇

第三章　2019年房地产开发投资情况

3-1　2015~2019 年全国房地产开发投资

单位：万平方米、亿元

指标	2015 年	2016 年	2017 年	2018 年	2019 年
完成投资额	95979	102581	109799	120264	132194
住宅完成投资额	64595	68704	75148	85192	97071
办公楼完成投资额	6210	6533	6761	5996	6163
商业用房完成投资额	14607	15838	15640	14177	13226
其他完成投资额	10566	11507	12249	14898	15735
本年资金来源小计	125203	144214	156053	165963	178609
国内贷款	20214	21512	25242	24005	25229
利用外资	297	140	168	108	176
自筹资金	49038	49133	50872	55831	58158
其他资金来源	55655	73428	79770	86020	95046
本年购置土地面积	22811	22025	25508	29142	25822
施工房屋面积	735693	758975	781484	822300	893821
住宅施工房屋面积	511570	521310	536444	569987	627673
办公楼施工房屋面积	33044	35029	36015	35842	37252
商业用房施工房屋面积	100111	104572	105232	102629	100389
新开工房屋面积	154454	166928	178654	209342	227154
住宅新开工房屋面积	106651	115911	128098	153353	167463
办公楼新开工房屋面积	6569	6415	6140	6049	7084
商业用房新开工房屋面积	22530	22317	20484	20066	18936
竣工房屋面积	100039	106128	101486	93550	95942
住宅竣工房屋面积	73777	77185	71815	66016	68011
办公楼竣工房屋面积	3419	3629	4007	3884	3923
商业用房竣工房屋面积	12027	12518	12670	11259	10814
销售面积	128495	157349	169408	171654	171558
住宅销售面积	112406	137540	144789	147929	150144
办公楼销售面积	2912	3826	4756	4363	3723
商业用房销售面积	9252	10812	12838	11971	10173
商品房屋销售额	87281	117627	133701	149973	159725
住宅销售额	72753	99064	110240	126393	139440
办公楼销售额	3761	5484	6441	6277	5329
商业用房销售额	8846	10581	13253	13349	11141
销售价格	6793	7476	7892	8737	9310
住宅销售价格	6473	7203	7613	8544	9287
办公楼销售价格	12914	14332	13542	14387	14314
商业用房销售价格	9566	9786	10323	11151	10952

数据来源：国家统计局。

3-2 2019年全国房地产开发投资

单位：万平方米、亿元

指标	1-2月	1-3月	1-4月	1-5月	1-6月	1-7月	1-8月	1-9月	1-10月	1-11月	1-12月
商品房施工面积	674946	699444	722569	745286	772292	794207	813156	834201	854882	874814	893821
住宅施工面积	466340	484560	501832	518617	538284	554111	568025	583683	598802	613566	627673
办公楼施工面积	30634	31278	32055	32623	33585	34416	34882	35355	36174	36782	37252
商业用房施工面积	82937	84969	86638	88579	90931	92864	94496	96144	97837	99429	100389
商品房新开工面积	18814	38728	58552	79784	105509	125716	145133	165707	185634	205194	227154
住宅新开工面积	13597	28467	43335	59125	77998	92826	107053	122308	136937	151447	167463
办公楼新开工面积	723	1302	1921	2451	3265	3930	4480	5010	5815	6348	7084
商业用房新开工面积	1774	3361	4869	6667	8876	10585	12172	13942	15505	17134	18936
商品房竣工面积	12500	18474	22564	26707	32426	37331	41610	46748	54211	63846	95942
住宅竣工面积	8926	13043	16040	18835	22929	26374	29336	33084	38474	45274	68011
办公楼竣工面积	432	651	760	952	1200	1407	1544	1740	2034	2357	3923
商业用房竣工面积	1477	2271	2787	3330	3927	4458	4988	5533	6336	7481	10814
商品房销售面积	14102	29829	42085	55518	75786	88783	101849	119179	133251	148905	171558
现房销售面积	2215	4696	6419	8425	11687	13379	14978	17216	19037	21294	24894
期房销售面积	11887	25133	35667	47093	64099	75404	86870	101963	114213	127611	146664
住宅销售面积	12320	25954	36796	48708	66181	77756	89410	104650	117133	130805	150144
住宅现房销售面积	1588	3396	4676	6184	8590	9850	11036	12686	14051	15670	18215
住宅期房销售面积	10731	22557	32119	42524	57590	67906	78374	91963	103081	115135	131929
办公楼销售面积	321	671	945	1251	1754	2016	2275	2624	2866	3176	3723
办公楼现房销售面积	108	208	264	342	468	525	582	660	715	803	943
办公楼期房销售面积	213	463	682	909	1286	1491	1693	1964	2151	2374	2779
商业用房销售面积	838	1881	2579	3293	4612	5306	5971	7002	7777	8694	10173
商业用房现房销售面积	287	636	853	1095	1515	1737	1943	2233	2453	2761	3237
商业用房期房销售面积	551	1246	1726	2198	3097	3569	4028	4770	5323	5933	6935
商品房待售面积	52251	51646	51380	50928	50162	49876	49784	49346	49323	49221	49821
住宅商品房待售面积	25208	24678	24321	23908	23236	22930	22790	22498	22373	22281	22473
办公楼待售面积	3697	3650	3633	3611	3627	3650	3665	3671	3680	3695	3800
商业用房待售面积	13400	13421	13451	13424	13349	13328	13344	13211	13194	13198	13282
土地购置面积	1545	2543	3582	5170	8035	9761	12236	15454	18383	21720	25822
土地购置费	2911	6932	10401	14505	20164	23604	27571	32012	35651	39300	41675
房地产开发投资额	12090	23803	34217	46075	61609	72843	84589	98008	109603	121265	132194
住宅开发投资额	8711	17256	24925	33780	45167	53466	62187	72146	80666	89232	97071

3-2 续表

单位：万平方米、亿元

指标	1–2 月	1–3 月	1–4 月	1–5 月	1–6 月	1–7 月	1–8 月	1–9 月	1–10 月	1–11 月	1–12 月
90 平方米以下住宅投资额	1874	3653	5197	7033	9302	10921	12554	14567	16213	17958	19568
140 平方米以上住宅投资额	1713	3319	4749	6316	8281	9764	11284	12978	14452	15921	17288
别墅、高档公寓投资额	505	902	1200	1536	1899	2200	2571	2941	3268	3576	3876
办公楼开发投资额	669	1162	1607	2106	2815	3333	3861	4447	4988	5556	6163
商业用房投资额	1315	2472	3510	4650	6183	7318	8456	9796	10987	12117	13226
商品房销售额	12803	27039	39141	51773	70698	83162	95373	111491	124417	139006	159725
现房销售额	1786	3685	5083	6667	9166	10650	11933	13652	15082	16925	19816
期房销售额	11018	23354	34058	45106	61532	72512	83440	97839	109335	122081	139909
住宅销售额	11028	23239	33870	45021	61345	72431	83317	97497	108948	121706	139440
住宅现房销售额	1252	2515	3562	4716	6509	7615	8540	9765	10842	12160	14144
住宅期房销售额	9776	20725	30308	40305	54836	64816	74778	87731	98106	109545	125296
办公楼销售额	505	960	1412	1838	2483	2835	3227	3755	4107	4556	5329
办公楼现房销售额	135	260	331	443	607	694	788	899	971	1089	1288
办公楼期房销售额	370	700	1081	1395	1877	2140	2439	2856	3136	3468	4041
商业用房销售额	958	2151	2929	3733	5197	5970	6660	7725	8559	9565	11141
商业用房现房销售额	288	688	867	1117	1510	1728	1917	2193	2397	2686	3178
商业用房期房销售额	670	1462	2061	2616	3687	4242	4743	5532	6162	6879	7963
资金来源合计	24497	38948	52466	66689	84966	99800	113724	130571	145151	160531	178609
国内贷款	4976	7134	8955	10762	13330	15377	17322	19689	21288	23013	25229
利用外资	52	33	34	30	43	61	81	104	131	161	176
自筹资金	7279	11795	15687	20276	26731	31032	36036	42024	46996	52511	58158
定金及预收款	7366	12303	17249	22395	28465	33980	38377	43877	49163	54482	61359
个人按揭贷款	3458	5645	8031	10251	12806	15198	17449	19900	22137	24395	27281

数据来源：国家统计局。

3-3 2015~2019年全国各地区房地产开发投资额

单位：亿元

省份	2015年	2016年	2017年	2018年	2019年
北京	4177	4001	3693	3873	3838
上海	3469	3709	3857	4033	4231
天津	1872	2300	2233	2424	2728
重庆	3751	3726	3980	4249	4439
广东	8538	10308	12076	14412	15852
浙江	7112	7469	8227	9945	10683
江西	1520	1771	2014	2175	2239
安徽	4425	4604	5612	5974	6670
黑龙江	992	865	816	944	958
江苏	8154	8956	9629	10982	12009
广西	1909	2398	2683	3004	3814
福建	4470	4589	4794	4940	5673
吉林	924	1017	910	1176	1316
内蒙古	1081	1133	890	883	1042
海南	1704	1788	2053	1715	1336
河南	4819	6179	7090	7015	7465
河北	4285	4696	4824	4476	4347
山西	1495	1597	1166	1377	1657
陕西	2494	2737	3102	3535	3904
西藏	50	49	40	93	130
湖南	2614	2957	3426	3946	4445
湖北	4249	4296	4575	4693	5112
四川	4813	5283	5150	5698	6573
山东	5892	6323	6637	7553	8615
辽宁	3559	2095	2290	2599	2834
云南	2669	2688	2786	3247	4151
贵州	2205	2149	2201	2349	2991
甘肃	768	850	945	1116	1258
新疆	999	923	1038	1033	1074
青海	336	397	409	352	406
宁夏	634	728	653	450	403

数据来源：国家统计局。

3-4 2019年全国各地区房地产开发投资额

单位：亿元

省份	1-2月	1-3月	1-4月	1-5月	1-6月	1-7月	1-8月	1-9月	1-10月	1-11月	1-12月
北京	339	659	881	1212	1664	2032	2346	2741	3116	3490	3838
上海	627	937	1230	1537	1883	2230	2584	2966	3349	3750	4231
天津	220	587	866	1199	1549	1773	1970	2262	2424	2570	2728
重庆	477	878	1237	1634	2128	2454	2830	3322	3669	4035	4439
广东	1561	2779	3922	5277	7256	8463	9821	11464	12812	14344	15852
浙江	1205	2134	2965	3921	5167	6043	6960	8055	8984	9958	10683
江西	241	441	624	816	1025	1248	1477	1710	1895	2083	2239
安徽	706	1316	1946	2640	3387	4023	4672	5279	5723	6160	6670
黑龙江	2	27	82	184	339	442	547	706	812	911	958
江苏	1512	2732	3803	4927	6091	7150	8139	9239	10227	11203	12009
广西	285	657	958	1272	1738	1957	2265	2575	2904	3323	3814
福建	649	1306	1797	2260	2827	3291	3731	4303	4774	5253	5673
吉林	12	46	119	319	477	634	830	1014	1164	1263	1316
内蒙古	6	46	111	210	361	520	678	851	958	1026	1042
海南	149	270	359	454	565	660	754	863	987	1142	1336
河南	537	1197	1818	2517	3261	3871	4500	5194	5879	6631	7465
河北	178	592	954	1370	2105	2546	2962	3400	3762	4113	4347
山西	61	197	325	495	753	917	1073	1240	1391	1522	1657
陕西	229	519	779	1130	1682	1985	2325	2788	3168	3532	3904
西藏	1	5	12	27	38	55	70	86	105	124	130
湖南	371	687	1033	1389	1868	2220	2653	3131	3577	4006	4445
湖北	421	978	1432	1857	2600	2969	3433	3928	4357	4700	5112
四川	737	1308	1841	2393	3101	3616	4216	4872	5475	6012	6573
山东	766	1544	2266	3070	4073	4855	5588	6385	7180	7948	8615
辽宁	133	474	713	993	1487	1770	2040	2373	2603	2764	2834
云南	338	740	994	1313	1729	2043	2408	2844	3200	3658	4151
贵州	276	563	778	1014	1404	1656	1938	2194	2472	2770	2991
甘肃	34	106	185	305	480	605	740	923	1056	1172	1258
新疆	12	32	79	154	254	401	539	702	896	1028	1074
青海	1	11	40	77	159	212	250	289	340	395	406
宁夏	5	34	69	107	157	205	249	307	345	380	403

数据来源：国家统计局。

3-5 2015~2019年全国各地区房地产商品房竣工面积

单位：万平方米

省份	2015年	2016年	2017年	2018年	2019年
北京	2631	2370	1467	1558	1343
上海	2647	2551	3388	3116	2670
天津	2904	2914	2023	2092	1656
重庆	4630	4421	5056	4083	5069
广东	6044	6594	8196	7615	9956
浙江	5893	7925	6884	5190	5739
江西	1908	1636	1854	2032	2231
安徽	5538	5383	4748	4488	5674
黑龙江	2924	2376	1651	1203	1204
江苏	10297	10074	9582	8536	9369
广西	1675	1735	1856	2193	2038
福建	3437	3665	4267	3739	2882
吉林	1287	1352	1479	1520	1222
内蒙古	1697	1664	1714	1416	951
海南	1069	1675	1267	1187	1302
河南	5390	6299	6202	6655	6571
河北	4039	4288	3416	2390	2680
山西	2114	2684	1970	1408	2739
陕西	1682	2432	2392	1525	1782
西藏	92	32	44	50	19
湖南	3970	4534	4084	4161	3975
湖北	2785	3127	3220	2774	2559
四川	4546	7050	5621	5635	4580
山东	8278	8254	8429	10513	10179
辽宁	3238	2709	2788	2274	1818
云南	2547	2115	2420	1447	1844
贵州	2583	1901	1172	1280	955
甘肃	962	992	848	752	674
新疆	1609	1696	1680	1183	1117
青海	454	387	441	320	133
宁夏	1169	1295	1329	1214	1011

数据来源：国家统计局。

3-6　2019 年全国各地区房地产商品房竣工面积

单位：万平方米

省份	1-2 月	1-3 月	1-4 月	1-5 月	1-6 月	1-7 月	1-8 月	1-9 月	1-10 月	1-11 月	1-12 月
北京	57	120	122	147	242	392	450	544	627	787	1343
上海	606	734	875	982	1139	1276	1394	1471	1796	2124	2670
天津	91	127	179	241	305	410	398	439	463	672	1656
重庆	645	817	972	1192	1641	1878	2113	2339	2673	3055	5069
广东	1583	2305	2551	2910	3414	3855	4228	4695	5339	6213	9956
浙江	886	1310	1562	1731	2095	2372	2616	2930	3491	4080	5739
江西	444	620	700	777	864	976	1105	1189	1310	1530	2231
安徽	887	1113	1286	1428	1840	2118	2373	2701	3049	3768	5674
黑龙江	7	63	130	173	239	371	422	497	629	843	1204
江苏	1490	1923	2294	2798	3426	4135	4521	5006	5810	6682	9369
广西	341	554	652	768	844	885	963	1146	1252	1457	2038
福建	495	687	802	941	1030	1150	1393	1662	1844	2144	2882
吉林	71	139	210	209	263	379	605	697	936	1116	1222
内蒙古	72	126	158	263	367	528	570	631	696	759	951
海南	136	141	383	419	468	498	578	639	781	1075	1302
河南	550	1058	1297	1578	2106	2378	2692	3054	3355	3862	6571
河北	189	368	488	541	782	992	1131	1246	1425	1882	2680
山西	85	139	168	252	309	377	484	536	845	1109	2739
陕西	190	257	303	332	442	529	573	708	1089	1197	1782
西藏	16	1	3	5	6	3	6	21	19	19	19
湖南	669	1052	1221	1371	1630	1853	2016	2398	2727	3254	3975
湖北	407	749	895	1096	1337	1433	1551	1685	1783	1907	2559
四川	833	1161	1511	1707	1865	2043	2265	2494	2848	3260	4580
山东	865	1334	1659	2251	2893	3378	3712	4008	4613	5322	10179
辽宁	245	379	568	682	768	820	891	1002	1231	1350	1818
云南	199	404	551	707	753	802	882	1063	1135	1479	1844
贵州	210	313	371	387	444	461	476	536	611	701	955
甘肃	72	107	142	164	193	207	263	320	412	508	674
新疆	72	167	234	341	383	440	502	621	688	793	1117
青海	—	—	17	22	25	39	51	55	60	125	133
宁夏	87	204	260	293	314	354	387	416	676	776	1011

数据来源：国家统计局。

3-7 2015~2019年全国各地区房地产商品房施工面积

单位：万平方米

省份	2015年	2016年	2017年	2018年	2019年
北京	12993	12976	12413	12963	12515
上海	15095	15111	15362	14672	14803
天津	10230	9350	8796	10324	11453
重庆	28986	27363	25961	27227	27987
广东	57942	64234	72492	79935	86825
浙江	41687	41610	41236	44537	49605
江西	15294	16427	18807	20739	23557
安徽	34245	35645	39169	41128	43591
黑龙江	12410	10866	10328	10588	11441
江苏	58118	58762	59464	62673	65687
广西	18608	21135	22690	25399	29807
福建	30891	31064	31940	32826	34140
吉林	11566	11797	11887	12080	12404
内蒙古	17641	16906	15815	15054	15889
海南	8317	8937	9567	9575	9222
河南	40994	47360	49942	54686	57567
河北	30435	30477	30318	28172	29853
山西	15734	17069	16473	16950	19549
陕西	20752	22298	23630	24618	27728
西藏	381	349	230	359	764
湖南	28322	30139	31691	35782	40045
湖北	28296	29880	30510	31316	33825
四川	38981	41532	41295	44066	49114
山东	57206	59957	63563	69063	75767
辽宁	29283	26364	25907	24217	23787
云南	20722	20593	21085	21800	26314
贵州	20878	20352	20385	21953	27775
甘肃	8586	8933	9153	9429	10977
新疆	11465	11531	11597	11575	12970
青海	2586	2848	2937	2549	2922
宁夏	7046	7110	6837	6048	5937

数据来源：国家统计局。

3-8　2019年全国各地区房地产商品房施工面积

单位：万平方米

省份	1-2月	1-3月	1-4月	1-5月	1-6月	1-7月	1-8月	1-9月	1-10月	1-11月	1-12月
北京	11007	11192	11340	11542	11662	11904	11995	12077	12148	12350	12515
上海	11495	11766	12134	12539	12805	13185	13420	13650	14027	14526	14803
天津	7722	8735	9252	9577	9982	10311	10349	10716	10877	11041	11453
重庆	22348	22965	23626	24320	25080	25420	25862	26478	27087	27567	27987
广东	69570	71501	73542	74899	77013	78433	79792	81619	83071	84593	86825
浙江	37795	38471	39981	41243	42676	44029	44590	45791	46939	47996	49605
江西	17976	18566	19013	19489	20062	20669	21372	21993	22638	23086	23557
安徽	33942	34891	35960	37174	38246	39158	40030	40862	41724	42529	43591
黑龙江	8836	8890	9019	9296	9844	10042	10416	10822	11055	11304	11441
江苏	52444	53670	55466	56559	58058	59716	61092	62314	63474	64998	65687
广西	21703	22342	23148	24123	25081	25503	26253	27010	27710	28816	29807
福建	27920	28547	29277	29898	30590	31046	31700	32618	33100	33713	34140
吉林	9650	9412	9572	10504	10887	11273	11534	12002	12254	12366	12404
内蒙古	11133	11924	12192	12834	13351	14316	14828	15182	15441	15796	15889
海南	8207	8219	8347	8420	8559	8626	8742	8792	8898	9114	9222
河南	42841	44565	46152	47679	49734	51091	52382	53501	54787	56073	57567
河北	20644	21275	22090	23074	24688	25759	26715	27529	28483	29384	29853
山西	14562	15142	15655	16227	16884	17441	17832	18485	18795	19255	19549
陕西	20762	21444	21937	22893	23606	24328	24963	25524	26641	27143	27728
西藏	309	335	340	393	507	579	626	656	721	750	764
湖南	28890	30375	31426	32344	33617	34544	35395	36585	37889	39151	40045
湖北	25536	26499	27568	28245	29245	29891	30598	31609	32313	33176	33825
四川	33896	37335	38763	40137	41911	42830	44226	45437	46903	48053	49114
山东	54154	56957	59788	62016	64678	66927	68630	70437	72320	73818	75767
辽宁	19951	20560	20962	21444	22325	22720	23055	23225	23465	23734	23787
云南	18704	19392	20154	20703	21401	22023	22711	23453	24104	24922	26314
贵州	19133	20026	20700	21432	22539	24012	24706	25449	26415	27208	27775
甘肃	7179	7646	8029	8421	8985	9334	9646	10128	10552	10751	10977
新疆	9843	9907	10065	10417	10762	11142	11530	11853	12498	12870	12970
青海	2068	2097	2155	2341	2342	2572	2675	2774	2806	2895	2922
宁夏	4725	4800	4916	5103	5174	5383	5492	5629	5748	5838	5937

数据来源：国家统计局。

3-9 2015~2019年全国各地区房地产商品房销售额

单位：亿元

省份	2015年	2016年	2017年	2018年	2019年
北京	3518	4562	2796	2377	3371
上海	5094	6696	4027	4752	5204
天津	1790	3478	2272	2007	2274
重庆	2952	3432	4558	5273	5129
广东	11443	16215	18793	18742	19748
浙江	6299	9605	12340	14090	14352
江西	1864	2678	3593	4220	4710
安徽	3369	5036	5866	7077	6824
黑龙江	1027	1121	1460	1320	1268
江苏	8396	12293	13067	14527	16260
广西	1748	2207	3017	3827	4366
福建	3586	4531	5705	6579	6939
吉林	817	1030	1135	1452	1581
内蒙古	1052	1149	957	1114	1244
海南	983	1490	2714	2083	1276
河南	3946	5613	7129	8055	9010
河北	3372	4302	4628	4035	4139
山西	776	1027	1357	1611	1632
陕西	1597	1785	2661	3407	3960
西藏	21	38	35	53	97
湖南	2739	3752	4461	5354	5578
湖北	3661	4994	6259	7531	7752
四川	4200	5359	6757	8532	9667
山东	5408	6903	8097	10066	10271
辽宁	2255	2257	2772	2967	3049
云南	1667	1918	2561	3407	3846
贵州	1572	1791	2241	2921	3184
甘肃	705	873	890	922	1019
新疆	849	847	793	863	1034
青海	206	236	296	290	367
宁夏	370	410	464	518	574

数据来源：国家统计局。

3-10 2019 年全国各地区房地产商品房销售额

单位：亿元

省份	1-2 月	1-3 月	1-4 月	1-5 月	1-6 月	1-7 月	1-8 月	1-9 月	1-10 月	1-11 月	1-12 月
北京	272	531	898	1161	1524	1863	2141	2353	2599	2862	3371
上海	594	970	1466	1821	2311	2888	3251	3881	4337	4675	5204
天津	145	357	570	785	1081	1270	1496	1700	1867	2059	2274
重庆	582	1096	1572	2029	2620	3004	3346	3826	4190	4522	5129
广东	1593	3427	4944	6463	8888	10254	11622	13536	15279	17217	19748
浙江	1120	2347	3575	4846	6642	7703	8821	10312	11274	12555	14352
江西	332	707	1010	1334	1871	2226	2651	3154	3553	3985	4710
安徽	673	1360	1886	2432	3272	3803	4312	4969	5499	6009	6824
黑龙江	39	132	232	337	461	555	684	857	1013	1143	1268
江苏	1382	2701	4030	5526	7270	8702	10046	11679	13024	14341	16260
广西	355	702	1042	1375	1848	2135	2455	2840	3212	3654	4366
福建	760	1504	1987	2459	3374	3876	4349	5007	5500	6040	6939
吉林	95	213	324	505	680	832	990	1141	1287	1459	1581
内蒙古	23	109	171	261	372	507	632	775	936	1121	1244
海南	206	316	410	480	620	709	801	929	1008	1129	1276
河南	571	1386	1990	2629	3683	4353	5039	5924	6667	7442	9010
河北	140	553	792	1063	1614	1945	2182	2638	2944	3483	4139
山西	99	247	373	519	683	821	955	1107	1280	1442	1632
陕西	252	570	816	1208	1698	1995	2261	2721	3058	3433	3960
西藏	7	4	8	12	15	17	19	43	72	88	97
湖南	386	794	1163	1524	2165	2565	2963	3547	4066	4687	5578
湖北	598	1403	1912	2434	3679	4197	4762	5578	6053	6750	7752
四川	961	1936	2608	3364	4478	5173	5881	6871	7449	8375	9667
山东	631	1574	2353	3186	4392	5220	6031	7135	8013	8980	10271
辽宁	173	424	675	953	1310	1620	1915	2262	2544	2806	3049
云南	323	662	910	1188	1562	1869	2184	2567	2914	3349	3846
贵州	303	626	837	1074	1485	1701	1952	2218	2485	2781	3184
甘肃	67	144	209	274	392	479	581	715	814	914	1019
新疆	61	124	200	284	359	444	535	603	762	885	1034
青海	18	33	56	85	147	186	214	249	292	330	367
宁夏	42	87	124	163	202	251	303	353	428	491	574

数据来源：国家统计局。

3-11 2015~2019年全国各地区房地产商品房销售价格

单位：元 / 平方米

省份	2015年	2016年	2017年	2018年	2019年
北京	22633	27497	32140	34143	35905
上海	20949	24747	23804	26890	30677
天津	10107	12830	15331	16055	15380
重庆	5486	5485	6792	8067	8402
广东	9796	11097	11776	13073	14262
浙江	10525	11121	12855	14443	15304
江西	5358	5709	6150	6805	7293
安徽	5457	5924	6375	7050	7393
黑龙江	5144	5295	6471	6901	7529
江苏	7356	8805	9195	10774	11637
广西	4960	5237	5834	6159	6505
福建	8881	9218	9746	10589	10748
吉林	5476	5364	6021	7001	7452
内蒙古	4441	4546	4628	5548	6194
海南	9339	9878	11837	14546	15383
河南	4611	4964	5355	5758	6311
河北	5759	6438	7203	7683	7834
山西	4870	4984	5619	6822	6896
陕西	5362	5471	6840	8273	8998
西藏	—	5112	6626	7202	7578
湖南	4304	4640	5228	5795	6127
湖北	5863	6724	7675	8495	9012
四川	5475	5762	6217	6988	7448
山东	5560	5855	6319	7481	8070
辽宁	5758	6080	6681	7542	8249
云南	5300	5269	5919	7517	7954
贵州	4415	4307	4771	5637	5980
甘肃	4913	5201	5709	5780	5977
新疆	—	4632	4965	5944	5999
青海	—	5400	6001	6472	7643
宁夏	4413	4241	4544	5044	5685

数据来源：国家统计局。

3-12　2019 年全国各地区房地产商品房销售价格

单位：元 / 平方米

省份	1-2 月	1-3 月	1-4 月	1-5 月	1-6 月	1-7 月	1-8 月	1-9 月	1-10 月	1-11 月	1-12 月
北京	38850	35979	36976	37303	39301	39934	40087	40229	39823	39199	35905
上海	34665	30550	33375	35071	31344	30592	31233	31283	30825	31164	30677
天津	15457	14899	15418	15199	15488	15617	15420	15425	15422	15335	15380
重庆	7301	7606	8124	8256	8330	8407	8395	8385	8396	8414	8402
广东	13234	13490	13895	13968	14059	14039	14007	13981	14062	14149	14262
浙江	14466	14502	14839	14855	14811	14938	15041	15072	15147	15200	15304
江西	6556	6616	6748	6801	6952	7045	7204	7238	7244	7267	7293
安徽	7202	7079	7239	7294	7325	7373	7407	7421	7400	7391	7393
黑龙江	7735	8273	8031	8017	7699	7587	7513	7698	7748	7641	7529
江苏	10637	10836	11264	11292	11285	11455	11519	11624	11619	11637	11637
广西	6177	6241	6415	6482	6466	6468	6482	6494	6487	6475	6505
福建	10948	10935	10637	10498	10765	10881	10865	10777	10720	10693	10748
吉林	7896	7863	7816	8032	7947	7944	7931	7721	7612	7552	7452
内蒙古	5976	6832	6685	6414	5951	5973	6023	6010	6117	6218	6194
海南	18356	17026	16111	16151	15729	15540	15580	15880	15810	15444	15383
河南	6330	6352	6481	6454	6409	6441	6444	6422	6401	6373	6311
河北	7407	7716	7817	7869	7861	7869	7815	7793	7743	7859	7834
山西	6411	7152	7316	7418	7325	7277	7242	7165	7196	7062	6896
陕西	8678	8857	8843	8911	9072	9069	8985	9075	9054	9006	8998
西藏	5488	9244	8962	9078	8288	8223	8363	7736	7879	7660	7578
湖南	5769	5818	5859	5890	6069	6069	6072	6068	6071	6091	6127
湖北	8157	8689	8818	8829	9027	8979	9035	9075	8989	9102	9012
四川	7122	7066	7132	7192	7173	7210	7203	7205	7301	7423	7448
山东	7611	7860	7964	8012	7999	7972	7970	8000	7967	7977	8070
辽宁	7670	7987	8142	8129	8144	8232	8282	8277	8228	8242	8249
云南	7345	7470	7569	7641	7767	7891	7901	7892	7929	7952	7954
贵州	5585	5796	5801	5797	5943	5904	5917	5907	5887	5901	5980
甘肃	5892	6014	5960	5837	5904	5954	5969	5977	6023	5987	5977
新疆	5873	6033	6021	6127	5971	5972	5971	5848	6029	6046	5999
青海	6783	6633	7561	7286	7626	7504	7537	7612	7511	7571	7643
宁夏	5272	5390	5483	5446	5477	5577	5606	5638	5770	5719	5685

数据来源：国家统计局。

3-13　2015~2019 年全国各地区房地产商品房销售面积

单位：万平方米

省份	2015 年	2016 年	2017 年	2018 年	2019 年
北京	1554	1659	870	696	939
上海	2431	2706	1692	1767	1696
天津	1771	2711	1482	1250	1479
重庆	5381	6257	6711	6536	6105
广东	11681	14612	15959	14336	13847
浙江	5985	8637	9600	9755	9378
江西	3478	4692	5842	6201	6459
安徽	6174	8500	9201	10038	9229
黑龙江	1997	2117	2256	1913	1684
江苏	11414	13962	14211	13484	13973
广西	3523	4215	5171	6213	6712
福建	4038	4915	5854	6213	6456
吉林	1492	1919	1885	2074	2122
内蒙古	2369	2528	2068	2008	2008
海南	1052	1509	2293	1432	829
河南	8556	11306	13314	13990	14278
河北	5855	6682	6426	5252	5283
山西	1593	2061	2416	2361	2366
陕西	2979	3263	3890	4119	4401
西藏	51	75	53	73	128
湖南	6363	8085	8532	9239	9104
湖北	6245	7427	8155	8865	8602
四川	7671	9300	10869	12211	12979
山东	9727	11790	12813	13455	12727
辽宁	3916	3712	4148	3935	3696
云南	3145	3640	4327	4532	4835
贵州	3560	4157	4697	5182	5323
甘肃	1435	1679	1560	1596	1705
新疆	1825	1828	1598	1452	1724
青海	393	438	494	448	481
宁夏	839	966	1021	1026	1010

数据来源：国家统计局。

3-14　2019年全国各地区房地产商品房销售面积

单位：万平方米

省份	1-2月	1-3月	1-4月	1-5月	1-6月	1-7月	1-8月	1-9月	1-10月	1-11月	1-12月
北京	70	148	243	311	388	467	534	585	653	730	939
上海	171	318	439	519	737	944	1041	1241	1407	1500	1696
天津	94	239	370	516	698	813	970	1102	1210	1343	1479
重庆	797	1442	1935	2458	3145	3573	3986	4564	4991	5374	6105
广东	1203	2541	3558	4627	6322	7304	8298	9682	10865	12168	13847
浙江	775	1618	2409	3262	4485	5157	5865	6842	7443	8260	9378
江西	507	1069	1497	1961	2691	3159	3680	4358	4905	5483	6459
安徽	935	1921	2606	3334	4467	5157	5821	6696	7430	8129	9229
黑龙江	51	159	288	420	598	732	910	1114	1308	1496	1685
江苏	1300	2493	3577	4894	6442	7596	8721	10048	11210	12323	13973
广西	575	1124	1625	2120	2858	3301	3787	4374	4951	5643	6712
福建	695	1375	1869	2342	3134	3562	4003	4647	5131	5649	6456
吉林	120	271	414	629	856	1048	1248	1477	1691	1932	2122
内蒙古	38	159	257	408	626	849	1050	1290	1530	1802	2008
海南	112	186	254	297	394	456	514	585	637	731	829
河南	902	2182	3071	4073	5747	6759	7821	9225	10415	11676	14278
河北	188	717	1013	1351	2052	2471	2792	3386	3802	4432	5283
山西	154	346	510	700	932	1129	1318	1545	1779	2042	2366
陕西	290	644	923	1356	1872	2200	2516	2999	3378	3812	4401
西藏	13	4	9	14	18	21	23	55	91	115	128
湖南	670	1364	1985	2588	3567	4227	4880	5846	6697	7694	9104
湖北	733	1615	2168	2756	4076	4675	5271	6146	6734	7415	8602
四川	1349	2739	3657	4677	6242	7175	8164	9537	10203	11282	12979
山东	829	2002	2954	3977	5491	6547	7567	8919	10057	11258	12727
辽宁	225	531	829	1172	1608	1967	2313	2733	3091	3404	3696
云南	440	887	1203	1555	2010	2368	2764	3253	3675	4212	4835
贵州	542	1080	1443	1852	2499	2882	3299	3754	4221	4713	5323
甘肃	114	239	350	470	665	804	974	1197	1351	1527	1705
新疆	104	206	331	464	602	743	896	1031	1263	1464	1724
青海	26	50	74	117	192	248	284	327	389	436	481
宁夏	80	162	227	298	368	450	541	625	742	858	1010

数据来源：国家统计局。

3-15 2015~2019 年全国各地区房地产商品房新开工面积

单位：万平方米

省份	2015 年	2016 年	2017 年	2018 年	2019 年
北京	2707	2796	2362	2321	2073
上海	2605	2841	2618	2687	3063
天津	2817	2511	2335	2479	2545
重庆	5811	4875	5680	7386	6725
广东	12677	14848	16776	19144	18437
浙江	6534	7282	10117	12879	12731
江西	3705	3875	4954	5801	5863
安徽	7759	8586	11399	10850	11117
黑龙江	2182	2006	2220	2495	2446
江苏	11543	13671	13739	16821	16227
广西	3850	4984	4912	6059	8219
福建	5245	4875	5529	7205	6398
吉林	2064	2116	1908	2478	2947
内蒙古	2342	2564	2360	3024	3706
海南	1645	1976	2110	1945	1220
河南	10974	14670	13629	14678	15837
河北	7220	8161	8417	8390	9453
山西	3701	3855	3306	3873	4879
陕西	3964	4484	4279	5452	6431
西藏	120	57	61	193	417
湖南	6395	7473	8236	11128	11933
湖北	6735	6850	7772	8495	8709
四川	9587	10825	11522	14094	15325
山东	12043	13294	14425	18732	22659
辽宁	4699	3734	3807	3962	4143
云南	3841	3454	4017	4738	8019
贵州	4206	3468	3311	5689	7240
甘肃	2313	2332	2375	2443	3307
新疆	2995	2206	2579	2391	3033
青海	786	870	714	514	866
宁夏	1391	1391	1188	995	1186

数据来源：国家统计局。

3-16 2019年全国各地区房地产商品房新开工面积

单位：万平方米

省份	1-2月	1-3月	1-4月	1-5月	1-6月	1-7月	1-8月	1-9月	1-10月	1-11月	1-12月
北京	157	371	527	738	971	1185	1387	1526	1609	1817	2073
上海	163	415	713	1077	1339	1644	1905	2152	2475	2844	3063
天津	133	663	1017	1269	1585	1763	1817	2105	2253	2396	2545
重庆	1018	1702	2294	2942	3642	3971	4399	4950	5546	6052	6725
广东	1721	3472	5120	6545	8431	9945	11400	13286	14736	16231	18437
浙江	1261	1967	3273	4489	5817	6962	7623	8764	9837	11034	12731
江西	751	1229	1574	1982	2455	3024	3566	4171	4753	5162	5863
安徽	1226	2237	3317	4520	5607	6585	7515	8389	9231	10042	11117
黑龙江	—	75	205	482	1000	1188	1475	1880	2107	2308	2446
江苏	2195	3703	5208	6270	7728	9185	10658	11982	13108	14651	16227
广西	913	1273	1923	2925	3771	4208	4865	5582	6273	7315	8219
福建	561	1041	1598	2205	2899	3334	3985	4762	5228	5827	6398
吉林	27	98	357	994	1318	1714	2035	2503	2710	2822	2947
内蒙古	0	126	374	734	1238	2104	2542	2893	3205	3476	3706
海南	106	149	198	267	417	470	581	629	813	1013	1220
河南	1456	3169	4572	6100	8099	9353	10688	11808	13093	14333	15837
河北	219	820	1641	2647	4291	5474	6423	7195	8097	8913	9453
山西	77	592	1032	1597	2237	2709	3087	3733	4027	4487	4879
陕西	278	748	1093	1894	2568	3264	3871	4408	5330	5810	6431
西藏	—	3	16	51	164	238	276	309	373	403	417
湖南	989	1950	2999	3950	5113	6043	6894	8045	9344	10608	11933
湖北	825	1741	2440	3114	4074	4731	5397	6341	7014	7877	8709
四川	1457	3531	4877	6143	7884	8784	10126	11259	12694	13870	15326
山东	2142	4550	6761	9099	11589	13708	15723	17381	19247	20793	22659
辽宁	20	530	882	1349	2215	2587	3019	3388	3747	4016	4143
云南	487	1064	1842	2367	3095	3683	4417	5141	5776	6684	8019
贵州	585	1091	1521	1997	2792	3695	4427	4960	5776	6518	7240
甘肃	18	171	476	806	1333	1664	1977	2459	2869	3067	3307
新疆	4	75	274	579	922	1281	1656	2067	2583	2874	3033
青海	3	85	225	299	459	555	615	720	755	840	866
宁夏	21	85	203	355	458	663	785	918	1024	1113	1186

数据来源：国家统计局。

3-17 2019年全国重点城市商品房施工面积

单位：万平方米

地区市	1-2月	1-3月	1-4月	1-5月	1-6月	1-7月	1-8月	1-9月	1-10月	1-11月	1-12月
一线城市											
北京市	11007	11192	11370	11572	11692	11934	12025	12086	12156	12358	12523
上海市	11495	11766	12134	12539	12805	13185	13420	13650	14027	14526	14803
广州市	9553	9789	10033	10070	10536	10717	10964	11168	11280	11460	11986
深圳市	6201	6348	6438	6505	6593	6695	6892	7136	7315	7560	7908
二线城市											
成都市	16533	17284	17768	18209	18802	18917	19389	19690	20257	20531	20620
大连市	3228	3312	3377	3447	3549	3647	3728	3751	3806	3852	3856
福州市	6802	6900	7122	7227	7358	7480	7733	8005	8125	8314	8481
贵阳市	5555	5878	5997	6131	6440	6934	7143	7374	7609	7810	8061
哈尔滨市	3966	4002	4058	4182	4582	4687	4872	5108	5212	5389	5509
海口市	3037	3022	3061	3089	3156	3188	3218	3240	3269	3359	3439
杭州市	9668	9794	10106	10315	10540	10800	10974	11145	11430	11726	12001
合肥市	6468	6566	6623	6831	7006	7214	7334	7439	7580	7692	7874
呼和浩特市	227	898	1251	1435	1580	1732	1897	2105	2103	—	—
济南市	7462	7592	7791	8080	8243	8427	8551	8825	8994	9195	9432
昆明市	9114	9397	9753	9952	10220	10445	10760	11044	11362	11811	12237
兰州市	3562	3639	3814	3984	4269	4469	4612	4848	5006	5047	5138
南昌市	5244	5364	5525	5560	5776	5917	6091	6181	6309	6381	6612
南京市	7111	7280	7551	7765	7961	8271	8576	8745	8874	9026	9002
南宁市	6979	7230	7371	7757	8035	8113	8282	8524	8926	9061	9713
宁波市	6432	6510	6784	6966	7114	7414	7567	7785	7879	8080	8348
青岛市	8230	8377	8797	9224	9754	10257	10500	10792	11119	11400	11580
三亚市	1221	1233	1233	1234	1253	1259	1259	1259	1259	1279	1227
厦门市	3721	3704	3729	3763	3763	3790	3857	3956	4021	4039	4089
沈阳市	5493	5683	5799	5867	6173	6295	6430	6582	6562	6614	6627
石家庄市	2270	2376	2474	2647	2944	3115	3296	3385	3566	3798	3891
苏州市	9840	10273	10527	10806	11032	11297	11499	11674	11766	11951	12148
太原市	5302	5530	5741	5986	6203	6337	6498	6805	6923	6991	7064
天津市	7722	8735	9252	9594	9995	10316	10394	10716	10877	11041	11482
温州市	4079	4082	4171	4456	4549	4665	4730	4861	4980	5145	5428
乌鲁木齐市	3968	3983	4019	4169	4250	4368	4438	4570	4717	4810	4862
无锡市	5132	5121	5247	5283	5497	5627	5700	5816	6026	6187	6324
武汉市	10274	10645	10896	11089	11513	11699	12076	12488	12790	13205	13556
西安市	13952	14370	14525	15064	15397	15760	16136	—	—	—	—

3-17　续表 1

单位：万平方米

地区市	1–2 月	1–3 月	1–4 月	1–5 月	1–6 月	1–7 月	1–8 月	1–9 月	1–10 月	1–11 月	1–12 月
西宁市	1540	1608	1724	1744	1903	1914	1952	2025	2059	2104	2124
银川市	3003	3016	3101	3224	3274	3427	3492	3575	3644	3696	3799
长春市	6061	6117	6310	6655	6824	7020	7161	7442	7527	7552	7552
长沙市	8794	9157	9374	9663	10133	10404	10708	11004	11358	11692	11879
郑州市	14822	15514	16050	16537	17408	17911	18349	18610	18897	19277	19584
重庆市	22348	22965	23626	24320	25080	25420	25862	26478	27087	27567	27987
三四线城市											
安庆市	1733	1762	1806	1852	1903	1954	1988	1997	2036	2078	2132
鞍山市	1596	1653	1675	1706	1736	1756	1729	1716	1736	1779	1777
蚌埠市	2992	3060	3105	3120	3198	3205	3244	3295	3335	3430	3507
包头市	1938	2008	2101	2172	2188	2298	2320	2343	2433	2413	2380
保定市	2015	2284	2343	2449	2975	2962	3036	3102	3167	3229	3335
北海市	—	—	—	1353	1420	1463	1491	1617	1650	1691	1725
沧州市	916	992	1014	1045	1156	1242	1349	1403	1472	1545	1580
常德市	1371	1411	1527	1579	1688	1779	1829	1977	2066	2173	2253
常熟市	713	771	780	828	857	919	939	961	964	976	1043
常州市	2629	2752	2880	2953	3104	3208	3297	3408	3495	3657	3658
池州市	710	736	753	760	763	774	777	784	800	839	891
滁州市	2862	2948	3032	3098	3216	3333	3425	3525	3578	3652	3697
慈溪市	1620	1614	1676	1709	1740	1854	1901	1977	2007	2069	2142
大理市	596	619	629	633	636	642	649	661	672	690	745
大同市	1206	1253	1326	1373	1413	1469	1475	1551	1563	1612	1648
丹东市	1146	1166	1180	1211	1248	1257	1263	1299	1289	1321	1356
德州市	2155	2238	2444	2508	2721	2864	2922	2961	3109	3238	3360
东莞市	3768	3785	3806	3864	3899	3956	3993	4062	4089	4130	4166
东营市	957	983	1042	1064	1161	1224	1290	1313	1365	1392	1465
奉化市	367	375	428	442	463	464	489	525	553	607	607
佛山市	8084	8250	8448	8572	8755	8941	9171	9307	9471	9621	9843
抚州市	1387	1395	1454	1485	1498	1503	1547	1571	1646	1650	1576
阜阳市	3840	4094	4304	4570	4661	4745	4816	4910	5021	5113	5239
赣州市	3124	3189	3266	3384	3488	3584	3716	3821	3961	4061	4136
固安市	405	409	411	416	433	505	517	537	566	602	609
桂林市	1977	2104	2166	2249	2380	2446	2492	2560	2601	2709	2864
海门市	518	549	575	575	589	601	608	603	609	610	679
邯郸市	2220	2234	2414	2477	2612	2741	2846	2955	3041	3112	3151
菏泽市	3034	3213	3565	3693	3799	3953	4063	4154	4270	4403	4509

3-17 续表 2

单位：万平方米

地区市	1–2 月	1–3 月	1–4 月	1–5 月	1–6 月	1–7 月	1–8 月	1–9 月	1–10 月	1–11 月	1–12 月
衡水市	1135	1196	1269	1350	1427	1506	1539	1603	1734	1719	1765
湖州市	2709	2788	2919	3103	3251	3443	3496	3587	3620	3703	3718
淮安市	2765	2840	2873	2902	3017	3059	3130	3139	3180	3239	3380
淮北市	752	765	824	888	1030	1042	1113	1139	1140	1163	1228
淮南市	1439	1484	1513	1558	1569	1625	1632	1673	1718	1746	1783
黄冈市	1959	2019	2094	2133	2226	2282	2310	2371	2391	2459	2401
黄山市	682	725	746	776	808	817	829	835	886	912	955
黄石市	973	983	996	1019	1040	1081	1115	1177	1178	1205	1220
惠州市	6843	7123	7596	7813	8057	8268	8394	8628	8725	8834	9100
吉安市	968	1051	1064	1109	1168	1249	1315	1440	1455	1510	1486
吉林市	1108	1109	1104	1166	1182	1182	1253	1292	1297	1308	1300
济宁市	3380	3563	3711	3893	4072	4218	4482	4621	4685	4719	4728
嘉兴市	4070	4142	4355	4533	4701	4824	4871	4960	5150	5252	5365
江门市	3291	3469	3623	3719	3862	3964	3888	3894	3967	4039	4164
江阴市	1182	1211	1214	1194	1228	1243	1278	1298	1345	1403	1425
焦作市	719	771	778	797	835	842	847	870	874	907	924
金华市	2298	2381	2441	2467	2508	2626	2655	2770	2803	2948	3061
锦州市	749	747	755	787	816	825	844	850	855	875	883
晋城市	635	664	674	691	748	783	825	861	896	936	935
九江市	1802	1885	1916	2010	2083	2124	2226	2299	2354	2392	2528
昆山市	2273	2344	2394	2443	2503	2544	2579	2609	2627	2651	2664
莱芜市	436	475	478	485	505	527	540	545	546	547	549
廊坊市	2729	2752	2786	2840	2928	3051	3142	3217	3356	3444	3464
丽水市	1037	1061	1075	1099	1347	1398	1405	1459	1469	1491	1568
连云港市	2234	2325	2400	2450	2484	2497	2533	2594	2637	2666	2713
临海市	347	347	360	380	395	396	395	411	426	445	448
临沂市	4672	4875	5037	5192	5347	5449	5655	5752	5846	5982	6136
柳州市	2470	2486	2535	2612	2637	2671	2740	2778	2855	2945	3060
六安市	2562	2649	2737	2892	3014	3109	3163	3282	3333	3420	3450
龙岩市	1677	1705	1737	1758	1797	1802	1827	1904	1910	1940	1943
泸州市	1408	1621	1709	1757	1903	1930	2036	2163	2291	2324	2388
洛阳市	3868	3895	3967	4066	4226	4349	4377	4428	4524	4625	4725
马鞍山市	1161	1188	1236	1250	1285	1313	1337	1379	1415	1445	1495
眉山市	1436	1592	1632	1697	1731	1775	1980	2011	2108	2256	2339
绵阳市	1548	1660	1743	1807	1891	1977	2057	2102	2187	2297	2412
牡丹江市	1394	1373	1407	1416	1430	1438	1459	1488	1511	1522	1522
南充市	2090	2172	2295	2414	2611	2718	2778	2915	2986	3081	3197

3-17 续表 3

单位：万平方米

地区市	1–2 月	1–3 月	1–4 月	1–5 月	1–6 月	1–7 月	1–8 月	1–9 月	1–10 月	1–11 月	1–12 月
南平市	1575	1605	1616	1672	1688	1679	1703	1732	1779	1803	1810
南通市	4624	4715	4883	4979	5062	5205	5278	5370	5456	5564	5735
南阳市	2399	2462	2570	2621	2666	2713	2743	2793	2918	2971	3020
宁德市	1300	1366	1396	1409	1448	1489	1509	1574	1623	1767	1773
宁海市	356	359	366	380	382	387	395	424	437	458	463
平顶山市	2126	2168	2185	2254	2312	2331	2400	2442	2447	2507	2622
萍乡市	789	871	917	929	932	934	958	968	976	979	985
莆田市	2207	2185	2243	2259	2371	2383	2400	2522	2534	2550	2552
齐齐哈尔市	880	891	902	926	939	950	965	1009	1047	1088	1093
秦皇岛市	1434	1514	1520	1541	1614	1660	1683	1693	1727	1807	1869
清远市	3472	3618	3718	3764	3846	3952	4039	4042	4113	4179	4241
衢州市	728	761	832	869	908	923	945	972	1010	1051	1068
泉州市	6109	6197	6293	6529	6768	6929	7043	7133	7231	7276	7349
三明市	1348	1360	1433	1473	1496	1513	1538	1607	1631	1666	1696
汕头市	2745	2774	2805	2823	2838	2919	2949	2949	2965	3019	3041
上饶市	1391	1432	1447	1459	1498	1637	1703	1769	1848	1878	1930
韶关市	1837	1875	1941	1964	1970	1987	2062	2146	2215	2273	2303
绍兴市	3021	3086	3235	3359	3482	3573	3633	3742	3854	3935	4057
太仓市	712	739	752	762	798	826	897	907	909	934	944
泰安市	1610	1717	1799	1919	2017	2151	2207	2229	2277	2353	2409
泰州市	2003	2073	2113	2177	2252	2325	2432	2449	2504	2598	2581
唐山市	2999	3108	3227	3360	3518	3647	3706	3805	3896	3945	3954
铜陵市	1103	1130	1151	1161	1166	1185	1147	1157	1199	1224	1227
威海市	3033	3101	3185	3287	3533	3698	3804	3868	3991	4092	4144
潍坊市	6281	6487	6740	7087	7325	7560	7764	7991	8138	8316	8478
温岭市	582	582	598	598	639	647	657	662	756	756	802
文昌市	350	355	358	358	373	380	385	385	398	415	431
芜湖市	2350	2387	2440	2549	2589	2626	2654	2707	2779	2790	2829
香河市	415	415	427	435	435	437	442	442	442	450	452
湘潭市	1665	1690	1718	1782	1809	1845	1896	1941	1972	1993	2091
襄阳市	2009	2039	2107	2137	2192	2231	2258	2298	2394	2423	2473
孝感市	785	815	867	931	972	990	1053	1117	1121	1136	1166
忻州市	626	643	644	654	675	680	683	686	695	710	712
新乡市	2045	2080	2121	2190	2271	2313	2370	2453	2499	2578	2636
新余市	724	725	727	729	730	733	734	757	789	816	809
宿迁市	3241	3325	3374	3428	3446	3471	3436	3552	3647	3745	3518
宿州市	1879	1925	2014	2113	2162	2244	2400	2463	2497	2556	2651

3-17 续表 4

单位：万平方米

地区市	1–2 月	1–3 月	1–4 月	1–5 月	1–6 月	1–7 月	1–8 月	1–9 月	1–10 月	1–11 月	1–12 月
徐州市	4898	4932	5034	5223	5431	5671	5919	6139	6265	6487	6631
宣城市	1355	1401	1460	1497	1525	1582	1610	1650	1670	1721	1823
烟台市	4698	5159	5333	5481	5600	5708	5751	5896	6072	6232	6274
盐城市	2834	2876	3006	3051	3114	3220	3321	3353	3428	3521	3581
扬州市	2400	2513	2796	2698	2808	2936	3023	3057	3087	3195	3300
阳江市	1684	1725	1835	1845	1873	1899	1913	1945	2028	2063	2095
阳泉市	291	293	297	298	310	336	336	343	345	356	364
宜宾市	1419	1531	1586	1622	1763	1849	1917	1998	2065	2165	2253
宜昌市	1344	1399	1434	1497	1533	1590	1606	1642	1684	1722	1759
宜春市	1576	1638	1681	1753	1809	1869	1936	2001	2100	2203	2262
宜兴市	497	467	488	515	534	550	552	555	582	606	621
鹰潭市	586	622	622	643	649	649	656	688	689	689	707
余姚市	421	421	482	520	535	564	583	616	640	661	735
岳阳市	1979	2035	2096	2122	2171	2261	2279	2337	2476	2554	2610
运城市	1465	1545	1572	1624	1690	1760	1814	1876	1913	1961	1997
枣庄市	1647	1809	1896	1917	1954	1966	2091	2179	2261	2323	2343
湛江市	2599	2726	2840	2948	3127	3270	3294	3441	3536	3620	3544
张家港市	1096	1138	1162	1173	1179	1186	1221	1224	1255	1289	1356
张家口市	1730	1748	1790	1967	2042	2163	2246	2333	2453	2512	2531
漳州市	3495	3624	3716	3808	3904	3981	4089	4185	4245	4357	4448
肇庆市	3176	3218	3351	3496	3616	3691	3740	3863	3906	4012	4142
镇江市	2706	2746	2782	2807	2835	2894	2927	3004	3096	3148	3116
中山市	4483	4645	4632	4702	4749	4646	4679	4716	4774	4820	4831
舟山市	528	563	585	597	621	659	673	699	703	750	797
珠海市	2992	3068	3142	3192	3283	3352	3392	3485	3493	3555	3646
株洲市	3446	3542	3667	3717	3738	3803	3829	3889	3995	4166	4211
遵义市	3902	3969	4077	4331	4564	4928	5062	5214	5352	5519	5596

数据来源：国家统计局

3-18　2019年全国重点城市商品房新开工面积

单位：万平方米

地区市	1-2月	1-3月	1-4月	1-5月	1-6月	1-7月	1-8月	1-9月	1-10月	1-11月	1-12月
一线城市											
北京市	157	371	527	738	971	1185	1387	1526	1609	1817	2073
上海市	163	415	713	1077	1339	1644	1905	2152	2475	2844	3063
广州市	236	377	542	632	921	1100	1344	1487	1597	1776	2221
深圳市	119	238	301	392	484	586	736	875	1054	1260	1447
二线城市											
成都市	611	1103	1540	1960	2524	2657	3085	3390	3959	4231	4602
大连市	18	108	177	233	335	428	505	551	606	652	669
福州市	137	213	435	539	670	781	1050	1244	1364	1554	1743
贵阳市	112	344	409	511	742	1025	1275	1427	1616	1778	2027
哈尔滨市	—	37	94	218	587	680	783	1020	1124	1280	1400
海口市	39	59	96	124	198	217	238	259	354	425	510
杭州市	212	283	575	785	984	1233	1406	1560	1784	2073	2435
合肥市	147	257	401	607	777	953	1072	1178	1330	1431	1620
呼和浩特市	—	14	49	105	144	273	342	486	535	616	638
济南市	193	339	503	792	955	1138	1263	1557	1726	1927	2163
昆明市	129	317	669	862	1136	1327	1702	1978	2293	2742	3163
兰州市	3	64	188	316	564	764	911	1148	1305	1345	1436
南昌市	169	290	433	467	627	763	910	998	1122	1195	1426
南京市	130	301	488	702	894	1204	1455	1609	1721	1865	1989
南宁市	172	240	321	696	904	965	1112	1354	1661	1790	2165
宁波市	244	348	603	775	915	1149	1287	1503	1631	1832	2102
青岛市	147	317	644	1005	1536	2022	2269	2591	2931	3212	3473
三亚市	24	35	35	36	55	61	61	61	61	81	126
厦门市	152	106	140	174	174	201	269	367	426	444	505
沈阳市	—	201	316	389	693	809	978	1145	1245	1297	1310
石家庄市	13	110	209	381	679	858	1036	1123	1303	1467	1561
苏州市	367	797	1039	1312	1498	1728	2000	2188	2280	2478	2761
太原市	13	234	433	677	894	1021	1182	1489	1607	1649	1751
天津市	133	663	1017	1287	1598	1763	1817	2105	2253	2396	2569
温州市	—	—	—	489	582	693	757	889	1008	1173	1503
乌鲁木齐市	2	16	62	197	279	387	456	541	689	755	833
无锡市	141	242	311	380	576	706	798	916	1126	1299	1436
武汉市	360	741	869	1040	1449	1671	2018	2363	2647	3062	3431
西安市	117	314	370	606	851	1133	1375	1601	1942	2097	2364

3-18 续表 1

单位：万平方米

地区市	1-2月	1-3月	1-4月	1-5月	1-6月	1-7月	1-8月	1-9月	1-10月	1-11月	1-12月
西宁市	3	70	193	213	372	383	421	494	528	568	588
银川市	16	26	110	217	276	429	494	574	631	681	749
长春市	0.48	56	264	610	779	974	1175	1411	1496	1521	1566
长沙市	287	654	888	1178	1619	1886	2189	2472	2832	3166	3479
郑州市	252	949	1281	1768	2599	3006	3499	3760	4047	4427	4669
重庆市	1018	1702	2294	2942	3642	3971	4399	4950	5546	6052	6725
三四线城市											
安庆市	50	79	123	169	220	271	314	344	385	426	486
鞍山市	—	57	88	119	149	169	175	187	209	251	257
蚌埠市	134	199	244	259	337	374	413	464	504	598	676
包头市	1	71	165	235	260	369	392	414	505	484	460
保定市	18	56	164	311	822	904	986	1014	1086	1148	1254
北海市	—	—	—	222	290	323	351	454	487	528	576
沧州市	10	87	109	139	249	335	442	496	566	634	668
常德市	34	74	168	220	329	426	476	625	713	821	923
常熟市	57	114	124	172	189	251	267	289	292	304	371
常州市	66	190	283	352	481	583	672	784	871	1035	1162
池州市	7	38	55	54	58	69	83	89	105	144	196
滁州市	76	162	247	313	432	548	640	741	790	863	909
慈溪市	50	61	122	155	186	272	320	395	426	488	561
大理市	5	28	38	42	45	51	58	70	84	102	157
大同市	18	65	98	145	185	242	243	319	330	380	416
丹东市	0.33	21	35	66	103	111	112	148	148	180	215
德州市	95	177	329	396	609	729	796	836	984	1087	1170
东莞市	68	122	160	239	275	331	385	453	495	536	576
东营市	52	77	137	158	248	311	377	401	452	452	477
奉化市	37	45	78	93	113	114	134	170	198	252	252
佛山市	113	285	471	594	769	935	1092	1229	1392	1545	1707
抚州市	71	79	118	145	158	163	202	227	301	305	351
阜阳市	128	382	592	857	942	1092	1163	1257	1368	1460	1600
赣州市	168	210	267	348	430	525	623	718	840	920	994
固安市	6	11	12	18	35	84	97	117	145	182	188
桂林市	38	164	227	310	448	514	560	628	669	777	945
海门市	5	35	57	57	64	76	83	88	94	95	161
邯郸市	41	55	235	298	433	562	667	775	862	933	974
菏泽市	311	491	668	820	902	1056	1177	1262	1378	1418	1527
衡水市	12	68	141	212	289	360	393	455	585	571	617

3–18 续表 2

单位：万平方米

地区市	1–2 月	1–3 月	1–4 月	1–5 月	1–6 月	1–7 月	1–8 月	1–9 月	1–10 月	1–11 月	1–12 月
湖州市	176	253	382	522	655	792	834	936	981	1064	1118
淮安市	203	264	282	311	419	454	510	526	567	626	757
淮北市	24	39	98	162	304	315	386	413	414	437	502
淮南市	37	82	111	156	166	223	254	295	340	368	405
黄冈市	66	130	200	240	332	388	416	477	500	568	611
黄山市	43	85	107	134	170	179	198	204	248	274	314
黄石市	30	39	52	75	97	137	172	233	230	256	271
惠州市	181	457	679	908	1108	1270	1419	1687	1757	1853	2101
吉安市	23	75	83	128	171	252	274	399	411	449	468
吉林市	7	7	32	94	110	120	191	231	235	246	246
济宁市	123	314	458	640	818	951	1215	1353	1418	1452	1503
嘉兴市	97	186	311	469	632	714	761	851	1041	1142	1301
江门市	146	306	453	537	667	765	805	934	1007	1078	1212
江阴市	13	43	48	52	86	101	135	156	203	255	277
焦作市	53	105	113	131	170	177	182	205	208	242	258
金华市	34	117	154	180	224	315	343	458	491	636	749
锦州市	—	3	11	44	72	81	100	112	117	137	145
晋城市	2	2	5	18	75	96	132	169	204	258	266
九江市	75	158	179	266	339	380	472	544	599	638	773
昆山市	40	111	159	208	255	282	317	347	365	388	402
莱芜市	9	47	51	58	78	100	112	117	118	119	122
廊坊市	46	68	90	137	225	413	504	579	667	748	768
丽水市	43	67	81	105	354	404	412	466	476	498	574
连云港市	117	208	255	299	346	359	392	449	492	526	599
临海市	1	1	11	31	47	47	47	62	78	97	100
临沂市	175	364	526	681	837	938	1104	1201	1295	1431	1641
柳州市	167	182	231	308	333	366	435	473	549	619	746
六安市	124	249	323	478	600	695	749	870	922	1009	1037
龙岩市	11	39	71	92	136	138	156	233	239	269	285
泸州市	85	255	343	391	537	572	670	797	925	958	1022
洛阳市	128	155	226	325	485	609	637	687	783	838	957
马鞍山市	45	72	120	134	169	197	221	263	299	329	379
眉山市	137	271	311	376	410	454	658	665	758	905	1004
绵阳市	111	209	274	339	436	497	578	622	702	812	937
牡丹江市	—	0.02	34	44	57	66	86	116	138	149	149
南充市	50	130	261	380	576	683	744	880	951	1035	1161
南平市	22	51	62	118	134	131	155	183	231	255	284
南通市	218	303	468	573	668	811	895	1025	1111	1215	1392

3-18 续表 3

单位：万平方米

地区市	1-2 月	1-3 月	1-4 月	1-5 月	1-6 月	1-7 月	1-8 月	1-9 月	1-10 月	1-11 月	1-12 月
南阳市	41	105	212	263	308	356	385	435	561	614	662
宁德市	33	99	124	131	170	201	222	287	325	461	503
宁海市	22	25	33	46	48	54	62	91	104	125	130
平顶山市	44	87	103	172	227	246	310	352	357	417	535
萍乡市	19	78	93	105	109	111	124	135	140	143	153
莆田市	92	122	135	151	263	275	292	414	426	442	454
齐齐哈尔市	—	—	11	35	48	59	74	118	156	170	176
秦皇岛市	1	81	87	108	181	227	250	261	295	375	442
清远市	191	315	419	465	549	652	729	769	857	917	977
衢州市	45	78	149	186	221	236	259	285	324	363	381
泉州市	125	184	269	501	737	898	1011	1102	1199	1245	1345
三明市	12	1256	60	90	113	129	140	191	215	245	275
汕头市	4	32	64	82	97	194	224	228	244	299	321
上饶市	66	107	122	134	166	274	333	400	444	474	562
韶关市	32	70	131	154	160	177	251	342	383	441	491
绍兴市	103	184	313	427	551	662	755	838	943	1024	1146
太仓市	34	62	75	80	116	144	215	225	227	252	262
泰安市	134	241	322	442	541	653	709	731	785	860	929
泰州市	41	103	143	203	278	294	382	397	452	546	617
唐山市	13	107	193	327	485	614	661	760	842	891	936
铜陵市	46	73	94	106	110	130	134	142	184	209	212
威海市	81	149	229	331	577	742	846	922	1045	1145	1242
潍坊市	231	442	694	1030	1268	1501	1694	1919	2067	2245	2442
温岭市	81	81	97	98	139	146	157	162	256	256	302
文昌市	11	16	19	19	34	41	46	46	60	76	93
芜湖市	40	73	126	236	266	300	328	381	453	465	496
香河市	6	6	6	6	6	8	13	13	13	13	15
湘潭市	91	117	146	209	237	272	323	368	399	431	531
襄阳市	26	56	124	154	209	248	275	315	411	440	490
孝感市	30	60	110	170	204	221	274	337	340	354	384
忻州市	3	19	21	31	52	57	60	62	72	87	88
新乡市	83	118	159	228	310	351	404	487	533	612	670
新余市	37	4	6	8	9	12	13	36	68	95	96
宿迁市	136	228	277	338	364	389	460	584	679	776	843
宿州市	184	231	320	418	467	549	705	769	803	862	967
徐州市	245	375	515	672	892	1068	1265	1505	1630	1850	2050
宣城市	50	96	155	192	221	277	306	345	366	416	519

3-18　续表 4　　　　单位：万平方米

地区市	1-2 月	1-3 月	1-4 月	1-5 月	1-6 月	1-7 月	1-8 月	1-9 月	1-10 月	1-11 月	1-12 月
烟台市	211	646	812	975	1095	1187	1229	1360	1535	1695	1762
盐城市	121	171	294	333	397	489	577	608	678	771	855
扬州市	242	354	638	539	649	758	856	906	923	1031	1127
阳江市	34	67	145	155	185	213	238	268	353	388	425
阳泉市	0.35	1	5	6	18	44	44	51	53	64	72
宜宾市	73	185	239	274	414	501	569	603	695	785	872
宜昌市	63	118	153	217	253	309	326	361	403	441	484
宜春市	83	146	189	261	316	377	423	486	586	689	757
宜兴市	19	41	62	90	109	125	130	134	161	183	198
鹰潭市	24	60	60	81	87	88	90	121	122	122	146
余姚市	6	7	67	96	111	139	156	189	212	233	307
岳阳市	98	154	216	242	290	380	399	456	596	673	745
运城市	13	88	114	166	232	278	332	394	430	478	552
枣庄市	54	173	264	286	323	362	488	575	657	719	756
湛江市	97	222	332	456	636	779	803	951	1033	1116	1169
张家港市	31	73	97	108	113	120	156	158	189	214	281
张家口市	3	21	63	240	315	436	519	606	726	785	820
漳州市	72	206	313	408	504	581	690	742	802	914	1005
肇庆市	98	130	253	387	502	578	627	753	800	897	1030
镇江市	160	195	220	248	276	333	398	476	571	623	639
中山市	111	272	305	370	450	503	592	641	700	745	806
舟山市	39	59	68	79	104	122	137	161	165	212	259
珠海市	60	129	194	226	313	382	422	515	540	630	713
株洲市	52	107	232	260	281	346	372	414	503	674	739
遵义市	228	259	335	510	684	883	1012	1099	1216	1381	1560

数据来源：国家统计局。

3-19 2019年全国重点城市商品房竣工面积

单位：万平方米

地区市	1-2月	1-3月	1-4月	1-5月	1-6月	1-7月	1-8月	1-9月	1-10月	1-11月	1-12月
一线城市											
北京市	57	120	122	147	242	390	450	544	627	787	1343
上海市	606	734	875	982	1139	1276	1394	1471	1796	2124	2670
广州市	185	329	360	404	488	554	601	647	718	899	2899
深圳市	56	120	121	149	172	192	264	311	381	366	572
二线城市											
成都市	411	559	764	818	865	948	989	1082	1288	1406	1823
大连市	68	74	82	99	106	117	120	137	205	222	293
福州市	78	80	101	122	122	143	194	202	216	219	390
贵阳市	40	97	139	139	148	148	151	182	238	272	309
哈尔滨市	—	54	93	115	161	219	224	256	262	416	682
海口市	30	29	30	51	56	66	87	91	124	127	190
杭州市	318	463	520	578	675	739	766	801	957	1130	1728
合肥市	283	302	325	341	484	524	595	702	763	892	1482
呼和浩特市	22	30	30	30	35	57	47	47	47	54	86
济南市	97	136	143	221	327	381	389	400	430	482	1043
昆明市	37	57	66	130	153	150	185	265	266	410	486
兰州市	10	10	10	10	10	10	10	27	61	71	131
南昌市	164	240	256	300	319	334	353	372	430	522	830
南京市	48	147	173	358	502	692	795	953	1009	1160	1587
南宁市	52	103	129	164	205	219	249	275	304	390	711
宁波市	61	100	139	178	193	267	437	492	555	610	712
青岛市	85	128	203	257	297	403	500	605	682	790	1602
三亚市	34	34	35	35	46	46	56	56	61	120	141
厦门市	163	155	166	219	231	234	242	266	298	331	371
沈阳市	35	79	117	120	164	171	243	286	354	422	666
石家庄市	11	24	37	61	99	126	145	149	151	175	267
苏州市	194	279	307	391	517	673	703	749	828	887	1284
太原市	2	31	41	43	43	54	64	78	193	205	457
天津市	91	127	179	241	305	410	398	439	463	672	1660
温州市	59	127	131	134	173	188	213	263	303	388	604
乌鲁木齐市	32	33	40	88	88	120	134	181	204	235	481
无锡市	209	212	253	282	302	329	411	473	600	762	1318
武汉市	41	124	199	233	292	295	306	353	370	405	698
西安市	67	81	89	113	173	220	234	340	630	714	1020

3-19 续表1

单位：万平方米

地区市	1–2月	1–3月	1–4月	1–5月	1–6月	1–7月	1–8月	1–9月	1–10月	1–11月	1–12月
西宁市	—	7	15	20	31	36	36	38	38	105	111
银川市	28	96	113	117	125	129	158	186	315	384	546
长春市	56	121	144	163	199	304	512	600	783	887	924
长沙市	250	396	434	482	563	605	613	842	972	1067	1281
郑州市	75	220	229	300	402	469	569	667	692	744	2107
重庆市	645	817	972	1192	1641	1878	2113	2339	2673	3055	5069
三四线城市											
安庆市	27	29	53	53	54	56	59	61	79	82	201
鞍山市	20	36	112	127	136	137	126	158	171	178	197
蚌埠市	91	120	120	150	193	204	225	237	245	301	466
包头市	0.03	26	32	35	55	92	98	111	155	160	229
保定市	25	41	102	65	110	137	137	152	155	216	332
北海市	—	—	—	71	71	74	75	78	80	80	92
沧州市	3	11	11	11	35	46	97	99	100	106	112
常德市	61	92	110	123	128	134	158	170	212	240	255
常熟市	13	13	13	13	13	31	31	50	50	48	92
常州市	61	85	93	107	168	185	188	210	299	380	542
池州市	24	28	36	36	36	36	36	36	45	51	81
滁州市	53	65	112	127	163	272	276	298	336	419	520
慈溪市	11	11	11	15	15	16	43	43	79	116	154
大理市	10	10	10	13	13	13	13	13	16	21	28
大同市	—	0.28	9	35	53	53	53	55	79	104	389
丹东市	10	12	15	36	37	39	41	43	44	45	61
德州市	31	44	59	102	130	148	156	173	189	194	545
东莞市	99	132	166	178	178	195	233	246	247	253	281
东营市	10	23	23	34	70	72	82	85	95	134	324
奉化市	3	3	3	3	3	3	6	6	6	6	6
佛山市	123	249	272	362	403	416	443	453	486	547	591
抚州市	17	28	36	37	44	45	45	45	56	57	61
阜阳市	53	96	131	131	144	145	147	149	154	279	441
赣州市	75	75	81	91	104	122	179	184	205	230	309
固安市	3	7	7	7	15	36	36	37	43	54	54
桂林市	24	29	30	38	43	45	55	56	67	73	88
海门市	36	41	43	46	78	80	81	75	82	83	86
邯郸市	2	27	33	38	77	89	89	96	114	122	228
菏泽市	51	117	138	185	205	283	335	357	405	445	734
衡水市	82	96	105	107	120	160	174	219	232	332	536

3–19 续表 2

单位：万平方米

地区市	1–2 月	1–3 月	1–4 月	1–5 月	1–6 月	1–7 月	1–8 月	1–9 月	1–10 月	1–11 月	1–12 月
湖州市	32	45	51	80	97	118	118	128	132	141	190
淮安市	42	68	80	96	128	160	186	191	198	208	374
淮北市	—	12	12	12	12	12	12	12	12	19	150
淮南市	1	9	9	9	16	11	11	22	22	45	70
黄冈市	56	74	81	113	157	174	202	227	235	238	263
黄山市	10	22	22	28	33	40	43	49	93	105	213
黄石市	32	39	39	49	51	51	63	64	66	78	82
惠州市	71	149	187	215	303	336	386	455	496	533	705
吉安市	48	76	80	84	85	94	97	110	110	110	134
吉林市	3	3	6	6	9	9	9	19	40	52	63
济宁市	49	54	78	124	156	176	225	232	237	286	590
嘉兴市	73	90	123	134	162	204	207	241	300	379	627
江门市	111	151	154	173	216	240	252	303	352	452	535
江阴市	39	54	55	58	62	62	131	142	152	218	240
焦作市	15	27	29	35	53	59	63	74	74	77	84
金华市	54	90	110	112	128	142	155	194	210	216	272
锦州市	16	21	25	25	25	25	25	25	46	50	75
晋城市	60	65	65	65	65	71	98	88	105	126	175
九江市	4	15	22	25	34	43	50	58	58	63	116
昆山市	69	92	94	126	169	231	233	233	260	262	353
莱芜市	12	26	27	27	27	27	27	27	27	27	27
廊坊市	37	49	56	62	98	125	127	142	154	170	225
丽水市	8	44	44	45	50	52	45	45	45	80	197
连云港市	48	50	66	137	144	150	159	177	191	219	268
临海市	—	—	—	—	—	—	4	4	8	8	10
临沂市	96	136	154	202	246	287	278	283	301	379	818
柳州市	13	31	31	31	32	32	62	69	96	103	130
六安市	85	94	96	115	158	191	204	239	291	302	333
龙岩市	40	45	45	59	76	97	109	114	117	203	328
泸州市	16	57	122	122	126	162	258	265	265	286	466
洛阳市	13	23	28	29	91	95	79	91	123	196	500
马鞍山市	19	24	24	24	66	66	106	141	141	276	333
眉山市	6	23	23	28	34	63	85	101	139	149	159
绵阳市	39	53	67	129	132	131	131	137	149	167	189
牡丹江市	—	—	—	2	14	19	39	40	52	61	61
南充市	125	141	137	140	151	151	164	176	182	234	341
南平市	38	46	46	46	55	57	84	102	128	128	160
南通市	238	287	310	364	431	505	533	549	664	713	974

3-19　续表 3　　　　单位：万平方米

地区市	1–2 月	1–3 月	1–4 月	1–5 月	1–6 月	1–7 月	1–8 月	1–9 月	1–10 月	1–11 月	1–12 月
南阳市	26	44	49	69	86	91	104	124	148	154	198
宁德市	24	32	48	48	48	70	70	70	87	148	156
宁海市	4	18	18	27	27	27	27	36	36	36	64
平顶山市	1	5	8	9	13	25	25	60	70	77	91
萍乡市	4	6	7	7	8	9	13	16	24	25	37
莆田市	8	43	44	62	62	62	62	69	80	120	133
齐齐哈尔市	—	—	—	1	1	8	14	29	38	38	44
秦皇岛市	7	8	8	8	13	16	38	48	66	97	108
清远市	187	237	245	256	280	369	385	411	476	528	643
衢州市	24	26	75	75	87	100	103	159	217	298	339
泉州市	88	99	133	144	169	180	197	281	287	295	471
三明市	26	29	41	61	77	77	77	123	149	172	218
汕头市	83	125	157	157	256	332	367	400	431	540	800
上饶市	33	44	47	49	60	87	113	136	144	160	189
韶关市	46	52	56	63	64	127	139	139	167	199	224
绍兴市	172	231	267	283	363	383	402	438	528	593	735
太仓市	40	44	44	60	68	69	69	73	73	75	87
泰安市	33	48	52	56	77	108	120	126	195	209	352
泰州市	118	136	142	145	153	171	220	240	276	365	531
唐山市	4	23	24	24	53	88	92	103	106	148	227
铜陵市	12	15	15	15	24	29	57	74	91	97	132
威海市	52	112	124	171	205	218	244	261	328	361	625
潍坊市	118	170	208	300	395	439	450	492	652	743	1214
温岭市	33	40	43	56	56	56	60	60	66	66	98
文昌市	14	14	55	55	55	55	62	62	90	90	156
芜湖市	79	113	132	156	190	243	293	332	374	431	583
香河市	—	0.24	0.24	5	5	9	9	9	9	9	9
湘潭市	30	67	71	71	74	86	90	91	92	103	179
襄阳市	54	80	82	90	97	125	126	130	148	168	175
孝感市	15	59	70	83	90	97	117	131	139	151	233
忻州市	—	—	0.15	6	10	14	14	15	15	43	50
新乡市	112	175	200	212	243	260	262	273	281	316	360
新余市	55	57	66	67	67	67	69	74	78	87	82
宿迁市	71	136	142	150	169	173	169	186	205	265	315
宿州市	63	85	101	128	140	146	162	171	194	213	289
徐州市	57	88	153	162	187	212	240	300	356	429	657
宣城市	74	85	85	85	100	111	113	141	141	156	253

3-19 续表 4 单位：万平方米

地区市	1–2 月	1–3 月	1–4 月	1–5 月	1–6 月	1–7 月	1–8 月	1–9 月	1–10 月	1–11 月	1–12 月
烟台市	41	49	54	69	131	151	168	195	205	245	588
盐城市	226	253	328	342	357	362	374	376	415	447	498
扬州市	66	67	100	103	186	220	224	227	295	314	376
阳江市	8	20	25	25	36	46	64	111	122	123	175
阳泉市	—	—	—	—	—	2	2	2	2	2	57
宜宾市	21	46	47	86	124	135	145	168	223	244	254
宜昌市	34	98	114	123	123	125	131	138	149	165	180
宜春市	9	38	63	69	85	109	120	125	134	200	392
宜兴市	57	24	24	24	26	26	34	32	32	44	99
鹰潭市	18	18	18	18	27	27	27	27	27	27	30
余姚市	—	—	1	14	14	14	14	31	31	42	51
岳阳市	100	113	117	142	159	162	169	180	199	211	249
运城市	9	23	26	52	59	61	106	108	163	220	371
枣庄市	40	73	121	135	175	195	244	254	283	332	454
湛江市	32	40	47	49	57	62	62	71	71	72	87
张家港市	25	28	39	60	107	128	145	145	173	191	195
张家口市	8	34	46	69	73	80	98	101	136	217	246
漳州市	50	159	178	182	191	231	359	436	481	528	657
肇庆市	55	80	82	84	120	147	160	184	280	333	596
镇江市	115	129	151	160	183	304	320	377	474	534	646
中山市	281	281	281	358	358	306	255	286	296	373	593
舟山市	7	7	7	20	20	33	33	33	63	63	63
珠海市	29	29	41	57	57	98	166	190	211	283	302
株洲市	71	66	68	76	88	141	154	155	174	215	305
遵义市	98	110	126	133	145	148	149	174	174	194	223

数据来源：国家统计局。

3-20　2019年全国重点城市商品房销售面积

单位：万平方米

地区市	1–2月	1–3月	1–4月	1–5月	1–6月	1–7月	1–8月	1–9月	1–10月	1–11月	1–12月
一线城市											
北京市	70	148	243	313	390	469	537	586	654	732	941
上海市	171	318	439	519	737	944	1041	1241	1407	1500	1696
广州市	131	260	363	473	682	772	864	1016	1107	1246	1465
深圳市	64	114	187	238	331	385	436	516	592	675	807
二线城市											
成都市	354	711	940	1236	1653	1872	2089	2387	2631	3014	3543
大连市	37	99	161	257	337	398	463	519	566	613	659
福州市	174	392	494	618	857	960	1051	1202	1321	1424	1708
贵阳市	105	224	286	353	502	565	653	743	828	916	1108
哈尔滨市	34	103	188	268	372	454	543	666	768	879	965
海口市	53	76	118	139	196	234	271	310	336	379	441
杭州市	147	253	399	531	671	792	897	1036	1135	1283	1514
合肥市	130	270	371	487	653	757	847	957	1053	1138	1322
呼和浩特市	4	37	50	71	102	128	145	166	205	280	326
济南市	72	217	296	395	532	612	690	817	921	1034	1151
昆明市	164	325	466	611	808	925	1078	1254	1419	1657	1916
兰州市	54	99	149	209	271	344	427	519	587	656	718
南昌市	101	249	379	511	756	896	1065	1250	1415	1580	1906
南京市	89	183	277	493	646	739	848	972	1048	1153	1321
南宁市	153	298	440	557	713	873	1009	1168	1355	1508	1805
宁波市	131	320	487	625	859	1011	1157	1303	1425	1556	1715
青岛市	104	249	373	528	692	801	923	1100	1228	1435	1652
三亚市	32	51	58	67	79	85	91	101	105	111	121
厦门市	57	101	151	194	286	324	355	402	447	496	541
沈阳市	87	198	310	421	604	748	888	1087	1210	1346	1454
石家庄市	34	86	135	215	357	422	483	531	597	684	782
苏州市	239	425	631	821	1039	1259	1432	1619	1801	1964	2178
太原市	47	130	192	274	351	410	467	519	607	680	741
天津市	94	239	382	521	700	813	970	1102	1210	1343	1490
温州市	69	166	225	333	597	605	681	858	922	1037	1140
乌鲁木齐市	37	76	120	185	223	268	322	382	469	563	657
无锡市	91	222	347	462	628	730	827	962	1073	1185	1366
武汉市	248	585	840	1097	1703	1894	2105	2438	2608	2931	3332
西安市	179	390	504	692	1015	1166	1313	1580	1760	2018	2375

3-20 续表 1

单位：万平方米

地区市	1–2 月	1–3 月	1–4 月	1–5 月	1–6 月	1–7 月	1–8 月	1–9 月	1–10 月	1–11 月	1–12 月
西宁市	17	40	57	72	138	175	196	231	262	302	333
银川市	53	110	155	199	246	301	365	422	514	585	679
长春市	79	191	276	419	571	694	829	950	1096	1270	1342
长沙市	165	312	481	605	945	1107	1286	1523	1757	2002	2335
郑州市	247	588	818	1063	1552	1832	2065	2431	2665	2939	3593
重庆市	797	1442	1935	2458	3145	3573	3986	4564	4991	5374	6105
三四线城市											
安庆市	45	85	129	170	214	237	259	300	333	360	392
鞍山市	16	29	48	66	101	118	138	159	206	226	243
蚌埠市	88	184	249	314	400	466	528	609	663	729	818
包头市	12	38	71	113	168	200	234	304	374	423	461
保定市	12	49	72	89	166	208	239	309	341	417	585
北海市	35	63	106	150	197	236	265	302	318	344	403
沧州市	13	27	40	61	205	230	265	304	325	366	433
常德市	48	78	169	224	263	302	337	386	450	537	614
常熟市	19	34	49	69	98	127	144	175	201	228	243
常州市	81	144	226	335	434	512	601	674	739	814	917
池州市	25	49	63	76	93	107	118	132	142	155	180
滁州市	102	218	279	355	508	581	676	756	868	970	1095
慈溪市	27	88	135	177	241	304	336	361	400	433	466
大理市	6	14	18	25	31	45	52	56	61	67	77
大同市	10	21	39	51	72	83	104	149	172	191	225
丹东市	12	38	49	61	78	97	112	131	147	159	180
德州市	50	117	165	224	344	404	461	541	602	655	742
东莞市	64	125	182	244	310	380	438	512	575	632	712
东营市	12	33	54	76	107	136	154	198	224	242	265
奉化市	23	40	65	82	123	138	148	159	174	197	215
佛山市	147	424	564	695	1014	1133	1256	1466	1613	1849	2134
抚州市	55	124	167	203	270	294	329	385	417	443	481
阜阳市	92	195	285	367	498	594	691	822	927	1034	1144
赣州市	100	184	250	331	430	491	583	722	810	931	1098
固安市	4	14	20	27	34	46	51	63	69	163	256
桂林市	51	115	170	219	302	354	403	463	514	570	702
海门市	10	27	49	69	94	107	116	129	141	151	174
邯郸市	11	115	153	177	212	240	267	321	364	407	453
菏泽市	76	180	245	318	402	478	578	666	745	825	910
衡水市	17	43	63	92	139	176	199	282	342	395	462

3-20 续表 2

单位：万平方米

地区市	1-2 月	1-3 月	1-4 月	1-5 月	1-6 月	1-7 月	1-8 月	1-9 月	1-10 月	1-11 月	1-12 月
湖州市	56	110	168	261	367	433	500	617	680	730	824
淮安市	84	148	197	320	421	469	528	575	619	684	822
淮北市	19	34	62	80	92	105	118	164	185	202	229
淮南市	35	63	85	109	138	169	191	213	240	282	336
黄冈市	64	132	168	227	291	329	369	425	472	500	550
黄山市	23	56	65	75	97	105	117	137	154	173	195
黄石市	27	56	74	98	165	202	252	282	316	340	392
惠州市	107	281	405	541	739	845	975	1205	1373	1538	1724
吉安市	28	52	75	100	131	160	184	215	233	256	283
吉林市	16	37	55	75	107	126	155	172	196	226	240
济宁市	49	129	203	271	393	519	632	746	839	907	997
嘉兴市	43	126	231	340	504	572	647	739	812	926	1069
江门市	59	125	180	232	318	370	435	486	543	596	667
江阴市	11	55	74	91	141	169	188	211	231	263	295
焦作市	12	33	46	65	94	110	131	156	176	200	239
金华市	45	89	130	176	223	274	334	390	435	486	559
锦州市	7	14	20	35	45	52	58	67	75	82	95
晋城市	4	8	13	18	23	28	31	35	50	59	70
九江市	58	116	160	213	296	337	391	470	525	585	738
昆山市	76	110	148	174	207	233	264	290	316	343	387
莱芜市	6	26	33	39	58	65	70	80	83	88	95
廊坊市	18	85	120	157	195	227	251	358	393	558	743
丽水市	38	59	84	106	124	139	163	179	190	207	250
连云港市	51	83	118	146	181	224	277	336	390	477	559
临海市	9	24	29	35	52	55	59	67	74	80	95
临沂市	109	241	342	451	572	661	750	860	976	1128	1327
柳州市	43	107	143	199	295	318	347	410	473	539	652
六安市	75	140	181	241	320	381	432	491	544	590	652
龙岩市	38	75	101	139	195	216	252	309	328	358	404
泸州市	121	209	257	317	408	485	592	777	819	865	926
洛阳市	66	158	212	274	413	458	514	597	641	704	935
马鞍山市	19	49	75	100	150	172	188	213	232	250	283
眉山市	62	140	184	235	283	325	374	412	455	536	602
绵阳市	95	155	190	235	312	357	410	482	521	584	718
牡丹江市	6	20	31	42	64	80	101	121	137	150	168
南充市	132	280	355	455	584	665	745	898	959	1031	1231
南平市	41	84	111	137	167	194	223	253	276	307	342
南通市	160	354	502	671	939	1086	1211	1380	1493	1596	1744

3-20 续表 3　　单位：万平方米

地区市	1–2 月	1–3 月	1–4 月	1–5 月	1–6 月	1–7 月	1–8 月	1–9 月	1–10 月	1–11 月	1–12 月
南阳市	60	135	190	242	310	364	420	493	558	615	698
宁德市	28	46	64	82	105	126	146	182	203	228	270
宁海市	8	16	22	27	31	41	57	61	67	71	80
平顶山市	34	76	103	139	178	219	271	303	367	422	531
萍乡市	21	42	59	74	95	105	120	135	164	188	220
莆田市	59	97	125	158	238	271	296	332	361	396	440
齐齐哈尔市	4	14	23	32	44	52	62	70	88	101	115
秦皇岛市	12	65	81	97	152	183	203	230	248	274	317
清远市	77	133	185	257	331	390	449	509	581	656	719
衢州市	16	37	58	76	96	110	125	142	164	188	209
泉州市	200	376	494	597	737	849	978	1150	1261	1381	1542
三明市	21	40	80	105	153	173	195	237	262	288	344
汕头市	23	67	85	131	203	235	266	302	328	356	388
上饶市	55	118	158	204	277	336	382	445	489	546	638
韶关市	45	76	105	134	167	193	217	243	272	302	337
绍兴市	95	213	321	416	530	630	716	823	897	986	1105
太仓市	15	23	39	51	66	82	94	107	125	131	151
泰安市	34	63	94	141	195	222	262	294	329	381	412
泰州市	83	144	182	222	277	332	390	445	513	584	658
唐山市	21	89	128	182	255	336	363	442	496	546	634
铜陵市	45	65	83	116	135	147	166	186	198	220	250
威海市	45	103	141	182	251	303	360	424	496	565	629
潍坊市	64	158	275	386	526	651	757	853	969	1088	1189
温岭市	31	58	68	77	91	99	108	139	135	149	165
文昌市	7	10	11	13	14	16	16	18	20	21	23
芜湖市	49	103	150	183	246	294	332	374	405	436	500
香河市	1	5	15	18	21	21	22	30	35	37	44
湘潭市	42	79	102	132	171	200	231	267	306	349	439
襄阳市	47	101	130	160	276	335	378	447	504	564	664
孝感市	33	75	97	117	159	181	217	258	285	308	376
忻州市	4	8	16	26	33	40	47	53	59	65	70
新乡市	59	125	171	247	359	407	469	553	614	675	753
新余市	16	34	50	67	85	99	109	120	139	158	192
宿迁市	82	152	196	257	327	397	468	553	624	693	772
宿州市	89	169	209	266	336	379	426	484	538	586	753
徐州市	111	205	302	401	533	667	794	990	1159	1284	1474
宣城市	35	78	101	134	228	256	281	322	345	374	425

3-20　续表 4

单位：万平方米

地区市	1-2 月	1-3 月	1-4 月	1-5 月	1-6 月	1-7 月	1-8 月	1-9 月	1-10 月	1-11 月	1-12 月
烟台市	64	196	268	339	493	577	660	846	940	1025	1175
盐城市	104	197	273	344	413	481	543	615	701	748	850
扬州市	65	139	178	227	351	399	455	508	558	605	727
阳江市	42	85	117	148	178	205	232	263	289	311	339
阳泉市	4	11	14	18	21	24	27	30	33	40	46
宜宾市	95	179	247	319	406	486	568	667	705	775	859
宜昌市	50	140	180	214	273	335	368	411	439	465	520
宜春市	43	84	123	162	220	280	334	402	468	530	580
宜兴市	12	33	46	59	75	89	104	120	137	147	170
鹰潭市	19	29	37	43	68	77	85	97	108	118	141
余姚市	11	22	34	50	67	78	97	113	135	154	175
岳阳市	41	99	129	159	228	275	310	428	490	540	622
运城市	28	48	64	81	101	124	143	163	186	228	265
枣庄市	36	67	114	140	179	224	269	299	339	380	434
湛江市	69	131	170	211	295	331	358	404	442	488	542
张家港市	22	42	61	79	105	118	139	154	171	189	206
张家口市	12	47	76	102	129	156	173	197	237	281	306
漳州市	83	168	249	312	398	449	506	580	672	771	866
肇庆市	58	116	167	224	305	354	410	474	551	604	676
镇江市	61	105	152	193	251	297	350	417	489	534	584
中山市	64	124	180	229	311	375	431	474	541	604	693
舟山市	18	37	52	79	105	113	120	129	136	141	150
珠海市	28	91	124	167	221	252	281	322	349	391	438
株洲市	70	139	194	251	329	371	422	480	534	592	684
遵义市	132	244	338	455	593	681	769	870	973	1076	1144

数据来源：国家统计局。

3-21 2019年全国重点城市待开发土地面积

单位：万平方米

地区市	1-2月	1-3月	1-4月	1-5月	1-6月	1-7月	1-8月	1-9月	1-10月	1-11月	1-12月
一线城市											
北京市	643	645	639	615	618	629	739	795	700	675	710
上海市	303	308	314	324	339	345	340	346	351	389	393
广州市	375	376	377	374	437	495	547	556	609	611	602
深圳市	410	102	106	104	89	92	90	362	366	383	391
二线城市											
成都市	1005	1008	1012	1020	1051	1048	1074	1074	1043	1081	1110
大连市	631	656	656	655	710	710	699	684	689	696	696
福州市	159	163	176	169	168	166	183	190	195	197	197
贵阳市	237	185	180	180	180	160	168	213	219	230	199
哈尔滨市	156	150	140	131	140	140	137	145	148	138	157
海口市	107	107	107	111	102	89	92	92	84	78	73
杭州市	263	249	238	232	219	230	233	241	241	260	253
合肥市	145	167	223	239	209	217	236	246	271	287	284
呼和浩特市	55	57	57	57	65	67	64	61	73	74	83
济南市	287	278	299	311	301	294	337	366	373	372	440
昆明市	683	689	749	763	744	750	764	785	777	925	921
兰州市	217	226	222	220	211	209	209	180	184	184	151
南昌市	278	284	284	358	433	385	385	384	383	381	382
南京市	169	291	311	316	353	345	337	343	332	316	320
南宁市	210	218	209	222	225	225	225	225	229	213	252
宁波市	339	334	326	329	—	—	—	—	—	—	—
青岛市	478	491	423	423	479	461	472	475	469	492	513
三亚市	80	78	87	87	94	94	94	94	94	87	36
厦门市	52	55	41	55	42	49	42	49	49	49	44
沈阳市	273	273	264	289	279	295	304	297	297	302	301
石家庄市	97	127	147	136	147	169	206	205	217	215	214
苏州市	367	374	389	401	413	442	463	480	485	490	515
太原市	121	122	114	114	188	184	181	146	178	200	271
天津市	525	667	624	644	553	580	624	748	797	828	783
温州市	—	—	—	55	53	58	58	62	64	65	73
乌鲁木齐市	140	102	100	81	79	84	92	88	107	109	106
无锡市	253	290	298	307	304	298	284	286	294	315	315
武汉市	666	650	637	642	681	692	681	684	715	790	790
西安市	854	893	895	890	942	946	964	982	964	954	701

3-21　续表 1

单位：万平方米

地区市	1-2 月	1-3 月	1-4 月	1-5 月	1-6 月	1-7 月	1-8 月	1-9 月	1-10 月	1-11 月	1-12 月
西宁市	63	71	71	71	71	115	115	85	89	89	89
银川市	142	176	176	188	195	194	194	197	211	211	196
长春市	142	332	331	327	327	327	334	340	340	416	393
长沙市	577	572	574	608	626	636	656	666	678	681	735
郑州市	772	788	778	758	735	742	707	725	722	724	719
重庆市	2620	2752	2806	2857	2761	2670	2638	2629	2595	2593	2541
三四线城市											
安庆市	70	71	76	68	72	100	102	99	120	137	133
鞍山市	166	168	163	159	167	181	181	181	181	181	179
蚌埠市	50	71	88	87	95	100	127	301	124	140	143
包头市	39	46	46	30	30	30	30	30	30	30	27
保定市	86	87	85	108	120	111	118	86	86	86	85
北海市	—	—	—	—	49	47	47	62	62	62	71
沧州市	190	189	185	187	199	221	220	208	209	209	184
常德市	82	78	94	86	111	113	111	112	112	126	146
常熟市	45	40	40	40	40	61	68	68	68	68	66
常州市	104	121	129	142	141	135	146	160	169	188	195
池州市	43	44	44	44	45	50	50	50	54	54	56
滁州市	270	276	311	311	352	348	360	337	331	383	396
慈溪市	70	70	72	72	72	72	59	84	84	89	89
大理市	71	84	82	82	79	79	71	71	71	74	74
大同市	22	22	22	22	22	22	28	22	22	50	50
丹东市	51	46	46	44	42	43	43	43	44	43	43
德州市	131	127	123	123	128	135	135	135	133	141	132
东莞市	270	273	282	282	287	295	302	297	292	291	276
东营市	140	151	155	160	167	146	155	151	139	154	144
奉化市	97	97	97	97	97	97	97	127	127	127	128
佛山市	676	682	685	680	681	704	721	721	721	739	756
抚州市	65	68	73	73	73	71	71	66	66	66	67
阜阳市	89	97	125	123	147	164	172	218	219	249	250
赣州市	105	102	95	122	136	138	141	139	135	134	142
固安市	10	5	5	5	5	5	5	5	5	5	5
桂林市	224	236	231	231	121	116	118	119	122	143	175
海门市	30	30	30	25	25	25	25	25	30	28	28
邯郸市	32	48	58	49	50	50	47	56	56	65	78
菏泽市	16	14	21	26	29	29	29	35	35	53	130
衡水市	51	46	46	46	49	49	49	49	63	57	59

3–21 续表 2

单位：万平方米

地区市	1–2 月	1–3 月	1–4 月	1–5 月	1–6 月	1–7 月	1–8 月	1–9 月	1–10 月	1–11 月	1–12 月
湖州市	237	234	253	278	297	278	288	291	287	287	286
淮安市	66	88	88	86	93	93	98	112	120	124	131
淮北市	53	53	52	48	105	130	130	135	135	135	127
淮南市	133	136	136	151	159	169	165	161	161	161	149
黄冈市	234	234	267	266	266	266	273	280	280	276	233
黄山市	116	104	104	110	117	115	123	112	111	114	114
黄石市	34	35	100	100	101	101	108	106	106	106	106
惠州市	521	690	699	695	687	697	699	711	723	741	744
吉安市	39	49	45	54	49	56	56	43	40	40	45
吉林市	27	22	22	28	24	24	39	39	39	29	29
济宁市	138	147	162	158	156	155	171	180	179	194	194
嘉兴市	207	186	183	174	173	174	173	176	177	175	160
江门市	237	275	291	306	321	322	330	340	340	347	351
江阴市	38	38	52	52	48	48	48	63	63	80	80
焦作市	228	229	229	229	230	230	232	229	228	228	226
金华市	133	94	85	84	86	86	91	80	85	91	96
锦州市	32	29	29	29	29	29	29	29	40	40	40
晋城市	20	20	20	25	25	28	13	13	13	13	13
九江市	89	96	96	101	107	107	126	125	125	124	139
昆山市	104	104	105	103	103	103	103	103	103	104	111
莱芜市	22	15	15	15	15	15	15	15	15	15	15
廊坊市	253	217	203	199	194	200	203	200	221	223	201
丽水市	18	18	18	18	18	21	20	19	18	30	29
连云港市	56	62	73	80	80	80	80	84	96	92	99
临海市	12	12	12	12	10	10	10	10	10	10	10
临沂市	200	183	185	181	191	193	192	193	201	207	248
柳州市	66	66	95	105	133	133	132	132	132	126	115
六安市	63	80	80	79	94	99	96	116	132	132	127
龙岩市	127	133	112	112	106	106	106	106	103	98	99
泸州市	122	120	105	106	102	102	102	102	102	106	105
洛阳市	251	244	241	242	242	232	214	212	223	223	230
马鞍山市	76	76	77	70	70	87	87	88	87	87	79
眉山市	56	69	68	70	68	68	82	77	84	89	88
绵阳市	70	72	75	76	73	79	78	74	77	85	87
牡丹江市	5	5	5	5	5	5	5	5	5	5	5
南充市	58	63	84	83	76	79	79	81	81	85	85
南平市	98	104	106	106	101	112	105	118	147	146	146
南通市	110	110	190	206	212	212	326	328	331	332	329

3-21 续表 3

单位：万平方米

地区市	1–2 月	1–3 月	1–4 月	1–5 月	1–6 月	1–7 月	1–8 月	1–9 月	1–10 月	1–11 月	1–12 月
南阳市	80	85	87	87	188	187	187	187	191	191	191
宁德市	43	55	39	39	39	37	36	31	37	44	43
宁海市	17	16	16	16	19	27	27	22	22	16	37
平顶山市	193	193	223	212	218	216	216	212	216	216	212
萍乡市	29	31	42	42	41	41	41	42	59	59	59
莆田市	11	11	11	11	22	22	21	15	11	11	14
齐齐哈尔市	—	2	2	8	8	9	9	9	9	9	15
秦皇岛市	141	135	126	141	139	147	143	143	151	183	175
清远市	160	189	199	194	194	190	191	191	196	198	200
衢州市	49	62	47	25	24	15	16	44	65	74	75
泉州市	177	179	177	184	189	183	194	196	201	202	197
三明市	45	45	45	45	45	52	52	52	52	52	59
汕头市	24	26	16	16	19	16	16	16	24	24	16
上饶市	78	74	74	86	115	121	132	125	124	124	142
韶关市	48	48	58	58	58	58	51	51	62	62	62
绍兴市	105	124	130	152	137	149	149	138	147	162	178
太仓市	85	85	85	85	88	96	85	85	85	85	85
泰安市	279	275	292	275	295	295	273	284	288	261	203
泰州市	39	39	39	46	57	57	58	52	52	59	52
唐山市	258	254	263	260	325	322	318	350	347	353	350
铜陵市	67	67	67	67	67	67	67	64	66	74	74
威海市	191	207	205	234	233	513	496	496	494	499	507
潍坊市	361	364	422	410	406	397	388	395	389	383	388
温岭市	15	9	10	10	10	10	10	13	20	20	31
文昌市	70	70	83	83	84	84	84	84	84	84	84
芜湖市	52	52	51	64	61	61	61	67	94	94	92
香河市	48	52	43	43	43	43	43	43	43	43	45
湘潭市	129	135	120	135	116	139	139	155	158	155	135
襄阳市	73	73	96	96	92	92	92	92	100	100	99
孝感市	110	107	100	103	104	119	119	133	129	129	127
忻州市	1	1	3	3	3	3	6	8	18	18	18
新乡市	193	274	269	265	246	246	195	200	234	230	250
新余市	5	4	4	4	5	9	8	16	16	14	13
宿迁市	51	57	102	83	80	80	80	74	74	97	79
宿州市	70	74	74	68	87	104	124	125	124	127	131
徐州市	164	195	206	226	257	244	266	272	274	280	278
宣城市	85	76	78	77	78	76	77	99	112	117	138

3-21　续表 4　　单位：万平方米

地区市	1–2 月	1–3 月	1–4 月	1–5 月	1–6 月	1–7 月	1–8 月	1–9 月	1–10 月	1–11 月	1–12 月
烟台市	506	508	507	501	496	493	477	478	433	453	465
盐城市	71	153	208	202	211	291	275	284	284	286	256
扬州市	66	76	106	106	105	124	196	196	262	270	276
阳江市	126	140	140	140	140	140	140	144	144	145	158
阳泉市	10	10	10	10	8	8	8	8	8	8	8
宜宾市	133	119	123	132	165	156	164	158	171	177	195
宜昌市	101	105	99	99	98	98	98	104	122	122	134
宜春市	226	226	220	226	224	219	221	221	223	235	232
宜兴市	93	104	100	112	112	112	112	107	107	107	107
鹰潭市	131	131	131	131	131	131	131	137	137	137	137
余姚市	27	35	27	24	31	27	27	29	29	30	28
岳阳市	475	481	485	488	495	489	469	470	459	453	457
运城市	260	263	256	243	246	240	240	237	235	231	205
枣庄市	111	122	124	128	128	122	126	129	135	157	149
湛江市	106	101	101	136	143	147	135	151	151	190	186
张家港市	9	9	9	9	9	9	14	14	21	21	37
张家口市	228	223	212	225	225	228	232	226	251	247	233
漳州市	409	447	434	438	438	477	480	482	496	462	464
肇庆市	294	322	323	323	329	332	333	360	293	298	302
镇江市	124	117	117	101	132	131	131	133	133	128	122
中山市	113	113	113	115	115	108	108	115	115	139	137
舟山市	43	40	45	45	38	38	38	40	42	42	46
珠海市	50	57	61	64	79	79	79	79	74	80	165
株洲市	282	289	288	273	274	274	262	262	280	271	275
遵义市	126	202	191	253	261	263	261	261	260	258	271

数据来源：国家统计局。

3-22　2019 年全国重点城市土地购置面积

单位：万平方米

地区市	1-2 月	1-3 月	1-4 月	1-5 月	1-6 月	1-7 月	1-8 月	1-9 月	1-10 月	1-11 月	1-12 月
一线城市											
北京市	9	13	15	16	31	44	55	66	79	121	144
上海市	4	26	55	63	74	85	91	97	97	119	145
广州市	9	24	10	9	29	29	60	47	82	94	148
深圳市	22	6	6	10	12	18	35	56	64	75	83
二线城市											
成都市	15	27	25	26	51	62	102	104	107	117	171
大连市	1	23	23	23	104	104	105	109	114	127	127
福州市	—	—	21	30	115	106	129	163	181	259	252
贵阳市	—	8	8	8	18	18	25	47	62	124	166
哈尔滨市	5	7	11	25	61	62	62	71	131	165	181
海口市	1	1	4	4	8	8	10	24	26	26	7
杭州市	24	—	9	9	22	22	42	46	27	57	110
合肥市	7	34	62	94	103	149	197	257	449	506	467
呼和浩特市	1	3	3	23	25	36	48	58	68	72	80
济南市	8	4	6	18	33	35	58	87	130	175	267
昆明市	12	13	35	62	71	73	99	122	141	180	265
兰州市	—	1	1	1	—	8	11	23	33	39	47
南昌市	26	32	32	30	52	60	60	66	66	66	125
南京市	16	31	31	33	51	54	62	64	73	79	95
南宁市	1	1	43	60	63	63	71	97	159	212	301
宁波市	17	5	10	15	—	—	—	—	—	—	—
青岛市	28	18	35	102	192	247	286	378	434	507	565
三亚市	—	—	—	—	11	11	16	16	16	16	11
厦门市	2	—	1	1	9	9	16	24	24	26	72
沈阳市	8	17	38	46	127	147	164	185	215	222	267
石家庄市	—	6	20	32	67	66	86	93	110	144	165
苏州市	9	41	47	64	111	123	170	206	286	327	373
太原市	—	9	21	21	94	103	119	156	184	202	215
天津市	—	39	57	94	153	196	217	337	431	607	549
温州市	—	—	—	62	67	85	107	138	186	209	215
乌鲁木齐市	—	—	—	22	40	56	72	93	107	74	77
无锡市	—	5	3	15	21	32	34	48	67	93	111
武汉市	43	43	41	41	49	68	79	88	101	118	179
西安市	—	7	8	10	21	21	21	35	48	47	57

3-22　续表 1　　单位：万平方米

地区市	1–2 月	1–3 月	1–4 月	1–5 月	1–6 月	1–7 月	1–8 月	1–9 月	1–10 月	1–11 月	1–12 月
西宁市	—	7	—	9	2	9	10	6	16	21	22
银川市	2	8	11	11	24	34	37	40	63	68	91
长春市	—	14	26	64	99	147	232	245	270	271	274
长沙市	—	7	47	77	104	81	116	126	160	172	233
郑州市	43	50	59	88	137	196	225	267	258	277	323
重庆市	52	90	129	170	230	287	324	414	496	574	642
三四线城市											
安庆市	22	32	28	29	44	60	65	106	138	170	155
鞍山市	—	—	5	5	12	28	30	30	30	30	30
蚌埠市	6	44	41	45	61	72	95	113	129	192	224
包头市	—	9	13	24	25	50	50	67	73	75	75
保定市	—	1	9	26	46	35	47	49	60	56	83
北海市	—	—	—	—	16	16	33	33	39	39	50
沧州市	—	4	7	11	40	86	101	114	137	147	173
常德市	23	23	30	39	63	49	54	63	80	99	257
常熟市	1	7	7	7	23	28	45	45	45	46	53
常州市	—	—	5	5	8	8	44	75	118	176	189
池州市	—	—	3	7	8	8	8	36	40	63	81
滁州市	3	13	48	76	82	86	108	139	152	197	206
慈溪市	8	3	3	3	3	7	10	67	67	80	80
大理市	1	1	2	2	1	—	—	—	—	8	12
大同市	—	—	—	—	—	10	20	21	21	49	55
丹东市	7	—	2	18	29	31	31	36	36	49	63
德州市	7	13	16	17	23	44	47	55	55	69	89
东莞市	—	—	—	—	2	2	10	16	21	27	30
东营市	12	12	12	12	19	22	32	38	43	43	43
奉化市	7	2	2	2	2	2	2	10	15	15	15
佛山市	—	1	1	10	37	58	58	72	73	88	110
抚州市	—	—	—	8	1	2	11	21	28	28	29
阜阳市	5	27	98	103	186	226	287	366	396	436	465
赣州市	2	2	2	2	14	20	37	31	79	89	113
固安市	—	—	—	—	—	—	1	1	1	1	1
桂林市	4	31	22	24	42	42	69	100	104	112	140
海门市	—	—	—	—	—	—	—	—	6	13	41
邯郸市	—	27	27	47	56	62	62	63	63	77	95
菏泽市	22	29	33	27	34	60	63	83	121	166	204
衡水市	—	8	8	12	16	16	18	18	18	18	24

3-22　续表 2　　单位：万平方米

地区市	1–2 月	1–3 月	1–4 月	1–5 月	1–6 月	1–7 月	1–8 月	1–9 月	1–10 月	1–11 月	1–12 月
湖州市	68	20	24	36	44	63	63	60	85	93	121
淮安市	10	24	24	29	36	26	26	31	39	53	66
淮北市	24	40	25	32	105	111	116	120	120	120	129
淮南市	6	14	14	31	37	50	58	58	84	84	120
黄冈市	0	7	10	10	13	16	19	30	28	29	36
黄山市	13	26	21	22	28	38	52	53	57	81	88
黄石市	3	7	7	7	8	8	15	16	17	17	17
惠州市	1	8	16	17	18	33	33	36	46	51	79
吉安市	—	—	7	22	21	35	35	51	53	57	57
吉林市	6	6	7	8	8	12	12	14	14	25	25
济宁市	24	35	42	64	79	78	104	144	166	173	181
嘉兴市	9	18	29	22	29	40	42	55	84	113	137
江门市	5	5	10	10	34	34	47	36	58	73	100
江阴市	—	—	—	—	3	3	5	5	5	28	34
焦作市	—	13	14	18	18	19	19	19	16	19	21
金华市	33	8	8	25	29	39	69	74	80	85	106
锦州市	—	—	—	12	16	16	22	22	27	50	50
晋城市	—	—	—	—	1	11	24	27	47	72	80
九江市	—	—	—	5	—	—	13	17	18	22	28
昆山市	—	—	—	9	9	20	20	20	20	20	27
莱芜市	—	3	6	8	8	11	11	11	11	11	14
廊坊市	11	11	13	18	18	18	18	25	55	67	68
丽水市	1	5	6	18	74	77	77	96	97	114	141
连云港市	—	5	10	11	13	15	15	19	19	25	25
临海市	—	—	2	2	2	2	2	6	11	11	16
临沂市	20	29	40	47	49	43	59	60	61	72	157
柳州市	7	12	12	35	63	63	70	73	76	105	140
六安市	17	32	32	51	79	128	142	156	175	202	206
龙岩市	—	1	6	21	29	30	33	49	49	58	65
泸州市	—	—	7	13	17	33	33	52	57	66	67
洛阳市	—	—	1	1	1	16	17	17	20	29	54
马鞍山市	3	3	3	8	13	13	17	25	31	35	46
眉山市	16	16	18	13	13	13	37	37	39	46	72
绵阳市	2	2	2	2	4	15	15	19	26	37	51
牡丹江市	—	—	—	—	—	—	1	1	1	3	3
南充市	4	4	36	36	43	54	55	79	82	90	129
南平市	—	2	2	7	7	15	15	42	81	81	94
南通市	7	11	20	31	44	53	60	72	78	93	134

3-22 续表 3

单位：万平方米

地区市	1–2 月	1–3 月	1–4 月	1–5 月	1–6 月	1–7 月	1–8 月	1–9 月	1–10 月	1–11 月	1–12 月
南阳市	1	6	10	10	10	11	11	24	32	37	41
宁德市	—	3	6	10	10	10	29	36	56	114	114
宁海市	—	—	—	6	9	17	22	25	25	25	68
平顶山市	—	5	5	10	12	13	15	22	27	33	35
萍乡市	—	—	12	12	22	22	22	22	22	22	22
莆田市	—	6	6	11	31	31	35	58	67	67	76
齐齐哈尔市	—	—	6	3	3	5	5	18	18	18	30
秦皇岛市	—	—	1	13	13	23	36	37	53	60	64
清远市	—	2	2	3	4	4	27	18	24	38	38
衢州市	4	18	—	—	1	1	17	39	76	94	95
泉州市	4	8	18	39	59	87	113	123	145	180	183
三明市	—	—	—	—	3	14	14	14	21	30	38
汕头市	0	9	9	4	8	8	9	10	24	24	14
上饶市	4	4	4	5	6	34	34	41	41	41	62
韶关市	—	8	8	9	14	16	14	14	26	29	37
绍兴市	7	13	15	35	52	95	109	153	175	229	273
太仓市	—	4	4	6	15	11	15	19	19	19	19
泰安市	16	36	51	67	77	77	77	87	100	107	128
泰州市	0	0	4	12	16	15	42	42	50	56	56
唐山市	—	5	30	33	74	74	76	134	139	161	192
铜陵市	25	37	37	42	42	43	43	43	63	86	86
威海市	18	18	25	39	39	80	148	161	177	190	207
潍坊市	20	23	49	86	109	108	108	145	147	180	225
温岭市	5	5	1	1	4	4	8	15	37	37	74
文昌市	—	4	4	4	4	4	4	4	4	4	7
芜湖市	—	—	6	20	31	32	45	58	65	65	65
香河市	11	11	11	11	11	11	11	11	11	11	11
湘潭市	4	10	10	15	16	31	32	32	37	37	51
襄阳市	10	10	13	13	13	13	13	17	32	32	52
孝感市	8	8	11	11	11	20	22	39	39	39	39
忻州市	2	2	2	3	3	5	15	20	20	26	27
新乡市	1	1	6	6	6	6	6	15	23	23	55
新余市	4	4	4	4	4	4	4	4	10	10	10
宿迁市	—	1	7	14	14	22	42	82	106	117	128
宿州市	7	27	47	77	78	95	141	145	158	162	191
徐州市	13	34	35	32	81	72	80	94	103	132	169
宣城市	18	26	32	41	73	74	81	121	133	178	194

3-22　续表 4

单位：万平方米

地区市	1-2 月	1-3 月	1-4 月	1-5 月	1-6 月	1-7 月	1-8 月	1-9 月	1-10 月	1-11 月	1-12 月
烟台市	11	63	54	39	44	50	51	64	65	73	93
盐城市	17	17	17	17	17	17	39	45	45	45	66
扬州市	18	35	41	41	41	60	142	166	171	195	229
阳江市	—	—	—	—	—	—	—	—	—	—	—
阳泉市	—	—	—	—	6	7	9	12	12	12	13
宜宾市	15	18	18	32	61	62	81	80	112	112	168
宜昌市	8	8	9	9	18	15	15	20	22	22	29
宜春市	—	5	9	9	9	54	61	63	70	84	96
宜兴市	—	—	—	12	16	16	16	16	16	17	23
鹰潭市	1	1	1	1	8	8	8	13	14	14	14
余姚市	—	—	3	3	3	3	3	5	9	13	19
岳阳市	3	5	9	12	33	30	41	48	64	65	66
运城市	3	3	3	3	9	10	20	40	40	21	31
枣庄市	27	27	27	27	27	27	30	52	67	83	97
湛江市	17	31	29	43	50	51	51	73	80	81	178
张家港市	—	4	4	5	6	6	6	13	91	96	118
张家口市	—	—	9	31	39	47	53	60	82	83	89
漳州市	0.42	3	12	36	40	53	74	81	95	126	138
肇庆市	6	6	7	12	25	19	21	43	39	41	41
镇江市	7	14	14	21	45	50	50	65	88	88	94
中山市	—	—	—	—	—	—	—	—	—	—	4
舟山市	—	—	—	—	—	4	4	6	8	14	35
珠海市	1	2	2	—	40	42	45	49	51	64	104
株洲市	5	9	15	47	53	53	54	63	69	75	118
遵义市	2	4	2	2	4	13	24	24	72	63	100

数据来源：国家统计局。

3-23 2019年全国重点城市土地购置费

单位：亿元

地区市	1–2月	1–3月	1–4月	1–5月	1–6月	1–7月	1–8月	1–9月	1–10月	1–11月	1–12月
一线城市											
北京市	169	329	428	589	816	1026	1182	1365	1588	1798	1861
上海市	258	400	554	705	860	1024	1212	1391	1581	1783	1964
广州市	98	210	335	517	879	983	1205	1412	1572	1720	1781
深圳市	53	114	206	339	498	581	698	824	974	1162	1258
二线城市											
成都市	84	167	252	331	444	495	582	662	758	828	878
大连市	21	60	75	101	192	232	265	296	311	326	331
福州市	143	249	329	379	446	525	597	709	773	849	902
贵阳市	21	78	80	96	158	185	221	233	256	278	324
哈尔滨市	—	2	23	55	96	114	128	175	196	228	238
海口市	0.38	1	6	11	26	28	29	30	36	46	49
杭州市	118	288	430	624	903	1037	1225	1441	1641	1850	1943
合肥市	80	176	281	398	505	589	674	766	806	839	875
呼和浩特市	—	2	6	10	12	22	35	62	74	79	76
济南市	42	85	124	184	231	260	304	339	372	403	412
昆明市	25	70	113	169	243	260	347	439	491	559	634
兰州市	6	9	15	26	41	55	72	115	133	150	157
南昌市	23	32	47	64	100	137	194	237	275	314	358
南京市	119	264	405	593	721	799	890	1021	1124	1202	1222
南宁市	31	113	168	225	319	336	386	437	501	580	706
宁波市	101	209	293	378	463	565	641	729	761	837	826
青岛市	35	75	134	190	306	349	409	456	521	576	576
三亚市	2	2	2	2	2	3	3	5	6	9	11
厦门市	59	101	149	187	237	266	278	288	326	369	393
沈阳市	8	129	190	213	297	348	391	486	540	558	565
石家庄市	4	11	19	34	45	60	72	93	109	123	134
苏州市	121	317	467	626	786	906	1018	1113	1188	1254	1282
太原市	0	23	46	84	142	172	197	208	229	237	240
天津市	131	423	540	728	913	1005	1095	1258	1316	1347	1319
温州市	—	—	—	292	361	395	453	499	545	673	679
乌鲁木齐市	0.21	1	5	16	25	57	78	91	121	144	148
无锡市	12	45	85	132	226	268	323	394	444	489	508
武汉市	43	168	278	367	554	600	725	870	968	1038	1079
西安市	23	53	82	114	190	201	232	285	330	354	429

3-23 续表 1 单位：亿元

地区市	1-2 月	1-3 月	1-4 月	1-5 月	1-6 月	1-7 月	1-8 月	1-9 月	1-10 月	1-11 月	1-12 月
西宁市	—	2	15	27	53	60	65	71	75	76	77
银川市	0.2	1	9	16	25	36	42	54	56	60	62
长春市	—	2	15	82	120	140	205	221	242	254	256
长沙市	25	43	75	105	141	176	220	257	293	314	331
郑州市	68	188	265	380	476	575	675	795	888	966	1097
重庆市	98	240	342	491	713	789	908	1108	1208	1325	1414
三四线城市											
安庆市	6	12	17	24	31	42	49	54	59	64	71
鞍山市	2	8	10	12	16	18	19	22	23	25	25
蚌埠市	9	19	27	36	49	63	81	93	100	110	125
包头市	1	3	16	22	29	43	49	65	67	67	55
保定市	1	9	14	22	77	91	112	120	128	136	159
北海市	—	—	—	22	36	37	43	58	61	68	78
沧州市	1	14	23	31	47	71	82	95	104	115	119
常德市	2	3	5	8	14	17	22	28	31	41	47
常熟市	6	27	41	64	77	83	89	96	100	104	106
常州市	23	60	111	161	222	253	298	327	384	435	452
池州市	0.36	1	1	2	2	3	5	5	5	7	10
滁州市	6	14	21	29	38	46	59	69	74	78	82
慈溪市	10	26	32	34	41	58	58	70	75	81	81
大理市	2	8	11	13	15	17	18	20	22	25	26
大同市	—	3	7	13	28	34	35	38	39	40	42
丹东市	0.06	0.3	1	3	5	5	5	8	8	12	13
德州市	2	6	7	9	9	16	22	27	28	27	27
东莞市	23	42	55	79	122	155	189	244	275	301	339
东营市	0.24	2	6	9	17	19	23	32	45	46	39
奉化市	8	18	19	26	27	34	42	51	52	53	53
佛山市	58	107	163	256	467	562	620	694	735	839	934
抚州市	1	1	2	5	5	6	7	9	10	10	11
阜阳市	25	49	73	96	124	146	171	191	211	231	248
赣州市	2	3	11	12	16	22	30	36	41	44	47
固安市	—	0.18	0.18	0.18	0.18	0.19	1	1	1	1	1
桂林市	1	6	7	10	15	22	27	30	35	41	52
海门市	0.13	1	1	1	2	2	2	2	3	3	13
邯郸市	0.18	2	5	7	10	15	24	31	32	37	39
菏泽市	1	3	4	5	6	7	8	9	13	13	13
衡水市	1	5	8	13	18	24	27	31	34	39	43

3-23 续表 2 单位：亿元

地区市	1–2 月	1–3 月	1–4 月	1–5 月	1–6 月	1–7 月	1–8 月	1–9 月	1–10 月	1–11 月	1–12 月
湖州市	45	54	73	103	126	148	175	180	189	160	127
淮安市	6	12	12	13	17	24	31	33	37	44	44
淮北市	3	5	8	10	20	23	27	31	33	34	35
淮南市	4	9	17	23	28	34	39	46	54	62	71
黄冈市	1	1	2	3	5	7	9	11	14	16	18
黄山市	3	6	8	11	15	16	18	19	20	23	26
黄石市	3	7	12	13	16	20	22	27	29	29	29
惠州市	9	22	38	52	67	82	99	119	131	144	162
吉安市	1	1	4	6	9	11	11	12	12	12	12
吉林市	—	—	1	4	15	17	18	19	19	22	22
济宁市	18	24	16	23	29	34	39	43	48	52	52
嘉兴市	55	97	145	207	285	320	343	388	420	448	444
江门市	7	22	38	66	112	121	141	165	180	207	225
江阴市	1	5	9	11	21	23	34	40	50	67	68
焦作市	0.35	2	5	7	6	6	6	6	6	6	6
金华市	30	94	103	107	147	169	197	254	292	277	274
锦州市	0.4	0.43	1	5	6	7	8	12	13	20	20
晋城市	—	2	2	5	7	9	13	17	20	24	25
九江市	0.1	1	3	5	7	7	12	12	14	15	16
昆山市	7	21	49	64	83	91	105	109	113	119	138
莱芜市	2	6	7	10	10	12	12	12	12	11	11
廊坊市	0.34	3	6	8	11	12	15	17	28	35	41
丽水市	11	19	33	41	48	54	56	64	66	70	71
连云港市	0.1	2	4	7	8	10	12	13	15	21	21
临海市	8	4	7	8	27	27	27	32	32	45	46
临沂市	4	7	13	22	30	38	47	56	69	85	91
柳州市	8	22	34	52	69	73	85	95	130	139	170
六安市	5	14	23	32	42	53	64	79	88	98	107
龙岩市	4	13	23	29	35	35	42	58	76	79	80
泸州市	15	19	26	30	72	80	88	102	104	104	104
洛阳市	—	1	1	1	4	9	17	20	27	32	42
马鞍山市	1	7	11	14	18	25	27	33	36	40	45
眉山市	21	30	38	52	62	71	83	94	109	119	131
绵阳市	5	7	8	10	13	15	18	20	24	28	32
牡丹江市	—	0.01	0.02	0.02	0.1	0.1	0.21	1	1	1	1
南充市	2	4	9	20	30	33	46	65	73	80	85
南平市	1	11	6	12	13	24	27	30	41	45	52
南通市	21	59	85	113	155	202	219	236	255	265	286

3-23 续表 3

单位：亿元

地区市	1-2 月	1-3 月	1-4 月	1-5 月	1-6 月	1-7 月	1-8 月	1-9 月	1-10 月	1-11 月	1-12 月
南阳市	0.21	1	2	2	2	2	2	3	4	5	5
宁德市	5	8	26	28	30	41	44	52	57	83	89
宁海市	8	8	10	13	18	18	26	38	38	45	47
平顶山市	0.01	2	2	5	7	7	8	11	12	18	19
萍乡市	0.2	0.46	0.46	1	2	3	3	3	4	4	4
莆田市	2	24	23	26	41	45	58	81	86	93	103
齐齐哈尔市	—	—	0.2	1	6	7	9	10	10	12	15
秦皇岛市	4	8	12	15	19	22	25	30	35	39	42
清远市	4	12	19	25	31	40	47	54	61	70	75
衢州市	13	30	42	51	62	67	69	75	92	102	107
泉州市	19	52	66	98	131	160	186	188	208	217	236
三明市	0.2	1	5	7	15	22	23	29	31	37	41
汕头市	2	15	21	28	30	40	45	48	48	54	71
上饶市	3	14	17	18	21	26	29	41	43	47	50
韶关市	1	3	4	6	8	9	9	12	16	23	28
绍兴市	43	76	134	165	201	235	272	327	371	419	421
太仓市	3	13	22	33	39	41	48	56	60	68	69
泰安市	1	2	4	6	11	13	15	17	18	19	21
泰州市	6	19	24	41	49	52	64	71	84	91	100
唐山市	1	5	8	14	27	32	36	41	43	49	50
铜陵市	2	4	8	11	14	17	19	20	22	25	27
威海市	8	15	20	24	28	29	37	41	44	56	59
潍坊市	5	16	25	36	53	68	79	100	110	125	138
温岭市	4	10	12	16	30	37	45	59	68	69	81
文昌市	1	3	4	4	6	7	8	10	11	13	16
芜湖市	9	19	27	40	61	74	95	115	119	123	130
香河市	—	—	—	—	—	0.15	0.15	0.15	0.15	0.15	0.15
湘潭市	5	6	6	9	13	16	19	22	26	29	33
襄阳市	2	3	6	7	9	14	18	21	23	26	28
孝感市	0.24	3	5	6	7	10	13	16	17	18	19
忻州市	—	0.19	1	3	8	9	9	10	10	12	12
新乡市	0.33	0.48	2	3	5	5	14	16	22	23	24
新余市	—	—	—	—	—	—	—	0.01	0.03	0.23	0.29
宿迁市	7	19	30	34	35	39	44	58	64	72	77
宿州市	4	7	12	19	24	34	48	56	63	72	80
徐州市	7	24	37	44	67	85	125	154	162	189	202
宣城市	2	5	11	21	25	32	38	41	44	47	55

3-23 续表4

单位：亿元

地区市	1–2月	1–3月	1–4月	1–5月	1–6月	1–7月	1–8月	1–9月	1–10月	1–11月	1–12月
烟台市	2	14	24	36	44	51	55	65	68	69	71
盐城市	9	17	20	24	31	33	34	37	41	43	50
扬州市	16	47	74	90	99	124	137	173	182	197	221
阳江市	—	0.15	0.25	0.25	1	1	1	1	1	2	2
阳泉市	—	0.1	0.27	1	2	2	2	2	2	2	3
宜宾市	4	11	13	16	20	41	51	61	70	82	94
宜昌市	4	18	21	23	28	33	38	41	42	43	47
宜春市	0.29	0.38	1	4	8	10	15	16	16	19	19
宜兴市	1	6	10	16	25	32	36	40	43	45	48
鹰潭市	0.22	0.22	0.24	1	5	5	6	9	9	9	9
余姚市	15	17	21	37	40	40	42	52	59	60	60
岳阳市	3	3	4	5	7	8	9	10	12	13	15
运城市	—	4	6	7	12	10	17	23	27	28	30
枣庄市	0.11	2	8	11	15	17	29	36	41	47	50
湛江市	1	18	25	33	63	69	72	79	89	113	119
张家港市	11	24	37	45	57	65	67	78	84	89	91
张家口市	0.1	0.21	1	5	9	15	18	23	29	33	38
漳州市	49	70	83	116	133	153	166	176	201	230	256
肇庆市	7	23	35	48	60	70	77	80	84	96	101
镇江市	9	26	31	38	46	57	63	65	74	82	87
中山市	14	44	53	71	81	90	95	106	109	122	127
舟山市	12	38	45	48	51	54	61	72	81	86	90
珠海市	16	43	78	109	142	176	208	255	283	336	349
株洲市	4	9	15	19	26	31	36	42	51	59	63
遵义市	5	14	19	30	41	43	53	55	60	81	92

数据来源：国家统计局。

3-24 2019年全国重点城市房地产开发投资额

单位：亿元

地区市	1–2月	1–3月	1–4月	1–5月	1–6月	1–7月	1–8月	1–9月	1–10月	1–11月	1–12月
一线城市											
北京市	339	659	881	1212	1664	2032	2346	2741	3116	3490	3838
上海市	627	937	1230	1537	1883	2230	2584	2966	3349	3750	4231
广州市	301	497	712	993	1478	1682	2014	2339	2594	2849	3102
深圳市	255	447	646	900	1223	1449	1714	2042	2389	2761	3042
二线城市											
成都市	310	515	721	945	1239	1418	1665	1910	2162	2381	2612
大连市	63	143	188	246	377	452	519	585	633	677	711
福州市	202	438	599	735	897	1057	1205	1417	1544	1691	1813
贵阳市	137	267	330	407	583	687	818	922	1034	1147	1266
哈尔滨市	2	20	60	130	235	295	348	448	511	585	620
海口市	39	98	128	169	223	255	288	328	372	414	481
杭州市	321	578	814	1104	1504	1755	2063	2410	2733	3069	3397
合肥市	194	339	493	667	832	968	1110	1263	1355	1451	1556
呼和浩特市	1	10	19	35	46	76	106	156	187	210	223
济南市	172	325	448	587	750	873	1006	1140	1270	1399	1489
昆明市	166	336	478	639	854	988	1204	1439	1623	1863	2096
兰州市	27	53	87	134	199	252	311	400	460	511	551
南昌市	90	153	215	271	355	452	554	649	735	824	913
南京市	293	575	829	1129	1372	1560	1745	1989	2197	2379	2501
南宁市	123	266	370	482	664	743	855	976	1100	1259	1496
宁波市	216	377	509	656	830	1000	1155	1331	1443	1613	1704
青岛市	129	237	391	585	868	1006	1166	1313	1477	1670	1804
三亚市	47	64	80	96	118	137	155	174	201	241	300
厦门市	111	209	297	374	482	543	594	665	752	836	900
沈阳市	45	210	326	421	595	720	831	1003	1110	1163	1175
石家庄市	42	119	208	308	494	559	636	711	784	849	888
苏州市	343	649	899	1177	1460	1703	1943	2158	2348	2533	2686
太原市	34	95	149	230	333	399	461	518	586	632	697
天津市	220	587	866	1213	1557	1784	1981	2262	2424	2570	2757
温州市	144	234	328	478	610	692	793	884	974	1154	1204
乌鲁木齐市	9	16	34	68	104	178	240	328	435	512	544
无锡市	133	262	378	487	653	773	899	1047	1165	1279	1355
武汉市	264	562	825	1084	1551	1745	2029	2329	2548	2750	2966
西安市	144	289	429	614	905	1042	1207	1452	1619	1791	2008

3–24 续表 1

单位：亿元

地区市	1–2 月	1–3 月	1–4 月	1–5 月	1–6 月	1–7 月	1–8 月	1–9 月	1–10 月	1–11 月	1–12 月
西宁市	1	12	38	68	144	173	199	226	263	291	295
银川市	4	20	45	70	103	138	167	204	230	255	275
长春市	4	30	92	224	327	416	567	676	780	842	877
长沙市	162	280	419	564	763	910	1094	1298	1459	1576	1672
郑州市	257	568	841	1138	1447	1760	2027	2337	2616	2933	3350
重庆市	477	878	1237	1634	2128	2454	2830	3322	3669	4035	4439
三四线城市											
安庆市	25	48	69	93	114	137	159	175	190	207	228
鞍山市	8	27	38	54	76	86	97	110	118	126	130
蚌埠市	67	131	189	253	353	424	481	532	563	604	653
包头市	5	19	45	72	102	133	153	198	217	229	225
保定市	17	62	98	156	339	398	464	522	562	601	647
北海市	11	25	46	72	101	115	131	153	167	185	211
沧州市	11	54	85	109	153	187	214	248	273	299	319
常德市	25	45	69	91	123	147	173	214	243	285	323
常熟市	24	53	74	106	130	158	177	195	210	228	242
常州市	85	163	241	321	426	500	577	656	754	842	893
池州市	9	17	24	30	37	43	53	58	63	71	80
滁州市	42	84	123	169	225	285	348	409	443	456	481
慈溪市	27	51	66	80	103	135	154	180	202	231	250
大理市	11	31	38	45	52	59	65	73	81	94	102
大同市	3	13	25	40	73	88	97	113	122	134	147
丹东市	2	15	25	38	60	68	75	84	87	94	100
德州市	33	62	82	103	132	173	209	246	281	316	351
东莞市	92	150	201	265	344	416	488	590	655	721	797
东营市	8	20	33	44	81	102	125	152	184	191	185
奉化市	15	30	37	49	57	69	83	98	107	112	115
佛山市	193	361	512	704	1059	1229	1401	1596	1739	1935	2147
抚州市	17	29	41	57	73	90	102	113	123	130	133
阜阳市	91	167	252	337	417	478	550	612	667	718	772
赣州市	39	77	111	141	164	196	227	263	287	310	327
固安市	6	19	31	43	49	55	73	88	101	106	109
桂林市	29	70	92	122	163	190	219	247	276	317	370
海门市	16	25	34	40	46	52	59	65	71	78	98
邯郸市	23	76	114	149	210	258	303	342	364	404	426
菏泽市	38	75	102	126	158	185	211	246	280	311	313
衡水市	10	35	58	77	116	145	166	186	204	223	239

3-24　续表 2　　单位：亿元

地区市	1–2 月	1–3 月	1–4 月	1–5 月	1–6 月	1–7 月	1–8 月	1–9 月	1–10 月	1–11 月	1–12 月
湖州市	97	135	186	256	319	394	464	516	569	584	599
淮安市	44	72	94	114	139	167	196	217	238	264	286
淮北市	13	27	43	69	95	116	135	152	162	168	173
淮南市	25	49	77	104	132	160	186	212	240	270	304
黄冈市	26	54	76	92	127	146	174	204	232	250	268
黄山市	18	39	53	66	83	93	103	113	125	142	161
黄石市	18	39	58	67	91	106	125	149	159	163	171
惠州市	127	232	334	420	537	619	712	843	934	1032	1150
吉安市	13	26	38	50	61	75	83	93	98	102	104
吉林市	5	9	15	30	52	63	76	90	98	110	119
济宁市	51	107	133	181	230	277	317	360	398	429	458
嘉兴市	125	208	299	408	541	623	695	798	873	949	980
江门市	56	117	169	234	340	390	448	516	575	652	717
江阴市	22	53	75	97	126	149	179	203	229	260	269
焦作市	8	20	33	54	65	72	76	85	92	100	105
金华市	63	144	173	201	269	316	368	456	520	536	573
锦州市	3	8	13	29	43	46	52	62	67	78	79
晋城市	3	6	9	15	23	32	42	51	59	69	77
九江市	14	28	41	57	73	86	107	123	131	143	151
昆山市	48	86	131	172	215	247	281	305	326	351	390
莱芜市	16	28	33	39	51	66	78	86	92	86	88
廊坊市	23	73	123	170	233	278	334	391	436	474	511
丽水市	26	43	65	81	102	123	138	162	179	199	215
连云港市	37	72	92	122	152	176	202	233	261	296	317
临海市	10	10	16	20	45	49	54	64	70	86	90
临沂市	59	112	164	219	276	327	369	422	474	532	596
柳州市	30	69	100	143	193	214	249	287	349	397	468
六安市	38	76	110	151	193	231	267	307	333	361	386
龙岩市	10	45	69	93	124	142	174	209	241	260	279
泸州市	49	86	122	151	221	256	291	336	365	385	399
洛阳市	29	63	99	136	172	194	231	268	302	334	366
马鞍山市	21	46	66	87	114	136	155	181	201	220	242
眉山市	58	84	110	151	181	212	246	281	319	361	399
绵阳市	38	60	79	100	123	143	163	183	205	229	262
牡丹江市	—	1	4	11	21	26	33	43	55	62	63
南充市	34	58	82	119	164	192	229	279	313	345	382
南平市	12	40	54	61	73	96	117	143	175	196	218
南通市	145	239	313	380	464	570	635	704	771	830	914

3-24 续表 3

单位：亿元

地区市	1-2 月	1-3 月	1-4 月	1-5 月	1-6 月	1-7 月	1-8 月	1-9 月	1-10 月	1-11 月	1-12 月
南阳市	21	46	69	90	111	129	147	166	190	212	236
宁德市	23	42	70	80	96	117	133	153	169	210	226
宁海市	12	15	19	26	33	36	46	61	64	75	83
平顶山市	10	27	39	53	64	74	87	101	114	132	147
萍乡市	5	10	15	21	26	31	36	41	47	52	58
莆田市	43	117	140	171	219	243	270	321	352	384	418
齐齐哈尔市	0.01	0.2	3	9	19	27	36	46	53	58	63
秦皇岛市	16	37	51	70	98	110	126	151	167	185	199
清远市	63	101	127	160	192	236	275	310	344	377	425
衢州市	28	52	72	92	117	129	140	157	188	203	220
泉州市	92	191	269	357	463	548	628	714	785	853	917
三明市	12	27	44	55	72	85	91	107	113	125	136
汕头市	35	74	105	142	178	206	221	250	269	295	341
上饶市	23	47	62	75	91	109	125	152	170	189	204
韶关市	27	39	52	67	85	99	116	133	151	173	196
绍兴市	86	165	262	324	400	471	540	630	708	793	825
太仓市	17	36	57	82	98	116	132	148	162	177	188
泰安市	24	38	56	72	98	119	133	159	171	187	206
泰州市	45	82	101	139	165	187	222	248	282	311	350
唐山市	17	67	95	138	221	240	272	308	337	370	380
铜陵市	16	33	50	68	85	98	109	124	136	150	169
威海市	36	68	98	134	164	196	228	266	316	360	383
潍坊市	50	114	181	256	341	413	476	565	635	706	763
温岭市	13	24	30	39	60	73	86	106	125	135	154
文昌市	6	11	16	24	37	42	50	57	65	76	86
芜湖市	68	110	147	196	255	300	350	407	430	448	484
香河市	3	7	10	12	17	21	24	28	31	34	39
湘潭市	27	40	55	77	101	121	147	173	201	231	264
襄阳市	23	55	81	100	131	156	179	206	232	251	264
孝感市	16	51	76	84	99	117	139	158	177	185	198
忻州市	1	4	6	12	19	23	24	26	28	32	35
新乡市	31	59	91	122	162	173	208	235	269	308	331
新余市	2	5	7	9	11	13	14	16	19	21	22
宿迁市	37	69	95	122	145	166	191	226	256	295	326
宿州市	29	56	82	117	153	188	227	256	282	313	350
徐州市	94	157	214	269	350	426	518	619	690	774	853
宣城市	19	36	58	85	108	132	154	172	187	204	227

3-24　续表 4

单位：亿元

地区市	1-2 月	1-3 月	1-4 月	1-5 月	1-6 月	1-7 月	1-8 月	1-9 月	1-10 月	1-11 月	1-12 月
烟台市	57	128	190	274	348	425	471	537	590	637	662
盐城市	96	143	176	205	236	278	298	322	354	383	426
扬州市	91	178	239	294	349	409	455	525	576	640	696
阳江市	22	37	53	68	83	95	109	123	138	152	166
阳泉市	1	2	5	9	13	15	17	19	21	23	26
宜宾市	45	71	93	116	146	190	222	258	291	326	357
宜昌市	24	53	81	102	143	172	195	212	230	246	264
宜春市	22	42	65	89	109	128	151	170	185	206	217
宜兴市	12	28	39	51	69	83	96	110	124	133	142
鹰潭市	7	12	15	23	35	38	42	49	52	55	58
余姚市	24	30	37	56	64	68	75	90	104	112	121
岳阳市	26	36	49	64	83	101	118	139	162	182	205
运城市	6	21	30	37	68	78	91	109	124	141	150
枣庄市	21	50	80	98	113	128	156	181	201	229	257
湛江市	44	111	136	168	252	282	306	362	400	462	501
张家港市	29	51	74	96	123	139	157	178	196	211	219
张家口市	4	14	33	59	104	132	159	202	245	275	292
漳州市	135	212	256	333	406	461	519	574	642	697	769
肇庆市	41	80	121	164	218	254	294	335	367	415	457
镇江市	69	109	134	168	200	235	263	294	334	375	403
中山市	78	147	179	227	272	314	353	399	427	474	526
舟山市	27	63	76	92	110	124	139	161	179	194	211
珠海市	99	164	236	311	394	472	546	646	714	807	893
株洲市	36	65	99	128	167	200	233	272	320	364	403
遵义市	51	94	138	195	264	301	348	395	438	494	545

数据来源：国家统计局。

3-25 2019年全国重点城市商品房销售额

单位：亿元

地区	1–2月	1–3月	1–4月	1–5月	1–6月	1–7月	1–8月	1–9月	1–10月	1–11月	1–12月
一线城市											
北京市	272	531	898	1162	1526	1865	2143	2353	2600	2863	3372
上海市	594	970	1466	1821	2311	2888	3251	3881	4337	4675	5204
广州市	293	592	855	1132	1543	1774	2019	2303	2535	2788	3275
深圳市	346	610	989	1277	1801	2060	2316	2732	3225	3777	4500
二线城市											
成都市	360	720	966	1269	1689	1938	2167	2502	2781	3257	3851
大连市	43	118	193	295	394	469	542	610	667	724	789
福州市	270	564	707	849	1157	1317	1441	1644	1803	1951	2333
贵阳市	100	222	286	357	527	591	683	775	864	966	1163
哈尔滨市	32	105	185	268	357	427	517	657	772	871	957
海口市	94	118	179	214	301	356	415	483	529	595	678
杭州市	353	617	963	1291	1660	1981	2248	2646	2905	3305	3924
合肥市	179	342	482	629	860	998	1125	1272	1396	1510	1767
呼和浩特市	3	35	48	69	89	116	134	157	202	280	327
济南市	75	247	347	462	632	725	824	958	1083	1202	1317
昆明市	171	348	494	652	878	1043	1211	1413	1606	1860	2146
兰州市	43	79	115	153	207	263	325	394	446	498	548
南昌市	83	207	315	424	658	800	997	1189	1336	1496	1817
南京市	152	330	529	797	1097	1286	1496	1789	1949	2174	2510
南宁市	121	233	356	460	590	720	835	969	1124	1258	1517
宁波市	179	461	719	917	1280	1492	1711	1934	2122	2307	2583
青岛市	134	321	477	686	906	1049	1215	1467	1612	1896	2247
三亚市	81	132	142	162	191	200	216	251	259	277	307
厦门市	108	185	298	370	604	706	799	895	980	1084	1223
沈阳市	84	197	312	422	594	752	904	1101	1231	1371	1481
石家庄市	35	87	133	213	347	403	455	495	551	632	728
苏州市	404	735	1096	1434	1755	2195	2457	2768	3072	3356	3729
太原市	52	147	223	317	406	476	542	603	700	771	829
天津市	145	357	594	795	1086	1270	1496	1700	1867	2059	2298
温州市	—	—	—	451	788	818	945	1198	1318	1491	1625
乌鲁木齐市	35	71	110	165	201	242	289	348	420	496	571
无锡市	99	267	431	592	818	967	1108	1333	1488	1635	1920
武汉市	335	831	1169	1501	2352	2628	2970	3482	3707	4189	4751
西安市	182	406	577	800	1164	1357	1522	1842	2057	2327	2727

3-25　续表 1

单位：亿元

地区	1–2 月	1–3 月	1–4 月	1–5 月	1–6 月	1–7 月	1–8 月	1–9 月	1–10 月	1–11 月	1–12 月
西宁市	13	37	52	64	125	153	174	205	233	276	306
银川市	32	67	96	123	152	190	231	270	334	378	438
长春市	74	180	260	396	536	644	767	868	985	1115	1178
长沙市	133	247	383	491	799	940	1090	1294	1490	1697	2021
郑州市	233	564	826	1076	1514	1808	2065	2394	2627	2886	3404
重庆市	582	1096	1572	2029	2620	3004	3346	3826	4190	4522	5129
三四线城市											
安庆市	29	57	85	116	142	157	171	198	222	240	265
鞍山市	7	14	25	34	52	62	72	83	106	117	124
蚌埠市	53	109	148	189	239	281	321	369	401	442	490
包头市	8	29	52	80	111	132	158	203	249	277	301
保定市	10	36	55	67	127	165	187	243	267	320	416
北海市	26	46	80	114	146	170	193	218	226	244	287
沧州市	6	15	22	37	159	177	200	234	253	281	317
常德市	21	38	75	100	124	146	165	192	231	283	326
常熟市	26	46	64	100	138	188	211	250	280	314	331
常州市	89	172	287	428	549	643	753	859	944	1028	1142
池州市	14	29	37	45	55	65	72	80	87	96	113
滁州市	64	133	174	228	330	374	436	496	553	615	689
慈溪市	26	90	140	185	254	326	361	389	435	475	515
大理市	5	17	22	32	39	56	65	70	76	82	93
大同市	5	11	21	28	40	46	55	82	95	108	130
丹东市	6	21	27	33	42	51	60	70	79	85	97
德州市	32	76	111	151	226	267	305	354	388	423	486
东莞市	115	227	332	456	586	719	828	969	1103	1219	1370
东营市	8	21	37	54	76	96	108	139	158	170	187
奉化市	26	48	78	97	132	148	159	171	189	218	241
佛山市	177	534	713	875	1288	1432	1583	1846	2022	2323	2653
抚州市	34	77	104	128	171	186	209	245	268	285	311
阜阳市	61	130	190	242	327	388	452	542	618	688	761
赣州市	65	121	171	230	302	344	411	503	568	653	761
固安市	5	19	27	38	48	63	71	86	94	228	349
桂林市	34	74	108	140	192	225	258	295	329	365	451
海门市	13	31	56	81	106	121	133	149	158	170	203
邯郸市	5	81	109	123	142	159	180	216	245	276	310
菏泽市	33	83	116	150	189	226	275	314	351	388	430
衡水市	9	23	35	51	71	100	110	163	196	223	259

3-25 续表 2

单位：亿元

地区	1-2 月	1-3 月	1-4 月	1-5 月	1-6 月	1-7 月	1-8 月	1-9 月	1-10 月	1-11 月	1-12 月
湖州市	66	134	203	314	441	520	605	733	806	873	985
淮安市	55	98	132	212	277	309	350	381	411	454	534
淮北市	11	20	35	46	54	63	71	106	120	132	152
淮南市	21	36	51	66	86	104	119	134	152	174	206
黄冈市	28	61	79	107	136	155	175	202	227	241	265
黄山市	14	36	40	47	63	70	77	90	101	113	131
黄石市	14	29	41	54	90	111	141	158	180	194	223
惠州市	115	308	439	581	801	910	1054	1315	1501	1675	1877
吉安市	19	35	51	67	88	106	122	143	155	170	186
吉林市	9	23	36	49	70	83	101	113	128	148	156
济宁市	29	77	121	163	238	317	390	457	516	563	621
嘉兴市	57	173	325	477	709	791	900	1039	1129	1266	1431
江门市	48	97	138	183	250	293	342	382	425	465	515
江阴市	10	47	66	83	132	161	179	203	230	264	305
焦作市	5	16	22	32	47	55	66	79	89	102	122
金华市	61	118	180	247	304	388	466	549	616	699	814
锦州市	4	7	11	20	26	29	31	36	39	42	49
晋城市	2	4	7	10	12	15	17	19	26	31	38
九江市	36	68	97	130	181	208	241	292	329	364	455
昆山市	124	179	240	282	321	360	411	447	484	519	578
莱芜市	4	20	26	27	39	46	49	55	57	60	64
廊坊市	24	100	146	185	235	272	303	396	435	639	823
丽水市	42	64	95	115	136	152	185	200	210	231	289
连云港市	35	57	82	101	128	159	195	238	275	342	394
临海市	14	31	37	45	65	68	76	87	95	103	122
临沂市	69	152	226	294	377	438	498	569	644	733	878
柳州市	34	81	110	157	231	250	272	321	371	424	511
六安市	44	81	107	144	197	234	266	302	336	365	405
龙岩市	29	57	77	104	145	161	191	235	249	271	304
泸州市	80	128	157	190	241	292	360	483	509	538	576
洛阳市	42	96	129	168	253	282	317	372	400	442	604
马鞍山市	14	37	55	74	113	131	144	163	177	192	214
眉山市	55	106	142	186	226	260	299	327	361	434	488
绵阳市	58	98	122	153	202	233	268	314	339	380	468
牡丹江市	3	10	15	21	32	41	52	61	69	75	83
南充市	75	164	207	265	341	387	433	520	558	598	700
南平市	34	58	78	107	128	145	161	185	200	226	254
南通市	144	303	455	645	880	1038	1217	1400	1531	1649	1810

3-25　续表 3

单位：亿元

地区	1-2 月	1-3 月	1-4 月	1-5 月	1-6 月	1-7 月	1-8 月	1-9 月	1-10 月	1-11 月	1-12 月
南阳市	30	64	91	115	146	172	198	232	263	289	331
宁德市	20	37	53	68	86	107	124	160	177	199	236
宁海市	9	19	26	31	37	45	64	68	74	78	92
平顶山市	15	36	48	65	85	104	126	141	173	201	254
萍乡市	12	25	34	43	54	61	69	78	93	105	122
莆田市	47	75	102	127	200	232	253	284	315	349	393
齐齐哈尔市	2	7	12	17	23	28	33	38	47	53	58
秦皇岛市	10	59	73	90	140	169	188	213	231	253	299
清远市	59	106	149	210	273	320	366	414	470	525	570
衢州市	16	40	59	80	101	116	134	153	181	210	240
泉州市	178	380	424	509	625	719	823	961	1055	1149	1274
三明市	14	42	54	70	103	115	129	155	171	188	224
汕头市	22	59	77	118	197	226	244	276	297	321	349
上饶市	35	75	101	130	171	210	239	280	311	353	410
韶关市	28	47	65	83	104	121	138	154	172	191	211
绍兴市	104	249	380	500	634	763	875	1004	1087	1192	1338
太仓市	23	33	57	73	94	117	138	160	193	202	227
泰安市	22	43	64	92	131	153	190	212	241	286	310
泰州市	68	123	159	194	249	296	348	396	451	519	579
唐山市	12	64	89	133	180	245	261	328	366	403	482
铜陵市	27	39	49	66	75	82	94	110	114	127	144
威海市	33	72	98	130	187	226	270	319	378	431	484
潍坊市	39	99	179	253	345	424	490	552	626	697	760
温岭市	25	45	58	71	84	93	100	123	126	137	155
文昌市	5	8	10	11	13	15	16	17	20	21	23
芜湖市	38	81	118	150	201	244	281	317	344	372	428
香河市	1	5	15	18	21	21	22	29	33	35	40
湘潭市	23	43	57	75	98	114	131	153	176	201	251
襄阳市	31	62	81	100	171	207	236	282	324	368	436
孝感市	17	38	51	62	85	98	119	143	159	174	209
忻州市	2	3	6	9	12	14	17	19	21	23	25
新乡市	31	66	91	134	189	217	252	304	340	375	421
新余市	7	17	24	33	42	50	55	61	73	84	104
宿迁市	55	105	129	167	219	264	313	375	421	472	530
宿州市	45	89	111	144	183	207	232	264	293	325	396
徐州市	82	149	223	296	400	502	614	761	905	1013	1177
宣城市	20	46	61	81	131	150	165	189	204	222	258
烟台市	51	155	213	272	394	470	539	692	760	824	950

3-25 续表 4

单位：亿元

地区	1–2 月	1–3 月	1–4 月	1–5 月	1–6 月	1–7 月	1–8 月	1–9 月	1–10 月	1–11 月	1–12 月
盐城市	73	135	182	231	280	328	372	420	488	522	596
扬州市	68	141	183	237	369	425	487	549	605	649	763
阳江市	26	54	74	92	110	126	143	160	175	189	205
阳泉市	1	4	6	8	9	11	12	14	15	18	21
宜宾市	54	100	140	181	230	281	337	400	424	470	520
宜昌市	34	102	128	155	198	241	263	292	309	325	361
宜春市	23	46	72	95	130	168	201	241	282	321	356
宜兴市	14	34	48	63	82	99	116	134	154	167	192
鹰潭市	10	16	19	23	37	42	47	53	58	65	78
余姚市	14	26	40	57	77	90	110	126	151	172	194
岳阳市	27	62	83	103	143	167	188	254	289	318	366
运城市	11	18	25	32	40	48	57	66	75	90	104
枣庄市	21	42	70	88	111	139	165	184	210	235	271
湛江市	59	116	148	187	245	274	304	345	378	419	455
张家港市	27	56	84	110	143	156	185	203	225	248	272
张家口市	7	29	49	63	81	95	106	123	151	182	199
漳州市	66	131	196	255	326	373	429	488	551	624	698
肇庆市	40	82	120	162	225	260	301	346	395	432	479
镇江市	58	100	147	190	247	287	343	410	483	526	575
中山市	65	135	204	260	352	427	494	553	628	699	795
舟山市	27	51	72	110	145	157	173	186	195	206	220
珠海市	58	215	293	391	520	598	664	754	818	919	1029
株洲市	42	79	114	152	196	221	252	286	321	358	420
遵义市	63	118	165	222	293	336	381	431	484	538	574

数据来源：国家统计局。

3-26　2019 年全国重点城市资金来源

单位：亿元

地区	1–2 月	1–3 月	1–4 月	1–5 月	1–6 月	1–7 月	1–8 月	1–9 月	1–10 月	1–11 月	1–12 月
一线城市											
北京市	707	1243	1603	2039	2680	3033	3283	3765	4240	4831	5607
上海市	939	1417	1805	2121	2475	2883	3383	3874	4301	4833	5396
广州市	753	994	1444	1864	2438	2584	3071	3602	3995	4418	5004
深圳市	777	1354	1576	1813	2115	2612	2546	2925	3392	3783	4357
二线城市											
成都市	694	1045	1412	1754	2209	2498	2843	3192	3520	3851	4386
大连市	134	241	341	445	646	780	900	1046	1107	1192	1260
福州市	341	564	753	861	1059	1251	1444	1680	1820	2010	2206
贵阳市	112	224	280	330	446	533	627	698	795	915	1049
哈尔滨市	62	124	191	267	427	519	584	724	818	867	916
海口市	150	207	255	294	343	373	409	443	474	510	571
杭州市	498	744	1105	1411	1898	2218	2462	2749	3164	3529	4035
合肥市	340	496	699	934	1174	1379	1557	1812	2048	2241	2491
呼和浩特市	19	43	58	73	89	129	156	211	241	269	306
济南市	593	654	860	1039	1189	1379	1559	1792	1869	2046	2239
昆明市	158	256	463	603	778	898	1103	1374	1550	1750	1955
兰州市	56	107	137	185	252	308	354	430	464	535	568
南昌市	162	250	355	419	567	688	857	966	1072	1153	1280
南京市	486	788	1100	1407	1715	2043	2275	2569	2860	3064	3484
南宁市	221	360	461	597	792	962	1109	1287	1441	1647	2053
宁波市	325	470	649	852	—	—	—	—	—	—	—
青岛市	369	567	831	1161	1537	1933	2153	2404	2484	2740	3115
三亚市	99	125	151	184	209	230	261	280	299	328	399
厦门市	178	237	312	435	544	622	691	774	876	987	1103
沈阳市	138	227	342	466	609	749	898	1095	1221	1307	1364
石家庄市	81	158	238	321	478	551	642	711	787	880	948
苏州市	743	1304	1703	2151	2723	3104	3664	4096	4469	4896	5501
太原市	68	139	217	318	445	526	608	755	860	971	1059
天津市	492	968	1342	1686	2096	2430	2763	3326	3625	3958	4286
温州市	—	—	—	660	783	875	987	1182	1293	1504	1675
乌鲁木齐市	46	71	110	179	220	274	338	423	508	588	649
无锡市	278	501	672	843	1112	1358	1527	1738	1895	2106	2276
武汉市	734	1126	1332	1660	2075	2415	2704	3063	3376	3713	4098
西安市	415	744	967	1210	1626	1938	2184	2515	2795	3103	3330

3–26 续表 1 单位：亿元

地区	1–2 月	1–3 月	1–4 月	1–5 月	1–6 月	1–7 月	1–8 月	1–9 月	1–10 月	1–11 月	1–12 月
西宁市	17	32	80	102	157	181	206	238	281	317	337
银川市	40	70	103	130	171	211	250	295	341	388	443
长春市	36	120	223	342	472	576	749	888	970	1072	1117
长沙市	349	537	689	876	1171	1368	1594	1809	2008	2196	2409
郑州市	406	645	914	1245	1598	1944	2232	2531	2810	3093	3530
重庆市	1159	1689	2137	2581	3130	3622	3964	4445	4937	5372	5953
三四线城市											
安庆市	77	113	143	165	205	236	252	273	292	312	338
鞍山市	15	30	42	54	72	85	94	106	115	126	137
蚌埠市	92	142	193	243	372	442	449	504	541	596	641
包头市	19	36	60	83	118	147	173	213	241	255	267
保定市	26	69	101	151	252	299	357	431	458	496	551
北海市	—	—	—	—	119	132	148	172	189	207	230
沧州市	21	69	93	112	146	182	201	250	284	311	350
常德市	52	65	88	114	158	193	222	281	311	360	418
常熟市	46	82	111	132	169	234	288	319	340	375	415
常州市	118	237	363	499	622	720	848	973	1095	1265	1398
池州市	13	20	28	38	45	51	59	67	73	86	94
滁州市	124	159	187	236	277	326	371	417	450	492	521
慈溪市	97	117	150	185	218	266	304	363	403	438	499
大理市	14	23	32	40	47	53	59	67	76	87	105
大同市	14	17	35	57	85	101	110	125	140	156	170
丹东市	16	21	31	43	60	67	73	85	93	104	139
德州市	59	94	125	156	196	242	286	330	374	421	468
东莞市	200	309	422	548	664	762	882	1008	1166	1326	1457
东营市	13	28	43	59	98	121	142	165	186	205	220
奉化市	24	43	67	87	109	130	145	153	171	210	219
佛山市	360	550	757	1001	1313	1514	1747	1968	2150	2408	2659
抚州市	32	46	69	93	110	123	138	159	177	189	199
阜阳市	104	194	283	363	451	522	602	698	784	860	928
赣州市	91	138	179	227	285	335	401	451	502	563	609
固安市	14	28	41	55	59	66	78	95	105	115	120
桂林市	85	125	133	168	229	272	306	346	377	413	474
海门市	15	30	51	61	81	94	106	119	133	146	222
邯郸市	49	92	132	164	211	280	299	374	389	424	456
菏泽市	54	95	133	160	197	224	258	299	341	397	398
衡水市	18	39	59	84	125	151	177	193	210	223	237

3-26　续表 2　　　　单位：亿元

地区	1–2 月	1–3 月	1–4 月	1–5 月	1–6 月	1–7 月	1–8 月	1–9 月	1–10 月	1–11 月	1–12 月
湖州市	166	230	331	461	561	667	748	840	922	991	1134
淮安市	108	159	203	242	275	317	362	395	421	458	499
淮北市	26	41	58	83	111	133	149	163	176	181	195
淮南市	37	55	81	109	128	156	180	206	223	243	270
黄冈市	54	82	112	130	161	192	223	253	281	303	322
黄山市	30	63	75	86	102	116	128	142	154	173	191
黄石市	24	48	67	77	96	113	132	155	168	174	183
惠州市	329	477	630	802	955	1065	1187	1364	1529	1690	1877
吉安市	25	43	58	70	92	118	129	152	171	177	185
吉林市	12	21	31	55	76	87	110	126	141	155	165
济宁市	70	134	184	249	305	353	422	486	541	588	633
嘉兴市	190	322	486	646	829	1044	1105	1250	1396	1524	1659
江门市	126	193	263	326	442	512	592	675	770	852	934
江阴市	30	66	88	142	188	215	242	272	304	369	400
焦作市	15	31	41	57	70	80	84	92	100	109	115
金华市	115	167	218	295	369	484	579	672	741	864	1029
锦州市	6	14	20	28	39	42	48	58	64	76	77
晋城市	7	13	17	25	38	47	57	65	75	85	94
九江市	34	58	80	108	131	151	180	206	229	248	273
昆山市	125	224	294	371	478	521	569	624	682	721	779
莱芜市	12	20	27	35	41	52	64	73	77	78	82
廊坊市	60	110	164	219	271	327	386	447	508	564	619
丽水市	46	78	107	122	158	182	213	244	270	305	397
连云港市	72	127	155	185	226	258	295	339	380	409	443
临海市	20	23	34	36	48	51	56	65	70	89	97
临沂市	86	149	211	277	352	426	498	563	629	685	807
柳州市	121	178	227	276	382	419	473	506	574	613	688
六安市	96	152	188	247	298	360	396	454	496	545	585
龙岩市	51	79	106	136	167	188	231	290	315	341	371
泸州市	64	107	143	168	227	256	279	324	347	369	397
洛阳市	45	83	117	155	202	253	299	330	373	413	465
马鞍山市	41	60	83	99	121	146	160	184	199	215	232
眉山市	91	133	153	203	247	275	328	361	408	464	524
绵阳市	55	84	115	143	176	204	232	260	296	327	383
牡丹江市	—	2	4	10	16	22	30	38	45	52	52
南充市	67	108	152	189	249	297	332	420	466	500	546
南平市	27	55	73	94	107	130	152	175	208	230	254
南通市	287	370	497	597	742	919	1062	1222	1356	1457	1652

3-26 续表 3

单位：亿元

地区	1-2 月	1-3 月	1-4 月	1-5 月	1-6 月	1-7 月	1-8 月	1-9 月	1-10 月	1-11 月	1-12 月
南阳市	30	51	71	90	110	129	145	162	183	201	224
宁德市	44	64	98	114	129	158	179	204	228	291	315
宁海市	12	17	25	30	37	42	48	51	53	65	80
平顶山市	19	34	44	54	67	77	93	105	115	130	144
萍乡市	9	17	26	33	39	46	53	58	67	74	81
莆田市	70	116	138	171	236	252	271	316	348	381	415
齐齐哈尔市	3	3	8	18	25	32	41	54	62	71	77
秦皇岛市	27	57	77	98	136	157	186	206	232	273	312
清远市	148	205	273	331	409	501	562	613	669	737	807
衢州市	27	44	65	77	98	115	125	141	175	213	227
泉州市	171	252	344	446	556	671	765	897	985	1081	1191
三明市	26	44	54	65	87	94	104	125	141	151	164
汕头市	52	86	111	150	192	223	238	263	307	326	353
上饶市	58	86	101	117	143	173	194	203	226	253	273
韶关市	88	108	125	140	160	176	190	221	241	255	276
绍兴市	167	262	415	516	629	751	873	977	1058	1166	1327
太仓市	43	69	96	114	157	198	244	264	294	312	340
泰安市	57	91	121	129	179	203	239	276	306	333	344
泰州市	84	152	191	231	271	311	401	440	483	545	580
唐山市	74	118	159	205	308	381	410	455	506	558	596
铜陵市	36	49	60	80	92	100	109	118	130	152	157
威海市	49	78	118	164	198	244	293	327	380	428	470
潍坊市	114	170	249	342	431	510	574	664	734	807	882
温岭市	28	35	46	58	97	111	126	144	181	195	246
文昌市	15	17	21	25	40	45	49	52	56	64	71
芜湖市	103	122	154	198	277	315	373	417	443	463	492
香河市	6	10	14	16	19	23	27	30	33	38	42
湘潭市	56	77	98	120	143	163	193	213	238	263	291
襄阳市	44	75	107	126	162	206	232	265	304	339	364
孝感市	32	49	75	91	104	120	141	164	180	189	202
忻州市	5	6	9	13	18	22	24	27	39	44	47
新乡市	41	68	93	124	157	176	206	232	262	291	315
新余市	6	9	12	16	20	23	29	32	41	45	53
宿迁市	82	135	171	206	267	305	352	405	463	514	560
宿州市	59	92	121	155	187	231	278	323	356	384	435
徐州市	149	246	317	399	525	642	754	887	996	1140	1226
宣城市	54	76	99	127	160	192	214	243	261	278	318

3-26　续表 4

单位：亿元

地区	1-2 月	1-3 月	1-4 月	1-5 月	1-6 月	1-7 月	1-8 月	1-9 月	1-10 月	1-11 月	1-12 月
烟台市	112	195	268	341	415	475	531	617	680	731	828
盐城市	126	175	223	270	302	348	384	429	479	519	607
扬州市	156	233	299	365	439	510	578	680	751	810	934
阳江市	36	63	81	95	112	135	164	182	197	216	228
阳泉市	2	5	9	12	16	19	24	26	28	31	35
宜宾市	64	104	139	167	215	263	310	368	407	459	510
宜昌市	53	97	124	136	170	203	223	248	266	285	312
宜春市	32	54	78	105	131	162	198	226	252	286	322
宜兴市	27	44	53	70	99	125	140	161	175	194	208
鹰潭市	9	15	18	25	38	41	43	51	55	60	69
余姚市	14	19	35	47	59	76	90	101	125	137	161
岳阳市	41	67	92	107	135	162	194	228	265	288	334
运城市	14	28	37	45	71	83	99	114	127	144	159
枣庄市	36	69	100	112	129	145	170	199	229	254	290
湛江市	103	159	202	240	331	367	404	458	502	554	604
张家港市	77	102	134	160	180	203	236	263	337	358	388
张家口市	26	46	68	94	138	166	197	251	298	321	347
漳州市	181	264	317	378	442	511	578	629	712	770	856
肇庆市	115	175	224	277	334	390	436	502	536	583	645
镇江市	144	222	282	333	378	424	469	554	646	695	714
中山市	154	242	321	428	549	632	714	791	837	965	1099
舟山市	28	70	84	101	123	141	159	186	206	232	271
珠海市	231	303	399	534	769	918	1072	1204	1317	1452	1672
株洲市	66	101	157	191	233	267	299	328	377	420	494
遵义市	97	142	186	249	321	371	412	459	523	564	621

数据来源：国家统计局。

3-27 2019年全国重点城市国内贷款

单位：亿元

地区	1-2月	1-3月	1-4月	1-5月	1-6月	1-7月	1-8月	1-9月	1-10月	1-11月	1-12月
一线城市											
北京市	218	410	516	645	807	816	864	953	1016	1169	1324
上海市	343	497	557	604	704	749	929	1057	1143	1224	1355
广州市	156	223	315	354	402	475	609	733	837	945	1017
深圳市	203	306	359	410	487	658	817	943	987	1062	1133
二线城市											
成都市	150	227	313	377	449	475	546	612	646	690	741
大连市	20	36	65	79	102	123	158	162	168	172	175
福州市	68	108	141	183	234	267	285	348	365	403	428
贵阳市	10	24	25	25	34	32	34	41	46	48	48
哈尔滨市	6	24	37	36	44	48	49	60	54	54	70
海口市	32	35	42	44	50	52	54	59	63	66	77
杭州市	126	157	265	343	436	520	597	663	733	777	869
合肥市	68	91	140	160	206	245	266	325	379	428	469
呼和浩特市	4	4	12	13	17	19	25	28	31	34	31
济南市	168	118	177	183	236	308	351	390	426	455	469
昆明市	48	49	62	66	106	114	141	176	193	196	227
兰州市	12	32	37	48	67	81	84	97	100	109	117
南昌市	17	47	63	64	123	165	194	200	224	228	267
南京市	101	150	171	200	232	323	354	378	411	434	543
南宁市	49	82	99	127	166	201	226	238	259	300	375
宁波市	66	96	133	165	—	—	—	—	—	—	—
青岛市	103	164	184	252	364	464	500	554	574	594	677
三亚市	9	10	13	21	22	23	33	34	35	41	46
厦门市	34	45	58	93	106	110	118	121	132	156	157
沈阳市	20	30	30	34	48	66	84	116	127	134	135
石家庄市	13	17	22	25	44	48	52	59	69	72	82
苏州市	156	255	347	393	530	607	676	786	853	906	1020
太原市	13	26	35	36	36	37	40	51	67	70	89
天津市	113	204	276	391	431	527	586	703	741	787	832
温州市	—	—	—	134	142	156	163	198	206	239	279
乌鲁木齐市	9	12	13	22	26	30	33	39	49	55	58
无锡市	99	133	117	125	142	185	200	228	257	301	335
武汉市	269	335	392	471	589	658	654	756	813	850	887
西安市	84	110	117	128	159	178	200	257	250	265	277

3-27 续表 1

单位：亿元

地区	1-2月	1-3月	1-4月	1-5月	1-6月	1-7月	1-8月	1-9月	1-10月	1-11月	1-12月
西宁市	5	6	8	9	10	14	17	26	33	37	40
银川市	6	9	12	14	22	30	34	39	43	49	59
长春市	5	13	18	19	21	25	28	29	30	31	29
长沙市	86	129	142	181	210	238	271	309	326	354	390
郑州市	92	104	124	148	189	223	291	329	368	412	454
重庆市	304	407	474	512	584	686	729	793	892	964	1037
三四线城市											
安庆市	6	6	10	10	17	18	21	21	23	23	27
鞍山市	1	1	2	3	3	4	4	6	6	6	7
蚌埠市	11	14	16	20	41	47	40	42	43	42	43
包头市	1	1	2	2	3	3	7	10	10	11	9
保定市	2	8	9	15	35	46	52	56	58	64	59
北海市	—	—	—	—	3	4	5	5	6	7	13
沧州市	3	10	12	16	18	21	23	46	62	67	72
常德市	10	11	15	19	27	31	36	44	48	53	63
常熟市	10	21	35	34	38	51	55	59	59	67	79
常州市	31	66	84	102	124	132	150	162	168	187	214
池州市	1	1	1	1	1	1	1	1	1	6	6
滁州市	8	9	10	11	13	15	15	17	18	19	21
慈溪市	32	33	37	46	55	59	76	88	89	88	100
大理市	3	2	3	4	5	5	6	8	8	9	11
大同市	2	2	2	2	9	9	9	9	9	9	9
丹东市	5	1	2	2	3	3	3	6	6	6	6
德州市	6	5	7	12	15	15	19	19	20	24	29
东莞市	23	26	34	44	59	73	93	103	114	121	123
东营市	0.3	0.35	2	4	4	4	4	5	5	5	6
奉化市	3	7	14	15	19	20	20	20	20	27	28
佛山市	113	133	169	201	258	296	357	394	440	472	523
抚州市	3	3	10	15	16	16	16	19	19	20	20
阜阳市	8	11	15	18	20	21	26	34	40	38	38
赣州市	8	8	9	16	23	28	36	37	39	41	42
固安市	4	9	14	19	20	19	20	21	23	26	26
桂林市	44	45	24	26	45	53	60	66	71	74	79
海门市	0.42	7	9	9	9	12	11	13	13	15	23
邯郸市	13	19	30	36	37	40	47	48	46	51	51
菏泽市	2	9	17	17	20	22	23	24	27	28	29
衡水市	1	2	3	13	19	21	22	24	24	24	24

3–27 续表 2

单位：亿元

地区	1–2 月	1–3 月	1–4 月	1–5 月	1–6 月	1–7 月	1–8 月	1–9 月	1–10 月	1–11 月	1–12 月
湖州市	43	46	71	111	119	133	142	152	155	164	184
淮安市	9	15	19	22	23	26	26	27	27	33	40
淮北市	2	4	5	7	10	13	14	16	17	13	15
淮南市	0.21	2	9	9	9	9	11	16	16	18	19
黄冈市	10	12	13	14	15	16	16	17	17	17	18
黄山市	2	4	4	4	5	8	9	10	10	11	13
黄石市	2	4	4	4	5	7	8	10	11	11	11
惠州市	79	110	138	182	192	213	241	273	299	319	340
吉安市	2	2	2	2	3	4	4	10	10	10	11
吉林市	2	3	4	4	4	4	6	8	8	8	8
济宁市	9	12	16	19	23	24	25	27	28	29	30
嘉兴市	28	43	63	83	97	117	127	136	161	178	205
江门市	37	59	77	84	105	112	122	131	147	158	170
江阴市	5	12	13	14	18	20	27	33	36	58	62
焦作市	1	2	2	3	4	4	4	4	5	5	5
金华市	26	37	39	55	64	85	93	111	114	153	184
锦州市	1	1	1	1	1	1	2	2	2	2	2
晋城市	4	1	1	2	2	2	1	2	2	2	2
九江市	3	3	5	9	10	13	15	17	17	18	19
昆山市	21	36	45	46	71	98	108	118	134	136	138
莱芜市	1	1	1	2	2	2	8	8	8	8	8
廊坊市	12	18	23	32	44	56	66	72	85	95	106
丽水市	5	6	6	7	13	17	19	22	24	34	55
连云港市	17	29	32	40	50	56	61	66	70	71	72
临海市	7	7	11	11	15	15	16	16	16	16	16
临沂市	3	9	14	17	25	33	33	37	35	36	51
柳州市	29	41	37	38	69	76	85	88	88	104	109
六安市	4	15	15	18	22	27	28	31	34	33	36
龙岩市	7	8	8	9	11	11	15	16	19	20	21
泸州市	7	8	9	11	19	20	21	22	23	24	25
洛阳市	2	3	5	6	7	7	9	10	11	11	14
马鞍山市	4	4	5	5	5	16	16	16	16	17	9
眉山市	5	12	12	22	38	38	47	48	51	63	62
绵阳市	7	8	12	16	18	19	20	21	21	22	33
牡丹江市	—	0.1	0.32	0.41	1	1	1	1	2	2	2
南充市	4	6	10	11	31	31	33	47	55	58	61
南平市	0.05	1	1	5	5	6	10	10	11	11	11
南通市	86	98	117	134	157	182	195	207	219	227	241

3-27　续表 3

单位：亿元

地区	1-2月	1-3月	1-4月	1-5月	1-6月	1-7月	1-8月	1-9月	1-10月	1-11月	1-12月
南阳市	2	3	3	5	7	9	8	8	9	9	10
宁德市	3	3	5	5	5	14	15	16	16	17	19
宁海市	0.1	0.14	0.14	0.16	0.23	0.29	1	1	1	3	5
平顶山市	3	4	4	5	6	6	7	8	8	10	11
萍乡市	0.16	1	3	3	3	3	3	3	3	3	3
莆田市	25	27	31	37	43	45	49	54	56	59	61
齐齐哈尔市	0.25	—	3	3	4	4	5	5	6	7	9
秦皇岛市	5	8	13	14	17	17	17	18	18	26	31
清远市	33	45	54	62	80	98	98	104	115	128	144
衢州市	1	7	9	9	13	17	15	15	23	22	21
泉州市	12	13	18	27	34	41	46	54	59	63	65
三明市	6	7	7	7	7	7	9	10	10	10	10
汕头市	4	4	4	4	7	8	8	9	10	12	16
上饶市	3	4	6	7	8	11	11	12	12	16	16
韶关市	18	21	22	22	24	26	30	32	33	26	24
绍兴市	50	68	90	101	117	124	133	141	141	152	188
太仓市	18	22	30	33	46	57	67	70	78	81	83
泰安市	6	12	13	14	16	17	19	21	21	22	23
泰州市	6	20	29	33	37	39	42	53	59	64	66
唐山市	12	12	17	20	39	58	50	53	55	56	61
铜陵市	6	7	8	9	10	12	12	12	13	13	14
威海市	6	8	9	13	13	16	26	27	30	33	34
潍坊市	22	23	26	43	51	63	69	77	80	84	94
温岭市	7	7	8	8	10	12	19	23	23	28	40
文昌市	1	1	1	1	1	1	1	2	2	4	4
芜湖市	10	9	9	12	27	27	30	32	32	34	38
香河市	—	—	—	—	—	0.3	0.3	1	1	1	1
湘潭市	12	14	21	22	24	25	34	37	41	44	48
襄阳市	4	6	17	17	19	22	23	25	34	35	34
孝感市	4	3	5	8	9	10	12	13	13	13	13
忻州市	0.17	0.17	0.17	0.17	0.17	0.17	0.14	0.14	9	9	9
新乡市	4	8	10	14	11	12	13	14	18	18	19
新余市	1	1	1	2	2	2	3	3	6	6	6
宿迁市	10	14	25	26	32	33	37	37	36	34	36
宿州市	4	6	7	9	12	14	15	20	21	22	32
徐州市	32	66	58	66	99	116	124	164	171	182	191
宣城市	2	3	3	3	3	6	6	9	11	11	10

3–27 续表 4

单位：亿元

地区	1–2 月	1–3 月	1–4 月	1–5 月	1–6 月	1–7 月	1–8 月	1–9 月	1–10 月	1–11 月	1–12 月
烟台市	11	16	20	22	25	32	33	42	46	46	47
盐城市	22	24	37	45	47	58	59	61	67	69	84
扬州市	34	39	54	62	73	80	93	106	121	126	134
阳江市	1	3	3	4	5	5	5	5	7	7	7
阳泉市	0.09	0.09	1	1	1	1	1	1	1	1	1
宜宾市	5	5	9	9	9	12	13	31	34	34	37
宜昌市	13	16	17	18	21	24	23	23	23	23	28
宜春市	2	2	4	5	8	11	23	24	26	28	30
宜兴市	3	8	9	9	11	21	25	27	29	36	37
鹰潭市	0	1	1	2	2	2	2	3	3	3	3
余姚市	4	5	12	13	16	23	24	25	26	27	29
岳阳市	4	4	5	5	6	6	12	24	28	29	40
运城市	1	1	1	1	1	2	2	3	3	3	3
枣庄市	5	15	21	22	22	26	29	30	30	30	31
湛江市	20	26	36	40	44	45	51	60	61	64	71
张家港市	9	15	20	32	32	36	48	56	71	74	76
张家口市	7	9	10	16	27	28	35	49	56	59	61
漳州市	12	17	19	24	27	28	38	40	42	43	50
肇庆市	30	45	57	73	83	91	97	106	107	112	124
镇江市	35	47	78	84	86	95	97	118	136	142	117
中山市	20	33	39	53	61	72	93	102	103	120	149
舟山市	7	23	26	30	34	37	42	50	52	59	57
珠海市	57	65	83	109	191	193	218	234	241	244	267
株洲市	10	12	22	23	27	30	36	36	41	42	44
遵义市	10	11	12	20	24	25	25	26	26	26	31

数据来源：国家统计局。

3-28 2019年全国重点城市自筹资金

单位：亿元

地区	1–2月	1–3月	1–4月	1–5月	1–6月	1–7月	1–8月	1–9月	1–10月	1–11月	1–12月
一线城市											
北京市	212	316	336	407	594	665	618	793	871	1018	1196
上海市	320	458	626	721	828	987	1131	1300	1390	1590	1783
广州市	147	139	236	466	756	665	938	1107	1228	1348	1669
深圳市	180	256	285	351	421	532	631	717	930	1045	1195
二线城市											
成都市	211	304	388	486	644	732	838	924	1040	1121	1218
大连市	39	48	66	79	162	211	244	324	333	358	374
福州市	104	182	227	274	328	417	507	587	657	750	834
贵阳市	31	64	74	84	112	126	144	164	182	267	322
哈尔滨市	17	31	53	98	161	189	213	280	311	349	359
海口市	49	80	102	117	137	142	153	162	170	183	195
杭州市	114	177	267	306	466	536	639	728	882	996	1170
合肥市	67	100	120	187	288	339	360	449	517	566	643
呼和浩特市	3	19	24	33	38	62	71	111	111	114	118
济南市	125	183	212	254	284	315	354	449	493	555	637
昆明市	40	71	97	131	174	193	277	342	395	491	556
兰州市	13	22	28	41	58	75	94	120	132	148	162
南昌市	63	79	93	116	159	182	225	238	265	289	335
南京市	160	241	355	503	608	675	743	851	985	1030	1054
南宁市	39	67	68	105	138	165	188	226	264	300	403
宁波市	102	116	163	224	—	—	—	—	—	—	—
青岛市	85	118	173	406	504	587	647	714	639	736	847
三亚市	51	54	65	69	79	88	94	101	105	121	148
厦门市	106	147	185	233	313	355	386	434	488	530	584
沈阳市	25	64	117	154	214	279	317	403	444	464	473
石家庄市	48	96	157	215	332	384	446	489	532	583	614
苏州市	153	323	374	483	579	612	827	917	966	1115	1215
太原市	19	42	75	122	185	218	252	328	364	423	423
天津市	124	329	394	460	630	686	767	919	1047	1182	1261
温州市	—	—	—	232	260	275	315	388	429	495	546
乌鲁木齐市	7	9	16	40	51	72	102	139	177	206	222
无锡市	34	86	134	190	245	305	338	381	417	454	473
武汉市	220	404	446	541	654	728	798	861	952	1030	1121
西安市	172	338	432	545	717	802	915	1073	1218	1345	1442

3-28 续表 1

单位：亿元

地区	1–2 月	1–3 月	1–4 月	1–5 月	1–6 月	1–7 月	1–8 月	1–9 月	1–10 月	1–11 月	1–12 月
西宁市	5	8	45	52	87	93	102	112	125	135	138
银川市	8	12	15	23	32	37	46	55	64	68	72
长春市	2	13	36	80	130	169	267	314	353	378	384
长沙市	81	124	157	210	294	330	390	443	516	565	606
郑州市	177	316	443	570	758	928	1049	1214	1337	1496	1753
重庆市	335	412	467	543	638	741	786	892	965	1054	1162
三四线城市											
安庆市	19	25	29	35	43	50	57	59	65	73	80
鞍山市	6	15	21	25	34	39	43	46	50	55	55
蚌埠市	35	46	66	79	112	136	160	179	198	239	250
包头市	7	16	30	44	62	74	88	106	116	122	124
保定市	11	36	49	80	131	159	198	235	254	276	311
北海市	—	—	—	—	70	75	84	98	107	115	124
沧州市	9	28	40	46	63	77	90	104	111	124	137
常德市	18	21	23	29	46	56	67	89	98	121	142
常熟市	10	26	25	25	29	47	50	54	56	60	90
常州市	21	51	89	120	152	196	244	284	325	386	369
池州市	3	5	7	8	10	13	15	16	16	20	21
滁州市	62	69	76	92	104	123	143	159	167	180	186
慈溪市	24	25	29	33	35	41	46	70	75	84	109
大理市	7	14	17	18	19	20	22	24	28	34	35
大同市	4	7	19	38	48	58	64	70	75	83	89
丹东市	4	9	13	19	28	28	30	32	34	40	69
德州市	25	38	50	56	70	87	109	126	139	163	182
东莞市	32	54	77	111	125	134	159	192	238	311	351
东营市	5	12	18	21	35	46	59	72	82	90	95
奉化市	9	11	14	20	21	27	35	36	43	63	64
佛山市	80	139	188	269	384	445	546	620	678	789	877
抚州市	10	15	19	24	26	30	34	40	48	50	51
阜阳市	23	42	60	75	99	109	123	148	181	197	205
赣州市	26	37	52	61	75	90	107	122	137	161	170
固安市	3	6	10	14	16	21	29	39	43	47	48
桂林市	10	19	26	35	49	56	64	74	81	91	109
海门市	3	5	8	8	9	9	10	10	11	11	38
邯郸市	21	49	69	86	117	149	173	207	217	237	248
菏泽市	28	44	65	87	111	127	146	168	193	231	225
衡水市	9	23	35	43	70	85	98	110	118	126	133

3-28　续表 2　　单位：亿元

地区	1-2 月	1-3 月	1-4 月	1-5 月	1-6 月	1-7 月	1-8 月	1-9 月	1-10 月	1-11 月	1-12 月
湖州市	56	78	97	123	154	188	205	228	253	263	286
淮安市	25	36	41	48	54	62	78	83	85	97	99
淮北市	11	16	22	35	47	53	61	66	69	71	74
淮南市	14	17	24	32	38	45	51	61	69	74	87
黄冈市	23	37	52	62	76	82	96	108	122	132	140
黄山市	16	31	35	38	45	48	52	55	59	67	76
黄石市	12	23	32	35	47	53	57	63	69	71	75
惠州市	67	96	128	163	188	203	241	277	296	331	372
吉安市	9	15	17	19	25	36	38	41	51	51	52
吉林市	2	5	8	19	26	31	39	46	50	56	59
济宁市	28	56	66	90	117	132	151	170	183	192	200
嘉兴市	34	58	83	108	152	169	188	232	270	297	325
江门市	31	46	64	83	122	147	180	222	268	303	332
江阴市	10	29	42	89	109	118	128	134	151	168	174
焦作市	8	19	27	41	50	57	60	66	71	77	81
金华市	21	27	31	40	44	65	90	103	115	141	196
锦州市	1	7	12	14	23	25	28	36	38	46	46
晋城市	2	4	6	8	16	21	25	29	33	39	39
九江市	9	12	19	23	28	31	38	43	48	52	56
昆山市	22	30	40	51	68	75	79	86	90	99	122
莱芜市	6	12	15	19	22	27	32	37	39	38	39
廊坊市	18	40	62	85	116	144	169	207	245	273	294
丽水市	8	20	34	33	48	54	56	65	68	75	115
连云港市	16	39	46	51	57	60	67	72	78	84	88
临海市	2	3	4	4	8	8	9	15	16	30	32
临沂市	24	40	53	76	98	119	127	135	151	167	197
柳州市	17	32	53	61	92	99	126	131	159	180	199
六安市	31	38	51	74	85	100	112	131	137	148	149
龙岩市	13	20	29	38	48	54	65	102	107	115	123
泸州市	31	60	85	98	134	151	161	184	197	211	217
洛阳市	17	31	43	60	75	108	126	141	160	180	194
马鞍山市	19	27	38	42	50	56	60	71	74	80	92
眉山市	56	67	65	81	86	91	109	115	125	138	153
绵阳市	15	23	27	32	41	49	55	60	72	82	95
牡丹江市	—	1	2	3	7	10	13	18	23	26	26
南充市	16	26	34	42	56	75	84	117	126	133	157
南平市	10	24	30	36	38	49	55	62	80	89	102
南通市	48	53	75	92	115	165	190	256	271	268	312

3-28 续表 3 单位：亿元

地区	1–2 月	1–3 月	1–4 月	1–5 月	1–6 月	1–7 月	1–8 月	1–9 月	1–10 月	1–11 月	1–12 月
南阳市	18	29	41	51	61	70	81	90	104	113	126
宁德市	8	13	31	32	37	41	44	54	60	108	118
宁海市	3	3	4	4	7	8	17	18	17	18	24
平顶山市	6	13	17	23	31	35	42	47	52	58	65
萍乡市	1	5	7	10	13	13	14	14	15	17	18
莆田市	23	55	66	80	122	128	136	168	186	200	229
齐齐哈尔市	1	1	2	9	13	17	23	32	39	45	47
秦皇岛市	5	20	25	30	42	45	55	62	67	76	90
清远市	45	52	62	68	72	97	112	120	125	142	158
衢州市	8	9	14	19	22	24	26	30	43	69	73
泉州市	52	73	90	126	174	211	247	274	312	345	379
三明市	10	18	21	23	27	29	31	42	53	59	68
汕头市	34	58	79	113	134	152	171	188	227	241	257
上饶市	30	45	49	51	57	65	69	63	72	79	84
韶关市	15	16	18	20	25	28	30	50	56	61	68
绍兴市	39	46	82	93	107	137	163	222	238	276	329
太仓市	8	17	23	25	33	38	54	55	56	58	59
泰安市	19	32	33	41	51	56	62	75	86	97	98
泰州市	20	37	41	46	52	57	103	103	110	125	127
唐山市	19	38	56	74	133	147	164	186	209	238	245
铜陵市	7	15	18	23	25	28	30	34	40	49	52
威海市	23	34	52	69	82	107	124	139	167	189	216
潍坊市	43	61	90	117	145	169	186	218	242	267	283
温岭市	4	6	7	8	37	38	38	45	64	65	86
文昌市	10	10	12	15	23	27	30	31	34	39	45
芜湖市	32	37	46	59	87	97	117	133	140	143	150
香河市	2	3	4	5	7	9	12	14	17	19	23
湘潭市	22	30	34	44	53	61	74	82	93	105	116
襄阳市	13	25	33	39	48	62	68	81	88	103	110
孝感市	14	24	39	44	50	55	66	76	85	88	93
忻州市	2	3	4	6	10	13	14	16	19	22	25
新乡市	27	44	61	80	107	118	131	149	169	190	206
新余市	1	1	1	1	2	2	2	3	4	4	4
宿迁市	7	13	28	32	35	36	43	61	82	99	103
宿州市	16	23	28	34	42	56	77	94	106	114	134
徐州市	28	39	52	62	71	90	109	114	124	147	167
宣城市	21	27	39	49	61	69	75	84	87	91	109

3-28　续表 4

单位：亿元

地区	1-2 月	1-3 月	1-4 月	1-5 月	1-6 月	1-7 月	1-8 月	1-9 月	1-10 月	1-11 月	1-12 月
烟台市	57	102	147	184	214	236	265	302	328	357	425
盐城市	45	58	73	80	85	95	100	112	122	134	156
扬州市	30	52	69	76	89	104	125	173	191	196	209
阳江市	11	23	27	30	35	35	51	56	59	63	66
阳泉市	1	3	4	7	9	11	14	16	17	19	23
宜宾市	18	31	37	43	67	82	97	101	116	137	155
宜昌市	12	37	50	48	61	72	85	97	105	113	122
宜春市	10	17	23	33	38	45	47	54	58	62	68
宜兴市	6	8	9	11	15	19	16	17	18	23	26
鹰潭市	3	4	4	7	16	17	18	21	22	23	28
余姚市	5	5	11	17	20	25	26	29	42	45	54
岳阳市	11	18	21	24	30	44	48	54	65	72	79
运城市	3	9	13	15	24	27	34	39	44	50	54
枣庄市	15	29	44	48	55	59	75	88	108	116	128
湛江市	23	57	71	89	146	159	164	193	222	252	273
张家港市	7	9	13	13	14	14	15	17	44	46	54
张家口市	7	16	24	38	57	74	89	116	137	148	158
漳州市	99	135	151	184	217	255	279	301	365	395	435
肇庆市	19	42	52	52	69	89	99	128	137	153	170
镇江市	17	30	37	43	49	57	70	78	96	104	113
中山市	43	61	75	87	101	126	144	155	157	173	193
舟山市	8	18	21	23	31	37	39	47	52	63	86
珠海市	65	74	113	128	181	195	270	303	330	376	477
株洲市	16	22	33	40	46	51	55	61	69	84	123
遵义市	34	53	71	97	127	146	162	183	224	238	258

数据来源：国家统计局。

3-29 2019年全国重点城市定金及预收款

单位：亿元

地区	1-2月	1-3月	1-4月	1-5月	1-6月	1-7月	1-8月	1-9月	1-10月	1-11月	1-12月
一线城市											
北京市	210	412	614	788	1047	1274	1446	1633	1915	2142	2497
上海市	159	273	374	505	625	754	886	1035	1221	1397	1591
广州市	186	322	501	634	805	938	1064	1248	1374	1532	1704
深圳市	260	636	734	805	905	1051	724	829	995	1147	1350
二线城市											
成都市	245	368	509	635	813	934	1058	1203	1339	1498	1791
大连市	56	123	156	214	266	310	348	380	411	449	484
福州市	107	153	239	250	309	349	396	444	498	537	601
贵阳市	30	65	89	106	151	186	222	244	284	297	341
哈尔滨市	28	47	70	94	163	207	218	260	310	306	314
海口市	61	77	91	114	134	152	169	185	199	214	244
杭州市	189	293	397	532	708	840	901	995	1144	1307	1469
合肥市	100	147	202	269	345	418	479	542	624	684	760
呼和浩特市	9	11	11	14	18	22	30	38	62	81	108
济南市	245	295	364	477	541	609	686	757	736	791	865
昆明市	30	59	144	220	276	339	401	492	563	648	731
兰州市	19	30	44	61	82	97	113	142	152	178	186
南昌市	50	79	133	158	187	223	258	300	333	358	378
南京市	125	239	353	431	525	634	721	814	898	979	1213
南宁市	65	106	156	217	294	365	422	507	570	644	770
宁波市	105	177	248	327	—	—	—	—	—	—	—
青岛市	130	197	268	369	500	650	752	844	948	1042	1167
三亚市	29	48	61	78	93	101	106	115	127	131	164
厦门市	12	23	34	45	61	81	101	112	133	149	175
沈阳市	49	74	110	167	206	240	302	357	403	442	472
石家庄市	8	23	30	47	64	75	96	110	125	152	169
苏州市	249	460	617	831	1077	1291	1470	1635	1790	1947	2264
太原市	22	43	69	106	138	168	193	224	265	299	325
天津市	177	311	501	638	800	935	1076	1290	1377	1526	1735
温州市	—	—	—	227	286	335	400	477	527	622	684
乌鲁木齐市	17	29	47	66	82	101	120	147	169	193	221
无锡市	97	178	271	358	489	597	671	770	836	934	1017
武汉市	165	255	339	454	577	725	888	1029	1137	1279	1452
西安市	104	181	264	334	449	582	641	719	821	937	1013

3-29　续表 1

单位：亿元

地区	1-2 月	1-3 月	1-4 月	1-5 月	1-6 月	1-7 月	1-8 月	1-9 月	1-10 月	1-11 月	1-12 月
西宁市	4	10	17	28	39	48	58	66	84	96	107
银川市	16	32	44	57	76	97	115	137	166	195	226
长春市	20	67	110	149	201	229	275	339	358	406	428
长沙市	96	158	226	280	400	483	559	639	706	779	870
郑州市	69	125	201	294	361	432	483	541	607	663	741
重庆市	322	512	711	910	1137	1323	1465	1633	1834	1992	2258
三四线城市											
安庆市	37	56	69	78	96	115	113	124	134	144	155
鞍山市	4	6	9	13	16	19	23	26	29	33	42
蚌埠市	25	38	53	71	106	125	123	141	152	161	182
包头市	7	14	22	26	38	46	55	63	72	77	83
保定市	8	15	30	43	67	74	85	114	119	126	146
北海市	—	—	—	—	33	39	42	49	53	59	64
沧州市	5	24	31	38	46	59	59	67	77	85	101
常德市	14	19	26	35	46	55	66	86	98	112	123
常熟市	15	23	33	50	70	93	103	112	124	137	153
常州市	44	86	133	194	238	262	299	353	404	451	548
池州市	6	9	13	18	22	25	27	31	33	37	41
滁州市	26	41	50	67	78	91	103	119	132	152	164
慈溪市	29	43	62	78	90	114	118	135	157	171	188
大理市	2	4	8	10	13	16	18	20	21	23	27
大同市	6	7	11	13	17	21	25	31	41	46	50
丹东市	4	8	11	16	21	26	29	34	39	42	47
德州市	18	31	43	56	71	92	104	121	142	154	170
东莞市	78	125	159	208	254	301	388	438	504	556	624
东营市	5	11	16	24	34	41	47	50	59	66	73
奉化市	11	23	34	47	62	76	82	87	97	103	110
佛山市	104	176	250	325	407	471	529	607	660	756	839
抚州市	12	16	23	31	40	44	52	60	65	72	76
阜阳市	34	69	106	138	181	218	244	286	314	349	385
赣州市	32	52	65	81	102	117	138	156	175	195	213
固安市	2	6	8	12	12	13	16	20	22	24	25
桂林市	15	37	47	59	73	92	105	120	133	147	171
海门市	8	12	21	27	43	51	58	64	68	74	104
邯郸市	8	15	23	25	34	53	52	75	77	81	97
菏泽市	11	23	28	34	38	44	52	60	67	76	77
衡水市	4	7	11	15	21	26	33	35	41	44	49

3–29 续表 2 单位：亿元

地区	1–2 月	1–3 月	1–4 月	1–5 月	1–6 月	1–7 月	1–8 月	1–9 月	1–10 月	1–11 月	1–12 月
湖州市	43	67	112	160	206	245	283	324	364	399	462
淮安市	39	60	79	94	109	127	144	161	175	186	205
淮北市	10	16	23	31	38	46	51	59	65	70	77
淮南市	8	12	19	29	36	42	49	56	60	65	72
黄冈市	11	16	22	26	35	53	61	73	79	86	93
黄山市	7	14	17	22	26	30	33	36	39	46	50
黄石市	6	12	17	20	24	29	39	47	50	52	56
惠州市	106	164	213	266	335	377	415	483	566	621	703
吉安市	6	13	18	23	31	40	44	53	56	58	61
吉林市	5	9	12	22	33	37	45	51	55	60	64
济宁市	18	41	59	80	95	116	148	178	210	229	254
嘉兴市	90	157	246	329	424	550	550	610	665	714	759
江门市	25	47	67	88	118	142	174	192	220	240	266
江阴市	8	14	19	24	40	50	57	70	77	95	107
焦作市	4	6	8	9	11	13	13	15	17	19	20
金华市	46	71	103	136	176	222	258	301	332	365	414
锦州市	2	4	5	10	12	13	14	16	19	21	22
晋城市	1	3	4	8	12	15	18	20	27	30	36
九江市	14	26	33	45	54	60	72	82	92	101	111
昆山市	42	100	128	164	188	213	229	253	276	292	316
莱芜市	2	3	6	8	9	10	12	14	14	16	18
廊坊市	18	32	52	73	77	90	110	123	130	143	157
丽水市	24	36	54	68	78	87	107	118	131	142	163
连云港市	17	28	36	44	55	66	79	99	115	127	144
临海市	8	10	15	15	17	18	21	24	25	29	33
临沂市	26	51	73	96	123	149	183	214	240	263	310
柳州市	59	73	103	126	149	162	172	187	207	200	218
六安市	39	60	74	93	115	138	149	173	195	212	230
龙岩市	14	23	31	38	47	54	69	83	90	97	104
泸州市	15	23	29	36	46	53	62	75	80	85	95
洛阳市	15	29	42	57	80	93	112	121	134	148	165
马鞍山市	10	14	20	26	32	38	44	54	62	68	77
眉山市	13	29	42	58	74	89	107	124	149	170	198
绵阳市	18	29	42	54	69	80	90	104	119	131	153
牡丹江市	—	1	1	3	5	7	9	9	10	12	12
南充市	31	52	68	84	100	114	130	155	173	187	197
南平市	9	15	20	27	32	36	42	50	57	63	69
南通市	78	125	186	230	313	384	455	518	595	663	767

3-29　续表 3　　　　单位：亿元

地区	1-2 月	1-3 月	1-4 月	1-5 月	1-6 月	1-7 月	1-8 月	1-9 月	1-10 月	1-11 月	1-12 月
南阳市	7	14	20	28	35	40	46	52	59	65	73
宁德市	16	25	32	38	44	50	59	66	76	83	92
宁海市	3	4	7	8	10	12	11	12	13	15	20
平顶山市	6	8	11	14	17	20	26	31	34	40	45
萍乡市	5	7	10	11	13	16	20	22	27	29	32
莆田市	7	14	18	25	30	36	39	43	46	53	57
齐齐哈尔市	1	1	2	3	5	8	9	10	10	10	12
秦皇岛市	9	19	26	36	52	66	79	89	102	119	134
清远市	42	62	89	118	148	173	197	213	236	255	276
衢州市	11	16	27	30	40	47	53	55	63	69	76
泉州市	57	89	130	160	188	229	253	306	324	357	398
三明市	5	9	12	15	23	26	28	31	38	40	44
汕头市	8	15	19	24	40	50	53	60	64	67	72
上饶市	15	23	29	36	47	61	69	78	84	93	99
韶关市	40	50	56	62	68	74	86	94	101	109	118
绍兴市	54	101	166	217	278	321	372	408	450	493	545
太仓市	10	17	25	33	49	69	86	100	114	124	144
泰安市	23	35	52	55	90	103	124	140	147	158	165
泰州市	27	44	59	77	101	122	146	161	180	207	229
唐山市	38	57	71	91	110	143	159	175	197	212	228
铜陵市	17	20	24	32	37	40	43	46	51	57	56
威海市	14	26	40	57	75	87	101	114	130	147	157
潍坊市	29	50	83	115	146	170	193	223	248	276	314
温岭市	11	14	21	28	34	42	45	50	54	58	65
文昌市	3	4	5	6	8	8	9	10	11	12	13
芜湖市	27	32	39	52	74	88	102	118	127	135	144
香河市	2	6	8	8	9	10	11	12	12	14	15
湘潭市	9	15	19	25	32	37	41	46	51	57	62
襄阳市	17	26	33	42	56	74	87	96	108	118	131
孝感市	9	13	18	22	26	31	36	43	46	50	55
忻州市	1	1	2	3	4	5	6	6	7	8	9
新乡市	5	9	13	18	25	29	37	41	45	50	56
新余市	2	4	6	8	11	13	17	18	22	24	28
宿迁市	31	50	51	65	90	111	130	153	175	196	217
宿州市	22	36	50	68	78	95	99	112	125	135	147
徐州市	56	90	131	175	219	263	311	370	423	503	537
宣城市	15	21	26	38	49	61	70	81	90	98	113

3-29 续表4

单位：亿元

地区	1–2月	1–3月	1–4月	1–5月	1–6月	1–7月	1–8月	1–9月	1–10月	1–11月	1–12月
烟台市	25	46	62	82	104	126	144	174	194	207	227
盐城市	27	45	58	75	89	105	125	141	164	180	214
扬州市	55	88	110	141	174	203	225	254	284	305	362
阳江市	12	20	28	33	40	51	59	67	74	85	88
阳泉市	1	2	4	5	6	7	8	8	9	9	10
宜宾市	24	43	55	68	80	94	116	137	151	172	195
宜昌市	18	26	34	41	51	64	69	78	84	88	97
宜春市	10	19	28	38	48	61	74	85	99	116	130
宜兴市	15	20	25	35	51	59	67	78	87	91	98
鹰潭市	3	5	6	8	9	11	12	13	14	17	18
余姚市	4	5	7	10	14	21	29	34	42	46	55
岳阳市	15	25	37	44	55	62	73	83	97	104	120
运城市	8	13	16	20	30	35	42	49	56	64	72
枣庄市	9	14	22	27	32	36	39	48	53	59	73
湛江市	27	30	40	52	65	76	91	105	113	124	137
张家港市	32	45	59	68	82	94	109	120	132	142	156
张家口市	6	13	23	24	31	37	43	50	59	65	75
漳州市	41	61	81	99	114	131	148	163	166	182	202
肇庆市	29	39	55	77	93	114	143	164	179	196	217
镇江市	46	80	86	114	140	157	173	207	242	262	287
中山市	40	69	102	149	213	237	278	318	346	397	452
舟山市	9	21	28	33	42	46	53	60	70	75	88
珠海市	69	103	153	229	296	380	435	498	554	616	687
株洲市	25	41	58	74	92	105	117	130	153	172	190
遵义市	31	44	57	71	90	106	119	135	138	150	162

数据来源：国家统计局。

3-30　2019年全国重点城市个人按揭贷款

单位：亿元

地区	1-2月	1-3月	1-4月	1-5月	1-6月	1-7月	1-8月	1-9月	1-10月	1-11月	1-12月
一线城市											
北京市	39	49	66	85	111	135	183	219	254	297	349
上海市	56	100	132	160	183	223	243	261	298	336	361
广州市	67	107	153	178	218	246	279	334	359	378	396
深圳市	95	131	163	208	254	313	345	408	449	496	637
二线城市											
成都市	60	98	150	204	244	282	326	367	404	440	524
大连市	18	32	50	68	93	110	123	149	163	184	197
福州市	33	62	82	110	132	158	181	207	237	256	283
贵阳市	36	66	87	108	137	171	207	224	251	268	299
哈尔滨市	7	16	26	31	49	60	80	99	119	126	140
海口市	6	10	13	15	17	20	23	27	31	36	41
杭州市	55	101	156	200	249	283	278	312	346	380	448
合肥市	79	123	183	239	307	345	394	432	458	489	539
呼和浩特市	3	9	9	11	13	24	26	29	33	35	44
济南市	20	30	49	61	79	92	108	127	140	156	173
昆明市	31	61	134	149	172	203	231	296	327	337	374
兰州市	10	19	26	33	41	49	56	65	72	90	94
南昌市	23	35	51	64	79	98	134	172	197	220	249
南京市	74	113	162	200	271	313	359	417	453	498	550
南宁市	48	73	106	129	165	198	232	264	294	335	373
宁波市	41	63	87	116	—	—	—	—	—	—	—
青岛市	31	51	62	83	110	160	173	187	204	225	259
三亚市	1	2	2	4	4	6	7	8	10	12	15
厦门市	8	11	15	21	25	31	35	46	55	59	64
沈阳市	40	57	81	105	132	152	177	203	216	235	252
石家庄市	5	12	20	26	30	35	43	48	56	68	77
苏州市	130	199	270	333	395	466	524	579	638	697	778
太原市	12	25	34	51	79	91	103	120	131	143	156
天津市	27	48	60	77	101	118	146	169	194	204	229
温州市	—	—	—	47	55	65	72	80	92	108	125
乌鲁木齐市	11	19	33	47	56	65	76	91	104	124	138
无锡市	36	73	109	128	155	181	205	243	262	293	325
武汉市	49	85	115	147	187	223	260	310	351	419	488
西安市	44	85	121	152	198	244	278	301	334	371	427

3-30 续表 1

单位：亿元

地区	1–2 月	1–3 月	1–4 月	1–5 月	1–6 月	1–7 月	1–8 月	1–9 月	1–10 月	1–11 月	1–12 月
西宁市	3	6	9	11	17	20	22	26	30	36	39
银川市	7	14	20	26	32	37	44	52	58	67	77
长春市	8	22	51	81	107	137	158	182	202	229	244
长沙市	53	87	128	163	217	258	296	334	366	401	439
郑州市	47	72	123	207	261	325	362	397	448	470	529
重庆市	137	240	337	439	544	635	718	826	916	996	1121
三四线城市											
安庆市	15	25	32	37	43	47	52	56	60	62	66
鞍山市	1	3	5	7	8	10	11	12	14	15	16
蚌埠市	21	41	53	67	103	120	108	121	124	130	139
包头市	3	5	6	8	13	17	20	22	28	31	35
保定市	5	10	12	14	18	20	23	26	27	30	35
北海市	—	—	—	—	9	11	13	16	19	22	24
沧州市	4	7	9	11	18	22	25	29	31	33	37
常德市	8	14	20	24	30	36	41	48	52	58	65
常熟市	7	8	13	17	25	34	41	46	52	62	70
常州市	19	30	47	73	95	116	134	153	170	191	218
池州市	3	5	6	10	11	10	11	14	17	19	23
滁州市	26	38	49	62	77	91	103	114	124	132	141
慈溪市	10	15	18	27	37	49	58	66	76	89	96
大理市	1	1	2	5	6	8	9	11	12	13	21
大同市	1	1	2	3	6	7	6	6	7	10	10
丹东市	2	2	4	5	6	8	9	10	11	12	14
德州市	9	16	21	27	37	45	50	57	65	71	77
东莞市	50	77	111	138	166	189	221	248	283	308	329
东营市	2	4	7	9	18	21	24	28	30	34	36
奉化市	1	2	3	5	6	7	8	10	10	11	11
佛山市	42	72	105	143	191	220	251	278	298	312	343
抚州市	7	11	15	20	25	30	33	38	42	44	47
阜阳市	33	61	87	111	130	151	178	194	209	235	253
赣州市	25	41	53	68	83	99	117	133	148	163	178
固安市	4	7	8	9	10	11	12	13	15	16	18
桂林市	12	20	32	43	53	60	68	75	80	89	101
海门市	2	3	11	14	17	19	22	26	32	37	50
邯郸市	4	6	8	10	14	29	20	36	38	42	47
菏泽市	9	17	20	20	24	28	34	42	48	53	57
衡水市	4	7	10	12	14	19	22	24	25	26	29

3-30　续表 2

单位：亿元

地区	1-2 月	1-3 月	1-4 月	1-5 月	1-6 月	1-7 月	1-8 月	1-9 月	1-10 月	1-11 月	1-12 月
湖州市	20	29	37	53	67	81	94	108	120	132	164
淮安市	30	44	55	64	73	86	99	107	116	125	136
淮北市	3	4	6	7	9	11	12	12	15	15	16
淮南市	13	20	24	33	38	45	55	57	61	66	73
黄冈市	8	14	20	24	29	35	42	47	53	58	62
黄山市	4	8	10	11	14	16	17	20	21	23	25
黄石市	3	8	10	13	16	19	22	28	31	33	34
惠州市	65	90	124	157	200	231	251	289	320	364	402
吉安市	7	13	20	23	30	36	40	45	49	51	55
吉林市	3	4	7	10	13	15	18	20	26	29	31
济宁市	11	20	35	51	59	69	83	95	104	117	128
嘉兴市	33	55	76	101	131	164	193	218	243	269	299
江门市	25	36	49	59	69	80	98	110	119	133	145
江阴市	3	6	8	10	15	19	22	26	30	38	46
焦作市	2	3	4	4	4	5	5	6	6	7	7
金华市	16	27	41	58	75	94	110	128	146	169	198
锦州市	1	1	1	2	2	2	2	3	3	4	5
晋城市	0.17	1	1	2	3	3	5	6	6	6	8
九江市	8	16	23	31	39	47	55	62	71	76	86
昆山市	26	43	56	71	83	98	115	127	141	150	158
莱芜市	2	2	3	5	6	7	8	10	11	11	12
廊坊市	11	18	23	27	30	34	36	39	42	47	55
丽水市	5	7	9	11	15	20	25	32	38	45	52
连云港市	15	24	34	43	51	62	72	86	100	109	120
临海市	2	3	4	6	7	7	8	9	10	11	13
临沂市	27	41	60	80	95	114	142	163	188	204	228
柳州市	13	22	29	41	51	60	68	77	89	94	108
六安市	20	36	45	57	69	83	91	102	112	121	140
龙岩市	14	24	34	46	55	61	71	79	86	97	111
泸州市	8	14	18	22	26	30	33	41	44	46	58
洛阳市	11	20	25	30	38	43	49	55	64	71	87
马鞍山市	6	12	18	21	27	30	34	37	39	42	46
眉山市	15	23	31	38	45	52	60	69	76	85	99
绵阳市	12	22	31	38	45	53	62	70	77	85	98
牡丹江市	—	0.49	1	2	3	4	5	7	7	9	9
南充市	13	22	31	42	52	63	72	87	97	104	113
南平市	6	14	20	25	30	36	43	50	56	62	68
南通市	38	55	81	99	114	142	171	188	214	237	266

3-30 续表 3

单位：亿元

地区	1-2 月	1-3 月	1-4 月	1-5 月	1-6 月	1-7 月	1-8 月	1-9 月	1-10 月	1-11 月	1-12 月
南阳市	2	4	4	5	6	8	8	9	10	11	12
宁德市	17	23	31	38	43	53	59	66	71	77	85
宁海市	5	8	13	17	19	20	17	18	20	27	30
平顶山市	3	6	7	8	9	10	11	13	14	15	16
萍乡市	2	4	6	8	10	12	15	17	20	23	25
莆田市	11	15	17	22	27	28	33	36	44	52	54
齐齐哈尔市	1	1	2	3	3	4	5	7	7	8	8
秦皇岛市	7	10	12	16	20	24	28	31	37	43	48
清远市	27	43	64	79	103	127	150	171	187	206	221
衢州市	8	12	16	19	22	26	31	33	36	41	46
泉州市	43	66	91	114	142	168	191	221	248	271	298
三明市	4	7	11	16	20	22	24	30	32	33	36
汕头市	1	2	2	3	3	4	5	6	6	7	8
上饶市	8	13	17	21	28	35	43	48	55	62	70
韶关市	13	17	22	25	29	32	36	40	43	49	55
绍兴市	23	44	69	95	118	143	168	191	214	227	246
太仓市	4	10	12	14	15	18	21	24	30	33	38
泰安市	5	8	11	15	19	23	30	34	43	46	50
泰州市	28	40	51	61	67	77	93	105	116	129	137
唐山市	3	8	12	16	21	28	32	36	40	46	56
铜陵市	6	7	8	15	17	18	21	22	23	27	28
威海市	6	9	13	20	23	27	32	35	40	45	49
潍坊市	13	24	35	49	62	76	88	105	119	132	146
温岭市	5	7	9	12	15	17	19	20	22	26	31
文昌市	0.22	0.24	0.29	0.49	1	1	1	1	1	1	1
芜湖市	26	33	46	59	69	80	89	96	104	109	116
香河市	1	0.41	1	2	3	3	3	3	3	3	4
湘潭市	10	15	20	25	31	35	39	42	44	49	53
襄阳市	9	16	22	25	35	43	48	56	64	72	79
孝感市	4	7	11	14	16	20	23	27	29	31	34
忻州市	0.32	0.49	1	1	1	1	1	2	2	2	2
新乡市	5	8	9	12	14	15	25	28	30	32	34
新余市	2	3	3	4	6	7	7	8	10	12	14
宿迁市	30	50	56	71	99	113	129	142	158	171	190
宿州市	15	24	31	38	46	53	73	80	86	91	99
徐州市	26	38	60	77	108	136	167	190	224	250	270
宣城市	11	17	23	29	38	43	50	56	60	65	72

3-30　续表 4　　单位：亿元

地区	1-2 月	1-3 月	1-4 月	1-5 月	1-6 月	1-7 月	1-8 月	1-9 月	1-10 月	1-11 月	1-12 月
烟台市	15	24	32	43	54	63	69	78	90	98	105
盐城市	18	31	44	58	67	76	86	100	110	119	136
扬州市	25	39	51	64	79	97	106	118	124	135	148
阳江市	11	17	22	26	31	42	49	53	57	61	66
阳泉市	0.05	0.08	0.09	0.1	0.1	0.12	0.14	0.15	0.17	0.19	0.22
宜宾市	14	25	37	45	52	62	73	83	90	100	114
宜昌市	9	17	23	29	36	40	43	47	51	56	61
宜春市	8	14	20	27	35	43	52	59	66	76	86
宜兴市	3	6	9	12	17	20	25	32	33	35	37
鹰潭市	3	4	6	8	10	10	11	13	16	17	19
余姚市	1	2	2	4	6	7	10	12	15	18	21
岳阳市	11	18	26	31	39	44	54	58	66	72	81
运城市	3	6	7	8	12	14	16	18	19	22	23
枣庄市	6	8	11	13	17	19	23	28	30	35	41
湛江市	25	33	42	45	54	62	74	81	86	93	101
张家港市	19	27	34	36	41	47	53	58	63	69	74
张家口市	4	6	9	12	18	21	25	30	38	42	46
漳州市	20	35	47	56	68	79	90	100	110	119	133
肇庆市	23	28	34	42	58	67	76	86	94	101	113
镇江市	37	50	63	71	81	91	102	121	140	153	162
中山市	45	64	85	120	147	166	186	201	216	259	288
舟山市	4	7	9	13	16	19	22	26	29	32	36
珠海市	15	23	36	49	79	113	139	158	177	198	219
株洲市	12	20	28	36	48	59	68	77	90	97	108
遵义市	21	33	43	55	71	82	92	98	121	132	143

数据来源：国家统计局。

第四章

2019年全国主要城市新房市场统计

4-1　2019年全国主要城市商品房供求全年汇总统计

城市	销售套数（套）	销售面积（万平方米）	销售价格（元/平方米）	销售额（亿元）	批准上市套数（套）	批准上市面积（万平方米）	可售套数（套）	可售面积（万平方米）	销供比
一线城市									
北京市	112782	1044.76	37033	3869.06	208649	1691.65	278751	2128.96	0.62
上海市	202989	1832.25	30648	5615.41	232110	1909.40	154019	2873.91	0.96
广州市	178221	1377.88	26013	3584.23	101000	1002.39	300222	2054.60	1.37
深圳市	60103	543.45	57384	3118.56	79015	733.21	64459	646.38	0.74
二线城市									
成都市	423011	3336.44	10636	3548.66	576183	4228.09	1683107	9462.23	0.79
长春市	111730	1195.39	9562	1143.07	108449	1140.51	142005	1611.06	1.05
重庆市	317113	2769.04	11465	3174.79	346034	3147.92	338077	3552.46	0.88
福州市	124705	988.94	15866	1569.04	177512	1293.05	336459	1953.37	0.76
杭州市*	100236	1085.57	30479	3308.75	109715	1120.33	88320	1028.10	0.97
合肥市	119131	976.78	13426	1311.44	125091	943.87	384731	2312.95	1.03
兰州市	53432	597.91	7660	457.99	—	—	—	—	—
宁波市	234755	1918.62	16282	3123.99	314748	2200.48	—	—	0.87
青岛市	161659	1802.38	—	—	214600	2390.16	261676	3105.81	0.75
三亚市	7412	73.64	30851	227.19	16068	172.39	—	270.00	0.43
沈阳市	193242	1969.23	9835	1936.70	164701	1728.11	288929	2987.21	1.14
苏州市*	115353	1262.17	21165	2671.36	96297	1057.29	117913	1320.71	1.19
无锡市	69218	782.19	17020	1331.25	74508	790.98	—	—	0.99
西安市	173859	1638.17	14791	2423.07	211464	1814.06	269182	2486.80	0.90
郑州市	141721	1360.83	13474	1833.63	153778	1487.75	—	2091.12	0.91
三四线城市									
常熟市	16165	189.74	16531	313.65	24111	281.68	24029	302.44	0.67
常州市	131508	1165.03	10180	1186.01	103384	895.39	217896	1470.63	1.30
池州市	13527	121.88	6756	82.34	7370	77.56	23037	158.58	1.57
佛山市	185585	1545.84	12906	1995.07	190250	1617.48	—	—	0.96
富阳市	12483	128.60	20009	257.32	20690	215.88	8748	85.67	0.60
固安县	11968	114.42	12661	144.87	—	—	—	—	—
海门市	11123	136.98	14245	195.13	—	—	—	—	—
衡水市	22487	224.42	9033	202.71	30276	237.85	—	—	0.94
湖州市	65179	587.30	12307	722.80	—	—	—	—	—
淮北市	17796	195.16	7165	139.84	—	—	30444	280.48	—
黄冈市	5084	66.63	7489	49.90	—	—	7703	85.50	—

4-1 续表 1

城市	销售套数（套）	销售面积（万平方米）	销售价格（元/平方米）	销售额（亿元）	批准上市套数（套）	批准上市面积（万平方米）	可售套数（套）	可售面积（万平方米）	销供比
黄石市	11910	131.49	8178	107.53	—	—	19264	232.94	—
惠州市 *	25816	305.00	10913	332.84	27098	290.08	—	—	1.05
建德市	3784	42.37	13893	58.86	3463	38.49	4792	51.08	1.10
江阴市	24003	313.83	12771	400.79	17510	224.23	27058	410.73	1.40
锦州市	14453	160.77	5069	81.49	—	—	—	—	—
昆山市	35832	376.66	17158	646.27	23264	249.74	35691	394.57	1.51
廊坊市	14011	141.54	12907	182.69	—	—	—	—	—
丽水市	25690	293.30	11757	344.84	27131	328.58	40618	427.50	0.89
临安市	24921	249.92	18462	461.39	29767	296.46	12888	166.13	0.84
柳州市	46882	376.40	—	—	82090	402.03	—	—	0.94
六安市	29588	320.85	7715	247.55	31815	324.71	59724	606.04	0.99
南平市	5148	48.91	7031	34.39	—	—	6684	75.29	—
南通市	50834	446.44	15354	685.47	23684	205.31	72292	427.25	2.17
莆田市	34257	324.32	11879	385.25	44025	368.63	89746	588.21	0.88
启东市	18511	194.53	12758	248.18	10554	113.26	15077	150.93	1.72
清远市	51455	443.78	8847	392.56	—	—	—	—	—
衢州市	7512	87.75	11493	100.85	—	—	—	—	—
汕头市	31974	286.44	9884	283.11	—	—	—	—	—
上饶市	22643	255.36	8902	227.32	—	—	—	—	—
韶关市	15540	178.62	6783	121.15	—	—	—	—	—
绍兴市	19334	239.71	18014	431.82	—	—	—	—	—
宿州市	31450	360.06	6447	232.14	29616	305.69	—	—	1.18
台州市	43887	557.23	13520	753.35	30270	382.98	46467	570.18	1.45
太仓市	14578	137.91	15520	214.04	26833	238.37	42726	328.59	0.58
泰安市	29395	331.77	9098	301.84	32800	364.95	38570	455.12	0.91
泰州市	12883	161.28	11769	189.81	10835	133.38	16688	190.74	1.21
桐庐市	3345	35.31	19374	68.41	3768	36.10	7823	75.55	0.98
铜陵市	13599	154.16	6384	98.42	16428	181.23	42791	459.20	0.85
芜湖市	20204	245.86	10696	262.98	19506	242.76	35057	506.31	1.01
香河县	6129	46.61	9951	46.38	—	—	—	—	—
孝感市	17800	196.38	7429	145.90	—	—	—	—	—
盐城市	40786	441.98	10242	452.68	37459	308.74	150174	816.15	1.43
扬州市	41331	310.55	11706	363.53	36814	275.42	100915	581.41	1.13
宜兴市	16123	205.45	12120	249.00	19060	230.86	33989	440.82	0.89
岳阳市	20297	218.95	9314	203.94	—	—	32385	341.55	—
张家港市	16741	195.44	14457	282.55	16706	198.69	22536	285.76	0.98
肇庆市	19688	160.54	8428	135.31	—	—	—	—	—
镇江市	61279	721.64	11880	857.32	59457	728.41	121606	1374.51	0.99

4-1　续表 2

城市	销售套数（套）	销售面积（万平方米）	销售价格（元 / 平方米）	销售额（亿元）	批准上市套数（套）	批准上市面积（万平方米）	可售套数（套）	可售面积（万平方米）	销供比
中山市	122093	921.73	12645	1165.50	79731	502.38	—	—	1.83
舟山市	12683	123.88	17510	216.91	9087	84.15	—	—	1.47
珠海市	49093	484.35	24727	1197.64	55482	586.78	107396	1266.43	0.83

注：①杭州数据包含萧山余杭。

②苏州数据包含吴江。

③惠州数据为惠州城区数据。

数据来源：中指数据库监测。

4–2 2019年全国主要城市商品房成交套数统计

单位：套

城市	1月	2月	3月	4月	5月	6月	7月	8月	9月	10月	11月	12月	汇总
一线城市													
北京市	8981	3583	8660	8992	16114	10179	9922	9232	7046	8858	9398	11817	112782
上海市	16582	9800	19196	17109	18310	19484	16999	15846	17196	15447	17290	19730	202989
广州市	19214	7244	14309	15249	13638	14758	17464	13714	12357	15994	18202	16078	178221
深圳市	3300	1905	5365	4343	6242	6147	5178	4338	5421	4915	5951	6998	60103
二线城市													
成都市	37932	23130	32223	34176	35003	36042	37526	35261	32706	33293	35086	50633	423011
长春市	10593	4846	10020	9444	8665	9619	10575	10358	10952	8579	9421	8658	111730
重庆市	18700	15158	26047	32840	24318	31650	29750	22534	27116	26130	28723	34147	317113
福州市	10689	7295	8586	9265	11000	11490	11430	11293	12603	9808	8097	13149	124705
杭州市 *	6883	3278	6945	8767	8485	8274	8207	6459	9791	6723	11785	14639	100236
合肥市	12096	6203	9805	13066	10659	12325	13021	10709	6635	6254	7436	10922	119131
兰州市	4971	2247	4024	5665	5387	5383	5321	5422	2714	4281	3752	4265	53432
宁波市	14182	6172	15284	24019	20400	23656	23660	22323	17778	19912	20365	27004	234755
青岛市	11367	4643	12410	12879	13544	15083	12906	14084	17835	14364	15965	16579	161659
三亚市	402	405	445	658	430	653	410	295	364	1008	941	1401	7412
沈阳市	10357	5614	13959	15535	15084	16795	22131	21102	19232	13976	20994	18463	193242
苏州市 *	8192	3930	8587	13109	11814	10767	10221	9240	9402	9788	8850	11453	115353
无锡市	4357	2553	6604	6117	7531	7872	7641	7021	7505	1305	6082	4630	69218
西安市	19449	8096	21627	13284	14316	16370	16077	17353	14068	9805	13854	9560	173859
郑州市	11998	3402	20391	14257	16027	11494	13685	15788	7781	9436	8821	8641	141721
三四线城市													
常熟市	1119	488	1103	1516	2016	1506	1598	2075	1213	1260	1164	1107	16165
常州市	7245	5090	7330	9242	13625	19015	13357	9807	10134	10194	11228	15241	131508
池州市	1076	978	1283	1101	1292	1104	1327	1027	1058	1236	1089	956	13527
佛山市	15143	6908	20181	19061	17561	18135	18754	13493	16477	13904	12475	13493	185585
富阳市	1264	462	770	616	1414	1334	1517	1040	614	851	1188	1413	12483
固安县	714	271	922	953	967	1358	1427	1134	1903	761	880	678	11968
海门市	386	682	968	1206	1135	1248	974	637	822	798	635	1632	11123
衡水市	1414	671	2047	2565	2066	1773	2151	1949	2029	1996	1904	1922	22487
湖州市	3028	1827	5025	4367	4361	8110	6944	5157	6769	5310	6061	8220	65179
淮北市	1270	1277	1434	1733	1696	1036	1233	999	1267	1912	1796	2143	17796
黄冈市	367	381	237	241	192	236	613	612	673	560	559	413	5084
黄石市	1519	686	1159	813	1015	1081	1105	916	988	617	797	1214	11910
惠州市 *	1594	741	2312	2242	2109	2006	2340	2046	2311	2105	2941	3069	25816
建德市	422	88	543	225	390	285	258	343	258	436	277	259	3784
江阴市	1445	778	1450	1944	2114	3238	2398	1568	1865	2542	2589	2072	24003

4-2　续表　　　　　　　　　　　　　　　　　　　　　　　　　　　　单位：套

城市	1月	2月	3月	4月	5月	6月	7月	8月	9月	10月	11月	12月	汇总
锦州市	1148	508	1206	1294	1025	656	2136	1346	1704	1423	1299	708	14453
昆山市	5483	2840	3105	3350	2916	2255	2520	2411	3126	1804	2183	3839	35832
廊坊市	1090	580	1578	1481	1386	1217	1179	972	1276	1005	1126	1121	14011
丽水市	2400	1073	1217	2501	2238	1056	1575	2404	3479	2262	3467	2018	25690
临安市	1653	901	2947	4341	3157	2496	1583	1691	1470	1592	1527	1563	24921
柳州市	2779	2014	4036	3900	4716	4681	2818	3702	4798	4120	4040	5278	46882
六安市	1147	1620	3958	2501	2980	2376	2751	2355	2388	2117	2040	3355	29588
南平市	343	406	368	390	431	383	276	402	426	854	403	466	5148
南通市	4407	2155	3422	7084	4304	4264	7072	3471	7090	4010	2188	1367	50834
莆田市	2812	1573	2213	1623	2134	4167	3454	1833	2699	2975	4007	4767	34257
启东市	1920	979	1414	2107	2050	1232	1644	1512	1409	1688	1093	1463	18511
清远市	3263	2204	4640	4313	5510	4840	4061	4181	3944	4835	6529	3135	51455
衢州市	472	317	551	632	924	666	911	733	598	384	620	704	7512
汕头市	2051	1663	2651	2701	2978	4851	2628	2079	2277	2776	2327	2992	31974
上饶市	1634	1499	1543	3007	1885	1448	2372	2075	2765	1280	1686	1449	22643
韶关市	957	1059	1246	1193	1418	1476	1227	1817	1277	1447	1303	1120	15540
绍兴市	793	839	2116	1816	1968	1959	1675	1167	1399	1547	1536	2519	19334
宿州市	1426	2553	2754	2856	2895	1928	2937	2728	2123	3157	3612	2481	31450
台州市	3974	2969	3401	4074	3686	3473	4348	3441	4635	3457	2656	3773	43887
太仓市	973	597	1055	785	1024	994	1468	2301	1825	1293	1202	1061	14578
泰安市	1761	1170	1980	2399	2459	3156	2893	2719	3525	2527	2694	2112	29395
泰州市	808	983	1170	945	870	1262	1494	987	1115	1431	994	824	12883
桐庐市	265	79	302	323	397	417	194	216	297	197	292	366	3345
铜陵市	1986	992	1912	2204	954	749	829	790	690	745	811	937	13599
芜湖市	1873	1150	1326	1504	1868	1755	2252	1978	1902	1913	1344	1339	20204
香河县	921	180	793	366	720	781	495	472	362	325	314	400	6129
孝感市	1649	1506	2374	1804	1276	1038	1167	1136	1424	1198	1666	1562	17800
盐城市	2376	3534	3765	3415	4097	3368	3991	3034	3475	3420	3731	2580	40786
扬州市	3863	1627	3808	2623	6059	3988	3396	3054	2873	2495	3288	4257	41331
宜兴市	989	595	970	1351	2020	1821	2032	1305	1679	1280	1076	1005	16123
岳阳市	1237	1125	1740	1874	1532	1632	1678	1464	2036	2210	1674	2095	20297
张家港市	1583	610	1314	1749	1596	1696	1279	1618	1056	1420	1103	1717	16741
肇庆市	1782	611	1712	1441	1917	1622	1735	1664	1345	1420	1440	2999	19688
镇江市	5648	2662	6286	5465	5885	4569	5069	5942	5281	5205	4539	4728	61279
中山市	8621	3686	9083	8538	8995	13951	11475	11340	11916	11526	10663	12299	122093
舟山市	732	501	1125	1465	1266	1430	1161	1139	1156	885	828	995	12683
珠海市	1393	1548	4376	3609	3255	6515	5488	4802	4407	3871	5330	4449	49093

注：①杭州数据包含萧山余杭。

②苏州数据包含吴江。

③惠州数据为惠州城区数据。

数据来源：中指数据库监测。

4-3 2019年全国主要城市商品房成交面积统计

单位：万平方米

城市	1月	2月	3月	4月	5月	6月	7月	8月	9月	10月	11月	12月	汇总
一线城市													
北京市	81.94	30.61	78.53	81.03	145.79	100.02	91.71	73.84	68.99	83.78	95.77	112.75	1044.76
上海市	162.16	86.04	180.25	158.23	161.96	174.50	147.21	149.20	161.28	132.90	152.40	166.12	1832.25
广州市	150.99	57.42	108.37	123.44	105.39	119.63	128.47	100.48	98.05	127.74	140.94	116.96	1377.88
深圳市	32.41	16.58	51.96	44.33	55.85	49.10	44.92	37.93	45.28	41.76	54.00	69.33	543.45
二线城市													
成都市	309.17	190.66	250.44	258.76	263.03	282.44	306.50	263.43	259.21	255.74	281.02	416.04	3336.44
长春市	115.18	50.19	106.25	102.21	89.78	101.29	109.16	118.13	117.05	87.54	97.79	100.82	1195.39
重庆市	164.15	137.39	246.14	303.64	242.55	279.05	253.46	195.12	219.21	219.36	224.56	284.41	2769.04
福州市	83.43	62.65	70.29	80.03	90.20	89.12	85.82	83.58	102.38	79.12	68.08	94.22	988.92
杭州市*	72.12	39.99	73.71	92.61	86.80	90.34	88.33	70.81	107.46	66.58	124.91	171.91	1085.57
合肥市	99.55	52.10	81.34	110.39	90.59	101.01	113.87	89.24	53.26	41.47	47.59	96.37	976.78
兰州市	53.03	25.51	43.20	61.75	59.70	60.31	59.76	62.51	31.80	49.55	42.62	48.17	597.91
宁波市	109.21	54.91	136.35	205.95	181.80	211.07	198.78	170.05	138.10	159.82	162.31	190.27	1918.62
青岛市	123.87	53.84	143.09	144.36	148.54	166.01	146.61	157.86	187.53	155.61	182.68	192.38	1802.38
三亚市	3.23	4.10	4.58	5.82	4.45	6.85	4.32	2.53	4.07	9.81	9.65	14.23	73.64
沈阳市	100.05	54.25	139.12	157.88	155.55	171.99	225.55	219.92	197.40	140.94	212.00	194.58	1969.23
苏州市*	90.59	43.39	99.82	140.32	125.13	117.51	115.86	100.29	104.01	99.68	95.49	130.08	1262.17
无锡市	48.08	29.05	72.71	66.50	83.61	91.90	87.06	79.32	85.29	18.27	69.41	50.99	782.19
西安市	202.16	75.52	200.99	111.76	139.35	154.45	150.32	145.31	127.89	86.03	131.32	113.07	1638.17
郑州市	110.72	30.75	202.49	133.92	151.30	113.95	141.23	154.86	73.85	81.35	81.21	85.20	1360.83
三四线城市													
常熟市	13.81	5.78	13.07	17.79	23.24	17.31	18.55	23.77	13.69	15.48	13.91	13.34	189.74
常州市	56.55	48.25	72.70	94.40	126.76	180.97	116.26	87.28	95.75	75.27	91.50	119.34	1165.03
池州市	9.96	9.22	10.22	10.11	11.22	9.67	12.54	9.24	9.54	11.44	10.09	8.63	121.88
佛山市	125.37	58.63	164.79	153.98	155.37	155.00	141.86	115.12	128.26	119.89	112.45	115.12	1545.84
富阳市	14.12	5.48	8.87	7.74	15.36	10.30	13.24	10.24	7.97	7.78	11.50	16.00	128.60
固安县	6.04	2.62	8.94	9.32	9.18	12.69	12.41	11.48	18.08	7.13	8.48	8.05	114.42
海门市	4.93	8.26	11.85	14.74	14.08	15.09	12.20	7.86	10.13	10.08	7.69	20.07	136.98
衡水市	15.04	7.82	20.36	25.07	19.22	17.17	18.94	18.69	20.53	21.04	20.50	20.04	224.42
湖州市	25.05	16.28	48.16	36.31	45.05	79.16	64.94	43.69	66.41	51.85	50.92	59.48	587.30
淮北市	13.17	14.01	15.62	25.38	17.29	9.83	12.86	11.38	14.16	21.44	18.42	21.60	195.16

4-3 续表 1

单位：万平方米

城市	1 月	2 月	3 月	4 月	5 月	6 月	7 月	8 月	9 月	10 月	11 月	12 月	汇总
黄冈市	4.85	4.94	3.11	3.30	2.51	2.96	8.46	7.69	9.48	7.02	7.36	4.95	66.63
黄石市	13.53	7.89	13.07	8.89	11.48	12.75	12.36	10.66	11.43	6.73	8.82	13.88	131.49
惠州市 *	19.00	9.00	27.00	26.00	26.00	23.00	27.00	25.00	27.00	25.00	34.00	37.00	305.00
建德市	5.29	1.00	6.26	2.35	4.22	3.17	2.76	3.67	2.82	4.67	3.05	3.11	42.37
江阴市	19.57	10.09	18.69	25.14	27.69	40.55	30.74	21.15	25.07	34.51	33.17	27.46	313.83
锦州市	12.60	5.69	13.80	13.99	11.22	7.08	22.98	14.79	20.10	16.21	14.52	7.79	160.77
昆山市	58.20	30.23	33.28	35.94	31.10	23.28	25.40	25.76	32.71	18.62	23.32	38.82	376.66
廊坊市	10.89	6.00	15.55	15.06	13.75	13.34	12.05	9.57	12.18	10.18	12.31	10.66	141.54
丽水市	32.20	11.78	14.57	26.46	25.43	11.60	17.29	30.72	39.36	22.44	37.95	23.50	293.30
临安市	17.80	9.99	29.99	44.09	32.54	26.13	17.78	14.87	15.34	13.42	12.56	15.41	249.92
柳州市	25.70	17.10	32.90	29.30	35.80	43.50	21.30	33.60	41.10	34.04	28.78	33.28	376.40
六安市	12.13	18.15	42.78	26.40	33.31	27.69	29.87	25.31	26.10	23.20	20.92	34.99	320.85
南平市	3.08	3.76	3.16	3.20	3.98	3.56	2.56	3.65	3.94	8.85	4.66	4.51	48.91
南通市	36.95	21.19	33.17	60.87	38.02	38.02	67.79	30.78	66.61	30.34	12.76	9.94	446.44
莆田市	26.29	14.26	18.26	15.30	21.16	39.03	35.28	19.43	27.06	28.09	41.65	38.51	324.32
启东市	24.72	11.11	13.98	21.64	20.94	12.63	17.14	15.38	13.94	16.93	10.93	15.19	194.53
清远市	26.31	17.87	43.05	39.12	51.60	46.34	36.52	37.10	34.66	37.29	49.15	24.77	443.78
衢州市	5.05	3.82	8.82	9.89	10.19	7.15	9.08	8.47	8.94	3.61	5.32	7.41	87.75
汕头市	20.31	18.77	26.88	24.76	26.08	36.12	22.37	18.59	19.35	24.76	21.69	26.76	286.44
上饶市	17.88	16.91	18.36	32.53	21.84	15.89	27.07	22.80	29.94	15.14	18.11	18.89	255.36
韶关市	11.24	11.93	14.35	14.35	16.63	16.91	13.61	19.09	13.99	17.08	15.88	13.56	178.62
绍兴市	11.29	10.83	26.09	22.65	24.90	26.06	20.18	14.62	16.49	17.55	20.40	28.65	239.71
宿州市	20.79	28.08	30.23	32.80	34.50	23.60	31.90	31.25	21.33	34.72	41.70	29.16	360.06
台州市	59.61	35.80	43.01	53.21	55.96	43.74	50.42	41.19	55.84	42.79	32.31	43.35	557.23
太仓市	9.78	5.96	11.72	7.70	9.06	10.30	15.91	20.40	17.16	12.92	8.80	8.20	137.91
泰安市	20.04	13.17	22.94	27.55	28.90	34.11	30.87	30.31	39.84	29.59	30.83	23.62	331.77
泰州市	10.43	12.31	14.44	13.12	11.14	15.44	18.61	12.44	14.19	16.78	12.18	10.19	161.27
桐庐市	2.94	0.88	3.66	3.84	4.46	4.68	2.16	2.24	2.55	1.97	2.78	3.15	35.31
铜陵市	22.92	13.03	21.63	23.26	11.10	8.26	8.89	8.52	7.06	7.82	8.48	13.19	154.16
芜湖市	25.37	13.35	15.70	17.16	22.40	22.03	27.98	24.09	22.91	22.49	16.33	16.05	245.86
香河县	5.91	1.50	5.91	3.17	5.15	5.60	3.92	3.65	2.97	2.48	2.77	3.58	46.61
孝感市	19.59	16.84	25.84	20.06	14.58	12.08	13.36	13.12	16.10	13.67	16.80	14.34	196.38
盐城市	24.94	35.82	40.61	36.45	42.42	38.56	44.25	34.04	41.00	37.17	39.66	27.06	441.98
扬州市	31.67	11.07	25.62	18.52	45.35	33.24	26.45	22.64	19.49	21.68	22.83	31.99	310.55
宜兴市	11.59	7.31	12.88	17.51	26.26	21.63	25.89	15.84	21.01	16.45	15.90	13.18	205.45
岳阳市	12.08	11.95	17.82	21.24	17.37	16.13	18.51	16.26	22.62	24.49	17.83	22.65	218.95

4–3 续表 2

单位：万平方米

城市	1月	2月	3月	4月	5月	6月	7月	8月	9月	10月	11月	12月	汇总
张家港市	14.85	7.90	15.96	21.77	19.34	21.38	16.24	14.21	13.39	16.53	14.36	19.51	195.44
肇庆市	15.17	5.30	14.32	12.26	16.88	16.76	13.38	12.52	12.04	13.52	11.42	16.97	160.54
镇江市	66.94	32.98	73.40	64.26	69.63	53.59	57.57	66.88	63.86	62.71	51.94	57.88	721.64
中山市	67.72	29.07	67.16	67.38	65.00	96.06	99.17	88.48	72.38	83.34	88.58	97.39	921.73
舟山市	6.95	5.38	11.49	16.88	12.91	12.95	9.95	9.47	10.97	8.38	8.74	9.81	123.88
珠海市	14.44	15.82	43.79	35.76	31.13	64.69	53.15	47.63	43.29	39.62	50.81	44.22	484.35

注：①杭州数据包含萧山余杭。

②苏州数据包含吴江。

③惠州数据为惠州城区数据。

数据来源：中指数据库监测。

4-4 2019年全国主要城市商品房成交价格统计

单位：元 / 平方米

城市	1月	2月	3月	4月	5月	6月	7月	8月	9月	10月	11月	12月	汇总
一线城市													
北京市	40639	37248	35141	35830	34508	36694	39512	36111	36317	38320	41902	34034	37033
上海市	30822	29230	29552	32992	30306	30701	27524	31972	34315	32201	27363	30235	30648
广州市	24328	28852	27233	28118	28561	27156	26478	28034	26673	23492	21555	25298	26013
深圳市	51984	52238	60085	64166	55616	55965	55487	54561	56896	59926	59052	57470	57384
二线城市													
成都市	10799	10578	10166	10503	10221	10424	10645	10323	10359	10780	10853	11442	10636
长春市	8688	8898	9307	10086	9868	9853	9814	9225	9902	9886	9484	9591	9562
重庆市	11745	11305	11576	11415	11935	11652	11639	11168	11217	11331	10991	11475	11465
福州市	16415	15409	16855	15786	16165	15746	16247	15751	15796	15884	15104	15207	15866
杭州市 *	30313	32729	31068	30652	29134	31426	31209	30796	29902	30109	29840	30328	30479
合肥市	13151	12753	13313	12862	13568	13059	13274	13294	12858	12190	11765	17038	13426
兰州市	7090	6913	7082	7057	7320	7716	7211	6830	7947	7992	9470	9824	7660
宁波市	15163	15765	17599	17002	15688	15404	15402	16410	16236	16006	16639	17664	16282
三亚市	31950	34268	28886	26375	29775	29372	26644	31739	29730	28460	36269	32543	30851
沈阳市	8952	9397	9217	9834	9513	10647	10124	9835	10194	10006	9367	10077	9835
苏州市 *	20011	21219	19039	20890	20966	20354	23613	19359	20768	21119	22480	23401	21165
无锡市	15327	15404	14918	15332	16175	17324	18642	17963	18373	18121	17729	17705	17020
西安市	14284	14735	14842	15013	14288	15071	14952	15051	15168	15749	14785	13968	14791
郑州市	13722	14080	11499	13019	13431	14596	13868	14251	14464	13940	13218	13797	13474
三四线城市													
常熟市	16915	15599	15904	16151	17189	17074	17323	16477	16150	15266	15048	18196	16531
常州市	10201	10772	11334	12028	11005	11196	11513	8992	9644	8220	9307	7256	10180
池州市	6328	6641	6594	6620	6049	6949	6909	7537	6421	6723	7385	7072	6756
佛山市	11888	12237	11479	12102	12280	13492	13583	13424	13486	13742	14170	13424	12906
富阳市	21085	19337	18790	19686	19228	23559	19899	19352	20048	18828	19549	20019	20009
固安县	12073	12272	13013	13795	12649	12973	12996	12052	12431	12869	12641	11761	12661
海门市	13151	13003	13966	14453	14319	14207	14153	13332	14264	15743	14227	14672	14245
衡水市	8864	8805	9085	9043	8988	9149	9458	9100	8703	9101	9055	8912	9033
湖州市	13820	13041	13431	11057	11228	13548	13486	9530	10701	10513	13414	13654	12307
淮北市	8592	7728	8173	6848	5794	8113	9144	7386	6599	6694	5927	6840	7165
黄冈市	7127	6619	7322	7529	7725	7794	7524	7614	7175	8629	7484	7220	7489
黄石市	8256	8535	8204	8927	8170	8327	8349	8165	7662	8298	8176	7489	8178
惠州市 *	10848	10749	10207	10020	10104	12811	10904	11365	11248	11195	10629	11045	10913
建德市	12603	12546	10708	12139	14301	14211	14226	14622	14322	16109	14823	17720	13893
江阴市	13585	11920	11676	12599	12109	11670	11907	11814	13832	12400	13416	16125	12771

4-4 续表

单位：元 / 平方米

城市	1月	2月	3月	4月	5月	6月	7月	8月	9月	10月	11月	12月	汇总
锦州市	4749	5086	5145	4855	4946	4916	5228	4952	4844	4844	5525	6084	5069
昆山市	17412	17470	17052	16028	17896	18371	18139	16626	17181	18180	16438	15988	17158
廊坊市	12838	13404	14321	13675	12746	12950	11929	12115	12507	13107	12202	12592	12907
丽水市	9306	12092	11695	13430	9694	11621	13019	12639	9658	11193	14177	13459	11757
临安市	19265	18204	18131	18446	18016	19711	17864	18315	19047	18100	17992	18141	18462
六安市	8009	7196	7854	7900	7551	7444	7999	7841	7763	7884	7700	7473	7715
南平市	7087	7197	5624	7088	6477	6410	7109	7424	7400	8014	6677	6517	7031
南通市	14474	15976	14101	14064	14229	14363	15992	15674	18517	15533	12023	14661	15354
莆田市	13433	14201	12401	12517	10740	12500	11844	12723	11106	12685	9438	11654	11879
启东市	12700	12650	12314	13270	12655	12972	13120	12884	12892	12776	12375	12174	12758
清远市	8736	8842	8961	8992	9242	9493	9243	9142	8587	8285	8216	7943	8847
衢州市	11215	12084	11071	8730	10891	12611	11600	10780	9739	11430	14274	16104	11493
汕头市	9094	10108	10493	9639	10189	9921	10388	9929	10588	9676	9208	9360	9884
上饶市	9190	8849	9343	8723	8696	8778	8621	8934	8739	8569	8837	9851	8902
韶关市	6994	6546	6536	6884	7211	6973	7334	6262	6920	6694	6459	6740	6783
绍兴市	18062	16740	16490	16799	17920	19439	17584	19596	17014	17295	19717	18917	18014
宿州市	6344	6731	6900	6738	5971	6059	6552	6550	7046	6319	6261	6084	6447
台州市	11269	13921	13765	13478	12484	16230	14107	13249	13839	13501	13742	13717	13520
太仓市	16141	14767	12471	13928	13393	16042	16347	16990	16086	15346	15943	16247	15520
泰安市	8430	8346	8594	8641	9113	9057	9932	9059	10017	9163	8638	9072	9098
泰州市	12056	9900	10456	12064	11455	12759	11561	11975	12476	11741	12253	12666	11770
桐庐市	14744	15023	19482	20450	19179	18319	19620	19797	20345	20489	21889	21091	19374
铜陵市	5875	7517	4992	5018	7139	7456	7100	6919	6968	6788	6985	7767	6384
芜湖市	8604	9535	10042	11011	11227	11154	10822	11473	11240	10591	11174	11405	10696
香河县	8886	10189	10007	10691	10301	9727	9807	10187	10362	10049	10326	9967	9951
孝感市	7044	6858	7085	7762	7477	8210	7578	7634	7587	7499	7167	7823	7429
盐城市	10054	9803	10003	10035	10278	10181	9955	10178	10586	10434	10545	10987	10242
扬州市	12365	11237	11683	12202	11844	12828	12280	11682	12464	12790	9608	9434	11706
宜兴市	11643	11011	11625	11721	12194	12634	12752	11776	13230	11945	11505	11520	12120
岳阳市	9251	8801	9180	9920	10396	9799	8961	8597	8788	8976	9982	9162	9314
张家港市	12726	14901	14325	14289	14839	13820	15971	13791	15117	13557	15062	15309	14457
肇庆市	7655	8266	8485	8855	9061	9198	8330	8734	8993	8269	8207	7166	8428
镇江市	12316	13796	11989	11736	12219	11851	11470	10827	12196	11510	11871	11611	11880
中山市	11875	12055	12455	12714	12280	12155	12964	12764	12487	12874	12945	13378	12645
舟山市	18301	17404	17215	15809	17361	18146	18504	16900	17139	18270	17219	19219	17510
珠海市	21621	21429	21427	23090	21289	22753	23855	26930	27284	27217	28096	26890	24727

注：①杭州数据包含萧山余杭。

②苏州数据包含吴江。

③惠州数据为惠州城区数据。

数据来源：中指数据库监测。

4-5　2019年全国主要城市商品房成交金额统计

单位：亿元

城市	1月	2月	3月	4月	5月	6月	7月	8月	9月	10月	11月	12月	汇总
一线城市													
北京市	333.01	114.00	275.97	290.33	503.11	367.01	362.38	266.64	250.53	321.06	401.29	383.73	3869.06
上海市	499.79	251.49	532.67	522.04	490.83	535.72	405.18	477.03	553.42	427.95	417.02	502.27	5615.41
广州市	367.32	165.67	295.12	347.08	301.00	324.87	340.18	281.69	261.53	300.09	303.80	295.88	3584.23
深圳市	168.49	86.60	312.22	284.45	310.62	274.79	249.25	206.95	257.63	250.25	318.88	398.44	3118.56
二线城市													
成都市	333.87	201.69	254.59	271.78	268.84	294.42	326.27	271.94	268.51	275.70	305.00	476.05	3548.66
长春市	100.07	44.66	98.88	103.09	88.59	99.80	107.13	108.97	115.91	86.54	92.74	96.69	1143.07
重庆市	192.79	155.32	284.92	346.60	289.48	325.16	295.00	217.91	245.88	248.56	246.81	326.36	3174.79
福州市	136.96	96.54	118.47	126.34	145.81	140.34	139.44	131.65	161.72	125.67	102.82	143.29	1569.05
杭州市 *	218.62	130.89	228.99	283.88	252.89	283.90	275.66	218.06	321.32	200.46	372.73	521.35	3308.75
合肥市	130.92	66.44	108.29	141.97	122.91	131.90	151.15	118.64	68.48	50.55	55.99	164.20	1311.44
兰州市	37.60	17.63	30.60	43.58	43.70	46.53	43.09	42.70	25.27	39.60	40.36	47.33	457.99
宁波市	165.59	86.57	239.96	350.16	285.20	325.14	306.16	279.05	224.21	255.80	270.06	336.09	3123.99
三亚市	10.32	14.05	13.23	15.35	13.25	20.12	11.51	8.03	12.10	27.92	35.00	46.31	227.19
沈阳市	89.56	50.98	128.22	155.27	147.97	183.12	228.35	216.30	201.23	141.02	198.59	196.09	1936.70
苏州市 *	181.27	92.06	190.05	293.13	262.34	239.18	273.59	194.15	216.01	210.52	214.66	304.40	2671.36
无锡市	73.69	44.75	108.47	101.96	135.24	159.21	162.30	142.49	156.70	33.11	123.06	90.28	1331.25
西安市	288.77	111.29	298.31	167.79	199.10	232.76	224.77	218.71	193.98	135.49	194.15	157.95	2423.07
郑州市	151.93	43.30	232.83	174.36	203.22	166.33	195.86	220.69	106.82	113.39	107.35	117.55	1833.63
三四线城市													
常熟市	23.37	9.02	20.78	28.73	39.95	29.56	32.13	39.16	22.11	23.63	20.93	24.28	313.65
常州市	57.69	51.97	82.40	113.55	139.49	202.61	133.85	78.48	92.34	61.87	85.17	86.59	1186.01
池州市	6.30	6.12	6.74	6.69	6.79	6.72	8.66	6.96	6.12	7.69	7.45	6.10	82.34
佛山市	149.04	71.75	189.17	186.35	190.79	209.13	192.69	154.54	172.97	164.75	159.35	154.54	1995.07
富阳市	29.77	10.59	16.67	15.23	29.54	24.25	26.34	19.81	15.98	14.64	22.48	32.02	257.32
固安县	7.30	3.21	11.63	12.86	11.61	16.46	16.13	13.83	22.48	9.18	10.71	9.47	144.87
海门市	6.48	10.74	16.54	21.30	20.17	21.44	17.27	10.48	14.44	15.87	10.95	29.45	195.13
衡水市	13.33	6.88	18.50	22.67	17.27	15.71	17.91	17.01	17.86	19.15	18.56	17.86	202.71
湖州市	34.62	21.23	64.68	40.15	50.58	107.25	87.57	41.63	71.07	54.51	68.30	81.21	722.80
淮北市	11.32	10.82	12.77	17.38	10.02	7.98	11.76	8.41	9.34	14.35	10.92	14.77	139.84
黄冈市	3.45	3.27	2.28	2.48	1.94	2.31	6.36	5.86	6.81	6.06	5.50	3.58	49.90
黄石市	11.17	6.73	10.72	7.94	9.38	10.61	10.32	8.71	8.76	5.59	7.21	10.39	107.53
惠州市 *	20.61	9.67	27.56	26.05	26.27	29.46	29.44	28.41	30.37	27.99	36.14	40.87	332.84
建德市	6.66	1.25	6.70	2.85	6.03	4.51	3.92	5.37	4.04	7.52	4.60	5.41	58.86
江阴市	26.58	12.03	21.82	31.68	33.53	47.32	36.60	24.99	34.68	42.79	44.49	44.28	400.79

4-5 续表

单位：亿元

城市	1月	2月	3月	4月	5月	6月	7月	8月	9月	10月	11月	12月	汇总
锦州市	5.98	2.89	7.10	6.79	5.55	3.48	12.02	7.33	9.74	7.85	8.02	4.74	81.49
昆山市	101.34	52.82	56.74	57.61	55.66	42.76	46.08	42.83	56.19	33.85	38.33	62.06	646.27
廊坊市	13.98	8.04	22.27	20.59	17.53	17.28	14.38	11.60	15.23	13.34	15.02	13.43	182.69
丽水市	29.96	14.25	17.04	35.54	24.65	13.48	22.51	38.83	38.02	25.12	53.81	31.63	344.84
临安市	34.29	18.19	54.37	81.33	58.63	51.50	31.76	27.24	29.23	24.29	22.60	27.96	461.39
六安市	9.71	13.06	33.60	20.86	25.15	20.62	23.89	19.85	20.26	18.29	16.11	26.15	247.55
南平市	2.18	2.71	1.78	2.27	2.58	2.28	1.82	2.71	2.92	7.09	3.11	2.94	34.39
南通市	53.48	33.85	46.77	85.61	54.10	54.61	108.40	48.25	123.35	47.12	15.35	14.58	685.47
莆田市	35.32	20.24	22.64	19.15	22.73	48.78	41.79	24.72	30.05	35.64	39.31	44.88	385.25
启东市	31.39	14.06	17.21	28.71	26.50	16.38	22.48	19.81	17.98	21.63	13.53	18.50	248.18
清远市	22.98	15.80	38.57	35.17	47.68	43.99	33.75	33.92	29.76	30.89	40.38	19.67	392.56
衢州市	5.66	4.62	9.77	8.63	11.10	9.02	10.53	9.14	8.71	4.13	7.60	11.94	100.85
汕头市	18.47	18.97	28.21	23.87	26.58	35.84	23.24	18.46	20.49	23.96	19.97	25.05	283.11
上饶市	16.44	14.96	17.16	28.37	18.99	13.95	23.33	20.37	26.17	12.97	16.00	18.61	227.32
韶关市	7.86	7.81	9.38	9.88	11.99	11.79	9.98	11.96	9.68	11.43	10.25	9.14	121.15
绍兴市	20.39	18.14	43.01	38.05	44.62	50.66	35.48	28.65	28.06	30.34	40.22	54.20	431.82
宿州市	13.19	18.90	20.86	22.10	20.60	14.30	20.90	20.47	15.03	21.94	26.11	17.74	232.14
台州市	67.17	49.83	59.20	71.71	69.86	70.98	71.13	54.57	77.27	57.77	44.40	59.46	753.35
太仓市	15.79	8.80	14.61	10.73	12.14	16.53	26.01	34.65	27.60	19.82	14.03	13.33	214.04
泰安市	16.90	10.99	19.72	23.81	26.33	30.89	30.66	27.46	39.90	27.12	26.63	21.43	301.84
泰州市	12.58	12.19	15.09	15.83	12.76	19.70	21.52	14.90	17.71	19.70	14.93	12.90	189.81
桐庐市	4.33	1.32	7.14	7.85	8.55	8.57	4.25	4.43	5.20	4.03	6.09	6.65	68.41
铜陵市	13.47	9.80	10.80	11.67	7.92	6.16	6.31	5.89	4.92	5.31	5.93	10.24	98.42
芜湖市	21.83	12.73	15.76	18.90	25.15	24.57	30.28	27.64	25.75	23.82	18.24	18.31	262.98
香河市	5.25	1.53	5.92	3.39	5.30	5.44	3.84	3.72	3.08	2.49	2.86	3.56	46.38
孝感市	13.80	11.55	18.31	15.57	10.90	9.91	10.12	10.02	12.21	10.25	12.04	11.22	145.90
盐城市	25.08	35.12	40.63	36.58	43.59	39.25	44.05	34.64	43.40	38.79	41.82	29.73	452.68
扬州市	39.16	12.44	29.93	22.60	53.71	42.64	32.48	26.44	24.29	27.72	21.94	30.18	363.53
宜兴市	13.50	8.05	14.97	20.52	32.03	27.32	33.02	18.66	27.80	19.65	18.29	15.19	249.00
岳阳市	11.17	10.52	16.36	21.06	18.06	15.81	16.58	13.97	19.88	21.98	17.80	20.75	203.94
张家港市	18.89	11.77	22.86	31.11	28.70	29.55	25.94	19.59	20.25	22.40	21.62	29.87	282.55
肇庆市	11.61	4.38	12.15	10.86	15.29	15.41	11.14	10.93	10.83	11.18	9.37	12.16	135.31
镇江市	82.45	45.50	88.00	75.41	85.07	63.51	66.04	72.41	77.88	72.19	61.65	67.21	857.32
中山市	80.42	35.04	83.64	85.67	79.82	116.77	128.57	112.93	90.38	107.30	114.67	130.29	1165.50
舟山市	12.72	9.37	19.78	26.68	22.42	23.50	18.42	16.00	18.81	15.31	15.05	18.85	216.91
珠海市	31.22	33.89	93.84	82.57	66.28	147.18	126.79	128.26	118.11	107.84	142.75	118.91	1197.64

注：①杭州数据包含萧山余杭。

②苏州数据包含吴江。

③惠州数据为惠州城区数据。

数据来源：中指数据库监测。

4-6 2019年全国主要城市商品房批准上市套数统计

单位：套

城市	1月	2月	3月	4月	5月	6月	7月	8月	9月	10月	11月	12月	汇总
一线城市													
北京市	6215	9717	17227	17513	16065	13768	12722	21334	16926	16609	25938	34615	208649
上海市	22301	5284	20038	25892	24659	31064	14679	20376	15020	19108	12880	20809	232110
广州市	9823	5198	7330	8998	10434	7179	8549	6787	8736	8825	5683	13458	101000
深圳市	5492	196	6065	3630	6443	7057	4414	9568	8914	3125	11383	12728	79015
二线城市													
成都市	60548	15030	30802	52177	46207	44269	30954	40466	70049	46383	60729	78569	576183
长春市	1326	1398	4961	4125	13785	16963	8854	13086	14613	7617	14667	7054	108449
重庆市	22632	12208	28727	27085	24345	32522	30494	21226	35937	32754	36329	41775	346034
福州市	11643	1483	7626	15129	13962	17209	12700	17162	27758	8384	20247	24209	177512
杭州市 *	2569	2438	6700	5941	6732	10903	6643	7500	10833	11780	20078	17598	109715
合肥市	7959	3201	10275	11370	9707	15323	10079	8916	8950	13820	11087	14404	125091
宁波市	11008	16102	39340	44912	20111	20343	30992	18855	32266	25273	20549	34997	314748
青岛市	11905	2321	8501	12221	7303	11454	21658	19341	31942	27229	27653	33072	214600
三亚市	3054	1020	1766	1018	1393	441	520	1068	496	910	445	3937	16068
沈阳市	4790	2015	7862	10964	11946	19904	11977	22059	21425	18051	16412	17296	164701
苏州市 *	4144	613	5426	9092	7655	7764	7032	10176	11032	7711	14454	11198	96297
无锡市	7620	1996	2722	5174	5605	7210	7651	5197	10389	6493	7519	6932	74508
西安市	17782	4171	10898	16925	12718	16324	8372	20867	23806	16294	37450	25857	211464
郑州市	5535	3281	5621	21467	9069	15005	15896	20563	10307	14417	14689	17928	153778
三四线城市													
常熟市	1778	354	2370	3394	1833	1533	2479	1099	3977	2154	1374	1766	24111
常州市	9770	1929	6904	10141	8084	9410	5037	11721	11388	5393	10846	12761	103384
池州市	1164	251	0	1138	646	180	263	726	967	617	1090	328	7370
佛山市	19308	10141	40118	16115	12686	13474	15426	11902	13728	10626	14824	11902	190250
富阳市	1097	2561	7045	201	1483	1369	1453	310	798	812	1291	2270	20690
衡水市	5164	943	1313	6631	1313	3347	1474	2149	3246	1197	2372	1127	30276
惠州市 *	2183	2262	1925	2283	1728	3785	1622	2262	2262	2262	2262	2262	27098
建德市	451	73	464	374	224	499	162	218	340	0	353	305	3463
江阴市	793	0	1050	977	1182	1567	817	732	2366	1798	3537	2691	17510
昆山市	2624	211	1238	3116	1111	2390	1660	1897	2392	2519	2976	1130	23264
丽水市	3431	862	2013	2719	2441	880	1196	1671	2253	2901	3240	3524	27131
临安市	862	184	7878	2950	3497	1253	1727	2067	2054	3159	1982	2154	29767
柳州市	4720	1022	2703	3465	7429	2725	2006	2508	11675	5854	29696	8286	82090

4–6 续表

单位：套

城市	1月	2月	3月	4月	5月	6月	7月	8月	9月	10月	11月	12月	汇总
六安市	4986	973	872	1242	2736	3617	4266	2482	1867	1194	3651	3929	31815
南通市	1892	720	1975	2382	0	1188	0	3163	9574	2790	0	0	23684
莆田市	4172	340	3557	3440	2759	6901	2038	855	6255	1975	3054	8679	44025
启东市	3343	0	120	2542	0	804	0	0	1288	479	1478	500	10554
宿州市	4319	359	812	2822	1820	2068	686	1851	5193	2226	2602	4858	29616
台州市	5007	275	1794	4336	2116	4169	2867	2090	4191	1698	725	1002	30270
太仓市	2011	0	1844	1109	1943	1659	3077	3967	2753	1592	2291	4587	26833
泰安市	2978	580	1289	3194	3638	3212	2760	3140	3553	3747	1658	3051	32800
泰州市	2526	201	1069	186	1078	630	1002	812	1471	419	1069	372	10835
桐庐市	289	68	356	22	332	448	484	92	308	80	546	743	3768
铜陵市	2651	1262	1162	1549	960	541	203	1037	2611	489	2598	1365	16428
芜湖市	2478	362	97	2743	1410	1340	1760	2067	2440	756	2046	2007	19506
盐城市	4494	1037	2756	4991	3416	1986	684	4921	6959	1494	2780	1941	37459
扬州市	5263	1722	3137	434	2198	2678	2933	3377	2364	4633	3815	4260	36814
宜兴市	2773	257	589	2048	1588	2183	3176	1185	2422	244	1307	1288	19060
张家港市	1120	473	930	2093	1418	1517	48	1895	2811	669	1077	2655	16706
镇江市	3881	285	3141	8000	7403	4111	4752	4659	7288	5480	3830	6627	59457
中山市	13220	5129	8453	17743	8471	12595	6985	428	632	968	2183	2924	79731
舟山市	284	0	597	462	126	2121	2401	141	877	657	465	956	9087
珠海市	2654	1005	2515	7690	5359	6846	5283	3718	6087	4200	4905	5220	55482

注：①杭州数据包含萧山余杭。

②苏州数据包含吴江。

③惠州数据为惠州城区数据。

数据来源：中指数据库监测。

4-7　2019年全国主要城市商品房批准上市面积统计

单位：万平方米

城市	1月	2月	3月	4月	5月	6月	7月	8月	9月	10月	11月	12月	汇总
一线城市													
北京市	56.09	57.26	167.18	142.83	125.98	126.97	95.47	146.09	162.62	129.28	200.80	281.08	1691.65
上海市	193.82	41.63	189.21	206.12	179.78	246.49	147.77	154.82	142.26	132.77	114.92	159.81	1909.40
广州市	95.32	57.23	71.05	90.79	98.45	77.23	80.78	61.15	92.49	87.76	57.25	132.89	1002.39
深圳市	42.40	1.81	51.63	44.06	61.34	68.70	29.39	58.69	91.02	32.86	121.93	129.38	733.21
二线城市													
成都市	408.83	102.21	210.19	355.66	358.69	343.64	228.83	275.38	514.63	386.80	481.23	562.00	4228.09
长春市	15.95	14.97	54.08	45.25	137.45	176.22	96.63	139.60	164.53	80.96	143.86	71.01	1140.51
重庆市	224.72	113.50	275.45	236.17	256.21	287.18	263.62	199.84	322.32	295.33	318.51	355.07	3147.92
福州市	107.78	12.53	61.37	114.88	88.93	120.62	95.11	108.71	178.14	69.67	146.53	188.79	1293.06
杭州市 *	26.01	25.66	69.30	57.17	89.66	119.61	63.08	78.22	84.92	130.06	180.11	196.53	1120.33
合肥市	63.66	27.46	62.65	83.97	80.17	110.14	80.08	63.86	86.42	102.49	87.24	95.73	943.87
宁波市	106.40	113.86	258.04	332.52	164.40	185.50	201.61	122.96	197.00	134.34	131.41	252.44	2200.48
青岛市	142.23	28.21	90.47	119.73	83.41	127.37	236.07	234.19	342.12	307.87	320.77	357.72	2390.16
三亚市	37.55	12.92	17.71	10.67	11.18	5.97	5.26	10.74	5.60	8.71	6.09	39.99	172.39
沈阳市	59.81	19.73	86.41	110.75	128.06	219.17	137.41	212.48	219.32	186.79	167.05	181.13	1728.11
苏州市 *	44.51	3.33	55.54	91.34	85.61	87.59	69.04	109.03	121.70	89.33	151.59	148.58	1057.29
无锡市	83.33	28.59	28.90	57.17	51.96	88.15	82.82	48.13	91.91	68.60	88.02	73.41	790.98
西安市	133.34	40.45	107.63	187.33	100.61	149.50	81.90	163.12	217.83	121.11	281.46	229.78	1814.06
郑州市	52.17	32.63	54.41	196.00	90.53	133.20	146.36	201.62	104.15	144.94	151.66	180.08	1487.75
三四线城市													
常熟市	22.40	4.75	29.42	37.21	22.40	19.19	28.77	13.13	49.53	25.55	14.37	14.96	281.68
常州市	62.17	11.97	60.01	96.85	80.49	55.47	56.09	90.79	118.99	47.54	114.70	100.32	895.39
池州市	13.16	2.88	0.00	9.76	7.79	2.03	3.00	4.96	10.78	6.72	12.84	3.64	77.56
佛山市	164.02	59.79	297.56	120.91	153.76	106.54	126.89	109.69	148.74	80.42	139.47	109.69	1617.48
富阳市	10.56	29.68	75.36	3.19	16.87	9.84	13.61	4.32	9.64	7.43	14.09	21.29	215.88
衡水市	36.13	6.92	9.03	61.73	9.76	21.04	11.90	11.68	26.17	13.51	19.27	10.71	237.85
惠州市 *	23.64	24.83	21.12	27.05	17.60	32.86	18.83	24.83	24.83	24.83	24.83	24.83	290.08
建德市	5.58	0.78	5.18	4.19	2.76	5.97	1.96	2.42	2.73	0.00	3.80	3.12	38.49
江阴市	11.38	0.00	13.48	11.94	13.95	19.79	10.06	10.30	32.29	23.00	43.83	34.21	224.23
昆山市	28.85	2.91	12.10	37.01	11.84	19.54	17.65	19.81	27.09	25.18	34.26	13.50	249.74
丽水市	40.37	8.92	21.41	29.98	13.49	10.10	15.16	53.57	24.36	30.57	35.09	45.56	328.58
临安市	9.65	2.13	82.19	31.33	37.51	14.08	19.25	19.10	12.27	28.57	17.66	22.72	296.46
柳州市	19.46	3.23	29.14	37.35	43.80	15.19	21.62	9.98	106.25	35.80	32.14	48.07	402.03

4–7 续表

单位：万平方米

城市	1月	2月	3月	4月	5月	6月	7月	8月	9月	10月	11月	12月	汇总
六安市	52.80	11.42	9.88	19.85	31.52	29.02	19.55	27.56	22.28	14.06	41.60	45.17	324.71
南通市	21.17	6.70	24.67	16.96	0.00	11.94	0.00	21.37	74.67	27.83	0.00	0.00	205.31
莆田市	36.20	4.99	18.46	35.14	26.47	58.20	28.73	7.53	48.73	21.86	23.72	58.60	368.63
启东市	36.12	0.00	2.67	25.89	0.00	7.72	0.00	0.00	13.74	5.65	15.21	6.26	113.26
宿州市	38.02	3.16	9.36	28.80	20.60	24.70	7.70	18.17	45.24	24.25	32.79	52.90	305.69
台州市	74.06	3.16	21.52	67.37	22.36	45.86	33.82	26.25	48.75	21.90	8.96	8.97	382.98
太仓市	24.70	0.00	12.91	10.45	20.94	19.11	27.00	33.03	20.18	16.01	20.04	34.00	238.37
泰安市	33.87	7.12	12.49	38.92	30.33	36.44	30.84	38.78	43.68	36.32	19.86	36.30	364.95
泰州市	30.66	2.92	12.89	2.29	10.52	8.19	12.53	11.21	18.84	4.92	13.45	4.97	133.39
桐庐市	3.91	3.35	4.38	0.31	3.98	0.04	4.91	1.30	3.88	0.83	5.57	3.64	36.10
铜陵市	30.37	13.46	11.45	17.96	10.84	6.91	2.22	10.49	29.85	6.00	30.39	11.29	181.23
芜湖市	28.14	4.72	1.64	35.23	20.09	16.83	23.14	23.46	28.85	9.39	24.52	26.75	242.76
盐城市	61.73	6.00	20.43	42.79	27.15	16.70	7.33	39.61	32.25	15.94	24.75	14.06	308.74
扬州市	36.41	10.77	16.44	3.33	16.37	20.52	25.07	18.66	20.78	38.03	30.77	38.27	275.42
宜兴市	31.20	3.38	6.66	25.02	19.78	19.52	45.34	16.26	26.41	5.65	16.12	15.52	230.86
张家港市	14.30	7.21	11.18	22.38	17.78	18.27	0.53	22.60	29.92	7.91	13.87	32.74	198.69
镇江市	49.79	3.55	34.92	89.24	93.87	50.67	57.97	55.04	91.24	68.10	48.34	85.68	728.41
中山市	86.00	31.74	52.12	90.15	40.03	76.65	51.93	4.00	6.52	9.78	23.29	30.18	502.38
舟山市	3.37	0.00	6.42	4.50	1.36	13.16	27.83	1.93	4.44	5.55	3.16	12.43	84.15
珠海市	28.68	11.15	28.39	66.86	56.78	76.92	58.67	42.30	57.05	39.32	44.29	76.37	586.78

注：①杭州数据包含萧山余杭。

②苏州数据包含吴江。

③惠州数据为惠州城区数据。

数据来源：中指数据库监测。

4-8　2019 年全国主要城市商品房可售套数统计

单位：套

城市	1月	2月	3月	4月	5月	6月	7月	8月	9月	10月	11月	12月
一线城市												
北京市	207461	221362	220069	221830	219585	222694	224183	229698	243368	246545	263813	278751
上海市	147567	148999	147509	153626	152733	154975	154441	153156	151234	155019	151660	154019
广州市	308853	309504	303492	302931	303651	298663	300246	300188	300366	299958	296772	300222
深圳市	73052	70413	71227	67295	63146	56178	52317	58414	57757	53647	59443	64459
二线城市												
成都市	1544877	1536839	1537801	1551976	1565745	1573436	1567921	1573656	1612237	1624333	1650653	1683107
长春市	138457	135284	119317	112626	117092	125670	133390	136126	137123	138227	143367	142005
重庆市	300188	297539	300592	296462	302518	303704	304983	304089	313709	320668	330035	338077
福州市	276860	273047	274452	284708	288422	295147	295958	302910	316847	316225	327582	336459
杭州市 *	66896	67294	66725	65011	63628	65659	63897	70834	72253	80714	85884	88320
合肥市	358222	356600	354965	358254	359717	364687	364154	365451	369196	378272	381796	384731
青岛市	211363	210742	206150	215799	213023	211865	224540	230709	231612	246105	247895	261676
沈阳市	332228	327901	315210	303741	315193	318387	307886	309052	314264	310407	299563	288929
苏州市 *	122600	120036	117250	115420	110954	109711	104787	107334	111175	110668	115523	117913
西安市	203760	203171	199269	199683	201415	205614	201587	206112	218816	228861	238197	269182
三四线城市												
常熟市	16901	16863	18113	19994	20334	20396	21253	20241	22562	23328	23543	24029
常州市	—	—	207468	208367	207278	217077	206320	209877	212561	214770	214204	217896
池州市	20196	19749	19568	20543	20314	19974	20547	20875	22018	21736	22367	23037
富阳市	5674	5571	5362	4800	5082	5202	5788	6431	2647	7408	7503	8748
淮北市	28109	27940	28609	29222	28637	28041	29451	29200	30973	30871	30843	30444
黄冈市	7959	7973	7909	8016	8393	8382	7681	7705	7633	7809	7744	7703
黄石市	15046	14554	15291	15817	17156	17922	17900	18547	18301	18340	19551	19264
建德市	4180	4164	4468	4597	4582	4835	4792	4739	4813	4575	4693	4792
江阴市	30222	29756	29445	28850	28294	27206	26069	25255	25811	25120	26122	27058
昆山市	47480	41980	40633	40548	36941	37136	36250	35991	35507	36193	37430	35691
丽水市	37784	37492	38403	39160	39770	39932	40839	39889	40331	38880	38653	40618
临安市	9838	9349	9466	9657	9723	8497	8865	9632	10400	12289	12435	12888
六安市	—	—	55602	54343	54948	55819	57604	57363	58859	58172	59638	59724
南平市	6637	6173	6401	6895	6554	6740	6031	5938	6260	6286	6327	6684
南通市	—	—	72166	74215	72035	73379	73626	73827	75883	74803	73253	72292
莆田市	32634	31924	80611	82151	83375	86315	84498	83682	86342	85917	86654	89746
启东市	14342	15437	15095	15130	13371	13092	12366	12281	12063	12063	13862	15077
台州市	42160	39957	39050	42038	42770	45102	44001	44422	43939	45294	45877	46467

4-8 续表 单位：套

城市	1月	2月	3月	4月	5月	6月	7月	8月	9月	10月	11月	12月
太仓市	34229	33577	33802	34132	35065	35722	37384	36619	37543	38170	39268	42726
泰安市	—	—	—	—	31425	32476	33002	33868	35226	37319	37465	38570
泰州市	—	—	17155	16396	17687	17030	16951	16612	16916	16335	16814	16688
桐庐市	6897	6945	426	6602	6608	6902	7181	7194	7146	7089	7381	7823
铜陵市	38885	39366	40224	39569	40171	40055	39429	39730	41917	41598	42518	42791
芜湖市	33145	32988	31936	33408	33041	31675	33671	34009	34688	33740	34556	35057
盐城市	—	—	135850	137426	136680	139530	136923	139749	146380	148067	147625	150174
扬州市	—	—	96959	94770	101077	94557	101270	97423	95370	95465	96011	100915
宜兴市	—	—	32899	33596	28453	28641	35652	35688	35988	35139	35256	33989
岳阳市	25072	24046	24687	26138	29012	29261	28793	28462	28647	29375	31283	32385
张家港市	21734	21598	21296	21691	21598	21409	20177	20446	22568	21538	21602	22536
镇江市	125213	122462	119753	121745	123893	123165	122336	121484	123240	123771	122245	121606
珠海市	96820	95920	95049	100427	99454	101765	102484	101884	103705	105290	105272	107396

注：①杭州数据包含萧山余杭。

②苏州数据包含吴江。

数据来源：中指数据库监测。

4-9 2019年全国主要城市商品房可售面积统计

单位：万平方米

城市	1月	2月	3月	4月	5月	6月	7月	8月	9月	10月	11月	12月
一线城市												
北京市	1707.22	1799.61	1792.01	1790.84	1747.41	1776.06	1762.55	1768.18	1897.37	1906.58	2041.09	2128.96
上海市	2733.75	2749.64	2737.96	2814.02	2802.52	2820.38	2828.67	2829.45	2810.46	2847.81	2827.17	2873.91
广州市	2180.01	2174.99	2128.41	2110.95	2116.44	2090.03	2090.51	2065.85	2068.96	2055.81	2019.05	2054.60
深圳市	726.91	711.63	708.17	683.03	620.90	554.41	517.24	539.87	547.49	512.22	587.29	646.38
二线城市												
成都市	8613.44	8525.22	8507.03	8581.37	8689.03	8747.11	8674.97	8680.88	8944.83	9071.92	9284.94	9462.23
长春市	1585.70	1549.93	1362.20	1288.90	1339.34	1425.80	1523.41	1546.84	1577.01	1581.66	1639.20	1611.06
重庆市	3148.56	3127.04	3157.54	3108.86	3138.32	3149.44	3165.32	3173.98	3282.92	3362.52	3477.36	3552.46
福州市	1682.39	1655.87	1644.71	1703.73	1694.72	1732.19	1737.83	1774.26	1842.93	1824.74	1891.16	1953.37
杭州市 *	874.71	878.24	869.74	850.73	851.23	872.73	847.18	897.06	891.82	975.96	1016.43	1028.10
合肥市	2185.39	2166.11	2124.44	2136.79	2146.61	2167.38	2162.33	2160.92	2201.49	2272.22	2311.42	2312.95
青岛市	2556.37	2550.60	2505.77	2595.51	2558.74	2543.98	2705.43	2773.77	2799.57	2941.76	2961.31	3105.81
三亚市	—	200.00	260.00	250.00	260.00	260.00	255.00	260.00	265.00	260.00	250.00	270.00
沈阳市	3429.87	3394.67	3255.19	3136.02	3274.08	3336.01	3244.65	3236.17	3294.08	3260.94	3131.10	2987.21
苏州市 *	1373.12	1338.69	1299.15	1269.38	1223.84	1209.73	1153.72	1175.00	1212.08	1217.42	1272.68	1320.71
西安市	2141.76	2123.49	2080.82	2099.68	2108.61	2147.96	2093.89	2119.53	2215.80	2276.10	2310.43	2486.80
郑州市	1905.66	1907.53	1759.46	1821.54	1760.76	1780.01	1785.14	1831.90	1862.20	1925.78	1996.23	2091.12
三四线城市												
常熟市	231.32	231.59	247.63	267.33	265.62	267.87	282.09	271.70	291.14	300.35	301.11	302.44
常州市	—	—	1406.24	1408.69	1393.08	1446.67	1371.15	1395.04	1420.84	1452.29	1474.26	1470.63
池州市	144.01	139.58	136.04	140.94	140.22	136.70	135.58	138.12	147.10	144.91	154.23	158.58
富阳市	67.89	66.10	65.09	59.39	65.16	63.25	68.78	69.89	38.55	76.57	79.22	85.67
淮北市	264.31	260.36	263.98	265.65	261.52	257.50	273.48	270.37	283.70	282.20	282.75	280.48
黄冈市	93.02	93.20	92.42	92.03	94.97	94.54	87.38	87.35	86.31	86.88	85.95	85.50
黄石市	181.87	175.90	181.74	189.03	205.19	215.21	216.83	223.24	221.80	222.49	236.16	232.94
建德市	49.79	49.53	52.79	54.23	53.71	56.86	56.24	55.30	54.99	52.20	53.08	51.08
江阴市	458.54	453.33	449.43	441.20	432.07	417.99	402.50	391.26	399.17	388.31	400.05	410.73
昆山市	508.95	475.56	456.98	453.67	416.96	413.75	404.07	399.86	399.11	400.73	415.54	394.57
丽水市	360.91	357.49	365.09	375.35	366.09	368.88	395.85	400.84	400.64	396.05	393.19	427.50
临安市	134.38	129.15	129.54	132.88	134.14	121.57	127.95	135.11	138.86	155.61	158.63	166.13
六安市	—	—	586.15	579.60	585.26	581.42	575.97	573.87	593.52	587.56	605.62	606.04
南平市	73.09	68.31	70.39	74.82	71.50	73.83	67.40	66.99	70.16	71.59	71.14	75.29
南通市	—	—	471.90	478.31	455.05	458.56	447.09	439.01	445.97	444.44	433.88	427.25

4–9 续表

单位：万平方米

城市	1月	2月	3月	4月	5月	6月	7月	8月	9月	10月	11月	12月
莆田市	468.46	461.94	550.27	564.81	578.28	595.86	577.44	568.32	582.54	581.27	582.15	588.21
启东市	149.51	154.44	152.39	152.60	134.46	131.51	125.68	126.40	124.52	124.52	142.76	150.93
台州市	522.43	498.45	487.50	535.99	536.76	555.36	542.55	548.16	540.76	571.18	566.66	570.18
太仓市	274.14	267.04	265.07	267.87	278.68	287.55	298.56	285.43	287.82	292.19	303.65	328.59
泰安市	—	—	—	—	363.91	379.23	387.25	401.69	418.75	436.84	439.88	455.12
泰州市	—	—	196.78	185.95	200.50	192.38	191.15	185.47	190.61	184.97	191.11	190.74
桐庐市	69.92	73.33	4.11	67.82	67.36	69.73	72.37	71.35	72.35	71.05	74.25	75.55
铜陵市	435.15	439.80	430.90	425.60	432.16	431.63	424.97	427.58	452.41	449.47	462.18	459.20
芜湖市	474.19	473.76	462.66	481.40	479.62	461.58	492.40	492.97	500.98	490.49	500.46	506.31
盐城市	—	—	768.00	774.34	767.64	782.70	762.47	774.63	797.64	800.41	803.90	816.15
扬州市	—	—	580.94	565.74	597.06	560.51	590.16	544.94	540.82	544.53	555.30	581.41
宜兴市	—	—	437.96	445.47	388.47	384.31	465.02	467.92	468.25	459.51	455.56	440.82
岳阳市	267.20	256.26	268.87	280.48	301.17	306.31	302.78	300.15	306.23	316.36	326.97	341.55
张家港市	279.08	278.36	274.28	275.14	273.75	269.99	254.35	262.47	280.13	271.81	272.58	285.76
镇江市	1396.29	1361.56	1328.92	1347.50	1378.61	1372.59	1369.97	1360.36	1379.91	1389.06	1373.60	1374.51
珠海市	1115.92	1107.61	1099.45	1152.43	1146.82	1196.83	1204.78	1203.33	1222.47	1237.00	1233.33	1266.43

注：①杭州数据包含萧山余杭。

②苏州数据包含吴江。

数据来源：中指数据库监测。

4-10　2019年全国主要城市商品房供销比统计

城市	1月	2月	3月	4月	5月	6月	7月	8月	9月	10月	11月	12月	汇总
一线城市													
北京市	1.46	0.53	0.47	0.57	1.16	0.79	0.96	0.51	0.42	0.65	0.48	0.40	0.62
上海市	0.84	2.07	0.95	0.77	0.90	0.71	1.00	0.96	1.13	1.00	1.33	1.04	0.96
广州市	1.58	1.00	1.53	1.36	1.07	1.55	1.59	1.64	1.06	1.46	2.46	0.88	1.37
深圳市	0.76	9.15	1.01	1.01	0.91	0.71	1.53	0.65	0.50	1.27	0.44	0.54	0.74
二线城市													
成都市	0.76	1.87	1.19	0.73	0.73	0.82	1.34	0.96	0.50	0.66	0.58	0.74	0.79
长春市	7.22	3.35	1.96	2.26	0.65	0.57	1.13	0.85	0.71	1.08	0.63	1.42	1.05
重庆市	0.73	1.21	0.89	1.29	0.95	0.97	0.96	0.98	0.68	0.74	0.71	0.80	0.88
福州市	0.77	5.00	1.15	0.70	1.01	0.74	0.90	0.77	0.57	1.14	0.45	0.50	0.76
杭州市 *	2.77	1.56	1.06	1.62	0.97	0.76	1.40	0.91	1.27	0.51	0.69	0.87	0.97
合肥市	1.56	1.90	1.30	1.31	1.13	0.92	1.42	1.40	0.62	0.40	0.55	1.01	1.03
宁波市	1.03	0.48	0.53	0.62	1.11	1.14	0.99	1.38	0.70	1.19	1.24	0.75	0.87
青岛市	0.87	1.91	1.58	1.21	1.78	1.30	0.62	0.67	0.55	0.51	0.57	0.54	0.75
三亚市	0.09	0.32	0.26	0.55	0.40	1.15	0.82	0.24	0.73	1.13	1.58	0.36	0.43
沈阳市	1.67	2.75	1.61	1.43	1.21	0.78	1.64	1.04	0.90	0.75	1.27	1.07	1.14
苏州市 *	2.04	13.01	1.80	1.54	1.46	1.34	1.68	0.92	0.85	1.12	0.63	0.88	1.19
无锡市	0.58	1.02	2.52	1.16	1.61	1.04	1.05	1.65	0.93	0.27	0.79	0.69	0.99
西安市	1.52	1.87	1.87	0.60	1.39	1.03	1.84	0.89	0.59	0.71	0.47	0.49	0.90
郑州市	2.12	0.94	3.72	0.68	1.67	0.86	0.96	0.77	0.71	0.56	0.54	0.47	0.91
三四线城市													
常熟市	0.62	1.22	0.44	0.48	1.04	0.90	0.64	1.81	0.28	0.61	0.97	0.89	0.67
常州市	0.91	4.03	1.21	0.97	1.57	3.26	2.07	0.96	0.80	1.58	0.80	1.19	1.30
池州市	0.76	3.20	—	1.04	1.44	4.76	4.17	1.86	0.88	1.70	0.79	2.37	1.57
佛山市	0.76	0.98	0.55	1.27	1.01	1.45	1.12	1.05	0.86	1.49	0.81	1.05	0.96
富阳市	1.34	0.18	0.12	2.43	0.91	1.05	0.97	2.37	0.83	1.05	0.82	0.75	0.60
衡水市	0.42	1.13	2.26	0.41	1.97	0.82	1.59	1.60	0.78	1.56	1.06	1.87	0.94
惠州市 *	0.80	0.36	1.28	0.96	1.48	0.70	1.43	1.01	1.09	1.01	1.37	1.49	1.05
建德市	0.95	1.29	1.21	0.56	1.53	0.53	1.41	1.52	1.03	—	0.80	1.00	1.10
江阴市	1.72	—	1.39	2.11	1.99	2.05	3.06	2.05	0.78	1.50	0.76	0.80	1.40
昆山市	2.02	10.40	2.75	0.97	2.63	1.19	1.44	1.30	1.21	0.74	0.68	2.88	1.51
丽水市	0.80	1.32	0.68	0.88	1.89	1.15	1.14	0.57	1.62	0.73	1.08	0.52	0.89
临安市	1.84	4.69	0.36	1.41	0.87	1.86	0.92	0.78	1.25	0.47	0.71	0.68	0.84
柳州市	1.32	5.29	1.13	0.78	0.82	2.86	0.99	3.37	0.39	0.95	0.90	0.69	0.94

4-10 续表

城市	1月	2月	3月	4月	5月	6月	7月	8月	9月	10月	11月	12月	汇总
六安市	0.23	1.59	4.33	1.33	1.06	0.95	1.53	0.92	1.17	1.65	0.50	0.77	0.99
南通市	1.75	3.16	1.34	3.59	—	3.18	—	1.44	0.89	1.09	—	—	2.17
莆田市	0.73	2.86	0.99	0.44	0.80	0.67	1.23	2.58	0.56	1.29	1.76	0.66	0.88
启东市	0.68	—	5.24	0.84	—	1.64	—	—	1.01	3.00	0.72	2.43	1.72
宿州市	0.55	8.89	3.23	1.14	1.67	0.96	4.14	1.72	0.47	1.43	1.27	0.55	1.18
台州市	0.80	11.31	2.00	0.79	2.50	0.95	1.49	1.57	1.15	1.95	3.61	4.84	1.45
太仓市	0.40	—	0.91	0.74	0.43	0.54	0.59	0.62	0.85	0.81	0.44	0.24	0.58
泰安市	0.59	1.85	1.84	0.71	0.95	0.94	1.00	0.78	0.91	0.81	1.55	0.65	0.91
泰州市	0.34	4.21	1.12	5.73	1.06	1.89	1.49	1.11	0.75	3.41	0.91	2.05	1.21
桐庐市	0.75	0.26	0.84	12.53	1.12	104.38	0.44	1.72	0.66	2.36	0.05	0.87	0.98
铜陵市	0.75	0.97	1.89	1.29	1.02	1.20	4.00	0.81	0.24	1.30	0.28	1.17	0.85
芜湖市	0.90	2.83	9.57	0.49	1.11	1.31	1.21	1.03	0.79	2.40	0.67	0.60	1.01
盐城市	0.40	5.97	1.99	0.85	1.56	2.31	6.04	0.86	1.27	2.33	1.60	1.92	1.43
扬州市	0.87	1.03	1.56	5.57	2.77	1.62	1.05	1.21	0.94	0.57	0.74	0.84	1.13
宜兴市	0.37	2.16	1.93	0.70	1.33	1.11	0.57	0.97	0.80	2.91	0.99	0.85	0.89
张家港市	1.04	1.10	1.43	0.97	1.09	1.17	30.39	0.63	0.45	2.09	1.04	0.60	0.98
镇江市	1.34	9.28	2.10	0.72	0.74	1.06	0.99	1.22	0.70	0.92	1.07	0.68	0.99
中山市	0.79	0.92	1.29	0.75	1.62	1.25	1.91	22.14	11.10	8.52	3.80	3.23	1.83
舟山市	2.07	—	1.79	3.75	9.47	0.98	0.36	4.91	2.47	1.51	2.77	0.79	1.47
珠海市	0.50	1.42	1.54	0.53	0.55	0.84	0.91	1.13	0.76	1.01	1.15	0.58	0.83

注：①杭州数据包含萧山余杭。

②苏州数据包含吴江。

③惠州数据为惠州城区数据。

数据来源：中指数据库监测。

4-11　2019年全国主要城市商品房出清周期统计

单位：月

城市	1月	2月	3月	4月	5月	6月	7月	8月	9月	10月	11月	12月
一线城市												
北京市	18.50	21.16	21.93	21.67	19.02	20.58	20.04	18.58	20.28	20.28	23.82	24.25
上海市	16.04	18.15	17.90	18.17	18.10	18.33	18.69	17.48	17.71	18.43	18.49	18.97
广州市	16.46	17.37	17.89	17.52	17.01	18.85	19.52	18.07	18.38	18.15	16.94	17.30
深圳市	16.81	18.64	17.44	16.22	13.79	13.29	11.81	11.40	11.84	11.18	12.91	13.23
二线城市												
成都市	25.27	26.83	27.77	28.22	30.14	33.76	33.54	32.06	32.86	33.39	33.80	31.86
长春市	13.42	14.21	13.01	12.43	13.63	15.14	16.36	14.81	14.84	15.23	15.59	15.33
重庆市	11.81	13.60	14.29	13.58	13.93	13.76	12.99	12.53	13.19	14.32	15.00	15.27
福州市	34.76	30.91	27.57	26.22	23.58	21.85	21.81	21.33	20.82	20.65	22.33	22.84
杭州市 *	8.81	9.64	10.31	9.88	10.08	11.49	10.77	10.71	9.98	11.47	11.12	9.79
合肥市	15.18	15.35	14.70	15.46	21.81	24.31	23.62	22.11	23.66	27.86	31.06	31.41
青岛市	17.51	19.87	18.63	18.09	19.71	19.58	20.23	18.36	17.66	18.34	17.83	18.22
三亚市	—	70.30	75.07	60.00	57.14	53.74	50.80	54.64	56.70	48.70	40.29	36.31
沈阳市	24.64	27.88	26.64	24.19	25.87	25.70	21.53	18.15	17.52	17.61	16.09	15.06
苏州市 *	14.23	15.44	14.85	13.15	11.60	11.77	10.78	10.09	10.34	11.03	12.07	12.28
西安市	13.43	14.24	12.95	13.19	13.62	14.58	15.09	14.10	16.04	17.00	17.43	19.79
郑州市	14.72	16.15	13.21	13.48	12.80	14.37	13.84	12.24	14.53	16.13	18.53	20.31
三四线城市												
常熟市	23.05	25.54	25.11	22.81	19.23	17.66	17.68	14.33	15.28	16.08	17.59	18.38
常州市	—	—	19.34	16.86	14.22	12.19	11.60	12.34	12.15	12.77	13.67	15.07
池州市	11.61	13.83	13.89	14.76	14.17	13.58	12.92	13.16	14.17	13.66	14.80	15.48
富阳市	6.24	6.24	5.96	5.39	6.00	6.13	6.77	6.38	3.57	7.08	7.79	7.70
淮北市	21.51	20.67	20.39	17.15	16.59	16.21	17.28	17.57	18.73	19.47	19.26	16.85
黄冈市	11.96	13.07	15.58	20.20	21.91	26.17	20.74	18.70	15.05	13.67	12.00	11.41
黄石市	15.60	15.15	15.62	16.25	18.15	19.10	19.58	19.35	19.70	20.41	22.58	21.88
建德市	19.99	22.29	17.78	17.45	14.64	15.31	17.08	14.79	17.37	14.70	15.53	14.68
江阴市	18.50	22.54	23.25	22.43	20.97	17.69	15.79	14.32	14.06	12.96	12.96	14.32
昆山市	11.79	11.15	10.69	10.11	9.42	11.71	13.53	13.73	13.75	15.33	16.72	14.38
丽水市	16.51	17.76	17.91	16.92	16.56	18.13	22.17	19.08	15.93	16.18	14.80	14.98
临安市	12.93	12.30	9.71	6.61	5.40	4.54	4.78	4.90	5.53	7.77	9.51	11.15
六安市	—	—	24.07	23.31	22.04	21.74	19.39	18.58	21.11	21.30	23.74	22.67
南平市	17.94	17.10	18.39	20.09	20.40	21.36	20.00	19.98	20.15	16.18	15.68	16.04
南通市	—	—	13.32	11.70	11.89	12.06	10.36	9.80	8.86	9.82	10.57	11.75

4-11 续表

单位：月

城市	1月	2月	3月	4月	5月	6月	7月	8月	9月	10月	11月	12月
莆田市	24.62	27.27	31.00	29.78	30.43	26.62	24.18	22.97	22.23	20.51	18.33	18.57
启东市	9.96	10.55	9.94	10.06	7.87	7.51	7.74	7.46	7.35	7.71	9.85	10.12
台州市	9.54	9.70	9.77	10.63	10.77	11.44	11.54	11.44	10.80	11.82	12.77	12.87
太仓市	24.26	26.69	26.64	28.38	31.36	31.65	29.54	22.81	21.44	20.45	21.31	23.64
泰安市	—	—	—	—	16.16	15.51	14.75	13.80	13.12	13.54	13.50	14.76
泰州市	—	—	13.4	12.79	16.12	15.01	13.48	13.06	13.46	12.52	12.79	13.56
桐庐市	21.33	25.66	1.43	21.69	20.28	20.46	22.07	20.35	21.78	23.61	27.20	30.51
铜陵市	22.21	20.15	22.45	21.06	23.50	25.84	29.59	31.42	40.46	52.22	56.56	51.06
芜湖市	17.94	18.88	19.44	24.51	24.92	23.87	24.91	22.86	22.01	20.74	22.11	23.39
盐城市	—	—	22.73	22.47	21.29	21.46	19.21	19.67	20.22	20.23	20.55	21.94
扬州市	—	—	19.72	22.65	23.14	20.32	22.10	19.03	19.58	19.35	22.77	24.05
宜兴市	—	—	41.34	36.15	25.71	23.73	25.03	23.40	21.93	21.70	23.42	24.43
岳阳市	16.29	16.90	17.56	18.00	19.03	19.03	17.63	16.78	16.39	16.45	16.94	16.75
张家港市	13.39	16.36	18.71	18.06	17.55	16.01	14.88	14.46	15.81	16.13	17.02	18.19
镇江市	24.06	25.15	22.53	22.11	22.02	22.83	23.39	21.18	22.03	22.27	23.11	22.85
珠海市	51.44	53.47	42.75	40.34	39.86	34.92	29.58	26.14	26.61	26.55	24.73	27.26

注：①杭州数据包含萧山余杭。

②苏州数据包含吴江。

数据来源：中指数据库监测。

4-12　2019年全国主要城市商品住宅成交全年汇总统计

城市	销售套数（套）	销售面积（万平方米）	销售价格（元/平方米）	销售额（亿元）
北海市	29387	252.32	8245	208.03
长沙市	111185	1343.41	9195	1235.27
大连市	23101	246.68	18135	447.35
贵阳市	47723	564.98	10522	594.45
哈尔滨市	73183	763.97	10121	773.23
海口市	27945	302.03	15082	455.53
呼和浩特市	26198	318.11	9003	286.38
济南市	53598	669.01	15475	1035.30
昆明市	78446	981.74	14092	1383.50
南昌市	50778	602.00	12269	738.62
南京市 *	86733	1007.76	23859	2404.42
南宁市	108823	1199.26	—	—
石家庄市	32307	377.04	10997	414.62
太原市	56427	697.33	11845	826.01
天津市	118726	1306.08	15835	2068.24
温州市	69075	857.35	17681	1515.88
乌鲁木齐市	55247	627.93	8849	555.64
武汉市	208000	2324.40	12321	2863.91
西宁市	30509	346.66	7432	257.63
厦门市	13474	150.14	37275	559.64
银川市	31989	399.62	6808	272.07
安庆市	9514	113.51	8273	93.91
鞍山市	14293	148.26	5388	79.88
蚌埠市	23069	267.93	7493	200.77
包头市	29320	362.20	7195	260.62
宝鸡市	33825	407.17	5003	203.70
保定市	26772	284.89	7654	218.06
常德市	27545	336.48	5556	186.94
郴州市	21068	242.04	5865	141.95
承德市	5564	66.21	8177	54.14
大理市	5389	66.46	11493	76.38
大庆市	8114	88.15	5106	45.01
大同市	28562	320.01	5679	181.74
丹东市	8985	94.42	6159	58.15
德州市	13426	161.07	8211	132.26
东莞市	48611	550.49	20058	1104.16
东营市	10067	157.92	8167	128.97

4-12 续表 1

城市	销售套数（套）	销售面积（万平方米）	销售价格（元/平方米）	销售额（亿元）
鄂尔多斯市	11179	167.52	4710	78.90
鄂州市	19972	218.68	6567	143.61
防城港市	28358	265.02	5932	157.20
阜阳市	35949	423.46	7819	331.09
赣州市	17880	220.00	9967	219.28
桂林市	11312	129.70	9080	117.77
邯郸市	23616	280.05	8262	231.37
菏泽市	28245	359.28	6008	215.87
衡阳市	26894	321.03	6151	197.45
吉安市	12926	168.36	8291	139.58
吉林市	21858	226.52	6828	154.67
济宁市	40675	537.76	7337	394.56
嘉兴市	24365	316.09	13504	426.85
江门市	6280	75.14	11075	83.22
金华市	16462	181.00	13346	241.56
荆州市	18852	212.92	6770	144.14
九江市	27340	316.43	7594	240.29
开封市	21624	263.72	7782	205.24
乐山市	15884	171.93	5735	98.61
丽江市	5721	70.62	7877	55.63
连云港市	49187	612.27	7234	442.93
临沂市	42868	563.83	8566	482.96
泸州市	26991	294.31	6635	195.27
洛阳市	30109	346.31	8650	299.56
茂名市	14552	190.08	7478	142.14
眉山市	26041	260.46	8003	208.45
梅州市	28480	373.80	6355	237.55
绵阳市	25062	273.79	8001	219.05
牡丹江市	9169	94.39	5886	55.56
南充市	37537	365.04	7057	257.62
南阳市	11019	127.72	7077	90.39
平顶山市	16056	182.13	5651	102.92
秦皇岛市	18878	196.08	9932	194.74
泉州市	71240	843.53	8890	749.94
日照市	12871	148.54	9376	139.27
商丘市	28512	344.15	6285	216.30
宿迁市	27753	338.35	7149	241.87

4-12　续表 2

城市	销售套数（套）	销售面积（万平方米）	销售价格（元 / 平方米）	销售额（亿元）
唐山市	42444	483.42	9745	471.11
潍坊市	38669	509.86	7464	380.55
咸阳市	26533	306.68	8247	252.93
襄阳市	23740	281.58	7590	213.72
新乡市	24465	292.20	6815	199.14
邢台市	20179	228.47	6760	154.45
徐州市	65247	801.26	9883	791.90
许昌市	31517	389.19	6417	249.75
烟台市	39186	435.94	10611	462.56
宜昌市	21554	252.55	7544	190.53
宜春市	17048	200.30	6302	126.22
永州市	7626	93.32	6619	61.77
张家口市	10862	119.91	7621	91.38
漳州市	9076	101.66	15210	154.62
株洲市	28731	333.77	7092	236.72
驻马店市	15767	221.10	5689	125.79
淄博市	30368	384.86	8580	330.20
遵义市	30917	356.56	5892	210.09

注：南京数据包含溧水高淳。

数据来源：中指数据库监测。

4–13 2019 年全国主要城市商品住宅成交套数统计

单位：套

城市	1 月	2 月	3 月	4 月	5 月	6 月	7 月	8 月	9 月	10 月	11 月	12 月	汇总
北海市	2160	1719	4006	2951	3590	2847	1821	2559	1744	1677	2020	2293	29387
长沙市	7952	3685	7018	9787	8983	12181	10311	9989	12338	9462	9602	9877	111185
大连市	825	807	1666	2159	2080	2750	2692	1822	1619	1970	2117	2594	23101
贵阳市	4210	1561	4456	4083	4148	4175	4392	4777	4877	4016	2808	4220	47723
哈尔滨市	3554	3665	5307	4267	5008	5813	5453	7502	9048	8806	7955	6805	73183
海口市	986	919	1607	470	2326	2400	3721	3776	3521	2340	3020	2859	27945
呼和浩特市	431	116	197	3240	3003	3015	2706	3511	2882	2600	2914	1583	26198
济南市	3107	2299	5187	5701	5022	5600	5475	4249	4585	4202	4095	4076	53598
昆明市	4852	2618	6030	6945	6451	8515	7561	7632	8429	7327	5184	6902	78446
南昌市	2794	4708	4902	4825	4634	4732	4003	3981	4649	3998	3745	3807	50778
南京市 *	5817	2717	6919	6680	6713	7600	9654	5148	8430	9471	6766	10818	86733
南宁市	12496	6080	6818	7463	8968	6227	8863	6918	8224	10933	15942	9891	108823
石家庄市	3333	1543	2501	2278	2778	3240	2182	2620	2517	2716	2798	3801	32307
太原市	4081	1445	4329	4431	4784	5023	4076	4551	5288	6456	6008	5955	56427
天津市	5941	4651	9724	11258	10126	10598	10494	10154	11486	10320	11359	12615	118726
温州市	4752	4227	4809	5999	5706	6662	5974	5436	7153	6582	5372	6403	69075
乌鲁木齐市	3180	1423	3731	4391	4876	3686	3480	4643	5557	4775	7226	8279	55247
武汉市	9597	9298	13130	14973	15526	22108	23235	19757	17997	21855	19652	20872	208000
西宁市	1041	454	1734	2596	1736	3269	3905	3249	3088	3934	2647	2856	30509
厦门市	562	423	1160	1496	1560	1923	1272	1293	607	600	1088	1490	13474
银川市	2158	1092	2390	2035	2290	2215	2307	3023	2952	3908	3782	3837	31989
安庆市	1340	538	956	655	672	409	520	567	1011	705	717	1424	9514
鞍山市	633	400	893	1420	1351	1139	1254	1372	1747	1412	1538	1134	14293
蚌埠市	1262	2603	3290	2181	1787	1731	1996	1644	1560	1913	1523	1579	23069
包头市	2358	1000	2599	2960	2377	2366	2606	2544	3454	3186	2409	1461	29320
宝鸡市	2903	1472	2804	2647	2016	2831	2335	3439	2681	2186	3444	5067	33825
保定市	2511	1042	3306	2475	2752	3285	2390	1982	2054	1419	1565	1991	26772
常德市	2960	982	1309	4234	3189	2346	1428	1422	1591	2649	2580	2855	27545
郴州市	1240	1223	1588	2005	2099	2178	2217	2067	1904	1968	1158	1421	21068
承德市	350	186	480	348	394	413	549	791	506	598	537	412	5564
大理市	586	200	250	296	614	475	580	884	448	385	303	368	5389
大庆市	569	269	1403	562	640	622	847	690	851	505	587	569	8114
大同市	2994	1971	1935	2220	4118	1873	3256	2100	1951	2187	2294	1663	28562
丹东市	552	300	625	499	584	524	670	942	1281	975	906	1127	8985
德州市	905	145	823	558	1371	1797	1985	1489	1189	880	1194	1090	13426
东莞市	2715	1271	4090	3938	4077	5337	4446	4618	4930	3595	4319	5275	48611
东营市	712	326	726	1071	1121	734	804	805	805	755	1330	878	10067

4-13　续表 1　　　　单位：套

城市	1月	2月	3月	4月	5月	6月	7月	8月	9月	10月	11月	12月	汇总
鄂尔多斯市	974	431	1081	796	820	953	800	1023	1193	989	1303	816	11179
鄂州市	1583	521	1693	1795	1336	1523	1671	2265	1994	1789	1901	1901	19972
防城港市	2541	1040	3486	3019	2936	2103	2718	2409	2125	1649	1958	2374	28358
阜阳市	3023	1589	1846	4298	3484	2782	2846	1986	4157	3397	3961	2580	35949
赣州市	1140	791	996	1317	2104	2057	1791	1628	1815	1539	1448	1254	17880
桂林市	794	233	1039	602	1171	803	820	875	1026	1517	1143	1289	11312
邯郸市	3014	1709	2499	1670	1543	1865	1867	1425	2325	1470	1652	2577	23616
菏泽市	2011	1588	2682	2336	2675	2226	2731	2560	2494	2152	2650	2140	28245
衡阳市	2063	2316	2186	2407	2382	2077	2002	2115	2216	2213	2372	2545	26894
吉安市	1028	1227	1129	1001	948	914	1411	1220	1391	1110	769	778	12926
吉林市	1393	929	1833	1658	1492	1967	3036	1725	2043	1712	2410	1660	21858
济宁市	3894	2382	4219	3217	3860	5992	4223	2827	3123	2495	2266	2177	40675
嘉兴市	1817	811	2384	2807	3008	3131	2947	1261	1465	1954	1420	1360	24365
江门市	666	237	599	420	426	549	533	588	544	541	623	554	6280
金华市	692	502	1981	2247	1653	1497	1453	1073	1138	1622	1168	1436	16462
荆州市	1601	1314	1658	1332	2011	1080	2184	1768	1763	1866	1229	1046	18852
九江市	1567	1650	2618	2622	2347	2616	2159	2203	2679	2669	2147	2063	27340
开封市	1454	1098	2142	1814	1835	1875	2208	1933	1741	2089	1615	1820	21624
乐山市	452	536	984	1575	1622	1602	1929	1736	1436	1453	1283	1276	15884
丽江市	271	106	185	109	926	879	457	509	468	523	506	782	5721
连云港市	2885	4640	3522	4652	3422	3413	4470	3900	6452	4352	4055	3424	49187
临沂市	1556	1990	3964	4183	3630	4439	4363	5418	3713	2442	3201	3969	42868
泸州市	1646	1491	2259	2259	2780	2666	2484	2243	1938	2171	2840	2214	26991
洛阳市	2388	1764	1986	2068	1814	4627	1904	2936	3225	2534	2565	2298	30109
茂名市	928	969	867	876	1035	1499	1157	1584	1175	1175	1479	1808	14552
眉山市	1153	1185	1549	1598	1778	2257	3360	2169	2882	2484	2849	2777	26041
梅州市	2167	2412	4304	2150	2014	2069	2068	2036	2108	2816	1529	2807	28480
绵阳市	1966	1673	2352	1855	1687	2240	2184	2266	2265	2120	2550	1904	25062
牡丹江市	1182	261	785	579	883	1015	1084	1060	940	609	464	307	9169
南充市	1942	4657	2683	2551	2784	2061	4322	2780	3617	4525	3269	2346	37537
南阳市	682	379	732	574	531	1669	1118	995	972	939	832	1596	11019
平顶山市	1711	534	1024	1544	1375	1870	1885	1222	1119	1310	1078	1384	16056
秦皇岛市	1945	758	1297	1308	1292	1126	2358	1755	1508	1187	2334	2010	18878
泉州市	5919	5566	6739	5174	5719	5682	6965	5652	6239	6282	5523	5780	71240
日照市	937	394	1078	1469	1240	1546	988	1613	796	1026	680	1104	12871
商丘市	1988	2131	2656	2453	2274	2372	2315	2622	2080	2146	2493	2982	28512
宿迁市	2001	1547	1896	2643	2545	2506	3316	1919	2759	2511	1996	2114	27753

4-13　续表 2　　　　单位：套

城市	1 月	2 月	3 月	4 月	5 月	6 月	7 月	8 月	9 月	10 月	11 月	12 月	汇总
唐山市	2736	1821	2335	3657	3765	4471	3360	4126	3741	3887	4353	4192	42444
潍坊市	1929	3383	2666	3051	3596	4016	3221	3281	3867	3560	3208	2891	38669
咸阳市	1366	1282	1901	2173	2176	2830	2738	2885	3021	1837	2020	2304	26533
襄阳市	1434	853	1752	2181	1434	1466	2397	2276	1279	1279	2135	5254	23740
新乡市	1613	1236	2073	2658	2039	1858	2914	2355	2184	1757	2106	1672	24465
邢台市	1368	1953	2469	1111	904	1014	1257	2226	3696	2303	827	1051	20179
徐州市	4767	3869	5033	5146	5017	5922	4768	4447	8680	7299	3373	6926	65247
许昌市	1768	1176	2249	1836	2720	2898	3079	3297	4417	2689	2767	2621	31517
烟台市	1595	1778	3128	4309	3141	4057	3425	3255	3609	3896	2722	4271	39186
宜昌市	1594	1536	1964	1720	1659	1741	2141	2157	1594	2054	2144	1250	21554
宜春市	615	404	427	1592	1589	1550	1393	1858	2133	1793	1741	1953	17048
永州市	554	545	606	419	386	432	440	401	996	1203	504	1140	7626
张家口市	250	88	226	108	1240	1283	1261	1208	1332	1184	1235	1447	10862
漳州市	347	229	783	939	979	768	819	829	1161	745	830	647	9076
株洲市	2013	1300	2043	2434	2871	3316	1978	2087	2761	2635	2001	3292	28731
驻马店市	1793	285	412	1273	1459	1416	1615	760	1729	1772	1732	1521	15767
淄博市	1587	1205	2617	2969	3581	2963	3044	2515	3054	2423	2199	2211	30368
遵义市	3360	1844	2347	2023	2215	2155	2500	2490	3138	2793	2525	3527	30917

注：南京数据包含溧水高淳。

数据来源：中指数据库监测。

4-14　2019年全国主要城市商品住宅成交面积统计

单位：万平方米

城市	1月	2月	3月	4月	5月	6月	7月	8月	9月	10月	11月	12月	汇总
北海市	17.79	14.64	34.04	24.45	29.31	25.01	16.21	22.46	15.93	14.99	17.45	20.04	252.32
长沙市	94.84	44.59	84.85	119.49	102.92	145.85	126.80	117.46	151.81	112.41	117.43	124.96	1343.41
大连市	8.84	8.84	17.66	22.61	21.73	29.52	29.35	20.12	17.92	20.46	22.06	27.57	246.68
贵阳市	50.00	18.82	54.03	48.43	49.56	48.57	50.73	56.09	56.75	47.21	32.92	51.87	564.98
哈尔滨市	37.41	36.99	53.67	44.32	52.88	60.74	57.17	78.80	97.33	91.60	82.81	70.25	763.97
海口市	10.08	9.69	15.20	4.73	23.89	25.61	40.60	40.76	38.91	26.34	33.24	32.98	302.03
呼和浩特市	5.12	1.41	2.20	40.22	37.25	36.85	32.00	42.91	34.70	30.94	36.54	17.97	318.11
济南市	39.25	29.06	64.51	71.57	62.36	71.61	69.40	52.98	56.91	51.13	50.29	49.94	669.01
昆明市	60.51	33.07	75.09	86.66	83.59	106.37	96.58	94.21	104.75	89.75	64.53	86.63	981.74
南昌市	35.20	61.30	56.26	54.71	51.36	53.32	46.70	47.65	57.10	49.05	44.14	45.21	602.00
南京市*	70.20	30.94	78.83	78.97	77.85	86.42	111.68	59.23	98.65	108.50	77.30	129.19	1007.76
南宁市	138.30	69.78	74.89	82.60	99.39	68.08	96.85	76.10	90.82	118.55	177.45	106.45	1199.26
石家庄市	38.09	16.44	29.08	27.33	34.13	38.16	26.40	30.84	28.95	30.31	31.96	45.35	377.04
太原市	51.31	17.12	53.28	55.23	58.09	59.06	50.71	57.86	64.12	77.67	76.29	76.59	697.33
天津市	65.27	51.65	105.11	125.12	113.13	116.89	115.86	110.58	126.25	113.96	122.94	139.32	1306.08
温州市	60.38	53.92	59.44	75.29	70.71	80.23	72.43	68.59	88.71	82.98	66.35	78.32	857.35
乌鲁木齐市	34.64	15.55	41.53	49.70	55.58	42.43	40.34	53.24	63.31	54.95	82.93	93.73	627.93
武汉市	104.58	104.83	144.79	168.21	173.67	243.16	253.19	223.63	203.25	245.07	221.15	238.87	2324.40
西宁市	12.92	4.62	19.73	27.69	21.61	37.43	46.37	37.35	36.03	45.71	26.67	30.53	346.66
厦门市	7.31	4.93	12.48	15.90	16.61	19.85	13.63	15.98	7.47	6.09	11.65	18.24	150.14
银川市	27.23	13.34	29.21	25.07	28.47	27.46	28.88	37.67	37.21	49.23	47.46	48.39	399.62
安庆市	15.84	6.47	11.83	7.69	8.26	4.88	6.30	6.83	11.75	8.38	8.67	16.61	113.51
鞍山市	6.49	3.96	8.89	14.82	13.97	12.41	13.35	14.58	17.68	15.04	15.88	11.19	148.26
蚌埠市	14.77	30.04	34.08	25.94	21.28	19.60	23.71	19.56	18.99	22.63	18.26	19.07	267.93
包头市	28.73	11.80	31.32	35.83	28.21	29.13	31.58	32.23	42.86	40.24	31.58	18.69	362.20
宝鸡市	35.05	17.53	32.21	32.10	23.71	33.82	28.98	41.33	32.32	26.12	42.13	61.87	407.17
保定市	26.44	10.63	33.47	25.69	28.85	34.81	26.38	21.28	22.46	15.81	17.35	21.72	284.89
常德市	36.05	11.56	14.91	58.87	42.94	27.46	15.93	16.38	18.40	30.19	31.34	32.45	336.48
郴州市	14.50	14.14	18.65	24.50	24.13	25.03	24.90	24.05	22.59	22.24	12.57	14.74	242.04
承德市	4.26	2.28	5.45	4.31	4.82	5.05	6.77	9.41	6.02	6.87	5.94	5.03	66.21
大理市	6.60	2.48	3.11	3.42	7.86	6.05	7.16	11.10	5.47	4.95	3.84	4.42	66.46
大庆市	6.21	2.92	15.90	6.05	7.03	6.70	8.47	7.15	9.34	5.34	6.66	6.38	88.15
大同市	32.16	20.82	21.77	25.37	45.10	21.69	32.04	24.01	23.30	25.94	27.22	20.59	320.01
丹东市	5.96	3.07	6.66	5.20	5.65	5.26	7.00	9.99	13.03	10.18	9.81	12.61	94.42
德州市	11.12	1.71	10.09	6.74	16.04	21.06	23.19	18.22	14.35	10.01	14.80	13.74	161.07
东莞市	30.69	14.33	45.06	44.29	46.35	60.10	50.28	51.55	55.94	41.75	48.79	61.36	550.49
东营市	10.68	4.92	11.13	16.16	17.27	11.29	12.20	16.06	12.25	11.47	21.15	13.34	157.92

4-14 续表 1 单位：万平方米

城市	1月	2月	3月	4月	5月	6月	7月	8月	9月	10月	11月	12月	汇总
鄂尔多斯市	15.23	6.08	16.34	12.03	13.05	15.03	12.17	15.51	17.55	13.79	18.48	12.26	167.52
鄂州市	17.04	5.67	18.74	20.00	14.14	16.52	18.66	25.31	21.79	19.30	20.84	20.67	218.68
防城港市	24.22	9.80	32.30	27.31	27.10	20.33	25.15	21.68	20.50	16.06	17.64	22.93	265.02
阜阳市	35.30	18.35	22.32	51.26	40.89	33.43	33.60	23.65	48.87	39.18	46.02	30.59	423.46
赣州市	14.06	9.98	11.93	16.13	26.32	26.08	22.44	20.22	22.06	18.75	17.03	15.00	220.00
桂林市	9.16	2.54	11.51	6.68	13.13	9.52	9.51	9.75	11.67	17.83	13.49	14.91	129.70
邯郸市	35.70	20.00	30.23	19.61	18.15	21.35	22.64	17.07	27.68	17.83	19.53	30.26	280.05
菏泽市	25.42	19.92	34.03	29.44	33.94	28.17	34.34	32.49	31.80	28.03	34.40	27.30	359.28
衡阳市	23.89	27.84	25.69	29.23	28.04	24.25	23.56	25.57	27.07	27.67	27.96	30.26	321.03
吉安市	13.56	15.80	14.82	13.25	12.31	11.87	18.82	15.91	18.13	14.10	9.52	10.27	168.36
吉林市	13.69	9.58	18.55	17.68	14.72	19.74	31.72	18.34	22.08	18.08	25.19	17.15	226.52
济宁市	45.68	32.01	55.97	43.50	51.30	81.93	56.02	36.68	42.01	32.99	30.54	29.13	537.76
嘉兴市	23.30	9.87	30.43	36.50	40.89	41.29	38.50	16.14	19.27	25.50	18.54	15.86	316.09
江门市	8.21	2.94	6.86	4.97	5.57	6.40	6.20	6.87	6.83	6.61	7.32	6.36	75.14
金华市	7.65	5.35	21.26	23.67	18.50	16.21	17.06	11.77	12.56	17.23	13.89	15.85	181.00
荆州市	16.50	14.52	19.38	15.55	22.71	12.06	24.89	20.40	20.14	20.81	14.04	11.92	212.92
九江市	17.79	19.33	30.95	31.57	27.93	30.97	25.06	24.90	30.22	29.36	24.39	23.96	316.43
开封市	17.76	12.98	26.24	22.32	22.19	23.02	27.47	24.07	21.09	24.84	19.51	22.23	263.72
乐山市	4.44	5.59	10.34	17.15	16.96	18.05	20.92	18.36	15.93	16.08	14.30	13.81	171.93
丽江市	3.78	1.22	1.67	1.48	8.13	11.21	7.84	6.67	4.94	5.90	7.05	10.73	70.62
连云港市	36.42	57.64	43.90	58.18	42.64	42.07	56.10	48.49	79.79	54.17	50.44	42.43	612.27
临沂市	21.37	25.27	49.50	54.12	47.04	59.68	58.10	71.45	50.96	33.10	42.08	51.16	563.83
泸州市	17.34	15.50	24.33	24.36	30.46	29.10	27.12	24.37	21.36	23.97	32.00	24.40	294.31
洛阳市	26.49	19.60	21.91	23.57	21.05	55.54	22.68	33.23	37.21	28.46	30.09	26.48	346.31
茂名市	12.09	12.38	11.40	11.61	13.51	18.94	15.17	21.41	15.67	15.25	19.27	23.38	190.08
眉山市	11.48	10.59	15.10	15.45	17.51	22.68	34.05	21.96	29.30	24.97	29.08	28.29	260.46
梅州市	28.16	32.25	56.46	28.34	26.81	26.78	27.05	27.19	27.93	37.37	19.90	35.56	373.80
绵阳市	21.80	18.02	25.54	20.64	19.25	24.28	23.77	24.29	24.71	22.99	27.32	21.18	273.79
牡丹江市	12.08	2.61	7.69	5.81	9.37	9.46	11.49	11.30	10.13	6.38	4.87	3.20	94.39
南充市	19.29	44.08	26.14	25.29	27.43	20.73	40.67	27.03	35.25	43.44	32.31	23.38	365.04
南阳市	9.11	3.92	9.05	6.58	6.15	19.31	12.65	10.99	10.86	9.96	10.16	18.98	127.72
平顶山市	17.90	5.85	11.99	17.04	14.95	21.80	21.59	14.21	12.81	15.11	12.45	16.43	182.13
秦皇岛市	20.27	7.62	13.74	13.61	12.90	12.33	25.20	18.46	15.09	12.38	23.20	21.28	196.08
泉州市	71.61	66.68	79.34	61.43	67.26	67.31	81.38	65.12	75.11	73.67	67.20	67.42	843.53
日照市	11.01	4.45	11.75	17.23	14.30	18.30	11.89	19.05	9.37	11.03	8.13	12.03	148.54
商丘市	22.88	25.73	32.69	30.39	27.47	29.45	29.79	32.92	25.71	25.96	26.64	34.52	344.15
宿迁市	24.76	18.04	22.80	31.23	31.29	30.49	39.16	23.58	33.97	31.41	25.19	26.43	338.35

4-14　续表 2

单位：万平方米

城市	1 月	2 月	3 月	4 月	5 月	6 月	7 月	8 月	9 月	10 月	11 月	12 月	汇总
唐山市	28.98	19.47	25.85	41.48	42.80	51.28	38.48	49.22	43.29	44.03	50.22	48.32	483.42
潍坊市	25.75	45.58	34.62	40.03	47.05	51.87	41.72	43.25	51.01	46.99	43.09	38.90	509.86
咸阳市	15.25	15.37	20.65	24.60	25.21	34.25	31.53	32.95	34.48	22.41	23.32	26.66	306.68
襄阳市	17.67	9.98	19.09	25.40	17.08	17.49	29.41	27.59	15.39	15.36	24.96	62.16	281.58
新乡市	18.32	15.06	24.92	30.63	23.42	23.61	36.43	27.30	26.48	21.21	24.41	20.41	292.20
邢台市	16.10	24.19	28.91	12.37	10.16	10.00	13.73	24.80	38.94	27.31	9.38	12.08	228.47
徐州市	53.94	44.07	59.74	60.14	59.71	71.26	56.37	54.04	99.25	85.76	75.01	81.97	801.26
许昌市	20.94	14.56	27.51	22.32	33.93	36.13	37.84	40.34	54.25	34.02	34.40	32.95	389.19
烟台市	17.60	19.10	34.16	47.93	35.79	45.03	37.38	35.54	41.73	42.53	30.17	48.98	435.94
宜昌市	18.50	17.81	22.54	19.65	19.50	20.57	25.07	25.09	18.46	24.24	25.78	15.34	252.55
宜春市	5.97	4.86	4.95	19.17	19.03	18.50	16.73	22.22	24.69	21.40	19.78	23.00	200.30
永州市	6.55	6.57	7.97	5.27	4.75	5.47	5.63	5.05	11.26	13.99	5.88	14.93	93.32
张家口市	2.49	0.96	2.42	0.27	13.53	14.54	14.02	13.35	15.07	13.11	13.69	16.46	119.91
漳州市	3.88	2.52	8.38	9.92	10.90	8.51	9.54	9.60	13.22	8.58	9.30	7.31	101.66
株洲市	22.47	15.30	24.14	27.48	34.17	39.25	22.69	24.41	32.18	30.42	23.15	38.11	333.77
驻马店市	25.59	4.52	5.46	17.81	21.88	18.85	21.25	9.68	26.81	24.76	23.96	20.53	221.10
淄博市	19.31	16.51	31.82	37.27	45.59	37.81	38.87	32.19	37.66	31.27	28.36	28.20	384.86
遵义市	40.11	21.46	27.34	23.84	25.61	25.02	28.99	28.69	36.23	31.59	27.78	39.90	356.56

注：南京数据包含溧水高淳。

数据来源：中指数据库监测。

4-15 2019年全国主要城市商品住宅成交价格统计

单位：元 / 平方米

城市	1月	2月	3月	4月	5月	6月	7月	8月	9月	10月	11月	12月	汇总
北海市	8009	8237	8234	8437	8818	8251	7906	8182	7840	8297	8627	7678	8245
长沙市	9364	8598	8516	9233	8714	9595	9462	9038	8904	9035	9634	9597	9195
大连市	16405	19082	16710	16975	18300	18245	16967	18637	18337	19920	18385	19230	18135
贵阳市	9133	10743	10847	10858	11442	10664	10324	11122	9896	10748	10497	10152	10522
哈尔滨市	9615	9589	9186	9198	9661	9953	10095	10378	11377	10358	10298	9935	10121
海口市	15544	16428	10264	14742	16073	15912	13908	15122	14994	15231	15688	16229	15082
呼和浩特市	10112	10141	11395	7990	8296	9304	8704	8143	8804	8525	11230	10673	9003
济南市	16181	14972	15936	15747	15477	15540	15596	15722	15541	15054	14714	14829	15475
昆明市	13560	13456	13025	13384	12528	13174	14784	14128	15154	15116	14522	15508	14092
南昌市	9884	9255	11515	11128	12123	13197	13065	13753	13878	13359	12178	14103	12269
南京市 *	25100	22961	21656	24681	23406	20374	25637	25100	25749	20331	24190	26062	23859
石家庄市	8801	9410	10617	11269	11022	11619	11097	11572	11726	11315	11502	11467	10997
太原市	12077	11695	11888	12151	12091	11539	11892	12399	11723	11663	11826	11382	11845
天津市	15357	15270	15465	16508	16214	16471	16081	15575	15226	15667	15859	15776	15835
温州市	16342	15398	16240	16479	16564	17240	18137	19590	16795	19866	21286	17536	17681
乌鲁木齐市	8581	8797	8834	8954	8899	9038	9046	8828	8923	8972	8851	8595	8849
武汉市	11093	12020	11260	11870	12141	12390	12002	12666	12763	12601	12914	12817	12321
西宁市	5991	6109	6414	6616	7118	7430	8008	6980	7434	8288	7286	8387	7432
厦门市	33896	28639	30798	31306	34301	35326	35722	47187	42353	33361	37676	46849	37275
银川市	6108	6254	5952	6226	6416	6886	6819	7023	7157	7256	7408	6875	6808
安庆市	7686	7897	8201	7755	8122	8157	8757	8400	8230	8821	8900	8571	8273
鞍山市	5217	5071	4944	5490	5283	5385	5373	5495	5452	5335	5745	5282	5388
蚌埠市	7434	7075	6841	7654	7732	7428	7741	7650	7778	8038	7607	7440	7493
包头市	6876	6568	6815	7096	6822	6883	6618	7604	7279	7860	7641	7866	7195
宝鸡市	5098	5267	4995	5116	5122	5038	5319	4697	4953	4995	5054	4808	5003
保定市	6932	5658	6888	6546	7117	8155	8110	7900	8646	8980	8443	8493	7654
常德市	5073	5808	5877	4078	4415	6621	6358	6591	6307	6698	6322	5995	5556
郴州市	5827	6037	5992	6134	6166	5872	5350	5249	6172	6014	5910	5752	5865
承德市	7376	6977	7490	8295	8585	8348	8599	8343	8013	8165	8537	8408	8177
大理市	8824	11693	12377	13089	11788	12189	11975	11655	11202	11093	11731	11442	11493
大庆市	5291	5320	5204	5169	5405	5289	4110	4871	5273	5176	5238	5147	5106
大同市	4903	4547	5074	5514	4985	6080	5210	5955	6555	6552	6598	7067	5679
丹东市	6261	6380	6418	6399	6147	6115	6179	6200	6093	6084	6043	6016	6159
德州市	8517	8427	8887	8557	8190	7987	7635	8278	8261	8563	8025	8431	8211
东莞市	18346	19805	19084	19250	20133	19543	19439	20431	20743	21150	20809	20947	20058
东营市	7955	7647	7821	8426	9352	9161	8460	7763	8133	8548	7525	7049	8167
鄂尔多斯市	4571	4393	4803	4702	5191	4557	4913	4592	4590	4679	4680	4792	4710

4-15　续表 1

单位：元 / 平方米

城市	1月	2月	3月	4月	5月	6月	7月	8月	9月	10月	11月	12月	汇总
鄂州市	6373	5965	6887	6086	6671	6092	6701	6734	7080	7240	6591	5858	6567
防城港市	5538	6174	5841	5931	5828	5912	6178	6167	6088	6114	5892	5778	5932
阜阳市	8524	7471	7646	7640	7646	7539	7569	7630	7769	7867	8071	8237	7819
赣州市	9027	9655	9776	10062	10079	10472	9820	9277	10271	10222	10130	10243	9967
桂林市	9411	8250	9137	8574	8876	10533	9730	9195	9074	8696	8980	8516	9080
邯郸市	7574	8158	7952	7650	7755	7953	8595	8617	8417	8563	8788	9267	8262
菏泽市	5892	5949	5922	6076	6041	6027	6072	6094	6157	6161	5705	6005	6008
衡阳市	5998	6158	6109	6013	5970	6328	6507	6314	6166	6070	6082	6174	6151
吉安市	7940	7533	7580	8011	8202	8339	8143	9122	8961	8190	8533	9066	8291
吉林市	6395	6600	6481	6809	6569	6635	6862	7147	7324	7058	6829	6853	6828
济宁市	6668	7289	7170	7376	7833	6508	6913	7571	7890	8273	8216	7905	7337
嘉兴市	13265	13335	13746	13271	13006	13309	13829	12850	13644	13959	14679	13446	13504
江门市	10219	11226	10517	11228	11400	11087	11822	11824	11502	11110	10999	10368	11075
金华市	11509	13901	13535	13104	14373	13786	12694	11835	12695	13440	14633	13605	13346
荆州市	6282	6336	6225	5720	7029	6950	7005	7003	6833	7179	7152	7399	6770
九江市	7686	7198	7200	7408	7729	7663	7582	7659	7653	7771	7700	7896	7594
开封市	7829	7328	7507	8202	7943	7953	8023	8155	7796	7512	7513	7394	7782
乐山市	5829	6366	6136	6338	6046	5457	5717	5047	5625	5576	5771	5591	5735
丽江市	12462	8109	8169	8819	6760	7929	9815	6313	7881	7998	6617	7179	7877
连云港市	6977	6986	7378	6529	7189	7259	7209	7423	7119	7466	7777	7721	7234
临沂市	10908	8180	8105	8850	8447	8291	8195	8401	7449	8703	9769	9039	8566
泸州市	6615	5356	6847	6404	6758	6521	6882	6854	6902	6381	6683	6921	6635
洛阳市	8100	8154	8165	8041	8377	8873	8236	8510	8986	9035	9056	9444	8650
茂名市	7356	7361	7638	7437	7642	7421	7622	7539	7415	7493	7602	7280	7478
眉山市	7979	7945	7756	7687	7781	8137	8310	8062	8202	7862	8087	7780	8003
梅州市	6031	6256	6268	6526	6686	6388	6501	6807	6368	6438	6250	5928	6355
绵阳市	7896	7566	7866	7900	7921	8061	8224	7955	8205	8114	8007	8182	8001
牡丹江市	5760	5587	5483	5571	5968	5669	6001	6257	6076	6022	5844	6017	5886
南充市	7098	6714	7065	7302	7246	7333	7015	7198	7100	6962	7009	7017	7057
南阳市	6768	7546	6092	7311	7469	7504	7418	8305	8055	7641	6081	5698	7077
平顶山市	4856	5005	5543	5437	5632	5866	5871	6066	5711	5821	5843	5769	5651
秦皇岛市	9256	9353	9330	9250	9885	10200	10685	10629	10889	10758	9282	9537	9932
泉州市	8984	8544	8889	8840	8616	9438	8858	8812	8699	9274	8445	9261	8890
日照市	9406	9113	8674	8809	8431	9451	8890	10523	10254	9146	9688	9922	9376
商丘市	6277	5981	5944	6535	6634	6491	6253	5674	6365	6392	6595	6406	6285
宿迁市	6914	6584	6146	5659	6590	7968	6834	7271	7257	8359	8035	8032	7149
唐山市	8249	8025	9177	9507	9267	9228	9660	11000	9827	9936	10433	10642	9745
潍坊市	6807	7664	7242	7718	7338	7194	7438	7548	7172	7521	7841	7941	7464

4-15 续表 2

单位：元 / 平方米

城市	1月	2月	3月	4月	5月	6月	7月	8月	9月	10月	11月	12月	汇总
咸阳市	7404	7407	7433	7501	8371	8633	8317	8619	8464	8738	8316	8628	8247
襄阳市	7013	7087	7162	7162	7344	7273	7569	7550	8068	8068	7877	7977	7590
新乡市	6635	6672	7376	7048	6582	6752	6497	6645	7371	7123	6157	6930	6815
邢台市	6528	6147	6294	7348	7377	7470	7476	7079	5905	7415	7285	7072	6760
徐州市	9311	9324	9497	9617	9463	11035	9843	10576	9205	9222	9931	11380	9883
许昌市	6493	6424	6263	6933	6476	6529	6355	6340	6331	6308	6391	6411	6417
烟台市	10049	10105	9812	10257	9961	10944	10452	10648	11513	10438	10520	11610	10611
宜昌市	7379	7294	7926	7270	7267	7619	7704	7495	7364	7402	7769	7959	7544
宜春市	5670	6284	6187	6210	6388	6559	6514	6427	6239	6195	6285	6206	6302
永州市	6526	6531	6167	6625	5754	6354	6136	6133	7046	7017	6688	6948	6619
张家口市	10247	11457	11109	10352	7659	7505	7568	7066	7544	7347	7291	7567	7621
漳州市	14138	13843	13607	14492	14989	15061	15830	15664	15998	16019	15357	15568	15210
株洲市	7121	7170	6987	7180	7393	7260	6957	6999	6928	7018	7285	6834	7092
驻马店市	5592	5522	5372	5339	5539	5678	5948	6043	5274	5862	5929	6022	5689
淄博市	7722	10169	8018	8436	8757	8672	8929	9175	8100	8488	8608	8206	8580
遵义市	5627	5923	5995	6031	5817	5779	6032	5905	5848	5978	5680	6116	5892

注：南京数据包含溧水高淳。

数据来源：中指数据库监测。

4-16　2019年全国主要城市商品住宅成交金额统计

单位：亿元

城市	1月	2月	3月	4月	5月	6月	7月	8月	9月	10月	11月	12月	汇总
北海市	14.25	12.06	28.03	20.63	25.85	20.64	12.82	18.38	12.49	12.44	15.05	15.39	208.03
长沙市	88.81	38.34	72.26	110.33	89.68	139.94	119.98	106.16	135.17	101.56	113.13	119.91	1235.27
大连市	14.50	16.86	29.51	38.38	39.76	53.85	49.80	37.50	32.86	40.75	40.56	53.02	447.35
贵阳市	45.67	20.22	58.60	52.58	56.71	51.80	52.37	62.38	56.16	50.74	34.56	52.66	594.45
哈尔滨市	35.97	35.47	49.30	40.76	51.09	60.46	57.72	81.78	110.74	94.88	85.27	69.79	773.23
海口市	15.66	15.92	15.61	6.97	38.40	40.75	56.46	61.64	58.34	40.11	52.15	53.52	455.53
呼和浩特市	5.18	1.43	2.50	32.13	30.91	34.29	27.85	34.94	30.55	26.38	41.04	19.18	286.38
济南市	63.50	43.51	102.80	112.70	96.51	111.29	108.24	83.29	88.44	76.97	74.00	74.05	1035.30
昆明市	82.05	44.49	97.81	115.98	104.72	140.13	142.77	133.10	158.74	135.66	93.71	134.34	1383.50
南昌市	34.79	56.73	64.78	60.88	62.26	70.37	61.01	65.53	79.24	65.52	53.75	63.76	738.62
南京市*	176.19	71.04	170.72	194.90	182.23	176.07	286.32	148.68	254.01	220.59	186.98	336.69	2404.42
石家庄市	33.53	15.47	30.87	30.80	37.62	44.34	29.29	35.69	33.94	34.30	36.76	52.01	414.62
太原市	61.97	20.03	63.34	67.11	70.23	68.15	60.30	71.74	75.17	90.58	90.22	87.17	826.01
天津市	100.24	78.87	162.55	206.55	183.43	192.53	186.31	172.23	192.23	178.54	194.97	219.79	2068.24
温州市	98.67	83.03	96.53	124.06	117.13	138.31	131.37	134.37	148.99	164.84	141.24	137.34	1515.88
乌鲁木齐市	29.72	13.68	36.69	44.50	49.46	38.35	36.49	47.00	56.49	49.30	73.40	80.56	555.64
武汉市	116.01	126.01	163.03	199.66	210.85	301.27	303.87	283.25	259.41	308.80	285.59	306.16	2863.91
西宁市	7.74	2.82	12.65	18.32	15.38	27.81	37.14	26.07	26.79	37.88	19.43	25.60	257.63
厦门市	24.77	14.12	38.44	49.79	56.97	70.13	48.67	75.41	31.65	20.31	43.91	85.47	559.64
银川市	16.63	8.34	17.39	15.61	18.26	18.91	19.69	26.46	26.63	35.72	35.16	33.27	272.07
安庆市	12.17	5.11	9.71	5.97	6.71	3.98	5.52	5.74	9.67	7.39	7.71	14.23	93.91
鞍山市	3.39	2.01	4.40	8.14	7.38	6.68	7.18	8.01	9.64	8.02	9.12	5.91	79.88
蚌埠市	10.98	21.25	23.32	19.85	16.46	14.56	18.35	14.96	14.77	18.19	13.89	14.19	200.77
包头市	19.75	7.75	21.35	25.42	19.25	20.05	20.90	24.50	31.19	31.63	24.13	14.70	260.62
宝鸡市	17.87	9.23	16.09	16.42	12.14	17.04	15.41	19.41	16.01	13.05	21.29	29.74	203.70
保定市	18.33	6.01	23.05	16.82	20.53	28.39	21.40	16.81	19.42	14.20	14.65	18.45	218.06
常德市	18.29	6.72	8.77	24.01	18.96	18.18	10.13	10.79	11.61	20.22	19.81	19.45	186.94
郴州市	8.45	8.54	11.18	15.03	14.88	14.70	13.32	12.62	13.94	13.38	7.43	8.48	141.95
承德市	3.14	1.59	4.08	3.58	4.14	4.21	5.82	7.85	4.82	5.61	5.07	4.23	54.14
大理市	5.82	2.90	3.85	4.48	9.27	7.37	8.58	12.93	6.13	5.49	4.51	5.05	76.38
大庆市	3.29	1.55	8.28	3.13	3.80	3.54	3.48	3.48	4.92	2.76	3.49	3.29	45.01
大同市	15.77	9.47	11.05	13.99	22.48	13.19	16.70	14.30	15.28	17.00	17.96	14.55	181.74
丹东市	3.73	1.96	4.27	3.33	3.47	3.22	4.33	6.20	7.94	6.19	5.93	7.58	58.15
德州市	9.47	1.44	8.97	5.76	13.14	16.82	17.71	15.08	11.85	8.57	11.87	11.58	132.26
东莞市	56.30	28.38	85.99	85.27	93.32	117.45	97.74	105.32	116.03	88.29	101.53	128.54	1104.16
东营市	8.50	3.77	8.71	13.62	16.15	10.35	10.32	12.47	9.96	9.80	15.92	9.40	128.97
鄂尔多斯市	6.96	2.67	7.85	5.66	6.78	6.85	5.98	7.12	8.05	6.45	8.65	5.88	78.90

4-16 续表 1

单位：亿元

城市	1月	2月	3月	4月	5月	6月	7月	8月	9月	10月	11月	12月	汇总
鄂州市	10.86	3.38	12.90	12.17	9.44	10.07	12.50	17.04	15.43	13.97	13.74	12.11	143.61
防城港市	13.41	6.05	18.87	16.20	15.80	12.02	15.54	13.37	12.48	9.82	10.39	13.25	157.20
阜阳市	30.09	13.71	17.06	39.17	31.27	25.20	25.43	18.04	37.96	30.83	37.14	25.19	331.09
赣州市	12.69	9.64	11.66	16.23	26.53	27.31	22.03	18.76	22.65	19.16	17.25	15.37	219.28
桂林市	8.62	2.10	10.52	5.73	11.65	10.02	9.25	8.97	10.59	15.51	12.11	12.70	117.77
邯郸市	27.04	16.31	24.03	15.00	14.07	16.98	19.46	14.71	23.30	15.27	17.16	28.04	231.37
菏泽市	14.98	11.85	20.15	17.89	20.50	16.98	20.85	19.80	19.58	17.27	19.63	16.39	215.87
衡阳市	14.33	17.14	15.69	17.58	16.74	15.34	15.33	16.14	16.69	16.79	17.00	18.68	197.45
吉安市	10.76	11.90	11.23	10.61	10.10	9.90	15.33	14.52	16.25	11.55	8.12	9.31	139.58
吉林市	8.75	6.32	12.02	12.04	9.67	13.10	21.77	13.11	16.17	12.76	17.21	11.75	154.67
济宁市	30.46	23.33	40.13	32.08	40.19	53.32	38.73	27.77	33.14	27.29	25.09	23.03	394.56
嘉兴市	30.90	13.16	41.83	48.43	53.18	54.95	53.24	20.74	26.29	35.59	27.22	21.32	426.35
江门市	8.39	3.30	7.21	5.58	6.35	7.10	7.33	8.12	7.86	7.34	8.05	6.59	83.22
金华市	8.81	7.43	28.78	31.02	26.59	22.34	21.66	13.93	15.95	23.15	20.33	21.57	241.56
荆州市	10.37	9.20	12.06	8.89	15.96	8.38	17.43	14.29	13.76	14.94	10.04	8.82	144.14
九江市	13.67	13.91	22.28	23.39	21.59	23.73	19.00	19.07	23.13	22.82	18.78	18.92	240.29
开封市	13.91	9.51	19.70	18.31	17.63	18.31	22.04	19.63	16.45	18.66	14.65	16.44	205.24
乐山市	2.59	3.56	6.35	10.87	10.26	9.85	11.96	9.27	8.96	8.97	8.25	7.72	98.61
丽江市	4.71	0.99	1.36	1.30	5.49	8.89	7.70	4.21	3.89	4.72	4.67	7.70	55.63
连云港市	25.41	40.27	32.39	37.99	30.65	30.54	40.44	36.00	56.80	40.45	39.23	32.76	442.93
临沂市	23.32	20.67	40.12	47.89	39.73	49.48	47.61	60.02	37.96	28.81	41.11	46.24	482.96
泸州市	11.47	8.30	16.66	15.60	20.58	18.98	18.67	16.71	14.74	15.29	21.38	16.89	195.27
洛阳市	21.46	15.98	17.89	18.95	17.63	49.29	18.68	28.28	33.43	25.71	27.25	25.01	299.56
茂名市	8.89	9.11	8.71	8.64	10.32	14.05	11.56	16.14	11.62	11.43	14.65	17.02	142.14
眉山市	9.16	8.42	11.71	11.88	13.62	18.46	28.30	17.70	24.03	19.64	23.52	22.01	208.45
梅州市	16.98	20.18	35.39	18.49	17.93	17.11	17.59	18.51	17.79	24.06	12.44	21.08	237.55
绵阳市	17.21	13.63	20.09	16.31	15.24	19.57	19.55	19.32	20.27	18.66	21.87	17.33	219.05
牡丹江市	6.96	1.46	4.22	3.24	5.59	5.36	6.89	7.07	6.16	3.84	2.85	1.92	55.56
南充市	13.69	29.59	18.47	18.46	19.88	15.21	28.53	19.46	25.03	30.25	22.64	16.41	257.62
南阳市	6.17	2.96	5.51	4.81	4.59	14.49	9.38	9.13	8.75	7.61	6.18	10.81	90.39
平顶山市	8.69	2.93	6.65	9.27	8.42	12.79	12.68	8.62	7.32	8.79	7.28	9.48	102.92
秦皇岛市	18.76	7.13	12.82	12.59	12.76	12.57	26.92	19.62	16.43	13.32	21.53	20.29	194.74
泉州市	64.33	56.97	70.53	54.31	57.96	63.53	72.08	57.38	65.34	68.32	56.76	62.43	749.94
日照市	10.36	4.06	10.19	15.18	12.06	17.30	10.57	20.05	9.60	10.09	7.88	11.93	139.27
商丘市	14.36	15.39	19.43	19.86	18.22	19.11	18.62	18.68	16.36	16.59	17.57	22.11	216.30
宿迁市	17.12	11.87	14.01	17.67	20.62	24.29	26.76	17.15	24.65	26.26	20.24	21.23	241.87
唐山市	23.91	15.63	23.72	39.44	39.66	47.32	37.17	54.15	42.54	43.75	52.40	51.42	471.11
潍坊市	17.53	34.93	25.07	30.89	34.53	37.32	31.03	32.65	36.59	35.34	33.78	30.89	380.55

4-16　续表 2

单位：亿元

城市	1 月	2 月	3 月	4 月	5 月	6 月	7 月	8 月	9 月	10 月	11 月	12 月	汇总
咸阳市	11.29	11.39	15.35	18.45	21.11	29.57	26.22	28.40	29.18	19.58	19.39	23.00	252.93
襄阳市	12.39	7.07	13.67	18.19	12.54	12.72	22.26	20.83	12.41	12.39	19.66	49.59	213.72
新乡市	12.15	10.05	18.38	21.59	15.42	15.94	23.67	18.14	19.52	15.11	15.03	14.14	199.14
邢台市	10.51	14.87	18.20	9.09	7.49	7.47	10.26	17.56	23.00	20.25	7.20	8.55	154.45
徐州市	50.22	41.09	56.74	57.84	56.50	78.64	55.49	57.16	91.36	79.09	74.49	93.28	791.90
许昌市	13.60	9.35	17.23	15.47	21.97	23.59	24.05	25.57	34.35	21.46	21.99	21.12	249.75
烟台市	17.69	19.31	33.52	49.16	35.65	49.28	39.07	37.84	48.04	44.39	31.74	56.87	462.56
宜昌市	13.65	12.99	17.86	14.29	14.17	15.67	19.31	18.81	13.60	17.94	20.03	12.21	190.53
宜春市	3.38	3.05	3.06	11.91	12.15	12.13	10.90	14.28	15.40	13.26	12.43	14.27	126.22
永州市	4.27	4.29	4.92	3.49	2.73	3.47	3.45	3.10	7.93	9.82	3.93	10.37	61.77
张家口市	2.56	1.10	2.69	0.28	10.36	10.91	10.61	9.43	11.37	9.63	9.98	12.46	91.38
漳州市	5.48	3.49	11.41	14.38	16.34	12.82	15.10	15.03	21.15	13.75	14.28	11.39	154.62
株洲市	16.00	10.97	16.86	19.73	25.26	28.49	15.79	17.08	22.29	21.35	16.36	26.04	236.72
驻马店市	14.31	2.49	2.93	9.51	12.12	10.71	12.64	5.85	14.14	14.52	14.21	12.36	125.79
淄博市	14.91	16.79	25.51	31.44	39.92	32.79	34.71	29.53	30.50	26.54	24.41	23.15	330.20
遵义市	22.57	12.71	16.39	14.38	14.90	14.46	17.48	16.94	21.19	18.88	15.78	24.41	210.09

注：南京数据包含溧水高淳。

数据来源：中指数据库监测。

4-17　2019年全国主要城市商品住宅批准上市套数统计

单位：套

城市	1月	2月	3月	4月	5月	6月	7月	8月	9月	10月	11月	12月	汇总
长沙市	4978	1095	4913	8763	12284	14294	4287	7943	7103	8411	6135	11761	91967
济南市	2907	840	4664	4609	5103	4630	6453	5108	4643	2204	3957	3660	48778
南京市 *	6830	1108	3182	7548	8539	9469	5089	5167	14392	5529	8801	14856	90510
南宁市	3461	1743	7323	2242	8402	11702	9197	12372	13757	12806	11815	40853	135673
温州市	3660	4279	5230	7023	4126	5385	3732	4704	10979	6381	8336	10830	74665
武汉市	12211	2107	10542	15054	18871	22002	17940	17268	33759	5244	34792	31637	221427
东莞市	3748	483	2717	4315	2959	3974	3693	3503	3922	3749	2998	4057	40118
鄂州市	1570	32	1915	1516	2612	1048	1290	1960	2945	713	2305	1887	19793
江门市	513	575	716	907	894	711	308	1038	1005	786	552	1065	9070
梅州市	4851	1066	6150	2752	2386	3355	2748	2083	4481	1564	2717	4433	38586
泉州市	8364	1160	5401	9078	4765	5768	6096	6237	8957	4456	7502	10578	78362
新乡市	5179	643	505	4363	2368	2182	4543	2600	3837	2094	3248	2882	34444
烟台市	1750	812	3514	4611	2935	5929	4479	2396	7579	3548	4975	6651	49179

注：南京数据包含溧水高淳。

数据来源：中指数据库监测。

4-18　2019年全国主要城市商品住宅批准上市面积统计

单位：万平方米

城市	1月	2月	3月	4月	5月	6月	7月	8月	9月	10月	11月	12月	汇总
长沙市	56.60	13.46	63.84	101.14	150.26	170.36	54.76	104.26	89.21	104.34	81.30	156.69	1146.22
济南市	36.48	9.99	57.30	57.64	65.86	61.67	77.71	65.59	55.89	28.04	47.37	48.00	611.54
南京市 *	79.67	16.33	38.99	88.46	93.78	109.09	59.78	62.40	165.24	62.18	102.96	180.62	1059.50
南宁市	38.96	21.03	76.38	21.63	93.83	119.60	98.34	132.98	154.35	144.73	121.63	304.62	1328.08
天津市	103.21	43.75	84.07	118.35	147.07	176.34	119.19	199.33	162.55	148.49	147.67	106.99	1557.01
温州市	51.89	54.70	59.57	94.59	50.61	68.26	46.45	61.72	135.91	77.12	102.54	132.80	936.16
武汉市	137.02	24.49	119.25	180.16	213.19	261.03	207.27	217.75	413.78	59.64	420.73	374.50	2628.81
东莞市	39.83	7.14	30.90	47.18	33.91	44.35	41.91	39.63	45.41	41.59	33.66	80.03	485.54
鄂州市	17.98	0.44	20.47	15.00	28.70	12.28	14.55	22.00	31.38	7.80	26.60	20.50	217.70
江门市	5.68	6.75	7.69	10.54	9.57	8.00	3.40	11.91	12.24	8.34	7.08	11.94	103.14
梅州市	61.89	15.30	80.15	35.19	28.93	43.68	38.61	29.04	63.26	21.72	34.92	55.00	507.69
泉州市	100.24	13.20	65.02	107.36	56.11	69.64	69.01	75.83	110.48	52.21	90.67	123.75	933.52
新乡市	58.79	7.54	7.47	52.99	28.65	26.95	58.19	31.81	48.44	26.29	38.51	37.32	422.95
烟台市	20.59	7.72	40.92	55.17	34.51	66.36	49.38	28.48	85.37	40.61	61.08	78.71	568.90
宜昌市	23.10	10.00	8.00	28.20	28.60	15.90	51.90	27.40	13.60	30.80	25.20	13.20	275.90

注：南京数据包含溧水高淳。

数据来源：中指数据库监测。

4-19　2019年全国主要城市商品住宅可售套数统计

单位：套

城市	1月	2月	3月	4月	5月	6月	7月	8月	9月	10月	11月	12月
长沙市	77876	76878	76564	76916	82210	83100	81526	82732	81468	81799	88157	90902
济南市	64443	64235	65013	65455	66057	68530	73643	76980	77766	79637	81021	82410
南京市*	34389	32836	30381	29233	32931	35468	32175	32681	32530	43159	43714	43816
南宁市	65563	64246	62694	62655	60619	63443	63443	65683	71368	72643	72394	75551
温州市	41645	38716	39093	39823	38129	38961	36671	36488	37767	38647	43119	46745
武汉市	94726	84917	79014	79363	80922	84344	83144	80239	96470	84868	101876	111842
厦门市	17894	17728	17127	21247	22264	23580	25452	24629	26083	26307	28049	28211
东莞市	158420	157920	157053	160534	161913	163927	164645	161066	160811	161891	159608	159129
东营市	9543	9418	9249	10033	9376	10072	9873	10309	10213	10559	10994	11261
鄂州市	7749	7254	7940	7628	8833	8309	7942	7624	8566	7701	8140	8517
泉州市	41486	38136	36032	35213	33890	44706	42406	42656	42958	41860	42908	45607
新乡市	21605	20795	19680	21336	21357	21588	22711	22586	23061	22582	23718	24751
烟台市	38635	38985	29243	30745	30636	31572	33381	32391	34237	33479	38835	36254
宜昌市	15379	14709	13763	14741	14073	13888	16446	16697	16348	16540	16834	15749

注：南京数据包含溧水高淳。

数据来源：中指数据库监测。

4-20　2019年全国主要城市商品住宅可售面积统计

单位：万平方米

城市	1月	2月	3月	4月	5月	6月	7月	8月	9月	10月	11月	12月
长沙市	872.27	858.33	859.21	859.32	923.64	928.28	912.18	934.74	912.52	916.61	1014.80	1047.49
南京市*	440.85	411.09	371.14	379.52	393.60	424.80	401.92	425.25	419.04	530.61	554.74	552.14
南宁市	727.42	713.94	696.50	694.74	669.13	698.43	698.43	716.33	769.95	789.41	783.01	823.82
天津市	1828.05	1820.14	1799.10	1792.33	1826.27	1885.74	1889.07	1977.81	2014.11	2048.64	2073.36	2041.04
温州市	575.46	537.17	536.76	543.75	519.06	530.98	503.38	501.67	519.67	528.10	580.86	624.86
武汉市	1171.95	1052.03	983.50	994.90	1008.54	1053.07	1048.22	1010.25	1208.91	1073.88	1286.20	1402.30
厦门市	224.19	222.01	216.46	253.62	260.37	275.45	297.76	289.93	301.00	304.49	322.25	324.45
东营市	142.73	140.81	138.64	151.28	142.37	151.85	150.71	153.62	151.09	156.49	161.19	165.54
鄂州市	80.20	74.84	80.50	75.00	88.70	83.90	80.00	77.00	86.00	77.00	82.90	86.70
泉州市	507.25	466.84	443.10	435.15	419.92	545.81	519.99	524.99	531.52	523.51	535.61	569.27
新乡市	268.69	258.24	246.79	268.77	268.70	271.96	286.33	284.65	292.95	291.99	302.84	317.37
烟台市	509.20	513.81	330.42	348.60	350.57	360.21	382.38	372.11	392.77	386.33	447.60	417.97
宜昌市	185.00	178.40	166.80	180.00	174.80	171.10	202.00	205.20	202.30	204.10	208.80	196.60

注：南京数据包含溧水高淳。

数据来源：中指数据库监测。

4–21 2019年全国主要城市商品住宅供销比统计

城市	1月	2月	3月	4月	5月	6月	7月	8月	9月	10月	11月	12月	汇总
长沙市	1.68	3.31	1.33	1.18	0.68	0.86	2.32	1.13	1.70	1.08	1.44	0.80	1.17
济南市	1.08	2.91	1.13	1.24	0.95	1.16	0.89	0.81	1.02	1.82	1.06	1.04	1.09
南京市*	0.88	1.89	2.02	0.89	0.83	0.79	1.87	0.95	0.60	1.75	0.75	0.72	0.95
南宁市	3.55	3.32	0.98	3.82	1.06	0.57	0.98	0.57	0.59	0.82	1.46	0.35	0.90
天津市	0.63	1.18	1.25	1.06	0.77	0.66	0.97	0.55	0.78	0.77	0.83	1.30	0.84
温州市	1.16	0.99	1.00	0.80	1.40	1.18	1.56	1.11	0.65	1.08	0.65	0.59	0.92
武汉市	0.76	4.28	1.21	0.93	0.81	0.93	1.22	1.03	0.49	4.11	0.53	0.64	0.88
东莞市	0.77	2.01	1.46	0.94	1.37	1.36	1.20	1.30	1.23	1.00	1.45	0.77	1.13
鄂州市	0.95	12.89	0.92	1.33	0.49	1.35	1.28	1.15	0.69	2.47	0.78	1.01	1.00
江门市	1.45	0.44	0.89	0.47	0.58	0.80	1.82	0.58	0.56	0.79	1.03	0.53	0.73
梅州市	0.46	2.11	0.70	0.81	0.93	0.61	0.70	0.94	0.44	1.72	0.57	0.65	0.74
泉州市	0.71	5.05	1.22	0.57	1.20	0.97	1.18	0.86	0.68	1.41	0.74	0.54	0.90
新乡市	0.31	2.00	3.34	0.58	0.82	0.88	0.63	0.86	0.55	0.81	0.63	0.55	0.69
烟台市	0.85	2.48	0.83	0.87	1.04	0.68	0.76	1.25	0.49	1.05	0.49	0.62	0.77
宜昌市	0.80	1.78	2.82	0.70	0.68	1.29	0.48	0.92	1.36	0.79	1.02	1.16	0.92

注：南京数据包含溧水高淳。

数据来源：中指数据库监测。

4–22 2019年全国主要城市商品住宅出清周期统计

单位：月

城市	1月	2月	3月	4月	5月	6月	7月	8月	9月	10月	11月	12月
长沙市	6.57	7.16	8.15	8.46	9.23	9.40	8.76	8.04	7.16	7.26	7.89	8.37
南京市*	6.28	8.13	6.19	5.86	5.84	6.02	5.19	5.18	4.90	5.87	6.14	5.67
南宁市	7.32	7.28	7.02	7.03	6.71	7.86	8.52	8.63	8.99	8.62	7.48	7.42
天津市	18.00	20.12	19.67	18.49	18.87	19.60	18.06	17.28	17.07	17.64	17.61	16.80
温州市	10.15	9.60	9.61	8.78	8.07	7.97	7.33	7.05	6.84	6.83	7.59	8.20
武汉市	7.05	6.84	6.36	6.40	6.68	6.73	5.78	5.02	5.73	4.80	5.55	6.07
厦门市	26.48	27.06	22.78	23.89	22.52	21.44	21.42	18.42	20.19	22.94	25.89	26.64
东营市	10.79	12.00	12.25	12.67	11.58	12.75	12.39	10.96	10.64	11.66	11.46	11.49
鄂州市	4.71	6.59	5.83	4.88	5.87	5.46	5.12	4.07	4.43	3.99	4.06	4.11
泉州市	14.60	11.25	8.89	7.77	6.68	7.92	7.37	7.47	7.64	7.31	7.48	7.95
新乡市	14.67	15.48	12.70	12.09	11.96	12.00	11.15	10.27	10.47	11.06	11.40	12.19
烟台市	9.78	11.81	8.23	8.95	10.03	10.83	10.46	9.47	9.68	9.74	11.56	10.61
宜昌市	11.31	10.55	8.70	8.91	8.51	8.66	9.69	9.30	9.46	9.21	9.00	8.80

注：南京数据包含溧水高淳。

数据来源：中指数据库监测。

第五章

2019年全国主要城市二手房市场统计

5-1　2019 年全国主要城市二手房供求全年汇总统计

城市	成交套数	成交面积	参考成交价（元 / 平方米）	成交金额（万元）	套均面积（平方米 / 套）
一线城市					
北京市	133651	11844075.59	59655	68755870.43	88.66
上海市	216095	16953920.56	44207	74741755.77	78.40
广州市	77073	7390812.91	31252	22933512.44	95.97
深圳市	71165	5801032.98	59126	33812315.35	81.74
二线城市					
成都市	109049	9911459.46	14691	14259244.76	90.82
重庆市	139099	11909465.61	12185	14318821.92	85.50
大连市	67488	5206463.04	13804	7123643.59	77.10
福州市	24091	2277364.78	26656	6020682.30	94.43
贵阳市	14941	1516032.72	9905	1366396.40	101.67
哈尔滨市	67573	5478321.03	11131	5954499.63	81.03
杭州市	62859	5798659.79	31601	17837739.17	92.14
合肥市	54437	5130171.87	16389	8218123.65	93.88
呼和浩特市	21269	1878737.87	11492	2022065.47	88.28
济南市	43317	3645673.18	18538	6569891.26	85.61
昆明市	33063	3091106.89	12833	3915127.28	93.14
兰州市	10143	844430.85	11788	950256.25	83.53
南昌市	16169	1540548.63	14367	2197491.15	94.46
南京市	79858	7011511.26	26995	18607461.99	87.83
南宁市	34354	3220882.54	11728	3761638.66	94.01
宁波市	65684	6019551.10	20454	12090522.52	91.61
青岛市	35982	3159644.16	22943	7062626.78	87.81
三亚市	1221	125612.11	26727	287020.61	103.75
厦门市	33011	3269038.98	42342	13677620.91	99.59
沈阳市	126029	9339865.18	9758	8659765.48	74.12
石家庄市	23291	2090466.77	16181	3332699.07	89.73
苏州市	86976	8849964.81	23443	20279664.47	102.16
太原市	18604	1652788.80	11781	1850356.76	88.93
天津市	127960	10729047.22	20122	20883307.25	83.96
温州市	27225	2725833.89	21281	5232780.48	100.11
乌鲁木齐市	43666	3988743.45	8349	3261449.36	90.66
无锡市	55564	5254939.47	13498	7032639.34	94.23
武汉市	88514	8321600.71	17060	13898595.13	94.24
西安市	48816	4434024.74	13979	6069488.03	91.01

5-1 续表 1

城市	成交套数	成交面积	参考成交价（元 / 平方米）	成交金额（万元）	套均面积（平方米 / 套）
西宁市	6375	630856.55	7765	132194.37	99.49
银川市	13921	1402832.14	5836	800841.86	100.54
长春市	72121	5927975.22	9690	5676939.00	82.22
长沙市	17869	1814283.79	10881	1936046.92	101.81
郑州市	46100	4222313.36	15149	6287059.19	91.52
三四线城市					
宝鸡市	7124	663338.67	4914	210856.53	93.11
保定市	7174	639684.71	11481	682354.01	89.49
北海市	14020	1368532.30	6507	704479.73	97.50
常州市	43116	4283365.04	13518	5738430.09	99.85
大同市	5856	547941.50	5659	185540.65	93.65
东莞市	14545	1406703.84	17681	2464493.69	96.92
赣州市	6613	695823.34	10170	685157.60	105.83
桂林市	6707	629362.45	7676	472385.89	93.56
邯郸市	8466	757985.93	10001	584252.87	89.24
衡水市	4815	452280.38	8182	330158.92	93.98
湖州市	9761	895319.69	9124	747121.43	92.23
淮安市	20501	2050915.53	9266	1786551.24	100.27
黄冈市	1396	141518.55			100.82
惠州市	17361	1834545.16	11530	1768449.79	105.45
吉林市	28207	2202441.15	6563	1221383.42	78.38
济宁市	10879	1063900.32	8536	813200.02	97.79
嘉兴市	17912	1861540.89	9454	1667814.62	103.88
金华市	10323	1016669.74	16043	1553898.93	98.39
廊坊市	6146	568005.61	12967	471475.43	92.48
连云港市	16027	1678542.90	10247	1574476.07	104.83
柳州市	9370	870201.31	9064	704659.72	92.91
六安市	9015	906371.54			100.44
洛阳市	21447	2044392.06	9266	1626637.24	95.32
马鞍山市	13507	1212178.10	7701	417761.44	89.90
绵阳市	11868	1162946.33	8567	941288.20	98.07
南通市	24077	2270584.32	14796	3268957.85	94.10
秦皇岛市	26059	2184004.79	9670	2083862.68	83.55
泉州市	7908	857130.69	13095	1063020.97	108.30
日照市	8135	758007.41	9162	656135.04	93.23
汕头市	10216	1116946.98	9668	931764.04	109.18

5-1　续表 2

城市	成交套数	成交面积	参考成交价（元 / 平方米）	成交金额（万元）	套均面积（平方米 / 套）
绍兴市	22812	2325650.37	14047	2399026.35	101.64
台州市	8625	916649.51	14952	584912.97	106.45
泰州市	12102	1305452.63	10480	1312585.82	107.71
唐山市	28724	2261256.29	10315	2186319.00	78.91
威海市	14571	1315740.97	10610	1374671.14	90.33
芜湖市	12328	1210742.73	10774	1145470.01	98.25
新乡市	7913	823318.88	7601	516377.09	85.88
宿迁市	12768	1301686.07	8244	1045465.35	101.97
徐州市	19777	1737621.40	11230	1845289.94	87.97
烟台市	23406	1974369.16	11697	2299432.83	84.48
盐城市	11872	1227309.46	11057	1325874.39	103.33
扬州市	11178	1021832.26	13585	1306764.11	90.51
宜昌市	9279	916480.14	8905	754767.72	98.86
镇江市	17259	1627571.85	8354	1293658.05	94.25
中山市	11955	1283345.68	12442	1480631.74	107.41
珠海市	28048	2681839.28	19161	4989503.89	95.57

数据来源：中指数据库监测。

5-2　2019年全国主要城市二手房月度供求套数统计

单位：套

城市	1月	2月	3月	4月	5月	6月	7月	8月	9月	10月	11月	12月	统计
一线城市													
北京市	10104	5934	15549	13398	12353	11180	12339	10715	11214	7902	11073	11890	133651
上海市	15728	9105	25145	23098	20721	19630	18081	17524	19117	14472	16083	17391	216095
广州市	4012	3558	4073	5199	6624	8129	7835	6221	7979	6059	8491	8893	77073
深圳市	3770	1946	4427	6605	6335	5488	5885	6233	6361	6969	7853	9293	71165
二线城市													
成都市	5583	4633	8623	11419	11044	9576	10745	9964	10005	7943	8251	11263	109049
重庆市	8895	5009	8604	14062	14577	13312	16268	12745	11836	11099	10941	11751	139099
大连市	4968	3144	7153	8694	6815	7071	6254	5037	4684	4032	4657	4979	67488
福州市	1798	1281	2359	2855	2303	2233	2274	1758	1782	1477	1902	2069	24091
贵阳市	1200	849	1567	2070	497	1668	1700	1245	1103	918	1057	1067	14941
哈尔滨市	4722	2260	6192	6897	6708	5514	7562	5919	6129	4683	5934	5053	67573
海口市	642	287		790	800	537	479	883	912	646	831	782	7589
杭州市	3579	1691	7014	6933	6740	6365	6361	5212	4690	3847	4612	5815	62859
合肥市	3402	1693	5697	6713	6560	5845	6199	4657	3918	3242	3240	3271	54437
呼和浩特市	1852	796	1103	2763	2099	1837	2395	2125	1906	928	2018	1447	21269
济南市	4034	1738	4763	5784	4827	4384	5205	2706	2790	2139	2411	2536	43317
昆明市	1718	903	1710	3388	2821	2994	3664	3080	3604	3100	3191	2890	33063
兰州市	177	501	947	1054	1016	1477	1269	971	876	614	666	575	10143
南昌市	782	525	1738	2134	2132	1936	2088	1122	1098	905	861	848	16169
南京市	5059	2583	4674	8440	7751	7992	7730	6248	7344	6296	7526	8215	79858
南宁市	2697	1214	2367	2559	2067	2699	4484	3324	2763	3322	3386	3472	34354
宁波市	2477	1806	5853	8057	8065	7356	8295	5981	5529	3760	4276	4229	65684
青岛市	3004	1279	3223	3629	3506	3106	3439	2947	2942	2614	2856	3437	35982
三亚市	141	64	157	124	95	125	87	64	82	59	105	118	1221
厦门市	2660	1540	3652	4980	3997	3606	2632	2127	2054	1510	1840	2413	33011
沈阳市	8456	3883	12700	13950	14519	12846	11692	10443	11118	8056	9195	9171	126029
石家庄市	1697	1039	2232	2821	2551	2050	2240	1724	1816	1476	1763	1882	23291
苏州市	6608	4284	5342	9585	10916	12138	9865	7475	6247	5517	4641	4358	86976
太原市	1388	692	1413	1832	1763	1643	2025	1794	1864	1348	1541	1301	18604
天津市	10649	6510	13054	15998	12578	12248	11436	9081	10007	7722	8951	9726	127960
温州市	2134	1373	2740	2530	2565	2321	2540	2107	2328	2023	2271	2293	27225
乌鲁木齐市	583	609	1037	5311	4543	4918	4566	3911	4876	3969	5066	4277	43666
无锡市	2797	1205	3742	5295	5771	6335	6244	5179	5719	4359	4283	4635	55564
武汉市	5417	2148	6416	7847	8175	8432	10071	9201	8805	6921	7316	7765	88514

5-2　续表 1

单位：套

城市	1月	2月	3月	4月	5月	6月	7月	8月	9月	10月	11月	12月	统计
西安市	3193	1806	4100	5320	4442	5462	5076	4482	3835	3134	4147	3819	48816
西宁市	204	141	427	327	512	668	806	587	794	610	641	658	6375
银川市	949	394	1190	1846	1124	363	1547	1475	1076	1080	1424	1453	13921
长春市	5303	2268	6778	8483	6255	7245	7258	6944	6566	4788	5647	4586	72121
长沙市	1110	424	1098	1592	1511	1529	1894	1760	1674	1624	1847	1806	17869
郑州市	3248	1751	3762	4275	4436	5286	4695	3912	3979	2868	4119	3769	46100
三四线城市													
宝鸡市	400	362	625	700	623	689	737	658	672	537	594	527	7124
保定市	585	303	740	926	721	773	752	471	484	469	442	508	7174
北海市	1264	682	1741	1603	1439	1351	1078	1062	1003	821	978	998	14020
常州市	967	1166	3485	4716	4863	6093	5226	3727	4197	2940	2863	2873	43116
大同市	316	314	534	623	566	458	561	560	586	464	459	415	5856
东莞市	703	238	619	931	1390	1388	1728	1476	1533	1360	1454	1725	14545
佛山市		1529	3287	3916	3964	3200	4086	3308	3648	3109	3595	3170	36812
赣州市	506	209	515	740	709	647	760	593	532	489	526	387	6613
桂林市	512	286	724	725	745	652	632	214	600	562	529	526	6707
邯郸市	729	343	783	949	743	691	798	699	760	566	755	650	8466
衡水市	216	235	610	473	561	401	432	390	402	294	428	373	4815
湖州市	614	300	954	1224	971	827	910	741	925	762	752	781	9761
淮安市	1124	861	1563	2358	1783	1590	1910	1720	2053	1395	1958	2186	20501
黄冈市	97	59	135	100	124	109	134	149	162	96	117	114	1396
惠州市	1062	328	1128	1308	1594	1669	1861	1635	1660	1516	1806	1794	17361
吉林市	1969	940	3590	3099	2211	2800	2678	2552	2677	1895	2074	1722	28207
济宁市	884	519	767	1417	1029	972	1084	876	930	762	876	763	10879
嘉兴市	862	623	1801	2107	1877	1864	2015	1490	1592	1228	1176	1277	17912
江门市	600	262	677	678	804	749							3770
金华市	554	298	1087	1345	1225	1003	1198	503	834	702	704	870	10323
廊坊市	508	296	615	697	655	572	618	476	437	387	467	418	6146
连云港市	870	670	911	2047	1488	1131	1571	1396	1451	1293	1630	1569	16027
柳州市	565	325	940	950	926	802	977	866	918	584	814	703	9370
六安市	589	319	759	899	759	765	1010	905	829	771	751	659	9015
洛阳市	1648	855	1985	2104	2370	2063	2570	2191	1451	1307	1530	1373	21447
马鞍山市	802	514	1395	1422	1290	1126	1500	1296	1249	1110	1204	599	13507
绵阳市	752	685	1128	1354	1225	1212	1502	707	924	759	685	935	11868
南充市		671	747	846	768	721	900	654	648	554	449	473	7431
南通市	971	882	1766	2580	2259	2540	2641	2691	3038	1721	1208	1780	24077

5-2 续表 2 单位：套

城市	1月	2月	3月	4月	5月	6月	7月	8月	9月	10月	11月	12月	统计
秦皇岛市	1637	1083	2704	2763	2660	2314	2679	2719	3794	872	1369	1465	26059
泉州市	432	397	605	680	727	663	775	666	731	622	783	827	7908
日照市	619	402	762	1148	882	469	623	474	465	795	780	716	8135
汕头市	765	333	847	933	1082	940	1065	762	958	693	874	964	10216
绍兴市	1553	885	2183	2346	2261	2369	2366	1930	2051	1686	1638	1544	22812
台州市	347	296	646	773	814	900	1083	921	765	688	727	665	8625
泰安市		221	529	996	862	821	900	734	779	641	704	624	7811
泰州市	693	748	982	961	993	1190	1538	1067	1122	936	966	906	12102
唐山市	1620	1562	1979	3249	2755	3009	2679	2621	2196	2327	2246	2481	28724
威海市	728	651	1268	1756	1724	1623	2532	861	922	818	799	889	14571
芜湖市	605	538	1172	1279	1384	1296	1225	1089	1043	867	920	910	12328
新乡市	690	304	820	932	892	709	1056	700	472	718	384	236	7913
宿迁市	912	573	1017	1144	996	1129	1572	1139	1162	780	1251	1093	12768
徐州市	1411	989	1819	2210	1937	1587	2121	1905	1075	1539	1649	1535	19777
烟台市	1534	899	1486	3012	2339	2174	2581	2183	1992	1865	1803	1538	23406
盐城市	657	600	1075	1313	1154	1083	1132	853	1181	775	1052	997	11872
扬州市	737	565	1068	1176	1095	1150	1174	822	1166	734	767	724	11178
宜昌市	606	342	1231	749	786	784	1001	771	710	780	931	588	9279
张家口市		104	329	308	270	222	239	208	235	167	220	188	2490
镇江市	827	744	1414	1810	1657	1881	1971	1456	1602	1287	1358	1252	17259
中山市	1104	409	916	997	1477	1173	1313	1030	997	746	814	979	11955
珠海市	1898	1061	2770	2972	1616	2574	2595	2912	3048	2155	2149	2298	28048

数据来源：中指数据库监测。

5-3　2019年全国主要城市二手房月度供求成交面积统计

单位：万平方米

城市	1月	2月	3月	4月	5月	6月	7月	8月	9月	10月	11月	12月	统计
一线城市													
北京市	89	51	133	119	110	100	111	97	100	72	98	106	1184
上海市	123	69	192	182	163	154	143	138	151	113	126	141	1695
广州市	37	34	40	50	63	82	77	60	76	60	78	82	739
深圳市	32	16	36	53	51	44	49	51	52	55	64	76	580
二线城市													
成都市	51	41	77	103	100	88	99	91	91	72	75	102	991
重庆市	76	42	72	119	126	115	140	110	102	94	94	102	1191
大连市	39	25	55	67	53	56	48	39	36	31	35	38	521
福州市	17	12	22	27	22	21	22	17	17	13	18	19	228
贵阳市	12	9	16	21	5	17	17	13	11	10	11	11	152
哈尔滨市	39	18	49	55	53	44	62	49	50	39	49	42	548
海口市	7	3		7	8	6	5	8	8	6	8	8	72
杭州市	33	15	62	65	62	61	60	48	44	35	42	54	580
合肥市	32	16	51	61	64	61	58	43	37	30	30	30	513
呼和浩特市	17	7	10	24	18	16	21	19	17	8	18	13	188
济南市	40	13	35	44	35	34	47	26	26	20	22	24	365
昆明市	16	8	15	30	26	28	35	30	34	29	30	28	309
兰州市	2	4	8	9	8	13	11	8	7	5	6	5	84
南昌市	7	5	17	21	21	19	20	11	11	8	8	8	154
南京市	45	23	41	73	68	71	68	55	65	56	65	71	701
南宁市	25	12	23	24	20	25	42	31	25	31	32	32	322
宁波市	23	16	52	72	73	68	77	55	52	35	40	40	602
青岛市	26	11	27	31	30	28	31	26	26	23	26	31	316
三亚市	1	1	1	1	1	2	1	1	1	1	1	1	13
厦门市	26	15	35	48	39	36	27	21	21	15	19	24	327
沈阳市	63	29	93	101	107	96	87	78	85	60	67	68	934
石家庄市	15	9	20	25	23	19	20	16	16	13	16	17	209
苏州市	68	43	53	95	108	123	100	77	66	57	49	45	885
太原市	12	6	13	16	15	15	18	16	17	12	14	12	165
天津市	86	56	106	133	107	105	97	76	85	65	75	81	1073
温州市	21	14	27	26	26	24	26	21	23	20	22	23	273
乌鲁木齐市	5	5	9	47	40	44	41	36	46	38	48	40	399
无锡市	26	11	34	49	54	60	60	50	54	42	41	44	525
武汉市	55	20	59	73	76	79	95	86	82	65	69	73	832

5-3 续表 1 单位：万平方米

城市	1月	2月	3月	4月	5月	6月	7月	8月	9月	10月	11月	12月	统计
西安市	29	17	36	47	40	49	47	41	35	29	38	36	443
西宁市	2	1	4	3	5	7	8	6	8	6	6	7	63
银川市	10	4	12	19	11	4	16	15	11	11	14	15	140
长春市	45	19	55	70	51	60	60	58	54	39	46	38	593
长沙市	11	5	11	16	15	15	19	18	17	17	19	19	181
郑州市	30	16	34	39	40	48	44	36	36	26	38	34	422
三四线城市													
宝鸡市	4	3	6	6	6	6	7	6	6	5	6	5	66
保定市	5	3	7	8	6	7	7	4	4	4	4	5	64
北海市	12	7	16	16	15	14	11	10	10	8	9	9	137
常州市	10	12	34	46	48	60	52	37	42	29	29	29	428
大同市	3	3	5	6	5	4	5	5	6	4	4	4	55
东莞市	7	2	6	9	13	13	17	14	14	13	14	17	141
佛山市		17	35	42	43	34	44	35	39	33	39	34	394
赣州市	5	2	5	8	7	7	8	6	6	5	6	4	70
桂林市	5	3	7	7	7	6	5	2	6	5	5	5	63
邯郸市	6	3	7	9	7	6	7	6	7	5	7	6	76
衡水市	2	2	6	5	5	4	4	4	4	3	4	3	45
湖州市	6	3	8	11	9	8	8	7	8	7	7	7	90
淮安市	11	9	16	22	18	16	19	17	21	14	19	22	205
黄冈市	1	1	1	1	1	1	1	2	2	1	1	1	14
惠州市	11	3	12	14	17	18	20	18	17	15	19	19	183
吉林市	16	8	27	24	17	22	21	20	21	15	16	13	220
济宁市	9	5	7	14	10	9	11	9	9	7	9	7	106
嘉兴市	9	6	18	21	20	20	21	16	17	13	12	13	186
江门市	6	2	7	7	8	7							37
金华市	6	3	11	13	12	10	12	5	8	7	7	9	102
廊坊市	5	3	6	6	6	5	6	4	4	4	4	4	57
连云港市	9	7	10	21	16	12	16	14	15	14	17	17	168
柳州市	5	3	8	9	9	8	9	8	9	5	8	7	87
六安市	6	3	8	9	8	8	10	9	8	8	8	7	91
洛阳市	16	8	19	20	23	20	24	21	14	12	14	13	204
马鞍山市	8	5	12	13	12	10	13	12	11	10	11	5	121
绵阳市	7	7	11	13	12	12	15	7	9	7	7	9	116
南充市		6	7	8	8	7	9	6	6	5	4	5	72
南通市	9	8	16	24	21	25	25	26	29	16	11	17	227

5-3　续表 2

单位：万平方米

城市	1 月	2 月	3 月	4 月	5 月	6 月	7 月	8 月	9 月	10 月	11 月	12 月	统计
秦皇岛市	13	9	22	22	22	19	23	23	33	7	12	12	218
泉州市	5	4	7	7	8	7	9	7	8	7	8	9	86
日照市	6	4	7	11	8	4	6	5	4	8	7	7	76
汕头市	8	3	9	10	12	10	12	9	11	8	10	11	112
绍兴市	14	9	21	25	23	24	25	20	21	17	17	16	233
台州市	4	3	7	8	9	9	12	10	8	7	8	7	92
泰安市		2	5	9	8	8	9	7	7	6	7	6	75
泰州市	7	8	10	13	11	12	18	11	12	10	10	9	131
唐山市	13	13	15	25	21	24	21	20	18	18	18	20	226
威海市	7	6	11	16	16	15	23	8	8	7	7	8	132
芜湖市	6	5	12	13	14	13	12	11	10	9	9	9	121
新乡市	7	3	8	10	9	8	11	7	5	7	4	2	82
宿迁市	9	6	10	12	10	12	16	12	12	8	12	11	130
徐州市	12	8	15	18	17	14	19	17	10	14	15	14	174
烟台市	13	8	12	25	19	18	21	19	17	16	16	14	197
盐城市	7	6	11	14	12	11	11	9	12	8	11	10	123
扬州市	6	5	9	10	9	10	11	7	15	7	7	6	102
宜昌市	6	3	12	7	8	8	10	8	7	8	9	6	92
张家口市		1	3	3	2	2	2	2	2	2	2	2	23
镇江市	8	7	13	17	15	18	19	14	15	13	13	12	163
中山市	12	5	10	11	16	13	14	11	11	8	8	10	128
珠海市	18	10	26	29	16	24	25	28	29	21	20	22	268

数据来源：中指数据库监测。

5-4 2019 年全国主要城市二手房月度供求成交参考价统计

单位：元 / 平方米

城市	1 月	2 月	3 月	4 月	5 月	6 月	7 月	8 月	9 月	10 月	11 月	12 月	统计
一线城市													
北京市	59571	59761	59828	59731	60179	61095	61436	60733	59656	57857	58285	57725	59655
上海市	44369	42241	42717	44816	44600	45476	45223	43873	43893	43667	44372	45232	44207
广州市	35201	30848	31685	28178	30705	31162	30820	29312	32631	31273	31576	31637	31252
深圳市	59461	58843	58049	58432	58343	58792	59603	59830	58601	58299	60480	60778	59126
二线城市													
成都市	14012	14201	14551	14588	14726	14704	14868	14900	14773	14940	14896	15134	14691
重庆市	12253	11894	11845	12110	12288	12379	12464	12469	12235	12179	11983	12120	12185
大连市	12561	12831	12695	12951	13545	13928	14200	14600	13934	14661	14872	14868	13804
福州市	26821	26298	26354	26735	26673	26573	26273	26666	26128	27302	27367	26677	26656
贵阳市	10524	10159	10245	10100	9591	9952	9862	9863	9686	9624	9735	9516	9905
哈尔滨市	10910	10768	10738	10924	10917	11077	11498	11395	11270	11372	11301	11396	11131
海口市	16436	16162		15431	15374	15621	15668	15690	15643	15909	15853	15882	15788
杭州市	32424	32334	31027	31042	31347	31756	31393	30764	30832	31766	31359	33168	31601
合肥市	16094	16091	16144	16281	15835	15811	16346	16607	16915	16677	16697	17172	16389
呼和浩特市	10932	10946	11098	11121	11286	11651	11472	11620	11700	12122	11993	11962	11492
济南市	19661	18793	19130	19008	18604	17802	16328	18823	18506	18960	18501	18338	18538
昆明市	12666	12174	12038	12543	12619	12560	12807	13249	13220	13115	13426	13576	12833
兰州市	10680	11302	11624	11526	11650	10184	11560	12383	12504	12790	12647	12608	11788
南昌市	14328	13615	14022	14150	14253	14377	14621	14460	14474	14665	14827	14616	14367
南京市	27898	26599	27152	26630	27004	26434	27142	27417	27412	26696	26932	26629	26995
南宁市	11399	11734	11691	11622	11877	11892	11817	11835	11797	11966	11540	11567	11728
宁波市	18991	19436	19388	19619	20082	20370	20728	20957	20948	21444	21866	21617	20454
青岛市	25359	25414	23863	23179	23000	22694	22932	22406	21905	21672	21276	21610	22943
三亚市	27863	22228	29182	27131	26963	24780	28764	26511	25816	26515	27949	27017	26727
厦门市	39927	38868	39814	40215	42036	43300	44766	43911	44203	43789	43164	44111	42342
沈阳市	9047	9125	9272	9482	9591	9733	9910	10018	10019	10077	10302	10520	9758
石家庄市	16153	16065	15976	16086	16164	16329	16223	16266	16361	16251	16153	16146	16181
苏州市	20685	20852	21593	21948	22329	23288	25345	25008	26522	25050	24491	24200	23443
太原市	11725	11775	11896	11711	11674	11787	11828	11989	11807	11861	11718	11603	11781
天津市	19948	20273	19828	19987	20304	21225	19866	20057	20034	19827	19803	20307	20122
温州市	20765	20742	21057	19914	20118	20098	21502	21479	22576	22306	22519	22290	21281
乌鲁木齐市	8240	8067	8298	8096	8127	8205	8266	8311	8365	8672	8904	8635	8349
无锡市	12284	12614	12751	12812	13388	13918	14078	14087	14071	14077	14041	13854	13498
武汉市	18554	17337	16897	16811	16766	17130	16898	16743	16734	16730	16907	17212	17060

5-4　续表 1　　　　单位：元 / 平方米

城市	1 月	2 月	3 月	4 月	5 月	6 月	7 月	8 月	9 月	10 月	11 月	12 月	统计
西安市	14168	13715	13290	13484	13618	13984	14194	14028	14795	14125	14180	14168	13979
西宁市	6958	7710	7381	7477	7639	7471	7535	8405	7520	7485	8637	8957	7765
银川市	5549	5646	5594	5591	5678	5844	5772	5970	5878	6191	6155	6165	5836
长春市	9528	9507	9437	9651	9700	9785	9868	9941	9692	9654	9770	9746	9690
长沙市	10803	10695	10854	10952	10953	10941	10912	10959	10988	10914	10825	10772	10881
郑州市	14895	15273	15291	15427	15268	15067	15050	15230	15204	15017	15136	14925	15149
三四线城市													
宝鸡市	4551	4825	4823	4660	4866	4936	5004	5103	5041	5075	5040	5041	4914
保定市	11721	11971	11788	11572	11559	11576	11412	11589	11340	11272	11144	10824	11481
北海市	6616	6649	6419	6480	6379	6245	6579	6556	6628	6292	6601	6641	6507
常州市	13342	12376	12778	13041	13519	13696	13879	13978	13755	13610	14035	14208	13518
大同市	5098	5007	5045	5371	5485	5565	5878	5933	5977	5919	6314	6312	5659
东莞市	16512	15184	15616	17535	16681	17133	17717	18877	19028	18686	19629	19577	17681
佛山市		13331	13096	13352	13669	13738	13632	14608	13897	13744	13589	13701	13669
赣州市	9802	10002	10053	9809	9835	9952	10306	10376	10376	10279	10494	10753	10170
桂林市	7509	7438	7409	7448	7730	7411	7614	7759	7957	7781	8005	8046	7676
邯郸市	9598	9631	9724	9885	10074	10090	10155	10076	10274	10121	10076	10305	10001
衡水市	8071	8190	8210	8289	8196	8416	8359	8433	7954	7997	7919	8145	8182
湖州市	8548	8507	8766	8885	9136	8998	8952	9069	9397	9943	9565	9723	9124
淮安市	9166	8971	9462	9399	9357	9187	9101	9160	9254	9273	9439	9426	9266
惠州市	11422	11027	11413	11806	11577	11455	11465	11756	11523	11594	11631	11691	11530
吉林市	6208	6115	6294	6439	6399	6630	6712	6670	6717	6836	6332	6898	6563
济宁市	8297	8071	8278	8313	8496	8492	8462	8778	8698	8840	8785	8920	8536
嘉兴市	9019	8912	9004	9288	9433	9559	9602	9699	9843	9540	9712	9840	9454
江门市	8452	8063	7920	8185	8392	8329							8224
金华市	15854	15590	15668	15792	15762	16193	16082	16220	16335	16151	16267	16600	16043
廊坊市	12726	12982	13306	12859	12918	12859	12566	13206	12803	13216	13018	13145	12967
连云港市	9898	9583	9805	10333	10231	10454	10279	10482	10219	10231	10708	10742	10247
柳州市	8746	8956	8916	8961	9058	9081	9107	9097	9099	9173	9272	9297	9064
洛阳市	8967	8853	8830	8950	9077	9172	9168	9348	9677	9678	9686	9786	9266
马鞍山市	7799	8091	7650	7838	7955	8051	8178	7678	7044	7378	7183	7565	7701
绵阳市	8423	8462	8288	8606	8786	8855	8593	8655	8623	8514	8573	8424	8567
南充市		7311	7429	7593	7494	7436	7431	7592	7473	7531	7499	7262	7459
南通市	14115	13671	14155	13876	14344	14503	14753	15175	15670	15665	15614	16015	14796
秦皇岛市	8981	8924	9278	9390	9631	9876	9910	10023	10159	9719	10062	10089	9670
泉州市	12889	12288	13036	12802	12880	13231	13043	13171	13581	13599	13410	13204	13095

5-4 续表 2

单位：元 / 平方米

城市	1月	2月	3月	4月	5月	6月	7月	8月	9月	10月	11月	12月	统计
日照市	8469	8232	8725	8648	8916	9337	9502	9607	9523	9522	9795	9666	9162
汕头市	8957	9274	8973	9393	9230	9663	9197	10206	10209	10078	10319	10517	9658
绍兴市	13724	12479	13142	13988	13561	13249	14081	14169	14661	14962	15104	15442	14047
台州市	13608	15299	15263	15979	15739	15452	15417	14123	14619	14479	14863	14588	14952
泰安市		10359	10101	10134	10087	10193	10305	10553	10890	10734	11084	11337	10525
泰州市	10295	9944	10347	10238	10373	10588	10506	10670	10768	10778	10701	10554	10480
唐山市	9734	8980	9185	10012	10017	9869	10491	10750	10925	10988	11387	11436	10315
威海市	10276	10815	10619	10637	10732	10961	11048	10524	10995	10463	10218	10033	10610
芜湖市	10257	10015	10596	10531	10553	10247	10820	10709	11249	11470	11498	11342	10774
新乡市	7288	7392	7464	7503	7539	7625	7757	7619	7688	7742	7904	7686	7601
宿迁市	8168	7672	7755	7983	8208	8240	8238	8526	8460	8271	8616	8795	8244
徐州市	10939	10938	10861	11077	11023	11237	11246	11211	11220	11485	11691	11831	11230
烟台市	11324	11787	11498	11618	11849	11771	12151	12257	11568	11436	11362	11746	11697
盐城市	10892	10888	10606	10816	10469	11268	11095	11183	11314	11221	11555	11377	11057
扬州市	13701	13486	13538	13369	13288	13604	13764	13410	13737	13323	13760	14041	13585
宜昌市	9070	9089	9054	8718	8920	8758	8903	9069	8816	8830	8884	8745	8905
张家口市		9800	10274	9762	10792	9900	9848	10574	9851	10374	10229	11052	10223
镇江市	8357	8527	8620	8625	8637	7877	7607	8057	8199	9082	8309	8350	8354
中山市	12754	13200	11941	12671	12586	12471	12391	12340	12683	11755	12195	12312	12442
珠海市	19164	17744	18660	19373	19382	18619	20271	19191	18797	19608	19336	19783	19161

数据来源：中指数据库监测。

5-5　2019 年全国主要城市二手房月度供求成交金额统计

单位：亿元

城市	1月	2月	3月	4月	5月	6月	7月	8月	9月	10月	11月	12月	统计
一线城市													
北京市	517	299	776	690	642	592	661	567	579	402	556	593	6876
上海市	542	290	816	814	724	698	642	604	661	489	558	635	7474
广州市	131	104	125	140	193	256	235	174	247	185	245	257	2293
深圳市	188	95	206	306	297	257	286	301	296	315	379	456	3381
二线城市													
成都市	70	57	109	147	144	125	143	133	131	105	109	151	1426
重庆市	90	49	83	143	153	141	171	135	122	114	111	122	1432
大连市	48	31	69	87	72	77	68	56	50	45	52	56	712
福州市	45	31	58	72	58	56	57	45	45	37	47	51	602
贵阳市	12	8	15	19	4	15	14	12	10	9	10	9	137
哈尔滨市	41	18	51	59	56	47	69	55	55	43	54	47	595
海口市	10	4		11	11	8	7	12	12	9	12	11	106
杭州市	102	48	187	195	190	189	185	145	131	108	130	174	1784
合肥市	50	25	80	97	99	96	94	70	61	49	49	51	822
呼和浩特市	17	7	10	24	19	18	23	21	19	10	20	15	202
济南市	77	24	65	78	65	59	72	48	47	37	41	43	657
昆明市	20	10	18	37	32	34	44	39	44	37	39	36	392
兰州市	1	5	9	10	9	13	12	10	9	6	7	6	95
南昌市	10	6	23	29	29	27	29	15	15	12	12	12	220
南京市	123	59	109	191	181	185	183	149	175	147	172	187	1861
南宁市	29	14	26	28	23	30	49	37	30	37	37	37	376
宁波市	41	30	98	139	142	136	157	114	107	75	85	85	1209
青岛市	65	28	64	72	69	61	69	57	56	48	52	65	706
三亚市	3	2	3	3	2	5	2	1	1	1	2	3	29
厦门市	101	58	140	191	164	153	121	92	93	68	80	107	1368
沈阳市	54	25	83	91	98	88	82	74	80	58	66	68	866
石家庄市	24	14	31	40	37	30	32	26	26	21	25	27	333
苏州市	138	88	112	202	234	279	249	189	171	141	118	107	2028
太原市	14	7	14	18	17	17	20	18	19	14	15	13	185
天津市	169	108	202	257	207	214	185	149	167	125	145	161	2088
温州市	40	26	53	45	46	41	49	41	47	41	47	47	523
乌鲁木齐市	4	4	7	38	32	35	33	29	37	32	41	33	326
无锡市	32	13	42	61	71	82	83	69	76	58	56	60	703
武汉市	101	35	99	121	125	133	158	141	135	106	115	123	1390

5-5 续表 1

单位：亿元

城市	1月	2月	3月	4月	5月	6月	7月	8月	9月	10月	11月	12月	统计
西安市	40	23	48	63	54	68	65	56	51	39	52	49	607
西宁市	0	0	1	1	1	1	2	1	2	1	1	2	13
银川市	5	2	7	10	6	2	9	9	6	7	8	9	80
长春市	42	17	51	66	49	58	58	56	52	37	44	37	568
长沙市	12	5	12	18	16	17	21	19	18	18	20	19	194
郑州市	44	24	52	60	61	72	65	54	54	38	56	49	629
三四线城市													
宝鸡市	1	1	2	2	2	2	2	2	2	2	2	2	21
保定市	5	3	7	8	7	7	7	5	5	5	4	5	68
北海市	7	3	8	7	7	7	5	6	6	5	5	5	70
常州市	13	14	43	59	63	81	71	52	58	39	40	41	574
大同市	1	1	1	2	2	1	2	2	2	2	2	2	19
东莞市	11	3	9	16	22	23	29	27	27	24	26	31	246
佛山市		20	41	51	52	41	54	44	47	38	45	39	473
赣州市	5	2	5	7	7	7	8	6	6	5	6	4	69
桂林市	4	2	5	5	5	5	4	1	4	4	4	4	47
邯郸市	4	2	5	6	5	5	6	5	5	4	6	5	58
衡水市	1	1	4	3	4	3	3	3	3	2	3	3	33
湖州市	4	2	6	9	7	7	7	6	7	6	6	6	75
淮安市	10	7	14	19	16	14	17	15	18	12	17	19	179
惠州市	11	3	11	14	16	17	19	17	16	15	18	19	177
吉林市	8	4	15	13	9	12	11	11	12	9	9	8	122
济宁市	6	4	6	10	8	7	8	7	7	6	7	6	81
嘉兴市	8	5	15	19	18	18	19	14	16	11	11	13	167
江门市	5	2	5	5	6	6							29
金华市	8	4	15	19	18	15	19	8	13	11	11	14	155
廊坊市	4	2	5	5	5	4	5	4	3	3	4	3	47
连云港市	8	6	9	20	14	11	15	14	14	13	17	17	157
柳州市	4	2	7	7	7	6	7	6	7	4	7	5	70
洛阳市	12	6	14	15	17	16	19	17	12	11	12	11	163
马鞍山市	2	1	3	3	3	3	3	4	5	5	7	3	42
绵阳市	6	5	8	11	10	10	12	6	7	6	5	7	94
南充市		2	3	3	3	3	4	3	3	3	2	3	32
南通市	13	11	23	32	30	34	36	37	43	24	17	26	327
秦皇岛市	12	8	20	21	21	19	22	23	33	7	11	12	208
泉州市	5	5	8	9	10	9	11	9	10	9	11	11	106

5-5 续表 2

单位：亿元

城市	1月	2月	3月	4月	5月	6月	7月	8月	9月	10月	11月	12月	统计
日照市	5	3	6	9	7	4	5	4	4	7	7	6	66
汕头市	6	3	7	8	9	9	9	7	10	7	9	10	93
绍兴市	14	7	18	25	22	24	26	21	24	20	20	20	240
台州市	2	2	4	5	5	5	6	6	6	6	7	6	58
泰安市		2	5	9	8	8	9	7	8	7	7	6	77
泰州市	7	8	10	13	10	13	18	11	12	10	10	9	131
唐山市	12	10	13	24	20	21	20	21	18	19	19	21	219
威海市	7	6	12	16	17	16	25	8	9	7	7	8	137
芜湖市	5	5	10	12	13	12	12	10	10	9	9	9	115
新乡市	4	2	5	6	6	5	7	5	3	5	3	2	52
宿迁市	7	4	8	9	8	9	13	10	10	6	10	9	105
徐州市	12	8	15	19	17	15	20	18	11	16	17	16	185
烟台市	15	9	13	29	23	21	26	23	20	18	18	16	230
盐城市	7	7	11	15	12	13	12	10	13	9	12	11	133
扬州市	9	6	12	13	12	13	14	10	15	8	9	9	131
宜昌市	5	3	10	6	6	6	8	7	6	6	8	5	75
张家口市		1	2	2	2	1	2	2	2	1	2	1	17
镇江市	5	5	11	14	12	14	14	11	12	11	10	10	129
中山市	13	5	11	13	19	15	16	12	13	9	9	12	148
珠海市	33	17	48	54	29	43	49	53	53	39	38	43	499

数据来源：中指数据库监测。

5-6 2019年全国主要城市二手房月度供求套均面积统计

单位：平方米 / 套

城市	1月	2月	3月	4月	5月	6月	7月	8月	9月	10月	11月	12月	统计
一线城市													
北京市	87.72	86.37	85.53	88.70	88.73	89.12	89.92	90.09	89.50	90.48	88.65	89.09	88.66
上海市	78.23	75.77	76.20	78.81	78.71	78.62	79.11	78.91	79.18	77.74	78.53	80.97	78.40
广州市	93.08	96.36	97.78	96.07	95.18	101.38	97.74	95.65	95.61	98.34	92.33	92.07	95.97
深圳市	85.05	83.80	80.97	80.24	80.90	80.67	82.55	82.23	81.12	79.36	81.69	82.29	81.74
二线城市													
成都市	91.32	89.32	88.79	90.16	90.95	91.91	92.01	91.71	90.78	90.69	91.27	90.91	90.82
重庆市	85.39	84.78	83.12	84.88	86.30	86.49	85.82	85.92	85.78	85.09	85.71	86.69	85.50
大连市	77.65	78.26	76.70	77.35	77.86	78.73	76.82	76.90	77.35	76.67	75.39	75.50	77.10
福州市	94.20	93.47	93.68	94.63	95.44	95.50	96.46	96.37	96.86	91.30	92.44	92.81	94.43
贵阳市	103.68	101.30	100.34	101.17	99.83	100.74	97.46	103.91	100.61	103.72	103.23	103.99	101.67
哈尔滨市	82.21	78.56	79.08	80.26	79.45	79.47	81.40	82.46	81.67	82.24	81.85	83.76	81.03
海口市	101.82	95.05		91.54	95.76	102.63	99.64	90.15	89.78	91.18	94.87	97.16	95.42
杭州市	90.86	91.29	87.83	93.23	92.11	95.42	94.43	92.54	92.99	90.99	91.65	92.29	92.14
合肥市	94.03	92.60	89.07	91.53	97.33	104.49	94.23	92.54	93.22	92.45	91.87	93.16	93.88
呼和浩特市	90.10	85.71	86.53	87.18	87.49	89.71	89.10	87.76	87.54	88.99	87.88	91.37	88.28
济南市	98.35	73.51	73.06	75.68	73.49	77.45	90.01	94.78	92.57	92.44	92.61	93.39	85.61
昆明市	94.34	89.35	89.99	88.75	92.69	92.89	94.88	97.34	95.58	92.75	93.77	95.35	93.14
兰州市	88.80	83.29	80.79	81.37	79.59	87.88	84.44	81.93	80.58	82.99	84.08	86.60	83.53
南昌市	92.07	87.96	95.11	96.07	96.19	97.44	96.64	93.74	96.22	92.21	96.32	93.57	94.46
南京市	88.96	87.38	87.45	86.15	88.02	89.22	88.40	88.21	88.94	88.62	86.05	86.60	87.83
南宁市	93.22	97.63	95.14	95.20	94.38	93.15	93.36	93.43	91.74	94.19	94.07	92.61	94.01
宁波市	90.85	88.28	88.06	89.70	90.26	92.70	92.55	92.66	93.81	93.52	92.62	94.35	91.61
青岛市	85.92	86.88	84.01	86.73	86.64	88.87	89.17	89.00	89.07	88.71	89.48	89.24	87.81
三亚市	92.38	181.43	89.67	89.67	74.25	174.14	89.91	90.23	79.03	92.79	91.98	99.56	103.75
厦门市	96.14	97.88	96.76	96.05	98.22	99.35	103.50	98.92	103.07	102.65	101.51	101.01	99.59
沈阳市	74.10	73.44	73.13	72.47	73.95	74.71	74.48	74.55	76.31	74.86	73.13	74.33	74.12
石家庄市	90.21	88.03	87.90	88.74	90.35	90.90	90.21	92.39	90.29	88.76	89.76	89.26	89.73
苏州市	103.32	101.11	99.74	98.99	99.08	101.30	101.65	102.89	105.08	103.77	105.42	103.54	102.16
太原市	89.21	88.27	88.73	87.37	86.15	88.80	87.97	89.17	89.61	92.07	89.73	90.03	88.93
天津市	81.12	85.93	80.94	82.93	85.01	86.08	84.97	84.14	85.03	83.79	83.94	83.66	83.96
温州市	100.47	100.10	97.94	102.01	100.49	101.44	102.88	100.82	98.22	99.11	98.30	99.53	100.11
乌鲁木齐市	88.39	87.69	87.33	88.83	88.49	89.22	89.67	91.53	94.3	94.62	94.36	93.50	90.66
无锡市	94.72	90.42	90.74	91.77	93.36	95.11	96.35	96.73	95.07	96.31	94.84	95.35	94.23
武汉市	102.18	94.33	92.42	92.85	92.68	93.19	94.00	93.71	93.34	93.47	94.8	93.93	94.24

5-6　续表 1

单位：平方米 / 套

城市	1月	2月	3月	4月	5月	6月	7月	8月	9月	10月	11月	12月	统计
西安市	90.98	92.22	88.44	88.50	90.58	89.86	91.92	90.49	92.20	92.06	91.63	93.26	91.01
西宁市	108.18	105.72	95.72	92.72	97.03	103.49	100.02	97.47	98.98	97.66	97.57	99.30	99.49
银川市	102.70	98.00	101.26	102.12	100.48	99.37	100.58	101.63	99.32	102.13	99.00	99.84	100.54
长春市	83.94	82.33	80.78	81.97	82.03	82.55	82.22	83.35	82.03	81.95	80.94	82.54	82.22
长沙市	101.16	107.64	99.26	103.43	99.23	101.09	102.66	100.65	101.23	101.72	101.15	102.52	101.81
郑州市	91.62	91.12	91.25	91.93	91.07	91.72	93.27	92.41	90.86	90.85	91.44	90.73	91.52
三四线城市													
宝鸡市	93.38	93.51	94.24	92.18	93.82	93.12	93.33	92.84	92.97	89.54	95.12	93.31	93.11
保定市	87.58	85.05	89.40	85.28	88.49	89.45	87.25	90.11	90.41	89.80	96.65	94.4	89.49
北海市	91.26	97.68	93.46	99.26	101.75	104.56	104.52	97.62	97.09	96.17	94.27	92.37	97.50
常州市	102.12	101.81	97.67	97.82	98.10	98.00	99.42	100.22	100.78	99.38	100.24	102.61	99.85
大同市	94.02	95.58	91.64	94.87	90.80	91.41	93.44	94.37	94.04	95.85	94.05	93.77	93.65
东莞市	99.88	95.68	95.92	101.97	96.99	96.83	96.86	97.46	93.65	97.55	94.19	96.11	96.92
佛山市		108.73	106.72	108.11	107.28	106.14	107.80	106.39	105.98	107.44	107.23	106.49	107.12
赣州市	106.92	112.88	103.46	105.27	99.39	107.02	104.63	104.46	106.27	104.90	106.70	108.07	105.83
桂林市	94.01	91.50	92.34	93.50	92.89	96.67	86.91	88.14	97.15	97.30	96.01	96.28	93.56
邯郸市	86.05	83.36	88.76	89.73	87.90	92.07	91.28	91.67	91.04	86.98	90.09	91.89	89.24
衡水市	95.19	91.66	93.44	96.14	91.83	95.93	96.58	91.01	90.11	97.00	96.73	92.13	93.98
湖州市	99.29	94.19	82.95	90.85	89.49	94.11	93.02	93.86	91.02	91.15	94.02	92.83	92.23
淮安市	101.88	99.94	100.21	94.39	101.80	100.86	100.90	100.93	101.85	101.47	99.59	99.41	100.27
黄冈市	102.58	91.87	93.84	101.28	102.02	98.45	101.40	107.18	103.87	98.07	103.68	105.61	100.82
惠州市	105.87	102.57	105.78	106.73	105.55	107.29	107.21	107.86	102.42	101.96	104.68	107.43	105.45
吉林市	79.62	80.46	75.54	77.75	78.46	78.60	76.64	78.25	78.78	80.18	78.17	78.06	78.38
济宁市	99.76	97.11	96.07	96.49	97.17	97.10	98.89	99.16	99.26	97.09	98.32	97.06	97.79
嘉兴市	103.70	100.93	98.13	101.96	105.83	104.88	104.23	105.64	107.35	104.28	104.06	105.58	103.88
江门市	97.70	89.99	96.13	99.71	96.41	97.74							96.28
金华市	102.85	94.55	96.69	96.17	99.37	96.48	100.87	96.01	98.36	99.86	97.82	101.65	98.39
廊坊市	91.71	89.40	91.99	92.41	91.81	90.11	92.34	92.70	92.25	95.61	94.33	95.04	92.48
连云港市	104.56	105.28	105.32	103.17	105.27	105.26	103.01	103.77	105.40	105.60	105.18	106.17	104.83
柳州市	92.18	92.23	90.36	92.29	92.65	95.30	92.60	92.01	92.82	94.15	95.50	92.78	92.91
六安市	100.22	98.35	101.49	100.49	99.00	99.87	100.44	101.41	99.93	101.51	100.54	102.02	100.44
洛阳市	96.49	96.02	94.27	95.93	95.78	96.39	94.50	95.51	95.95	93.37	94.19	95.38	95.32
马鞍山市	94.37	90.21	87.52	89.80	90.62	91.35	89.56	90.45	89.05	87.63	88.95	89.23	89.90
绵阳市	98.97	100.41	96.30	98.79	97.17	97.23	99.06	98.20	96.73	97.58	99.07	97.29	98.07
南充市		95.43	95.95	95.92	97.82	94.99	96.92	96.28	96.79	97.09	95.25	96.54	96.27
南通市	93.04	94.51	92.31	92.90	94.91	96.91	95.76	94.91	93.82	92.32	92.37	95.42	94.10

5-6 续表 2

单位：平方米 / 套

城市	1 月	2 月	3 月	4 月	5 月	6 月	7 月	8 月	9 月	10 月	11 月	12 月	统计
秦皇岛市	82.38	80.81	81.73	81.23	83.18	83.92	85.59	85.67	86.25	83.43	84.76	83.65	83.55
泉州市	106.68	106.81	109.58	108.63	110.38	112.64	110.78	108.22	104.30	106.71	106.93	107.96	108.30
日照市	95.38	90.60	89.30	92.00	91.83	91.32	90.74	95.49	95.32	96.52	93.93	96.30	93.23
汕头市	107.75	103.78	101.63	105.21	106.67	108.44	108.09	114.82	114.05	112.46	116.98	110.30	109.18
绍兴市	91.56	97.00	95.30	106.14	100.00	103.01	104.03	105.27	102.62	103.02	106.51	105.22	101.64
台州市	109.26	109.62	104.90	103.22	105.86	102.95	110.93	105.81	106.85	102.92	108.37	106.76	106.45
泰安市		98.78	94.81	94.85	98.23	96.35	96.46	98.45	95.84	97.63	96.15	97.17	96.79
泰州市	106.73	112.60	102.07	131.92	106.68	103.51	115.56	103.25	103.62	102.54	103.01	100.99	107.71
唐山市	78.73	83.61	76.97	76.83	77.36	80.12	78.06	78.08	80.06	78.20	79.77	79.08	78.91
威海市	91.74	91.22	89.62	88.59	91.32	93.07	89.61	89.87	90.39	89.04	89.62	89.82	90.33
芜湖市	100.04	97.45	98.27	98.34	98.38	97.48	98.14	98.54	98.15	98.52	98.60	97.05	98.25
新乡市	88.22	83.89	79.84	79.15	87.48	88.07	90.37	90.52	83.83	85.09	89.34	84.74	85.88
宿迁市	99.20	101.79	103.24	102.59	103.64	103.41	100.09	102.84	102.47	100.36	99.54	104.49	101.97
徐州市	84.27	82.57	81.18	82.93	87.58	88.02	89.22	89.75	92.35	91.19	92.64	93.92	87.97
烟台市	85.47	84.67	78.85	83.30	83.30	83.41	82.37	85.48	86.26	85.62	86.55	88.51	84.48
盐城市	102.82	105.04	101.97	106.14	106.29	104.75	100.21	104.27	102.63	101.19	101.85	102.80	103.33
扬州市	87.96	83.67	84.19	85.28	86.33	88.45	89.89	89.22	128.11	88.88	87.00	87.11	90.51
宜昌市	97.70	98.46	96.64	99.49	96.03	99.17	99.91	102.48	99.81	98.49	98.26	99.84	98.86
张家口市		93.60	90.61	91.08	88.45	90.34	90.14	91.02	88.62	92.83	92.89	92.56	91.10
镇江市	92.63	93.40	93.07	93.08	92.46	94.37	94.25	96.00	96.73	97.81	93.21	94.01	94.25
中山市	110.57	112.22	107.38	108.93	108.23	106.81	107.56	103.69	110.27	105.69	101.41	106.15	107.41
珠海市	93.67	95.88	95.53	97.21	96.31	93.40	95.83	96.72	95.59	95.56	94.29	96.83	95.57

数据来源：中指数据库监测。

企业篇

第六章　中国上市房地产企业经营情况统计

6-1　2019 年沪深上市房企流动资产

单位：百万元人民币

企业全称	2019 年第一季度	2019 年第二季度	2019 年第三季度	2019 年第四季度
保利地产（600048）	823978	854545	896476	936922
北辰实业（601588）	84661	86157	90763	82851
北京城建（600266）	103557	105284	107392	106516
*ST 华业（600240）	3572	3538	3553	–
金隅集团（601992）	177027	177013	173580	174496
大龙地产（600159）	3772	3819	4031	4120
首开股份（600376）	258567	253639	254718	262260
万通地产（600246）	6947	7400	7366	7319
中迪投资（000609）	2800	2973	3474	3629
中关村（000931）	2192	2216	2294	2196
北汽蓝谷（600733）	33850	40552	46518	45959
财信发展（000838）	14122	14994	16390	17370
长春经开（600215）	2413	2360	2329	2742
大悦城（000031）	115764	117822	128212	133780
粤宏远 A（000573）	2054	2174	2050	1935
东旭蓝天（000040）	20724	20890	18879	16985
泛海控股（000046）	145079	144634	141905	137200
格力地产（600185）	24855	25164	25859	27380
冠城大通（600067）	18631	19075	19258	19207
光大嘉宝（600622）	12776	13277	14591	13040
光明地产（600708）	76104	78162	81158	83602
世荣兆业（002016）	6853	7669	7580	7752
广宇集团（002133）	10936	10031	10500	12092
粤泰股份（600393）	18776	18648	15937	14971
珠江实业（600684）	13129	12180	11091	19675
海航投资（000616）	4201	4189	4175	3095
海南高速（000886）	2263	2266	2234	2189
京粮控股（000505）	2795	3006	2967	3019
滨江集团（002244）	97152	98969	105124	119654
合肥城建（002208）	12700	14035	15324	15585
黑牡丹（600510）	23797	24977	25219	25081
福星股份（000926）	36579	38131	41207	40855
华丽家族（600503）	3997	4284	4468	3274
华联控股（000036）	8614	8555	9841	9762
华夏幸福（600340）	389639	414538	402369	418844
华远地产（600743）	47542	49354	51635	52824
嘉凯城（000918）	13547	13315	13136	13345

6-1 续表 1

单位：百万元人民币

企业全称	2019 年第一季度	2019 年第二季度	2019 年第三季度	2019 年第四季度
大港股份（002077）	3822	3887	3776	3590
凤凰股份（600716）	4970	4808	4325	5160
中南建设（000961）	216497	240644	239999	252435
金地集团（600383）	235049	255697	264138	270823
金科股份（000656）	229131	248232	266412	291229
金融街（000402）	100729	105012	107111	110574
京汉股份（000615）	11081	11316	11444	7845
京能置业（600791）	7541	7576	7388	12426
京投发展（600683）	35302	37163	38132	36865
九鼎投资（600053）	3741	3212	3103	2488
莱茵体育（000558）	816	699	724	919
鲁商发展（600223）	48589	53041	55616	54393
绿地控股（600606）	967905	887820	916718	1013213
绿景控股（000502）	147	146	146	141
美都能源（600175）	5362	5948	4646	4278
美好置业（000667）	18593	19762	19332	21106
南京高科（600064）	17551	17969	17601	16322
栖霞建设（600533）	14856	15325	18400	17677
宁波富达（600724）	4634	3791	3136	2825
荣安地产（000517）	26242	32751	37359	37316
荣丰控股（000668）	2258	2032	1931	2339
荣盛发展（002146）	213645	223830	226168	234530
三湘印象（000863）	10772	11039	11281	10875
沙河股份（000014）	1875	1817	1845	1852
ST 爱旭（600732）	271	213	2929	2329
城投控股（600649）	29595	30332	31016	30676
大名城（600094）	42559	41318	40069	36336
ST 岩石（600696）	361	272	399	361
华鑫股份（600621）	23540	21024	20571	21443
浦东金桥（600639）	5193	5670	7300	7860
上海临港（600848）	10824	18327	19732	23890
凌云 B 股（900957）	208	218	228	232
陆家嘴（600663）	41297	41992	46630	37605
上实发展（600748）	31672	31573	33217	33465
市北高新（600604）	10559	11801	9017	11174
外高桥（600648）	13333	14678	13763	17820
万业企业（600641）	6491	5374	5259	5534

6-1 续表 2

单位：百万元人民币

企业全称	2019 年第一季度	2019 年第二季度	2019 年第三季度	2019 年第四季度
新黄浦（600638）	10418	11094	10777	12198
亚通股份（600692）	1631	1583	1809	2078
张江高科（600895）	7528	8789	10010	13654
华侨城 A（000069）	277311	265964	292650	298283
深深房 A（000029）	4080	4324	4617	4167
皇庭国际（000056）	3225	2714	2509	1729
天健集团（000090）	28038	29682	34716	35349
深物业 A（000011）	7699	8065	9401	9458
深振业 A（000006）	10842	12342	12235	12476
中洲控股（000042）	39100	41823	39060	39494
香江控股（600162）	17597	18519	18236	18239
顺发恒业（000631）	9624	8878	7415	7365
蓝光发展（600466）	139721	159089	163579	183149
宋都股份（600077）	22854	29392	34685	34140
苏宁环球（000718）	16584	16248	15824	14846
苏州高新（600736）	33171	37036	35873	39362
泰禾集团（000732）	200766	192676	183655	177696
天地源（600665）	22713	22905	25552	27973
*ST 津滨（000897）	6652	6471	6924	6631
天房发展（600322）	28097	28112	28736	23172
天津松江（600225）	9648	9440	9423	8777
天保基建（000965）	8048	7667	7509	7446
万科 A（000002）	1292728	1300127	1358185	1438989
万泽股份（000534）	933	743	761	745
闻泰科技（600745）	12016	12382	16140	30823
卧龙地产（600173）	5502	6507	6496	6611
西藏城投（600773）	9700	10521	10985	11886
厦门国贸（600755）	79196	75810	78494	72044
紫光学大（000526）	1825	1495	1748	1457
ST 新光（002147）	8551	8162	8044	7960
新湖中宝（600208）	95987	96209	90878	93845
新华联（000620）	35448	34199	34402	31210
信达地产（600657）	92813	90398	87425	85477
雅戈尔（600177）	35753	37426	41329	39280
阳光城（000671）	243813	255258	275983	272499
阳光股份（000608）	1718	1349	1052	963
ST 银亿（000981）	16104	16035	15223	12047

6-1 续表 3

单位：百万元人民币

企业全称	2019 年第一季度	2019 年第二季度	2019 年第三季度	2019 年第四季度
云南城投（600239）	56157	58084	58674	57857
招商蛇口（001979）	370169	416795	440125	477249
浙江广厦（600052）	6489	2523	399	2627
中房股份（600890）	150	145	140	243
中国宝安（000009）	20065	19952	20240	19696
中国高科（600730）	2208	1366	1292	1289
葛洲坝（600068）	126901	135238	130159	134039
中国国贸（600007）	1312	1230	1589	1719
中国铁建（601186）	662195	712022	729344	755814
中国武夷（000797）	15054	15905	16398	18650
中航高科（600862）	5173	5998	6486	4338
中华企业（600675）	38165	37921	36706	39006
中交地产（000736）	39355	41200	44206	44576
中润资源（000506）	1046	1089	1145	1014
中体产业（600158）	3639	3435	3508	3179
中天金融（000540）	69888	66311	68065	73234
中珠医疗（600568）	3666	2999	2879	2181
迪马股份（600565）	58362	67736	69684	64350
渝开发（000514）	5327	5399	4914	5220
华发股份（600325）	181037	191440	203395	215933

数据来源：各企业公告。

6-2　2019 年香港上市房企流动资产（港币）

单位：百万元港币

企业全称	2019 年第二季度	2019 年第四季度
百仕达控股（01168）	3806	3673
保利置业集团（00119）	121989	131353
北大资源（00618）	137697	37386
长实集团（01113）	217529	190515
合生创展集团（00754）	115416	129547
恒基地产（00012）	132868	128750
恒隆地产（00101）	11110	11227
华润置地（01109）	574909	520095
会德丰（00020）	137697	144467
嘉华国际（00173）	37311	36177
嘉里建设（00683）	34159	30543
九龙仓集团（00004）	66050	73424
莱蒙国际（03688）	18213	16419
路劲（01098）	56342	64924
上实城市开发（00563）	42533	39907
上海证大（00755）	13079	13063
上置集团（01207）	8316	5845
深圳控股（00604）	61055	61565
太古地产（01972）	20745	20635
汤臣集团（00258）	11244	10521
天安（00028）	11956	13623
五矿地产（00230）	42892	43086
新鸿基地产（00016）	–	242415
新世界发展（00017）	–	150165
沿海家园（01124）	–	8025
中国海外发展（00688）	612540	560632
中国金茂（00817）	187885	171632
中信股份（00267）	3216897	3414031

数据来源：各企业公告。

6–3　2019年香港上市房企流动资产（人民币）

单位：百万元人民币

企业全称	2019年第二季度	2019年第四季度
SOHO中国（00410）	5238	5382
宝龙地产（01238）	84210	99618
碧桂园（02007）	1472179	1631517
大发地产（06111）	17873	22491
当代置业（01107）	44765	56718
德信中国（02019）	51625	59196
富力地产（02777）	306847	323718
合景泰富集团（01813）	126965	129745
恒盛地产（00845）	33590	30036
弘阳地产（01996）	69324	74298
花样年控股（01777）	73655	69720
佳源国际控股（02768）	39787	50175
佳兆业集团（01638）	180835	190587
建业地产（00832）	98291	123483
景瑞控股（01862）	43526	40531
朗诗地产（00106）	19491	17767
力高集团（01622）	39721	59503
龙光集团（03380）	150251	159224
龙湖集团（00960）	471099	495261
绿城中国（03900）	267077	300728
绿地香港（00337）	69176	88228
美的置业（03990）	202492	230310
明发集团（00846）	58751	55634
融创中国（01918）	663813	724680
融信中国（03301）	179003	191490
瑞安房地产（00272）	33290	34280
时代中国控股（01233）	125275	141256
世茂集团（00813）	320699	353926
首创置业（02868）	160827	155378
太阳城集团（01383）	752	949
天山发展控股（02118）	27889	27573
新城发展控股（01030）	346718	371266
新力控股集团（02103）	–	77864
旭辉控股集团（00884）	262749	280101
雅居乐集团（03383）	184250	190764
阳光100中国（02608）	43434	42692
银城国际控股（01902）	28443	30451

6-3　续表

单位：百万元人民币

企业全称	2019 年第二季度	2019 年第四季度
禹洲集团（01628）	114992	119797
远洋集团（03377）	178421	180355
越秀地产（00123）	168521	185053
正荣地产（06158）	138662	151518
中国奥园（03883）	213500	262458
中国恒大（03333）	1763817	1846814
中骏集团控股（01966）	76730	96744
中梁控股（02772）	188382	210131
众安集团（00672）	16555	18535

数据来源：各企业公告。

6-4 2019年沪深上市房企资产总计

单位：百万元人民币

企业全称	2019年第一季度	2019年第二季度	2019年第三季度	2019年第四季度
保利地产（600048）	901215	933097	975200	1033209
北辰实业（601588）	93393	95161	99755	93812
北京城建（600266）	112900	114812	117563	122519
*ST华业（600240）	12149	10716	9060	—
金隅集团（601992）	277083	277323	278950	282124
大龙地产（600159）	4095	4146	4360	4469
首开股份（600376）	295877	294408	295121	303368
万通地产（600246）	12771	12958	12898	12588
中迪投资（000609）	3035	3201	3708	4202
中关村（000931）	3498	3564	3659	3582
北汽蓝谷（600733）	45042	52010	58051	59136
财信发展（000838）	14426	15365	16694	17691
长春经开（600215）	2914	2866	2855	2845
大悦城（000031）	167691	170233	177063	183183
粤宏远A（000573）	3455	3523	3261	2933
东旭蓝天（000040）	33941	34983	33065	30874
泛海控股（000046）	183543	184123	182072	177872
格力地产（600185）	30974	31211	32061	32663
冠城大通（600067）	24384	25110	25351	25343
光大嘉宝（600622）	22034	23681	28182	28417
光明地产（600708）	77784	79822	82876	85832
世荣兆业（002016）	7596	8469	8463	8709
广宇集团（002133）	11860	11050	11539	13076
粤泰股份（600393）	20095	19950	17219	16441
珠江实业（600684）	17941	17074	15965	23710
海航投资（000616）	6116	6089	6078	6062
海南高速（000886）	3263	3254	3215	3258
京粮控股（000505）	4958	5174	5132	5231
滨江集团（002244）	104234	108470	115065	129625
合肥城建（002208）	12810	14159	15569	15831
黑牡丹（600510）	28501	29303	29588	30751
福星股份（000926）	47419	49090	52180	51078
华丽家族（600503）	7576	7873	8083	6568
华联控股（000036）	10871	10845	12146	12142
华夏幸福（600340）	432950	457067	445334	457812
华远地产（600743）	51899	56698	59138	58479
嘉凯城（000918）	19274	19295	19109	19025

6-4　续表 1

单位：百万元人民币

企业全称	2019 年第一季度	2019 年第二季度	2019 年第三季度	2019 年第四季度
大港股份（002077）	6980	7304	7101	5624
凤凰股份（600716）	8870	7723	6970	8703
中南建设（000961）	240087	268009	272971	290571
金地集团（600383）	286369	310846	321692	334816
金科股份（000656）	246922	272013	291230	321605
金融街（000402）	149966	153818	155646	161990
京汉股份（000615）	12565	13031	13363	10208
京能置业（600791）	8101	8186	8052	13252
京投发展（600683）	41005	42877	44339	46193
九鼎投资（600053）	6205	4598	4520	3892
莱茵体育（000558）	2687	2314	2351	2420
鲁商发展（600223）	50068	54564	57149	56019
绿地控股（600606）	1081023	1001806	1039864	1145707
绿景控股（000502）	255	254	252	247
美都能源（600175）	17387	16919	14819	14158
美好置业（000667）	24562	26164	25736	28235
南京高科（600064）	29652	30108	30396	29081
栖霞建设（600533）	17851	18437	21371	20596
宁波富达（600724）	6701	5828	5150	4802
荣安地产（000517）	28081	34594	39648	40013
荣丰控股（000668）	2790	2521	2557	2714
荣盛发展（002146）	229428	241657	244517	254595
三湘印象（000863）	12285	12980	13225	12827
沙河股份（000014）	2004	1946	1975	1972
ST 爱旭（600732）	600	537	7525	8166
城投控股（600649）	37766	38416	39246	39827
大名城（600094）	47672	46351	45311	41953
ST 岩石（600696）	531	406	490	452
华鑫股份（600621）	24725	22215	21767	22683
浦东金桥（600639）	20843	21248	22824	24605
上海临港（600848）	16300	29852	32866	37780
凌云 B 股（900957）	1007	1013	1017	1018
陆家嘴（600663）	82997	84113	87657	91440
上实发展（600748）	37549	37433	39132	39941
市北高新（600604）	16063	17316	16997	18213
外高桥（600648）	29252	30511	30009	34808
万业企业（600641）	7863	7175	7082	7286

6-4 续表 2

单位：百万元人民币

企业全称	2019 年第一季度	2019 年第二季度	2019 年第三季度	2019 年第四季度
新黄浦（600638）	13492	14178	13847	15126
亚通股份（600692）	2146	2093	2330	2574
张江高科（600895）	19000	20548	21846	25617
华侨城 A（000069）	342117	334603	364395	379620
深深房 A（000029）	4831	5070	5357	4910
皇庭国际（000056）	13189	13204	13075	12457
天健集团（000090）	31988	33841	39163	40313
深物业 A（000011）	8715	9120	10484	10772
深振业 A（000006）	14020	15566	15489	15745
中洲控股（000042）	44628	46495	43907	45142
香江控股（600162）	22721	23578	23333	23243
顺发恒业（000631）	10730	9932	8454	8351
蓝光发展（600466）	155129	175526	182718	201890
宋都股份（600077）	25715	32402	37724	37691
苏宁环球（000718）	19193	18854	18493	17978
苏州高新（600736）	40049	44062	43214	47284
泰禾集团（000732）	247278	238636	230590	225175
天地源（600665）	23629	23994	26527	28952
*ST 津滨（000897）	6852	6679	7135	6906
天房发展（600322）	30256	30175	30866	25577
天津松江（600225）	14275	14166	13746	12936
天保基建（000965）	9636	9296	9135	9117
万科 A（000002）	1551166	1577057	1638763	1729929
万泽股份（000534）	2175	2113	1999	2062
闻泰科技（600745）	28955	29536	34778	65132
卧龙地产（600173）	6516	7543	7559	7692
西藏城投（600773）	11648	12461	12909	13930
厦门国贸（600755）	94445	91779	95720	89473
紫光学大（000526）	3938	3618	3873	3596
ST 新光（002147）	14706	14360	14208	13739
新湖中宝（600208）	144481	146482	141546	144032
新华联（000620）	56327	54758	56948	53073
信达地产（600657）	103001	102866	101145	98605
雅戈尔（600177）	76306	75827	79028	80661
阳光城（000671）	271984	288688	310318	307552
阳光股份（000608）	6557	6199	5890	5782
ST 银亿（000981）	34982	35039	34398	25641

6–4　续表 3

单位：百万元人民币

企业全称	2019 年第一季度	2019 年第二季度	2019 年第三季度	2019 年第四季度
云南城投（600239）	85299	87901	88741	88881
招商蛇口（001979）	441599	502453	527987	617688
浙江广厦（600052）	7951	3986	490	4129
中房股份（600890）	269	262	255	320
中国宝安（000009）	30012	29981	30488	30210
中国高科（600730）	3168	2325	2250	2226
葛洲坝（600068）	217554	230441	231176	234463
中国国贸（600007）	11438	11326	11661	11802
中国铁建（601186）	940523	999748	1028426	1081239
中国武夷（000797）	16584	17426	17974	20273
中航高科（600862）	7643	8437	8885	6541
中华企业（600675）	50915	49923	48349	53855
中交地产（000736）	42221	45719	47446	47492
中润资源（000506）	2575	2592	2635	2622
中体产业（600158）	4406	4216	4292	3986
中天金融（000540）	113427	113526	117192	119834
中珠医疗（600568）	5666	5635	5542	4793
迪马股份（600565）	64161	74114	76697	72512
渝开发（000514）	6673	6736	6237	6502
华发股份（600325）	193993	205367	217256	234111

数据来源：各企业公告。

6–5 2019年香港上市房企总资产（港币）

单位：百万元港币

企业全称	2019年第二季度	2019年第四季度
百仕达控股（01168）	10692	10717
保利置业集团（00119）	151370	159284
北大资源（00618）	613964	38541
长实集团（01113）	476572	508057
合生创展集团（00754）	184824	204104
恒基地产（00012）	449138	455245
恒隆地产（00101）	191916	199980
华润置地（01109）	826546	762108
会德丰（00020）	613964	609413
嘉华国际（00173）	70613	74559
嘉里建设（00683）	174656	177884
九龙仓集团（00004）	236335	242218
莱蒙国际（03688）	26279	25016
路劲（01098）	84060	90683
上实城市开发（00563）	60887	60444
上海证大（00755）	18176	18153
上置集团（01207）	21162	15481
深圳控股（00604）	117742	125273
太古地产（01972）	335056	337864
汤臣集团（00258）	20959	19852
天安（00028）	39734	41050
五矿地产（00230）	48443	48961
新鸿基地产（00016）	–	751162
新世界发展（00017）	–	503285
沿海家园（01124）	–	8704
中国海外发展（00688）	784001	723896
中国金茂（00817）	338480	326149
中信股份（00267）	8006388	8289924

数据来源：各企业公告。

6-6　2019年香港上市房企总资产（人民币）

单位：百万元人民币

企业全称	2019年第二季度	2019年第四季度
SOHO中国（00410）	68898	69729
宝龙地产（01238）	142158	162497
碧桂园（02007）	1746730	1907152
大发地产（06111）	21170	27701
当代置业（01107）	57218	68537
德信中国（02019）	57921	67287
富力地产（02777）	405494	427326
合景泰富集团（01813）	202126	214323
恒盛地产（00845）	52166	52438
弘阳地产（01996）	86461	95397
花样年控股（01777）	95123	95600
佳源国际控股（02768）	47962	61736
佳兆业集团（01638）	259013	270902
建业地产（00832）	120927	143967
景瑞控股（01862）	54648	52363
朗诗地产（00106）	26931	25842
力高集团（01622）	42871	62609
龙光集团（03380）	191509	206010
龙湖集团（00960）	610009	652245
绿城中国（03900）	300173	337092
绿地香港（00337）	95006	99270
美的置业（03990）	213736	249714
明发集团（00846）	77141	75725
融创中国（01918）	870318	960649
融信中国（03301）	200981	214208
瑞安房地产（00272）	107266	108416
时代中国控股（01233）	145413	161098
世茂集团（00813）	415937	471454
首创置业（02868）	195351	185269
太阳城集团（01383）	4037	4119
天山发展控股（02118）	29998	29975
新城发展控股（01030）	428810	468242
新力控股集团（02103）	–	96224
旭辉控股集团（00884）	302041	322700
雅居乐集团（03383）	250562	273232
阳光100中国（02608）	58922	58396
银城国际控股（01902）	30854	34523

6-6 续表 单位：百万元人民币

企业全称	2019 年第二季度	2019 年第四季度
禹洲集团（01628）	143207	146435
远洋集团（03377）	255593	243699
越秀地产（00123）	208273	234697
正荣地产（06158）	155273	169219
中国奥园（03883）	232568	289880
中国恒大（03333）	2098540	2206577
中骏集团控股（01966）	129922	149382
中梁控股（02772）	197691	224520
众安集团（00672）	26928	30172

数据来源：各企业公告。

6-7　2019 年沪深上市房企流动负债

单位：百万元人民币

企业全称	2019 年第一季度	2019 年第二季度	2019 年第三季度	2019 年第四季度
保利地产（600048）	463583	515111	548740	599700
北辰实业（601588）	50222	50952	51391	50103
北京城建（600266）	37571	37179	38367	42581
*ST 华业（600240）	5799	6616	6782	–
金隅集团（601992）	119954	125546	121600	127706
大龙地产（600159）	1502	1651	1878	2042
首开股份（600376）	154624	146117	152230	147327
万通地产（600246）	2617	2669	2582	2035
中迪投资（000609）	969	1079	1317	1775
中关村（000931）	1285	1461	1411	1431
北汽蓝谷（600733）	23042	29209	30702	30600
财信发展（000838）	9107	10293	11229	12361
长春经开（600215）	333	303	289	269
大悦城（000031）	70092	77457	82868	84837
粤宏远 A（000573）	1053	1264	922	710
东旭蓝天（000040）	13031	14481	12671	12041
泛海控股（000046）	96811	95436	94169	102121
格力地产（600185）	5817	6725	7339	8720
冠城大通（600067）	9258	11088	11787	14223
光大嘉宝（600622）	6898	7996	9206	8752
光明地产（600708）	37442	36393	39474	45119
世荣兆业（002016）	3170	4610	4431	4846
广宇集团（002133）	6546	4849	5745	7369
粤泰股份（600393）	12155	12019	8911	8353
珠江实业（600684）	4560	3777	4295	10714
海航投资（000616）	550	583	593	605
海南高速（000886）	393	417	367	406
京粮控股（000505）	1917	2108	2016	2110
滨江集团（002244）	60344	68726	74233	85144
合肥城建（002208）	9666	11159	12146	11402
黑牡丹（600510）	15236	16604	15462	17584
福星股份（000926）	16530	19479	22844	24822
华丽家族（600503）	2803	3116	3402	2570
华联控股（000036）	3625	4076	4727	4548
华夏幸福（600340）	261416	272593	252767	265332
华远地产（600743）	24774	28670	29281	34398
嘉凯城（000918）	13119	12329	11022	12320

6-7 续表 1　　单位：百万元人民币

企业全称	2019 年第一季度	2019 年第二季度	2019 年第三季度	2019 年第四季度
大港股份（002077）	3333	3333	3100	2170
凤凰股份（600716）	1592	1410	700	1444
中南建设（000961）	173711	191774	194222	216417
金地集团（600383）	148761	168097	171050	188330
金科股份（000656）	143174	159342	172201	200965
金融街（000402）	40043	44041	51181	50140
京汉股份（000615）	7782	8236	9218	6198
京能置业（600791）	4037	2425	2374	2870
京投发展（600683）	7622	11887	12220	20587
九鼎投资（600053）	2461	2154	2056	865
莱茵体育（000558）	744	521	583	611
鲁商发展（600223）	40552	45622	48334	47480
绿地控股（600606）	759457	675064	707900	829776
绿景控股（000502）	35	35	35	37
美都能源（600175）	6563	5750	3935	4214
美好置业（000667）	12183	14330	13302	15244
南京高科（600064）	16181	16670	16678	15012
栖霞建设（600533）	7060	8283	10352	10562
宁波富达（600724）	1160	1033	1015	982
荣安地产（000517）	16776	22453	27832	28528
荣丰控股（000668）	1634	1368	1364	1388
荣盛发展（002146）	159085	168079	171746	177578
三湘印象（000863）	3054	3704	4216	4306
沙河股份（000014）	998	957	1041	976
ST 爱旭（600732）	119	55	3830	3665
城投控股（600649）	10746	9270	9022	9813
大名城（600094）	21887	23050	22964	21928
ST 岩石（600696）	184	60	201	172
华鑫股份（600621）	16783	14292	13156	13736
浦东金桥（600639）	5588	6032	6381	7025
上海临港（600848）	3887	11255	12150	10918
凌云 B 股（900957）	89	92	91	118
陆家嘴（600663）	34225	35651	36170	41235
上实发展（600748）	17412	17215	18848	20352
市北高新（600604）	2420	3151	2774	4617
外高桥（600648）	12379	12291	12900	17607
万业企业（600641）	1595	814	693	814

6-7　续表 2　　　　单位：百万元人民币

企业全称	2019 年第一季度	2019 年第二季度	2019 年第三季度	2019 年第四季度
新黄浦（600638）	4403	4745	5554	7390
亚通股份（600692）	1083	968	1096	1419
张江高科（600895）	4039	5038	6542	6221
华侨城 A（000069）	169311	166070	176064	200471
深深房 A（000029）	1536	1731	1914	1372
皇庭国际（000056）	2096	1855	2213	2106
天健集团（000090）	14628	16427	22705	22909
深物业 A（000011）	2871	3450	4843	5201
深振业 A（000006）	5578	6148	5661	5154
中洲控股（000042）	26400	31381	26422	24553
香江控股（600162）	12705	13277	14222	14429
顺发恒业（000631）	2485	1985	1641	1490
蓝光发展（600466）	85496	95984	101193	124601
宋都股份（600077）	16926	21016	26419	26118
苏宁环球（000718）	8321	8512	8226	7611
苏州高新（600736）	14984	15920	16791	19506
泰禾集团（000732）	125378	121965	119470	146166
天地源（600665）	10551	11175	11400	15715
*ST 津滨（000897）	5666	5498	5969	5602
天房发展（600322）	18841	16427	21107	15121
天津松江（600225）	10080	9352	9087	10520
天保基建（000965）	3210	2938	2841	2685
万科 A（000002）	1115029	1161742	1202299	1272610
万泽股份（000534）	660	596	447	609
闻泰科技（600745）	14635	16067	28451	31069
卧龙地产（600173）	3638	4657	4964	4915
西藏城投（600773）	2647	3186	3472	6034
厦门国贸（600755）	62413	60558	60872	54230
紫光学大（000526）	3850	3439	3724	3492
ST 新光（002147）	5879	5682	5672	5151
新湖中宝（600208）	50927	52528	49014	55007
新华联（000620）	27884	28172	28395	25984
信达地产（600657）	57051	54731	58525	52707
雅戈尔（600177）	32162	34917	38476	51571
阳光城（000671）	152089	162251	178801	176758
阳光股份（000608）	1519	1364	636	891
ST 银亿（000981）	17562	17058	18066	15946

6-7 续表 3

单位：百万元人民币

企业全称	2019 年第一季度	2019 年第二季度	2019 年第三季度	2019 年第四季度
云南城投（600239）	45725	48813	53738	58623
招商蛇口（001979）	234612	285383	297698	295008
浙江广厦（600052）	5521	428	201	392
中房股份（600890）	25	23	23	38
中国宝安（000009）	12090	11081	12826	12309
中国高科（600730）	106	93	71	79
葛洲坝（600068）	108729	111781	113731	112469
中国国贸（600007）	2091	2063	1649	1566
中国铁建（601186）	620848	659855	665412	688979
中国武夷（000797）	7551	8114	9793	12025
中航高科（600862）	3146	3586	4100	1848
中华企业（600675）	24192	20288	18244	21703
中交地产（000736）	24825	28318	26958	28290
中润资源（000506）	1337	1382	1360	1073
中体产业（600158）	2191	2026	2111	1727
中天金融（000540）	51409	39357	36323	42602
中珠医疗（600568）	811	845	802	726
迪马股份（600565）	44714	53363	54828	49997
渝开发（000514）	2708	2833	1965	1958
华发股份（600325）	103984	111711	115009	128894

数据来源：各企业公告。

6-8　2019年香港上市房企流动负债（港币）

单位：百万元港币

企业全称	2019年第二季度	2019年第四季度
百仕达控股（01168）	1342	1293
保利置业集团（00119）	75731	72778
北大资源（00618）	81570	37313
长实集团（01113）	56490	49758
合生创展集团（00754）	57242	65536
恒基地产（00012）	64395	59165
恒隆地产（00101）	9990	12437
华润置地（01109）	437952	391067
会德丰（00020）	81570	97422
嘉华国际（00173）	14965	15735
嘉里建设（00683）	24766	19835
九龙仓集团（00004）	43360	47232
莱蒙国际（03688）	9691	8901
路劲（01098）	42808	39096
上实城市开发（00563）	19721	21227
上海证大（00755）	10440	12687
上置集团（01207）	6300	4585
深圳控股（00604）	47650	51057
太古地产（01972）	13270	15473
汤臣集团（00258）	6136	5162
天安（00028）	7637	8709
五矿地产（00230）	25774	22971
新鸿基地产（00016）	–	65902
新世界发展（00017）	–	101257
沿海家园（01124）	–	3438
中国海外发展（00688）	264231	258248
中国金茂（00817）	170723	164782
中信股份（00267）	6194031	6374770

数据来源：各企业公告。

6-9 2019年香港上市房企流动负债（人民币）

单位：百万元人民币

企业全称	2019年第二季度	2019年第四季度
SOHO中国（00410）	7392	6848
宝龙地产（01238）	64670	76846
碧桂园（02007）	1312357	1398752
大发地产（06111）	13199	15852
当代置业（01107）	39703	50340
德信中国（02019）	40710	45902
富力地产（02777）	188460	204303
合景泰富集团（01813）	88713	109672
恒盛地产（00845）	42449	44380
弘阳地产（01996）	53165	56876
花样年控股（01777）	44262	46378
佳源国际控股（02768）	25291	35950
佳兆业集团（01638）	115305	123768
建业地产（00832）	89071	110297
景瑞控股（01862）	33059	32157
朗诗地产（00106）	13583	13389
力高集团（01622）	27201	47645
龙光集团（03380）	103669	119097
龙湖集团（00960）	311627	333920
绿城中国（03900）	159908	202365
绿地香港（00337）	68547	72713
美的置业（03990）	141868	171312
明发集团（00846）	55765	54555
融创中国（01918）	573906	620881
融信中国（03301）	115820	126407
瑞安房地产（00272）	25239	20896
时代中国控股（01233）	68315	88002
世茂集团（00813）	214273	257350
首创置业（02868）	73196	69263
太阳城集团（01383）	3782	4232
天山发展控股（02118）	23250	23882
新城发展控股（01030）	306201	358884
新力控股集团（02103）	–	66260
旭辉控股集团（00884）	162163	169756
雅居乐集团（03383）	125278	147668
阳光100中国（02608）	26163	28370
银城国际控股（01902）	21028	24068

6-9　续表　　　　单位：百万元人民币

企业全称	2019 年第二季度	2019 年第四季度
禹洲集团（01628）	76256	74851
远洋集团（03377）	110771	100381
越秀地产（00123）	90586	106918
正荣地产（06158）	94418	96446
中国奥园（03883）	150288	196847
中国恒大（03333）	1256675	1350035
中骏集团控股（01966）	69697	85049
中梁控股（02772）	173482	184018
众安集团（00672）	10294	13603

数据来源：各企业公告。

6-10 2019年沪深上市房企负债

单位：百万元人民币

企业全称	2019年第一季度	2019年第二季度	2019年第三季度	2019年第四季度
保利地产（600048）	711452	739680	776691	803687
北辰实业（601588）	75645	76377	79955	73744
北京城建（600266）	85721	87961	90073	94543
*ST华业（600240）	12049	13255	13913	–
金隅集团（601992）	197367	195704	196203	199592
大龙地产（600159）	1734	1821	2048	2072
首开股份（600376）	240847	239647	241313	245474
万通地产（600246）	5102	5137	5048	4387
中迪投资（000609）	1548	1747	2273	2661
中关村（000931）	1583	1751	1800	1725
北汽蓝谷（600733）	27734	34643	41052	41484
财信发展（000838）	11879	12872	14102	14876
长春经开（600215）	339	308	295	273
大悦城（000031）	129891	133813	139730	140642
粤宏远A（000573）	1667	1802	1458	1202
东旭蓝天（000040）	19351	20411	18512	17340
泛海控股（000046）	151339	151685	147968	144765
格力地产（600185）	22994	23237	24125	24799
冠城大通（600067）	15207	16410	16604	16336
光大嘉宝（600622）	13953	15135	18993	18939
光明地产（600708）	63619	65617	68224	70639
世荣兆业（002016）	4701	5654	5433	5547
广宇集团（002133）	8299	7250	7757	9277
粤泰股份（600393）	13618	13449	10274	10112
珠江实业（600684）	13841	12933	11849	19421
海航投资（000616）	1788	1749	1742	1697
海南高速（000886）	455	478	429	464
京粮控股（000505）	2090	2282	2195	2240
滨江集团（002244）	83517	88072	93638	107213
合肥城建（002208）	10633	11999	13429	13348
黑牡丹（600510）	19608	20179	19930	21242
福星股份（000926）	35116	36649	39795	38709
华丽家族（600503）	3725	4037	4273	2599
华联控股（000036）	5139	5591	6727	6496
华夏幸福（600340）	377852	402777	378278	384126
华远地产（600743）	43330	48226	50316	49232
嘉凯城（000918）	15856	16169	16053	15380

6-10　续表 1　　　　单位：百万元人民币

企业全称	2019 年第一季度	2019 年第二季度	2019 年第三季度	2019 年第四季度
大港股份（002077）	3791	4140	4011	2724
凤凰股份（600716）	2823	2397	1641	2625
中南建设（000961）	219827	244510	248139	263748
金地集团（600383）	218093	242020	245836	252447
金科股份（000656）	207218	228107	244194	269454
金融街（000402）	112283	116990	118998	123009
京汉股份（000615）	9522	10056	10474	7549
京能置业（600791）	4781	4796	4730	9217
京投发展（600683）	36072	38971	40447	42057
九鼎投资（600053）	2983	2506	2406	1210
莱茵体育（000558）	1372	1100	1151	1135
鲁商发展（600223）	47093	51529	53503	51324
绿地控股（600606）	966647	884564	918100	1014314
绿景控股（000502）	35	35	35	37
美都能源（600175）	7325	6707	4861	4906
美好置业（000667）	17104	18678	18237	20946
南京高科（600064）	17682	18134	18124	16483
栖霞建设（600533）	13846	14298	17242	16558
宁波富达（600724）	3595	2701	1879	1387
荣安地产（000517）	22636	29026	33896	33264
荣丰控股（000668）	1744	1463	1468	1613
荣盛发展（002146）	192082	203901	204633	209922
三湘印象（000863）	6376	7136	7438	7127
沙河股份（000014）	1061	1013	1060	1016
ST 爱旭（600732）	119	55	5536	5600
城投控股（600649）	17430	18200	18855	19333
大名城（600094）	34204	32734	31357	27679
ST 岩石（600696）	213	83	215	178
华鑫股份（600621）	18082	15597	15150	16094
浦东金桥（600639）	11068	11741	13227	14451
上海临港（600848）	8155	19814	21489	21495
凌云 B 股（900957）	548	550	550	541
陆家嘴（600663）	59220	60392	60255	62383
上实发展（600748）	25989	25624	27289	27895
市北高新（600604）	8715	10019	9643	10663
外高桥（600648）	17929	19412	18837	23941
万业企业（600641）	1708	932	814	1010

6-10 续表 2

单位：百万元人民币

企业全称	2019 年第一季度	2019 年第二季度	2019 年第三季度	2019 年第四季度
新黄浦（600638）	8661	9310	9183	10857
亚通股份（600692）	1273	1209	1440	1698
张江高科（600895）	9837	11409	12338	12516
华侨城 A（000069）	262725	256649	280188	284627
深深房 A（000029）	1544	1738	1921	1385
皇庭国际（000056）	7328	7301	7145	6902
天健集团（000090）	23098	25216	30331	30653
深物业 A（000011）	5116	5697	7090	7506
深振业 A（000006）	7390	9103	8780	8575
中洲控股（000042）	36771	38644	35840	37129
香江控股（600162）	17304	17955	17939	17569
顺发恒业（000631）	4034	3516	1968	1803
蓝光发展（600466）	127489	142728	146961	162770
宋都股份（600077）	21051	27911	32793	32167
苏宁环球（000718）	10355	10687	10386	9468
苏州高新（600736）	25681	29370	28510	32048
泰禾集团（000732）	209077	201875	194244	191137
天地源（600665）	19892	20372	22644	24933
*ST 津滨（000897）	5673	5505	5977	5610
天房发展（600322）	24831	24631	25347	20134
天津松江（600225）	12857	12939	12497	12253
天保基建（000965）	4437	4193	4037	3800
万科 A（000002）	1314977	1344589	1393911	1459350
万泽股份（000534）	1281	1118	960	1114
闻泰科技（600745）	18166	18594	30664	43710
卧龙地产（600173）	4044	5064	4978	4929
西藏城投（600773）	8321	9122	9550	10449
厦门国贸（600755）	68022	66013	69220	61981
紫光学大（000526）	3865	3453	3737	3505
ST 新光（002147）	6715	6417	6406	10759
新湖中宝（600208）	109332	110983	105441	108869
新华联（000620）	46360	45752	47758	43344
信达地产（600657）	82207	81949	80105	75845
雅戈尔（600177）	46949	47664	51829	52654
阳光城（000671）	227866	241274	261892	256653
阳光股份（000608）	2850	2629	2333	2268
ST 银亿（000981）	20255	20266	20858	18534

6-10　续表 3　　　　单位：百万元人民币

企业全称	2019 年第一季度	2019 年第二季度	2019 年第三季度	2019 年第四季度
云南城投（600239）	76716	79904	81009	83325
招商蛇口（001979）	326448	385492	399257	390318
浙江广厦（600052）	5525	432	215	524
中房股份（600890）	25	23	23	38
中国宝安（000009）	19709	19579	19880	19502
中国高科（600730）	1103	295	230	282
葛洲坝（600068）	161393	167662	171717	168232
中国国贸（600007）	4271	4238	4322	4229
中国铁建（601186）	730391	784229	806576	819218
中国武夷（000797）	10681	11572	11960	14337
中航高科（600862）	3678	4313	4842	2353
中华企业（600675）	33550	33477	31648	36980
中交地产（000736）	37814	41321	42816	41231
中润资源（000506）	1443	1488	1547	1528
中体产业（600158）	2436	2271	2353	1954
中天金融（000540）	92482	92720	96110	99078
中珠医疗（600568）	1418	1354	1297	899
迪马股份（600565）	51638	60802	63044	57462
渝开发（000514）	3191	3253	2760	2767
华发股份（600325）	160369	170090	180523	190816

数据来源：各企业公告。

6-11 2019年香港上市房企总负债（港币）

单位：百万元港币

企业全称	2019年第二季度	2019年第四季度
百仕达控股（01168）	2773	2831
保利置业集团（00119）	115505	124366
北大资源（00618）	211601	37438
长实集团（01113）	126379	146825
合生创展集团（00754）	114878	129088
恒基地产（00012）	129717	129852
恒隆地产（00101）	47673	52168
华润置地（01109）	610570	528635
会德丰（00020）	211601	215700
嘉华国际（00173）	31701	34441
嘉里建设（00683）	60788	62501
九龙仓集团（00004）	90271	95875
莱蒙国际（03688）	15848	15175
路劲（01098）	58878	62119
上实城市开发（00563）	37189	36662
上海证大（00755）	15920	16483
上置集团（01207）	12520	9995
深圳控股（00604）	72864	76901
太古地产（01972）	48342	48953
汤臣集团（00258）	8359	7280
天安（00028）	14185	15454
五矿地产（00230）	32719	32695
新鸿基地产（00016）	–	175343
新世界发展（00017）	–	227920
沿海家园（01124）	–	3604
中国海外发展（00688）	470939	434751
中国金茂（00817）	249571	240290
中信股份（00267）	7167580	7395433

数据来源：各企业公告。

6–12　2019年香港上市房企总负债（人民币）

单位：百万元人民币

企业全称	2019年第二季度	2019年第四季度
SOHO中国（00410）	32683	326[illegible]3
宝龙地产（01238）	108170	123590
碧桂园（02007）	1560395	1688544
大发地产（06111）	17648	22044
当代置业（01107）	49206	59933
德信中国（02019）	48297	56552
富力地产（02777）	334046	347527
合景泰富集团（01813）	166609	176080
恒盛地产（00845）	47216	46917
弘阳地产（01996）	71406	77351
花样年控股（01777）	75638	75008
佳源国际控股（02768）	37979	49898
佳兆业集团（01638）	214135	215196
建业地产（00832）	110087	131365
景瑞控股（01862）	45215	43256
朗诗地产（00106）	21801	19738
力高集团（01622）	35678	52975
龙光集团（03380）	150260	163016
龙湖集团（00960）	455398	485567
绿城中国（03900）	234730	267937
绿地香港（00337）	80694	82578
美的置业（03990）	186166	218576
明发集团（00846）	61148	59041
融创中国（01918）	790622	846555
融信中国（03301）	161199	172920
瑞安房地产（00272）	59240	59109
时代中国控股（01233）	111052	125394
世茂集团（00813）	304660	354750
首创置业（02868）	153236	143228
太阳城集团（01383）	5984	5824
天山发展控股（02118）	27633	27735
新城发展控股（01030）	379470	410427
新力控股集团（02103）	–	81328
旭辉控股集团（00884）	243846	255484
雅居乐集团（03383）	186601	207895
阳光100中国（02608）	48803	46647
银城国际控股（01902）	27562	30496

6-12 续表 单位：百万元人民币

企业全称	2019 年第二季度	2019 年第四季度
禹洲集团（01628）	120388	117708
远洋集团（03377）	190526	178088
越秀地产（00123）	155655	179505
正荣地产（06158）	126218	138159
中国奥园（03883）	197200	252884
中国恒大（03333）	1753247	1848040
中骏集团控股（01966）	104444	119096
中梁控股（02772）	188303	203648
众安集团（00672）	16560	19652

数据来源：各企业公告。

6-13　2019 年沪深上市房企营业收入

单位：百万元人民币

企业全称	2019 年第一季度	2019 年第二季度	2019 年第三季度	2019 年第四季度
保利地产（600048）	22578	71121	111794	235934
北辰实业（601588）	5043	8549	10072	20122
北京城建（600266）	1609	6265	10663	16432
*ST 华业（600240）	41	99	153	537
金隅集团（601992）	16011	44611	67364	91829
大龙地产（600159）	113	199	269	913
首开股份（600376）	8315	23245	29545	47645
万通地产（600246）	240	461	711	1103
中迪投资（000609）	13	19	22	548
中关村（000931）	447	1030	1549	2135
北汽蓝谷（600733）	3127	9919	17484	23589
财信发展（000838）	103	486	934	3394
长春经开（600215）	51	109	161	187
大悦城（000031）	8419	18271	22332	33787
粤宏远 A（000573）	153	222	745	913
东旭蓝天（000040）	2224	5233	6389	6806
泛海控股（000046）	697	1193	1711	3025
格力地产（600185）	1724	2669	3432	4193
冠城大通（600067）	1680	3717	5264	7787
光大嘉宝（600622）	1467	2327	3365	4821
光明地产（600708）	3176	7319	8523	13611
世荣兆业（002016）	592	1418	2165	2753
广宇集团（002133）	372	1886	3178	3835
粤泰股份（600393）	1004	1732	4340	4602
珠江实业（600684）	484	1270	2083	2948
海航投资（000616）	41	102	174	213
海南高速（000886）	66	104	139	174
京粮控股（000505）	1708	3283	5108	7440
滨江集团（002244）	1786	5266	9939	24955
合肥城建（002208）	805	914	980	2805
黑牡丹（600510）	1190	3297	6106	7777
福星股份（000926）	3503	5163	5716	9566
华丽家族（600503）	63	138	200	2346
华联控股（000036）	888	1656	2253	3169
华夏幸福（600340）	10292	38730	64318	105210
华远地产（600743）	583	1590	3159	7422
嘉凯城（000918）	415	800	1312	1652

6-13 续表 1 单位：百万元人民币

企业全称	2019 年第一季度	2019 年第二季度	2019 年第三季度	2019 年第四季度
大港股份（002077）	124	420	666	932
凤凰股份（600716）	544	842	990	1302
中南建设（000961）	8471	23321	40956	71831
金地集团（600383）	11018	22289	42265	63084
金科股份（000656）	6411	26105	43203	67773
金融街（000402）	3896	9518	13350	26184
京汉股份（000615）	817	1388	1733	3150
京能置业（600791）	101	748	811	1183
京投发展（600683）	882	1175	1301	4328
九鼎投资（600053）	298	430	572	2201
莱茵体育（000558）	24	54	83	138
鲁商发展（600223）	1388	4019	7008	10289
绿地控股（600606）	90385	201446	294021	427823
绿景控股（000502）	4	8	12	16
美都能源（600175）	878	1938	2752	3466
美好置业（000667）	109	910	1831	3525
南京高科（600064）	318	781	1215	2909
栖霞建设（600533）	328	1279	1682	2289
宁波富达（600724）	738	1570	2281	3145
荣安地产（000517）	1866	2062	2524	6663
荣丰控股（000668）	31	311	373	419
荣盛发展（002146）	6658	24361	38839	70912
三湘印象（000863）	1305	1463	1627	1988
沙河股份（000014）	7	83	91	438
ST 爱旭（600732）	4	6	4186	6069
城投控股（600649）	173	1823	2099	3644
大名城（600094）	1668	4397	7413	13043
ST 岩石（600696）	13	74	98	109
华鑫股份（600621）	36	72	110	147
浦东金桥（600639）	828	1427	1985	3352
上海临港（600848）	444	2659	3259	3950
凌云 B 股（900957）	26	52	80	105
陆家嘴（600663）	3854	8189	10481	14773
上实发展（600748）	1738	4350	5449	8866
市北高新（600604）	94	206	326	1090
外高桥（600648）	3258	4944	6804	8941
万业企业（600641）	467	1625	1758	1869

6-13 续表 2

单位：百万元人民币

企业全称	2019 年第一季度	2019 年第二季度	2019 年第三季度	2019 年第四季度
新黄浦（600638）	311	491	664	1276
亚通股份（600692）	161	406	583	860
张江高科（600895）	364	592	816	1477
华侨城 A（000069）	7920	17654	29861	60025
深深房 A（000029）	425	1251	1903	2549
皇庭国际（000056）	218	485	723	949
天健集团（000090）	1341	3924	6065	14665
深物业 A（000011）	386	755	1002	3962
深振业 A（000006）	413	954	1963	3731
中洲控股（000042）	1415	2390	3802	7213
香江控股（600162）	531	1954	2622	4927
顺发恒业（000631）	217	1036	1461	1649
蓝光发展（600466）	5767	14536	27881	39194
宋都股份（600077）	248	456	1231	4167
苏宁环球（000718）	638	1717	2531	3924
苏州高新（600736）	3087	5260	6637	9138
泰禾集团（000732）	7454	14506	21192	23748
天地源（600665）	1187	1759	2471	5591
*ST 津滨（000897）	32	95	161	1282
天房发展（600322）	2198	3076	3236	9564
天津松江（600225）	127	420	759	1183
天保基建（000965）	51	113	200	1216
万科 A（000002）	48375	139320	223915	367894
万泽股份（000534）	129	256	401	549
闻泰科技（600745）	4886	11434	21874	41578
卧龙地产（600173）	505	784	1256	1921
西藏城投（600773）	321	619	938	1344
厦门国贸（600755）	49757	107097	162960	218047
紫光学大（000526）	759	1690	2433	2992
ST 新光（002147）	403	1066	1338	1693
新湖中宝（600208）	1321	7275	11062	14810
新华联（000620）	897	3271	5625	11988
信达地产（600657）	1193	5430	8706	19478
雅戈尔（600177）	2578	4583	6868	12421
阳光城（000671）	6008	22511	32026	61049
阳光股份（000608）	55	108	164	243
ST 银亿（000981）	2419	3861	5236	7060

6-13 续表 3

单位：百万元人民币

企业全称	2019 年第一季度	2019 年第二季度	2019 年第三季度	2019 年第四季度
云南城投（600239）	870	1885	4852	6248
招商蛇口（001979）	4350	16687	25543	97672
浙江广厦（600052）	17	58	81	101
中房股份（600890）	0	0	0	127
中国宝安（000009）	2240	5892	8756	11949
中国高科（600730）	32	58	78	99
葛洲坝（600068）	21700	49799	72977	109946
中国国贸（600007）	856	1723	2602	3530
中国铁建（601186）	157089	352935	561357	830452
中国武夷（000797）	752	1733	2858	5226
中航高科（600862）	683	1447	2141	2473
中华企业（600675）	6773	9141	10453	13282
中交地产（000736）	962	1748	4592	14063
中润资源（000506）	72	160	258	515
中体产业（600158）	95	444	656	1524
中天金融（000540）	3451	7305	10070	12578
中珠医疗（600568）	107	230	379	696
迪马股份（600565）	1280	3551	6379	19697
渝开发（000514）	80	143	200	866
华发股份（600325）	6705	14224	19438	33149

数据来源：各企业公告。

6-14　2019年香港上市房企主营业务收入（港币）

单位：百万元港币

企业全称	2019年第二季度	2019年第四季度
百仕达控股（01168）	217	449
保利置业集团（00119）	17494	39944
北大资源（00618）	21713	24132
长实集团（01113）	26836	82382
合生创展集团（00754）	7222	18601
恒基地产（00012）	8129	24184
恒隆地产（00101）	4204	8852
华润置地（01109）	52121	147736
会德丰（00020）	21713	48519
嘉华国际（00173）	5124	10652
嘉里建设（00683）	11225	18025
九龙仓集团（00004）	8064	16874
莱蒙国际（03688）	281	719
路劲（01098）	6856	21495
上实城市开发（00563）	4603	8584
上海证大（00755）	994	1349
上置集团（01207）	534	651
深圳控股（00604）	4404	14919
太古地产（01972）	7510	14222
汤臣集团（00258）	474	916
天安（00028）	1006	2222
五矿地产（00230）	5601	11261
新鸿基地产（00016）	—	85302
新世界发展（00017）	—	76764
沿海家园（01124）	—	201
中国海外发展（00688）	93375	163651
中国金茂（00817）	16758	43356
中信股份（00267）	165233	344076

数据来源：各企业公告。

6-15 2019年香港上市房企主营业务收入（人民币）

单位：百万元人民币

企业全称	2019年第二季度	2019年第四季度
SOHO中国（00410）	889	1847
宝龙地产（01238）	12251	26042
碧桂园（02007）	202006	485908
大发地产（06111）	3974	7398
当代置业（01107）	7027	14552
德信中国（02019）	3518	9513
富力地产（02777）	35053	90814
合景泰富集团（01813）	10647	24956
恒盛地产（00845）	887	5807
弘阳地产（01996）	3908	15170
花样年控股（01777）	8577	19082
佳源国际控股（02768）	5304	16070
佳兆业集团（01638）	20106	48022
建业地产（00832）	9068	30767
景瑞控股（01862）	2186	13285
朗诗地产（00106）	2091	8559
力高集团（01622）	1787	8602
龙光集团（03380）	27022	57480
龙湖集团（00960）	38570	151026
绿城中国（03900）	18658	61593
绿地香港（00337）	5802	17662
美的置业（03990）	14195	41139
明发集团（00846）	4119	12661
融创中国（01918）	76838	169316
融信中国（03301）	26616	51463
瑞安房地产（00272）	7902	10392
时代中国控股（01233）	15943	42433
世茂集团（00813）	56564	111517
首创置业（02868）	9444	18749
太阳城集团（01383）	307	612
天山发展控股（02118）	1354	4991
新城发展控股（01030）	17552	86851
新力控股集团（02103）	—	26985
旭辉控股集团（00884）	20063	54766
雅居乐集团（03383）	27114	60239
阳光100中国（02608）	3595	8289
银城国际控股（01902）	3739	9092

6-15　续表

单位：百万元人民币

企业全称	2019 年第二季度	2019 年第四季度
禹洲集团（01628）	11637	23241
远洋集团（03377）	16474	50926
越秀地产（00123）	21788	38339
正荣地产（06158）	13648	32558
中国奥园（03883）	23670	50531
中国恒大（03333）	226976	477561
中骏集团控股（01966）	10423	21370
中梁控股（02772）	20557	56640
众安集团（00672）	3418	6205

数据来源：各企业公告。

6-16 2019年沪深上市房企利润总额

单位：百万元人民币

企业全称	2019年第一季度	2019年第二季度	2019年第三季度	2019年第四季度
保利地产（600048）	4508	17163	23269	50531
北辰实业（601588）	1220	1950	2044	2763
北京城建（600266）	1589	1782	2315	2723
*ST华业（600240）	-93	-2737	-5052	—
金隅集团（601992）	666	5265	7169	7934
大龙地产（600159）	26	31	15	129
首开股份（600376）	1723	5785	6364	8430
万通地产（600246）	10	269	316	671
中迪投资（000609）	-30	-69	-93	52
中关村（000931）	28	99	147	166
北汽蓝谷（600733）	25	100	-302	-156
财信发展（000838）	-25	-43	21	113
长春经开（600215）	64	81	91	109
大悦城（000031）	2535	4612	5642	6005
粤宏远A（000573）	76	41	164	80
东旭蓝天（000040）	29	101	94	-898
泛海控股（000046）	2840	2405	3421	2405
格力地产（600185）	309	543	672	708
冠城大通（600067）	185	431	529	917
光大嘉宝（600622）	204	370	449	683
光明地产（600708）	543	1136	1170	1413
世荣兆业（002016）	274	720	1006	1189
广宇集团（002133）	-9	388	520	556
粤泰股份（600393）	93	115	486	219
珠江实业（600684）	96	157	173	401
海航投资（000616）	-13	0	-6	30
海南高速（000886）	36	60	75	86
京粮控股（000505）	38	87	149	260
滨江集团（002244）	662	1143	2442	5403
合肥城建（002208）	251	266	243	828
黑牡丹（600510）	156	719	1556	1722
福星股份（000926）	328	673	713	1051
华丽家族（600503）	-11	-12	-38	291
华联控股（000036）	383	675	899	1221
华夏幸福（600340）	4205	12020	14042	22257
华远地产（600743）	-16	142	318	1001
嘉凯城（000918）	-94	-372	-422	122

6-16 续表 1 单位：百万元人民币

企业全称	2019 年第一季度	2019 年第二季度	2019 年第三季度	2019 年第四季度
大港股份（002077）	-136	-236	-289	-496
凤凰股份（600716）	40	60	72	131
中南建设（000961）	768	2213	3381	6155
金地集团（600383）	2515	6435	10558	19509
金科股份（000656）	327	4063	6148	8335
金融街（000402）	956	1967	2517	5717
京汉股份（000615）	120	102	20	247
京能置业（600791）	15	72	83	87
京投发展（600683）	301	338	208	674
九鼎投资（600053）	246	242	253	998
莱茵体育（000558）	-33	-44	-57	29
鲁商发展（600223）	112	197	349	569
绿地控股（600606）	8188	16551	22278	30593
绿景控股（000502）	0	-1	-2	-10
美都能源（600175）	-136	-228	-292	-1133
美好置业（000667）	-113	90	154	24
南京高科（600064）	1011	1309	1619	2055
栖霞建设（600533）	245	516	615	434
宁波富达（600724）	228	467	651	839
荣安地产（000517）	771	679	687	2137
荣丰控股（000668）	12	96	99	94
荣盛发展（002146）	881	3846	6497	13051
三湘印象（000863）	507	509	450	345
沙河股份（000014）	-9	-5	-15	43
ST 爱旭（600732）	-7	-5	554	653
城投控股（600649）	376	517	665	838
大名城（600094）	235	661	941	1318
ST 岩石（600696）	5	11	18	16
华鑫股份（600621）	66	53	69	31
浦东金桥（600639）	303	587	795	1436
上海临港（600848）	112	1108	1588	1805
凌云 B 股（900957）	8	11	16	27
陆家嘴（600663）	1368	3407	4283	6341
上实发展（600748）	287	647	845	1344
市北高新（600604）	23	42	113	378
外高桥（600648）	804	967	1069	1251
万业企业（600641）	281	712	782	781

6-16 续表 2 单位：百万元人民币

企业全称	2019 年第一季度	2019 年第二季度	2019 年第三季度	2019 年第四季度
新黄浦（600638）	57	110	78	–498
亚通股份（600692）	14	31	41	63
张江高科（600895）	201	358	584	803
华侨城 A（000069）	1736	4095	8924	19219
深深房 A（000029）	108	446	590	732
皇庭国际（000056）	74	145	190	129
天健集团（000090）	97	397	455	1801
深物业 A（000011）	105	127	107	1005
深振业 A（000006）	134	259	591	1103
中洲控股（000042）	316	235	1228	1279
香江控股（600162）	22	336	351	793
顺发恒业（000631）	242	577	710	809
蓝光发展（600466）	711	2047	3760	5590
宋都股份（600077）	–7	–79	–37	837
苏宁环球（000718）	253	844	1120	1663
苏州高新（600736）	452	720	912	902
泰禾集团（000732）	1321	2131	3136	771
天地源（600665）	205	227	327	714
*ST 津滨（000897）	–20	–24	–39	267
天房发展（600322）	228	400	376	549
天津松江（600225）	–96	–324	–318	–737
天保基建（000965）	–18	–16	–19	272
万科 A（000002）	5872	27726	41825	76539
万泽股份（000534）	14	36	86	75
闻泰科技（600745）	95	280	677	1473
卧龙地产（600173）	195	289	414	655
西藏城投（600773）	44	88	125	169
厦门国贸（600755）	1236	2019	2693	3373
紫光学大（000526）	11	131	104	43
ST 新光（002147）	–98	–131	–310	–5056
新湖中宝（600208）	792	2101	3046	2756
新华联（000620）	9	149	253	1398
信达地产（600657）	82	839	1100	3621
雅戈尔（600177）	904	2269	3390	4501
阳光城（000671）	537	2556	3983	6771
阳光股份（000608）	–8	6	2	–36
ST 银亿（000981）	77	–270	–823	–7229

6-16 续表 3

单位：百万元人民币

企业全称	2019 年第一季度	2019 年第二季度	2019 年第三季度	2019 年第四季度
云南城投（600239）	-511	-975	-1360	-3234
招商蛇口（001979）	3630	7079	7746	26124
浙江广厦（600052）	-25	1265	1303	1424
中房股份（600890）	-9	-15	-22	46
中国宝安（000009）	260	561	879	1164
中国高科（600730）	22	13	10	-62
葛洲坝（600068）	1447	3853	5472	8788
中国国贸（600007）	327	651	985	1301
中国铁建（601186）	5596	12910	20418	28027
中国武夷（000797）	66	121	256	611
中航高科（600862）	159	345	456	667
中华企业（600675）	2333	2960	3307	3951
中交地产（000736）	204	296	499	1791
中润资源（000506）	22	-10	-28	-30
中体产业（600158）	-9	34	35	168
中天金融（000540）	1196	1309	1605	1322
中珠医疗（600568）	-2	29	-10	-375
迪马股份（600565）	161	485	707	2784
渝开发（000514）	21	16	8	349
华发股份（600325）	1016	2224	2964	4396

数据来源：各企业公告。

6-17 2019年香港上市房企除税前利润（港币）

单位：百万元港币

企业全称	2019年第二季度	2019年第四季度
百仕达控股（01168）	-61	-210
保利置业集团（00119）	5802	8690
北大资源（00618）	14696	267
长实集团（01113）	18292	37510
合生创展集团（00754）	4120	14762
恒基地产（00012）	8497	19086
恒隆地产（00101）	4468	14809
华润置地（01109）	25597	60994
会德丰（00020）	14696	18102
嘉华国际（00173）	2087	5299
嘉里建设（00683）	5535	10036
九龙仓集团（00004）	3902	6470
莱蒙国际（03688）	-91	-444
路劲（01098）	2275	6760
上实城市开发（00563）	1627	2745
上海证大（00755）	-519	-1082
上置集团（01207）	-213	-2236
深圳控股（00604）	1050	6685
太古地产（01972）	10142	15328
汤臣集团（00258）	188	391
天安（00028）	1001	1704
五矿地产（00230）	1853	2260
新鸿基地产（00016）	—	54483
新世界发展（00017）	—	29129
沿海家园（01124）	—	20
中国海外发展（00688）	38388	64952
中国金茂（00817）	7348	12824
中信股份（00267）	57194	96015

数据来源：各企业公告。

6-18　2019 年香港上市房企除税前利润（人民币）

单位：百万元人民币

企业全称	2019 年第二季度	2019 年第四季度
SOHO 中国（00410）	865	1919
宝龙地产（01238）	4301	9856
碧桂园（02007）	39488	98939
大发地产（06111）	599	951
当代置业（01107）	1424	2670
德信中国（02019）	1566	2981
富力地产（02777）	7414	18226
合景泰富集团（01813）	8307	13619
恒盛地产（00845）	–1375	–573
弘阳地产（01996）	1043	2735
花样年控股（01777）	1262	3783
佳源国际控股（02768）	1875	4790
佳兆业集团（01638）	5292	9468
建业地产（00832）	1563	5116
景瑞控股（01862）	394	2150
朗诗地产（00106）	578	2082
力高集团（01622）	868	2641
龙光集团（03380）	9357	17452
龙湖集团（00960）	13070	45961
绿城中国（03900）	5087	9953
绿地香港（00337）	1724	5598
美的置业（03990）	3438	8381
明发集团（00846）	923	2702
融创中国（01918）	18717	42546
融信中国（03301）	5964	10661
瑞安房地产（00272）	2558	3855
时代中国控股（01233）	3690	10339
世茂集团（00813）	14024	29015
首创置业（02868）	2178	3570
太阳城集团（01383）	–1262	–1495
天山发展控股（02118）	18	282
新城发展控股（01030）	4567	21625
新力控股集团（02103）	—	6264
旭辉控股集团（00884）	6410	13556
雅居乐集团（03383）	10201	16596
阳光 100 中国（02608）	1103	4018
银城国际控股（01902）	239	940

6-18 续表 单位：百万元人民币

企业全称	2019 年第二季度	2019 年第四季度
禹洲集团（01628）	3295	6605
远洋集团（03377）	4496	10416
越秀地产（00123）	6234	11413
正荣地产（06158）	1965	5032
中国奥园（03883）	5434	10589
中国恒大（03333）	50956	74172
中骏集团控股（01966）	3242	5854
中梁控股（02772）	3193	9898
众安集团（00672）	1233	1921

数据来源：各企业公告。

6-19　2019年沪深上市房企净利润

单位：百万元人民币

企业全称	2019年第一季度	2019年第二季度	2019年第三季度	2019年第四季度
保利地产（600048）	3343	12964	17554	37554
北辰实业（601588）	904	1446	1502	1844
北京城建（600266）	1190	1333	1962	2222
*ST华业（600240）	–96	–2735	–5049	–
金隅集团（601992）	387	3965	5314	5178
大龙地产（600159）	16	21	8	95
首开股份（600376）	1221	4170	4639	5636
万通地产（600246）	–8	239	265	617
中迪投资（000609）	–28	–61	–81	26
中关村（000931）	22	82	128	126
北汽蓝谷（600733）	31	90	–277	4
财信发展（000838）	–25	–47	–1	85
长春经开（600215）	49	61	67	77
大悦城（000031）	1805	2988	3749	3705
粤宏远A（000573）	76	44	131	55
东旭蓝天（000040）	17	92	73	–957
泛海控股（000046）	2224	1894	2754	1426
格力地产（600185）	230	409	503	526
冠城大通（600067）	94	258	294	535
光大嘉宝（600622）	130	217	311	439
光明地产（600708）	464	727	732	856
世荣兆业（002016）	210	535	749	881
广宇集团（002133）	–6	291	387	422
粤泰股份（600393）	75	72	346	65
珠江实业（600684）	67	108	114	267
海航投资（000616）	–13	0	–6	30
海南高速（000886）	27	45	55	62
京粮控股（000505）	29	65	111	179
滨江集团（002244）	564	908	1837	3973
合肥城建（002208）	180	195	175	518
黑牡丹（600510）	99	513	1149	1282
福星股份（000926）	224	477	463	673
华丽家族（600503）	–15	–23	–50	124
华联控股（000036）	292	499	664	891
华夏幸福（600340）	3027	8578	9888	14685
华远地产（600743）	–2	155	273	710
嘉凯城（000918）	–106	–399	–460	44

6-19 续表 1

单位：百万元人民币

企业全称	2019 年第一季度	2019 年第二季度	2019 年第三季度	2019 年第四季度
大港股份（002077）	-120	-207	-284	-472
凤凰股份（600716）	27	31	41	87
中南建设（000961）	525	1449	2336	4623
金地集团（600383）	1834	5129	8240	15465
金科股份（000656）	225	3167	4662	6357
金融街（000402）	689	1394	1822	4121
京汉股份（000615）	74	72	7	124
京能置业（600791）	7	40	44	33
京投发展（600683）	200	281	163	460
九鼎投资（600053）	224	217	225	792
莱茵体育（000558）	-34	-46	-62	24
鲁商发展（600223）	52	122	209	394
绿地控股（600606）	5768	11338	15694	20950
绿景控股（000502）	0	-1	-2	-10
美都能源（600175）	-89	-197	-281	-1011
美好置业（000667）	-166	7	40	-137
南京高科（600064）	853	1184	1503	1875
栖霞建设（600533）	217	423	496	301
宁波富达（600724）	192	379	523	667
荣安地产（000517）	577	540	574	1756
荣丰控股（000668）	12	73	75	42
荣盛发展（002146）	715	2883	4832	9587
三湘印象（000863）	366	354	296	211
沙河股份（000014）	-7	-4	-12	32
ST 爱旭（600732）	-7	-6	498	585
城投控股（600649）	310	404	525	638
大名城（600094）	183	474	701	998
ST 岩石（600696）	3	8	13	12
华鑫股份（600621）	47	34	41	15
浦东金桥（600639）	226	443	590	1081
上海临港（600848）	75	825	1300	1481
凌云 B 股（900957）	7	11	16	25
陆家嘴（600663）	1007	2631	3311	4968
上实发展（600748）	215	525	558	914
市北高新（600604）	12	12	70	268
外高桥（600648）	601	719	788	921
万业企业（600641）	209	527	580	574

6-19　续表 2　　单位：百万元人民币

企业全称	2019 年第一季度	2019 年第二季度	2019 年第三季度	2019 年第四季度
新黄浦（600638）	41	88	55	–542
亚通股份（600692）	8	20	27	45
张江高科（600895）	163	274	466	531
华侨城 A（000069）	1249	2916	6823	14342
深深房 A（000029）	84	333	440	541
皇庭国际（000056）	60	117	153	76
天健集团（000090）	64	233	242	1234
深物业 A（000011）	74	75	46	742
深振业 A（000006）	116	212	462	843
中洲控股（000042）	202	123	795	674
香江控股（600162）	7	206	233	469
顺发恒业（000631）	224	482	579	646
蓝光发展（600466）	542	1509	2590	4159
宋都股份（600077）	–12	–73	–69	586
苏宁环球（000718）	181	617	799	1209
苏州高新（600736）	285	445	553	536
泰禾集团（000732）	997	1566	2297	1012
天地源（600665）	153	165	242	412
*ST 津滨（000897）	–19	–25	–40	163
天房发展（600322）	162	281	257	185
天津松江（600225）	–99	–291	–269	–945
天保基建（000965）	–20	–25	–30	190
万科 A（000002）	3206	19286	28590	55132
万泽股份（000534）	7	20	64	52
闻泰科技（600745）	89	222	518	1379
卧龙地产（600173）	151	225	327	511
西藏城投（600773）	25	50	69	107
厦门国贸（600755）	929	1510	2055	2457
紫光学大（000526）	1	93	62	12
ST 新光（002147）	–76	–123	–273	–5095
新湖中宝（600208）	802	1706	2436	2112
新华联（000620）	–5	107	159	894
信达地产（600657）	14	513	686	2556
雅戈尔（600177）	755	2032	3075	3952
阳光城（000671）	300	1540	2515	4321
阳光股份（000608）	–16	–9	–20	–65
ST 银亿（000981）	67	–162	–604	–6990

6–19 续表 3 单位：百万元人民币

企业全称	2019 年第一季度	2019 年第二季度	2019 年第三季度	2019 年第四季度
云南城投（600239）	–418	–901	–1236	–3482
招商蛇口（001979）	2666	5404	5831	18857
浙江广厦（600052）	–25	1169	1203	1225
中房股份（600890）	–9	–15	–22	28
中国宝安（000009）	186	381	574	712
中国高科（600730）	17	7	5	–71
葛洲坝（600068）	1090	2934	4345	6564
中国国贸（600007）	245	488	740	973
中国铁建（601186）	4367	10316	16384	22624
中国武夷（000797）	45	82	179	386
中航高科（600862）	122	272	364	564
中华企业（600675）	1725	2154	2410	2880
中交地产（000736）	154	209	356	1122
中润资源（000506）	22	–15	–32	–32
中体产业（600158）	–9	19	18	115
中天金融（000540）	977	1180	1467	1151
中珠医疗（600568）	–6	22	–19	–363
迪马股份（600565）	117	438	600	2185
渝开发（000514）	18	20	15	272
华发股份（600325）	751	1655	2177	3316

数据来源：各企业公告。

6-20　2019年香港上市房企净利润（港币）

单位：百万元港币

企业全称	2019年第二季度	2019年第四季度
百仕达控股（01168）	-112	-317
保利置业集团（00119）	3738	3833
北大资源（00618）	8327	-2422
长实集团（01113）	15128	29134
合生创展集团（00754）	2655	9486
恒基地产（00012）	7515	16994
恒隆地产（00101）	3516	6172
华润置地（01109）	14467	28672
会德丰（00020）	8327	9173
嘉华国际（00173）	1526	3150
嘉里建设（00683）	3595	6897
九龙仓集团（00004）	2450	3386
莱蒙国际（03688）	-168	-583
路劲（01098）	868	3028
上实城市开发（00563）	311	600
上海证大（00755）	-470	-1058
上置集团（01207）	-226	-2257
深圳控股（00604）	447	4063
太古地产（01972）	8973	13423
汤臣集团（00258）	60	173
天安（00028）	853	1346
五矿地产（00230）	814	943
新鸿基地产（00016）	—	44912
新世界发展（00017）	—	18160
沿海家园（01124）	—	132
中国海外发展（00688）	24942	41618
中国金茂（00817）	4202	6452
中信股份（00267）	33518	53903

数据来源：各企业公告。

6–21 2019年香港上市房企净利润（人民币）

单位：百万元人民币

企业全称	2019年第二季度	2019年第四季度
SOHO中国（00410）	565	1331
宝龙地产（01238）	1803	4041
碧桂园（02007）	15635	39550
大发地产（06111）	315	516
当代置业（01107）	459	731
德信中国（02019）	996	1557
富力地产（02777）	4028	9672
合景泰富集团（01813）	5964	9806
恒盛地产（00845）	–1364	–957
弘阳地产（01996）	743	1468
花样年控股（01777）	102	874
佳源国际控股（02768）	1126	2051
佳兆业集团（01638）	2837	4594
建业地产（00832）	658	2015
景瑞控股（01862）	280	904
朗诗地产（00106）	264	1172
力高集团（01622）	478	1035
龙光集团（03380）	5128	11269
龙湖集团（00960）	6310	18337
绿城中国（03900）	2058	2480
绿地香港（00337）	706	2474
美的置业（03990）	1769	4305
明发集团（00846）	418	952
融创中国（01918）	10286	26028
融信中国（03301）	1979	3154
瑞安房地产（00272）	1326	1932
时代中国控股（01233）	1594	5213
世茂集团（00813）	5105	10898
首创置业（02868）	1187	2123
太阳城集团（01383）	–1254	–1484
天山发展控股（02118）	–7	–106
新城发展控股（01030）	1528	7812
新力控股集团（02103）	—	1958
旭辉控股集团（00884）	3194	6437
雅居乐集团（03383）	5077	7512
阳光100中国（02608）	330	1805
银城国际控股（01902）	7	150

6-21　续表　　　　单位：百万元人民币

企业全称	2019 年第二季度	2019 年第四季度
禹洲集团（01628）	1639	3606
远洋集团（03377）	1875	2656
越秀地产（00123）	1870	3483
正荣地产（06158）	933	2506
中国奥园（03883）	2272	4201
中国恒大（03333）	14915	17280
中骏集团控股（01966）	1917	3510
中梁控股（02772）	1204	3834
众安集团（00672）	333	637

数据来源：各企业公告。

6–22 2019年沪深上市房企经营活动产生的现金流量净额

单位：百万元人民币

企业全称	2019年第一季度	2019年第二季度	2019年第三季度	2019年第四季度
保利地产（600048）	796	16228	9221	39155
北辰实业（601588）	–3061	–766	824	121
北京城建（600266）	–1942	–1707	–2190	–759
*ST华业（600240）	5	–9	138	–
金隅集团（601992）	–4210	948	4230	9522
大龙地产（600159）	–119	–10	198	523
首开股份（600376）	–10578	–5760	–1550	1724
万通地产（600246）	–191	–728	–642	–339
中迪投资（000609）	43	17	–54	–89
中关村（000931）	43	92	68	164
北汽蓝谷（600733）	–2821	–3957	–6209	–6378
财信发展（000838）	–521	373	1250	1826
长春经开（600215）	29	44	22	47
大悦城（000031）	237	169	2683	4065
粤宏远A（000573）	–32	–31	–67	–293
东旭蓝天（000040）	242	1849	1451	519
泛海控股（000046）	372	1537	2712	5572
格力地产（600185）	2	530	985	1725
冠城大通（600067）	145	1209	488	106
光大嘉宝（600622）	42	–125	653	–113
光明地产（600708）	–5645	–7399	–5581	–4789
世荣兆业（002016）	430	1193	1598	2453
广宇集团（002133）	–105	3	466	973
粤泰股份（600393）	330	592	2932	3838
珠江实业（600684）	–206	283	800	–123
海航投资（000616）	34	96	137	165
海南高速（000886）	–19	–39	–32	–2
京粮控股（000505）	173	221	447	297
滨江集团（002244）	242	4762	6181	2621
合肥城建（002208）	632	1387	224	521
黑牡丹（600510）	–909	1599	3113	4154
福星股份（000926）	414	1483	3685	6539
华丽家族（600503）	–56	–100	–111	–36
华联控股（000036）	–16	619	1334	1498
华夏幸福（600340）	–15454	–20501	–39554	–31819
华远地产（600743）	–2746	–5929	–3963	–4255
嘉凯城（000918）	98	230	316	537

6-22　续表 1　　单位：百万元人民币

企业全称	2019 年第一季度	2019 年第二季度	2019 年第三季度	2019 年第四季度
大港股份（002077）	3	21	228	313
凤凰股份（600716）	–508	–958	–844	–247
中南建设（000961）	3715	1435	4811	8196
金地集团（600383）	–4823	–7056	–271	7899
金科股份（000656）	–8367	–7321	–5457	2239
金融街（000402）	2117	7019	7002	2660
京汉股份（000615）	49	380	541	705
京能置业（600791）	–1104	–1291	–1582	–5331
京投发展（600683）	–473	–9563	–8413	–7242
九鼎投资（600053）	–14	96	173	271
莱茵体育（000558）	–27	–82	–119	–88
鲁商发展（600223）	437	–3533	–6597	–3307
绿地控股（600606）	2153	8147	9127	19261
绿景控股（000502）	–4	–6	–8	–12
美都能源（600175）	58	–213	74	–110
美好置业（000667）	–580	–680	–920	184
南京高科（600064）	431	687	1262	1175
栖霞建设（600533）	250	1018	–1151	–2332
宁波富达（600724）	–5	331	449	605
荣安地产（000517）	–271	–53	–679	468
荣丰控股（000668）	–99	–136	–160	–186
荣盛发展（002146）	–1167	–5739	–5643	2120
三湘印象（000863）	309	1444	1888	2275
沙河股份（000014）	59	59	71	32
ST 爱旭（600732）	18	–39	936	1587
城投控股（600649）	–2833	–4009	–4733	–5853
大名城（600094）	1208	2815	4799	10300
ST 岩石（600696）	–109	24	–56	–27
华鑫股份（600621）	3337	3192	2527	928
浦东金桥（600639）	–902	–687	–2281	–1367
上海临港（600848）	–420	–2621	–3677	–4810
凌云 B 股（900957）	–2	–3	29	45
陆家嘴（600663）	–562	–1650	–10601	517
上实发展（600748）	–975	–2949	–1370	211
市北高新（600604）	–572	–672	–628	–292
外高桥（600648）	370	418	754	–2254
万业企业（600641）	152	105	136	120

6–22　续表 2　　　　　　　　　　　　　　　　　　　　　　　　　　　　　单位：百万元人民币

企业全称	2019 年第一季度	2019 年第二季度	2019 年第三季度	2019 年第四季度
新黄浦（600638）	–711	–1185	–781	330
亚通股份（600692）	–95	–172	–33	–19
张江高科（600895）	6	–118	366	–6732
华侨城 A（000069）	–637	–8544	–3699	–5188
深深房 A（000029）	217	686	1042	604
皇庭国际（000056）	150	21	194	301
天健集团（000090）	–10	311	4740	292
深物业 A（000011）	–65	–460	534	940
深振业 A（000006）	–168	676	475	–194
中洲控股（000042）	–31	337	645	–843
香江控股（600162）	989	1897	2800	3280
顺发恒业（000631）	–17	181	286	361
蓝光发展（600466）	–2883	242	–2004	3833
宋都股份（600077）	–592	–1469	–1262	–519
苏宁环球（000718）	–371	–430	–270	–593
苏州高新（600736）	–1726	–1751	–2315	–2705
泰禾集团（000732）	11939	20216	22615	18673
天地源（600665）	–1310	–1043	–977	571
*ST 津滨（000897）	–27	196	498	496
天房发展（600322）	–12	384	614	949
天津松江（600225）	–75	347	89	2131
天保基建（000965）	–106	34	–70	–342
万科 A（000002）	–26713	8853	1734	45687
万泽股份（000534）	–194	–75	–155	155
闻泰科技（600745）	312	1166	1145	4620
卧龙地产（600173）	403	1248	1788	1643
西藏城投（600773）	–476	–106	–114	365
厦门国贸（600755）	–4580	1019	–2974	–3578
紫光学大（000526）	262	51	389	249
ST 新光（002147）	–37	–44	–14	73
新湖中宝（600208）	–2373	–288	127	2268
新华联（000620）	–37	1395	1720	2990
信达地产（600657）	–861	168	2622	8115
雅戈尔（600177）	53	2123	1699	2764
阳光城（000671）	–7915	8698	11307	15396
阳光股份（000608）	12	159	215	165
ST 银亿（000981）	229	770	656	1308

6-22　续表 3

单位：百万元人民币

企业全称	2019 年第一季度	2019 年第二季度	2019 年第三季度	2019 年第四季度
云南城投（600239）	−762	−1240	−950	−2737
招商蛇口（001979）	−8965	6063	9088	13812
浙江广厦（600052）	559	868	880	893
中房股份（600890）	−10	−16	−20	−27
中国宝安（000009）	346	716	1391	1338
中国高科（600730）	−3	−13	−18	−24
葛洲坝（600068）	−1100	1738	2090	6070
中国国贸（600007）	436	664	1169	1537
中国铁建（601186）	−39631	−32472	−19942	40006
中国武夷（000797）	−820	−615	−989	−1447
中航高科（600862）	−76	−33	370	947
中华企业（600675）	−4	−894	−1548	−816
中交地产（000736）	−3431	−3690	−5210	−4612
中润资源（000506）	−1	33	34	146
中体产业（600158）	−34	−116	−124	−149
中天金融（000540）	8211	10032	9004	10600
中珠医疗（600568）	205	405	540	615
迪马股份（600565）	−1409	−6326	−1902	468
渝开发（000514）	−19	47	203	162
华发股份（600325）	2119	12842	19195	28035

数据来源：各企业公告。

6-23 2019 年香港上市房企经营活动产生的现金流量净额（港币）

单位：百万元港币

企业全称	2019 年第二季度	2019 年第四季度
百仕达控股（01168）	675	383
保利置业集团（00119）	2989	-4690
北大资源（00618）	3899	-
长实集团（01113）	10197	41915
合生创展集团（00754）	7547	3094
恒基地产（00012）	2313	6744
恒隆地产（00101）	2279	5319
华润置地（01109）	8517	32706
会德丰（00020）	3899	21376
嘉华国际（00173）	2695	3420
嘉里建设（00683）	2046	3820
九龙仓集团（00004）	4897	9320
莱蒙国际（03688）	-1043	-1245
路劲（01098）	-3973	-11464
上实城市开发（00563）	-34	1218
上海证大（00755）	-297	67
上置集团（01207）	-317	-188
深圳控股（00604）	2103	4012
太古地产（01972）	1389	4375
汤臣集团（00258）	31	-560
天安（00028）	-140	-539
五矿地产（00230）	569	-1760
新鸿基地产（00016）	—	19755
新世界发展（00017）	—	7011
中国海外发展（00688）	-8018	9910
中国金茂（00817）	20652	20099
中信股份（00267）	11770	160082

数据来源：各企业公告。

6-24 2019年香港上市房企经营活动产生的现金流量净额（人民币）

单位：百万元人民币

企业全称	2019年第二季度	2019年第四季度
SOHO中国（00410）	72	660
宝龙地产（01238）	197	2753
碧桂园（02007）	1808	14656
大发地产（06111）	122	101
当代置业（01107）	2088	-1611
德信中国（02019）	95	-169
富力地产（02777）	-26076	-24145
合景泰富集团（01813）	-3909	-4276
恒盛地产（00845）	-609	-140
弘阳地产（01996）	-2515	990
花样年控股（01777）	149	-1317
佳源国际控股（02768）	5020	8001
佳兆业集团（01638）	-6094	-2063
建业地产（00832）	1039	551
景瑞控股（01862）	461	996
朗诗地产（00106）	-781	-675
力高集团（01622）	-1491	1960
龙光集团（03380）	9011	5872
龙湖集团（00960）	7891	34276
绿城中国（03900）	1475	-8176
绿地香港（00337）	3447	8001
美的置业（03990）	-8266	596
明发集团（00846）	1467	1118
融创中国（01918）	43077	27254
融信中国（03301）	5311	5970
瑞安房地产（00272）	913	-1717
时代中国控股（01233）	-2775	789
世茂集团（00813）	9999	29480
首创置业（02868）	2123	246
太阳城集团（01383）	-124	-175
天山发展控股（02118）	638	1731
新城发展控股（01030）	-9736	37655
新力控股集团（02103）	—	-3839
旭辉控股集团（00884）	-9962	-12025
雅居乐集团（03383）	-11840	-14551
阳光100中国（02608）	912	2364
银城国际控股（01902）	964	3496
禹洲集团（01628）	-3896	-5859

6-24 续表

单位：百万元人民币

企业全称	2019 年第二季度	2019 年第四季度
远洋集团（03377）	240	−3303
越秀地产（00123）	−291	6370
正荣地产（06158）	−7723	−14064
中国奥园（03883）	−737	−1825
中国恒大（03333）	−45622	−67357
中骏集团控股（01966）	88	−7088
中梁控股（02772）	−9761	−20329
众安集团（00672）	−784	−174

数据来源：各企业公告。

6-25　2019年沪深上市房企投资活动产生的现金流量净额

单位：百万元人民币

企业全称	2019年第一季度	2019年第二季度	2019年第三季度	2019年第四季度
保利地产（600048）	-5518	-1566	-882	-10498
北辰实业（601588）	143	115	161	101
北京城建（600266）	142	186	164	173
*ST华业（600240）	0	31	31	—
金隅集团（601992）	-941	-953	-5521	-6782
大龙地产（600159）	0	0	0	3
首开股份（600376）	-592	-1674	-1805	-2010
万通地产（600246）	-3	1059	1261	1387
中迪投资（000609）	-1	14	-103	-371
中关村（000931）	-48	-219	-282	-405
北汽蓝谷（600733）	-3039	-3552	-5674	-5699
财信发展（000838）	-517	-1179	-1726	-1836
长春经开（600215）	178	171	151	-129
大悦城（000031）	242	3186	-3450	-2169
粤宏远A（000573）	-25	79	213	256
东旭蓝天（000040）	-469	-1514	-1712	-1834
泛海控股（000046）	6236	5404	6505	7321
格力地产（600185）	-105	-27	-70	64
冠城大通（600067）	78	-107	-166	-205
光大嘉宝（600622）	-693	-225	-120	-1033
光明地产（600708）	-216	-1426	-2394	-1735
世荣兆业（002016）	-66	49	62	-999
广宇集团（002133）	319	521	400	-79
粤泰股份（600393）	-20	-27	-26	-93
珠江实业（600684）	-880	90	1573	1631
海航投资（000616）	-3	16	17	-1888
海南高速（000886）	16	447	374	-74
京粮控股（000505）	-430	-591	-487	-432
滨江集团（002244）	1354	-476	-247	-980
合肥城建（002208）	4	9	-99	-309
黑牡丹（600510）	-3	-17	-34	-982
福星股份（000926）	-4	-27	11	10
华丽家族（600503）	-8	392	369	386
华联控股（000036）	-475	-138	-309	-269
华夏幸福（600340）	-1083	-3059	-4006	1349
华远地产（600743）	0	-895	-986	-982
嘉凯城（000918）	49	75	135	870

6-25 续表 1 单位：百万元人民币

企业全称	2019 年第一季度	2019 年第二季度	2019 年第三季度	2019 年第四季度
大港股份（002077）	0	-13	-86	-76
凤凰股份（600716）	1148	1148	1164	735
中南建设（000961）	-92	-9758	-11247	-13381
金地集团（600383）	-350	-3921	-5947	-9641
金科股份（000656）	-933	-4929	-9271	-11989
金融街（000402）	-100	-122	-140	-850
京汉股份（000615）	-181	-399	-463	-1437
京能置业（600791）	0	-300	-242	-294
京投发展（600683）	732	837	641	-2160
九鼎投资（600053）	71	95	88	121
莱茵体育（000558）	-58	-40	-71	65
鲁商发展（600223）	-27	785	613	548
绿地控股（600606）	-4453	-7867	-13571	-15519
绿景控股（000502）	10	10	10	10
美都能源（600175）	-133	537	412	705
美好置业（000667）	-705	-1034	-1381	-1418
南京高科（600064）	-106	-580	-458	428
栖霞建设（600533）	141	184	230	459
宁波富达（600724）	668	1502	1759	2602
荣安地产（000517）	530	1267	932	917
荣丰控股（000668）	-16	16	14	270
荣盛发展（002146）	319	238	217	433
三湘印象（000863）	96	-65	-13	73
沙河股份（000014）	0	0	0	0
ST 爱旭（600732）	0	0	-1885	-3027
城投控股（600649）	19	124	-33	228
大名城（600094）	3	922	1430	1636
ST 岩石（600696）	—	—	0	0
华鑫股份（600621）	-240	-416	-502	-336
浦东金桥（600639）	316	100	518	103
上海临港（600848）	-382	-224	318	-1174
凌云 B 股（900957）	0	-1	0	-1
陆家嘴（600663）	-2094	-1344	2112	-8433
上实发展（600748）	-160	-180	-125	-356
市北高新（600604）	0	-1	-1	-20
外高桥（600648）	-55	-280	-405	-153
万业企业（600641）	-1593	-1712	-2494	-935

6-25　续表 2

单位：百万元人民币

企业全称	2019 年第一季度	2019 年第二季度	2019 年第三季度	2019 年第四季度
新黄浦（600638）	318	1085	1222	1302
亚通股份（600692）	−1	2	−10	4
张江高科（600895）	−322	−1691	−2323	506
华侨城 A（000069）	−5388	−4730	−7155	−4825
深深房 A（000029）	911	−389	−389	−84
皇庭国际（000056）	−11	221	228	304
天健集团（000090）	−7	−21	−72	−67
深物业 A（000011）	−2	−12	−38	−1031
深振业 A（000006）	−131	−483	−294	−1181
中洲控股（000042）	−338	−338	−639	−958
香江控股（600162）	1	80	76	71
顺发恒业（000631）	−707	79	−718	−633
蓝光发展（600466）	−2655	−5899	−8241	−9652
宋都股份（600077）	453	−69	534	−45
苏宁环球（000718）	690	688	571	619
苏州高新（600736）	−871	−1339	−141	−748
泰禾集团（000732）	781	10313	16076	14713
天地源（600665）	−3	−655	−742	−900
*ST 津滨（000897）	347	347	147	−134
天房发展（600322）	7	7	−151	−280
天津松江（600225）	−74	−89	−122	−1116
天保基建（000965）	0	3	3	1
万科 A（000002）	5980	−7721	−12023	−28627
万泽股份（000534）	−89	−265	−182	−455
闻泰科技（600745）	−6572	−3990	−4181	−12304
卧龙地产（600173）	24	24	35	39
西藏城投（600773）	699	507	500	486
厦门国贸（600755）	−9731	−10974	−6778	−1072
紫光学大（000526）	−167	−230	−536	−256
ST 新光（002147）	37	93	107	133
新湖中宝（600208）	−154	−608	670	2022
新华联（000620）	−185	−419	−902	−1669
信达地产（600657）	−2116	−2262	−3372	−5570
雅戈尔（600177）	3952	7501	6427	6648
阳光城（000671）	1253	−3520	−4915	−6419
阳光股份（000608）	−11	167	181	304
ST 银亿（000981）	21	193	156	−668

6–25 续表 3

单位：百万元人民币

企业全称	2019 年第一季度	2019 年第二季度	2019 年第三季度	2019 年第四季度
云南城投（600239）	100	–705	–556	2101
招商蛇口（001979）	–1751	–9465	–16530	–13158
浙江广厦（600052）	–9	–770	–770	–616
中房股份（600890）	–50	–50	–49	63
中国宝安（000009）	–413	–321	–1083	–476
中国高科（600730）	182	620	429	533
葛洲坝（600068）	–2777	–4774	–6552	–5281
中国国贸（600007）	–94	–171	–268	–402
中国铁建（601186）	–7541	–15026	–30358	–50169
中国武夷（000797）	–26	–86	–111	–298
中航高科（600862）	–12	–57	–64	–19
中华企业（600675）	–4	143	390	–510
中交地产（000736）	403	–537	743	–771
中润资源（000506）	–9	–27	–60	–105
中体产业（600158）	–16	–1	46	50
中天金融（000540）	–8745	–10332	–12538	–11366
中珠医疗（600568）	–242	–588	–663	–823
迪马股份（600565）	–241	822	–1434	–1122
渝开发（000514）	7	1007	1048	1067
华发股份（600325）	–9054	–15078	–19362	–32128

数据来源：各企业公告。

6-26　2019 年香港上市房企投资活动产生的现金流量净额（港币）

单位：百万元港币

企业全称	2019 年第二季度	2019 年第四季度
百仕达控股（01168）	-189	-84
保利置业集团（00119）	1937	1618
北大资源（00618）	-4861	-
长实集团（01113）	8038	-14842
合生创展集团（00754）	-1079	-4073
恒基地产（00012）	695	-3823
恒隆地产（00101）	-8696	-9965
华润置地（01109）	-20019	-42883
会德丰（00020）	-4861	-10543
嘉华国际（00173）	-2346	-6298
嘉里建设（00683）	-6328	-10368
九龙仓集团（00004）	-2760	-2807
莱蒙国际（03688）	-653	109
路劲（01098）	1249	2014
上实城市开发（00563）	-928	-1194
上海证大（00755）	-13	-14
上置集团（01207）	1071	2032
深圳控股（00604）	880	177
太古地产（01972）	13715	15842
汤臣集团（00258）	896	928
天安（00028）	-614	-32
五矿地产（00230）	82	563
新鸿基地产（00016）	—	-12836
新世界发展（00017）	—	-19156
中国海外发展（00688）	-2566	-2599
中国金茂（00817）	-17817	-19645
中信股份（00267）	-218542	-296511

数据来源：各企业公告。

6-27 2019 年香港上市房企投资活动产生的现金流量净额（人民币）

单位：百万元人民币

企业全称	2019 年第二季度	2019 年第四季度
SOHO 中国（00410）	1464	727
宝龙地产（01238）	130	-1353
碧桂园（02007）	-37888	-19091
大发地产（06111）	-1506	-3763
当代置业（01107）	-978	-104
德信中国（02019）	-2736	-4136
富力地产（02777）	-1842	-5380
合景泰富集团（01813）	-1598	-4684
恒盛地产（00845）	-255	-643
弘阳地产（01996）	-235	-6484
花样年控股（01777）	-1098	-1120
佳源国际控股（02768）	-1911	1217
佳兆业集团（01638）	-10264	-24646
建业地产（00832）	-3608	-5094
景瑞控股（01862）	-943	-1456
朗诗地产（00106）	296	-159
力高集团（01622）	-208	-2472
龙光集团（03380）	3383	10491
龙湖集团（00960）	-16194	-35244
绿城中国（03900）	-1583	-21026
绿地香港（00337）	1386	-259
美的置业（03990）	4832	-11810
明发集团（00846）	34	681
融创中国（01918）	-63041	-62001
融信中国（03301）	-4881	-10316
瑞安房地产（00272）	1239	3324
时代中国控股（01233）	-8562	-14242
世茂集团（00813）	-10238	-16146
首创置业（02868）	-5817	-3382
太阳城集团（01383）	-647	-776
天山发展控股（02118）	-40	149
新城发展控股（01030）	-8966	-8690
新力控股集团（02103）	—	-9261
旭辉控股集团（00884）	-8292	-18636
雅居乐集团（03383）	5117	3881
阳光 100 中国（02608）	1914	2907
银城国际控股（01902）	1148	-6197

6-27　续表

单位：百万元人民币

企业全称	2019 年第二季度	2019 年第四季度
禹洲集团（01628）	-4004	-18944
远洋集团（03377）	-15842	-4564
越秀地产（00123）	-11039	-20169
正荣地产（06158）	-1385	-2211
中国奥园（03883）	-10171	-31442
中国恒大（03333）	-11688	-55308
中骏集团控股（01966）	-8515	-6453
中梁控股（02772）	439	-5012
众安集团（00672）	-360	-396

数据来源：各企业公告。

6-28 2019年沪深上市房企筹资活动产生的现金流量净额

单位：百万元人民币

企业全称	2019年第一季度	2019年第二季度	2019年第三季度	2019年第四季度
保利地产（600048）	20144	−5281	−4879	−2835
北辰实业（601588）	374	764	2461	−298
北京城建（600266）	−405	1355	1427	1015
*ST华业（600240）	−13	−38	−140	−
金隅集团（601992）	7376	2189	−971	−947
大龙地产（600159）	22	−84	−165	−213
首开股份（600376）	3605	−1522	−8255	−7205
万通地产（600246）	−6	−54	−190	−401
中迪投资（000609）	−48	−41	205	625
中关村（000931）	−65	−20	34	117
北汽蓝谷（600733）	3773	7122	13488	14035
财信发展（000838）	1228	720	47	643
长春经开（600215）	—	−32	−30	−50
大悦城（000031）	6395	2158	2788	6093
粤宏远A（000573）	11	−90	−102	−219
东旭蓝天（000040）	−287	−563	−1346	−1593
泛海控股（000046）	−4954	−5411	−10231	−12657
格力地产（600185）	290	−145	−80	−843
冠城大通（600067）	−485	−1516	−1962	−1721
光大嘉宝（600622）	−1343	−990	−320	−961
光明地产（600708）	3902	5336	5819	5043
世荣兆业（002016）	−98	−364	−736	−1510
广宇集团（002133）	44	−711	−837	−878
粤泰股份（600393）	−322	−576	−2932	−3792
珠江实业（600684）	935	−208	−1712	−964
海航投资（000616）	−52	−126	−148	−201
海南高速（000886）	—	—	−49	−48
京粮控股（000505）	−122	125	−372	−177
滨江集团（002244）	3631	638	−1496	3179
合肥城建（002208）	−567	−609	12	48
黑牡丹（600510）	1250	−347	−993	−2135
福星股份（000926）	−656	−816	−2192	−4427
华丽家族（600503）	−14	−36	−151	−166
华联控股（000036）	−95	−803	−347	−400
华夏幸福（600340）	16532	31742	38551	25919
华远地产（600743）	1948	2624	1909	2017
嘉凯城（000918）	−563	−552	−907	−1221

6-28　续表 1　　　　单位：百万元人民币

企业全称	2019 年第一季度	2019 年第二季度	2019 年第三季度	2019 年第四季度
大港股份（002077）	214	196	–8	92
凤凰股份（600716）	–1479	–1479	–2365	–1865
中南建设（000961）	378	11500	10500	8059
金地集团（600383）	4758	8702	7481	5114
金科股份（000656）	9757	13243	15131	15154
金融街（000402）	–339	–2617	–7815	–2712
京汉股份（000615）	–81	–268	–525	–445
京能置业（600791）	1369	1813	1672	6052
京投发展（600683）	–857	8383	7296	8381
九鼎投资（600053）	–50	–630	–670	–789
莱茵体育（000558）	–7	–84	–20	51
鲁商发展（600223）	–36	3238	5570	2544
绿地控股（600606）	–2087	4103	2340	5034
绿景控股（000502）	–160	–160	–160	–160
美都能源（600175）	–267	–465	–748	–1007
美好置业（000667）	1477	2051	1546	1679
南京高科（600064）	–158	–203	–988	–2020
栖霞建设（600533）	213	–159	2155	2097
宁波富达（600724）	–1298	–2272	–3157	–3739
荣安地产（000517）	2098	2317	2712	3819
荣丰控股（000668）	0	–107	–103	–166
荣盛发展（002146）	–3950	1993	–1681	–4563
三湘印象（000863）	–729	–1129	–1500	–2375
沙河股份（000014）	–7	–28	–76	–83
ST 爱旭（600732）	—	0	738	1179
城投控股（600649）	1071	2977	3716	4662
大名城（600094）	–600	–2790	–4419	–10310
ST 岩石（600696）	114	–3	74	24
华鑫股份（600621）	–91	–628	302	1782
浦东金桥（600639）	643	914	2298	1635
上海临港（600848）	914	3226	3352	8728
凌云 B 股（900957）	–17	–24	–37	–43
陆家嘴（600663）	3991	5105	8592	7893
上实发展（600748）	218	1134	537	331
市北高新（600604）	–255	805	432	702
外高桥（600648）	–756	627	37	2618
万业企业（600641）	–234	–301	–469	–466

6-28 续表 2

单位：百万元人民币

企业全称	2019 年第一季度	2019 年第二季度	2019 年第三季度	2019 年第四季度
新黄浦（600638）	824	1048	−188	−379
亚通股份（600692）	131	198	259	343
张江高科（600895）	−966	540	1325	5119
华侨城 A（000069）	29729	22806	26543	21283
深深房 A（000029）	—	−204	−204	−161
皇庭国际（000056）	−141	−196	−456	−655
天健集团（000090）	821	878	342	−287
深物业 A（000011）	−60	−299	−359	−504
深振业 A（000006）	−23	255	361	765
中洲控股（000042）	−1469	−1989	−876	−181
香江控股（600162）	−560	−623	−2192	−2593
顺发恒业（000631）	−1284	−1750	−2985	−3091
蓝光发展（600466）	2215	5091	7669	6966
宋都股份（600077）	78	2311	2095	1295
苏宁环球（000718）	310	−461	−887	−1191
苏州高新（600736）	3158	5062	2943	4184
泰禾集团（000732）	−6972	−29122	−37591	−33806
天地源（600665）	2480	1580	2639	2626
*ST 津滨（000897）	−277	−827	−811	−887
天房发展（600322）	−222	−907	−1071	−1429
天津松江（600225）	214	−231	22	−1025
天保基建（000965）	−27	−437	−577	−319
万科 A（000002）	−22928	−43990	−69875	−33338
万泽股份（000534）	254	191	129	166
闻泰科技（600745）	6721	3521	3357	13722
卧龙地产（600173）	−2	−72	−502	−502
西藏城投（600773）	73	517	551	349
厦门国贸（600755）	14304	10890	11320	3597
紫光学大（000526）	1	−78	−78	−247
ST 新光（002147）	−12	−50	−111	−219
新湖中宝（600208）	2034	813	−3284	−6338
新华联（000620）	1656	−496	−756	−2022
信达地产（600657）	442	−1738	−5944	−7589
雅戈尔（600177）	−373	−2800	−1815	−2948
阳光城（000671）	5711	588	−456	−4861
阳光股份（000608）	−40	−141	−491	−593
ST 银亿（000981）	−128	−556	−702	−582

6-28　续表 3

单位：百万元人民币

企业全称	2019 年第一季度	2019 年第二季度	2019 年第三季度	2019 年第四季度
云南城投（600239）	232	1131	1032	101
招商蛇口（001979）	5719	12478	17922	16248
浙江广厦（600052）	127	–2229	–2292	–2360
中房股份（600890）	—	0	—	0
中国宝安（000009）	99	40	–38	–198
中国高科（600730）	–1	–843	–868	–868
葛洲坝（600068）	–979	3716	4	2036
中国国贸（600007）	–25	–373	–428	–473
中国铁建（601186）	16965	26086	28589	20198
中国武夷（000797）	633	1122	1114	2297
中航高科（600862）	–265	33	–130	63
中华企业（600675）	–3687	–2487	–3343	–2551
中交地产（000736）	1869	2288	3618	6439
中润资源（000506）	29	5	46	13
中体产业（600158）	201	159	135	88
中天金融（000540）	1687	823	2549	885
中珠医疗（600568）	–51	–81	–158	–171
迪马股份（600565）	792	4612	874	–1033
渝开发（000514）	58	–7	–700	–208
华发股份（600325）	7029	6408	6079	10781

数据来源：各企业公告。

6–29 2019年香港上市房企筹资活动产生的现金流量净额（港币）

单位：百万元港币

企业全称	2019年第二季度	2019年第四季度
百仕达控股（01168）	–229	–339
保利置业集团（00119）	–429	8101
北大资源（00618）	682	–
长实集团（01113）	–15174	–22747
合生创展集团（00754）	5501	6380
恒基地产（00012）	–3068	–5869
恒隆地产（00101）	864	–2482
华润置地（01109）	2487	2118
会德丰（00020）	682	–2678
嘉华国际（00173）	–1655	888
嘉里建设（00683）	3754	5059
九龙仓集团（00004）	–571	1412
莱蒙国际（03688）	–1337	–2190
路劲（01098）	4976	12312
上实城市开发（00563）	1812	156
上海证大（00755）	14	–370
上置集团（01207）	–1287	–2022
深圳控股（00604）	–3230	–4116
太古地产（01972）	–5425	–7324
汤臣集团（00258）	–839	–894
天安（00028）	435	1254
五矿地产（00230）	237	1439
新鸿基地产（00016）	—	–8073
新世界发展（00017）	—	12694
中国海外发展（00688）	21287	1481
中国金茂（00817）	–1637	–4591
中信股份（00267）	8772	84080

数据来源：各企业公告。

6-30　2019年香港上市房企筹资活动产生的现金流量净额（人民币）

单位：百万元人民币

企业全称	2019年第二季度	2019年第四季度
SOHO中国（00410）	-1113	-913
宝龙地产（01238）	-185	4044
碧桂园（02007）	16001	25257
大发地产（06111）	1409	4987
当代置业（01107）	-506	2843
德信中国（02019）	2726	6379
富力地产（02777）	31574	32517
合景泰富集团（01813）	8383	7687
恒盛地产（00845）	713	775
弘阳地产（01996）	5451	7885
花样年控股（01777）	-1542	-3415
佳源国际控股（02768）	-2999	-7399
佳兆业集团（01638）	21942	38026
建业地产（00832）	7559	12992
景瑞控股（01862）	-129	-620
朗诗地产（00106）	-306	-133
力高集团（01622）	5204	5898
龙光集团（03380）	-6616	-10686
龙湖集团（00960）	21159	16667
绿城中国（03900）	3441	32374
绿地香港（00337）	-1819	-4280
美的置业（03990）	7215	14843
明发集团（00846）	-2427	-3650
融创中国（01918）	42799	36393
融信中国（03301）	-1429	-2157
瑞安房地产（00272）	-2558	-4147
时代中国控股（01233）	9966	15779
世茂集团（00813）	2840	-4680
首创置业（02868）	18819	7064
太阳城集团（01383）	765	1112
天山发展控股（02118）	-835	-1675
新城发展控股（01030）	17634	-10445
新力控股集团（02103）	—	16625
旭辉控股集团（00884）	28905	44561
雅居乐集团（03383）	4142	8451
阳光100中国（02608）	-1918	-5445
银城国际控股（01902）	906	4006
禹洲集团（01628）	16752	25300

6-30 续表

单位：百万元人民币

企业全称	2019 年第二季度	2019 年第四季度
远洋集团（03377）	3712	-696
越秀地产（00123）	13853	15896
正荣地产（06158）	11631	21973
中国奥园（03883）	18693	46321
中国恒大（03333）	134717	143163
中骏集团控股（01966）	11376	17132
中梁控股（02772）	4834	25751
众安集团（00672）	1479	2156

数据来源：各企业公告。

6-31 2019年中国房地产企业权益拿地金额TOP100

单位：亿元

排名	企业全称	权益拿地金额
1	万科企业股份有限公司	1676.67
2	碧桂园控股有限公司	1356.28
3	保利发展控股集团股份有限公司	1210.49
4	中国海外发展有限公司	1034.01
5	融创中国控股有限公司	1006.98
6	华润置地有限公司	842.97
7	绿地控股集团股份有限公司	831.86
8	世茂集团控股有限公司	830.33
9	龙湖集团控股有限公司	762.28
10	金地(集团)股份有限公司	643.14
11	招商局蛇口工业区控股股份有限公司	540.03
12	中国金茂控股集团有限公司	503.54
13	深圳华侨城股份有限公司	491.28
14	新城发展控股有限公司	488.43
15	中梁控股集团有限公司	469.03
16	旭辉控股（集团）有限公司	466.06
17	绿城中国控股有限公司	458.33
18	阳光城集团股份有限公司	443.25
19	中国恒大集团	440.97
20	金科地产集团股份有限公司	414.81
21	江苏中南建设集团股份有限公司	410.02
22	杭州滨江房产集团股份有限公司	379.22
23	中骏集团控股有限公司	360.76
24	大连万达集团股份有限公司	347.86
25	中交地产股份有限公司	342.60
26	中国铁建股份有限公司	339.68
27	大华（集团）有限公司	326.83
28	四川新希望房地产开发有限公司	325.59
29	四川蓝光发展股份有限公司	318.72
30	美的置业控股有限公司	314.62
31	正荣地产集团有限公司	313.30
32	建发房地产集团有限公司	308.79
33	雅居乐集团控股有限公司	302.81
34	华夏幸福基业股份有限公司	300.50
35	龙光集团有限公司	289.97
36	金辉集团股份有限公司	273.15
37	荣盛房地产发展股份有限公司	267.85
38	珠海华发实业股份有限公司	254.95
39	时代中国控股有限公司	244.91

6-31 续表 1　　单位：亿元

排名	企业全称	权益拿地金额
40	禹洲集团控股有限公司	207.00
41	宝龙地产控股有限公司	197.68
42	大悦城控股集团股份有限公司	194.88
43	广州富力地产股份有限公司	185.57
44	合景泰富集团控股有限公司	184.22
45	首创置业股份有限公司	181.30
46	建业地产股份有限公司	171.83
47	祥生实业集团有限公司	168.49
48	北京首都开发股份有限公司	162.42
49	佳兆业集团控股有限公司	151.67
50	德信中国控股有限公司	149.51
51	弘阳地产集团有限公司	148.90
52	宝能地产股份有限公司	148.20
53	联发集团有限公司	147.80
54	重庆市迪马实业股份有限公司	146.41
55	保利置业集团有限公司	143.56
56	京投发展股份有限公司	140.84
57	中国电建地产集团有限公司	139.20
58	俊发集团有限公司	138.31
59	华鸿嘉信控股集团有限公司	135.10
60	厦门国贸集团股份有限公司	134.53
61	星河控股集团有限公司	132.41
62	新世界发展有限公司	131.92
63	融信中国控股有限公司	129.71
64	金融街控股股份有限公司	128.68
65	荣安地产股份有限公司	115.39
66	青岛海尔产城创集团有限公司	114.72
67	路劲基建有限公司	105.39
68	重庆华宇集团有限公司	102.28
69	中铁置业集团有限公司	101.93
70	上海红星美凯龙房地产集团有限公司	100.65
71	领地集团有限公司	98.98
72	远洋集团控股有限公司	97.35
73	光明房地产集团股份有限公司	97.21
74	融侨集团股份有限公司	91.63
75	合生创展集团有限公司	88.65
76	中国奥园集团股份有限公司	88.05
77	华远地产股份有限公司	87.24
78	北京金隅集团股份有限公司	84.25
79	上海陆家嘴金融贸易区开发股份有限公司	84.10
80	卓越置业集团有限公司	83.10

6-31　续表 2

单位：亿元

排名	企业全称	权益拿地金额
81	宋都基业投资股份有限公司	80.43
82	新鸿基地产发展有限公司	78.20
83	上海张江高科技园区开发股份有限公司	77.10
84	新力控股（集团）有限公司	73.61
85	中国葛洲坝集团股份有限公司	70.67
86	福晟集团有限公司	69.88
87	嘉里建设有限公司	68.14
88	雅戈尔集团股份有限公司	67.58
89	广东海伦堡地产集团有限公司	65.78
90	大发地产集团有限公司	65.16
91	五矿地产有限公司	61.93
92	越秀地产股份有限公司	61.89
93	深圳市天健(集团)股份有限公司	58.78
94	当代置业（中国）有限公司	58.16
95	桂林彰泰实业集团有限公司	57.55
96	河南正商置业有限公司	49.16
97	南京栖霞建设股份有限公司	48.64
98	仁恒置地集团有限公司	46.51
99	广州珠江实业开发股份有限公司	44.98
100	鲁商健康产业发展股份有限公司	44.18

数据来源：各企业公告、中指数据库。

6-32 2019年中国房地产企业权益拿地面积TOP100

单位：万平方米

排名	企业全称	权益拿地面积
1	碧桂园控股有限公司	4567.66
2	绿地控股集团股份有限公司	3713.47
3	万科企业股份有限公司	3059.06
4	中国恒大集团	2156.40
5	融创中国控股有限公司	1983.87
6	保利发展控股集团股份有限公司	1964.60
7	新城发展控股有限公司	1762.91
8	世茂集团控股有限公司	1724.62
9	华润置地有限公司	1392.54
10	大连万达集团股份有限公司	1380.65
11	金科地产集团股份有限公司	1331.06
12	中梁控股集团有限公司	1139.34
13	四川蓝光发展股份有限公司	1114.47
14	金地（集团）股份有限公司	1096.30
15	龙湖集团控股有限公司	1032.06
16	深圳华侨城股份有限公司	962.16
17	阳光城集团股份有限公司	931.86
18	江苏中南建设集团股份有限公司	875.62
19	旭辉控股（集团）有限公司	868.46
20	荣盛房地产发展股份有限公司	830.92
21	中国海外发展有限公司	820.76
22	中骏集团控股有限公司	784.52
23	中国金茂控股集团有限公司	779.26
24	招商局蛇口工业区控股股份有限公司	779.02
25	雅居乐集团控股有限公司	751.50
26	建业地产股份有限公司	745.07
27	华夏幸福基业股份有限公司	689.96
28	广州富力地产股份有限公司	663.76
29	美的置业控股有限公司	644.81
30	中国铁建股份有限公司	593.95
31	俊发集团有限公司	588.01
32	金辉集团股份有限公司	568.40
33	宝能地产股份有限公司	541.18
34	中交地产股份有限公司	492.09
35	领地集团有限公司	442.53
36	建发房地产集团有限公司	427.66
37	宝龙地产控股有限公司	424.37
38	绿城中国控股有限公司	421.22
39	珠海华发实业股份有限公司	413.85

6-32　续表 1

单位：万平方米

排名	企业全称	权益拿地面积
40	中铁置业集团有限公司	413.71
41	祥生实业集团有限公司	398.14
42	正荣地产集团有限公司	395.97
43	上海红星美凯龙房地产集团有限公司	393.26
44	福晟集团有限公司	388.53
45	龙光集团有限公司	368.41
46	大悦城控股集团股份有限公司	360.32
47	重庆市迪马实业股份有限公司	337.57
48	广西云星集团有限公司	301.75
49	时代中国控股有限公司	300.16
50	弘阳地产集团有限公司	296.59
51	大华（集团）有限公司	292.90
52	当代置业（中国）有限公司	285.17
53	远洋集团控股有限公司	269.38
54	云南城投置业股份有限公司	265.82
55	四川新希望房地产开发有限公司	251.26
56	合景泰富集团控股有限公司	247.98
57	华远地产股份有限公司	238.10
58	融信中国控股有限公司	237.14
59	广东海伦堡地产集团有限公司	231.53
60	华鸿嘉信控股集团有限公司	229.05
61	中国奥园集团股份有限公司	223.76
62	佳兆业集团控股有限公司	210.47
63	桂林彰泰实业集团有限公司	206.67
64	禹洲集团控股有限公司	206.26
65	杭州滨江房产集团股份有限公司	204.12
66	德信中国控股有限公司	202.52
67	联发集团有限公司	200.04
68	青岛海尔产城创集团有限公司	186.56
69	首创置业股份有限公司	181.66
70	保利置业集团有限公司	176.55
71	光明房地产集团股份有限公司	176.41
72	河南正商置业有限公司	163.77
73	鲁商健康产业发展股份有限公司	139.25
74	金融街控股股份有限公司	135.75
75	卓越置业集团有限公司	130.04
76	北京首都开发股份有限公司	127.46
77	越秀地产股份有限公司	124.14
78	合生创展集团有限公司	123.36
79	星河控股集团有限公司	121.64

6–32 续表 2

单位：万平方米

排名	企业全称	权益拿地面积
80	广州市敏捷房地产开发有限公司	118.49
81	中建信和地产有限公司	118.33
82	绿地香港控股有限公司	112.32
83	隆基泰和置业有限公司	109.63
84	荣安地产股份有限公司	108.15
85	重庆华宇集团有限公司	108.03
86	雅戈尔集团股份有限公司	104.90
87	路劲基建有限公司	93.28
88	大发地产集团有限公司	92.10
89	北大资源（控股）有限公司	89.79
90	融侨集团股份有限公司	84.19
91	新力控股（集团）有限公司	83.29
92	厦门国贸集团股份有限公司	82.70
93	苏宁环球股份有限公司	82.37
94	力高地产集团有限公司	81.97
95	京投发展股份有限公司	81.13
96	上海临港控股股份有限公司	80.54
97	宋都基业投资股份有限公司	76.38
98	中国葛洲坝集团股份有限公司	76.09
99	新世界发展有限公司	71.80
100	中国电建地产集团有限公司	70.73

数据来源：各企业公告、中指数据库。

6-33　2015~2019 年中国房地产企业发布销售金额排行榜

单位：亿元

排名	企业全称	2015 年	2016 年	2017 年	2018 年	2019 年
1	万科企业股份有限公司	2614.70	3647.70	5298.80	6069.50	6308.40
2	中国恒大集团	2013.40	3733.70	5009.60	5513.40	6010.60
3	融创中国控股有限公司	682.10	1506.30	3620.10	4608.30	5562.10
4	碧桂园控股有限公司 *	1401.60	3088.40	5508.00	5018.80	5522.00
5	保利发展控股集团股份有限公司	1541.04	2100.87	3092.27	4048.17	4618.48
6	绿地控股集团股份有限公司	2301.00	2550.04	3065.00	3875.00	3880.00
7	中国海外发展有限公司（港币）	1806.32	2106.48	2320.70	3012.40	3771.68
8	新城发展控股有限公司	319.29	650.60	1264.72	2210.98	2708.01
9	世茂集团控股有限公司	670.39	681.20	1007.70	1761.76	2600.70
10	龙湖集团控股有限公司	545.40	881.40	1560.80	2006.40	2425.00
11	华润置地有限公司	851.50	1080.40	1521.00	2106.81	2425.00
12	招商局蛇口工业区控股股份有限公司	575.80	739.34	1127.79	1705.84	2204.74
13	阳光城集团股份有限公司	—	—	—	1628.56	2110.31
14	金地（集团）股份有限公司	617.00	1006.30	1408.10	1623.30	2106.00
15	旭辉控股（集团）有限公司	302.10	530.00	1040.00	1520.00	2006.00
16	江苏中南建设集团股份有限公司	225.00	373.00	963.00	1466.10	1960.50
17	金科地产集团股份有限公司	221.00	319.00	630.00	1188.00	1860.00
18	中国金茂控股集团有限公司	278.07	485.00	693.00	1280.00	1608.07
19	华夏幸福基业股份有限公司	723.53	1203.25	1200.51	1291.76	1431.72
20	融信中国控股有限公司	119.17	246.00	502.35	1218.80	1413.17
21	广州富力地产股份有限公司 *	544.00	608.60	818.60	1310.60	1381.90
22	绿城中国控股有限公司	719.00	958.00	1033.00	1012.00	1354.00
23	正荣地产集团有限公司	—	—	701.53	1080.00	1307.08
24	远洋集团控股有限公司	405.37	503.80	705.60	1095.10	1300.30
25	中国铁建股份有限公司	366.14	494.80	684.13	934.55	1254.18
26	中国奥园集团股份有限公司	151.70	256.00	455.90	913.00	1180.60
27	雅居乐集团控股有限公司	442.30	528.20	897.10	1026.70	1179.70
28	荣盛房地产发展股份有限公司	309.00	512.24	679.30	1015.63	1153.56
29	四川蓝光发展股份有限公司	183.00	301.00	581.52	855.00	1015.37
30	北京首都开发股份有限公司	327.56	631.03	691.90	1007.27	1013.44
31	美的置业控股有限公司	—	—	—	790.00	1012.30
32	建业地产股份有限公司	157.44	201.46	304.15	536.75	1011.50
33	龙光集团有限公司	205.10	287.20	434.20	718.00	960.22
34	珠海华发实业股份有限公司	133.00	357.25	310.17	582.00	922.73
35	佳兆业集团控股有限公司	—	298.43	447.14	700.59	881.20
36	合景泰富集团控股有限公司	—	223.00	287.00	655.00	861.00
37	首创置业股份有限公司	325.10	455.10	558.50	706.40	808.10
38	中骏集团控股有限公司	145.11	235.24	332.47	513.58	805.01
39	时代中国控股有限公司	195.10	293.28	416.29	605.95	783.60

6-33 续表 1 单位：亿元

排名	企业全称	2015 年	2016 年	2017 年	2018 年	2019 年
40	禹洲集团控股有限公司	140.18	232.06	403.06	560.06	751.15
41	越秀地产股份有限公司	248.50	302.52	408.69	577.83	721.14
42	大悦城控股集团股份有限公司	151.41	199.62	261.59	398.64	710.82
43	弘阳地产集团有限公司	—	—	—	473.38	651.50
44	宝龙地产控股有限公司	143.05	176.42	208.82	410.36	603.50
45	绿地香港控股有限公司	173.88	182.19	301.11	379.25	484.58
46	保利置业集团有限公司	300.00	349.00	379.00	408.00	432.00
47	朗诗绿色地产有限公司	76.57	283.49	284.11	381.49	405.00
48	花样年控股集团有限公司	112.72	122.06	201.64	301.73	362.10
49	当代置业（中国）有限公司	109.92	165.72	221.86	321.57	362.03
50	金融街控股股份有限公司	150.00	276.00	235.70	307.00	319.13
51	力高地产集团有限公司	40.57	101.35	131.97	219.86	274.12
52	信达地产股份有限公司	105.20	169.07	224.71	309.68	265.58
53	景瑞控股有限公司	86.95	167.85	183.73	252.36	251.59
54	合生创展集团有限公司	99.87	81.05	92.28	149.75	212.58
55	北京北辰实业股份有限公司	73.40	226.00	223.00	282.00	190.00
56	上海大名城企业股份有限公司	68.90	137.79	150.55	143.58	188.96
57	湖北福星科技股份有限公司	84.77	112.89	121.06	129.06	180.14
58	中国葛洲坝集团股份有限公司	79.55	102.00	159.26	101.31	172.58
59	深圳控股有限公司	160.00	191.30	115.00	164.53	167.98
60	新湖中宝股份有限公司	109.00	160.00	132.00	162.00	162.00
61	深圳市中洲投资控股股份有限公司	73.83	105.85	144.91	131.72	155.21
62	华远地产股份有限公司	47.10	107.80	77.20	120.45	150.77
63	北大资源（控股）有限公司	58.15	113.74	161.30	168.20	145.20
64	鲁商健康产业发展股份有限公司	53.98	72.58	95.96	117.09	143.62
65	厦门国贸集团股份有限公司	63.05	44.23	72.31	76.64	133.86
66	瑞安房地产有限公司	215.13	229.75	213.66	222.79	125.01
67	众安集团有限公司	34.13	50.30	101.00	58.00	124.30
68	明发集团（国际）有限公司	52.33	140.00	125.00	163.59	113.10
69	阳光 100 中国控股有限公司	74.92	104.18	106.08	120.96	103.38
70	雅戈尔集团股份有限公司	59.85	58.44	81.70	84.89	101.96
71	天山发展（控股）有限公司	29.10	82.70	72.64	69.25	88.54
72	五矿地产有限公司	87.30	117.02	80.50	68.18	86.50
73	新华联文化旅游发展股份有限公司	48.21	109.83	103.34	107.02	79.01
74	上海实业发展股份有限公司	—	109.90	53.00	52.50	78.90
75	苏州新区高新技术产业股份有限公司	26.91	67.74	65.18	67.13	71.22
76	美好置业集团股份有限公司	46.10	54.00	36.15	77.26	67.38
77	恒盛地产控股有限公司	72.22	65.85	85.70	74.56	67.33
78	深圳香江控股股份有限公司	31.33	34.94	27.45	32.53	63.25
79	上海实业城市开发集团有限公司	58.32	65.95	59.36	51.49	61.80

6-33　续表 2　　单位：亿元

排名	企业全称	2015 年	2016 年	2017 年	2018 年	2019 年
80	冠城大通股份有限公司	40.09	43.85	37.40	28.26	54.97
81	广宇集团股份有限公司	35.00	38.83	30.62	30.62	42.90
82	深圳市振业(集团)股份有限公司	32.04	46.12	19.50	31.35	39.53
83	南京栖霞建设股份有限公司	27.06	12.78	8.06	43.13	34.74
84	卧龙地产集团股份有限公司	16.70	18.36	27.28	20.89	32.98
85	上置集团有限公司	71.35	76.40	27.62	32.66	27.72
86	天津市房地产发展（集团）股份有限公司	21.84	114.80	65.15	38.04	26.63
87	南京高科股份有限公司	37.69	48.93	14.42	23.21	25.75
88	浙江广厦股份有限公司	15.00	20.00	17.39	11.86	9.57
89	顺发恒业股份公司	52.30	36.74	25.35	21.19	7.30
90	北京市大龙伟业房地产开发股份有限公司	4.12	3.75	2.46	1.71	6.62
91	上海市北高新股份有限公司	—	8.83	19.50	1.27	6.03
92	天津松江股份有限公司	8.45	23.49	7.74	11.85	2.50
93	莱蒙国际集团有限公司	67.65	36.21	15.57	7.67	0.94

注：标 * 房企仅公布权益销售金额。

数据来源：各企业公告、中指数据库。

6-34 2015~2019年中国房地产企业发布销售面积排行榜

单位：万平方米

排名	企业全称	2015年	2016年	2017年	2018年	2019年
1	碧桂园控股有限公司 *	2153.00	3747.00	6066.00	5416.00	6237.00
2	中国恒大集团	2551.20	4469.00	5029.90	5243.50	5846.30
3	万科企业股份有限公司	2067.10	2765.40	3595.20	4037.70	4112.20
4	融创中国控股有限公司	350.20	758.20	2203.30	3056.20	3828.50
5	绿地控股集团股份有限公司	2175.70	1961.20	2438.00	3664.00	3257.00
6	保利发展控股集团股份有限公司	1218.30	1598.66	2242.37	2766.11	3123.12
7	新城发展控股有限公司	346.00	575.00	928.28	1812.06	2432.00
8	金科地产集团股份有限公司	332.00	499.00	843.00	1342.00	1905.00
9	中国海外发展有限公司	1260.22	1304.40	1446.00	1593.45	1794.42
10	阳光城集团股份有限公司	—	—	—	1266.38	1713.27
11	江苏中南建设集团股份有限公司	—	—	—	1144.40	1540.70
12	世茂集团控股有限公司	554.00	491.85	606.22	1068.70	1465.62
13	建业地产股份有限公司	273.10	276.43	458.42	743.33	1434.55
14	龙湖集团控股有限公司	424.30	602.00	1016.70	1236.30	1423.80
15	华润置地有限公司	675.90	776.28	957.32	1198.93	1324.83
16	广州富力地产股份有限公司 *	411.00	469.35	632.42	1018.01	1254.76
17	旭辉控股（集团）有限公司	205.62	291.63	629.17	956.94	1203.55
18	华夏幸福基业股份有限公司	770.94	952.56	951.18	1502.23	1184.19
19	招商局蛇口工业区控股股份有限公司	347.45	471.15	570.01	827.35	1169.44
20	中国奥园集团股份有限公司	188.80	268.00	449.00	886.30	1168.50
21	荣盛房地产发展股份有限公司	483.00	601.73	635.57	983.40	1098.07
22	四川蓝光发展股份有限公司	216.00	282.00	609.27	802.00	1095.30
23	金地（集团）股份有限公司	446.00	658.20	766.70	877.80	1079.00
24	美的置业控股有限公司	—	—	—	790.70	1002.30
25	雅居乐集团控股有限公司	507.00	530.20	735.70	797.70	891.10
26	中国铁建股份有限公司	366.89	438.00	517.31	664.10	860.00
27	正荣地产集团有限公司	—	—	379.54	644.30	843.95
28	中国金茂控股集团有限公司	110.30	—	—	501.20	748.44
29	龙光集团有限公司	242.00	229.80	242.60	440.10	691.50
30	融信中国控股有限公司	64.89	140.39	238.69	562.41	654.77
31	远洋集团控股有限公司	319.70	290.20	371.10	516.87	634.66
32	中骏集团控股有限公司	125.00	165.99	191.46	414.89	632.47
33	时代中国控股有限公司	216.50	247.30	282.20	373.30	534.70
34	绿城中国控股有限公司	390.00	483.00	444.00	398.00	522.00
35	禹洲集团控股有限公司	140.22	182.89	238.10	370.27	497.12
36	合景泰富集团控股有限公司	—	170.50	180.10	396.60	492.00
37	弘阳地产集团有限公司	—	—	—	352.85	490.50
38	佳兆业集团控股有限公司	—	226.94	278.63	383.66	464.21
39	北京首都开发股份有限公司	210.07	296.93	295.04	377.56	411.50

6-34 续表 1

单位：万平方米

排名	企业全称	2015 年	2016 年	2017 年	2018 年	2019 年
40	珠海华发实业股份有限公司	—	167.68	133.76	194.87	395.91
41	宝龙地产控股有限公司	153.20	146.85	156.20	282.16	376.75
42	越秀地产股份有限公司	227.20	239.64	222.01	276.89	349.05
43	当代置业（中国）有限公司	124.17	163.26	178.57	303.60	338.07
44	绿地香港控股有限公司	157.07	146.34	227.14	327.52	327.20
45	花样年控股集团有限公司	128.90	132.53	191.00	269.89	320.84
46	首创置业股份有限公司	278.70	226.40	240.00	306.30	316.30
47	大悦城控股集团股份有限公司	91.48	93.16	85.38	128.86	290.00
48	力高地产集团有限公司	—	112.50	124.60	248.80	258.76
49	保利置业集团有限公司	255.80	278.90	264.40	224.20	236.00
50	朗诗绿色地产有限公司	59.50	164.65	140.65	196.47	234.00
51	合生创展集团有限公司	88.37	73.92	72.77	129.68	165.24
52	信达地产股份有限公司	111.40	154.35	113.75	149.07	146.59
53	明发集团（国际）有限公司	63.04	175.17	160.67	178.62	144.89
54	北大资源（控股）有限公司	75.03	114.82	149.12	164.80	139.71
55	湖北福星科技股份有限公司	103.89	108.10	101.99	100.30	136.51
56	北京北辰实业股份有限公司	61.00	155.00	124.00	181.00	126.00
57	鲁商健康产业发展股份有限公司	—	99.83	113.23	123.15	125.75
58	华远地产股份有限公司	37.60	70.80	66.70	95.39	121.54
59	景瑞控股有限公司	81.08	135.34	101.08	116.15	120.85
60	金融街控股股份有限公司	85.00	142.00	105.32	107.96	118.05
61	新湖中宝股份有限公司	98.00	112.00	92.00	104.00	106.00
62	上海大名城企业股份有限公司	87.63	145.00	140.22	136.55	103.44
63	深圳市中洲投资控股股份有限公司	41.54	84.86	118.34	104.94	102.67
64	中国葛洲坝集团股份有限公司	49.41	52.11	68.89	42.52	83.42
65	天山发展（控股）有限公司	43.75	111.27	190.99	85.64	80.06
66	阳光 100 中国控股有限公司	92.51	114.19	86.74	94.76	78.74
67	众安集团有限公司	37.52	50.42	67.94	38.48	77.34
68	新华联文化旅游发展股份有限公司	61.44	96.15	88.07	88.04	60.66
69	深圳香江控股股份有限公司	32.94	30.08	32.11	35.24	58.56
70	美好置业集团股份有限公司	55.69	59.12	34.93	73.34	58.15
71	厦门国贸集团股份有限公司	50.01	33.19	42.14	38.41	50.01
72	深圳控股有限公司	94.80	89.61	56.39	57.14	48.80
73	五矿地产有限公司	42.30	60.20	37.10	44.50	45.90
74	恒盛地产控股有限公司	34.59	21.04	28.07	30.58	43.40
75	瑞安房地产有限公司	63.12	95.06	24.54	36.10	40.96
76	上海实业发展股份有限公司	—	75.00	26.00	27.24	39.50
77	雅戈尔集团股份有限公司	42.49	39.45	36.56	30.92	35.67
78	冠城大通股份有限公司	30.89	34.81	21.34	13.81	35.54
79	苏州新区高新技术产业股份有限公司	29.43	53.35	49.96	47.84	30.68

6-34 续表 2　　单位：万平方米

排名	企业全称	2015 年	2016 年	2017 年	2018 年	2019 年
80	卧龙地产集团股份有限公司	25.40	25.45	31.54	16.88	26.21
81	广宇集团股份有限公司	57.00	25.31	19.41	21.36	24.48
82	深圳市振业（集团）股份有限公司	31.01	44.76	19.50	22.45	22.72
83	南京栖霞建设股份有限公司	17.72	10.20	5.13	24.19	17.91
84	上海实业城市开发集团有限公司	30.00	35.60	38.60	23.90	16.50
85	天津市房地产发展（集团）股份有限公司	12.69	65.44	30.22	15.11	10.88
86	上置集团有限公司	15.79	21.37	12.60	8.72	10.29
87	南京高科股份有限公司	32.37	53.06	21.72	11.27	6.85
88	北京市大龙伟业房地产开发股份有限公司	3.81	2.76	2.92	1.97	6.31
89	浙江广厦股份有限公司	19.00	14.00	12.00	7.10	5.56
90	顺发恒业股份公司	33.78	21.84	11.96	10.85	4.07
91	天津松江股份有限公司	8.50	24.44	8.45	12.33	2.90
92	上海市北高新股份有限公司	—	3.39	8.04	1.97	1.69
93	莱蒙国际集团有限公司	39.65	18.74	12.56	11.27	0.82

注：标 * 房企仅公布权益销售面积。

数据来源：各企业公告、中指数据库。

6-35　2019年中国房地产企业发布销售金额排行榜

单位：亿元

排名	企业全称	1月	2月	3月	4月	5月	6月	7月	8月	9月	10月	11月	12月
1	万科企业股份有限公司	489	432	574	602	580	664	482	441	493	434	545	573
2	中国恒大集团	432	215	549	584	535	503	405	478	831	903	371	205
3	融创中国控股有限公司	240	183	376	391	444	508	412	513	629	644	667	556
4	碧桂园控股有限公司 *	331	418	451	472	543	604	426	468	516	568	602	124
5	保利发展控股集团股份有限公司	336	334	427	374	419	637	270	303	368	404	325	421
7	中国海外发展有限公司（港币）	290	211	294	302	333	512	331	288	341	282	248	340
8	新城发展控股有限公司	110	127	231	214	248	295	245	245	262	247	242	242
9	世茂集团控股有限公司	115	100	192	151	161	284	200	215	321	232	305	323
10	龙湖集团控股有限公司	149	100	196	196	201	214	200	220	270	270	211	198
11	华润置地有限公司	164	90	258	178	213	285	127	219	220	252	261	158
12	招商局蛇口工业区控股股份有限公司	118	83	178	179	171	283	193	181	235	171	179	234
13	阳光城集团股份有限公司	118	83	140	161	171	228	160	170	272	140	177	291
14	金地（集团）股份有限公司	106	69	163	163	145	209	148	165	250	158	175	355
15	旭辉控股（集团）有限公司	90	64	190	157	160	223	146	138	200	190	220	228
16	江苏中南建设集团股份有限公司	87	81	141	154	158	191	147	151	189	174	236	251
18	中国金茂控股集团有限公司	103	80	100	128	133	240	143	155	156	122	122	126
20	融信中国控股有限公司	75	74	105	102	111	100	129	109	135	150	171	152
21	广州富力地产股份有限公司 *	69	61	119	89	105	160	105	105	113	141	137	179
22	绿城中国控股有限公司	43	59	99	85	103	115	73	109	119	194	142	229
23	正荣地产集团有限公司	92	69	90	102	106	127	101	105	108	130	135	142
24	远洋集团控股有限公司	51	60	110	112	101	167	78	75	135	123	120	168
26	中国奥园集团股份有限公司	56	56	75	96	100	153	67	77	106	100	127	168
27	雅居乐集团控股有限公司	62	72	118	92	112	124	71	102	118	127	89	88
28	荣盛房地产发展股份有限公司	46	47	74	72	81	145	68	78	67	92	158	226
30	北京首都开发股份有限公司	—	—	376	391	444	508	412	513	629	644	667	556
31	美的置业控股有限公司	59	49	80	97	86	101	68	67	101	108	94	103
32	建业地产股份有限公司	18	23	57	59	71	137	53	93	109	86	79	195
33	龙光集团有限公司	44	48	79	73	101	109	93	80	90	71	65	108
35	佳兆业集团控股有限公司	44	39	55	67	73	69	53	43	108	80	120	130
36	合景泰富集团控股有限公司	51	41	63	67	63	76	67	62	92	101	86	92
37	首创置业股份有限公司	42	49	48	49	60	157	40	30	36	91	87	120
38	中骏集团控股有限公司	47	43	67	57	54	102	52	59	65	61	96	101
39	时代中国控股有限公司	42	31	67	52	60	61	56	63	75	87	82	107
40	禹洲集团控股有限公司	28	31	51	51	52	72	61	61	82	92	92	79
41	越秀地产股份有限公司	47	22	74	69	77	80	38	33	40	44	78	118
43	弘阳地产集团有限公司	21	22	50	57	53	99	40	49	46	57	86	70
44	宝龙地产控股有限公司	32	29	46	54	65	67	59	49	52	54	48	50
45	绿地香港控股有限公司	13	11	133	30	29	40	23	23	39	44	26	74
46	保利置业集团有限公司	23	20	29	44	29	54	32	34	23	35	47	62

6-35 续表

单位：亿元

排名	企业全称	1月	2月	3月	4月	5月	6月	7月	8月	9月	10月	11月	12月
48	花样年控股集团有限公司	17	13	19	18	28	37	37	30	25	41	41	57
49	当代置业（中国）有限公司	21	15	17	23	42	47	26	27	31	31	35	44
53	景瑞控股有限公司	5	8	25	17	13	33	13	20	19	22	31	45
54	合生创展集团有限公司	6	8	26	17	26	20	13	16	18	26	13	23
59	深圳控股有限公司	6	3	6	6	12	32	4	3	5	3	55	33
66	瑞安房地产有限公司	3	2	4	10	12	4	6	3	5	14	13	50
69	阳光 100 中国控股有限公司	6	3	5	11	6	7	7	8	9	7	17	19

注：标 * 房企仅公布权益销售金额。

数据来源：各企业公告、中指数据库。

6-36　2019年中国房地产企业发布销售面积排行榜

单位：万平方米

排名	企业全称	1月	2月	3月	4月	5月	6月	7月	8月	9月	10月	11月	12月
1	万科企业股份有限公司	318	247	360	370	366	489	314	277	321	271	365	415
2	中国恒大集团	388	202	513	555	497	465	384	449	827	967	387	213
3	融创中国控股有限公司	159	122	262	277	305	348	278	352	430	439	461	397
4	碧桂园控股有限公司 *	382	509	483	508	582	664	477	517	577	667	726	145
5	保利发展控股集团股份有限公司	228	189	283	255	272	410	187	198	272	283	242	304
7	中国海外发展有限公司	125	111	134	138	164	251	146	150	157	150	111	158
8	新城发展控股有限公司	97	122	197	178	203	253	221	229	223	237	228	244
9	世茂集团控股有限公司	69	55	106	84	89	153	113	120	181	129	178	188
10	龙湖集团控股有限公司	96	67	121	120	122	126	116	132	137	156	123	109
11	华润置地有限公司	97	50	123	103	115	137	72	129	129	134	145	90
12	招商局蛇口工业区控股股份有限公司	57	39	93	91	87	148	121	93	104	86	94	156
13	阳光城集团股份有限公司	103	52	103	126	159	158	137	145	223	117	147	243
14	金地（集团）股份有限公司	46	33	82	83	76	108	70	77	135	87	99	183
15	旭辉控股（集团）有限公司	51	40	103	90	101	124	85	97	111	121	147	134
16	江苏中南建设集团股份有限公司	71	68	112	128	123	145	112	114	154	136	181	199
18	中国金茂控股集团有限公司	40	39	46	77	55	101	59	72	72	55	64	68
20	融信中国控股有限公司	20	47	50	44	88	33	54	47	64	75	86	48
21	广州富力地产股份有限公司 *	56	55	105	72	93	172	96	102	104	140	128	134
22	绿城中国控股有限公司	17	20	37	33	43	50	31	38	44	67	61	86
23	正荣地产集团有限公司	58	47	60	64	70	79	62	70	70	86	82	94
24	远洋集团控股有限公司	23	30	45	52	52	84	41	41	71	62	57	77
26	中国奥园集团股份有限公司	52	53	78	96	101	153	67	75	105	101	132	157
27	雅居乐集团控股有限公司	41	46	84	56	83	94	53	78	92	115	76	69
28	荣盛房地产发展股份有限公司	36	44	73	66	75	129	66	77	68	92	150	222
30	北京首都开发股份有限公司	—	—	262	277	305	348	278	352	430	439	461	397
31	美的置业控股有限公司	59	51	76	91	79	97	64	67	111	109	99	99
32	建业地产股份有限公司	25	34	83	87	107	201	78	144	114	106	115	283
33	龙光集团有限公司	33	36	57	53	76	85	65	61	63	52	42	70
35	佳兆业集团控股有限公司	27	21	29	30	38	52	37	23	45	45	61	56
36	合景泰富集团控股有限公司	31	23	36	36	35	51	39	34	44	66	52	45
37	首创置业股份有限公司	13	28	17	22	22	62	12	9	13	48	25	46
38	中骏集团控股有限公司	30	40	57	45	42	83	43	49	51	56	56	80
39	时代中国控股有限公司	31	19	44	33	40	39	39	44	48	62	60	75
40	禹洲集团控股有限公司	18	21	35	32	31	48	43	41	57	63	54	54
41	越秀地产股份有限公司	18	10	31	30	35	39	20	18	22	20	36	69
43	弘阳地产集团有限公司	16	18	37	45	42	71	29	38	35	42	64	54
44	宝龙地产控股有限公司	21	19	30	33	36	39	36	30	34	35	32	31
45	绿地香港控股有限公司	9	10	28	22	23	32	17	20	40	56	24	55
46	保利置业集团有限公司	15	8	17	28	20	26	16	18	14	22	26	28

6–36 续表 单位：万平方米

排名	企业全称	1月	2月	3月	4月	5月	6月	7月	8月	9月	10月	11月	12月
48	花样年控股集团有限公司	16	12	15	16	23	29	33	27	29	40	35	46
49	当代置业（中国）有限公司	19	17	14	25	40	42	26	26	30	31	35	33
53	景瑞控股有限公司	3	4	12	9	6	14	5	10	10	10	16	22
54	合生创展集团有限公司	5	5	19	12	21	16	9	13	14	23	7	21
59	深圳控股有限公司	3	2	3	3	4	8	2	3	2	2	8	9
66	瑞安房地产有限公司	2	1	2	6	7	2	2	1	2	4	6	7
69	阳光100中国控股有限公司	5	3	4	9	5	6	5	5	7	5	13	13

注：标*房企仅公布权益销售面积。

数据来源：各企业公告、中指数据库。

第七章

中国上市物业服务企业经营情况统计

7-1　上市物业服务企业 2015~2019 年合同管理面积

单位：百万平方米

公司名称	2015 年	2016 年	2017 年	2018 年	2019 年
彩生活（01778）	303.47	357.52	404.27	542.30	550.10
中海物业（02669）	—	—	—	—	—
中奥到家（01538）	—	60.00	66.70	70.45	71.97
绿城服务（02869）	—	—	378.00	362.50	445.60
祈福生活服务（03686）	5.71	5.95	6.91	9.62	9.66
浦江中国（01417）	—	—	—	—	—
雅生活服务（03319）	—	—	126.10	229.80	356.24
碧桂园服务（06098）	161.69	207.13	329.50	505.00	684.70
新城悦服务（01755）	32.25	47.66	67.81	112.20	152.77
佳兆业美好（02168）	21.90	25.14	29.67	32.19	53.80
永升生活服务（01995）	15.25	22.64	33.37	65.55	110.56
奥园健康（03662）	—		—	—	—
滨江服务（03316）	8.47	10.20	13.70	20.78	26.81
和泓服务（06093）	—	6.81	7.20	8.16	8.20
鑫苑服务（01895）	—	—	21.97	26.33	37.03
蓝光嘉宝服务（02606）	—	—	52.25	73.60	116.90
银城生活服务（01922）	—	9.97	14.02	22.30	30.76
保利物业（06049）	—	135.35	184.50	361.54	498.12
时代邻里（09928）	—	—	19.82	27.71	49.29
华金国际资本（00982）	—	—	—	—	—
宝龙商业（09909）	—	15.62	18.40	21.71	28.40
兴业物联（09916）	—	—	—	—	—
烨星集团（01941）	—	5.08	6.36	6.84	7.26
建业新生活（09983）	—	—	34.12	70.35	114.70
金融街物业（01502）	—	—	14.15	17.47	21.37
弘阳服务（01971）	—	—	12.23	15.79	27.58
正荣服务（06958）	—	—	16.21	24.87	37.00
南都物业（603506）	—	—	38.85	55.43	60.61
新大正（002968）	—	51.38	60.10	62.72	—
招商积余（001914）	—	—	—	—	—

数据来源：各企业公告数据。

7-2 上市物业服务企业 2015~2019 年管理面积

单位：百万平方米

公司名称	2015 年	2016 年	2017 年	2018 年	2019 年
彩生活（01778）	—	—	293.60	363.20	359.70
中海物业（02669）	82.60	93.50	128.30	140.90	151.40
中奥到家（01538）	22.20	44.60	54.56	56.91	65.35
绿城服务（02869）	82.80	105.20	137.80	170.40	212.40
祈福生活服务（03686）	—	—	—	—	—
浦江中国（01417）	5.32	4.47	4.91	5.45	6.59
雅生活服务（03319）	35.05	50.06	78.34	138.12	233.99
碧桂园服务（06098）	69.80	91.06	122.76	181.51	276.10
新城悦服务（01755）	19.34	27.49	36.28	42.89	60.15
佳兆业美好（02168）	18.33	20.57	24.01	26.87	46.21
永升生活服务（01995）	9.78	16.12	26.48	40.24	65.15
奥园健康（03662）	5.24	7.08	8.57	10.43	15.08
滨江服务（03316）	5.53	6.89	8.60	11.63	14.37
和泓服务（06093）	5.88	5.44	5.91	6.35	6.64
鑫苑服务（01895）	—	10.75	13.68	15.66	20.06
蓝光嘉宝服务（02606）	—	24.18	43.99	60.63	71.72
银城生活服务（01922）	—	6.61	10.77	15.46	26.08
保利物业（06049）	—	81.82	106.18	190.52	286.95
时代邻里（09928）	—	13.10	16.00	18.80	38.43
华金国际资本（00982）	—	—	—	—	—
宝龙商业（09909）	—	14.42	15.65	16.58	18.49
兴业物联（09916）	—	0.69	1.22	1.61	2.40
烨星集团（01941）	—	2.87	3.75	4.58	4.92
建业新生活（09983）	—	16.79	20.36	25.69	56.98
金融街物业（01502）	—	—	13.19	16.41	19.86
弘阳服务（01971）	—	—	9.07	9.90	15.75
正荣服务（06958）	—	—	9.45	12.60	22.94
南都物业（603506）	—	—	—	—	—
新大正（002968）	—	—	52.50	53.67	—
招商积余（001914）	—	—	—	122.21	152.66

数据来源：各企业公告数据。

7-3 上市物业服务企业 2015~2019 年营业总收入

单位：亿元

公司名称	2015 年	2016 年	2017 年	2018 年	2019 年
彩生活（01778）	8.29	13.43	16.30	36.14	38.46
中海物业（02669）	21.33	22.95	28.09	36.40	48.97
中奥到家（01538）	4.20	6.36	9.80	10.30	15.27
绿城服务（02869）	29.23	37.28	51.42	67.15	85.87
祈福生活服务（03686）	2.61	2.90	3.67	3.42	3.97
浦江中国（01417）	2.94	3.10	3.64	3.93	4.84
雅生活服务（03319）	9.37	12.50	17.63	33.79	51.30
碧桂园服务（06098）	16.73	23.60	31.23	46.77	96.52
新城悦服务（01755）	4.01	5.74	8.66	11.50	20.26
佳兆业美好（02168）	4.78	5.39	6.69	8.96	12.62
永升生活服务（01995）	3.34	4.80	7.26	10.77	18.79
奥园健康（03662）	1.80	2.66	4.36	6.20	9.07
滨江服务（03316）	1.59	2.26	3.49	5.10	7.03
和泓服务（06093）	—	1.69	1.96	2.25	2.49
鑫苑服务（01895）	—	2.29	2.99	3.94	5.35
蓝光嘉宝服务（02606）	5.19	6.59	9.23	14.66	21.02
银城生活服务（01922）	—	2.27	3.06	4.68	6.96
保利物业（06049）	—	25.64	32.41	42.30	59.67
时代邻里（09928）	—	3.73	5.19	6.96	10.82
华金国际资本（00982）	1.54	1.41	1.63	2.17	4.73
宝龙商业（09909）	—	7.54	9.75	12.02	16.23
兴业物联（09916）	—	0.47	0.76	1.31	1.85
烨星集团（01941）	—	1.17	1.92	2.51	2.74
建业新生活（09983）	—	—	4.61	6.94	17.54
金融街物业（01502）	—	—	7.57	8.75	9.97
弘阳服务（01971）	—	—	2.57	3.49	5.03
正荣服务（06958）	—	—	2.73	4.56	7.19
南都物业（603506）	4.46	5.68	8.15	10.53	12.39
新大正（002968）	4.95	6.09	7.63	8.80	10.48
招商积余（001914）	50.74	59.42	56.92	64.16	60.62

数据来源：各企业公告数据。

7-4 上市物业服务企业2015~2019年毛利润

单位：亿元

公司名称	2015年	2016年	2017年	2018年	2019年
彩生活（01778）	4.54	5.86	7.31	12.82	13.55
中海物业（02669）	4.40	5.69	6.71	7.44	9.77
中奥到家（01538）	1.40	1.57	2.97	2.82	4.03
绿城服务（02869）	5.31	7.16	9.46	11.98	15.47
祈福生活服务（03686）	1.00	1.20	1.52	1.66	1.76
浦江中国（01417）	0.57	0.61	0.67	0.67	0.74
雅生活服务（03319）	1.49	3.12	5.91	12.90	18.83
碧桂园服务（06098）	5.11	8.00	10.36	17.62	30.52
新城悦服务（01755）	1.00	1.62	2.42	3.39	6.00
佳兆业美好（02168）	1.65	1.62	2.04	2.77	3.78
永升生活服务（01995）	0.54	1.05	1.83	3.09	5.55
奥园健康（03662）	0.50	0.83	1.48	2.09	3.37
滨江服务（03316）	0.26	0.42	0.90	1.35	1.97
和泓服务（06093）	—	0.50	0.66	0.80	0.84
鑫苑服务（01895）	—	0.62	1.01	1.34	2.02
蓝光嘉宝服务（02606）	1.66	2.13	3.36	4.87	7.60
银城生活服务（01922）	—	0.49	0.51	0.68	1.12
保利物业（06049）	—	4.28	5.81	8.51	12.11
时代邻里（09928）	—	0.87	1.30	1.91	3.05
华金国际资本（00982）	0.79	0.61	0.73	0.99	2.05
宝龙商业（09909）	—	1.64	2.53	3.26	4.28
兴业物联（09916）	—	0.22	0.38	0.62	0.79
烨星集团（01941）	—	0.38	0.68	0.82	0.94
建业新生活（09983）	—	—	1.05	1.61	5.76
金融街物业（01502）	—	—	1.46	1.62	1.91
弘阳服务（01971）	—	—	0.58	0.70	1.27
正荣服务（06958）	—	—	0.70	1.21	2.44
南都物业（603506）	1.16	1.47	1.96	2.29	2.74
新大正（002968）	0.96	1.31	1.59	1.82	2.16
招商积余（001914）	8.90	8.95	10.49	10.67	10.94

数据来源：各企业公告数据。

7-5 上市物业服务企业 2015~2019 年营业利润

单位：亿元

公司名称	2015 年	2016 年	2017 年	2018 年	2019 年
彩生活（01778）	2.13	2.64	4.11	8.33	8.56
中海物业（02669）	1.19	2.76	3.22	4.43	6.22
中奥到家（01538）	0.68	0.05	1.38	1.31	1.95
绿城服务（02869）	2.67	4.02	4.67	4.85	5.67
祈福生活服务（03686）	0.56	0.41	0.83	0.99	1.20
浦江中国（01417）	0.34	0.26	0.20	0.14	0.10
雅生活服务（03319）	0.88	2.17	3.89	9.43	15.47
碧桂园服务（06098）	2.85	4.69	5.68	9.77	17.85
新城悦服务（01755）	0.39	0.66	1.05	1.88	3.47
佳兆业美好（02168）	0.88	0.87	0.95	1.15	2.09
永升生活服务（01995）	0.12	0.40	0.94	1.18	2.83
奥园健康（03662）	0.38	0.63	1.09	1.24	2.11
滨江服务（03316）	0.15	0.29	0.75	0.91	1.36
和泓服务（06093）	—	0.21	0.29	0.41	0.32
鑫苑服务（01895）	—	0.34	0.72	1.03	1.33
蓝光嘉宝服务（02606）	0.75	1.16	1.95	3.40	5.29
银城生活服务（01922）	—	0.25	0.22	0.34	0.53
保利物业（06049）	—	1.94	2.77	4.41	6.24
时代邻里（09928）	—	0.34	0.49	0.88	1.40
华金国际资本（00982）	0.15	0.07	-0.02	-0.02	0.19
宝龙商业（09909）	—	0.99	1.40	2.13	2.64
兴业物联（09916）	—	0.15	0.26	0.44	0.46
烨星集团（01941）	—	0.21	0.45	0.47	0.57
建业新生活（09983）	—	—	0.36	0.61	2.99
金融街物业（01502）	—	—	1.06	1.13	1.35
弘阳服务（01971）	—	—	0.39	0.45	0.76
正荣服务（06958）	—	—	0.27	0.50	1.58
南都物业（603506）	0.31	0.77	0.92	1.00	1.42
新大正（002968）	0.51	0.32	0.83	1.00	1.19
招商积余（001914）	3.47	0.95	-0.76	2.33	6.30

数据来源：各企业公告数据。

7-6 上市物业服务企业2015~2019年营业总收入同比增长率

单位：%

公司名称	2015年	2016年	2017年	2018年	2019年
彩生活（01778）	112.63	62.09	21.36	121.70	6.40
中海物业（02669）	17.59	0.74	1.83	23.65	30.85
中奥到家（01538）	16.36	51.37	54.04	5.08	48.23
绿城服务（02869）	32.54	27.55	37.95	30.58	27.88
祈福生活服务（03686）	10.17	11.25	11.91	-6.44	16.03
浦江中国（01417）	-1.40	5.60	17.27	8.23	23.08
雅生活服务（03319）	12.92	33.43	41.40	91.70	51.87
碧桂园服务（06098）	—	41.12	32.31	49.77	106.15
新城悦服务（01755）	—	43.23	51.00	32.76	72.58
佳兆业美好（02168）	—	12.81	24.14	33.80	40.91
永升生活服务（01995）	—	43.68	51.12	48.35	74.21
奥园健康（03662）	—	48.25	63.92	42.01	46.31
滨江服务（03316）	—	42.24	54.57	45.96	37.90
和泓服务（06093）	—	—	15.98	14.48	10.68
鑫苑服务（01895）	—	—	30.21	32.07	35.70
蓝光嘉宝服务（02606）	4.75	26.91	39.01	58.73	43.39
银城生活服务（01922）	—	—	34.72	52.67	48.80
保利物业（06049）	—	—	26.37	30.53	41.07
时代邻里（09928）	—	—	39.17	34.04	55.47
华金国际资本（00982）	10.94	-14.30	20.05	27.65	4.41
宝龙商业（09909）	—	—	29.29	23.27	34.99
兴业物联（09916）	—	—	60.91	72.18	40.95
烨星集团（01941）	—	—	64.64	31.02	8.93
建业新生活（09983）	—	—	—	50.69	152.80
金融街物业（01502）	—	—	—	15.66	13.92
弘阳服务（01971）	—	—	—	35.69	44.22
正荣服务（06958）	—	—	—	67.19	57.58
南都物业（603506）	20.64	27.19	43.55	29.21	17.62
新大正（002968）	36.19	23.30	25.28	15.40	19.10
招商积余（001914）	-10.56	17.11	-4.31	12.72	-5.52

数据来源：各企业公告数据。

7-7　上市物业服务企业2015~2019年营业利润同比增长率

单位：%

公司名称	2015年	2016年	2017年	2018年	2019年
彩生活（01778）	1.30	24.17	55.53	102.84	2.56
中海物业（02669）	28.04	117.69	20.97	31.14	37.16
中奥到家（01538）	−13.10	−92.94	2,848.17	−21.97	48.82
绿城服务（02869）	42.15	50.43	16.12	3.80	16.85
祈福生活服务（03686）	20.85	−26.28	77.20	21.17	21.13
浦江中国（01417）	13.84	−22.94	−23.81	−28.46	−32.38
雅生活服务（03319）	39.70	146.58	81.39	142.90	64.13
碧桂园服务（06098）	—	64.50	21.04	70.79	81.78
新城悦服务（01755）	—	68.21	59.72	62.65	94.68
佳兆业美好（02168）	—	−0.77	8.75	21.05	81.30
永升生活服务（01995）	—	239.84	135.02	24.60	136.98
奥园健康（03662）	—	65.46	74.34	14.32	70.75
滨江服务（03316）	—	97.31	158.49	22.49	49.70
和泓服务（06093）	—	—	40.43	40.12	−21.14
鑫苑服务（01895）	—	—	114.13	43.23	28.69
蓝光嘉宝服务（02606）	214.55	53.94	51.39	74.13	55.67
银城生活服务（01922）	—	—	−11.28	51.45	54.91
保利物业（06049）	—	—	42.54	59.33	44.94
时代邻里（09928）	—	—	42.75	82.17	63.33
华金国际资本（00982）	8.84	−53.97	92.58	6.68	−61.71
宝龙商业（09909）	—	—	41.63	52.22	23.81
兴业物联（09916）	—	—	67.66	70.68	4.53
烨星集团（01941）	—	—	117.34	6.34	20.20
建业新生活（09983）	—	—	—	70.43	389.59
金融街物业（01502）	—	—	—	6.76	20.08
弘阳服务（01971）	—	—	—	15.33	70.12
正荣服务（06958）	—	—	—	83.93	215.20
南都物业（603506）	−19.67	149.55	19.91	7.94	43.09
新大正（002968）	91.26	−40.27	155.20	20.78	19.33
招商积余（001914）	−40.04	−72.48	−179.66	405.06	170.87

数据来源：各企业公告数据。

7-8 上市物业服务企业 2015~2019 年归属母公司股东的净利润同比增长率

单位：%

公司名称	2015 年	2016 年	2017 年	2018 年	2019 年
彩生活（01778）	15.63	11.49	70.76	51.26	2.79
中海物业（02669）	20.56	93.33	29.15	31.07	33.40
中奥到家（01538）	-80.53	-158.50	1518.60	6.12	12.99
绿城服务（02869）	32.84	44.34	35.70	24.73	-1.22
祈福生活服务（03686）	17.77	-41.90	125.08	29.04	31.82
浦江中国（01417）	20.17	-10.13	16.00	-29.27	-29.93
雅生活服务（03319）	56.15	147.31	80.32	176.48	53.64
碧桂园服务（06098）	—	47.05	23.93	129.79	80.97
新城悦服务（01755）	—	95.11	69.40	104.88	85.35
佳兆业美好（02168）	—	0.68	22.93	-24.33	203.20
永升生活服务（01995）	—	115.91	127.51	31.50	122.68
奥园健康（03662）	—	52.35	70.10	12.03	107.92
滨江服务（03316）	—	94.41	156.42	22.75	63.42
和泓服务（06093）	—	—	16.74	-22.79	-18.32
鑫苑服务（01895）	—	—	167.52	9.61	6.86
蓝光嘉宝服务（02606）	279.46	66.97	83.37	56.95	48.44
银城生活服务（01922）	—	—	-12.66	32.73	21.18
保利物业（06049）	—	—	50.62	49.57	49.34
时代邻里（09928）	—	—	69.05	87.96	51.62
华金国际资本（00982）	-25.67	-75.70	101.19	-89.53	-87.54
宝龙商业（09909）	—	—	24.87	69.66	33.95
兴业物联（09916）	—	—	67.85	77.50	2.78
烨星集团（01941）	—	—	104.45	2.93	-29.95
建业新生活（09983）	—	—	—	-16.83	1101.55
金融街物业（01502）	—	—	—	9.61	20.87
弘阳服务（01971）	—	—	—	14.90	79.02
正荣服务（06958）	—	—	—	95.16	165.98
南都物业（603506）	-29.84	184.75	18.85	22.69	24.09
新大正（002968）	57.81	-45.22	160.45	24.66	18.60
招商积余（001914）	-18.53	-59.77	-6.74	468.85	-66.59

数据来源：各企业公告数据。

7-9　上市物业服务企业 2015~2019 年经营活动产生的现金流量净额同比增长率

单位：%

公司名称	2015 年	2016 年	2017 年	2018 年	2019 年
彩生活（01778）	317.46	34.79	−46.32	116.81	3.56
中海物业（02669）	239.17	5.21	21.15	−55.54	34.05
中奥到家（01538）	−101.23	8001.95	91.68	−59.46	374.91
绿城服务（02869）	53.49	−22.94	34.27	24.15	40.11
祈福生活服务（03686）	45.94	55.22	2.88	28.34	−10.25
浦江中国（01417）	−43.32	−25.14	40.92	−241.76	101.66
雅生活服务（03319）	266.82	540.74	−16.45	207.40	81.18
碧桂园服务（06098）	—	8225.47	−11.59	74.92	110.32
新城悦服务（01755）	—	2.63	111.11	−3.14	193.49
佳兆业美好（02168）	—	102.94	1303.89	1820.21	−39.16
永升生活服务（01995）	—	187.36	89.52	−7.87	191.05
奥园健康（03662）	—	−42.63	63.55	492.36	−24.01
滨江服务（03316）	—	2587.07	41.59	5.22	5.61
和泓服务（06093）	—	—	111.18	48.86	−53.42
鑫苑服务（01895）	—	—	−50.00	25.07	−49.82
蓝光嘉宝服务（02606）	2785.33	36.35	−47.03	132.35	70.26
银城生活服务（01922）	—	—	−13.61	−20.94	196.19
保利物业（06049）	—	—	−53.11	19.69	60.47
时代邻里（09928）	—	—	631.76	4683.22	−176.88
华金国际资本（00982）	89.75	−72.20	−15.60	106.72	−145.39
宝龙商业（09909）	—	—	15.07	10.02	49.78
兴业物联（09916）	—	—	142.56	−13.38	33.72
烨星集团（01941）	—	—	−10.48	−102.15	7176.56
建业新生活（09983）	—	—	—	59.17	110.32
金融街物业（01502）	—	—	—	12.46	31.71
弘阳服务（01971）	—	—	—	−65.67	304.34
正荣服务（06958）	—	—	—	−21.05	131.66
南都物业（603506）	266.59	−68.38	177.57	−12.00	24.63
新大正（002968）	38.93	10.46	21.65	41.19	−54.87
招商积余（001914）	120.15	333.62	9.62	−50.01	−71.98

数据来源：各企业公告数据。

7-10 上市物业服务企业 2015~2019年净资产收益率（摊薄）同比增长率

单位：%

公司名称	2015年	2016年	2017年	2018年	2019年
彩生活（01778）	-8.85	-0.64	6.35	-0.19	-5.74
中海物业（02669）	-0.05	13.08	5.41	1.97	0.15
中奥到家（01538）	-72.31	-5.09	22.06	-2.39	-0.72
绿城服务（02869）	39.45	-85.94	-9.54	1.45	-3.97
祈福生活服务（03686）	-3.92	-26.60	10.97	0.62	1.45
浦江中国（01417）	11.20	6.89	-21.60	-15.44	-3.76
雅生活服务（03319）	-66.57	-30.57	-54.44	-9.84	-2.04
碧桂园服务（06098）	—	2.42	-7.68	17.22	-6.38
新城悦服务（01755）	—	278.45	-70.29	-32.54	1.77
佳兆业美好（02168）	—	-4.53	-1.98	-13.23	14.68
永升生活服务（01995）	—	10.66	14.81	-19.49	4.29
奥园健康（03662）	—	10.36	11.36	-6.86	-32.70
滨江服务（03316）	—	15.91	16.88	-21.73	-22.69
和泓服务（06093）	—	—	-0.18	-9.19	-9.23
鑫苑服务（01895）	—	—	25.15	-14.15	-16.01
蓝光嘉宝服务（02606）	25.77	21.18	0.49	13.30	-34.53
银城生活服务（01922）	—	—	-24.84	-5.09	-9.89
保利物业（06049）	—	—	15.98	-0.36	-47.70
时代邻里（09928）	—	—	-199.36	-58.86	-69.40
华金国际资本（00982）	5.68	-12.10	-3.19	-0.22	2.25
宝龙商业（09909）	—	—	-216.30	-55.97	-62.07
兴业物联（09916）	—	—	-12.04	-1.66	-2.96
烨星集团（01941）	—	—	35.42	-23.59	-21.67
建业新生活（09983）	—	—	—	-4.18	79.03
金融街物业（01502）	—	—	—	3.59	-3.87
弘阳服务（01971）	—	—	—	-69.13	-52.21
正荣服务（06958）	—	—	—	-24.54	11.76
南都物业（603506）	-9.38	16.16	-12.35	-8.88	-3.17
新大正（002968）	9.55	-27.81	18.89	-7.00	-15.61
招商积余（001914）	-3.85	-6.73	-0.37	15.35	-14.53

数据来源：各企业公告数据。

7-11　上市物业服务企业 2015~2019 年总资产净利率

单位 %

公司名称	2015 年	2016 年	2017 年	2018 年	2019 年
彩生活（01778）	7.80	5.57	7.39	6.59	5.13
中海物业（02669）	5.70	9.56	10.01	11.30	13.70
中奥到家（01538）	2.20	−0.70	7.75	7.46	6.71
绿城服务（02869）	13.44	11.50	10.38	10.19	6.89
祈福生活服务（03686）	19.25	8.98	17.62	18.21	19.01
浦江中国（01417）	12.70	11.15	11.44	6.72	4.21
雅生活服务（03319）	4.54	10.19	13.14	16.34	14.75
碧桂园服务（06098）	—	16.62	13.52	20.52	18.78
新城悦服务（01755）	—	9.03	10.42	12.71	15.03
佳兆业美好（02168）	—	6.71	6.00	4.81	13.96
永升生活服务（01995）	—	7.65	12.76	9.16	11.27
奥园健康（03662）	—	16.04	15.48	14.55	17.20
滨江服务（03316）	—	12.58	18.40	14.92	13.07
和泓服务（06093）	—	—	10.09	6.84	4.87
鑫苑服务（01895）	—	—	19.06	14.55	10.77
蓝光嘉宝服务（02606）	8.92	19.00	20.98	24.85	18.08
银城生活服务（01922）	—	—	7.80	7.95	6.12
保利物业（06049）	—	—	12.19	14.41	9.69
时代邻里（09928）	—	—	5.00	2.81	3.74
华金国际资本（00982）	10.15	2.11	0.15	0.01	0.88
宝龙商业（09909）	—	—	4.23	6.79	6.78
兴业物联（09916）	—	—	21.26	21.17	17.24
烨星集团（01941）	—	—	18.26	15.58	10.19
建业新生活（09983）	—	—	—	1.46	16.79
金融街物业（01502）	—	—	—	11.75	12.13
弘阳服务（01971）	—	—	—	16.46	14.70
正荣服务（06958）	—	—	—	5.02	15.27
南都物业（603506）	6.67	13.79	10.82	8.53	7.72
新大正（002968）	23.04	10.81	21.97	19.95	13.99
招商积余（001914）	1.87	0.72	0.74	5.30	1.93

数据来源：各企业公告数据。

7-12 上市物业服务企业 2015~2019 年净资产收益率

单位：%

公司名称	2015 年	2016 年	2017 年	2018 年	2019 年
彩生活（01778）	14.45	13.82	20.17	19.98	14.23
中海物业（02669）	20.24	33.32	38.72	40.70	40.84
中奥到家（01538）	3.66	-1.44	20.62	18.23	17.51
绿城服务（02869）	116.79	30.85	21.31	22.76	18.79
祈福生活服务（03686）	40.15	13.56	24.52	25.14	26.59
浦江中国（01417）	41.67	48.56	26.95	11.51	7.75
雅生活服务（03319）	118.09	87.53	33.08	23.24	21.20
碧桂园服务（06098）	—	40.61	32.92	50.14	43.77
新城悦服务（01755）	—	132.95	62.66	30.11	31.88
佳兆业美好（02168）	—	28.53	26.54	13.31	27.99
永升生活服务（01995）	—	22.25	37.07	17.58	21.87
奥园健康（03662）	—	61.68	73.03	66.18	33.48
滨江服务（03316）	—	52.94	69.82	48.09	25.39
和泓服务（06093）	—	—	29.69	20.51	11.28
鑫苑服务（01895）	—	—	50.21	36.06	20.05
蓝光嘉宝服务（02606）	32.16	53.34	53.82	67.12	32.59
银城生活服务（01922）	—	—	49.02	43.94	34.05
保利物业（06049）	—	—	65.25	64.89	17.19
时代邻里（09928）	—	—	147.54	88.68	19.28
华金国际资本（00982）	15.52	3.42	0.24	0.02	2.27
宝龙商业（09909）	—	—	137.70	81.73	19.66
兴业物联（09916）	—	—	34.53	32.87	29.91
烨星集团（01941）	—	—	76.89	53.30	31.62
建业新生活（09983）	—	—	—	17.23	96.26
金融街物业（01502）	—	—	—	37.73	33.86
弘阳服务（01971）	—	—	—	97.96	45.75
正荣服务（06958）	—	—	—	115.48	127.24
南都物业（603506）	24.97	41.14	28.79	19.91	16.75
新大正（002968）	51.98	24.17	43.06	36.06	20.45
招商积余（001914）	10.75	4.01	3.65	18.99	4.46

数据来源：各企业公告数据。

7-13　上市物业服务企业 2015~2019 年资产负债率

单位：%

公司名称	2015 年	2016 年	2017 年	2018 年	2019 年
彩生活（01778）	52.16	61.90	60.80	67.65	56.78
中海物业（02669）	70.89	71.66	75.79	68.26	64.27
中奥到家（01538）	29.42	59.13	55.78	54.82	61.05
绿城服务（02869）	90.93	47.46	51.89	55.00	65.33
祈福生活服务（03686）	41.06	25.91	28.12	27.15	29.62
浦江中国（01417）	74.24	76.71	41.62	38.11	47.76
雅生活服务（03319）	91.79	84.02	41.29	24.48	30.70
碧桂园服务（06098）	59.75	56.10	55.65	57.81	53.71
新城悦服务（01755）	103.12	80.47	76.76	44.14	56.04
佳兆业美好（02168）	67.70	80.44	74.36	51.99	46.75
永升生活服务（01995）	64.97	66.16	65.16	39.54	50.45
奥园健康（03662）	71.04	75.52	80.56	74.89	38.95
滨江服务（03316）	74.69	76.93	71.45	66.48	39.64
和泓服务（06093）	—	68.66	63.75	69.22	46.37
鑫苑服务（01895）	—	64.16	60.64	58.66	37.73
蓝光嘉宝服务（02606）	67.22	62.84	58.96	63.26	35.45
银城生活服务（01922）	—	85.91	82.61	81.10	82.47
保利物业（06049）	—	80.27	81.05	72.84	32.34
时代邻里（09928）	—	98.12	95.02	97.05	40.09
华金国际资本（00982）	34.68	41.50	34.61	37.31	69.65
宝龙商业（09909）	—	99.09	94.49	89.44	48.65
兴业物联（09916）	—	50.64	33.79	36.84	47.22
烨星集团（01941）	—	76.34	76.16	66.35	69.26
建业新生活（09983）	—	—	92.57	92.65	73.92
金融街物业（01502）	—	—	66.66	69.01	59.20
弘阳服务（01971）	—	—	87.44	81.00	59.72
正荣服务（06958）	—	—	98.01	93.65	75.80
南都物业（603506）	79.55	58.72	64.89	51.86	54.45
新大正（002968）	52.56	58.62	42.81	45.96	24.15
招商积余（001914）	79.48	78.25	75.94	63.09	51.51

数据来源：各企业公告数据。

7-14 上市物业服务企业2015~2019年净资产负债率

单位：%

公司名称	2015年	2016年	2017年	2018年	2019年
彩生活（01778）	1.13	1.71	1.65	2.17	1.38
中海物业（02669）	2.44	2.53	3.15	2.17	1.82
中奥到家（01538）	0.42	1.69	1.40	1.31	1.71
绿城服务（02869）	11.30	0.92	1.12	1.26	2.02
祈福生活服务（03686）	0.72	0.36	0.39	0.37	0.42
浦江中国（01417）	3.09	3.53	0.73	0.64	0.96
雅生活服务（03319）	13.16	5.71	0.70	0.33	0.47
碧桂园服务（06098）	1.48	1.36	1.36	1.41	1.23
新城悦服务（01755）	-24.63	5.96	4.06	0.81	1.33
佳兆业美好（02168）	2.10	4.11	2.90	1.08	0.91
永升生活服务（01995）	1.86	1.96	1.87	0.66	1.09
奥园健康（03662）	2.45	3.10	4.16	3.00	0.64
滨江服务（03316）	2.95	3.35	2.52	2.02	0.66
和泓服务（06093）	—	2.19	1.76	2.25	0.86
鑫苑服务（01895）	—	1.79	1.54	1.43	0.61
蓝光嘉宝服务（02606）	2.05	1.69	1.47	1.84	0.56
银城生活服务（01922）	—	6.12	4.76	4.34	4.69
保利物业（06049）	—	4.18	4.44	2.86	0.48
时代邻里（09928）	—	81.17	20.79	34.29	0.67
华金国际资本（00982）	0.53	0.71	0.53	0.64	2.46
宝龙商业（09909）	—	109.45	17.14	8.47	0.95
兴业物联（09916）	—	1.03	0.51	0.58	0.89
烨星集团（01941）	—	3.23	3.20	1.97	2.25
建业新生活（09983）	—	—	11.34	10.51	2.93
金融街物业（01502）	—	—	2.09	2.28	1.48
弘阳服务（01971）	—	—	6.96	4.26	1.55
正荣服务（06958）	—	—	49.17	14.73	3.60
南都物业（603506）	3.89	1.42	1.86	1.09	1.21
新大正（002968）	1.10	1.41	0.75	0.85	0.32
招商积余（001914）	4.60	4.17	3.47	1.72	1.06

数据来源：各企业公告数据。

7-15　上市物业服务企业 2015~2019 年流动比率

单位 %

公司名称	2015 年	2016 年	2017 年	2018 年	2019 年
彩生活（01778）	1.48	1.91	1.64	1.26	1.34
中海物业（02669）	1.34	1.62	1.36	1.36	1.47
中奥到家（01538）	3.15	1.46	1.40	1.26	1.12
绿城服务（02869）	0.94	1.84	1.37	1.31	1.25
祈福生活服务（03686）	2.31	3.65	3.45	3.63	3.47
浦江中国（01417）	1.19	1.04	2.00	2.18	1.42
雅生活服务（03319）	0.84	1.18	1.38	3.47	2.55
碧桂园服务（06098）	1.62	1.73	1.75	1.49	1.59
新城悦服务（01755）	0.91	1.15	1.22	2.20	1.69
佳兆业美好（02168）	1.45	1.88	1.33	1.97	1.99
永升生活服务（01995）	1.38	1.33	1.39	2.41	1.52
奥园健康（03662）	1.36	1.28	1.21	1.26	1.97
滨江服务（03316）	1.27	1.25	1.34	1.46	2.28
和泓服务（06093）	—	1.10	1.31	1.25	1.76
鑫苑服务（01895）	—	1.53	1.63	1.39	2.36
蓝光嘉宝服务（02606）	1.41	1.29	1.34	1.17	2.49
银城生活服务（01922）	—	1.35	1.26	1.07	1.12
保利物业（06049）	—	1.17	1.17	1.25	3.01
时代邻里（09928）		0.70	0.84	1.66	2.15
华金国际资本（00982）	2.53	2.02	2.01	2.05	1.21
宝龙商业（09909）	—	0.80	0.78	0.91	2.15
兴业物联（09916）	—	1.99	2.94	2.70	2.11
烨星集团（01941）	—	1.29	1.29	1.48	1.39
建业新生活（09983）	—	—	2.35	1.66	1.34
金融街物业（01502）	—	—	1.40	1.35	1.63
弘阳服务（01971）	—	—	1.06	1.18	1.57
正荣服务（06958）	—	—	3.28	2.75	1.08
南都物业（603506）	1.14	1.60	1.30	1.58	1.41
新大正（002968）	1.58	1.37	1.75	1.81	3.56
招商积余（001914）	1.24	1.30	1.15	1.51	1.43

数据来源：各企业公告数据。

7-16 上市物业服务企业2015~2019年流动资产周转率

单位：%

公司名称	2015年	2016年	2017年	2018年	2019年
彩生活（01778）	0.59	0.66	0.61	0.83	0.72
中海物业（02669）	1.32	1.13	1.17	1.27	1.51
中奥到家（01538）	1.02	0.98	1.34	1.28	1.55
绿城服务（02869）	2.39	1.76	1.78	1.98	1.90
祈福生活服务（03686）	1.53	1.38	1.23	0.90	0.85
浦江中国（01417）	1.25	1.32	1.42	1.25	1.53
雅生活服务（03319）	1.40	1.41	1.37	0.91	0.80
碧桂园服务（06098）	—	1.25	1.09	1.17	1.30
新城悦服务（01755）	—	1.29	1.32	1.02	1.14
佳兆业美好（02168）	—	0.63	0.57	0.81	1.16
永升生活服务（01995）	—	1.28	1.40	1.08	1.18
奥园健康（03662）	—	1.08	1.00	1.21	1.20
滨江服务（03316）	—	1.33	1.17	1.12	0.87
和泓服务（06093）	—	—	1.14	1.08	1.08
鑫苑服务（01895）	—	—	0.83	0.85	0.83
蓝光嘉宝服务（02606）	1.05	1.48	1.37	1.71	1.08
银城生活服务（01922）	—	—	1.30	1.62	1.46
保利物业（06049）	—	—	1.87	1.97	1.24
时代邻里（09928）	—	—	1.02	0.33	0.46
华金国际资本（00982）	1.65	1.23	1.13	1.07	1.39
宝龙商业（09909）	—	—	0.91	1.00	0.76
兴业物联（09916）	—	—	0.86	0.83	0.93
烨星集团（01941）	—	—	1.01	1.09	1.12
建业新生活（09983）	—	—	—	0.66	1.46
金融街物业（01502）	—	—	—	1.32	1.29
弘阳服务（01971）	—	—	—	1.84	1.33
正荣服务（06958）	—	—	—	0.61	1.20
南都物业（603506）	1.50	1.34	1.34	1.18	1.06
新大正（002968）	2.82	2.97	3.08	2.73	1.77
招商积余（001914）	0.36	0.46	0.48	0.79	1.09

数据来源：各企业公告数据。

7-17　上市物业服务企业2015~2019年固定资产周转率

单位：%

公司名称	2015年	2016年	2017年	2018年	2019年
彩生活（01778）	7.06	7.72	9.33	17.83	17.50
中海物业（02669）	64.84	85.40	108.56	109.54	112.24
中奥到家（01538）	19.49	21.15	26.69	26.82	31.56
绿城服务（02869）	60.11	22.72	18.09	19.87	18.01
祈福生活服务（03686）	26.64	19.54	19.24	20.41	27.16
浦江中国（01417）	29.49	126.86	167.40	136.79	119.34
雅生活服务（03319）	14.71	20.26	26.65	44.85	42.87
碧桂园服务（06098）	—	59.01	51.35	48.84	45.44
新城悦服务（01755）	—	55.06	57.63	95.99	234.54
佳兆业美好（02168）	—	72.33	97.05	120.62	94.67
永升生活服务（01995）	—	151.27	80.59	51.77	42.01
奥园健康（03662）	—	56.17	84.38	67.82	55.04
滨江服务（03316）	—	34.57	45.30	61.73	65.72
和泓服务（06093）	—	—	103.56	92.94	50.80
鑫苑服务（01895）	—	—	73.92	89.10	115.43
蓝光嘉宝服务（02606）	37.36	61.40	103.52	125.61	155.22
银城生活服务（01922）	—	—	22.52	21.70	31.03
保利物业（06049）	—	—	69.05	68.06	74.55
时代邻里（09928）	—	—	26.25	24.02	34.09
华金国际资本（00982）	36.10	35.94	44.30	56.38	92.91
宝龙商业（09909）	—	—	5.61	6.74	17.99
兴业物联（09916）	—	—	58.62	57.32	82.30
烨星集团（01941）	—	—	91.69	105.42	101.64
建业新生活（09983）	—	—	—	36.51	89.55
金融街物业（01502）	—	—	—	63.67	61.11
弘阳服务（01971）	—	—	—	55.77	58.71
正荣服务（06958）	—	—	—	115.90	115.57
南都物业（603506）	14.38	19.06	28.51	26.46	47.57
新大正（002968）	50.08	57.75	61.00	14.91	8.92
招商积余（001914）	16.80	10.95	8.66	10.22	10.08

数据来源：各企业公告数据。

7-18 上市物业服务企业2015~2019年总资产周转率

单位：%

公司名称	2015年	2016年	2017年	2018年	2019年
彩生活（01778）	0.38	0.40	0.38	0.49	0.40
中海物业（02669）	1.24	1.08	1.10	1.17	1.39
中奥到家（01538）	0.85	0.70	0.84	0.80	0.94
绿城服务（02869）	1.99	1.50	1.38	1.42	1.24
祈福生活服务（03686）	1.44	1.29	1.15	0.86	0.79
浦江中国（01417）	1.08	1.12	1.16	1.04	1.15
雅生活服务（03319）	0.66	0.79	0.80	0.69	0.61
碧桂园服务（06098）	—	1.21	1.05	1.04	1.09
新城悦服务（01755）	—	1.20	1.23	0.97	1.08
佳兆业美好（02168）	—	0.62	0.56	0.80	1.08
永升生活服务（01995）	—	1.09	1.21	0.98	0.95
奥园健康（03662）	—	1.04	0.97	1.15	0.96
滨江服务（03316）	—	1.27	1.12	1.08	0.80
和泓服务（06093）	—	—	0.90	0.91	0.88
鑫苑服务（01895）	—	—	0.82	0.75	0.71
蓝光嘉宝服务（02606）	0.77	1.24	1.05	1.26	0.88
银城生活服务（01922）	—	—	1.16	1.36	1.29
保利物业（06049）	—	—	1.76	1.81	1.18
时代邻里（09928）	—	—	0.77	0.31	0.42
华金国际资本（00982）	1.42	1.04	0.84	0.79	1.09
宝龙商业（09909）	—	—	0.53	0.61	0.62
兴业物联（09916）	—	—	0.84	0.81	0.91
烨星集团（01941）	—	—	0.98	1.06	1.08
建业新生活（09983）	—	—	—	0.52	1.26
金融街物业（01502）	—	—	—	1.18	1.15
弘阳服务（01971）	—	—	—	1.74	1.25
正荣服务（06958）	—	—	—	0.58	1.04
南都物业（603506）	1.35	1.24	1.18	0.98	0.84
新大正（002968）	2.30	2.43	2.37	1.99	1.40
招商积余（001914）	0.24	0.27	0.28	0.40	0.41

数据来源：各企业公告数据。

7-19　上市物业服务企业 2015~2019 年存货周转率

单位：%

公司名称	2015 年	2016 年	2017 年	2018 年	2019 年
彩生活（01778）	251.48	329.39	182.95	389.76	597.66
中海物业（02669）	540.96	5651.15	523.59	141.26	19.21
中奥到家（01538）	—	—	866.05	663.60	614.39
绿城服务（02869）	1259.34	496.48	60.89	26.31	22.37
祈福生活服务（03686）	19.57	17.13	16.79	15.49	25.18
浦江中国（01417）	2304.73	2180.92	2836.69	1705.38	1802.47
雅生活服务（03319）	18.60	32.42	56.18	128.08	235.50
碧桂园服务（06098）	—	281.83	361.76	399.60	588.56
新城悦服务（01755）	—	38.06	62.10	131.21	148.22
佳兆业美好（02168）	—				
永升生活服务（01995）	—	7.88	23.18		
奥园健康（03662）	—	2031.83	2725.30	4824.49	1544.51
滨江服务（03316）	—	354.27	703.34	923.59	29.82
和泓服务（06093）	—	—	6336.88	3129.52	1886.69
鑫苑服务（01895）	—	—			
蓝光嘉宝服务（02606）	1.71	352.83	161.27	179.33	202.95
银城生活服务（01922）	—	—	302.08	533.70	776.96
保利物业（06049）	—	—	2086.74	100.07	84.74
时代邻里（09928）	—	—	169.23	281.17	294.23
华金国际资本（00982）	—	—	—	—	—
宝龙商业（09909）	—	—	—	—	—
兴业物联（09916）	—	—	—	—	—
烨星集团（01941）	—	—	—	—	—
建业新生活（09983）	—	—	—	—	—
金融街物业（01502）	—	—	—	—	—
弘阳服务（01971）	—	—	—	12139.52	13909.11
正荣服务（06958）	—	—			
南都物业（603506）	1056.63	1260.70	1131.67	1184.04	140.91
新大正（002968）	1026.92	1890.69	1549.00	1516.01	1617.22
招商积余（001914）	0.39	0.59	0.81	1.55	2.89

数据来源：各企业公告数据。

7-20 上市物业服务企业2015~2019年净利润/营业总收入

单位：%

公司名称	2015年	2016年	2017年	2018年	2019年
彩生活（01778）	22.04	16.08	21.51	14.33	13.93
中海物业（02669）	4.60	8.82	9.14	9.78	9.95
中奥到家（01538）	2.53	-0.53	10.13	10.38	8.77
绿城服务（02869）	6.93	7.91	7.62	6.94	5.50
祈福生活服务（03686）	15.34	7.94	15.66	21.26	24.15
浦江中国（01417）	12.09	9.85	9.95	6.67	4.23
雅生活服务（03319）	7.69	13.53	17.03	23.99	25.18
碧桂园服务（06098）	13.18	14.94	14.10	19.97	17.80
新城悦服务（01755）	5.75	9.09	10.59	14.19	14.90
佳兆业美好（02168）	12.07	10.78	10.67	5.97	13.24
永升生活服务（01995）	4.66	7.00	10.53	9.31	13.25
奥园健康（03662）	14.99	15.41	16.03	12.63	17.99
滨江服务（03316）	7.22	9.78	16.48	13.81	16.35
和泓服务（06093）	—	11.08	11.15	7.52	5.55
鑫苑服务（01895）	—	11.32	23.26	19.30	15.31
蓝光嘉宝服务（02606）	11.63	15.38	20.07	20.26	21.13
银城生活服务（01922）	—	10.20	6.47	5.79	4.77
保利物业（06049）	—	5.82	6.93	7.94	8.43
时代邻里（09928）	—	5.38	6.58	9.22	8.81
华金国际资本（00982）	7.13	2.03	0.18	0.91	1.15
宝龙商业（09909）	—	8.34	8.06	11.09	11.00
兴业物联（09916）	—	24.28	25.33	26.11	19.04
烨星集团（01941）	—	15.07	18.55	14.81	9.45
建业新生活（09983）	—	—	5.08	2.90	13.38
金融街物业（01502）	—	—	10.92	10.46	11.38
弘阳服务（01971）	—	—	11.16	9.45	11.34
正荣服务（06958）	—	—	7.43	8.66	15.18
南都物业（603506）	4.69	10.90	9.20	9.06	9.67
新大正（002968）	8.91	4.45	9.29	10.00	9.97
招商积余（001914）	6.72	2.17	-0.59	12.38	4.44

数据来源：各企业公告数据。

7–21　2019 年香港上市物业服务企业总营业收入

单位：亿元

公司名称	2019 中报	2019 年报
彩生活（01778）	18.42	38.46
中海物业（02669）	21.12	48.97
中奥到家（01538）	6.60	15.27
绿城服务（02869）	36.65	85.87
祈福生活服务（03686）	1.79	3.97
浦江中国（01417）	2.26	4.84
雅生活服务（03319）	22.45	51.30
碧桂园服务（06098）	35.18	96.52
新城悦服务（01755）	8.58	20.26
佳兆业美好（02168）	5.58	12.62
永升生活服务（01995）	7.09	18.79
奥园健康（03662）	3.93	9.07
滨江服务（03316）	3.17	7.03
和泓服务（06093）	1.21	2.49
鑫苑服务（01895）	—	5.35
蓝光嘉宝服务（02606）	9.33	21.02
银城生活服务（01922）	—	6.96
保利物业（06049）	28.22	59.67
时代邻里（09928）	4.56	10.82
华金国际资本（00982）	1.03	4.73
宝龙商业（09909）	7.51	16.23
兴业物联（09916）	—	1.85
烨星集团（01941）	—	2.74
建业新生活（09983）	—	17.54
金融街物业（01502）	—	9.97
弘阳服务（01971）	—	5.03
正荣服务（06958）	—	7.19

数据来源：各企业公告数据。

7–22　2019 年 A 股上市物业服务企业总营业收入

单位：亿元

企业名称	2019 第一季度	2019 第二季度	2019 第三季度	2019 第四季度
南都物业（603506）	2.92	2.93	3.17	3.43
新大正（002968）	2.40	2.50	2.63	3.02
招商积余（001914）	12.45	13.36	13.37	21.60

数据来源：各企业公告数据。

7-23 2019 年香港上市物业服务企业毛利

单位：亿元

公司名称	2019 中报	2019 年报
彩生活（01778）	5.90	13.55
中海物业（02669）	4.25	9.77
中奥到家（01538）	2.01	4.03
绿城服务（02869）	7.06	15.47
祈福生活服务（03686）	0.78	1.76
浦江中国（01417）	0.39	0.74
雅生活服务（03319）	8.29	18.83
碧桂园服务（06098）	13.78	30.52
新城悦服务（01755）	2.50	6.00
佳兆业美好（02168）	1.91	3.78
永升生活服务（01995）	2.10	5.55
奥园健康（03662）	1.55	3.37
滨江服务（03316）	0.92	1.97
和泓服务（06093）	0.38	0.84
鑫苑服务（01895）	—	2.02
蓝光嘉宝服务（02606）	3.16	7.60
银城生活服务（01922）	—	1.12
保利物业（06049）	6.67	12.11
时代邻里（09928）	1.23	3.05
华金国际资本（00982）	0.47	2.05
宝龙商业（09909）	1.98	4.28
兴业物联（09916）	—	0.79
烨星集团（01941）	—	0.94
建业新生活（09983）	—	5.76
金融街物业（01502）	—	1.91
弘阳服务（01971）	—	1.27
正荣服务（06958）	—	2.44

数据来源：各企业公告数据。

7-24 2019 年 A 股上市物业服务企业毛利

单位：亿元

企业名称	2019 第一季度	2019 第二季度	2019 第三季度	2019 第四季度
南都物业（603506）	0.77	0.53	0.87	0.63
新大正（002968）	0.52	0.52	0.52	0.66
招商积余（001914）	2.64	2.65	2.21	3.61

数据来源：各企业公告数据。

7-25　2019 年香港上市物业服务企业营业利润

单位：亿元

公司名称	2019 中报	2019 年报
彩生活（01778）	4.08	8.56
中海物业（02669）	3.00	6.22
中奥到家（01538）	1.03	1.95
绿城服务（02869）	2.84	5.67
祈福生活服务（03686）	0.51	1.20
浦江中国（01417）	0.11	0.10
雅生活服务（03319）	6.91	15.47
碧桂园服务（06098）	8.95	17.85
新城悦服务（01755）	1.59	3.47
佳兆业美好（02168）	1.19	2.09
永升生活服务（01995）	1.05	2.83
奥园健康（03662）	1.08	2.11
滨江服务（03316）	0.63	1.36
和泓服务（06093）	0.20	0.32
鑫苑服务（01895）	—	1.33
蓝光嘉宝服务（02606）	2.19	5.29
银城生活服务（01922）	—	0.53
保利物业（06049）	4.18	6.24
时代邻里（09928）	0.59	1.40
华金国际资本（00982）	-0.04	0.19
宝龙商业（09909）	1.33	2.64
兴业物联（09916）	—	0.46
烨星集团（01941）	—	0.57
建业新生活（09983）	—	2.99
金融街物业（01502）	—	1.35
弘阳服务（01971）	—	0.76
正荣服务（06958）	—	1.58

数据来源：各企业公告数据。

7-26　2019 年 A 股上市物业服务企业营业利润

单位：亿元

企业名称	2019 第一季度	2019 第二季度	2019 第三季度	2019 第四季度
南都物业（603506）	0.38	0.41	0.46	0.50
新大正（002968）	0.27	0.27	0.35	0.33
招商积余（001914）	0.69	0.64	0.64	2.05

数据来源：各企业公告数据。

7-27　2019年香港上市物业服务企业净利润

单位：亿元

公司名称	2019 中报	2019 年报
彩生活（01778）	2.16	4.99
中海物业（02669）	2.19	4.82
中奥到家（01538）	0.52	1.09
绿城服务（02869）	2.34	4.77
祈福生活服务（03686）	0.43	0.96
浦江中国（01417）	0.16	0.18
雅生活服务（03319）	5.41	12.31
碧桂园服务（06098）	8.17	16.71
新城悦服务（01755）	1.17	2.82
佳兆业美好（02168）	0.91	1.64
永升生活服务（01995）	0.91	2.24
奥园健康（03662）	0.90	1.62
滨江服务（03316）	0.49	1.15
和泓服务（06093）	0.03	0.14
鑫苑服务（01895）	—	0.81
蓝光嘉宝服务（02606）	1.80	4.30
银城生活服务（01922）	—	0.33
保利物业（06049）	3.21	4.91
时代邻里（09928）	0.42	0.96
华金国际资本（00982）	-0.02	0.04
宝龙商业（09909）	0.87	1.79
兴业物联（09916）	—	0.35
烨星集团（01941）	—	0.26
建业新生活（09983）	—	2.34
金融街物业（01502）	—	1.05
弘阳服务（01971）	—	0.59
正荣服务（06958）	—	1.05

数据来源：各企业公告数据。

7-28　2019年A股上市物业服务企业净利润

单位：亿元

企业名称	2019 第一季度	2019 第二季度	2019 第三季度	2019 第四季度
南都物业（603506）	0.29	0.31	0.32	0.28
新大正（002968）	0.24	0.24	0.30	0.27
招商积余（001914）	0.49	0.32	0.44	1.45

数据来源：各企业公告数据。

7-29　2019年香港上市物业服务企业经营活动产生的现金流量净额

单位：亿元

公司名称	2019中报	2019年报
彩生活（01778）	0.26	5.45
中海物业（02669）	-2.87	2.75
中奥到家（01538）	0.28	2.69
绿城服务（02869）	-2.19	9.19
祈福生活服务（03686）	0.42	0.86
浦江中国（01417）	-0.30	0.01
雅生活服务（03319）	5.37	16.00
碧桂园服务（06098）	8.64	32.57
新城悦服务（01755）	0.24	5.45
佳兆业美好（02168）	0.55	2.74
永升生活服务（01995）	1.22	5.09
奥园健康（03662）	2.32	1.70
滨江服务（03316）	0.42	1.59
和泓服务（06093）	0.05	0.20
鑫苑服务（01895）	—	0.57
蓝光嘉宝服务（02606）	1.29	4.22
银城生活服务（01922）	—	1.06
保利物业（06049）	2.47	6.94
时代邻里（09928）	-8.47	-8.57
华金国际资本（00982）	-0.01	-0.14
宝龙商业（09909）	2.00	5.34
兴业物联（09916）	—	0.57
烨星集团（01941）	—	0.64
建业新生活（09983）	—	2.81
金融街物业（01502）	—	1.46
弘阳服务（01971）	—	1.11
正荣服务（06958）	—	1.25

数据来源：各企业公告数据。

7-30　2019年A股上市物业服务企业经营活动产生的现金流量净额

单位：亿元

企业名称	2019第一季度	2019第二季度	2019第三季度	2019第四季度
南都物业（603506）	0.00	0.65	-0.25	1.52
新大正（002968）	-1.03	0.61	-0.06	0.98
招商积余（001914）	-6.87	1.23	1.77	7.46

数据来源：各企业公告数据。

7-31 2019年香港上市物业服务企业投资活动产生的现金流量净额

单位：亿元

公司名称	2019中报	2019年报
彩生活（01778）	0.11	-0.42
中海物业（02669）	1.72	-4.45
中奥到家（01538）	-0.89	-1.36
绿城服务（02869）	-2.23	-6.02
祈福生活服务（03686）	0.56	0.97
浦江中国（01417）	-0.29	-0.54
雅生活服务（03319）	-9.71	-17.75
碧桂园服务（06098）	-11.82	-16.28
新城悦服务（01755）	-2.73	-2.64
佳兆业美好（02168）	-1.14	-0.76
永升生活服务（01995）	-2.18	-3.18
奥园健康（03662）	-0.21	-2.41
滨江服务（03316）	-5.24	-5.21
和泓服务（06093）	0.07	-0.20
鑫苑服务（01895）	—	-0.01
蓝光嘉宝服务（02606）	-0.15	-0.85
银城生活服务（01922）	—	0.71
保利物业（06049）	0.18	-0.03
时代邻里（09928）	1.09	16.61
华金国际资本（00982）	-0.02	-0.06
宝龙商业（09909）	-4.94	7.02
兴业物联（09916）	—	-0.01
烨星集团（01941）	—	-0.86
建业新生活（09983）	—	6.44
金融街物业（01502）	—	0.95
弘阳服务（01971）	—	-0.28
正荣服务（06958）	—	6.63

数据来源：各企业公告数据。

7-32 2019年A股上市物业服务企业投资活动产生的现金流量净额

单位：亿元

企业名称	2019第一季度	2019第二季度	2019第三季度	2019第四季度
南都物业（603506）	-0.99	-0.67	0.27	-0.86
新大正（002968）	-0.02	-0.09	-0.06	-0.09
招商积余（001914）	-0.05	0.34	-0.11	11.97

数据来源：各企业公告数据。

7-33　2019年香港上市物业服务企业筹资活动产生的现金流量净额

单位：亿元

公司名称	2019中报	2019年报
彩生活（01778）	-13.06	-14.50
中海物业（02669）	-0.10	-1.38
中奥到家（01538）	0.03	-0.86
绿城服务（02869）	2.79	1.53
祈福生活服务（03686）	-0.05	-0.30
浦江中国（01417）	0.14	0.37
雅生活服务（03319）	-0.24	-4.26
碧桂园服务（06098）	15.90	13.99
新城悦服务（01755）	-1.10	-2.25
佳兆业美好（02168）	-1.29	-1.54
永升生活服务（01995）	0.37	-0.83
奥园健康（03662）	5.68	6.74
滨江服务（03316）	4.05	4.04
和泓服务（06093）	-0.09	0.65
鑫苑服务（01895）	—	1.96
蓝光嘉宝服务（02606）	-2.31	13.28
银城生活服务（01922）	—	1.49
保利物业（06049）	-1.56	40.39
时代邻里（09928）	-1.39	-10.11
华金国际资本（00982）	0.23	0.65
宝龙商业（09909）	-1.25	8.27
兴业物联（09916）	—	-0.44
烨星集团（01941）	—	-0.42
建业新生活（09983）	—	-4.74
金融街物业（01502）	—	0.31
弘阳服务（01971）	—	0.58
正荣服务（06958）	—	-6.20

数据来源：各企业公告数据。

7-34　2019年A股上市物业服务企业筹资活动产生的现金流量净额

单位：亿元

企业名称	2019第一季度	2019第二季度	2019第三季度	2019第四季度
南都物业（603506）	0.00	-0.08	-0.22	-0.03
新大正（002968）	-0.56	-0.03	-0.03	4.06
招商积余（001914）	-6.00	0.69	-3.18	-5.39

数据来源：各企业公告数据。

7-35 2019年香港上市物业服务企业流动资产合计

单位：亿元

公司名称	2019 中报	2019 年报
彩生活（01778）	46.32	49.76
中海物业（02669）	29.67	35.61
中奥到家（01538）	11.25	11.43
绿城服务（02869）	46.44	52.04
祈福生活服务（03686）	4.78	5.08
浦江中国（01417）	3.48	3.11
雅生活服务（03319）	64.19	68.55
碧桂园服务（06098）	75.45	102.24
新城悦服务（01755）	17.15	20.52
佳兆业美好（02168）	9.39	11.53
永升生活服务（01995）	14.60	18.08
奥园健康（03662）	11.91	10.34
滨江服务（03316）	9.70	10.84
和泓服务（06093）	2.00	2.39
鑫苑服务（01895）	—	7.98
蓝光嘉宝服务（02606）	9.11	29.81
银城生活服务（01922）	—	6.37
保利物业（06049）	27.25	73.03
时代邻里（09928）	21.61	12.57
华金国际资本（00982）	2.85	4.51
宝龙商业（09909）	18.29	28.24
兴业物联（09916）	—	2.10
烨星集团（01941）	—	2.36
建业新生活（09983）	—	13.62
金融街物业（01502）	—	8.73
弘阳服务（01971）	—	5.03
正荣服务（06958）	—	3.89

数据来源：各企业公告数据。

7-36 2019年A股上市物业服务企业流动资产合计

单位：亿元

企业名称	2019 一季	2019 中报	2019 三季	2019 年报
南都物业（603506）	11.86	12.79	12.50	12.37
新大正（002968）	—	3.18	3.50	8.26
招商积余（001914）	41.77	43.49	42.07	59.15

数据来源：各企业公告数据。

7-37　2019年香港上市物业服务企业总资产

单位：亿元

公司名称	2019中报	2019年报
彩生活（01778）	90.25	93.76
中海物业（02669）	32.61	38.48
中奥到家（01538）	18.33	18.95
绿城服务（02869）	68.78	85.21
祈福生活服务（03686）	5.38	5.66
浦江中国（01417）	4.19	4.59
雅生活服务（03319）	86.90	93.88
碧桂园服务（06098）	86.27	122.69
新城悦服务（01755）	17.80	22.00
佳兆业美好（02168）	10.39	12.94
永升生活服务（01995）	18.08	24.78
奥园健康（03662）	12.37	13.86
滨江服务（03316）	10.91	12.04
和泓服务（06093）	2.39	3.07
鑫苑服务（01895）	—	9.04
蓝光嘉宝服务（02606）	12.72	34.82
银城生活服务（01922）	—	6.95
保利物业（06049）	29.99	75.71
时代邻里（09928）	23.82	15.01
华金国际资本（00982）	3.88	5.73
宝龙商业（09909）	21.18	30.91
兴业物联（09916）	—	2.16
烨星集团（01941）	—	2.47
建业新生活（09983）	—	14.63
金融街物业（01502）	—	9.80
弘阳服务（01971）	—	5.40
正荣服务（06958）	—	5.29

数据来源：各企业公告数据。

7-38　2019年A股上市物业服务企业总资产

单位：亿元

企业名称	2019一季	2019中报	2019三季	2019年报
南都物业（603506）	14.36	15.39	15.11	16.10
新大正（002968）	—	4.68	5.03	9.95
招商积余（001914）	122.02	123.10	121.73	165.02

数据来源：各企业公告数据。

7-39 2019年香港上市物业服务企业流动负债合计

单位：亿元

公司名称	2019 中报	2019 年报
彩生活（01778）	34.19	37.18
中海物业（02669）	20.85	24.15
中奥到家（01538）	10.00	10.19
绿城服务（02869）	35.73	41.49
祈福生活服务（03686）	1.63	1.46
浦江中国（01417）	1.62	2.19
雅生活服务（03319）	27.28	26.90
碧桂园服务（06098）	39.88	64.27
新城悦服务（01755）	8.73	12.15
佳兆业美好（02168）	4.42	5.79
永升生活服务（01995）	7.44	11.87
奥园健康（03662）	4.57	5.26
滨江服务（03316）	4.37	4.76
和泓服务（06093）	1.75	1.35
鑫苑服务（01895）	—	3.38
蓝光嘉宝服务（02606）	8.05	11.99
银城生活服务（01922）	—	5.69
保利物业（06049）	21.05	24.24
时代邻里（09928）	8.50	5.84
华金国际资本（00982）	1.94	3.72
宝龙商业（09909）	14.70	13.13
兴业物联（09916）	—	1.00
烨星集团（01941）	—	1.70
建业新生活（09983）	—	10.18
金融街物业（01502）	—	5.37
弘阳服务（01971）	—	3.20
正荣服务（06958）	—	3.60

数据来源：各企业公告数据。

7-40 2019年A股上市物业服务企业流动负债合计

单位：亿元

企业名称	2019 一季	2019 中报	2019 三季	2019 年报
南都物业（603506）	7.60	8.64	8.01	8.76
新大正（002968）	—	1.77	1.83	2.32
招商积余（001914）	29.63	30.65	28.52	41.39

数据来源：各企业公告数据。

7-41　2019年香港上市物业服务企业总负债

单位：亿元

公司名称	2019中报	2019年报
彩生活（01778）	56.82	53.24
中海物业（02669）	21.07	24.73
中奥到家（01538）	11.53	11.57
绿城服务（02869）	43.53	55.67
祈福生活服务（03686）	1.92	1.68
浦江中国（01417）	1.62	2.19
雅生活服务（03319）	29.17	28.82
碧桂园服务（06098）	40.97	65.90
新城悦服务（01755）	8.87	12.33
佳兆业美好（02168）	4.51	6.05
永升生活服务（01995）	7.82	12.50
奥园健康（03662）	4.64	5.40
滨江服务（03316）	4.40	4.77
和泓服务（06093）	1.82	1.42
鑫苑服务（01895）	—	3.41
蓝光嘉宝服务（02606）	8.30	12.34
银城生活服务（01922）	—	5.73
保利物业（06049）	21.32	24.49
时代邻里（09928）	22.32	6.02
华金国际资本（00982）	2.09	3.99
宝龙商业（09909）	18.21	15.04
兴业物联（09916）	—	1.02
烨星集团（01941）	—	1.71
建业新生活（09983）	—	10.82
金融街物业（01502）	—	5.80
弘阳服务（01971）	—	3.22
正荣服务（06958）	—	4.01

数据来源：各企业公告数据。

7-42　2019年A股上市物业服务企业总负债

单位：亿元

企业名称	2019一季	2019中报	2019三季	2019年报
南都物业（603506）	7.6034	8.6383	8.0189	8.7684
新大正（002968）	—	2.0522	2.0927	2.4041
招商积余（001914）	72.6897	75.4116	73.7391	84.9954

数据来源：各企业公告数据。

政策篇

第八章　2019年房地产及相关政策

8-1　2019年宏观经济政策

时间	城市	政策内容	政策来源
2月26日	全国	初步预计2019年我国固定资产投资运行将呈现企稳态势，中高端制造业、现代服务业投资成为主要拉动力，基础设施投资增长情况略有好转，中西部投资增速继续领先； 从时间趋势看，2019年固定资产投资增速可能呈现前高后低运行特征；分主要领域看，制造业和房地产业将保持较快增长，继续发挥“稳投资”的主导性作用，基础设施投资有望中速增长，是“稳投资”的重点发力方向	国家发展改革委《2018年全国固定资产投资发展趋势监测报告及2019年投资形势展望》
5月29日	全国	创新和完善宏观调控，加快建立同高质量发展要求相适应、体现新发展理念的宏观调控目标体系、政策体系、决策协调体系、监督考评体系、保障体系，要坚持稳中求进工作总基调，坚持以供给侧结构性改革为主线，突出统筹兼顾、综合平衡，注重处理好政府和市场、短期和长期、国内和国际的关系，统筹稳增长、促改革、调结构、惠民生、防风险、保稳定，发挥国家发展规划的战略导向作用，健全财政、货币、就业、产业、区域等经济政策协调机制，保持经济运行在合理区间； 完善建设用地使用权转让、出租、抵押二级市场，要坚持建立城乡统一的建设用地市场方向，衔接好国土空间规划及相关产业规划，着力完善交易规则，创新运行模式，健全服务监管，促进土地要素流通顺畅，提高存量土地资源配置效率，提高节约集约用地水平； 要坚持通过深化改革来破难题、解新题，加快改革创新，推动任务落实，强化制度集成，增强经济发展内生动力，增强应对挑战、抵御风险能力。要把关系经济发展全局的改革、涉及重大制度创新的改革、有利于提升群众获得感的改革放在突出位置，优先抓好落实。一些重大试点任务，要抓紧时间，倒排工期，早出成果	中央全面深化改革委员会第八次会议

8-2 2019年金融财政政策

时间	城市	政策内容	政策来源
1月2日	全国	自2019年起，将普惠金融定向降准小型和微型企业贷款考核标准由“单户授信小于500万元”调整为“单户授信小于1000万元”。	中国人民银行
1月4日	全国	为进一步支持实体经济发展，优化流动性结构，降低融资成本，中国人民银行决定下调金融机构存款准备金率1个百分点，其中，2019年1月15日和1月25日分别下调0.5个百分点。同时，2019年一季度到期的中期借贷便利（MLF）不再续做； 央行将继续实施稳健的货币政策，维持松紧适度，不搞“大水漫灌”，注重定向调控，保持流动性合理充裕，保持货币信贷和社会融资规模合理增长，稳定宏观杠杆率，兼顾内外平衡，为高质量发展和供给侧结构性改革营造适宜的货币金融环境。	中国人民银行
1月4日	全国	稳健的货币政策保持松紧适度。进一步强化逆周期调节，保持流动性合理充裕和市场利率水平合理稳定； 进一步落实好金融服务实体经济各项政策措施。继续运用各种政策工具，从债券、信贷、股权等方面引导金融机构加大对民营企业小微企业支持力度。积极推广民营企业债券融资支持工具，以服务实体经济为导向，持续推动债券市场产品创新和规范发展，不断提升债券市场深度和广度； 切实防范化解重点领域金融风险。继续推动实施防范化解重大风险攻坚战行动方案，稳定宏观杠杆率，推动出台金融控股公司监管办法，加快补齐金融监管短板，有序化解影子银行风险，继续开展互联网金融风险专项整治。充分发挥存款保险作用，做实金融风险监测、评估和处置机制。	中国人民银行
1月9日	全国	对小型微利企业年应纳税所得额不超过100万元、100万元到300万元的部分，分别减按25%、50%计入应纳税所得额，使税负降至5%和10%；将小规模纳税人增值税起征点由月销售额3万元提高到10万元；允许各省（区、市）政府对增值税小规模纳税人，在50%幅度内减征资源税、城市维护建设税等税种； 中央财政将加大对地方一般性转移支付。对已经全国人大授权提前下达的1.39万亿元地方债要尽快启动发行。抓紧确定全年专项债分配方案，力争9月底前基本发行完毕；专项债募集资金要优先用于在建项目，在具备施工条件的地方抓紧开工一批交通、水利、生态环保等重大项目，尽快形成实物工作量； 货币信贷政策要配合专项债发行及项目配套融资，引导金融机构加强金融服务，保障重大项目后续融资。规范专项债管理，严控地方政府隐性债务。	国务院常务会议
1月16日	全国	坚持不懈治理金融市场乱象，进一步遏制违法违规经营行为，有序化解影子银行风险，依法处置高风险机构，严厉打击非法金融活动，稳步推进互联网金融和网络借贷风险专项整治； 必须把防范系统性风险与服务实体经济更紧密结合起来。防范系统性风险是实体经济持续健康发展的重要前提，要通过有效监管防范化解各类经营风险和防止局部风险扩散蔓延，维护金融市场稳定，同时推动房地产长效机制建设，促进国际收支总体平衡；服务好实体经济是防范系统性风险的根本举措，按照“六稳”要求，坚决服务供给侧结构性改革，稳步推进结构性去杠杆，妥善处理防风险与稳增长调结构的关系； 有效增加资金投放和融资供给，积极支持国家重大战略实施，扎实推进普惠金融，助力打好脱贫和污染防治攻坚战；大力支持民营企业和小微企业，在信贷供给增加的基础上保持融资成本处于合理水平。	银保监会召开2019年银行业和保险业监督管理工作会议

8-2　续表 1

时间	城市	政策内容	政策来源
2 月 11 日	全国	加大金融资源向乡村振兴重点领域和薄弱环节的倾斜力度，充分发掘地区特色资源，支持探索农业与旅游、养老、健康等产业融合发展的有效模式，推动休闲农业、乡村旅游、特色民宿和农村康养等产业发展。加大对现代农业产业园、农业产业强镇等的金融支持力度，推动产村融合、产城融合发展； 积极稳妥推广农村承包土地的经营权抵押贷款业务，结合宅基地“三权分置”改革试点进展稳妥开展农民住房财产权抵押贷款业务，推动集体经营性建设用地使用权、集体资产股份等依法合规予以抵押，促进农村土地资产和金融资源的有机衔接	中国人民银行等五部门《关于金融服务乡村振兴的指导意见》
2 月 11 日	全国	决定支持商业银行多渠道补充资本金，进一步疏通货币政策传导机制，在坚持不搞“大水漫灌”的同时，促进加强对民营、小微企业等的金融支持，增强金融服务实体经济和防风险能力； 对商业银行，提高永续债发行审批效率，降低优先股、可转债等准入门槛，允许符合条件的银行同时发行多种资本补充工具；引入基金、年金等长期投资者参与银行增资扩股，支持商业银行理财子公司投资银行资本补充债券，鼓励外资金融机构参与债券市场交易	国务院常务会议
2 月 20 日	全国	重申稳健的货币政策没有变，也不会变，坚决不搞“大水漫灌”； 相关金融机构要让更多贷款更便捷流向实体经济和中小微企业，特别是要向中长期贷款方向加大力度，以此引导宏观经济平稳运行、长期向好	国务院常务会议
2 月 20 日	全国	对高校学生公寓免征房产税； 对与高校学生签订的高校学生公寓租赁合同，免征印花税	财政部、税务总局《关于高校学生公寓房产税印花税政策的通知》
2 月 21 日	全国	坚持稳中求进工作总基调，平衡好稳增长和防风险的关系，控制重点领域信用风险； 稳妥化解影子银行风险，推动金融机构资产管理业务有序整改和平稳转型。有序处置高风险金融机构风险，健全金融机构公司治理，扎实推进存款保险制度实施，推动完善市场化、法治化的金融风险处置机制； 清理整顿金融秩序，坚决打击非法金融机构和非法金融活动。加强金融风险监测与评估，动态排查金融风险情况，制定风险处置预案，做好央行金融机构评级、压力测试、稳健性评估等工作，完善防控金融风险的政策工具箱。积极参与国际金融监管规则制定，推动完善全球金融稳定治理体系。继续深化金融业改革开放，推动完善资本市场制度建设，维护金融市场平稳运行	中国人民银行 2019 年金融稳定工作会议
2 月 21 日	全国	房地产、汽车等传统支柱产业进入调整期，大部分新业态和新动能在量级上仍弱于传统支柱行业，消费增长相对乏力，经济内生增长动力有待进一步增强； 稳健的货币政策保持松紧适度，强化逆周期调节，保持流动性合理充裕和市场利率水平合理稳定； 促进结构优化，更好地服务实体经济。运用好定向降准、定向中期借贷便利、再贷款、再贴现等多种货币政策工具，创新和丰富货币政策工具组合，发挥结构性货币政策工具“精准滴灌”的作用； 进一步深化利率市场化和人民币汇率形成机制改革，提高金融资源配置效率，完善金融调控机制。完善金融市场体系，切实发挥好金融市场在稳增长、调结构、促改革和防风险方面的作用。深化金融机构改革，扩大对外开放，通过增加供给和竞争改善金融服务	中国人民银行发布 2018 年第四季度中国货币政策执行报告

8–2 续表 2

时间	城市	政策内容	政策来源
2 月 22 日	全国	坚持稳中求进工作总基调，坚持新发展理念，坚持推动高质量发展，坚持以供给侧结构性改革为主线，坚持深化市场化改革、扩大高水平开放，加快建设现代化经济体系，继续打好三大攻坚战，着力激发微观主体活力，创新和完善宏观调控，统筹推进稳增长、促改革、调结构、惠民生、防风险工作，保持经济运行在合理区间，进一步稳就业、稳金融、稳外贸、稳外资、稳投资、稳预期，提振市场信心，保持经济持续健康发展和社会大局稳定； 统筹实施好宏观政策、结构性政策、社会政策，落实好积极的财政政策、稳健的货币政策和就业优先政策。要着力优化营商环境，培育壮大新动能，促进形成强大国内市场，促进区域协调发展，深化重点领域改革，推动全方位对外开放，更好地保障和改善民生。	中共中央政治局会议
2 月 22 日	全国	要建设一个规范、透明、开放、有活力、有韧性的资本市场，完善资本市场基础性制度，把好市场入口和市场出口两道关，加强对交易的全程监管； 实体经济健康发展是防范化解风险的基础。要注重在稳增长的基础上防风险，强化财政政策、货币政策的逆周期调节作用，确保经济运行在合理区间，坚持在推动高质量发展中防范化解风险； 防范化解金融风险特别是防止发生系统性金融风险，是金融工作的根本性任务。要加快金融市场基础设施建设，稳步推进金融业关键信息基础设施国产化。	中共中央政治局就完善金融服务、防范金融风险举行第十三次集体学习
2 月 22 日	全国	截至目前，31 个省区市相继发布了地方税种减免文件； 减税降费是 2019 年税收工作的主题。要进一步完善减税降费工作机制，切切实实地拿出“实”办法、“硬”措施，将减税降费工作推向纵深。	全国税务系统减税降费工作推进会议
2 月 25 日	全国	继续紧盯房地产金融风险，要对房地产开发贷款、个人按揭贷款继续实行审慎的贷款标准，特别是要严格控制带有投机性的开发和个人贷款，要防止房地产金融风险出现大的问题。继续审慎发放开发贷款和个人按揭贷款，促进房地产金融、房地产市场平稳健康发展； 继续加大力度处置银行机构的不良资产，同时要控制新的不良贷款增长； 继续紧盯进行监管套利、加通道、加杠杆的影子银行活动，包括同业投资、同业理财、委托贷款、通道类信托贷款等业务，要进一步巩固前期治理成果。	国新办举行坚决打好防范金融风险攻坚战新闻发布会
2 月 25 ~ 26 日	全国	注重发挥债券市场在支持实体经济和商业银行等机构资本补充中的作用，多措并举促进信用债发行，稳步发展资产证券化； 以服务实体经济、服务人民生活为本，优化信贷投向和结构。加强房地产金融审慎管理，落实房地产市场平稳健康发展长效机制； 继续加强对乡村振兴、制造业高质量发展、区域协调发展、“两权”抵押贷款试点衔接等国家重大战略、重点领域和薄弱环节的金融支持。	2019 年中国人民银行金融市场工作会议
3 月 4 日	全国	《农村集体经营性建设用地使用权抵押贷款管理暂行办法》有效期延长至 2019 年 12 月 31 日； 试点地区银行业金融机构要按照该暂行办法要求，稳步推进农村集体经营性建设用地使用权抵押贷款业务。	银保监会、自然资源部《关于延长农村集体经营性建设用地使用权抵押贷款工作试点期限的通知》
3 月 4 日	全国	努力完成“普惠型小微企业贷款较年初增速不低于各项贷款较年初增速，有贷款余额的户数不低于年初水平”。五家大型银行发挥行业“头雁”作用，力争总体实现普惠型小微企业贷款余额较年初增长 30% 以上； 进一步提升风险管控能力。各银行业金融机构要加强对小微企业贷款资金流向的监测，做好贷中贷后检查，确保贷款资金真正用于支持小微企业和实体经济，防止小微企业贷款资金被挪用至政府平台、房地产等调控领域形成新风险隐患。	银保监会《关于 2019 年进一步提升小微企业金融服务质效的通知》

8-2　续表 3

时间	城市	政策内容	政策来源
3月8日	全国	集中力量落实好党中央确立的重大立法事项，包括审议民法典，制定房地产税法等立法调研、起草，加紧工作，确保如期完成。	全国人大常委会委员长栗战书作全国人大常委会工作报告
3月9日	全国	全国人大常委会法制工作委员会副主任刘俊臣表示，按照人大常委会立法规划，现在有关方面正在研究起草房地产税法的草案，相关工作正在稳步推进； 全国人大财政经济委员会副主任委员乌日图表示，房地产税法由全国人大常委会预算工作委员会会同财政部组织起草，目前，相关部门正在完善法律草案、重要问题的论证等方面的工作，待条件成熟时提请全国人大常委会初次审议。	十三届全国人大二次会议记者会
3月11日	全国	要注重在稳增长的基础上防风险，强化货币政策的逆周期调节作用，确保经济运行在合理区间，坚持在推动高质量发展中防范化解风险； 既要着力化解重点领域的“灰犀牛”风险，也要着力防范金融市场异常波动风险。2019年要在2018年取得良好开局的基础上，继续坚决打好防范化解重大风险攻坚战，精准处置化解各类风险隐患，牢牢守住不发生系统性金融风险的底线。	中国人民银行党委、外汇局党组理论学习中心组专题深入学习贯彻习近平总书记在中央政治局第十三次集体学习时的重要讲话精神
3月12日	全国	尽快提出将《增值税法》《消费税法》《关税法》《城市维护建设税法》《契税法》《印花税法》《房地产税法和税收征收管理法》（修改）等提请全国人大常委会审议的时间安排，按时提交审议，确保完成党中央确定的2020年实现税收法定的任务。	第十三届全国人大财经委《关于2018年中央和地方预算执行情况与2019年中央和地方预算草案的审查结果报告》
3月20日	全国	力争年内完成增值税法、消费税法、印花税法、城市维护建设税法、土地增值税法、关税法、彩票管理条例（修订）的部内起草工作，及时上报国务院；力争年内修订事业单位国有资产管理暂行办法、注册会计师注册办法等部门规章。	2019年财政部立法工作安排
3月20日	全国	确定《政府工作报告》责任分工，强调狠抓落实确保完成全年发展目标任务，以有力有效抓落实不断激发市场活力、增强市场主体信心，顶住下行压力，保持经济平稳运行，推动高质量发展； 进一步扩大进项税抵扣范围，把纳税人取得不动产支付的进项税由分两年抵扣改为一次性全额抵扣，增加纳税人当期可抵扣进项税； 加大对地方转移支付力度，重点向中西部地区和困难县市倾斜。	国务院常务会议
3月20日	全国	增值税一般纳税人发生增值税应税销售行为或者进口货物，原适用16%税率的，税率调整为13%；原适用10%税率的，税率调整为9%； 自2019年4月1日起，纳税人取得不动产或者不动产在建工程的进项税额不再分两年抵扣。此前按照规定尚未抵扣完毕的待抵扣进项税额，可自2019年4月税款所属期起从销项税额中抵扣。	财政部、税务总局、海关总署《关于深化增值税改革有关政策的公告》
4月3日	全国	确定今年降低政府性收费和经营服务性收费的措施，进一步为企业和群众减负。从7月1日起，减免不动产登记费，扩大减缴专利申请费、年费等的范围，降低因私普通护照等出入境证照、部分商标注册及电力、车联网等占用无线电频率收费标准，并要求必须有明显降费；将国家重大水利工程建设基金和民航发展基金征收标准降低一半； 进一步对行政事业性收费等采取的降费举措，实施后全年将为企业和群众减负3000亿元以上。	国务院常务会议

8–2 续表4

时间	城市	政策内容	政策来源
4月7日	全国	进一步落实普惠金融定向降准政策。加大再贴现对小微企业支持力度，重点支持小微企业500万元及以下小额票据贴现。将支小再贷款政策适用范围扩大到符合条件的中小银行（含新型互联网银行）。将单户授信1000万元及以下的小微企业贷款纳入中期借贷便利的合格担保品范围； 积极拓宽融资渠道。进一步完善债券发行机制，实施民营企业债券融资支持工具，采取出售信用风险缓释凭证、提供信用增进服务等多种方式，支持经营正常、面临暂时流动性紧张的民营企业合理债券融资需求； 清理规范涉企收费，加快推进地方涉企行政事业性收费零收费。推进增值税等实质性减税，对小微企业、科技型初创企业实施普惠性税收减免。根据实际情况，降低社会保险费率，支持中小企业吸纳就业。	国务院《关于促进中小企业健康发展的指导意见》
4月12日	全国	坚持逆周期调节，进一步加强货币、财政与其他政策之间的协调，适时预调微调，注重在稳增长的基础上防风险；稳健的货币政策要松紧适度，把好货币供给总闸门，不搞“大水漫灌”，同时保持流动性合理充裕，广义货币M2和社会融资规模增速要与国内生产总值名义增速相匹配； 继续深化金融体制改革，健全货币政策和宏观审慎政策双支柱调控框架，稳妥推进利率等关键领域改革，进一步疏通货币政策传导渠道。按照深化金融供给侧结构性改革的要求，以金融体系结构调整优化为重点，优化融资结构和信贷结构，努力做到金融对民营企业的支持与民营企业对经济社会发展的贡献相适应； 综合运用多种货币政策工具，保持人民币汇率在合理均衡水平上的基本稳定，在利率、汇率和国际收支等之间保持平衡，促进经济平稳健康发展，稳定市场预期，打好防范化解金融风险攻坚战，守住不发生系统性金融风险的底线。	中国人民银行货币政策委员会召开2019年第一季度例会
4月17日	全国	新组建打击非法金融活动局，重拳出击严重影响正常金融秩序和经济社会稳定的非法金融活动； 突出银行业保险业服务实体经济供给侧结构性改革，在支持供给侧存量重组、增量优化、动能转换上拿出真招实招；大力疏通货币信贷传导机制，有效解决资金传导“肠梗阻”；稳妥推进结构性去杠杆，加大金融支持民营经济力度，缓解小微企业融资难融资贵问题； 制定防范化解银行业保险业金融风险攻坚战三年行动方案，明确阶段性目标和时间表、路线图；继续遏制房地产泡沫化，控制居民杠杆率过快增长；主动配合整治地方政府隐性债务，稳妥处置高风险中小银行保险机构。	银保监会官网发文加强金融监管
4月17日	全国	坚持不搞“大水漫灌”，实施好稳健的货币政策，灵活运用货币政策工具，扩大再贷款、再贴现等工具规模，抓紧建立对中小银行实行较低存款准备金率的政策框架，针对融资难融资贵主要集中在民营和小微企业的问题，要将释放的增量资金用于民营和小微企业贷款。推广债券融资支持工具，确保今年民营企业发债融资规模、金融机构发行小微企业专项金融债券规模均超过2018年水平；确保今年小微企业贷款余额增长30%以上、小微企业信贷综合融资成本在去年基础上再降低1个百分点； 引导银行提高信用贷款比重，降低对抵押担保的过度依赖。清理规范企业抵押登记、资产评估、过桥等附加费用，有关部门要对企业融资中的不合理和违规收费联合开展专项检查，减轻企业负担。	国务院常务会议
4月22日	全国	要深化供给侧结构性改革，巩固“三去一降一补”成果，增强微观主体活力，提升产业链水平，畅通国民经济循环。要强化宏观政策逆周期调节，财政政策要加力提效，减税降费要尽快落实到位，货币政策要松紧适度，根据经济增长和价格形势变化及时预调微调，加大对实体经济的金融支持。	中央财经委员会第四次会议

8-2 续表 5

时间	城市	政策内容	政策来源
4 月 25 日	全国	实施好稳健的货币政策，坚持不搞“大水漫灌”，营造有利于降低小微企业融资成本的货币金融环境。灵活运用货币政策工具，保持流动性合理充裕和市场利率平稳运行，扩大再贷款、再贴现等工具规模，抓紧建立对中小银行实行较低存款准备金率的政策框架，要将释放的增量资金用于民营和小微企业贷款。推广债券融资支持工具，确保 2019 年民营企业发债融资规模、金融机构发行小微企业专项金融债券规模均超过 2018 年水平； 继续将信贷投放增量扩面作为银行业降成本的主要抓手。银保监会坚持以“量”增带动“价”降的工作思路，督促银行业金融机构努力实现“普惠型小微企业贷款较年初增速不低于各项贷款较年初增速，有贷款余额的户数不低于年初水平”的“两增”目标，提升银行信贷在小微企业间接融资中的占比，优化小微企业融资结构，带动整体融资成本降低。引导银行提高信用贷款比重，降低对抵押担保的过度依赖； 关于货币政策的取向，现阶段货币政策取向是稳健，操作方法是相机抉择、预调微调，操作目标是松紧适度。央行没有收紧货币政策的意图，也没有放松货币政策的意图。既不希望看到市场流动性短缺，也不希望看到市场流动性泛滥。这也是党中央、国务院的要求。	国新办举行降低小微企业融资成本政策例行吹风会
5 月 9 日	全国	对公租房建设期间用地及公租房建成后占地，免征城镇土地使用税；对公租房经营管理单位购买住房作为公租房，免征契税、印花税；对公租房免征房产税。对经营公租房所取得的租金收入，免征增值税。	财政部、税务总局《关于公共租赁住房税收优惠政策的公告》
5 月 16 日	全国	坚持实施积极的财政政策并加力提效，以政策的稳对冲外部环境的不稳，以政策的确定性对冲外部环境的不确定性； 支持防范化解重大风险攻坚战，重点是着力防范化解地方政府隐性债务风险。今年新增地方政府债务限额 3.08 万亿元，既为重点项目建设提供资金保障，也为防范化解地方政府隐性债务风险创造更好条件； 乡村振兴战略的实施需要着力构建完善财政政策体系和体制机制，以提升农业综合产能。此外，财政将通过切实举措，促进落实共建“一带一路”、京津冀协同发展、长江经济带发展、粤港澳大湾区建设等国家重大区域战略。	财政部部长要求加力提效实施积极的财政政策
5 月 17 日	全国	继续推动大规模减税和降费。落实好将制造业等行业 16% 的税率降至 13%，将交通运输业、建筑业等行业 10% 的税率降至 9% 等政策，确保所有行业税负只减不增；落实好小规模纳税人增值税起征点从月销售额 3 万元提高到 10 万元、小微企业所得税优惠等政策。将固定资产加速折旧政策扩大至全部制造业领域； 加大金融对实体经济的支持力度。改革完善货币信贷投放机制，抓紧建立对中小银行实行较低存款准备金率的政策框架，引导金融机构扩大信贷投放、降低小微企业信贷综合融资成本，精准有效支持实体经济； 明显降低企业社保缴费负担。自 2019 年 5 月起，职工基本养老保险单位缴费比例高于 16% 的省份，可降至 16%。	国家发展改革委《关于做好 2019 年降成本重点工作的通知》
5 月 17 日	全国	把好货币供给总闸门，不搞“大水漫灌”。稳健的货币政策要松紧适度，保持流动性合理充裕，与结构性去杠杆进程协调推进，平衡好稳增长和防风险之间的关系； 运用好定向降准、定向中期借贷便利、再贷款、再贴现等多种货币政策工具，创新和丰富货币政策工具组合，发挥结构性货币政策工具“精准滴灌”的作用，引导金融机构继续做好重点领域和薄弱环节的金融服务。深化金融供给侧结构性改革，畅通货币政策传导机制，着力缓解小微和民营企业融资难融资贵问题。统筹做好京津冀协同发展、“一带一路”、粤港澳大湾区、长江经济带、军民融合等国家重大战略金融服务； 打好防范化解重大金融风险攻坚战。有序推进结构性去杠杆，注重在稳增长的基础上防风险，更好支持实体经济发展，防范金融市场异常波动风险，精准有效处置重点领域风险，进一步补齐监管制度短板，强化金融机构防范风险的主体责任，务实推动金融业改革开放。争取到 2020 年，金融结构适应性提高，金融服务实体经济能力明显增强，金融工作法治化水平明显提升，硬约束制度建设全面加强，系统性风险得到有效防控。	中国人民银行发布 2019 年第一季度中国货币政策执行报告

8-2 续表 6

时间	城市	政策内容	政策来源
5 月 22 日	全国	建立债转股合理定价机制，完善国有企业、实施机构等尽职免责办法，创新债转股方式，扩大债转优先股试点，鼓励对高杠杆优质企业及业务板块优先实施债转股，促进更多项目签约落地； 完善政策，妥善解决金融资产投资公司等机构持有债转股股权风险权重较高、占用资本较多问题，多措并举支持其补充资本，允许通过具备条件的交易场所开展转股资产交易，发挥好金融资产投资公司等在债转股中的重要作用； 积极吸引社会力量参与市场化债转股，优化股权结构，依法平等保护社会资本权益。支持金融资产投资公司发起设立资管产品并允许保险资金、养老金等投资。探索公募资管产品依法合规参与债转股。鼓励外资入股实施机构。	国务院常务会议
5 月 24 日	全国	鉴于包商银行股份有限公司出现严重信用风险，为保护存款人和其他客户合法权益，中国银行保险监督管理委员会决定自 2019 年 5 月 24 日起对包商银行实行接管，接管期限一年； 自接管开始之日起，接管组全面行使包商银行的经营管理权，并委托中国建设银行股份有限公司托管包商银行业务。建设银行组建托管工作组，在接管组指导下，按照托管协议开展工作。	中国人民银行、中国银行保险监督管理委员会《关于接管包商银行股份有限公司的公告》
5 月 29 日	全国	从 2019 年 6 月 1 日到 2025 年底，对提供社区养老、托育、家政相关服务的收入免征增值税，并减按 90% 计入所得税应纳税所得额；对承受或提供房产、土地用于上述服务的，免征契税、房产税、城镇土地使用税和城市基础设施配套费、不动产登记费等 6 项收费。同时，研究完善增值税加计抵减政策，进一步支持生活服务业发展。扩大员工制家政企业免征增值税范围。	国务院常务会议
6 月 5 日	全国	引导金融机构降低小微企业融资实际利率和综合成本，将小微企业不良贷款容忍度从不高于各项贷款不良率 2 个百分点放宽到 3 个百分点。鼓励风投、创投加大对“双创”的支持力度。支持创业孵化机构、创投企业发债融资。	国务院常务会议
6 月 6 日	全国	人民银行在对当日到期的 4630 亿元中期借贷便利（MLF）等量续做的基础上，对中小银行开展增量操作，总操作量 5000 亿元。	中国人民银行对当日到期的中期借贷便利（MLF）等量续做
6 月 10 日	全国	专项债券必须用于有一定收益的重大项目，融资规模要保持与项目收益相平衡。既要强化宏观政策逆周期调节，主动预调微调，也要坚持稳中求进工作总基调，精准把握宏观调控的度，稳定和提振市场预期。必须坚持结构性去杠杆的改革方向，坚决不搞“大水漫灌”； 鼓励地方政府和金融机构依法合规使用专项债券和其他市场化融资方式，重点支持京津冀协同发展、长江经济带发展、“一带一路”建设、粤港澳大湾区建设、长三角区域一体化发展、推进海南全面深化改革开放等重大战略和乡村振兴战略，以及推进棚户区改造等保障性安居工程等领域以及其他纳入“十三五”规划符合条件的重大项目建设； 地方政府要按照一一对应原则，将专项债券严格落实到实体政府投资项目，不得将专项债券作为政府投资基金、产业投资基金等各类股权基金的资金来源，不得通过设立壳公司、多级子公司等中间环节注资，避免层层嵌套、层层放大杠杆。	国务院《关于做好地方政府专项债券发行及项目配套融资工作的通知》
6 月 11 日	全国	防范化解地方政府债务风险必须用改革的办法解决发展中的矛盾和问题，坚持疏堵并重，把“开大前门”和“严堵后门”协调起来，在严格控制地方政府隐性债务、坚决遏制隐性债务增量、坚决不走无序举债搞建设之路的同时，鼓励依法依规通过市场化融资解决项目资金来源； 坚持以供给侧结构性改革为主线不动摇、坚持结构性去杠杆的基本思路、坚持稳定政策预期、坚决不搞“大水漫灌”，从合理明确融资标准、严格项目资本金条件、确保落实偿债责任、保障项目融资与偿债能力相匹配、强化跟踪评估监督等五个方面，构建风险防控体系，在用改革的办法“开大前门”的同时，坚决打好防范化解重大风险攻坚战。	财政部、国家发展改革委、中国人民银行、审计署、银保监会、证监会有关负责人就中办、国办印发《关于做好地方政府专项债券发行及项目配套融资工作的通知》答记者问

8-2　续表7

时间	城市	政策内容	政策来源
6月13日	全国	地方国有企业作为独立法人承担外债偿还责任，地方政府及其部门不得直接或者承诺以财政资金偿还地方国有企业外债，不得为地方国有企业发行外债提供担保； 承担地方政府融资职能的地方国有企业发行外债仅限用于偿还未来一年内到期的中长期外债。	国家发展改革委《关于对地方国有企业发行外债申请备案登记有关要求的通知》
6月24日	全国	推动国有大型银行普惠金融事业部在基层落地，增加小微金融基层网点数量，提高小微企业金融服务专营机构覆盖面。从流程、方法、技术等方面入手，增强商业银行小微企业贷款差异化风险定价能力，落实细化小微企业授信尽职免责制度、不良贷款容忍要求； 推动完善债券市场体制机制，提高大中型企业直接融资比例，促使商业银行加快业务转型，释放更多信贷资源支持小微企业； 进一步发挥货币政策的结构优化作用。继续运用定向降准、定向中期借贷便利、再贷款、再贴现、抵押补充贷款、宏观审慎评估等政策工具，进一步提高金融服务民营企业、小微企业等重点领域和薄弱环节的能力；加大财政政策支持力度。	中国人民银行、银保监会首次发布《中国小微企业金融服务报告（2018）》
6月25日	全国	适时适度实施逆周期调节，加强宏观政策协调。稳健的货币政策要松紧适度，把好货币供给总闸门，不搞“大水漫灌”，保持广义货币M2和社会融资规模增速与国内生产总值名义增速相匹配； 坚持稳中求进工作总基调，着力激发微观主体活力，进一步稳就业、稳金融、稳外贸、稳外资、稳投资、稳预期。综合运用多种货币政策工具，保持流动性合理充裕； 打好防范化解金融风险攻坚战，在推动高质量发展中防范化解风险，把握好处置风险的力度和节奏，稳定市场预期，守住不发生系统性金融风险的底线。	中国人民银行货币政策委员会召开2019年第二季度例会
7月1日	全国	不得排斥、限制民间资本参与PPP项目，消除隐性壁垒，确保一视同仁、公平竞争； PPP项目的融资方式和资金来源应符合防范化解地方政府隐性债务风险的相关规定。不得通过约定回购投资本金、承诺保底收益等方式违法违规变相增加地方政府隐性债务，严防地方政府债务风险。	国家发展改革委《关于依法依规加强PPP项目投资和建设管理的通知》
7月2日	全国	坚定不移抓好发展这个第一要务。深入落实已出台的宏观政策措施，不搞“大水漫灌”式强刺激，不走铺摊子、粗放增长的老路。不断深化改革，着力打造市场化、法治化、国际化的营商环境，进一步激发市场主体活力。着力抓好实施更大规模减税降费和“放管服”改革两件大事。	2019年夏季达沃斯论坛开幕式
7月6日	全国	为加强房地产信托领域风险防控，针对近期部分房地产信托业务增速过快、增量过大的信托公司，银保监会近日开展了约谈警示，要求这些信托公司控制业务增速，提高风险管控水平； 银保监会对这些信托公司提出五方面要求，包括严格执行房地产市场调控政策和现行房地产信托监管要求；提高风险管控水平，确保业务规模及复杂程度与自身资本实力、资产管理水平、风险防控能力相匹配；提高合规意识，加强合规建设，确保房地产信托业务稳健发展；控制业务增速，将房地产信托业务增量和增速控制在合理水平；提升受托管理能力，积极优化房地产信托服务方式，为房地产企业提供专业化、特色化金融服务； 今后，银保监会将会对信托公司的警示指导作为一项常态化工作，根据房地产市场发展变化情况，及时开展政策吹风，推动信托公司沿着正确轨道稳健发展。	银保监会加强房地产信托领域风险防控

8-2 续表 8

时间	城市	政策内容	政策来源
7 月 12 日	全国	房地产企业发行外债只能用于置换未来一年内到期的中长期境外债务； 房地产企业在外债备案登记申请材料中要列明拟置换境外债务的详细信息，包括债务规模、期限情况、经国家发改委备案登记情况等，并提交《企业发行外债真实性承诺函》； 房地产企业发行外债要加强信息披露，在募集说明书等文件中需明确资金用途等情况； 房地产企业应制订发行外债总体计划，统筹考虑汇率、利率、币种及企业资产负债结构等因素，稳妥选择融资工具，灵活运用货币互换、利率互换、远期外汇买卖、期权、掉期等金融产品，合理持有外汇头寸，保持境内母公司外债与境外分支机构外债、人民币外债与外币外债、短期外债与中长期外债、内债与外债合理比例，有效防控外债风险。	国家发展改革委《关于对房地产企业发行外债申请备案登记有关要求的通知》
7 月 15 日	全国	要坚持实施积极的财政政策、稳健的货币政策和就业优先政策，适时预调微调，运用好逆周期调节工具。要切实兑现全年减税降费近 2 万亿元的承诺，稳定企业预期。疏通货币政策传导渠道，降低中小微企业融资成本。做好就业服务、高职扩招等工作，适应灵活就业健全相关社会保障，多措并举稳定和扩大就业； 要破解多重难题、保持经济在高基数上平稳运行，关键靠更大力度改革开放。扎实落实"放管服"改革新任务，打造市场化法治化国际化营商环境。创造有利条件，催生更多"独角兽企业"、"瞪羚企业"、新领军者企业，加快新动能培育和新旧动能转换； 要以改善民生为导向培育新的消费热点和投资增长点。提高消费品质量，增加养老、托幼、教育、健康等领域优质供给，拓展"互联网 + 生活服务"。	经济形势专家和企业家座谈会
7 月 15 日	全国	释放长期资金约 1000 亿元。同时，为对冲税期等因素的影响，维护银行体系流动性合理充裕，人民银行在对当日到期的 1885 亿元中期借贷便利（MLF）等量续做的基础上，对中小银行开展增量操作，总操作量 2000 亿元。	中国人民银行对服务县域的农村商业银行实施第三次存款准备金率调整（自 5 月 15 日开始）
7 月 16 日	全国	国家发改委将会同有关部门，坚持稳中求进工作总基调，着力办好自己的事，统筹推进稳增长、促改革、调结构、惠民生、防风险、保稳定，下更大力气做好"六稳"工作。坚持高质量发展方向不动摇，着力通过深化市场化改革扩大高水平开放，激发市场主体活力；通过大力培育形成强大国内市场，释放市场潜力；通过持续推进创新发展和产业升级，壮大发展新动力。对于经济运行中出现的新情况新挑战，将加强政策评估，优化政策组合，强化政策协同，狠抓政策落实，确保经济运行在合理区间。	国家发展改革委举行新闻发布会介绍宏观经济运行情况并回应热点问题
7 月 19 日	全国	当前做好金融改革发展稳定工作意义重大。要把金融工作放到整个国民经济循环中去统筹谋划、协调推进。要继续实施好稳健货币政策，适时适度进行逆周期调节，保持流动性合理充裕。把握好处置风险的力度和节奏，坚持在推动高质量发展中防范化解风险，及时化解中小金融机构流动性风险，坚决阻断风险传染和扩散。深化金融供给侧结构性改革，加快完善金融体系内在功能，形成实体经济供给体系、需求体系与金融体系之间的三角良性循环。	国务院金融稳定发展委员会召开第六次会议
7 月 24 日	全国	按照宏观政策的要求，统筹运用多种工具，推动实际利率有效下降，支持中小银行发展，降低企业特别是小微、民营企业融资成本。	国务院常务会议
7 月 26 日	全国	房地产贷款增速继续平稳回落。2019 年二季度末，人民币房地产贷款余额 41.91 万亿元，同比增长 17.1%，增速比上季末低 1.6 个百分点。2019 年二季度末，房地产开发贷款余额 11.04 万亿元，同比增长 14.6%，增速比上季末低 4.3 个百分点。其中，保障性住房开发贷款余额 4.61 万亿元，同比增长 12.9%，增速比上季末低 7.3 个百分点。个人住房贷款余额 27.96 万亿元，同比增长 17.3%，增速比上季末低 0.3 个百分点。	中国人民银行发布 2019 年二季度金融机构贷款投向统计报告

8-2　续表 9

时间	城市	政策内容	政策来源
7 月 29 日	全国	各类银行要强化问题导向和目标导向，充分认识信贷结构调整的必要性和迫切性，从宏观审慎角度审视经营思想、经营策略，重塑和培养经营能力，转变传统信贷路径依赖，合理控制房地产贷款投放，加强对经济社会发展重点领域和薄弱环节信贷支持； 要提高制造业中长期贷款和信用贷款占比。围绕制造业高质量发展，落实有扶有控差异化信贷政策。合理安排贷款期限和还款方式，增加制造业中长期贷款。根据科创企业、高技术制造业轻资产特征，培养行业分析和风险评估能力，创新金融产品，提升服务能力； 要继续做好小微企业金融服务。要坚持“房子是用来住的，不是用来炒的”定位，认真落实房地产市场平稳健康发展的长效机制。保持房地产金融政策连续性稳定性。保持个人住房贷款合理适度增长，严禁消费贷款违规用于购房，加强对银行理财、委托贷款等渠道流入房地产的资金管理。加强对存在高杠杆经营的大型房企的融资行为的监管和风险提示，合理管控企业有息负债规模和资产负债率； 要加大对现代服务业、乡村振兴、金融扶贫等国民经济重点领域和薄弱环节的信贷支持。	中国人民银行召开银行业金融机构信贷结构调整优化座谈会
7 月 30 日	全国	当前我国经济发展面临新的风险挑战，国内经济下行压力加大，必须增强忧患意识，把握长期大势，抓住主要矛盾，善于化危为机，办好自己的事； 做好下半年经济工作意义重大。要坚持稳中求进工作总基调，坚持以供给侧结构性改革为主线，坚持新发展理念、推动高质量发展，坚持推进改革开放，坚持宏观政策要稳、微观政策要活、社会政策要托底的总体思路，统筹国内国际两个大局，统筹做好稳增长、促改革、调结构、惠民生、防风险、保稳定各项工作，促进经济持续健康发展。要实施好积极的财政政策和稳健的货币政策。财政政策要加力提效，继续落实落细减税降费政策。货币政策要松紧适度，保持流动性合理充裕； 要紧紧围绕“巩固、增强、提升、畅通”八字方针，深化供给侧结构性改革，提升产业基础能力和产业链水平。深挖国内需求潜力，拓展扩大最终需求，有效启动农村市场，多用改革办法扩大消费。稳定制造业投资，实施城镇老旧小区改造。有效应对经贸摩擦，全面做好“六稳”工作。加大对外开放，加紧落实一系列重大开放举措； 坚持“房子是用来住的、不是用来炒的”定位，落实房地产长效管理机制，不将房地产作为短期刺激经济的手段。	中共中央政治局会议
7 月 31 日	全国	人民银行决定增加支小再贷款额度 500 亿元，重点支持中小银行扩大对小微、民营企业的信贷投放，发挥“精准滴灌”作用，引导降低社会融资成本。本次增加额度后，全国支小再贷款额度为 3695 亿元。	中国人民银行增加支小再贷款额度支持中小银行扩大对小微、民营企业的信贷投放
8 月 2 日	全国	坚持实施稳健的货币政策，保持松紧适度，及时预调微调。灵活运用多种货币政策工具，适时适度进行逆周期调节，保持流动性合理充裕，引导广义货币供应量和社会融资规模增速与名义 GDP 增速相匹配； 加强政策协调配合，加快疏通货币政策向实体经济的传导机制，进一步激发市场微观主体活力。坚持不懈抓好改进小微企业金融服务工作，深化民营和小微企业金融服务综合改革，确保实现小微企业贷款户数增加、贷款投放扩大、贷款成本适度降低，支持优质民营企业扩大债券融资规模。加大金融扶贫与乡村振兴金融服务政策落实力度； 坚决打好防范化解重大金融风险攻坚战。要在稳增长的基础上防风险，坚持“开正门、堵后门”，在保持高压态势和严打局面的同时，鼓励小型有特色的金融机构依法合规开展业务。要坚持“房子是用来住的、不是用来炒的”定位，落实房地产长效管理机制，按照“因城施策”的基本原则，持续加强房地产市场资金管控； 进一步深化金融供给侧结构性改革。继续深化利率市场化改革，有效促进企业实际融资成本下降。健全宏观审慎管理框架和评估体系。加强中央和地方金融监管协调，完善地方金融监管体制机制。加强金融业立法顶层设计。	中国人民银行召开 2019 年下半年工作电视会议

8–2 续表 10

时间	城市	政策内容	政策来源
8月8日	全国	坚持“房子是用来住的、不是用来炒的”定位，进一步推进银行机构贯彻落实房地产调控政策和监管规定，严厉查处各种将资金通过挪用、转道等方式流入房地产行业的违法违规行为，高度警惕房地产泡沫化、金融化，着力推动落实房地产长效管理机制，不断促进房地产市场健康有序发展； 根据国家统计局发布的2019年6月全国70城商品住宅销售价格指数，结合参加房地产“一城一策”试点重点城市名单，本次房地产业务专项检查包括北京、天津、石家庄、秦皇岛、呼和浩特、沈阳、长春、上海、南京、苏州、无锡、徐州、杭州、合肥、福州、济南、郑州、洛阳、武汉、襄阳、长沙、广州、重庆、成都、贵阳、昆明、大理、西安、宁波、厦门、青岛、深圳等32个城市； 检查内容和要点包括：一是贯彻落实党中央、国务院关于规范房地产市场决策部署和监管部门规定的情况。二是房地产信贷业务管理情况。三是房地产业务风险管理情况。四是信贷资金被挪用流向房地产领域。五是同业和表外业务。	《中国银保监会办公厅关于开展2019年银行机构房地产业务专项检查的通知》
8月9日	全国	实施好稳健货币政策，适时适度进行逆周期调节，保持流动性合理充裕和市场利率水平合理稳定。健全货币政策和宏观审慎政策双支柱调控框架，增强调控前瞻性、针对性和有效性。根据经济增长和价格形势变化及时预调微调，精准把握好调控的度，加强预期引导，稳定市场预期； 发挥货币信贷政策促进经济结构调整的作用，更好地服务实体经济。统筹做好京津冀协同发展、“一带一路”、西部大开发、长江经济带、军民融合、乡村振兴等国家重大战略金融服务。按照“因城施策”的基本原则，坚持“房子是用来住的、不是用来炒的”定位，落实房地产长效管理机制，不将房地产作为短期刺激经济的手段； 继续推动实施防范化解重大金融风险攻坚战行动方案，坚持在推动高质量发展中防范化解风险，有序推进结构性去杠杆，更好支持实体经济发展，防范金融市场异常波动风险，精准有效处置重点领域风险，进一步补齐监管制度短板，强化金融机构防范风险的主体责任，务实推动金融业改革开放。	中国人民银行《2019年第二季度中国货币政策执行报告》
8月14日	全国	当前国际环境更趋严峻复杂，经济发展面临新的风险挑战，下行压力有所加大。下一阶段，要按照党中央、国务院决策部署，坚定信心，保持定力，狠抓“六稳”政策落实，强化创新驱动，激发市场活力，坚持办好自己的事，促进经济持续健康稳定发展。	国新办举行7月国民经济运行情况新闻发布会
8月16日	全国	改革完善贷款市场报价利率形成机制，在原有1年期一个期限品种基础上，增加5年期以上的期限品种，由各报价银行以公开市场操作利率加点方式报价，全国银行间同业拆借中心根据报价计算得出贷款市场报价利率并发布，为银行新发放贷款提供定价参考，带动贷款实际利率水平进一步降低； 多种货币信贷政策工具联动配合，更大发挥担保体系作用，降低实体经济融资成本，确保实现年初确定的降低小微企业贷款综合融资成本1个百分点的任务目标。	国务院常务会议
8月20日	全国	对于房地产市场，要坚决贯彻落实7月30日中央政治局会议的要求，坚持“房子是用来住的、不是用来炒的”定位，落实房地产长效管理机制，不将房地产作为短期刺激经济的手段，确保差别化住房信贷政策有效实施，保持个人住房贷款利率基本稳定； 避免把房地产工具化，不把房地产当作刺激经济的手段。做到房贷增量不扩张、房贷利率不下降。这次“利率并轨”改革，房贷的利率由基准利率变为参考LPR，参考的基准变了，但利率水平不能下降。	国新办举行降低实际利率水平有关政策吹风会

8-2 续表 11

时间	城市	政策内容	政策来源
8 月 25 日	全国	2019 年 10 月 8 日起，新发放商业性个人住房贷款利率以最近一个月相应期限的贷款市场报价利率为定价基准加点形成。加点数值应符合全国和当地住房信贷政策要求，体现贷款风险状况，合同期限内固定不变； 首套商业性个人住房贷款利率不得低于相应期限贷款市场报价利率（按 8 月 20 日 5 年期以上 LPR 为 4.85%），二套商业性个人住房贷款利率不得低于相应期限贷款市场报价利率加 60 个基点（按 8 月 20 日 5 年期以上 LPR 计算为 5.45%）； 人民银行省一级分支机构应按照“因城施策”原则，指导各省级市场利率定价自律机制，在国家统一的信贷政策基础上，根据当地房地产市场形势变化，确定辖区内首套和二套商业性个人住房贷款利率加点下限。	中国人民银行就新发放商业性个人住房贷款利率有关事宜发布公告
8 月 27 日	全国	下一步，财政政策要加力提效，继续落实落细减税降费政策，促进经济平稳运行。确保制造业等主要行业税负明显降低，确保建筑业和交通运输业等行业税负有所降低，确保其他行业税负只减不增，使企业特别是小微企业社保缴费负担有实质性下降。	财政部将继续落实落细减税降费政策
8 月 28 日	全国	为支持农业转移人口市民化，推进新型城镇化，2019 年财政部下达农业转移人口市民化奖励资金 300 亿元，并要求地方财政部门根据本地区农业转移人口市民化特点，合理分配资金，加强资金使用管理，重点向吸纳农业转移人口较多地区倾斜，向有效解决农业转移人口市民化过程中突出问题的地区倾斜，切实保障农业转移人口基本公共服务需求。	中央财政下达 2019 年奖励资金 300 亿元支持农业转移人口市民化
8 月 30 日	全国	违规为“四证”不齐房地产项目提供融资。有的机构向未取得房地产开发资质的置业公司发放贷款，用于支付拆迁补偿款；违规向资本金不足的房地产项目发放贷款。有的机构发放的房地产开发贷款，项目资本金比例严重不足； 下一步，各级监管机构将把握好力度和节奏，全面加强地方中小银行机构监管，扎实推进金融供给侧结构性改革，坚决打好防范化解风险攻坚战，牢牢守住不发生系统性风险的底线。	银保监会《关于对部分地方中小银行机构现场检查情况的通报》
8 月 31 日	全国	当前我国经济形势总体稳定，金融体系运行平稳健康，各类风险总体可控。加大宏观经济政策的逆周期调节力度，下大力气疏通货币政策传导。继续实施好稳健货币政策，保持流动性合理充裕和社会融资规模合理增长。实施积极的财政政策，把财政政策与货币金融政策更好地结合起来； 继续做好支持地方政府专项债发行相关工作。充分挖掘投资需求潜力，探索建立投资项目激励机制，支持愿意干事创业、敢于担当、有较好发展潜力的地区和领域加快发展。大力支持小微企业，全面加大对实体经济的支持力度。	国务院金融稳定发展委员会召开第七次会议
9 月 3 日	全国	银保监会聚焦打好防范化解金融风险攻坚战，多措并举化解高风险金融机构风险，持续整治网络借贷等互联网金融风险，坚决打击非法金融活动，遏制房地产金融化泡沫化倾向，守住不发生系统性风险的底线。	银保监会系统召开“不忘初心、牢记使命”主题教育总结大会
9 月 4 日	全国	坚持实施稳健货币政策并适时预调微调，加快落实降低实际利率水平的措施，及时运用普遍降准和定向降准等政策工具，引导金融机构完善考核激励机制，将资金更多用于普惠金融，加大金融对实体经济特别是小微企业的支持力度。要压实责任，增强做好“六稳”工作的合力，确保经济运行在合理区间； 为加快发行使用地方政府专项债券，会议确定，根据地方重大项目建设需要，按规定提前下达明年专项债部分新增额度，确保明年初即可使用见效，并扩大使用范围。专项债资金不得用于土地储备和房地产相关领域、置换债务以及可完全商业化运作的产业项目。将专项债可用作项目资本金范围明确为符合规定重点投向的重大基础设施领域。以省为单位，专项债资金用于项目资本金的规模占该省份专项债规模的比例可为 20% 左右。	国务院常务会议

8-2 续表 12

时间	城市	政策内容	政策来源
9月5日	全国	金融机构要强化主体责任，一手抓服务实体经济，一手抓风险化解，克服顺周期思维，加大对实体经济特别是中小企业、民营企业信贷投放力度，对产品有市场、有效益、管理好但资金紧张的企业积极予以信贷支持，与实体经济同舟共济； 地方政府要强化属地风险处置责任和维稳第一责任，提高政治站位，牢固树立守土有责、守土尽责的意识，守住不发生区域性金融风险的底线；有效打击各类非法金融活动，防止发生群体性事件；完善地方金融监管体制，建立风险管控长效机制； 金融管理部门要强化监管责任，加大逆周期调节力度，下大力气疏通货币政策传导机制，加强金融与财政政策配合，支持愿意干事创业、有较好发展潜力地区和领域加快发展；支持银行更多利用创新资本工具补充资本金，引导金融机构增加对制造业、民营企业中长期融资；稳妥化解局部性、结构性存量风险；加快补齐监管制度短板，大幅提高违法违规成本；深化金融改革开放，为实体经济发展提供动力支持，落实好各项开放举措，以开放促进改革创新、促进高质量发展。	全国金融形势通报
9月7日	全国	加快发行使用地方政府专项债券，是规范地方政府举债融资的重要举措，对于深化供给侧结构性改革、应对当前经济下行压力、促进扩大有效投资等具有重要意义； 此次提前下达的专项债券额度不得用于土地储备和房地产相关领域，不得用于置换债务以及可完全商业化运作的产业项目。本次专项债券使用范围较原来有所扩大，主要是财政部根据地方上报项目和实际情况，扩大投资用于民生领域； 专项债券必须用于有收益的政府投资项目，融资规模与项目收益相平衡，聚焦地方政府必须投的项目和补短板、强弱项的基础设施项目。优先考虑专项债券发行使用好的地区，重点支持财力好举债空间大的地区，对地方债务风险较高地区少安排或不安排。	财政部举行新闻发布会解读加快发行使用地方政府专项债券有关政策
9月11日	全国	要以民生需求为导向培育经济新增长点，加大政府支持带动社会力量投入，增加普惠优质的教育、医疗、养老、托幼等服务供给，尊重居民意愿加大城镇老旧小区改造力度，持续推进棚户区改造，研究支持建设一批惠及面广、补短板的民生重大工程，让人民群众更多受益。	国务院常务会议
9月17日	全国	专项资金支持范围包括公租房保障和城市棚户区改造、老旧小区改造、住房租赁市场发展。公租房保障和城市棚户区改造资金、老旧小区改造资金，采取因素法，结合财政困难程度进行分配。住房租赁市场发展资金，采取竞争性评审方式分配； 省级财政部门分配公租房保障和城市棚户区改造资金、老旧小区改造资金时，可以适当向城镇保障性安居工程任务较重的资源枯竭型城市和三线企业比较集中的城市倾斜；财政部、住建部组织竞争性评审，确定住房租赁市场发展示范城市。示范期内，专项资金标准按城市规模分挡确定。其中，直辖市每年10亿元，省会城市和计划单列市每年8亿元，地级城市每年6亿元。示范期3年。	财政部、住建部《中央财政城镇保障性安居工程专项资金管理办法》
9月20日	全国	鼓励金融机构对接全国中小企业融资综合信用服务平台，创新开发“信易贷”产品和服务，加大“信易贷”模式的推广力度。鼓励金融机构以提升风险管理能力为立足点，减少对抵质押担保的过度依赖，逐步提高中小微企业贷款中信用贷款的占比。鼓励金融机构对信用良好、正常经营的中小微企业创新续贷方式，切实降低企业贷款周转成本。	国家发展改革委、银保监会《关于深入开展“信易贷”支持中小微企业融资的通知》

8-2　续表 13

时间	城市	政策内容	政策来源
9月24日	全国	货币政策应当保持定力，坚持稳健的取向。既要稳当前，也就是说要加强逆周期调节，保持广义货币 M2 和社会融资规模的增长速度和名义 GDP 的增长速度大体上相当、大体上匹配，坚决不搞“大水漫灌”。同时也要注意保持杠杆率的稳定，使整个社会的债务处于可持续的水平。同时，要加大结构调整的力度，下大力气疏通货币政策的传导机制，以改革的方式降低企业的融资成本，推动经济高质量发展； 目前利率水平适度，法定存款准备金率水平也为今后的宏观政策调整留有充足的空间。中国并不急于像其他一些国家央行所做的那样，有一些比较大的降息和量化宽松的政策。	庆祝中华人民共和国成立 70 周年活动新闻中心举办首场新闻发布会
9月27日	全国	当前我国经济运行总体平稳，增长动力加快转换，金融风险趋于收敛。金融体系要贯彻落实党中央、国务院决策部署，坚持稳中求进工作总基调，切实深化金融供给侧结构性改革，继续实施好稳健货币政策，加大逆周期调节力度，保持流动性合理充裕和社会融资规模合理增长； 要进一步深化政策性金融机构改革，完善治理体系和激励机制，遵循金融机构经营规律，发挥好政策性金融机构在经济转型升级和高质量发展中的逆周期调节作用； 要加快构建商业银行资本补充长效机制，丰富银行补充资本的资金来源渠道，进一步疏通金融体系流动性向实体经济的传导渠道。	国务院金融稳定发展委员会召开第八次会议
9月27日	全国	创新和完善宏观调控，加大逆周期调节力度，加强宏观政策协调，形成合力。稳健的货币政策要松紧适度，把好货币供给总闸门，不搞“大水漫灌”，保持广义货币 M2 和社会融资规模增速与国内生产总值名义增速相匹配。下大力气疏通货币政策传导，坚持用市场化改革办法促进实际利率水平明显降低，引导金融机构加大对实体经济特别是小微、民营企业的支持力度； 坚持稳中求进工作总基调，着力激发微观主体活力，全面做好“六稳”工作。灵活运用多种货币政策工具，保持流动性合理充裕。深化利率市场化改革，完善贷款市场报价利率形成机制，推动实际运用，保持人民币汇率在合理均衡水平上的基本稳定，促进经济持续健康发展。	中国人民银行货币政策委员会召开 2019 年第三季度例会
10月9日	全国	保持现有财力格局总体稳定，继续保持增值税收入划分“五五分享”比例不变，即中央分享增值税的 50%、地方按税收缴纳地分享增值税的 50%； 建立增值税留抵退税长效机制，结合财政收入形势确定退税规模，并保持中央与地方“五五”分担比例不变。为缓解部分地区留抵退税压力，增值税留抵退税地方分担的部分（50%），由企业所在地全部负担（50%）调整为先负担 15%，其余 35% 暂由企业所在地一并垫付，再由各地按上年增值税分享额占比均衡分担，垫付多于应分担的部分由中央财政按月向企业所在地省级财政调库； 按照健全地方税体系改革要求，在征管可控的前提下，将部分在生产（进口）环节征收的现行消费税品目逐步后移至批发或零售环节征收，拓展地方收入来源，引导地方改善消费环境。改革调整的存量部分核定基数，由地方上解中央，增量部分原则上将归属地方，确保中央与地方既有财力格局稳定。	国务院《关于印发实施更大规模减税降费后调整中央与地方收入划分改革推进方案的通知》
10月9日	全国	融资性担保业务监管部际联席会议决定将未取得融资担保业务经营许可证但实际上经营融资担保业务的住房置业担保公司、信用增进公司等机构纳入监管。	银保监会《关于印发融资担保公司监督管理补充规定的通知》
10月14日	全国	当前经济下行压力“持续加大”，实体经济困难突出，国内需求疲弱，要把稳增长、保持经济运行在合理区间放在更加突出的位置，进一步向改革开放创新要动力，从拓宽国内市场需求挖潜力，以改善民生为导向培育新的有效投资和消费需求，增强经济发展韧性，顶住经济下行压力； 宏观调控也将更大发力。要增强底线思维，围绕保持经济运行在合理区间，落实好已出台的减税降费、降低融资成本等各项政策，灵活运用宏观政策逆周期调节工具，做好政策协调联动，加强预调微调。	部分省份主要负责人经济形势座谈会

8-2 续表 14

时间	城市	政策内容	政策来源
10月16日	全国	前8个月全国减税降费1.5万多亿元，据测算，全年减税降费总额将超过2万亿元。落实落细减税降费政策，及时研究解决企业反映的突出问题，确保制造业等主要行业税负明显降低、建筑业和交通运输业等行业税负有所降低、其他行业税负只减不增。	国务院常务会议
10月21日	全国	当前，银行业、保险业保持稳健运行良好态势，金融风险由发散状态转为收敛。银保监会将坚持稳中求进工作总基调，进一步深化金融供给侧结构性改革，引导金融机构更好地服务实体经济，防范化解重大金融风险，有效维护金融稳定和金融安全，为落实“六稳”方针和经济高质量发展提供更加有力的金融支持和更加适宜的金融环境； 2014年7月，原保监会正式启动居民个人住房反向抵押保险试点，试点已超过五年，试点运行总体平稳。从国际来看，“以房养老”是小众业务。银保监会将从四个方面完善“以房养老”制度：一是进一步评估五年来的实践经验，完善相关的监管政策。二是疏通发展堵点，解决配套政策不到位的问题。三是加强正面宣传，鼓励有条件、有意愿的老人选择“以房养老”这种方式。四是重点抓好保险公司自身能力建设。	银行业保险业运行及服务实体经济情况发布会
11月12日	全国	当前外部环境更趋复杂严峻，国内经济下行压力加大、一些产品价格上涨较快、企业经营困难增多等矛盾交织。坚持稳中求进，扎实做好“六稳”工作，确保完成今年经济社会发展主要目标任务； 保持宏观政策稳定，更有效运用好宏观政策逆周期调节工具。完善财政、货币、就业、区域等政策，适时适度调控，完善政策协同、传导和落实机制，增强有效性和可持续性。加强对实体经济特别是小微、民营企业支持，提振市场信心。优化地方政府专项债使用，带动社会资金更多投向补短板、惠民生等领域，扩大有效投资，增强发展内生动力； 更好保障和改善民生。完善机制和政策，积极吸引社会力量参与，聚焦群众需要深挖市场潜力，大力发展养老、托幼等服务，推进老旧小区改造。适应消费升级需求，打通制约消费潜力释放的堵点。	经济形势专家和企业家座谈会
11月13日	全国	降低部分基础设施项目最低资本金比例。将港口、沿海及内河航运项目资本金最低比例由25%降至20%。对补短板的公路、铁路、城建、物流、生态环保、社会民生等方面基础设施项目，在投资回报机制明确、收益可靠、风险可控前提下，可适当降低资本金最低比例，下调幅度不超过5个百分点； 基础设施领域和其他国家鼓励发展的行业项目，可通过发行权益型、股权类金融工具筹措资本金，但不得超过项目资本金总额的50%。地方政府可统筹使用财政资金筹集项目资本金。	国务院常务会议
11月14日	全国	当前外部环境不利因素和国内发展两难多难问题增加。就地区经济而言，走势分化明显，一些地方工业、投资等指标增速下滑较快，发展动力减弱，财政收支和保障民生压力较大； 下更大力气做好“六稳”工作。要把稳增长、保持经济运行在合理区间放在更加突出的位置，这是实现今年主要目标任务、推动高质量发展的重要基础； 抓住国家提前下达地方政府专项债额度、降低部分基础设施项目最低资本金比例等机遇，加快补短板项目建设，形成更多实物工作量，促进有效投资和产业升级，加强重大项目谋划和前期准备，推动尽早开工。	部分省份经济形势和保障基本民生座谈会
11月14日	全国	持续防范化解金融风险。深入整治各种违规金融行为，坚决打击各种非法集资活动，继续拆解影子银行，遏制房地产泡沫化倾向，主动配合地方政府整顿隐性债务； 提升服务实体经济质效。围绕金融供给侧结构性改革，提升差异化服务能力，努力支持乡村振兴、区域协调和创新驱动等国家战略实施，进一步做实普惠金融，改进民营小微企业金融服务。	“深化金融改革、服务实体经济发展”座谈会

8-2　续表 15

时间	城市	政策内容	政策来源
11 月 16 日	全国	实施好稳健货币政策，加强逆周期调节，保持流动性合理充裕和社会融资规模合理增长。货币政策保持定力，增强调控前瞻性、针对性和有效性，根据经济增长和价格形势变化及时预调微调，精准把握好调控的度，加强预期引导，警惕通胀预期发散； 发挥货币信贷政策促进经济结构调整的作用，更好地服务实体经济。运用好定向降准、再贷款、再贴现等多种货币政策工具，创新和丰富货币政策工具组合，发挥结构性货币政策工具“精准滴灌”的作用； 改革完善商业银行贷款市场报价利率（LPR）形成机制，通过 MPA 考核等方式推动银行更多运用 LPR，坚决打破银行通过协同行为设定贷款利率隐性下限，疏通货币政策传导，推进贷款利率“两轨合一轨”，以市场化改革办法促进实际利率水平明显降低。健全央行政策利率体系，增强利率调控能力； 推动落实防范化解重大金融风险攻坚战行动方案，坚持在推动高质量发展中防范化解风险，有序推进结构性去杠杆，防范金融市场异常波动风险，精准有效处置重点领域风险。进一步补齐监管制度短板，强化金融机构防范风险的主体责任。	中国人民银行发布 2019 年第三季度中国货币政策执行报告
11 月 19 日	全国	要继续强化逆周期调节，增强信贷对实体经济的支持力度，保持广义货币 M2 和社会融资规模增速与国内生产总值名义增速基本匹配，促进经济运行在合理区间。坚持推进结构调整。要发挥好贷款市场报价利率对贷款利率的引导作用，推动金融机构转变贷款定价惯性思维，真正参考贷款市场报价利率定价，促进实际贷款利率下行。要继续推进资本补充工作，提高银行信贷投放能力。	中国人民银行金融机构货币信贷形势分析座谈会
11 月 20 日	全国	为进一步减轻纳税人特别是中低收入群体负担，暂定两年内对综合所得年收入不超过 12 万元或年度补税金额较低的纳税人，免除汇算清缴义务； 会议通过《中华人民共和国城市维护建设税法（草案）》，草案保持现行城市维护建设税暂行条例的税制框架和税负水平不变。	国务院常务会议
11 月 25 日	全国	坚持稳中求进工作总基调，坚持新发展理念，坚持推动高质量发展，坚持以供给侧结构性改革为主线，坚持深化市场化改革、扩大高水平开放，加快建设现代化经济体系，继续打好三大攻坚战，着力激发微观主体活力，创新和完善宏观调控，统筹推进稳增长、促改革、调结构、惠民生、防风险、保稳定工作，保持经济运行在合理区间，进一步稳就业、稳金融、稳外贸、稳外资、稳投资、稳预期，提振市场信心，保持经济持续健康发展和社会大局稳定； 适时适度开展逆周期调节。继续实施积极的财政政策和稳健的货币政策，适时预调微调，稳定总需求。积极的财政政策要加力提效，实施更大规模的减税降费，较大幅度增加地方政府专项债券规模，稳健的货币政策要松紧适度，保持流动性合理充裕； 将防范化解重大金融风险攻坚战向纵深推进。当前，重点领域风险仍然较高。地方政府隐性债务存量规模大，公司信用类债券违约压力较大，房地产市场风险可能在某些区域显现，并可能传导至金融机构。要坚持稳中求进工作总基调，平衡好稳增长和防风险的关系，控制重点领域信用风险。	中国人民银行《中国金融稳定报告（2019）》
11 月 25 日	全国	展望“十四五”时期，外部环境可能更加复杂，不确定性和挑战更多，我国正处在转变发展方式、优化经济结构、转换增长动力的关键时期，坚持发展第一要务，突出保持经济运行在合理区间、推动高质量发展； 围绕推动经济发展、增进人民福祉、防范化解风险等，研究推出一批重大政策。增后劲、惠民生，研究推出一批重大工程和项目，更加注重发挥社会力量作用，着力提升基础设施水平，增强产业创新力和竞争力。	国民经济和社会发展第十四个五年规划编制专题会议

8-2 续表 16

时间	城市	政策内容	政策来源
11月28日	全国	将销售不动产租赁服务、不动产，转让土地使用权的适用税率调整为9%； 办法公布前出台的税收政策确需延续的，按照国务院规定最长可以延至办法施行后的五年止。	财政部《中华人民共和国增值税法（征求意见稿）》
12月1日	全国	总量适度，在经济由高速增长转向高质量发展过程中，把握好总量政策的取向和力度。要继续实施稳健的货币政策，保持货币条件与潜在产出和物价稳定的要求相匹配，实施好逆周期调节，保持流动性合理充裕，松紧适度，继续营造适宜的货币环境； "精准滴灌"，引导优化流动性和信贷结构，支持经济重点领域和薄弱环节。要继续合理运用好结构性货币政策工具，并根据需要创设和完善政策工具，疏通货币政策传导，补短板、强弱项，支持经济结构调整优化； 健全货币政策和宏观审慎政策双支柱调控框架，把保持币值稳定和维护金融稳定更好地结合起来。坚持"房子是用来住的、不是用来炒的"定位，按照因城施策原则，加强对房地产金融市场的宏观审慎管理，强化对房地产整体融资状况的监测，综合运用多种工具对房地产融资进行逆周期调节； 不搞竞争性的零利率或量化宽松政策。同时，继续坚持以供给侧结构性改革为主线，不断健全金融宏观调控机制，更加重视发挥积极财政政策在优化结构、减税降费方面的重要作用，形成供给体系、需求体系和金融体系相互支撑的三角框架。	易纲:《坚守币值稳定目标 实施稳健货币政策》,《求是》2019年第23期。
12月5日	全国	便利跨省房产土地税源管理业务办理。长三角区域纳税人在区域内发生跨省（市）房产税、城镇土地使用税纳税义务时，可登录房产、土地所在地电子税务局进行税源信息报告，办理房产税、城镇土地使用税申报和税款缴纳事宜。	国家税务总局《关于支持和服务长江三角洲区域一体化发展措施的通知》
12月6日	全国	2020年是全面建成小康社会和"十三五"规划收官之年，要紧扣全面建成小康社会目标任务，坚持稳中求进工作总基调，坚持新发展理念，坚持以供给侧结构性改革为主线，坚持以改革开放为动力，推动高质量发展，加快建设现代化经济体系，坚决打赢三大攻坚战，全面做好"六稳"工作，统筹推进稳增长、促改革、调结构、惠民生、防风险、保稳定，保持经济运行在合理区间，确保全面建成小康社会和"十三五"规划圆满收官； 要坚持宏观政策要稳、微观政策要活、社会政策要托底的政策框架，坚持问题导向、目标导向、结果导向，提高宏观调控的前瞻性、针对性、有效性，运用好逆周期调节工具。	政治局会议
12月12日	全国	2020年实现普惠小微贷款综合融资成本再降0.5个百分点，贷款增速继续高于各项贷款增速，其中5家国有大型银行普惠小微贷款增速不低于20%； 疏通货币政策传导机制，清理减少融资各环节收费，支持银行增融资难融资贵有明显进展。	国务院常务会议
12月10～12日	全国	2020年是全面建成小康社会和"十三五"规划收官之年，要实现第一个百年奋斗目标，为"十四五"发展和实现第二个百年奋斗目标打好基础，做好经济工作十分重要。要完善和强化"六稳"举措，健全财政、货币、就业等政策协同和传导落实机制，确保经济运行在合理区间； 继续实施积极的财政政策和稳健的货币政策。积极的财政政策要大力提质增效，更加注重结构调整。稳健的货币政策要灵活适度，保持流动性合理充裕，货币信贷、社会融资规模增长同经济发展相适应，降低社会融资成本。要深化金融供给侧结构性改革，疏通货币政策传导机制，增加制造业中长期融资，更好缓解民营和中小微企业融资难融资贵问题；	中央经济工作会议

8-2　续表 17

时间	城市	政策内容	政策来源
12 月 10 ～ 12 日	全国	加快落实区域发展战略，完善区域政策和空间布局，发挥各地比较优势，构建全国高质量发展的新动力源，推进京津冀协同发展、长三角一体化发展、粤港澳大湾区建设，打造世界级创新平台和增长极。扎实推进雄安新区建设，落实长江经济带共抓大保护措施，推动黄河流域生态保护和高质量发展。提高中心城市和城市群综合承载能力； 强化民生导向，推动消费稳定增长，切实增加有效投资，释放国内市场需求潜力。确保实现脱贫攻坚目标、巩固脱贫成果，毫不放松抓好农业生产，扎实推进乡村振兴。	中央经济工作会议
12 月 13 日	全国	改进和完善小微和民营企业服务，疏通货币信贷传导机制，促进降低企业综合融资成本。发挥开发性、政策性和商业性金融机构的作用，支持国家重大战略和重点工程。优化信贷供给结构，增加制造业中长期贷款比重，支持科技创新、先进制造。聚焦扶贫、养老、健康、医疗等金融服务薄弱环节，调动各类金融资源，支持消费升级和民生改善；深化金融供给侧结构性改革，完善金融机构体系、市场体系、产品体系。深化城商行和农村信用社体制改革，推动信托、理财、养老保险等行业转型发展，引导保险公司、资产管理公司回归本源； 坚决打赢防范化解金融风险攻坚战，牢牢守住不发生系统性风险底线。进一步强化风险意识，压实各方责任，稳妥处置高风险金融机构。	银保监会党委传达学习中央经济工作会议精神
12 月 13 日	全国	坚持稳健的货币政策要灵活适度。加强逆周期调节，保持流动性合理充裕，促进货币信贷、社会融资规模增长同经济发展相适应。注重以改革的办法疏通货币政策传导机制，进一步降低民营小微企业社会融资成本，提高货币政策的效果； 坚决打赢防范化解重大风险攻坚战。巩固攻坚战前期取得的阶段性成果，稳金融、稳预期。保持宏观杠杆率基本稳定。稳妥处置突出金融风险点，压实各方责任，坚决守住不发生重大金融风险底线； 突出金融服务实体经济。进一步改善信贷结构，加大金融对制造业和民营小微企业的支持力度，增加制造业中长期融资，建立较为完善的民营和小微企业融资支持政策制度体系。坚持“房子是用来住的、不是用来炒的”定位，统筹做好房地产金融调控。	中国人民银行党委召开会议传达学习中央经济工作会议精神
12 月 20 日	全国	将进一步扩大小微企业信贷服务覆盖面，力争明年再增加 300 万户以上；在降成本工作取得明显成效的基础上，力争银行业小微企业融资综合成本再降 0.5 个百分点。	银保监会重点工作通报会

8-3　2019 年住房与土地政策

时间	城市	政策内容	政策来源
1 月 15 日	全国	建设单位不得将公租房资产作为融资抵押物；地方各级住房保障主管部门不得以公租房资产进行担保； 地方各级住房保障主管部门可以组织对同一城市不同行政区划的公租房资产建立调剂使用机制，充分发挥公租房资产使用效率； 地方各级住房保障主管部门应加强公租房资产信息管理；地方各级住房保障主管部门、地方各级财政部门应根据有关要求，将公租房资产管理情况纳入行政事业性国有资产年度报告。	财政部、住建部《关于印发〈公共租赁住房资产管理暂行办法〉的通知》
1 月 15 日	全国	重申严禁以政府储备土地违规融资。各地不得再向银行业金融机构举借土地储备贷款。土地储备机构不得在预算之外违法违规举借债务，不得违法为任何单位和个人的债务以任何方式提供担保。不动产登记机构不得为储备土地办理抵押登记。坚决杜绝以政府储备土地违规抵押融资； 严禁将储备土地作为资产注入国有企业。未经依法供地，不得以政府会议纪要、公函等形式将政府收回、收购、征收的土地直接确定给政府平台公司或其他企事业单位，不得将土地储备机构名下的土地直接划转给政府平台公司、国有企业或其他企事业单位； 妥善处理存量土地储备贷款，促进依法解押并合理供应。对于尚未偿还的存量土地储备贷款，包括土地储备机构的贷款和非储备机构以储备土地为担保的贷款，加快处置和消化，避免储备土地因抵押而不能供应，促进批而未供土地处置和开发利用。	自然资源部《关于进一步规范储备土地抵押融资加快批而未供土地处置有关问题的通知》
1 月 16 日	福州、南昌、青岛、海口、贵阳等 5 个城市	原则上同意福州、南昌、青岛、海口、贵阳等 5 个城市利用集体建设用地建设租赁住房试点实施方案； 坚持“房子是用来住的、不是用来炒的”定位，按照区域协调发展和乡村振兴的要求，促进建立多主体供给，多渠道保障、租购并举的住房制度； 严格落实试点城市人民政府主体责任，建立公开透明的租金变动约束机制，支持长期租赁。尽量将项目安排在区位条件好、基础设施完备以及人口集中度高、市场需求旺盛的区域；试点城市要规范审批和监管程序，户型以 90 平方米以下中小户型为主，严禁违规提供“租金贷”。	自然资源部、住建部《关于福州等 5 个城市利用集体建设用地建设租赁住房试点实施方案意见的函》
1 月 24 日	全国	坚持“房子是用来住的、不是用来炒的”定位，落实职住平衡要求，推动雄安新区居民实现住有所居。针对多层次住房需求建立多主体供应、多渠道保障、租购并举的住房制度； 个人产权住房以共有产权房为主。严禁大规模开发商业房地产，严控周边房价，严加防范炒地炒房投机行为； 创新购房与住房租赁积分制度，支持专业化、机构化住房租赁企业发展，支持发行房地产投资信托基金（REITs）等房地产金融创新产品，探索住房公积金制度改革； 创新土地管理制度，建立“人地挂钩”“增存挂钩”机制，将土地节约集约利用水平纳入目标责任考核。深入推进农村土地征收、集体经营性建设用地入市、宅基地制度改革。	中共中央国务院《关于支持河北雄安新区全面深化改革和扩大开放的指导意见》
1 月 29 日	全国	进一步满足农业转移人口市民化住房消费需求。加快发展住房租赁市场，发挥国有租赁企业对市场的引领、规范、激活和调控作用，支持专业化、机构化住房租赁企业发展。将符合条件的农业转移人口纳入住房保障范围。支持部分人口净流入、房价高、租赁需求缺口大的大中城市多渠道筹集公租房和市场租赁住房房源，将集体土地建设租赁住房作为重点支持内容。	国家发展改革委等 10 部门《进一步优化供给推动消费平稳增长促进形成强大国内市场的实施方案（2019 年）》

8-3　续表 1

时间	城市	政策内容	政策来源
2 月 15 日	全国	城镇新建住宅建筑应全装修交付，户内和公共部位所有功能空间的固定面和管线应全部铺装或粉刷完成，给排水、燃气、照明、供电等系统及厨卫基本设施应安装到位，供水、供电、燃气、道路、绿地、停车位、垃圾及污水处理等规划配套设施应具备使用条件； 住宅建筑应以套内使用面积进行交易； 四层及四层以上住宅建筑，或住户入口层楼面距室外设计地面的高度超过 9 米的新建住宅建筑应设电梯。	住建部《住宅项目规范（征求意见稿）》
2 月 19 日	全国	全面推进乡村振兴，确保顺利完成到 2020 年承诺的农村改革发展目标任务； 健全土地流转规范管理制度，允许承包土地的经营权担保融资。加快推进农村集体经营性资产股份合作制改革，继续扩大试点范围； 总结好农村土地制度三项改革试点经验，巩固改革成果。不得以退出承包地和宅基地作为农民进城落户条件。全面推开农村土地征收制度改革和农村集体经营性建设用地入市改革，加快建立城乡统一的建设用地市场。稳慎推进农村宅基地制度改革，研究起草农村宅基地使用条例； 扎实开展新增耕地指标和城乡建设用地增减挂钩节余指标跨省域调剂使用，调剂收益全部用于巩固脱贫攻坚成果和支持乡村振兴。加快修订土地管理法、物权法等法律法规； 继续推进农村危房改造。发展适应城乡居民需要的休闲旅游、餐饮民宿、文化体验、健康养生、养老服务等产业。加快农业转移人口市民化，推进城镇基本公共服务常住人口全覆盖。	2019 年中央一号文件：《中共中央国务院〈关于坚持农业农村优先发展做好“三农”工作的若干意见〉》
3 月 5 日	全国	坚持以中心城市引领城市群发展。抓好农业转移人口落户，推动城镇基本公共服务覆盖常住人口。更好解决群众住房问题，落实城市主体责任，改革完善住房市场体系和保障体系，促进房地产市场平稳健康发展。继续推进保障性住房建设和城镇棚户区改造，保障困难群体基本居住需求； 全面深化农村改革，推广农村土地征收、集体经营性建设用地入市、宅基地制度改革试点成果； 高标准建设雄安新区，落实粤港澳大湾区建设规划，将长三角区域一体化发展上升为国家战略，编制实施发展规划纲要。	李克强在第十三届全国人民代表大会第二次会议上作政府工作报告
3 月 15 日	全国	房地产市场的运行，事关经济社会的平稳发展，事关经济金融稳定与防范化解重大风险； 2019 年《政府工作报告》中房地产是四句话，文字虽然有简化，但是基本的政策取向没有变化。一是目的没有变，还是为了解决好群众的住房问题。二是责任没有变，不仅没有变，而且更加明确，就是要落实城市主体责任。三是途径没有变，解决群众的住房问题要靠两个体系，一个是市场体系，一个是保障体系。房地产市场平稳健康发展的长效机制正在逐步建立和完善； 房地产税立法，现在已经列入人大立法规划。在这个推进过程中，要做大量的研究，包括对过去一些地方搞的房地产税相关的试点进行认真分析和总结，这方面有大量的、非常艰巨的任务要去做。从国务院这方面来讲，就是要做好前期工作，为立法的推进做好最基础的准备。有关部门已经在有条不紊地推进。	国新办举行解读《政府工作报告》修改情况吹风会

8-3 续表 2

时间	城市	政策内容	政策来源
3 月 18 日	全国	始终坚持"房子是用来住的、不是用来炒的"定位，构建房地产市场平稳健康发展长效机制是党中央、国务院作出的重大决策，事关广大人民群众的切身利益，既是重大经济问题，也是重大民生问题； 要坚持一城一策、因城施策，从各地实际情况出发，稳妥实施房地产市场平稳健康发展长效机制方案试点，做好实施过程中的评估和跟踪。要紧紧围绕稳地价、稳房价、稳预期的调控目标，夯实城市主体责任，落实好省级政府监控和指导责任，坚决防范化解房地产市场风险； 进一步采取有针对性的政策举措，完善房地产市场平稳健康发展长效机制。要完善住房租赁市场体系，建立健全住房租赁相关法律法规，完善金融财税政策，实现住房租赁市场健康稳定发展。要完善住房保障体系，在各地因地制宜推进保障的基础上，健全住房保障体系基本制度。要着重解决城镇中低收入居民、新市民和青年就业群体的住房困难问题，通过完善土地和税费政策等，盘活空置闲置住房，实现更多住房困难群众住有所居。	住房和城乡建设部调研座谈会
4 月 12 日	全国	调整住房套数认定标准。借款申请人家庭（包括借款申请人、配偶及未成年子女）在北京市无住房且夫妻双方名下无住房贷款记录（包括商业性住房贷款和住房公积金贷款记录）的，按首套住房贷款政策办理； 调整首付款比例。借款申请人购买经济适用住房的，首付款比例不低于购房总价的 20%；购买经济适用住房之外的首套住房的，首付款比例不低于购房总价的 30%；购买二套住房的，首付款比例不低于购房总价的 60%； 首套住房贷款最高额度为 120 万元，执行贷款基准利率；二套住房贷款最高额度为 60 万元，贷款利率为同期贷款基准利率的 1.1 倍。	中央国家机关住房资金管理中心《关于调整住房公积金个人住房贷款政策进一步优化服务有关问题的通知》
4 月 14 日	全国	落实承包土地所有权、承包权、经营权"三权分置"，开展经营权入股、抵押。探索宅基地所有权、资格权、使用权"三权分置"； 推进农村集体所有的自然资源资产所有权确权，依法落实农村集体经济组织特别法人地位，明确农村集体所有自然资源资产由农村集体经济组织代表集体行使所有权，增强对农村集体所有自然资源资产的管理和经营能力，农村集体经济组织成员对自然资源资产享有合法权益。	国务院《关于统筹推进自然资源资产产权制度改革的指导意见》
5 月 5 日	全国	落实第二轮土地承包到期后再延长 30 年政策。稳慎改革农村宅基地制度，鼓励农村集体经济组织及其成员盘活利用闲置宅基地和闲置房屋。允许农村集体经营性建设用地入市，允许就地入市或异地调整入市；允许村集体在农民自愿前提下，依法把有偿收回的闲置宅基地、废弃的集体公益性建设用地转变为集体经营性建设用地入市； 依法合规开展农村集体经营性建设用地使用权、农民房屋财产权、集体林权抵押融资，以及承包地经营权、集体资产股权等担保融资。实现已入市集体土地与国有土地在资本市场同地同权。支持通过市场化方式设立城乡融合发展基金，引导社会资本培育一批国家城乡融合典型项目；	国务院《关于建立健全城乡融合发展体制机制和政策体系的意见》
5 月 6 日	全国	稳慎改革农村宅基地制度。需要注意的是城里人到农村买宅基地的口子不能开，按规划严格实行土地用途管制的原则不能突破，严格禁止下乡利用农村宅基地建设别墅大院和私人会馆； 大中小城市放开放宽落户限制，不能片面理解为是抢人大战，也不能片面地理解为是放松房地产调控。放宽落户不等于放松对房地产的调控。不管户籍制度怎么改，"房子是用来住的、不是用来炒的"这个定位必须坚持、不能动摇。始终坚持房地产平稳健康发展底线，城市既要满足刚性和改善性的住房需求，同时又要坚决避免投机者借机"钻空子"，落实好一城一策、因城施策、城市政府主体责任的长效调控机制，防止房价大起大落。	国家发改委就建立健全城乡融合发展体制机制和政策体系有关情况举行发布会

8-3　续表 3

时间	城市	政策内容	政策来源
5 月 11 日	全国	提请全国人大常委会审议契税法草案；提请全国人大常委会制定城镇住房保障条例、住房租赁条例。	国务院《关于印发国务院 2019 年立法工作计划的通知》
5 月 17 日	全国	房地产行业政策将聚焦：表内外资金直接或变相用于土地出让金融资；未严格审查房地产开发企业资质，违规向“四证”不全的房地产开发项目提供融资；个人综合消费贷款、经营性贷款、信用卡透支等资金挪用于购房；资金通过影子银行渠道违规流入房地产市场；并购贷款、经营性物业贷款等贷款管理不审慎，资金被挪用于房地产开发。	银保监会《关于开展“巩固治乱象成果 促进合规建设”工作的通知》
5 月 17 日	全国	多渠道筹集房源。有新增公租房实物供给需求的，可立足当地实际，制定在商品住房项目中配建公租房的政策，明确配建比例。利用集体建设用地建设租赁住房的试点城市，可将集体建设用地建设的租赁住房长期租赁作为公租房，租赁期限一般不低于 5 年。鼓励政府将持有的存量住房用作公租房；按照国务院规定开展试点的城市，企业（单位）依法取得使用权的土地，在符合规划、权属不变的前提下，可建设公租房，面向本单位职工出租，促进职住平衡。	住建部、国家发展改革委、财政部、自然资源部《关于进一步规范发展公租房的意见》
6 月 6 日	全国	在阶段性适当降低住房公积金缴存比例政策执行期间，缴存单位可在 5% ~ 12% 范围内自主确定缴存比例； 加大租房消费支持力度。职工家庭在北京市行政区域内无自有住房，通过北京市住房租赁监管服务平台登记备案租房的，可以按季以租金实际发生额为限提取住房公积金。	中央国家机关住房资金管理中心《关于深化“放管服”改革做好中央国家机关住房公积金归集工作有关问题的通知》
6 月 19 日	全国	积极做好“六稳”工作，稳投资是重要方面。要找准切入点，抓住既能满足群众期盼、有利于拓展内需促消费、又不会导致重复建设的重大项目，扩大有效投资，努力实现稳增长、调结构、惠民生的一举多得之效； 加快改造城镇老旧小区，群众愿望强烈，是重大民生工程和发展工程。据各地初步摸查，目前全国需改造的城镇老旧小区涉及居民上亿人，量大面广，情况各异，任务繁重； 一要抓紧明确改造标准和对象范围，今年开展试点探索，为进一步全面推进积累经验。二要加强政府引导，压实地方责任，加强统筹协调，发挥社区主体作用，尊重居民意愿，动员群众参与。三要创新投融资机制。今年将对城镇老旧小区改造安排中央补助资金。鼓励金融机构和地方积极探索，以可持续方式加大金融对老旧小区改造的支持。运用市场化方式吸引社会力量参与。四要在小区改造基础上，引导发展社区养老、托幼、医疗、助餐、保洁等服务。推动建立小区后续长效管理机制。	国务院常务会议
6 月 21 日	全国	试点在土地储备领域按项目实行全生命周期预算管理，财政部首批试点地区包括北京、天津、河北、河南、山东（含青岛）、浙江（含宁波）、厦门等 7 省（市），以后年度视情况逐步扩大试点范围。试点地区可以自行选择市县（区）开展试点。鼓励符合条件的其他地区自行选择市县（区）开展试点； 土地储备机构根据土地储备项目收支平衡情况，分类提出资金安排建议。其中，专项债券发行规模不得超过项目预期土地出让收入的 70%。	财政部、自然资源部《土地储备项目预算管理办法（试行）》
6 月 24 日	全国	养老服务设施用地以出让方式供应的，其使用权出让年限不得超过 50 年；以租赁方式供应的，其租赁年限不得超过 20 年； 农村集体经济组织可依法使用建设用地自办或以土地使用权入股、联营等方式与其他单位和个人共同举办养老服务设施。按照国家统一部署，在符合国土空间规划、严格用途管制和依法取得前提下，允许农村集体经营性建设用地入市用于养老服务设施建设。	自然资源部《关于加强规划和用地保障促进养老服务发展的意见（征求意见稿）》

8–3 续表 4

时间	城市	政策内容	政策来源
6月25日	全国	明确规定“为了公共利益的需要”可以依法实施征地，同时增加规定，确需征地的建设活动应当符合国民经济和社会发展规划、土地利用总体规划、城乡规划和专项规划，扶贫搬迁、保障性安居工程以及成片开发建设还应当纳入国民经济和社会发展年度计划； 根据有关改革要求，增加“城乡规划”作为确定集体经营性建设用地的依据；健全集体经营性建设用地入市的民主决策程序，增加规定：集体经营性建设用地出让、出租等，应当经本集体经济组织成员的村民会议三分之二以上成员或者三分之二以上村民代表的同意；规定集体建设用地使用权入市具体办法由国务院制定； 城市规划区内的集体所有的土地，经依法征收转为国有土地后，该幅国有土地的使用权方可有偿出让，但法律另有规定的除外。	《土地管理法》、城市房地产管理法《修正案草案》再次提请全国人大常委会审议
7月1日	全国	截至2019年5月底，需要改造的城镇老旧小区17万个，将积极创新城镇老旧小区改造投融资机制，吸引社会力量参与。	国新办举行城镇老旧小区改造工作吹风会
7月16日	全国	在中华人民共和国境内转移房地产并取得收入的单位和个人，为土地增值税的纳税人，应当依照本法的规定缴纳土地增值税； 转让土地使用权、地上的建筑物及其附着物，出让集体土地使用权、地上的建筑物及其附着物，或以集体土地使用权、地上的建筑物及其附着物作价出资、入股，应当依照该法的规定缴纳土地增值税；房地产市场较不发达、地价水平较低地区的纳税人出让集体土地使用权、地上的建筑物及其附着物，或以集体土地使用权、地上的建筑物及其附着物作价出资、入股的，省、自治区、直辖市人民政府可以决定对下列情形减征或者免征土地增值税； 纳税人建造保障性住房出售，增值额未超过扣除项目金额20%的，免征土地增值税； 土地增值税实行四级超率累进税率：增值额未超过扣除项目金额50%的部分，税率为30%。增值额超过扣除项目金额50%、未超过扣除项目金额100%的部分，税率为40%。增值额超过扣除项目金额100%、未超过扣除项目金额200%的部分，税率为50%。增值额超过扣除项目金额200%的部分，税率为60%。	财政部、国家税务总局《中华人民共和国土地增值税法（征求意见稿）》
7月18日	全国	按照竞争性评审得分，排名前16位的城市进入2019年中央财政支持住房租赁市场发展试点范围，分别为：北京、长春、上海、南京、杭州、合肥、福州、厦门、济南、郑州、武汉、长沙、广州、深圳、重庆、成都。	财政部、住建部《2019年中央财政支持住房租赁市场发展试点入围城市名单公示》
7月19日	全国	以划拨方式取得的建设用地使用权转让，需经依法批准，土地用途符合《划拨用地目录》的，可不补缴土地出让价款，按转移登记办理。以出让方式取得的建设用地使用权转让，在符合法律法规规定和出让合同约定的前提下，应充分保障交易自由； 放宽对抵押权人的限制。自然人、企业均可作为抵押权人申请以建设用地使用权及其地上建筑物、其他附着物所有权办理不动产抵押相关手续，涉及企业之间债权债务合同的须符合有关法律法规的规定； 交易双方达成一致后签订合同，依法申报交易价格，申报价格比标定地价低20%以上的，市、县人民政府可行使优先购买权； 严格落实公示地价体系，定期更新和发布基准地价或标定地价；完善土地二级市场的价格形成、监测、指导、监督机制，防止交易价格异常波动。土地转让涉及房地产开发的相关资金来源应符合房地产开发企业购地和融资的相关规定。强化土地一、二级市场联动，加强土地投放总量、结构、时序等的衔接，适时运用财税、金融等手段，加强对土地市场的整体调控，维护市场平稳运行。	国务院《关于完善建设用地使用权转让、出租、抵押二级市场的指导意见》
7月19日	全国	2019年全国棚改计划新开工289万套。1~6月，已开工约180万套，占年度目标任务的62%，完成投资5200多亿元。	住建部公布1~6月全国棚户区改造开工情况

8-3　续表5

时间	城市	政策内容	政策来源
8月16日	全国	在城市规划区国有土地范围内开展房屋转让、租赁和抵押等交易活动，实行房屋网签备案，实现新建商品房和存量房买卖合同、房屋租赁合同、房屋抵押合同网签备案全覆盖。	住建部《关于印发房屋交易合同网签备案业务规范（试行）的通知》
8月26日	全国	明确为了公共利益的需要，确需征收农民集体所有土地的6种情形，其中将“成片开发建设”限定为“经省级以上人民政府批准由县级以上地方人民政府组织实施的成片开发建设”。征收土地应当给予公平、合理的补偿，保障被征地农民原有生活水平不降低、长远生计有保障。征收农用地的土地补偿费、安置补助费标准由省、自治区、直辖市通过制定公布区片综合地价确定； 国家允许进城落户的农村村民依法自愿有偿退出宅基地，鼓励农村集体经济组织及其成员盘活利用闲置宅基地和闲置住宅。下放宅基地审批权，明确要求通过规划合理安排农村的宅基地，为改善农村的居住条件提供便利； 土地利用总体规划、城乡规划确定为工业、商业等经营性用途，并经依法登记的集体经营性建设用地，土地所有权人可以通过出让、出租等方式交由单位或者个人使用，并应当签订书面合同，载明土地界址、面积、动工期限、使用期限、土地用途、规划条件和双方其他权利义务，应当经本集体经济组织成员的村民会议三分之二以上成员或者三分之二以上村民代表的同意。城市规划区内的集体所有的土地，经依法征收转为国有土地后，该幅国有土地的使用权方可有偿出让。	全国人大常委会关于修改《中华人民共和国土地管理法》《中华人民共和国城市房地产管理法》的决定
9月20日	全国	严格落实“一户一宅”规定，农村村民出卖、出租、赠予住宅后，再申请宅基地的，不予批准。合理安排宅基地用地，严格控制新增宅基地占用农用地，不得占用永久基本农田； 鼓励村集体和农民盘活利用闲置宅基地和闲置住宅，通过自主经营、合作经营、委托经营等方式，依法依规发展农家乐、民宿、乡村旅游等。城镇居民、工商资本等租赁农房居住或开展经营的，要严格遵守合同法的规定，租赁合同的期限不得超过二十年； 在尊重农民意愿并符合规划的前提下，鼓励村集体积极稳妥开展闲置宅基地整治，整治出的土地优先用于满足农民新增宅基地需求、村庄建设和乡村产业发展。闲置宅基地盘活利用产生的土地增值收益要全部用于农业农村。在征得宅基地所有权人同意的前提下，鼓励农村村民在本集体经济组织内部向符合宅基地申请条件的农户转让宅基地。对进城落户的农村村民，各地可以多渠道筹集资金，探索通过多种方式鼓励其自愿有偿退出宅基地； 不得以各种名义违背农民意愿强制流转宅基地和强迫农民“上楼”，不得违法收回农户合法取得的宅基地，不得以退出宅基地作为农民进城落户的条件。严格控制整村撤并。严禁城镇居民到农村购买宅基地，严禁下乡利用农村宅基地建设别墅大院和私人会馆。严禁借流转之名违法违规圈占、买卖宅基地。	中央农办、农业农村部《关于进一步加强农村宅基地管理的通知》
9月26日	全国	农村土地经营权流转应当在坚持农户家庭承包经营制度和保持农村土地承包关系稳定并长久不变的基础上，遵循平等协商、依法、自愿、有偿的原则； 承包方承包土地后，享有农村土地承包经营权，可以自己经营，也可以保留土地承包权，流转其承包地的土地经营权，由他人经营。农村土地经营权流转不得改变承包土地所有权的性质及其农业用途，不得破坏农业综合生产能力和农业生态环境，流转期限不得超过承包期的剩余期限，不得损害利害关系人和农村集体经济组织的合法权益； 承包方可以采取出租（转包）、入股或者其他符合有关法律和国家政策规定的方式流转土地经营权。国家鼓励各地创新土地经营权流转形式； 工商企业等社会资本通过流转取得土地经营权的，不得从事擅自在耕地上建房、挖砂、采石、采矿、取土等行为。	农业农村部《农村土地经营权流转管理办法（修订草案征求意见稿）》

8-3　续表 6

时间	城市	政策内容	政策来源
10 月 15 日	全国	鼓励利用闲置住宅发展符合乡村特点的休闲农业、乡村旅游、餐饮民宿、文化体验、创意办公、电子商务等新产业新业态，以及农产品冷链、初加工、仓储等一二三产业融合发展项目。支持采取整理、复垦、复绿等方式，开展农村闲置宅基地整治，依法依规利用城乡建设用地增减挂钩、集体经营性建设用地入市等政策； 在充分保障农民宅基地合法权益的前提下，支持农村集体经济组织及其成员采取自营、出租、入股、合作等多种方式盘活利用农村闲置宅基地和闲置住宅； 各地要进一步加强宅基地管理，对利用方式、经营产业、租赁期限、流转对象等进行规范，防止侵占耕地、大拆大建、违规开发，确保盘活利用的农村闲置宅基地和闲置住宅依法取得、权属清晰。	农业农村部《关于积极稳妥开展农村闲置宅基地和闲置住宅盘活利用工作的通知》
11 月 5 日	全国	加快建立多主体供给、多渠道保障、租购并举的住房制度； 深化农村集体产权制度改革，发展农村集体经济，完善农村基本经营制度。实施乡村振兴战略，健全城乡融合发展体制机制。构建区域协调发展新机制，形成主体功能明显、优势互补、高质量发展区域经济布局。	《中共中央关于坚持和完善中国特色社会主义制度推进国家治理体系和治理能力现代化若干重大问题的决定》
11 月 25 日	全国	坚持从宏观审慎视角防范住户部门债务风险，多措并举应对部分地区住户部门债务增速过快和部分低收入家庭债务负担过重问题。继续严格遵循“房子是用来住的、不是用来炒的”政策定位，完善“因城施策”差别化住房信贷政策，抑制投机性购房。同时，加大对住房租赁市场的金融支持和规范，促进形成“租售并举”的住房制度。	中国人民银行《中国金融稳定报告（2019）》
11 月 26 日	全国	第二轮土地承包到期后再延长三十年。土地承包期再延长三十年，使农村土地承包关系从第一轮承包开始保持稳定长达七十五年，是实行“长久不变”的重大举措； 建立健全土地承包权依法自愿有偿转让机制。维护进城农户土地承包权益，现阶段不得以退出土地承包权作为农户进城落户的条件； 完善落实农村土地所有权、承包权、经营权“三权”分置政策体系。完善土地经营权流转市场，健全土地流转规范管理制度，探索更多放活土地经营权的有效途径。	国务院《关于保持土地承包关系稳定并长久不变的意见》
11 月 28 日	全国	随着城镇化的加快推进，大量农民进城，全国现在进城务工经商的农民大约是 2.88 亿人，其中举家进城务工经商的有 3000 多万户。总的来讲，举家进城落户的农户越来越多，这种现象越来越普遍； 现阶段不得以退出土地承包权作为农户进城落户的条件。对进城落户的农民，一方面，可引导其在依法自愿有偿的原则下，将承包地转让或者退还集体。另一方面，也可保留承包权、流转经营权或者通过代耕托管等方式发展多种形式的适度规模经营。	《中共中央国务院关于保持土地承包关系稳定并长久不变的意见》
12 月 23 日	全国	坚持“稳”字当头，全面落实因城施策、稳地价稳房价稳预期的长效管理调控机制，保持房地产市场平稳运行，坚决防范化解房地产市场风险； 着力稳地价稳房价稳预期。长期坚持“房子是用来住的、不是用来炒的”定位，不把房地产作为短期刺激经济的手段，继续稳妥实施房地产市场平稳健康发展长效机制方案，着力建立和完善房地产调控的体制机制； 着力完善城镇住房保障体系，加大城市困难群众住房保障工作力度。抓好完善住房保障体系试点工作，争取形成可复制、可推广经验。严格把握棚改范围和标准，稳步推进棚户区改造。总结推广试点经验，进一步完善支持政策，做好城镇老旧小区改造工作。推动城市开发建设由增量建设为主转向存量提质改造和增量结构调整并重；	全国住房和城乡建设工作会议

8-3　续表 7

时间	城市	政策内容	政策来源
12 月 23 日	全国	着力培育和发展租赁住房，促进解决新市民等群体的住房问题。进一步培育机构化、规模化租赁企业，加快建立和完善政府主导的住房租赁管理服务平台。重点发展政策性租赁住房，探索政策性租赁住房的规范标准和运行机制。	全国住房和城乡建设工作会议
12 月 25 日	全国	房地产经纪机构、住房租赁企业应当实行明码标价。房地产经纪机构不得赚取住房出租差价； 住房租赁企业可依据相关法律法规以应收账款为质押申请银行贷款。加强贷后管理，严格审查贷款用途，防止住房租赁企业形成资金池、加杠杆； 住房和城乡建设等部门加强对采取“高进低出”（支付房屋权利人的租金高于收取承租人的租金）、“长收短付”（收取承租人租金周期长于给付房屋权利人租金周期）经营模式的住房租赁企业的监管，指导住房租赁企业在银行设立租赁资金监管账户，将租金、押金等纳入监管账户。	住建部等 6 部门《关于整顿规范住房租赁市场秩序的意见》

8-4 2019年区域发展政策

时间	城市	政策内容	政策来源
1月3日	北京	严格控制人口规模、用地规模、建筑规模。城市副中心规划范围155平方公里，加上拓展区覆盖通州全区约906平方公里。到2035年，常住人口规模控制在130万人以内，城乡建设用地规模控制在100平方公里左右； 城市副中心以行政办公、商务服务、文化旅游为主导功能，形成配套完善的城市综合功能。通过市级党政机关和市属行政事业单位搬迁，带动中心城区包括学校、医院等其他相关功能和人口疏解； 健全多主体供给、多渠道保障、租购并举的住房制度，实现住有所居，就近满足居民的工作、生活需求，提高本地就业率，实现职住平衡发展； 发挥城市副中心对周边的辐射带动作用，实现通州区与河北省廊坊北三县地区统一规划、统一政策、统一标准、统一管控，促进协同发展。	中共中央国务院批复《北京城市副中心控制性详细规划（街区层面）（2016~2035年）》
2月18日	粤港澳大湾区	粤港澳大湾区包括香港特别行政区、澳门特别行政区和广东省广州市、深圳市、珠海市、佛山市、惠州市、东莞市、中山市、江门市、肇庆市，总面积5.6万平方公里，2017年末总人口约7000万人； 战略定位为充满活力的世界级城市群、具有全球影响力的国际科技创新中心、“一带一路”建设的重要支撑、内地与港澳深度合作示范区、宜居宜业宜游的优质生活圈； 坚持极点带动、轴带支撑、辐射周边，推动大中小城市合理分工、功能互补，进一步提高区域发展协调性，促进城乡融合发展，构建结构科学、集约高效的大湾区发展格局； 到2022年，粤港澳大湾区综合实力显著增强，粤港澳合作更加深入广泛，区域内生发展动力进一步提升。到2035年，大湾区形成以创新为主要支撑的经济体系和发展模式，经济实力、科技实力大幅跃升，国际竞争力、影响力进一步增强。	中共中央国务院《粤港澳大湾区发展规划纲要》
2月21日	全国	放开放宽除个别超大城市外的城市落户限制，在具备条件的都市圈率先实现户籍准入年限同城化累积互认，加快消除城乡区域间户籍壁垒，统筹推进本地人口和外来人口市民化； 推动公共租赁住房保障范围常住人口全覆盖，提高住房公积金统筹层次，建立住房公积金异地信息交换和核查机制，推行住房公积金转移接续和异地贷款； 有序发展特色小城镇，实施特色小镇高质量发展工程，打造一批功能多样、产业集聚、设施完善的创新创业平台。优化提升现代农业产业园等园区，有序建设农村产业融合发展示范园，推动农业现代化； 鼓励社会资本参与都市圈建设与运营。允许都市圈内城乡建设用地增减挂钩节余指标跨地区调剂。健全都市圈商品房供应体系，强化城市间房地产市场调控政策协同。	国家发展改革委《关于培育发展现代化都市圈的指导意见》
4月8日	全国	继续加大户籍制度改革力度，在此前城区常住人口100万以下的中小城市和小城镇已陆续取消落户限制的基础上，城区常住人口100万~300万的Ⅱ型大城市要全面取消落户限制；城区常住人口300万~500万的Ⅰ型大城市要全面放开放宽落户条件，并全面取消重点群体落户限制。超大特大城市要调整完善积分落户政策，大幅增加落户规模、精简积分项目，确保社保缴纳年限和居住年限分数占主要比例。允许租赁房屋的常住人口在城市公共户口落户； 深化“人地钱挂钩”等配套政策。全面落实城镇建设用地增加规模与吸纳农业转移人口落户数量挂钩政策，落实中央基建投资安排向吸纳农业转移人口落户数量较多城镇倾斜政策，完善财政性建设资金对吸纳贫困人口较多城市基础设施投资的补助机制； 加快京津冀协同发展、长江三角洲区域一体化发展、粤港澳大湾区建设。扎实开展成渝城市群发展规划实施情况跟踪评估，研究提出支持成渝城市群高质量发展的政策举措，培育形成新的重要增长极；	国家发展改革委《2019年新型城镇化建设重点任务》

8–4 续表 1

时间	城市	政策内容	政策来源
4 月 8 日	全国	超大特大城市要立足城市功能定位、防止无序蔓延，合理疏解中心城区非核心功能，推动产业和人口向一小时交通圈地区扩散。大城市要提高精细化管理水平，增强要素集聚、高端服务和科技创新能力，发挥规模效应和辐射带动作用。中小城市发展要分类施策，都市圈内和潜力型中小城市要提高产业支撑能力、公共服务品质，促进人口就地就近城镇化；收缩型中小城市要瘦身强体，转变惯性的增量规划思维，严控增量、盘活存量，引导人口和公共资源向城区集中。	国家发展改革委《2019年新型城镇化建设重点任务》
4 月 18 日	全国	助力打造粤港澳世界级旅游大湾区。全力推进与港澳深度旅游合作，立足三地旅游资源和区位优势，探索在交通设施、项目建设、市场开发、人才培训等方面开展全方位、深层次交流合作。开发岛内休闲度假、会议展览、医疗保健、文化体验、邮轮游艇、海洋旅游等精品旅游项目，构建不同主题、特色、档次的多元旅游产品体系； 到 2035 年，建设成为生态优美、景观丰富、配套完善、特色鲜明的国际休闲旅游岛，全域旅游产业体系基本形成，旅游休闲产业对经济社会发展发挥更加重要的龙头带动作用。具备较强的旅游产业竞争力和国际知名度，与“一带一路”共建国家旅游合作进一步加强，配合澳门建设世界旅游休闲中心成果丰硕。	国家发展改革委《横琴国际休闲旅游岛建设方案》
5 月 10 日	全国	对上海浦东新区综合配套改革试验区、天津滨海新区综合配套改革试验区、重庆市统筹城乡综合配套改革试验区、成都市统筹城乡综合配套改革试验区、武汉城市圈“两型”社会建设综合配套改革试验区、长株潭城市群“两型”社会建设综合配套改革试验区、深圳市综合配套改革试验区、沈阳经济区新型工业化综合配套改革试验区、山西省资源型经济转型综合配套改革试验区、浙江省义乌市国际贸易综合改革试点、厦门市深化两岸交流合作综合配套改革试验区、黑龙江省“两大平原”现代农业综合配套改革试验区做了重点任务部署，要求重点在完善基本经济制度、要素市场化配置、科技创新、对外开放、生态文明体制改革等领域积极探索，加强改革系统集成，力争形成更多可复制可推广的制度创新成果。	国家发展改革委《2019年国家综合配套改革试验区重点任务》
5 月 12 日	全国	探索建立资源权属清晰、产业融合发展、利益合理共享的生态旅游发展机制，鼓励对农村宅基地、闲置房屋进行改造利用，发展度假民宿等新型住宿业态，建设一批设施完备、功能多样的休闲观光园区、森林人家、渔村渔家、康养基地，创建一批特色生态旅游示范村镇、黎苗文化特色村寨精品旅游线路； 实行最严格的节约用地制度，实施建设用地总量和强度双控行动，确保全省建设用地总量在现有基础上不增加。继续深化全省闲置建设用地清理处置，推动低效土地再开发利用；	国务院《国家生态文明试验区（海南）实施方案》
5 月 13 日	全国	长三角一体化发展具有极大的区域带动和示范作用，要紧扣“一体化”和“高质量”两个关键，带动整个长江经济带和华东地区发展，形成高质量发展的区域集群； 把长三角一体化发展上升为国家战略是党中央作出的重大决策部署。要树立“一体化”意识和“一盘棋”思想，深入推进重点领域一体化建设，强化创新驱动，建设现代化经济体系，提升产业链水平。	中共中央政治局会议审议《长江三角洲区域一体化发展规划纲要》
5 月 28 日	全国	支持国家级经开区提高引资质量，重点引进跨国公司地区总部、研发、财务、采购、销售、物流、结算等功能性机构。支持区内企业开展上市、业务重组等；支持符合条件的国家级经开区申请设立综合保税区；支持地方人民政府对有条件的国家级经开区开发建设主体进行资产重组、股权结构调整优化，引入民营资本和外国投资者，开发运营特色产业园等园区； 加强上下游产业布局规划，推动国家级经开区形成共生互补的产业生态体系。国家重大产业项目优先规划布局在国家级经开区。充分发挥中央层面现有各类产业投资基金作用，支持发展重大产业项目； 支持国家级经开区创建国家新型工业化产业示范基地，坚持市场化运作、内外资企业一视同仁，培育先进制造业集群。加强与相关投资基金合作，充分发挥产业基金、银行信贷、证券市场、保险资金以及国家融资担保基金等作用，拓展国家级经开区发展产业集群的投融资渠道。	国务院《关于推进国家级经济技术开发区创新提升打造改革开放新高地的意见》

8–4 续表 2

时间	城市	政策内容	政策来源
6 月 11 日	全国	支持中西部地区稳定人才队伍，发达地区不得片面通过高薪酬高待遇竞价抢挖人才，特别是从中西部地区、东北地区挖人才。	国务院《关于进一步弘扬科学家精神加强作风和学风建设的意见》
8 月 5 日	全国	支持海南在人才培养、引进、使用上大胆创新，着力集聚有志于海南建设和爱国奉献的各方面优秀人才，为海南全面深化改革开放提供强有力人才保障。有关部委要在体制机制创新、人才项目安排等方面给予海南倾斜支持。	中央组织部、国家发改委等 7 部门《关于支持海南开展人才发展体制机制创新的实施方案》
8 月 6 日	全国	在上海大治河以南、金汇港以东以及小洋山岛、浦东国际机场南侧区域设置新片区。按照“整体规划、分步实施”原则，先行启动南汇新城、临港装备产业区、小洋山岛、浦东机场南侧等区域，面积为 119.5 平方公里； 实施具有国际竞争力的税收制度和政策，研究实施境外人才个人所得税税负差额补贴政策。在不导致税基侵蚀和利润转移的前提下，探索试点自由贸易账户的税收政策安排。	国务院《关于同意设立中国（上海）自由贸易试验区临港新片区的批复》《关于印发中国（上海）自由贸易试验区临港新片区总体方案的通知》
8 月 15 日	全国	建设自重庆经贵阳、南宁至北部湾出海口（北部湾港、洋浦港），自重庆经怀化、柳州至北部湾出海口，以及自成都经泸州（宜宾）、百色至北部湾出海口三条通路，共同形成西部陆海新通道的主通道；着力打造国际性综合交通枢纽，充分发挥重庆位于“一带一路”和长江经济带交汇点的区位优势，建设通道物流和运营组织中心； 到 2020 年，一批重大铁路、物流枢纽等项目开工建设，重庆内陆国际物流分拨中心初步建成，广西北部湾港和海南洋浦港资源整合初见成效，铁海联运和多式联运“最后一公里”基本打通，通关效率大幅提高，通道物流组织水平显著提升，陆海新通道对西部大开发的支撑作用开始显现。到 2025 年，经济、高效、便捷、绿色、安全的西部陆海新通道基本建成。到 2035 年，西部陆海新通道全面建成。	国家发展改革委《西部陆海新通道总体规划》
8 月 18 日	深圳	支持深圳强化产学研深度融合的创新优势，以深圳为主阵地建设综合性国家科学中心，在粤港澳大湾区国际科技创新中心建设中发挥关键作用。大力发展战略性新兴产业，在未来通信高端器件、高性能医疗器械等领域创建制造业创新中心。推进深莞惠联动发展，促进珠江口东西两岸融合互动，创新完善、探索推广深汕特别合作区管理体制机制； 支持深圳在教育体制改革方面先行先试，高标准办好学前教育，扩大中小学教育规模，高质量普及高中阶段教育； 到 2025 年，深圳经济实力、发展质量跻身全球城市前列，研发投入强度、产业创新能力世界一流，文化软实力大幅提升，公共服务水平和生态环境质量达到国际先进水平，建成现代化国际化创新型城市。到 2035 年，深圳高质量发展成为全国典范，城市综合经济竞争力世界领先，建成具有全球影响力的创新创业创意之都，成为我国建设社会主义现代化强国的城市范例。到 21 世纪中叶，深圳以更加昂扬的姿态屹立于世界先进城市之林，成为竞争力、创新力、影响力卓著的全球标杆城市。	国务院《关于支持深圳建设中国特色社会主义先行示范区的意见》
8 月 26 日	全国	中国（山东）自由贸易试验区涵盖济南片区、青岛片区、烟台片区，总面积 119.98 平方公里；中国（江苏）自由贸易试验区涵盖南京片区、苏州片区、连云港片区，总面积 119.97 平方公里；中国（广西）自由贸易试验区涵盖南宁片区、钦州港片区、崇左片区，总面积 119.99 平方公里；中国（河北）自由贸易试验区涵盖雄安片区、正定片区、曹妃甸片区、大兴机场片区，总面积 119.97 平方公里；中国（云南）自由贸易试验区涵盖昆明片区、红河片区、德宏片区，总面积 119.86 平方公里；中国（黑龙江）自由贸易试验区涵盖哈尔滨片区、黑河片区、绥芬河片区，总面积 119.85 平方公里。	国务院《关于同意新设 6 个自由贸易试验区的批复》《关于印发 6 个新设自由贸易试验区总体方案的通知》

8-4 续表 3

时间	城市	政策内容	政策来源
8 月 30 日	全国	拟支持北京京西、大连沿海、黑龙江大庆、江苏徐州、江西萍乡、河南西部、广东韶关、贵州六盘水等建设第二批产业转型升级示范区； 示范区建设方案要坚持新发展理念，落实高质量发展要求，围绕夯实实体经济发展基础，增强城市辐射带动作用，提高集聚产业和人口能力。	国家发展改革委等 5 部委《关于进一步推进产业转型升级示范区建设的通知》
9 月 5 日	全国	同意南昌、新余、景德镇、鹰潭、抚州、吉安、赣州 7 个高新技术产业开发区建设国家自主创新示范区。努力把南昌、新余、景德镇、鹰潭、抚州、吉安、赣州高新技术产业开发区建设成为产业技术创新示范区、绿色发展引领区、开放协调发展先行区、创新政策和体制机制改革试验区，打造长江经济带经济与生态联动发展的创新高地。	国务院《关于同意南昌、新余、景德镇、鹰潭、抚州、吉安、赣州高新技术产业开发区建设国家自主创新示范区的批复》
9 月 11 日	全国	共有 23 个物流枢纽入选 2019 年国家物流枢纽建设名单，其中东部地区 10 个（天津、上海、南京、金华（义乌）、临沂、广州、宁波—舟山、厦门、青岛、深圳）、中部地区 5 个（太原、赣州、郑州、宜昌、长沙）、西部地区 7 个（乌兰察布—二连浩特、南宁、重庆、成都、西安、兰州、乌鲁木齐）、东北地区 1 个（营口）。	国家发展改革委、交通运输部《关于做好 2019 年国家物流枢纽建设工作的通知》
9 月 19 日	全国	到 2020 年，完成决胜全面建成小康社会交通建设任务和"十三五"现代综合交通运输体系发展规划各项任务，为交通强国建设奠定坚实基础。到 2035 年，基本建成交通强国。基本形成"全国 123 出行交通圈"（都市区 1 小时通勤、城市群 2 小时通达、全国主要城市 3 小时覆盖）和"全球 123 快货物流圈"（国内 1 天送达、周边国家 2 天送达、全球主要城市 3 天送达）。到 21 世纪中叶，全面建成人民满意、保障有力、世界前列的交通强国； 强化西部地区补短板，推进东北地区提质改造，推动中部地区大通道大枢纽建设，加速东部地区优化升级，形成区域交通协调发展新格局。	国务院《交通强国建设纲要》
10 月 8 日	全国	打造"一带一路"国际合作新平台，拓展国际物流、现代贸易、双向投资、商旅文化交流等领域合作，更好发挥青岛在"一带一路"新亚欧大陆桥经济走廊建设和海上合作中的作用，加强我国同上海合作组织国家互联互通，着力推动形成陆海内外联动、东西双向互济的开放格局。	国务院《关于中国—上海合作组织地方经贸合作示范区建设总体方案的批复》
10 月 28 日	上海	上合示范区实施范围在胶州经济技术开发区内。近期目标是立足与上合组织国家相关城市间交流合作，通过建设区域物流中心、现代贸易中心、双向投资合作中心和商旅文交流发展中心，打造上合组织国家面向亚太市场的"出海口"，形成与上合组织国家相关城市交流合作集聚的示范区。中远期目标是努力把上合示范区建成与上合组织国家相关地方间双向投资贸易制度创新的试验区、企业创业兴业的聚集区、"一带一路"地方经贸合作的先行区，打造新时代对外开放新高地； 支持青岛市参与和承办上合组织地方领导人论坛。中国与上合组织国家签署协议的相关成果和试点项目在上合示范区探索实施。利用上合组织现有工作机制，充分发挥上合组织经贸部长会议等机制作用，加强与各成员国地方在政策沟通、项目推介、企业交流等领域合作。	商务部《中国—上海合作组织地方经贸合作示范区建设总体方案》
10 月 29 日	长三角	加大改革创新力度，集中落实、系统集成重大改革举措，进一步提升服务水平和核心竞争力，实现绿色经济、高品质生活、可持续发展有机统一，走出一条跨行政区域共建共享、生态文明与经济社会发展相得益彰的新路径。	国务院《关于长三角生态绿色一体化发展示范区总体方案的批复》
11 月 5 日	全国	提出了适用于海南自贸试验区的其他自贸试验区施行政策，包括四方面共 30 项政策内容。其中，扩大金融领域开放方面，提出支持民营资金进入金融业、加强与境外人民币离岸市场战略合作等 7 项内容；加快航运领域发展方面，提出允许特定条件下租用外籍船舶从事临时运输、进一步便利国际船舶管理企业从事海员外派服务等 7 项内容；其他方面，提出探索建立公共信用信息和金融信用信息互补机制、探索建立土地节约集约利用新模式等 4 项内容。	商务部等 18 部门《关于在中国（海南）自由贸易试验区试点其他自贸试验区施行政策的通知》

8–4 续表4

时间	城市	政策内容	政策来源
11月19日	全国	统筹生态、生产、生活三大空间，把生态保护放在优先位置，不搞集中连片式开发，打造“多中心、组团式、网络化、集约型”的空间格局，形成“两核、两轴、三组团”的功能布局。“两核”即环淀山湖区域和虹桥区域。“两轴”即沿沪渝高速和通苏嘉高速的两条创新功能轴。“三组团”即以青浦新城、吴江城区、嘉善新城等节点为支撑的城市功能组团；到2025年，一批生态环保、基础设施、科技创新、公共服务等重大项目建成运行。到2035年，全面建设成为示范引领长三角更高质量一体化发展的标杆； 选择青浦区金泽镇、朱家角镇，吴江区黎里镇，嘉善县西塘镇、姚庄镇作为一体化示范区的先行启动区，面积约660平方公里，着力构建“十字走廊引领、空间复合渗透、人文创新融合、立体网络支撑”的功能布局，严格控制开发强度，蓝绿空间占比不低于75%，规划建设用地不超过现有总规模； 探索跨区域统筹土地指标、盘活空间资源的土地管理机制。完善盘活存量建设用地机制，推进城镇低效用地再开发，开展调整（撤销）建设用地批文审批，盘活批而未供土地转用指标； 打破户籍、身份、学历、人事关系等制约，促进人才合理流动。制定实施符合一体化示范区发展需求的特殊人才政策，赋予一体化示范区统筹使用各类编制资源的自主权和更大用人自主权。	国家发展改革委《关于印发长三角生态绿色一体化发展示范区总体方案的通知》
12月1日	全国	规划范围包括上海市、江苏省、浙江省、安徽省全域（面积35.8万平方公里）。以上海市，江苏省南京、无锡、常州、苏州、南通、扬州、镇江、盐城、泰州，浙江省杭州、宁波、温州、湖州、嘉兴、绍兴、金华、舟山、台州，安徽省合肥、芜湖、马鞍山、铜陵、安庆、滁州、池州、宣城27个城市为中心区（面积22.5万平方公里），辐射带动长三角地区高质量发展。以上海青浦、江苏吴江、浙江嘉善为长三角生态绿色一体化发展示范区（面积约2300平方公里），示范引领长三角地区更高质量一体化发展。以上海临港等地区为中国（上海）自由贸易试验区新片区，打造与国际通行规则相衔接、更具国际市场影响力和竞争力的特殊经济功能区； 到2025年，长三角一体化发展取得实质性进展。跨界区域、城市乡村等区域板块一体化发展达到较高水平，在科创产业、基础设施、生态环境、公共服务等领域基本实现一体化发展，全面建立一体化发展的体制机制； 发挥上海龙头带动作用，苏浙皖各扬所长。面向全球、面向未来，提升上海城市能级和核心竞争力，引领长三角一体化发展。围绕国际经济、金融、贸易、航运和科技创新“五个中心”建设，着力提升上海大都市综合经济实力、金融资源配置功能、贸易枢纽功能、航运高端服务功能和科技创新策源能力，有序疏解一般制造等非大都市核心功能。	国务院《长江三角洲区域一体化发展规划纲要》
12月6日	全国	该规划纲要具有三个特点，一是紧扣“一体化”和“高质量”两个关键。其中，一体化比协同、协调的要求更高，既是长三角发展的重点，也是难点。二是明确“分区域”和“分领域”两条推进路径。以新片区拓展功能、示范区先行探索、中心区率先复制、全域集成推进作为一体化发展的空间布局，更加有效地推进一体化发展。对跨省重大基础设施建设、环境保护、区域协同创新等已经具备条件的领域，明确提出加快一体化发展的要求。三是突出“示范区”和“新片区”两个重点区域引领带动作用。示范区率先探索将生态优势转化为经济社会发展优势、从项目协同走向区域一体化制度创新，示范引领长三角一体化发展。新片区以投资自由、贸易自由、资金自由、运输自由、人员从业自由等为重点，打造与国际通行规则相衔接、更具国际市场影响力和竞争力的特殊经济功能区，引领长三角新一轮改革开放。	国新办《长江三角洲区域一体化发展规划纲要》发布会

8-4　续表 5

时间	城市	政策内容	政策来源
12 月 9 日	全国	为积极支持粤港澳大湾区建设，商务部牵头在内地与香港、澳门经贸合作委员会框架下，成立了粤港澳大湾区建设经贸专责小组，提出了《关于商务领域支持粤港澳大湾区建设若干政策措施的意见》，将 CEPA 扩大开放的优惠措施在粤港澳大湾区率先先行先试，推动大湾区全面实现服务贸易自由化。支持广东自贸试验区率先探索与港澳经贸规则对接，带动提升粤港澳大湾区制度型开放，支持香港、澳门参与大湾区珠三角九个城市市场体系建设和消费升级。	国新办《中共中央国务院关于推进贸易高质量发展的指导意见》有关情况发布会
12 月 15 日	全国	新形势下促进区域协调发展，总的思路是：按照客观经济规律调整完善区域政策体系，发挥各地区比较优势，促进各类要素合理流动和高效集聚，增强创新发展动力，加快构建高质量发展的动力系统，增强中心城市和城市群等经济发展优势区域的经济和人口承载能力，增强其他地区在保障粮食安全、生态安全、边疆安全等方面的功能，形成优势互补、高质量发展的区域经济布局； 产业和人口向优势区域集中，形成以城市群为主要形态的增长动力源，进而带动经济总体效率提升，这是经济规律。要破除资源流动障碍，使市场在资源配置中起决定性作用，促进各类生产要素自由流动并向优势地区集中，提高资源配置效率。北京、上海等特大城市要根据资源条件和功能定位合理管控人口规模； 除中央已有明确政策规定之外，全面放宽城市落户条件，完善配套政策，打破阻碍劳动力流动的不合理壁垒，促进人力资源优化配置。要健全市场一体化发展机制，深化区域合作机制，加强区域间基础设施、环保、产业等方面的合作； 要加快改革土地管理制度，建设用地资源向中心城市和重点城市群倾斜。在国土空间规划、农村土地确权颁证基本完成的前提下，城乡建设用地供应指标使用应更多由省级政府统筹负责。要使优势地区有更大发展空间。	习近平在《求是》上发表文章《推动形成优势互补高质量发展的区域经济布局》
12 月 25 日	全国	坚持把稳定和扩大就业作为经济社会发展的优先目标，将就业优先政策置于宏观政策层面，加强政策协调配合，确保经济运行在合理区间，统筹发展资本密集型、技术密集型、知识密集型和劳动密集型产业，创造更充分的流动机会； 建立健全城乡融合发展体制机制和政策体系，推进新型城镇化建设和乡村振兴战略实施，引导城乡各类要素双向流动、平等交换、合理配置。优化行政区划设置，以中心城市和城市群为主体构建大中小城市和小城镇协调发展格局，拓宽城市间流动空间； 以户籍制度和公共服务牵引区域流动。全面取消城区常住人口 300 万以下的城市落户限制，全面放宽城区常住人口 300 万至 500 万的大城市落户条件。完善城区常住人口 500 万以上的超大特大城市积分落户政策，精简积分项目，确保社会保险缴纳年限和居住年限分数占主要比例。	中共中央国务院《关于促进劳动力和人才社会性流动体制机制改革的意见》
12 月 27 日	全国	督促城区常住人口 300 万以下城市取消落户限制。各省级发展改革、公安等部门要严格落实此前印发的《2019 年新型城镇化建设重点任务》，督促Ⅱ型大城市、中小城市和小城镇全面取消落户限制； 推动城区常住人口 300 万以上城市放宽落户条件。引导除个别超大城市外的其他超大特大城市在积分落户政策中，结合实际对农村贫困人口在本市落户给予帮扶，并区分不同类型城区制定差别化落户政策，探索推进郊区和新区取消落户限制； 维护进城落户建档立卡农村贫困人口的农村权益。各省级农业农村等部门要引导各市县维护其在农村的承包地、宅基地和集体资产等权益，不得强行要求其转让退出上述权益或将此作为落户的前置条件，使农村贫困人口安心放心落户；按照依法自愿有偿原则，在完成农村不动产确权登记颁证的前提下，探索其流转承包地经营权、宅基地使用权、集体收益分配权，或向农村集体经济组织退出承包地农户承包权、宅基地资格权、集体资产股权的具体办法。	国家发改委等四部门《关于加快促进有能力在城镇稳定就业生活的农村贫困人口落户城镇的意见》

8-5 2019年市场调控监管政策

时间	城市	政策内容	政策来源
1月8日	沧州	将本辖区国有土地和集体土地上，所有新增用于销售的居住、商业、旅游、教育、养老等类项目（包括城中村、城郊村改造等项目），统一纳入违法建设防控范围； 凡记入“黑名单”的企业和人员，有关行业主管部门一律实施不低于5年的市场禁入措施。	沧州《关于建立健全房地产开发领域违法建设防控治理长效机制的意见》
1月8日	苏州	于2019年1月起至4月，重点整治“红顶中介”现象、房地产经纪机构违法违规提供居间代理、提供虚假材料和便利骗取购房资格、严厉打击无照无证房地产经纪机构违法违规行为。	苏州《关于深入开展“房地产经纪机构乱象专项整治百日行动”的通知》
1月10日	海南	要始终坚持“房子是用来住的、不是用来炒的”定位，严格落实商品房销售明码标价规定，扎实推进价格备案管理工作，主动应对房地产市场价格变化，指导房地产开发企业合理确定备案价格，释放价格行政指导在稳定市场预期方面的积极信号，防止房价大起大落，促进房地产市场平稳健康发展。	海南《关于切实做好商品住宅销售价格备案管理工作的通知》
1月11日	郴州	承租人不得转借、转租、转卖公共租赁住房； 房地产经纪机构及经纪人不得提供公共租赁住房出租、转让、出售等经纪业务。	郴州《关于严禁私自买卖、转租、转借公共租赁住房的声明》
1月19日	南京	开发商必须在销售现场公示装修标准和装修评估价格，且样板间公示截止时间须至项目交付后三个月以上。即日起，南京所有新申领施工许可证的商品住房项目须按该《通知》严格执行； 装修价格评估报告经公示后，开发企业不得擅自更改。新房交付前不得采取二次装修等方式，提高全装修价格； 严格执行一价清政策，在毛坯房备案价和装修指导价之外，开发商如存在收取其他费用行为，一经查实，房产部门将暂停该楼盘销售，并在一年内暂停核发预售许可证。	南京《关于进一步加强南京市商品住房全装修建设管理的通知》
1月30日	佛山	企业自持商品房屋应全部用于公开对外租赁，不得销售、转让，对外出租单次租期不得超过20年； 项目分期开发的，第一期企业自持面积不少于项目自持总建筑面积的50%。	《佛山市企业自持商品房屋租赁管理实施有关问题的通知（试行）》
1月31日	三亚	发现房地产开发企业采取“先登记支付房款、后补交社保或个税”方式销售的，购房人5年内不得在三亚市购房，开发企业已批准预售房源网签量未达到70%的，不再核发新的预售许可证。	三亚《关于进一步加大房地产领域违法违规销售和虚假宣传等行为查处力度的通知》
3月3日	山东	以稳地价稳房价为目标，保持房地产市场平稳健康发展，落实房地产调控城市主体责任制，济南、青岛要科学制定“一城一策”实施方案。	山东《关于推动“六稳”工作落地见效的若干意见》
3月12日	菏泽	农民进城购买首套新建商品房享受每平方米300元的优惠。申请使用商业性个人住房贷款在县城市规划建成区内购买首套普通自住房的农村居民，首付不超过30%，贷款利率下限为贷款基准利率的0.9倍，上限不超过贷款基准利率的1.25倍。	菏泽《关于成武县鼓励农村居民进城的实施意见》
3月14日	海南	房地产开发企业、房屋销售中介机构不得阻挠或拒绝购房人正常使用住房公积金个人住房贷款（含组合贷款）购房； 鉴于部分职工购买2017年9月28日前取得出让用地开发建设或采取装配式建造方式建造的新建楼盘，因楼盘未封顶无法申请住房公积金贷款的特殊情况，省住房公积金管理局应根据缴存职工需求，阶段性开放“商转公”业务受理及审批工作。	海南《关于进一步规范商品房销售中使用住房公积金贷款购房行为的通知》
3月19日	四川	降低商品房预售资金申请使用条件，将原“建设工程量达到总工程量的50%，可以首次申请使用预售监管资金”调整为“建设工程量达到总工程量的30%，可以首次申请使用预售监管资金”。	四川达州《支持激励房地产业发展八条措施》

8-5　续表 1

时间	城市	政策内容	政策来源
3 月 19 日	淄博	坚持“房子是用来住的、不是用来炒的”定位，加强市场监测分析，做好价格备案工作，稳定市场预期。认真研究房地产市场新情况新问题，及时调整市场调控政策，保持全市房地产市场平稳健康发展。继续开展房地产市场乱象治理专项行动，进一步整顿和规范房地产市场秩序； 2020 年底前，全市规划城区内的新建住宅，全部实行全装修成品交房； 实施棚户区改造 4573 套，基本建成 3000 套。实现 6.1 万外来务工人员落户城镇； 扎实推进 1 个新生小城市、2 个小城市（省级重点示范镇）试点、2 个国家级特色小镇建设和 6 个省级特色小镇创建，确保到 2020 年实现建设和创建目标。	淄博《关于印发 2019 年全市住房和城乡建设工作要点的通知》
3 月 21 日	海口	在商品房买卖合同签订之日起 30 日内进行网签备案，严禁滞后网签。	海口《关于规范新建商品房买卖合同网签备案管理的通知》
3 月 21 日	城市	从价计征的，每年按房产原值一次减去 10% 后的余值的 1.2% 征收房产税。2019 年 1 月 1 日到 2021 年 12 月 31 日，每年按房产原值一次减除比例暂由 10% 调整为 30%。	修改《内蒙古自治区房产税实施细则》
3 月 27 日	成都	下一步，成都市住建局将继续加强对成都市房地产市场的监管力度，不定期、不定点随机抽查成都市房地产开发企业和经纪机构经营行为，对违法违规和不规范行为一经发现，依法严肃处理。	成都《关于近期房地产市场秩序专项检查情况的通报》
3 月 27 日	济南	近日，网上流传一些关于济南市房地产市场调控的不实信息，济南市住建局第一时间予以回应，严正重申：坚持房地产市场调控不动摇； 严格执行已出台的调控政策，保持调控政策的连续性、稳定性，继续做好价格指导工作，确保市场稳定； 加强房地产市场检查，加大房地产市场监管力度，继续深入开展打击侵害群众利益违法违规行为治理房地产乱象专项行动。	济南《关于依法严厉打击散布、传播房地产市场调控不实信息行为的通知》
4 月 4 日	东莞	长安、凤岗、东城、南城、万江、大朗、塘厦、松山湖、莞城、虎门、大岭山、石排、企石、黄江、寮步、厚街、道滘，价格标准为低于 24718 元 / 平方米（含）；樟木头、茶山、石碣、石龙、洪梅、沙田、麻涌、高埗、清溪、东坑、常平、望牛墩，价格标准为低于 18451 元 / 平方米（含）；横沥、桥头、中堂、谢岗，价格标准为低于 14289 元 / 平方米（含）。	东莞《关于调整我市普通住房价格标准的通知》
4 月 8 日	深圳	打击各类房地产市场涉黑涉恶涉乱行为，进一步规范开发企业、中介机构和从业人员经营行为，净化房地产行业市场环境，规范房地产市场交易秩序，健全房地产市场监管机制，促进房地产市场健康发展，维护人民群众合法利益。	《深圳市住房和建设局开展房地产市场领域“楼霸”专项整治工作的方案》
4 月 15~16 日	合肥	切实把“房住不炒”的定位和严格“三限”（限购、限贷、限价）的政策，落实在行动中，下大力气保持政策连续性、稳定性。要加大市场监管力度。强化全程监管，重点是在预售资金监管上，要突出全程监管，最大限度防范房地产市场风险； 推进重大政策突破。首先是推进共有产权住房建设，其次是人才公寓租售管理，再次是长效机制涉及的“商改租”“工改租”等问题，确保工作取得实质性进展。	合肥市房产局召开 2019 年第一季度房地产形势分析会暨党组中心组学习（扩大）会议
5 月 8 日	济南	房地产经纪机构不得发布未经产权人书面委托的房源信息，不得隐瞒存在抵押、查封等影响房屋交易的信息。	济南《关于规范房源发布加强房地产经纪管理的通知》
5 月 9 日	汕头	金平区、龙湖区范围内经济适用住房，购买经适房满 5 年并取得经适房不动产登记证件的，购房人可以按规定交纳相关价款，取得完全产权后，进行上市交易或办理完全产权的不动产登记证件。	《汕头市经济适用住房上市交易管理办法》（征求意见稿）

8-5 续表 2

时间	城市	政策内容	政策来源
5 月 11 日	苏州	调整土地出让报价规则，将土地出让报价条件从定值调整为区间设置。将土地竞价超过市场指导价 10%（不含 10%）需工程竣工验收后方可申请预售许可的规定，调整为超过市场指导价 5%~10% 需工程竣工验收后方可申请预售许可。将土地竞价超过土地出让市场指导价 25%（不含 25%）后转为一次报价出让方式的规定，调整为超过市场指导价 10%~25% 后转为一次报价出让方式； 对苏州工业园区全域、苏州高新区部分重点区域（东起京杭运河，西至珠江路，南至竹园路，北至邓尉路）新建商品住房实施限制转让措施。自 5 月 11 日起，限制转让区域内新取得预（销）售许可的商品住房项目（含已经取得预售许可尚未开始网签的项目），购房人自取得不动产权证之日起，满三年后方可转让； 对苏州工业园区全域二手住房实施限制转让措施。自 5 月 11 日起，购房人通过二手住宅市场交易新取得不动产权证满五年后方可转让； 在苏州工业园区全域内，新取得预（销）售许可的商品住房，实行人才优先购买政策。房地产开发企业应当将预（销）售许可建筑面积 50%~60% 的住房，优先出售给在苏州工业园区就业、创业并在苏州市无自有住房的人才。	苏州《关于进一步促进全市房地产市场持续稳定健康发展的补充意见》
5 月 14 日	济南	开发项目未取得商品房预售许可或商品房现售备案证明，不得发布商品房销售广告；商品房广告不得对规划或者建设中的交通、商业、文化教育设施以及其他市政条件作误导宣传；不得含有能够为购房人办理户口、就业、升学等事项的承诺； 商品房取得预售许可后，应在销售现场一次性公开房源信息并于 10 日内开盘销售；开发企业销售人员不得以项目周边尚在规划论证阶段的交通、学校及市政配套设施为说明和承诺，推销商品房并以此方式诱导欺骗购房人。	济南《关于进一步规范商品房销售广告和宣传活动的通知》
5 月 16 日	苏州	关于新购住房“五年一学位”政策调整。自 5 月 16 日起，在园区新购并取得《不动产权证书》的商品住房和二手住房，用于申请入学的，对服务对象提供的合法固定住所予以登记，登记的合法固定住所九年内认定一名地段生； 关于人才优先购买商品住房政策。自 5 月 16 日起，对园区范围内新取得预（销）售许可的商品住房，房地产开发企业应当将不少于预（销）售许可建筑面积 60% 的住房优先出售给在园区就业、创业并连续缴纳社保或个税 12 个月及以上，且个人及家庭（含未成年子女）在苏州无自有住房的本科及以上人才，或园区人才办认定的其他高层次紧缺人才；房地产开发企业在人才优先购买后，方可公开销售 60% 范围内的剩余住房。	苏州工业园区管委会关于贯彻《市政府关于进一步促进全市房地产市场持续稳定健康发展的补充意见》的通知
5 月 27 日	珠海	珠海市住房租赁业、销售不动产个人所得税核定征收率分别为 1%、2%。	珠海《关于个人所得税行业所得率和核定征收率有关问题的公告》
5 月 28 日	广东	要稳定住房消费，在坚持“房子是用来住的、不是用来炒的”前提下，实施“一城一策、因城施策”，结合市场和商品房库存情况，完善现行政策。重点扩大租赁住房供给，深化利用集体建设用地建设租赁住房试点工作；鼓励盘活城区存量土地，采取多种方式增加租赁住房用地有效供应，扩大公租房和住房公积金制度常住人口覆盖范围。	《广东省完善促进消费体制机制实施方案》

8-5 续表 3

时间	城市	政策内容	政策来源
5月30日	兰州	坚决打击垄断房源，操纵房价，采取捏造或散布虚假信息等各种不正当手段恶意囤积、哄抬房价的行为；在销售过程中隐瞒真实交易价格等信息，怂恿客户签订“阴阳合同”、强迫交易等5种涉黑涉恶违法违规行为； 重拳出击治理行业乱象，包括：在未取得预售许可证的情况下，发布预售、销售广告，收取或者变相收取定金、预订款、诚意金等费用的行为；在取得预售许可证10日内未一次性公开全部房源；未按照政府备案价格要求销售商品房，未执行明码标价、“一套一价”、“一价清”制度，以附加条件（如捆绑搭售、装修）等方式，变相实行价外加价等7个方面。	兰州《关于进一步加强房地产市场监管坚决打击房地产领域涉黑涉恶涉乱行为的通知》
6月4日	西安	通过提供虚假资料骗取购房资格的个人，一经查实，注销当事人网签合同，并取消购房人家庭成员在西安市5年内的购房资格。	西安《关于购房资格审查的声明》
6月5日	北京	购房资格申请人办理个人所得税连续申报，但因减除费用提高以及新增专项附加扣除，个人所得税缴纳额为零的月份，审核其社会保险缴纳情况。	北京《关于购房资格个人所得税审核标准的补充公告》
6月5日	吉林	将商业用房等按规定改建为租赁住房，土地使用年限和容积率不变，土地用途调整为居住用地，调整后用水、用电、用气价格应当按照居民标准执行。	吉林省《关于落实改建房屋用于租赁住房用水、用电、用气价格政策的通知》
6月5日	河南	对成品住宅分成一星级、二星级、三星级等3个星级进行分级管理和评价，并规定成品住宅实体样板房施工应在取得预售许可证之前完成，在合同约定的交房日期之后180日内不得拆除，以此作为交房标准。	《河南省成品住宅评价标准》
6月13日	兰州	决定开展为期半年（6月15日~12月15日）的打击违法违规行为治理房地产中介市场乱象专项行动； 重点查处13类违法违规行为，坚决打击投机炒房、虚假宣传、散布谣言、非法集资、涉黑涉恶行为、房地产“黑中介”等。	兰州《关于开展打击违法违规行为治理房地产中介市场乱象专项行动的通知》
6月14日	武汉	房地产经纪人员应按照国家规定进行实名登记，经纪人员执业应佩戴实名登记牌； 房地产经纪机构代理销售商品房项目的，应当在销售现场明显位置公示商品房销售委托书和批准销售商品房的有关证明文件，以及明码标价、一房一价等公开对外销售的内容。	《武汉市贯彻〈房地产经纪管理办法〉实施细则（征求意见稿）》
6月18日	赤峰	限价政策，即红山、松山两区城区空间增长边界以内、喀旗和美建材城区域建设的商品住宅设定统一的均价上限12500元/平方米，同时单套住宅最高销售价格不得超过均价上限的20%；按建筑面积计算，地下车位不高于2800元/平方米、仓房不高于2300元/平方米；实行精装修的商品住宅项目，室内装饰装修价格不得高于2000元/平方米； 限购政策，即企事业单位、社会组织法人单位不得在中心城区购买商品住宅； 限售政策，即个人购买新建商品住宅的，取得不动产权证书满2年方可上市交易； 规范闲置土地处置，其中闲置一年以上的，按照土地出让价款的20%征缴土地闲置费；闲置2年以上的，无偿收回国有建设用地使用权，同时禁止该宗国有建设用地使用权人在全市范围内参加土地交易活动。	赤峰市《进一步规范中心城区房地产开发经营秩序促进房地产市场健康发展的意见》《赤峰市中心城区商品住宅“限房价”实施方案》
6月19日	海口	严禁商品房销售过程中捆绑销售行为，不得捆绑车位、装修包等产品进行销售； 严禁商品房销售过程中要求（或变相要求）购房者选择二次装修或升级装修； 严禁以任何形式收取购房指标费等购房合同约定价格之外的费用。	海口《关于进一步规范商品房销售行为的通知》

8-5 续表 4

时间	城市	政策内容	政策来源
6月20日	西安	自6月20日起，从市外迁入户籍的居民家庭（退伍转业、家属随军落户的除外）在西安市住房限购区域范围内购买商品住房或二手住房的，应落户满1年，或在西安市连续缴纳12个月的社会保险（或个人所得税）； 非西安市户籍居民家庭在西安市住房限购区域范围内无住房且能够提供5年以上（含5年）个人所得税或社会保险证明的，方可购买1套商品住房或二手住房； 将临潼区纳入住房限购范围，严格执行西安市住房限购政策。	西安《关于进一步加强住房市场调控管理的通知》
6月21日	兰州	严禁在售房时捆绑销售车位（库）；严禁对车位（库）只售不租。	兰州《关于规范兰州市房地产开发项目车位（库）使用权转让和出租管理的通知》
6月26日	北京	下架发布超过30日的房源信息； 违规发布房源信息3次以上的，不得再通过互联网交易平台发布北京市住房租赁房源信息。	北京《关于规范互联网发布本市住房租赁信息的通知（征求意见稿）》
7月1日	长沙	境外个人符合长沙限购政策的（即在长沙市稳定就业且连续缴纳24个月个人所得税或社会保险），在限购区域范围内可限购一套用于自住的商品住房；购买非住宅类商品房的，不受面积和套数的限制；在非限购区域范围内可购买符合实际需要的自住商品住房； 境外机构在长沙市行政区域内登记注册的分支、代表机构，不得在长沙市范围内购买商品住房，但可以购买符合实际需要的自用、自住非住宅商品房，不受套数和面积的限制。	长沙《关于境外机构和个人购房相关规定的通知》
7月2日	三亚	本次专项整治期间为2019年6月10日至2019年8月30日，重点工作内容包括：采取“先登记支付房款、后补交社保或个税”方式销售的；通过捏造、散布不实信息，或者曲解有关房地产调控政策等方式，误导购房人的市场预期；未取得预售许可证销售商品房，以认购、预订、排号、发卡等方式向买受人收取或者变相收取定金、预订款等费用，借机抬高价格；以“以租代售”方式销售商品住房的等十项违法违规行为。	三亚《关于开展三亚市2019年房地产市场专项整治工作的通知》
7月3日	南通	可售地下停车位原则上采取现售方式，销售应当遵循合法、公平、自愿和诚实信用的原则，只能出售或出租给本小区有住宅的业主。	南通《通州区商品住宅开发项目可售地下停车位销售管理暂行办法（公开征求意见稿）》
7月3日	中山	商品住房全装修分为A、B、C三个等级，以建筑面积计算，其中C级全装修价格不应超过1500元/平方米、B级全装修价格区间为1500至2500元/平方米、A级全装修价格为2500元/平方米以上。	《中山市商品住宅全装修分级指南》
7月5日	漳州	7月5日至12月30日，将重点查处“租房贷”“套路贷”“高利贷”等非法从事金融业务活动，规范住房租赁市场和中介服务，打击违法发布虚假房产租赁广告和利用合同格式条款侵害消费者合法权益的违法行为。	漳州《关于开展“租房贷”专项治理切实加强房屋租赁市场行为监管工作的通知》
7月5日	珠海	房地产开发企业销售商品房时，应当按规定在交易场所做好商品房销售的明码标价工作，同时在交易监管平台公示。房地产开发企业应当在取得商品房预售许可证后10日内，通过交易监管平台一次性公示全部可预售商品房房源、预售时间、预售地点及预售价格，不得以内部认购、内部认筹等方式进行非公开预售； 主管部门在监督检查过程中发现房地产开发企业、房地产经纪机构及其从业人员有违反法律、法规及该办法规定行为的，将约谈行为人，促其规范并自行改正，关闭商品房买卖合同网上签约。	珠海《关于印发珠海市房地产市场监督管理办法的通知》

8-5 续表 5

时间	城市	政策内容	政策来源
7 月 17 日	宁波	未取得预售许可证的商品房项目，房地产开发企业或者其指定的第三方不得向购房意向人收取认筹金、定金、预订款、茶水费、信息服务费等任何费用； 购房意向人撤回购房意向，或未被选定为购房人的，账户内已冻结资金应当自撤回购房意向或者购房人选定结果公示之日起 3 个工作日内解除冻结。依照规定或者约定应退还预订款的，应当在 7 个工作日内将预订款全额退还。	宁波《关于进一步规范商品房销售行为有关事项的通知》
7 月 20 日	开封	市住建局鉴于其作出的“调整新购商品住房交易时限及撤销备案限制”的决定，未进行充分的市场调研和论证，对由此可能产生的市场影响缺乏充分的预判和评估，故撤销此决定，收回相关文函； 市住建局表示将继续严格落实房地产市场管理政策，促进开封房地产市场平稳健康发展。	开封《市住建局撤销其作出的调整新购商品住房交易时限及撤销备案限制的相关决定》
7 月 24 日	苏州	进一步加强用地出让管理。严格施行购地自有资金申报核查制度，竞买企业应说明购地资金来源并作出承诺。住宅用地出让竞买保证金调整为 30% ~ 50% 区间设置。住宅用地鼓励实行“限房价、限地价”出让方式； 调整居民购房政策。非户籍居民家庭在苏州市区、昆山市、太仓市范围内申请购买第 1 套住房时，应提供自购房之日起前 3 年内在苏州市范围内连续缴纳 2 年及以上个人所得税缴纳证明或社会保险（城镇社会保险）缴纳证明； 扩大住房限制转让实施范围。对苏州市区新建商品住房、二手住房实施限制转让措施。苏州市区范围内新取得预（销）售许可的商品住房项目（含已经取得预售许可尚未开始网签的项目），购房人自取得不动产权证之日起满 3 年后方可转让；二手住房通过市场交易购房人新取得不动产权证满 5 年后方可转让； 进一步加强住房信贷税收管理。金融监管部门联合督促银行机构将新增贷款中房地产贷款占比控制在合理水平；对明显存在违反宏观调控政策的，依法依规采取相应监管措施。加大对房地产开发项目土地增值税预征和清算环节管理力度，实施预售备案价格预警线管理。	苏州《关于进一步完善我市房地产市场平稳健康发展的工作意见》
7 月 30 日	大连	加强对中山区、西岗区、沙河口区、甘井子区、高新技术产业园区、旅顺口区、金普新区、普兰店区在售商品住房（含公寓）项目的价格监控指导，所有房地产项目均须申报商品住房预售价格，审核通过后，将申报的预售价格录入网签备案系统，实际网签备案价格不得高于申报价格； 7 月 30 日前取得预售许可证的项目，重新申报未售商品住房预售价格。在 2019 年 5 月、6 月已发生网签备案行为的，其未售房源按照同质可比原则，申报价不得高于 5 月、6 月最低价格；在 5 月、6 月未发生网签备案行为的，其未售房源按照同质可比原则，申报价不得高于 5 月之前最近成交月份的最低价格； 7 月 30 日后办理预售许可证的分期预售项目，其未售房源按照同质可比原则，申报价格不得高于前一期已售房源的价格； 7 月 30 日后首次申请预售许可证的新项目，建立价格核算制度，引入第三方评估机构对项目的成本、税费、利润等进行核算，按照一房一价制度申报房源价格，6 个月内不得调整申报价格，6 个月后可申请下调申报价格；实际网签备案价格不得高于申报价格，且价格下浮不得超过 5%； 严肃查处房地产开发企业和中介机构捂盘惜售、炒买炒卖、规避调控、恶意炒作、签订“阴阳合同”、哄抬房价等违法违规行为。	大连《关于加强房地产市场调控工作的通知》

8-5 续表 6

时间	城市	政策内容	政策来源
8月2日	北京	坚持“房住不炒”定位，保持房地产市场调控的连续性和稳定性。以稳地价稳房价稳预期为目标，坚决抑制投资投机性购房需求，逐步形成符合北京市特点、适应市场规律的房地产调控长效机制。供给侧和需求端同时发力，加大商品住房供应力度，推进已拿地商品住房项目尽早开工，形成有效投资，加快入市供应； 规范新建商品房销售场所、机构、人员等的管理措施。保持执法高压态势，全流程规范开发、销售、中介等行为；坚持租购并举，健全住房租赁管理体制机制，多渠道增加租赁房源供应； 2019 年，北京市将进一步完善住房保障政策体系，加大政策性住房供应力度，多渠道建设筹集租赁住房 5 万套（间）、政策性产权住房 6 万套、竣工各类政策性住房 7 万套，完成棚户区改造 1.15 万户。	《北京住房和城乡建设发展白皮书（2019）》
8月5日	江西	整治内容包括：发布虚假租赁房源信息；哄抬房租，捏造散布涨价信息，或与相关单位串通操纵市场租金价格；出租或代理不符合出租条件的房屋；无照或未备案经营的“黑中介”行为等 8 项违法违规行为。	江西《关于开展住房租赁中介机构乱象专项整治的方案》
8月6日	河北	工作安排从 8 月 1 日开始至 12 月 31 日，重点查处为不符合交易条件的房屋提供经纪服务，或者对购房人隐瞒抵押、查封等限制房屋交易信息，对交易当事人隐瞒真实的房屋交易信息，低价收进高价卖（租）出房屋赚取差价等 13 种房地产中介机构和从业人员违法违规行为。	河北《关于开展房地产中介市场专项整治的通知》
8月9日	南昌	房地产开发企业进行商品房销售时，应按要求公示相关政策规定和商品房销售信息，不得虚假宣传。摇号选房前不得向申购登记对象收取认筹（购）金、订金、定金等任何费用。严格落实商品房销售明码标价规定，对商品房实行“一套一标”。不得强迫购房人购买车位。	南昌《关于进一步规范市区“三限房”销售行为的通知》
8月12日	海南	垦区集中建房或者个人建房所占用土地属于国有土地。垦区建设的住房不得对外销售或转让。确因需要退出的，由垦区二级企业按规定回购，统一管理、统一分配； 垦区建房严格执行“一户一宅”制度，符合条件的一户职工、居民只能使用一处住宅用地或者购买一套保障性住房。	《海南省垦区建房管理办法》
8月13日	东莞	重点地区严格管控。对于中心城区（莞城、东城、南城和万江街道）、轨道站点 TOD 地区等高密度发展区域，应坚持节约集约利用土地，禁止在建设工程设计方案中规划布局层数低的住宅，避免占用大量土地资源； 居住项目内严禁建设别墅，底层及多层住宅严禁变相建设为别墅。严禁将别墅套型“拆分”为户内动线布局不合理的多个小套型、伪装成单元式或联排式住宅进行开发建设。	《东莞市加强居住项目规划管理指导意见》
8月13日	昆山	非苏州市户籍居民家庭申请购买第 1 套住房时（包括新建商品住房及存量住房），应提供自购房之日起前 3 年内在苏州市范围内连续缴纳 2 年及以上个人所得税缴纳证明或社会保险（城镇社会保险）缴纳证明； 涉及个人所得税缴纳证明或社会保险（城镇社会保险）缴纳证明出现“补交”“断交”情况的均属不符合购房条件。	昆山《贯彻落实苏州市政府〈关于进一步完善我市房地产市场平稳健康发展的工作意见〉工作流程》
8月14日	厦门	针对商办类建设项目，《国有建设用地使用权出让合同》中应增加禁止条款“受让人擅自改变土地用途，将商办类项目改为‘类住宅’的，出让人有权解除合同，并无偿收回土地使用权”； 商业用途建设项目，其分割单元每层套内计容建筑面积小于等于 300 平方米的，建筑层高不得超过 4.5 米，大于 300 平方米的，建筑层高不得超过 6 米；办公用途建设项目，应严格控制最小分割单元的设置，最小分割单元不得小于 300 平方米，土地出让合同中另有约定的，按约定执行，建筑层高不得超过 4.2 米。	厦门《关于印发加强商办类建设项目全链条管理实施意见的通知》

8-5 续表 7

时间	城市	政策内容	政策来源
8月19日	嘉兴	房地产经纪机构在代理销售商品房时，应当书面向购房人告知商品房预售许可证或现售备案证明信息、商品房“一房一价”情况；凡在市区从事存量房居间（买卖）业务的房地产经纪机构，应当通过“嘉兴市二手房交易服务平台”，按照规范流程，协助出售方完成房源信息核验、房源挂牌。	嘉兴《关于进一步规范嘉兴市区房地产销售与经纪行为管理的通知》
8月22日	宁波	装饰装修工程验收意见应向全体购房人公示不少于7个工作日，验收意见少于1/3购房人反对的，可做出验收合格结论；验收意见多于1/3(含)购房人反对的，由建设单位组织落实整改。	宁波《关于进一步完善住宅全装修质量购房人监督机制的通知》
8月22日	安徽宿州	2019年8~11月，将重点整治房地产开发企业垄断房源，操纵房价，捂盘惜售或者变相囤积房源，通过提供“首付贷”或者采取“首付分期”等形式，违规为炒房人垫付或者变相垫付首付款等行为。重点整治房地产中介发布虚假房源信息招揽业务诱骗、误导消费者或者未经委托人书面同意擅自发布房源信息，为不符合交易条件的房屋提供经纪服务或者对购房人隐瞒抵押、查封等限制房屋交易的信息等行为。	安徽宿州《关于开展房地产市场专项整治的通知》
8月26日	北京	辖内商业银行应加强对信用卡大额透支和现金分期业务的资金流向监控，必要时要求客户提供发票等购物凭证，确保个人信用卡透支用于消费领域，不得用于生产经营、购房和投资等非消费领域。	北京《关于加强银行卡风险防控的监管意见》
9月5日	南通	实行预售的成品住宅，建设单位在商品房价格备案或预售前，必须对基本装修标准的主要材料、构配件、设备等列出清单，包括名称、品牌、规格、型号、等级、产地等信息。清单作为施工图设计文件附件材料，主材产品可在同一档次提供1~3个产品目录清单； 凡采取预售模式的成品住宅，必须在可售房源内设置交付实体样板套。样板套要真实反映户型、结构尺寸、装修标准等，不得增加交付标准以外的其他装饰和布置，和实体交付标准不一致的样板套不得展示。	《南通市市区新建成品住宅室内装修管理办法（征求意见稿）》
9月7日	任丘	继续实行限购政策。外地户籍在任丘市行政、事业、国有企业等单位工作的正式在编人员（含离退休人员），提供组织或人事部门的工作关系证明可购买一套住房；外地户籍为任丘市个体工商户和企业法定代表人，执业满三年以上并提供纳税记录的，可购买一套住房；外地户籍人员能够提供子女在任丘近三年学籍证明的，可购买一套住房。	《任丘市房地产市场调控暂行办法的通知》
9月11日	山东	房地产开发项目竣工综合验收合格并取得备案手续后，方可交付使用，方可申请终止商品房预售资金监管。开发企业交付商品房时，应当在交房现场醒目位置公示房地产开发项目竣工综合验收备案证明。	《山东省房地产开发项目竣工综合验收备案管理办法》征求意见
9月16日	海南	禁止建设房地产开发经营中的产权式酒店；禁止生态保护红线区内建设商品房；禁止利用海岸带可开发的一线土地、新批填海土地建设商品住宅；五指山、保亭、白沙、琼中4个中部生态核心区市县禁止开发建设外销房地产项目。	《海南省产业准入禁止限制目录（2019年版）》
9月17日	浙江	要求银行机构加强个人消费贷款用途管控，确保用途与合同约定一致，严禁贷款资金违规流入股市、楼市以及其他投资性领域，重申严禁个人消费贷款用于支付购房首付款或偿还首付款借贷资金。	浙江《关于进一步规范个人消费贷款有关问题的通知》
9月23日	陕西	9~12月，坚决整治住房租赁中介机构乱象，纠正和查处发布虚假房源信息、违规收费、恶意克扣押金租金、威胁恐吓承租人等问题，坚决取缔一批“黑中介”。	陕西《住房租赁中介机构乱象相关问题整治实施方案》

8-5 续表 8

时间	城市	政策内容	政策来源
10 月 8 日	沈阳	开发企业应于预售前建造样板间，真实反映户型、结构及尺寸、装修标准和施工质量。样板间保留时间自该户型全装修住宅集中交付购房者之日起不少于 3 个月或者建设项目竣工验收合格之日起 1 年内； 价格指导部门应当对申报装修的项目进行检查，对装修标准未公示或公示内容不全的，应当责令改正，拒不整改的，关闭其网签备案系统；对申报装修但毛坯交付或实际交付与申报材料不符的，关闭其网签备案系统。	沈阳《关于进一步做好新建装修商品住房价格指导工作的意见》
10 月 9 日	宁波	预售首付款、分期付款、一次性付款、银行按揭贷款、住房公积金贷款应当全部存入预售资金监管账户。商品房预售监管资金范围为监管项目工程造价的 130%，监管项目有以该项目土地抵押担保贷款的，土地抵押担保贷款的本息也纳入监管范围； 由房地产经纪机构促成的存量房交易，交易当事人应选择相应提供交易资金监管服务的商业银行机构办理存量房交易资金监管。房地产经纪机构及其从业人员不得直接或间接代收代管存量房交易资金。	《宁波市商品房预售资金监管实施细则（试行）》《宁波市存量房交易资金监管办法（试行）》
10 月 12 日	北京	严查资金用途合规性，严防信贷资金违规流入网络借贷平台、房地产市场等禁止性领域。	北京《关于规范银行与金融科技公司合作类业务及互联网保险业务的通知》
10 月 17 日	黄冈	执行项目资本金制度。项目资本金不得低于项目总投资的 20%。建设单位在开工前申请施工许可证时，需提供项目资金已经落实承诺书； 建立购地资金审查制度。自然资源和规划部门要落实企业利用自有资金摘牌拿地政策，禁止利用项目贷款支付土地出让金或再续购地。审查资金来源不符合要求的，取消土地竞买资格，并在一年内禁止参加黄冈市内土地招拍挂。	黄冈《关于进一步加强黄冈市区房地产市场监管的意见》
10 月 21 日	河南	检查对象按 10% 比例从房地产开发企业库中随机抽取。检查内容包括项目开发建设和项目销售过程中依法依规行为情况等。检查发现的房地产开发企业存在的违法违规行为，当地主管部门可采取责令限期改正、暂停网签和记入信用档案、实施联合惩戒、典型案例公开曝光等方式，加大违法违规案件查处力度。	河南《关于开展房地产开发企业“双随机一公开”监督检查的通知》
10 月 22 日	合肥	专项整治将持续到 12 月，一批房产“黑中介”将被依法取缔。此次专项整治内容包括：发布虚假房源广告、不实价格信息招揽业务，诱骗群众租房；赚取住房出租差价，哄抬房租；违规开展租金消费贷款业务等。	《合肥市住房租赁中介机构乱象专项整治工作方案》
10 月 24 日	海口	严禁商品房销售过程中捆绑销售、变相要求购房者选择二次装修或升级装修等行为；严禁商品房销售过程捂盘惜售或者变相囤积房源等行为； 严格落实商品房网签备案管理有关规定，商品房买卖合同签订之日起 30 日内进行网签备案；开发单位须在销售现场准确、如实公布房源销售情况。	海口《关于进一步加强商品房销售管理的通知》
10 月 28 日	江西	房地产开发企业或委托中介机构销售新建商品房的，应在商品房销售大厅显著位置公示商品房销售价格、价格有效时间等情况；房地产开发企业、中介机构不得为购房人垫付首付款，不得通过任何形式诱导购房人通过其他机构融资支付首付款，不得组织众筹购房等； 各市、县住房和城乡建设（房管）部门应加强与市场监管、物价等部门的联动，及时对辖区内房地产交易环节违法违规行为进行查处，营造主体诚信、行为规范、监管有力、市场有序的房地产市场环境。	江西《关于进一步规范商品房销售信息公示及售前告知行为的通知》

8-5　续表 9

时间	城市	政策内容	政策来源
11 月 1 日	南通	成品住宅预售前，应制作交付实体样板套。样板套在最后一批实际交付日期 30 日后方可拆除。	《南通市市区新建成品住宅室内装修管理办法》
11 月 5 日	江西	决定于 11~12 月开展 2019 年度全省房地产开发、估价、经纪和物业服务企业（机构）"双随机"检查。	江西《关于开展 2019 年房地产企业"双随机"检查的通知》
11 月 6 日	西安	保持调控定力，进一步加强市场监测分析。配合资源规划部门严格落实居住用地供应"五类调控目标管理"，加快居住土地供应节奏、加大供应总量。严格执行商品住房项目价格申报指导制度，严控房价涨幅。	西安《关于印发稳增长有关工作清单的通知》
11 月 6 日	瑞安	房地产开发企业应当在开盘现场和售楼处，公开商品房预售资金监管银行和资金账户账号，供购房人或贷款银行将购房款（包括首付款、分期付款、一次性付款和银行按揭贷款、住房公积金贷款等）直接存入资金账户。若发现房地产开发企业使用其他账户收存购房款或擅自截留挪用购房款的，停止该监管项目的销售； 房地产开发企业应当自商品房买卖合同签订之日起 30 日内，申请商品房买卖合同登记备案，备案时应当提供监管银行出具的购房款已存入资金账户的证明。对未按规定期限申请商品房买卖合同备案的项目，暂停网签资格。	瑞安《关于加强商品房预售资金监管的通知》
11 月 11 日	惠州	保持调控政策的连续性和稳定性。继续严格执行各项调控措施，实行差别化调控政策，满足首套刚需、支持改善需求、遏制投机炒房。建立房价地价联动机制，对商品住房消化周期在 36 个月以上的，应停止供地；18~36 个月的，要适当减少供地；12~18 个月的，维持供地持平水平；6~12 个月的，要增加供地；6 个月以下的，要显著增加并加快供地； 规划期内，惠州市批准预售新建商品住房（不含"三旧"改造）420000 套（4200 万平方米），发放公共租赁住房补贴 2000 套，筹集建设人才安居住房 6800 套，筹集建设国有机构租赁住房 8000 套。	《惠州市住房发展规划（2019—2022 年）》
11 月 11 日	银川	进一步加强对开发企业和中介及评估机构监管，依法严肃查处房地产市场主体违法违规行为，实现房地产市场稳地价、稳房价、稳预期、防风险的调控目标。	银川《关于开展银川市房地产行业专项检查的通知》
11 月 14 日	资阳	商品房预售资金必须全额进入监管账户。预售资金缴入监管账户后，监管银行按 50% ：50% 比率划为重点监管资金和一般监管资金。重点监管资金的支取按照节点控制原则，对单栋房屋建筑工程完成进度设定 5 个节点。达到节点前申请比例最高不得超过：30%、30%、20%、10%、10%。	《资阳市商品房预售资金监管办法（征求意见稿）》
11 月 15 日	佛山	批准为办公项目的，在办理不动产权登记证书时，房屋规划用途应统一登记为"办公用房"，不能以"公寓式办公、单元式办公、单间式办公等"用途进行登记； 房地产开发企业在与购房人签订购房合同前，销售人员与购房人需共同在展板旁拍照存档，照片中需能清晰显示购房人、销售人员的正面样貌、身份证信息和展板信息。	佛山《加强服务型公寓建设管理规范商业、办公类项目销售行为的通知（征求意见稿）》
11 月 21 日	阜阳	各房地产开发企业要严格执行监管制度，未经审批不得挪用监管账户资金。各商业银行每月定期向阜阳市房屋管理局、人民银行阜阳市中心支行报送按揭贷款发放明细汇总。	阜阳《关于加强商品房预售资金监管工作的通知》

8-5 续表 10

时间	城市	政策内容	政策来源
11月28日	延安	根据商品住房库存消化周期，适时调整住宅用地供应规模、结构和时序，对消化周期在36个月以上的，应停止供地；18~36个月的，要减少供地；12~16个月的，要增加供地；6个月以下的，要加快供地节奏； 严格竞买资格审查，灵活确定竞价方式，包括“限房价、竞地价”、“限地价、竞房价”、超过溢价率一定比例后现房销售或竞自持面积等，坚决防止出现区域性总价、土地或楼面单价新高等情况，严防高价地扰乱市场预期； 已批准预售的商品房建设项目应当全部纳入预售资金监管范围，监管项目的预售资金应全部直接存入监管账户。	延安《进一步规范房地产市场秩序的意见》《延安市商品房预售资金监管办法》
11月28日	佛山	对现有房地产调控政策进行全面梳理，适时调整，消除社会稳定风险；优化限购、限贷政策，因地制宜、因城施策；做好差异化调控政策储备和风险防范预案，既要防止由于供应不足或需求旺盛导致价格快速上涨，又要防止由于外部环境变化、预期逆转导致市场断崖式下挫，切实保障群众合理的自住和改善需求，保持地价、房价和市场预期的稳定； 为满足粤港澳大湾区发展的需要，佛山将承接广深等热点城市产业和人口转移，因此，需要积极谋划和建立区域性房地产市场联动调控和协调发展机制，加快区域一体化进程，促进周边城市房地产市场平稳健康发展； 规划期内，新增各类住房7185万平方米，72.3万套（户）（含租赁补贴发放）。其中：市场化住房7062.05万平方米，69.10万套（租赁住房647.34万平方米，10.79万套；商品住房6414.71万平方米，58.31万套）；保障性安居工程122.95万平方米，3.2万套（户）。	《佛山市住房发展规划（2018—2022）文本（征求意见稿）》
12月3日	深圳	在合作区购买的商品住房不计入购房者在深圳市其他区（新区）购买商品住房的套数限购范畴；在深圳市其他区（新区）购买的商品住房、商务公寓不计入购房者在合作区购买商品住房、商务公寓的套数限购范畴； 居民家庭在合作区持有的商品住房、商务公寓总套数不得超过2套，成年单身人士（含离异）在合作区持有的商品住房、商务公寓总套数只能1套。企事业单位、社会组织等法人单位不得在合作区购买商品住房、商务公寓； 居民在合作区购买商品住房和商务公寓的，自取得不动产权利证书之日起5年内禁止转让。	深圳深汕特别合作区《关于启动深汕特别合作区过渡期商品房销售的公告》
12月5日	济南	承销机构不得变相收取购房人佣金，不得通过第三方价外加价，向购房人收取“团购费、入会费、诚意金、服务费、电商费”等除预订款、预付款以外的任何形式的费用，承销机构所收取的全部费用应纳入购房人的总房款，且购房人所支付的用于购房的总价款应与购房合同中约定的总房款一致。	济南《关于规范全市新建商品房委托销售行为的通知》
12月6日	佛山	商品房预售款应全部存入监管账户，由监管银行进行监管，优先保障工程建设； 房地产开发企业发生违反规定直接收存商品房预售款、未依规定及时将贷款转入监管账户、未依规定使用商品房预售款、以收取其他款项为名变相逃避商品房预售款监管的，暂停该房地产开发企业在佛山市所有开发项目的商品房预售。	《佛山市商品房预售款监督管理实施办法（2019年修订）（征求意见稿）》
12月9日	临沂	预售人将商品房预售资金全部存入监管账户，构成商品房预售监管资金； 预售人以收取预付款、会员费等其他款项为名变相逃避监管的，房地产主管部门将责令其限期整改，并将其违法违规行为记入企业信用信息系统，情节严重的，暂停其预售合同网签业务。	临沂《关于进一步加强商品房预售资金监管工作的通知》

8-5　续表 11

时间	城市	政策内容	政策来源
12 月 9 日	铜陵	符合住房公积金贷款条件的职工，首次申请住房公积金贷款或已还清首次住房公积金贷款再次申请的，不受家庭持有住房套数限制，均可办理住房公积金贷款手续；职工首次或再次使用住房公积金贷款购买商品住房的，首付款比例为 20%；职工及配偶双方申请住房公积金贷款的，每户家庭最高可贷款额度为 60 万元，单职工申请的最高贷款额度为 40 万元； 在棚户区改造、房屋征收过程中，优先实行“房票”等货币化方式安置，原则上不再新建安置房；拓宽保障性住房筹集渠道，从在建或已建成房地产开发项目中，团购合适房源作为保障性住房。	铜陵《关于印发进一步促进我市房地产市场稳定健康发展的若干意见的通知》
12 月 10 日	长沙	商品住房开发经营企业按规定计提的利润以楼面地价、前期工程费、房屋建筑安装工程费、小区内公共基础设施及附属公共配套设施费 4 项之和为基数，平均利润率为 6% ~8%； 下列费用不得计入商品住房价格：住宅小区内经营性设施的建设费用；开发经营企业留用的办公用房、经营用房的建筑安装费用及应分摊的各种费用；各种与商品住房开发经营无关的集资、赞助、捐赠和其他费用；各种赔偿金、违约金、滞纳金和罚款；按规定已经减免及其他不应计入价格的费用。	长沙《关于明确我市成本法监制商品住房价格构成有关事项的通知》
12 月 13 日	武汉	出卖人未经双方约定增加的装置、装修、装饰，将视为无条件赠送给买受人； 开发商承诺不采取分割拆零销售、返本销售或者变相返本销售的方式销售商品房。承诺按照规划用途进行建设和出售，不擅自改变该商品房使用性质。	《武汉市商品房买卖合同（预售）、（现售）（征求意见稿）》
12 月 13 日	西安	商品房预售资金实行全额、全程监管，并对用于支付工程建设等费用的预售资金实施重点监管，重点监管资金额度为商品房开发项目达到竣工交付条件，取得《建筑工程竣工验收备案表》所需工程建设资金总额的 1.2 倍； 房地产开发企业不得直接收取或另设账户收存购房人的购房款。房地产开发企业未按规定收取、使用商品房预售资金的，由住建部门严肃查处，责令限期整改，暂停网签销售及监管资金拨付，将其违规行为记入企业诚信档案。	《西安市商品房预售资金监督管理办法（征求意见稿）》
12 月 18 日	深圳	对于涉嫌集体恶意炒作房价的小区，主管部门将暂停办理该小区二手房网签手续，并在该小区发布二手房交易风险告知书。对于通过捏造事实、散布谣言等方式恶意炒作、哄抬房价，或者以其他方式故意扰乱公共秩序的，应当及时移交公安部门依法处理。对于经查实的违法违规人员，由房地产主管部门将其列入信用黑名单，并研究采取限制其买卖住房等相关措施； 严禁房地产中介机构参与恶意炒作房价或者代理涉嫌恶意炒作房价的房屋，违者将由房地产主管部门依法暂停其网签权限，并列入行业诚信黑名单。	深圳《关于严厉打击哄抬房价等违规行为切实规范我市房地产市场秩序的通告》
12 月 25 日	南通	鉴于市区少数房地产开发企业取得土地使用权时间早，商品住房建成后出现了销售备案价格大幅低于周边同类产品市场价格的情况。对市区销售价格大幅低于周边同类产品的新建普通商品住房项目实施限制转让措施，购房人自取得不动产权证之日起，满五年后方可转让登记； 对限制转让的楼盘，应当采用由公证机构全程监督、全房源公开摇号的方式进行公开销售。	南通《关于对市区新建低价普通商品住宅项目限制转让的通知》

8-5 续表 12

时间	城市	政策内容	政策来源
12 月 25 日	南通	进一步加强土地出让管理。根据市区房地产市场形势变化，适时调整优化热点地区普通商品住房用地竞买规则。加强市场准入管理，对于已在南通市开发建设的房企存在重大质量问题、信用不良记录的，限制其参与土地竞拍。建立热点地区地价与房价联动机制，按照优质优价原则，合理设定土地挂牌底价； 实行普通商品房价格备案差别化指导。根据品质配套差异，对市区普通商品房价格备案采取差别化指导，在平稳房地产市场价格的前提下，鼓励优质优价。房地产企业申报品质配套差异的，应提供省内 3A 级以上具备资质的第三方机构出具的评估报告。同时，房地产企业和第三方机构应分别对自身的信用状况、材料的真实性以及违约责任做出书面承诺。违背承诺约定的，价格部门将重新指导价格备案。	南通《进一步推动市区房地产市场平稳健康发展的实施办法》

8-6 2019年住房保障政策

时间	城市	政策内容	政策来源
1月1日	长沙	符合条件的城市中低收入住房困难家庭、新就业无房职工和外来务工人员，可自主选择实物配租或租赁补贴其中一种保障形式，鼓励其选择租赁补贴保障形式； 现行租赁补贴标准为28元/（月·平方米），人均保障面积为15平方米，一个家庭保障面积总和不超过60平方米。	长沙《关于推进公租房货币化保障工作的实施意见》
1月10日	佛山	各区人民政府应当编制集体租赁住房发展规划和年度计划，用于租赁住房的集体建设用地优先在工业园区、大学园区、产业发展保护区等产业相对完备、居住配套不足的区域布局； 运营主体符合条件的，可通过房地产投资信托基金（REITs）、租赁住房租金收益权质押、IPO、发行债券及不动产证券化等方式融资； 明确新建集体租赁住房项目不得转租、未经批准不得转让，集体租赁住房只租不售、不得以租代售；集体租赁住房可面向市场出租，不限定承租主体，租金价格可由租赁双方按照市场水平协商确定；有违法、违规行为的企业、企业控股股东及控股股东新设立的企业1年内不得参加佛山市土地竞买。	《佛山市利用集体建设用地建设租赁住房管理办法（试行）》
1月11日	深圳	目前，深圳全市共有出租类房屋883万多间（套），住宅出租类超过700万间（套）； 本次修订主要包括：明确人口和房屋管理机构的职责，明确租赁合同的备案制度、房屋编码信息制度，建立出租屋信息申报和安全隐患排查制度。	《深圳市出租屋管理若干规定》修订专题协商会召开
1月16日	上海	凡新出让土地、用于开发建设商品住房的建设项目（租赁住房建设项目除外），均应按照不低于该建设项目住房建筑总面积5%的比例，配建保障性住房及相应产权车位； 未完成上年度保障性住房配建计划的区，暂缓办理其当年度建设用地使用权出让手续；凡不配建或者少配建保障性住房的商品住房建设项目，不予办理建设用地使用权出让手续； 按照规定比例配建的保障性住房建筑面积，原则上应集中布局到楼幢或者单元（门洞）；商品住房项目分期开发建设的，配建的保障性住房应在首期开发建设中落实，并及时交付使用；外环线以内区域用于区属公共租赁住房，实行“只租不售”。	上海《关于本市保障性住房配建的实施意见》
2月2日	张家港	保障家庭享受购房补贴购买的住房实行共有产权，产权份额以保障家庭主房出资额与政府购房补贴额确定； 保障家庭购买住房的范围为本市新建普通商品住房或存量住房（二手房），住宅建筑面积不得超过144平方米； 购房补贴单价标准为上年度全市（含市区和乡镇）新建普通商品住房成交单价的50%左右。	《关于张家港市保障性住房购房补贴发放规定的通知》
2月14日	兰州	对于新开工的棚户区（城中村）改造项目鼓励通过发行棚改债的方式筹集资金，积极引入有规模、有实力、讲诚信的大型国有、民营企业参与改造； 棚户区（城中村）改造项目中公共服务配套设施产权无偿交政府的免交土地出让金； 严禁将旧城改造、房地产开发、城市基础设施建设等项目打包纳入棚改。	兰州《关于进一步加快推进新三年棚户区（城中村）改造攻坚工作的实施意见》《兰州市棚户区改造界定标准》
3月5日	广西	经批准实施的危旧房改住房改造项目，可申请纳入当地棚户区改造年度计划，享受城市棚户区改造的优惠政策； 危旧房改住房改造项目可按项目新建住房总建筑面积5%左右的比例配建商业设施，条件允许的可以适当提高比例，但最大不得超过10%，建设单位可将配建的商业设施向个人或单位公开出售。	《关于印发广西壮族自治区危旧房改住房改造补充规定的通知》

8–6　续表 1

时间	城市	政策内容	政策来源
3 月 15 日	深圳	在城市基础设施和公共服务设施支撑的前提下，规划为工业的旧工业区，可申请按照简易程序调整法定图则用地功能建设人才住房、安居型商品房或公共租赁住房。其中工业区块线内的，按照工业区块线管理办法执行； 对使用年限较久、房屋质量较差、建筑安全隐患较多、使用功能不完善、配套设施不齐全等亟须改善居住条件的成片旧住宅区，适用棚户区改造政策的，按照棚户区改造相关规定实施改造。	《深圳市拆除重建类城市更新单元计划管理规定》
3 月 27 日	深圳	政府相关部门应加强城中村租赁管理，要求企业控制改造成本，并参照租赁指导价格合理定价。改造后出租的，应优先满足原租户的租赁需求，有效保障城中村低成本居住空间的供应； 经政府统租后实施综合整治类更新的城中村居住用房纳入政策性住房保障体系，进行统筹管理。	《深圳市城中村（旧村）综合整治总体规划（2019~2025）》
4 月 1 日	广州	购房人产权份额按照拟实际出资额占所购买共有产权住房评估价格的比例确定，原则上购房人产权份额应超过 50%，但不得高于 80%； 共有产权住房的房屋产权份额流转方式有内循环方式和外循环方式等两种。内循环方式流转，共有产权住房购房人自核准产权登记之日起满 5 年，可向区住建局提交产权流转申请，新购房人获得房屋产权性质仍为“共有产权住房”；外循环方式流转，共有产权住房购房人自核准产权登记之日起满 8 年，可向区住建局提交上市申请，新购房人取得商品住房产权。	《广州南沙新区试点共有产权住房管理实施细则（征求意见稿）》
4 月 1 日	海南	全省 2019 年农村危房改造目标任务是 10081 户，其中建档立卡贫困户 8513 户。	《海南省 2019 年农村危房改造实施方案》
4 月 17 日	北京	全市共 138 个棚改和环境整治项目，占地面积 10096 公顷，涉及 11500 户。	《北京市 2019 年棚户区改造和环境整治任务》
4 月 18 日	海南	海南省 2019 年棚户区改造计划为：棚户区住房改造开工 8461 套，其中城镇棚户区 7123 套，国有垦区危房 1338 套；棚户区住房改造基本建成 1409 套；发放城镇住房保障家庭租赁补贴 4632 户。	海南《关于下达 2019 年城镇保障性安居工程建设计划的通知》
4 月 19 日	广州	旧村全面改造项目因用地和规划条件限制无法实现资金平衡的，区政府（广州空港经济区管委会）可采用征收等方式整合本村权属范围内符合城市总体规划和土地利用总体规划的其他用地作为安置和公益设施用地，采用协议或划拨方式纳入旧村改造一并实施建设，也可通过政府补助、异地安置、异地容积率补偿等方式在全区统筹平衡；市重点项目可在全市统筹平衡； 本村村民（户籍人口）按照人均建筑面积 50 平方米的标准、建安成本回购住房；在规定时间内完成签约的，可按本村村民（户籍人口）人均建筑面积不高于 25 平方米给予回购住房奖励。	广州《关于印发广州市深入推进城市更新工作实施细则的通知》
4 月 22 日	洛阳	今后，住房承租人（租房者）将能在子女就学、卫生服务、养老服务、社会保障、就业创业等基本社会公共服务方面，享有与房屋产权人同等的权利和义务。	《洛阳市住房承租人享受基本社会公共服务暂行办法》
4 月 26 日	海南	鼓励房地产开发企业和住房租赁企业发行房地产投资信托基金（REITs）； 利用存量商品住宅用地转型建设租赁住房的，可按市场评估价差额补缴或退还出让价款。租赁住房用地的基准地价可暂按现行商品住宅用地基准地价的 60% 执行。产业园区内的产业用地可配套建设租赁住房等生活服务设施，其建筑面积比例不超过总建筑面积的 15%，按原用途使用土地，但不得分割转让。	海南《关于支持和规范住房租赁市场发展的通知》

8-6　续表 2

时间	城市	政策内容	政策来源
4 月 28 日	丹东	对非本地户籍人员（以家庭为单位）在市区（含新区）范围内购买新建商品住房实行限购政策。自通知下发之日起，非丹东户籍人员在市区范围内允许购买 1 套新建商品住房； 本地和非本地户籍人员凡在市区内购买住房，自网签购房合同备案满 5 年，并取得不动产权证书后方可上市交易； 在售商品住房的销售价格，同一楼盘商品住房销售价格每月环比涨幅不得超过 0.6%。	辽宁丹东《关于进一步做好房地产市场稳定工作的通知》
4 月 29 日	深圳	住房保障规划中，公共租赁住房、安居型商品房、人才住房建设筹集数量共占住房建设筹集总量的 60% 左右，在 2035 年前共新增 100 万套； 多主体供给、多渠道保障。多主体包括市区政府、人才住房专营机构、房地产企业等八大主体；多渠道包括新供应用地、棚改、工改保、城市更新配建、地铁上盖建设等 15 种； 安居型商品房的租金、售价为届时同区域同类型市场商品住房租金、售价的 50% 左右。人才住房的租金、售价为届时同区域同类型市场商品住房租金、售价的 60% 左右。	《深圳市公共租赁住房建设和管理办法（征求意见稿）》《深圳市安居型商品房建设和管理办法（征求意见稿）》《深圳市人才住房建设和管理办法（征求意见稿）》
5 月 1 日	苏州	出租人应当以一间设有外墙窗户的卧室、起居室（厅）为最小出租单位；卧室和使用面积不满 12 平方米的起居室（厅）不得隔断出租。	《苏州市出租房屋居住安全管理条例》
5 月 5 日	北京	促进职住平衡，研究制定鼓励以租赁方式解决职住平衡的相关政策，增加高密度就业区租赁职工集体宿舍。	北京《2019 年通州区交通综合治理行动计划》
5 月 9 日	合肥	住房租赁网签备案证明可以作为承租人有合法稳定住所的凭证。承租人可以持备案的住房租赁合同按照有关规定办理租赁补贴申领、子女义务教育入学等事项，依法享受基本公共服务和便利。	合肥《关于进一步规范和加强住房租赁合同网签备案工作的通知》
5 月 20 日	合肥	对自行出租自有住房给他人自住的个人，按照备案面积每平方米每年奖励 12 元； 提供住房租赁居间服务的企业，当年累计备案面积达到 3000 平方米的，每平方米每年奖励 1.2 元； 自筹商业、办公、工业性质房屋，按规定改建为租赁住房的住房租赁企业，当年累计备案面积达到 3000 平方米的每平方米每年奖励 10 元；自筹分散式住房的住房租赁企业，当年累计备案面积达到 3000 平方米的，每平方米每年奖励 14 元，当年累计备案面积达到 15000 平方米的，每平方米每年奖励 20 元。	合肥修订《合肥市促进住房租赁市场发展财政奖补资金管理办法》
5 月 27 日	济南	以被安置人口数量作为安置依据的房屋征收拆迁时，被拆迁房屋面积超出每人 40 平方米的部分，按照现行征地地上附着物和青苗补偿标准进行补偿。有合法房产证的，以证载面积为准；无合法房产证的，由各区政府依法依规组织认定房屋建筑面积，最高不得超过 260 平方米，超出部分一律不予补偿； 对于审批备案 2 年后无实质性进展（未启动房屋拆迁且安置房未开工建设），再次启动改造的，应当重新履行审批备案程序。	济南《关于进一步加快推进城中村改造的若干细则》公开征求社会意见
6 月 11 日	深圳	坚持城中村有机更新，更多采用微改造方式，不急功近利，不大拆大建；科学合理设置更新单元计划的有效期，更新单元规划在计划有效期内未获批准的，由各区公告失效，3 年内不得再次申报拆除重建类更新单元计划； 各区政府应加强监管，杜绝开发企业私下倒卖城市更新项目，降低城市更新成本。对拟开展城市更新的城中村，严禁开发企业私下进驻城中村。	深圳《关于深入推进城市更新工作促进城市高质量发展的若干措施》

8–6 续表 3

时间	城市	政策内容	政策来源
6 月 13 日	石家庄	降低棚户区改造开发强度。对原出具过规划条件或确定过容积率，但土地尚未出让的棚户区改造地块，各项规划指标均须符合《居住区规划设计标准》要求，居住容积率不大于 2.9。原确定居住容积率超过 2.9 的，一律调整为 2.9； 鼓励被征收人采取货币补偿方式自行购买房屋进行安置，对选择货币补偿方式的被征收人，给予不超过被征收房屋市场评估价值的 25% 奖励。	石家庄《关于加强主城区城市棚户区征收改造工作的意见》
6 月 19 日	南京	租赁住房建设坚持政府引导、市场运作、职住平衡、安全舒适的原则。建成后不得分割转让、不得分割抵押，经批准整体转让或抵押的，不得改变租赁用途； 低效产业用地通过协议出让方式再开发为商服项目的，允许根据规划要求配建不超过 30% 的酒店式公寓作为租赁住房，由企业自持用于出租居住，不得分割转让、不得分割抵押。	《南京市市场化租赁住房建设管理办法》公开征集意见
6 月 24 日	西安	在符合城市规划和公共配套要求的前提下，允许将闲置商业用房等按规定改建为租赁住房。支持城中村集体经济组织继受单位发展规模化住房租赁； 到 2021 年底，形成供应主体多元、供应方式多样、经营行为规范、租赁关系稳定的住房租赁市场体系，市场规则明晰、权益保障充分的住房租赁保障体系。	西安《关于培育和发展住房租赁市场实施意见的通知》
6 月 28 日	西安	自 2019 年 7 月 1 日起，全面停止西安市新城区、碑林区、莲湖区、雁塔区、未央区、灞桥区，长安区，以及高新区、经开区、曲江新区、浐灞生态区、国际港务区、航天基地、航空基地、沣东新城的经济适用住房、限价商品住房购房资格审核的申请受理； 自 2019 年 7 月 1 日起，开展共有产权住房购房资格审核工作。申请人及其家庭成员符合在西安市行政区域内无自有住房且 5 年内无住房登记信息和房屋交易记录等条件的，可申请购买共有产权住房。	西安《关于开展共有产权住房购房资格审核有关问题的通知》
7 月 1 日	广州	住房租赁合同期限不得超过二十年。一次性收取租金的不宜超过一年。租金收取鼓励押一付一，押金最高不超过月租金的三倍； 宣传推广及运营租赁住房项目时，不得诱导、强迫、引导承租人参与任何有金融风险的行为，不得出现“投资”“升值”“名校”“首付”“月供”“不限购”“不限贷”等涉嫌误导、欺骗和虚假宣传字样。	广州《关于规范新增租赁住房有关管理工作的通知》
7 月 3 日	长沙	对符合条件的技术工人，按照 20% 的比例对其 2019 年 1 月 1 日至 2021 年 12 月 31 日在望城区范围内购买首套房购房贷款的前三年利息予以补贴，一次补贴半年，年补贴额度最高 5000 元。	《长沙市望城区优化营商环境减轻技术工人购房负担实施方案》
7 月 4 日	深圳	力争到 2022 年新增建设筹集各类住房 60 万套，其中租赁住房不少于 30 万套； 提高新增建设用地中租赁住房用地供应比例；新增商品住房中，自持租赁住房供应比例原则上不低于 30%；新增人才住房、安居型商品房、公共租赁住房中，租赁住房总体供应比例原则上不低于 50%；产业园区中工业项目配套建设行政办公及生活服务设施的用地面积占项目总用地面积的比例上限由 7% 提高到 15%，新增加部分主要用于建设租赁住房、公共租赁住房； 坚决贯彻落实稳租金调控目标，建立住房租赁指导价格发布制度，提高租金透明度；2019 年 9 月 30 日起，个人和企业不在政府住房租赁交易服务平台上办理新签、续签住房租赁合同信息采集、登记或备案，或租金高于租金指导价格的，按现行规定收税，并依法追溯以往应缴税款； 完善租赁住房用地供应方式，可以采取招标、拍卖、挂牌等方式出让，可将住房租赁价格作为出让前置条件，租赁住房用地出让价款可按规定分期或分年收取。	深圳《关于规范住房租赁市场稳定住房租赁价格的意见（征求意见稿）》

8-6　续表 4

时间	城市	政策内容	政策来源
7 月 4 日	柳州	2019 年开展住房租赁市场调查，2020 年编制形成柳州市租赁住房发展计划；2019 年、2020 年每年新建、配建租赁住房不少于 1000 套，2019 年至 2020 年配租公租房 2200 套； 在符合城市规划和公共配套要求的前提下，允许已建成的空置商业用房、办公用房按规定改建为租赁住房，土地使用年限和容积率不变，土地用途调整为居住用地。改建后的住房仅限租赁，不得分割转让或以“以租代售”等形式变相分割转让。	《柳州市住房租赁市场培育试点工作方案》
7 月 5 日	合肥	安置房土地使用权出让参考价（起始价）根据《合肥市拆迁安置房用地出让供地意见》（合国土资函〔2018〕176 号）规定，按照不低于所在地同级别住宅用地基准地价确定。投标竞价采用一次性书面报价，最高竞价不得突破参考价的 1.05 倍； 中标单位自签订建设项目协议书至项目整体竣工验收备案完成，18 层以下（含 18 层）的项目周期为 18~22 个月，18 层以上 30 层以下（含 30 层）的项目周期为 22~28 个月，30 层以上的项目周期为 28~32 个月。	《合肥市安置房开发建设管理暂行办法（征求意见稿）》
7 月 10 日	福建	对政府与社会资本合作和各类社会资本投资建设运营的公共租赁住房租金实行更加灵活的价格政策，其租金标准可参照同地段或同区域、同类型住房市场租金水平的 80% 以下确（约）定。	福建《关于进一步完善保障性住房价格管理的通知》
7 月 11 日	杭州	加大住房租赁市场培育力度。鼓励专业化规模化住房租赁企业发展，支持其多渠道筹集房源，增加租赁住房有效供给； 对在杭州从事住房租赁业务的企业，建立年度评分机制，按实际分值计算专项扶持资金。每家企业每年获得的专项扶持资金最高为 200 万元。对开展租赁居间服务的房地产经纪机构，当年累计申报并签约的房源超过 500 套（间）的，按每套（间）100 元的标准计算专项扶持资金每家企业每年获得的专项扶持资金最高为 100 万元。	杭州《关于促进杭州市住房租赁市场平稳健康有序发展的通知（征求意见稿）》《杭州市促进住房租赁市场发展专项扶持资金管理办法（试行）（征求意见稿）》《杭州市住房租赁合同网签备案管理办法（试行）（征求意见稿）》
7 月 16 日	广州	符合权属清晰、结构安全、消防安全、环保卫生、物业规范、完善配套、技术标准七大要求的写字楼、商场、酒店等商业项目可以按照规定改建为租赁住房； 改建项目办理初始登记时应当整体确权登记（只办理一个权属证）、整体转让，不得分拆确权、分拆转让、分拆抵押、分割销售，原土地使用年限、用地性质和建设量不变。	《广州市商业、商务办公等存量用房改造租赁住房工作指导意见》
7 月 26 日	石家庄	明确城中村改造实施范围。经市政府批准列入改造计划的城中村，改造范围原则上限定在旧村址范围内（宅基地 + 公益地），需要使用村外土地的，必须经市政府批准； 明确回迁楼建设规模和安置标准。按照“一户、一宅、一证”的原则，每个确权户回迁住宅地上总面积原则上不超过 300 平方米。	石家庄《关于进一步明确主城区城中村改造中村民回迁楼认定及产权登记程序的意见》
8 月 12 日	福州	住宅房屋征收货币补偿标准原则上不超过所在片区商品住宅控制均价的 80%，对需要疏解的项目不超过所在片区商品住宅控制均价的 90%。报市政府审议的住宅货币补偿价格应包括 10% 公摊补偿的费用及各项奖励和补助； 合理控制货币补偿比例。严格按照市委市政府“疏解老城、建设新城”的总体策略，在货币安置标准上因地施策。鼓楼、台江中心城区可向外疏解，各项目住宅房屋货币补偿比例原则上控制在 50% 以内；仓山、晋安、马尾主要实行就地就近安置，各项目住宅房屋货币补偿比例原则上控制在 30% 以内。	福州《关于印发进一步完善旧屋区改造统筹安排调度机制的实施意见（试行）的通知》
8 月 12 日	北京	决定开展为期一年的住宅工程质量提升专项行动，范围包括在建以及交付两年以内的住宅工程，重点是定向行动安置房（含回迁安置房、棚改安置房、一级开发类安置房、重点工程类安置房）、经济适用房、限价商品房、共有产权房、公共租赁房等政策性住房工程。	北京《关于开展住宅工程质量提升专项行动的通知》

8-6 续表 5

时间	城市	政策内容	政策来源
8 月 20 日	上海	为进一步扩大共有产权保障住房保障范围，在上海市 16 个区全面启动非沪籍共有产权保障住房申请咨询及受理工作，计划于 2019 年 9 月底之前完成； 此举是在进一步加大共有产权保障住房供应，保障力度只增不减基础上的扩展，将不影响上海市户籍居民家庭的正常供应。房源方面，郊区以辖区为主，充分利用好辖区内配建保障性住房房源；中心城区可申请市统筹大居房源，房源预计主要分布在浦东惠南、奉贤南桥东、松江南站、嘉定黄渡和宝山顾村拓展等基地。	上海《关于开展全市面上非沪籍共有产权保障住房咨询及受理工作的通知》
8 月 26 日	江苏	发展和规范住房租赁市场。加快推动政府主导的住房租赁信息服务和监管平台建设与应用。因地制宜发展共有产权住房。鼓励各地在推进宜居住区建设中积极探索开展多层老旧住宅加装电梯等适老化改造。	《江苏省完善促进消费体制机制行动方案（2019—2021 年）》
8 月 30 日	深圳	力争到 2022 年新增建设筹集各类住房 60 万套，其中租赁住房不少于 30 万套；提高新增建设用地中租赁住房用地供应比例；新增商品住房中，自持租赁住房供应比例原则上不低于 30%；新增人才住房、安居型商品房、公共租赁住房中，租赁住房总体供应比例原则上不低于 50%； 全面实施住房租赁合同信息采集、登记或备案制度，推行租赁合同网签。坚决贯彻落实稳租金调控目标，建立住房租赁指导价格发布制度，提高租金透明度。强化规模化、专业化住房租赁企业在稳定住房租赁价格方面的示范作用，引导企业出租住房的租金不高于租金指导价格。发挥政策传导效应，加快推进“控涨幅、稳租期”为特征的商品房租赁试点工作；个人和企业不在政府住房租赁交易服务平台上办理新签、续签住房租赁合同信息采集、登记或备案，或租金高于租金指导价格的，按现行规定收税； 完善商品住房用地供应方式，可以采取“限地价、竞地价、竞人才住房或公共租赁住房面积”“限地价、竞地价、竞自持租赁住房面积”等出让方式；完善租赁住房用地供应方式，可以采取招标、拍卖、挂牌等方式出让，可将住房租赁价格作为出让前置条件，租赁住房用地出让价款可按规定分期或分年收取。加大住房租赁市场金融支持，支持向新建租赁住房发放开发建设贷款。	深圳《关于规范住房租赁市场稳定住房租赁价格的意见》
9 月 2 日	南宁	加大公共租赁住房建设力度，在新建商品住房项目中配建一定比例的公共租赁住房，保证在新建商品住房项目用地配建公共租赁住房比例不低于总建筑面积的 10%；探索在商品住房中配建租赁住房，以招标、拍卖、挂牌方式出让商品住房用地的，土地溢价率超过一定比例后，试行由竞价转为竞自持租赁住房面积，出让方案和合同中应明确规定持有出租的年限等内容； 在符合城乡规划，且满足周边市政基础设施及公共配套服务的前提下，按调整规划条件的相关程序完善手续后，允许将闲置的宾馆、酒店、写字楼等商业用房改建为租赁住房，土地使用年限和容积率不变，土地用途完成相关规定程序后调整为居住用地，但经改建的租赁住房不得分割产权出售。	南宁《关于印发南宁市培育发展住房租赁市场试点工作方案的通知》

8-6　续表6

时间	城市	政策内容	政策来源
9月3日	南京	租赁住房建成后不得分割转让、不得分割抵押；经批准整体转让或抵押的，不得改变租赁用途；建设项目分期建设的，租赁住房原则上应在首期建设完成。鼓励集体经济组织通过入股、联营等方式与其他经济组织合作开发建设租赁住房，合作双方需成立新企业实施项目开发建设的，集体经济组织所占份额比例必须高于50%； 符合条件的产业园区经批准，可将园区中工业项目配套建设行政办公及生活服务设施的用地面积占项目总用地面积的7%提高到15%，重点建设集体宿舍、员工宿舍，出租给园区职工居住，不得改变原用地性质，不得转让、不得分割抵押。通过协议出让低效产业用地方式再开发为商服项目的，允许根据规划要求配建不超过30%的酒店式公寓作为租赁住房，由企业自持用于租住，不得分割转让、不得分割抵押；存量房屋改建为租赁住房应根据租赁需求，执行住宅、公寓或宿舍设计标准，满足基本居住功能。原则上，商办用房应当按整幢、整层、整单元改建。	南京《关于印发南京市市场化租赁住房建设管理办法的通知》
9月3日	贵阳	科学确定安置方式。2019年及以后年度新启动实施的棚户区改造项目，应结合当地商品住宅消化周期确定安置方式，若上一年度商品住宅消化周期低于15个月，本年度实施棚改项目时应更多采取新建棚改安置房的方式，鼓励和引导改造对象选择实物安置； 严格执行棚户区改造标准。要把好棚户区改造政策关，认真落实住建部关于棚户区改造"六个严禁"的要求，严禁将旧城改造、房地产开发、城市基础设施建设等项目打包纳入棚改；严禁将因道路拓展、历史街区保护、文物修缮等拆迁改造房屋的项目纳入棚改；严禁将农村危房改造项目纳入棚改；严禁将房龄不长、结构比较安全的居民楼纳入棚改；严禁将棚改政策覆盖到一般建制镇；严禁将小区美化亮化、居民房屋外立面整治等项目纳入棚改；避免将不符合条件的项目纳入棚户区改造范围，确保棚户区改造政策真正落到实处。	贵阳花溪区《关于进一步做好棚户区改造安置工作的实施方案》《关于规范花溪区城镇棚户区界定范围和标准的通知》
9月4日	广东	支持旧城镇、旧村庄整体改造。对以拆除重建方式实施的旧城镇、旧村庄改造项目，应以成本和收益基本平衡为原则合理确定容积率；支持降低用地成本，采取多种地价计收方式。"三旧"改造供地，可以单宗或区片土地市场评估价为基础，综合考虑改造主体承担的拆迁安置费用、移交给政府的公益性用地及物业等因素确定政府应收地价款。在保障政府收益不受损的前提下，允许以建筑物分成或收取公益性用地等方式替代收缴土地价款； 对由市场主体实施且"三旧"改造方案已经批准的拆除重建类改造项目，特别是原有建筑物存在不符合安全生产、城乡规划、生态环保、建筑结构安全等情况，原权利主体对搬迁补偿安置协议不能达成一致意见，若土地或地上建筑物为多个权利主体按份共有的，符合以下分类情形的，原权利主体均可向项目所在地县级以上人民政府申请裁决搬迁补偿安置协议的合理性，并要求限期搬迁：土地或地上建筑物为多个权利主体按份共有的，占份额不少于2/3的按份共有人已签订搬迁补偿安置协议；建筑物区分所有权的，专有部分占建筑物总面积不少于2/3且占总人数不少于2/3的权利主体已签订搬迁补偿安置协议；拆除范围内用地包含多个地块的，符合上述规定的地块总用地面积应当不少于拆除范围用地面积的80%；属于旧村庄改造用地，农村集体经济组织以及不少于2/3的村民或户代表已签订搬迁补偿安置协议。	广东《关于深化改革加快推动"三旧"改造促进高质量发展的指导意见》
9月4日	河北	个人出租（转租）住房不能提供合法、准确的成本费用凭证，不能准确计算房屋租赁成本费用的，在租金收入的5%~10%的幅度内核定应纳税所得额。	河北《关于个人出租住房个人所得税征收管理有关事项的公告》

8-6 续表 7

时间	城市	政策内容	政策来源
9 月 10 日	长春	2019~2021 年，计划新增租赁住房 315 万平方米。2019 年，计划新增租赁住房 127 万平方米。其中，盘活存量住宅 50 万平方米、改建 19 万平方米、新建 58 万平方米。2020 年和 2021 年，计划年度新增租赁住房 100 万平方米。在中央财政奖补试点期内，市财政累计安排 12 亿元的专项配套资金； 在 3 年试点期内，对政府指定租赁住房地块，采取“限自持、竞地价”土地出让方式，增加租赁住房用地供给；加大住房租赁市场金融支持。支持向新建租赁住房发放开发建设贷款。支持向自持物业的住房租赁企业发放经营性贷款。支持企业发行租赁住房专项债券等公司信用类债券用于租赁住房建设和自持经营； 允许在产业集中的开发区、产业园区中工业项目配套建设行政办公及生活服务设施的用地面积占项目总用地面积的比例上限由 7% 提高到 15%，主要用于建设租赁住房。加大各类闲置房源盘活力度，鼓励企业通过盘活存量房源、改建和新建租赁住房等方式，多渠道增加租赁住房供应。允许按相关规定将商业办公用房、工业厂房改建为租赁住房。	长春《关于进一步培育和发展住房租赁市场的实施意见》
9 月 25 日	邯郸	个人出租（转租）住房不能提供合法、准确的成本费用凭证，不能准确计算房屋租赁成本费用的，按租金收入的 5% 核定应纳税所得额。	邯郸《关于个人出租住房个人所得税征收管理有关事项的公告》
9 月 26 日	山东	2019 年年底前，省财政安排老旧小区改造补助资金 2.3 亿元，带动市县财政、水气暖专营公司投入 13 亿元，吸引社会资本投入，改造全省老旧小区项目 881 个，改造面积 1711 万平方米，惠及 20.16 万户；到 2020 年年底实现 100 家左右规模化机构开展长租业务； 制定推行高层、小高层商品住宅全装修的指导意见，2019 年内印发实施。	山东《关于印发大力拓展消费市场加快塑造内需驱动型经济新优势重点任务细化落实分工方案的通知》
10 月 8 日	洛阳	购买经济适用住房不满 5 年，不得直接上市交易。购买经济适用住房满 5 年，购房人上市转让经济适用住房的，应按照届时同地段普通商品住房与经济适用住房差价的一定比例向政府交纳土地收益等相关价款，政府可优先回购，购房人也可按照政府所定的标准向政府交纳土地收益等相关价款后，取得完全产权。	《洛阳市经济适用住房认购条件》
10 月 9 日	杭州	杭州市范围内从事住房租赁业务的住房租赁企业，应在杭符合评级和规模等要求的银行范围内选择任一银行设立唯一的租赁资金专用存款账户，并报市房产行政主管部门备案。住房租赁企业向房屋委托出租人支付的租金以及向房屋承租人收缴的租金、押金和利用“租金贷”获得的资金等租赁资金均应缴入专户管理； 从事承接住房房源委托出租业务的住房租赁企业须在专户中冻结部分资金作为风险防控金，在特定情况下用于支付房源委托出租人租金及退还承租人押金，风险防控金不得随意使用。风险防控金的总额按住房租赁企业纳入租赁平台管理房源量对应的应付委托出租人月租金总额的 2 倍确定。	《杭州市住房租赁资金监管办法（试行）（征求意见稿）》
10 月 10 日	北京	住房租赁企业应于签订收进房屋或出租房屋合同之日起 3 日内，将合同主要信息（包括房屋坐落、面积、间数、价格和租赁双方等）录入北京市住房租赁监管平台； 互联网交易平台不展示发布超过 30 日未维护房源信息。违规发布房源信息 3 次以上的，不得再通过互联网交易平台发布北京住房租赁房源信息。	北京《关于规范互联网发布本市住房租赁信息的通知》

8-6　续表 8

时间	城市	政策内容	政策来源
10 月 10 日	深圳	市住建部门负责统筹全市范围内三类公共住房的套数比例，住房用地供应需落实 2035 年前筹集建设各类住房 170 万套的任务，实现市场商品住房和三类公共住房套数 4 ∶ 6 的供应结构要求； 政府主导的用地以建设出租的公共住房为主，市场主体主导的用地以建设出售的公共住房为主。土地使用权人单一且已建的现状居住用地、商业用地、工业用地和仓储物流用地等合法用地（不含招拍挂出让用地），在符合规划前提下，无偿移交规划确定的公共利益用地后，可拆除全部现有建（构）筑物，用于建设公共住房，类型以出售的公共住房为主。拆除的建（构）筑物建成时间原则上应大于 10 年。	《深圳市落实住房制度改革加快住房用地供应的暂行规定（征求意见稿）》
10 月 21 日	烟台	扩大政策适用范围。适用范围从烟台中心区（芝罘区、莱山区）扩大至烟台市区，其他县市也可以结合本地实际，参照制定并实施共有产权住房政策； 拓宽房源筹集渠道。在符合国土空间规划的前提下，具有相应资质的开发建设单位可以投资新建共有产权住房。新建共有产权住房建设用地采取公开出让方式供应，实行优先保障，在取得土地使用权后，禁止改变建设用途或变相进行商品房开发。同时，共有产权住房还可继续从已建成的保障房中筹集； 完善产权份额比例。将出售产权份额比例由 70% 调整为 60%、70%、80% 三个档次，由承购人根据自身支付能力自行选择，增强灵活性； 进一步严格产权增购制度。共有产权住房产权增购限制期延长至 5 年（此前为 2 年），承购人自缴纳契税完税之日起 5 年内，不得增购产权份额；购买其他住房的，产权份额由出售人原价回购。共有满 5 年，承购人可申请增购产权，增购价格原则上按届时计税评估价格计算，计税评估价格低于原配售价格的，按原配售价格计算；承购人购买其他住房的，应当先增购取得共有产权住房的全部产权。	《烟台市共有产权住房管理办法》
10 月 23 日	广州	购房人产权份额按拟实际出资额（含抵押贷款本金部分）占所购买共有产权住房评估价格的比例确定，原则上购房人产权份额应超过 50%，但不得高于 80%； 内循环方式流转。共有产权住房购房人自核准产权登记之日起满 5 年，受委托的区属国有企业明确表示放弃购买的，购房人转让给其他符合共有产权住房购买条件家庭。新购房人获得房屋产权性质仍为“共有产权住房”，其所占产权份额与原购房人所占产权份额一致； 外循环方式流转。共有产权住房购房人自核准产权登记之日起满 8 年，受委托的区属国有企业明确表示放弃购买的，可向其他符合本地住房限购条件家庭转让房屋。新购房人取得商品住房产权； 购房人自核准产权登记之日起未满 5 年的，不允许转让房屋产权份额。购房人自核准产权登记之日起满 5 年而未满 8 年的，可通过内循环方式流转房屋产权份额；也可按申请购买政府产权份额时点市场价格购买政府产权份额，但在购买协议中应约定所购得产权份额在规定时间内不能上市转让。购房人自核准产权登记之日起满 8 年的，可按相关规定上市转让房屋产权。	《广州南沙新区试点共有产权住房管理实施细则》
10 月 28 日	西安	在西安市住房限购区域范围内，选择货币补偿的房屋被征收人可在二年内以居民家庭（夫妻双方及其未成年子女）为单位，按照“征收一套购买一套”的原则，持已网签备案的《西安市国有土地上房屋征收与补偿协议（货币补偿）》，购买新建商品住房或二手住房； 购买新建商品住房时，房屋被征收人在商品住房意向登记平台按刚需家庭类别进行实名意向登记。	西安《关于国有土地上房屋被征收人购买商品住房相关事项的通知》
10 月 30 日	镇江	符合“商转公”贷款条件且拿到不动产权证满两年的公积金缴存职工可申请“商转公”业务，已办理贴息业务的职工，需至贴息期满后申请。	镇江《关于分批办理商业贷款转公积金贷款的通知》

8-6 续表 9

时间	城市	政策内容	政策来源
10月30日	济南	新就业职工租赁住房补贴保障方面：符合补贴发放条件的新就业职工每月500元；具有全日制本科学历的，补贴标准增加至每月700元；具有全日制硕士研究生及博士研究生学历或学位的，补贴标准参照企业新引进研究生租房和生活补贴标准执行。补贴发放期限累计最长不超过3年，最短不低于3个月。	济南《关于印发济南市城市中低收入住房困难家庭租赁住房补贴保障标准及办理程序的规定（试行）等3个规定的通知》
10月31日	吉林	转让价格方面，原签订的《廉租住房购买合同》有约定的，按原合同约定价格执行，《廉租住房购买合同》没有约定的，原则上按照合同签订时的同地段、同品质普通商品住房价格执行； 保障家庭按规定价格缴纳廉租住房国有产权转让全额资金及相关税费后，可办理不动产登记（有限产权）。也可依法补交土地出让金和相关税费后，取得全部产权。	吉林《关于按份共有产权廉租住房国有产权转让工作的指导意见》
11月1日	贵州	加大对新市民的保障力度。各市（州）、贵安新区、县（市、区、特区）要坚持既尽力而为又量力而行的原则，根据财政承受能力，重点保障环卫、公交等公共服务行业以及重点发展产业符合条件的青年教师、青年医生等新就业无房职工、城镇稳定就行的外来务工人员。	贵州《关于进一步规范发展公租房的实施意见》
11月5日	上海	上海市户籍家庭拥有2户（套）及以上住房（包括公有住房承租权和住房产权）的，不得再通过有偿转让的差价换房方式，取得公有住房承租权。上海市户籍单身且年满18周岁个人拥有1户（套）及以上住房（包括公有住房承租权和住房产权）的，不得再通过有偿转让的差价换房方式，取得公有住房承租权。上海市非同一户籍家庭成员的2名及以上个人，不得通过差价换房取得同一户公有住房承租权。	《上海市公有住房差价交换办法》
11月5日	广州	旧村庄改造范围内集体经济物业复建总量以现有建筑面积方式核定的，集体经济组织物业合法建筑面积按1∶1核定复建量；2009年12月31日前建成的无合法证明的建筑，全部按照现有建筑面积2∶1核定复建量，或全部按照保障改造后集体经济物业收入不降低的原则折算准予复建的总量，剩余面积可按房屋建安成本补偿，计入改造成本；2009年12月31日后建成的无合法证明的建筑，不予核定； 采用自主改造和合作改造模式的旧村庄全面改造项目，其融资地块协议出让土地使用权测算土地出让金可纳入旧村庄全面改造成本。	《广州市旧村庄全面改造成本核算办法》
11月7日	中山	至2022年，供应各类住房2973.1万平方米、31.82万套/万户（含租赁补贴）。其中：市场化住房31.27万套（含租赁住房4.89万套，商品住房26.38万套），保障性安居工程0.696万套/万户。至2035年，供应各类住房11188.06万平方米、121.13万套/万户（含租赁补贴）。其中：市场化住房113.11万套（租赁住房17.68万套，商品住房95.43万套），保障性安居工程8.02万套/万户。各类保障性安居工程供应量达到住房供应总量10%以上； 增加住房用地供应，到2022年，住房用地占城市建设用地的比例应不低于25%，市场化租赁住房与各类保障性安居工程等非商品住房用地在住房用地供应中的比例达到8%以上。到2035年，市场化租赁住房与各类保障性安居工程等非商品住房用地在住房用地供应中的比例达到15%左右。	《中山市住房发展与保障规划（2018—2035）（征求意见稿）》
11月13日	广州	剩余经济适用住房销售完毕后，广州市不再推出销售经济适用住房。符合广州市公共租赁住房和其他政策性住房保障条件的，可以按照有关规定承租公共租赁住房或者享受其他政策性住房保障。	广州《关于剩余经济适用住房销售有关问题的通知》
11月14日	上海	可以享受优惠政策的普通住房应同时满足：五层以上（含五层）的多高层住房，以及不足五层的老式公寓、新式里弄、旧式里弄等；单套建筑面积在140平方米以下；实际成交价格低于同级别土地上住房平均交易价格1.44倍以下，坐落于内环线以内的低于450万元/套，内环线与外环线之间的低于310万元/套，外环线以外的低于230万元/套。	上海延长《关于调整本市普通住房标准的通知》有效期至2024年11月18日

8-6 续表 10

时间	城市	政策内容	政策来源
11 月 14 日	广东	承购人的产权份额为共有产权住房销售价格占评估价格的比例，原则上不低于 50%，其余部分为政府产权份额，承购人不得分割个人产权份额及增购政府产权份额； 承购人取得共有产权住房不动产权证书满 5 年，可转让给其他符合条件的申请人，承购人所持产权份额收益归承购人所有。	广东举行《关于因地制宜发展共有产权住房的指导意见》送审稿听证会
11 月 14 日	杭州	通过租赁平台完成住房租赁合同网签后，符合备案条件的，自动完成房屋租赁登记备案； 全面落实财政资金奖励扶持行业优秀企业，每家从事住房租赁业务企业每年获得的专项扶持资金（含附加分）最高为 200 万元，每家开展居间服务的房地产经纪机构每年获得的专项扶持资金最高为 100 万元。	《杭州市住房租赁合同网签备案管理办法》《杭州市促进住房租赁市场发展专项扶持资金管理办法》
11 月 16 日	江苏	出租人、承租人、房地产经纪机构、物业服务企业、互联网平台经营者未按照本规定申报、转报登记信息的，由公安机关责令改正，依法予以处罚、记入信用记录。	《江苏省租赁住房治安管理规定》
11 月 18 日	四川	2018~2022 年，全省城镇新增商品住房供应面积 3 亿 ~ 4 亿平方米；到 2020 年，完成集中成片的棚户区改造，到 2022 年通过租、购、补、改等方式满足约 380 万户城镇家庭的住房保障需求；到 2022 年，全省城镇居民人均住房建筑面积保持在 40 平方米以上；到 2022 年，全省物业管理覆盖率达 70%；到 2022 年，新建住宅绿色建筑标准执行比例成都达 100%，其他市（州）达 50%。	《四川省城镇住房发展规划（2018~2022 年）》
11 月 22 日	河北	2019 年，河北省级财政安排 1 亿元对各市、县进行奖补。奖励资金分配采用因素法，即根据各市上年度实际改造小区涉及户数、实际改造老旧小区总投资额和绩效评价结果 3 个因素，结合财政困难程度分配奖励资金，3 个因素分别占 20%、70% 和 10% 权重。	《河北省老旧小区改造奖励资金管理办法》
11 月 25 日	武汉	改建租赁住房出租的，其中住宅类（含毛坯房）装修后出租的，按照武汉市公共租赁住房每平方米装修标准成本的 2 倍，且不超过 25% 的投资补助率一次性给予补助；"商改租""工改租"项目出租的，按照 1500 元 / 平方米，且不超过 25% 的投资补助率一次性给予补助。	《武汉市住房租赁市场发展专项资金管理办法》
11 月 26 日	杭州	住房租赁企业向房屋委托出租人支付的租金以及向房屋承租人收缴的租金、押金和利用"租金贷"获得的资金等租赁资金均应缴入专户管理； 从事利用收储房源开展住房出租业务的企业须在专户中冻结部分资金作为风险防控金，在特定情况下用于支付房源委托出租人租金及退还承租人押金，风险防控金不得随意使用。风险防控金总额按住房租赁企业纳入租赁平台管理房源量对应的应付委托出租人月租金总额的 2 倍确定。	《杭州市住房租赁资金监管办法（试行）》
11 月 26 日	安徽	2019~2021 年，计划整治改造老旧小区 2600 个左右。其中：2019 年 600 个、2020 年 1000 个左右、2021 年 1000 个左右； 老旧小区改造涉及土地房屋功能调整的，自然资源和规划部门依法进行调整。对改变土地用途产生的土地收益，按规定纳入预算管理，主要用于支持老旧小区改造。	《安徽省推进城镇老旧小区改造行动方案》
11 月 26 日	广州	利用集体土地或国有建设用地建设租赁住房的，建设普通租赁住房的按建筑面积 750 元 / 平方米给予补贴，建设集体宿舍型租赁住房的按建筑面积 800 元 / 平方米给予补贴。商业、办公、工业、酒店用房等非住宅经批准改造为租赁住房的则按住房分类分别给予 500 元 / 平方米、550 元 / 平方米补贴。	《广州市发展住房租赁市场奖补实施办法》征求公众意见

8-6 续表 11

时间	城市	政策内容	政策来源
12 月 11 日	成都	支持国有住房租赁企业开展规模化租赁经营，通过盘活国有存量住房、新建、改建等方式多渠道筹集租赁房源，优先面向住房保障对象出租，实行长期租赁，稳定住房租金。国有租赁住房按市场化原则自行定价出租，租金年涨幅不得超过 5%； 完善供地方式。试点推出纯租赁住房用地，合理确定租赁住房供地起拍价格，鼓励开发商建设全自持租赁住房。可将住房租赁价格作为出让前置条件，允许出让价款分期收取，缴纳时限最长不超过 1 年。建立健全租赁住房地价评估体系，合理控制土地出让价格。稳步推进利用集体建设用地建设租赁住房试点，制定开发建设、合规运营、抵押处置等相关配套制度。	成都《关于进一步发展和规范住房租赁市场的意见》
12 月 12 日	常州	加大租赁住房建设力度。新增租赁住房用地采取挂牌方式出让，在出让方案和出让合同中应明确规定持有出租的年限。逐步建立租赁住房地价评估体系，合理控制土地出让价格； 试点商业办公等用房改建为租赁住房。在符合规划等相关规定并征得利害关系人意见的前提下，报经市政府批准后，允许将存量商业、办公等房地产开发项目改建为自持租赁住房，土地使用年限和容积率不变，按规定完善相关手续，调整后对直供到户的水电气执行民用价格。	《常州市加快培育和发展住房租赁市场试点工作方案》
12 月 19 日	德州	计划用 2~3 年时间，基本形成供应主体多元、经营服务规范、租赁关系稳定的住房租赁市场体系； 为多渠道增加租赁住房有效供给，德州市将从鼓励实施社会化新建租赁住房、盘活存量房产、提高租赁住房项目审批效率等三方面发力。允许将已批地未开工、在建、建成的商业用房、写字楼等按规定改建为租赁住房。鼓励住房租赁国有企业将闲置和低效利用的国有厂房、商业办公用房等，按规定改建为租赁住房。	德州《关于加快培育和发展住房租赁市场的实施意见》

8-7 2019年公积金政策

时间	城市	政策内容	政策来源
1月7日	长沙	单位经济效益差且单位职工月平均工资水平等于或低于上年度全市职工月平均工资60%的可以申请降低住房公积金缴存比例； 符合处于停产、半停产状态等六种条件的，可以申请缓缴住房公积金。	《长沙市降低住房公积金缴存比例或缓缴住房公积金审批办法》
1月9日	内蒙古	职工申请住房公积金贷款必须连续足额缴存住房公积金6个月（含）以上。住房公积金贷款额度与职工住房公积金缴存余额挂钩，最高可贷额度不超过借款人（含配偶）申请贷款当月正常缴存住房公积金余额之和的20倍； 在内蒙古自治区住房资金管理中心缴存的职工在自治区范围内非呼和浩特市购买自住住房的，购房地必须为借款人（含配偶）的工作地或借款人（含配偶和同户籍直系亲属）的户籍地。	内蒙古自治区《关于规范调整部分住房公积金贷款业务的通知》
1月11日	河北	在内地就业的港澳台同胞和持《外国人永久居留证》的外籍人员、未达到法定退休年龄的城镇个体工商户、自由职业人员等灵活就业人员纳入缴存范围； 对连续亏损6个月且单位职工平均工资水平低于当地职工上一年度月平均工资50%的，可以申请降低住房公积金缴存比例；单位职工平均工资水平低于当地职工上一年度月平均工资30%的，可以申请缓缴住房公积金，降低缴存比例或者缓缴的期限不得超过一年。	《河北省住房公积金归集提取管理办法》
1月15日	嘉兴	自2019年1月14日起，嘉兴全市商转公贷款不再分期分批受理，贷款条件及受理地点仍按《关于全市重启商转公贷款业务有关事项的通知》文件规定执行。	嘉兴《有关商转公贷款受理有关事项的通知》
1月16日	长沙	住房公积金最高贷款额度保持60万元不变，职工在长沙住房公积金管理中心缴存12个月以上方可申请贷款； 单位为职工补缴住房公积金1年内不得超过1次，且一次性补缴金额不得超过原月缴存额的3倍。	长沙《关于贯彻长金管委〔2018〕8号文件实施细则》
1月22日	淄博	一笔住房公积金贷款同时只允许一个委托人签约。异地住房公积金贷款暂不开展冲还贷业务。	淄博《关于开展住房公积金委托按月冲还贷业务的公告》
1月29日	成都	借款申请人在首次公积金贷款结清后，可再次申请公积金贷款，但公积金贷款累计次数不得超过两次； 有一套住房但无未结清的住房贷款、无住房但有一笔未结清的住房贷款、有一套住房，有一笔未结清的住房贷款，且为同一套住房的均认定为购买第二套住房； 借款申请人偿还住房贷款月还款额不得高于月收入的50%； 符合贷款条件的两人及以上职工最高贷款额度为70万元，单职工最高贷款额度为40万元。	《成都住房公积金个人住房贷款实施细则》
2月12日	上海	住房公积金和补充住房公积金缴存基数最高不超过2018年本市职工月平均工资的3倍，最低不低于本市2018年职工最低工资标准； 2019年度职工本人和单位住房公积金缴存比例为各5%~7%（取整数值）。	《关于2019年度上海市调整住房公积金缴存基数、比例以及月缴存额上下限的通知》

8–7 续表 1

时间	城市	政策内容	政策来源
2月13日	清远	公积金中心、受委托银行应加强对借款申请人（含共同申请人）还款能力的审查，月房产支出与收入比应控制在50%以下（含50%）； 将个人最高贷款额度由30万元提高至40万元，夫妻双方最高贷款额度由40万元提高至60万元； 实行贷款额度与借款申请人公积金缴存年限和账户余额挂钩，并较大幅度提高了购买首套住房计算贷款额度的倍数值； 租房自住的，购买、建造、翻建、大修自住住房的可申请提取其住房公积金账户内的存储余额。	《清远市住房公积金个人购房贷款管理办法（征求意见稿）》《清远市住房公积金贷款额度调整方案（征求意见稿）》《清远市个人自愿缴存使用住房公积金管理办法（征求意见稿）》《清远市住房公积金缴存、提取管理办法（征求意见稿）》
2月13日	合肥	住房公积金贷款对象为购买首套自住住房或第二套改善型普通自住住房的缴存职工。	《合肥市住房公积金贷款管理办法》
2月25日	金华	自2019年2月25日起，对购买、建造、翻建或大修住房的，按规定提取父母、子女住房公积金，取消购（建）房人缴存住房公积金的前置条件。	金华《关于简化直系亲属提取住房公积金条件的通知》
2月26日	合肥	租房自住的，购买、建造、翻建、大修拥有所有权的自住住房的，可申请提取其住房公积金账户内的存储余额； 租住商品住房的，提取金额不超过一年实际房租支出，且不高于本市规定的当年度提取限额。	《合肥市住房公积金提取管理办法》
3月1日	天津	在外地缴存住房公积金职工申请个人住房公积金贷款的，应支付不低于购房全部价款60%的首付款，贷款额度不高于其申请贷款时住房公积金账户余额的10倍，贷款最高限额40万元。	天津《关于在外地缴存住房公积金职工在本市购房申请个人住房公积金贷款有关政策的通知》
3月8日	成都	职工及其配偶在本市行政区域内无自有产权住房，在四川省行政区域内购买商品住房及再交易住房，申请提取住房公积金，不受户籍所在地和工作所在地限制。	《成都住房公积金提取管理办法（征求意见稿）》
3月15日	西宁	已分配入住有购房意愿且符合西宁市公共租赁住房保障条件的西宁市市区户籍保障对象，可提取购房职工本人及配偶名下的住房公积金。	西宁《关于购买公共租赁住房提取住房公积金相关事宜的通知》
3月17日	海南	贷款对象为海南购买自住住宅且尚未结清个人商业性住房按揭贷款的住房公积金缴存职工；最高贷款额度50万元调整为70万元； 申请商转公贷款时，首付款与已偿还的原商业贷款金额之和大于等于房屋总价的40%； 购买二手房、经济适用住房、棚户区改造房、拆迁安置房，以及建造、翻建、大修自住住房的原商业贷款和个人住房公积金组合贷款，借款人不予申请贷款。	海南《关于重启个人商业性住房按揭贷款转住房公积金贷款业务有关事项的通知》
3月19日	太原	缴存职工通过柜面申请办理偿还商业银行住房贷款提取住房公积金申请业务，应当配合太原住房公积金管理中心通过《个人信用报告》对提取申请中相对应的商业银行住房贷款记录进行审查核实。	太原《关于加强对通过柜面办理偿还商业银行住房贷款提取住房公积金申请进行审核的通知》
3月21日	河南	夫妻双方均在省直中心连续正常缴存住房公积金6个月以上，郑州市区内购买首套住房，满足省直中心住房公积金贷款条件，最高贷款额度由原来的60万元调整为80万元，其他情况贷款额度由原来的40万元调整为60万元； 符合省直中心住房公积金贷款条件，商业住房贷款购买的自住住房取得《不动产权证》，可以申请办理商业住房贷款转住房公积金贷款业务。	河南《关于住房公积金贷款政策调整的通知》

8-7 续表2

时间	城市	政策内容	政策来源
4月1日	石家庄	在石家庄市内五区暂停发放住房公积金异地贷款的基础上，全市范围内统一暂停发放住房公积金异地贷款。	石家庄《关于加强业务管理防范化解风险工作的通知》
4月1日	合肥	借款人申请住房公积金贷款不足以支付购买、建造、翻建、大修自住住房所需费用时，可同时向受委托银行申请自营性个人商业住房贷款，由受委托银行以组合贷款的形式向借款人发放。	《合肥市住房公积金个人贷款管理办法》
4月3日	南宁	职工（或配偶）在南宁市行政区域外或铁路职工在南宁铁路系统管辖运营铁路的沿线城镇外购房并申请提取住房公积金的，购房时购房地须为职工（或配偶）户籍地或工作地。	南宁《关于印发南宁住房公积金提取业务实施细则的通知》
4月9日	日照	恢复办理住房公积金异地贷款业务。在山东省内其他市就业并正常缴存住房公积金的在职职工，在日照市辖区内购买普通自住住房的，可向购房所在地住房公积金管理部申请办理住房公积金个人住房贷款。符合条件的，只允许在日照市办理一次住房公积金异地贷款。	日照《关于办理异地贷款业务的通知》
4月10日	佛山	原贷款办法中，住房公积金最高可贷额设定两个档次，分别是累计缴存住房公积金满一年的最高可贷30万元／人、累计缴存满两年的最高可贷40万元／人，现增设一个档次：累计缴存住房公积金满三年的最高可贷50万元／人； 超出144平方米标准的住房，申请贷款时仅按144平方米部分的房价款计算可贷款额，超出部分由购房人自行解决； 符合贷款条件的缴存职工个人可申请两次贷款。不得向已有两次使用贷款记录的职工发放贷款。	佛山《关于调整我市住房公积金抵押贷款政策的通知》
4月15日	成都	职工及其配偶在成都市行政区域内无自有产权住房，在四川省行政区域内购买商品住房及再交易住房，审批提取住房公积金，不受户籍所在地和工作所在地限制。	《成都住房公积金提取管理办法》
4月15日	大连	职工以购买国有土地上拥有所有权自住住房或偿还拥有所有权自住住房贷款本息为由申请提取住房公积金的，房屋坐落地应在中华人民共和国境内且在职工或配偶的缴存地或户籍地；职工购买拥有所有权自住住房的，如结婚登记日期在购房消费完成之后的，配偶不能以购买该房屋为由申请提取住房公积金。	大连《关于进一步规范住房公积金提取政策的通知》
4月17日	黄山	对2016年以来，黄山市引进的符合“黄山人才10条”政策的高层次人才和机关事业单位招录的985高校全日制硕士研究生，在黄山市内购买住房首次申请住房公积金贷款并符合住房公积金贷款有关规定的，由市公积金中心根据市人才办提供的人才名单，在计算其个人可贷款额度时由住房公积金缴存余额的3倍调高至6倍； 取消异地调动并户口迁出黄山市提取。不受理缴存职工直系亲属间任何形式的住房交易、过户的住房公积金提取和贷款。	黄山《关于调整住房公积金政策的通知》
4月19日	东莞	新增东莞市既有住宅增设电梯提取；无房职工租住东莞住房提取比例上限从月缴存额的65%提高至70%、额度上限从1500元提高至1800元；自2019年7月1日起，取消装修提取。	东莞《关于优化我市部分住房公积金提取政策的通知》
4月19日	合肥	职工本人（含配偶）在非合肥及非户籍地购房及偿还购房贷款本息的，不予提取住房公积金； 对同一人多次变更婚姻关系购房或多人频繁买卖同一套住房申请提取住房公积金的，非配偶或非直系亲属共同购房等申请提取住房公积金的，从严审核住房消费行为和证明材料的真实性。	合肥《关于进一步加强住房公积金提取管理工作的通知》
4月23日	云南楚雄	缴存职工购买、建造、翻建、大修自住住房时，除配偶以外，父母、子女不是房产或土地所有权人的，停止办理提取住房公积金。	云南楚雄州《关于进一步规范住房公积金提取业务的通知》

8-7 续表 3

时间	城市	政策内容	政策来源
4月23日	西安	暂停西安地区（含西咸新区）以外购房提取公积金； 缴存职工家庭首次使用住房公积金贷款购买自住住房，面积在144平方米（含）以内的首付比例不低于35%，面积在144平方米以上的首付比例不低于40%；对结清首次住房公积金贷款后，再次申请使用住房公积金贷款购买自住住房，面积在144平方米（含）以内的首付比例不低于40%，面积在144平方米以上的首付比例不低于45%；第三次及以上申请住房公积金贷款的不予受理。购买精装修房屋首付款比例不低于40%； 严格公积金贷款审批制度，加强贷款申请人资格审查，借款人须在申请贷款前12个月按时连续足额缴存公积金，“以贷促缴，以缴定贷”，抑制投资投机性购房，保障基本刚需； 对公积金贷款额度计算方式进行了调整，将计算公式中的倍数由18调至15。	西安《关于启动资金流动性风险防控一级响应的通知》
4月25日	大连	借款人申请办理个人住房公积金贷款，借款人设立个人住房公积金账户须满180天（原为90天），并自申请个人住房公积金贷款之日起向前推算，按时、足额、连续缴存住房公积金6个月（含）（原为3个月）以上。	大连《关于调整个人住房公积金贷款有关政策的通知》
4月28日	深圳	职工所购住房属于按照深圳住房政策执行共有产权要求的，可按规定申请住房公积金贷款或者商转公贷款； 城市更新、棚户区改造等涉及拆迁住房，存在住房公积金贷款尚未结清但需要注销抵押权的，在该笔住房公积金贷款追加足额抵押担保的前提下，公积金中心可以支持办理该住房的抵押权注销； 提取住房公积金用于购买住房的，职工本人及其家庭成员合计仅有一套住房时，可提取额不超过账户余额，且不超过购房总价款；职工本人及其家庭成员合计有两套及以上住房的，可提取额不超过账户余额的60%，且不超过购房总价款。	深圳《关于进一步规范住房公积金贷款业务有关事项的通知（征求意见稿）》《深圳市住房公积金提取管理规定（征求意见稿）》
4月29日	青岛	取消住房公积金二次申贷须首次公积金贷款结清满两年的期限限制，首次公积金贷款结清后，即可申请二次公积金贷款。二次申贷其他事项仍按原规定执行。	青岛《关于取消我市住房公积金二次贷款间隔期限的通知》
5月13日	沈阳	自2019年6月1日起，统一职工提取住房公积金个人账户核算标准为职工住房公积金账户内的存储余额，即将部分提取职工住房公积金账户内定期余额（每年7月1日至下一年的6月30日结转的金额）的规定，一律调整为提取职工住房公积金账户内的存储余额。	沈阳《关于统一职工提取住房公积金个人账户核算标准的通知》
5月14日	贵阳	贵阳市住房公积金贷款最高额度由原来的50万元调整为在贵阳市行政区域内（含铁路沿线）缴存住房公积金的单职工缴存家庭50万元、双职工缴存家庭60万元。	贵阳《关于调整住房公积金贷款最高额度的通知》
5月15日	河南	按照郑州住房公积金管理委员会精神，职工只有在住房公积金缴存地或户籍所在地购买首套普通住房和第二套改善型住房，可以提取住房公积金。	河南《关于规范住房公积金提取政策的通知》
5月17日	巴中	6月1日起，申请住房公积金贷款，购房面积为144平方米及以下；同一套住房以购房名义提取住房公积金后，不得申请住房公积金贷款；执行首套房住房公积金贷款政策，首付款比例不低于30%；执行第二套房住房公积金贷款政策，首付款比例不低于40%。	巴中《关于调整住房公积金个人住房贷款政策的批复》
5月23日	湖南	借款人购买二手房申请贷款时，所购房屋应为房龄不超过30年（原为20年）的成套住宅；借款人申请商业按揭贷款转住房公积金时，用于抵押的房产应为房龄不超过30年（原为20年）的成套住宅；借款人购买二手房申请住房公积金贷款及申请银行住房按揭贷款转公积金贷款的，所抵押房产房龄与贷款年限之和不超过50年（原为35年）。	湖南《关于调整部分公积金政策的通知》

8-7　续表 4

时间	城市	政策内容	政策来源
6 月 5 日	徐州	职工单方申请公积金贷款最高额度不得超过 40 万元，职工双方共同申请公积金贷款额度最高不得超过 50 万元； 职工购买“二手房”的，首付比例不低于 40%，贷款比例不得超过房价的 60%。	《徐州市住房公积金归集管理办法》《徐州市住房公积金提取管理办法》和《徐州市住房公积金贷款管理办法》
6 月 7 日	清远	个人的最高贷款额度调整为 40 万元，夫妻双方的最高贷款额度调整为 50 万元； 家庭第二套住房可贷额度不超过公积金账户余额的 6 倍。	清远《关于调整住房公积金贷款额度的通知》
6 月 10 日	嘉兴	自征收或收购协议签订后，两年内购买自住住房申请住房公积金贷款，且符合公积金贷款条件的，贷款额度按缴存人最高贷款限额上浮 50%，且存贷不挂钩。	嘉兴《关于住房公积金制度助推中心城市品质提升工作有关事项的通知》
6 月 14 日	厦门	自 2019 年 7 月 1 日起厦门市住房公积金贷款流动性调节系数由 1.0 调整为 0.8。	厦门《关于调整公积金贷款流动性调节系数的通告》
6 月 17 日	岳阳	自 2019 年 6 月 14 日起，暂停住房公积金异地贷款。	岳阳《关于调整住房公积金部分贷款政策的通知》
6 月 17 日	济南	定于 7 月 1 日起，莱芜区、钢城区执行济南市住房公积金缴存使用政策。	济南《关于莱芜区、钢城区公积金缴存单位和缴存职工统一执行济南市住房公积金政策的公告》
6 月 20 日	唐山	借款申请人可贷款额度不超过借款申请人(及配偶)账户余额的 10 倍。借款人(及配偶)3 年内未提取过公积金的，贷款额度增加 20%； 单、双职工最高贷款限额均为 60 万元。	唐山《关于调整贷款额度核定方式的通知》
6 月 21 日	太原	缴存职工申请新购商品房商转公贷款或部分商转公贷款时，所购房屋已办理不动产权证书并在发放商业贷款的商业银行办理了对应贷款的不动产登记证明的，在符合中心其他贷款条件的基础上，可通过办理第二顺位抵押权的担保方式申请住房公积金贷款。	太原《关于扩大第二顺位抵押权担保方式适用范围的通知》
6 月 24 日	镇江	在异地缴存公积金的镇江市户籍职工，在镇江市购买住房申请公积金贷款的，在“异地贷款职工住房公积金缴存使用证明”上有过一次公积金贷款记录并结清的，按镇江市第二次公积金贷款政策执行，首付款为总房价的 60%，公积金贷款利率上浮 10%，异地公积金贷款未结清的不得在镇江市申请住房公积金贷款。	镇江《关于进一步完善公积金政策的通知》
6 月 27 日	中山	自 2019 年 7 月 1 日起提高其他住房消费每月提取住房公积金金额的上限，每月提取金额上限提高至 600 元。	中山《关于修改其他住房消费每月提取金额上限政策的通知》
6 月 28 日	厦门	实行差别化信贷政策。符合厦门市商业性个人住房贷款资格，无未结清住房公积金贷款，无两次及以上住房公积金贷款记录的职工家庭，可申请住房公积金贷款；住房公积金贷款首付款比例按照厦门市同期商业银行个人住房贷款首付款比例标准执行，住房贷款记录包含厦门市住房公积金贷款记录（含公转商贷款）和人民银行个人征信报告体现的住房贷款记录； 流动性不足或流动性紧张（贷款使用率≥ 85%）、系数低于 1 时，暂停住房公积金异地贷款业务和商业性住房贷款转住房公积金贷款业务。	厦门《关于调整我市住房公积金部分提取贷款政策的通知》
7 月 1 日	武汉	2019 年下半年武汉市住房公积金个人住房贷款的最高贷款额度为：缴存职工家庭购买首套普通自住住房的，最高贷款额度为 70 万元；购买第二套改善性自住住房的，最高贷款额度为 50 万元。	武汉《关于公布 2019 年下半年我市住房公积金个人住房贷款最高贷款额度的通知》

8-7 续表 5

时间	城市	政策内容	政策来源
7月2日	四川内江	借款申请人（含其配偶）从未使用过住房公积金贷款，但征信报告显示有一套正在偿还的商业住房贷款，按二套房办理。借款申请人（含其配偶）使用过一次住房公积金贷款并已结清，且征信报告显示无正在偿还的商业住房贷款，按二套房办理； 个人申请贷款不高于40万元，有共同申请人的不高于50万元；取消“父母和子女互助”贷款业务和“商转公”贷款业务。异地住房公积金缴存职工在内江市申请贷款时，取消提供内江户籍证明。	四川内江市《关于调整住房公积金贷款政策的通知》
7月5日	广西柳州	职工及其配偶在其中一方住房公积金缴存所在地或户籍所在地购、建自住住房及偿还该套住房购房贷款的，可以申请提取职工本人住房公积金，其他异地购、建住房及还贷提取住房公积金申请不再受理。	广西柳州关于征求《关于调整住房公积金提取政策的通知》意见的函
7月5日	东莞	公积金最长贷款年限统一规定为30年，改变目前只有购买首套住房且建筑面积在90平方米以下的一手房（含商转公）才可申请最长30年，减轻职工还款压力。首套房、二套房公积金最高贷款额度分别为120万元、80万元； 贷款申请人条件由“在东莞市缴存公积金的职工或在其他城市缴存公积金的东莞市户籍职工”改为“依规履行公积金缴存义务的职工”，主要是考虑到东莞市已根据相关部委要求将异地贷款的要求全面放开户籍限制。	《东莞市住房公积金个人住房贷款管理办法(修订征求意见稿)》《东莞市住房公积金提取管理办法(修订征求意见稿)》
7月12日	连云港	住房套数的认定标准为“认房又认贷”。职工家庭（包括借款人、共同借款人及其配偶和未成年子女）在购房地、住房公积金缴存地无住房且夫妻双方名下无住房贷款记录（包括商业住房贷款和住房公积金贷款记录）的为首套住房。职工家庭在购房地、住房公积金缴存地无住房且夫妻双方名下仅有1笔住房贷款记录的；以及在购房地、住房公积金缴存地仅有1套住房且夫妻双方名下无住房贷款记录或仅有同一套住房贷款记录的为第二套住房； 将“购买首套房首次申请可贷住房公积金贷款”调整为“在连云港市购买第二套住房及以下的职工家庭可以申请住房公积金贷款”。被认定为二套以上住房的，不予贷款。	连云港《关于调整我市住房公积金贷款政策的通知》
7月24日	株洲	缴存职工家庭第一次使用住房公积金贷款购房，最低首付比例由30%调整为20%；在符合住房公积金贷款政策的情形下，缴存职工可以将同套住房的商业银行住房贷款转为住房公积金贷款； 申请人在购买普通商品住房时（不含自建房二手交易），个人住房公积金可贷款金额不足以满足其购房需求的，可同时在管理中心指定的管理部申请组合贷款。	株洲《关于调整部分住房公积金使用政策的通知》《株洲市个人住房公积金组合贷款实施细则》
7月29日	衡阳	职工个人或夫妻双方均正常缴存住房公积金需申请使用住房公积金贷款的，最高贷款限额为50万元。	衡阳关于对《调整住房公积金相关政策暂行规定的实施细则》的补充调整规定
7月29日	包头	职工申请办理第二次住房公积金贷款的，首付款比例不得低于房价的50%。	包头《关于调整住房公积金使用政策的通知》
7月29日	长沙	长沙市住房公积金最低缴存比例由8%降至5%，缴存单位可根据经营情况自主选择住房公积金缴存比例，最低不低于5%，最高不超过12%。	长沙《关于调整住房公积金政策优化营商环境的通知》
8月12日	云南昭通	首付比例首套房不得低于20%，二套房不得低于50%；住房公积金个人住房贷款最高贷款额度双职工30万元，单职工15万元。	云南昭通《昭通市住房公积金个人住房贷款实施细则（修订）》
8月15日	聊城	商转公贷款只能申请将个人住房商业贷款转为纯个人住房公积金贷款，不能转为组合贷款，并且个人住房组合贷款不能申请转个人住房公积金贷款。	《聊城市个人住房商业贷款转个人住房公积金贷款暂行办法》

8–7　续表 6

时间	城市	政策内容	政策来源
8 月 18 日	河南	夫妻双方均在省直中心正常连续缴存 6 个月以上，在郑州市区内购买首套住房，贷款金额不超过 80 万元；借款人单方缴存住房公积金、购买二套或郊县房产的，贷款金额不超过 60 万元； 以家庭为单位，名下已有两套住房，第三套住房不能使用住房公积金贷款。	河南《省直住房公积金商转公贷款须知》
8 月 22 日	河南安阳	夫妻双方均在安阳市及时足额缴存住房公积金 6 个月以上，安阳市区内购买自住住房，满足住房公积金贷款条件，最高贷款额度由原来的 40 万元提高到 50 万元；夫妻双方一方或单身人员及时足额缴存住房公积金的，住房公积金贷款单笔最高限额由原来的 30 万元提高到 40 万元。	河南安阳修订《安阳市住房公积金贷款管理办法》
8 月 23 日	柳州	职工及配偶在其中一方住房公积金缴存地或户籍所在地购、建自住住房以及偿还住房购房贷款的，可申请提取职工本人住房公积金。在原住房公积金缴存地贷款购房后，因工作调动在柳州市继续缴存住房公积金的，可提取本人住房公积金用于还贷。2019 年 9 月 6 日起，暂停受理其他异地购、建住房及异地购房贷款提取住房公积金申请； 以虚构、隐瞒事实、变造、伪造证件，提供虚假材料等不正当手段申请住房公积金贷款未遂的，以虚假材料等不正当手段违法获得住房公积金贷款的，分别处于 3 年内（含）、5 年内（含）暂停办理该职工提取住房公积金和申请住房公积金贷款业务。	柳州《关于调整异地购房提取住房公积金政策的通知》《柳州市住房公积金失信行为管理办法》
8 月 23 日	广东云浮	在云浮市辖区内购买（建造、翻建、大修）首套自有产权住房的，公积金贷款发放额度调整为最高 30 万元； 在云浮市辖区内购买（建造、翻建、大修）二套自有产权住房或二次使用住房公积金贷款的，公积金贷款发放额度调整为最高 15 万元。	广东云浮《关于调整云浮市住房公积金个人住房贷款额度的通知》
8 月 27 日	陕西安康	切实做好贷前调查。特别对购买自住住房采用其他房产做抵押或公积金联合担保保证方式的，要认真核实购房行为的真实性，必要时到购房现场勘察。	陕西安康《关于进一步加强贷款业务规范办理防范资金风险的通知》
8 月 28 日	广州	购买一手现房申请住房公积金贷款，贷款期限不得超过 30 年，贷款期限和楼龄之和不得超过 40 年。	广州《关于调整贷款业务流程有关问题的通知》
8 月 29 日	襄阳	当上一季度中有两个月的个贷使用率小于或者等于 90% 时，正常办理商转公贷款；当上一季度中有两个月的个贷使用率大于 90% 时，暂停办理商转公贷款。	《襄阳市个人住房商业性贷款转住房公积金贷款管理暂行办法》
9 月 5 日	嘉兴	职工家庭已还清公积金贷款，第二次申请公积金贷款购买自住住房的，实行全额贷款政策，即在确定其可贷额度时，该职工家庭原已享受的公积金贷款额度不予扣除； 恢复执行购买第二套住房申请公积金贷款利率上浮政策，即职工家庭名下已有一套住房，因购买第二套改善型自住住房申请公积金贷款的，贷款利率按公积金贷款基准利率上浮 10% 执行。	嘉兴《关于调整我市住房公积金有关使用政策的通知》
9 月 9 日	贵阳	缴存职工家庭结清首套住房公积金贷款后，即可再次申请住房公积金贷款购买普通自住住房； 缴存职工家庭第一次使用住房公积金贷款购买二手房的职工家庭，首付款比例不得低于 20%；为改善居住条件第二次申请住房公积金贷款购买二手房，首付款比例不得低于 30%。	贵阳《关于调整住房公积金部分贷款政策的通知》
9 月 16 日	海南	职工提取住房公积金用于支付外省购、建自住住房房价款或偿还住房商业贷款本息的，需增加提供本人及配偶任一方在购、建房所在地可供查核的户籍身份证件及购、建房前已在该地连续正常缴存半年及以上的社保（或住房公积金）材料。	海南《关于调整购建外省住房提取住房公积金材料要件的通知》
9 月 17 日	来宾	单职工住房公积金缴存家庭申请的最高额度为 32 万元，双职工住房公积金缴存家庭申请的最高额度为 40 万元；个人住房公积金贷款期限最长不超过 30 年。	《来宾市职工个人住房公积金贷款管理办法》

8–7 续表 7

时间	城市	政策内容	政策来源
9 月 24 日	武汉	贷款房屋套数认定实行“认房认公积金贷”。借款人家庭（含本人、配偶及未成年子女）在武汉市房产部门的信息系统中无住房信息，或者查询的房屋信息与拟申请公积金贷款所购房屋为同一套住房的，且武汉住房公积金信息系统中无贷款记录，认定为首套住房； 存量房贷款比例按房屋房龄（以建成年份为准）分为三个等级。其中，房屋房龄在 10 年（含 10 年）以内的，贷款最高比例不超过房屋总价的 70%（建筑面积不超过 144 平方米的，贷款最高比例不超过房屋总价的 80%）；存量房贷款最长贷款期限不超过 30 年； 对最高贷款额度实行动态管理。其中，当“个贷率”介于 90%（含）和 100% 之间时，流动性调节系数为 0.9。	武汉《关于印发武汉新建商品房和存量房住房公积金个人贷款实施细则的通知》
9 月 25 日	无锡	住房公积金贷款发放对象认定标准由“认贷不认房”调整为“认房又认贷”； 同一套住房办理公积金购房提取后 12 个月内，如再次发生交易行为的，不得再次办理公积金购房提取； 职工家庭在无锡市行政区域购买首套自住住房申请住房公积金贷款，首付比例不得低于房屋总价的 20%；购买第二套自住住房申请住房公积金贷款，首付比例不得低于房屋总价的 40%；在江阴、宜兴市购买自住住房申请住房公积金贷款，首付比例不得低于房屋总价的 20%。借款申请人本人符合公积金贷款条件的，最高贷款额度调整为 30 万元；借款申请人及配偶均符合公积金贷款条件的，最高贷款额度调整为 60 万元。	无锡《关于进一步规范和改进我市住房公积金政策的意见》
9 月 26 日	成都	所购再交易房的楼龄超过 30 年的，不得申请再交易房贷款。取消原“申请公积金贷款时，所购再交易房楼龄超过 20 年的，不予贷款”的规定； 申请再交易房贷款的，贷款期限最长为 30 年，且不能超过抵押房产剩余的土地使用权年限。取消原“申请再交易房贷款的，贷款期限加所购住房楼龄不超过 30 年”的规定。	成都关于调整《成都住房公积金个人住房贷款实施细则》相关规定的通知
9 月 29 日	广西北海	职工申请贷款时正常连续缴存时间从原来的“6 个月以上”调整为“12 个月以上”；个人住房公积金贷款最高额度调整为单身职工 40 万元、已婚职工 50 万元； 为支持住房公积金缴存职工合理自住需求，抑制投资投机性购房需求，对职工家庭购买第二套住房或申请第二次使用住房公积金贷款的，适度上调最低首付款比例，调整至 60%。	广西北海《关于调整住房公积金贷款政策的通知》
10 月 8 日	扬州	决定从 2019 年 10 月 15 日起，将住房公积金贷款最高限额从 35 万元恢复至 50 万元（单职工缴存住房公积金的，最高限额从 21 万元恢复至 30 万元），将住房公积金贷款还贷能力系数由目前的 0.3 上调为 0.5。其他贷款使用政策不变。	扬州《关于恢复住房公积金贷款最高限额的通知》
10 月 8 日	渭南	放宽公积金提取条件，支持职工住房消费。放开租房提取，允许重大疾病和家庭困难提取，扩大购买、建造、翻建、大修自住住房提取及放宽购房提取。发展公积金贷款业务，支持职工解决住房问题，改善住房条件。做到应贷尽贷、能贷尽贷、高效放贷，下大力气提高贷款投放力度。	渭南《关于进一步扩大住房公积金制度覆盖面工作的通知》
10 月 14 日	邢台	已办理邢台市公积金贷款的缴存人及其配偶，在还清公积金贷款前，提取公积金只能用于偿还公积金贷款本息，不得再办理其他住房消费类情形提取公积金。缴存人及配偶在公积金缴存地或户籍地以外购买自住住房及偿还住房贷款本息的，不得提取住房公积金。	《邢台市住房公积金归集管理实施细则》《邢台市住房公积金提取管理实施细则》
10 月 15 日	丹阳	为严格规范异地贷款业务办理流程，有效防范公积金贷款风险，现暂停新增异地住房公积金个人贷款开户及公积金贷款业务。	丹阳《关于暂停异地住房公积金个人贷款业务的通知》

8-7　续表 8

时间	城市	政策内容	政策来源
10 月 17 日	滨州	异地购房提取增加提供本人或直系亲属在购房所在地的户口本或职工正常连续缴存 12 个月（含）以上的社保缴费证明。取消现房抵押贷款。开展二手房组合贷款业务。	滨州《关于调整和完善我市住房公积金有关使用政策规定的通知》
10 月 22 日	深圳	延长购房提取时间间隔。购房时间与职工申请提取时间相隔在三年以内的（此前为两年）均可提取； 新增部分限制交易类住房公积金贷款业务。职工拟购住房按照深圳市住房政策、房地产市场调控政策在一定年限内限制转让、仅限于向特定对象转让或存在其他类似情形的，职工可以将该住房作为抵押物并按规定要求申请公积金贷款或商转公贷款。	深圳发布新版《深圳市住房公积金提取管理规定》《关于进一步规范住房公积金贷款业务有关事项的通知》
10 月 23 日	佛山	在异地（佛山以外）购买、建造、翻建、大修自住住房的，如申报提取住房公积金，需是职工本人或其配偶在户口所在地购建住房，或在公积金缴存地购建住房。	佛山《关于异地购房提取事宜的告知》
10 月 24 日	芜湖	已连续足额缴存 3 个月的住房公积金缴存人（本人及配偶）在芜湖无自有住房且租赁住房的，每年可提取一次住房公积金支付房租，每次可按月最高限额标准提取 12 个月租金且不超过申请人住房公积金账户余额。	芜湖《关于进一步规范住房公积金归集、贷款和提取业务相关事项的通知》
10 月 29 日	合肥	合肥无房租住商品住房的，单身职工每年提取住房公积金支付房租的限额提高至 12000 元，已婚职工夫妻双方每年提取住房公积金支付房租的限额合计提高至 24000 元。	合肥《关于调增合肥市职工租住商品住房提取住房公积金限额的通知》
11 月 5 日	德州	自 2019 年 11 月 10 日（含）起，将职工首次住房公积金贷款结清即可再次申请贷款，变更为首次住房公积金贷款结清一年后才能申请二次贷款。由借款人可申请两次住房公积金贷款，变更为借款人及共同申请人双方累计可申请两次住房公积金贷款； 自 2019 年 12 月 1 日（含）起，暂停办理商转公贷款及已交付全款的期房贷款业务。	德州《关于调整住房公积金贷款政策的通知》
11 月 7 日	石家庄	在石家庄买房若采用公积金贷款的方式，核查房产套数的范围从此前的“石家庄市”扩大到“石家庄市区内各县区”（不包括辛集市）。如果个人的征信报告上有体现在外地有房的话，也算名下有一套房。	《石家庄公积金政策有变核查房产数范围扩大到市区县》的通告
11 月 12 日	济宁	职工在济宁市行政区域以外的城市购买新建自住住房、再交易自住住房或偿还购房贷款本息申请提取住房公积金的，购房地应为职工的户籍地或工作地，或为职工配偶的户籍地或住房公积金缴存地。	《济宁市住房公积金提取管理办法（征求意见稿）》
11 月 13 日	广西	职工申请商品房期房住房公积金贷款时，由担保机构提供阶段性担保，纯公积金贷款审批通过后无须等待楼盘封顶即可发放贷款，住房公积金组合贷款待办妥抵押登记后发放。	广西《关于开展商品房期房住房公积金贷款阶段性担保业务的通知》
11 月 14 日	柳州	借款申请人的配偶在异地住房公积金管理中心连续正常缴存住房公积金 12 个月（含）以上的，可合并计算公积金余额； 职工申请二手房住房公积金贷款，贷款所购住房房龄 + 可贷款年限不大于 35 年。二手房住房公积金贷款房龄超过 15 年不予贷款的规定取消。	《柳州市住房公积金管理中心关于调整住房公积金个人贷款政策的通知（征求意见稿）》
11 月 25 日	眉山	调整借款人还贷比（指借款人夫妻每月还贷总金额不超过住房公积金缴存基数总额的占比）。将现行政策：“借款人还贷比应小于 70%”，调整为“借款人还贷比应小于 60%”。	眉山《关于对住房公积金政策进行部分调整的通知》
11 月 25 日	达州	凡在达州市行政区域外购买自住住房的，不提供住房公积金贷款；取消“未成年子女或高等院校在读子女购房”等突破《条例》规定的地方性住房公积金提取政策； 购首套自住住房的，首付款比例不得低于 20%，购第二套改善性住房的，不得低于 40%，且贷款利率不得低于同期首套住房公积金贷款利率 1.1 倍；借款人夫妻双方均连续足额缴存住房公积金且贷款购买同一套自住住房，最高贷款额度为 50 万元，只有一方连续足额缴存的，最高贷款额度为 40 万元。	达州《关于调整我市住房公积金使用政策的通知》

8-7 续表 9

时间	城市	政策内容	政策来源
11 月 29 日	马鞍山	提高住房公积金贷款最高限额。夫妻双方均缴存住房公积金的，最高贷款额度由 45 万元提高至 50 万元；单方缴存住房公积金的，最高贷款额度由 30 万元提高至 35 万元； 提高住房公积金贷款保底额度。夫妻双方缴存住房公积金的，贷款保底额度由 20 万元提高至 25 万元；单方缴存住房公积金的，贷款保底额度由 15 万元提高至 20 万元。	马鞍山《关于调整我市住房公积金贷款政策的通知》
12 月 3 日	海南	二手房公积金贷款最长期限为 20 年，原则上要求不超过《不动产权证书》载明的用地使用权终止期限； 落实差别化贷款利率。缴存职工家庭现有一套住房或已经享受过一次公积金贷款的，第二套住房公积金贷款或第二次公积金贷款的贷款利率不得低于同期首套房公积金贷款利率的 1.1 倍。	海南《关于调整住房公积金个人住房贷款有关政策的通知》
12 月 4 日	东莞	当个贷率达到 85% 时，公积金中心应发出预警；当个贷率达到 95% 时，开始实施贷款轮候。	《东莞市住房公积金个人住房贷款管理办法（征求意见稿）》
12 月 5 日	西安	购买自住普通住房的，贷款额度不超过所购买住房合同总价款的 70%。精装修房屋和房价明显高于本地区市场平均水平的房屋贷款额度不超过所购买住房合同总价款的 60%。第三次使用住房公积金贷款购买住房的，不予受理； 购买商品住房、经济适用住房、集资建造住房的，最长贷款期限 30 年；购买二手房的，贷款期限与房屋建成年限之和不超过 30 年；建造、翻建、大修自住住房的，最长贷款期限 10 年。	《西安市住房公积金贷款实施细则》
12 月 5 日	广安	夫妻双方均缴存住房公积金的借款人，最高贷款额度为 40 万元，单身或夫妻双方单方缴存住房公积金的借款人，最高贷款额度为 35 万元。	广安《关于调整住房公积金使用政策的通知》
12 月 6 日	合肥	确定警戒标准的主要指标为：个贷率、资金净流量、收益率和收益承载量等，通过对以上指标的分析判断，确定三级预警等级，即一级预警、二级预警、三级预警。	《合肥市住房公积金资金流动性风险预警管理办法（试行）（征求意见稿）》
12 月 13 日	郑州	符合连续、正常缴存住房公积金 6 个月以上等条件的，可申请住房公积金贷款。购买新建商品住房的，公积金贷款比例应当不超过房产总价的 70%。购买存量商品住房（二手房）的，公积金贷款比例应当不超过房产总价的 60%； 借款人夫妻双方缴存情况均符合公积金贷款条件，首次使用公积金贷款购买家庭首套住房的，最高公积金贷款金额为 80 万元。借款人单方缴存情况符合公积金贷款条件、家庭第二次使用公积金贷款、购买家庭第二套住房的，最高公积金贷款金额为 60 万元。新建商品住房的公积金贷款期限应当不超过 30 年。建成时间未超过 20 年的存量商品房（二手房）公积金贷款期限应当不超过 20 年，建成时间超过 20 年的，公积金贷款期限应当不超过 15 年。	郑州《关于住房公积金个人住房贷款有关事项的通知》
12 月 16 日	黄山	调整恢复异地贷款业务。拥有黄山市户籍的市外职工在就业地缴存住房公积金，在黄山市行政区域内购买普通自住住房，符合黄山市住房公积金个人住房贷款其他条件的，可持就业地住房公积金管理中心出具的缴存证明，向黄山市住房公积金管理中心申请住房公积金个人住房贷款。	黄山《关于调整住房公积金贷款有关政策的通知》
12 月 20 日	新乡	取消“户口迁出本省行政区域”提取业务。取消“商业性个人住房贷款转住房公积金贷款”业务。	新乡《取消“商转公”业务和“户口迁出本省”提取业务的通知》
12 月 24 日	广州	在深圳、佛山、东莞、珠海、惠州、中山、江门、肇庆缴存公积金的职工，在广州购房申请公积金贷款，可不再提交《异地贷款职工住房公积金缴存使用证明》。	广州《关于大湾区城市缴存职工申请异地款有关问题的通知》

8-8 2019年土地政策

时间	城市	政策内容	政策来源
1月1日	长沙	网挂系统由信息发布、竞买申请、网上报价、网上限时竞价、结果公示等部分组成；网上挂牌出让国有建设用地使用权公告应当至少在挂牌开始日前20日发布，挂牌时间不得少于10日。	《长沙市网上挂牌出让国有建设用地使用权规则的通知》
1月2日	烟台	着力构建线下线上相融合的土地交易模式，建立覆盖全市的土地交易市场体系，形成公开、规范、完善的市场运行机制，降低交易成本，保障市场主体合法权益。	《烟台市国有建设用地使用权转让出租抵押二级市场建设管理办法》（征求意见稿）
1月14日	广东	加快编制村土地利用规划，涉农市县各级每年安排不少于10%的用地指标，保障乡村振兴新增建设用地需求；鼓励开展农村建设用地拆旧复垦，复垦指标收益扣除成本后，净收益按5%、5%、15%和75%的比例分配给县级财政、镇级财政、土地所有权人和土地使用权人； 加大乡村旅游业用地支持力度，鼓励以长期租赁、先租后让、租让结合方式提供乡村旅游项目建设用地； 严禁农村集体建设用地违法违规开发房地产或建私人庄园会所。	广东《关于印发贯彻落实省委省政府工作部署实施乡村振兴战略若干用地政策措施（试行）的通知》
1月16日	武汉	地表建设用地使用权和地下建设用地使用权按照“一并供地、分次办理”的原则，一并拟订供地方案，分别办理供地手续；开发建设项目按照规划配建的地下停车位（不含人防停车位），依法取得相应地下空间的地下建设用地使用权，可以进行销售交易和办理不动产登记； 出让地下建设用地使用权的政府土地收益，原则上不得低于工业用地评估地价的6%。地下建设用地使用权出让年限不超过50年。	武汉《关于进一步规范开发建设项目配建地下停车场管理的意见》
1月18日	三亚	农村村民一户只能拥有一处宅基地，每户用地面积不得超过175平方米，建筑面积不得超过367平方米； 严禁城镇居民在农村购置宅基地，严禁为城镇居民在农村购买和违法建造的住宅登记发放不动产权证。	《关于印发三亚市农村宅基地管理办法的通知》
1月31日	上海	外环线以内的区域；长宁区、徐汇区和普陀区在外环线以外的区域；外环线以外区政府街道办事处管理的区域、建制镇政府所在区域和经市政府批准征收城镇土地使用税的工业园区等其他区域内使用土地的单位和个人，应当缴纳城镇土地使用税。 市城镇土地使用税分为五个纳税等级：内环线以内区域：一至三级；内环线以外、外环线以内区域：二至四级；外环线以外区域：三至五级。 各纳税等级区域的税额标准：一级至五级区域，每平方米年税额分别为15元、10元、6元、3元和1.5元；	上海市人民政府关于印发《上海市城镇土地使用税实施规定》的通知
2月1日	宁德	严禁任何单位和个人未经规划、国土、建设等行政主管部门批准，或者未按照规划、国土、建设等行政主管部门许可内容进行违法用地、违法建设； 涉及违法建设的房屋，在违法建设处置决定执行完毕前，不动产登记机构不予办理产权登记、转移、抵押等手续。	宁德《关于深化违法用地违法建设综合治理专项行动的通告》
3月21日	广州	明确广州市新型产业地价标准将按同地段办公用途地价的20%计收。	广州市政府常务会议审议通过了《广州市提高工业用地利用效率实施办法》
3月22日	广州	2019年广州拟供应建设用地346宗，其中居住用地114宗。多年来少有居住用地公开出让的越秀区、广州南站区域等都将供应二类居住用地。	《关于公布广州市2019年建设用地供应计划的通告》

8–8 续表 1

时间	城市	政策内容	政策来源
3 月 24 日	海南	在符合总体规划的前提下，允许工业、仓储、研发、办公、商业、租赁住房等用途混合利用；因规划调整以及产业发展需要，各类产业项目用地可以依法改变土地用途用于除商品住宅用地以外的项目（含租赁住房项目）建设。	海南《关于支持产业项目发展规划和用地保障的意见（试行）》
3 月 25 日	海南	鼓励和引导存量商品住宅用地转型用于以旅游业、现代服务业和高新技术产业为主导、符合海南自由贸易试验区和中国特色自由贸易港发展定位的产业项目，并适时解决有关历史遗留问题，切实维护土地使用权人及其他投资人合法权益，保持房地产调控政策的连续性和稳定性，确保房地产市场平稳健康发展； 存量商品住宅用地转型开发商业、办公等商品房项目的，符合《城市商品房预售管理办法》关于“项目投入开发建设的资金达到工程建设总投资 25% 以上，并已经确定施工进度和竣工交付日期”规定的，可以办理商品房预售许可证； 县级以上政府可以对存量商品住宅用地依法有偿收回，有偿收回的补偿金额不低于土地使用权人取得土地的成本。	海南《关于鼓励存量商品住宅用地转型利用和解决有关历史遗留问题的实施意见》
3 月 25 日	广州	农村宅基地、集体建设用地和农房都具备确权登记条件的，可以“房地一体”同时登记； 涉农区每年安排不少于 10% 的新增建设用地指标，用于保障乡村振兴用地需求。广州市在年度土地利用计划中专项安排不少于 1000 亩建设用地指标用于乡村振兴项目。	广州《关于印发贯彻落实市委市政府工作部署实施乡村振兴战略若干规划用地政策措施（试行）的通知》
4 月 1 日	广州	鼓励工业用地内的行政办公及生活服务设施集中布局，严禁建造商品住宅、专家楼、宾馆、招待所和培训中心等非生产性配套设施； 新增新型产业用地（M0）的出让底价按照出让时点同地段办公用途市场评估楼面地价的 20%，乘以该地块的总计容建筑面积（不含须无偿移交的建筑面积），不低于国家、省规定的土地出让最低价； 制造业企业在工业产业区块范围内国有普通工业用地上已确权登记的产业用房，可按幢、层等固定界限为基本单元分割登记转让，最小单元建筑面积不低于 500 平方米。	广州《关于印发广州市提高工业用地利用效率实施办法的通知》
4 月 2 日	东莞	确定 2019 年国有建设用地供应计划指标为 1003.4731 公顷，其中存量建设用地 542.0417 公顷，新增建设用地 461.4374 公顷；三旧改造项目用地 140.7125 公顷；住宅用地 271.6374 公顷； 每年预留 5% 新增建设用地指标支持成片更新改造。实行财政补助、不设容积率上限、有条件分割销售等优惠政策，鼓励“工改工”和建设工业大厦，从严控制改建商品房，真正腾挪出新空间来支撑产业转型升级。	东莞《2019 年度国有建设用地供应计划》
4 月 3 日	南京	2019 年全市国有建设用地供应计划总量为 2910 公顷，包含住房用地 790 公顷。其中，商品住宅用地出让计划为 590 公顷，含中小套型商品住宅 413 公顷。	南京《2019 年度国有建设用地供应计划》
4 月 9 日	三亚	2019 年，三亚计划供应国有建设用地 56 宗 365.87 公顷。其中，住宅用地 70.73 公顷；住宅用地中，经适房项目用地 54.93 公顷，公共租赁住房 0.48 公顷，限价商品房 1.52 公顷，普通商品房项目用地 13.80 公顷，普通商品房项目用地占建设用地供应计划总量的 3.77%。	《三亚市 2019 年度国有建设用地供应计划》
4 月 12 日	合肥	滨湖新区居住用地（含以居住为主的商住用地）现调整为最高地价 2280 万元 / 亩、最高楼面地价 17100 元 / 平方米。	合肥《关于调整滨湖新区居住用地区域最高限价执行标准的公告》
4 月 17 日	广安	要对辖区内现有批而未供、供而未用、用而未尽土地进行全面清理，摸清底数，依法做好分类处置。	广安《关于进一步加强国有建设用地管理的通知》

8-8　续表 2

时间	城市	政策内容	政策来源
4 月 19 日	苏州	苏州市区 2019 年度住宅用地供应计划总量确定为 400 公顷（6000 亩），其中动迁安置商品房用地、公租房等政策性住房用地确定为不少于 120 公顷 (1800 亩)，住房保障项目用地根据全市住房保障建设计划做到应保尽保，其余为商品住宅用地。	苏州《市区 2019 年度住宅用地供应计划》
5 月 5 日	东莞	市、镇街（园区）联合开展专项行动，依法收回一批由企业原因连续两年未动工的闲置土地。对低效闲置土地开展专项招商，鼓励优质企业通过兼并重组、合作开发等方式盘活低效闲置土地； 鼓励镇街（园区）统筹村（社区）存量房屋（含产权手续不完善、但权属清晰无争议的存量房屋），与人才安居、长租公寓等企业合作实施综合整治类更新，以统租统收模式将连片出租屋改造为规模化定制化的人才公寓、长租公寓项目，纳入地方住房保障体系； 不再新批以新增国有工业用地投建的产业转型升级示范基地。建立健全监管制度、巡查制度和举报受理制度，依法严肃查处变相开发并以商铺、公寓、住宅等用途进行宣传推售、转让产业用房等违规行为。	东莞召开 2019 年市政府一号文《东莞市人民政府关于拓展优化城市发展空间 加快推动高质量发展的若干意见》新闻发布会
5 月 9 日	南京	在原有范围和土地等级的基础上调整单位税额，将原最低税额从 3 元 / 平方米下调至 1.5 元 / 平方米，同时将原六类地税额从 4 元 / 平方米调整至 3 元 / 平方米，其余各档税额标准不变。	南京《关于适当下调我市城镇土地使用税单位税额的通知》
5 月 15 日	深圳	土地用途变更为居住用地的，应按照办法有关规定建设人才住房； 土地用途变更和容积率调整应当依法完善相关处置手续并缴纳地价，其中，可销售人才住房的地价暂按商品住房用地市场价格的 30% 确定。	深圳《关于规范已出让未建用地土地用途变更和容积率调整处置办法的通知》
5 月 17 日	苏州吴江	市场指导总价由 11.17 亿元调整至 10.65 亿元、网上竞价中止价由 13.96 亿元调整至 11.72 亿元、一次报价有限区间由 13.96 亿 ~15.08 亿元调整至 11.72 亿 ~12.25 亿元；调整土地使用权网上竞价超过市场指导价报价规则。	苏州吴江《关于吴地网（2019）7 号公告地块挂牌出让的补充公告》
5 月 21 日	合肥	竞买人在办理含有商品居住用途地块的竞买报名登记手续时，须提交其控制的子公司、控制其的母公司或其母公司控制的其他子公司，或其母公司控制的其他子公司控制的子公司等关联公司不参加同一宗地竞买的书面承诺； 竞得土地后，如有上述情况的举报和投诉，经市自然资源和规划局会同市场监管局等相关部门查实后，无条件接受取消土地竞得资格、纳入自然资源市场信用“黑名单”、两年内不得报名参与合肥市范围内土地竞买的处理。	合肥《关于进一步明确竞买资格审查的公告》
5 月 27 日	济南	严格落实“净地出让”制度。自然资源和规划部门对不具备“净地”条件的宗地不予组织供地； 严格开竣工管理。根据项目建设规模和高度，在土地出让合同中科学约定开竣工期限； 严格实施处置措施。对涉嫌构成开竣工违约和闲置的项目，要及时进行调查处置。开竣工违约金标准，每日按出让价款的 0.1‰收取，闲置费按出让或划拨价款的 20% 收取。	济南《关于进一步加强国有建设用地供后监管的通知》
6 月 4 日	中山	住宅用地单宗公开出让面积不得小于 15 亩且不超过 210 亩，工业、商业用地单宗公开出让面积不得小于 10 亩； 土地使用权人超出出让合同约定的动工开发日期满二年未动工开发的，市自然资源局按照《闲置土地处置办法》规定，报经市政府批准后，无偿收回国有建设用地使用权。	中山《关于印发中山市国有建设用地供应管理办法的通知》

8-8 续表 3

时间	城市	政策内容	政策来源
6月5日	大连	2019年度大连市本级国有建设用地供应总量331公顷，其中住宅用地160公顷。	大连《关于印发大连市2019年度市本级国有建设用地供应计划的通知》
6月6日	东莞	根据终次报价的结果，只有一个有效报价的，以此报价确定竞得人选人。两个或以上的有效报价，按照有效报价计算平均价，已获得终次报价资格，但未报价的，不纳入平均价计算。所报价与平均价相差的绝对值最小的为竞得人选人，如果绝对值相等的情况下，以绝对值最小且高于平均价的确定为竞得人选人。	《东莞市国土资源网上交易运到上限后的终次报价规则》
6月6日	石家庄	到2020年，全市建设用地总规模控制在341万亩以内； 严格限制低密度大户型住宅项目用地，住宅用地容积率指标不得低于1以下； 全面清理2011年至2017年批而未供土地，坚决杜绝新增建设用地闲置。对企业原因造成土地闲置满一年未动工的，足额征缴闲置费，连续两年未动工的，坚决依法收回。实行闲置土地与新增建设用地计划指标分配挂钩，年底闲置土地超过200亩的县（市）、区，按10%比例扣减下年度新增建设用地计划指标，严控新增闲置土地数量。	石家庄《关于提升土地利用质量效益的实施方案》
6月11日	广州	公示包含广州市越秀区、荔湾区、海珠区、天河区、白云区、黄埔区、花都区、番禺区、南沙区、从化区和增城区等十一区的规划建设区范围内510个标定区域和510宗标准宗地的标定地价，标定区域总土地面积约560.68平方公里； 从标定地价区域面积加权平均价格来看，商办住混合用地平均地价为23790元/平方米，住宅用地平均地价为16475元/平方米，商住混合用地平均地价为19578元/平方米等。	广州《关于公布广州市2018年城镇国有建设用地标定地价成果的通告》
6月12日	山东	今年山东省下达批而未供和闲置土地处置任务14.28万亩。其中：批而未供处置任务总量为2009~2016年全省批而未供总面积的15%，处置总面积为11.85万亩；闲置土地处置总面积为2.43万亩，2020年底，除司法查封的闲置土地外，要确保全部处置到位。	山东省下达2019年批而未供和闲置土地处置工作任务
7月3日	四川	各地要强化对点状用地开发建设项目全过程监管，严格限制用地范围，防止以“新产业新业态”为名擅自扩大建设用地规模，严格控制房地产开发项目； 在项目招商、选址阶段，要依据批而未供土地台账和图件，引导项目优先在批而未供等存量国有建设用地选址； 严禁以政府储备土地违规融资，严禁将储备土地作为资产注入国有企业。严格执行土地供应政策，规范供地行为，防止盲目草率供地，避免造成新的闲置浪费和低效利用。	四川《关于规范实施“点状用地”助推乡村振兴的指导意见（试行）》《关于盘活存量建设用地增强保障能力的指导意见》《关于加强重大项目用地保障工作的通知》
7月5日	广东	2020年3月底前要完成省级国土空间规划编制工作，实现“多规合一”，即将主体功能区规划、土地利用规划、城乡规划等空间规划融合为统一的国土空间规划，提升国土空间治理体系和治理能力现代化水平，推动国土空间开发保护更高质量、更有效率、更加公平、更可持续。	《广东省国土空间规划（2020~2035年）编制工作方案》
7月10日	中山	国有建设用地使用权人因自身原因导致闲置的土地，自缴纳土地闲置费之日起超过一年未动工开发的，以及按照出让合同或者划拨决定书约定、规定的动工开发日期期满2年未动工开发的，由市自然资源局报市政府批准后，无偿收回国有建设用地使用权，纳入市土地储备中心管理。	中山《关于印发中山市闲置土地处置实施细则的通知》

8-8　续表4

时间	城市	政策内容	政策来源
7月26日	北京	2019年全市建设用地计划供应总量3760公顷，其中，国有建设用地供应3560公顷，集体土地租赁住房用地供应200公顷。国有建设用地中，国有住宅用地950公顷（含商品住宅用地600公顷，保障性安居工程用地350公顷），其中，商品住宅用地设置供应下限为300公顷； 为落实城市总体规划确定的减量目标，2019年度全市城乡建设用地减量任务拟安排完成30平方公里以上，力争使全市建设用地规模控制在2885平方公里以内，推动全市城乡建设用地减量目标的实现。鼓励和引导利用存量建设用地，其规模比例不低于55%。	北京《关于印发北京市2019年度建设用地供应计划的通知》
8月1日	深圳	经初步梳理，截至2017年底深圳市已批未建土地共564宗，总用地面积为11.94平方公里。深圳决定在2019~2020年开展已批未建土地处置专项行动，2020年11月30日前完成全市已批未建土地处置工作； 因企业自身原因闲置满一年，或曾因企业自身原因经过闲置土地处置且再次构成闲置的，依法无偿收回；因国家政策变化无法继续开发建设的低密度住宅用地，依法收回土地使用权，原则上按照市场评估地价给予补偿，确需土地置换的，报市政府审议。	《深圳市已批未建土地处置专项行动方案》
8月7日	深圳	根据省厅要求（预下达），2019年度全市新增实施改造任务不少于9000亩，完成改造任务不少于5600亩；2019年度计划全市完成土地整备资金拨付不少于180亿元，全市土地整备任务完成不少于16平方公里；2019年度全市拆除重建类城市更新用地供应不少于246公顷，其中福田10公顷，罗湖18公顷，南山18公顷，盐田8公顷，宝安60公顷，龙岗80公顷，龙华20公顷，坪山15公顷，光明12公顷，大鹏5公顷； 2019年度全市新增拆除重建类城市更新单元计划用地规模不少于631公顷；新增规划配建人才住房、安居型商品房和公共租赁住房不少于32340套；计划安排土地整备项目共169个，福田区6个、罗湖区4个、南山区12个、盐田区6个、宝安区38个、龙岗区22个、龙华区25个、坪山区13个、光明区28个、大鹏新区11个、前海合作区4个。	《深圳市2019年度城市更新和土地整备计划》
8月9日	山西晋城	在保证农村居民户有所居的情况下，鼓励工商资本通过入股、联营、租赁等方式，对现有宅基地、农房进行改造、改建，兴办农林文旅康相关产业； 村集体经济组织可以对废弃、闲置宅基地集中连片进行复垦，形成的新增耕地指标和建设用地指标入市交易。村集体经济组织可以对各类闲置建设用地复垦利用，形成的建设用地指标，可优先在本县（市、区）范围内调剂使用，按约定获取收益。	山西晋城《关于盘活农村集体土地资源的实施办法（试行）》
8月15日	宁夏	到2020年10月底前，基本完成改革任务，初步构建归属清晰、权能完整、流转顺畅、保护严格的中国特色社会主义农村集体产权制度。落实农民土地承包权、宅基地使用权、集体收益分配权和对集体经济活动的民主管理权，形成有效维护农村集体经济组织成员权利的治理体系。	宁夏《关于印发宁夏农村集体产权制度改革试点方案的通知》
8月26日	深圳	收回以有偿方式取得土地使用权且尚未完成开发建设的商业、居住类用地的，且不属于闲置土地或者闲置情形已处置完毕的，可以采取土地置换方式进行补偿； 收回已建住宅用地的土地使用权，可以采用房屋产权调换的方式补偿。	《深圳经济特区土地使用权收回条例（草案公开征求意见稿）》

8–8 续表 5

时间	城市	政策内容	政策来源
9 月 3 日	广东	农户可依法直接以承包土地经营权对公司和农民合作社出资，也可出资设立农民合作社或土地股份合作组织，或通过农民合作社以土地经营权出资设立公司。2021 年在有条件的县（市、区），以充分尊重农民意愿为前提，全面推进土地股份合作制改革； 力争到 2020 年底，全省农村承包地流转面积占家庭承包地面积 40% 以上。到 2020 年，培育家庭农场达到 2 万家、农民合作社达到 5 万家、农业龙头企业 5000 家； 加强对流转合同履约情况的跟踪监管和对流转土地用途的跟踪监控，确保流转土地不改变土地性质和用途，不得降低耕地的基础地力，切实保护基本农田，坚决遏制农地“非农化”。	广东《关于加快推进农村承包土地经营权流转的意见》
9 月 4 日	南京	建设单位在签订建设用地出让合同并交付土地出让金首付款后，只要签署一份今后保证按要求申报和施工的承诺书，即可直接领取临时建设工程规划许可证。需保留的临时建筑，可通过简单的路径转为“正式”项目，即在符合土地出让条件和规划控制要素的前提下，通过申报规划许可变更的方式，直接换取正式建设工程规划许可证。该政策使得建设单位“拿地即开工”成为现实，大大加快项目建设速度，避免了小建筑、大审批的烦琐程序。	南京《关于进一步优化新取得建设用地使用权范围内临时建筑审批工作的通知》
9 月 6 日	阜阳	建设单位凭土地出让合同及出让金缴款凭据、临时建筑建设工程方案设计及定位图，到市自然资源和规划局窗口，在签署保证建设项目依法报批、按许可施工的承诺书后（本通知书附件格式），直接领取临时建设工程规划许可证。纳入规划总平面图且审批需保留的临时建筑，该建筑按照批准的临时建筑方案实施的，建设单位可直接申请换发建设工程规划许可证。临时建筑不得改变用途，不得登记，不得转让。	阜阳《关于新取得建设用地使用权范围内临时建筑审批工作的通知》
9 月 25 日	山东	培育壮大新型农业经营主体。实施新型农业经营主体提升工程，提高其土地经营权受让能力和经营水平。注重培育家庭经营方式的新型主体，引导一定规模的专业大户向家庭农场转型；加强土地用途管制。会同自然资源部门建立健全土地用途监管制度，防止流转土地“非农化”； 促进农村劳动力有序转移。扎实推进农村集体产权制度改革，建立集体经济组织运行管理机制，明确农民集体经济组织成员身份，依法保障进城农民的土地承包权、集体收益分配权，消除进城农民顾虑，引导进城农民流转土地经营权或有偿转让土地承包权。	山东《进一步引导规范农村土地经营权流转工作的意见》
10 月 10 日	河源	农村村民一户只能拥有一处宅基地，新批准宅基地的面积按如下标准执行：平原地区和城市郊区每户不得超过 80 平方米；丘陵地区每户不得超过 120 平方米；山区每户不得超过 150 平方米。	《河源市农村宅基地和村民住房建设管理办法》公开征求意见
10 月 16 日	山东	自 2019 年起，全省每年消化批而未供土地 20 万亩左右；到 2022 年年底，全省前 5 年平均供地率达到 80% 以上。到 2020 年年底，将全省截至 2019 年 4 月 30 日经核实后的闲置土地，除司法查封外，全部处置到位。对新产生的闲置土地及时有效处置； 坚持“以用为先”，通过采取约谈、信用惩戒等行政、经济、法律综合措施，督促企业限期开发。对未按约定开工建设超过一年的，按规定征缴土地闲置费；对超过两年未开工建设的，无偿收回国有建设用地使用权。	山东《关于进一步加强批而未供和闲置土地处置工作的意见》

8–8　续表 6

时间	城市	政策内容	政策来源
10 月 21 日	深圳	标定地价包括住宅、商业、办公、工业四种用途。在地价标准上，建立以标定地价为核心的“一套市场地价标准”，通过定期更新确保标定地价及时、准确地反映市场价格水平。在地价管理上，将新出让用地、城市更新、棚户区改造、土地整备等涉及的各类地价测算规则，全部整合到《深圳市地价测算规则》中，实现“一个测算规则”； 为积极落实住房制度改革要求，拓宽政策性住房用地供应渠道，深圳对可售的安居型商品房和人才住房的地价分别按市场地价的 30% 和 40% 确定，调整后的地价水平比现行水平相应下降，以积极引导市场主体利用存量用地建设安居型商品房和人才住房。同时进一步降低其地价成本。	《深圳市 2018 年度标定地价成果》《关于印发深圳市地价测算规则的通知》
10 月 24 日	安徽	住宅用地调控目标确定为“第一类显著增加”的宿州市、芜湖市及涡阳、临泉县，要加大工作力度，进一步加快供地节奏； 住宅用地调控目标确定为“第二类增加”的合肥市、亳州市、阜阳市、淮南市、马鞍山市、宣城市、黄山市及肥东县，要加快供地节奏；安庆市，要减少供地； 住宅用地调控目标确定为“第三类持平”的淮北市及萧县、寿县、无为县、霍邱县，要加快供地节奏；太和县，要减少供地。	安徽《关于部分市和百万人口以上的县落实住宅用地五类调控目标工作提示函》
12 月 3 日	菏泽	自 2019 年起，全市每年消化批而未供土地 1 万亩以上，年底前，近五年供地率达到 70% 以上；到 2022 年底，全市近五年供地率达到 82% 以上。到 2020 年底，将全市截至 2019 年 4 月 30 日经核实后的闲置土地，除司法查封外，全部处置到位。对新产生的闲置土地及时有效处置。	菏泽《关于进一步加强批而未供和闲置土地处置工作的通知》
12 月 12 日	青岛	预留不低于 15% 的市级统配新增建设用地计划，用于高质量项目急需用地。健全建设用地“增存挂钩”工作机制，将批而未供和闲置土地处置数量与新增建设用地计划分配挂钩，未完成任务的，核减 20% 新增建设用地计划，并暂停用地审批。	青岛《进一步加大节约集约用地力度促进高质量发展的意见》
12 月 13 日	海南	明确集镇开发边界范围内农村集体经营性建设用地可以出让给本市县或周边市县毗邻乡镇的农村集体经济组织成员用于自有房屋建设，且每户只能购买一处，面积不得超过 120 平方米； 对“一户多宅”及超标准占用宅基地等情形，由农户向集体经济组织缴纳有偿使用费；对于闲置宅基地及住宅，通过自愿协商等方式，由农村集体经济组织有偿收回。	《海南省农村土地征收试点办法》《海南省集体经营性建设用地入市试点办法》《海南省农村宅基地管理试点办法》
12 月 18 日	河南	不得将商品住宅用地与宾馆、酒店、物流、工业、文体娱乐或风景名胜设施等其他宗地捆绑，作为一个标的发布土地出让公告，不得约定由竞得人（受让人）出资建设拟出让宗地外的公园、绿地、广场、道路、场站、桥梁、河道等公共服务设施及交通运输设施； 对通过行贿、恶意串通等非法手段中标或竞得土地，或在竞得土地后不及时签订成交确认书或者出让合同、未按照合同约定及时开竣工、未按照合同约定及时足额缴纳土地出让价款、未按照合同约定的用途或者开发利用条件建设的竞得人（受让人），按照土地出让公告、出让合同约定及相关法律法规进行处理，并依法限制其参加其他从土地出让活动。	河南《关于进一步规范土地出让管理工作的通知》

8-9 2019年城市规划政策

时间	城市	政策内容	政策来源
1月3日	佛山	城市更新单元规划（工改工除外）应明确将不低于城市更新单元总面积15%的用地无偿用于建设公益性项目； 配建的公益性设施要与改造项目同步建设，涉及回迁安置房的，应当安排在首期； 超过实施方案规定期限未动工的、未按照经审核的实施方案实施改造的，取消城市更新相关优惠政策，由区城市更新主管部门撤销实施方案批复文件，由镇（街道）按照出让合同或项目实施监管协议约定追究实施主体责任。	《佛山市南海区城市更新（“三旧”改造）办法（征求意见稿）》
1月4日	海南	海口市、三亚市主城区，执行居住建筑高度不超过80米的管控要求。儋州市、琼海市主城区执行居住建筑高度不超过60米的管控要求。旅游度假区开发边界范围内，执行居住建筑高度不超过24米的管控要求； 未完成控制性详细规划编制（修编）的城镇、旅游度假区、产业园区，除港口、码头、道路等重要基础设施项目和省政府批准的重大项目、重点项目外，暂停该区域供地审批。	海南《关于进一步加强和规范新建居住建筑高度管控工作的指导意见》
1月4日	浙江	到2035年，构建完善现代商贸流通体系和国际贸易机制，实现贸易增长和动能提升、现代流通和先进制造、金融服务和实体经济良性循环，高水平建成世界“小商品之都”。	浙江《义乌国际贸易综合改革试验区框架方案》
1月7日	长沙	构建以主城区为中心，县域城区为副中心，特色功能型城镇为骨架，美丽乡村为节点的城乡融合发展格局，形成1个特大城市、2个中等城市、10个核心小城镇、19个中心镇和多个一般镇的城镇体系； 推进长株潭生态绿心地区保护发展，打造泛岳麓山创新创意和文化旅游集聚区，加强望城区特色小镇和田园综合体建设，实施开福区休闲农业和乡村旅游精品工程，引导雨花区全域旅游模式升级，推动天心区形成现代都市农业发展格局，加强芙蓉区中国种业硅谷建设和文化品牌打造。	《长沙市乡村振兴战略规划（2018~2022年）》
1月10日	广州	2020年基本建成国际性综合交通枢纽。着力解决广州白云国际机场的空域问题，基本建成以广州为核心的粤港澳大湾区城际铁路网和城际铁路枢纽体系，实现1小时交通圈； 2035年建成全球交通枢纽。实现12小时全球航空交通圈，构建支撑人和商品国际交流持续发展的现代化枢纽城市，聚集掌控资本流动和文化话语权的雄厚实力。	《广州综合交通枢纽总体规划（2018~2035年）》
1月15日	重庆	着力补齐铁路、公路、水运、机场、水利、能源、农业农村、生态环境、公共服务、城乡基础设施、棚户区改造等领域短板，加快推进已纳入规划的重大项目； 2019~2020年实施棚户区改造约11.9万户。	重庆《关于印发保持基础设施领域补短板力度工作方案的通知》
1月17日	南昌	规划范围为南昌市中心城区，总规划面积450平方公里；重点对九龙湖新城、航空城、高铁东站新城等新城新区适当增加新建商品住房供应，而中心城区主要结合城市更新改造进行安排； 规划期内计划实现新增住房有效供应约24万套，其中新建商品住房约18万套，棚改安置住房供应约6万套。	《南昌市住房发展规划（2018~2022年）》（征求意见稿）
1月18日	上海	在规划空间、土地周转指标、建设资金来源和房型选择等方面采取措施，进一步提升农民居住配套服务水平，全面改善农民住房条件，确保一批项目顺利实施并及早见效。	贯彻落实《上海市乡村振兴战略规划（2018~2022年）》的实施意见

8-9 续表 1

时间	城市	政策内容	政策来源
1月24日	北京	严格控制开发强度，合理确定城乡建设用地供应规模和结构，减少平原地区建设用地规模； 扎实推进乡镇统筹利用集体产业用地试点，推动实现集体建设用地腾退减量与集约节约利用，积极推进利用集体建设用地建设租赁住房试点。	《北京市乡村振兴战略规划（2018~2022年）》
2月11日	吉林	高质量策划实施主导产业及其配套设施建设项目，主导产业投资（不含商品住宅和商业综合体项目）占比不能低于总投资的50%； 发挥市场在资源配置中的决定性作用，给予企业主体充分经营主动权，利用PPP、RCP等模式有效探索开发新模式，并将特色产业小镇的产业发展、商务、文化等综合配套设施建设逐渐过渡给企业运营。	《吉林省加快特色产业小镇创建实施方案》
2月12日	吉林	实行财政计划单列。有关市（州）、县（市、区）要调整完善涉及示范城镇的财政体制，下放收支管理权限，增强示范城镇的财政自主权。对示范城镇和特色产业小镇投资10亿元以上的工业项目，运用省级预留指标，适用“点供”政策； 城镇建设用地增加规模同吸纳农业转移人口落户数量挂钩。支持农民进城落户，加大对落户较多示范城镇财政资金补助力度，支持农业转移人口就地城镇化。在示范城镇具有合法稳定住所（含租赁房屋）的，本人及其共同居住生活的配偶、未婚子女、父母可以在当地申请登记常住户口； 对符合政策和支持范围的示范城镇和特色产业小镇建设项目，省级财政优先安排、重点支持。	吉林《支持特色小镇和特色小城镇建设的若干政策》
2月14日	湖北	把乡村振兴的五大任务统筹细化成73项重大工程、重大行动、重大计划，按照江汉平原乡村振兴示范区、都市城郊乡村振兴先行区、扶贫片区乡村振兴试验区三大片区精准施策； 建设50个省级以上现代农业产业园，建设20个省级以上全域旅游示范区，建成省级生态村1500个，建设2000个美丽乡村，建成20个农村人居环境示范县。	《湖北省乡村振兴战略规划（2018~2022年）》
2月14日	青岛	分类有序推进乡村振兴，构建起“三带展开、三区保护、百村示范、千村提升”的总体布局； 到2022年，农村居民人均可支配收入达到2.8万元，全市40%以上的村（社区）基本实现农业农村现代化，为乡村振兴齐鲁样板提供青岛经验和模式。	《青岛市乡村振兴战略规划（2018~2022年）》
2月18日	济南	济南国际内陆港核心区位于市区东北部，包括崔寨、临空经济区，以及郭店片区、高官寨镇、唐王镇的部分区域，规划物流基础设施用地规模约57平方公里； 规划期限为2020年，展望至2035年，将依托区位优势，以及铁路、公路、航空、水运、信息“五网合一”的互通网络，打造交通枢纽、物流枢纽和供应链枢纽三大枢纽。	《济南国际内陆港核心区建设专项规划》
2月20日	长春	“长春经济圈”规划区域主要包括长春市、吉林市、四平市、辽源市、松原市、公主岭市、梅河口市； 计划会商黑龙江、辽宁两省，统筹谋划和推进国道丹阿线建设，打造贯通东北边境的通道。在此基础上强化由沈阳经济区、哈尔滨都市圈、蒙东地区等构成的东北区域合作大环线，并打造长吉珲日线、长辽丹渤线、长松满俄德线等通道辐射东北亚地区。	《长春经济圈规划》
2月22日	深圳	在全市选择不少于5个试点片区，由区政府主导编制规划，打造产业转型升级的先行示范样本； 鼓励“工改工”拆除重建类城市更新。放宽年限，针对符合城市更新相关政策的“工改M1”项目，建筑物建成年限可放宽至2009年12月31日前。支持产业用地提高容积率； 坚持城中村更多采用微改造，不急功近利，不大拆大建。位于基本生态控制线、橙线、蓝线、高压走廊等范围外的城中村鼓励开展融合局部拆除重建的综合整治。	深圳《关于深入推进城市更新高质量发展的若干措施（征求意见稿）》

8-9 续表 2

时间	城市	政策内容	政策来源
2 月 27 日	北京	谋划实施“三个一百”工程，集中精力推进 100 个基础设施、100 个民生改善和 100 个高精尖产业项目。其中新开工项目 120 个，续建项目 180 个，力争当年竣工项目 87 个。同时，2019 年安排重点推进前期工程 200 项。	北京《关于印发北京市 2019 年重点工程计划的通知》
3 月 13 日	重庆、贵州	以重庆市两江新区、贵州省贵安新区为依托，发挥两大国家级新区在内陆开放、经济发展、体制创新等方面的引领作用，形成带动渝黔合作的制高点和牵引点，借助高铁、高速公路等主要通道，让两大极点牵引渝南黔北承外接内，成为辐射全国的重要战略区域； 共同推进交通基础设施互联互通，共同争取国家支持加快推进渝贵高铁建设。共同推进大数据产业链创新发展，构建渝黔大数据协同创新平台。	重庆、贵州《渝黔合作先行示范区建设实施方案》
3 月 19 日	北京通州区	“十三五”时期，通州常住人口规模控制在 180 万人，城乡建设用地 285 平方公里。	北京通州区关于进一步明确责任加快实施《通州区国民经济和社会发展第十三个五年规划纲要》的通知
3 月 25 日	深圳	提出到 2021 年，地区生产总值达 150 亿元以上，城市人口达 25 万左右，常住人口实现全部城镇化，人均 GDP 和居民人均可支配收入增速显著高于全省平均水平，建成粤东沿海经济带新中心、深圳自主创新拓展区、现代化国际性滨海智慧新城； 扎实开展保障性住房建设。发布保障性住房发展规划，明确 2019~2021 年住房保障总体目标，推进年度安居工程建设筹集任务和计划供应任务。	深圳《深汕特别合作区高质量发展三年行动计划（2019~2021 年）》
4 月 4 日	浙江	杭州钱塘新区规划控制总面积 531.7 平方公里，空间范围包括现杭州大江东产业集聚区和现杭州经济技术开发区，托管管理范围包括江干区的下沙、白杨 2 个街道，萧山区的河庄、义蓬、新湾、临江、前进 5 个街道，以及杭州大江东产业集聚区规划控制范围内的其他区域（不含党湾镇所辖接壤区域的行政村）。	浙江《关于同意设立杭州钱塘新区的批复》
4 月 12 日	西安	2019 年安排市级重点在建项目 772 个，总投资 2.18 万亿元，年计划投资 4000 亿元。其中，产业项目 450 个，年计划投资 2275.1 亿元，占全年投资任务的 56.9%。	西安《关于印发 2019 年重点建设项目计划的通知》
4 月 18 日	攀枝花	对市级实施乡村振兴战略工作先进县（区）一次性给予 1000 万元财政资金补助，统筹用于乡村振兴涉及的农业农村事务；优先安排市级涉农项目资金等激励措施。对市级实施乡村振兴战略工作先进乡镇一次性给予 200 万元财政资金补助，统筹用于乡村振兴涉及的农业农村事务；优先申报土地增减挂钩项目；优先安排土地整理和高标准农田建设项目等激励措施。对市级实施乡村振兴战略工作示范村一次性给予 20 万元财政资金补助，统筹用于乡村振兴涉及的农业农村事务；同等条件下，优先推荐评定信用村等激励措施。	《攀枝花市实施乡村振兴战略考评激励工作方案》
4 月 22 日	海南	土地出让金奖励。省财政对海口市、三亚市建设总部基地和总部企业自建自用办公楼宇的土地出让金省级财政集中部分，按照专项转移支付方式拨付海口市、三亚市。	《海南省总部经济发展省对市县财政奖励政策实施细则（试行）》
4 月 24 日	北京	集中建设区包含中心城区、城市副中心、新城、镇中心区以及部分城市功能组团等规划集中连片建设的地区； 新增城市建设项目原则上应在集中建设区内进行布局和建设，要严格控制集中建设区以外的各项城镇建设活动。集中建设区内应有序推进城市化，优化建设用地功能结构，提高建设品质；鼓励存量更新改造，实现建设用地集约高效利用； 限制建设区内，引导现状分散、低效的建设用地实施腾退减量，特别是优先推动位于规划绿地和生态廊道上现状低效建设用地、集体产业用地腾退，鼓励向集中建设区内布局。促进现有宅基地按照集约用地要求进行存量改造。	《北京市生态控制线和城市开发边界管理办法》

8-9　续表 3

时间	城市	政策内容	政策来源
4 月 25 日	深圳	深圳市将科教资源集中的南山园区、高新技术产业未来发展核心的坪山园区、高新技术产业基础雄厚的龙岗园区、高新技术产业配套完善且孵化载体较为集中的宝安园区和以改造更新提升产业能级的龙华园区等 5 个条件比较成熟的园区纳入深圳高新区范围，形成“一区两核多园”的高新区发展布局； 扩区后，深圳国家高新区的总规划面积将从原来的 11.52 平方公里增长到 159.48 平方公里，扩容近 14 倍。	深圳《关于印发深圳国家高新区扩区方案的通知》
5 月 6 日	浙江	湖州南太湖新区规划控制总面积 225 平方公里，空间范围包括现湖州南太湖产业集聚区核心区，湖州经济技术开发区、湖州太湖旅游度假区全部区域，湖州市吴兴区环渚街道 5 个村，以及长兴县境内的部分弁山山体。托管管理范围包括湖州市吴兴区凤凰街道、康山街道、龙溪街道、仁皇山街道、滨湖街道、杨家埠街道，环渚街道的 5 个村，以及长兴县境内的部分弁山山体。	浙江《关于同意设立湖州南太湖新区的批复》
5 月 9 日	浙江	开发区规划面积 8.89 平方公里，分为新市、钟管、禹越和新安 4 个区块。	浙江《关于整合设立浙江德清经济开发区的复函》
5 月 10 日	江西	加快发展品牌农业、规模农业、工厂农业、智慧农业、绿色农业、创新农业等，实施农业综合生产能力提升、产业结构调整、科技兴农等工程，着力构建现代农业产业体系、生产体系、经营体系。力争到 2022 年，江西省稻米、蔬菜、果业、畜牧业、水产、休闲农业和乡村旅游六大产业产值全部超 1000 亿元，全面打响“生态鄱阳湖，绿色农产品”品牌。	《江西省乡村振兴战略规划（2018~2022 年）》
5 月 17 日	湖北	都市城郊乡村振兴先行区主要包括武汉、宜昌、襄阳、黄石等经济社会发展基础较好的城市，将都市城郊乡村作为乡村振兴发展的先行区，突出改革创新，做好“融”文章，在全省率先实现乡村振兴战略目标。大力发展设施蔬菜、水果、茶叶、中药材等高效园艺作物产业，适度发展养殖业，积极发展休闲农业、乡村旅游、生态康养等新兴产业； 充分发挥“江、湖、茶、花”资源优势，着力打造长江乡村旅游带和武汉都市农业、宜昌橘都茶乡、恩施民族风情、鄂东四季花木、鄂西山水生态、江汉平原水乡田园等乡村旅游片区，到 2022 年，乡村旅游接待人次和收入占全省旅游接待人次和总收入的 40% 以上。支持恩施州等 16 个国家级、随县等 17 个省级全域旅游示范区建设，推进山、水、田、林、路、房的景观化治理。建设国家级休闲农业示范县、中国美丽休闲乡村、运动休闲特色小镇和湖北旅游强县、旅游名镇、旅游名村、旅游名街，将湖北打造成国内知名的乡村旅游目的地； 加快农业转移人口市民化，全面放开建制镇和小城市落户政策，有序放开大中城市落户限制。重点解决符合条件的普通劳动者落户问题。农民进城购买住房，符合规定条件的可按规定享受税收和规费减免等优惠政策。	《湖北省乡村振兴战略规划（2018~2022 年）》
5 月 19 日	武汉	坚持有兴有弃、一村一策，顺应村庄发展规律和演变趋势，武汉市将完成新一轮全市域村庄规划。打造六大山水田园赏花区，100 个绿色生态乡村旅游点，2~3 个 30~50 平方公里的大型都市田园综合体，建设一批复合型郊野公园和美丽乡村发展带。	《武汉乡村振兴战略规划（2018~2022 年）》
5 月 23 日	海南	计划 2019 年建设不少于 80 家特色乡村民宿、创建 3 个特色乡村民宿集群，2020 年建设不少于 200 家特色乡村民宿、创建 4 个特色乡村民宿集群，2021 年建设不少于 200 家特色乡村民宿、创建 5 个特色乡村民宿集群； 新建乡村民宿，必须坚持逢建必报，未经批准不得进行建设。严禁以开办乡村民宿名义变相发展房地产。	海南关于印发《海南省乡村民宿管理办法》和《海南省促进乡村民宿发展实施方案》的通知

8-9 续表 4

时间	城市	政策内容	政策来源
5 月 29 日	河南	郑州航空港产业集聚区、郑州经济技术产业集聚区、洛新产业集聚区、平顶山高新技术产业集聚区、林州市产业集聚区、焦作工业产业集聚区、孟州市产业集聚区、长葛市产业集聚区、禹州市产业集聚区、长恒县产业集聚区。	河南《关于印发河南省第一批智能化示范园区建设试点名单的通知》
6 月 1 日	雄安新区	启动区规划范围 38 平方公里，规划建设用地 26 平方公里。人口规模原则上按照新区规划建设区 1 万人 / 平方公里控制。地上总建设规模控制在 2860 万平方米；集中打造金融岛、总部区、创新坊等产业功能片区，先行承接企业总部、金融机构、高新高端产业和现代服务业等项目，承接和培育一批战略性新兴产业和高端服务业企业； 起步区规划面积约 198 平方公里，城市建设用地约 100 平方公里，城市地上建设规模 1 亿平方米左右。坚持以未来产业生态构建未来产业体系，以打造创新能力一流、结构优势突出、产业生态领先、商务模式新颖、辐射能力强劲的高端高新产业集群为目标，构建产业协同发展格局。	雄安新区公示《河北雄安新区启动区控制性详细规划》《河北雄安新区起步区控制性规划》
6 月 10 日	北京	结合创建国家全域旅游示范区，进一步完善土地、资金支持政策，持续推进生态沟域、田园综合体等建设与发展，打造一批休闲农业和乡村旅游精品线路； 深化农村土地制度改革。推进农村承包地“三权分置”，在具备条件的乡镇稳妥审慎开展镇域（联村）承包地土地经营权统一流转试点。研究制定农村宅基地建房的管理办法，加快推进宅基地使用权确权登记颁证工作。继续推进大兴区农村土地制度三项改革试点； 积极稳妥推进农村承包土地经营权抵押贷款工作，稳妥有序推进农民住房财产权、集体经营性建设用地使用权抵押贷款试点及成果转化应用。	北京《关于落实农业农村优先发展扎实推进乡村振兴战略实施的工作方案》
6 月 11 日	广西	加大东融铁路规划建设力度，积极融入大湾区 2 小时通勤圈； 加大产业转移对接，在全区打造 15~20 个全产业链园区。建设环粤产业承接带、西江产业承接带和北部湾沿海—沿边产业承接带。	《广西全面对接粤港澳大湾区实施方案（2019~2021 年）》
6 月 13 日	广州	2035 年常住人口规模在 2000 万人左右；城镇建设空间不高于市域面积 1/3，设定土地资源消耗上限，将国土空间开发强度严格控制在市域面积的 30% 以内；力争到 2035 年累计推进存量用地改造面积 300 平方公里左右； 构建极点带动、轴带支撑网络化空间格局，引领带动全省“一核一带一区”协调发展新格局；推进穗港澳深度合作；打造南沙粤港澳全面合作示范区；围绕广州与周边城市融合发展，共建广州大都市圈；加快广佛同城化，共建粤港澳大湾区核心极点；建设穗深港、穗珠澳科技创新走廊，重点打造“三城一区多环节”的创新空间格局。重点建设东翼、南翼、北翼三大产业集聚带； 到 2035 年，新增城镇住房 200 万套以上，租赁住房占新增住房供应量的比例不少于 20%，保障性住房占新增住房供应的 8% 以上；至 2035 年建成 2000 公里左右的轨道网络。	《广州市国土空间总体规划（2018~2035 年）》草案公示
6 月 28 日	武汉	到 2021 年打造 1~2 个国际知名顶级商圈，将江汉路步行街建成全国一流示范步行街，武汉社会消费品零售总额保持全国第一方阵，成为国际品牌重要首发地和中高端消费目的地； 将引进一批高能级贸易主体，培育一批引领性和示范性的商贸企业，促进市场高端要素合理配置。中心城区初步形成“三公里理想生活圈”，将武汉打造成为“新零售之城”的样板城市。	武汉《全市加快新消费引领打造国际消费中心城市三年行动计划（2019~2021 年）》

8-9 续表 5

时间	城市	政策内容	政策来源
7月1日	北京	原规划中“市行政副中心、国际商务新中心、文化发展创新区、和谐宜居示范区”的发展定位调整为“国际一流和谐宜居之都示范区、新型城镇化示范区、京津冀区域协同发展示范区”； 原规划中“一城一河两组团”调整为“一城一带一轴多点”。一城，即北京城市副中心155平方公里范围；一带，即以大运河为依托的文化发展带；一轴，即沿东六环路形成的创新发展轴；多点，即副中心外围多个特色小城镇； 常住人口规模由160万调整为180万，全社会固定资产投资年均增速12%调整为建安投资年均增速8%，社会消费品零售总额年均增速10%调整为7%。	北京《关于北京市通州区国民经济和社会发展第十三个五年规划纲要部分内容调整的方案》
7月5日	广东	充分发挥广深港高铁重要作用，支持在高铁沿线和高铁站周边建设合作平台载体，为深化粤港合作提供支撑。加快珠江口东西两岸融合互动发展，推进跨珠江口通道建设。拓展完善珠江西岸地区交通网络，加快快速通道建设，布局建设江珠高端产业集聚发展区等一批新的重大发展平台，增强珠江西岸发展动能； 配合国家编制实施粤港澳大湾区基础设施互联互通专项规划。加快广州—深圳国际性综合交通枢纽建设。到2020年，大湾区内地实现机场旅客年吞吐量达1.4亿人次，大湾区内地实现轨道交通通车里程2400公里，大湾区内地实现高速公路通车里程5000公里； 完善取消港澳居民来粤就业许可制度配套政策措施，编制并实施加强港澳青年创新创业基地建设实施方案。完善便利港澳居民在大湾区内地购房(租房)政策。	广东《关于贯彻落实〈粤港澳大湾区发展规划纲要〉的实施意见》《广东省推进粤港澳大湾区建设三年行动计划(2018~2020年)》
7月8日	河南	支持郑州建设国家中心城市，增强“三中心一枢纽一门户”功能。加快郑州大都市区建设，推进1小时通勤圈轨道交通网络建设。支持洛阳副中心城市建设，加快商丘区域中心城市建设，推进南阳、安阳区域中心城市建设； 推动郑州市放宽落户条件，其他城市全面取消落户限制。健全财政转移支付同农业转移人口市民化挂钩机制，完善增加城镇建设用地规模同吸纳农业转移人口落户数量挂钩机制，提高“人地钱”挂钩配套政策精准度。	河南《建立更加有效的区域协调发展新机制实施方案》
7月10日	重庆	主城“四山”范围内现状建设用地按照总规模只减不增的原则，严格控制建设开发行为。未建设区域进一步优化建设用地功能结构，不再规划新增居住用地； 主城“四山”范围内城镇开发边界内的建设用地，包括城镇建设用地、村庄建设用地、其他建设用地(H9)，严把项目准入，适度发展文化休闲、养生养老和乡村旅游功能，严禁新增住宅类房地产开发项目。主城“四山”管制范围实施严格保护控制，禁止各类房地产开发建设活动。	重庆《关于印发重庆市主城区“四山”保护提升实施方案的通知》
7月12日	广东	推进城乡统一规划。合理确定县域村庄布局和规模，避免随意撤并村庄搞大社区、违背农民意愿大拆大建。统筹推进佛山市南海区农村集体经营性建设用地入市、土地征收和宅基地制度改革试点，完善宅基地权益保障和取得制度，探索宅基地有偿使用和自愿有偿退出机制； 梯次推进乡村振兴。珠三角地区加快推进城乡融合发展，粤东粤西粤北地区聚焦村庄提升与产业发展。到2022年，珠三角发达地区和具备条件的粤东粤西粤北地区，率先基本实现农业农村现代化； 开展广东省A级旅游特色村评定，加快旅游风情小镇建设，打造一批滨海休闲型、森林生态型、田园度假型等不同风情的特色小镇。到2022年，乡村旅游接待人数达到6亿人次，总收入达到2300亿元以上。	《广东省实施乡村振兴战略规划(2018~2022年)》

8-9 续表 6

时间	城市	政策内容	政策来源
7月15日	浙江	宁波前湾新区规划控制总面积604平方公里，空间范围包括现宁波杭州湾产业集聚区（面积约353.2平方公里），以及与其接壤的余姚片区（面积约106.6平方公里）和慈溪片区（面积约144.2平方公里）。	浙江《关于同意设立宁波前湾新区的批复》
7月17日	海南	严格开发空间管控，确需在市县总体规划确定的开发边界外建设的项目，应当严格执行开发边界外建设项目准入目录，经省自然资源和规划主管部门会同省有关部门审查同意后，由市县自然资源和规划主管部门参照基础设施和公共服务设施许可规定作出规划许可。	《海南省省和市县总体规划实施管理办法（试行）》
7月18日	北京	做好城市总体规划实施和京津冀协同工程建设标准信息公开，编制并发布中心城区和新城控制性详细规划、专项规划和重点功能区规划。	《北京市2019年政务公开工作要点》
7月29日	广州	以粤港澳大湾区国际科技创新中心建设为契机，联动推进“广州—深圳—香港—澳门”科技创新走廊建设，打造中新广州知识城、广州科学城、南沙科学城、琶洲人工智能与数字经济试验区（含广州大学城）“三城一区”创新核。加快珠三角国家自主创新示范区（广州）、中国（广东）自由贸易试验区广州南沙新区片区、广州高新技术产业开发区、南沙庆盛科技创新产业基地、广州国际生物岛、白云湖数字科技城等载体建设； 力争3年内面向全市新增3万套人才公寓和公共租赁住房，优先供给重点产业、重点企业中的人才使用；放宽科技创新设施用地限制，通过“三旧”改造建设的可依法适当放宽地块容积率限制。	广州《关于印发进一步加快促进科技创新政策措施的通知》
8月9日	河南	未来，随着郑州辐射带动能力和郑州大都市区一体化水平的不断提升，在现阶段空间范围的基础上，会逐步将开封市、新乡市、焦作市、许昌市所辖县（市）及汝州市、兰考县等省直管县（市）纳入郑州大都市区范围，加快形成网络化、组团式、集约型空间发展格局，引领带动中原城市群向具有国际影响力的国家级城市群迈进； 构建“一核、四轴、三带、多点”空间格局。其中，一核即郑汴港核心引擎区，是郑州大都市区发展核心增长极。四轴即完善主要交通干线和综合交通运输网络，提升南北向沿京广、东西向沿陇海等区域发展主轴辐射带动能力，建设郑焦、开港登功能联系廊道，打造特色鲜明、布局合理的现代产业城镇密集带。	河南《郑州大都市区空间规划（2018—2035年）》
8月12日	浙江	建设自贸试验区联动创新区。依托省级以上经济（技术）开发区、高新技术产业园区、海关特殊监管区等各类经济功能区，在开放程度高、体制机制活、带动作用强的区域建设自贸试验区联动创新区，将其打造成为浙江省新时代高能级开放平台和自贸试验区扩区的基础区、先行区。2019年，全省力争建设3个左右联动创新区。	浙江《关于进一步推进中国（浙江）自由贸易试验区改革创新的若干意见》
8月13日	上海	调整跨国公司地区总部和总部型机构认定标准，将跨国公司地区总部母公司总资产要求放宽至2亿美元，将跨国公司总部型机构母公司总资产要求放宽至1亿美元； 调整跨国公司地区总部和总部型机构认定标准，取消跨国公司地区总部母公司实缴注册资本和地区总部被授权管理机构数量的限制。取消跨国公司总部型机构母公司在华投资企业数量限制； 取消跨国公司地区总部和总部型机构须为外商独资企业的限制。	上海《关于本市促进跨国公司地区总部发展的若干意见》
8月16日	广州	在广州市行政区域范围内工作的境外高端人才和紧缺人才，其在广州市缴纳的个人所得税已缴税额超过其按应纳税所得额的15%计算的税额部分，给予财政补贴。该补贴免征个人所得税。	广州《关于粤港澳大湾区个人所得税优惠政策财政补贴管理暂行办法的通知》
8月16日	北京通州区	制订运河商务区三年行动计划，明确发展目标、实施路径和主要任务，加快建设国际化现代商务区。推动运河商务区加快承接北京中心城区商务服务功能疏解，通过区级层面、园区层面签订协议，推动总部、金融等优质资源向城市副中心转移； 设立国际化特色学校，扩大国际教育规模及服务范围。制定通州国家健康促进区发展实施方案，提升通州区健康医疗服务供给水平。积极发展分享经济，吸引分享经济总部企业在通州区发展。	北京通州区《关于印发通州区创建服务业扩大开放综合试点先导区实施方案的通知》

8-9　续表 7

时间	城市	政策内容	政策来源
8 月 17 日	云南	对玉溪澄江广龙旅游小镇、沙溪古镇、临沧翁丁葫芦小镇给予黄牌警告，限期 3 个月进行整改。如整改不到位，将收回奖补资金，退出创建名单，并进行全省通报。其中，玉溪澄江广龙旅游特色小镇存在房地产建筑密度过高，小镇建筑体量总体偏大、布局太密，房地产建筑密度过高，绿化率过低等问题。	云南《关于给予玉溪澄江广龙旅游小镇 沙溪古镇临沧翁丁葫芦小镇黄牌警告的通报》
8 月 19 日	上海	新片区对标国际上公认的竞争力最强的自由贸易园区，在适用自由贸易试验区各项开放创新措施的基础上，实施具有较强国际市场竞争力的开放政策和制度，加大开放型经济的风险压力测试，实现新片区与境外投资经营便利、货物自由进出、资金流动便利、运输高度开放、人员自由执业、信息快捷联通； 优化新片区人才直接落户政策，对符合条件的人才，缩短新片区居住证转办常住户口年限。对持有上海居住证在新片区工作并居住的人员，实行居住证专项加分；对新片区内符合条件的从事集成电路、人工智能、生物医药、民用航空等关键领域核心环节生产研发的企业，按照相关规定给予企业所得税支持。研究实施境外人才个人所得税支持政策。	上海《中国（上海）自由贸易试验区临港新片区管理办法》
10 月 8 日	贵州	加快实施全省特色小镇和小城镇“3 个 1 工程”，即推动全省 100 个示范小城镇提挡升级，培育创建 100 个省级特色小镇和特色小城镇，加快推动全省 1000 多个小城镇高质量发展； 到 2022 年底，建设一批产业发展更加协调、生态环境更加优美、功能配套更加完善、文化特色更加彰显、体制机制更加灵活的高品质特色小镇和小城镇，充分发挥其助推农村产业革命、乡村振兴、新型城镇化和促进城乡融合发展的重要作用，全省新增城镇人口 120 万，带动全省城镇化率提高 3 个百分点以上。	贵州《关于加快推动特色小镇和小城镇高质量发展的实施意见》
10 月 23 日	重庆	打造互联互通大枢纽，全方位推进出市、出海、出境通道建设，构建内陆国际物流枢纽支撑。到 2022 年，全市外贸进出口总额达到 6000 亿元人民币以上，服务贸易总额达到 350 亿美元以上，实际利用外资每年保持在 100 亿美元左右。	重庆《全面融入共建“一带一路”加快建设内陆开放高地行动计划》
10 月 27 日	北京	包含“前奖励 + 后补贴 + 企业服务”三大类政策文件，在企业入驻前期、后期均有相应奖励，以推进城市副中心高精尖产业发展。对于 2019 年 1 月 1 日之后在通州注册的企业，最高可按年度区域综合贡献 1000 万元以上部分的 70% 给予扶持。	北京《关于加快推进北京城市副中心高精尖产业发展若干措施》
10 月 30 日	广州 深圳	广州开发区与深圳前海蛇口自贸片区携手共建“改革创新协同发展示范区”，双方按照“总部 + 产业”区位合作模式，鼓励双方国有企业根据自身优势加强合作，积极开展产业人才合作、企业对接联动、项目载体共建、区域联合招商等深度合作，争取大型持牌金融机构总部落户前海、生产性服务业龙头机构总部落户广州开发区，探索打造大湾区金融产业园和大湾区高端制造业发展新高地。	广州开发区、深圳蛇口自贸区签署《改革创新协同发展示范区合作框架协议》
11 月 1 日	湖南	保障小镇建设用地。将园区项目用地政策覆盖到特色产业小镇。在符合国土空间规划且严格保护耕地、节约集约用地的前提下，将特色产业小镇省级以上重点项目纳入绿色审批通道，由省统筹保障其用地指标。开展县域乡村闲置集体建设用地、闲置宅基地、村庄空闲地及“四荒地”等土地综合整治，盘活土地资源用于支持特色产业小镇建设； 支持特色产业小镇根据客观需要建设集中展示交易平台，对相关重大项目建设给予资金补助。支持引进大型企业、上市公司等优质社会资本方，发挥其在项目建设、运营、融资等方面优势，推动特色产业小镇扩大市场影响力。	《湖南省支持省级特色产业小镇发展的政策意见（2019~2021 年）》

8-9 续表 8

时间	城市	政策内容	政策来源
11 月 15 日	东莞	对于村组集体自行改造或与企业合作改造的“工改居”“工改商”项目，以改造方案首次批复时间为界限，批复日期在 2018 年 8 月 15 日之前的，按区片土地市场评估价（容积率修正后）的 20% 计收地价款；批复日期在 2018 年 8 月 15 日之后的，按区片土地市场评估价（容积率修正后）的 30% 计收地价款； 旧村改造可以整体核算上盖物占地比例，但不得包含已认定为闲置土地的地块。宗地上上盖物占地比例未达到 30% 但符合批准的规划条件（下限）的，可纳入标图建库范围。	东莞《关于印发进一步鼓励城市更新促进固定资产投资若干政策的通知》
11 月 18 日	深圳	到 2022 年，交通强国建设试点取得显著成效，机场国际及地区旅客吞吐量比重达到 12%，粤港澳大湾区核心城市核心区联系时间 1 小时以内，争取申请建设国家级交通创新载体 1~2 个。到 2035 年，机场国际及地区旅客吞吐量占比达到 25%，与粤港澳大湾区核心城市核心区以及莞惠核心区基本实现枢纽半小时直达，与泛珠三角区域主要城市高铁直达率达到 90%，全市轨道站点 10 分钟步行范围可覆盖的居民比例达到 70%。到 21 世纪中叶，建成影响力卓著的全球枢纽城市，打造高质量交通发展的全球标杆城市。	《深圳建设交通强国城市范例行动方案（2019~2035 年）公众咨询稿》
12 月 9 日	北京	完善疏解非首都功能政策体系。统筹规划、政策、标准、管理、服务等措施，健全倒逼和激励机制，完善“控增量”“疏存量”政策体系，坚定有序疏解非首都功能。坚持人随功能去留，创新政策机制，严控人口规模，推动功能、产业、人口合理布局； 完善推动北京城市副中心高质量发展的制度体系。创新城市副中心土地开发利用模式，健全城乡建设用地增减挂钩机制，建立存量土地盘活机制，创新产业用地供地方式、地上地下整体开发等政策。健全重点产业培育政策体系，完善城市副中心特色小镇规划建设体制机制。深化城市副中心与中心城区结对工作机制，建立健全城市副中心与河北廊坊北三县地区协同发展机制； 加快健全多层次社会保障体系。积极推进保障房建设，加快建立多主体供给、多渠道保障、租购并举的住房制度。	北京贯彻《中共中央关于坚持和完善中国特色社会主义制度推进国家治理体系和治理能力现代化若干重大问题的决定》的实施意见
12 月 13 日	北京	北京城市副中心 155 平方公里将作为一个统一整体进行管控。导则包括建筑空间、滨水空间、街道空间、绿色空间和地下空间五个方面，建立起涵盖地上和地下、城市规划和建设实施的全方位空间管控体系，有助于解决以往设计、建设和管理中存在的建筑、道路、绿化、河道之间互相矛盾的问题。	《北京城市副中心规划设计导则（规划管理版）》
12 月 19 日	哈尔滨	新区包括哈尔滨市松北区、呼兰区、平房区的部分区域，规划面积 493 平方公里。新区管理委员会是省人民政府派出机构，由哈尔滨市人民政府代管，履行哈尔滨市级管理职能和依法下放到新区的省级部分管理职能； 为符合条件的各类人才到新区工作提供创业就业、社会保险、就医保障等帮助和便利，给予安家补助，解决配偶就业、子女入托入学问题；新区房地产开发项目应当配建人才政策性住房，配建比例不得低于房地产开发项目总建筑面积的 5%。人才政策性住房销售价格不得高于本开发项目商品房销售平均价格的 80%。	哈尔滨《黑龙江省哈尔滨新区条例》
12 月 30 日	北京	首都功能核心区包括东城区和西城区两个行政区，总面积 92.5 平方公里，是全国政治中心、文化中心和国际交往中心的核心承载区，是历史文化名城保护的重点地区，是展示国家首都形象的重要窗口地区； 要严格落实“老城不能再拆”，坚持“保”字当头，以更加积极的态度、科学的手段实施老城整体保护。	北京关于《首都功能核心区控制性详细规划（街区层面）（2018~2035 年）》草案公示的通知

8-10　2019 年人口与人才政策

时间	城市	政策内容	政策来源
1 月 11 日	东方市	硕士毕业生和具有中级专业技术职称的人才、本科毕业生分别享有 2000 元 / 月、1500 元 / 月的住房租赁补贴或 2.4 万元 / 年、1.8 万元 / 年的购房补贴；住房租赁补贴和购房补贴累计发放不超过 36 个月； 引进时实际年龄（周岁）要求，全日制硕士毕业生 40 岁以下，全日制本科毕业生和具有中级专业技术职称的人才 35 岁以下。	《东方市引进人才住房保障实施细则》
1 月 15 日	江门	对承诺在江门市工作 3 年以上的硕士和本科毕业生，抽签购置江门市人才安居房，分别享受 8.5 折和 9 折购房价格优惠； 在江门市限购区域内，二级及以上高层次人才可购买一套商品住房。	江门《关于进一步集聚新时代人才建设人才强市的意见》
1 月 18 日	大连市	博士研究生、45 周岁以下硕士研究生、40 周岁以下普通高校本科毕业生、35 周岁以下普通高校专科毕业生，在大连合法稳定就业的，本人及其配偶、未成年子女可办理落户； 取消了“参与积分落户的房屋办理落户后，3 年内不得抵押、转让”和“落户新市区满 5 年可迁主城区的限制，只要在主城区有合法稳定住所即可迁移落户”的规定，将参加社会保险满 1 年可参加积分落户的标准降低为 6 个月。	《关于印发大连市户籍管理若干规定的通知》
1 月 18 日	北京	核心区历史文化街区平房直管公房居民自愿将户口迁出中心城区的，可给予适当奖励； 申请式退租后，将与住房保障政策有效对接，可申请区政府提供的共有产权房房源或公租房房源。	北京《关于做好核心区历史文化街区平房直管公房申请式退租、恢复性修建和经营管理有关工作的通知》
1 月 18 日	沧州	到 2020 年，全市共柔性引进战略性新兴产业人才 4.5 万人次，力争承接京津示范性好、创新性强、成长性高的战略性新兴产业项目 90 个； 深入实施“名校英才入冀”计划，对从清华大学、北京大学等重点院校引进的优秀毕业生，给予住房补贴。	《沧州市人才助力产业发展三年行动计划（2018~2020 年）》
2 月 1 日	南京	在南京市合法稳定就业、缴纳城镇职工社会保险，且累计缴纳城镇职工社会保险不少于 24 个月，可申请积分落户； 房产面积每满 1 平方米计 1 分，最高不超过 90 分，多套房面积不累计计分。政府提供的共有产权住宅用房，按本人产权比例计分。租赁住宅用房不计分； 申请人符合本办法规定，累计积分达到 100 分，即符合落户条件。硕士研究生以上学历（学位）可直接落户。	《南京市积分落户实施办法》
2 月 11 日	海口	40 岁以下硕士毕业生以及符合条件的人才、本科毕业生，住房租赁补贴分别为 2000 元 / 月、1500 元 / 月，购房补贴分别为 2.4 万元 / 年、1.8 万元 / 年；住房租赁补贴累计发放不超过 36 个月，购房补贴累计发放不超过 3 年； 申请购房补贴的，所购房屋须为 2018 年 5 月 13 日后新购买的住房（含商品住宅、产权式酒店、酒店式公寓、共有产权住房、限售商品住房）。	《海口市引进人才住房保障实施细则》
2 月 11 日	常州	在常州市有合法稳定住所，缴纳社会保险满 1 年的人员，本人、配偶和未成年子女可以申请在常州市落户； 在常州市租赁房屋并向房产管理部门办理租赁登记备案，缴纳社会保险满 5 年的人员，本人、配偶和未成年子女可以申请在常州市落户。	《常州市户籍准入管理若干规定》
2 月 12 日	宁波	用五年左右时间建成青年公寓 50 万平方米以上，按比市场价低 20% 的价格向青年出售，支持合理自住需求。	宁波北仑区《关于打造“青年北仑”的意见》

8-10 续表 1

时间	城市	政策内容	政策来源
2月13日	西安	具有本科（含）以上学历的，不受年龄限制；具有本科（不含）以下学历的，年龄在45周岁（含）以下；全国高等院校在校学生（教育部学信网在册人员），均可迁入西安市落户。	西安《关于进一步放宽我市部分户籍准入条件的通知》
2月14日	南宁	在邕首次购房补贴方面，A类可获200万元，B类可获120万元，C类可获60万元，D类和E类新引入到南宁市重点支持企业目录以及教育、卫生等重点专业技术领域的高层次人才分别最高可获40万元和20万元补贴。	《南宁市高层次人才认定实施办法》
2月16日	陵水黎族自治县	2018年5月13日后引进并申请入住人才租赁住房的拔尖人才、其他类高层人才、全日制硕士毕业生或具有中级专业技术职称人才、全日制本科毕业生、自主创业人才（含个体工商户）安置住房面积不低于50平方米； 硕士毕业生和具有中级专业技术职称的人才、本科毕业生分别享有2000元/月、1500元/月的住房租赁补贴或2.4万元/年、1.8万元/年的购房补贴。	《陵水黎族自治县引进人才住房保障实施细则（暂行）》
3月1日	青岛	在青岛市行政辖区内初次就业或创业，并在青岛市购买首套商品住房的硕士学历及以上青年人才发放一次性安家费，按照博士研究生（40周岁以下）每人15万元，硕士研究生（35周岁以下）每人10万元一次性发放； 住房补贴标准为本科毕业生500元/月，硕士研究生800元/月，博士研究生1200元/月，紧缺专业硕士研究生1200元/月，紧缺专业博士研究生1500元/月。申报人员自申领补贴月份起36个月内可享受住房补贴。	《青岛市青年人才在青创新创业一次性安家费审核发放实施细则（试行）》《青岛市高校毕业生在青就业住房补贴发放实施细则（试行）的通知》
3月6日	汕头	非制造类企业引进人才住房补助：全日制硕士每人每年1.2万元、博士每人每年2.4万元，共发2年； 制造类企业引进人才住房补助：全日制本科应届毕业生每人每年1.2万元、全日制硕士每人每年2.4万元、博士每人每年4.8万元，共发2年。	《关于印发汕头市新引进人才购房补助和住房补助发放办法的通知》
3月10日	成都	实现2019年人才公寓及产业园区配套住房建设新开工400万平方米。试点人才公寓共有产权销售方式，实行“先租后售”和共有产权并行模式。	《2019年成都市产业功能区建设工作要点》
3月11日	芜湖	对在芜就业创业的人才在市区购买首套自住普通商品房且在本市参加社会保险的，根据工作能力和实绩，给予1万~2万元一次性安家补助，并按一定比例给予契税补贴。	《关于印发芜湖市强化创新驱动进一步做好就业创业工作若干政策规定的通知》
3月12日	柳州	对本新区全职新引进并与企事业单位签订3年以上的服务协议或合同且依法按时足额缴纳个人所得税和各项社会保险费的第一至第八类人才在柳州市购置首套家庭住房的，给予最高600万元，最低3万元购房补贴； 对新区企事业单位全职新引进并签订3年以上的服务协议或合同和来新区创业的全日制高校毕业生，给予生活补助：博士每人每月1700元、硕士每人每月1200元，补助期限3年。	《柳州市北部生态新区人才评定细则（试行）》、《柳州市北部生态新区人才引进与培养实施办法（试行）》
3月18日	石家庄	取消在城区、城镇落户“稳定住所、稳定就业”迁入条件限制，全面放开城区、城镇落户，群众仅凭居民身份证、户口簿就可向落户地派出所申请户口迁入市区、县（市）城区和建制镇，配偶、子女、双方父母户口可一并随迁。	石家庄《关于全面放开我市城镇落户限制的实施意见》
3月21日	石家庄正定县	引进培养高层次创新人才，对引进到正定县企业工作并签订服务协议，未在正定县购房的人才，在工作前5年逐年发放安家补贴，标准为1200元/月；各类人才与正定县企业签约工作时间5年以上，工作满2年，户籍关系和人事关系在正定一年以上，在正定首次购买商品住房，可凭购房发票和房产证一次性给予30万元货币补助。	石家庄正定县《关于强化人才支撑 加快培育创新型领军企业的若干措施》

8-10　续表 2

时间	城市	政策内容	政策来源
3月29日	海南	由省外整体迁入海南的企业总部或区域总部，自完成工商登记注册之日起，其随企业迁入海南的员工，购房政策享受本地居民同等待遇； 经“联席会议”办公室备案的区域型总部、高成长型总部、跨国公司地区总部、国际组织（机构）地区总部，或经“联席会议”审核通过的重大招商项目单位，在海南工作的具有全日制本科及以上学历，或具有中级及以上专业技术职称、技师及以上职业资格或执业资格的员工，其家庭成员在海南无住房且2018年5月13日后无购房记录的，经市县房地产主管部门复核后，本人可在海南购1套住房； 未在海南落户的引进人才在海南购买唯一住房，以及已在海南落户的引进人才在海南购房，申请商业性个人住房贷款的首付比例，均享受海南省户籍居民家庭同等待遇。	海南《关于完善人才住房政策的补充通知》
4月2日	宁夏	大学生毕业3年内在全区各地就业创业且在就业创业地无自有住房的，且符合当地公共租赁住房保障条件的，可凭毕业证和常住户口向当地用人单位或住房城乡建设部门优先申请租住人才公寓、公租房或租房补贴；购买首套商品房的，当地政府可适当给予购房补贴。	宁夏《关于印发吸引支持大学生在宁创新创业就业办法的通知》
4月4日	杭州	全日制大学专科及以上人才，在杭工作并缴纳社保的，可直接落户； 支持符合条件的制造业企业利用自有存量工业用地，按不超过工业项目总建筑面积15%的标准建设人才公寓等办公生活配套设施。	杭州《关于贯彻落实稳企业稳增长促进实体经济发展政策举措的通知》
4月16日	任丘	高校毕业生，职业技能和专业技术人才，留学归国人员，自主创业、从业人员，机关事业单位、国有企业职工均可落户其合法稳定住所所在地，对没有合法稳定住所的，可在派出所社区公共地址落户。	任丘市《关于进一步放开落户限制条件的实施意见》
4月18日	呼和浩特	具有普通全日制本科及以上学历的应往届毕业生（往届3年及以内），在试点范围内就业或自主创业的，其中已婚大学毕业生且具有呼和浩特市户籍的，可申购大学生住宅，大学毕业生住宅平均销售价格按照项目所在区域市场价格的50%确定，产权交易涉及相关税费按规定由建设单位和购房者分别承担，5年内不得上市交易。采取按揭或公积金贷款的，首付比例最低可按20%支付。	《呼和浩特市大学毕业生安居工程（试点）实施办法》
4月18日	保定	积极推进人才安居工程。建立安居保障体系，支持产业园区自建人才住房。其中，第一类、第二类、第三类人才可在清苑区购买一套自用商品住房，一次性分别给予购房补贴50万元、25万元、10万元；第四类（具有985、211院校全日制本科学历人才，全日制研究生学历硕士学位人才）、第五类人才可在清苑区购买一套自用商品住房。对第一类、第二类、第三类人才的子女、双方父母均可在清苑区购买一套自用商品住房。各类人才及子女、双方父母购买的商品房3年内不得上市交易。	《保定市清苑区关于加强高层次人才引进的若干优惠政策（试行）》
4月22日	苏州	对新落户的企业，达到申请条件的，经认定后给予优购房实际销售价格30%的折扣奖励。注册资本5000万美元到1亿美元、3亿元到5亿元人民币的企业，给予5套；注册资本在1亿美元及以上、5亿元人民币及以上的企业，给予10套； 一类（落户开发区的诺贝尔奖获得者等）、二类（落户开发区的“长江学者”特聘教授等）、三类（落户开发区的国家优秀青年科学基金获得者等）人才，达到申请条件的，经认定后分别给予优购房实际销售价格30%、25%、20%的折扣优惠； 申请优购房的个人除与配偶和未成年子女外不得与其他人共同购买优购房，所购优购房5年内限制上市交易。	苏州《吴中经济技术开发区优购房销售管理实施办法（试行）》
4月22日	十堰	重点围绕“一主四大四新”产业发展引进4个层次的高端人才，即第一层次顶尖人才、第二层次高端人才、第三层次领军人才、第四层次实用人才； 引进的人才本人（配偶及子女）在十堰城区无自有住房的，给予一次性购房补贴。市直企业引进的人才购房补贴：第一层次人才50万元、第二层次人才30万元，由市财政按50%的比例补贴；第三层次人才10万元、第四层次人才6万元，由市财政补贴。	十堰《“武当人才支持计划”实施细则》

8-10 续表3

时间	城市	政策内容	政策来源
4月22日	广州	进一步放宽人才入户年龄限制，其中具有本科学历且有学士学位的人才入户年龄由35周岁放宽到40周岁；具有硕士研究生学历（含博士学位）人才入户年龄由40周岁放宽到45周岁。取消硕士研究生、博士研究生学历、高级职称人员以及择业期内的留学人员入户的社保参保年限限制，本科连续半年社保可以入户； 结合广州市产业发展的重点领域，首次明确将产业领军人才纳入引进人才入户范围。	广州《关于印发广州市引进人才入户管理办法实施细则的通知》
4月25日	新疆	硕士享受100平方米精装住房一套，5年工作期满直接赠予；或5年工作期内免费居住公寓房，期满后一次性给予40万元住房补贴；工作期间保障交通工具； 全国“双一流”建设高校全日制紧缺专业本科生享受80平方米精装住房一套，5年工作期满直接赠予；或5年工作期内免费居住公寓房，期满后一次性给予30万元住房补贴。	新疆《2019年博尔塔拉蒙古自治州引进人才计划公告》
5月7日	南京	购买政府定向筹建的人才住房或商品住房的，首付款比例按现有规定的最低比例执行，协调相关银行给予人才购房贷款利率优惠。住房公积金开户缴存后即可提取使用或申请公积金贷款等，贷款额度可放宽到限额的2倍，最高100万元； 租赁政府提供的人才公寓、公共租赁住房享受3年租金全免，租期最长5年，免租期以外按照市场租金的70%承租。自行租房的，给予每月2000元租赁补贴，累计享受期不超过5年； 政府定向筹建的人才住房，限本人购买一套，所购房源自交易备案之日起5年内不得转让；5年后转让的，政府及政府委托的机构有优先购买权。	南京《关于印发南京市企业博士安居工程实施办法的通知》
5月10日	济南	支持各级政府以国有建设用地使用权作价出资方式提供土地，与社会资本共同投资建设人才公寓； 政府投资建设的人才公寓实行政府指导价，租金标准原则上不高于同区域市场平均租金的80%。	《济南市人才公寓建设和使用管理规定（试行）》公开征求社会意见
5月10日	广州	符合条件的高层次人才（经区人才工作领导小组认定的杰出人才、优秀人才、精英人才、名校（园）长、名教师、优秀医学专家、黄埔工匠）可申请一套不超过150平方米、最长5年100%租金补贴的自住住房。符合条件的高层次人才可为其父母或配偶父母申请一套不超过120平方米、最长5年50%租金补贴的自住住房； 符合条件的基础性人才（全日制本科及以上学历和学士及以上学位等）可申请一套不超过90平方米、最长2年50%租金补贴的自住住房。	《广州市黄埔区 广州开发区人才住房建设和使用办法（试行）》
5月14日	广州	中心城区新增供应居住用地中公共租赁住房等保障性安居工程及人才公寓用地面积不少于总用地面积的30%； 5类人才可申请市本级人才公寓，分别为经认定的市级高层次人才，市级党政机关、事业单位的中高层次人才，市级行业主管部门认定或评选的本行业领域优秀人才，重点企业的中高层次人才，以及广州市政府批准的其他单位的中高层次人才。	《广州市人才公寓管理办法（公开征求意见稿）》
5月15日	南京	对集中建设、配建的具备销售条件的人才安居住房，可采用先租后售的方式进行供应，租期五年内可享受优惠租金。人才租满五年可向产权单位以优惠价格申请购买该房屋的产权。人才安居住房取得产权五年后方可转让； 重点把控好产业发展方向，着重增量、兼顾存量，拓宽人才安居办法适用企业范围。将高新技术企业、规上企业、新型研发机构等重点领域的企业，全部纳入政策覆盖范围； 符合“4+4+1”主导产业方向，新引进投资额超25亿元的重大产业项目等条件的企业和园区，可采取“一事一议”方式向市政府提出申请，适当增加其配套建设人才公寓等生活服务设施的用地面积和建筑面积比例。	南京《关于印发南京市人才安居精准服务实施细则的通知》

8-10　续表 4

时间	城市	政策内容	政策来源
5 月 16 日	泉州	支持泉州市认定的第一至第五层次人才在中心市区（鲤城区、丰泽区、泉州开发区）刚需购房，高层次人才刚需购房参照泉州市户籍家庭购房政策办理； 在中心市区商品住房项目中，安排 10% 的房源套数作为高层次人才房源，其余 90% 房源按刚需 60%，非刚需 40% 比例进行公证摇号公开销售。	《泉州市高层次人才在中心市区刚需购房实施方案》
5 月 17 日	天津	“海河英才”行动计划引进的人才，公务员、选调生及事业单位招录的人才，引进的其他急需紧缺人才，可申请入住；从认定后运营满 1 年的人才公寓中，每年评选 5~10 家，分别给予 100 万元、200 万元、300 万元一次性奖补； 符合规划用地兼容性管理相关规定，且兼容比例不超过地上总建筑规模 15% 的新建、改建人才公寓，可不调整控制性详细规划，直接办理相关手续。	《天津市人才公寓认定支持办法（试行）》
5 月 17 日	贵阳	首次提出建立全球范围招才引智网络，到 2025 年，引进培育 10 支以上掌握国际领先技术的海外创新创业人才团队、100 支左右处于国内领先水平的高层次创新创业人才团队、1000 名以上高层次创新创业人才、10000 名以上紧缺急需人才； 2025 年前，规划建成 10 个左右“匠天下”特色人才小镇；新增 15 万套以上高品质人才安居房。	贵阳《关于优化人才发展环境促进高水平对外开放的若干措施》
5 月 20 日	广东	来粤创业的港澳青年可与广东省青年同等享受创业培训补贴、一次性创业资助、创业带动就业补贴、租金补贴、创业孵化补贴、初创企业经营者素质提升培训等各项就业创业扶持政策； 支持符合条件的港澳青年租住人才住房、入住人才驿站；有条件的地区可提供租房补贴。探索多种方式，对具备购房能力及符合购房条件的港澳青年，支持其购买商品住房。将入驻创新创业基地中符合条件的港澳青年纳入当地公租房保障范畴。探索发展共有产权住房，对符合相应条件的港澳青年，支持其购买共有产权住房； 到 2025 年，广州南沙、深圳前海、珠海横琴港澳青年创新创业示范基地辐射带动效应进一步发挥，珠三角 9 市各建设至少一个港澳青年创新创业基地，以粤港澳大湾区（广东）创新创业孵化基地为龙头的“1+12+N”孵化平台载体布局基本建成。	广东《关于加强港澳青年创新创业基地建设实施方案的通知》
5 月 21 日	北京	根据《通州区高层次人才认定标准》，分别对第一至第六层级人才给予最高 100 平方米、80 平方米、70 平方米、60 平方米、50 平方米、40 平方米的租金减免优惠。	北京《关于开展 2019 年度通州区人才公寓配租工作的通知》
5 月 24 日	晋江	人才认定标准与泉州市接轨，调整后符合条件的各行各业人才均可享受政策待遇，津贴从每月最高 1 万元提至每月最高 1.5 万元，购房补贴从 80 万元提至 100 万元，并赋予高新技术企业自主评价人才权限。	《晋江市优秀人才认定管理和享受相关工作生活待遇规定》
5 月 25 日	深圳	深圳副市长宣布，在境外人才引进政策方面，来粤港澳大湾区工作的短缺人才将享受 15% 的个人所得税减免优惠。	2019 未来论坛深圳技术峰会
5 月 30 日	广州	3 年建设 10 个港澳青年创新创业市级示范基地，每年给予 100 万元运营资助，争创一批省级示范基地，为入驻基地的港澳青年初创企业提供免费注册地址、办公场地费用“半年全免、一年减半”优惠以及配套服务；按内地与香港个人所得税税负差额，对在广州工作的港澳高端人才和紧缺人才给予补贴，补贴免征个人所得税； 针对来穗创业港澳青年融资方面的需求，每年择优扶持一批港澳青年创新人才，对其项目提供 10 万至 50 万元资助及配套支持；市、区将筹建 1000 套港澳人才公寓，鼓励符合条件的港澳青年申请租住。	广州《发挥广州国家中心城市优势作用支持港澳青年来穗发展行动计划》新闻发布会

8-10 续表 5

时间	城市	政策内容	政策来源
6月3日	广州	为高层次人才提供住房补贴或免租入住的人才公寓，贡献突出的杰出人才可无偿获赠所租人才公寓。通过新增筹建、园区配建、城市更新、共有产权等方式，力争3年内新增3万套人才公寓和公共租赁住房。对来穗工作的博士后、博士给予安家费或生活补贴，支持各区为硕士生、本科生等青年人才提供安居保障； 依托产业园区、科技园区以及价值创新园区，高起点策划建设市高层次人才创新创业示范基地，5年内规划建设一批集总部办公、创投资本、创业孵化、公共服务、国际交流、生态休闲于一体，“人才＋产业＋休闲”融合发展的高端创新创业平台，引导建设100个低成本、便利化、全要素、开放式的青年众创空间，着力营造“类海外”人才发展环境。	广州《关于实施“广聚英才计划”的意见》
6月3日	重庆	从2019年起，用5年左右的时间，有计划地遴选支持重点领域、重点产业、重点行业的高层次人才2000名、团队500个，示范带动各地区各部门加强人才队伍建设。	《重庆英才计划实施办法(试行)》
6月6日	苏州	房地产开发企业应在项目当期价格备案后预（销）售许可前，由电脑随机抽取不少于项目当期预（销）售许可建筑面积60%的优购房； 在园区就业、创业并连续缴纳社保或个税12个月及以上，且个人及家庭（含未成年子女）在苏州大市无自有住房的本科及以上人才，可申请优先购买园区商品房； 申请人在办法施行后，将家庭拥有的住房转移至原配偶或未成年子女名下造成无自有住房的，自该住房不动产转移登记满两年后方可申请优购房资格。	《苏州工业园区人才优先购买商品住房操作办法》
6月6日	青岛	高校毕业生落户门槛放宽到专科学历，从2019年5月16日起，40周岁以下、具有普通高校全日制专科学历的，可以在青岛市城区、新区或县域，依次选择在合法固定住所、单位集体户、市或者区人才集体户申请落户； 硕士、博士研究生分别发放10万元、15万元一次性安家费，并首次将本科生纳入住房补贴范围，本科生、硕士和博士分别给予每月500元、800元和1200元住房补贴。	青岛毕业生落户门槛放宽到专科
6月11日	深圳	项目分期开发建设的，人才住房和保障性住房建设原则上应当安排在首期； 人才住房和保障性住房应全装修成品交房； 新建、扩建人才住房和保障性住房的结构设计使用年限不应低于50年。	《深圳市人才住房和保障性住房建设标准》（征求意见稿）
6月21日	三亚	住房货币补贴标准为：拔尖人才住房租赁补贴5000元/月，购房补贴6万元/年；其他类高层次人才住房租赁补贴3000元/月，购房补贴3.6万元/年；硕士毕业生以及具有中级专业职称、技师职业资格、执业医师资格或具有国家和海南省已明确规定可聘任中级专业技术职务的执业资格人才，住房租赁补贴2000元/月，购房补贴2.4万元/年；本科毕业生住房租赁补贴1500元/月，购房补贴1.8万元/年； 各类人才自在海南落户之日起购买住房，享受本地居民同等待遇，柔性引进的高层次人才经认定也可享受同等待遇。	《三亚市人才住房保障实施细则》
6月22日	广东	对在大湾区工作的境外高端人才和紧缺人才，其在珠三角九市缴纳的个人所得税已缴税额超过其按应纳税所得额的15%计算的税额部分，由珠三角九市人民政府给予财政补贴，该补贴免征个人所得税。	广东《关于贯彻落实粤港澳大湾区个人所得税优惠政策的通知》

8-10　续表 6

时间	城市	政策内容	政策来源
6 月 24 日	福建	生活津贴。A1 类、A2 类、A3 类人才每人每月分别为 20000 元、10000 元、5000 元；B1 类、B2 类、B3 类人才每人每月分别为 3000 元、2000 元、1000 元，按人才在实验区实际工作时间，最高发放 60 个月； 安家补助。A1 类人才 100 万元，A2 类人才 50 万元，A3 类人才 30 万元。B1 类人才 20 万元，B2 类人才 10 万元，B3 类人才 5 万元。安家补助费分 3 年发放。	福建平潭综合实验区《平潭综合实验区关于加强中高层次人才引进工作的暂行办法》《平潭综合实验区加快重点产业人才引进和培育的若干支持措施（试行）》《平潭综合实验区关于引进高层次创新创业团队的支持办法（试行）》
6 月 27 日	海南	实际引进并在海南工作但尚未落户的各类人才，购房社保或个税年限由原来的 2 年或 5 年统一降为 1 年； 实际引进并在海南工作但尚未落户的急需紧缺人才，可申请购买 1 套住房； 柔性引进的各类高层次人才，聘期在 3 年以上且已在海南服务 1 年以上的，经省委人才发展局认定，在购房方面可享受本地居民同等待遇。	海南《关于进一步完善人才购房政策的补充通知》
7 月 1 日	徐州	适用的范围是毕业五年内的全日制普通高校大专及以上学历毕业生，在市属企业及在主城区（鼓楼区、云龙区、泉山区）注册且正常纳税的企业就业，或企业注册地在主城区且正常纳税的创业人员，首次在徐州市参加各项社会保险且正常缴费满 6 个月； 徐州优先为招引的高校毕业生提供公共租赁住房（或租房补贴），并给予 30% 的租金补贴，最长租期 3 年。在购房方面，本科及以上学历毕业生在徐州市首次购买普通商品住房的，按照购房总价的 5% 给予一次性补贴，最高不超过 10 万元。	《徐州市大学生招引实施办法》
7 月 9 日	珠海	目前，港澳居民在广州、深圳、佛山、中山、江门、惠州、肇庆等七市，无须社保或纳税证明，至少可购买一套自住住房。在东莞购买新建商品住房需提供一年及以上社保或纳税证明，购买二手房无限制。珠海对符合规定的在珠海市就业创业生活的港澳居民可购买首套（唯一）住房； 初步预计在 2019 年下半年出台《珠海市人才安居管理办法》，统筹将来珠港澳就业创业青年人才纳入珠海市人才住房安居政策体系，继续为港澳青年在大湾区就业创业生活提供便利。	珠海《关于省政协十二届二次会议第 20190284 号提案答复的函》
7 月 11 日	吉林	在人才评定范围上，打破了国籍、户籍和身份限制，允许聘期内已引进人才与新引进人才享受同等评定政策。在评定条件上，将高层次人才评定年龄放宽到 60 周岁以上； 将人才细分为八个类别，进一步明确了 3 万 ~200 万元的税后安家补贴发放标准。同时，新增了鼓励人才在吉购房置业扶持政策。	《吉林省人才 18 条政策"1+3"配套实施细则》
7 月 16 日	宁波	放宽人才落户条件。全日制普通高校、中等职业学校（含技校）毕业生毕业后 15 年内，可申请将户口迁至本人（含配偶、子女或父母的）合法稳定住所处、城镇范围内同意被投靠的亲友处或人才服务机构集体户。具有硕士学位、中级专业技术职称的人员和技师等人才在宁波无合法稳定住所，本人、配偶、未婚子女户口迁至高层次人才专户的，社保缴纳年限由 3 年调整为 1 年； 放宽市区居住就业落户条件。在宁波市合法稳定就业且本人或配偶在市区城镇范围内有合法稳定住所的，社保缴纳年限由 5 年调整为 3 年。	宁波《关于进一步放宽我市户口准入条件的通知》

8-10 续表 7

时间	城市	政策内容	政策来源
7 月 17 日	惠州	放宽购房提取条件。高级人才购买自住普通商品住房的，在支付定金和签订认购协议书后，允许提取住房公积金用于支付所购商品住房首付款；高级人才购买自住普通商品住房（二手房）的，在不动产登记机构过户后凭相关材料允许提取住房公积金用于支付所购商品住房首付款； 提高贷款最高额度。高级人才在惠州市首次购买自住住房申请个人住房公积金贷款时，最高贷款额度为 100 万元；夫妻双方合计最高贷款额度为 150 万元。	《惠州市高级人才以及全日制研究生住房公积金优惠政策实施办法》（征求意见稿）
7 月 24 日	青岛	40 周岁以下具有全日制专科学历的人员，45 周岁以下具有全日制本科学历或学士学位的人员，50 周岁以下取得博士学位或硕士学位的人员，以及符合条件的高层次人才、技术技能人才，可申请在青岛市城区（市南区、市北区、李沧区、崂山区、城阳区）和新区（西海岸新区、红岛经济区、即墨区）落户。	青岛《关于进一步优化人才引进落户有关问题的通知》
7 月 29 日	石河子	为大中专及以上学历人员、高技能人才、投资创业人员落户建立“绿色通道”，以上人员凭身份证、户口簿等证明材料，即可办理落户。	石河子《八师石河子市促进人口发展户籍迁入管理暂行办法实施细则》
7 月 31 日	东莞	港澳台居民年满 18 周岁、在东莞市已领取居住证且个人名下在东莞市无住房的，可以在东莞市购买一套新建商品住房。港澳台居民在东莞市拥有一套及以上住房的，暂停向其销售新建商品住房。	东莞《关于简化港澳台居民在我市购房相关资料要求的通知》
8 月 2 日	海口	由省外整体迁入海口的企业总部或区域总部（工商登记注册的公司地址需在海口行政区域内），自完成工商登记注册之日起，随企业迁入的员工，购房政策享受本地居民同等待遇； 经海南省自贸区（港）招商工作与促进总部经济发展联席会议办公室备案的综合型总部企业（工商登记注册的公司地址需在海口行政区域内），在海口工作、符合海南规定的引进人才标准的员工，家庭成员（含本人、配偶和未成年子女）在海南无住房且 2018 年 5 月 13 日后无购房记录的，本人可在海口购买 1 套住房； 未在海口落户的引进人才在海口市购买唯一住房，以及已在海口落户的引进人才在海口市购房，申请商业性个人住房贷款的首付比例，均享受海南省户籍居民家庭同等待遇。	《海口贯彻落实省住房和城乡建设厅、省委人才发展局〈关于完善人才住房政策的补充通知〉的实施细则》
8 月 2 日	台州	实施大学生购房补贴。首次新引进到台州市企业工作且已连续缴纳社保半年以上的正高职称人员（特级技师）、副高职称人员（高级技师）和博士研究生、全日制硕士研究生、全日制本科或取得技师证书的毕业生 5 年内（从缴纳社保之日起算）购买商品住房，按购房款的 20%、15%、5%、3%，一次性分别给予 25 万元、20 万元、15 万元、3 万元房票补贴； 三区三市、三县 3 年内配置“拎包入住”式人才公寓分别累计达 2.5 万、2 万平方米。	台州《关于加强高校毕业生集聚工作的实施意见》
8 月 5 日	杭州	现实施的杭州市应届高学历毕业生生活补贴政策将作相应调整，补贴标准由硕士 2 万元、博士 3 万元调整为本科 1 万元、硕士 3 万元、博士 5 万元。	杭州《关于暂缓受理部分毕业生生活补贴申请的公告》
8 月 7 日	重庆	从 2019 年起，每年遴选 20 名左右具有较强自主创新能力，能突破关键技术、发展高新产业、带动新兴学科，研究方向处于国内国际前沿，具有成长为国家级或世界级科学家潜力的优秀人才，给予重点支持。5 年计划遴选支持 100 名； 从 2019 年起，每年遴选 60 名左右哲学社会科学、文化旅游、教育、医学、社会工作等领域名家名师，给予重点支持。5 年计划遴选支持 300 名，力争入选国家级人才项目 40 人以上。	重庆《关于印发重庆英才计划 5 个子项目实施方案的通知》

8-10 续表 8

时间	城市	政策内容	政策来源
8月9日	山西晋城	晋城市行政区域之外愿意到晋城市行政区域范围内落户的中国公民，持本人户口簿可在城镇范围内任一公安机关派出所申请办理落户手续； 博士、硕士、本科、专科全日制高校毕业生，在晋城落户并与晋城市企业签订三年以上劳动合同的，五年内，在晋城市首次购房，分别给予30万元、10万元、5万元、1万元购房补贴，由企业所在地政府和企业各负担一半。	山西晋城《关于深化户籍制度改革助力高质量转型发展的实施办法（试行）》
8月14日	泉州	第一、第二层次人才免付租金，第三层次人才按当地公租房租金标准的50%收取，第四至第七层次人才按当地公租房租金标准收取。租住面积标准原则上第一至第三层次的不超过130平方米，第四至第七层次的不超过100平方米。申请人租住共享人才房的期限，以其在共享县（市、区）创业或就业的期限同步计算，并不得超过高层次人才证有效期。期满后如继续符合共享条件的，可重新申请。	《泉州市高层次人才跨县域住房保障实施意见（试行）》
8月22日	绍兴	高校毕业生来绍可以先落户后就业，来绍工作后首次购房且在绍兴市未享受过住房优惠政策或房改政策的全日制博士、副高或高级技师、全日制硕士、“双一流”全日制本科、其他全日制本科分别给予35万元、20万元、15万元、10万元、3万元的房票补贴。	绍兴《高水平建设人才强市的若干政策》
8月22日	广州	为增强对科技前沿尖端人才的吸引力，“海外尖端人才8条”对新引进的战略科学家团队、产业顶尖人才团队分别开出了最高15亿元、10亿元的项目扶持； 将建设中国广州人力资源服务产业园，对标粤港澳大湾区高端人力资源产业新标杆，吸引全球知名人力资源服务企业在产业园设立总部，将其打造为海外尖端人才全生命周期高端服务平台。	《广州市黄埔区广州开发区广州高新区关于集聚海外尖端人才的若干措施》
8月23日	珠海	引进人才租房和生活补贴方面，博士或具备副高级以上专业技术资格的人才，给予15万元补贴。硕士，或具备中级专业技术资格，或取得高级技师国家职业资格的人才，给予6万元补贴。学士，或具备助理级专业技术资格，或取得技师国家职业资格的高技能人才，给予3万元补贴。	珠海《横琴新区引进人才租房和生活补贴暂行办法》
8月27日	沈阳	全面放开放宽重点群体落户限制，对在城镇就业居住5年以上、举家迁徙的农业转移人口以及新生代农民工，在积分设置上提高分值、增加权重，促进有能力在城镇稳定就业和生活的农业转移人口举家进城落户。调整后落户核准分值仍为120分，环卫工、公交司机工作每满1年加20分。	沈阳《关于对积分落户政策部分分值进行调整的意见》
8月30日	上海	对符合一定工作年限并承诺落户后继续在新片区工作2年以上的人才，“居转户”年限由7年缩短为5年。其中，对符合新片区重点产业布局的用人单位的核心人才，“居转户”年限由7年缩短为3年； 定向微调新片区住房限购政策。按照区域发展和产业导向，对符合一定条件的非上海户籍人才，购房资格由居民家庭调整为个人，可购买新片区普通商品房一套。缩短非上海户籍人才在新片区购房缴纳个人所得税或社会保险金的年限，将自购房之日前连续缴纳满5年及以上，调整为连续缴纳满3年及以上； 实施限价商品房政策。控制限价商品房供应量，加大人才公寓供给力度，将部分限价商品房在房源性质不变的情况下，转为人才公寓使用；聚焦激励人才，提高供应的精准性，对新片区有贡献的企业和人才予以倾斜； 给予规划土地政策支持。对新片区新建人才公寓、租赁住房在供地方式、供地价格上予以规划土地政策支持。支持对租赁住房的建设、筹措，扩大集体土地建设租赁住房试点。支持非房地产企业依法取得土地用于建设租赁住房。探索开展租赁住房用地出让价款分期收取试点。	上海《关于促进中国（上海）自由贸易试验区临港新片区高质量发展实施特殊支持政策的若干意见》

8-10 续表 9

时间	城市	政策内容	政策来源
9月3日	青海	全面放开对高校毕业生、职业院校毕业生、留学归国人员落户限制。	青海《关于做好当前全省高校毕业生就业创业工作的通知》
9月5日	海南	柔性引进的高层次人才经认定在购房、购车等方面可享受本地居民同等待遇，柔性引进的人才，在科技项目立项、科研成果转化、科技成果奖励、人才奖项申报等方面可享受海南省同类人才待遇；围绕总部企业团队引才，有针对性地设计了十余条服务保障措施，一揽子解决总部企业团队引才所涉及的人才落户、购房、购车、子女入学、配偶就业、社会保障等各方面问题。	海南《关于支持海南开展人才发展体制机制创新的实施方案》5项配套政策新闻发布会
9月6日	济南	专科及以上学历人员、获得初级以上专业技术职务资格、获得四级以上职业资格的，凭有效身份证件、学历证明或技术技能资格证明，可落户济南。具有全日制中专学历，参加济南市城镇职工养老保险的，可申请在济南落户； 在济稳定就业的全日制本科（含）以上学历人才，且连续缴纳社保满6个月以上，可在济购买一套住房。符合购房条件的全日制博士、硕士研究生家庭在济购买首套住房，可分别享受15万元、10万元的一次性购房安居补贴。市域范围内每年筹集不低于5000套人才公寓，打造“黄河青年人才城”，留济大学毕业生可按照低于市场价20%购买或租赁人才安居房。	济南《关于支持人才创新创业发展的若干政策》
9月8日	河南新乡	全面取消社保缴交年限、居住年限等各类条件限制，全面放开在新乡市所有城区、城镇的落户条件限制。实行“零门槛”准入政策，形成“户口随人走”的新格局； 在新乡市租赁房屋的公民可申请在新乡市落户，主要分为两种落户方式：一是在租赁房屋的地址上落户，二是在该租赁房屋所属社区集体户上落户。	河南新乡《新乡市公安局关于全面放开我市城镇落户限制的实施意见》
9月17日	河南漯河	实施按户口迁入途径分类登记备案的“零门槛”准入政策，全面取消在城区、城镇落户的“稳定住所、稳定就业”基本迁入条件限制。可以将户口迁移至亲友家中；租赁房屋居住且房屋所有权人同意入其户的，可按户主非亲属落户；在本辖区内租用的保障性住房、其他租赁房屋，房屋所有者不同意落户或租赁合同失效的，以及没有正式地址门牌居所，且无亲友的迁入人员，可以在派出所社区公共地址上申请落户。同时，可随迁配偶、子女及夫妻双方父母户口。	河南漯河《关于全面放宽户籍迁移落户政策的实施意见》
9月18日	杭州余杭	区内无房户申请：A类、B类、C类、D类人才在杭州市区或余杭区购买商品房（住宅），以及E类人才在余杭区购买商品房（住宅）时，区财政给予规定标准的货币补贴，补贴额度20万~120万元； 区内有房户申请：A类、B类、C类、D类、E类申请对象在区内购买商品房（住宅）的可减半享受区财政给予的货币补贴，补贴额度10万~60万元，补贴标准最高不超过购房款25%。	杭州余杭《余杭区高层次人才购房补贴、租赁补贴操作指引》
9月20日	上海	对符合条件的高管人员给予安家费或住房补贴，住房补贴与安家费补贴不重复享受。对高管人员和特殊高端人才，给予人才奖励。对境外高端金融人才的个人所得税税负差额进行补贴； 对持牌类金融机构、新型金融机构、投资类企业，临港新片区将分别给予一定的落户奖励和综合贡献奖励。需要购地建设本部自用办公用房的，按照金融机构所缴地价款最高30%的比例给予项目建设奖励。在新片区购置自用办公用房的，按实际购房房价12%的比例给予一次性补贴，最高不超过6000万元；租赁自用办公用房的，按实际年租金最高100%的比例给予补贴，年限不超过三年。	上海《关于支持中国（上海）自由贸易试验区临港新片区更加便利更加开放地引进外国人才的通知》《中国（上海）自由贸易试验区临港新片区支持金融业创新发展的若干措施》

8-10　续表 10

时间	城市	政策内容	政策来源
9 月 24 日	芜湖	在芜湖市就业创业的本科及以上学历高校毕业生或具有中级及以上专业技术职务、技师级以上职业资格的人才，其安居保障补助标准为所购房屋需缴纳房产契税和 2 万元安家补助的总额； 在芜湖市就业创业的专科学历高校毕业生或具有初级专业技术职务、高级工职业资格的人才，其安居保障补助标准为所购房屋需缴纳房产契税的 50% 和 1 万元安家补助的总额。	芜湖《关于贯彻执行芜湖市强化创新驱动进一步做好就业创业工作若干政策规定提供人才安居保障事项》
9 月 24 日	南通	企业全职引进的硕士及以上学历或副高及以上职称、高级技师，给予 1000 元 / 月生活津贴，补贴期不超过 36 个月；高层次人才在通州购买商品住宅自住的，由区财政给予 10 万 ~ 50 万元购房补贴（补贴不超过实际购房价）。夫妻双方同时享受购房补贴政策的，按其中一方标准的 1.2 倍执行。购房补贴首次发放应发标准的 40%，自领取生活津贴之月起满 5 年后，再发放剩余的 60%，不满 5 年的，离开通州时须退还已发放购房补贴。	《南通市通州区高层次人才享受生活津贴和购房补贴实施细则（试行）》
9 月 25 日	宜昌	全面取消落户限制。本人及其配偶、子女、夫妻双方父母可在经常居住地（购房、租房居住地）申请登记常住户口，建立以居住地登记户口为基本形式的全市统一新型户籍制度； 积极推进安置房转商品房工作，对毕业 5 年内来宜就业创业、落户的高校毕业生，可按周边商品房价的 8~9 折购买“安转商”住房（博士研究生享受 8 折，硕士研究生享受 8.5 折，本科生及以下享受 9 折优惠）。	宜昌《关于深化户籍制度改革 加快推进城市化进程的实施意见》
9 月 26 日	泉州	在泉落户“零门槛”。对在泉州市创业、就业的人员，实行“举家均可迁移”落户政策，本人及其配偶、未成年子女、父母，均可申请迁入就业地（创业地）。	《泉州市鼓励招工引才十条工作措施》
10 月 8 日	东莞	具备国内普通高等教育全日制大专学历，在东莞市参加社会养老保险，且年龄在 40 周岁以下的人才，在东莞市参加社会养老保险的国内普通高等教育全日制大专以上学历应届毕业生，在东莞市参加社会养老保险的省内职业学校、技工院校具备中级工以上国家职业资格的学制教育应届毕业生，可申请将户籍迁入东莞市。	《东莞市人才入户实施办法（征求意见稿）》
10 月 8 日	黑龙江	加大到全国知名高校定向招录选调生力度，分别给予全日制博士研究生、硕士研究生、统招本科毕业生 15 万元、10 万元、5 万元一次性生活补贴。	黑龙江佳木斯修订《关于进一步加强人才队伍建设若干政策的意见》
10 月 9 日	株洲	入职且毕业 5 年内首次在市区购买新建商品住房，符合条件的全日制博士生和原“985”大学硕士研究生购房补贴为 5 万元，硕士研究生和原“985”大学全日制本科生购房补贴为 3 万元，一般的全日制本科生购房补贴为 2 万元。	《株洲市人才购房补贴暂行办法》
10 月 10 日	聊城	对回到聊城企业全职就业、签订 3 年以上劳动合同并缴纳社会保险的正高级专业技术人员和博士、硕士研究生、“双一流”高校本科毕业生，经评审认定后，分别给予每月 3000 元、2000 元、1000 元生活补贴，补贴期限 3 年； 企业全职引进、签订 3 年以上劳动合同且在本地缴纳社会保险的博士、硕士、“双一流”高校本科生在聊购买首套自有住房并已缴纳契税的，分别给予 10 万元、5 万元、3 万元一次性购房补贴。高层次人才申请住房公积金贷款，最高贷款限额提高到 80 万元，保证贷款年限提高至 20 年，抵押贷款年限提高至 30 年。	聊城《关于实施“归雁工程”鼓励各类聊城籍人才返乡创新创业的意见》
10 月 10 日	南京	安居方式包括：享受人才购房服务；购买政府定向筹集的人才商品住房；租赁政府提供的人才公寓；市场化租赁住房（600~10000 元租赁补贴）；鼓励用人单位对人才购房、租房给予支持。	《南京市江北新区人才安居服务工作办法（试行）》

8-10 续表 11

时间	城市	政策内容	政策来源
10月11日	杭州	在完善人才服务体系方面，新政一方面加大人才安居生活保障力度，给予最高120万元购房补贴、最高4000元/月租房补贴、最高5000元/月生活津贴，另一方面营造尊才爱才社会氛围，选树“十佳爱才重才先进单位”“十佳优秀科技人才”，给予每个入选单位15万元补助、每位入选人才5万元补助。	杭州《萧山区打造人才生态最优区的若干意见》
10月12日	常德	常德向各类人才抛出“重磅红利”。其中，产业精英人才来常德创新创业，最高可获得500万元补贴。同时，对来常德企业工作的全日制博士研究生、硕士研究生、“双一流”高校本科生，将分别给予每人每月工作和生活补贴4000元、3000元、2000元，每人购房补贴20万元、5万元、3万元。	常德《关于大力引进优秀人才服务开放强市产业立市的实施意见》
10月15日	天津	符合天津产业发展定位的来津非首都功能疏解项目，对任职于企业3年及以上且在津缴纳社保的全日制本科及以上在职职工，不受年龄限制，可以随项目来津工作落户； 对承接北京非首都功能疏解的项目，户籍迁入天津市的职工，按照天津市户籍居民政策购房；对户籍暂未迁入天津市的职工，其家庭在天津无住房的，可在天津市购买住房1套，不再提供在津社会保险或个人所得税证明，所购住房需在取得不动产权证满3年后方可上市转让； 以上措施，在天津滨海中关村科技园、宝坻中关村科技城试行，试行期限为一年。	天津《关于天津市促进承接北京非首都功能项目发展的政策措施（试行）》征求意见稿
10月15日	菏泽	给予租房、购房补贴。把返乡创业人员纳入租赁住房补贴政策范围。按照属地管理原则，对符合条件的返乡创业人员在菏泽市依法注册登记创办企业，并正常经营6个月以上、依法纳税，在创业所在县区购置首套自住用房的，可给予3万~5万元的一次性购房补助。	菏泽《关于进一步促进外出人员返乡创业的实施意见》
10月21日	三亚	实际引进并在三亚工作但尚未落户的各类人才（不受年龄限制），符合琼人才局通〔2019〕24号文件精神缴纳个人所得税或社会保险，本人可申请购买1套住房。人才范围包括：经认定的大师人才、杰出人才、领军人才、拔尖人才和其他类高层次人才；全日制大专及以上学历人才（含国外、境外高校毕业生）；具有中级专业职称、技师职业资格、执业医师资格或具有国家和海南省已明确规定可聘任中级专业技术职务的执业资格人才； 实际引进并在三亚工作但尚未落户的急需紧缺人才，其家庭成员均在海南无房的，本人可申请购买1套住房。“急需紧缺人才”是指符合三亚市经济社会发展需要，所在工作岗位被纳入《三亚市急需紧缺人才岗位目录》的人才。	三亚《关于进一步完善人才住房政策的通知》
10月21日	南通	通过人才部门审核的来通创业领军人才可入住三年内免租金的人才公寓或者获得40万~150万元的一次性购房补贴；市区企业全职新引进的高水平创新型人才，具有博士学位或正高级职称的，三年内给予每人每月3000元的生活津贴；具有全日制普通高校大专及以上学历的应（往）届毕业生实现在通落户“零门槛”； 力争至“十三五”末，实现南通市“高层次创业领军人才”达到500人、“高水平企业创新人才”达到3000人，高层次双创人才总量较“十二五”末翻倍的总体目标。	南通《关于实施高层次双创人才倍增计划推动高质量发展的若干政策意见》《关于进一步集聚人力资源服务产业发展的若干政策措施》《江海英才“一卡通”服务实施细则》
10月24日	海南	基本取消海南省（除三沙外）落户限制。省内居民，可在有合法稳定住所（含租赁）的城区、建制镇的社区落户。省外居民，取得海南省居住证并参加海南省城镇从业人员基本养老保险（暂不含临时养老保险缴费账户）和海南省城镇从业人员基本医疗保险的，可在有合法稳定住所的城镇社区落户； 取消农业户口与非农业户口性质区分，统一登记为居民户口。维护农业转移人口的土地承包权、宅基地使用权、集体收益分配权，不得以退出“三权”作为迁出户籍的条件，引导其依法自愿有偿转让“三权”，全面推行户籍变动与“三权”脱钩； 省住建厅要会同相关部门做好稳定房地产市场工作。	《海南省新一轮户籍制度改革实施方案（试行）》

8-10　续表 12

时间	城市	政策内容	政策来源
10月29日	绍兴上虞区	对来虞工作后首次购房且在上虞区未享受过住房优惠政策或房改政策的顶尖人才、国家级领军人才、省级领军人才、市级领军人才分别给予200万元、150万元、110万元、80万元的房票补贴。对首次新引进到上虞区企业工作的市级高级人才、区级高级人才、区级紧缺人才，5年内在我区首次购房的分别给予50万元、30万元、20万元的房票补贴。市级高级人才及以上层次人才在虞购买首套商品房的，在按规定支付完首付后，所余房款可全额享受住房公积金贷款。	绍兴上虞区《高水平建设人才强区的若干政策》
10月30日	山西	全面放开对高校毕业生、职业院校毕业生、留学归国人员的落户限制。	山西《关于做好当前形势下高校毕业生就业创业工作的实施意见》
10月31日	锡林郭勒盟	2019年9月1日后，父母和未婚子女只能在申请办理住房公积金贷款时互为共同借款人，不得贷后再添加为共同借款人、共同还款人，不得互提还贷。	锡林郭勒盟《关于调整明确部分主房公积金信贷政策的通知》
10月31日	嘉兴	高端（含）以上人才购买嘉兴市行政区域内自住住房的，可凭经备案登记的商品房买卖合同，提取住房公积金直接支付首付；顶尖人才、高端人才缴存公积金满1个月后可申请公积金贷款，其他人才缴存公积金满6个月后可申请公积金贷款。各类人才可贷额度计算不与公积金个人账户余额挂钩，也不要求个人公积金账户余额必须达到实际贷款额的十分之一； 取得全日制本科及以上学历学位证书的人才在嘉兴行政区域内首次购买自住住房申请公积金贷款，符合公积金贷款其他条件的，其贷款额度可按单人缴存最高贷款限额上浮50%确定；对购买第二套住房申请住房公积金贷款的公积金贷款利率上浮10%，同时不可享受最高贷款额度优惠。对第三次及以上申请住房公积金贷款或购买第三套及以上住房不予发放公积金贷款。	《嘉兴市住房公积金支持人才安居实施办法》
11月1日	上海	纳入重点机构范围的用人单位引进的紧缺急需、具有本科及以上学历学位和两年以上相应工作经历的核心业务骨干，可予以直接落户。新片区用人单位引进的紧缺急需的特殊人才，由新片区管委会经相应决策程序后，直接向市人力资源和社会保障局推荐，经相关部门集体审议通过后，可予以直接落户； 在新片区用人单位工作的各类人才，居转户年限由7年缩短为5年（其中新片区工作时间不低于3年）。符合新片区重点产业布局、经新片区推荐的用人单位的核心人才，居转户年限由7年缩短为3年（其中新片区工作时间不低于2年）。	上海《关于促进临港新片区高质量发展实施国内人才引进特殊支持政策的通知》
11月4日	江西	切实贯彻落实全面取消城镇落户限制的政策。允许租赁房屋的常住人口在城市公共户口落户。加快实现基本公共服务常住人口全覆盖； 允许农村集体经济组织通过村庄整治、宅基地整理，以出租、入股、联营等方式盘活利用空闲农房及宅基地，用于发展农村新产业新业态。允许村集体在农民自愿前提下，依法把有偿收回的闲置宅基地、废弃的集体公益性建设用地转变为集体经营性建设用地入市。	江西《关于建立健全城乡融合发展体制机制和政策体系的实施意见》
11月4日	徐州	毕业五年内符合条件的本科及以上学历毕业生、符合年龄限制等条件的高级技师（技师）、符合经营时长等条件的回徐创业的徐州籍外出就业创业人员在徐首次购买普通商品住房的，按照购房总价的5%给予一次性补贴，最高不超过10万元； 持彭城英才卡的三类人才，可享受合作银行贵宾待遇，享受“人才贷”服务。五星级人才在徐首次购买普通商品住房的，享受总房款50%，最高100万元购房补贴。	《徐州市大学生招引实施办法》《徐州市高技能人才培养引进实施办法》《徐州市支持返乡人员创业实施办法》《彭城英才卡使用管理办法》

8-10 续表 13

时间	城市	政策内容	政策来源
11 月 4 日	晋城	五类人员同时满足在晋城市就业创业、已取得晋城市户籍且在晋城市无住房等条件的，可提出相应人才安居申请。其中，毕业 5 年内的全日制普通高校本科生，自行租房居住，由所在企业三年内每月补助 1000 元房租； 全日制博士、全日制硕士、本科、专科毕业生在晋城市落户并与晋城市企业签订三年以上劳动合同，五年内在晋城市首次购房的，分别给予 30 万元、10 万元、5 万元、1 万元购房补贴。	《晋城市人才安居工作实施办法（试行）》
11 月 5 日	新疆	全面放开大中专院校毕业生和各类引进人才、留学归国人员的落户限制，精简落户凭证，简化办理手续。加大住房保障力度，通过公共租赁住房、发放租赁补贴等方式，为人才提供住房支持。	新疆《关于充分发挥市场作用促进人才顺畅有序流动的实施意见》
11 月 6 日	广西	全面放开城镇落户条件，取消参保、居住年限、就业年限等落户限制； 自治区根据上一年度各市县农业转移人口进城落户数量，在农业转移人口奖励资金中对进城落户数量较多的地区安排资金予以重点支持。	广西《关于印发广西深化户籍制度改革若干规定的通知》
11 月 7 日	南京	商品住房供应对象包括，在南京市工作，相当于《南京市人才安居办法》中的 A~E 类人才和取得博士学位的人才，以及在南京市登记注册的规上企业、高新技术企业、已备案新型研发机构工作，取得硕士学位的人才等七类。供应对象不限户籍，包含海外人才和港、澳、台人才。其中，南京市户籍相当于 A、B、C 类人才须申请时本人、配偶及未成年子女在南京市无自有产权住房或仅有 1 套住房且建筑面积小于 90 平方米，其他人才须申请时本人、配偶及未成年子女在南京市无自有产权住房且 1 年内无住房交易记录； 全市可售商品房均可作为供应房源，采取整体筹集和按比例筹集相结合的方式。其中，需要摇号的项目根据项目本次申请上市销售量的 20%~30% 确定人才入围名单，按人才优先、其他购房人递进的顺序组织选房； 每名人才家庭只能享受 1 次购房服务且仅限购买 1 套住房，办理报名登记、选房、认购、缴款、签约等手续时须本人持《人才购房证明》，所购住房 5 年内不得转让。	南京《2020 年南京市人才购买商品住房办法（试行）》
11 月 14 日	江苏射阳	对到射阳县企业就业或自主创业、并首次在射阳县参加各项社会保险且正常缴费的博士研究生、硕士研究生、“双一流”高校及学科全日制本科生、普通高校本科生，每月给予 4000 元、2800 元、2000 元、1000 元专项生活补贴。	江苏射阳县《关于深入实施鹤乡英才集聚计划加快人才引进》
11 月 18 日	台州	进一步放开城镇地区落户限制。连续 2 年租赁居住在本市城镇地区合法住宅用房的，可以申请在现居住地登记为常住户口。参加本地城镇社会保险连续满 1 年的人员，可以申请在就业所在地或现居住地登记为常住户口。高校毕业生、技术工人、职业院校毕业生、留学归国人员，可以申请在就业所在地登记或现居住地登记为常住户口。	《台州市公安局关于进一步放宽户口迁移政策的通知（征求意见稿）》
11 月 20 日	上海	加大国内人才引进方面，针对在新片区工作并居住的各类人才实施居住证专项加分、缩短“居转户”年限、公益事业单位录用应届毕业生落户加分、管委会直接审批人才直接引进落户、重点机构紧缺急需人才直接引进落户、紧缺急需技能人才直接引进落户、高等级技能人才直接引进落户、特殊人才推荐落户等八方面优惠政策； 加强人才住房保障方面，新片区将定向微调新片区住房限购政策，调整商品住房选房购房制度，实施限价商品房政策，建设“先租后售”公租房，实施人才租房补贴，可申请租赁人才公寓等六方面人才住房政策，对于在新片区工作的人才形成政策的梯度对接，满足人才租房、购房的多样化需求。	上海《中国（上海）自由贸易试验区临港新片区支持人才发展若干措施》等系列人才政策

8-10 续表 14

时间	城市	政策内容	政策来源
11 月 20 日	中山	《中山市紧缺适用高层次人才证》（第一到第六层次）人才，购买首套自住住房申请住房公积金贷款时，可上浮 1 倍的贷款额度，即个人最高贷款额度为 80 万元；两人以上申请合计最高贷款额度为 160 万元；《中山市紧缺适用高层次人才证》（第七到第八层次）及在我市就业的全日制研究生或以上学历的人才，购买首套自住住房申请住房公积金贷款时，可上浮 30% 的贷款额度，即个人最高贷款额度为 52 万元；两人以上申请合计最高贷款额度为 104 万元；持有市人社局开具的《中山市紧缺适用人才证明》的我市紧缺适用人才，购买首套自住住房申请住房公积金贷款时，可上浮 20% 的贷款额度，即个人最高贷款额度为 48 万元；两人以上申请合计最高贷款额度为 96 万元。	中山《关于对我市高层次人才、紧缺适用人才及全日制研究生购买首套自住住房实行贷款优惠政策征求意见的通知》
12 月 4 日	佛山	在佛山市工作、具有本科及以上学历或中级工及以上职业资格的非佛山市户籍人才，有工作单位的需提供劳动合同、聘用合同、个人城镇职工社会保险参保材料、个人所得税纳税记录 4 项材料之一，自主创业或灵活就业的需提供营业执照复印件、个人城镇职工社会保险参保材料、个人所得税纳税记录 3 项材料之一； 住房套数认定以家庭（夫妻双方及未成年子女）为单位。	佛山《关于进一步完善人才住房政策的补充通知》操作指南
12 月 5 日	淄博	实行购房补贴政策，对未购买淄博市产权型人才公寓的人才，在新购其他商品房时，将博士原有一次性安家补贴 20 万元调整为一次性购房补助 30 万元，硕士研究生、学士本科生分别发放 8 万元、5 万元的一次性购房补助； 连续三年组织实施百名博士研究生、千名硕士研究生来淄创新创业行动。力争用三年时间，全市新引进大学生突破 10 万人。	淄博《进一步加强新形势下引才用才工作的若干措施》
12 月 6 日	武汉	取消年度落户数量限制，累计积分 75 分以上即可在汉落户； 提高“稳定就业”和“稳定生活”两个基础指标权重，进一步优化年龄结构吸引年轻人入户，增加入户区域指标引导申请人到新城区落户。	《武汉市积分入户管理办法（2019 年版）》
12 月 7 日	深圳	在率先形成便利港澳居民学习、生活先行区方面，拟推出 6 项举措。其中，在购房上，港澳居民及家庭在前海合作区内可享受与深圳户籍居民及家庭同等条件的购房政策。在医疗教育上，保障在前海工作的港澳人子女与深圳居民子女平等接受教育、义务教育和高中阶段教育；符合条件的随迁子女顺利在流入地参加高考；开办港人子弟学校，吸引港澳等境外医疗机构在前海办医；在前海合作区内使用已在港澳注册上市的医疗药物和常用医疗仪器。在人才居留上，推动港澳外籍人才居留审批改革，支持非中国籍港澳永久性居民在前海工作、学习、生活。	深圳前海《前海贯彻落实“粤港澳大湾区建设领导小组会议关于惠及港澳居民的政策措施”行动计划》
12 月 10 日	株洲	对在株洲市、区两级所有用人单位全职工作，学历为全日制本科以上，不受年龄和毕业时间的限制，首次在市区购买新建商品住房，且购房网签合同时间为 2019 年 11 月 1 日至 2020 年 2 月 29 日的，均可申请相应人才购房补贴。其中，全日制博士生和原“985”大学硕士研究生补贴 5 万元； 对 2019 年 11 月 1 日至 2020 年 2 月 29 日期间购买新建商品房（含住宅和非住宅，非住宅不含车位、车库、杂物间）和存量住房，并签订网签合同，且在 1 年内（即 2021 年 2 月 28 日前）全部缴纳完契税的，由市财政按其所缴纳契税额的 50% 对购房人予以补贴；对新建商品房项目地下车位首次出售的，由市财政按 1000 元 / 月的标准对购买人实施补贴政策。	株洲《进一步推进房地产领域“温暖企业”行动若干政策》
12 月 13 日	洛阳	全面取消城镇落户限制，以户籍制度改革统筹带动相关配套制度改革创新。加强部门间协调配合，形成工作合力，发挥政策组合效应，推动农业转移人口在城镇落户； 2022 年前，全市城乡区域间户籍迁移壁垒加速破除，配套政策体系进一步健全，剥离依附在户口性质上的城乡差别公共政策，全面推进以人为核心的新型城镇化进程，户籍人口城镇化率年均提高 1.5 个百分点以上，年均转户 10 万人以上。	洛阳《关于进一步加快户籍制度改革工作的意见》

8-10 续表 15

时间	城市	政策内容	政策来源
12 月 13 日	广州南沙区	认定持有广州市人才绿卡、广州南沙人才卡 A 卡和 B 卡等的高端人才，可在南沙区范围内享受广州市户籍居民购买商品房同等待遇； 具有本科及以上学历、中级及以上专业技术资格、中级及以上职业资格、可聘任为中级及以上专业技术职务的执业资格，在南沙区工作、学习的人才，在南沙区范围内购买首套商品房不受户籍、社保和个税缴存限制（在广州市内已购有首套商品房的除外）； 港澳居民在南沙区范围内购买商品房享受与广州市户籍居民同等待遇。	广州南沙区《关于进一步便利人才及港澳居民购买商品房的通知》
12 月 17 日	广州花都区	全面放开社保的制约。放开在花都区购买社会保险 6 个月的时限要求，申领人凭相关就业或创业证明即可申领人才绿卡； 全面放开大专以上学历的制约。大专以上学历的中高层管理人员由用人单位出具组织架构图和任职文等证明材料即可申领，大专以上学历的骨干技术人员取得中级及以上专业技术资格或职业资格证书即可申领； 全面放开急需紧缺人才和创新创业人才准入“门槛”。对于急需紧缺人才和创新创业人才，不设大专以上学历和中等职业资格方面的限制，只需花都区相关职能部门出具的认证报告，即可申领人才绿卡。	《广州市花都区人才绿卡申领指南（修订版）》
12 月 18 日	开封	全面放开放宽重点群体落户限制。进一步研究制定推进户籍制度改革的政策措施，全面放宽农业转移人口落户条件。以农村学生升学和参军进入城镇的人口、在城镇就业居住 5 年以上和举家迁徙的农业转移人口以及新生代农民工为重点，促进有能力在城镇稳定就业和生活的农业转移人口举家进城落户； 全市要以解决符合条件的普通劳动者落户问题为重点，调整完善户口迁移政策，参加城镇社会保险的年限要求不得超过 1 年。要进一步放宽外来人口落户政策，加快提高户籍人口城镇化率。不得将购买房屋、投资纳税等作为落户限制条件，不得采取积分落户方式。全面放开建制镇和小城市落户限制。	开封《关于印发推动非户籍人口在城市落户实施方案分解意见的通知》
12 月 20 日	广州黄埔区	经区认定的在黄埔区连续工作半年以上的各类人才，可不受户籍限制，在黄埔区范围内购买 1 套商品住房； 在黄埔区工作，持有广州市人才绿卡或经区认定的杰出人才、优秀人才、精英人才、名校（园）长、名教师、优秀医学专家、黄埔工匠，其父母、配偶父母、成年子女均可在黄埔区范围内购买 1 套商品住房； 港澳居民在黄埔区范围内、在中新广州知识城工作的新加坡居民在中新广州知识城范围内购买商品住房享受与广州市户籍居民同等待遇。	广州黄埔区、广州开发区《关于完善人才住房政策的通知》
12 月 25 日	温州	配售人才住房对象须为全职在温州工作且经认定为温州市 ABCDE 类人才，或是全职在温州中小学（幼儿园）、医疗卫生机构工作，具有全日制本科以上学历，且贡献积分值达到 100 分以上，或是全职在温州市企业、民办非企业单位、中介机构工作，具有全日制本科以上学历或具有《温州市紧缺专业人才需求目录》范围的中级及以上专业技术职称、技师以上职业资格，且近两年年工资薪金所得额达到 10 万元及以上。同时，人才须已与用人单位签订 3 年以上全职工作合同，已以用人单位的名义依法缴纳社会养老保险金（或个税）36 个月以上，本人及配偶在温州均未拥有过住房或累计拥有过的住房面积少于 60 平方米，均未享受过温州政府购房类优惠政策； 配售型人才住房按人才层次类别享受相应的面积和折扣优惠（5~7 折），配租型人才房租金打 3 折。配售的人才住房自签订买卖合同之日起 10 年内为共有产权，不得上市流通周转、不得办理抵押贷款。	《温州市人才住房租售并举实施办法》
12 月 25 日	江西吉安	人才住房配售价格按市场价 7 折执行，人才住房自申请人办理不动产登记之日起 5 年内不得上市交易。购房人 5 年内调离吉安市的，由原出售单位按原出售价格收回购房人所购买的人才住房。	江西吉安《关于印发吉安市人才住房建设管理办法（试行）的通知》

8-11　2019年其他重要政策

时间	城市	政策内容	政策来源
1月7日	南京	自2019年1月7日起取消“经济适用房上市，所有权人应另有住房”的规定，其他要求不变。	南京《关于调整经济适用房上市办理要求的通知》
1月10日	天津	取消四宗地块出让合同中约定的“该地块租赁型住宅建成后不允许出售，仅允许出租”条款，将自持租赁住宅调整为可售住宅。	天津《津滨开（挂）2012-13、14、15、16号（补充公告）》
1月16日	江苏	取消空置房收费减免的相关规定。	《江苏省物业服务收费管理办法》
1月21日	开化县	经济适用住房购房人在签订购房合同之日起满5年后，可通过补交土地收益等价款取得完全产权； 未取得完全产权的，不动产登记机构不得予以办理转移登记，任何中介机构不得代理买卖、出租该经济适用住房。	《开化县人民政府关于经济适用住房上市交易实施办法（试行）》
1月22日	上海	到2020年，上海基本确立以人民币产品为主导、具有较强金融资源配置能力和辐射能力的全球性金融市场地位，基本形成公平法治、创新高效、透明开放的金融服务体系，基本建成与我国经济实力以及人民币国际地位相适应的国际金融中心，迈入全球金融中心前列。	《上海国际金融中心建设行动计划（2018~2020年）》
1月31日	上海	自2019年1月1日起，上海市按照房产余值计算缴纳房产税的纳税人，房产原值减除比例调整为30%。	《上海市人民政府关于调整本市房产税房产原值减除比例的通知》
2月22日	全国	对于经营性养老用地，通过强制性监管协议杜绝开发商以养老名义进行房地产开发建设； 南昌、郑州、武汉、成都、秦皇岛、许昌、宜兴等7个城市作为首批试点城市。	发改委《城企联动普惠养老专项行动实施方案（试行）》
2月13日	北京	引导银行机构在满足内部控制和风险管理要求的前提下开展续贷业务，清理不必要的“通道”和“过桥”环节； 不从事具体生产经营的管理型企业集团总部和房地产企业等不适用续贷业务政策。	北京《关于进一步做好小微企业续贷业务支持民营企业发展的指导意见》
3月1日	全国	围绕“一带一路”建设、京津冀协同发展、长江经济带发展、粤港澳大湾区建设、长三角一体化发展等重大战略实施，选择部分基础条件成熟的承载城市，启动第一批15个左右国家物流枢纽布局建设。	发改委等24部门《关于推动物流高质量发展促进形成强大国内市场的意见》
3月8日	全国	切实防控地方政府隐性债务风险，加大对民营企业、外资企业参与PPP项目的支持力度，优先支持基础设施补短板以及健康、养老、文化、体育、旅游等基本公共服务均等化领域有一定收益的公益性项目。	财政部《关于推进政府和社会资本合作规范发展的实施意见》
3月11日	全国	2019年底前，全国所有市县一般登记、抵押登记业务办理时间力争分别压缩至10个、5个工作日以内；2020年底前，力争全部压缩至5个工作日以内。	国务院《关于压缩不动产登记办理时间的通知》
3月19日	浙江	严管严控新增围填海，除国家重大战略项目涉及围填海的按程序报批外，全面停止新增围填海项目审批，加强滨海湿地保护。同时，浙江将严格限制围填海用于房地产开发、低水平重复建设旅游休闲娱乐项目和污染海洋生态环境的项目。	《浙江省贯彻落实国家海洋督察围填海专项督察意见整改方案》
3月21日	广东	各地应限定最小的分割面积，不得在层内再进行分割，不得改变土地用途和房屋用途进行开发。工业物业产权分割及分割转让时，不得将一宗土地分割为多宗土地，办理不动产登记时标注土地使用权按份共有或共同共有。	广东《关于明确工业物业产权分割及分割转让不动产登记有关事项的通知》
4月16日	全国	鼓励各地探索利用集体建设用地发展养老服务设施。存量商业服务用地等其他用地用于养老服务设施建设的，允许按照适老化设计要求调整户均面积、租赁期限、车位配比及消防审验等土地和规划要求。	国务院《关于推进养老服务发展的意见》

8-11 续表 1

时间	城市	政策内容	政策来源
4 月 2 日	合肥	托管银行应当设立存量房交易资金托管专用账户。存量房交易资金的存储和划转应当通过专用账户进行。	《合肥市存量房交易资金托管服务办法（征求意见稿）》
4 月 11 日	天津	非住宅物业的购房人和开发建设单位，应当按照每建筑平方米 100 元的标准分别交存首期专项维修资金。	天津《关于本市非住宅物业专项维修资金交存管理有关事项的通知》
4 月 15 日	黑龙江	按住建部对别墅项目进行梳理的紧急通知要求，为全面了解掌握全省各地别墅情况，为下一步做好黑龙江省违建别墅清理各项工作奠定基础，现就 2003 年以来别墅项目建设情况进行全面清理排查。	黑龙江《关于报送违建别墅有关情况的通知》
4 月 24 日	北京	建设单位投保缺陷保险的保险期间，地基基础和主体结构工程为 10 年，保温和防水工程为 5 年。保险责任开始时间自建设工程竣工验收合格 2 年之日起算。	《北京市住宅工程质量潜在缺陷保险暂行管理办法》
5 月 5 日	全国	国家加强对政府投资资金的预算约束。政府及其有关部门不得违法违规举借债务筹措政府投资资金。	国务院公布《政府投资条例》
5 月 23 日	全国	到 2020 年，基本建立国土空间规划体系，逐步建立“多规合一”的规划编制审批体系、实施监督体系、法规政策体系和技术标准体系；基本完成市县以上各级国土空间总体规划编制，初步形成全国国土空间开发保护“一张图”； 到 2025 年，健全国土空间规划法规政策和技术标准体系；全面实施国土空间监测预警和绩效考核机制；形成以国土空间规划为基础，以统一用途管制为手段的国土空间开发保护制度； 到 2035 年，全面提升国土空间治理体系和治理能力现代化水平，基本形成生产空间集约高效、生活空间宜居适度、生态空间山清水秀，安全和谐、富有竞争力和可持续发展的国土空间格局。	国务院《关于建立国土空间规划体系并监督实施的若干意见》
7 月 12 日	全国	省会及以下城市要全面放开对高校毕业生、职业院校毕业生、留学归国人员的落户限制。	人社部等五部门《关于做好当前形势下高校毕业生就业创业工作的通知》
7 月 16 日	全国	对符合破产等退出条件的国有企业，各相关方不得以任何方式阻碍其退出，防止形成“僵尸企业”。不得通过违规提供政府补贴、贷款等方式维系“僵尸企业”生存，有效解决国有“僵尸企业”不愿退出的问题。	国家发改委《加快完善市场主体退出制度改革方案》
10 月 8 日	全国	多用途国有建设用地范围内配建地下车位，与地上建筑物配建比例明确且按用途在空间上能够明确区分的，其土地用途、使用期限按对应地上建筑物土地用途和使用期限认定；在空间上不能够明确区分的，按地上建筑物使用期限最长土地用途和使用期限认定。	《自然资源部关于城镇住宅小区地下车位（库）确权登记若干问题的意见（征求意见稿）》
10 月 9 日	全国	通过 5 年左右的努力，试点布局建设 50 个左右产教融合型城市。首批试点省市包括：天津市、河北省、辽宁省、上海市、江苏省、浙江省、安徽省、福建省、江西省、山东省、河南省、湖北省、湖南省、广东省、广西壮族自治区、四川省、陕西省、新疆维吾尔自治区、宁波市、青岛市、深圳市。	国家发改委《关于印发国家产教融合建设试点实施方案的通知》
10 月 10 日	雄安新区	以公开出让方式供应项目用地，项目包括会展中心、商务办公、酒店、公寓、幼儿园等功能。其中，公寓面向中长期进驻新区办公的各类人才，采用“专家公寓 + 服务式公寓”的组合方式，满足从单身到家庭的各类人才需求。雄安新区大规模城市开发建设进入实施阶段。	雄安新区《雄安商务服务中心项目国有建设用地使用权出让公告》
10 月 21 日	北京	由兼起居的卧室、厨房和卫生间等组成的最小套型，其使用面积不应小于 24 平方米。住宅层高不应低于 2.80 米。四层及四层以上新建住宅建筑或住户入口层楼面距室外设计地面的高度超过 9 米的新建住宅建筑，必须设置电梯。	北京《住宅设计规范（征求意见稿）》

8-11　续表2

时间	城市	政策内容	政策来源
10月22日	北京	物业管理区域内规划用于停放车辆的车位、车库，应当用于满足业主的需要。用于出售的不得出售给本物业管理区域业主以外其他人。尚未出售或用于出租的，优先出租给本物业管理区域业主，不得以“只售不租”为由拒绝出租。	《北京市物业管理条例（草案）》征求意见稿
11月21日	全国	到2022年，我国积极应对人口老龄化的制度框架初步建立；到2035年，积极应对人口老龄化的制度安排更加科学有效；到21世纪中叶，与社会主义现代化强国相适应的应对人口老龄化制度安排成熟完备； 鼓励成年子女与老年父母就近居住或共同生活，制定和完善适老性住宅的建筑标准和规范。引导规范金融、地产企业进入养老市场，鼓励养老机构探索各类跨界养老商业模式。促进养老服务业与健康、文化、旅游、家政等产业融合发展，不断提供满足老年人需求的健康养老、养生旅游等服务； 保持经济持续稳定增长，优化经济发展结构，提高经济发展质量效益。全面提高人力资源素质，深化户籍、社保、土地等制度改革，加大就业灵活性。推动以科技创新为核心的全面创新，转变经济增长的动力机制，增强科技进步对经济增长的贡献度。	国务院《国家积极应对人口老龄化中长期规划》
11月9日	安徽	取得土地使用权后，开发建设单位未按照规定配建幼儿园设施，或未与小区首期住宅项目同步建成的，自然资源部门不予办理建设工程规划核实。	《安徽省城镇小区配套幼儿园建设管理办法》
12月18日	全国	以科学合理规划为前提，以乡镇为基本实施单元（整治区域可以是乡镇全部或部分村庄），整体推进农用地整理、建设用地整理和乡村生态保护修复，优化生产、生活、生态空间格局，促进耕地保护和土地集约节约利用，改善农村人居环境，助推乡村全面振兴。到2020年，全国试点不少于300个，各省（区、市）试点原则上不超过20个； 禁止违背农民意愿搞大拆大建，禁止破坏生态环境砍树挖山填湖、占用耕地搞人造景观、破坏乡村风貌和历史文脉等。	自然资源部《关于开展全域土地综合整治试点工作的通知》
12月2日	合肥	到2019年底，启动4个试点智慧社区、50个试点平安小区建设；到2020年底，智慧社区在主城区全面推广，形成8~10个示范性样板社区，社区5G网络实现全覆盖；到2021年底，智慧社区全面覆盖主城区及各县（市）城区，社区数据资源实现跨层级、跨领域、跨部门共享利用，社区公共服务体系全面建成，初步建成2~3个虚实深度融合的数字孪生社区。	《合肥市智慧社区建设规划（2019~2021年）》
12月2日	广西	文化旅游用地出让成交后，受让人一次性缴纳土地出让价款有困难的，可以分期付款，首付按不低于出让价款的50%缴纳，余款1年内缴清； 在充分保障农民宅基地用益物权、集体和农民个人自愿的前提下，农村集体经济组织和农民个人可以自行或与企业合作等方式盘活利用空闲农房、宅基地和其他农村集体建设用地，按照村庄规划要求和用地标准，改造建设民俗民宿、休闲养老、创意办公、乡村旅游等活动场所。	广西《关于支持文化旅游高质量发展用地政策的通知》
12月16日	昆明	该政策从保护购房者权益的角度出发，通过政府的行政手段，引导开发企业诚信经营、依法建设；也是对开发企业和项目建设各个环节的检验，有助于进一步规范开发企业，促使开发企业更加重视楼盘质量、项目监管和服务质量，最终以品质、口碑、业绩来赢得购房者。同时，通过“交房即交证”的实施以及市场手段，让“优胜劣汰”成为常态，有助于房地产市场秩序的健康有序发展。	昆明《关于推行新建商品房项目“交房即交证”不动产登记便民利企工作的通知》

报告篇

报告一 2020中国房地产百强企业研究

一、研究背景与目的

中国房地产 TOP10 研究组自 2004 年以来开展中国房地产百强企业研究，已连续进行了 17 年。研究组紧随行业发展脉搏，深入研究房地产企业经营规律，为促进行业良性运行、企业快速成长发挥了重要作用，相关研究成果已成为评判房地产企业经营实力及行业地位的重要依据。

2019 年中央经济工作会议指出，“我国经济稳中向好、长期向好的基本趋势没有改变”，“坚持稳中求进工作总基调，坚持新发展理念，坚持以供给侧结构性改革为主线，坚持以改革开放为动力，推动高质量发展”；重申“房住不炒”，并提出“全面落实因城施策，稳地价、稳房价、稳预期的长效管理调控机制”。2020 年新年伊始，突如其来的新冠肺炎疫情给社会经济带来巨大影响。房地产企业在全力抗击疫情的同时，积极恢复投资生产，为行业及经济平稳发展做出贡献。在此背景下，房地产行业机遇与挑战并存，高质量发展成为行业共识，房地产企业应顺应市场大势，防范各类风险，提升发展质量，实现可持续的规模化发展。为此，研究组启动“2020 中国房地产百强企业研究”，以“提质增效，行稳致远”为主题，发掘行业中综合实力强、成长潜力大、经营稳健、社会责任感强的优秀房地产企业群体，鼓励企业积极改进业务模式、高效整合发展资源，引领行业在新时代下实现持续、健康成长。

在分析总结历年研究经验及房地产企业发展现状的基础上，研究组进一步完善了研究方法和评价指标体系，继续从规模性、盈利性、成长性、稳健性、融资能力、运营效率和社会责任感等七个方面全面、客观地评价企业的综合实力，引导企业不断优化发展模式，推动行业健康、良性运行。

中国房地产百强企业研究目的包括以下三点。

（1）通过企业规模性、盈利性、成长性、稳健性、融资能力、运营效率和社会责任等指标的量化研究，发掘综合实力强、经营稳健以及具备较强社会责任感的优秀企业群体；

（2）通过系统研究，打造“中国房地产百强企业”品牌，提升企业知名度和影响力，发挥百强企业的行业示范效应，推动房地产企业做强做好做大；

（3）通过企业评价，鼓励企业为社会多做贡献，以营造行业重视社会责任的氛围，发挥房地产业作为国民经济重要支柱产业和重要民生行业的作用。

二、研究方法体系

（一）标准和门槛值

中国房地产百强企业研究坚持以数据为依据，坚持客观、公正、准确、全面的研究原则。TOP10 研究组依照国际惯例，对中国房地产百强企业设立如下筛选标准和门槛值。

（1）依法设立并登记注册的房地产开发经营企业作为本次的研究对象；

（2）按照国际惯例，对进入研究的企业给予一个门槛指标，研究组根据近 5 年百强企业实际状况，确定近三年每年的房地产业务销售额均须达到 10 亿元或销售面积 10 万平方米为入选门槛值；

（3）为了引导房地产开发企业做强做好做大，研究组鼓励以集团的名义参与；

（4）符合上述 1 ～ 3 条，但是有严重拖欠工程款，或有重大偷漏税等违规行为问题的企业，取消评审资格。

（二）评价指标体系

2020 中国房地产百强企业研究以 2017~2019 年度为研究时间段，涵盖 7 个二级指标，34 个三级指标，全面考量企业综合实力（见图 1）。

评价指标体系的设计主要把握以下几个基本原则。

（1）企业规模与运营效率相结合。规模与效率是企业向前发展的双驱动力，规模经济的获取离不开高效率的经营管理，基于资金密集型特性，房地产企业只有在不断提高经营管理的运转效率，更好地实现资本的良性增值循环的基础上，才能稳健扩张规模；在市场波动明显的情况下，较高周转率对于企业的稳健经营更是具有重要意义。研究组采用净资产、房地产业务收入、总资产周转率、存货周转率等指标，综合反映企业规模化发展与运营效率的情况。

（2）成长潜力与经营稳健相结合。房地产是资金密集型行业，也是容易受政策影响的行业。企业的高杠杆运营在市场调整期往往带来资金链断裂的巨大压力；而一旦市场向好，企业为补偿资本所承受的风险，又容易诱发提高房价、盲目囤地，进一步推高行业不确定性风险，增加企业的经营难度。此次研究继续强调企业成长潜力的培育必须建立在稳健经营的前提下，注重短期财务风险的控制，处理好稳健经营与快速成长之间的关系，以维护整个行业的平稳健康发展。

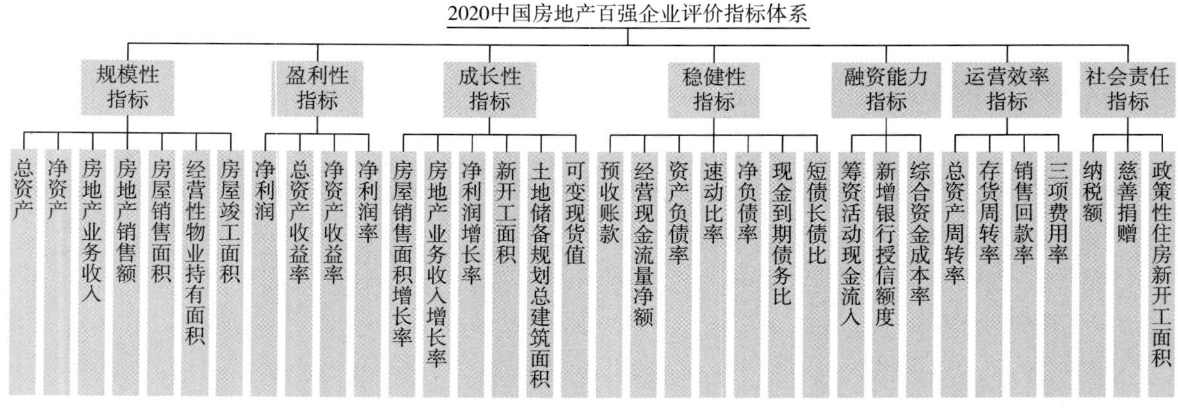

图 1　体系架构

（3）盈利能力与社会责任相结合。企业必须稳步盈利才能实现永续经营，研究组对房地产企业盈利能力的评价，将从净利润、净资产收益率、净利润率、成本费用利润率等角度来进行，更全面地衡量企业在不同市场形势下的盈利状况及成本控制水平。同时从纳税、政策性住房新开工面积、慈善捐赠三个基本层面引导企业重视社会责任，积极构建和谐社会，并将其作为企业综合实力评价的重要内容。

（4）融资能力与综合实力相结合。融资能力对于房地产企业有着极其重要的意义，项目的获取、运营等环节都离不开强大的融资能力支持。本次研究通过筹资活动现金流入、本年新增银行授信额度及综合资金成本率三个指标来分析企业的融资实力，表现突出的企业其综合实力指数相应提高。

在 2020 中国房地产百强企业研究中，中国房地产 TOP10 研究组根据企业规模与运营效率相结合、成长潜力与经营稳健相结合、盈利能力与社会责任相结合、融资能力与综合实力相结合的原则，全面客观地评价企业的综合实力。

（三）数据来源和复核

本研究报告的数据来源包括以下几个方面。

（1）房地产开发企业填报数据；

（2）中房指数系统（CREIS）数据库；

（3）房地产企业对外公布的信息（包括公司年报、企业网站公布的信息和对外派发的宣传资料）；

（4）有关政府部门（包括建委、房管局和统计局等）的公开数据；

（5）2017 年、2018 年、2019 年中国房地产百强企业研究收集企业数据资料；

（6）2017 年、2018 年、2019 年中国房地产上市公司研究收集企业数据资料；

（7）2017 年、2018 年、2019 年中国房地产品牌价值研究收集企业数据资料。

数据复核

企业填报数据须如实客观，研究组将对填报数据进行复核。

（1）企业财务数据通过会计师事务所出具的报表进行复核；

（2）通过税单复核企业经营收入及利润；

（3）对收集的数据坚持交叉复核：通过各地房地产交易中心公开的项目交易情况复核企业提供的销售数据：通过统计局的企业直报数据进行交叉复核；对有疑问的数据研究组可要求进行现场复核。

企业填报数据经过复核存在疑义或未提供数据的企业未纳入本次研究范畴。

（四）计量评价方法

（1）在研究方法上，为增加研究的严谨性，采用因子分析（Factor Analysis）的方法。因子分析是一种从变量方差—协方差结构入手，在尽可能多地保留原始信息的基础上，用少数新变量解释原始变量方差的多元统计分析方法。它将原始变量分解为公共因子和特殊因子之和，并通过因子旋转，得到符合现实意义的公共因子，然后用这些公共因子去解释原始变量的方差。计算中国房地产百强综合实力时，主要是计算各构成要素的相关矩阵，通过相关矩阵得到特征值、累计特征值及因子载荷。根据最初几个特征值在全部特征值的累计百分率大于或等于某百分比的原则，确定公共因子的具体个数。再根据因子载荷矩阵确定各个因子的现实意义并进行重新命名，最后根据不同企业各个因子的得分及载荷矩阵，通过加权累加构成

2020 中国房地产百强综合实力指数。

（2）企业按评价指标体系排序出现并列时，依照慈善捐赠数据确定排序；当上述累加计算又基本相同时，按西部、中部、东部排序确定。

三、主要研究成果

（一）2020 中国房地产百强企业

表 1 “2020 中国房地产百强企业”名单

恒大地产集团有限公司	广州市敏捷投资有限公司	康桥集团
碧桂园控股有限公司	红星地产	实地地产集团
万科企业股份有限公司	金辉集团股份有限公司	桂林彰泰实业集团有限公司
保利发展控股集团	浙江佳源房地产集团有限公司	领地集团有限公司
融创中国控股有限公司	海伦堡中国控股有限公司	上海爱家集团
中海地产（中国海外发展）	中冶置业集团有限公司	时代大地控股集团有限公司
绿地控股集团股份有限公司	珠海华发实业股份有限公司	上海城建置业发展有限公司
华润置地有限公司	四川新希望房地产开发有限公司	中惠熙元房地产集团有限公司
绿城中国控股有限公司	宝龙地产控股有限公司	郑州绿都地产集团股份有限公司
龙湖集团控股有限公司	东原集团	杭州宋都房地产集团有限公司
招商局蛇口工业区控股股份有限公司	联发集团有限公司	恒泰集团
华夏幸福基业股份有限公司	重庆华宇集团有限公司	天山房地产开发集团有限公司
阳光城集团股份有限公司	苏宁置业集团有限公司	财信地产发展集团股份有限公司
旭辉集团股份有限公司	俊发集团有限公司	广东方直集团有限公司
世茂房地产控股有限公司	武汉地产开发投资集团有限公司	上坤地产集团有限公司
荣盛房地产发展股份有限公司	景瑞地产（集团）有限公司	龙记泰信集团
金科地产集团股份有限公司	花样年集团（中国）有限公司	睿古地产集团
正荣集团有限公司	仁恒置地集团有限公司	正黄集团
雅居乐集团控股有限公司	星河控股集团有限公司	云南实力控股集团有限公司
中国金茂控股集团有限公司	中国葛洲坝集团房地产开发有限公司	重庆泽京房地产开发有限公司
四川蓝光发展股份有限公司	当代置业（中国）有限公司	金侨投资控股有限公司
龙光地产控股有限公司	德信中国控股有限公司	银城国际控股有限公司
广州富力地产股份有限公司	福星惠誉控股有限公司	四川圣桦集团有限公司
杭州滨江房产集团股份有限公司	光明房地产集团股份有限公司	合能投资有限公司
奥园集团有限公司	三盛集团有限公司	华夏阳光地产有限公司
佳兆业集团控股有限公司	北京金隅集团股份有限公司	奥克斯地产
祥生地产集团	华鸿嘉信控股集团有限公司	潍坊恒信建设集团有限公司
中国铁建房地产集团有限公司	北京北辰实业股份有限公司	众安集团有限公司
新力控股（集团）有限公司	北京鸿坤伟业房地产开发有限公司	润达丰控股集团有限公司
合景泰富集团	奥山控股	东投地产集团有限公司
泰禾集团股份有限公司	德杰集团	重庆海成实业（集团）有限公司
时代中国	杭州市城建开发集团有限公司（大家房产）	三巽集团
大悦城控股集团股份有限公司	美好置业集团股份有限公司	
上海中建东孚投资发展有限公司	上海建工房产有限公司	

在 2020 中国房地产百强企业研究中，中国房地产 TOP10 研究组根据近 5 年百强企业实际状况，初选了 500 家符合要求的开发企业，依据企业规模与运营效率相结合、成长潜力与经营稳健相结合、盈利能力与社会责任相结合、融资能力与综合实力相结合的原则，运用因子分析法及相关数学模型，对全国 500 家房地产企业（集团）的规模性、盈利性、成长性、稳健性、融资能力、运营效率和社会责任等七个方面的 34 个指标和其他数据信息进行深入的分析研究，科学全面地计算出房地产企业的综合实力指数，研究产生了 2020 中国房地产综合实力百强企业。

（二）百强企业整体发展特点分析

1. 销售业绩增速放缓，市场份额升逾六成

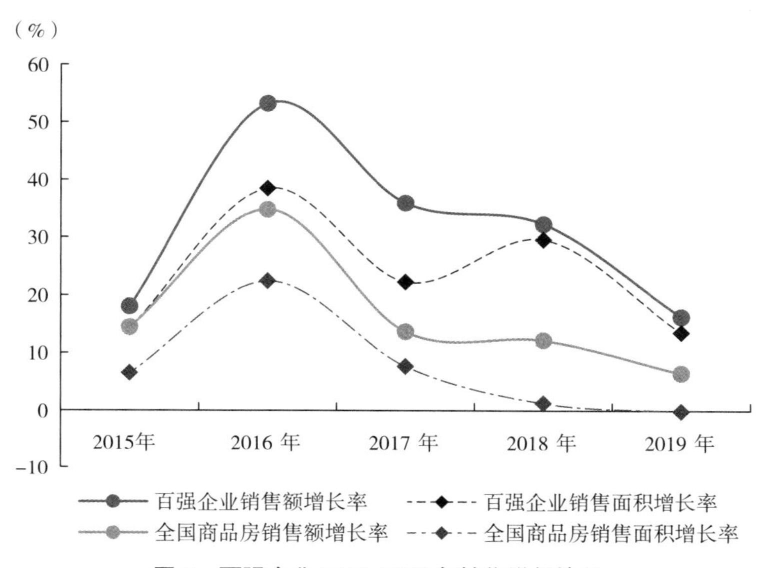

图 2　百强企业 2015~2019 年销售增长情况

2019 年，国家坚持“房住不炒”定位，房地产行业进入“换挡期”，全国商品房销售额增速继续放缓，百强企业精准把握市场需求，销售规模稳步提升：销售总额、销售面积分别达 98179.3 亿元、72458.3 万平方米，同比增长 16.3% 和 13.5%，分别高于同期全国增幅 9.8 个、13.6 个百分点。百强企业市场份额持续扩大至六成，行业集中度进一步提升。2019 年，百强企业销售额市场份额稳步上升至 61.5%，较上年提高 5.2 个百分点。其中，综合实力 TOP10 企业销售额市场份额为 27.7%，较上年提高 1.3 个百分点。

2. 把握市场机遇因城施策，优产品强营销保增长

2019 年，全国房地产市场调控政策整体偏紧，百强企业积极把握热点城市市场机遇，二线城市仍是主要销售来源，其中百强 50 家代表企业重点项目在二线城市销售额占比为 44.5%；百强企业精准把握市场需求，加大首改类产品的推出比例，通过加大产品研发力度、升级产品体系等，聚焦产品力提升；百强企业精准把握市场节奏推盘，加大营销力度，推动销售业绩的持续稳定增长（见图 3）。

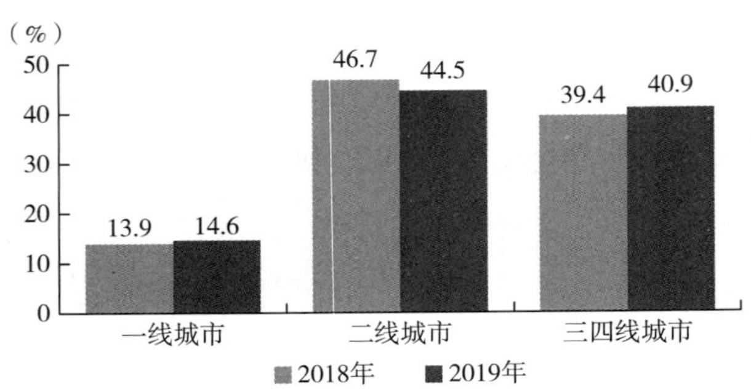

图 3　百强代表企业 2018 年、2019 年各等级城市销售额分布

3. 行业盈利能力整体下降，优秀企业逆势提升

2019 年，受房地产调控政策持续、各类成本居高不下等因素影响，叠加企业周转速度的下降，营业收入与净利润增速下降。2019 年百强企业营业收入、净利润同比增速分别为 24.2%、19.5%，增速分别下降 11.6 个、20.4 个百分点（见图 4）。随着市场持续调整，行业利润率仍有下行可能，百强企业应提前做好应对策略，通过降本增效、优化内控等方式提升运营效率，在保证利润的同时加速去化，进而实现企业高质量发展的目标。

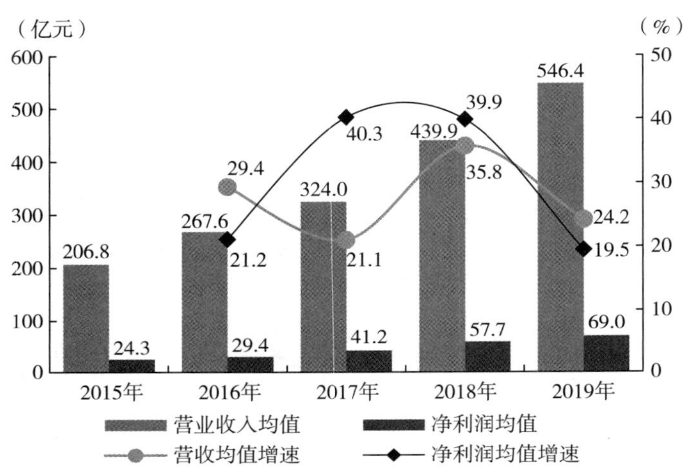

图 4　百强企业 2015~ 2019 年营业收入与净利润均值变化情况

4. 企业换仓回归一、二线，多渠道融资促稳健发展

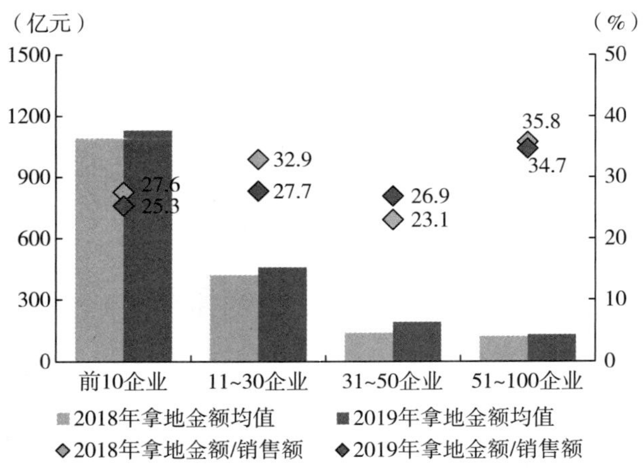

图 5　百强代表企业 2018~2019 年拿地金额占销售额比重均值

2019年，百强企业的拿地态度继续保持谨慎，布局重点向一、二线城市回归，同时在招拍挂市场中的合作力度有所减弱，持续通过收并购、城市更新、产城融合、文旅地产等渠道储备发展资源。同时，百强企业积极拓展多元融资渠道，在银行及信托贷款、国内信用债及海外债发行方面仍具有明显优势。此外，百强企业继续探索创新融资渠道，为企业稳健发展寻求支撑。

5.“去杠杆”转为“稳杠杆”，强化管控保障现金流

百强企业由“去杠杆”转为“稳杠杆”，负债水平仍处于高位。百强企业资产负债率均值为78.7%，有效负债率均值为49.0%，与上年基本持平，整体负债水平和短期偿债能力保持稳定，同时，债券偿还高峰即将到来，企业销售及融资端仍承压，未来，百强企业应继续加强现金流管控，持续改善现金流状况，保障资金安全。

6. 快速去化缓解高价地压力，精准投资降低资金风险

百强企业新增高价地总量增长，去化程度分化明显，龙头企业高价地去化程度相对较高，小型企业更应警惕高价地风险。同时，百强企业精准投资把握土地市场机遇，优化货值结构，为业绩发展提供有力支撑。此外，百强企业围绕主业探索多元业务，协同打造多元竞争优势，在此过程中，房企切忌盲目多元化，加大企业资金压力。

7. 持续参与精准扶贫，全面履行企业公民责任

2019年，百强企业积极依法纳税，纳税额均值达70.6亿元，同比增长19.8%。与此同时，百强企业持续进行扶贫投入，改进扶贫工作方法，注重提高扶贫效果的可持续性，帮助贫困户实现长远稳定脱贫。百强企业对ESG理念（环境、社会和公司治理）的关注度进一步提升，聚焦保障房、教育、文化保护等领域，积极回馈社会。

8. 积极出手抗击疫情，多举措做好防控工作

2020年，面对新型冠状病毒肺炎疫情，百强企业积极捐款捐物，部分企业参与防疫设施建设工作。同时，百强企业严防控筑牢防疫战线，通过及时关闭售楼处、加强防疫宣传工作、严格实行封闭式管理等，守护好防疫工作大后方。此外，百强企业为租户减免租金，帮助小微企业渡过难关。

副报告一　2020中国房地产百强企业TOP10研究

中国房地产TOP10研究组在百强企业研究的基础上，基于对企业规模性、盈利性、成长性等方面的深入研究，评价产生了2020中国房地产百强企业“综合实力TOP10”“规模性TOP10”“盈利性TOP10”“成长性TOP10”“稳健性TOP10”“融资能力TOP10”“运营效率TOP10”“年度社会责任感企业”和“年度扶贫标杆企业”。

2019年，综合实力TOP10企业把握市场机遇，业绩稳步增长，企业经营质量居于领先地位，行业标杆地位稳固。

表 2　2020 中国房地产百强企业“综合实力 TOP10”

排名	公司名称
1	恒大地产集团有限公司
2	碧桂园控股有限公司
3	万科企业股份有限公司
4	保利发展控股集团
5	融创中国控股有限公司
6	中海地产（中国海外发展）
7	绿地控股集团股份有限公司
8	华润置地有限公司
9	绿城中国控股有限公司
10	龙湖集团控股有限公司

2019 年，规模性 TOP10 企业的资产和销售规模持续扩大，总资产均值 11358 亿元，同比增长 18.3%，销售额及营业收入均值分别为 3857.1 亿元和 2253.6 亿元，强者恒强态势依旧。

表 3　2020 中国房地产百强企业“规模性 TOP10”

排名	公司名称
1	碧桂园控股有限公司
2	恒大地产集团有限公司
3	万科企业股份有限公司
4	保利发展控股集团
5	中海地产（中国海外发展）
6	华润置地有限公司
7	招商局蛇口工业区控股股份有限公司
8	华夏幸福基业股份有限公司
9	绿城中国控股有限公司
10	龙湖集团控股有限公司

2019 年，盈利性 TOP10 企业的利润水平稳步提升，净利润均值同比增长 20.7%，至 148.2 亿元。同时，盈利性 TOP10 企业拥有较好盈利质量，净资产收益率均值为 17.4%，高出百强企业均值 1.5 个百分点。

表 4　2020 中国房地产百强企业“盈利性 TOP10”

排名	公司名称
1	中海地产（中国海外发展）
2	保利发展控股集团
3	龙光地产控股有限公司
4	招商局蛇口工业区控股股份有限公司
5	中国金茂控股集团有限公司
6	雅居乐集团控股有限公司
7	中冶置业集团有限公司
8	杭州滨江房产集团股份有限公司
9	合景泰富集团
10	仁恒置地集团有限公司

2019 年，成长性 TOP10 企业销售额均值增长率为 22.6%，营业收入均值增长率达 35.7%，超过同期百强企业均值 11.5 个百分点。

表 5 2020 中国房地产百强企业“成长性 TOP10”

排名	公司名称
1	融创中国控股有限公司
2	中国金茂控股集团有限公司
3	祥生地产集团
4	四川蓝光发展股份有限公司
5	阳光城集团股份有限公司
6	新力控股（集团）有限公司
7	奥园集团有限公司
8	中国铁建房地产集团有限公司
9	合景泰富集团
10	海伦堡中国控股有限公司

2019 年，稳健性 TOP10 企业资产负债率均值为 74.1%，低于同期百强企业均值 4.6 个百分点；速动比率均值为 0.69，显著高于同期百强企业平均水平，偿债能力较强。

表 6 2020 中国房地产百强企业“稳健性 TOP10”

排名	公司名称
1	中海地产（中国海外发展）
2	保利发展控股集团
3	上海建工房产有限公司
4	中冶置业集团有限公司
5	当代置业（中国）有限公司
6	佳兆业集团控股有限公司
7	苏宁置业集团有限公司
8	花样年集团（中国）有限公司
9	上海爱家集团
10	广州市敏捷投资有限公司

2019 年，在各类融资渠道监管从严的背景之下，融资能力 TOP10 企业借助自身综合实力优势，与银行及信托等金融机构达成合作，积极发行各类债券，同时坚持探索资产证券化等新型融资渠道，为企业寻求稳定资金来源。

表 7 2020 中国房地产百强企业“融资能力 TOP10”

排名	公司名称
1	恒大地产集团有限公司
2	保利发展控股集团
3	中国金茂控股集团有限公司
4	荣盛房地产发展股份有限公司
5	阳光城集团股份有限公司
6	花样年集团（中国）有限公司
7	杭州滨江房产集团股份有限公司
8	当代置业（中国）有限公司
9	大悦城控股集团股份有限公司
10	景瑞地产（集团）有限公司

2019 年，运营效率 TOP10 企业因城施策把握市场需求，专注提升产品力，实现快速回款。同时，企业通过重塑运营发展模式推进高质量增长，提升企业运营效率。

表 8　2020 中国房地产百强企业“运营效率 TOP10”

排名	公司名称
1	恒大地产集团有限公司
2	华夏幸福基业股份有限公司
3	红星地产
4	广州富力地产股份有限公司
5	奥园集团有限公司
6	祥生地产集团
7	联发集团有限公司
8	荣盛房地产发展股份有限公司
9	景瑞地产（集团）有限公司
10	龙记泰信集团

2019 年，年度社会责任感企业持续投入社会公益活动，积极履行纳税义务，聚焦城市更新、保障房、疫情捐赠等多领域开展公益活动，持续回馈社会。

表 9　2019~2020 中国房地产百强企业“年度社会责任感企业”

公司名称
保利发展控股集团
绿城中国控股有限公司
宝龙地产控股有限公司
武汉地产开发投资集团有限公司
大悦城控股集团股份有限公司
祥生地产集团
上海建工房产有限公司
中冶置业集团有限公司
上海中建东孚投资发展有限公司
广东方直集团有限公司

2019 年，标杆扶贫企业继续加大对扶贫的投入，同时，改进扶贫模式进一步促进区域全面有效的发展，激发贫困区域的内生动力，使其经济增长实现可持续发展。

表 10　2019~2020 中国房地产“年度扶贫标杆企业”

公司名称
恒大集团
碧桂园控股有限公司
万科企业股份有限公司
金科地产集团股份有限公司
佳兆业集团控股有限公司
奥园集团有限公司
雅居乐集团控股有限公司
宝龙地产控股有限公司
上海中建东孚投资发展有限公司
金辉集团股份有限公司

表 11　2020 中国房地产百强之星

公司名称	公司名称
龙光地产控股有限公司	北京鸿坤伟业房地产开发有限公司
广州市敏捷投资有限公司	天山房地产开发集团有限公司
泰禾集团股份有限公司	桂林彰泰实业集团有限公司
中国葛洲坝集团房地产开发有限公司	朗基地产集团有限公司
三盛集团有限公司	睿古地产集团
浙江国鸿新瑞房地产集团有限公司	龙记泰信集团
北京北辰实业股份有限公司	三巽集团
上海城建置业发展有限公司	汇景控股有限公司
金侨投资控股有限公司	山东儒辰集团

表 12　2020 中国房地产省市 TOP10

北京市 TOP10	重庆市 TOP10	河北省 TOP10	河南省 TOP10	山东省 TOP10	湖北省 TOP10
中海地产（中国海外发展）	融创中国	华夏幸福	建业地产	融创中国	保利发展
首开股份	金科股份	荣盛发展	碧桂园	碧桂园	万科
天恒集团	龙湖集团	隆基泰和	正商集团	万科	武汉地产集团
远洋地产	万科	天山集团	康桥集团	龙湖集团	福星惠誉
万科	恒大地产	融创中国	恒大地产	恒大地产	中建三局地产
保利发展	旭辉集团	润江地产	万科	中海地产（中国海外发展）	绿地控股
中国金茂	保利发展	万科	鑫苑集团	山东旭辉银盛泰	联投置业
华润置地	华宇集团	保利发展	永威置业	华润置地	奥山控股
首创置业	香港置地	远洋地产	东方今典	世茂房地产	美好置业
大悦城控股	招商蛇口	沧州天成	朗悦集团	绿地控股	华翔集团

结　语

2019 年末，中央经济工作会议明确指出，“要坚持房子是用来住的、不是用来炒的定位，全面落实因城施策，稳地价、稳房价、稳预期的长效管理调控机制，促进房地产市场平稳健康发展”。在此背景下，百强企业积极改进经营模式，回归产品本源，追求高质量发展。一方面把握市场机遇，打造主流产品；另一方面，控制成本支出，审慎投资，优化管控方式，加快周转效率。2020 年是全面建成小康社会的决胜之年，百强企业应把握历史机遇，坚持以客户为中心，努力打造高质量产品，不断提升企业综合实力。

副报告二 提升发展质量 构建地产生态

——中国房地产企业发展策略探讨

2019 年，中国宏观经济和城镇化步伐保持稳中有进，房地产行业在“房住不炒”基调下，整体运行走势平稳，市场竞争格局加剧分化，行业发展的机遇与挑战并存。一方面，未来我国城镇化率仍有较大提升空间，改善型需求的释放也将形成较强支撑，中长期市场需求空间仍存；另一方面，随着房地产市场增量逐渐触顶，房企“高负债、高杠杆、高周转”的经营模式面临挑战，企业竞争的重心逐渐从单一的规模竞赛向高质量增长转变。行业变局之下，房企重塑增长逻辑，才能在竞争中保持优势甚至弯道超车。

1. 夯实基础提升发展质量

● 抓住结构性市场机遇，实现精准城市布局

从各等级城市来看，一、二线城市及部分需求支撑较强的三、四线城市发展潜力较大，企业可重点布局和深耕。2019 年一线城市商品房销售面积同比增长 3.6%，触底反弹结束了连续两年的负增长；二线城市同比降低 2.2 个百分点，连续三年增长率下跌，并于 2019 年出现负增长；三、四线城市同比提升 0.9 个百分点，由于三、四线城市调整周期起步较晚，目前市场波动幅度处于较低水平（见图 6）。

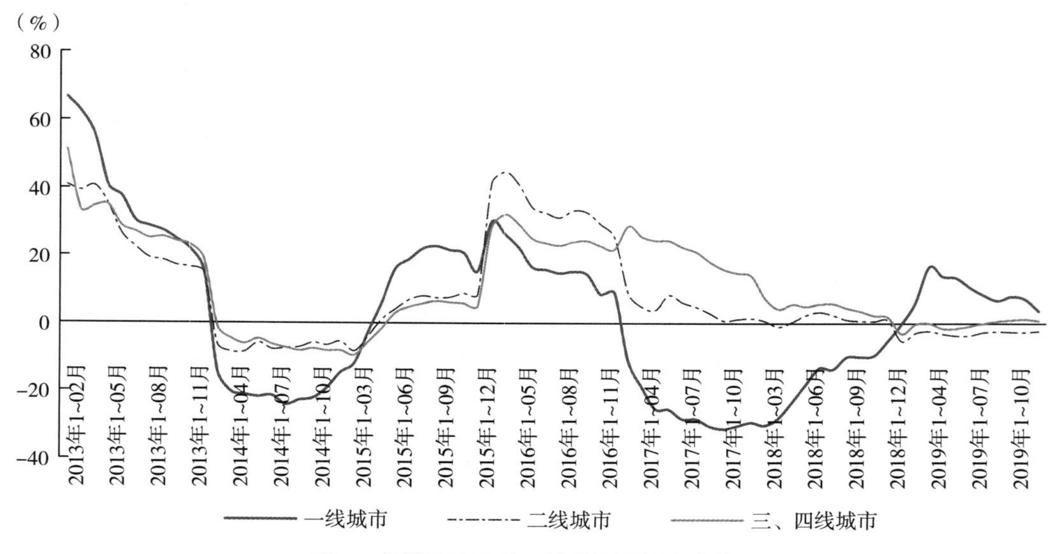

图 6 各线城市商品房销售面积同比变化

● 回归初心深挖客户需求，精益求精提升产品力

当前房地产行业增速逐步回落，买方市场特征逐步凸显，客户对品质的要求越来越高。在此背景下，房企亟须从粗放型发展向精细化运营转变，以提升产品力和服务品质为重要突破口，满足客户需求、赢得客户认可，在严峻的市场环境下以质取胜。

现阶段住房需求已经从简单的“有没有”向“优不优”转变，改善型需求日渐成为引领市场的主流发展方向。房企持续在智能、健康、安全等方面升级产品品质，探索智慧健康住宅。一方面，在智能控制系统和智能家居领域积极探索，优化产品体验；另一方面，响应客户健康安全核心诉求，产品功能突出绿色环保特质（见图 7）。

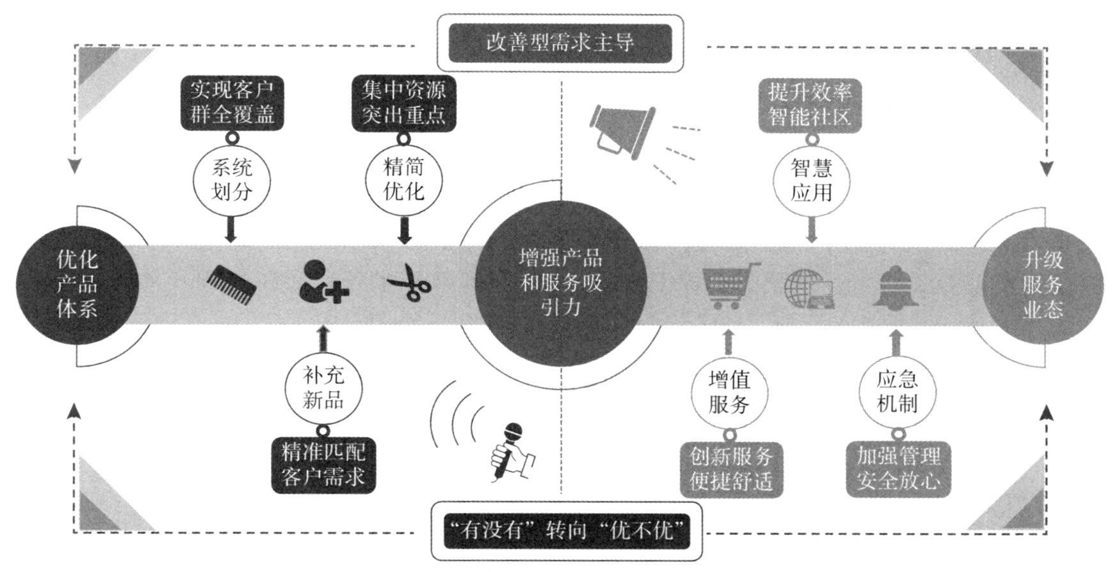

图 7　房企产品力提升举措

优秀房企通过敏锐的客群洞察力打造高品质产品，以强大产品力赢得客户并引领行业发展（见表 12）。

表 12　产品力优秀企业

企业名称
绿城中国控股有限公司
中国金茂控股集团有限公司
龙湖集团控股有限公司
泰禾集团股份有限公司
正荣集团有限公司
阳光城集团股份有限公司
广州富力地产股份有限公司
华润置地有限公司
万科企业股份有限公司
当代置业（中国）有限公司

- 数字化赋能管理，组织变革激发活力

随着科技进步，大数据行业蓬勃发展，房企顺应时代不断加大与大数据的结合力度，从早期的信息化不断向数字化进阶，在建立完善的内部信息化管理系统实现精细管理的同时，推进各项业务及产业链条与大数据的融合，力求不断挖掘数据价值，提升企业精准运营能力。

2. 拓展业务构建地产生态

- 商业地产：优化布局，提质增效，经营质量稳步提升

2019 年，我国商业地产百强代表企业经营规模扩大、经营质量提升：一方面，城市群、都市圈战略实现城市协同发展，重点三、四线城市消费能力提升，百强代表企业通过城市拓展与产品线完善，进一步实现了规模化发展；另一方面，百强代表企业密切关注市场需求，精准定位，通过互联网化发展和精细化运营提升运营质量，重点项目平均租金及出租率指标表现较好。

- 产业地产：平台化与智慧化成趋势，产业小镇迎来机遇

面对越来越复杂的宏观环境以及更加激烈的产业竞争关系，优秀房企不断提升运营能力，积极拓展加大布局力度，实现新一轮科技革命和产业变革下的新突破。产业园区运营优秀企业聚焦城市资源禀赋，打

造城市产业发展新高地；整合多方资源搭建服务平台，5G引领智慧园区建设（见表13）。

表13　产业园区运营优秀企业

企业名称
北京联东投资（集团）有限公司
招商局蛇口工业区控股股份有限公司
上海张江高科科技园区开发股份有限公司
宝能城市发展建设集团有限公司
中新苏州工业园区开发集团股份有限公司
武汉银湖科技发展有限公司
荣盛兴城投资有限责任公司
金科产业投资发展集团有限公司
苏州新区高新技术产业股份有限公司
华南城控股有限公司
上海临港经济发展（集团）有限公司
新鸥鹏渝洲教育产业集团
雅居乐集团控股有限公司
中国宏泰发展
卓尔发展

房企抓住政策机遇积极布局产业小镇，发挥自身优势导入产业资源，促进生产、生活、生态融合发展，助力新型城镇化进程。一方面立足本地资源导入特色产业，“产镇融合”助力乡村振兴；另一方面通过引入物联网等高新产业，高起点打造“硬核”小镇（见表14）。

表14　2020中国房地产城镇化运营引领企业

企业名称
蓝城房产建设管理集团有限公司

● 特色地产：聚焦“地产+”跨界合作发展，创新升级运营模式

随着中国居民收入水平的不断提高，居民消费结构快速升级，房企逐渐将业务渗透到教育、科技、养老、医疗、文化旅游、代建、城市更新等领域中，通过紧抓发展机遇和探索特色地产领域的运营模式，利用独特的资源禀赋建立差异化竞争优势，构建“地产+”新生态（见表15）。

表15　特色地产运营优秀企业

企业名称	特色领域
绿地控股集团股份有限公司	特色小镇运营商
中冶置业集团有限公司	城市开发运营商
当代置业（中国）有限公司	绿色科技地产
新力控股（集团）有限公司	生态地产
东原集团	社区运营
德杰集团	地产+医疗
美好置业集团股份有限公司	绿色科技地产
奥山控股	冰雪运动
银城国际控股有限公司	全龄运营
东投地产集团有限公司	教育地产
天恒置业集团有限公司	城市开发运营商
金辉集团股份有限公司	城市综合运营商

房企凭借先进的开发、运营、管理等经验进行代建等轻资产模式输出，以轻资产方式不断提升企业经营规模（见表 16）。

表 16　代建运营优秀企业

企业名称
绿城建设管理集团有限公司
雅居乐房地产建设管理集团有限公司
金地集团开发管理公司
绿地控股集团股份有限公司
建业住宅集团（中国）有限公司
朗诗绿色家园有限公司
杭州滨江房产集团股份有限公司
联发集团有限公司
招商局蛇口工业区控股股份有限公司
杭州宋都房地产集团有限公司

在文旅地产方面，优秀房企积极打造创新主题文旅项目，加速推进文旅融合发展，提供差异化旅游体验，增强项目吸引力和竞争力（见表 17）。

表 17　文旅地产运营优秀企业

企业名称
融创中国控股有限公司
华侨城集团有限公司
碧桂园控股有限公司
万科企业股份有限公司
云南实力控股集团有限公司
四川恒邦双林实业集团有限公司
祥源控股集团有限责任公司
上海翼天文化旅游发展集团有限公司
鼎龙集团
睿古地产集团

在城市更新方面，优秀房企紧抓政策利好深化城市更新布局力度，通过对存量土地的再开发和产业资源的升级，重塑城市空间、激发城市活力（见表 18）。

表 18　城市更新优秀企业

企业名称
佳兆业集团控股有限公司
深圳卓越城市更新集团有限公司
中海地产（中国海外发展）
华润置地有限公司
俊发集团有限公司
绿地控股集团股份有限公司
上海中建东孚投资发展有限公司
福星惠誉控股有限公司
联发集团有限公司
上海建工房产有限公司

结　语

未来，房企发展的重心将从单一的规模竞赛向高质量增长转变，唯有紧跟行业大势转变发展思路，以科学的决策赢得先机，以好的产品赢得客户，以高效的运营赢得市场，才能沿着正确的航向稳健前行。

副报告三　2020 中国房地产服务优秀企业研究

2019 年，中央重申坚持“房住不炒”定位，房地产行业进入降速通道，高质量发展成为大趋势，房地产服务行业亦迎来新的机遇和挑战。一方面，房地产市场增长放缓，开发企业风险逐步累积，新的竞争持续涌现，为房地产服务企业发展带来巨大挑战；另一方面，房地产市场交易规模的高位盘旋给服务企业赢得发展空间，同时存量市场的不断扩大也为业务拓展带来了新的发展契机。

1. 策划代理企业：运营稳健、渠道联动、生态重塑

中国房地产策划代理企业，积极把握市场机遇，调整发展结构和业务模式，优化营销管理机制，在保持适度规模发展速度的同时，不断优化渠道构建新的增长极。

表 19　2020 中国房地产策划代理百强优秀企业

企业名称
深圳世联行地产顾问股份有限公司
合富辉煌集团控股有限公司
保利地产投资顾问有限公司
同策房产咨询股份有限公司
新联康（中国）有限公司
江苏新景祥网络科技股份有限公司
思源地产服务集团
北京伟业联合房地产顾问有限公司
方圆房地产服务集团有限公司
成都正合地产顾问股份有限公司
上海策源置业顾问股份有限公司
北京麒麟天成资产管理有限公司
上海华燕房盟网络科技股份有限公司
北京上古新锐房地产经纪有限公司
广州市中地行房产代理有限公司
北京亚豪房地产经纪有限公司
高策地产服务机构
经纬物业（中国）有限公司
厦门蓝火置业集团有限公司
广州旺地房地产发展顾问有限公司

● 经营更加稳健，实现业绩平稳增长

2019 年，策划代理 TOP10 企业营业收入均值为 28.3 亿元，同比上升 4.5%，增速较 2018 年提升 2.2 个百分点，渠道的冲击以及开发商结佣延缓对策划代理业务形成一定影响（见图 8）。

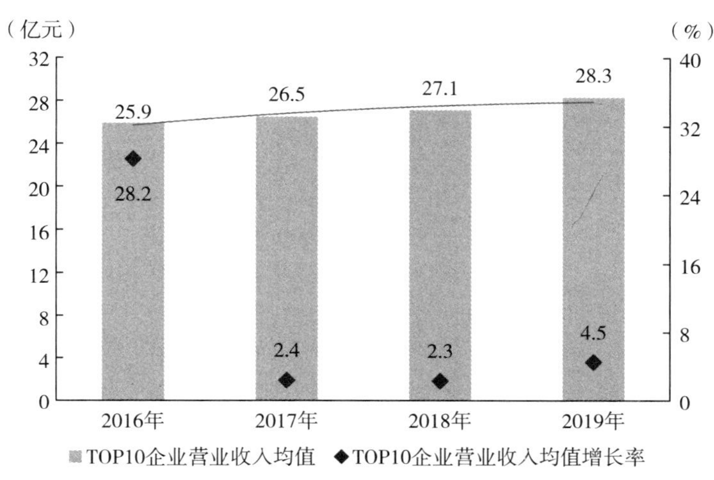

图 8　2016~2019 年 TOP10 企业营业收入均值及增长率

● 调整业务发展模式，加强渠道合作联动

策划代理企业不断深化与线上流量入口、线下渠道融合，通过自建与合作加速渠道拓展，拓展服务边界，提升策划代理企业发展和服务的深度、广度和精度。同时，策划代理企业在跟随战略的基础上，坚固与开发商的合作关系，优化业务布局和项目选择，实现企业综合实力的进一步提升。

● 紧密连接市场需求，重塑服务生态格局

策划代理企业应借鉴国际先进经验，加强自身在房地产行业链条上的服务地位，在发展模式、业务范围、研究能力等方面不断深化和提升，从而保障企业的持续健康发展。

2. 金融服务企业：把握政策变化趋势，投融资稳中求变

● 地产基金：创新业务模式，探索真实股权投资

房地产基金企业把握政策变化趋势，持续提升金融服务水平，并呈现以下发展特点：顺应行业多元化发展战略，投资方向逐渐由单一向多元发展；在“去债权化”融资的趋势下，以长期经营并获得增值回报为特点的股权投资方式获得较大发展；伴随金融市场的发展，资产证券化和 REITs 有利于增强资产流动性，提高房地产基金投资活力。

表 20　中国房地产基金综合能力优秀企业

企业简称	企业简称
光控安石	信保基金
国寿资本	中城投资
旭辉晨曦基金	毅达汇景
高和资本	中保产业基金
合凡资产	朗姿韩亚资管
优钺资管	黑盛控股
弘基金	远洋资本

● 地产信托：政策监管力度从严，持续深化业务转型

2019 年，在严监管的政策趋势下，房地产信托积极进行战略调整，加大对传统融资类业务的管控，逐渐由短期的传统融资转向长期股权投资。

表 21 中国房地产信托综合能力优秀企业

企业名称
中信信托有限责任公司
平安信托有限责任公司
北京国际信托有限公司
国投泰康信托有限公司
中国对外经济贸易信托有限公司

结 语

行业变局之下，激情与经验已经无法支撑未来。传统的发展逻辑正在接受挑战，变得更加难以复制粘贴，“大鱼吃小鱼，快鱼吃慢鱼”的竞争法则也增添了“大鱼吃大鱼”现象，行业大整合的前夜在暗流涌动中孕育着能量。未来，房企发展的重心将从单一的规模竞赛向高质量增长转变，唯有紧跟行业大势转变发展思路，以科学的决策赢得先机，以好的产品赢得客户，以高效的运营赢得市场，才能沿着正确的航向稳健前行。

报告二　2020中国房地产品牌价值研究

一、研究背景与目的

2020年上半年，在“房住不炒，因城施策”政策基调下，叠加新冠疫情防控影响，品牌企业以回归居住本质为导向，积极响应政府号召和客户需求，持续为品牌注入时代基因，打造新赛道奔跑的新动能。品牌彰显投资价值，聚合资源增强发展动力；品牌凝聚产品灵魂，匠心升级构筑品质人居；品牌肩负责任担当，驰援抗疫彰显地产力量。新竞争格局下，升级品牌战略，发挥品牌整合效能，将成为优秀品牌企业持续高质量发展的重要保障。

2020中国房地产品牌价值研究全面启动以来，中国房地产TOP10研究组在深入理解国家政策的基础上，针对中国房地产企业的整体发展状况，进一步完善了2019中国房地产品牌价值研究的方法体系，为更加客观地评价企业品牌实力提供了理论与实践依据，通过品牌价值的客观评价彰显优秀企业的品牌发展成就，促进企业有效提升品牌建设水平，推动中国房地产行业健康有序发展。

2020中国房地产品牌价值研究的目的：

（1）客观量化房地产企业品牌价值，判断房地产企业品牌的行业地位，为企业定位品牌、规划品牌、管理品牌提供科学依据；

（2）挖掘房地产企业品牌价值内涵，发挥品牌价值在业绩评价、投资融资、兼并收购及对外合作等活动中的作用，帮助企业吸纳、聚集、整合社会资源；

（3）推动社会和消费者全面认知房地产品牌价值，建立房地产企业品牌良好的社会形象，建立房地产企业产品与消费者之间的品牌契约关系，帮助企业提升消费者的品牌忠诚；

（4）定期跟踪房地产企业品牌价值变化，指导企业及时调整品牌管理策略和措施，促进企业无形资产的保值、增值。

二、研究对象与方法

（一）研究对象

2020中国房地产品牌价值研究将继承2019品牌价值研究思路，重点对公司品牌和构建公司品牌的重要组成部分——项目品牌（产品品牌）以及专业领先品牌进行深入量化与分析；其中，公司品牌与项目品牌分别划分为全国性品牌和区域性品牌。研究对象具体包括：

（1）在全国范围内有较强影响力和知名度的房地产企业；

（2）在全国范围内有较强影响力和知名度的房地产项目；

（3）在某一地区范围内有较强影响力和知名度的房地产企业；

（4）在某一地区范围内有较强影响力和知名度的房地产项目；

（5）在某一专业领域有较强影响力的房地产企业或房地产项目。

（二）研究方法

在研究方法上，TOP10 研究组充分借鉴国内专家学者以及国外著名品牌价值评估机构 Interbrand 和 Brand Finance 的研究经验和操作实务，并结合中国宏观经济发展条件和房地产行业发展特点，基于现金流折现法（DCF：Discounted Cash Flow）和无形资产评估的理论方法，建立了一套实操性较强的研究体系，客观全面地评价中国房地产品牌价值。

该研究体系中对房地产品牌价值的主要评估流程有：

（1）公司财务分析：对未来经营收入和净收益进行预测

TOP10 研究组在全面分析宏观经济环境、政策环境的基础上，对中国房地产行业的市场状况和企业进入主要城市的市场进行深入分析，并根据企业经营业绩、区域布局、土地储备及发展潜力，预测企业未来 3 ~ 5 年的经营收入及其发展趋势。

考虑到房地产业是一个有着比较明显经营周期性的产业，为防止品牌价值受经营周期波动的影响过大，TOP10 研究组将对企业过去 3 年净利润进行加权平均，得到企业的基准净收益，再结合企业的发展趋势，预测企业未来 3 ~ 5 年的净收益。

（2）BVA 分析：计算品牌对公司收益的贡献

在计算房地产品牌贡献率（BVA 系数）时，TOP10 研究组假设房地产品牌的价格溢价由其产品或公司品牌、技术等因素所贡献，并采用“品牌作用指数（Role of Branding Index）”的方法来决定品牌资产所创造的收益。

（3）品牌风险分析：确定品牌折现系数

房地产品牌价值评估的关键环节是对品牌进行风险分析以确定品牌未来收益的折现系数。折现系数的确定首先需要对房地产品牌进行风险分析得到品牌强度系数，由品牌强度系数得到对应的品牌贝塔系数，再运用资产定价模型相关原理，计算得到房地产品牌未来收益的折现系数。

（4）计算品牌价值

TOP10 研究组采用资产评估中未来收益折现公式（DCF），将房地产品牌未来 3 年的品牌收益进行折现，并对 3 年后的品牌收益作年金化处理，从而计算出相应的房地产品牌价值。

BVA 系数、品牌强度系数和品牌贝塔系数是中国房地产品牌价值研究体系中的三个重要模型：

（1）BVA 系数模型

TOP10 研究组通过分析房地产品牌对销售市场溢价和资本市场溢价的贡献度得到品牌贡献率。因此，BVA 系数由品牌对房地产销售市场溢价的贡献率 BVA_1 系数和品牌对资本市场溢价的贡献率 BVA_2 系数组成。

其中，BVA_1 系数是指假设某房地产开发项目的价格溢价是由品牌、技术等因素所贡献的，因此，

BVA_1 系数由该品牌销售溢价总和占该品牌销售收入比例，乘以品牌在销售市场的作用指数 RBI_1 得到：

$$BVA_1 = \frac{S_1\times(P_1-AVP_1)+S_2\times(P_2-AVP_2)+\cdots\cdots+S_1\times(P_i-AVP_i)}{S_1\times P_1+S_2\times P_2+\cdots\cdots S_i\times P_i}\times RBI_1 \quad (1)$$

公式（1）中：S 为项目销售面积，P 为项目销售均价，AVP 为同质条件下的周边项目销售均价，其中，同质条件是指某一时间段内项目在区位特征、产品特征、环境特征等方面相接近。

BVA_2 系数是指品牌对资本市场溢价的贡献率，TOP10 研究组通过计算房地产公司的 Tobin Q 值来反映其在资本市场的溢价水平，乘以品牌在资本市场作用指数 RBI_2，得到 BVA_2 系数。

$$BVA_2\text{ 系数} = (\text{Tobin Q}-1)\times RBI_2 \quad (2)$$

公式（2）中：Tobin Q 值是房地产上市公司资本市场溢价水平，非房地产上市公司 Tobin Q 值为 1。Tobin Q 值的计算公式如下：

$$\text{Tobin Q} = \frac{MV}{RC} = \frac{MV_E+MV_L}{RC} \quad (3)$$

公式（3）中：MV 表示公司的市场价值，RC 表示公司的重置成本，MV_E 表示公司所有者权益的市场价值，MV_L 表示公司负债的市场价值。

（2）品牌强度系数模型

TOP10 研究组在研究品牌价值评估相关理论的基础上，结合中国房地产行业发展状况和市场运行特性，对中国房地产品牌强度指标结构及指标含义作如下设定：

a. 品牌强度指标结构图

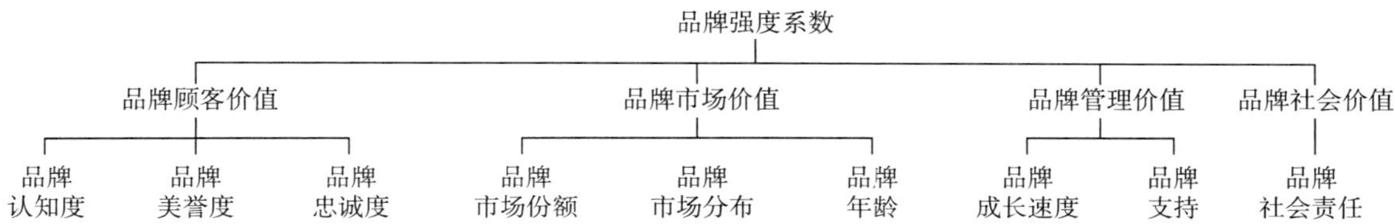

b. 品牌强度指标的含义

序号	品牌强度系数	指标含义
1	品牌认知度	反映消费者对房地产品牌内涵 / 价值的认识和理解的情况
2	品牌美誉度	反映消费者心目中对房地产品牌的口碑和信任程度的情况
3	品牌忠诚度	反映消费者在购买决策中，多次表现出来对某品牌有偏向性行为反应，通过消费者再次购买、推荐购买和缺货忠诚等来反映
4	品牌市场份额	反映房地产品牌的销售额、销售面积等指标的市场占有率情况
5	品牌市场分布	反映房地产品牌的区域市场分布情况和进入城市的数量
6	品牌年龄	反映房地产品牌进入市场的时间，较早进入市场的品牌往往拥有更多的忠诚消费者，具有更强的品牌效应
7	品牌成长速度	反映房地产品牌在房屋销售额方面的增长速度
8	品牌支持	反映品牌获得品牌投入费用、重点投资、持续推广和支持等情况
9	品牌社会责任	反映房地产品牌在依法纳税、慈善捐赠、公益事业等方面的表现

为了更加全面、准确地衡量房地产企业的品牌强度系数，TOP10 研究组将根据房地产品牌区域扩张和进入城市的状况，针对各房地产品牌主要进入城市的消费者，深入开展品牌三度（认知度、美誉度和忠诚度）问卷调查，调查对象将覆盖不同年龄、不同收入的消费群。为了进一步保证品牌三度调研数据的准确

与全面，研究组结合中指研究院房地产顾客满意度研究成果对相关数据进行复核，综合评定了企业的品牌三度水平。

（3）品牌贝塔系数模型

TOP10 研究组利用资产定价模型（Capital Asset Pricing Model），确定品牌收益折现率：

$$E(R_j) - R_f = (Rm - R_f) * \beta_j \quad (4)$$

公式（4）中的贝塔系数综合考虑了行业风险和品牌风险，其中，行业风险系数由房地产上市公司板块数据测算。

公式（4）中的行业预期回报率是通过对房地产企业以及进行房地产投资的金融机构等的调查获得。

（三）数据来源

（1）经中国房地产 TOP10 研究组复核的房地产企业填报的数据；

（2）2020 中国房地产企业 / 项目品牌认知度、品牌美誉度和品牌忠诚度的调查结果；

（3）中国房地产 TOP10 研究组 2004 ~ 2020 中国房地产百强企业研究企业资料库；

（4）中国房地产 TOP10 研究组 2003 ~ 2020 中国房地产上市公司研究企业资料库；

（5）中国房地产 TOP10 研究组 2004 ~ 2019 中国房地产品牌价值研究企业资料库；

（6）中指研究院房地产顾客满意度研究资料库；

（7）中国房地产指数系统（CREIS）数据库及监测数据；

（8）相关政府部门（包括建委、房管局和统计局等）的公开数据。

（四）数据复核

企业填报的数据须如实客观，同时，TOP10 研究组将对企业填报的数据进行复核。

（1）企业财务数据通过会计师事务所出具的报表进行复核；

（2）通过税单复核企业经营收入及利润；

（3）对收集的数据坚持交叉复核：通过各地房地产交易中心公开的项目交易情况复核企业提供的销售数据；通过统计局的企业直报数据进行交叉复核；对有疑问的数据研究组可要求进行现场复核。

三、2020 中国房地产品牌价值研究成果

（一）2020 中国房地产公司品牌价值 TOP10

中国房地产行业领导公司品牌：中海地产、保利发展、融创中国等企业注重规模与效益发展，专注细分领域产品打造，加强精细化运营管理，实现了企业高质量发展，品牌影响力持续扩大；万科、恒大集团、碧桂园等企业持续做强房地产主业，把握热点城市市场机遇，以高性价比产品提升品牌强度，充分发挥品牌服务协同效应，实现了品牌价值的内生增长。

表 1　2020 中国房地产行业领导公司品牌

品牌	企业名称	品牌价值（亿元）	品牌	企业名称	品牌价值（亿元）
中海地产	中海企业发展集团有限公司	1216	恒大集团	恒大集团	1203
万科	万科企业股份有限公司	1210	碧桂园	碧桂园控股有限公司	938
保利发展	保利发展控股集团股份有限公司	1205	融创中国	融创中国控股有限公司	836

2020 中国房地产公司品牌价值 TOP10（混合所有）：全国品牌 TOP10 企业注重产品力的打造，持续为产品注入科技、健康、绿色等元素；积极打造围绕房地产开发的全产业链，实现品牌价值的快速增长。2020 品牌价值均值为 427.06 亿元，同比增长 47.35%。

表 2　2020 中国房地产公司品牌价值 TOP10（混合所有）

品牌	企业名称	品牌价值（亿元）
绿城	绿城中国控股有限公司	733
华夏幸福	华夏幸福基业股份有限公司	582
金科集团	金科地产集团股份有限公司	556
雅居乐地产	雅居乐地产置业有限公司	458
蓝光发展	四川蓝光发展股份有限公司	382
阳光城	阳光城集团股份有限公司	346
富力集团	广州富力地产股份有限公司	302
荣盛发展	荣盛房地产发展股份有限公司	258
远洋集团	远洋集团控股有限公司	232
佳兆业	佳兆业集团控股有限公司	226

2020 中国房地产公司品牌价值 TOP10（国有）：2019 年，在房地产行业竞争加剧、持续进行高质量发展的背景下，国有品牌企业持续为人民美好生活提升不断努力，打造全产业链，促进品牌价值的不断增长。2020 品牌价值均值达 248.13 亿元，同比增长 40.63%。

表 3　2020 中国房地产公司品牌价值 TOP10（国有）

品牌	企业名称	品牌价值（亿元）
绿地	绿地控股集团股份有限公司	601
首开	北京首都开发控股（集团）有限公司	425
大悦城控股	大悦城控股集团股份有限公司	276
金融街控股	金融街控股股份有限公司	271
北京城建地产	北京城建投资发展股份有限公司	211
中冶置业	中冶置业集团有限公司	200
中国葛洲坝地产	中国葛洲坝集团房地产开发有限公司	135
上海建工房产	上海建工房产有限公司	126
中建东孚	上海中建东孚投资发展有限公司	121
联发集团	联发集团有限公司	115

2020 中国房地产公司品牌价值 TOP50（11–50）企业以高质量发展为导向，持续关注产品力打造，不断探索人居关系，为产品注入绿色、科技、健康等基因，提升整体人居品质的同时，引领行业发展。

表 4　2020 中国房地产公司品牌价值 TOP50（11-50）

品牌	企业名称	品牌	企业名称
正荣地产	正荣地产集团有限公司	新力控股	新力控股（集团）有限公司
龙光集团	龙光集团有限公司	恒信集团	潍坊恒信建设集团有限公司
中国奥园	中国奥园集团股份有限公司	珠江投资	广东珠江投资股份有限公司
福星惠誉	福星惠誉控股有限公司	佳源集团	佳源集团
海伦堡	海伦堡中国控股有限公司	彰泰集团	桂林彰泰实业集团有限公司
苏宁置业	苏宁置业集团有限公司	海尔产城创	青岛海尔产城创集团有限公司
合景泰富集团	合景泰富集团控股有限公司	大家房产	杭州市城建开发集团有限公司
星河控股集团	星河控股集团有限公司	领地集团	领地集团有限公司
重庆华宇集团	重庆华宇集团有限公司	鸿坤集团	北京鸿坤伟业房地产开发有限公司
当代置业	当代置业（中国）有限公司	石榴集团	石榴置业集团股份有限公司
金辉集团	金辉控股（集团）有限公司	华鸿嘉信	华鸿嘉信控股集团有限公司
俊发集团	俊发集团有限公司	荣和集团	广西荣和企业集团有限责任公司
花样年	花样年集团（中国）有限公司	天地源	天地源股份有限公司
敏捷集团	广州市敏捷投资有限公司	鑫苑中国	鑫苑（中国）置业有限公司
三盛集团	三盛集团	龙记泰信	龙记泰信实业集团有限公司
祥生地产集团	祥生地产集团	三巽集团	三巽集团
实地地产集团	实地地产集团	圣桦集团	四川圣桦集团有限公司
红星地产	红星地产	宁夏中房集团	宁夏中房实业集团股份有限公司
阳光 100	阳光 100 中国控股有限公司	财信发展	财信地产发展集团股份有限公司
新希望地产	四川新希望房地产开发有限公司	方直集团	广东方直集团有限公司

品牌企业把握政策导向，加大在核心区域的布局力度，根据地域文化、环境特点，打造契合需求的产品，推动品牌价值的持续增长。

表 5　2020 中国重点城市群房地产公司品牌价值 TOP10

京津冀		粤港澳大湾区	
品牌	企业全称	品牌	企业全称
金隅集团	北京金隅集团股份有限公司	卓越集团	卓越置业集团有限公司
金侨集团	金侨投资控股有限公司	华发股份	珠海华发实业股份有限公司
中铁诺德	中铁建工诺德地产	珠江实业	广州珠江实业开发股份有限公司
天山集团	天山房地产开发集团有限公司	深业集团	深业集团有限公司
京投发展	京投发展股份有限公司	中惠熙元	中惠熙元房地产集团有限公司
北京住总集团	北京住总集团有限责任公司	汇景控股	汇景控股有限公司
华远地产	华远地产股份有限公司	美的置业	美的置业集团有限公司
北科建集团	北京科技园建设（集团）股份有限公司	星河商置	深圳市星河商置集团有限公司
安联地产	河北安联房地产开发有限公司	力高集团	力高地产集团有限公司
泰达建设	天津泰达建设集团有限公司	格力地产	格力地产股份有限公司
长三角		山东半岛	
品牌	企业全称	品牌	企业全称
仁恒置地集团	仁恒置地集团有限公司	儒辰集团	山东儒辰控股集团有限公司
景瑞地产	景瑞地产（集团）有限公司	鲁商发展	鲁商健康产业发展股份有限公司

续表

长三角		山东半岛	
品牌	企业全称	品牌	企业全称
时代集团	时代大地控股集团有限公司	天泰地产	青岛天泰房地产开发股份有限公司
上海城建置业	上海城建置业发展有限公司	海信地产	青岛海信房地产股份有限公司
朗诗集团	朗诗集团股份有限公司	九巨龙集团	九巨龙房地产开发集团有限公司
宋都集团	杭州宋都房地产集团有限公司	青特置业	青岛青特置业有限公司
上海爱家集团	上海爱家集团	民生置业	山东民生置业有限公司
中天美好集团	中天美好集团有限公司	兴业集团	日照兴业集团有限公司
国鸿新瑞	浙江国鸿控股集团有限公司	威高地产	威海威高房地产开发有限公司
东渡国际	东渡国际集团有限公司	东海集团	山东东海房地产开发集团有限公司

表 6　2020 中国中部房地产公司品牌价值 TOP10

品牌	企业名称	品牌	企业名称
建业集团	建业住宅集团（中国）有限公司	中建信和	中建信和地产有限公司
奥山控股	奥山控股有限公司	卓尔智城	卓尔智城集团有限公司
百步亭	百步亭集团有限公司	武汉地产集团	武汉地产开发投资集团有限公司
康桥集团	郑州康桥房地产开发有限责任公司	东方今典房地产集团	河南东方今典房地产集团有限公司
美好置业	美好置业集团股份有限公司	东投地产集团	东投地产集团有限公司

表 7　2020 中国西部房地产公司品牌价值 TOP10

品牌	企业名称	品牌	企业名称
正黄集团	正黄集团有限公司	海成集团	重庆海成实业（集团）有限公司
德杰集团	重庆德杰地产集团有限公司	泽京集团	重庆泽京房地产开发有限公司
润达丰滨江	润达丰控股集团有限公司	富康城控股集团	上海富康城控股集团有限公司
实力集团	云南实力控股集团有限公司	和喜安筑	四川和喜安筑置业集团有限公司
朗基地产集团	朗基地产集团有限公司	明信集团	成都明信房地产集团有限公司
重庆飞洋控股集团	重庆飞洋控股（集团）有限公司	康田集团	重庆康田置业（集团）有限公司

（二）2020 中国房地产产品品牌价值 TOP10

伴随房地产精细化水平的提高和人们对体验升级的追求，以及数字化智能化带来的新机遇，房地产企业拥抱新需求的同时，提升企业产品和服务品牌内涵，围绕生活品质，依托先进的科技基因打造绿色、健康、智慧的产品和服务，在精细化、专业领先的道路上引领行业的发展，持续提升品牌价值。

表 8　2020 中国房地产住宅开发专业领先品牌价值 TOP10

品牌	企业名称	专业领域
当代置业	当代置业（中国）有限公司	绿色科技地产
龙光集团	龙光集团有限公司	城市综合服务
阳光城	阳光城集团股份有限公司	绿色智慧家
金辉集团	金辉控股（集团）有限公司	暖光社区
财信发展	财信地产发展集团股份有限公司	城市品质住宅
实地地产集团	实地地产集团	智慧人居
天阳地产	天阳地产有限公司	城市品质住宅
金隅集团	北京金隅集团股份有限公司	品质地产

续表

品牌	企业名称	专业领域
华夏阳光	华夏阳光地产有限公司	精品住宅
天地源	天地源股份有限公司	文化地产
合能地产	合能投资有限公司	梦想人居筑造商
德商集团	德商集团有限公司	精品住宅开发
龙记泰信	龙记泰信实业集团有限公司	品质地产
中鼎集团	广西中鼎文华实业集团有限公司	公园文化地产
鸿坤集团	北京鸿坤伟业房地产开发有限公司	创新型城市运营商

表 9　2020 中国房地产综合开发专业领先品牌价值 TOP10

品牌	企业名称	专业领域
北辰实业	北京北辰实业股份有限公司	复合地产
佳兆业	佳兆业集团控股有限公司	城市更新
合景泰富集团	合景泰富集团控股有限公司	城市综合运营
苏宁置业	苏宁置业集团有限公司	智慧地产
大悦城控股	大悦城控股集团股份有限公司	城市运营与美好生活服务商
天山集团	天山房地产开发集团有限公司	城市综合运营
东投地产集团	东投地产集团有限公司	教育地产领跑者
恒信集团	潍坊恒信建设集团有限公司	城市综合运营
中奥地产	中奥地产	快乐生活综合服务商
鲁商发展	鲁商健康产业发展股份有限公司	大健康产业
方直集团	广东方直集团有限公司	品质人居
奥克斯地产	奥克斯地产	城市综合运营
景茂集团	四川省景茂置业集团有限公司	城市综合运营
新鸿地产	新鸿隆祥地产集团有限公司	产城一体
领航控股	领航控股集团有限公司	艺术地产
中建信和	中建信和地产有限公司	城市综合运营
富康城控股集团	上海富康城控股集团有限公司	产城运营服务商
东方今典房地产集团	河南东方今典房地产集团有限公司	城市综合运营
星空地产	山东星空地产集团有限公司	乡村更新

住宅开发专业领先品牌企业精细化打造具有科技基因的专业领先产品，升级客户的美好生活体验。综合开发专业领先品牌企业升级为城市生活运营商，以专业化深耕的发展路径，引领中国城市发展趋势，引导行业产业综合经营创新模式，塑造品牌新内涵。

表 10　2020 中国房地产项目品牌价值 TOP10

住宅项目	精品项目	系列项目
正荣·紫阙台	绿城·春风金沙	当代 MOMΛ
孔雀城	蓝光雍锦系	泰禾大院系列
阳光城·滇池半山	泰禾厦门院子	荣盛府邸系列
锦绣龙川	北辰三角洲	上海建工房产海玥系
青岛中冶·德贤公馆	东原·九章赋	三盛·汝悦系
联发·嘉和府	华夏澜台府	中国铁建地产西派系

续表

住宅项目	精品项目	系列项目
山湖海・悦府	领地・观系	金辉大城系
三巽・铂悦府	康桥香麓湾	新希望・锦麟系
保山・新鸥鹏教育城	时代滨江系	德商天玺系
圣桦・樾字系	华宇锦绣大家	合能・枫丹系
长沙红星天铂	绍兴金辉・半岛云著	鸿坤理想系
和喜・望江名门	龙信・御澜氿溪	正黄金域系

住宅项目品牌价值 TOP10 围绕品质生活，结合数字化、智慧化、专属化打造项目，让客户有更美好的品质生活体验，不断升级品牌生活内涵。精品项目品牌价值 TOP10 坚持匠心锻造精品品质，重塑精品住宅价值生态，提升品牌形象。系列项目品牌价值 TOP10 坚持产品线创新升级，精细化标准化打造系列项目，提升品牌竞争力。

（三）2020 中国商业地产品牌价值 TOP10

2019 年，随着消费进入个性化时代，商业领域更加注重品质化和精细化的打造，商业地产品牌企业不断丰富产品体系扩大市场覆盖度，借助互联网发展提升精细化运营质量，创新体验式文娱消费实现高精准运营，在精细化运营的道路上不断创新与塑造，丰富了客户的体验，有效提升了消费黏性。

表 11　2020 中国商业地产领导品牌

品牌	企业名称
万达	大连万达商业管理集团股份有限公司
印力	印力商用置业有限公司
中海商业	中海商业发展（深圳）有限公司

表 12　2020 中国商业地产公司品牌价值 TOP10

品牌	企业名称
苏宁置业	苏宁置业集团有限公司
宝龙地产	宝龙地产控股有限公司
新城控股	新城控股集团股份有限公司
星河商置	深圳市星河商置集团有限公司
富力商业	富力地产集团商业运营管理有限公司
中骏商管	上海中骏商业管理有限公司
蓝光文商旅集团	四川蓝光商业经营管理有限公司
合景悠活	合景泰富集团
华创集团	湖南华创商业发展集团有限公司
龙光商业	龙光商业地产集团

表 13　2020 中国商业地产项目品牌价值 TOP10

项目品牌	企业名称
宝龙广场	宝龙地产控股有限公司
苏宁广场	苏宁置业集团有限公司
吾悦广场	新城控股集团股份有限公司

续表

项目品牌	企业名称
COCO Park	深圳市星河商置集团有限公司
诺德中心	中铁建工诺德地产
上海新天地	瑞安房地产
成都悠方	合景泰富集团
圣桦时代广场	四川圣桦集团有限公司
苏州中心	苏州恒泰控股集团有限公司
圆融时代广场	新建元圆融发展

商业地产领先品牌积极探索“互联网+”模式，精准获客持续引流，同时以精细化运营提升消费体验，提高自有品牌影响力，保持行业领先优势。商业地产公司品牌依托科技力量构建智慧商业、打造智慧商场赋能商业发展，创新智能化商业消费体验。商业地产项目作为房地产品牌企业的核心产品，顺应需求升级业务模式，精准把握消费需求，通过打造体验式文娱消费、开发优质IP资源等实现了品牌差异化发展，品牌竞争优势持续提升。

（四）2020中国房地产优秀特色品牌

随着85后、90后、00后逐渐成为购房主力军，消费需求也趋于多样化，“体验、品质、个性、口碑”成为房地产品牌发展的重要内涵。品牌企业一方面依托自身集聚的品牌资源，持续在产业引入等领域深入探索，打造更具资源优势的特色品牌；另一方面，品牌企业积极参与城市发展与运营，为城市面貌和人文精神焕新贡献力量。

产业运营优秀品牌：2019年，中央和地方相继出台一系列关于都市圈、城市群的区域发展规划和落实政策，有效推动区域产业的聚集度、融合度和协同度。在此背景下，品牌企业围绕产业转型升级聚焦运营，以提供专业化、市场化的服务平台为基础进行延展，品牌特色不断凸显。

表14 2020中国产业园区运营商优秀品牌

品牌	企业名称
联东U谷	北京联东投资（集团）有限公司
电子城高科	北京电子城高科技集团股份有限公司
大悦城控股	大悦城控股集团股份有限公司
福通控股	福通控股集团有限公司
金地威新	金地威新产业发展管理公司
实力集团	云南实力控股集团有限公司

表15 2020中国产业新城运营商优秀品牌

品牌	企业名称
华夏幸福	华夏幸福基业股份有限公司
中新集团	中新苏州工业园区开发集团股份有限公司
荣盛产业新城	荣盛兴城投资有限责任公司
光大产业集团	光大产业集团
新建元	苏州新建元控股集团有限公司

表 16　2020 中国特色小镇运营优秀品牌

品牌	企业名称
绿城小镇集团	绿城理想小镇建设集团有限公司
佳兆业	佳兆业集团控股有限公司
华侨城	华侨城集团公司
万科	万科企业股份有限公司
荣盛发展	荣盛房地产发展股份有限公司
雅居乐地产	雅居乐地产置业有限公司
新鸥鹏教育小镇	新鸥鹏渝洲教育产业集团
中青旅	中青旅控股股份有限公司
新华联文旅	新华联控股有限公司
田园东方	田园东方投资集团有限公司

表 17　2020 中国特色小镇运营优秀项目品牌

项目品牌	企业名称
舟山长峙岛如心小镇	绿城中国控股有限公司
黄龙溪古镇	华侨城集团公司
春风长住	长住控股集团有限公司
奥山国际冰雪运动旅游小镇	奥山控股有限公司
春风十里小镇	祥生地产集团
雅居乐津侨国际小镇	雅居乐地产置业有限公司
古北水镇	中青旅控股股份有限公司
苏绣小镇	苏州苏绣小镇发展有限公司
生命健康小镇	苏州白马涧生命健康小镇建设发展有限公司
旗袍小镇	苏州市吴江滨湖投资集团有限公司

特色小镇运营优秀品牌以提升区域经济发展水平、提振中国文化自信为己任，不断加强特色主题挖掘，通过不断创新为项目注入个性化、差异化主题，提升自身品牌优势。特色小镇优秀项目注重细节打造，以美好的生活方式，开启关于人居理想的新篇章。

表 18　2020 中国房地产城市更新领先品牌

品牌	企业名称
佳兆业	佳兆业集团控股有限公司
卓越城市更新集团	卓越城市更新集团有限公司
龙光集团	龙光集团有限公司
花样年	深圳市花样年城市发展运营（集团）有限公司
福星惠誉	福星惠誉控股有限公司
上海建工房产	上海建工房产有限公司
星空地产	山东星空地产集团有限公司
中奥地产	中奥地产
鸿荣源集团	鸿荣源集团有限公司
中洲控股	深圳市中洲投资控股股份有限公司

表 19 2020 中国房地产代建领先品牌

品牌	企业名称
绿城管理	绿城管理控股有限公司
中原建业	河南中原建业城市发展有限公司
金地管理	金地集团开发管理公司
当代绿建	北京当代绿建科技集团有限公司
朗诗集团	朗诗集团股份有限公司

表 20 2020 中国房地产轻资产运营领先品牌

品牌	企业名称
蓝城	蓝城集团

城市更新领先品牌凭借综合实力和强大的开发能力，以城市的综合更新为己任，焕新城市面貌，提升城市的舒适度，为美丽城市、美好生活不断贡献力量。代建领先品牌以专业的管理体系、高品质的建设标准与前瞻性的服务加速品牌输出，实现品牌价值和效益双赢。轻资产运营领先品牌凭借优秀品牌形象和高效率的管理架构优势，在轻资产综合运营领域彰显品牌效益。

四、2020 中国房地产品牌价值研究成果分析

（一）强产品优服务，全国品牌价值增长 36.37%

2020 年，新冠疫情席卷全球，国际经贸摩擦局势愈演愈烈，我国经济下行压力持续加大，房地产作为中国经济发展的压舱石与稳定器，“房住不炒”仍是行业发展的主基调。在此背景下，品牌企业主动拥抱变化，以产品力升级铸造品牌硬核，以营销创新增强品牌渗透力，持续增强品牌竞争力，推动企业品牌价值的快速增长。

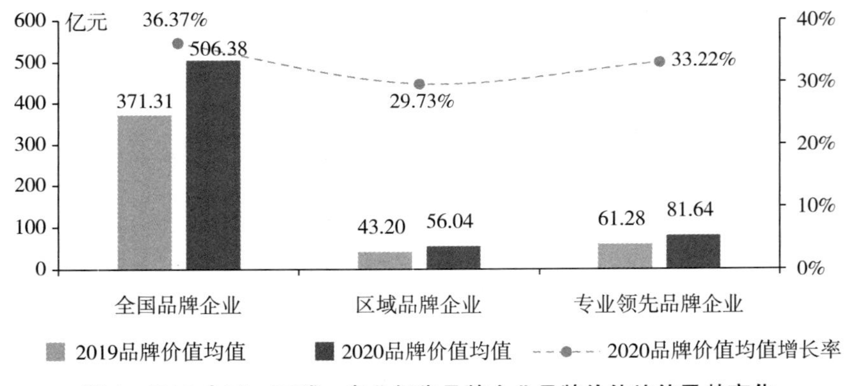

图 1 2020 全国、区域、专业领先品牌企业品牌价值均值及其变化

2020 全国品牌企业品牌价值均值为 506.38 亿元，同比大幅增长 36.37%。其中行业领导公司品牌中海地产、万科、保利发展、恒大集团、碧桂园和融创中国的品牌价值分别达 1216 亿元、1210 亿元、1205 亿元、1203 亿元、938 亿元和 836 亿元，品牌价值增长强劲，行业领导地位持续巩固。2020 区域品牌企业品牌价值均值为 56.04 亿元，同比增长 29.73%。2020 专业领先品牌价值均值达到 81.64 亿元，同比增长 33.22%。

1. 品牌价值与业绩联动效应凸显，正相关系数达 0.72

2019 年以来，中国房地产调控政策持续深化，市场成交规模总体呈现小幅调整，城市分化更为凸显，行业进入专业化、精细化运作阶段。品牌企业凭借卓越的用户体验和持续的品牌深耕，扩大品牌影响力，进一步撬动客户购买力，有效推动销售业绩的稳步增长；同时，企业业绩的增长进一步奠定品牌价值的增长根基，推动品牌价值的持续积累。

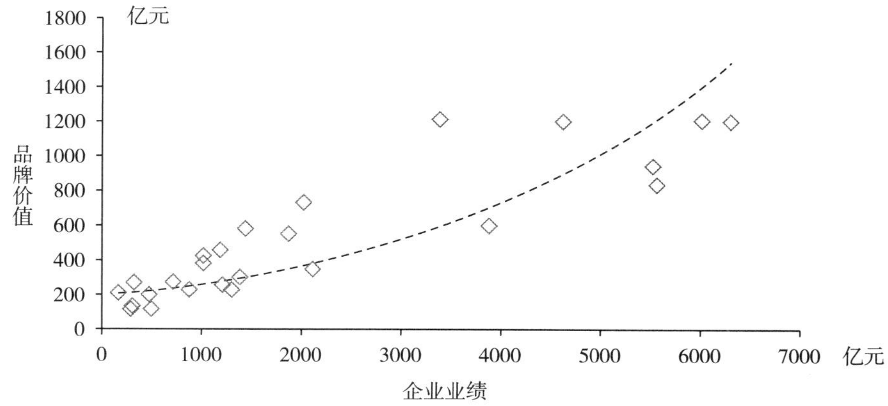

图 2 2020 全国品牌企业品牌价值与业绩相关关系

品牌价值与业绩相关系数达到 0.72，规模化仍是价值增长主动力。研究组对 26 家全国品牌企业的业绩与品牌价值进行相关分析，数据显示，品牌价值与业绩相关系数为 0.72，品牌价值均值每增长 1 亿元，同期业绩增长 4 亿元。

2. 以标签化建立品牌区隔，立体谱系创造新价值

随着中国新型城镇化战略的深入，以及人民对美好生活的期待升级，客户对居住品质提出了更高的要求，品牌企业不断调整发展方向和品牌定位，更好地服务社会需求和社会民生，由地产开发向城市运营、生活服务、产业引导的战略转型，进一步扩大品牌区隔。一方面，品牌企业以品质生活为核心，探索与客户需求密切相关的市场空间，围绕高品质产品与服务，形成完善、精细化的产品线，进行品牌增值；另一方面，品牌企业围绕服务商与运营商，重新梳理产业链，打造差异化、专业化的品牌谱系，深挖品牌价值。

3. “线上营销 + 专属服务”改善客户体验，提升品牌三度

由于疫情延长了人们居家时间，内容资源丰富多样的直播平台愈发成为大众居家生活的新选择。品牌企业紧抓营销契机，从线上场景营造、到客户管理、再到线下匹配优质服务，一整套完整连续的客户服务，实现了线上客户的高效转化。一方面，品牌企业线上营造生活场景式体验，提升品牌认知度。另一方面，品牌企业线下打造专属性服务，有效改善客户体验。

表 21 2020 中国房地产顾客满意度领先品牌

品牌	企业名称	品牌	企业名称
绿城	绿城中国控股有限公司	大家房产	杭州市城建开发集团有限公司
融创中国	融创中国控股有限公司	彰泰集团	桂林彰泰实业集团有限公司

续表

品牌	企业名称	品牌	企业名称
中海地产	中海企业发展集团有限公司	德信地产	德信中国控股有限公司
恒大集团	恒大集团	建业集团	建业住宅集团（中国）有限公司
万科	万科企业股份有限公司	安徽置地	安徽置地投资有限公司

顾客满意度领先品牌不断关注管理、品质和服务，构建以客户为中心的产品和服务体系，顾客满意度不断提升。2020 中国房地产品牌价值研究中，研究组以品牌企业的“品牌三度”为维度进行了问卷调查，结果显示：全国品牌企业的认知度、美誉度和忠诚度均值分别为 51.33%、68.17% 和 55.31%，品牌三度实现稳步提升，其中品牌认知度和忠诚度增长明显。

（二）品牌核心竞争力提升，品牌输出提速

1.“产品力 + 服务力”实现轻资产输出，扩大品牌协同效益

伴随着房地产行业白银时代的深入、城镇化进程的加速，房地产行业正在进入高质量发展阶段。品牌企业以产品为载体，通过理念升级、迭代优化产品元素、标准化建设打造高内涵、高品质和高性价比的产品，实现产品力提升；以数字化赋能服务领域，提升服务力，凝聚品牌核心竞争力。基于产品和服务升级，品牌企业在商业管理、代建等领域进行品牌输出，增强品牌效益。

表 22　2020 中国房地产产品力优秀品牌

品牌	企业名称
绿城	绿城中国控股有限公司
蓝光发展	四川蓝光发展股份有限公司
雅居乐地产	雅居乐地产置业有限公司
远洋集团	远洋集团控股有限公司
金科集团	金科地产集团股份有限公司
康桥集团	郑州康桥房地产开发有限责任公司
合景泰富集团	合景泰富集团控股有限公司

表 23　2020 中国房地产优秀原创产品品牌

项目品牌	企业名称
蓝光芙蓉系	四川蓝光发展股份有限公司
金科博翠系	金科地产集团股份有限公司
祥生·府系	祥生地产集团
东原·印长江	东原集团
城市广场系	佳兆业集团控股有限公司
正黄翡翠系	正黄集团有限公司
东投府系	东投地产集团有限公司

2. 探索“生活 +”输出新模式，增强品牌社会效益

随着中国城镇化进程不断加速，部分企业向城市综合运营商转型，在推动城市产业结构转型、经济发展、环境提升等方面扮演着重要角色。品牌企业依托品牌的资源聚集效应，不仅输出了先进的产品理念和

专业化运营管理能力，同时打造了全生命周期场景、重塑了人们的生活方式，为产业新城、特色小镇、城市更新等领域发展探索出新的模式，不仅实现了企业的社会效益，也为企业品牌未来的价值增长提供了新动能。

表 24　2020 中国房地产新锐品牌

品牌	企业名称	品牌	企业名称
儒辰集团	山东儒辰控股集团有限公司	浩创集团	浩创置业集团有限公司
阳光大地	阳光大地置业集团有限公司	和喜安筑	四川和喜安筑置业集团有限公司
龙信房地产	江苏龙信置业有限公司	澳海集团	杭州澳海控股集团有限公司
华晟集团	上海华晟基业实业有限公司	中鼎集团	广西中鼎文华实业集团有限公司

表 25　2020 中国康旅产业运营商优秀品牌

品牌	企业名称	代表项目
鼎瓯集团	鼎瓯文化旅游发展集团有限公司	北纬 37° 康旅示范小镇
北投地产集团	广西北投地产集团有限公司	南宁五象智慧健康城

表 26　2020 中国产业运营项目优秀品牌

项目品牌	企业名称
荣盛蔚县太行产业新城	荣盛兴城投资有限责任公司
诗里田园亲水度假区	云南实力控股集团有限公司
坤鼎美创科技产业园	坤鼎投资管理集团股份有限公司
MAX 科技园	北京天瑞金置业集团有限公司
中国云谷系列	中国云谷科技集团

品牌企业凭借创新能力打造文旅地产，丰富居民生活形态，焕活区域经济活力，增强品牌生命力。康旅产业运营优秀品牌将旅游与健康等元素融入到产业运营中，以差异化的特色优势实现品牌发展。产业运营项目优秀品牌依托当地资源，因城施产，打造特色产业集群。

表 27　2020 中国文旅地产优秀品牌

品牌	企业名称
融创中国	融创中国控股有限公司
碧桂园文商旅集团	碧桂园文商旅集团
华侨城	华侨城集团有限公司
恒邦双林集团	四川恒邦双林实业集团有限公司
卓尔智城	卓尔智城集团有限公司

表 28　2020 中国社区商业运营优秀品牌

品牌	企业名称
万科里	万科企业股份有限公司
若比邻	保利发展控股集团股份有限公司
好街	浙江绿城理想生活商业运营服务有限公司
美邻系	金科地产集团股份有限公司
润街	华润置地有限公司

文旅地产优秀企业不断加强特色主题挖掘，通过不断创新为项目注入个性化、差异化主题，提升自身

品牌优势。社区商业品牌企业线上线下联动，充分利用与消费者的近距离特点，为居民提供出了更有价值的商品和服务。

绿色生态城区发展运营商、特色新型城镇化服务商和开发区综合运营领先品牌改进运营服务，专注品质和细节强化服务体系，推动新型城镇化发展，助力区域经济转型升级。品牌企业首创“共建”模式，开拓行业发展新蓝海。

表 29　2020 中国绿色生态城区发展运营商领先品牌

品牌	企业名称
中节能实业	中节能实业发展有限公司
亿达中国	亿达中国控股有限公司
朗诗集团	朗诗集团股份有限公司
临港集团	上海临港经济发展（集团）有限公司
中新集团	中新苏州工业园区开发集团股份有限公司

表 4-30　2020 中国新型城镇化服务商领先品牌

品牌	企业名称
长住	长住控股集团有限公司

表 4-31　2020 中国开发区综合运营领先品牌

品牌	企业名称
建融集团	苏州建融集团有限公司

表 4-32　2020 中国房地产共建领先品牌

品牌	企业名称
蓝绿双城	蓝绿双城科技集团有限公司

（三）品牌传播注重内涵，助推品牌形象深入人心

1. 文化和场景加强内容渗透，全面增强传播效能

随着消费升级和消费主力群体的改变，品牌企业紧跟趋势，日益关注品牌的内在价值和受众的接受度，通过打造有内涵和有温度的品牌形象拉近与受众的距离，加强品牌的渗透力。在传播内容上，品牌企业深知产品作为传播最主要展现内容的重要性，通过凸显产品专业性，塑造差异化品牌；导入文化的同时，注重与生活场景的结合，链接城市引消费者共鸣，形成统一价值观，打造具有内涵的品牌形象。

2. 新媒体助力传播内容多倍释放，大幅降低品牌费效比

2020 年，品牌企业快速适应时代发展，主动迎合年轻消费群体需求，围绕传播内容借助“直播”、自有平台工具和品牌 IP 形象进行品牌传播，增强品牌传播的互动性和亲和力，不断提升传播效能。品牌企业通过有效利用传播形式，持续降低费效比，品牌投入占销售额比重显著下降。2019 年，全国及区域品牌企业品牌投入均值分别为 57.89 亿元和 12.91 亿元，占销售额的比重分别为 2.81% 和 2.32%，与去年相比显著下降。

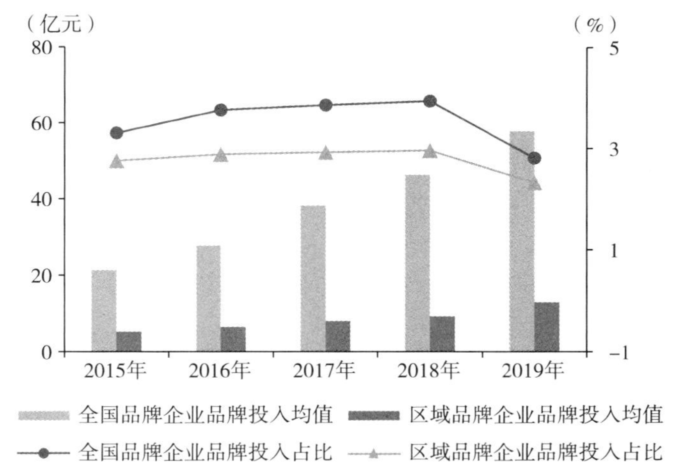

图 3　全国及区域品牌企业 2015-2019 年品牌投入及占销售额比重

（四）形象管理强化品牌责任感，数字赋能品牌管理

1. 弘扬企业家精神，彰显品牌时代形象

近日，企业家座谈会上再次提出要弘扬企业家精神，努力成为构建新发展格局、建设现代化经济体系、推动高质量发展的生力军。品牌企业积极践行社会责任，贯彻 ESG 可持续发展理念，一方面，品牌企业持续做大做强，稳就业、促发展，通过品牌理念传播企业家精神；另一方面，品牌企业驰骋抗疫、持续助力精准扶贫，不断提升品牌使命，实现品牌与社会的互惠互利；此外，品牌企业大力完善公司治理体系，将工程质量作为管控重点，严把建筑质量关，避免重大失误，维护企业品牌形象。

2. ICT 提升精细化管理，数字量化舆情风险

随着品牌企业规模的不断扩大，提高品牌管理效率越发重要，“降成本，优管理，提效益”逐渐成为房企品牌管理的新战略。一方面，品牌企业利用 5G、物联网、云计算、大数据等 ICT 技术赋能品牌管理，提高品牌精细化管理能级；另一方面，品牌企业借助数字化实现覆盖大部分主流媒体的舆情监测，持续监测企业舆情变动情况，有效提升品牌管理效率。

品牌企业形象持续正面，26 家全国品牌企业舆情得分为 5.76。2020 年以来，中指风险测评 SaaS 工具对全国品牌企业舆情事件进行监测，结果显示，品牌企业形象较为正面，部分品牌企业通过舆情管理工具，有效把控舆情风险，减少负面新闻数量。

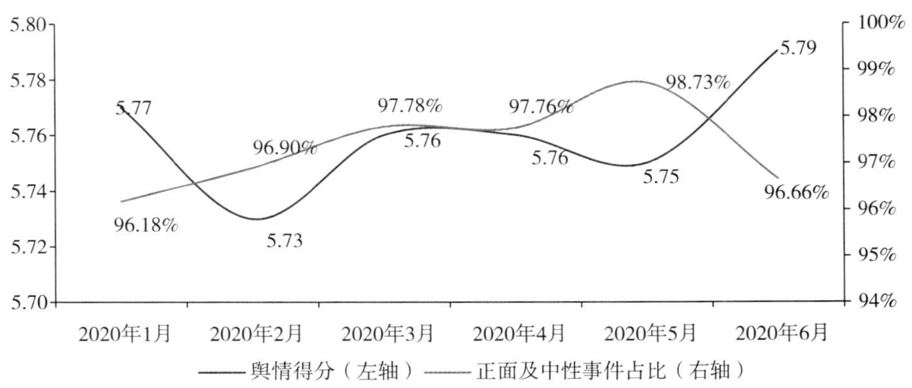

图 4　2020 年上半年 26 家品牌企业舆情风险监测情况

3. 品牌组合持续优化，“裂变＋整合”保障品牌良性发展

疫情大考对企业品牌管理水平提出了更高的要求，品牌企业通过不断优化品牌组合谱系、精细化品牌管理职能体系，不断提升品牌管理的系统能力，保障品牌的良性发展。一方面，品牌企业适时拆分与独立发展，形成关联及跨界领域的多品牌模式，完善品牌谱系。另一方面，品牌企业持续探索业务发展，推进品牌整合进程，优化品牌谱系。

专题：数字赋能　品牌进阶——房企数字化重塑品牌竞争力

随着云计算、移动物联网、大数据、人工智能等数字技术的快速创新和应用，数字经济正在成为全球经济社会发展的重要引擎。当前，中国房地产行业整体步入总量峰值、结构优化的阶段，市场集中度持续提升，整体利润水平呈下降趋势，房企要在激烈市场竞争中实现持续发展，则需从过去的粗放经营转向精细化运营，数字化转型成为必然选择。

一、产品与服务数字化，提升品牌竞争力

（一）流程数字化保障高质量发展，奠定品牌增长基础

品牌企业利用数字化技术，从产品定位、设计、建造全流程管理出发，对产品定位、设计、材料采购、工程管理等重要环节重塑建造价值链模式，强化企业科技化水平和管理能力，提高工程质量和建造效率，提升资源利用效率，加强客户对品牌质量的想象空间，提升品牌满意度。

在定位层面，数字化精准分析客群和地块价值。品牌企业利用信令数据、POI、AOI 等大数据对客群特征、职住属性等进行多维度分析，更加精准指导企业进行客户定位。在设计层面，数字化助力提升设计质量。在建造层面，数字化高质效提升建造水平。一方面，打造智慧工地，优化建造流程，提升建造效率。另一方面，建造工具升级为智能机器人，辅助建造流程，提升工程质量。

（二）场景数字化升级美好生活体验，提升品牌形象

品牌企业利用大数据和 AI 等技术，以智能化、自动化、人性化的服务精准植入生活场景，重塑生活方式与场景体验，以智能家居生态提升家庭生活品质，以移动互联打造智能生活社区，以万物互联、智能管控搭建智慧服务平台，升级居民美好生活场景，提升客户满意度。从智慧家居层面来看，品牌企业凭借超强资源整合力，升级智慧产品生态体系。从智慧社区打造来看，品牌企业智慧化集成管理生态，打造一站式智慧社区。从智慧服务来看，品牌企业升级智慧服务体系，构建全联通智慧服务。

二、精准触达打通全链路，加码品牌传播效能

（一）线上云购房拓展传播路径，VR 营造实景感

品牌企业依托自建、第三方及跨界等多边界的线上平台扩大引流力度，提升流量转化能力，通过打

造线上 VR 看房等场景，营造实景效果，优化客户购房体验，提升品牌效能。其一，利用公域流量池精准营销，优化传播流量入口，提升品牌传播势能。其二，打造私域流量池，优化传播内容出口，提升传播动能。其三，看房模式数字化升级，提升客户品牌体验。

（二）案场管理智能化，提升转化效率

在营销环境不良的条件下，品牌企业通过精细化打造线下案场提升效能，与线上形成联动机制，提升管理效率，打造品牌价值实现的数字化驱动机制。其一，案场全流程联动，提升品牌效率。其二，案场自助服务，升级品牌便捷体验。品牌企业打造线下购房自助服务，通过智慧化技术植入实现看房、选房、购房、交易全流程，柔性打造案场便捷高效体验。其三，强化案场管控，提升案场品牌形象。品牌企业利用智慧化技术升级案场营销风险管控，在提升案场转化效率的同时，防控和优化成交模式，优化品牌传播形象。

三、赋能品牌管理升级，巩固提升品牌形象

（一）实时监测品牌舆情，降低品牌价值损耗风险

品牌企业通过舆情大数据监测，在品牌危机的潜伏期、爆发期和消退期实现风险预警、信息溯源和效果跟踪。大数据舆情监测实时定向抓取微信、微博、百度、门户网站、论坛等各类媒体品牌相关信息，通过智能去重、内容提取等手段进行信息处理，利用机器学习进行文本分类、文本聚类和情感分析等数据分析，并生成风险预警等舆情报告。其一，危机潜伏期，实时全渠道监测舆情，针对风险点发出预警，避免发生品牌危机。其二，危机爆发期，重点监测危机事件舆情动态，理清危机传播路径，以制定针对性应对方案。其三，危机消退期，第一时间回应危机，并跟踪后续效果。

（二）量化品牌传播效果，助力品牌形象提升

传统媒体传播样本量少、数据获取难度较大、传播路径无法定位，对其传播效果的分析针对性弱，无法量化对品牌形象的作用。新媒体基于移动互联网和手机终端触达用户，内容从产生到渠道分发全网留痕，为传播效果的量化打下基础。在大数据的赋能下，品牌企业可对品牌传播的渠道和内容进行量化，从而优化品牌传播渠道和内容输出质量，提升品牌传播效能。一方面，量化渠道传播效果，优化品牌传播渠道选择。另一方面，分析内容传播效果，提高传播内容输出质量。

结　语

2019 年，房地产调控政策基调以稳为主，品牌企业抢抓行情窗口和城市结构性机遇，以定位主流需求、高性价比、创新产品赢得市场，品牌集中度进一步提升。在此背景下，品牌作为彰显投资价值、凝聚产品灵魂、肩负责任担当的重要基石，已上升为彰显产品与服务的重要标志，成为优秀品牌企业持续高质量发展的重要保障。

中国房地产已经迈入品牌竞争与精细化、专业化运营阶段，优势资源加速向品牌企业聚集，不断涌现的新技术、新思维为品牌塑造提供了更多的工具与变革可能，持续推动品牌价值内涵式增长。未来，品牌企业应紧跟市场主流需求与国家战略调整带来的新机遇，适时调整品牌战略，以产品力和品牌力为抓手，提升品牌能级，在激烈的市场竞争中实现跨越式发展。

报告三　2020中国房地产上市公司TOP10研究

一、研究背景与目的

中国房地产 TOP10 研究组自 2003 年开展中国房地产上市公司 TOP10 研究以来，已连续进行了 18 年。研究组紧随资本市场发展节奏，深入研究房地产上市公司经营规律，为促进行业良性运行、企业快速成长发挥了重要作用，相关研究成果引起了社会各界特别是机构投资者的广泛关注，并成为投资者评判上市公司综合实力、发掘证券市场投资机会的重要标准。

2019 年，资本市场整体保持“全面深改、提质增量”的发展主旋律，政策制定和修订持续开放推进，监管层面逐渐微观化，房地产上市公司迎来更加规范健康的发展环境。在此背景下，优秀上市房企把握并购重组、分拆上市和再融资等机遇，更加强化价值管理与增长，持续释放出高质量投资潜力，得到资本市场广泛关注。同时，部分区域型龙头房企纷纷踏上 IPO 之路，借助资本市场谋求进一步的发展，成为值得市场期待的新兴群体。在 2020 中国房地产上市公司研究中，中国房地产 TOP10 研究组在总结历年研究经验基础上，进一步完善了研究方法和指标体系，本着“客观、公正、准确、全面”的原则，发掘成长质量佳、投资价值大的优秀房地产上市公司，探索不同市场环境下房地产上市公司的价值增长方式，为投资者提供科学全面的投资参考依据。

中国房地产上市公司 TOP10 研究的目的包括以下几点。

①客观反映中国房地产上市公司的整体发展水平和最新动态，促进房地产上市公司做强做优做大；②发掘综合实力强、最具财富创造能力及投资价值、财务稳健等表现优异的房地产上市公司；扩大企业在机构投资者当中的影响力，拓展企业融资渠道，帮助企业更快更好地发展；③通过系统研究和客观评价，打造“中国房地产上市公司 TOP10”品牌，引领房地产行业投资良性循环和健康发展。

二、研究方法体系

（一）研究对象

（1）依法设立且公司股份于 2020 年 3 月 31 日前在上海证券交易所、深圳证券交易所及香港联交所等境内外证券交易所公开上市的房地产企业（业务收入主要来自中国大陆，且收入构成需满足下款条件）。由于在不同交易所上市的企业采用的会计准则存在一定差异，研究组将根据上市地点分别对在内地、香港上市的房地产企业进行研究。

（2）主营业务收入构成满足以下条件之一：①房地产相关业务收入（包括房地产开发与销售、园区开发与管理，下同）所占比重不低于50%或所占比重虽低于50%但比其他业务收入比重均高出30%（源自《上市公司分类与代码》，中国证监会2005年3月颁布）；②如果公司收入来自两个行业，房地产相关业务收入占其总收入60%以上或其收入和利润均占整体比重超过50%，或按历史和未来趋势来看，房地产业务为企业提供最主要的收入和利润。如果公司业务收入来自三个或以上行业，房地产相关业务收入或者利润占整体比重超过50%（源自全球行业分类标准，Global Industry Classification Standard，摩根士丹利公司和标准普尔公司联合发布，简称GICS）。

（二）评价指标体系

在2020中国房地产上市公司TOP10研究中，中国房地产TOP10研究组从经营规模、财富创造能力（EVA）、投资价值、财务稳健性四个方面对企业进行评价，对同一家企业在四个指标体系中的得分按一定的权重值（权重来自对四项得分的“方差—协方差分析”）进行加总，最终得到企业的综合实力得分，评价得出“2020中国房地产上市公司综合实力TOP10”（见图1~图5）。

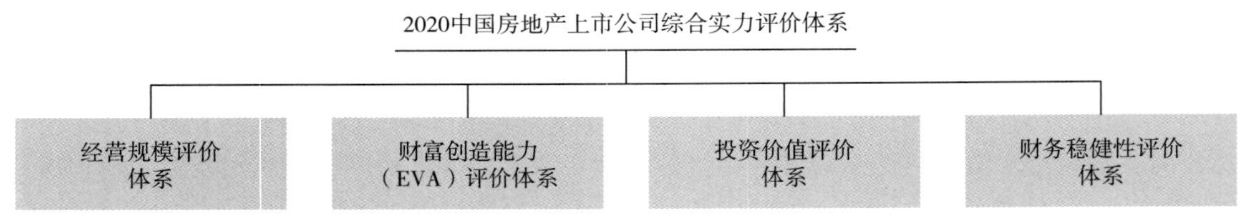

图1　体系架构

● 经营规模评价体系

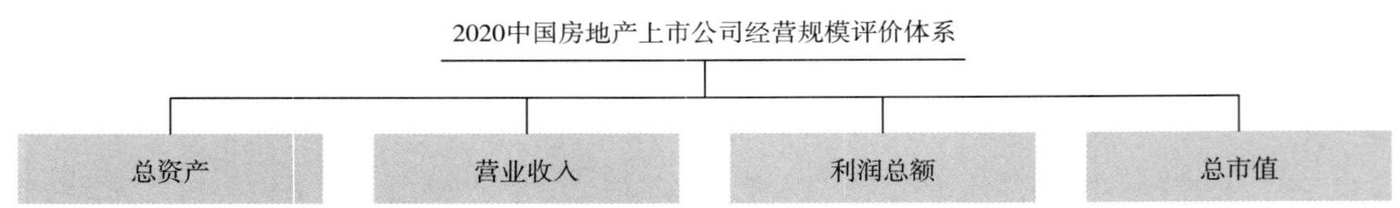

图2　体系架构

● 财富创造能力（EVA）评价体系

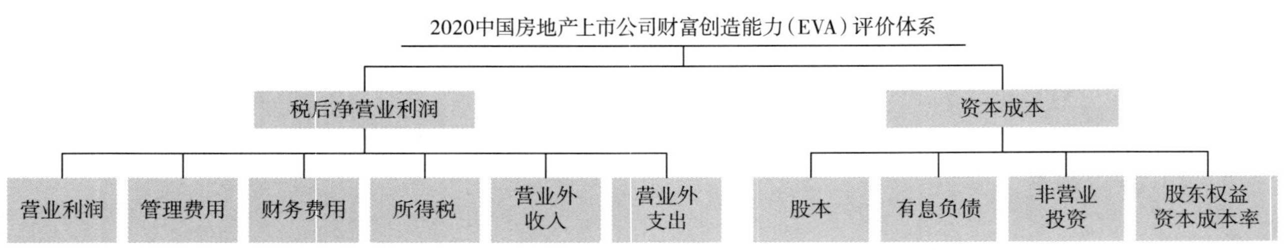

图3　体系架构

● 投资价值评价体系

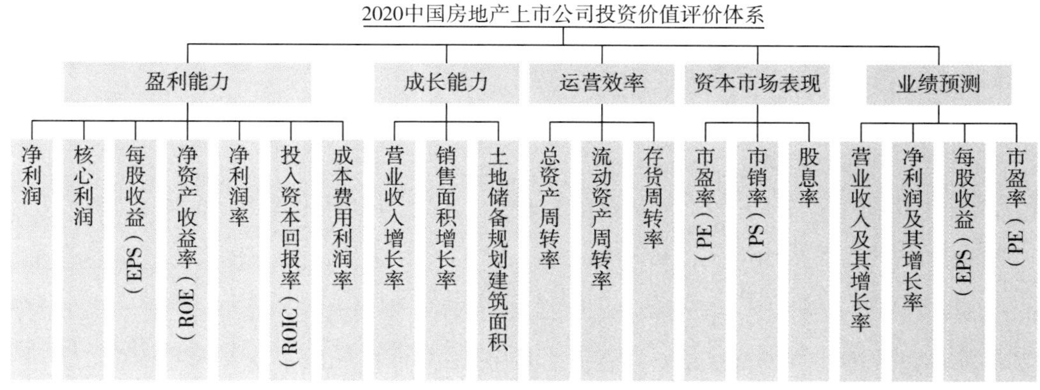

图 4　体系架构

● 财务稳健性评价体系

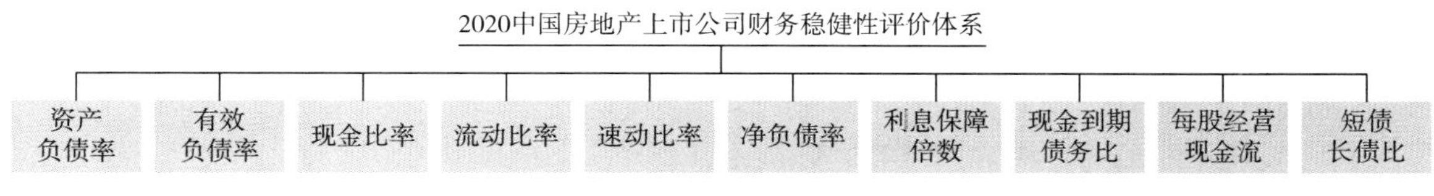

图 5　体系架构

（三）数据来源

（1）中国房地产指数系统（CREIS）数据库；

（2）房地产上市公司对外公布的信息（包括公司年报、公告、公司网站公布的信息和对外派发的资料）；

（3）有关政府部门（包括建委、房管局和统计局等）的公开数据；

（4）2017 年、2018 年、2019 年中国房地产上市公司研究收集的企业数据资料；

（5）2017 年、2018 年、2019 年、2020 年中国房地产百强企业研究收集的企业数据资料；

（四）计量评价方法

研究方法上，为增加研究的严谨性，采用因子分析（Factor Analysis）方法进行。因子分析是一种从变量方差—协方差结构入手，在尽可能多地保留原始信息的基础上，用少数新变量解释原始变量方差的多元统计分析方法。它将原始变量分解为公共因子和特殊因子之和，并通过因子旋转，得到符合现实意义的公共因子，然后用这些公共因子去解释原始变量的方差。

设 x_1，x_2，…，x_p 是初始变量，F_1，…，F_m 表示因子变量，使用统计软件 SPSS 可以计算出每个研究对象的各个因子的得分，然后计算出因子综合得分：

$$A=(\alpha_1 F_1+\ldots+\alpha_m F_m)/\sum\alpha_i,\quad i=1,\ldots,m$$

其中 α 表示各个因子变量的方差贡献率。

三、研究结果及分析

（一）中国房地产上市公司整体发展状况分析

1. 经营规模：总资产规模增速降至两成，头部企业增长明显放缓

2019 年，沪深上市房地产公司总资产均值为 1165.0 亿元，同比增长率为 18.9%，增速较上年下降 4.5 个百分点；大陆在港上市总资产均值同比增长 19.3%，至 2228.3 亿元，同比增速较上年下滑 6.7 个百分点。总资产 3000 亿元以上大型企业同比增长率均值为 25.0%，较上年增速收窄 11.8 个百分点。总资产 1000 亿~3000 亿元规模企业同比增长率下降 8.6 个百分点。总资产 1000 亿元以下房企增长率仅为 11.1%，较上年下降 4.9 个百分点。房地产上市公司总资产规模的增长主要由以下几个因素推动：存货规模仍保持 20% 以上增长；货币资金规模保持稳定增长；行业竞争加剧下，企业股权投资增多；存量房时代，REITs 加持下房企掘金持有型物业（见图 6、图 7）。

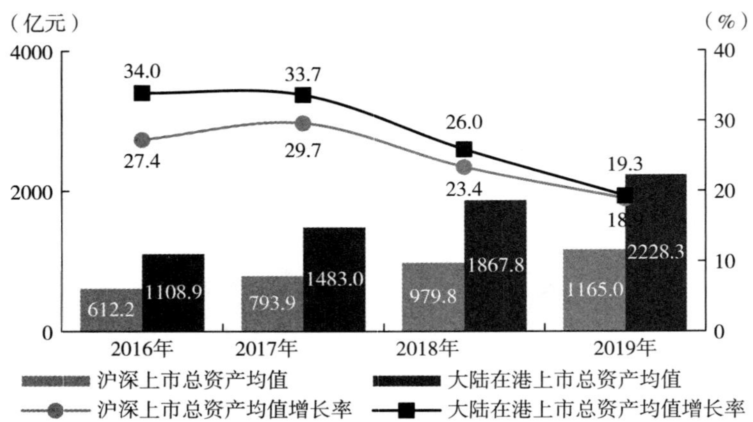

图 6　2019 年房地产上市公司总资产均值及增长率

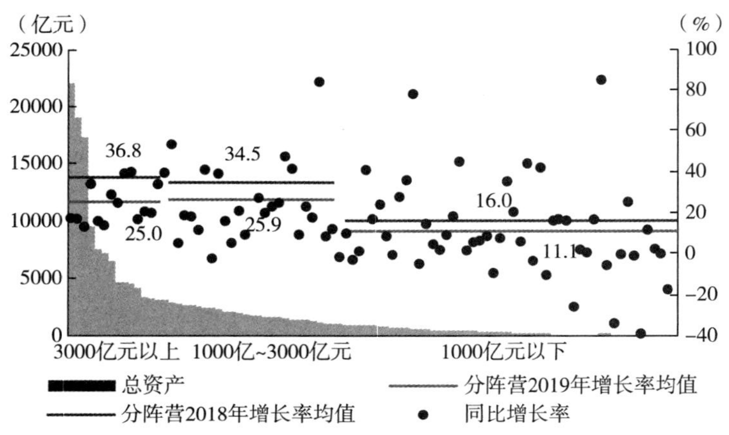

图 7　2019 年房地产上市公司总资产规模分布及同比增长率

2. 盈利能力："增收不增利" 凸显，"降费提效" 成业内共识

● 增收不增利，净利润增速持续下滑

2019 年，房地产上市公司出现"增收不增利"现象。其中，沪深、大陆在港上市房地产公司营业收

入均值分别为 282.5 亿元、427.3 亿元，同比增长 22.8% 和 20.7%；净利润均值分别为 34.9 亿元、68.2 亿元，同比分别增长 19.7%、18.5%。

2019 年，各地调控政策持续，营业成本居高不下，房地产上市公司盈利质量出现下滑，沪深、大陆在港上市房地产公司净利润率均值分别为 13.3%、16.6%，较上年下降 1.0 个、0.4 个百分点，其中大陆在港上市房地产公司净利润率高于沪深 3.3 个百分点；净资产收益率均值分别减少 0.3 个和 0.2 个百分点，降至 10.8% 和 14.6%（见图 8）。

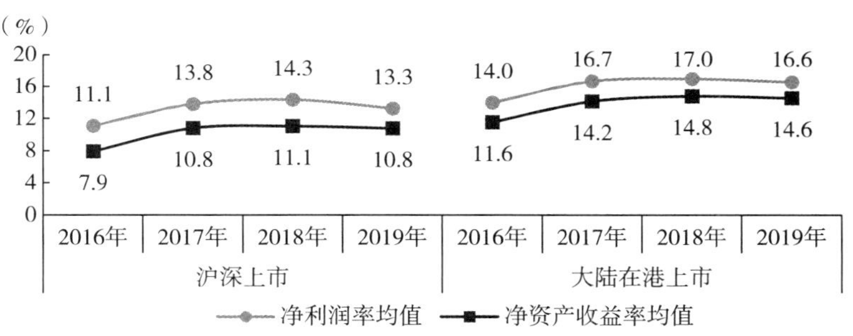

图 8　2016~2019 年沪深及大陆在港上市房地产公司净利润率与净资产收益率均值

- 三费持续上升，周转速度继续放缓

2019 年，房地产上市公司融资成本和营销费用持续增长，三项费用率整体呈上升趋势。沪深、大陆在港上市房地产公司三项费用率均值分别为 12.4%、14.6%，同比分别上升 0.2 个和 0.1 个百分点。具体来看，上市房企 2019 年加大推盘力度，销售预算增加明显，导致销售费用率不断上升；同时加强内部管理，优化员工结构，有效减少了管理成本，但融资成本高企仍给企业带来了不小的压力，拉动企业整体费用增加（见图 9）。

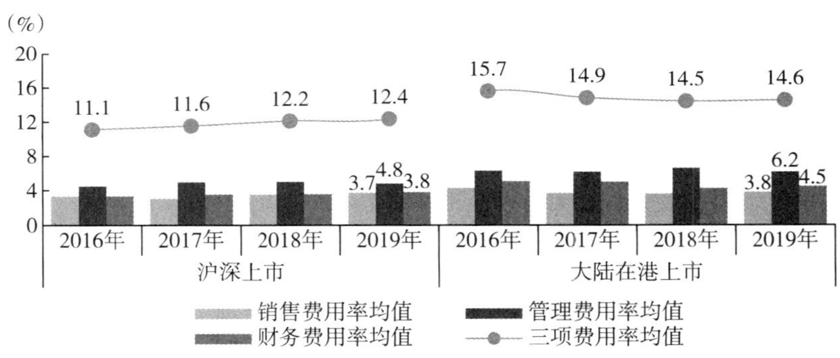

图 9　2016~2019 年沪深及大陆在港上市房地产公司三项费用率均值

2019 年，房地产市场进入深度调整期，上市房企的资金与项目周转速度基本保持稳定。具体来看，沪深上市存货周转率为 0.29，同比下降 0.02，总资产周转率持平；大陆在港上市房地产公司总资产与存货周转率分别为 0.18、0.34，较上年均下降 0.01。

3. 财务稳健性：负债水平高位平稳，“紧投资稳现金”提高安全边际

- 稳杠杆下负债率微升，现金短债比仍处安全区

2019 年，部分房地产上市公司的负债水平在可控范围内出现微升。沪深上市资产负债率均值同比下降 0.2 个百分点，至 68.8%，大陆在港上市房地产公司资产负债率均值同比上升 0.3 个百分点，至 75.5%。

大陆在港上市房地产公司剔除预收账款后的有效负债率均值同比增长 0.6 个百分点，至 57.3%，沪深则上涨 1 个百分点，至 51.3%（见图 10）。

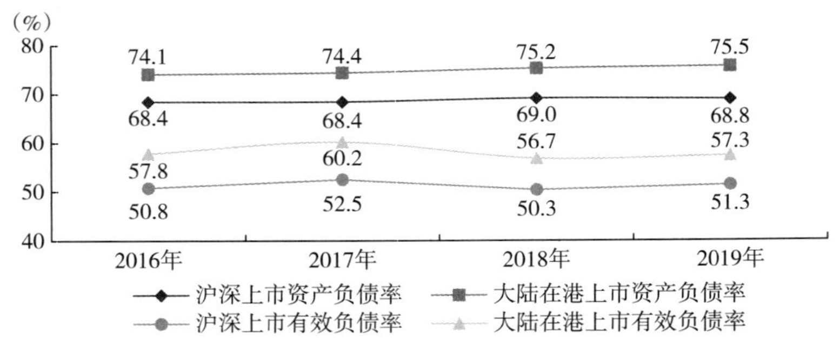

图 10　2016~2019 年沪深及大陆在港上市房地产公司资产负债率与有效负债率

2019 年，沪深及大陆在港上市房地产公司速动比率同比分别下降 0.03、0.02，至 0.53、0.57；货币资金 / 现金及现金等价物与短期及一年到期借款的比值均值分别为 1.20、1.51。

● 稳健投资强化回款，现金流稳定增长

2019 年，大陆在港上市房地产公司现金及现金等价物净增加额均值同比增加 13.8%，至 60.5 亿元，沪深上市房地产公司均值为 22.1 亿元，同比提升 16.8%。沪深、大陆在港上市房地产公司经营活动产生的现金流净额分别为 35.3 亿元、57.4 亿元，较上年分别增加 6.9 亿元、11.7 亿元；大陆在港上市房地产公司筹资活动产生的现金流净额均值虽同比下降 10.2%，但仍有 96.7 亿元的规模，而以中小房企为主的沪深上市房地产公司则继续下探至 16.6 亿元；在土地投资方面，沪深上市现金流净额均值同比增加 8.8 亿至 –29.8 亿元，与之对应的大陆在港则同比增加 5.5 亿至 –93.6 亿元（见图 11）。

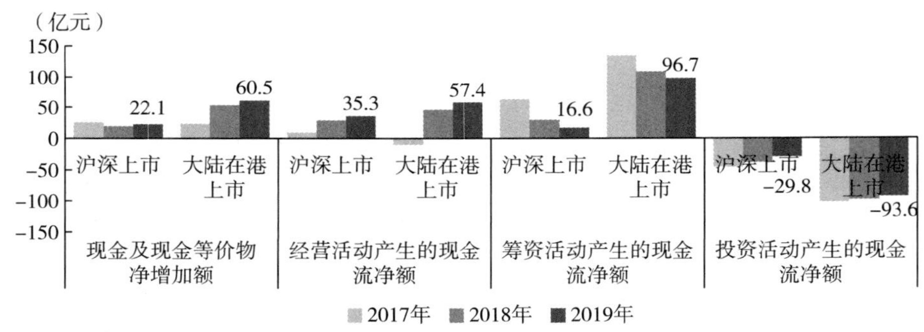

图 11　2017~2019 年沪深及大陆在港上市房地产公司现金流净额均值

2019 年，房地产上市公司谨慎投资、抢抓回款，将现金流安全放在公司运营的重要位置：一方面，房地产上市公司投资贯彻谨慎的态度与策略，量入为出稳定企业现金流。2019 年房地产上市代表公司拿地金额均值为 407.3 亿元，同比下降 11.4%，拿地金额占销售额比重均值为 22.3%，较上年下降 7.4 个百分点。另一方面，在资金“开源”变得愈加困难的背景下，部分房地产上市公司从内部着手，以更坚定的手段执行销售回款计划，重视经营性现金流的良性循环。

2019 年房地产行业信用债与海外债发行总规模共计 9357 亿元，较上年同比增加 4%，其中信用债发行规模 5386 亿元，同比下降 1.9%，海外债发行规模 3971 亿元，同比增加 13.3%。从发债成本来看，央企、国企以及财务稳健的龙头民企赢得市场的青睐，发债成本始终保持较低水平，部分高成长性房企更多发行海外债，海外债成本有所增加。

4. 股东回报：股东收益小幅上涨，经济增加值（EVA）增速收窄

● 每股收益水平出现分化，强者恒强态势凸显

2019 年，沪深上市房地产公司每股收益均值为 0.64 元，较上年上升 3.2%；以大型房企为主的大陆在港上市房地产公司均值则为 0.87 元，同比上涨 7.4%。

● 经济增加值（EVA）增速收窄，价值创造能力持续强化

2019 年，沪深上市房地产 EVA 均值同比增长 6.8% 至 9.9 亿元，大陆在港 EVA 均值同比增长 13.3% 至 7.9 亿元。两个阵营的企业财富创造能力均得到不同程度的加强，但规模增速在收窄，且大陆在港与沪深之间的差距在逐渐缩小（见图 12）。

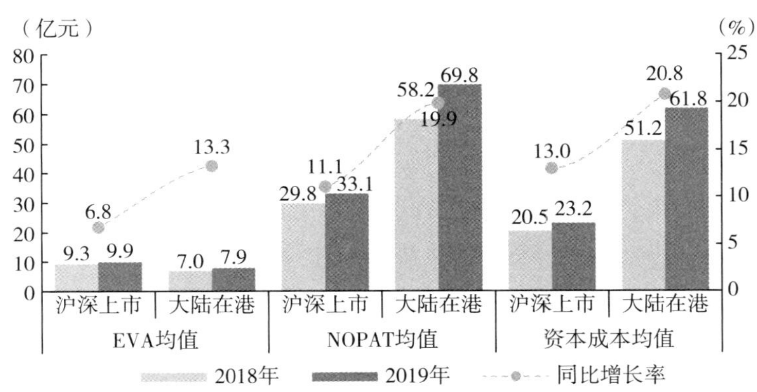

图 12　2018~2019 年沪深及大陆在港上市房地产公司 EVA、NOPAT 与资本成本均值

● 稳定分红保护股东利益，吸引投资者关注

2019 年，沪深与大陆在港上市房地产公司股息率同比均下降 0.2%，至 2.4% 和 5.8%。部分企业 2019 年股价显著回升为股东带来的收益高于分红，因此股东回报仍处在较高水平。部分优秀房地产上市公司不仅在股票价值上给予投资者回报，在分红方面也表现出了积极的态度。

5. 价值管理：整体估值修复性反弹，“分拆 + 重组”助力价值释放

● 政策调控先扬后抑，板块估值显著回升

2019 年，房地产市场政策持续调整，房企业绩表现良好，房地产板块整体回暖，地产股价值不断上升。沪深上市房地产公司市值均值同比上升 25.7% 至 210.2 亿元，81 家公司市值实现同比增加；内地在港上市房地产公司市值均值为 344.5 亿元，同比上升 28.5%，45 家公司市值同比增加（见图 13）。

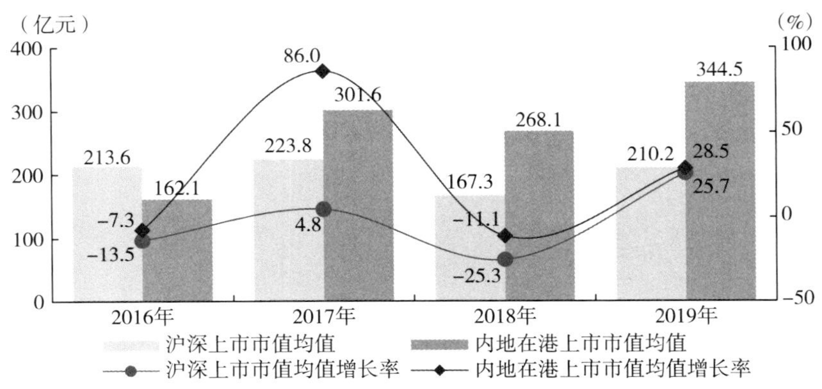

图 13　2016~2019 年沪深及内地在港上市房地产公司市值均值及其增长率

2019年，房地产调控政策整体呈先松后紧的态势，房地产板块也展示出了与政策的强关联性。2019年初，整体政策对市场乐观预期有所推动，部分城市推出调整利率上浮比例、限价摇号、保障引进人才购房需求等政策，推动房地产板块顺势上涨。进入二季度政策明显紧缩，部分热点城市升级了限购、限售政策，公积金政策在部分地区也迎来一轮新的收紧，土拍市场也受到严监管，多省市提出稳妥实施“因城施策”方案，多管齐下使房地产板块出现显著回落。7月，中共中央政治局会议上对房地产市场的新定调仍为“房住不炒”，调控政策持续收紧，恒生地产与申万地产指数双双下跌，申万地产更是迎来近两年的新低点，板块出现震荡下行趋势。2020年初，新冠肺炎疫情袭击中国，对经济形成重创，房地产板块应声下跌，随着疫情的逐渐控制，国家出台多项政策刺激经济发展，各地针对房地产行业也颁布了多项举措促进房地产行业复工复产，对于房地产板块无异于一针强心剂，恒生地产与申万地产指数出现显著回升。

● 行业分化提供机遇，上市房企多种经营方式实现市值提升

随着资本市场的发展，分拆上市逐渐变为房地产上市公司实现价值突破的重要手段，通过释放企业优势资源的成长潜力，有效增加企业市值规模。并购重组一直是房地产上市公司实现价值增长的传统且重要的方式。随着行业竞争加剧，部分中小房企生存空间进一步压缩，资产转让意愿更加强烈，优秀房地产上市公司通过收并购大幅度纳入优质土储，推动企业业绩高速增长，增强资本市场对企业的信心。此外，股票回购行为亦是房地产上市公司提振资本市场信心的重要手段之一。房地产上市公司使用股权激励的手段进行公司治理，已成为上市公司实现股东价值最大化的重要途径，既能起到稳定和激励公司董事会成员与核心员工的作用，又能达到提高融资能力和市值的目的，也能提高管理层对企业经营管理的效率。

6. 投资价值：板块走势保持强韧性，优质房企更受青睐

2019年，资本市场整体呈震荡上行趋势，房地产板块表现优秀，沪深及港股房地产板块抗跌性强，增长性好。其中，业绩龙头、区域布局较好、财务表现稳健和多元业务拓展能力强的企业值得投资者长期关注。

● 行业板块随大盘震荡上行，估值空间仍值得期待

2016年1月～2017年1月，大盘与房地产板块均进入持续上涨通道，其中中证A股累计上升19.7%，恒生指数累计涨幅为67.1%，相对应的申万地产与恒生地产累计涨幅分别为26.1%、69.3%，增长力显著强于大盘。2019年下半年至2020年一季度，资本市场整体进入下行通道，房地产板块同样展现出较强的抗风险能力，尤其是大陆在港上市的房地产公司面对此次疫情的影响，展现出较强的韧性，明显跑赢大盘。

2019年，沪深与大陆在港上市房地产公司市盈率均值同比分别上升3.2、0.8至14.1、6.1，沪深上涨幅度大于大陆在港；同期，沪深与大陆在港上市房地产公司市销率同比分别增加1.2、0.4至2.6、1.2，沪深数据表现仍优于大陆在港。进入2020年，受疫情冲击影响，两阵营企业市盈率与市销率均出现不同程度下滑，虽高于2018年水平，但仍处于较低位置，未来估值空间值得期待，尤其是大陆在港上市房地产公司，目前估值修复空间仍较大。

● 价值投资做主导，龙头、布局区域红利和业务拓展较好的企业更受青睐

随着资本市场持续震荡，房地产行业监管层面逐渐规范，资本市场对房地产行业股票价值的投资逐渐转向以企业本身价值为主导。第一，行业集中度持续升高的背景下，龙头房企业绩增长稳定，投资价值凸显。第二，布局热点区域的企业，未来更具发展潜力。第三，利润表现好，财务状况较为稳健的企业更受

投资者青睐。第四，拥有成长“第二曲线”的企业，估值水平得到持续提升。

（二）2020 中国房地产上市公司 TOP10 研究结果

1. 综合实力 TOP10

表 1　2020 沪深上市房地产公司综合实力 TOP10

2020 排名	股票代码	股票简称
1	000002.SZ	万科 A
2	600048.SH	保利地产
3	001979.SZ	招商蛇口
4	600340.SH	华夏幸福
5	600606.SH	绿地控股
6	002146.SZ	荣盛发展
7	600376.SH	首开股份
8	600208.SH	新湖中宝
9	601992.SH	金隅集团
10	000402.SZ	金融街

表 2　2020 中国大陆在港上市房地产公司综合实力 TOP10

2020 排名	股票代码	股票简称
1	3333.HK	中国恒大
2	0688.HK	中国海外发展
3	2007.HK	碧桂园
4	1918.HK	融创中国
5	1109.HK	华润置地
6	3383.HK	雅居乐集团
7	2777.HK	富力地产
8	6158.HK	正荣地产
9	1813.HK	合景泰富集团
10	2868.HK	首创置业

2. 财富创造能力 TOP10

表 3　2020 沪深上市房地产公司财富创造能力 TOP10

2020 排名	股票代码	股票简称
1	000002.SZ	万科 A
2	600048.SH	保利地产
3	001979.SZ	招商蛇口
4	600340.SH	华夏幸福
5	002146.SZ	荣盛发展
6	601155.SH	新城控股
7	000402.SZ	金融街
8	600376.SH	首开股份
9	601588.SH	北辰实业
10	600565.SH	迪马股份

表 4　2020 中国大陆在港上市房地产公司财富创造能力 TOP10

2020 排名	股票代码	股票简称
1	0688.HK	中国海外发展
2	3333.HK	中国恒大
3	2007.HK	碧桂园
4	2777.HK	富力地产
5	6158.HK	正荣地产
6	1638.HK	佳兆业集团
7	1238.HK	宝龙地产
8	2868.HK	首创置业
9	1628.HK	禹洲地产
10	1862.HK	景瑞控股

3. 财务稳健性 TOP10

表 5　2020 沪深上市房地产公司财务稳健性 TOP10

2020 排名	股票代码	股票简称
1	000002.SZ	万科 A
2	001979.SZ	招商蛇口
3	600048.SH	保利地产
4	600340.SH	华夏幸福
5	000671.SZ	阳光城
6	000402.SZ	金融街
7	601992.SH	金隅集团
8	002146.SZ	荣盛发展
9	000926.SZ	福星股份
10	000838.SZ	财信发展

表 6　2020 中国大陆在港上市房地产公司财务稳健性 TOP10

2020 排名	股票代码	股票简称
1	0688.HK	中国海外发展
2	1109.HK	华润置地
3	0960.HK	龙湖集团
4	1238.HK	宝龙地产
5	2868.HK	首创置业
6	3883.HK	中国奥园
7	3383.HK	雅居乐集团
8	1638.HK	佳兆业集团
9	0672.HK	众安集团
10	1233.HK	时代中国控股

4. 投资价值 TOP10

表 7　2020 沪深上市房地产公司投资价值 TOP10

2020 排名	股票代码	股票简称
1	600340.SH	华夏幸福
2	600048.SH	保利地产
3	001979.SZ	招商蛇口
4	600466.SH	蓝光发展
5	601992.SH	金隅集团
6	000671.SZ	阳光城
7	601588.SH	北辰实业
8	000656.SZ	金科股份
9	600823.SH	世茂股份
10	600376.SH	首开股份

表 8　2020 中国大陆在港上市房地产公司投资价值 TOP10

2020 排名	股票代码	股票简称
1	3333.HK	中国恒大
2	0817.HK	中国金茂
3	3380.HK	龙光地产
4	1638.HK	佳兆业集团
5	3883.HK	中国奥园
6	1238.HK	宝龙地产
7	0119.HK	保利置业集团
8	2868.HK	首创置业
9	1862.HK	景瑞控股
10	2608.HK	阳光 100 中国

表 9　2020 中国房地产上市公司商业开发运营优秀企业

2020 排名	股票代码	股票简称
1	1109.HK	华润置地
2	0960.HK	龙湖集团
3	1238.HK	宝龙地产
4	2777.HK	富力地产
5	0272.HK	瑞安房地产
6	000402.SZ	金融街
7	3883.HK	中国奥园
8	2868.HK	首创置业
9	0817.HK	中国金茂
10	600823.SH	世茂股份

5. 公司治理 TOP10

表 10　2020 中国房地产上市公司治理 TOP10

2020 排名	股票代码	股票简称
1	3333.HK	中国恒大
2	000002.SZ	万科 A
3	600340.SH	华夏幸福
4	3380.HK	龙光地产
5	600606.SH	绿地控股
6	000732.SZ	泰禾集团
7	000402.SZ	金融街
8	3383.HK	雅居乐集团
9	0119.HK	保利置业集团
10	2118.HK	天山发展控股

表 11　2020 中国房地产上市公司十大金牌 CEO

股票代码	股票简称	CEO
3333.HK	中国恒大	夏海钧
600048.SH	保利地产	刘平
1918.HK	融创中国	汪孟德
600340.SH	华夏幸福	孟惊
6158.HK	正荣地产	黄仙枝
3383.HK	雅居乐集团	王海洋
1638.HK	佳兆业集团	麦帆
1238.HK	宝龙地产	许华芳
000926.SZ	福星股份	冯东兴
1622.HK	力高集团	黄若青

表 12　2020 中国房地产上市公司十大金牌 CFO

股票代码	股票简称	CFO
0688.HK	中国海外发展	吕世杰
2007.HK	碧桂园	伍碧君
1918.HK	融创中国	高曦
000671.SZ	阳光城	陈霓
600048.SH	保利地产	周东利
600340.SH	华夏幸福	吴中兵
0960.HK	龙湖集团	赵轶
001979.SZ	招商蛇口	黄均隆
000656.SZ	金科股份	李华
000926.SZ	福星股份	冯俊秀

表 13　2020 中国房地产上市公司十大金牌董秘

股票代码	股票简称	董秘
000002.SZ	万科 A	朱旭
600048.SH	保利地产	黄海
001979.SZ	招商蛇口	刘宁
600340.SH	华夏幸福	林成红
600606.SH	绿地控股	王晓东
000656.SZ	金科股份	徐国富
600383.SH	金地集团	徐家俊

续表

股票代码	股票简称	董秘
0884.HK	旭辉控股集团	罗泰安
002146.SZ	荣盛发展	陈金海
000926.SZ	福星股份	汤文华

表 14 2020 中国房地产行业十大金牌分析师

机构名称	分析师
广发证券	乐加栋
海通证券	涂力磊
中信证券	陈聪
太平洋证券	徐超
华泰证券	陈慎
中信建投	江宇辉
天风证券	陈天诚
华创证券	袁豪
招商证券	赵可
中金公司	张宇

专题：中国房地产金融环境分析

1. 金融监管从严，改革持续深化

2019 年以来，中央严防房地产金融风险，持续加大房地产金融市场监管力度，推动完善金融风险处置机制，优化金融服务体系，房地产行业资金定向监管整体保持从紧态势，资金投向结构不断发生变化。面对更加复杂的国内外环境以及金融体系的不断深化和改革，房地产金融政策将会更加精准。

金融政策整体总方针不变，严防房地产金融风险。传统融资渠道监管从严从紧，融资机制强化规范化管理。银行渠道，严查违规融资乱象，加强对高杠杆企业监管和风险提示、对资金用途的审慎监管；债券市场，完善债券发行机制，推动债券市场产品创新；信托融资，信托发行监管趋严，加强信托风险防控；海外融资，加强资金用途监管，防控外债风险。资产证券化支持力度不断加大。

2. 融资渠道持续收紧，融资结构不断优化

● 房地产信贷规模增长，优质房企受青睐

2019 年房地产开发贷款余额 11.2 万亿元，同比增长 10.1%，增速比上年末低 12.5 个百分点。其中，保障性住房开发贷款余额 4.6 万亿元，同比增长 6.7%。个人住房贷款余额 30.1 万亿元，同比增长 16.7%，比上年末低 1.1 个百分点。

● 房企积极融资，信用债发行规模同比基本持平

2019 年，房地产行业信用债融资规模达到 5386 亿元，同比微降 1.9%。公司债占比达 55.7%，其次是短期融资券和中期票据，占比分别为 18.6% 和 14.6%。2020 年一季度，房企发债回暖，信用债发行规模为 1689.2 亿元，与去年同期基本持平略有微升。

2019 年房地产企业公司债发行 266 只，发行规模 3000.5 亿元，与 2018 年相比，公司债发行数量和发行规模均明显提高。值得注意的是，2019 年上半年房企发行公司债延续 2018 年底回暖趋势，年初出现了

小高峰。2015~2018 年房地产企业公司债发行利率持续上涨，2019 年开始出现下降，2019 年平均利率为 5.8%，较 2018 年下降 0.9 个百分点，2020 年一季度，房企公司债发行利率为 4.9%，较上年同期发行利率有所下降。2019 年，房企共发行中期票据 93 只，发行规模总计 786.6 亿元，同比下降 48.1%，中期票据发行平均利率为 5.5%，较去年同期的 5.9% 回落 0.4 个百分点。

表 15　2020 年值得资本市场关注的房地产公司

企业名称	企业名称
恒大地产集团	港龙中国地产集团有限公司
华夏幸福基业股份有限公司	力高地产集团有限公司
碧桂园控股有限公司	财信地产发展集团股份有限公司
中国海外发展有限公司	合能投资有限公司
北京金隅集团股份有限公司	润达丰控股集团有限公司
合景泰富集团控股有限公司	天山发展（控股）有限公司
北京北辰实业股份有限公司	阳光 100 中国控股有限公司
湖北福星科技股份有限公司	

● 海外融资规模增加，融资成本走高

2019 年，房地产行业资金监管从严从紧，银保监会等机构密集发声强调防范房地产金融风险，并且对海外债加强监管资金用途。2019 年内地房企发行海外债 173 只，融资总额高达 3971 亿元，较 2018 年上涨 13.3%，平均利率为 8.9%，较上年上升 0.9 个百分点，其中，票面利率高于 10% 的债券 59 只，较去年数量翻番，创历史新高。

2020 年一季度，房企海外债发行规模达 1901.3 亿元，同比增长 33.0%；然而海外融资成本也有所下降，海外融资成本为 8.5%，较上年同期下降 0.16 个百分点，在国内融资持续收紧的情况下，海外债为房地产企业提供了有力的资金保障。

● 信托发行规模持续攀升，呈现前高后低

截至 2019 年末，全国 68 家信托公司受托资产降至 21.6 万亿元，较 2018 年末的 22.7 万亿元同比下降 5.1%。其中投向房地产的信托资金持续增长，房地产信托余额为 2.8 万亿元，同比增长 3%。2019 年房地产信托发行规模呈现前高后低，与上年同期相比上半年房地产类信托呈爆发式的增长，随着 5 月中旬的“23 号文”出台，对过热的房地产信托采取严厉监管措施，第三季度开始房地产类信托增速出现下滑。

● 资产证券化规模同比增长 23.1%，供应链 ABS 成新风向

2019 年以来，房地产资产证券化受政策不断加持，推动资产证券化市场进一步高质量、规范化发展。2019 年房地产行业资产证券化产品共发行 392 只，总规模 3448.8 亿元，同比增长 23.1%。2020 年一季度，房地产行业资产证券化产品共发行 69 只，总发行规模 541.2 亿元，同比下滑 44.6%。从底层资产来看，房地产供应链 ABS 发行量快速增加。2019 年发行额 1701.6 亿元，占比较上年提升 3.9 个百分点，成为目前供应量最大的房地产 ABS 品种。进入 2020 年，这一趋势得到延续。

● 融资承压加大，赴港上市寻求新机遇

2019 年，随着国家对金融管理的进一步加强，房地产企业在资本市场融资困难加大，房地产企业积极赴港 IPO，探寻融资新路径，扩大企业品牌影响力。在融资环境持续收紧的背景下，房企纷纷追逐资本市场寻求企业价值重估，拓宽融资渠道，从而推动企业整体价值的提升。企业通过将商业、物业服务分拆

上市，借助资本力量加速业务扩张和市场拓展。

表 16　2020 中国房地产上市公司产品力领先企业

股票代码	股票简称	领先领域
1918.HK	融创中国	高端精品
000671.SZ	阳光城	绿色健康
3380.HK	龙光地产	高端住宅
1622.HK	力高集团	健康住宅
600565.SH	迪马股份	社区家

表 17　2020 中国上市物业服务企业综合实力 TOP10

2020 排名	股票代码	股票简称
1	6098.HK	碧桂园服务
2	3319.HK	雅生活服务
3	6049.HK	保利物业
4	2869.HK	绿城服务
5	1995.HK	永升生活服务
6	1778.HK	彩生活
7	2606.HK	蓝光嘉宝服务
8	1755.HK	新城悦服务
9	2168.HK	佳兆业美好
10	9928.HK	时代邻里

表 18　2020 中国上市物业服务投资价值优秀企业

股票代码	股票简称	股票代码	股票简称
6049.HK	保利物业	1778.HK	彩生活
2669.HK	中海物业	1538.HK	中奥到家
1995.HK	永升生活服务	3316.HK	滨江服务
1755.HK	新城悦服务	0982.HK	华金国际资本
9928.HK	时代邻里	1922.HK	银城生活服务
2168.HK	佳兆业美好	6093.HK	和泓服务

表 19　2020 值得资本市场关注的物业服务企业

企业名称	企业名称
金科物业服务集团有限公司	融信物业服务集团
河南建业新生活服务有限公司	北京金辉锦江物业服务有限公司
世茂天成物业服务集团有限公司	路劲物业服务集团有限公司
浙江佳源物业服务集团有限公司	汇得行（中国）集团有限公司
上海高地物业管理有限公司	中化金茂物业管理（北京）有限公司
东原物业集团	广西彰泰物业服务股份有限公司
广东龙光集团物业管理有限公司	阳光恒昌物业服务股份有限公司
万象美物业管理有限公司	

3. ESG 体系逐渐兴起，开拓上市房企融资新渠道

- ESG 理念与政策持续完善，企业机制实现价值焕新

2019 年，我国紧跟国际资本市场的 ESG 投资趋势，推动 ESG 报告进一步向财报看齐，积极迎合全球投资者对于 ESG 信息披露的实际需要，预示着我国资本市场将成为全球投资者的新焦点。

表 20　2020 中国房地产 ESG 发展优秀企业

股票代码	股票简称
000002.SZ	万科 A
0688.HK	中国海外发展
600048.SH	保利地产
2007.HK	碧桂园
600376.SH	首开股份
1109.HK	华润置地
0817.HK	中国金茂
000732.SZ	泰禾集团
3380.HK	龙光地产
0960.HK	龙湖集团

- ESG 打造企业绿色竞争力，强化房企可持续核心价值

房地产企业持续贯彻绿色发展理念，用绿色产品实践 ESG 理念。通过绿色设计，将绿色建筑产品标准化；绿色施工，节约资源与减少污染；绿色运营，提升设备能效，以创新理念和创新技术促进人居、生活、环境的可持续发展。

- ESG 表现提升企业形象，实现企业价值良性循环

ESG 表现优异企业认可度更高，推动企业形象和品牌提升。ESG 理念对房地产上市公司推进企业管理机制改革，增强企业信赖度、企业高效发展发挥着积极作用。ESG 表现优异的企业，更受资本市场青睐。

- ESG 体系进入加速实行期，绿色债助力房地产上市公司规模发展

随着我国 ESG 相关政策和评级体系不断完善，ESG 进入快速发展时期，ESG 理念在房地产企业中的应用会更加成熟和完善。ESG 体系同时也为房地产上市公司的资本价值评估重启了新机遇，为企业融资渠道开辟了新路径，ESG 理念将对我国资本市场的资源配置产生实质性影响。

报告四　2020中国物业服务百强企业研究

第一部分　研究背景与目的

由中指研究院与中国房地产 TOP10 研究组开展的“中国物业服务百强企业研究”，自 2008 年以来已连续进行 13 年，这 13 年中，研究组紧扣行业发展脉搏，深入研究物业服务企业经营规律，为促进行业良性运行、企业快速成长发挥了重要作用，相关研究成果已成为评判物业服务企业综合实力及行业地位的重要标准，对促进市场资源向物业服务百强企业聚集、推动开发企业与物业服务百强企业强强联合起到了重要作用。

2020 年 3 月，国家发展和改革委员会、住房和城乡建设部等 23 个部门联合印发《关于促进消费扩容提质、加快形成强大国内市场的实施意见》，提出“促进社区生活服务业发展，大力发展便利店、社区菜店等社区商业，拓宽物业服务，加快社区便民商圈建设”。居民消费需求升级和智能化技术应用的支撑，加上资本红利的持续释放，物业服务企业迎来增长新契机，价值进一步凸显。

中指研究院以“服务升级，价值释放”为主题，全面启动“2020 中国物业服务百强企业研究”，发掘一批规模大、实力强、服务品质高的物业服务企业，发挥示范带头作用，引领行业快速、健康发展。在总结 13 年研究经验的基础上，中指研究院进一步完善了“2020 中国物业服务百强企业研究”方法体系，更加全面、客观地评价企业的综合实力。

2020 中国物业服务百强企业研究的目的有以下几点。

（1）科学评价企业的真实实力，发掘一批综合实力强、服务水平优、业主满意度高的优秀物业服务企业；

（2）系统总结优秀企业的服务理念和经营模式，供广大物业服务企业学习借鉴，促进物业服务企业提升运作水平和服务质量；

（3）以客观的数据和研究结果，反映行业最新状况和主流企业的发展态势，为有关部门制定研究政策和加强管理提供参考，为金融机构选择投资标的提供决策依据。

第二部分　百强企业研究方法体系

（一）评价指标体系

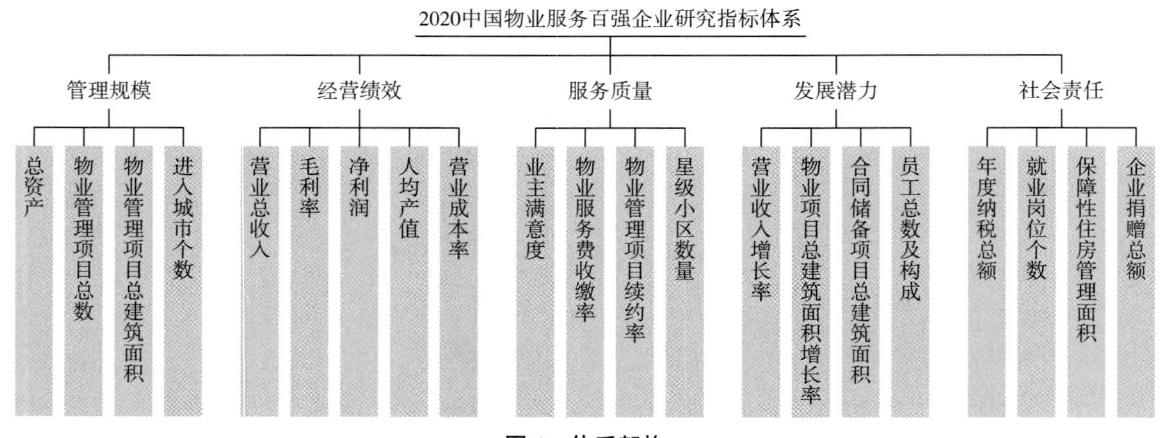

图1　体系架构

（二）评价指标体系设计原则

指标体系的设计遵循三个准则：管理规模与服务质量相结合；经营绩效与发展潜力相结合；经营业绩与社会责任相结合。

（三）计量评价方法

采用因子分析（Factor Analysis）的方法。

（四）门槛值

依法设立、具有独立法人资格；按照国际惯例和国内目前行业整体发展现状，中指研究院确定现阶段入选门槛值为：近三年平均在管项目数量不低于10个或平均在管项目总建筑面积不低于50万平方米；为了引导物业服务企业做大做强，中指研究院鼓励企业以集团的名义参与。

（五）复核审查

企业财务数据通过会计师事务所出具的报表进行复核；对收集的数据坚持交叉复核；根据企业历史数据交叉复核。

企业填报数据经过复核存在疑义或未提供数据的企业未纳入本次研究范畴。

（六）实施原则

自愿、诚信原则；客观、公平、公正原则；保密原则。

第三部分　2020 中国物业服务百强企业名单

表 1　2020 中国物业服务百强企业排名

排名	企业名称	排名	企业名称
1	碧桂园服务控股有限公司	21	广州敏捷新生活物业管理有限公司
2	绿城物业服务集团有限公司	22	广州方圆现代生活服务股份有限公司
3	保利物业发展股份有限公司	23	成都蜀信物业服务有限公司
4	雅居乐雅生活服务股份有限公司	23	东原物业集团
5	恒大金碧物业（金碧物业有限公司）	24	云南俊发物业服务有限公司
6	彩生活服务集团	24	路劲物业服务集团有限公司
7	龙湖物业服务集团有限公司	24	中天城投集团物业管理有限公司
8	深圳市金地物业管理有限公司	24	南京银城物业服务有限公司
9	招商局积余产业运营服务股份有限公司	25	江苏中南物业服务有限公司
10	金科物业服务集团有限公司	25	广州海伦堡物业管理有限公司
11	华润物业科技服务有限公司	25	弘阳服务集团有限公司
11	四川蓝光嘉宝服务集团股份有限公司	25	华宇优家智慧生活服务集团有限公司
11	幸福基业物业服务有限公司	26	杭州滨江物业管理有限公司
11	新城悦服务集团有限公司	26	珠海华发物业管理服务有限公司
11	佳兆业美好集团有限公司	26	厦门合嘉源生活服务集团有限责任公司
12	北京首开鸿城实业有限公司	27	盛全物业服务股份有限公司
12	河南建业新生活服务有限公司	27	汇得行（中国）集团有限公司
12	世茂天成物业服务集团有限公司	27	深圳市国贸物业管理有限公司
12	上海永升物业管理有限公司	28	北京亿展资产管理有限公司
12	时代邻里控股有限公司	28	朗诗绿色生活
13	远洋亿家物业服务股份有限公司	29	福建伯恩物业集团有限公司
13	富力物业服务集团	29	楷林物业管理有限公司
14	深圳市卓越物业管理有限责任公司	29	中铁建物业管理有限公司
14	山东省诚信行物业管理有限公司	30	重庆新鸥鹏物业管理（集团）有限公司
14	合生活科技集团有限公司	30	广州和融物业管理有限公司
15	鲁能物业服务有限公司	30	贵州宏立城物业服务有限公司
15	南都物业服务集团股份有限公司	30	青岛海尔地产服务有限公司
15	广东中奥物业管理有限公司	31	第一物业服务（北京）有限公司
15	山东明德物业管理集团有限公司	31	重庆海泰管理服务有限公司
15	广东龙光集团物业管理有限公司	32	河北隆泰物业服务有限责任公司
15	广州奥园物业服务有限公司	32	福建世邦泰和物业管理有限公司
16	金融街物业股份有限公司	33	北京首欣物业管理有限责任公司
16	上海高地物业管理有限公司	34	重庆新隆信物业管理有限公司
16	财信智慧生活服务集团有限公司	35	北京中铁第一太平物业服务有限公司
17	广州越秀物业发展有限公司	35	新力物业集团有限公司
17	合景泰富物业	35	浙江佳源物业服务集团有限公司
18	亿达服务集团有限公司	35	乐生活智慧社区服务集团股份有限公司
18	江苏银河物业管理有限公司	36	禹洲物业服务有限公司
18	重庆天骄爱生活服务股份有限公司	36	建发物业服务集团有限公司
19	荣万家生活服务股份有限公司	37	重庆加州物业服务有限公司
19	正荣物业服务有限公司	37	宁波新日月酒店物业股份有限公司
20	阳光城物业服务有限公司	38	宁波奥克斯物业服务有限公司
20	融信物业服务集团	39	北京科住物业管理有限公司
20	中化金茂物业管理（北京）有限公司	39	浙江祥生物业服务有限公司

续表

排名	企业名称	排名	企业名称
39	山东绿地泉物业服务有限公司	60	广西华保盛物业服务集团有限公司
40	和泓服务集团有限公司	60	深圳市莱蒙物业服务有限公司
40	北京金辉锦江物业服务有限公司	60	河南兴业物联网管理科技有限公司
41	大悦城控股·中粮地产集团（深圳）物业管理有限公司	61	中冶置业集团物业服务有限公司
41	厦门联发（集团）物业服务有限公司	61	金服物业服务集团有限公司
41	阳光恒昌物业服务股份有限公司	61	中信泰富（上海）物业管理有限公司
42	河南新康桥物业服务有限公司	61	武汉小竹物业管理有限公司
43	福田物业发展有限公司	62	云南鸿园电力物业服务有限公司
44	北京鸿坤瑞邦物业管理有限公司	62	深圳德诚物业服务有限公司
45	深圳历思联行物业管理有限公司	62	武汉当代恒居生活服务有限公司
46	深圳星河智善生活股份有限公司	63	大华集团上海物业管理有限公司
46	上海新湖绿城物业服务有限公司	63	四川邦泰物业服务有限公司
47	海纳物业服务集团有限公司	63	广西彰泰物业服务股份有限公司
47	永旺永乐（江苏）物业服务有限公司	64	北京晟邦物业管理有限公司
47	深圳市航天物业管理有限公司	64	西安天朗物业管理有限公司
48	重庆两江新区物业管理有限公司	64	苏州市会议中心物业管理股份有限公司
48	优居美家物业服务有限责任公司	65	贵州绿地物业管理有限责任公司
49	河北帝华物业服务有限公司	65	潍坊恒信物业管理有限公司
49	上海房德科创企业发展集团有限公司	65	长春赢时物业服务股份有限公司
49	中电建物业管理有限公司	66	江西燕兴物业管理有限公司
50	重庆海源物业管理有限公司	66	湖南建工物业发展集团有限公司
51	上海景瑞物业管理有限公司	66	海南珠江格瑞物业管理有限公司
51	河南绿都物业服务有限公司	66	武汉百步亭花园物业管理有限公司
52	阳光壹佰物业发展有限公司	67	苏州优尼科物业管理有限公司
52	上海丰诚物业管理有限公司	67	周原集团股份有限公司
53	上海光明房地产服务集团有限公司	68	北京鹏盛物业管理有限公司
53	重庆市长安物业管理有限公司	68	青岛天泰爱家物业服务有限公司
54	苏州新港物业服务有限公司	69	合能生活服务集团
54	无锡顺茂物业管理有限公司	69	浙江大家物业服务集团有限公司
55	四川鼎晟物业服务集团有限公司	69	苏州市天翔物业管理有限公司
55	重庆融汇物业管理有限公司	70	湖南中建物业服务有限公司
55	广东实地物业管理有限公司	70	北京国瑞物业服务有限公司
56	杭州宋都物业经营管理有限公司	70	成都成飞航空产业发展有限责任公司
56	成都嘉善商务服务管理有限公司	71	银丰物业管理有限公司
56	武汉惠之美物业服务有限公司	71	北京首万物业服务有限公司
57	上海复瑞物业管理有限公司	72	武汉嘉信物业管理有限公司
57	福建省中庚物业管理有限公司	72	上海证大物业管理有限公司
57	北京万通鼎安国际物业服务有限公司	72	武汉地产集团东方物业管理有限公司
57	深圳市之平物业发展有限公司	73	苏州金狮大厦发展管理有限公司
58	北京北大资源物业经营管理集团有限公司	74	中节能物业管理有限公司
58	泛海物业管理有限公司	74	深圳市鸿荣源物业服务有限公司
58	云南巨和物业服务有限公司	74	云南实力物业服务股份有限公司
59	浙江众安物业服务有限公司	75	武汉联投物业有限公司
59	领悦物业服务集团有限公司	75	南昌恒兴物业管理有限公司
59	北京金泰物业管理有限公司	75	葛洲坝物业管理有限公司
59	安景物业服务集团有限责任公司	76	河南亚新物业服务有限公司

续表

排名	企业名称	排名	企业名称
76	武汉福赛德物业管理有限公司	87	万联生活服务集团股份有限公司
76	广东方直物业管理服务有限公司	87	深圳市恒基物业管理有限公司
77	东莞市光大物业管理有限公司	88	北京首钢物业管理有限公司
77	杭州新天地园区运营服务有限公司	88	国瑞阳光物业管理集团有限公司
77	石榴物业服务集团	88	绿城绿发生活服务集团有限公司
77	上海家趣物业服务发展有限公司	89	江苏保华物业管理有限公司
78	宁夏民生物业服务有限公司	89	厦门唐人物业管理有限公司
78	金鹏祥和物业管理有限公司	90	湘潭金世纪物业发展有限公司
78	浙江中大普惠物业有限公司	90	四川鸿通春天物业服务有限公司
79	沈阳万维物业服务集团有限公司	90	贵州一桓物业管理有限责任公司
79	重庆新速达物业服务集团股份有限公司	90	成都优品道物业管理有限公司
79	深圳市嘉诚物业管理有限公司	91	绿益物业服务集团有限公司
79	四川汇德物业服务有限公司	91	重庆顺泰物业管理有限公司
80	厦门住总物业管理有限公司	91	成都世高物业管理有限公司
80	安徽省恒泰物业管理有限责任公司	92	深圳市万厦世纪物业管理有限公司
80	广西印象物业服务有限责任公司	92	大连华安物业管理有限公司
80	万怡物业服务有限公司	93	河南盛世物业管理有限责任公司
81	广西诚愉和物业服务有限公司	93	浙江晖永物业管理服务有限公司
82	天山物业服务有限公司	93	重庆鑫永物业服务有限公司
82	重庆凯美物业管理有限公司	94	重庆国强物业服务有限公司
82	陕西德杰物业管理有限公司	95	东莞市汇景物业服务有限公司
83	浙江金昌物业服务有限公司	95	贵州深盛佳物业管理有限公司
83	四川阳光大地物业服务集团有限公司	95	杭州和达物业管理有限公司
84	贵阳兴隆物业管理有限公司	96	深圳荣晟智慧物业集团有限公司
84	重庆康田物业服务有限公司	97	南京亿文物业管理有限责任公司
84	四川圣诚物业服务有限公司	98	上海科箭物业服务有限公司
85	大连豪之英物业管理有限公司	98	广州市龙能城市运营管理股份有限公司
85	常州中房物业有限公司	99	广东鼎龙物业服务有限公司
85	北京天诺物业管理有限责任公司	99	贵阳欣和逸居物业管理有限公司
86	重庆泽京物业管理集团有限公司	100	山东长江物业服务有限公司
86	上海保集物业管理有限公司	100	浙江宜居物业管理有限公司
86	四川和盟物业管理有限公司	100	福建晶洁物业服务有限公司

第四部分　2020 中国物业服务百强企业发展特点分析

一、管理规模：管理面积均值达 4279 万平方米，市场份额提升至四成

1. 管理面积均值增长 15.08%，管理项目数量均值增长 10.42%

2019 年，百强企业管理项目数量均值为 212 个，同比增长 10.42%，管理面积均值达 4278.83 万平方米，同比增长 15.08%。百强企业市场份额进一步扩大至 43.61%，市场集中度持续提升（见图 2）。百强企业不同层级规模分化明显，2019 年，TOP10 企业管理面积均值达 2.21 亿平方米，是百强企业均值的 5.16 倍，市场份额达 9.22%，强者恒强态势延续。

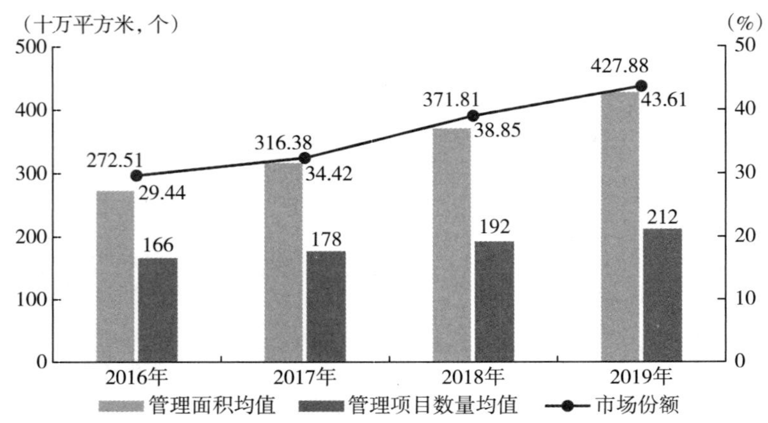

图 2　2016~2019 年百强企业管理面积、项目数量均值及市场份额变化情况

2. 依托兄弟公司开发、合作、布局优势，稳健扩规模

2019 年，百强企业中有开发背景的企业数量占比近八成，这些企业的管理面积中约六成来自兄弟开发公司。首先，百强企业承接兄弟公司独立开发的项目，每年获得管理面积的稳定增长；其次，在兄弟公司合作开发的项目中积极争取物业管理权，进一步扩大覆盖面积。此外，百强企业采取跟随战略，追随兄弟公司扩张步伐，借助开发企业和自身品牌优势，在兄弟公司开发项目的周边进一步延伸，拓宽物业服务半径，持续加大规模效应。

3. 注重高质量并购、拓宽服务边界，市场拓展加速

其一，百强企业凭借高品质服务和专业化团队，积极参与市场竞标，提升第三方全委项目中标率。其二，百强企业依靠自有资金或资本融资，倾向于选择百强企业作为并购标的，实现强强联合，战略互补。其三，百强企业抓住非住宅物业领域新机遇，大力拓宽服务边界。此外，百强企业借助大数据、智能化等科技手段，精准掌握各城市土地市场、房屋竣工、项目招投标等信息，研判市场布局方向，发掘潜在项目信息，科学、高效地推进项目拓展。其四，百强企业采取其他有效拓展手段，助力管理面积不断增长。

4. 抢抓主流市场深耕，单个城市管理面积均值达 138.03 万平方米

2019 年，百强企业 56.16% 的管理面积位于五大城市群，较 2018 年上升 3.02 个百分点，其中，长三角城市群管理面积占比最高，达 18.21%；粤港澳大湾区、长江中游城市群面积比例分别为 10.25%、9.28%，较 2018 年分别增长 1.17 个、0.77 个百分点，增速较快。基于对热点区域的深耕力度加大，以及对大存量城市的市场拓展，百强企业 2019 年单个城市项目数量均值为 6.84 个，同比增长 3.07%，单个城市管理面积均值 138.03 万平方米，较 2018 年增长 7.66%。

二、经营绩效：做大规模与做强增值服务双重发力，营收均值突破 10 亿元

1. 营收增速高于在管面积增速 2.3 个百分点，各层级企业收入差距拉大

2019 年，百强企业营业收入均值达 10.40 亿元，同比增长 17.38%，高于在管面积增速（15.08%）2.3

个百分点，经营业绩保持稳健增长（见图3）。在经营业绩整体保持良好增长态势的同时，百强企业各层级收入差距拉大，其中TOP10企业营业收入均值56.76亿元，同比增长16.24%，领先优势更加显著。

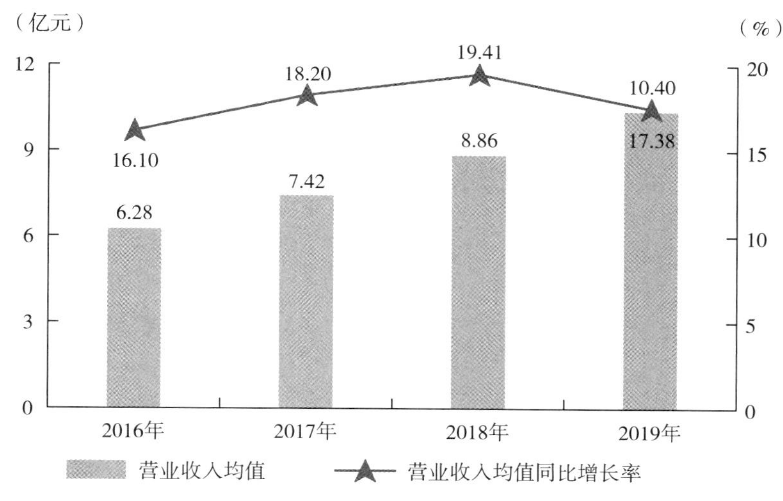

图3 2016~2019年百强企业营业收入及增速情况

2. 业主增值服务渗透率大幅上升，居家服务收入贡献增长显著

2019年，百强企业多种经营收入均值为2.23亿元，占总营业收入比重为21.45%，较2018年增加1.94个百分点，多种经营对业绩拉动能力不断增强。2019年，百强企业业主增值服务收入增长迅速，占多种经营收入的比重为45.32%，较2018年提升3.21个百分点，其中，家政服务与家居服务收入大幅增长，占业主增值服务总收入比重较上年提升了3.57个百分点、6.67个百分点（见图4）。

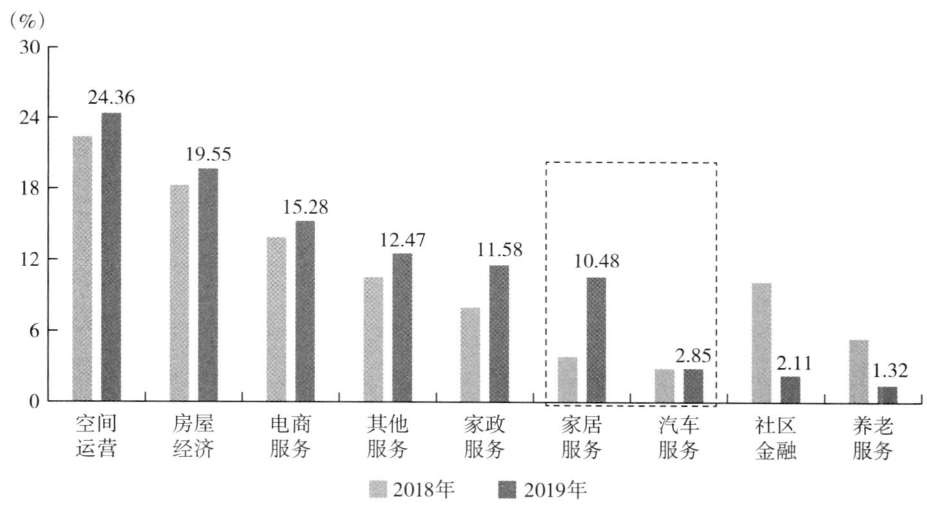

图4 2018~2019年百强企业业主增值服务收入占比情况

3. 成本结构基本固化，营业成本率仅下降0.46个百分点

2019年，百强企业营业成本均值为7.90亿元，同比增加16.66%，百强企业成本结构已基本固化，其中人员成本仍是百强企业主要支出项，人员费用占比达59.09%，较上年增长1.25个百分点。2019年，百强企业营业成本率为75.98%，仅下降0.46个百分点（见图5）。

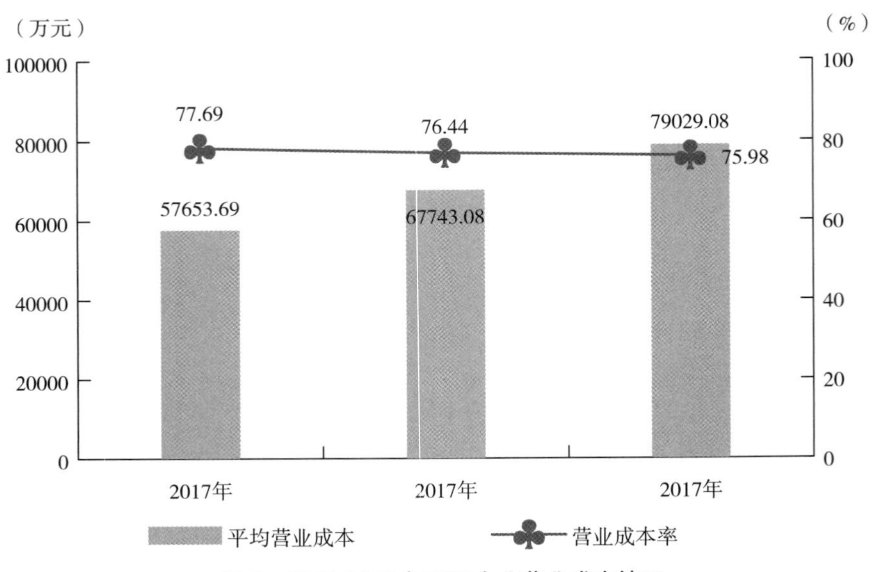

图 5 2017~2019 年百强企业营业成本情况

4. 净利润率差异化显著，规模与增值服务成为提升盈利空间的关键

2019 年，百强企业净利润均值为 9112.37 万元，同比增长 26.19%，净利润率为 8.76%，较去年增长 0.61 个百分点，盈利能力进一步增强。2019 年，TOP10 企业净利润均值为 6.60 亿元，平均净利润率为 11.65%，高于百强企业平均净利润率 2.89 个百分点，盈利能力最突出（见图 6）。

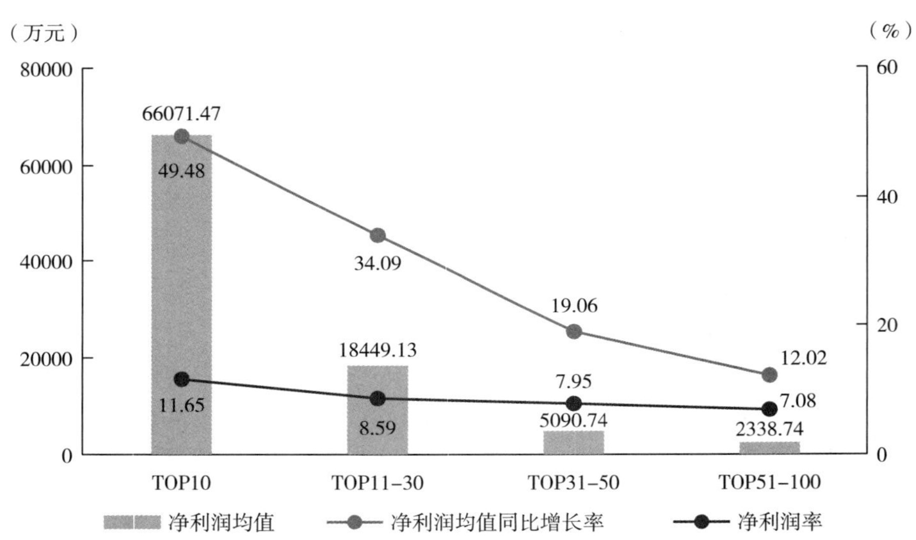

图 6 2019 年百强企业分层级净利润均值、净利润率及增长率

三、服务质量：以温度与深度服务赢得人心，收缴率与续约率保持高位

2019 年，百强企业物业服务费收缴率均值为 93.06%，续约率均值为 98.35%，收缴率与续约率继续保持在高位，说明百强企业服务品质得到业主认可（见图 7）。

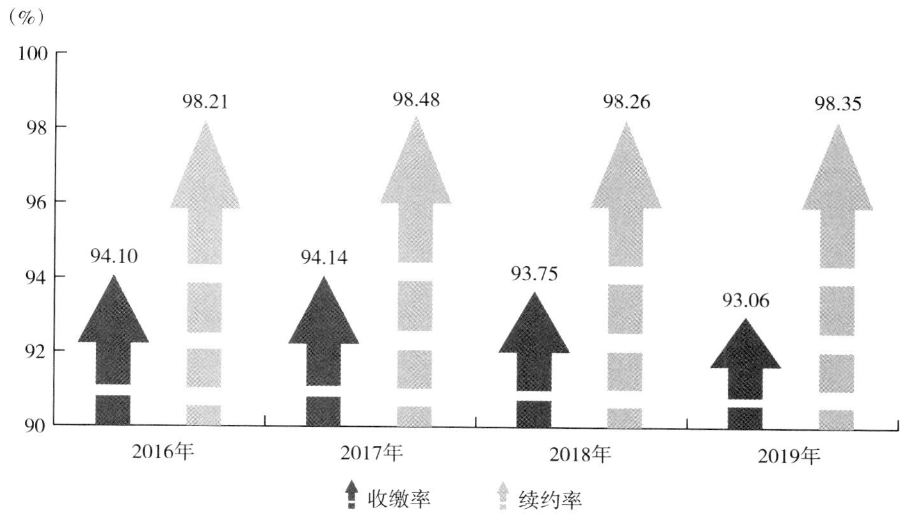

图7　2016~2019年百强企业物业服务费收缴率与项目续约率情况

2019年，百强企业在管项目二手房价格为2.25万元/平方米，高于周边项目二手房价格4.21%；百强企业在管项目年套租金价格为4.52万元，比周边项目租金高4.81%，可见百强企业通过提供优质服务使得在管项目实现增值保值（见图8）。

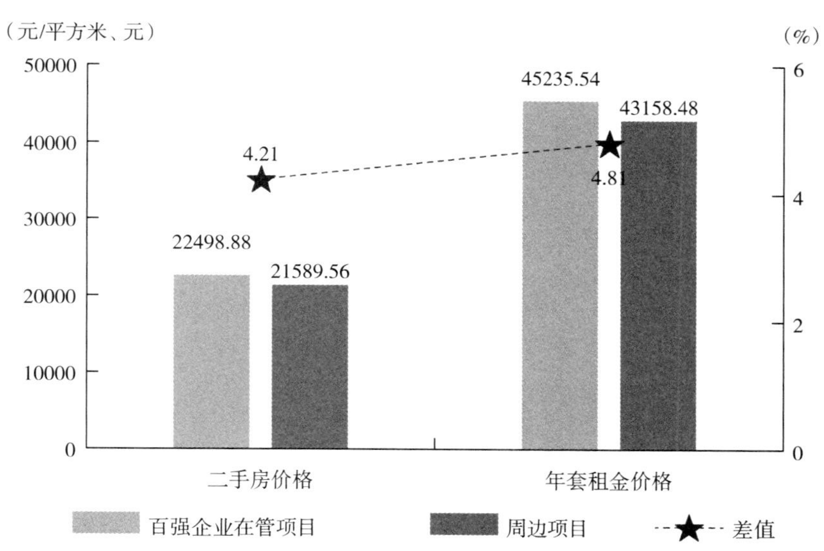

图8　2019年百强企业在管项目二手房售价、租金与周边项目均价比较

四、发展潜力：把握政策红利与资本机遇，实现业务延伸与规模增长

1. 百强企业储备面积均值增长63.75%，TOP10企业储备面积均值超2亿平方米

2019年，百强企业合同储备项目面积均值为1685.07万平方米，同比增长63.75%，较近几年同比增长大幅提升（见图9）。TOP10企业合同储备项目面积均值为2.03亿平方米，是百强企业均值的12.05倍，领先于其他层级企业，强者愈强的趋势更加明显。

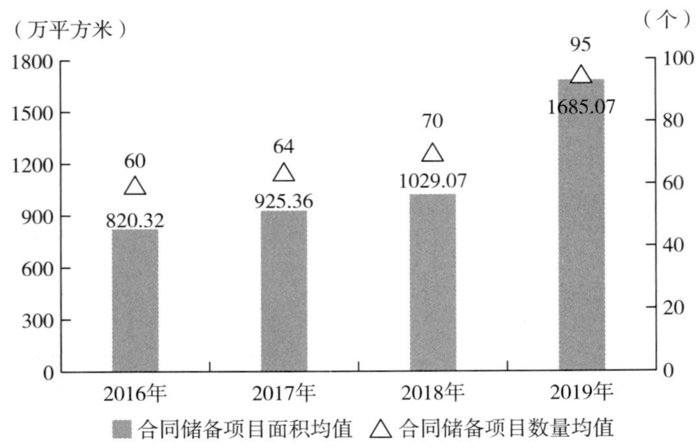

图 9　2016~2019 年百强企业合同储备面积均值及储备项目数量均值情况

2. 百强企业非住宅管理面积占比提升 5 个百分点，广阔空间仍有待开拓

首先，非住宅物业管理市场细分赛道多，市场空间大。其次，相较于住宅物业，非住宅业态物业费普遍较高。2019 年，百强企业管理项目平均物业费为 3.86 元 /（平方米・月），其中，办公物业、商业物业、医院物业服务费均超过 6 元 /（平方米・月），住宅物业服务费最低，为 2.09 元 /（平方米・月）。最后，随着"机关及企事业单位后勤服务社会化改革"和"公共服务领域鼓励社会资本参与投资和运营"等一系列政策的推出，会不断释放出学校物业、公众物业等管理业态项目，给物业服务企业带来业务增量。

2019 年，百强企业的在管项目中，非住宅业态的面积占比由 2018 年的 26.06% 上升至 31.12%，实现进一步提升（见图 10）。

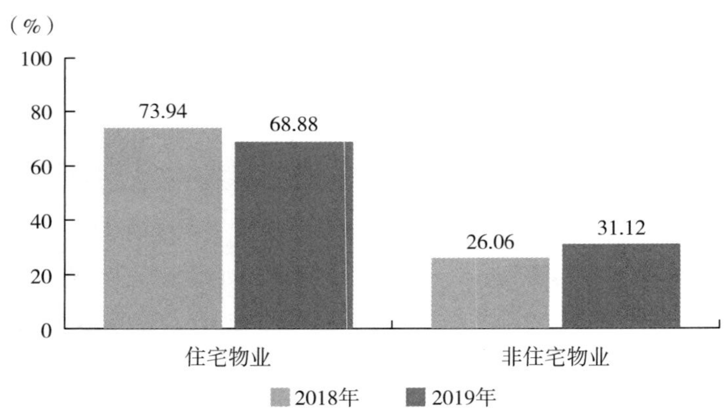

图 10　2018~2019 年百强企业住宅和非住宅业态的管理面积占比情况

3. 物业费动态调整、"老旧改"等政策红利推动下，企业迎来新机遇

物业管理行业的背景正发生着深刻变革，政策由规范型逐步向鼓励型转变，物业服务市场也将加速扩充。一方面，物业费市场化提升议价空间。另一方面，政策鼓励激发百强企业探索服务范围的延伸。此外，随着"社区养老""城市更新""城市精细化管理""简政放权、放管结合、优化服务"等相关政策的陆续出台，物业服务企业也将借政策东风，顺势开拓新的服务领域。

4. 资本持续助推企业规模扩张，加速人才结构优化

从 2019 年新上市企业募集资金用途来看，拟用于收并购及战略投资的资金比例较之前上市企业的 50%~60% 提高至约 60%~70%，这将大力推动行业集中度的加速提升。从募集资金使用情况看，大部分企业的主要资金用途为扩规模。同时，企业上市之后，人才的吸聚力也不断增强。

五、社会责任：稳就业提供岗位数超 120 万个，诚信经营纳税总额达 126 亿元

2019 年，百强企业提供就业岗位 127.60 万个，同比增长 9.05%，保持较快增长速度；提供外包岗位 55.15 万个，同比增长 6.55%（见图 11）；纳税总额达 126.10 亿元，同比增长 16.09%，远高于 2019 年全国税收收入增长率（1.02%）；管理保障性住房项目总数达 894 个，总建筑面积为 1.75 亿平方米，同比增幅达 11.05%。

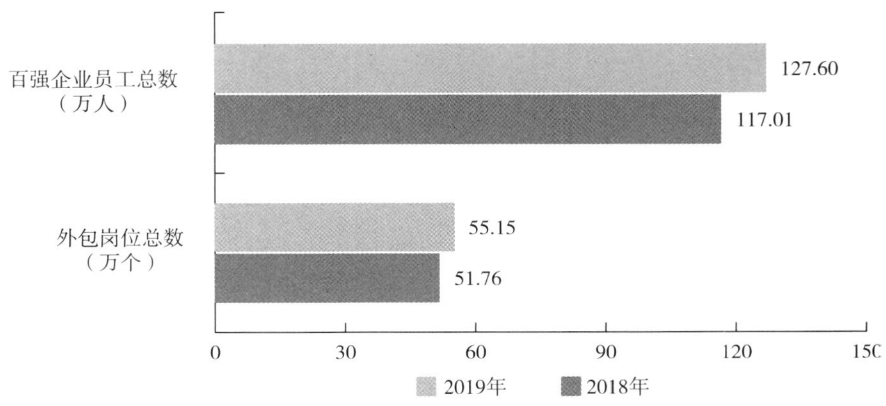

图 11　2018~2019 年百强企业员工总数及外包岗位总数

结　语

2020 年是全面建成小康社会和“十三五”规划收官之年。站在“两个一百年”奋斗目标的历史交汇点上，国家面临更加复杂的内外环境，叠加新冠肺炎疫情的影响，继续解决民生问题、保障人民健康、维护社会稳定发展成为重中之重。在复杂形势下，物业管理行业也面临新的挑战和机遇。疫情期间，物业管理行业价值得到充分释放，企业发展动力也被进一步激活；百强企业积极响应政府号召，全面提升服务品质，加强物业管理标准与疫情防控标准，以业主需求为导向延伸服务边界，用行动与担当为民生托底，让民心更暖。管理规模方面，百强企业以兄弟开发企业项目支持为基础保障，采用更多样化的外拓手段加速规模扩张，成效卓然。经营绩效方面，百强企业持续优化基础服务，理性开展增值服务，营业收入快速增长；人力成本的刚性上升，成本固化，导致百强企业降本遭遇瓶颈，营业成本率微降。服务质量方面，围绕百强企业以更有温度和深度的服务，赢得业主满意度不断提升，物业费收缴率、项目续约率连续多年保持高水平。社会责任方面，百强企业缓解社会基层就业压力、积极承接保障房管理，同时依法纳税、积极投身社会公益和防疫战，勇担社会责任。

现阶段，物业管理行业格局加速演变，收并购热潮如火如荼，物业服务企业竞逐资本市场。百强企

业充分利用资本、技术、政策等多方面带来的发展良机，踏上发展快车道；同时，坚守初心，努力雕琢服务品质，大力发展多元服务，为业主打造舒适、智慧、便捷的生活场景，切实做好民生服务。展望未来，物业管理行业将受到社会各界、资本市场及投资者的更多关注与青睐，激发物业服务企业更大发展潜力，促进服务优化和价值释放。百强企业也将继续引领行业高效发展，推动行业迈上更辉煌的康庄大道。

报告五　2019年百城新建住宅价格指数报告

一、关于中国房地产指数系统百城价格指数

中国房地产指数系统是一套以价格指数形式来反映全国各主要城市房地产市场运行状况和发展趋势的指标体系和分析方法。它最早由国务院发展研究中心、中国房地产开发集团等于 1994 年发起，分别于 1995 年和 2005 年两次通过由国务院发展研究中心、建设部、国土资源部、中国银监会、清华大学和北京大学等单位的著名专家学者组成的鉴定委员会的学术鉴定。中国房地产指数系统目前发布全国主要城市的新房价格指数、二手房销售和租赁价格指数等系列指数。2010 年起，中国房地产指数系统启动“百城价格指数”研究，每月发布 100 个城市住宅价格指数，成为中国覆盖范围最广、城市最多的房屋价格指数系统。

二、百城价格指数（新建住宅）编制规则

百城价格指数是反映全国 100 个重点城市在不同时点在售新房价格水平及其不同时点的变化情况，其中价格水平以 100 个城市在售新房样本楼盘报价均值表示。

1. 样本

（1）样本选择及其退出：

- “百城价格指数”监测的样本包括商品住宅、别墅、保障性住房。
- 对 100 个城市进行全样本监测，已获得政府颁发的销售许可证的在售楼盘全部纳入计算范围。在每月采集数据前，定期添加当月新开盘项目。
- 当项目的一期房源销售完毕，新一期尚未开盘时，以上一期价格填充样本表格，列入计算。
- 当项目所有分期的全部剩余房源少于 5%，可以退出样本。
- 项目的建筑规模限制：一线城市不低于 3 万平方米，二、三、四线城市均不低于 1 万平方米。

（2）样本覆盖范围：城区、郊区以及房地产市场较为发达的下辖县市，根据各城市实际情况确定。

（3）样本价格：

- 样本价格：为项目实际价格，即项目对外报价减去优惠后的价格。项目对外报价为单位建筑面积

价格，对于按使用面积进行报价的项目，按典型项目的平均使用率进行换算。项目对外报价优先使用该项目在售房源的平均对外报价，如无法获取在售房源均价，则以在售房源主力户型均价作为项目对外报价。在获得价格的同时，进一步了解在售房源的建筑形态（如多层、小高层和高层等）及其均价，尽量保持统计口径一致。当在售房源建筑形态发生变化时，需修改统计口径并进行说明。

- 价格优惠：主要考虑价格折扣和现金优惠两种。其中价格折扣以按揭购房优惠力度计算；现金优惠一般以 100 平方米计算折扣；为了方便起见，暂时不考虑赠送家电等实物优惠。
- 若项目推出少量特价房（占比不超过 5%），不考虑此类短期少量特价因素；否则，以特价房价格作为当月价格。
- 如果单个样本当期价格环比变化幅度过大，需进一步核实，追问是否由于产品类型发生变化所致或真实涨价或降价。

（4）样本权重：若项目土地使用证注明为单一物业类型或某类物业占项目总建筑面积超过 80% 且其他物业总面积不符合成为单一样本的规模要求，将该项目作为该类物业的样本项目，项目总建筑面积即为该类物业的建筑面积；若项目包括多种物业形态且各类物业的建筑面积符合相关标准，将其拆分为不同的项目。为了避免单个项目对价格计算结果产生过大影响，根据其总规模和单价、结合市场实际情况对其建筑面积进行拆分，将拆分后的建筑面积作为该项目的权重。2012 年 12 月起，采用新的规则确定项目权重并对历史价格进行修正，结合样本价格档次确定项目年消化时间，计算其年均消化面积，作为该项目的权重，详见《关于“百城价格指数”改进的说明》。

2. 计算模型

本研究采用加权平均的方式来计算单个城市及百城价格指数，自 2011 年 9 月起同时采用中位数的方式进行计算，具体如下：

（1）全国及单个城市平均价格计算方法如下：

$$P_j^t = \frac{\sum P_{ij}^t \cdot Q_{ij}}{\sum Q_{ij}}$$

其中 P_j^t 代表第 j 个城市在第 t 期的平均价格，P_{ij}^t 代表第 j 个城市第 i 个项目在第 t 期的价格，Q_{ij} 为该项目调整后建筑面积。

（2）全国及单个城市的价格中位数计算方法如下：

取各城市全部样本项目价格的中位数，中位数是指将数据按大小顺序排列成一个数列，居于数列中间位置的数据。若总共有偶数个数据，则为最中间两个数据的算术平均值。

3. 数据采集和复核

（1）采集时间：每月 25 日。

（2）采集方法：通过中指研究院和分布在各城市的直属人员实地调查采集项目数据信息；企业填报数据；中介及经纪代理公司提供的数据信息；政府及企业公开信息。

（3）数据补充与复核：由于各方面原因实在无法取得价格等基础资料的项目，采用以下方式补充：将没有价格数据的物业用同类型、同档次物业的价格推算（可据业内人士确定价格上下限取其中值，或采用评估价）。将总体样本中有价格数据的项目抽取部分典型样本（可参考业内有关专家的意见）构成先验总体。

本研究通过各地分析师电话复核、总部分析师抽查复核、总部专职人员归纳整理的三级复核系统对采集的数据进行复核确认，以确保样本数据的准确客观。

三、十大城市主城区二手住宅销售价格指数编制规则：

样本范围：各城市主城区的二手商品住宅（不包含别墅），具体覆盖范围如表 1 所示。

表 1　各城市主城区二手商品住宅覆盖范围

城市	覆盖范围
北京	海淀、朝阳、东城（含原崇文）、西城（含原宣武）、丰台、石景山
深圳	龙岗、宝安、福田、罗湖、南山、盐田
上海	浦东（不含原南汇）、长宁、静安、闵行、杨浦、黄浦（含原卢湾）、徐汇、普陀、虹口、闸北
广州	海珠、番禺、白云、荔湾、天河、越秀
成都	武侯、成华、锦江、高新、青羊、金牛
天津	和平、河西、河东、南开、红桥、河北
杭州	滨江、江干、拱墅、下城、西湖、上城
重庆	南岸、江北、渝北、九龙坡、沙坪坝、大渡口、渝中
南京	栖霞、鼓楼、白下、建邺、雨花、下关、秦淮、玄武
武汉	洪山、江岸、武昌、江汉、硚口、汉阳、青山

样本选择和采集方式：按市场实际情况和系统设计标准将各城市划分为若干片区，对挂牌量居所在片区前列的活跃样本进行采集，选择该区片信誉好、业务量大的经纪公司作为提供数据的样本单位。

样本信息：每个样本共采集物业类型、建筑面积、挂牌总价、户型、朝向、楼层、周边配套等 10 个指标信息。

计算公式：

在计算出各项目总规模和平均价格后，采用拉氏公式得出。

$$P_j^t = \frac{\sum P_{ij}^t \cdot Q_{ij}}{\sum Q_{ij}}$$

其中 P_j^t 代表第 j 个城市在第 t 期的平均价格，P_{ij}^t 代表第 j 个城市第 i 个项目在第 t 期的价格，Q_{ij} 为该项目调整后建筑面积。

指数基期：各城市均以北京 2004 年 12 月为基期，基期指数 1000 点。

四、2019年百城新建住宅价格指数

表2 2019年百城新建住宅价格指数

城市	1月	2月	3月	4月	5月	6月	7月	8月	9月	10月	11月	12月
百城新建住宅价格	14710	14724	14759	14800	14836	14891	14948	15004	15051	15073	15105	15168
鞍山	5141	5173	5195	5179	5187	5187	5180	5183	5195	5189	5218	5232
包头	6112	6108	6141	6115	6167	6164	6197	6204	6209	6226	6225	6222
宝鸡	5250	5180	5172	5242	5290	5313	5288	5282	5276	5263	5251	5209
保定	8974	8969	9033	8992	9062	9058	8938	8963	8957	9027	9027	8960
北海	7876	7880	7899	7908	7958	8103	8112	8136	8163	8204	8208	8199
北京	42589	42589	42640	42627	42682	42840	42891	43067	43205	43201	43092	42858
常熟	14190	14185	14298	14290	14429	14569	14688	14651	14634	14579	14689	14853
常州	10518	10539	10632	10747	10802	10885	11015	11050	11176	11179	11450	11474
成都	9669	9723	9875	9964	10055	10220	10235	10339	10524	10644	10793	11047
大连	12630	12700	12917	13042	13194	13180	13314	13339	13336	13326	13308	13354
德州	6164	6313	6428	6491	6559	6642	6635	6581	6615	6647	6701	6676
东莞	15896	15921	16091	16151	16138	16085	16085	16256	16441	16572	16645	16669
东营	5852	5866	5851	5842	5799	5806	5830	5830	5829	5829	5873	5874
鄂尔多斯	8213	8213	8213	8213	8213	8213	8213	8213	8213	8213	8213	8213
佛山	12882	12874	13026	12979	13057	12976	13123	13233	13203	13155	13175	13188
福州	16423	16485	16433	16536	16700	16851	16962	16921	17083	17080	16936	16974
赣州	8161	8215	8290	8340	8331	8313	8361	8350	8430	8416	8410	8338
广州	21662	21746	21753	21857	22049	21992	22007	21844	21868	21893	21853	21844
贵阳	6626	6680	6728	6797	6783	6759	6796	6788	6839	6886	6818	6823
桂林	6251	6249	6296	6384	6495	6557	6620	6692	6675	6727	6732	6744
哈尔滨	9387	9393	9434	9470	9506	9537	9510	9636	9677	9752	9781	9782
海口	14708	14833	14672	14393	14433	14626	14606	14473	14590	14438	14415	14668
邯郸	5924	5987	6027	6062	6100	6096	6211	6328	6325	6423	6491	6549
杭州	24168	24157	24141	24206	24286	24945	25166	25311	25501	25670	25890	25979
合肥	12510	12552	12591	12589	12832	12880	12929	12951	12880	12934	12970	13165
菏泽	5177	5211	5258	5253	5350	5425	5478	5516	5546	5575	5558	5610
衡水	6313	6351	6407	6498	6586	6674	6714	6795	6797	6789	6836	6864
呼和浩特	7987	7978	8001	8046	8109	8108	8092	8114	8112	8152	8158	8243
湖州	10174	10174	10174	10377	10554	10616	10709	10788	10863	10944	10951	10988
淮安	5839	5919	5918	5940	5986	6027	6063	6059	6079	6092	6093	6087
惠州	10079	10114	10099	10038	9999	9986	10142	10122	10151	10213	10212	10329
吉林	5459	5495	5536	5567	5560	5616	5688	5733	5773	5804	5742	5762
济南	11629	11665	11652	11593	11541	11534	11378	11437	11414	11385	11381	11380
嘉兴	11142	11127	11203	11276	11380	11483	11563	11636	11708	11769	11823	11914

续表

城市	1月	2月	3月	4月	5月	6月	7月	8月	9月	10月	11月	12月
江门	7686	7738	7735	7725	7778	7846	7913	7985	7976	8047	8013	8028
江阴	8654	8702	8789	8866	8866	8853	8924	9094	9260	9468	9557	9795
金华	10577	10576	10572	10669	10723	10720	10831	10924	11014	11086	11109	11153
昆明	10577	10718	10655	10641	10727	10868	10858	10948	10913	10909	10863	10889
昆山	15538	15552	15549	15582	15490	15417	15480	15358	15375	15482	15598	15643
兰州	8766	8769	8764	8861	8921	8989	8984	8795	8836	8859	8823	8865
廊坊	12128	12070	12135	12185	12233	12247	12146	12155	12135	12112	12059	12038
连云港	7358	7323	7310	7314	7321	7319	7354	7277	7277	7296	7283	7318
聊城	6140	6192	6191	6191	6253	6337	6383	6439	6437	6437	6485	6496
柳州	8925	9012	9009	9005	9057	9103	9103	9145	9163	9231	9207	9207
洛阳	8124	8138	8169	8247	8260	8322	8270	8266	8348	8374	8351	8322
马鞍山	6839	6839	6869	6833	7009	7043	7176	7150	7117	7166	7172	7134
绵阳	6277	6313	6358	6400	6392	6453	6452	6456	6499	6570	6600	6598
南昌	12183	12162	12142	12207	12288	12290	12310	12413	12526	12614	12559	12538
南京	21965	22006	22072	22033	21968	22010	22201	22316	22629	22640	22617	22705
南宁	10452	10415	10485	10605	10695	10691	10684	10673	10757	10825	10835	10863
南通	11428	11422	11719	11839	12054	12172	12280	12545	12919	13310	13723	13693
宁波	16263	16141	16134	16295	16277	16436	16654	16938	16910	16875	17156	17302
秦皇岛	8967	8955	9033	9092	9172	9183	9163	9315	9278	9317	9224	9375
青岛	13208	13253	13297	13321	13272	13318	13530	13540	13476	13458	13431	13321
泉州	8653	8647	8725	8707	8707	8705	8683	8724	8704	8698	8691	8700
日照	7667	7720	7763	7797	7831	7941	8007	8038	8025	8025	8025	8025
三亚	24241	24353	24409	24499	24359	24293	24269	24140	24241	24345	24220	24259
厦门	29464	29287	29041	28600	28846	29065	28620	29216	28915	28853	28960	29073
汕头	10876	10864	10910	10938	10918	10963	10923	10907	10903	10838	10838	10875
上海	47196	47177	47120	47059	46960	46880	47007	47120	47120	46845	46986	47404
绍兴	12617	12692	12796	13090	13216	13473	13870	14269	14535	14657	14750	14776
深圳	54228	54304	54293	54320	54130	54233	54558	54231	54291	54275	54351	54536
沈阳	8622	8641	8717	8758	8792	8938	8995	9084	9175	9262	9391	9456
石家庄	10322	10350	10398	10485	10574	10724	11017	11110	11109	11157	11200	11421
苏州	16165	16163	16144	16302	16439	16641	16756	16862	16893	16999	17105	17242
台州	12886	12866	13193	13114	13097	13118	13093	13108	13196	13231	13212	13212
太原	9495	9592	9658	9646	9714	9778	9772	9771	9853	9932	9920	9877
泰州	7761	7755	7758	7813	7695	7703	7760	7805	7808	7792	7798	7819
唐山	7464	7456	7555	7630	7654	7750	7779	7974	8050	8072	8101	8162
天津	14816	14804	14919	15003	14985	15048	15025	15002	14982	14957	14942	14984
威海	8506	8506	8630	8613	8605	8603	8603	8683	8603	8776	8779	8819

续表

城市	1月	2月	3月	4月	5月	6月	7月	8月	9月	10月	11月	12月
潍坊	6401	6394	6393	6381	6399	6402	6407	6444	6540	6562	6589	6641
温州	16773	16920	16969	17132	17355	17537	17588	17944	18504	18638	18660	18778
乌鲁木齐	8017	8069	8051	8071	8120	8175	8175	8026	8040	8067	8029	7977
无锡	11521	11539	11694	11914	11947	11906	11998	12188	12383	12480	12492	12582
芜湖	7688	7798	7784	7918	7983	7963	8036	8040	8038	8111	8235	8250
武汉	11966	11930	11924	12091	12240	12274	12294	12300	12312	12399	12382	12470
西安	9475	9535	9638	9707	9773	9879	9869	9896	9935	10077	10082	10108
西宁	6603	6652	6624	6645	6692	6763	6846	6920	6950	6968	6948	6989
湘潭	5470	5460	5471	5483	5445	5507	5465	5499	5453	5435	5437	5462
新乡	5583	5617	5613	5611	5608	5603	5643	5690	5720	5720	5716	5729
宿迁	5384	5369	5383	5405	5445	5462	5463	5474	5474	5515	5531	5533
徐州	8050	8165	8224	8289	8294	8226	8338	8376	8390	8394	8475	8557
烟台	8479	8542	8538	8605	8591	8691	8688	8722	8822	8870	8941	8989
盐城	8119	8100	8166	8158	8206	8203	8162	8114	8113	8183	8184	8221
扬州	12023	11896	11885	11901	11915	11963	11840	12018	12118	12040	12132	12216
宜昌	7625	7565	7505	7496	7501	7481	7554	7577	7695	7682	7719	7719
银川	5675	5692	5699	5746	5771	5820	5827	5839	5901	5935	5949	5944
营口	4528	4533	4547	4548	4546	4546	4548	4546	4546	4545	4553	4553
湛江	10430	10424	10374	10415	10467	10449	10446	10458	10487	10478	10546	10563
张家港	10436	10565	10538	10592	10652	10710	10698	10768	10799	10894	10808	10872
长春	9013	9008	9035	9058	9022	9060	8994	9018	9082	9058	9091	9104
长沙	8272	8306	8358	8415	8411	8480	8472	8505	8556	8617	8622	8675
镇江	9085	9270	9301	9338	9332	9336	9381	9315	9413	9386	9386	9373
郑州	11769	11745	11740	11731	11794	11903	11980	12068	12186	12173	12088	12059
中山	10572	10513	10487	10548	10524	10469	10449	10374	10296	10189	10083	10145
重庆（主城区）	10352	10361	10412	10487	10539	10627	10776	10787	10826	10825	10819	10869
珠海	21383	21334	21360	21764	21518	21232	21264	21164	21230	21251	21220	21198
株洲	6235	6233	6203	6194	6205	6200	6217	6184	6186	6231	6201	6140
淄博	7681	7728	7798	7869	7868	7866	7865	7842	7842	7842	7804	7795

1月百城住宅均价：环比涨幅连续三个月回落，市场整体平稳运行

中指院数据显示，根据中指百城价格指数对100个城市新建住宅的全样本调查数据，2019年1月，全国100个城市（新建）住宅平均价格[①]为14710元/平方米，环比上涨0.22%，涨幅较上月收窄0.03个百分点。从涨跌城市个数看，66个城市环比上涨，31个城市环比下跌，3个城市与上月持平。与上月相比，本月价格环比上涨的城市数量增加6个，其中涨幅在1%以上的城市有18个，较上月减少2个；本月价

① 样本平均价格和价格中位数由当地在售楼盘的价格计算得出。2012年12月，中房指数系统结合市场实际情况，在总结过去两年多经验的基础上，从权重设置、样本数据采集等方面完善了“百城价格指数”编制规则，并根据新的规则重新计算各城市历史价格。

格环比下跌的城市数量减少5个，其中跌幅在1%以上的城市有1个，较上月增加1个。同比来看，全国100个城市（新建）住宅均价较去年同期上涨4.90%，涨幅较上月收窄0.19个百分点。按中位数计算，全国100个城市（新建）住宅价格中位数为9049元/平方米，环比上涨0.49%，同比上涨8.10%。另外，北京、上海等十大城市（新建）住宅均价为26761元/平方米，环比上涨0.11%，涨幅较上月收窄0.14个百分点；同比上涨2.35%，涨幅较上月收窄0.02个百分点。

政策方面，中央强调要稳妥实施房地产市场平稳健康发展长效机制方案。自然资源部、住建部联合印发通知同意福州、南昌、青岛、海口、贵阳5城市利用集体建设用地建设租赁住房试点方案。地方层面，各地继续落实楼市分类调控政策，其中湖北、河南、浙江、福建、安徽、长沙、成都等地均提出将研究制定并实行"一城一策"楼市调控方案。海口、青岛等地坚持因地制宜优化楼市调控政策。海南、苏州、南京等地则继续强化市场监管。此外北京、上海、天津、佛山等地提出进一步推动住房租赁市场发展。

从市场表现来看，供应方面，受春节临近等因素影响，房企推盘节奏放缓，热点城市推盘数量有所下降，市场去化效果一般。需求方面，各线城市成交量均呈现回调态势。价格方面，百城住宅均价继续保持稳定。

展望未来，在中央坚持"房子是用来住的、不是用来炒的"定位、地方强调"一城一策"的背景下，房地产政策将依然以"稳"为主。预计未来，房地产市场整体将继续稳定运行，但随着"一城一策"的逐步落实，城市之间将呈现分化发展态势。

● 百城（新建）住宅价格环比涨跌幅分析（见表3）

2019年1月，住宅价格环比上涨的城市为66个，较上月增加6个。涨幅居前十位的城市依次是：赣州、常熟、贵阳、三亚、芜湖、湘潭、吉林、盐城、台州、南通。具体来看，赣州、常熟、贵阳、三亚涨幅在2.0%至3.0%之间；芜湖、湘潭、吉林、盐城、台州和南通涨幅在1.8%至2.0%之间。其他环比上涨的56个城市中，北海、聊城等8个城市涨幅在1.0%至1.8%之间；福州、苏州等22个城市涨幅在0.5%至1.0%之间；嘉兴、兰州等26个城市涨幅在0.5%以内。连云港、汕头、鄂尔多斯3个城市新房价格与上月持平。

2019年1月，住宅价格环比下跌的城市为31个，较上月减少5个。跌幅居前十位的城市依次是：宿迁、佛山、宁波、鞍山、南京、湛江、包头、营口、德州、厦门。其中，宿迁跌幅为1.10%；佛山、宁波、鞍山、南京、湛江和包头跌幅在0.5%至1.0%之间；营口、德州、厦门跌幅在0.4%至0.5%之间。其他环比下跌的21个城市中，昆山、唐山、乌鲁木齐跌幅分别为0.41%、0.35%以及0.31%，其余城市跌幅均在0.3%以内。

● 百城（新建）住宅价格同比涨跌幅分析

2019年1月，住宅价格同比上涨的城市为95个，上涨城市数量较上月减少2个。其中，常熟、贵阳、绍兴涨幅均超过20%；北海、烟台等35个城市涨幅在10%至20%之间；沈阳、南通等32个城市涨幅在5%至10%之间；包头、西宁等25个城市涨幅在5%以内。

2019年1月，廊坊、珠海、惠州、营口、佛山5个城市住宅价格同比下跌，下跌城市数量较上月增加2个。其中，廊坊、珠海、惠州跌幅分别为3.03%、1.32%和1.24%；营口、佛山跌幅低于1%。

● 十大城市（新建）住宅价格涨跌情况

根据百城价格指数对北京、上海等十大城市（新建）住宅的全样本调查数据显示，2019年1月十大城市住宅均价为26761元/平方米，环比上涨0.11%，涨幅较上月收窄0.14个百分点。十大城市中，7个城市环比上涨，较上月减少1个；3个城市环比下跌，较上月增加1个。具体来看，杭州、成都涨幅均为0.86%；深圳、重庆（主城区）、武汉、上海、北京涨幅在0.5%以内。南京、天津、广州3个城市下跌，跌幅分别为0.53%、0.26%以及0.09%。

同比来看，十大城市住宅价格同比上涨2.35%，涨幅较上月收窄0.02个百分点。十大城市同比无一下跌。具体来看，重庆（主城区）、杭州涨幅分别为11.96%、10.11%；成都、南京涨幅在5%至10%之间；武汉、天津、广州、深圳、北京、上海涨幅在5%以内。

● 十大城市主城区二手住宅价格涨跌情况

根据对北京等十大城市主城区二手住宅活跃样本的调查，2019年1月，十大城市主城区二手住宅样本平均价格为38443元/平方米，环比下跌0.64%，同比下跌0.56%。

环比来看，2019年1月十大城市主城区二手住宅平均价格下跌0.64%。十大城市中，9个城市环比下跌，1个城市环比上涨，上涨和下跌城市个数与上月持平。具体来看，成都、重庆跌幅分别为1.36%和1.33%；北京、上海、武汉、广州跌幅在0.5%至1.0%之间；杭州、深圳、天津跌幅在0.5%以内。南京为唯一上涨城市，涨幅为0.04%。

同比来看，2019年1月十大城市主城区二手住宅平均价格下跌0.56%。十大城市中，成都、天津、上海、武汉同比下跌，跌幅分别为4.64%、3.95%、3.84%和0.10%，其余6个城市均上涨，上涨城市数量较上月减少1个。具体来看，南京涨幅为6.99%；重庆、杭州、广州、深圳、北京涨幅均在4%以内。

表3 2019年1月百城新建住宅样本平均价格指数

城市	环比涨跌	样本平均价格（元/平方米）	样本价格中位数（元/平方米）	城市	环比涨跌	样本平均价格（元/平方米）	样本价格中位数（元/平方米）
赣州	2.98%	8161	7740	西宁	0.23%	6603	6400
常熟	2.92%	14190	13500	珠海	0.20%	21383	23750
贵阳	2.90%	6626	7680	重庆（主城区）	0.19%	10352	10200
三亚	2.07%	24241	23000	长春	0.19%	9013	8912
芜湖	1.98%	7688	8000	武汉	0.16%	11966	11950
湘潭	1.96%	5470	5000	泉州	0.15%	8653	8268
吉林	1.92%	5459	5300	无锡	0.14%	11521	12000
盐城	1.88%	8119	8400	徐州	0.14%	8050	7171
台州	1.88%	12886	12000	石家庄	0.14%	10322	9600
南通	1.84%	11428	11400	淄博	0.13%	7681	7000
北海	1.69%	7876	7000	海口	0.10%	14708	14000
聊城	1.62%	6140	5800	马鞍山	0.09%	6839	6500
日照	1.54%	7667	6850	上海	0.08%	47196	42000
邯郸	1.51%	5924	5590	新乡	0.05%	5583	5350
秦皇岛	1.26%	8967	8700	北京	0.04%	42589	42000
金华	1.07%	10577	9500	东莞	0.02%	15896	17000
烟台	1.01%	8479	7800	连云港	0.00%	7358	6800
柳州	1.00%	8925	8450	汕头	0.00%	10876	10000

续表

城市	环比涨跌	样本平均价格（元 / 平方米）	样本价格中位数（元 / 平方米）	城市	环比涨跌	样本平均价格（元 / 平方米）	样本价格中位数（元 / 平方米）
福州	0.96%	16423	18000	鄂尔多斯	0.00%	8213	7321
苏州	0.94%	16165	18500	江门	-0.01%	7686	7000
济南	0.92%	11629	12500	洛阳	-0.02%	8124	8000
杭州	0.86%	24168	21500	温州	-0.03%	16773	15800
成都	0.86%	9669	9600	张家港	-0.05%	10436	10000
桂林	0.81%	6251	5800	东营	-0.07%	5852	5625
镇江	0.80%	9085	9500	宜昌	-0.08%	7625	7100
株洲	0.76%	6235	6000	沈阳	-0.08%	8622	8250
西安	0.71%	9475	9000	淮安	-0.09%	5839	6355
衡水	0.70%	6313	5500	青岛	-0.09%	13208	12000
菏泽	0.68%	5177	5500	广州	-0.09%	21662	22000
大连	0.67%	12630	11400	湖州	-0.14%	10174	9800
中山	0.67%	10572	13500	合肥	-0.19%	12510	12000
保定	0.66%	8974	7500	江阴	-0.20%	8654	8000
扬州	0.65%	12023	10200	郑州	-0.20%	11769	13186
绍兴	0.62%	12617	12000	廊坊	-0.22%	12128	11700
昆明	0.59%	10577	10500	惠州	-0.23%	10079	11800
太原	0.58%	9495	9100	天津	-0.26%	14816	14000
哈尔滨	0.55%	9387	9000	绵阳	-0.29%	6277	5800
泰州	0.54%	7761	6500	乌鲁木齐	-0.31%	8017	7400
南昌	0.54%	12183	12000	唐山	-0.35%	7464	6900
威海	0.52%	8506	7700	昆山	-0.41%	15538	16000
嘉兴	0.45%	11142	11000	厦门	-0.42%	29464	31500
兰州	0.44%	8766	8038	德州	-0.42%	6164	5800
长沙	0.42%	8272	8400	营口	-0.44%	4528	4300
潍坊	0.42%	6401	6500	包头	-0.50%	6112	5800
银川	0.34%	5675	5500	湛江	-0.51%	10430	10500
深圳	0.31%	54228	55000	南京	-0.53%	21965	23072
呼和浩特	0.26%	7987	7600	鞍山	-0.58%	5141	4800
南宁	0.25%	10452	10000	宁波	-0.79%	16263	14000
宝鸡	0.25%	5250	5000	佛山	-0.85%	12882	14000
常州	0.25%	10518	11500	宿迁	-1.10%	5384	5000

2 月百城住宅均价：环比涨幅继续回落，市场整体保持稳定

中指院报道：根据中指百城价格指数对 100 个城市新建住宅的全样本调查数据，2019 年 2 月，全国 100 个城市（新建）住宅平均价格为 14724 元 / 平方米，环比上涨 0.10%，涨幅较上月收窄 0.12 个百分点。从涨跌城市个数看，56 个城市环比上涨，39 个城市环比下跌，5 个城市与上月持平。与上月相比，本月价

格环比上涨的城市数量减少10个，其中涨幅在1%以上的城市有9个，较上月减少9个；本月价格环比下跌的城市数量增加8个，其中跌幅在1%以上的城市有2个，较上月增加1个。同比来看，全国100个城市（新建）住宅均价较去年同期上涨4.62%，涨幅较上月收窄0.28个百分点。按中位数计算，全国100个城市（新建）住宅价格中位数为9141元/平方米，环比上涨1.02%，同比上涨8.77%。另外，北京、上海等十大城市（新建）住宅均价为26773元/平方米，环比上涨0.04%，涨幅较上月收窄0.07个百分点；同比上涨2.26%，涨幅较上月收窄0.09个百分点。

政策方面，中央一号文件提出全面推开农村土地征收制度改革和农村集体经营性建设用地入市改革，加快建立城乡统一的建设用地市场。《住宅项目规范（征求意见稿）》中提出，城镇新建住宅建筑应全装修交付，住宅建筑应以套内使用面积进行交易。地方层面，各地因城施策优化调控政策组合，但整体基调仍以“稳”为主，其中上海表示将着力稳市场、稳房价、稳预期；深圳指出要做好稳房价、稳租金、稳预期工作；郑州、贵州则继续加大房地产市场监控力度，整治市场乱象。合肥、阜阳在坚持住房居住属性的前提下，对楼市调控政策进行微调。

从市场表现来看，供应方面，受春节假期影响，开发商推盘节奏放缓，热点城市推盘数量有所下降，市场整体去化效果一般。需求方面，各线城市成交量均有所下调。价格方面，百城住宅均价环比涨幅继续回落，绝大多数城市价格变化在1%以内。

展望未来，房地产调控政策仍将以“稳”为主，在“因城施策”背景下各地政府根据市场运行实际情况稳步优化政策体系。预计未来，房地产市场整体将继续平稳运行，但各线城市市场将延续分化。具体来看，一、二线城市有望低位企稳，部分三、四线城市将面临一定去化压力。

- 百城（新建）住宅价格环比涨跌幅分析（见表4）

2019年2月，住宅价格环比上涨的城市为56个，较上月减少10个。具体来看，德州、镇江涨幅在2.0%至2.5%之间；芜湖、徐州、淮安、昆明、张家港、邯郸和太原涨幅在1.0%至1.5%之间；柳州紧随其后，涨幅为0.97%。其他环比上涨的46个城市中，温州、海口等22个城市涨幅在0.5%至0.9%之间；三亚、长沙等24个城市涨幅在0.5%以内。威海、马鞍山、北京、鄂尔多斯以及湖州5个城市新房价格与上月持平。

2019年2月，住宅价格环比下跌的城市为39个，较上月增加8个。其中，宝鸡、扬州跌幅分别为1.33%和1.06%；宜昌、宁波、厦门、中山、廊坊、连云港、南宁和武汉跌幅在0.3%至0.8%之间。其他环比下跌的29个城市中，宿迁、盐城等13个城市跌幅在0.1%至0.3%之间，天津、泰州等16个城市跌幅在0.1%以内。

- 百城（新建）住宅价格同比涨跌幅分析

2019年2月，住宅价格同比上涨的城市为94个，上涨城市数量较上月减少1个。其中，常熟、绍兴涨幅均超过20%；贵阳、北海等30个城市涨幅在10%至20%之间；大连、海口等39个城市涨幅在5%至10%之间；连云港、张家港等23个城市涨幅在5%以内。

2019年2月，廊坊、珠海、惠州、厦门、营口、佛山6个城市住宅价格同比下跌，下跌城市数量较上月增加1个。其中，廊坊、珠海跌幅分别为3.82%和1.51%；惠州、厦门、营口、佛山跌幅在1%以内。

- 十大城市（新建）住宅价格涨跌情况

根据百城价格指数对北京、上海等十大城市（新建）住宅的全样本调查数据显示，2019年2月十大城市住宅均价为 26773 元 / 平方米，环比上涨 0.04%，涨幅较上月收窄 0.07 个百分点。十大城市中，5 个城市环比上涨，较上月减少 2 个；4 个城市环比下跌，较上月增加 1 个；1 个城市（新建）住宅价格与上月持平。具体来看，成都、广州涨幅分别为 0.56% 和 0.39%；南京、深圳、重庆（主城区）涨幅在 0.20% 以内。武汉、天津、杭州、上海 4 个城市下跌，跌幅分别为 0.30%、0.08%、0.05% 以及 0.04%。北京（新建）住宅价格与上月持平。

同比来看，十大城市住宅价格同比上涨 2.26%，涨幅较上月收窄 0.09 个百分点。十大城市同比无一下跌。具体来看，重庆（主城区）涨幅为 10.78%；杭州、成都、南京涨幅在 5% 至 10% 之间；武汉、天津、广州、深圳、北京以及上海涨幅在 5% 以内。

● 十大城市主城区二手住宅价格涨跌情况

根据对北京等十大城市主城区二手住宅活跃样本的调查，2019 年 2 月，十大城市主城区二手住宅样本平均价格为 38393 元 / 平方米，环比下跌 0.13%，同比下跌 0.80%。

环比来看，2019 年 2 月十大城市主城区二手住宅平均价格下跌 0.13%。十大城市中，7 个城市环比下跌，较上月减少 2 个；3 个城市环比上涨，较上月增加 2 个。具体来看，重庆跌幅为 1.12%；深圳、上海、成都跌幅在 0.5% 至 1.0% 之间；武汉、杭州、天津跌幅在 0.3% 以内。北京、广州、南京均上涨，涨幅分别为 0.69%、0.27% 和 0.18%。

同比来看，2019 年 2 月十大城市主城区二手住宅平均价格下跌 0.80%。十大城市中，成都、上海、天津、武汉同比下跌，跌幅分别为 6.96%、4.22%、3.42% 和 0.79%，其余 6 个城市均上涨，上涨城市数量与上月持平。具体来看，南京涨幅为 6.64%；杭州、重庆、广州、北京、深圳涨幅均在 3% 以内。

表 4　2019 年 2 月百城新建住宅样本平均价格指数

城市	环比涨跌	样本平均价格（元 / 平方米）	样本价格中位数（元 / 平方米）	城市	环比涨跌	样本平均价格（元 / 平方米）	样本价格中位数（元 / 平方米）
德州	2.42%	6313	6000	营口	0.11%	4533	4300
镇江	2.04%	9270	9500	昆山	0.09%	15552	16000
芜湖	1.43%	7798	8000	重庆（主城区）	0.09%	10361	12000
徐州	1.43%	8165	8000	哈尔滨	0.06%	9393	9000
淮安	1.37%	5919	6600	北海	0.05%	7880	7150
昆明	1.33%	10718	11000	兰州	0.03%	8769	8000
张家港	1.24%	10565	11000	威海	0.00%	8506	7700
邯郸	1.06%	5987	5435	马鞍山	0.00%	6839	6500
太原	1.02%	9592	9373	北京	0.00%	42589	42000
柳州	0.97%	9012	8500	鄂尔多斯	0.00%	8213	7321
温州	0.88%	16920	15918	湖州	0.00%	10174	9800
海口	0.85%	14833	14000	金华	−0.01%	10576	10000
聊城	0.85%	6192	5900	苏州	−0.01%	16163	18500
贵阳	0.81%	6680	7800	桂林	−0.03%	6249	5800
烟台	0.74%	8542	7800	株洲	−0.03%	6233	6000
西宁	0.74%	6652	6700	常熟	−0.04%	14185	13500
日照	0.69%	7720	6900	上海	−0.04%	47177	42000

续表

城市	环比涨跌	样本平均价格（元 / 平方米）	样本价格中位数（元 / 平方米）	城市	环比涨跌	样本平均价格（元 / 平方米）	样本价格中位数（元 / 平方米）
江门	0.68%	7738	7800	杭州	−0.05%	24157	21500
赣州	0.66%	8215	8000	南通	−0.05%	11422	11400
吉林	0.66%	5495	5500	长春	−0.06%	9008	8712
菏泽	0.66%	5211	5500	保定	−0.06%	8969	7500
乌鲁木齐	0.65%	8069	7450	湛江	−0.06%	10424	10388
西安	0.63%	9535	9000	佛山	−0.06%	12874	14000
鞍山	0.62%	5173	4800	包头	−0.07%	6108	5800
淄博	0.61%	7728	7000	泉州	−0.07%	8647	8268
新乡	0.61%	5617	5500	泰州	−0.08%	7755	6500
衡水	0.60%	6351	5500	天津	−0.08%	14804	14000
绍兴	0.59%	12692	12000	唐山	−0.11%	7456	6800
绵阳	0.57%	6313	5800	潍坊	−0.11%	6394	6500
成都	0.56%	9723	9600	汕头	−0.11%	10864	10000
江阴	0.55%	8702	8150	呼和浩特	−0.11%	7978	7600
大连	0.55%	12700	11450	秦皇岛	−0.13%	8955	8700
三亚	0.46%	24353	22940	嘉兴	−0.13%	11127	11000
长沙	0.41%	8306	8400	台州	−0.16%	12866	12000
广州	0.39%	21746	22000	南昌	−0.17%	12162	12000
福州	0.38%	16485	18000	湘潭	−0.18%	5460	5000
惠州	0.35%	10114	11250	郑州	−0.20%	11745	13250
青岛	0.34%	13253	12000	珠海	−0.23%	21334	23000
合肥	0.34%	12552	12000	盐城	−0.23%	8100	8350
济南	0.31%	11665	12500	宿迁	−0.28%	5369	5000
银川	0.30%	5692	5500	武汉	−0.30%	11930	12000
石家庄	0.27%	10350	9500	南宁	−0.35%	10415	10000
东营	0.24%	5866	5600	连云港	−0.48%	7323	6800
沈阳	0.22%	8641	8300	廊坊	−0.48%	12070	11600
常州	0.20%	10539	11500	中山	−0.56%	10513	13250
南京	0.19%	22006	23754	厦门	−0.60%	29287	31500
洛阳	0.17%	8138	7950	宁波	−0.75%	16141	14000
东莞	0.16%	15921	17000	宜昌	−0.79%	7565	7104
无锡	0.16%	11539	12000	扬州	−1.06%	11896	10700
深圳	0.14%	54304	55500	宝鸡	−1.33%	5180	5000

3 月百城住宅均价：环比涨幅略有回升，市场整体保持稳定

中指院报道：根据中指百城价格指数对 100 个城市新建住宅的全样本调查数据，2019 年 3 月，全国 100 个城市（新建）住宅平均价格为 14759 元 / 平方米，环比上涨 0.24%，涨幅较上月扩大 0.14 个百分点。从涨跌城市个数看，62 个城市环比上涨，36 个城市环比下跌，2 个城市与上月持平。与上月相比，本月价

格环比上涨的城市数量增加 6 个，其中涨幅在 1% 以上的城市有 12 个，较上月增加 3 个；本月价格环比下跌的城市数量减少 3 个，其中跌幅在 1% 以上的城市有 1 个，较上月减少 1 个。同比来看，全国 100 个城市（新建）住宅均价较去年同期上涨 4.43%，涨幅较上月收窄 0.19 个百分点。按中位数计算，全国 100 个城市（新建）住宅价格中位数为 9168 元 / 平方米，环比上涨 0.30%，同比上涨 7.71%。另外，北京、上海等十大城市（新建）住宅均价为 26813 元 / 平方米，环比上涨 0.15%，涨幅较上月扩大 0.11 个百分点；同比上涨 2.25%，涨幅较上月收窄 0.01 个百分点。

政策方面，两会政府工作报告强调，要落实城市主体责任，改革完善住房市场体系和保障体系，促进房地产市场平稳健康发展。随后，国务院和住建部均指出要坚持“房子是用来住的、不是用来炒的”定位，坚持因城施策。地方层面，各地继续落实楼市分类调控政策，其中海南、山东、河南、郑州、广西均指出要继续坚持“房子是用来住的、不是用来炒的”定位，落实城市主体责任。北京、长沙等城市强化市场监管，整治市场乱象。

从市场表现来看，供应方面，开发商推盘节奏明显加快，重点城市供给量有所回升。需求方面，市场整体去化效果较好，重点城市整体成交量有所回升。价格方面，百城住宅均价环比涨幅小幅扩大，但大多数城市价格变化仍在 1% 以内。

展望未来，楼市调控的主基调仍然保持稳定。未来，在确保房地产市场稳定运行的前提下，各地方政府将继续坚持“房子是用来住的、不是用来炒的”定位，落实城市主体责任，坚持一城一策，在保持楼市调控政策的连续性和稳定性的同时，结合城市市场实际，优化政策组合，房地产市场将保持平稳运行趋势。

- 百城（新建）住宅价格环比涨跌幅分析（见表 5）

2019 年 3 月，住宅价格环比上涨的城市为 62 个，较上月增加 6 个。具体来看，南通、台州涨幅在 2.5% 至 3.0% 之间；德州、大连、成都、威海、无锡、唐山、佛山和西安涨幅在 1.0% 至 2.0% 之间。其他环比上涨的 52 个城市中，东莞和江阴分别上涨 1.07%、1.00%；赣州、淄博等 26 个城市涨幅在 0.5% 至 1.0% 之间；重庆（主城区）、石家庄等 24 个城市涨幅在 0.5% 以内。鄂尔多斯、湖州新房价格与上月持平。

2019 年 3 月，住宅价格环比下跌的城市为 36 个，较上月减少 3 个。其中，海口跌幅为 1.09%；厦门、宜昌、昆明、株洲、湛江、西宁、福州、东营和张家港跌幅在 0.2% 至 1.0% 之间。其他环比下跌的 26 个城市中，中山和乌鲁木齐跌幅分别为 0.25%、0.22%；芜湖、连云港等 8 个城市跌幅在 0.1% 至 0.2% 之间，扬州、新乡等 16 个城市跌幅在 0.1% 以内。

- 百城（新建）住宅价格同比涨跌幅分析

2019 年 3 月，住宅价格同比上涨的城市为 95 个，上涨城市数量较上月增加 1 个。其中，常熟上涨 23.29%；贵阳、绍兴等 29 个城市涨幅在 10% 至 20% 之间；秦皇岛、重庆（主城区）等 39 个城市涨幅在 5% 至 10% 之间；泰州、扬州等 26 个城市涨幅在 5% 以内。

2019 年 3 月，廊坊、厦门、珠海、惠州和营口 5 个城市住宅价格同比下跌，下跌城市数量较上月减少 1 个。其中，廊坊下跌 2.67%；厦门、珠海和惠州跌幅在 1% 至 2% 之间；营口跌幅在 1% 以内。

- 十大城市（新建）住宅价格涨跌情况

根据百城价格指数对北京、上海等十大城市（新建）住宅的全样本调查数据显示，2019 年 3 月十大城市住宅均价为26813元/平方米，环比上涨0.15%，涨幅较上月扩大0.11个百分点。十大城市中，6个城市环比上涨，较上月增加1个；4个城市环比下跌，下跌城市个数与上月持平。具体来看，成都和天津涨幅分别为1.56%、0.78%；重庆（主城区）、南京、北京、广州涨幅在0.5%以内。上海、杭州、武汉、深圳4个城市下跌，跌幅分别为0.12%、0.07%、0.05%以及0.02%。

同比来看，十大城市住宅价格同比上涨2.25%，涨幅较上月收窄0.01个百分点。十大城市同比无一下跌。具体来看，重庆（主城区）、杭州、成都、南京涨幅在5%至10%之间；武汉、天津、广州、深圳、北京以及上海涨幅在3%以内。

- 十大城市主城区二手住宅价格涨跌情况

根据对北京等十大城市主城区二手住宅活跃样本的调查，2019年3月，十大城市主城区二手住宅样本平均价格为38441元/平方米，环比上涨0.12%，同比下跌0.89%。

环比来看，2019年3月十大城市主城区二手住宅平均价格上涨0.12%。十大城市中，6个城市环比上涨，较上月增加3个；4个城市环比下跌，较上月减少3个。具体来看，北京和南京分别上涨0.41%、034%；深圳、广州、天津、成都涨幅在0.1%至0.3%之间。武汉、重庆、上海、杭州均下跌，跌幅分别为0.26%、0.23%、0.17%和0.12%。

同比来看，2019年3月十大城市主城区二手住宅平均价格下跌0.89%。十大城市中，成都、上海、天津、武汉同比下跌，跌幅分别为7.79%、4.69%、3.54%和1.44%，其余6个城市均上涨，上涨城市数量与上月持平。具体来看，南京涨幅为6.82%；广州、重庆、杭州、北京、深圳涨幅均在2%以内。

表5　2019年3月百城新建住宅样本平均价格指数

城市	环比涨跌	样本平均价格（元/平方米）	样本价格中位数（元/平方米）	城市	环比涨跌	样本平均价格（元/平方米）	样本价格中位数（元/平方米）
南通	2.60%	11719	11800	长春	0.30%	9035	8850
台州	2.54%	13193	12000	温州	0.29%	16969	16000
德州	1.82%	6428	5900	呼和浩特	0.29%	8001	7600
大连	1.71%	12917	11500	宿迁	0.26%	5383	5000
成都	1.56%	9875	9800	北海	0.24%	7899	7350
威海	1.46%	8630	7800	三亚	0.23%	24409	22940
无锡	1.34%	11694	12000	湘潭	0.20%	5471	4950
唐山	1.33%	7555	7000	银川	0.12%	5699	5500
佛山	1.18%	13026	14000	珠海	0.12%	21360	23500
西安	1.08%	9638	9000	北京	0.12%	42640	42250
东莞	1.07%	16091	17000	泰州	0.04%	7758	6700
江阴	1.00%	8789	8450	广州	0.03%	21753	22000
赣州	0.91%	8290	8000	鄂尔多斯	0.00%	8213	7321
淄博	0.91%	7798	7200	湖州	0.00%	10174	9800
泉州	0.90%	8725	8300	潍坊	−0.02%	6393	6500
菏泽	0.90%	5258	5500	聊城	−0.02%	6191	5900
常州	0.88%	10632	11800	淮安	−0.02%	5918	6600
衡水	0.88%	6407	5500	昆山	−0.02%	15549	16000
沈阳	0.88%	8717	8400	深圳	−0.02%	54293	55500

续表

城市	环比涨跌	样本平均价格（元 / 平方米）	样本价格中位数（元 / 平方米）	城市	环比涨跌	样本平均价格（元 / 平方米）	样本价格中位数（元 / 平方米）
秦皇岛	0.87%	9033	8800	柳州	-0.03%	9009	8550
绍兴	0.82%	12796	12000	金华	-0.04%	10572	10000
盐城	0.81%	8166	8400	江门	-0.04%	7735	8000
常熟	0.80%	14298	13500	郑州	-0.04%	11740	13300
天津	0.78%	14919	14000	宁波	-0.04%	16134	14000
桂林	0.75%	6296	5900	烟台	-0.05%	8538	7800
吉林	0.75%	5536	5550	武汉	-0.05%	11924	12000
徐州	0.72%	8224	8200	兰州	-0.06%	8764	8000
贵阳	0.72%	6728	8000	杭州	-0.07%	24141	21250
保定	0.71%	9033	7500	新乡	-0.07%	5613	5500
绵阳	0.71%	6358	5850	扬州	-0.09%	11885	11000
太原	0.69%	9658	9500	济南	-0.11%	11652	12500
嘉兴	0.68%	11203	11000	苏州	-0.12%	16144	18500
南宁	0.67%	10485	10150	上海	-0.12%	47120	42000
邯郸	0.67%	6027	5590	惠州	-0.15%	10099	11250
长沙	0.63%	8358	8250	宝鸡	-0.15%	5172	5000
日照	0.56%	7763	6800	南昌	-0.16%	12142	12000
包头	0.54%	6141	5800	连云港	-0.18%	7310	6800
廊坊	0.54%	12135	11700	芜湖	-0.18%	7784	8000
重庆（主城区）	0.49%	10412	10200	乌鲁木齐	-0.22%	8051	7450
石家庄	0.46%	10398	9600	中山	-0.25%	10487	13500
马鞍山	0.44%	6869	6500	张家港	-0.26%	10538	11000
哈尔滨	0.44%	9434	9000	东营	-0.26%	5851	5600
鞍山	0.43%	5195	4800	福州	-0.32%	16433	18000
汕头	0.42%	10910	10000	西宁	-0.42%	6624	6583
洛阳	0.38%	8169	7900	湛江	-0.48%	10374	10000
镇江	0.33%	9301	9500	株洲	-0.48%	6203	6000
青岛	0.33%	13297	12000	昆明	-0.59%	10655	10650
合肥	0.31%	12591	12000	宜昌	-0.79%	7505	7200
营口	0.31%	4547	4300	厦门	-0.84%	29041	33000
南京	0.30%	22072	24000	海口	-1.09%	14672	14000

4 月百城住宅均价：环比上涨 0.28%，市场走势平衡

中指院报道：根据中指百城价格指数对 100 个城市新建住宅的全样本调查数据，2019 年 4 月，全国 100 个城市（新建）住宅平均价格为 14800 元 / 平方米，环比上涨 0.28%，涨幅较上月扩大 0.04 个百分点。从涨跌城市个数看，69 个城市环比上涨，29 个城市环比下跌，2 个城市与上月持平。与上月相比，本月价

格环比上涨的城市数量增加 7 个，其中涨幅在 1% 以上的城市有 15 个，较上月增加 3 个；本月价格环比下跌的城市数量减少 7 个，其中跌幅在 1% 以上的城市有 2 个，较上月增加 1 个。同比来看，全国 100 个城市（新建）住宅均价较去年同期上涨 4.27%，涨幅较上月收窄 0.16 个百分点。按中位数计算，全国 100 个城市（新建）住宅价格中位数为 9215 元 / 平方米，环比上涨 0.51%，同比上涨 6.58%。另外，北京、上海等十大城市（新建）住宅均价为 26843 元 / 平方米，环比上涨 0.11%，涨幅较上月收窄 0.04 个百分点；同比上涨 2.27%，涨幅较上月扩大 0.02 个百分点。

政策方面，中共中央政治局会议重申要坚持“房子是用来住的、不是用来炒的”定位，落实好一城一策、因城施策、城市政府主体责任的长效调控机制。住建部对 2019 年第一季度房价、地价波动幅度较大的城市进行预警提示。此外，自然资源部要求各地需根据商品住房库存消化周期，制定实施住宅用地分类调控目标。地方层面，各地继续落实楼市分类调控政策，石家庄、西安、合肥收紧住房公积金贷款政策；海南、深圳、哈尔滨、合肥加大对房地产市场的监管力度；此外，合肥调整热点区域居住用地拍卖最高限价，确保土地市场稳定。

从市场表现来看，供应方面，重点城市推盘数量仍维持高位。需求方面，重点城市整体成交量稳中有落，各城市间呈分化态势。价格方面，百城住宅均价环比涨幅继续小幅扩大，但多数城市价格变化依旧维持在 1% 之内。

展望未来，楼市调控政策将依然稳定，中央和各地方政府会始终坚持“房子是用来住的、不是用来炒的”定位，围绕“稳地价、稳房价、稳预期”的调控目标，夯实城市主体责任，保持政策连续性和稳定性，防止楼市大起大落。预计未来，房地产市场整体将继续保持平稳，城市间延续分化发展态势。

● 百城（新建）住宅价格环比涨跌幅分析（见表 6）

2019 年 4 月，住宅价格环比上涨的城市为 69 个，较上月增加 7 个。具体来看，绍兴、湖州分别上涨 2.30% 和 2.00%；珠海、无锡、芜湖、衡水、武汉、桂林、宝鸡和南宁涨幅在 1.1% 至 2.0% 之间。其他环比上涨的 59 个城市中，兰州、常州、贵阳、南通和宁波分别上涨 1.11%、1.08%、1.03%、1.02% 和 1.00%；唐山、德州等 30 个城市涨幅在 0.5% 至 1.0% 之间；广州、沈阳等 24 个城市涨幅在 0.5% 以内。鄂尔多斯、聊城新房价格与上月持平。

2019 年 4 月，住宅价格环比下跌的城市为 29 个，较上月减少 7 个。其中，海口、厦门跌幅为 1.90% 和 1.52%；惠州、台州、马鞍山、济南、保定、包头、佛山和鞍山跌幅在 0.3% 至 1.0% 之间。其他环比下跌的 19 个城市中，泉州和威海跌幅分别为 0.21%、0.20%；潍坊、南京等 17 个城市跌幅在 0.2% 以内。

● 百城（新建）住宅价格同比涨跌幅分析

2019 年 4 月，住宅价格同比上涨的城市为 94 个，上涨城市数量较上月减少 1 个。其中，常熟上涨 21.24%；绍兴、贵阳等 22 个城市涨幅在 10% 至 20% 之间；长春、宝鸡等 41 个城市涨幅在 5% 至 10% 之间；西宁、泰州等 30 个城市涨幅在 5% 以内。

2019 年 4 月，厦门、惠州、廊坊、营口、佛山和上海 6 个城市住宅价格同比下跌，下跌城市数量较上月增加 1 个。其中，厦门下跌 3.34%；惠州和廊坊跌幅在 1% 至 2% 之间；营口、佛山和上海跌幅在 1% 以内。

● 十大城市（新建）住宅价格涨跌情况

根据百城价格指数对北京、上海等十大城市（新建）住宅的全样本调查数据显示，2019 年 4 月十大城市住宅均价为26843元/平方米，环比上涨0.11%，涨幅较上月收窄0.04个百分点。十大城市中，7个城市环比上涨，较上月增加1个；3个城市环比下跌，下跌城市个数较上月减少1个。具体来看，武汉环比上涨1.40%；成都、重庆（主城区）、天津涨幅在0.5%至1.0%之间；广州、杭州和深圳涨幅在0.5%以内。南京、上海和北京3个城市下跌，跌幅分别为0.18%、0.13%、0.03%。

同比来看，十大城市住宅价格同比上涨2.27%，涨幅较上月扩大0.02个百分点。十大城市中，除上海同比小幅下跌0.10%外，其余城市同比均上涨。具体来看，重庆（主城区）、杭州、成都、南京涨幅在5%至10%之间；武汉、天津、广州、深圳以及北京涨幅在5%以内。

● 十大城市主城区二手住宅价格涨跌情况

根据对北京等十大城市主城区二手住宅活跃样本的调查，2019年4月，十大城市主城区二手住宅样本平均价格为38499元/平方米，环比上涨0.15%，同比下跌0.68%。

环比来看，2019年4月十大城市主城区二手住宅平均价格上涨0.15%。十大城市中，6个城市环比上涨，4个城市环比下跌，上涨和下跌城市个数与上月持平。具体来看，成都上涨0.45%；深圳、上海、南京、杭州涨幅在0.2%至0.4%之间；北京涨幅较小，为0.01%。重庆、武汉、天津、广州均下跌，跌幅分别为0.28%、0.20%、0.15%和0.05%。

同比来看，2019年4月十大城市主城区二手住宅平均价格下跌0.68%。十大城市中，成都、上海、天津、武汉以及重庆同比下跌，跌幅分别为8.71%、3.89%、2.45%、2.33%和0.85%，其余5个城市均上涨，上涨城市数量较上月减少1个。具体来看，南京涨幅为6.44%；北京、深圳、杭州、广州涨幅均在2%以内。

表6 2019年4月百城新建住宅样本平均价格指数

城市	环比涨跌	样本平均价格（元/平方米）	样本价格中位数（元/平方米）	城市	环比涨跌	样本平均价格（元/平方米）	样本价格中位数（元/平方米）
绍兴	2.30%	13090	12500	镇江	0.40%	9338	9565
湖州	2.00%	10377	10000	湛江	0.40%	10415	10400
珠海	1.89%	21764	24500	哈尔滨	0.38%	9470	9000
无锡	1.88%	11914	12000	东莞	0.37%	16151	17000
芜湖	1.72%	7918	8200	淮安	0.37%	5940	6800
衡水	1.42%	6498	5500	三亚	0.37%	24499	23000
武汉	1.40%	12091	12000	西宁	0.32%	6645	6583
桂林	1.40%	6384	6000	杭州	0.27%	24206	21734
宝鸡	1.35%	5242	5000	汕头	0.26%	10938	10000
南宁	1.14%	10605	10075	长春	0.25%	9058	8800
兰州	1.11%	8861	8238	乌鲁木齐	0.25%	8071	7500
常州	1.08%	10747	12000	湘潭	0.22%	5483	4900
贵阳	1.03%	6797	8000	昆山	0.21%	15582	16000
南通	1.02%	11839	11800	青岛	0.18%	13321	12500
宁波	1.00%	16295	14000	扬州	0.13%	11901	11000
唐山	0.99%	7630	7000	北海	0.11%	7908	7350
德州	0.98%	6491	5950	连云港	0.05%	7314	6800
苏州	0.98%	16302	19000	深圳	0.05%	54320	56000

续表

城市	环比涨跌	样本平均价格（元 / 平方米）	样本价格中位数（元 / 平方米）	城市	环比涨跌	样本平均价格（元 / 平方米）	样本价格中位数（元 / 平方米）
大连	0.97%	13042	11800	营口	0.02%	4548	4300
温州	0.96%	17132	16243	鄂尔多斯	0.00%	8213	7321
洛阳	0.95%	8247	7800	聊城	0.00%	6191	5900
金华	0.92%	10669	10000	合肥	–0.02%	12589	12437
淄博	0.91%	7869	7200	北京	–0.03%	42627	43000
成都	0.90%	9964	10000	新乡	–0.04%	5611	5500
江阴	0.88%	8866	8500	柳州	–0.04%	9005	8550
石家庄	0.84%	10485	9600	常熟	–0.06%	14290	13500
银川	0.82%	5746	5500	郑州	–0.08%	11731	13500
徐州	0.79%	8289	8300	菏泽	–0.10%	5253	5500
烟台	0.78%	8605	7889	盐城	–0.10%	8158	8350
重庆（主城区）	0.72%	10487	10200	宜昌	–0.12%	7496	7000
西安	0.72%	9707	9000	太原	–0.12%	9646	9500
泰州	0.71%	7813	6600	江门	–0.13%	7725	7975
长沙	0.68%	8415	8300	上海	–0.13%	47059	41599
绵阳	0.66%	6400	5850	昆明	–0.13%	10641	11000
秦皇岛	0.65%	9092	8800	株洲	–0.15%	6194	6000
嘉兴	0.65%	11276	11000	东营	–0.15%	5842	5600
福州	0.63%	16536	19900	南京	–0.18%	22033	23877
赣州	0.60%	8340	8100	潍坊	–0.19%	6381	6500
中山	0.58%	10548	13500	威海	–0.20%	8613	7800
邯郸	0.58%	6062	5475	泉州	–0.21%	8707	8300
天津	0.56%	15003	14000	鞍山	–0.31%	5179	4800
呼和浩特	0.56%	8046	7600	佛山	–0.36%	12979	14000
吉林	0.56%	5567	5800	包头	–0.42%	6115	5800
南昌	0.54%	12207	12000	保定	–0.45%	8992	7700
张家港	0.51%	10592	11000	济南	–0.51%	11593	12744
广州	0.48%	21857	22000	马鞍山	–0.52%	6833	6500
沈阳	0.47%	8758	8350	台州	–0.60%	13114	12000
日照	0.44%	7797	6700	惠州	–0.60%	10038	11100
廊坊	0.41%	12185	11850	厦门	–1.52%	28600	33000
宿迁	0.41%	5405	5000	海口	–1.90%	14393	14500

5 月百城住宅均价：环比上涨 0.24%，涨幅略有回落

中指研究院报道：根据中国房地产指数系统百城价格指数对 100 个城市新建住宅的全样本调查数据，

2019 年 5 月，全国 100 个城市（新建）住宅平均价格为 14836 元 / 平方米，环比上涨 0.24%，涨幅较上月收窄 0.04 个百分点。从涨跌城市个数看，67 个城市环比上涨，30 个城市环比下跌，3 个城市与上月持平。与上月相比，本月价格环比上涨的城市数量减少 2 个，其中涨幅在 1% 以上的城市有 12 个，较上月减少 3 个；本月价格环比下跌的城市数量增加 1 个，其中跌幅在 1% 以上的城市有 2 个，数量与上月持平。同比来看，全国 100 个城市（新建）住宅均价较去年同期上涨 3.98%，涨幅较上月收窄 0.29 个百分点。按中位数计算，全国 100 个城市（新建）住宅价格中位数为 9252 元 / 平方米，环比上涨 0.40%，同比上涨 5.41%。另外，北京、上海等十大城市（新建）住宅均价为 26864 元 / 平方米，环比上涨 0.08%，涨幅较上月收窄 0.03 个百分点；同比上涨 2.15%，涨幅较上月收窄 0.12 个百分点。

政策方面，国家发改委等相关部委相继表态继续坚持“房子是用来住的、不是用来炒的”基本定位，做好“稳地价、稳房价、稳预期”的工作。银保监会表示坚持房地产融资审慎监管制度，严控银行保险资金违规进入房地产市场。住建部在 2019 年 4 月 19 日对 6 个城市进行预警提示的基础上，又对佛山、苏州、大连、南宁 4 个城市进行了预警提示。地方层面，在“一城一策”的指导思路下，各地持续优化调控政策，其中苏州于本月陆续出台包括限售新政在内的多项楼市调控政策。济南、北京加大对房地产市场的监管力度。合肥完善土地竞拍规则，要求关联公司不得报名竞买同一宗土地。

从市场表现来看，供应方面，重点城市推盘数量仍维持高位。需求方面，项目去化分化明显，重点城市整体成交量略有下降。价格方面，百城住宅均价环比涨幅有所回落。

展望未来，在坚持“房子是用来住的、不是用来炒的”政策基调下，各地方政府将继续围绕“稳地价、稳房价、稳预期”的调控目标，有针对性地落实楼市调控政策。预计未来，房地产市场整体将继续平稳运行，各线城市将延续分化态势。其中，一、二线城市房价将更趋平稳，部分三、四线城市将面临调整压力。

- 百城（新建）住宅价格环比涨跌幅分析（见表 7）

2019 年 5 月，住宅价格环比上涨的城市为 67 个，较上月减少 2 个。具体来看，马鞍山环比上涨 2.58%；合肥、菏泽、南通、桂林、湖州、衡水、温州、武汉和大连涨幅在 1.1% 至 2.0% 之间。其他环比上涨的 57 个城市中，德州和聊城分别上涨 1.05%、1.00%；福州、常熟等 37 个城市涨幅在 0.5% 至 1.0% 之间；日照、银川等 18 个城市涨幅在 0.5% 以内。江阴、鄂尔多斯和泉州新房价格与上月持平。

2019 年 5 月，住宅价格环比下跌的城市为 30 个，较上月增加 1 个。其中，泰州和珠海跌幅分别为 1.51%、1.13%；东营、湘潭、昆山、三亚、济南、长春、惠州和青岛跌幅在 0.3% 至 0.8% 之间。其他环比下跌的 20 个城市中，深圳和南京跌幅分别为 0.35%、0.30%；中山、上海等 11 个城市跌幅在 0.1% 至 0.3% 之间；威海、东莞等 7 个城市跌幅在 0.1% 以内。

- 百城（新建）住宅价格同比涨跌幅分析

2019 年 5 月，住宅价格同比上涨的城市为 93 个，上涨城市数量较上月减少 1 个。其中，常熟上涨 21.19%；绍兴、贵阳等 20 个城市涨幅在 10% 至 20% 之间；镇江、桂林等 41 个城市涨幅在 5% 至 10% 之间；汕头、衡水等 31 个城市涨幅在 5% 以内。

2019 年 5 月，厦门、惠州、珠海、廊坊、营口、宁波和上海 7 个城市住宅价格同比下跌，下跌城市数量较上月增加 1 个。其中，厦门和惠州分别下跌 2.64%、1.44%；珠海、廊坊、营口、宁波和上海跌幅在 1% 以内。

● 十大城市（新建）住宅价格涨跌情况

根据百城价格指数对北京、上海等十大城市（新建）住宅的全样本调查数据显示，2019 年 5 月十大城市住宅均价为 26864 元 / 平方米，环比上涨 0.08%，涨幅较上月收窄 0.03 个百分点。十大城市中，6 个城市环比上涨，较上月减少 1 个；4 个城市环比下跌，下跌城市个数较上月增加 1 个。具体来看，武汉环比上涨 1.23%；成都、广州、重庆（主城区）涨幅在 0.5% 至 1.0% 之间；杭州和北京涨幅在 0.5% 以内。深圳、南京、上海和天津 4 个城市下跌，跌幅分别为 0.35%、0.30%、0.21%、0.12%。

同比来看，十大城市住宅价格同比上涨 2.15%，涨幅较上月收窄 0.12 个百分点。十大城市中，除上海同比下跌 0.30% 外，其余城市同比均上涨。具体来看，杭州、成都、重庆（主城区）涨幅在 5% 至 10% 之间；南京、武汉、广州、天津、北京和深圳涨幅在 5% 以内。

● 十大城市主城区二手住宅价格涨跌情况

根据对北京等十大城市主城区二手住宅活跃样本的调查，2019 年 5 月，十大城市主城区二手住宅样本平均价格为 38564 元 / 平方米，环比上涨 0.17%，同比下跌 0.64%。

环比来看，2019 年 5 月十大城市主城区二手住宅平均价格上涨 0.17%。十大城市中，4 个城市环比上涨，较上月减少 2 个；5 个城市环比下跌，较上月增加 1 个；1 个城市价格与上月持平。具体来看，杭州和北京分别上涨 0.81%、0.53%；南京、上海涨幅在 0.5% 以内。武汉价格与上月持平。成都、深圳、重庆、广州和天津均下跌，跌幅分别为 0.19%、0.16%、0.11%、0.05% 和 0.04%。

同比来看，2019 年 5 月十大城市主城区二手住宅平均价格下跌 0.64%。十大城市中，成都、上海、重庆、武汉、天津以及广州同比均下跌，跌幅分别为 9.89%、3.77%、2.99%、2.65%、2.01% 和 0.39%，其余 4 个城市均上涨，上涨城市数量较上月减少 1 个。具体来看，南京和北京涨幅分别为 6.35%、2.34%；深圳、杭州涨幅均在 1% 以内。

表 7　2019 年 5 月百城新建住宅样本平均价格指数

城市	环比涨跌	样本平均价格（元 / 平方米）	样本价格中位数（元 / 平方米）	城市	环比涨跌	样本平均价格（元 / 平方米）	样本价格中位数（元 / 平方米）
马鞍山	2.58%	7009	6500	银川	0.44%	5771	5500
合肥	1.93%	12832	12500	廊坊	0.39%	12233	12000
菏泽	1.85%	5350	5800	沈阳	0.39%	8792	8250
南通	1.82%	12054	11600	哈尔滨	0.38%	9506	9000
桂林	1.74%	6495	6000	杭州	0.33%	24286	21800
湖州	1.71%	10554	10000	唐山	0.31%	7654	7000
衡水	1.35%	6586	5500	潍坊	0.28%	6399	6500
温州	1.30%	17355	16278	海口	0.28%	14433	12500
武汉	1.23%	12240	12000	无锡	0.28%	11947	12000
大连	1.17%	13194	11800	株洲	0.18%	6205	5950
德州	1.05%	6559	6100	洛阳	0.16%	8260	7900
聊城	1.00%	6253	5900	鞍山	0.15%	5187	4800
福州	0.99%	16700	20000	北京	0.13%	42682	43000
常熟	0.97%	14429	13500	扬州	0.12%	11915	11000
绍兴	0.96%	13216	13000	连云港	0.10%	7321	6800

续表

城市	环比涨跌	样本平均价格（元 / 平方米）	样本价格中位数（元 / 平方米）	城市	环比涨跌	样本平均价格（元 / 平方米）	样本价格中位数（元 / 平方米）
嘉兴	0.92%	11380	11000	宜昌	0.07%	7501	7150
宝鸡	0.92%	5290	5050	徐州	0.06%	8294	8250
成都	0.91%	10055	10000	江阴	0.00%	8866	8500
秦皇岛	0.88%	9172	9000	鄂尔多斯	0.00%	8213	7321
广州	0.88%	22049	22000	泉州	0.00%	8707	8300
厦门	0.86%	28846	33342	淄博	–0.01%	7868	7200
包头	0.85%	6167	5800	营口	–0.04%	4546	4300
石家庄	0.85%	10574	9800	长沙	–0.05%	8411	8333
南宁	0.85%	10695	10500	新乡	–0.05%	5608	5500
苏州	0.84%	16439	19000	镇江	–0.06%	9332	9800
芜湖	0.82%	7983	8600	东莞	–0.08%	16138	17000
昆明	0.81%	10727	10800	威海	–0.09%	8605	7800
呼和浩特	0.78%	8109	7600	赣州	–0.11%	8331	8100
保定	0.78%	9062	7500	宁波	–0.11%	16277	14000
淮安	0.77%	5986	7000	天津	–0.12%	14985	14000
宿迁	0.74%	5445	5000	绵阳	–0.12%	6392	5875
西宁	0.71%	6692	6566	吉林	–0.13%	5560	5800
太原	0.70%	9714	9500	台州	–0.13%	13097	12500
江门	0.69%	7778	7800	烟台	–0.16%	8591	7863
西安	0.68%	9773	9000	汕头	–0.18%	10918	10000
兰州	0.68%	8921	8238	贵阳	–0.21%	6783	8000
南昌	0.66%	12288	12000	上海	–0.21%	46960	41000
北海	0.63%	7958	7350	中山	–0.23%	10524	13375
邯郸	0.63%	6100	5600	南京	–0.30%	21968	23500
乌鲁木齐	0.61%	8120	7500	深圳	–0.35%	54130	54000
佛山	0.60%	13057	13500	青岛	–0.37%	13272	12500
盐城	0.59%	8206	8400	惠州	–0.39%	9999	11000
柳州	0.58%	9057	8700	长春	–0.40%	9022	8800
张家港	0.57%	10652	11000	济南	–0.45%	11541	12744
郑州	0.54%	11794	13500	三亚	–0.57%	24359	23000
常州	0.51%	10802	12000	昆山	–0.59%	15490	16000
金华	0.51%	10723	10000	湘潭	–0.69%	5445	4900
湛江	0.50%	10467	10444	东营	–0.74%	5799	5600
重庆（主城区）	0.50%	10539	12000	珠海	–1.13%	21518	24500
日照	0.44%	7831	6700	泰州	–1.51%	7695	6600

6 月百城住宅均价：环比上涨 0.37%，同比上涨 3.87%

中国指数研究院报道：根据中国房地产指数系统百城价格指数对 100 个城市新建住宅的全样本调查数据，2019 年 6 月，全国 100 个城市（新建）住宅平均价格为 14891 元 / 平方米，环比上涨 0.37%，涨幅较上月扩大 0.13 个百分点。从涨跌城市个数看，65 个城市环比上涨，32 个城市环比下跌，3 个城市与上月持平。与上月相比，本月价格环比上涨的城市数量减少 2 个，其中涨幅在 1% 以上的城市有 21 个，较上月增加 9 个；本月价格环比下跌的城市数量增加 2 个，其中跌幅在 1% 以上的城市有 1 个，较上月减少 1 个。同比来看，全国 100 个城市（新建）住宅均价较去年同期上涨 3.87%，涨幅较上月收窄 0.11 个百分点。按中位数计算，全国 100 个城市（新建）住宅价格中位数为 9259 元 / 平方米，环比上涨 0.08%，同比上涨 5.24%。另外，北京、上海等十大城市（新建）住宅均价为 26965 元 / 平方米，环比上涨 0.38%，涨幅较上月扩大 0.30 个百分点；同比上涨 2.26%，涨幅较上月扩大 0.11 个百分点。

政策方面，银保监会再次强调“房子是用来住的、不是用来炒的”，同时提出要防止房地产企业融资过度挤占银行信贷资源。地方层面，各地继续落实楼市分类调控政策，其中西安出台调控新政，进一步收紧新落户居民和非户籍居民家庭的购房政策；北京、苏州、海口、哈尔滨、兰州、南宁、陕西省进一步加强房地产市场监管；东莞调整土拍规则，引入“终次报价”确定竞得人。此外，南京、赤峰因地制宜优化楼市调控政策，其中南京降低高淳区住房限购门槛。

从市场表现来看，供应方面，年中房企冲刺半年度业绩，重点城市推盘数量有所增加。需求方面，城市内部项目之间销售表现分化加剧，部分限价楼盘开盘去化较好。价格方面，百城住宅均价环比涨幅有所扩大，但各城市房价涨跌幅均在平稳区间。

展望未来，中央层面稳定楼市态度坚决，各地方政府将更加注重根据市场实际情况进行针对性的调控。预计未来，随着调控政策持续发力，房地产市场整体趋稳态势将更加明显，但各线城市仍将延续分化走势。部分房价、地价波动较大的热点城市面临政策收紧可能，后期房价将回归平稳；而市场购买力明显透支的三、四线城市，房地产市场或将面临调整压力。

● 百城（新建）住宅价格环比涨跌幅分析（见表 8）

2019 年 6 月，住宅价格环比上涨的城市为 65 个，较上月减少 2 个。具体来看，杭州环比上涨 2.71%；绍兴、北海、沈阳、成都、石家庄、日照、菏泽、聊城和海口涨幅在 1.3% 至 2.0% 之间。其他环比上涨的 55 个城市中，衡水和昆明涨幅分别为 1.34%、1.31%；德州、唐山等 31 个城市涨幅在 0.5% 至 1.3% 之间；马鞍山、宝鸡等 22 个城市涨幅在 0.5% 以内。鞍山、鄂尔多斯和营口新房价格与上月持平。

2019 年 6 月，住宅价格环比下跌的城市为 32 个，较上月增加 2 个。其中，珠海下跌 1.33%；徐州、佛山、中山、昆山、贵阳、无锡、东莞、三亚和宜昌跌幅在 0.2% 至 1.0% 之间。其他环比下跌的 22 个城市中，广州、芜湖和赣州跌幅分别为 0.26%、0.25% 和 0.22%；湛江、上海等 5 个城市跌幅在 0.1% 至 0.2% 之间；新乡、株洲等 14 个城市跌幅在 0.1% 以内。

● 百城（新建）住宅价格同比涨跌幅分析

2019 年 6 月，住宅价格同比上涨的城市为 93 个，上涨城市数量与上月持平。其中，绍兴上涨 19.46%；常熟、南通等 19 个城市涨幅在 10% 至 19% 之间；桂林、温州等 38 个城市涨幅在 5% 至 10% 之间；南昌、湛江等 35 个城市涨幅在 5% 以内。

2019 年 6 月，珠海、厦门、惠州、营口、廊坊、上海和佛山 7 个城市住宅价格同比下跌，下跌城市数量与上月持平。其中，珠海、厦门和惠州分别下跌 1.87%、1.82% 和 1.59%；营口、廊坊、上海和佛山跌幅在 1% 以内。

● 十大城市（新建）住宅价格涨跌情况

根据百城价格指数对北京、上海等十大城市（新建）住宅的全样本调查数据显示，2019 年 6 月十大城市住宅均价为 26965 元 / 平方米，环比上涨 0.38%，涨幅较上月扩大 0.30 个百分点。十大城市中，8 个城市环比上涨，较上月增加 2 个；2 个城市环比下跌，下跌城市个数较上月减少 2 个。具体来看，杭州、成都和重庆（主城区）环比分别上涨 2.71%、1.64% 和 0.83%；天津、北京、武汉、南京和深圳涨幅均在 0.5% 以内。广州和上海 2 个城市下跌，跌幅分别为 0.26%、0.17%。

同比来看，十大城市住宅价格同比上涨 2.26%，涨幅较上月扩大 0.11 个百分点。十大城市中，除上海同比下跌 0.50% 外，其余城市同比均上涨。具体来看，杭州、成都、重庆（主城区）涨幅分别为 11.51%、10.16% 和 7.70%；武汉、南京、天津、广州、北京和深圳涨幅在 5% 以内。

● 十大城市主城区二手住宅价格涨跌情况

根据对北京等十大城市主城区二手住宅活跃样本的调查，2019 年 6 月，十大城市主城区二手住宅样本平均价格为 38688 元 / 平方米，环比上涨 0.32%，同比下跌 0.80%。

环比来看，2019 年 6 月十大城市主城区二手住宅平均价格上涨 0.32%。十大城市中，6 个城市环比上涨，上涨城市数量较上月增加 2 个；4 个城市环比下跌，下跌城市数量较上月减少 1 个。具体来看，上海和深圳分别上涨 0.84%、0.60%；南京、成都、广州和北京涨幅在 0.5% 以内。杭州、武汉、天津和重庆均下跌，跌幅分别为 0.75%、0.53%、0.46% 和 0.17%。

同比来看，2019 年 6 月十大城市主城区二手住宅平均价格下跌 0.80%。十大城市中，成都、重庆、天津等 7 个城市同比均下跌，其余城市均上涨。具体来看，成都和重庆分别下跌 9.28% 和 5.00%；天津、上海、武汉、杭州和广州跌幅在 5% 以内。同比上涨的城市中，南京涨幅为 5.23%；深圳、北京涨幅在 1% 至 2% 之间。

表 8 2019 年 6 月百城新建住宅样本平均价格指数

城市	环比涨跌	样本平均价格（元 / 平方米）	样本价格中位数（元 / 平方米）	城市	环比涨跌	样本平均价格（元 / 平方米）	样本价格中位数（元 / 平方米）
杭州	2.71%	24945	22000	北京	0.37%	42840	43800
绍兴	1.94%	13473	13000	青岛	0.35%	13318	12150
北海	1.82%	8103	7450	哈尔滨	0.33%	9537	9000
沈阳	1.66%	8938	8500	宿迁	0.31%	5462	5000
成都	1.64%	10220	10000	武汉	0.28%	12274	12000
石家庄	1.42%	10724	10000	南京	0.19%	22010	24300
日照	1.40%	7941	6700	深圳	0.19%	54233	53500
菏泽	1.40%	5425	5900	台州	0.16%	13118	12100
聊城	1.34%	6337	6050	东营	0.12%	5806	5600
海口	1.34%	14626	13000	秦皇岛	0.12%	9183	9000
衡水	1.34%	6674	5800	廊坊	0.11%	12247	12000
昆明	1.31%	10868	11000	泰州	0.10%	7703	6600

续表

城市	环比涨跌	样本平均价格（元/平方米）	样本价格中位数（元/平方米）	城市	环比涨跌	样本平均价格（元/平方米）	样本价格中位数（元/平方米）
德州	1.27%	6642	6500	潍坊	0.05%	6402	6500
唐山	1.25%	7750	7000	镇江	0.04%	9336	9800
苏州	1.23%	16641	19000	南昌	0.02%	12290	12000
烟台	1.16%	8691	8000	鞍山	0.00%	5187	4800
湘潭	1.14%	5507	4950	鄂尔多斯	0.00%	8213	7321
西安	1.08%	9879	9200	营口	0.00%	4546	4300
西宁	1.06%	6763	6566	呼和浩特	-0.01%	8108	7700
温州	1.05%	17537	16538	泉州	-0.02%	8705	8300
吉林	1.01%	5616	5800	威海	-0.02%	8603	7800
南通	0.98%	12172	11800	淄博	-0.03%	7866	7200
宁波	0.98%	16436	14500	连云港	-0.03%	7319	6800
常熟	0.97%	14569	13625	金华	-0.03%	10720	10000
桂林	0.95%	6557	6000	盐城	-0.04%	8203	8400
绵阳	0.95%	6453	6100	南宁	-0.04%	10691	10500
郑州	0.92%	11903	13500	保定	-0.04%	9058	7500
嘉兴	0.91%	11483	11400	包头	-0.05%	6164	5800
福州	0.90%	16851	19950	济南	-0.06%	11534	12988
江门	0.87%	7846	8300	邯郸	-0.07%	6096	5650
银川	0.85%	5820	5500	株洲	-0.08%	6200	5900
重庆	0.83%	10627	10200	新乡	-0.09%	5603	5500
长沙	0.82%	8480	8500	大连	-0.11%	13180	11800
常州	0.77%	10885	12100	惠州	-0.13%	9986	11200
兰州	0.76%	8989	8038	江阴	-0.15%	8853	8500
厦门	0.76%	29065	34000	上海	-0.17%	46880	41699
洛阳	0.75%	8322	7950	湛江	-0.17%	10449	10500
淮安	0.68%	6027	7000	赣州	-0.22%	8313	8259
乌鲁木齐	0.68%	8175	7500	芜湖	-0.25%	7963	8655
太原	0.66%	9778	9800	广州	-0.26%	21992	22000
湖州	0.59%	10616	10000	宜昌	-0.27%	7481	7000
张家港	0.54%	10710	11000	三亚	-0.27%	24293	23000
柳州	0.51%	9103	8700	东莞	-0.33%	16085	17000
马鞍山	0.49%	7043	6500	无锡	-0.34%	11906	12000
宝鸡	0.43%	5313	5000	贵阳	-0.35%	6759	8000
长春	0.42%	9060	9000	昆山	-0.47%	15417	15600
天津	0.42%	15048	14000	中山	-0.52%	10469	13500
汕头	0.41%	10963	10000	佛山	-0.62%	12976	13500
扬州	0.40%	11963	11000	徐州	-0.82%	8226	7840
合肥	0.37%	12880	12600	珠海	-1.33%	21232	24250

7 月百城住宅均价：环比上涨 0.38%，同比上涨 3.83%

中指研究院报道：根据中国房地产指数系统百城价格指数对 100 个城市新建住宅的全样本调查数据，2019 年 7 月，全国 100 个城市（新建）住宅平均价格为 14948 元 / 平方米，环比上涨 0.38%，涨幅较上月扩大 0.01 个百分点。从涨跌城市个数看，62 个城市环比上涨，33 个城市环比下跌，5 个城市与上月持平。与上月相比，本月价格环比上涨的城市数量减少 3 个，其中涨幅在 1% 以上的城市有 15 个，较上月减少 6 个；本月价格环比下跌的城市数量增加 1 个，其中跌幅在 1% 以上的城市有 4 个，较上月增加 3 个。同比来看，全国 100 个城市（新建）住宅均价较去年同期上涨 3.83%，涨幅较上月收窄 0.04 个百分点。按中位数计算，全国 100 个城市（新建）住宅价格中位数为 9272 元 / 平方米，环比上涨 0.14%，同比上涨 5.29%。另外，北京、上海等十大城市（新建）住宅均价为 27058 元 / 平方米，环比上涨 0.34%，涨幅较上月收窄 0.04 个百分点；同比上涨 2.45%，涨幅较上月扩大 0.19 个百分点。

政策方面，本月中共中央政治局会议重申要坚持“房子是用来住的、不是用来炒的”定位，并强调落实房地产长效管理机制，不将房地产作为短期刺激经济的手段；银保监会约谈部分房地产信托业务增速过快、增量过大的信托公司，以加强房地产信托领域风险防控；国家发改委完善房地产企业发行外债备案登记管理，防范房地产企业发行外债可能存在的风险。地方层面，为稳定房地产市场，多地密集出台楼市调控和监管政策，其中苏州限购升级、扩大限售范围至苏州市区；长沙规范境外机构、个人购房行为；三亚、郑州、珠海、宁波、杭州、银川、无锡、赣州、大连等城市则从整治房地产市场乱象、规范房地产市场销售行为等方面进一步加强房地产市场监管。

从市场表现来看，供应方面，重点城市整体推盘量保持高位。需求方面，重点城市成交量整体趋稳。价格方面，百城住宅均价环比涨幅略有扩大，但多数城市价格涨跌幅依旧维持在 1% 以内。

展望未来，在因城施策的调控思路下，各地方政府将继续保持政策的连续性和稳定性，并根据形势变化，及时跟进政策，以确保市场平稳运行。预计未来，房地产市场整体将保持平稳走势，但不同层级城市间分化态势将更为明显。热点一、二线城市房价更趋平稳，部分缺乏产业支撑和人才吸引力的三、四线城市房地产市场继续面临压力。

● 百城（新建）住宅价格环比涨跌幅分析（见表 9）

2019 年 7 月，住宅价格环比上涨的城市为 62 个，较上月减少 3 个。具体来看，绍兴和石家庄环比分别上涨 2.95%、2.73%；马鞍山、邯郸、青岛、惠州、重庆（主城区）、徐州、宁波和吉林涨幅在 1.2% 至 2.0% 之间。其他环比上涨的 52 个城市中，西宁环比上涨 1.23%；常州、佛山等 31 个城市涨幅在 0.5% 至 1.2% 之间；镇江、连云港等 20 个城市涨幅在 0.5% 以内。乌鲁木齐、柳州、鄂尔多斯、威海和东莞新房价格与上月持平。

2019 年 7 月，住宅价格环比下跌的城市为 33 个，较上月增加 1 个。其中，厦门、济南、保定和扬州跌幅在 1.0% 至 2.0% 之间，廊坊、湘潭、长春、洛阳、盐城和宝鸡跌幅在 0.4% 至 1.0% 之间。其他环比下跌的 23 个城市中，汕头环比下跌 0.36%；哈尔滨、泉州等 11 个城市跌幅在 0.1% 至 0.3% 之间；西安、三亚等 11 个城市跌幅在 0.1%（含）以内。

● 百城（新建）住宅价格同比涨跌幅分析

2019 年 7 月，住宅价格同比上涨的城市为 93 个，上涨城市数量与上月持平。其中，绍兴和常熟分别上涨 19.00%、15.34%；石家庄、南通等 13 个城市涨幅在 10% 至 15% 之间；成都、银川等 35 个城市涨幅在 5% 至 10% 之间；哈尔滨、江门等 43 个城市涨幅在 5% 以内。

2019 年 7 月，厦门、珠海、廊坊、惠州、济南、营口和上海 7 个城市住宅价格同比下跌，下跌城市数量与上月持平。其中，厦门同比下跌 3.97%；珠海、廊坊、惠州和济南跌幅在 1% 至 2% 之间；营口和上海跌幅在 1% 以内。

● 十大城市（新建）住宅价格涨跌情况

根据百城价格指数对北京、上海等十大城市（新建）住宅的全样本调查数据显示，2019 年 7 月十大城市住宅均价为 27058 元 / 平方米，环比上涨 0.34%，涨幅较上月收窄 0.04 个百分点。十大城市中，9 个城市环比上涨，较上月增加 1 个；1 个城市环比下跌，下跌城市个数较上月减少 1 个。具体来看，重庆（主城区）环比上涨 1.40%；杭州、南京和深圳环比分别上涨 0.89%、0.87% 和 0.60%；上海、武汉、成都、北京和广州涨幅均在 0.3% 以内。天津为十大城市中（新建）住宅价格唯一下跌城市，跌幅为 0.15 %。

同比来看，十大城市住宅价格同比上涨 2.45%，涨幅较上月扩大 0.19 个百分点。十大城市中，除上海同比下跌 0.24% 外，其余城市同比均上涨。具体来看，杭州、成都、重庆（主城区）涨幅分别为 11.17%、9.84% 和 8.40%；南京、武汉、天津、广州、深圳和北京涨幅均在 1% 至 5% 之间。

● 十大城市主城区二手住宅价格涨跌情况

根据对北京等十大城市主城区二手住宅活跃样本的调查，2019 年 7 月，十大城市主城区二手住宅样本平均价格为 38754 元 / 平方米，环比上涨 0.17%，同比下跌 1.19%。

环比来看，2019 年 7 月十大城市主城区二手住宅平均价格上涨 0.17%。十大城市中，5 个城市环比上涨，上涨城市数量较上月减少 1 个；5 个城市环比下跌，下跌城市数量较上月增加 1 个。具体来看，上海环比上涨 0.69%；深圳、杭州、南京和广州涨幅在 0.1% 至 0.5% 之间。武汉、北京、天津、成都和重庆均下跌，跌幅均在 0.2% 至 0.5% 之间。

同比来看，2019 年 7 月十大城市主城区二手住宅平均价格下跌 1.19%。十大城市中，成都、重庆、天津等 8 个城市同比均下跌，其余城市均上涨。具体来看，成都和重庆分别下跌 8.18% 和 7.39%；天津、杭州、武汉、上海、广州和北京跌幅在 5% 以内。同比上涨的城市中，南京和深圳分别上涨 4.41 %、1.06%。

表 9　2019 年 7 月百城新建住宅样本平均价格指数

城市	环比涨跌	样本平均价格（元 / 平方米）	样本价格中位数（元 / 平方米）	城市	环比涨跌	样本平均价格（元 / 平方米）	样本价格中位数（元 / 平方米）
绍兴	2.95%	13870	13000	上海	0.27%	47007	41400
石家庄	2.73%	11017	10000	武汉	0.16%	12294	12000
马鞍山	1.89%	7176	6500	南昌	0.16%	12310	12100
邯郸	1.89%	6211	5750	珠海	0.15%	21264	24500
青岛	1.59%	13530	12500	成都	0.15%	10235	10000
惠州	1.56%	10142	11175	银川	0.12%	5827	5500
重庆（主城区）	1.40%	10776	10200	北京	0.12%	42891	44000
徐州	1.36%	8338	8500	北海	0.11%	8112	7500
宁波	1.33%	16654	14800	潍坊	0.08%	6407	6500
吉林	1.28%	5688	5800	广州	0.07%	22007	23000

续表

城市	环比涨跌	样本平均价格（元/平方米）	样本价格中位数（元/平方米）	城市	环比涨跌	样本平均价格（元/平方米）	样本价格中位数（元/平方米）
西宁	1.23%	6846	6600	营口	0.04%	4548	4300
常州	1.19%	11015	12500	宿迁	0.02%	5463	5000
佛山	1.13%	13123	13550	乌鲁木齐	0.00%	8175	7500
金华	1.04%	10831	10000	柳州	0.00%	9103	8700
大连	1.02%	13314	12000	鄂尔多斯	0.00%	8213	7321
菏泽	0.98%	5478	5900	威海	0.00%	8603	7800
宜昌	0.98%	7554	7300	东莞	0.00%	16085	17000
桂林	0.96%	6620	6200	淄博	-0.01%	7865	7200
芜湖	0.92%	8036	8800	绵阳	-0.02%	6452	6100
南通	0.89%	12280	11800	湛江	-0.03%	10446	10500
杭州	0.89%	25166	22000	烟台	-0.03%	8688	8000
湖州	0.88%	10709	10000	兰州	-0.06%	8984	8000
南京	0.87%	22201	24490	太原	-0.06%	9772	9800
江门	0.85%	7913	8500	南宁	-0.07%	10684	10750
日照	0.83%	8007	6600	昆明	-0.09%	10858	11000
常熟	0.82%	14688	13750	长沙	-0.09%	8472	8500
江阴	0.80%	8924	8500	三亚	-0.10%	24269	23000
无锡	0.77%	11998	12000	西安	-0.10%	9869	9055
泰州	0.74%	7760	6700	德州	-0.11%	6635	6500
聊城	0.73%	6383	6100	张家港	-0.11%	10698	11000
新乡	0.71%	5643	5850	鞍山	-0.13%	5180	4800
嘉兴	0.70%	11563	11775	海口	-0.14%	14606	13750
苏州	0.69%	16756	19000	天津	-0.15%	15025	14000
福州	0.66%	16962	20000	台州	-0.19%	13093	12500
郑州	0.65%	11980	13700	中山	-0.19%	10449	13375
沈阳	0.64%	8995	8600	呼和浩特	-0.20%	8092	7700
衡水	0.60%	6714	6000	秦皇岛	-0.22%	9163	9000
深圳	0.60%	54558	54000	泉州	-0.25%	8683	8300
淮安	0.60%	6063	7000	哈尔滨	-0.28%	9510	9000
赣州	0.58%	8361	8500	汕头	-0.36%	10923	10000
贵阳	0.55%	6796	8000	宝鸡	-0.47%	5288	5000
包头	0.54%	6197	5900	盐城	-0.50%	8162	8500
镇江	0.48%	9381	9800	洛阳	-0.62%	8270	8200
连云港	0.48%	7354	6944	长春	-0.73%	8994	9000
东营	0.41%	5830	5600	湘潭	-0.76%	5465	4900
昆山	0.41%	15480	16000	廊坊	-0.82%	12146	12000
合肥	0.38%	12929	13000	扬州	-1.03%	11840	11000

续表

城市	环比涨跌	样本平均价格（元 / 平方米）	样本价格中位数（元 / 平方米）	城市	环比涨跌	样本平均价格（元 / 平方米）	样本价格中位数（元 / 平方米）
唐山	0.37%	7779	7075	保定	−1.32%	8938	7600
温州	0.29%	17588	16538	济南	−1.35%	11378	12500
株洲	0.27%	6217	5999	厦门	−1.53%	28620	34000

8 月百城住宅均价：环比上涨 0.37%，同比上涨 3.68%

中指研究院报道：根据中国房地产指数系统百城价格指数对 100 个城市新建住宅的全样本调查数据，2019 年 8 月，全国 100 个城市（新建）住宅平均价格为 15004 元 / 平方米，环比上涨 0.37%，涨幅较上月收窄 0.01 个百分点。从涨跌城市个数看，69 个城市环比上涨，29 个城市环比下跌，2 个城市与上月持平。与上月相比，本月价格环比上涨的城市数量增加 7 个，其中涨幅在 1% 以上的城市有 17 个，较上月增加 2 个；本月价格环比下跌的城市数量减少 4 个，其中跌幅在 1% 以上的城市有 3 个，较上月减少 1 个。同比来看，全国 100 个城市（新建）住宅均价较去年同期上涨 3.68%，涨幅较上月收窄 0.15 个百分点。按中位数计算，全国 100 个城市（新建）住宅价格中位数为 9315 元 / 平方米，环比上涨 0.46%，同比上涨 5.86%。另外，北京、上海等十大城市（新建）住宅均价为 27126 元 / 平方米，环比上涨 0.25%，涨幅较上月收窄 0.09 个百分点；同比上涨 2.49%，涨幅较上月扩大 0.04 个百分点。

政策方面，住建部表示将加快推动住房保障立法，明确国家层面住房保障顶层设计；央行、银保监会再次强调坚持“房子是用来住的、不是用来炒的”定位，持续加强房地产市场金融监管力度，其中央行改革完善贷款市场报价利率（LPR）形成机制，保持个人住房贷款利率水平基本稳定。地方层面，北京进一步强调以稳地价、稳房价、稳预期为目标，坚决抑制投资投机性购房需求；海南、厦门、东莞分别发文规范住房市场建设管理。另外，陕西、河北、江西、河南、呼和浩特、洛阳、南京、嘉兴、广安等地开展房地产市场专项整治行动，进一步规范市场秩序。

从市场表现来看，供应方面，重点城市整体推盘量较上月稳中略增。需求方面，多数城市去化表现一般。价格方面，百城住宅均价环比涨幅维持在较低水平，多数城市房价涨跌幅均在平稳区间。

展望未来，在中央多次重申坚持“房子是用来住的、不是用来炒的”，并持续加强房地产市场金融监管力度的大背景下，楼市调控政策整体将依旧从严，房企融资渠道保持收紧。预计未来，房地产市场整体将延续平稳走势。但由于不同城市房地产市场发展基础和环境不同，城市分化将越发显现，部分弱三、四线城市由于缺乏产业、人口等因素支撑，房地产市场面临调整压力。

● 百城（新建）住宅价格环比涨跌幅分析（见表 10）

2019 年 8 月，住宅价格环比上涨的城市为 69 个，较上月增加 7 个。具体来看，绍兴、唐山、南通、厦门以及温州涨幅在 2.0% 至 3.0% 之间；江阴、邯郸、宁波、秦皇岛和无锡涨幅在 1.5% 至 2.0% 之间。其他环比上涨的 59 个城市中，扬州环比上涨 1.50%；哈尔滨、衡水等 6 个城市涨幅在 1.0% 至 1.5% 之间；沈阳、威海等 23 个城市涨幅在 0.5% 至 1.0% 之间；泉州、柳州等 29 个城市涨幅在 0.5% 以内。东营、鄂尔多斯新房价格与上月持平。

2019 年 8 月，住宅价格环比下跌的城市为 29 个，较上月减少 4 个。其中，兰州、乌鲁木齐、连云港跌幅在 1.0% 至 2.1%（含）之间；海口、德州、昆山、广州、中山、镇江和深圳跌幅在 0.6%（含）至 1.0%

之间。其他环比下跌的19个城市中，盐城、三亚等14个城市跌幅在0.1%至0.6%之间；南宁、淮安等5个城市跌幅在0.1%（含）以内。

● 百城（新建）住宅价格同比涨跌幅分析

2019年8月，住宅价格同比上涨的城市为87个，上涨城市数量较上月减少6个。其中，绍兴住宅价格同比上涨19.50%；南通、石家庄等11个城市涨幅在10%至15%之间；芜湖、日照等40个城市涨幅在5%至10%之间；淮安、哈尔滨等35个城市涨幅在5%以内。

2019年8月，厦门、珠海等13个城市住宅价格同比下跌，下跌城市数量较上月增加6个。其中，厦门、珠海同比下跌2.47%和2.27%；中山、惠州跌幅在1%至2%之间；济南、东营等9个城市跌幅在1%（含）以内。

● 十大城市（新建）住宅价格涨跌情况

根据百城价格指数对北京、上海等十大城市（新建）住宅的全样本调查数据显示，2019年8月十大城市住宅均价为27126元/平方米，环比上涨0.25%，涨幅较上月收窄0.09个百分点。十大城市中，7个城市环比上涨，较上月减少2个；3个城市环比下跌，下跌城市较上月增加2个。具体来看，成都环比上涨1.02%；杭州和南京环比分别上涨0.58%、0.52%；北京、上海、重庆（主城区）和武汉涨幅均在0.5%以内。广州、深圳、天津住宅价格环比下跌，跌幅分别为0.74%、0.60%和0.15%。

同比来看，十大城市住宅价格同比上涨2.49%，涨幅较上月扩大0.04个百分点。十大城市中，除上海同比下跌0.01%外，其余城市同比均上涨。具体来看，成都、杭州、重庆（主城区）、南京涨幅分别为10.85%、10.02%、7.38%和5.22%；武汉、天津、北京、广州和深圳涨幅均在5%以内。

● 十大城市主城区二手住宅价格涨跌情况

根据对北京等十大城市主城区二手住宅活跃样本的调查，2019年8月，十大城市主城区二手住宅样本平均价格为38820元/平方米，环比上涨0.17%，同比下跌1.16%。

环比来看，2019年8月十大城市主城区二手住宅平均价格上涨0.17%。十大城市中，5个城市环比上涨，5个城市环比下跌，上涨与下跌城市数量均与上月持平。具体来看，上海、南京环比分别上涨0.49%和0.47%；深圳、重庆和成都涨幅在0.1%至0.3%之间。环比下跌的城市中，杭州环比下跌0.75%；天津、广州、武汉和北京跌幅均在0.5%以内。

同比来看，2019年8月十大城市主城区二手住宅平均价格下跌1.16%。十大城市中，重庆、成都等8个城市同比均下跌，其余城市均上涨。具体来看，重庆和成都分别下跌8.20%和6.44%；天津、杭州、武汉、广州、上海和北京跌幅在5%以内。同比上涨城市中，南京、深圳分别上涨4.22%、1.04%。

表10　2019年8月百城新建住宅样本平均价格指数

城市	环比涨跌	样本平均价格（元/平方米）	样本价格中位数（元/平方米）	城市	环比涨跌	样本平均价格（元/平方米）	样本价格中位数（元/平方米）
绍兴	2.88%	14269	13657	保定	0.28%	8963	7500
唐山	2.51%	7974	7150	西安	0.27%	9896	9200
南通	2.16%	12545	12250	呼和浩特	0.27%	8114	7650
厦门	2.08%	29216	34000	长春	0.27%	9018	8900
温州	2.02%	17944	16278	上海	0.24%	47120	41258
江阴	1.90%	9094	8500	银川	0.21%	5839	5500

续表

城市	环比涨跌	样本平均价格（元 / 平方米）	样本价格中位数（元 / 平方米）	城市	环比涨跌	样本平均价格（元 / 平方米）	样本价格中位数（元 / 平方米）
邯郸	1.88%	6328	5800	宿迁	0.20%	5474	5000
宁波	1.71%	16938	15000	大连	0.19%	13339	12000
秦皇岛	1.66%	9315	9000	合肥	0.17%	12951	12600
无锡	1.58%	12188	12000	湛江	0.11%	10458	10650
扬州	1.50%	12018	11000	台州	0.11%	13108	12100
哈尔滨	1.32%	9636	9000	包头	0.11%	6204	5900
衡水	1.21%	6795	6000	重庆	0.10%	10787	10200
桂林	1.09%	6692	6200	廊坊	0.07%	12155	12000
西宁	1.08%	6920	6583	青岛	0.07%	13540	12500
东莞	1.06%	16256	17000	绵阳	0.06%	6456	6100
成都	1.02%	10339	10000	鞍山	0.06%	5183	4800
沈阳	0.99%	9084	8600	芜湖	0.05%	8040	8600
威海	0.93%	8683	7800	武汉	0.05%	12300	12000
江门	0.91%	7985	8500	东营	0.00%	5830	5600
聊城	0.88%	6439	6300	鄂尔多斯	0.00%	8213	7321
金华	0.86%	10924	10000	太原	−0.01%	9771	9600
石家庄	0.84%	11110	10000	营口	−0.04%	4546	4300
佛山	0.84%	13233	14000	洛阳	−0.05%	8266	8450
南昌	0.84%	12413	12000	淮安	−0.07%	6059	7000
新乡	0.83%	5690	5850	南宁	−0.10%	10673	10500
昆明	0.83%	10948	11000	宝鸡	−0.11%	5282	5000
吉林	0.79%	5733	5700	贵阳	−0.12%	6788	8000
湖州	0.74%	10788	10000	赣州	−0.13%	8350	8500
郑州	0.73%	12068	13550	汕头	−0.15%	10907	10000
菏泽	0.69%	5516	5900	天津	−0.15%	15002	14000
张家港	0.65%	10768	11000	惠州	−0.20%	10122	11500
苏州	0.63%	16862	19000	福州	−0.24%	16921	19850
嘉兴	0.63%	11636	11000	常熟	−0.25%	14651	13500
湘潭	0.62%	5499	5000	淄博	−0.29%	7842	7200
泰州	0.58%	7805	6750	马鞍山	−0.36%	7150	6500
潍坊	0.58%	6444	6500	珠海	−0.47%	21164	24250
杭州	0.58%	25311	22000	株洲	−0.53%	6184	5900
济南	0.52%	11437	12250	三亚	−0.53%	24140	23000
南京	0.52%	22316	24296	盐城	−0.59%	8114	8350
泉州	0.47%	8724	8235	深圳	−0.60%	54231	55000
柳州	0.46%	9145	8700	镇江	−0.70%	9315	9500

续表

城市	环比涨跌	样本平均价格（元 / 平方米）	样本价格中位数（元 / 平方米）	城市	环比涨跌	样本平均价格（元 / 平方米）	样本价格中位数（元 / 平方米）
徐州	0.46%	8376	8500	中山	-0.72%	10374	13000
北京	0.41%	43067	45000	广州	-0.74%	21844	23000
烟台	0.39%	8722	7909	昆山	-0.79%	15358	16000
长沙	0.39%	8505	8500	德州	-0.81%	6581	6300
日照	0.39%	8038	6600	海口	-0.91%	14473	13750
常州	0.32%	11050	12800	连云港	-1.05%	7277	6800
宜昌	0.30%	7577	7300	乌鲁木齐	-1.82%	8026	7500
北海	0.30%	8136	7500	兰州	-2.10%	8795	8000

9 月百城住宅均价：环比涨幅继续回落，市场走势平稳

中指研究院报道：根据中国房地产指数系统百城价格指数对 100 个城市新建住宅的全样本调查数据，2019 年 9 月，全国 100 个城市（新建）住宅平均价格为 15051 元 / 平方米，环比上涨 0.31%，涨幅较上月收窄 0.06 个百分点。从涨跌城市个数看，64 个城市环比上涨，30 个城市环比下跌，6 个城市与上月持平。与上月相比，本月价格环比上涨的城市数量减少 5 个，其中涨幅在 1% 以上的城市有 15 个，较上月减少 2 个；本月价格环比下跌的城市数量增加 1 个，其中跌幅在 1% 以上的城市有 1 个，较上月减少 2 个。同比来看，全国 100 个城市（新建）住宅均价较去年同期上涨 3.56%，涨幅较上月收窄 0.12 个百分点。按中位数计算，全国 100 个城市（新建）住宅价格中位数为 9345 元 / 平方米，环比上涨 0.32%，同比上涨 5.44%。另外，北京、上海等十大城市（新建）住宅均价为 27219 元 / 平方米，环比上涨 0.34%，涨幅较上月扩大 0.09 个百分点；同比上涨 2.58%，涨幅较上月扩大 0.09 个百分点。

政策方面，银保监会表示要遏制房地产金融化泡沫化倾向，守住不发生系统性风险的底线；央行公布 5 年期以上 LPR 保持不变，房贷利率水平保持稳定。地方层面，海南表示将着力减少经济对房地产的依赖，无锡强调落实房地产调控“一城一策”方案，济南、洛阳因城施策稳地价、稳房价。呼和浩特、洛阳等地持续开展房地产市场乱象整治，促进市场健康发展。此外，房地产市场长效机制建设稳步推进，财政部、住建部明确住房租赁市场发展资金采取竞争性评审方式分配；南京、长春、合肥、南宁等地则进一步要求加快培育发展住房租赁市场。

从市场表现来看，供应方面，重点城市整体推盘量较上月稳中略增。需求方面，市场整体去化表现平淡，深圳、广州、天津等多数城市购房者观望情绪浓厚，去化率降低。价格方面，百城住宅均价环比涨幅有所回落。

展望未来，中央和地方政府将继续围绕“稳地价、稳房价、稳预期”的总目标，不断推进“一城一策”实施方案，在保持政策连续性稳定性基础上，及时应对市场出现的新情况。同时，房企融资环境将维持收紧态势，年内房地产市场将呈低频波动、平稳发展趋势。

● 百城（新建）住宅价格环比涨跌幅分析（见表 11）

2019 年 9 月，住宅价格环比上涨的城市为 64 个，较上月减少 5 个。具体来看，温州、南通环比分别上涨 3.12% 和 2.98%；绍兴、江阴、成都、无锡、宜昌、潍坊以及南京涨幅在 1.4%（含）至 2.0% 之间；

烟台环比上涨 1.15%。其他环比上涨的 54 个城市中，常州、东莞环比均上涨 1.14%；银川、镇江和沈阳涨幅在 1.0%（含）至 1.1% 之间；洛阳、郑州等 23 个城市涨幅在 0.5% 至 1.0% 之间；兰州、西宁等 26 个城市涨幅在 0.5% 以内。上海、宿迁等 6 个城市新房价格与上月持平。

2019 年 9 月，住宅价格环比下跌的城市为 30 个，较上月增加 1 个。其中，厦门环比下跌 1.03%；威海、湘潭、中山、合肥、青岛、马鞍山、秦皇岛、昆明以及桂林跌幅在 0.2% 至 1.0% 之间。其他环比下跌的 20 个城市中，泉州、佛山、济南环比下跌 0.23%、0.23% 和 0.20%；宁波、廊坊等 7 个城市跌幅在 0.1% 至 0.2% 之间；保定、邯郸等 10 个城市跌幅在 0.1% 以内。

● 百城（新建）住宅价格同比涨跌幅分析

2019 年 9 月，住宅价格同比上涨的城市为 89 个，上涨城市数量较上月增加 2 个。其中，绍兴、南通住宅价格同比分别上涨 20.11% 和 16.49%；温州、成都等 6 个城市涨幅在 10% 至 15% 之间；杭州、吉林等 41 个城市涨幅在 5% 至 10% 之间；长沙、南昌等 40 个城市涨幅在 5% 以内。

2019 年 9 月，厦门、中山等 11 个城市住宅价格同比下跌，下跌城市数量较上月减少 2 个。其中，厦门、中山同比下跌 3.54% 和 3.37%；珠海、济南和营口跌幅在 1%（含）至 2% 之间；东营、廊坊等 6 个城市跌幅在 1% 以内。

● 十大城市（新建）住宅价格涨跌情况

根据百城价格指数对北京、上海等十大城市（新建）住宅的全样本调查数据显示，2019 年 9 月十大城市住宅均价为 27219 元 / 平方米，环比上涨 0.34%，涨幅较上月扩大 0.09 个百分点。十大城市中，8 个城市环比上涨，较上月增加 1 个；1 个城市环比下跌，下跌城市较上月减少 2 个；1 个城市（新建）住宅价格与上月持平。具体来看，成都、南京、杭州涨幅分别为 1.79%、1.40% 和 0.75%；重庆（主城区）、北京、深圳、广州和武汉涨幅均在 0.5% 以内。上海（新建）住宅价格水平与上月持平。天津为唯一环比下跌城市，跌幅为 0.13%。

同比来看，十大城市住宅价格同比上涨 2.58%，涨幅较上月扩大 0.09 个百分点。十大城市中，除上海同比下跌 0.08% 外，其余城市同比均上涨。具体来看，成都、杭州、重庆（主城区）、南京涨幅分别为 12.77%、9.94%、6.39% 和 5.41%；武汉、天津、北京、深圳和广州涨幅均在 5% 以内。

● 十大城市主城区二手住宅价格涨跌情况

根据对北京等十大城市主城区二手住宅活跃样本的调查，2019 年 9 月，十大城市主城区二手住宅样本平均价格为 38800 元 / 平方米，环比下跌 0.05%，同比下跌 0.95%。

环比来看，2019 年 9 月十大城市主城区二手住宅平均价格下跌 0.05%。十大城市中，4 个城市环比上涨，上涨城市数量较上月减少 1 个；5 个城市环比下跌，下跌城市数量与上月持平。具体来看，广州、成都环比下跌 0.80% 和 0.60%；杭州、北京和天津跌幅在 0.3% 以内。上海二手住宅价格与上月持平。环比上涨的城市中，武汉环比上涨 0.57%；南京、深圳和重庆涨幅均在 0.5% 以内。

同比来看，2019 年 9 月十大城市主城区二手住宅平均价格下跌 0.95%。十大城市中，重庆、成都等 8 个城市同比均下跌，其余城市均上涨。具体来看，重庆和成都分别下跌 7.43% 和 5.81%；天津、杭州、武汉、广州、上海和北京跌幅在 5% 以内。同比上涨城市中，南京、深圳分别上涨 4.05 %、1.46%。

表 11　2019 年 9 月百城新建住宅样本平均价格指数

城市	环比涨跌	样本平均价格（元 / 平方米）	样本价格中位数（元 / 平方米）	城市	环比涨跌	样本平均价格（元 / 平方米）	样本价格中位数（元 / 平方米）
温州	3.12%	18504	16700	湛江	0.28%	10487	10500
南通	2.98%	12919	12300	鞍山	0.23%	5195	4800
绍兴	1.86%	14535	13829	柳州	0.20%	9163	8800
江阴	1.83%	9260	8800	苏州	0.18%	16893	19000
成都	1.79%	10524	10185	乌鲁木齐	0.17%	8040	7500
无锡	1.60%	12383	12750	徐州	0.17%	8390	8500
宜昌	1.56%	7695	7400	昆山	0.11%	15375	16000
潍坊	1.49%	6540	6550	深圳	0.11%	54291	54500
南京	1.40%	22629	25098	广州	0.11%	21868	23000
烟台	1.15%	8822	8000	武汉	0.10%	12312	12000
常州	1.14%	11176	12500	包头	0.08%	6209	5900
东莞	1.14%	16441	17500	泰州	0.04%	7808	6750
银川	1.06%	5901	5568	株洲	0.03%	6186	5950
镇江	1.05%	9413	9550	衡水	0.03%	6797	6000
沈阳	1.00%	9175	8650	上海	0.00%	47120	41997
洛阳	0.99%	8348	8650	宿迁	0.00%	5474	5000
郑州	0.98%	12186	13800	鄂尔多斯	0.00%	8213	7321
赣州	0.96%	8430	8400	营口	0.00%	4546	4300
福州	0.96%	17083	19850	淄博	0.00%	7842	7200
唐山	0.95%	8050	7200	连云港	0.00%	7277	6800
南昌	0.91%	12526	12200	石家庄	–0.01%	11109	10146
太原	0.84%	9853	9950	盐城	–0.01%	8113	8350
扬州	0.83%	12118	10970	东营	–0.02%	5829	5600
金华	0.82%	11014	10290	大连	–0.02%	13336	12000
海口	0.81%	14590	13750	呼和浩特	–0.02%	8112	7600
南宁	0.79%	10757	11000	芜湖	–0.02%	8038	8905
贵阳	0.75%	6839	8350	聊城	–0.03%	6437	6650
杭州	0.75%	25501	22000	汕头	–0.04%	10903	10000
长春	0.71%	9082	9000	邯郸	–0.05%	6325	5900
吉林	0.70%	5773	6200	保定	–0.07%	8957	7600
湖州	0.70%	10863	10302	江门	–0.11%	7976	8550
台州	0.67%	13196	12500	宝鸡	–0.11%	5276	5000
绵阳	0.67%	6499	6200	常熟	–0.12%	14634	13725
嘉兴	0.62%	11708	11000	天津	–0.13%	14982	14000
长沙	0.60%	8556	8500	日照	–0.16%	8025	6600
菏泽	0.54%	5546	5900	廊坊	–0.16%	12135	12000
新乡	0.53%	5720	6200	宁波	–0.17%	16910	14900
德州	0.52%	6615	6100	济南	–0.20%	11414	12500

续表

城市	环比涨跌	样本平均价格（元/平方米）	样本价格中位数（元/平方米）	城市	环比涨跌	样本平均价格（元/平方米）	样本价格中位数（元/平方米）
兰州	0.47%	8836	8000	佛山	-0.23%	13203	14000
西宁	0.43%	6950	6700	泉州	-0.23%	8704	8000
哈尔滨	0.43%	9677	9000	桂林	-0.25%	6675	6100
三亚	0.42%	24241	23000	昆明	-0.32%	10913	11000
西安	0.39%	9935	9300	秦皇岛	-0.40%	9278	9000
重庆（主城区）	0.36%	10826	10200	马鞍山	-0.46%	7117	6500
北海	0.33%	8163	7500	青岛	-0.47%	13476	12500
淮安	0.33%	6079	7000	合肥	-0.55%	12880	12650
北京	0.32%	43205	45000	中山	-0.75%	10296	13000
珠海	0.31%	21230	24500	湘潭	-0.84%	5453	5000
张家港	0.29%	10799	11000	威海	-0.92%	8603	7800
惠州	0.29%	10151	11500	厦门	-1.03%	28915	33830

10 月百城住宅均价：环比上涨 0.15%，同比上涨 3.23%

中指研究院报道：根据中国房地产指数系统百城价格指数对 100 个城市新建住宅的全样本调查数据，2019 年 10 月，全国 100 个城市（新建）住宅平均价格为 15073 元 / 平方米，环比上涨 0.15%，涨幅较上月收窄 0.16 个百分点。从涨跌城市个数看，62 个城市环比上涨，32 个城市环比下跌，6 个城市与上月持平。与上月相比，本月价格环比上涨的城市数量减少 2 个，其中涨幅在 1% 以上的城市有 7 个，较上月减少 8 个；本月价格环比下跌的城市数量增加 2 个，其中跌幅在 1% 以上的城市有 2 个，较上月增加 1 个。同比来看，全国 100 个城市（新建）住宅均价较去年同期上涨 3.23%，涨幅较上月收窄 0.33 个百分点。按中位数计算，全国 100 个城市（新建）住宅价格中位数为 9427 元 / 平方米，环比上涨 0.88%，同比上涨 5.32%。另外，北京、上海等十大城市（新建）住宅均价为 27194 元 / 平方米，环比下跌 0.09%；同比上涨 2.16%，涨幅较上月收窄 0.42 个百分点。

地方政策方面，天津、南京、三亚对人才购房政策进行适度调整以满足自住需求。宁波、沈阳、海口等地持续加强房地产市场监管，河南、银川、惠州等地则集中力量整治房地产市场乱象，规范房地产市场发展秩序。此外，住房保障体系建设稳步推进，深圳、杭州加快培育发展住房租赁市场，其中深圳推出首个“稳租金”商品房租赁试点项目；广州南沙区、烟台加快共有产权住房制度建设。

从市场表现来看，供应方面，重点城市整体推盘量较上月有所下降。需求方面，市场整体去化速度减缓，重点城市城市购房者入市积极性降低，去化效果一般。价格方面，百城住宅均价环比涨幅进一步回落。

展望未来，在中央坚持“房子是用来住的、不是用来炒的”主基调下，各地将继续落实因城施策、分类指导，夯实城市政府主体责任的长效调控机制，未来调控政策将继续以稳为主，同时稳步推进住房保障体系建设，多方式、多渠道有效满足居民住房需求。预计未来，房地产市场将继续平稳运行，部分城市受市场环境变化、需求释放放缓等因素影响，将面临一定调整压力。

● 百城（新建）住宅价格环比涨跌幅分析（见表 12）

2019 年 10 月，住宅价格环比上涨的城市为 62 个，较上月减少 2 个。具体来看，南通、江阴和威海环比分别上涨 3.03%、2.25% 和 2.01%；邯郸、西安、成都以及绵阳涨幅在 1.0% 至 2.0% 之间；沈阳、芜湖、江门则环比分别上涨 0.95%、0.91% 和 0.89%。其他环比上涨的 52 个城市中，张家港、盐城等 31 个城市涨幅在 0.5%（含）至 1.0% 之间；呼和浩特、德州等 21 个城市涨幅在 0.5% 以内。聊城、鄂尔多斯等 6 个城市新房价格与上月持平。

2019 年 10 月，住宅价格环比下跌的城市为 32 个，较上月增加 2 个。其中，海口、中山环比均下跌 1.04%；扬州、汕头、上海、常熟、佛山、湘潭、镇江以及长春跌幅在 0.2% 至 0.7% 之间。其他环比下跌的 22 个城市中，济南、宝鸡环比均下跌 0.25%；厦门、宁波环比均下跌 0.21%；泰州、廊坊等 9 个城市跌幅在 0.1% 至 0.2%（含）之间；湛江、大连等 9 个城市跌幅在 0.1% 以内。

● 百城（新建）住宅价格同比涨跌幅分析

2019 年 10 月，住宅价格同比上涨的城市为 89 个，上涨城市数量与上月持平。其中，绍兴、南通住宅价格同比分别上涨 20.48% 和 20.08%；温州、成都等 6 个城市涨幅在 10% 至 20% 之间；菏泽、邯郸等 38 个城市涨幅在 5% 至 10% 之间；镇江、哈尔滨等 43 个城市涨幅在 5% 以内。

2019 年 10 月，中山、厦门等 11 个城市住宅价格同比下跌，下跌城市数量与上月持平。其中，中山、厦门同比分别下跌 4.04% 和 3.09%；珠海、济南和廊坊跌幅在 1% 至 2% 之间；营口、上海等 6 个城市跌幅在 1% 以内。

● 十大城市（新建）住宅价格涨跌情况

根据百城价格指数对北京、上海等十大城市（新建）住宅的全样本调查数据显示，2019 年 10 月十大城市住宅均价为 27194 元 / 平方米，环比下跌 0.09%。十大城市中，5 个城市环比下跌，下跌城市较上月增加 4 个；5 个城市环比上涨，上涨城市较上月减少 3 个。具体来看，上海、天津跌幅分别为 0.58% 和 0.17%；深圳、北京、重庆（主城区）跌幅均在 0.1% 以内。环比上涨的城市中，成都、武汉和杭州环比分别上涨 1.14%、0.71%、0.66%；广州和南京涨幅则在 0.2% 以内。

同比来看，十大城市住宅价格同比上涨 2.16%，涨幅较上月收窄 0.42 个百分点。十大城市中，除上海同比下跌 0.76% 外，其余城市同比均上涨。具体来看，成都、杭州、重庆（主城区）涨幅分别为 13.28%、9.52% 和 5.12%；武汉、南京、北京、天津、广州和深圳涨幅均在 5% 以内。

● 十大城市主城区二手住宅价格涨跌情况

根据对北京等十大城市主城区二手住宅活跃样本的调查，2019 年 10 月，十大城市主城区二手住宅样本平均价格为 38739 元 / 平方米，环比下跌 0.16%，同比下跌 1.08%。

环比来看，2019 年 10 月十大城市主城区二手住宅平均价格下跌 0.16%。十大城市中，7 个城市环比下跌，下跌城市数量较上月增加 2 个；3 个城市环比上涨，上涨城市数量较上月减少 1 个。具体来看，天津环比下跌 1.07%；杭州、重庆跌幅在 0.5% 至 1.0% 之间；北京、成都、广州和上海跌幅在 0.5% 以内。主城区二手住宅价格环比上涨的城市中，深圳环比上涨 0.51%；南京和武汉涨幅分别为 0.12% 和 0.10%。

同比来看，2019 年 10 月十大城市主城区二手住宅平均价格下跌 1.08%。十大城市中，重庆、成都等 8 个城市同比均下跌，其余城市均上涨，上涨和下跌城市个数与上月持平。具体来看，重庆和成都分别下跌 6.81% 和 5.22%；天津、杭州、武汉、广州、北京和上海跌幅在 5% 以内，其中上海同比下跌 0.59%，为唯一同比跌幅在 1% 以内的城市。同比上涨城市中，南京、深圳分别上涨 3.65 %、1.21%。

表 12　2019 年 10 月百城新建住宅样本平均价格指数

城市	环比涨跌	样本平均价格（元 / 平方米）	样本价格中位数（元 / 平方米）	城市	环比涨跌	样本平均价格（元 / 平方米）	样本价格中位数（元 / 平方米）
南通	3.03%	13310	13500	包头	0.27%	6226	5920
江阴	2.25%	9468	9000	唐山	0.27%	8072	7200
威海	2.01%	8776	7800	台州	0.27%	13231	12500
邯郸	1.55%	6423	6000	连云港	0.26%	7296	6800
西安	1.43%	10077	9530	兰州	0.26%	8859	8000
成都	1.14%	10644	10772	西宁	0.26%	6968	6700
绵阳	1.09%	6570	6300	淮安	0.21%	6092	7000
沈阳	0.95%	9262	8550	广州	0.11%	21893	23000
芜湖	0.91%	8111	8905	珠海	0.10%	21251	24500
江门	0.89%	8047	8600	南京	0.05%	22640	25098
张家港	0.88%	10894	11000	徐州	0.05%	8394	8500
盐城	0.86%	8183	8500	常州	0.03%	11179	12500
绍兴	0.84%	14657	14500	聊城	0.00%	6437	6650
太原	0.80%	9932	10000	鄂尔多斯	0.00%	8213	7321
东莞	0.80%	16572	17750	新乡	0.00%	5720	6200
无锡	0.78%	12480	13000	淄博	0.00%	7842	7200
保定	0.78%	9027	7840	东营	0.00%	5829	5600
桂林	0.78%	6727	6200	日照	0.00%	8025	6600
哈尔滨	0.78%	9752	9000	重庆（主城区）	−0.01%	10825	10413
宿迁	0.75%	5515	5000	北京	−0.01%	43201	45000
湖州	0.75%	10944	10500	福州	−0.02%	17080	19000
柳州	0.74%	9231	8600	营口	−0.02%	4545	4300
株洲	0.73%	6231	6000	深圳	−0.03%	54275	55500
温州	0.72%	18638	16638	昆明	−0.04%	10909	11000
长沙	0.71%	8617	8500	泉州	−0.07%	8698	8168
武汉	0.71%	12399	12500	大连	−0.07%	13326	12000
南昌	0.70%	12614	12100	湛江	−0.09%	10478	10500
昆山	0.70%	15482	16000	郑州	−0.11%	12173	13700
马鞍山	0.69%	7166	6500	鞍山	−0.12%	5189	4800
贵阳	0.69%	6886	8500	衡水	−0.12%	6789	6194
杭州	0.66%	25670	22980	青岛	−0.13%	13458	12500
金华	0.65%	11086	10496	赣州	−0.17%	8416	8300
南宁	0.63%	10825	10800	天津	−0.17%	14957	14000
苏州	0.63%	16999	19800	宜昌	−0.17%	7682	7400
惠州	0.61%	10213	11500	廊坊	−0.19%	12112	12000

续表

城市	环比涨跌	样本平均价格（元 / 平方米）	样本价格中位数（元 / 平方米）	城市	环比涨跌	样本平均价格（元 / 平方米）	样本价格中位数（元 / 平方米）
银川	0.58%	5935	5600	泰州	-0.20%	7792	6750
烟台	0.54%	8870	8000	宁波	-0.21%	16875	15000
吉林	0.54%	5804	6200	厦门	-0.21%	28853	34000
菏泽	0.52%	5575	6000	宝鸡	-0.25%	5263	5000
嘉兴	0.52%	11769	11200	济南	-0.25%	11385	12250
北海	0.50%	8204	7500	长春	-0.26%	9058	9000
呼和浩特	0.49%	8152	7600	镇江	-0.29%	9386	9650
德州	0.48%	6647	6100	湘潭	-0.33%	5435	5000
石家庄	0.43%	11157	10350	佛山	-0.36%	13155	14000
三亚	0.43%	24345	23000	常熟	-0.38%	14579	14000
秦皇岛	0.42%	9317	9000	上海	-0.58%	46845	41750
合肥	0.42%	12934	12600	汕头	-0.60%	10838	10000
潍坊	0.34%	6562	6550	扬州	-0.64%	12040	11000
乌鲁木齐	0.34%	8067	7500	中山	-1.04%	10189	12800
洛阳	0.31%	8374	8700	海口	-1.04%	14438	13000

11 月百城住宅均价：环比上涨 0.21%，同比上涨 3.17%

中指研究院报道：根据中国房地产指数系统百城价格指数对 100 个城市新建住宅的全样本调查数据，2019 年 11 月，全国 100 个城市（新建）住宅平均价格为 15105 元 / 平方米，环比上涨 0.21%。从涨跌城市个数看，55 个城市环比上涨，40 个城市环比下跌，5 个城市与上月持平。与上月相比，本月价格环比上涨的城市数量减少 7 个，其中涨幅在 1% 以上的城市有 7 个，数量与上月持平；本月价格环比下跌的城市数量增加 8 个，其中跌幅在 1%（含）以上的城市有 3 个，较上月增加 1 个。同比来看，全国 100 个城市（新建）住宅均价较去年同期上涨 3.17%，涨幅较上月收窄 0.06 个百分点。按中位数计算，全国 100 个城市（新建）住宅价格中位数为 9474 元 / 平方米，环比上涨 0.50%，同比上涨 5.13%。另外，北京、上海等十大城市（新建）住宅均价为 27236 元 / 平方米，环比上涨 0.15%；同比上涨 2.14%，涨幅较上月收窄 0.02 个百分点。

政策方面，央行重申按照“因城施策”的基本原则，落实房地产长效管理机制，不将房地产作为短期刺激经济的手段。地方层面，西安、石家庄、上海、秦皇岛、惠州、德州等地进一步加强调控稳楼市，深圳、广州、柳州等地多措并举满足居民合理自住需求。此外，天津、江西、邯郸、中山、兰州、银川等省市持续加强监管力度，规范房地产市场秩序。

从市场表现来看，供应方面，重点城市整体推盘量较上月稳中略增。需求方面，市场整体去化较为平淡，天津、重庆、青岛等地开盘去化率较低。价格方面，百城住宅均价环比涨幅依旧处于较低水平。

展望未来，房地产调控政策将总体保持延续性与稳定性，中央将继续坚持“稳地价、稳房价、稳预期”的目标不动摇，各地则依旧秉持“因城施策、一城一策”的主基调，根据市场实际情况持续优化楼市调控政策。预计未来，房地产市场整体将保持平稳走势，但部分三、四线城市房地产市场面临较大调整压力。

● 百城（新建）住宅价格环比涨跌幅分析（见表13）

2019年11月，住宅价格环比上涨的城市为55个，较上月减少7个。具体来看，南通和常州环比分别上涨3.10%、2.42%；宁波、芜湖、成都、沈阳以及邯郸涨幅在1.0%至2.0%之间；徐州、江阴、杭州则环比分别上涨0.96%、0.94%和0.86%。其他环比上涨的45个城市中，德州、烟台等12个城市涨幅在0.5%至1.0%之间；宜昌、嘉兴等33个城市涨幅在0.5%以内。镇江、鄂尔多斯等5个城市新房价格与上月持平。

2019年11月，住宅价格环比下跌的城市为40个，较上月增加8个。其中，吉林、中山、秦皇岛环比分别下跌1.07%、1.04%和1.00%；贵阳、福州、张家港、郑州以及三亚跌幅在0.5%至1.0%之间；淄博、株洲环比均下跌0.48%。其他环比下跌的30个城市中，乌鲁木齐、廊坊等23个城市跌幅在0.1%（含）至0.5%之间；泉州、赣州等7个城市跌幅在0.1%以内。

● 百城（新建）住宅价格同比涨跌幅分析

2019年11月，住宅价格同比上涨的城市为88个，较上月减少1个。其中，南通、绍兴住宅价格同比分别上涨21.65%和19.43%；温州、成都、邯郸以及江阴涨幅在10%至15%之间；德州、沈阳等37个城市涨幅在5%至10%之间；南宁、重庆（主城区）等45个城市涨幅在5%以内。

2019年11月，中山、厦门等11个城市住宅价格同比下跌，下跌城市数量与上月持平。其中，中山、厦门同比分别下跌4.64%和2.51%；珠海、济南、海口以及廊坊跌幅在1%至2%之间；连云港、营口等5个城市跌幅在1%以内。

● 十大城市（新建）住宅价格涨跌情况

根据百城价格指数对北京、上海等十大城市（新建）住宅的全样本调查数据显示，2019年11月十大城市住宅均价为27236元/平方米，环比上涨0.15%。十大城市中，4个城市环比上涨，上涨城市较上月减少1个；6个城市环比下跌，下跌城市较上月增加1个。具体来看，成都和杭州环比分别上涨1.40%、0.86%；上海、深圳涨幅则均在0.3%（含）以内。环比下跌的城市中，北京、广州和武汉环比分别下跌0.25%、0.18%、0.14%；南京、天津和重庆（主城区）跌幅则在0.1%（含）以内。

同比来看，十大城市住宅价格同比上涨2.14%，涨幅较上月收窄0.02个百分点。十大城市中，除上海同比下跌0.40%外，其余城市同比均上涨。具体来看，成都和杭州涨幅分别为13.60%、9.28%；重庆（主城区）、武汉、南京、北京、天津、广州和深圳涨幅均在5%以内。

● 十大城市主城区二手住宅价格涨跌情况

根据对北京等十大城市主城区二手住宅活跃样本的调查，2019年11月，十大城市主城区二手住宅样本平均价格为38635元/平方米，环比下跌0.27%，同比下跌0.96%。

环比来看，2019年11月十大城市主城区二手住宅平均价格下跌0.27%。十大城市中，7个城市环比下跌，3个城市环比上涨，下跌和上涨城市数量均与上月持平。具体来看，天津和重庆环比分别下跌1.35%、1.04%；成都、北京跌幅在0.5%至1.0%之间；广州、武汉和杭州跌幅在0.5%以内。主城区二手住宅价格环比上涨的城市中，深圳环比上涨0.52%；南京和上海涨幅分别为0.13%和0.01%。

同比来看，2019年11月十大城市主城区二手住宅平均价格下跌0.96%。十大城市中，重庆、天津等8个城市同比均下跌，其余城市均上涨，下跌和上涨城市个数与上月持平。具体来看，重庆同比下跌

6.06%；天津、成都、武汉、杭州、广州、北京和上海跌幅在5%以内，其中上海同比下跌0.17%，为唯一同比跌幅在1%以内城市。同比上涨城市中，南京、深圳分别上涨3.54%、1.53%。

表13　2019年11月百城新建住宅样本平均价格指数

城市	环比涨跌	样本平均价格（元/平方米）	样本价格中位数（元/平方米）	城市	环比涨跌	样本平均价格（元/平方米）	样本价格中位数（元/平方米）
南通	3.10%	13723	13650	北海	0.05%	8208	7500
常州	2.42%	11450	12900	湘潭	0.04%	5437	5000
宁波	1.67%	17156	15000	威海	0.03%	8779	7800
芜湖	1.53%	8235	9060	淮安	0.02%	6093	7000
成都	1.40%	10793	10925	盐城	0.01%	8184	8500
沈阳	1.39%	9391	8600	镇江	0.00%	9386	9800
邯郸	1.06%	6491	5950	鄂尔多斯	0.00%	8213	7321
徐州	0.96%	8475	8500	保定	0.00%	9027	7840
江阴	0.94%	9557	9000	日照	0.00%	8025	6600
杭州	0.86%	25890	22750	汕头	0.00%	10838	10000
德州	0.81%	6701	6500	惠州	-0.01%	10212	11500
烟台	0.80%	8941	8000	包头	-0.02%	6225	5920
扬州	0.76%	12132	11000	济南	-0.04%	11381	12250
东营	0.75%	5873	5600	重庆（主城区）	-0.06%	10819	10370
常熟	0.75%	14689	14100	新乡	-0.07%	5716	6200
昆山	0.75%	15598	16000	赣州	-0.07%	8410	8300
聊城	0.75%	6485	7000	泉州	-0.08%	8691	8168
衡水	0.69%	6836	6512	天津	-0.10%	14942	14000
湛江	0.65%	10546	10500	南京	-0.10%	22617	25114
绍兴	0.63%	14750	14500	太原	-0.12%	9920	10000
苏州	0.62%	17105	20000	大连	-0.14%	13308	12000
鞍山	0.56%	5218	4800	武汉	-0.14%	12382	12250
宜昌	0.48%	7719	7500	台州	-0.14%	13212	12500
嘉兴	0.46%	11823	11250	珠海	-0.15%	21220	24500
绵阳	0.46%	6600	6400	海口	-0.16%	14415	13000
东莞	0.44%	16645	17900	连云港	-0.18%	7283	6750
潍坊	0.41%	6589	6800	广州	-0.18%	21853	22650
石家庄	0.39%	11200	10800	青岛	-0.20%	13431	12500
厦门	0.37%	28960	34000	宝鸡	-0.23%	5251	5000
长春	0.36%	9091	9000	北京	-0.25%	43092	45000
唐山	0.36%	8101	7200	柳州	-0.26%	9207	8600
上海	0.30%	46986	41350	洛阳	-0.27%	8351	8600
哈尔滨	0.30%	9781	9200	西宁	-0.29%	6948	6700
宿迁	0.29%	5531	5000	菏泽	-0.30%	5558	6000

续表

城市	环比涨跌	样本平均价格（元/平方米）	样本价格中位数（元/平方米）	城市	环比涨跌	样本平均价格（元/平方米）	样本价格中位数（元/平方米）
合肥	0.28%	12970	12878	兰州	−0.41%	8823	8000
银川	0.24%	5949	5600	昆明	−0.42%	10863	11000
金华	0.21%	11109	10290	江门	−0.42%	8013	8600
营口	0.18%	4553	4300	南昌	−0.44%	12559	12000
佛山	0.15%	13175	14000	廊坊	−0.44%	12059	12000
深圳	0.14%	54351	55000	乌鲁木齐	−0.47%	8029	7500
温州	0.12%	18660	16732	株洲	−0.48%	6201	6000
无锡	0.10%	12492	13000	淄博	−0.48%	7804	7200
南宁	0.09%	10835	11000	三亚	−0.51%	24220	23000
马鞍山	0.08%	7172	6500	郑州	−0.70%	12088	13600
泰州	0.08%	7798	6800	张家港	−0.79%	10808	11000
桂林	0.07%	6732	6200	福州	−0.84%	16936	18000
呼和浩特	0.07%	8158	7600	贵阳	−0.99%	6818	8095
湖州	0.06%	10951	10500	秦皇岛	−1.00%	9224	9000
长沙	0.06%	8622	8514	中山	−1.04%	10083	12800
西安	0.05%	10082	9500	吉林	−1.07%	5742	6200

12 月百城住宅均价：环比上涨 0.42%，同比上涨 3.34%

中指研究院报道：根据中国房地产指数系统百城价格指数对 100 个城市新建住宅的全样本调查数据，2019 年 12 月，全国 100 个城市（新建）住宅平均价格为 15168 元/平方米，环比上涨 0.42%。从涨跌城市个数看，69 个城市环比上涨，25 个城市环比下跌，6 个城市与上月持平。与上月相比，本月价格环比上涨的城市数量增加 14 个，其中涨幅在 1% 以上的城市有 9 个，较上月增加 2 个；本月价格环比下跌的城市数量减少 15 个，其中跌幅在 0.5% 以上的城市有 8 个，数量与上月持平。同比来看，全国 100 个城市（新建）住宅均价较去年同期上涨 3.34%，涨幅较上月扩大 0.17 个百分点。按中位数计算，全国 100 个城市（新建）住宅价格中位数为 9619 元/平方米，环比上涨 1.53%，同比上涨 6.82%。另外，北京、上海等十大城市（新建）住宅均价为 27350 元/平方米，环比上涨 0.42%；同比上涨 2.31%，涨幅较上月扩大 0.17 个百分点。

政策方面，中央经济工作会议强调要坚持“房子是用来住的、不是用来炒的”定位，全面落实因城施策，“稳地价、稳房价、稳预期”的长效管理调控机制，促进房地产市场平稳健康发展。全国住房和城乡建设工作会议进一步强调，2020 年要着力稳地价稳房价稳预期，保持房地产市场平稳健康发展。地方层面，深圳市深汕特别合作区、成都高新南区、郑州等地因城施策，着力解决刚需购房难题。佛山、西安、德州、临沂等地持续加大商品房预售资金监管力度，促进市场健康发展。

从市场表现来看，供应方面，重点城市整体推盘量稳中略增。需求方面，多数城市去化表现一般，深圳受相关政策利好影响去化略好于上月。价格方面，百城住宅均价环比涨幅仍低于 0.5%，多数城市房价涨跌幅依旧在平稳区间。

展望未来，房地产政策基调保持稳定，继续坚持“房住不炒”定位、“不将房地产作为短期刺激经济的手段”。各地方政府继续围绕“稳地价、稳房价、稳预期”的目标，按照“因城施策”基本原则适度保持政策优化的空间和灵活性。预计未来，房地产市场整体将持续平稳运行，但各城市间会延续分化态势，一线、核心二线城市有望保持稳定；部分前期需求透支严重且基本面缺乏支撑的三、四线城市，将面临一定调整压力。

● 百城（新建）住宅价格环比涨跌幅分析（见表 14）

2019 年 12 月，住宅价格环比上涨的城市为 69 个，较上月增加 14 个。具体来看，江阴和成都环比分别上涨 2.49%、2.35%；石家庄、海口、秦皇岛、合肥、惠州、常熟以及呼和浩特涨幅在 1.0% 至 2.0% 之间；徐州环比上涨 0.97%。其他环比上涨的 59 个城市中，菏泽、邯郸等 18 个城市涨幅在 0.5% 至 1.0% 之间；连云港、兰州等 41 个城市涨幅在 0.5% 以内。柳州、宜昌等 6 个城市新房价格与上月持平。

2019 年 12 月，住宅价格环比下跌的城市为 25 个，较上月减少 15 个。其中，株洲、赣州、青岛、宝鸡、保定、乌鲁木齐、北京以及马鞍山环比跌幅在 0.5% 至 1.0% 之间；太原和德州环比分别下跌 0.43%、0.37%。其他环比下跌的 15 个城市中，洛阳环比下跌 0.35%；郑州、南通等 9 个城市跌幅在 0.1%（含）至 0.3% 之间；银川、包头等 5 个城市跌幅在 0.1% 以内。

● 百城（新建）住宅价格同比涨跌幅分析

2019 年 12 月，住宅价格同比上涨的城市为 88 个，上涨城市数量与上月持平。其中，南通、绍兴、成都住宅价格同比分别上涨 22.02%、17.84% 和 15.23%；江阴、邯郸、温州以及石家庄涨幅在 10% 至 15% 之间；沈阳、衡水等 32 个城市涨幅在 5% 至 10% 之间；东莞、绵阳等 49 个城市涨幅在 5% 以内。

2019 年 12 月，中山、厦门等 11 个城市住宅价格同比下跌，下跌城市数量与上月持平。其中，中山、厦门、济南同比分别下跌 3.40%、1.74% 和 1.24%；廊坊、乌鲁木齐等 8 个城市跌幅在 1% 以内。

● 十大城市（新建）住宅价格涨跌情况

根据百城价格指数对北京、上海等十大城市（新建）住宅的全样本调查数据显示，2019 年 12 月十大城市住宅均价为 27350 元 / 平方米，环比上涨 0.42%。十大城市中，8 个城市环比上涨，上涨城市个数较上月增加 4 个；2 个城市环比下跌，下跌城市个数较上月减少 4 个。具体来看，成都、上海和武汉环比分别上涨 2.35%、0.89%、0.71%；重庆（主城区）、南京、杭州、深圳以及天津涨幅则均在 0.2% 至 0.5% 之间。北京、广州住宅价格环比下跌，跌幅分别为 0.54% 和 0.04%。

同比来看，十大城市住宅价格同比上涨 2.31%，涨幅较上月扩大 0.17 个百分点。十大城市同比无一下跌。具体来看，成都住宅价格同比上涨 15.23%；杭州、重庆（主城区）同比涨幅在 5% 至 10% 之间；武汉、南京、深圳、天津、广州、北京和上海涨幅均在 5% 以内。

● 十大城市主城区二手住宅价格涨跌情况

根据对北京等十大城市主城区二手住宅活跃样本的调查，2019 年 12 月，十大城市主城区二手住宅样本平均价格为 38549 元 / 平方米，环比下跌 0.22%，同比下跌 0.37%。

环比来看，2019 年 12 月十大城市主城区二手住宅平均价格下跌 0.22%。十大城市中，8 个城市环比下跌，较上月增加 1 个；2 个城市环比上涨，上涨城市较上月减少 1 个。具体来看，重庆、天津和广州环比分别下跌 1.28%、0.73%、0.61%；南京、杭州、上海、武汉和北京跌幅在 0.1% 至 0.5% 之间。十大城市主城区中，仅深圳和成都二手住宅价格环比上涨，涨幅分别为 0.89% 和 0.15%。

同比来看，2019 年 12 月十大城市主城区二手住宅平均价格下跌 0.37%。十大城市中，7 个城市同比下跌，较上月减少 1 个；3 个城市同比上涨，上涨城市较上月增加 1 个。具体来看，重庆同比下跌 5.87%；天津、成都、杭州、武汉、广州和北京跌幅在 5% 以内，其中北京同比下跌 1.07%。同比上涨城市中，深圳、南京和上海分别上涨 2.99 %、2.58%、0.42%。

表 14　2019 年 12 月百城新建住宅样本平均价格指数

城市	环比涨跌	样本平均价格（元 / 平方米）	样本价格中位数（元 / 平方米）	城市	环比涨跌	样本平均价格（元 / 平方米）	样本价格中位数（元 / 平方米）
江阴	2.49%	9795	9150	昆明	0.24%	10889	11000
成都	2.35%	11047	11000	新乡	0.23%	5729	6200
石家庄	1.97%	11421	11000	福州	0.22%	16974	18000
海口	1.76%	14668	13000	常州	0.21%	11474	13000
秦皇岛	1.64%	9375	9000	江门	0.19%	8028	8650
合肥	1.50%	13165	13000	芜湖	0.18%	8250	9060
惠州	1.15%	10329	11600	桂林	0.18%	6744	6200
常熟	1.12%	14853	14250	绍兴	0.18%	14776	14500
呼和浩特	1.04%	8243	7550	聊城	0.17%	6496	7000
徐州	0.97%	8557	8700	湛江	0.16%	10563	10500
菏泽	0.94%	5610	6000	三亚	0.16%	24259	23000
邯郸	0.89%	6549	6100	东莞	0.14%	16669	18000
上海	0.89%	47404	42000	长春	0.14%	9104	9000
宁波	0.85%	17302	15000	泉州	0.10%	8700	8168
苏州	0.80%	17242	20000	佛山	0.10%	13188	14000
潍坊	0.79%	6641	6850	贵阳	0.07%	6823	8095
嘉兴	0.77%	11914	11450	宿迁	0.04%	5533	5000
唐山	0.75%	8162	7500	东营	0.02%	5874	5600
无锡	0.72%	12582	13000	哈尔滨	0.01%	9782	9200
武汉	0.71%	12470	12500	柳州	0.00%	9207	8600
扬州	0.69%	12216	11000	鄂尔多斯	0.00%	8213	7321
沈阳	0.69%	9456	8700	宜昌	0.00%	7719	7500
温州	0.63%	18778	16994	营口	0.00%	4553	4300
中山	0.61%	10145	12500	日照	0.00%	8025	7200
长沙	0.61%	8675	8500	台州	0.00%	13212	12500
张家港	0.59%	10872	11000	济南	−0.01%	11380	12250
西宁	0.59%	6989	6700	绵阳	−0.03%	6598	6500
烟台	0.54%	8989	8200	广州	−0.04%	21844	23000
连云港	0.48%	7318	6750	包头	−0.05%	6222	5950
兰州	0.48%	8865	8000	银川	−0.08%	5944	5600
重庆（主城区）	0.46%	10869	10455	淮安	−0.10%	6087	7000

续表

城市	环比涨跌	样本平均价格（元 / 平方米）	样本价格中位数（元 / 平方米）	城市	环比涨跌	样本平均价格（元 / 平方米）	样本价格中位数（元 / 平方米）
湘潭	0.46%	5462	5000	珠海	–0.10%	21198	24500
威海	0.46%	8819	7800	北海	–0.11%	8199	7500
盐城	0.45%	8221	8500	淄博	–0.12%	7795	7200
衡水	0.41%	6864	6379	镇江	–0.14%	9373	9600
金华	0.40%	11153	10780	南昌	–0.17%	12538	12000
厦门	0.39%	29073	33830	廊坊	–0.17%	12038	12000
南京	0.39%	22705	25130	南通	–0.22%	13693	13800
吉林	0.35%	5762	6300	郑州	–0.24%	12059	13700
大连	0.35%	13354	12000	洛阳	–0.35%	8322	8700
杭州	0.34%	25979	22850	德州	–0.37%	6676	6500
汕头	0.34%	10875	10000	太原	–0.43%	9877	9800
深圳	0.34%	54536	54500	马鞍山	–0.53%	7134	6500
湖州	0.34%	10988	10500	北京	–0.54%	42858	45000
昆山	0.29%	15643	16000	乌鲁木齐	–0.65%	7977	7500
天津	0.28%	14984	14000	保定	–0.74%	8960	7840
泰州	0.27%	7819	6800	宝鸡	–0.80%	5209	5000
鞍山	0.27%	5232	4800	青岛	–0.82%	13321	12500
南宁	0.26%	10863	10950	赣州	–0.86%	8338	8259
西安	0.26%	10108	9600	株洲	–0.98%	6140	6000

报告六　2020年中国地级以上城市房地产开发投资吸引力研究报告

随着我国房地产市场总量规模触顶，利润空间收缩，房企经营决策面临更大挑战，精细化、专业化运作将成为行业趋势。2020 年，新冠肺炎疫情暴发给我国宏观经济及房地产市场运行均带来一定影响，叠加城市轮动发展背景下城市分化加剧，房企该如何精准把握投资机会?

自 2003 年起，中指研究院已连续 18 年开展城市房地产开发投资吸引力研究。在这次疫情冲击下，我们发现，产业具备多边支撑及转型优势的城市经济韧性凸显，同时，发达城市在疫情防控过程中展现出的城市治理能力也在一定程度上强化了城市吸引力。2020 年，我们继续沿用“人口 + 产业 + 交通”的分析框架，解读城市发展潜力，为企业布局提供决策依据。

2020 年两会政府工作报告强调“加快落实区域发展战略，继续推动西部大开发、东北全面振兴、中部地区崛起、东部率先发展。深入推进京津冀协同发展、粤港澳大湾区建设、长三角一体化发展。”新型城镇化战略推动下，未来人口流动将更加自由，中心城市和城市群将成为承载发展要素的主要形式。

研究结果显示，2020 年，全国地级以上城市投资吸引力前 20 名城市仍以 1 线、1.5 线及规模较突出的 2 线城市为主。具体城市来看，上海、北京、深圳、广州投资吸引力排名保持不变，依次位居前四名。杭州数字经济引领经济创新发展，同时引才力度明显加大，2019 年常住人口总量突破千万，投资吸引力保持全国第五位；南京、成都、武汉、苏州、重庆等 1.5 线城市位居全国前十名，其中苏州房地产市场热度较高，叠加区域一体化规划背景下投资潜力提升，历经三年后回归前十，南京经济增长势头突出，排名也有所提升；天津、郑州分列第 11、12 位。2 线城市中，西安、长沙、宁波、佛山、青岛、合肥、济南等地人口规模显著，市场规模庞大，投资吸引力排名紧随 1.5 线城市之后。东莞制造业基础好，市场稳定扩容，是 2.5 线城市中唯一进入前二十的城市；其他 2.5 线及 3 线城市中，珠海、嘉兴等城市群内紧邻核心城市的地级市排名靠前。

市场容量与增值潜能是评价城市吸引力的主要立足点，同时中指研究院结合城市及房地产市场呈现出的新特征，对方法体系进行完善和迭代优化，以期更精准地挖掘城市房地产开发投资吸引力。我们通过对海量数据的深入分析与总结，构建形成了包括两大维度、12 个方面，近 50 项具体指标的“城市房地产开发投资吸引力评价模型”，并基于此模型，结合 CREIS 中指 · 地主系统，对全国 297 个地级以上城市进行投资吸引力评价（见图 1）。

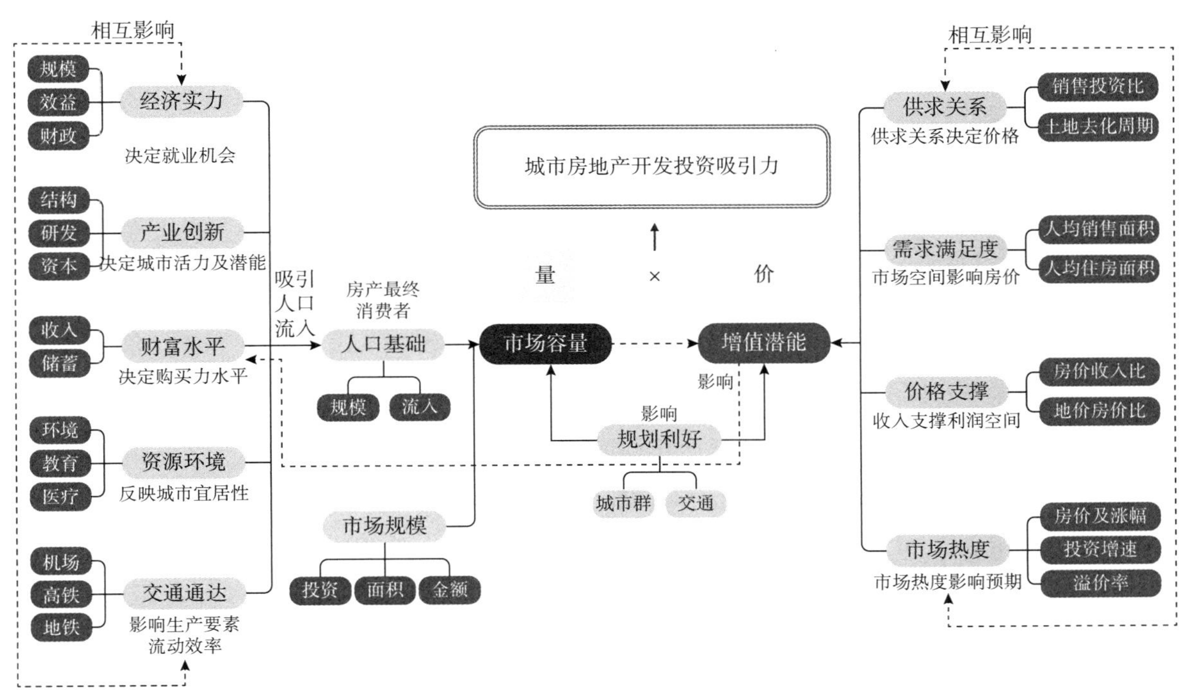

图 1　城市吸引力评价体系

一、城市潜力判断逻辑

（1）人口——城市竞争的结果

（2）产业——驱动经济的根本

（3）交通——连接城市的纽带

1. 人口

城市对人口的吸引力是一个城市竞争力的直接体现，城市竞争力强则人口聚集，竞争力弱则人口流失。同时，人口也是房地产发展的直接需求来源，因此，人口是我们判断城市价值、潜力的核心要素和逻辑基点。近年来，我国人口持续向“胡焕庸线”以东的区域迁移，全国整体呈现“3+6”的增长格局。预计未来人口将进一步向城市群和中心城市聚集。

粤港澳大湾区地处我国沿海开放前沿，区位优势明显、经济实力雄厚，核心城市深圳、广州人口吸引力保持领先，2016 年以来深圳、广州常住人口年均增量分别为 52 万和 45 万，是全国人口增长最快的城市。长三角腹地广阔、交通设施完善、科技创新优势明显，核心城市上海、杭州、宁波人口吸附力强，其中杭州 2016 年以来常住人口年均增量为 34 万，与 2011–2015 年相比，增加 28 万。相比粤港澳和长三角城市群，京津冀人口增长相对缓慢，山东半岛城市济南、青岛对省内人口吸引力较强。中西部核心城市在国家“西部大开发”、“中部崛起”、“一带一路”战略带动下，经济、产业逐步崛起，区域间经济差异缩小、收入水平不断提高，中西部省会城市人口不断回流，同时对周边人口吸引力逐渐增强。

2. 产业

2020 年初，新冠肺炎疫情席卷而来，全球经济出现明显衰退，产业链供应链循环受阻，而我国正处于新旧动能转换的关键时期，短期周期性、结构性、突发性问题叠加，完成全面建成小康社会目标任务充满挑战。

在产业竞争日益激烈的当下，通过科技创新实现技术突破进而健全产业链布局，实现产业链集群发展将是区域经济发展最重要的议题之一。

“北上深”引领东部发达地区整体创新实力突出，高新区创收优势领先，西安、成都、武汉等中西部核心城市创新动能较强。东部三大城市群仍是我国创新高地，北京、上海、深圳R&D经费支出继续位居全国前三位，广州、苏州、天津、杭州、南京等传统东部发达城市创新投入超300亿元，居全国前列。西安、重庆、成都、武汉等中西部核心城市创新发展动能也较为突出。从研发投入强度来看，2018年“北上深”及西安领先优势突出，长珠三角城市创新投入强度较大。

国家高新区是我国高新技术产业发展最主要的战略力量，头部高新区主导作用明显。截至2018年末，我国共设立了169个高新技术产业开发区，其中营业收入TOP3高新区营收在全国高新区中的占比近三成，TOP20城市占比高达60.2%。其中，北京中关村科技园区2018年营业收入高达5.88万亿元，上海张江高新区营业收入突破2万亿元。除此以外，深圳、武汉、西安、苏州、广州高新区综合实力也较强，营业收入均在1万亿元以上。

2020年4月30日，科技部火炬中心印发《关于深入推进创新型产业集群高质量发展的意见》，要求充分发挥国家高新技术产业开发区的产业集聚作用，按照“一区一主导产业”的布局方式，在现有创新型产业集群试点和培育基础上，重点建设100个国家创新型产业集群，这为高新园区的发展开拓了更为广阔的空间。

3. 交通

城市发展，交通先行。交通的发展深刻影响着城市的空间延伸、产业布局、经济发展和人口迁移。2019年9月，中共中央国务院印发了《交通强国建设纲要》。该纲要指出，“建设交通强国是建设现代化经济体系的先行领域，是全面建成社会主义现代化强国的重要支撑，是新时代做好交通工作的总抓手”。2020年国家加大“新基建”投资力度，适度超前的交通基础设施建设也将为城市发展带来新机遇。

城市轨道交通目前主要集中于大中城市，上海、北京城市轨道交通运营里程遥遥领先。2019年，上海、北京运营路线里程分别达801公里和776公里，位居前二，已逐步形成超大线网规模；广州运营路线里程为501公里，成都、南京、武汉、重庆、深圳均超过300公里，线网形成一定规模。成都2019年新增运营里程106公里，增量居全国首位，北京、郑州、沈阳、温州增量超过50公里。截至2019年底，共有24个城市的在建线路超过100公里，成都、广州两市建设规模超过400公里，杭州、北京、青岛、天津、郑州五市建设规模超过300公里，预计1~2年内，这些城市的轨道交通网络将得到显著改善，沿线片区价值也将随之提升。

我国城市轨道交通的快速发展为TOD开发带来了巨大的潜力空间。通过公共交通引导城市规划、功能布局的改变，能够促进城市合理有序扩张。同时，TOD项目开发将提升轨道交通场站周边土地的价值，实现土地溢价和物业增值，进而通过周边商业及住宅开发收益反哺轨道交通建设，实现城市轨道交通可持续发展。

二、城市群视角

1. 把握区域发展战略，聚焦重点城市群

2017 年，我们首次提出“聚焦核心城市群，深耕一二线大城市，分享城市群三四线成长红利”，至今四年时间，这一趋势未发生改变，且以城市群和都市圈为核心的区域发展战略不断深化。2019 年初，发改委发布《关于培育发展现代化都市圈的指导意见》，12 月，习近平总书记在《求是》上发表题为《推动形成优势互补高质量发展的区域经济布局》的文章，指出“新形势下促进区域协调发展应按照客观经济规律调整完善区域政策体系，发挥各地区比较优势，促进各类要素合理流动和高效集聚，增强创新发展动力，加快构建高质量发展的动力系统，增强中心城市和城市群等经济发展优势区域的经济和人口承载能力”，城市发展趋势日渐清晰。

2020 年 4 月，《2020 年新型城镇化建设和城乡融合发展重点任务》继续提出要加快发展重点城市群，并对不同城市群的发展节奏给出了明确意见，具体表现为：加快实施京津冀协同发展、长三角区域一体化发展、粤港澳大湾区建设、长江经济带发展、黄河流域生态保护和高质量发展战略；全面实施城市群发展规划，推动哈长、长江中游、中原、北部湾城市群建设取得阶段性进展，促进天山北坡、滇中等边疆城市群及山东半岛、黔中等省内城市群发展。

2019 年，占国土面积 11% 的五大城市群（粤港澳、长三角、京津冀、长江中游、成渝）经济规模在全国中的占比为 54%，常住人口占比 41%，区域集群优势显著。人口和资源集聚的同时，也为房地产市场开辟了巨大的发展空间，五大城市群 2019 年商品房销售面积占全国的比例为 46%。作为我国最具发展潜力的区域，聚焦核心城市群，可最大化地享受城镇化发展红利。

东部发达城市群及沿海区域是我国主要的发展高地，点状分布的中西部核心城市投资潜力也较为突出。近年来我国积极推动以中心城市引领城市群发展、城市群带动区域发展的新模式，东部三大城市群核心城市资源优势突出，经济实力雄厚，产业发达，吸引了大量高质量人才集聚，2020 年京津冀、长三角、粤港澳分别有 2 个、6 个、4 个城市位列全国投资吸引力前 20 名，且普遍排名靠前；其中长三角和大湾区产业及城市梯级相对完备，积极带动城市群内部三、四线城市较快发展，城市群内均有超半数城市跻身全国前 50 名，其中粤港澳大湾区 9 个内地城市中，7 个排名位列前 50。而中西部重点潜力区域仍主要集中在成渝、长江中游核心城市及郑州、西安等地，此类城市近几年积极推动产业发展，交通枢纽规划及建设也快速推进，加之区域内人口基础庞大，中长期投资潜力较大。

三、结语

现阶段我国各地区经济发展存在明显差异，东部三大城市群经济实力雄厚，产业相对发达，创新优势突出，未来一段时间内仍将是我国核心资源的主要聚集区，尤其是区域内中心城市，在人口持续聚集及建设用地供应改善的支撑下，城市房地产市场发展空间将有明显提升；城市群内三、四线作为承接中心城市产业转移的首选地，产业结构优化潜力较大，人口吸引力也较为突出。中西部地区核心城市，近几年受益于创新带动下的产业转型升级、交通枢纽的构建等因素，核心城市价值快速提升，人口回流趋势持续显现，西部大开发战略的加快实施将进一步提升其城市发展潜力。中长期来看，中心城市及城市群等经济发

展优势区域的经济和人口潜力将进一步提升，企业投资应继续聚焦于此，最大化享受城市发展红利，把握城市结构性机会，实现可持续增长。

* 数据说明：

1. 本报告研究范围指所有“地级及以上城市”，不包括自治州、盟等地级行政区。2019 年国务院批复同意山东省调整济南市、莱芜市行政区划，撤销莱芜市，将其所辖区域划归济南市管辖，全国地级及以上城市调整为 297 个。

2. 根据《长江三角洲区域一体化发展规划纲要》，温州入选长三角城市群中心区城市，因此 2019 年我们将温州列入长三角城市群统计，长三角城市群城市数量升至 27 个，原海峡西岸城市群数量减少至 16 个；长江中游城市群和成渝城市群均出现规划中只含某城市部分县、区的情况，为方便计算，本次研究中城市群面积、GDP 和人口等指标均按地级市全市计算。

附录：指标说明

附录一 土地数据指标解释

1. 土地篇 300 城数据统计口径

共包含地级市 203 个，县及县级市 78 个，其中地级市的统计口径为市本级范围。

2. 单宗地块指标项

建设用地面积：即净用地面积，指开发商可以用于建设的土地面积，不包括代征地的面积。

规划建筑面积：规划设计方案在某一区域内规划的各类建筑的建筑面积之和，即规划方案的“总建筑面积”。

成交楼面价 = 成交价 / 规划建筑面积

溢价率 =(成交价 – 起始价)/ 起始价

3. 统计数据指标项

推出土地统计：“起始时间”在统计时间内的土地数据；

成交土地统计：“成交时间”在统计时间内的成交土地数据；

推出土地均价：“起始时间”在统计时间内的地块 [起始总价 / 建设用地总面积]，无起始价数据的地块不参与计算；

推出楼面均价：“起始时间”在统计时间内的地块 [起始总价 / 规划建筑总面积]，无起始价或规划建筑面积数据的地块不参与计算；

成交土地均价：“成交时间”在统计时间内的地块 [成交总价 / 建设用地总面积]；

成交楼面均价：“成交时间”在统计时间内的地块 [成交总价 / 规划建筑总面积]，无规划建筑面积数据的地块不参与计算；

平均溢价率：“成交时间”在统计时间内的地块 [(成交总价 – 起始总价)/ 起始总价]，无起始价数据的地块不参与计算；

土地出让金：“成交时间”在统计时间内的地块成交价汇总数。

附录二　开发经营数据指标解释

（1）本年完成投资：是指从当年 1 月 1 日起至当年最后一天止完成的全部用于房屋建设工程、土地开发工程的投资额以及公益性建筑和土地购置费等的投资。其中土地购置费在实际统计工作中如难以区分，可放在“商品房建设投资额”中。

（2）商品住宅：是指房地产开发企业（单位）建设并出售、出租给使用者，仅供居住用的房屋。

（3）土地开发投资额：是指房地产开发企业完成的前期工程投资，即路通、水通、电通、场地平整等（也称七通一平）所完成的投资。一般指生地开发成熟地的投资。在旧城区（老区拆迁）的开发中，如果有统一的规划，如政府有关部门批准的小区建设的前期工程中，有场地平整，原有建筑物、构筑物拆除，供水供电工程等工作量也可计算。未进行开发工程，只进行单纯的土地交易活动不作为土地开发投资统计。土地开发投资额在房屋用途分组中能分摊的部分就分摊，不能分摊的全部计入其他。

（4）土地购置费：是指房地产开发企业为取得土地使用权而支付的费用。土地购置费按当期发生数计入投资，如土地购置费为分期付款的，可分期计入投资；不计入新增固定资产。土地购置费包括：①通过划拨方式取得的土地使用权所支付的土地补偿费、附着物和青苗补偿费、安置补偿费及土地征收管理费等；②通过出让方式取得土地使用权所支付的出让金。

（5）住宅：是指专供居住的房屋，包括别墅、公寓、职工家属宿舍和集体宿舍（包括职工单身宿舍和学生宿舍）等。但不包括住宅楼中作为人防用、不住人的地下室等。

经济适用房：是指根据国家经济适用房计划安排建设的住宅。由国家统一下达计划，用地一般实行行政划拨的方式，免收土地出让金，对各种经批准的收费实行减半征收；出售价格实行政府指导价，按保本微利的原则确定。

（6）办公楼：指企业、事业、机关、团体、学校、医院等单位使用的各类办公用房（又称写字楼）。

（7）商业营业用房：是指商业、粮食、供销、饮食服务业等部门对外营业的用房，如度假村、饭店、商店、门市部、粮店、书店、供销店、饮食店、菜店、加油站、日杂等房屋。

（8）本年资金来源小计：是指房地产开发企业（单位）实际拨入的，用于房地产开发的各种货币资金。包括国家预算内资金、国内贷款、债券、利用外资、自筹资金和其他资金。

（9）国内贷款：指报告期房地产开发企业（单位）向银行及非银行金融机构借入的用于房地产开发与经营的各种国内借款，包括银行利用自有资金及吸收的存款发放的贷款、上级主管部门拨入的国内贷款、国家专项贷款（包括煤代油贷款、劳改煤矿专项贷款等），地方财政专项资金安排的贷款、国内储备贷款、周转贷款等。

（10）利用外资：是指报告期收到的用于房地产开发与经营的境外资金（包括外国及港澳台地区），包

括外商直接投资、对外借款（外国政府贷款、国际金融组织贷款、出口信贷、外国银行商业贷款、对外发行债券和股票）及外商其他投资（包括补偿贸易和加工装配由外商提供的设备价款、国际租赁）。不包括我国自有外汇资金（包括国家外汇、地方外汇、留成外汇、调剂外汇和中国银行自有资金发行的外汇贷款等）。

（11）自筹资金：是指各地区、各部门及企事业单位筹集用于房地产开发与经营的预算外资金。

（12）其他资金来源：是指在报告期收到的除以上各种资金之外其他用于房地产开发与经营的资金。包括社会集资、个人资金、无偿捐赠的资金及用征地迁移补偿费、移民费等进行房地产开发的资金。

（13）定金及预收款：指房地产开发企业（单位）预收的购买者用于买房的定金及预收款。定金是为了使签订合同的甲乙双方履行经济合同，根据有关规定由购房单位在报告期交纳的押金。预收款是甲乙双方签订购销房屋合同后，由于经营活动的需要，在报告期由购房单位提前交付的购房款（包括预收购房款中的外汇）。

（14）本年完成开发土地面积：是指报告期内对土地进行开发并已完成“七通一平”等前期开发工程，具备进行房屋建筑物施工或出让条件的土地面积。

（15）本年购置土地面积：是指在本年内通过各种方式获得土地使用权的土地面积。

（16）房屋施工面积：是指报告期内施工的全部房屋建筑面积。包括本期新开工的面积和上年开工跨入本期继续施工的房屋面积，以及上期已停建在本期恢复施工的房屋面积。本期竣工和本期施工后又停建缓建的房屋面积仍包括在施工面积中，多层建筑应填各层建筑面积之和。

（17）房屋新开工面积：是指在报告期内新开工建设的房屋面积。不包括上期跨入报告期继续施工的房屋面积和上期停缓建而在本期恢复施工的房屋面积。房屋的开工应以房屋正式开始破土刨槽（地基处理或打永久桩）的日期为准。

（18）竣工房屋面积：是指报告期内房屋建筑按照设计要求已全部完工，达到住人和使用条件、经验收鉴定合格（或达到竣工验收标准）、可正式移交使用的各栋房屋建筑面积的总和。

（19）实际销售面积：是指报告期已竣工的房屋面积中已正式交付给购房者或已签订（正式）销售合同的商品房屋面积。不包括已签订预售合同正在建设的商品房屋面积，但包括报告期或报告期以前签订了预售合同，在报告期又竣工的商品房屋面积。

（20）空置面积：是指报告期末已竣工的可供销售或出租的商品房屋建筑面积中，尚未销售或出租的商品房屋建筑面积，包括以前年度竣工和本期竣工的房屋面积，但不包括报告期已竣工的拆迁还建、统建代建、公共配套建筑、房地产公司自用及周转房等不可销售或出租的房屋面积。

（21）实际销售额：指报告期内出售房屋的总收入（即双方签署的正式买卖合同中所确定的合同总价）。该指标与实际销售面积同口径，包括正式交付的商品房屋在建设前期预收的定金、预收的款项及结算尾款和拖欠款。不包括未交付的商品房所预收的款项。收取的外汇按当时外汇调节市场价折算在其中。如果商品房是跨年完成的，应包括以前年度所收的定金及预收款。

附录三　企业运营指标解释

（1）销售面积：购房者所购买的套内建筑面积与应分摊的公用建筑面积之和，房企销售面积即上述购房者的合约销售面积，也就是合同中约定的销售面积。

（2）销售金额：即销售面积所得额，所谓的合约销售金额，就是合同中约定的单位销售面积的销价。但因会计确认时点的不同，常常造成合约销售金额和实际销售金额的差别。

（3）总资产利润率：总资产利润率代表的是一种企业利用资金进行盈利活动的基本能力，这一比率多应用于讨论企业资产负债的情况，由资产负债表中可以提取并计算出来。总资产利润率 = 利润总额 / 资产平均总额。

（4）总资产净利润率：又称总资产收益率，是企业净利润总额与企业资产平均总额的比率，即过去所说的资金利润率。它是反映企业资产综合利用效果的指标，也是衡量企业利用债权人和所有者权益总额所取得盈利的重要指标。总资产净利润率 = 净利润 / 平均总资产。

（5）总资产增长率：总资产增长率是企业年末总资产的增长额同年初资产总额之比。本年总资产增长额为本年总资产的年末数减去本年初数的差额，它是分析企业当年资本积累能力和发展能力的主要指标。

（6）净利润增长率：净利润增长率是指企业当期净利润比上期净利润的增长幅度，指标值越大代表企业盈利能力越强。

（7）固定资产周转率：也称固定资产利用率，是企业销售收入与固定资产净值的比率。固定资产周转率表示在一个会计年度内，固定资产周转的次数，或表示每 1 元固定资产支持的销售收入。

（8）存货周转率：又名库存周转率，是企业一定时期营业成本（销货成本）与平均存货余额的比率。用于反映存货的周转速度，即存货的流动性及存货资金占用量是否合理，促使企业在保证生产经营连续性的同时，提高资金的使用效率，增强企业的短期偿债能力。存货周转率是对流动资产周转率的补充说明，是衡量企业投入生产、存货管理水平、销售收回能力的综合性指标。

（9）资产负债率：又称举债经营比率，它是用以衡量企业利用债权人提供资金进行经营活动的能力，以及反映债权人发放贷款的安全程度的指标，通过将企业的负债总额与资产总额相比较得出，反映在企业全部资产中属于负债比率。

（10）流动比率：是流动资产对流动负债的比率，用来衡量企业流动资产在短期债务到期以前，可以变为现金用于偿还负债的能力。一般来说，比率越高，说明企业资产的变现能力越强，短期偿债能力亦越强；反之则弱。一般认为流动比率应在 2 : 1 以上，流动比率 2 : 1，表示流动资产是流动负债的两倍，即使流动资产有一半在短期内不能变现，也能保证全部的流动负债得到偿还。